OK-1281/2561 키트

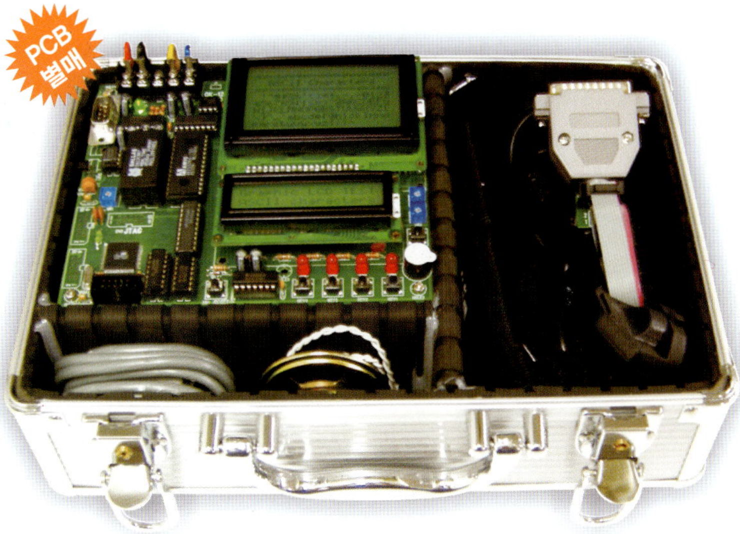

고성능 AVR 정복 시리즈 2

AVR ATmega1281/2561 정복

저 자 : 윤덕용
ISBN : 89-7101-772-4
판 형 : B5
쪽 수 : 1092
가 격 : 43,000원

OK-1281/2561 키트 V1.0의 주요 사양

항 목	사 양	비 고
CPU	ATmega1281-16AU(16MHz) 또는 ATmega2561-16AU(16MHz)	16MHz 수정발진자 사용
ROM	CPU에 내장된 128/256KB의 플래시 메모리	프로그램 저장
외부 RAM	62256-7(32KB) (CPU에 내장된 8KB는 별도)	스택 및 사용자 데이터 저장
프로그램의 입력/실행	1. AVR ISP 다운로드 케이블을 사용하는 방법 2. JTAG ICE 에뮬레이터를 사용하는 방법	1. 병렬포트형 AVR ISP 케이블 제공 (직렬포트형과 USB 포트형은 옵션) 2. 테스트 프로그램 및 예제 기본 제공
I/O	1. CPU 프로그램용 콘넥터 (1) AVR ISP용 10핀 DIP 콘넥터(CN2) (2) JTAG ICE용 10핀 DIP 콘넥터(CN3) 2. CPU가 직접 제어하는 I/O (1) 4개의 키입력 스위치(KEY1~KEY4) (2) 4개의 상태표시 LED(LED1~LED4) (3) 외부 인터럽트 스위치(SW2) (4) +5V용 버저, 스피커 사운드 출력(CN6) (5) LM35D에 의한 온도센서(ADC1, ADC2) (6) 가변저항에 의한 전압센서(ADC3) (7) DAC0800 8비트 D/A 컨버터 (8) AT93C56 및 AT24C16 직렬 EEPROM (9) 2개의 RS-232C 직렬포트(CN4, CN5) (10) 병렬 I/O 포트 확장 콘넥터(CN8) (11) 도트 매트릭스 LED 접속 콘넥터(CN9) 3. 16×2 문자 텍스트형 LCD 모듈 4. 128×64 도트 그래픽형 LCD 모듈 5. 8개의 7세그먼트 LED 6. DS12C887 배터리 백업형 리얼타임 클록 7. 스텝모터 구동 인터페이스 콘넥터(CN7)	STK200/300의 AVR ISP 표준 Atmel사의 JTAG ICE 표준 A/D 입력 범위는 0V~+5V 0V~+10V, -10V~+10V 중에서 선택 RS-232C 통신 케이블 기본 제공 화면밝기 조절 및 백라이트 기능 포함 화면밝기 조절 및 백라이트 기능 포함 ULN2803 출력
전원	+5V, ±15V (또는 ±12V도 사용 가능)	±15V는 아날로그 회로에서만 사용
PCB 외형	160×130mm 양면 에폭시 기판	

☞ 이것은 *OK-1281* 키트와 *OK-2561* 키트 겸용이므로 자신이 원하는 MCU 소자를 조립하면 된다.

http://www.ohm.co.kr

Ohm사 · R&C사 홈페이지 안내

OHM사 홈페이지를 방문하시면 보다 많은 정보를 얻을 수 있습니다. 앞으로도 OHM사는 엔지니어들을 위한 학습교재와 최신 기술들을 보급하여 나가는데 최선을 다할 것이며 엔지니어들이 우대받는 세상이 되도록 선도하여 나가겠습니다.

▶ 도서상품

OHM사에서 발행되는 교재를 직접 구매할 수 있으며, 상품에 따라 정해진 마일리지를 적립하여 드리고, 일정 금액이 적립되면 현금과 동일하게 사용할 수 있습니다.

▶ 키트상품

교재와 관련하여, 부설기관인 R&C사에서 교육용 키트를 제작, 그와 관련된 장비 등의 기자재를 함께 판매하고 있습니다.

▶ 특판상품

교재와 함께 그에 관련된 학습용 키트를 한데 모아 특판 상품으로 구성하여 개별 구입시보다 저렴하게 구입할 수 있도록하여 판매하고 있습니다.

▶ 할인상품

교재 및 R&C사에서 제작되는 학습용 키트상품 중 일부 품목의 할인율을 높혀 매우 저렴한 가격에 판매하고 있습니다.

▶ 커뮤니티

교재 및 학습용 키트에 대한 의문점을 분야별로 세분화된 커뮤니티를 통해 저자들과 관련 분야의 전문가들에게 직접 질문하고 상담할 수 있습니다.

▶ 상품관련 자료실

교재 및 R&C사에서 제작되는 학습용 키트상품 관련 예제소스 등의 본사 상품에 관련된 자료를 열람하고 다운로드 하실 수 있습니다.

E-mail : ohm@ohm.co.kr

고성능 AVR 정복 시리즈 ②

AVR
ATmega1281/2561 정복

(OK-1281/2561 키트)

工學博士 尹 德 鏞 著

AVR ATmega1281/2561의 철저한 이해
많은 내장 I/O의 구조와 기능에 대한 이해
외부 메모리 및 I/O 인터페이스 설계

PC에서 ISP를 이용한 프로그램 다운로드
ATmega1281/2561의 기본적인 프로그래밍
각종 I/O에 대한 제어 프로그래밍 기술
키입력 및 7세그먼트 LED 출력 응용 기술
텍스트형 LCD 모듈 기본 디스플레이 기술
그래픽형 LCD 모듈 한글 디스플레이 기술

어셈블리 언어를 사용한 프로그래밍 기술
(AVR Studio에서 매크로 어셈블러 사용)
C언어를 사용한 프로그래밍 기술
(AVR Studio에서 WinAVR 컴파일러 사용)
OK-1281/2561 키트의 프로그래밍 실습

OK-1281/2561 **키트 별매**

Ohm사

이 책에서 사용하는 예제 프로그램은 책 속에 디스켓이나 CD로 제공하지 않고 본사 또는 저자의 인터넷 웹사이트 자료실에 제공합니다. 따라서, 독자 여러분께서는 이를 다운로드하여 퍼스널컴퓨터에 설치, 사용하시기 바랍니다. 이 책에서 필요한 소프트웨어는 다음과 같습니다.

- ◉ 어셈블리 언어 예제 프로그램 OK1281asm.zip 또는 OK2561asm.zip
- ◉ C언어 예제 프로그램 OK1281c.zip(OK2561c.zip은 추후 제공)
- ◉ 무료 IDE 및 매크로 어셈블러 AVR Studio
- ◉ 무료 C컴파일러 WinAVR
- ◉ 다운로드 프로그램 ToastProg2005
- ◉ 한글 코드 변환 프로그램 HanConv.exe

이 책의 내용 또는 *OK-1281/2561* 키트에 관하여 기술적인 문의사항이 있는 분은 본사 또는 저자의 인터넷 웹사이트에 공개적으로 질문하여 주시면 저자가 직접 신속하고 정확하게 답변해 드리겠습니다. 그러나, 어떤 경우에도 이 책 또는 키트에 관한 기술적인 문제를 저자에게 개인적으로 전화나 메일을 이용하여 질문하시는 것은 정중히 사절합니다.

- ◉ 본사 웹사이트 : http://www.ohm.co.kr/
- ◉ 본사 E-mail : ohm@ohm.co.kr
- ◉ 저자 웹사이트 : http://control.cntc.ac.kr/cpu/
- ◉ 저자 E-mail : yoon3m@kongju.ac.kr

머 리 말

AVR의 인기가 하늘을 찌르고 있다. 1997년에 Atmel사에서 처음 발표한 AVR 마이크로콘트롤러가 그 짧은 역사에도 불구하고 오늘날 가장 각광받는 8비트 마이크로콘트롤러로서 확고히 자리를 잡아가고 있다.

AVR은 하버드 구조를 가지는 고성능의 8비트 RISC형 마이크로콘트롤러인데, 프로그램용 메모리로서 대용량의 플래시 메모리를 내장하고 있으며 이것을 사용자가 쉽게 여러번 반복적으로 프로그래밍할 수 있는 기능을 가지고 있어서 매우 편리하다. 더구나 이러한 플래시 메모리에 프로그램을 다운로드하는 통신 사양이 공개되어 있고 이에 필요한 다운로드 케이블은 사용자가 쉽고 저렴하게 만들어 사용할 수 있다. 또한 Atmel사에서 IDE 소프트웨어인 AVR Studio와 매크로 어셈블러를 무료로 제공하고 있고, C컴파일러로는 GCC 계열의 WinAVR을 사용할 수 있다. 결과적으로 AVR을 사용하는데 필요한 하드웨어 개발장비 및 소프트웨어 개발 툴은 모두 무료로 사용할 수 있다는 것이 큰 매력이며 이는 AVR은 곧 무료라는 등식을 만들어냈다.

저자는 그동안 AVR 마이크로콘트롤러에 관한 몇권의 책을 낸 바가 있다. 이러한 경험을 바탕으로 이번에는 고성능급의 AVR 모델들을 모아서 새로운 시리즈를 기획하였는데, 본서는 그 두번째로서 ATmega1281/2561을 중점적으로 다룬다. 이것은 최근에 Atmel에서 발표한 ATmega640/1280/1281/2560/2561 모델 중에서 64핀 패키지에 해당하는 것으로서 앞으로 ATmega128을 대체할 것으로 예상되는 모델이다.

마이크로콘트롤러를 공부하는데는 절대적으로 실무적인 숙달과정이 중요하다. 처음부터 책만을 가지고 이 분야의 기술을 공부하겠다는 것은 무모한 일이며, 마이크로콘트롤러를 익히는데는 반드시 적합한 교육용 키트를 통한 프로그래밍 연습이 필요하다. 이 책에서는 이를 위하여 교육용 *OK-1281/2561* 키트는 물론이고 이와 함께 공부할 수 있는 풍부한 어셈블리 및 C언어의 프로그램 예제를 제공한다. 독자 여러분은 이를 통하여 어셈블리 프로그래밍과 C언어 프로그래밍 기술을 모두 익혀두기 바란다. 어셈블리와 C언어는 어느 하나만을 배타적으로 선택할 수 있는 문제가 아니며, 응용 시스템이나 사용환경에 따라 적절히 선택할 문제이므로 마이크로콘트롤러 응용분야의 엔지니어는 언제나 이 2가지를 모두 구사할 수 있는 기술을 갖추고 있는 것이 바람직하다. 이렇게 트레이닝 키트를 가지고 공부하다보면 자연히 스스로도 이러한 시스템을 설계하고 자유자재로 활용할 수 있는 능력을 갖추게 될 것이다.

어려운 여건 속에서도 이 책을 출판해주신 Ohm사의 곽종학 사장님과 직원 여러분에게 감사드리는 바이다. 그리고, 다운로드 프로그램 ToastProg2005를 개발하여 이 책에서 사용할 수 있도록 허락하여 주신 안도랑 님께도 감사드린다.

2006년 8월 저자 尹 德 鏞 씀

차 례

제1장 ATmega1281/2561의 구조와 기능

제2장 ATmega1281/2561의 내장 I/O 기능

제3장 *OK-1281/2561* 키트 및 개발 툴

제4장 어셈블리와 C언어 프로그래밍

제1장

ATmega1281/2561의 구조와 기능

1.1 AVR 마이크로콘트롤러의 개요

1.2 ATmega1281/2561의 기본 구조와 기능

1.3 ATmega1281/2561의 명령 세트

1.4 ATmega1281/2561의 기본 하드웨어

1.5 ATmega1281/2561의 인터럽트 처리

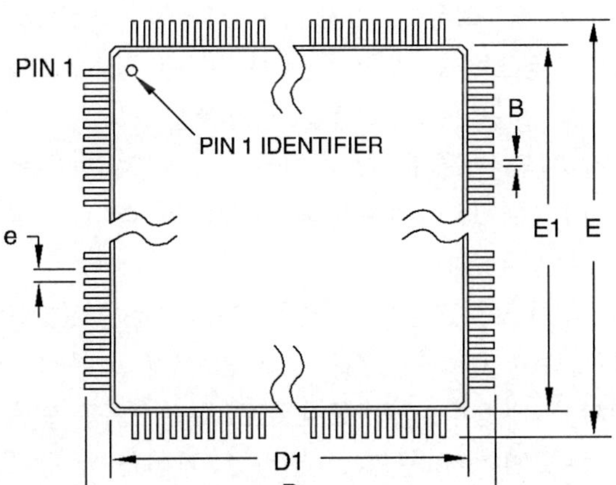

(Unit of Measure = mm)

SYMBOL	MIN	NOM	MAX
A	–	–	1.20
A1	0.05	–	0.15
A2	0.95	1.00	1.05
D	15.75	16.00	16.25
D1	13.90	14.00	14.10
E	15.75	16.00	16.25
E1	13.90	14.00	14.10
B	0.30	–	0.45
C	0.09	–	0.20
L	0.45	–	0.75
e	0.80 TYP		

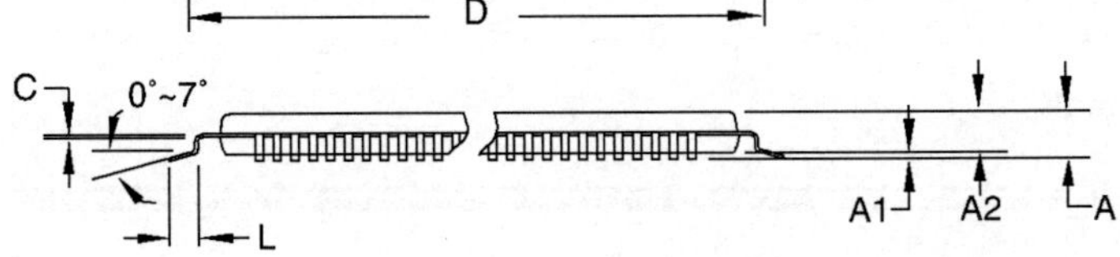

☞

이 장에서는 먼저 Atmel사의 AVR 시리즈 마이크로콘트롤러의 종류 및 특성을 개괄적으로 살펴보고, 그중에서 가장 성능이 높고 기능이 다양한 ATmega1281/2561에 대하여 공부를 시작한다.

이 책에서 우리가 목표로 하는 Atmel사의 8비트 RISC 마이크로콘트롤러인 ATmega1281/2561에 대하여는 외부 및 내부 구조에서부터 주요 기능, 메모리 구조, 사용하는 데이터 형식이나 명령어, 어드레싱 모드, 인터럽트 처리기능 등에 대하여 자세히 공부한다. ATmega1281/2561을 이용한 하드웨어 시스템을 설계하거나 이를 이용한 제어 프로그램을 작성하는데는 이번 장에서 설명하는 내용을 철저히 이해하는 것이 무엇보다도 중요하다.

ATmega1281/2561은 매우 다양한 I/O 기능을 내장하고 있는 마이크로콘트롤러인데, 이러한 I/O 기능들에 대하여는 여기서 설명하지 않고 제2장에서 별도로 취급한다.

대부분의 초보자들이 마이크로프로세서 또는 마이크로콘트롤러를 사용하는 기술이 어렵다고 말하는 것은 이러한 가장 기본적인 사항을 소홀히 하는데서 기인한다. 마이크로프로세서 응용기술은 CPU 소자를 포함하는 하드웨어에 관한 기본적인 지식을 바탕으로 소프트웨어를 자유자재로 구사하는 능력에 따라 좌우된다는 사실을 명심하라.

1.1 AVR 마이크로콘트롤러의 개요

이 절에서는 Atmel사 AVR 시리즈 마이크로콘트롤러의 탄생에서부터 발전과정, 종류 및 특징을 알아보기로 한다.

1. AVR 마이크로콘트롤러의 탄생 및 특징

AVR 시리즈 마이크로콘트롤러는 1984년에 창립된 미국의 Atmel사에서 1997년에 처음 발표한 8비트의 제어용 마이크로프로세서로서, 이는 Alf-Egil Bogen과 Vegard Wollan의 진보된 RISC 기술을 기반으로 설계되었다고 하여 이것들의 첫 글자를 따서 AVR이라고 명명된 것으로 알려져 있으며, 혹자는 Advanced Virtual RISC의 약어라고 말하기도 한다.

AVR은 프로그램 메모리와 데이터 메모리를 액세스하기 위한 버스를 독립적으로 사용하는 하버드 구조(Harvard Architecture)와 파이프라인 처리 방식을 기반으로 하는 RISC(Reduced Instruction Set Computer) 기술을 적용하여 매우 빠른 명령처리 속도를 자랑한다. 뿐만 아니라 AVR은 이를 Atmel사의 장점인 플래시 메모리(flash memory) 기술과 접목시켜 칩내에 프로그램 코드용으로 플래시 메모리를 내장하고 여기에 사용자 프로그램을 쉽게 다운로드할 수 있는 ISP(In-System Programming) 방식을 적용하였다. 이러한 장점 때문에 AVR은 가장 늦게 출시되었음에도 불구하고 그 당시 이미 시장을 상당 부분 지배하고 있던 8051 시리즈나 PIC 시리즈 마이크로콘트롤러를 능가하는 인기를 단시간내에 얻게 되었다.

이 때문에 Atmel사에서는 AVR 시리즈 마이크로콘트롤러를 AVR 플래시 마이크로콘트롤러라고 부르기도 하는데, 이것들의 주요 특징을 요약하면 다음과 같다.

① 명령어는 16비트 버스 폭의 하드웨어로 처리되지만, 데이터는 8비트 워드 길이를 기반으로 하는 특이한 8비트 마이크로콘트롤러이다.
② 진보된 RISC 구조와 파이프라인 처리 방식을 사용하여 소비전력이 매우 적으면서도 대부분의 명령을 단일 클록 사이클에 실행한다.
③ 누산기 중심형이 아니라 32개의 범용 레지스터를 가지는 레지스터 중심형 구조이

며, 단순한 어드레싱 모드와 간결한 프로그램 코드 사이즈를 가지도록 하는 등 C언어 프로그램에 매우 유리하도록 설계되었다.

④ 하버드 구조를 사용하여 프로그램 메모리와 데이터 메모리를 동시에 액세스할 수 있으므로 성능이 향상되었다.

⑤ 프로그램 메모리는 모델에 따라 1KB에서 256KB를 가지고 있는데, 이것은 모두 MCU 소자에 내장되므로 외부에는 프로그램 메모리를 접속할 수 없다.

⑥ 프로그램용의 내장 플래시 메모리에는 직렬통신 방식의 ISP 기능을 이용하여 사용자가 쉽게 프로그램을 다운로드할 수 있다. 이 플래시 메모리는 10,000번까지 반복하여 다시 프로그래밍하는 것이 가능하다.

⑦ 모델에 따라 64바이트에서 4KB까지 EEPROM을 내장하고 있어서 데이터 백업이 가능하다. 이 EEPROM은 100,000번까지 반복하여 프로그래밍하는 것이 가능하다.

⑧ 모델에 따라 데이터 메모리로서 64바이트에서 8KB까지 비교적 용량이 큰 SRAM을 내장하고 있다.

⑨ 모델에 따라 병렬 I/O 포트, 내장 시스템 클록 발진기, 8비트 타이머, 16비트 타이머, 워치독 타이머, UART 또는 USART, SPI, TWI, 아날로그 비교기, 10비트 A/D 컨버터, PWM 출력, RTC(Real Time Counter), BOD(Brown Out Detector) 등 매우 다양한 I/O 기능을 가지고 있다.

⑩ 외부에 버스를 가지는 모델에서는 이 외부 시스템 버스를 이용하여 데이터 메모리 또는 I/O 디바이스를 확장할 수 있다. 그러나, 프로그램 메모리는 확장하지 못한다.

⑪ 다양한 인터럽트 소스와 인터럽트 처리 기능을 가지고 있다.

⑫ 모델에 따라 약 90~135개 정도의 명령을 가지며, 고성능인 상위 모델에서는 하드웨어 곱셈기를 내장하고 있어서 2클록 사이클에 실행되는 곱셈 명령을 사용할 수 있다.

⑬ 슬립 모드라고 불리는 여러 가지의 파워절약 모드를 가지고 있다.

⑭ 다양한 응용 분야에 적합한 모델을 선택적으로 사용할 수 있도록 기능 및 성능에 따라 ATtiny, AT90, ATmega 등 3가지의 패밀리가 있다.

◀참고▶ AVR 시리즈 마이크로콘트롤러는 지금도 활발하게 개발중인 제품이기 때문에 어느 모델이 갑자기 단종되기도 하고 새로 출시되는 모델도 있다. 또한, 현재 판매되고 있는 모델에서도 사양의 변경이나 데이터 시트의 오류 수정이 매우 빈번하게 이루어지므로 사용자는 Atmel사에서 제공하는 데이터 시트나 기술 문헌을 자주 살펴볼 필요가 있다. 현재는 ATtiny 및 ATmega 패밀리의 2가지 기본 모델에 추가하여 LCD 구동, 배터리 관리, 조명제어, 모터제어, CAN 통신, USB 통신 등과 같은 특수 응용분야의 모델이 점차로 강화되는 추세이다.

2. AVR 마이크로콘트롤러의 종류

AVR 시리즈 마이크로콘트롤러는 적합한 응용분야에 사용될 수 있도록 기능 및 성능에 따라 크게 3가지의 기본 패밀리(family) 및 특수용으로 나누어진다.

▣ ATtiny 패밀리

이 패밀리는 tiny 패밀리라고도 하며, 모든 모델명이 ATtiny로 시작한다. 내부에 1KB~2KB의 플래시 메모리를 가지고 있으며, 대량으로 생산되는 간단한 응용분야에 사용하는 것을 겨냥하고 있으므로 가격이 낮고 기능이나 성능도 낮다. 따라서, 여기에 해당하는 모델들은 핀수가 8핀에서 28핀 정도이며 외형이 아주 작다. 이렇게 핀수가 적어지면 외부에 시스템 버스를 가지고 있지 않는 경우가 대부분이며, 외부에서 수정 발진자를 접속하는 것도 부담이 되므로 외부에는 클록 입력 단자가 없고 시스템 클록을 발생하는 전체 발진회로를 소자에 내장하는 경우도 있다.

▣ AT90 패밀리

이 패밀리는 classic 패밀리라고도 하며, 모든 모델명이 AT90으로 시작한다. 내부에 1KB~8KB의 플래시 메모리를 가지고 있으므로 고급언어로도 프로그램이 가능한 수준이며, 비교적 큰 512바이트 이하 정도의 EEPROM과 SRAM을 내장하고 있다. 당연히 ATtiny 패밀리에 비하여 규모가 큰 시스템에 적용하는 것을 겨냥하는 모델이며, 여기에 해당하는 모델들은 외형이 대체로 20핀에서 40핀 정도가 된다. 이 패밀리는 나머지 2가지 패밀리에 비하여 특징이나 장점이 뚜렷하지 않고, 따라서 시장성에서 우위를 차지하지 못하는 탓인지 현재는 대부분의 모델이 단종되었다.

▣ ATmega 패밀리

이 패밀리는 mega 패밀리라고도 하며, 모든 모델명이 ATmega로 시작한다. 내부에 8KB~256KB의 플래시 메모리를 가지고 있으며, 가장 규모가 크고 성능이 높은 응용분야에 사용하는 것을 겨냥하고 있으므로 가격이 꽤 높고 기능이나 성능도 높다. 따라서, 여기에 해당하는 모델들은 패키지도 28~100핀 정도로 핀수가 상당히 많다. 이 중에서 성능이 우수한 모델들은 20MHz 클록에서 20MIPS의 명령 처리속도를 갖는다. 내장하고 있는 플래시 메모리의 용량에 따라 기본 모델이 ATmega8, ATmega16, ATmega32, ATmega64, ATmega128, ATmega256 등으로 정착되어 가는 느낌이다.

〈표 1.1.1〉 AVR 마이크로콘트롤러의 종류 및 특징 요약

모델명	플래시 (KB)	EEPROM (Bytes)	SRAM (Bytes)	Vcc (V)	Fmax (MHz)	ISP 기능	Self Program Memory	명령 수	Max I/O (Pin)	인터럽트	외부 인터럽트	8비트 타이머	16비트 타이머	워치독
ATtiny11 ATtiny11L	1	-	-	4.0-5.5 2.7-5.5	6 2	-	-	90	6	4	2	1	-	○
ATtiny12 ATtiny12L ATtiny12V	1	64	-	4.0-5.5 2.7-5.5 1.8-5.5	8 4 1.2	○	-	90	6	5	2	1	-	○
ATtiny13/V	1	64	64	2.7-5.5	20	○	○	120	6	9	2	1	-	○
ATtiny15L	1	64	-	2.7-5.5	1.6	○	-	90	6	8	2	2	-	○
ATtiny2313/V	2	128	128	2.7-5.5	20	○	○	120	18	18	2	1	1	○
ATtiny24/V	2	128	128	2.7-5.5	20	○	○	120	12	17	3	1	1	○
ATtiny25/V	2	128	128	2.7-5.5	20	○	○	120	6	14	2	2	-	○
ATtiny26/L	2	128	128	4.5-5.5	16	○	-	118	16	11	2	2	-	○
ATtiny28L ATtiny28V	2	-	-	2.7-5.5 1.8-5.5	4 1.2	-	-	90	11+9	5	2	1	-	○
ATtiny44/V	4	256	256	2.7-5.5	20	○	○	120	12	17	3	1	1	○
ATtiny45/V	4	256	256	2.7-5.5	20	○	○	120	6	14	2	2	-	○
ATtiny84/V	8	512	512	2.7-5.5	20	○	○	120	12	17	3	1	1	○
ATtiny85/V	8	512	512	2.7-5.5	20	○	○	120	6	14	2	2	-	○
ATmega8515/L	8	512	512	4.5-5.5	16	○	○	130	32	16	3	1	1	○
ATmega8535/L	8	512	512	4.5-5.5	16	○	○	130	32	20	3	2	1	○
ATmega48/V	4	256	512	2.7-5.5	20	○	○	131	23	25	5	2	1	○
ATmega8/L	8	512	1024	4.5-5.5	16	○	○	130	23	18	2	2	1	○
ATmega88/V	8	512	1024	2.7-5.5	20	○	○	131	23	25	5	2	1	○
ATmega16/L	16	512	1024	4.5-5.5	16	○	○	131	32	20	3	2	1	○
ATmega162/V	16	512	1024	2.7-5.5	16	○	○	131	35	27	5	2	2	○
ATmega164/V	16	512	1024	2.7-5.5	20	○	○	131	32	31	7	2	1	○
ATmega165/V	16	512	1024	2.7-5.5	16	○	○	130	53	21	3	2	1	○
ATmega168/V	16	512	1024	2.7-5.5	20	○	○	131	23	25	5	2	1	○
ATmega32/L	32	1024	2048	4.5-5.5	16	○	○	130	32	20	3	2	1	○
ATmega324/V	32	1024	2048	2.7-5.5	20	○	○	131	32	31	7	2	1	○
ATmega325/V	32	1024	2048	2.7-5.5	16	○	○	130	53	22	3	2	1	○
ATmega3250/V	32	1024	2048	2.7-5.5	16	○	○	130	68	24	5	2	1	○
ATmega64/L	64	2048	4096	4.5-5.5	16	○	○	130	53	34	8	2	2	○
ATmega640/V	64	4096	8192	2.7-5.5	16	○	○	135	86	57	11	2	4	○
ATmega644/V	64	2048	4096	2.7-5.5	20	○	○	131	32	31	7	2	1	○
ATmega645/V	64	2048	4096	2.7-5.5	16	○	○	130	53	22	3	2	1	○
ATmega6450/V	64	2048	4096	2.7-5.5	16	○	○	130	68	24	5	2	1	○
ATmega128/L	128	4096	4096	4.5-5.5	16	○	○	133	53	34	8	2	2	○
ATmega1280/V	128	4096	8192	2.7-5.5	16	○	○	135	86	57	11	2	4	○
ATmega1281/V	128	4096	8192	2.7-5.5	16	○	○	135	54	48	11	2	4	○
ATmega2560/V	256	4096	8192	2.7-5.5	16	○	○	135	86	57	11	2	4	○
ATmega2561/V	256	4096	8192	2.7-5.5	16	○	○	135	54	48	11	2	4	○
ATmega169/V	16	512	1024	2.7-5.5	16	○	○	130	53	22	3	2	1	○
ATmega329/V	32	1024	2048	2.7-5.5	16	○	○	130	53	22	3	2	1	○
ATmega649/V	64	2048	4096	2.7-5.5	16	○	○	130	53	22	3	2	1	○
ATmega3290/V	32	1024	2048	2.7-5.5	16	○	○	130	68	24	5	2	1	○
ATmega6490/V	64	2048	4096	2.7-5.5	16	○	○	130	68	24	5	2	1	○
AT90PWM2	8	512	512	2.7-5.5	16	○	○	130	19	32	4	1	1	○
AT90PWM3	8	512	512	2.7-5.5	16	○	○	130	27	32	4	1	1	○
AT90CAN32	32	1024	2048	2.7-5.5	16	○	○	133	53	37	8	2	2	○
AT90CAN64	64	2048	4096	2.7-5.5	16	○	○	133	53	37	8	2	2	○
AT90CAN128	128	4096	4096	2.7-5.5	16	○	○	133	53	37	8	2	2	○
AT90USB646	64	2048	4096	2.7-5.5	16	○	○	135	48	38	9	2	2	○
AT90USB647	64	2048	4096	2.7-5.5	16	○	○	135	48	38	9	2	2	○
AT90USB1286	128	4096	8192	2.7-5.5	16	○	○	135	48	38	9	2	2	○
AT90USB1287	128	4096	8192	2.7-5.5	16	○	○	135	48	38	9	2	2	○

☞ 현재 Atmel에서 단종한 모델들은 이 표에 나타내지 않았음.

☞ 모델명의 끝이 L인 것은 동작전압이 2.7~5.5V이고 주파수 범위는 기본 모델의 1/2로 낮아짐.

<표 1.1.1> AVR 마이크로콘트롤러의 종류 및 특징 요약(계속)

모델명	UART	SPI	TWI	10비트 A/D (채널)	아날로그 비교기	PWM (채널)	RTC	Brown Out Detector	하드웨어 곱셈기	내장 발진기	패 키 지	
ATtiny11 ATtiny11L	-	-	-	-	○	-	-	-	-	○	8핀 DIP,8핀 SOIC	
ATtiny12 ATtiny12L ATtiny12V	-	-	-	-	○	-	-	○	-	○	8핀 DIP,8핀 SOIC	
ATtiny13/V	-	-	-	4	○	2	-	○	-	○	8핀 DIP,8핀 SOIC	
ATtiny15L	-	-	-	4	○	1	-	○	-	○	8핀 DIP,8핀 SOIC	
ATtiny2313/V	-	USI	USI	-	○	4	-	○	-	○	20핀 DIP,20핀 SOIC,32핀 MLF	
ATtiny24/V	-	USI	USI	8	○	4	○	○	-	○	14핀 DIP,14핀 SOIC,20핀 MLF	
ATtiny25/V	-	USI	USI	4	○	4	○	○	-	○	8핀 DIP,8핀 SOIC	
ATtiny26/L	-	USI	USI	11	○	2	-	○	-	○	20핀 DIP,20핀 SOIC,32핀 MLF	
ATtiny28L ATtiny28V	-	-	-	-	○	-	-	-	-	○	28핀 DIP,32핀 TQFP,32핀 MLF	
ATtiny44/V	-	USI	USI	8	○	4	○	○	-	○	14핀 DIP,14핀 SOIC,20핀 MLF	
ATtiny45/V	-	USI	USI	4	○	4	○	○	-	○	8핀 DIP,8핀 SOIC	
ATtiny84/V	-	USI	USI	8	○	4	○	○	-	○	14핀 DIP,14핀 SOIC,20핀 MLF	
ATtiny85/V	-	USI	USI	4	○	4	○	○	-	○	8핀 DIP,8핀 SOIC	
ATmega8515/L	1	1	-	-	○	3	-	○	○	○	40핀 DIP,44핀 PLCC,44핀 TQFP	★
ATmega8535/L	1	1	1	8	○	4	○	○	○	○	40핀 DIP,44핀 PLCC,44핀 TQFP	
ATmega48/V	1	1	1	8/6	○	6	○	○	○	○	28핀 DIP,32핀 TQFP,32핀 MLF	
ATmega8/L	1	1	1	8	○	3	○	○	○	○	28핀 DIP,32핀 TQFP,32핀 MLF	
ATmega88/V	1	1	1	8/6	○	6	○	○	○	○	28핀 DIP,32핀 TQFP,32핀 MLF	
ATmega16/L	1	1	1	8	○	4	○	○	○	○	40핀 DIP,44핀 TQFP,44핀 MLF	
ATmega162/V	2	1	-	-	○	6	○	○	○	○	40핀 DIP,44핀 TQFP,44핀 MLF	★
ATmega164/V	2	1	1	8	○	6	○	○	○	○	40핀 DIP,44핀 TQFP,44핀 MLF	
ATmega165/V	1	1+USI	USI	8	○	4	○	○	○	○	64핀 TQFP,64핀 MLF	
ATmega168/V	1	1	1	8/6	○	6	○	○	○	○	28핀 DIP,32핀 TQFP,32핀 MLF	
ATmega32/L	1	1	1	8	○	4	○	○	○	○	40핀 DIP,44핀 TQFP,44핀 MLF	
ATmega324/V	2	1	1	8	○	6	○	○	○	○	40핀 DIP,44핀 TQFP,44핀 MLF	
ATmega325/V	1	1+USI	USI	8	○	4	○	○	○	○	64핀 TQFP,64핀 MLF	
ATmega3250/V	1	1+USI	USI	8	○	4	○	○	○	○	100핀 TQFP	
ATmega64/L	2	1	1	8	○	8	○	○	○	○	64핀 TQFP,64핀 MLF	★
ATmega640/V	4	1	1	16	○	16	○	○	○	○	100핀 TQFP	★
ATmega644/V	2	1	1	8	○	6	○	○	○	○	40핀 DIP,44핀 TQFP,44핀 MLF	
ATmega645/V	1	1+USI	USI	8	○	4	○	○	○	○	64핀 TQFP,64핀 MLF	
ATmega6450/V	1	1+USI	USI	8	○	4	○	○	○	○	100핀 TQFP	
ATmega128/L	2	1	1	8	○	8	○	○	○	○	64핀 TQFP,64핀 MLF	★
ATmega1280/V	4	1	1	16	○	16	○	○	○	○	100핀 TQFP	★
ATmega1281/V	2	1	1	8	○	9	○	○	○	○	64핀 TQFP,64핀 MLF	★
ATmega2560/V	4	1	1	16	○	16	○	○	○	○	100핀 TQFP	★
ATmega2561/V	2	1	1	8	○	9	○	○	○	○	64핀 TQFP,64핀 MLF	★
ATmega169/V	1	1+USI	USI	8	○	4	○	○	○	○	64핀 TQFP,64핀 MLF (4×25 세그먼트)	LCD 드라이버
ATmega329/V	1	1+USI	USI	8	○	4	○	○	○	○		
ATmega649/V	1	1+USI	USI	8	○	4	○	○	○	○		
ATmega3290/V	1	1+USI	USI	8	○	4	○	○	○	○	100핀 TQFP (4×40 세그먼트)	
ATmega6490/V	1	1+USI	USI	8	○	4	○	○	○	○		
AT90PWM2	1	1	-	8	○	7	○	○	○	○	24핀 SOIC	PWM 콘트롤러
AT90PWM2	1	1	-	11	○	10	○	○	○	○	32핀 SOIC,32핀 MLF	
AT90CAN32	2	1	1	8	○	8	○	○	○	○	64핀 LQFP,64핀 MLF	CAN 2.0 콘트롤러 ★
AT90CAN64	2	1	1	8	○	8	○	○	○	○	64핀 LQFP,64핀 MLF	
AT90CAN128	2	1	1	8	○	8	○	○	○	○	64핀 TQFP,64핀 QFN	
AT90USB646	1	1	1	8	○	8	○	○	○	○	64핀 MLF	USB 2.0 콘트롤러 ★
AT90USB647	1	1	1	8	○	8	○	○	○	○	64핀 TQFP,64핀 MLF	
AT90USB1286	1	1	1	8	○	8	○	○	○	○	64핀 MLF	
AT90USB1287	1	1	1	8	○	8	○	○	○	○	64핀 TQFP,64핀 MLF	

★는 외부 시스템 버스를 통하여 데이터 메모리 및 I/O를 위한 어드레스 확장이 가능한 모델을 나타냄.

☞ 모델명의 끝이 V인 것은 동작전압이 1.8~5.5V이고 주파수 범위는 기본 모델의 1/2로 낮아짐.

AVR 시리즈 플래시 마이크로콘트롤러의 주요 모델들과 그것들의 특징을 요약하여 <표 1.1.1>에 보였다. AVR 모델들 중에는 출시되었다가 이미 단종되어 사라진 모델들도 상당히 많은데 이러한 것들은 일일이 이 표에 나타내지 않았다.

◀휴게실▶ CPU에서 레지스터 중심구조와 하버드 구조

종래의 CISC(Complex Instruction Set Computer)형 마이크로프로세서에서 연산을 비롯한 대부분의 명령처리는 누산기(accumulator)를 중심으로 수행되었다. 예를 들어 연산명령을 수행할 때 ALU에 입력되는 오퍼랜드 중의 하나는 항상 누산기이며, 그 연산의 결과도 반드시 누산기에 저장된다. 그러나, 이러한 방식에서는 연산명령이 많거나 빠른 처리를 위해서는 누산기에서의 병목현상이 장애가 된다. 이를 해결하기 위하여 현재의 마이크로프로세서들은 모든 레지스터들을 누산기처럼 사용할 수 있는 레지스터 중심 구조를 채택하는 사례가 늘어나고 있으며, 따라서 대부분의 고성능 RISC 마이크로프로세서와 DSP들은 이 방식을 채택하고 있다. 레지스터 중심 구조에서는 R_0~R_n의 모든 사용자 범용 레지스터가 ALU의 입력 또는 출력으로 사용될 수 있어서 처리속도가 향상되고 프로그래밍이 용이해진다. 이러한 레지스터 중심 구조의 마이크로프로세서는 C언어로 프로그래밍할 때 특히 그 진가가 발휘된다. 왜냐하면 C컴파일러에서는 함수 호출시에 많은 파라미터들을 사용하며 함수내에서 많은 변수들을 사용하는데, 이것들을 데이터 메모리인 SRAM이 아니라 레지스터로 처리하면 그만큼 CPU의 처리속도가 빨라지고 프로그램의 코드 사이즈도 줄어들기 때문이다. 따라서, 오늘날은 임베디드 시스템 분야에서도 응용 프로그램을 C언어로 작성하는 경우가 상당히 많으므로 이에 유리하도록 마이크로콘트롤러도 대부분 레지스터 중심구조를 채택하는 경향이 있다.

한편, 마이크로프로세서는 명령코드를 프로그램 메모리에서 인출하여 명령 레지스터에 저장하고나서 실행한다. 프로그램 실행중에 사용되는 오퍼랜드 데이터나 프로그램 실행으로 발생되는 데이터는 내부 레지스터나 데이터 메모리로부터 읽어들이거나 또는 저장한다. 따라서, 이와 같이 프로그램의 명령코드와 데이터는 그 저장 장소와 이동 경로가 다른데도 불구하고 종래의 마이크로프로세서에서는 1개의 데이터 버스를 공통으로 사용하므로 버스의 병목현상(Von Neumann Bottleneck)이 발생한다. 이러한 단점을 개선하고 CPU의 처리속도를 높이기 위하여 시스템의 어드레스 버스와 데이터 버스를 각각 프로그램용과 데이터용으로 분리한 것을 하버드 구조라고 하며, 오늘날 대부분의 고성능 RISC 마이크로프로세서와 DSP들은 이 방식을 채택하고 있다. 이와 같은 하버드 구조의 마이크로프로세서에서는 당연히 명령 캐시와 데이터 캐시를 별도로 사용한다. 그런데, 이와 같이 하버드 구조로 마이크로프로세서를 설계하면 매우 많은 외부 핀이 필요하다. 따라서, 외부의 버스는 프로그램용과 데이터용을 1가지로 사용하여 핀수를 줄이고 내부의 버스에서만 이를 분리하는 **수정된 하버드 구조**를 채택하는 경우가 많다. 그러나, AVR의 경우에는 프로그램 메모리가 항상 CPU의 안에 내장되어 있고 밖에는 데이터 메모리만을 확장할 수 있게 되어 있으므로 외부로 2가지의 시스템 버스가 나와야 할 필요가 없게 된다.

이상에서 살펴보았듯이 고성능 마이크로프로세서들은 기본적인 RISC 구조에다 하버드 구조 및 레지스터 중심 구조를 함께 가지는 특징이 있는데, 이것들의 중요한 특징을 요약하면 다음과 같다.

- CPU가 모든 명령을 하드웨어적으로 해독하여 실행한다.
- 파이프라인 처리방식을 사용하여 대부분의 명령을 1클록 사이클 이내에 실행한다.
- 명령어 구조가 단순하고 수가 상당히 적다.(일반적으로 128종 이하)
- 명령어 형식의 종류가 적다.(일반적으로 4종 이하)
- 명령어에서 주소지정방식의 종류가 적다.(일반적으로 4종 이하)
- 명령어 길이가 워드 및 데이터 버스폭과 같은 길이로 통일되어 있다.
- 범용 레지스터의 수가 많다.(일반적으로 32개 이상)
- 대부분의 연산명령은 범용 레지스터를 중심으로 동작한다.

◀휴게실▶ **마이크로프로세서와 마이크로콘트롤러**

(1) 마이크로프로세서

마이크로프로세서(microprocessor, 간단히 μP로 표기)는 컴퓨터의 中央處理裝置(Central Processing Unit ; CPU)를 단일 IC 칩에 집적시켜 만든 반도체 소자로서, 이것은 1971년에 미국의 Intel사에 의하여 세계 최초로 만들어졌으며 오늘날은 이를 흔히 MPU(MicroProcessor Unit)라고 부르기도 한다.

즉, 마이크로프로세서는 CPU의 여러 형태 중에서 1개의 소자로 만들어진 종류이므로, 모든 마이크로프로세서는 CPU이지만 모든 CPU가 곧 마이크로프로세서인 것은 아니다. 그러나, 이를 MPU라고 부를 때는 이것이 곧 마이크로프로세서를 의미한다. 이것은 일반 컴퓨터의 중앙처리장치에서 주기억장치를 제외한 연산장치, 제어장치 및 각종 레지스터들을 단지 1개의 IC 소자에 집적시킨 것이므로 연산, 제어, 판단, 기억, 계시(計時), 프로그램에 의한 처리 등의 기본적인 처리기능은 일반 중대형 컴퓨터의 CPU에 비하여 별로 다를 바가 없다.

이 같은 마이크로프로세서를 CPU로 사용하여 만든 소형 컴퓨터를 마이크로컴퓨터(microcomputer)라고 한다. 이에 비하여 미니컴퓨터 이상의 중대형 컴퓨터에서는 CPU를 많은 소자를 사용하여 전용으로 설계하게 된다. 마이크로컴퓨터에서처럼 마이크로프로세서를 사용하여 컴퓨터를 설계하면 CPU가 하나의 IC 소자로 간단히 구성되므로 전체 시스템이 소형경량화(小形輕量化)되고, 소비전력이 적어지며, 가격이 낮아질 뿐만 아니라 부품수가 적어서 시스템의 신뢰성이 높아지는 등의 장점을 갖는다.

(2) 마이크로콘트롤러

마이크로프로세서 중에 1개의 칩내에 CPU 기능은 물론이고 일정한 용량의 메모리(ROM, RAM 등)와 입출력 제어 인터페이스 회로까지를 내장한 것을 특별히 마이크로콘트롤러(microcontroller)라고 부른다. 이것은 마이크로프로세서가 널리 사용되기 시작하면서 1970년대 중반부터 나타난 형태로서 범용의 목적보다는 기기 제어용에 주로 사용되므로 붙여진 이름이며, 이는 1개의 소자만으로 완전한 하나의 컴퓨터 시스템 기능을 갖추고 있으므로 "단일 칩 마이크로컴퓨터(single-chip microcomputer)"라고도 부른다.

제어 응용 시스템에 마이크로콘트롤러를 사용하게 되면 범용 마이크로프로세서나 하드웨어 배선 논리를 사용하는데 비하여 다음과 같은 장점을 얻을 수 있다.

① 제품이 소형경량화된다. 시스템의 콘트롤러 부분이 마이크로콘트롤러 LSI 1개와 극히 소수의 외부 소자들로 간단히 구성되므로 크기와 무게가 현저히 줄어들고 소비전력도 적어진다.
② 제품의 가격이 싸진다. 콘트롤러 부분이 단순화됨에 따라 부품비, 제작비, 개발비가 감소되고, 개발기간도 단축된다.
③ 시스템의 신뢰성이 향상된다. 콘트롤러가 단순화되어 부품수가 적어지고 신뢰도가 높은 소자를 사용하므로 고장률이 감소하며 유지보수가 용이해진다.
④ 시스템의 융통성이 커진다. 하드웨어에 의존하는 부분을 소프트웨어로 처리할 수 있게 되므로 기능의 변경이나 확장에 보다 유연하게 대응할 수 있다.

종래의 마이크로콘트롤러는 CPU 기능에다 한정된 용량의 메모리(기본적으로 SRAM을 가지고 있으며 EPROM, OTP ROM, 또는 플래시 메모리를 함께 내장하는 모델도 있음)와 인터럽트 제어기, 직렬 및 병렬 인터페이스, 타이머/카운터 등을 내장하는 정도에 불과하였으나, 최근에는 DMA 제어기와 같은 고성능의 I/O 기능, 고속의 직렬통신 기능, A/D 컨버터, PWM 출력, PLL 회로 등을 내장하여 각종 제어 시스템에 사용하기에 보다 편리해지고 있다.

이와 같이 오늘날의 마이크로콘트롤러는 각 응용분야에 적합하도록 여러 반도체 회사에서 매우 많은 종류가 시리즈로 개발 사용되고 있으며, 범용 마이크로프로세서를 지칭하는 MPU와 구별하여 MCU (MicroController Unit 또는 MicroComputer Unit)라고 부르기도 한다.

보통 넓은 의미에서 그냥 마이크로프로세서라고 하면 범용 마이크로프로세서(MPU)는 물론이고 마이크로콘트롤러(MCU)나 RISC 프로세서, DSP 등 CPU의 기능을 갖는 반도체 소자를 모두 지칭하는 포괄적인 개념이 된다.

1.2 ATmega1281/2561의 기본 구조와 기능

이 절에서는 AVR 시리즈 마이크로콘트롤러 중에서도 이제부터 우리가 공부하려는 고성능 ATmega1281/2561의 특징, 외부 및 내부 구조, 전반적인 기능 등에 대하여 설명한다.

1. ATmega1281/2561의 특징

ATmega1281/2561을 중심으로 AVR 계열에 속하는 마이크로콘트롤러들의 특징을 요약하면 다음과 같다.

① 고성능이면서 저소비전력형의 8비트 마이크로콘트롤러이다.
② 진보된 RISC 구조를 사용하여 16MHz에서 평균적으로 16MIPS의 명령처리 속도를 나타낸다.
③ 135종의 명령 세트를 가지며, 이것들 중의 대부분은 1클록 사이클에 실행된다.
④ 32개의 8비트 범용 작업 레지스터를 가지며, 이밖에 2사이클에 실행되는 곱셈기와 많은 I/O 제어용 레지스터를 가지고 있다.
⑤ 128KB/256KB의 ISP 방식 프로그램용 플래시 메모리를 가지고 있으며, 이것은 10,000번까지 지우고 다시 쓸 수 있다. ISP를 수행하기 위한 전용 SPI 통신 인터페이스 핀 PDI, PDO, SCK를 가지고 있다.
⑥ 4KB의 데이터 저장용 EEPROM을 가지고 있으며, 이것은 100,000번까지 지우고 다시 쓸 수 있다.
⑦ 8KB의 데이터 저장용 SRAM을 가지고 있다.
⑧ 외부에 약 56KB의 데이터 메모리를 인터페이스할 수 있다. memory-mapped I/O 방식을 사용하므로 외부 I/O도 이 데이터 메모리 영역에 접속하여 사용한다.
⑨ 내장 메모리의 프로그래밍과 온칩 디버그 기능을 수행하기 위하여 JTAG(IEEE Standard 1149.1) 인터페이스 기능을 가진다.
⑩ 시스템 클록을 발생하는 내부 RC 오실레이터 회로를 가지고 있으며, 또한 외부에 크리스탈이나 세라믹 레조네이터를 접속할 수 있는 발진회로도 내장하고 있다.

⑪ 6개의 8비트 병렬 I/O 포트 및 1개의 6비트 병렬 I/O 포트를 가지고 있다.
⑫ 2개의 8비트 타이머/카운터(0, 2)와 4개의 16비트 타이머/카운터(1, 3, 4, 5)를 가지고 있다. 이들 타이머/카운터는 3개의 8비트 PWM 출력, 6개의 2~16비트 PWM 출력, 출력비교 단자 등과 관련되어 동작한다.
⑬ 8채널 10비트 A/D 컨버터를 가지고 있다.
⑭ 2개의 전이중 통신이 가능한 USART 직렬통신 포트를 가지고 있다.
⑮ SPI 및 TWI 직렬통신 포트를 가지고 있다.
⑯ 아날로그 비교기를 가지고 있다.
⑰ 리셋 벡터와 11개의 외부 인터럽트를 포함하여 총 57개의 인터럽트 벡터를 가지고 있다.
⑱ 슬립 모드로서 6개의 파워 절약 모드를 가지고 있다.
⑲ 64핀 TQFP(Thin Quad Flat Package) 또는 64핀 MLF(Micro Lead Frame) 패키지가 있다.
⑳ ATmega1281/2561은 4.5~5.5V의 전원 전압에서 0~16MHz의 시스템 클록으로 동작(ATmega1281은 2.7~5.5V에서 0~16MHz로 동작)하며, ATmega1281V/2561V는 2.7~5.5V/0~8MHz 또는 1.8~5.5V/0~4MHz로 동작(ATmega2561V는 1.8~5.5V/0~2MHz로 동작)한다.
㉑ ATmega1281/2561은 모두 산업용(industrial) 버전으로서 -40℃~+85℃의 온도 범위에서 사용할 수 있다.

ATmega640/1280/1281/2560/2561은 그 이전에 개발된 ATmega128에서 사용하기가 불편하였던 일부 내부 구조를 수정하고 기본 사양을 통일하여 이들 사이에는 소프트웨어적인 호환성을 가질 수 있도록 설계하였다. 단, ATmega640/1280/2560은 100핀짜리 패키지로 되어 있고 ATmega1281/2561은 64핀짜리 패키지로 되어 있으므로 이들 사이에는 I/O 기능에 약간의 차이가 있다. 이 책에서는 64핀짜리 패키지로 되어 있는 ATmega1281/2561을 중심으로 설명하며, 제3장과 제4장에서 사용하는 *OK-1281/2561* 키트도 이들 2개의 모델에 대하여 공용으로 사용할 수 있다. 실제로 ATmega1281과 ATmega2561은 플래시 메모리의 용량이 128KB와 256KB로 다른 것을 제외하고는 모든 점에서 기능적으로 같다. 따라서, 이 책에서 ATmega2561에 대하여 설명한 내용은 모두 ATmega1281에도 그대로 적용된다.

이미 널리 사용되는 ATmega128과 새로 나온 ATmega640/1280/1281/2560/2561 등 고성능 AVR 모델의 주요 사양을 비교 정리하여 보면 <표 1.2.1>과 같다.

〈표 1.2.1〉 고성능 AVR 마이크로콘트롤러의 주요 사양 비교

	ATmega128	ATmega1281	ATmega2561	ATmega640	ATmega1280	ATmega2560
패키지	64핀 TQFP 64핀 MLF	64핀 TQFP 64핀 MLF	64핀 TQFP 64핀 MLF	100핀 TQFP 100핀 MLF 100핀 CBGA	100핀 TQFP 100핀 MLF 100핀 CBGA	100핀 TQFP 100핀 MLF 100핀 CBGA
플래시 메모리	128KB	128KB	256KB	64KB	128KB	256KB
EEPROM	4KB	4KB	4KB	4KB	4KB	4KB
SRAM	4KB (0x0100~0x10FF)	8KB (0x0200~0x21FF)	8KB (0x0200~0x21FF)	8KB (0x0200~0x21FF)	8KB (0x0200~0x21FF)	8KB (0x0200~0x21FF)
범용 레지스터	32개 R0~R31 (0x0000~0x001F)	32개 R0~R31 (0x0000~0x001F)	32개 R0~R31 (0x0000~0x001F)	32개 R0~R31 (0x0000~0x001F)	32개 R0~R31 (0x0000~0x001F)	32개 R0~R31 (0x0000~0x001F)
I/O 레지스터	64개 (0x0020~0x005F)	64개 (0x0020~0x005F)	64개 (0x0020~0x005F)	64개 (0x0020~0x005F)	64개 (0x0020~0x005F)	64개 (0x0020~0x005F)
확장 I/O 레지스터	160개 (0x0060~0x00FF)	416개 (0x0060~0x01FF)	416개 (0x0060~0x01FF)	416개 (0x0060~0x01FF)	416개 (0x0060~0x01FF)	416개 (0x0060~0x01FF)
범용 I/O 핀	53	54	54	86	86	86
병렬 I/O 포트	A,B,C,D,E,F G(5핀)	A,B,C,D,E,F G(6핀)	A,B,C,D,E,F G(6핀)	A,B,C,D,E,F G(6핀) H,J,K,L	A,B,C,D,E,F G(6핀) H,J,K,L	A,B,C,D,E,F G(6핀) H,J,K,L
USART 채널	2	2	2	4	4	4
A/D 채널	8	8	8	16	16	16
8비트 타이머	2(0=RTC, 2)	2(0, 2=RTC)	2(0, 2=RTC)	2(0, 2=RTC)	2(0, 2=RTC)	2(0, 2=RTC)
16비트 타이머	2(1, 3)	2(1, 3)	2(1, 3)	4(1, 3, 4, 5)	4(1, 3, 4, 5)	4(1, 3, 4, 5)
8비트 PWM	2	3	3	4	4	4
16비트 PWM	6	6	6	12	12	12
BOD 전압[V]	2.6/4.0	1.8/2.7/4.3	1.8/2.7/4.3	1.8/2.7/4.3	1.8/2.7/4.3	1.8/2.7/4.3
A/D 내부 전압[V]	2.56	1.1/2.56	1.1/2.56	1.1/2.56	1.1/2.56	1.1/2.56
아날로그 비교기 기준전압[V]	1.23	1.1	1.1	1.1	1.1	1.1
명령수	133	135 (EIJMP 및 EICALL 명령이 추가됨)				
프로그램 카운터	2바이트	2바이트	3바이트	2바이트	2바이트	3바이트
기타	ATmega103 호환기능	-PEN 단자가 없어짐		다운로드 전용 신호인 PDI 및 PDO가 없어지고 MOSI 및 MISO를 사용함		

◀휴게실▶ **"마이컴"이라는 기술용어는 없다**

마이크로콘트롤러를 MCU, 단일칩 마이크로컴퓨터, 임베디드 콘트롤러 등으로 부르는 것은 모두 그 나름의 타당성이 있다. 그런데, 요즈음 일부 웹사이트나 아마추어들이 아무 근거도 없이 이를 "마이컴"이라고 부르는 경향이 있는데 이는 올바른 기술용어가 아니므로 이제부터는 사용하지 말았으면 한다. 이렇게 부르는 사람들은 아마 마음속에 "마이크로컴퓨터"라는 용어를 연상하는 듯하지만 원래 마이크로컴퓨터는 마이크로콘트롤러와는 서로 별로 관계가 없는 전혀 다른 뜻이며, 또한 "마이컴"이 "단일칩 마이크로컴퓨터(single-chip **mi**cro**com**puter)"의 준말이라고 한다면 이는 지나친 비약이다. 이것을 좀 더 따져보면 일본식 조어에서 왔을 가능성이 크다. 일본에서는 퍼스널컴퓨터(パーソナル コンピュータ)를 퍼스컴(パソコン)으로 줄여 사용했듯이 단일칩 마이크로컴퓨터(ワンチップ **マイ**クロ**コン**ピュータ ; 완찌부 마이꾸로꼼퓨따) 또는 마이크로콘트롤러(**マイ**クロ**コン**トローラ ; 마이꾸로꼰또로라)를 짧게 줄여서 マイコン이라고 사용하는 경우가 많은데, 일본어에서는 ㄴ받침과 ㅁ받침이 분명하게 구분되지 않으므로 이것이 "마이꼰" 또는 "마이꼼"에 가깝게 발음되며 이를 우리나라 사람들이 머리속에 마이크로컴퓨터라는 용어를 잘못 연상하면서 "마이컴"으로 받아들이게 된 것이 아닌가 추측된다.

공학이나 기술 분야에서는 용어가 매우 중요하다. 물론 용어도 시대에 따라 변할 수는 있는 것이지만 합리적 근거를 갖지 않은 용어를 잘못 사용하면 서로 의사소통에 문제가 발생할 수 있는 것은 물론이고 자신의 무지를 외부에 드러내는 결과가 된다.

2. ATmega1281/2561의 외부 구조

ATmega1281/2561 모델은 64핀의 TQFP 패키지와 64핀의 MLF 패키지가 있으며, ATmega640/1280/2560 모델은 100핀의 TQFP 패키지와 100핀의 MLF 패키지가 있다. MLF형은 PCB의 면적을 적게 차지하는 것이 장점이지만, 수동으로 납땜해야 하는 아마추어들에게는 TQFP형이 보다 적합한데 이것들의 외부 핀 배열은 <그림 1.2.1> (a) 및 <그림 1.2.1> (b)와 같고, 각 핀의 기능을 요약하면 <표 1.2.2>와 같다.

64핀 TQFP 패키지의 실제 모양과 크기는 9페이지의 그림에 보였다. 그러나, MLF형의 경우에도 패키지 모양만 다를 뿐이고 핀 번호와 기능은 이와 동일하다.

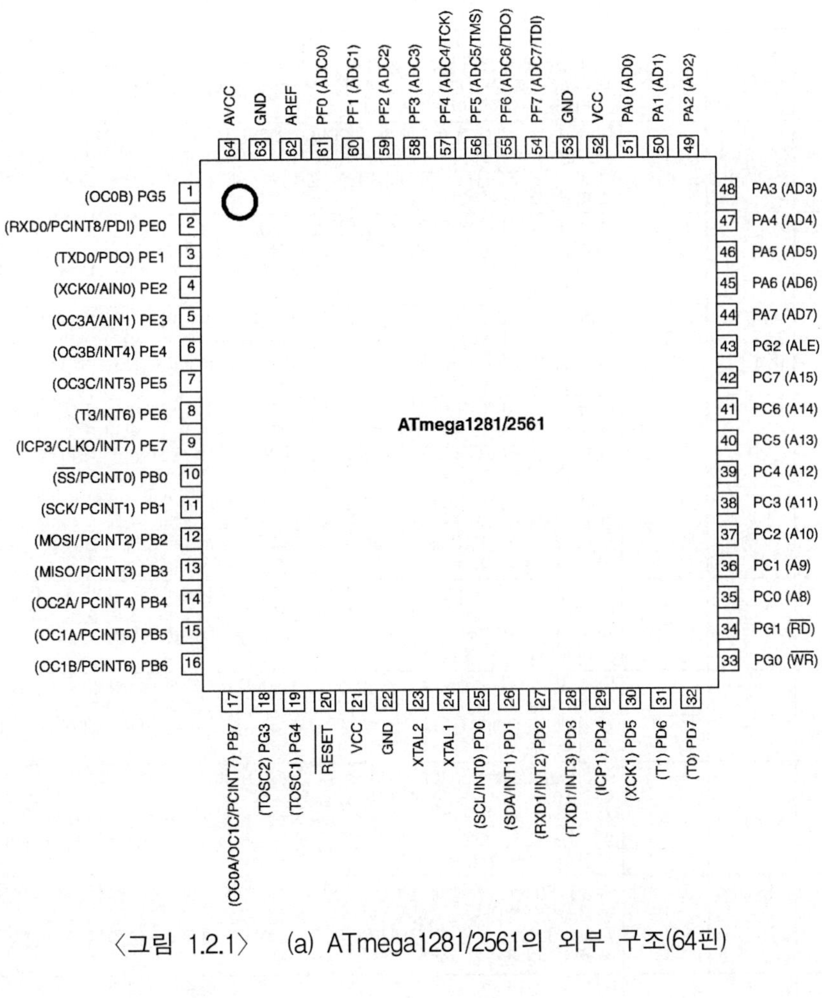

〈그림 1.2.1〉 (a) ATmega1281/2561의 외부 구조(64핀)

〈표 1.2.2〉 ATmega1281/2561 및 ATmega640/1280/2560 외부 핀의 기능 요약

신호 이름	핀번호		기 능
	64핀	100핀	
PA0(AD0)~PA7(AD7)	51~44	78~71	Port A : 내부적으로 풀업(20kΩ~50kΩ)된 8비트 양방향 병렬 포트이다. DDRA 레지스터를 이용하여 포트를 출력 또는 입력으로 설정하며, 출력 데이터는 PORTA 레지스터를 통하여 출력하고 입력 데이터는 PINA 레지스터를 통하여 읽는다. 이것은 외부 데이터 메모리를 액세스하기 위한 데이터 버스 및 하위 어드레스 버스가 시분할다중화되어 사용되기도 하는데, 이 경우 어드레스 버스는 ALE 신호에 의하여 분리된다.
PB0~PB7	10~17	19~26	Port B : 내부적으로 풀업(20kΩ~50kΩ)된 8비트 양방향 병렬 포트이다. DDRB 레지스터를 이용하여 포트를 출력 또는 입력으로 설정하며, 출력 데이터는 PORTB 레지스터를 통하여 출력하고 입력 데이터는 PINB 레지스터를 통하여 읽는다.
PC0(A8)~PC7(A15)	35~42	53~60	Port C : 내부적으로 풀업(20kΩ~50kΩ)된 8비트 양방향 병렬 포트이다. DDRC 레지스터를 이용하여 포트를 출력 또는 입력으로 설정하며, 출력 데이터는 PORTC 레지스터를 통하여 출력하고 입력 데이터는 PINC 레지스터를 통하여 읽는다. 이것은 외부 데이터 메모리를 액세스하기 위한 16비트 어드레스 중에서 상위 8비트 어드레스 버스로도 사용된다. 따라서, 전체적으로 외부 메모리 영역은 2^{16} = 65536개의 번지 지정이 가능하며, 이중에 내부에서 사용하는 일부 영역은 제외된다.
PD0~PD7	25~32	43~50	Port D : 내부적으로 풀업(20kΩ~50kΩ)된 8비트 양방향 병렬 포트이다. DDRD 레지스터를 이용하여 포트를 출력 또는 입력으로 설정하며, 출력 데이터는 PORTD 레지스터를 통하여 출력하고 입력 데이터는 PIND 레지스터를 통하여 읽는다.
PE0~PE7	2~9	2~9	Port E : 내부적으로 풀업(20kΩ~50kΩ)된 8비트 양방향 병렬 포트이다. DDRE 레지스터를 이용하여 포트를 출력 또는 입력으로 설정하며, 출력 데이터는 PORTE 레지스터를 통하여 출력하고 입력 데이터는 PINE 레지스터를 통하여 읽는다.
PF0~PF7	61~54	97~90	Port F : 내부적으로 풀업(20kΩ~50kΩ)된 8비트 양방향 병렬 포트이다. DDRF 레지스터를 이용하여 포트를 출력 또는 입력으로 설정하며, 출력 데이터는 PORTF 레지스터를 통하여 출력하고 입력 데이터는 PINF 레지스터를 통하여 읽는다.
PG0~PG5	33,34,43,18,19,1	51,52,70,28,29,1	Port G : 내부적으로 풀업(20kΩ~50kΩ)된 6비트 양방향 병렬 포트이다. DDRG 레지스터를 이용하여 포트를 출력 또는 입력으로 설정하며, 출력 데이터는 PORTG 레지스터를 통하여 출력하고 입력 데이터는 PING 레지스터를 통하여 읽는다.
PH0~PH7		12~18,27	Port H : 내부적으로 풀업(20kΩ~50kΩ)된 8비트 양방향 병렬 포트이다. DDRH 레지스터를 이용하여 포트를 출력 또는 입력으로 설정하며, 출력 데이터는 PORTH 레지스터를 통하여 출력하고 입력 데이터는 PINH 레지스터를 통하여 읽는다.
PJ0~PJ7		63~69,79	Port J : 내부적으로 풀업(20kΩ~50kΩ)된 8비트 양방향 병렬 포트이다. DDRJ 레지스터를 이용하여 포트를 출력 또는 입력으로 설정하며, 출력 데이터는 PORTJ 레지스터를 통하여 출력하고 입력 데이터는 PINJ 레지스터를 통하여 읽는다.
PK0~PK7		89~82	Port K : 내부적으로 풀업(20kΩ~50kΩ)된 8비트 양방향 병렬 포트이다. DDRK 레지스터를 이용하여 포트를 출력 또는 입력으로 설정하며, 출력 데이터는 PORTK 레지스터를 통하여 출력하고 입력 데이터는 PINK 레지스터를 통하여 읽는다.
PL0~PL7		35~42	Port L : 내부적으로 풀업(20kΩ~50kΩ)된 8비트 양방향 병렬 포트이다. DDRL 레지스터를 이용하여 포트를 출력 또는 입력으로 설정하며, 출력 데이터는 PORTL 레지스터를 통하여 출력하고 입력 데이터는 PINL 레지스터를 통하여 읽는다.
ALE	43	70	Address Latch Enable : 현재 AD0~AD7에 외부 메모리를 액세스하기 위한 하위 어드레스가 출력되고 있음을 나타내는 신호로서 이를 외부에서 래치시키는데 사용된다. 정상적인 동작에서 외부 데이터 메모리는 4클록 주기로 액세스되는데, 이 신호는 0.5클록 위치에서 1.5클록 위치까지 1클록 주기동안 H상태로 출력된다.
$\overline{RD}$	34	52	Read Strobe : 현재 CPU가 외부 데이터 메모리 영역에서 데이터를 읽는 동작을 수행한다는 것을 나타내는 신호.
$\overline{WR}$	33	51	Write Strobe : 현재 CPU가 외부 데이터 메모리 영역에 데이터를 쓰는 동작을 수행한다는 것을 나타내는 신호.
$\overline{RESET}$	20	30	Reset : CPU를 리셋한다. 올바른 리셋 동작을 위해서는 최소 50ns의 신호폭이 요구된다.

〈표 1.2.2〉 ATmega1281/2561 및 ATmega640/1280/2560 외부 핀의 기능 요약(계속)

신호 이름	핀번호		기 능
	64핀	100핀	
TCK TMS TDO TDI	57 56 55 54	93 92 91 90	JTAG Test Clock : JTAG ICE가 MCU에게 보내는 클록 신호. JTAG Test Mode Select : JTAG ICE가 MCU에게 보내는 모드 선택 신호. JTAG Test Data Output : MCU가 JTAG ICE에게 보내는 데이터 신호. JTAG Test Data Input : JTAG ICE가 MCU에게 보내는 데이터 신호.
XTAL1 XTAL2	24 23	34 33	Oscillator Input : 내부 클록발생 증폭회로의 입력 신호. Oscillator Output : 내부 클록발생 증폭회로의 출력 신호.
CLKO	9	9	System Clock Output : 퓨즈비트에서 CKOUT을 프로그래밍한 경우 내부 시스템 클록 신호를 이 핀으로 출력한다.
VCC GND	21, 52 22, 53	10,31,61, 80 11,32,62, 81	Digital Supply Voltage : 회로의 +5V(±10%) 전원. 모델에 따라 3.3V나 1.8V도 사용할 수 있음. Ground : 회로의 전원 접지.
AVCC GND AREF	64 63 62	100 99 98	Analog Supply Voltage : A/D 컨버터 및 포트 F의 전원. Ground : 회로의 전원 접지. Analog Reference Voltage : A/D 컨버터의 기준 전압.
INT0～INT3 INT4～INT7	25～28 6～9	43～46 6～9	External Interrupt : 외부 인터럽트 요청 신호. 이것들은 외부 인터럽트 제어 레지스터 EICRA 및 EICRB를 사용하여 인터럽트 신호가 상승 에지, 하강 에지 또는 low 레벨일 때 인터럽트가 발생하도록 설정할 수 있다.
PCINT0～ PCINT7 PCINT8 PCINT9～ PCINT15 PCINT16～ PCINT23	10～17 2	19～26 2 63～69 89～82	Pin Change Interrupt : 핀 변경 외부 인터럽트 요청 신호. 이것들은 핀 변경 인터럽트 제어 레지스터 PCICR 및 핀 변경 인터럽트 마스크 레지스터 PCMSK0, PCMSK1, PCMSK2를 사용하여 각각 8개중에서 1개의 신호만을 선택하여 인터럽트가 발생하도록 설정할 수 있다.
TXD0 RXD0 TXD1 RXD1 TXD2 RXD2 TXD3 RXD3	3 2 28 27	3 2 46 45 13 12 64 63	USART0 Transmit/Receive Data : 직렬통신 포트 USART0의 송수신 데이터 신호. USART1 Transmit/Receive Data : 직렬통신 포트 USART1의 송수신 데이터 신호. USART2 Transmit/Receive Data : 직렬통신 포트 USART2의 송수신 데이터 신호. USART3 Transmit/Receive Data : 직렬통신 포트 USART3의 송수신 데이터 신호.
XCK0 XCK1 XCK2 XCK3	4 30	4 48 14 65	USART0 External Clock Input/Output : 직렬통신 포트 USART0이 동기 모드로 동작할 때의 송수신 클록 신호. USART1 External Clock Input/Output : 직렬통신 포트 USART1이 동기 모드로 동작할 때의 송수신 클록 신호. USART2 External Clock Input/Output : 직렬통신 포트 USART2가 동기 모드로 동작할 때의 송수신 클록 신호. USART3 External Clock Input/Output : 직렬통신 포트 USART3이 동기 모드로 동작할 때의 송수신 클록 신호.
SCK PDI PDO MOSI MISO	11 2 3	20 21 22	Serial Clock : ISP 프로그래머(master)가 MCU(slave)에게 보내는 프로그래밍 클록 신호. Programming Data Input(Master Output / Slave Input) : MCU가 ISP 프로그래머에게 보내는 데이터 신호. ISP 케이블의 MOSI 신호와 연결한다. Programming Data Output(Master Input / Slave Output) : ISP 프로그래머가 MCU에게 보내는 데이터 신호. ISP 케이블의 MISO 신호와 연결한다. (☞ ATmega1281/2561의 ISP 케이블에서는 ATmega1281/2561의 MOSI 및 MISO 신호 대신에 반드시 PDI 및 PDO 신호를 사용해야 한다.) Programming Data Input(Master Output / Slave Input) : MCU가 ISP 프로그래머에게 보내는 데이터 신호. Programming Data Output(Master Input / Slave Output) : ISP 프로그래머가 MCU에게 보내는 데이터 신호. (☞ ATmega1280/2560의 ISP 케이블에서는 ATmega1280/2560의 MOSI 및 MISO 신호를 사용한다.)
$\overline{SS}$ SCK MOSI MISO	10 11 12 13	19 20 21 22	SPI Slave Select Input : SPI 채널의 슬레이브 선택 입력 신호. SPI Serial Clock : SPI 채널의 마스터 클록 출력 또는 슬레이브 클록 입력 신호. SPI Master Output/Slave Input : SPI 채널의 마스터 데이터 출력 또는 슬레이브 데이터 입력 신호. SPI Master Input/Slave Output : SPI 채널의 마스터 데이터 입력 또는 슬레이브 데이터 출력 신호.

〈표 1.2.2〉 ATmega1281/2561 및 ATmega640/1280/2560 외부 핀의 기능 요약(계속)

신호 이름	핀번호		기능
	64핀	100핀	
SCL SDA	25 26	43 44	TWI Serial Clock : TWI 채널의 클록 입출력 신호. TWI Serial Data : TWI 채널의 데이터 입출력 신호.
TOSC1 TOSC2	19 18	29 28	Timer/Counter2 RTC Oscillator : 타이머/카운터2의 RTC 기능을 사용할 경우 클록 발생을 위한 수정발진자 접속 단자.
T0 T1 T3 T4 T5	32 31 8	50 49 8 27 37	Timer/counter0 Clock Input : 타이머/카운터0의 클록 입력 신호. Timer/counter1 Clock Input : 타이머/카운터1의 클록 입력 신호. Timer/counter3 Clock Input : 타이머/카운터3의 클록 입력 신호. Timer/counter4 Clock Input : 타이머/카운터4의 클록 입력 신호. Timer/counter5 Clock Input : 타이머/카운터5의 클록 입력 신호.
OC0A OC0B	17 1	26 1	Timer/Counter0 Output Compare Match and PWM Output : 타이머/카운터0의 비교 출력 신호. 각 타이머/카운터 채널을 PWM 모드로 설정하면 이 단자들을 통하여 8비트 PWM 신호를 출력할 수도 있다.
OC2A OC2B	14	23 18	Timer/Counter2 Output Compare Match and PWM Output : 타이머/카운터2의 비교 출력 신호. 각 타이머/카운터 채널을 PWM 모드로 설정하면 이 단자들을 통하여 8비트 PWM 신호를 출력할 수도 있다.
OC1A OC1B OC1C OC3A OC3B OC3C	15 16 17 5 6 7	24 25 26 5 6 7	Timer/Counter1,3 Output Compare Match and PWM Output : 타이머/카운터1과 3의 비교 출력 신호. 각 타이머/카운터 채널을 PWM 모드로 설정하면 이 단자들을 통하여 16비트 PWM 신호를 출력할 수도 있다.
OC4A OC4B OC4C OC5A OC5B OC5C		15 16 17 38 39 40	Timer/Counter4,5 Output Compare Match and PWM Output : 타이머/카운터4와 5의 비교 출력 신호. 각 타이머/카운터 채널을 PWM 모드로 설정하면 이 단자들을 통하여 16비트 PWM 신호를 출력할 수도 있다.(★ 64핀 모델에서는 이 핀들이 없으므로 타이머4, 5의 내부적인 기능만을 사용할 수 있다.)
ICP1 ICP3	29 9	47 9	Timer/Counter1,3 Input Capture Pin : 각각 타이머/카운터1, 3의 캡쳐 모드에서 트리거 신호로 사용된다.
ICP4 ICP5		35 36	Timer/Counter4,5 Input Capture Pin : 각각 타이머/카운터4, 5의 캡쳐 모드에서 트리거 신호로 사용된다.(★ 64핀 모델에서는 이 핀들이 없으므로 타이머4, 5의 내부적인 기능만을 사용할 수 있다.)
ADC0~ ADC7 ADC8~ ADC15	61~54	97~90 89~82	ADC Input Channel 0~7 : 각각 8채널의 10비트 A/D 컨버터에 대한 아날로그 입력 신호. ADC Input Channel 8~15 : 각각 8채널의 10비트 A/D 컨버터에 대한 아날로그 입력 신호.
AIN0 AIN1	4 5	4 5	Analog Comparator Positive Input : 아날로그 비교기의 플러스 극성 입력 신호. Analog Comparator Negative Input : 아날로그 비교기의 마이너스 극성 입력 신호.

3. ATmega1281/2561의 내부 구조

ATmega1281/2561의 내부 구조를 자세한 블록도로 보이면 <그림 1.2.2>와 같다. 이 마이크로콘트롤러는 하버드 구조를 사용하고 있으므로 내부 버스는 명령 페치용과 데이터 액세스용의 2가지로 구성되어 있다. 그러므로 이 하버드 구조의 MCU는 외부 버스도 이와 같은 2가지의 버스를 가지고 있어야 하지만, ATmega1281/2561의 프로그램 메모리는 소자의 내부에만 존재하므로 이를 위한 버스도 내부에만 있으며, 따라서 외부에는 데이터 액세스용의 버스 1가지만을 가지고 있어서 외부 핀수를 절약하였다.

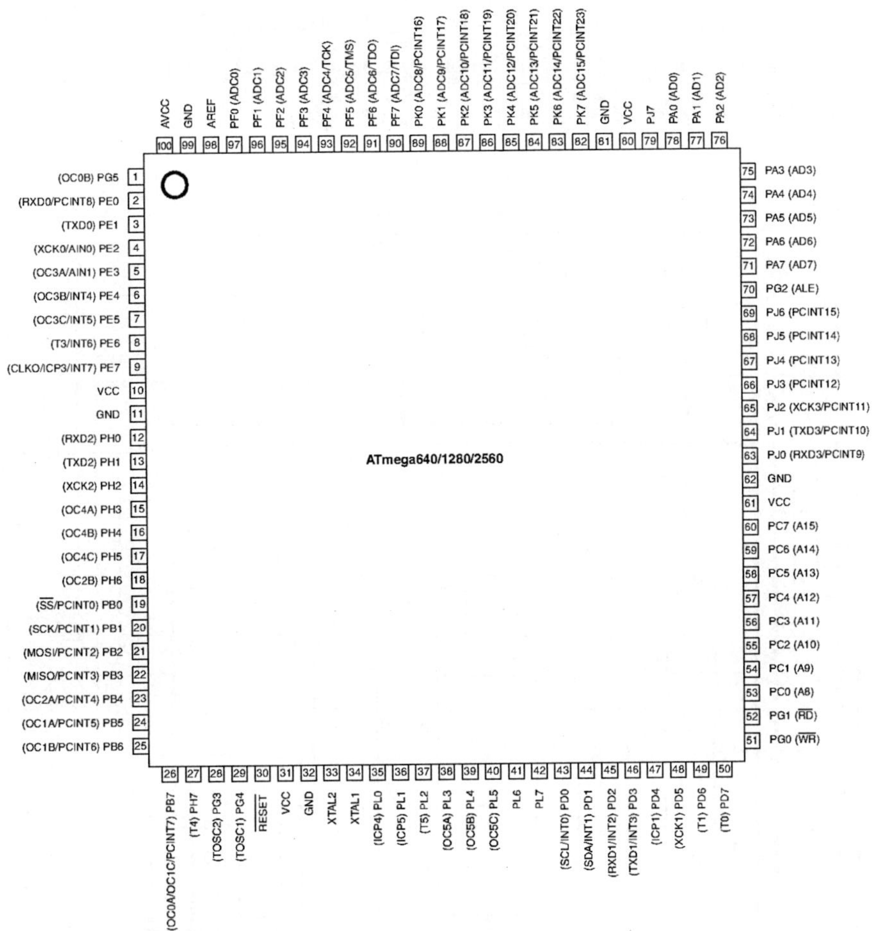

〈그림 1.2.1〉 (b) ATmega640/1280/2560의 외부 구조(100핀)

<그림 1.2.2>에서 CPU 코어와 플래시 메모리의 사이가 명령 페치용 버스이며, 굵은 버스선으로 표시된 것이 데이터 액세스용 버스를 나타낸다. 데이터 액세스용 버스는 MCU 내부에서 범용 레지스터, SRAM이나 EEPROM과 같은 데이터 메모리는 물론이고 각종 내장 I/O들을 모두 연결하고 있으며, 외부에 데이터 메모리를 확장할 수 있도록 시스템 버스에도 접속되어 있다.

이 중에서 CPU 코어 부분을 다시 그려보면 <그림 1.2.3>과 같다. 이 CPU 코어는 ATmega1281/2561의 핵심 구성 부분으로서 프로그램 카운터(Program Counter)가 지시하는 플래시 메모리 번지에서 명령을 인출하고 해독하는 명령 레지스터(instruction register) 및 명령 해독기(instruction decoder) 부분과 ALU(Arithmetic and Logical Unit), 32개의 범용 레지스터, 상태 레지스터, 스택 포인터 등의 명령처리 관련 부분,

그리고 데이터 메모리 및 인터럽트 처리기 등으로 구성된다. 이 그림에서 프로그램 카운터, 플래시 메모리, 명령 레지스터, 명령 해독기로 이어지는 버스가 바로 프로그램 메모리를 액세스하기 위한 명령 페치용 버스에 해당한다.

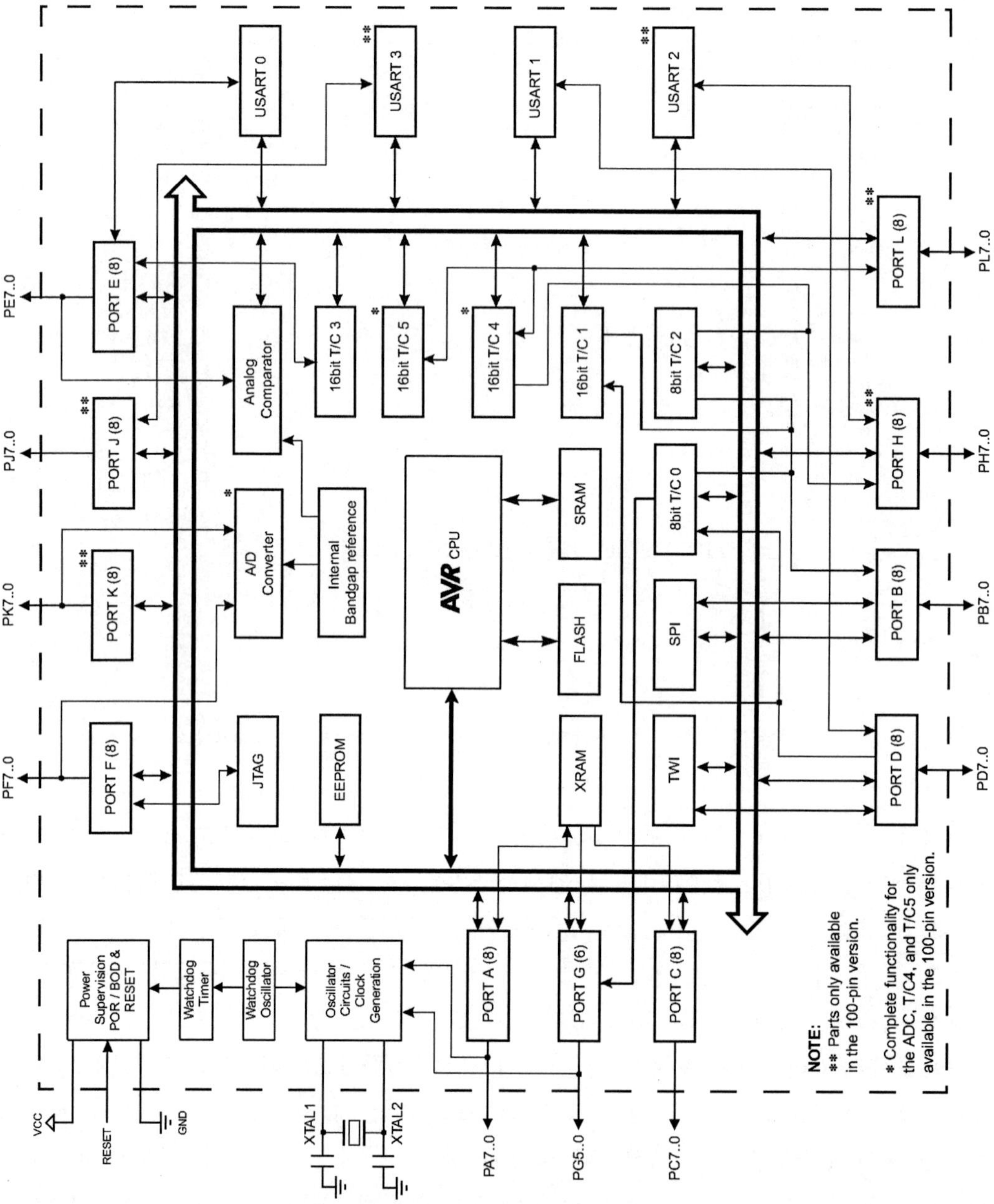

〈그림 1.2.2〉 ATmega1281/2561 및 ATmega640/1280/2560의 내부 구조

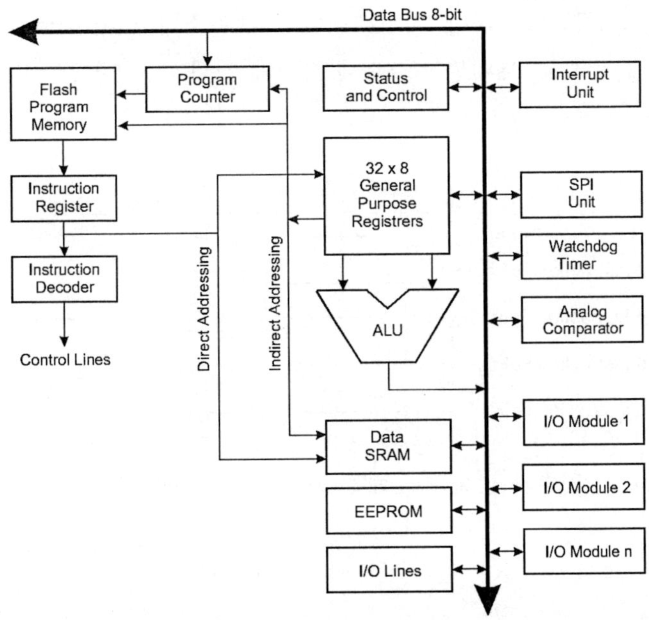

〈그림 1.2.3〉 ATmega1281/2561 및 ATmega640/1280/2560의 CPU 코어 부분

프로그램 메모리는 8비트씩 2개가 합해져서 기본적으로 1개의 번지가 16비트 단위로 구성되어 마치 16비트 마이크로프로세서인 것처럼 동작하며, 따라서 모든 명령어는 16비트 또는 32비트 길이로 구성되어 있다. 플래시 메모리로 되어 있는 내부 프로그램 메모리는 부트로더 섹션(boot loader section)과 응용 프로그램 섹션(application program section)의 2가지 영역으로 나누어질 수 있으며, 이들 각각은 락 비트(lock bit)를 사용하여 라이트 동작을 금지시킬 수 있다.

32개의 레지스터는 모두 범용으로 사용되며, 누산기는 따로 없다. 그러나, 32개의 범용 레지스터 중에서 마지막의 6개는 각각 2개씩 합해져서 3개의 16비트 레지스터 X, Y, Z로 사용될 수도 있다. ALU는 산술연산, 논리연산, 비트 처리 등의 기능을 수행하는데, 대부분의 연산을 1클록 사이클에 처리하며, 강력한 하드웨어 곱셈기를 가지고 있어서 부호있는 정수나 부호없는 정수의 곱셈연산을 빠르게 수행한다.

ATmega1281/2561이 하버드 구조와 2단계 파이프라인 처리방식으로 프로그램 명령을 인출하여 실행하는 동작을 <그림 1.2.4>에 보였다. AVR의 이러한 진보된 설계 기술은 결국 CPU가 시스템 클록의 1주기에 평균적으로 1개의 명령을 실행하도록 함으로써 클록 주파수 1MHz당 1 MIPS(Million Instructions per Second)의 처리속도에 해당하는 매우 높은 성능을 발휘하는 것이 가능하도록 하였다.

또한, 1클록 사이클 동안에 1개의 명령에서 2개의 레지스터 오퍼랜드가 사용되는 연산을 수행하고 그 결과를 다시 데스티네이션 레지스터(destination register)에 저장하는 처리과정을 그림으로 보이면 <그림 1.2.5>와 같다.

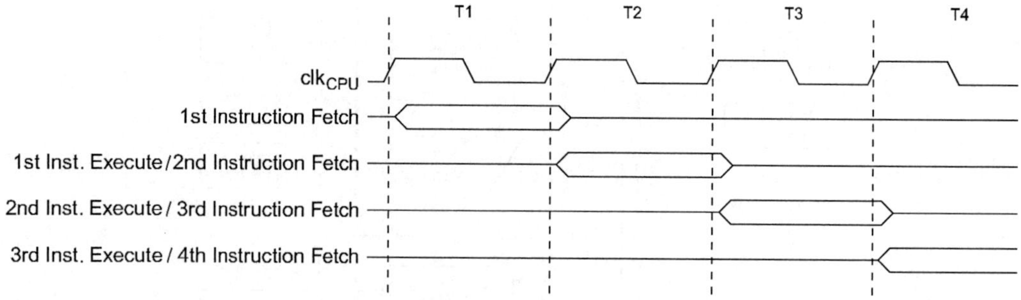

〈그림 1.2.4〉 명령의 인출과 실행을 동시에 처리하는 파이프라인 처리 동작

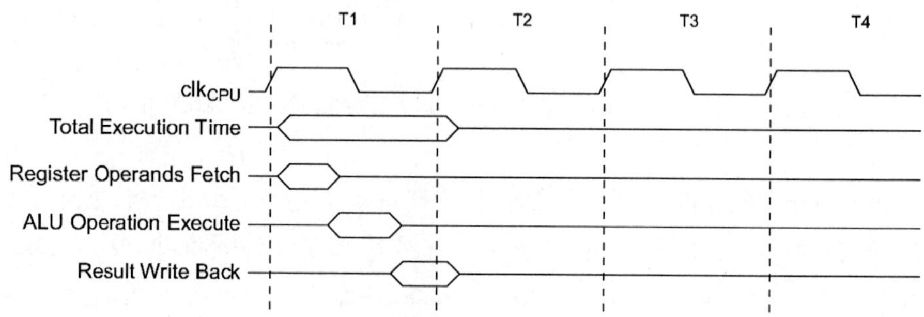

〈그림 1.2.5〉 1사이클에 처리되는 ALU의 동작

▣ 범용 레지스터 R31~R0

ATmega1281/2561은 레지스터 중심형의 진보된 RISC 마이크로프로세서이므로 별도로 누산기(accumulator)를 가지고 있지 않으며 <그림 1.2.6>에 보인 바와 같이 32개의 8비트 범용 레지스터(General Purpose Register File) R0~R31을 가지고 있다. 이들 32개의 레지스터는 모두 대등한 자격으로 기본적인 사칙연산을 수행할 수 있으며, 즉치 데이터를 사용하는 일부의 연산명령은 R16~R31에서만 수행된다.

32개의 범용 레지스터 중에서 마지막의 6개인 R26~R31은 각각 2개씩 합해져서 3개의 16비트 레지스터인 X 레지스터, Y 레지스터, Z 레지스터로 사용될 수도 있다. 이러한 16비트 레지스터들은 주로 데이터 메모리의 16비트 어드레스를 간접 지정하는 어드레스 포인터로 사용되며, 또한 Z 레지스터는 LPM/ELPM/SPM 명령에서 프로그램 메모리 영역의 상수를 액세스하는데 사용되기도 한다.

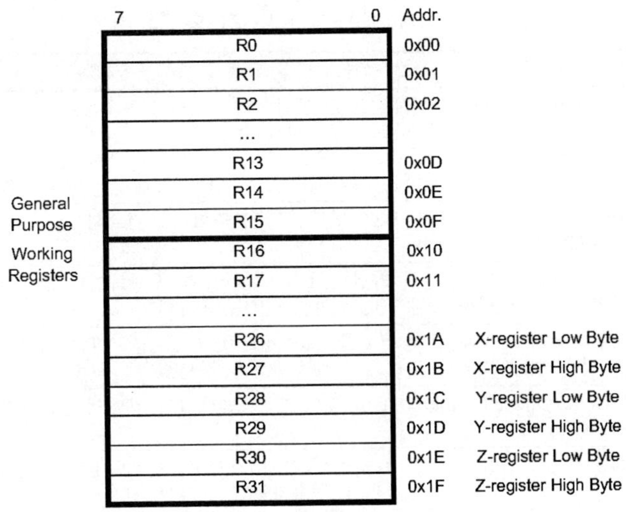

〈그림 1.2.6〉 범용 레지스터 R0~R31

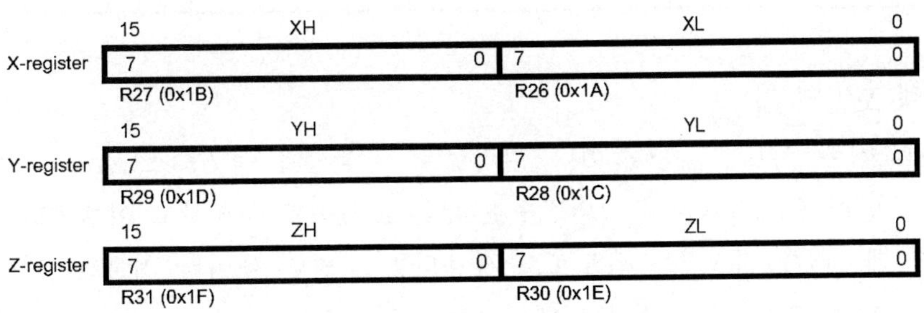

〈그림 1.2.7〉 X, Y, Z 레지스터

▣ 상태 레지스터 SREG

상태 레지스터(Status Register)는 가장 최근에 실행된 산술연산 명령의 결과에 따른 상태를 나타내며 SREG라고 표시한다. 여기에 저장된 상태 정보는 조건부 처리명령에 의하여 프로그램의 흐름을 변경하는데 사용될 수 있다. 상태 레지스터는 인터럽트를 처리할 때 자동으로 저장되거나 복구되지 않으므로 필요할 경우 사용자가 직접 이를 소프트웨어로 처리해주어야 한다. 상태 레지스터의 각 비트들은 개별적인 기능을 가지고 있는데 이를 요약하면 <그림 1.2.8> 및 <표 1.2.3>과 같다.

Bit	7	6	5	4	3	2	1	0	
0x3F (0x5F)	I	T	H	S	V	N	Z	C	SREG
Read/Write	R/W	R/W	R/W	R/W	R/W	R/W	R/W	R/W	
Initial Value	0	0	0	0	0	0	0	0	

〈그림 1.2.8〉 상태 레지스터 SREG

〈표 1.2.3〉 상태 레지스터 SREG의 각 비트 기능

비트 이름	기 능
Bit 7 - I	Global Interrupt Enable : 전체적으로 인터럽트를 허용하도록 설정하는 비트. SEI 및 CLI 명령으로 이 비트를 각각 세트 또는 리셋시킬 수 있다. 인터럽트 처리가 시작되면 이 비트는 강제로 클리어되며, 나중에 RETI 명령을 만나면 다시 원상태로 복구된다. 각 인터럽트를 개별적으로 허용하는 것은 인터럽트 마스크 레지스터에 의하여 설정된다.
Bit 6 - T	Bit Copy Storage : BLD 및 BST 명령을 사용하여 이 비트와 어느 레지스터의 한 비트 사이에 비트 복사가 가능하다.
Bit 5 - H	Half Carry Flag : 산술연산의 가산에서 half carry가 발생하거나 감산에서 half borrow가 발생하였음을 나타낸다. 이는 BCD 연산에서 유용하다.
Bit 4 - S	Sign Bit : 플래그 N과 플래그 V의 exclusive OR 로 결정되는 값을 저장한다. 이는 부호없는 정수 및 부호있는 정수들의 대소관계를 판단할 때 유용하다.
Bit 3 - V	Two's Complement Overflow Flag : 2의 보수 연산에서 자리넘침(overflow)이 발생하였음을 나타낸다.
Bit 2 - N	Negative Flag : 산술연산 및 논리연산 결과 최상위 비트가 1로 되었으므로 2의 보수 표현법을 사용하는 경우 연산 결과가 음수라는 것을 나타낸다.
Bit 1 - Z	Zero Flag : 산술연산 및 논리연산 결과 0이 되었음을 나타낸다.
Bit 0 - C	Carry Flag : 산술연산의 가산 및 논리연산 결과 자리올림(carry)이 발생하였음을 나타낸다. 감산에서는 이 비트가 자리내림(borrow)을 나타낸다.

■ 스택 포인터 SP

스택(stack)은 서브루틴 호출이나 인터럽트 발생시에 복귀주소(return address)를 저장하며, C언어 프로그램에서 지역변수(local variable)를 저장하고 어셈블리 프로그램에서 임시 데이터를 저장하는 용도로도 사용되는 특별한 데이터 메모리이다. 이 메모리가 특별하다는 것은 다른 데이터 메모리처럼 임의접근(random access) 방식으로 처리되지 않고 후입선출(LIFO ; Last-In First-Out) 방식으로 처리되기 때문이다.

스택 포인터(Stack Pointer) SP는 항상 스택의 상단(top of stack)을 가리키는 16비트 레지스터로서 이는 데이터 저장이 가능한 스택의 번지를 나타낸다. PUSH 명령을 사용하면 1바이트의 데이터를 SP가 가리키는 스택 메모리 번지에 저장하고 나서 SP 값을 1만큼 감소(post-decrement)시킨다. 반대로 POP 명령을 사용하면 먼저 SP값을 1만큼 증가(pre-increment)시킨 후에 SP가 가리키는 스택 메모리 번지에서 1바이트의 데이터를 꺼낸다. 그러나, 서브루틴을 호출하거나 인터럽트 발생시에는 복귀주소로서 2/3바이트의 프로그램 카운터를 저장해야 하므로 SP 레지스터의 값이 2/3만큼 감소하며, RET 또는 RETI 명령을 수행하면 SP 레지스터의 값이 2/3만큼 증가한다.

사용자 프로그램에서 SP 레지스터의 초기값은 적어도 0x0200 번지 이상의 값으로 설정하여야 한다. 그러나, <그림 1.2.9>에 보였듯이 ATmega1281/2561에서 스택 포인터는 디폴트로 내부 RAM의 끝번지에 해당하는 0x21FF 값을 가지고 있으므로 여기부터 스택을 사용하고자 하는 경우에는 다시 초기화를 해주지 않아도 된다.

Bit	15	14	13	12	11	10	9	8	
0x3E (0x5E)	SP15	SP14	SP13	SP12	SP11	SP10	SP9	SP8	SPH
0x3D (0x5D)	SP7	SP6	SP5	SP4	SP3	SP2	SP1	SP0	SPL
	7	6	5	4	3	2	1	0	
Read/Write	R/W	R/W	R/W	R/W	R/W	R/W	R/W	R/W	
	R/W	R/W	R/W	R/W	R/W	R/W	R/W	R/W	
Initial Value	0	0	1	0	0	0	0	1	
	1	1	1	1	1	1	1	1	

〈그림 1.2.9〉 스택 포인터 SP

▣ 확장 Z 포인터 레지스터 RAMPZ

확장 Z 포인터 레지스터 RAMPZ(Extended Z-Pointer Register, 이는 ATmega128의 RAM Page Z Select Register에 해당함)는 ATmega1281/2561 내부의 플래시 프로그램 메모리에서 64KB 단위로 구분되는 2/4개의 페이지 중에서 어느 것을 사용할지를 지정하는 역할을 수행한다. 프로그램 메모리 번지의 상수를 액세스할 때는 ELPM 및 SPM 명령에 의하여 Z 레지스터가 사용되는데 이는 16비트 레지스터이므로 64KB의 영역만을 처리할 수 있기 때문에 RAMPZ 레지스터를 이용하여 현재의 액티브 페이지(active page)를 미리 지정해야만 하는 것이다. 그러나, LPM 명령은 이 RAMPZ 레지스터에 관계없이 항상 페이지0에 대하여 동작한다.

Bit	7	6	5	4	3	2	1	0	
0x3B (0x5B)	–	–	–	–	–	–	RAMPZ1	RAMPZ0	RAMPZ
Read/Write	R/W	R/W	R/W	R/W	R/W	R/W	R/W	R/W	
Initial Value	0	0	0	0	0	0	0	0	

〈그림 1.2.10〉 확장 Z 포인터 레지스터 RAMPZ

Bit (Individually)	7 ... 0	7 ... 0	7 ... 0
	RAMPZ	ZH	ZL
Bit (Z-pointer)	23 ... 16	15 ... 8	7 ... 0

〈그림 1.2.11〉 RAMPZ 레지스터를 사용한 ELPM/SPM 명령의 어드레스 지정

ATmega1281의 플래시 메모리는 16비트 단위로 64K의 번지를 갖지만, ELPM 또는 SPM 명령에 의하여 상수를 액세스할 때는 어드레스가 1비트 좌측으로 시프트되어 8비트 단위로 128K의 번지를 가지게 된다. 그러나, 이를 가리키는 포인터 레지스터인 Z 레지스터는 16비트이므로 64KB만을 액세스할 수 있게 되어 128KB의 플래시 메모리는 2개의 64KB 페이지로 나누어지며, 이 페이지를 지정하는 것이 RAMPZ 레지스터이다. 그러나, ATmega2561은 16비트 단위로 128K의 번지를 가지며, ELPM 또는 SPM

명령에 의하여 상수를 액세스할 때는 어드레스가 1비트 좌측으로 시프트되어 8비트 단위로 256K의 번지를 가지게 되어 4개의 64KB 페이지로 나누어진다.

이를 도시하면 <그림 1.2.11>과 같이 Z 레지스터의 상위에 RAMPZ 레지스터가 추가되어 총 24비트로 플래시 메모리의 바이트 어드레스를 지정하는 것과 같이 된다. RAMPZ 레지스터의 설정값에 따라 ELPM 또는 SPM 명령에 의하여 액세스할 수 있는 플래시 메모리의 영역을 정리하여 보면 <표 1.2.4>와 같다.

〈표 1.2.4〉 RAMPZ 레지스터에 따라 ELPM/SPM 명령으로 액세스할 수 있는 영역

RAMPZ 레지스터	8비트 구조의 플래시 메모리 번지	16비트 구조의 플래시 메모리 번지	비 고
0	0x000000~0x00FFFF(64K 번지)	0x000000~0x007FFF(32K 번지)	ATmega1281 ATmega2561
1	0x010000~0x01FFFF(64K 번지)	0x008000~0x00FFFF(32K 번지)	ATmega1281 ATmega2561
2	0x020000~0x02FFFF(64K 번지)	0x010000~0x017FFF(32K 번지)	ATmega2561
3	0x030000~0x03FFFF(64K 번지)	0x018000~0x01FFFF(32K 번지)	ATmega2561

▣ 확장 간접지정 레지스터 EIND

확장 간접지정 레지스터 EIND(Extended Indirect Register)는 ATmega2561 내부의 플래시 프로그램 메모리에서 64K 워드 범위를 넘는 위치로 점프하거나 서브루틴을 호출하는 경우 16비트를 넘는 상위 어드레스를 지정하는 역할을 수행한다. 점프 명령 EIJMP나 서브루틴 호출 명령 EICALL은 Z 레지스터에 의하여 간접지정으로 사용되는데 이는 16비트 레지스터이므로 64K 워드의 영역만을 처리할 수 있기 때문에 이 범위를 넘는 영역으로 점프나 호출을 수행하려면 EIND 레지스터를 사용하여 현재의 액티브 페이지를 미리 지정해야만 하는 것이다.

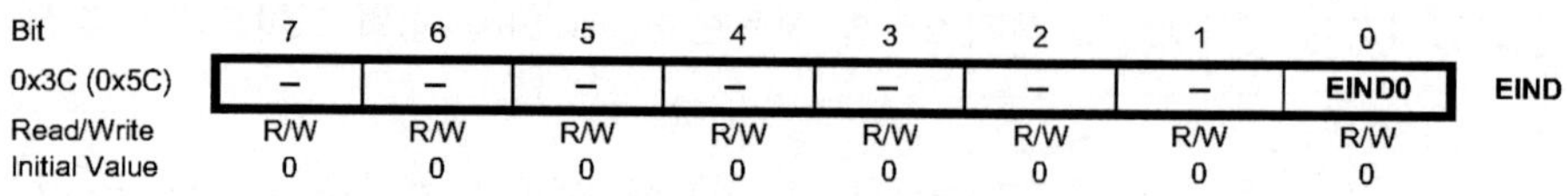

〈그림 1.2.12〉 확장 간접지정 레지스터 EIND

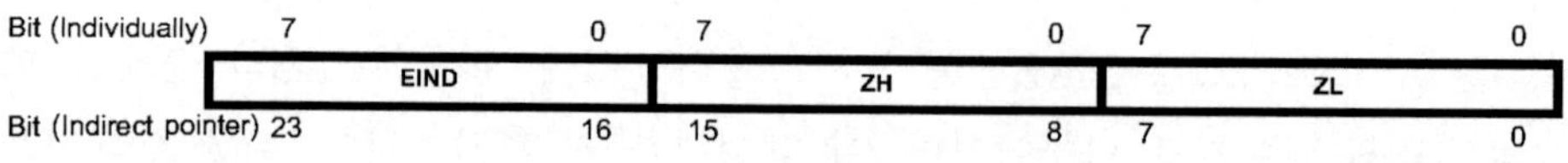

〈그림 1.2.13〉 EIND 레지스터를 사용한 EIJMP/EICALL 명령의 어드레스 지정

그러나, ATmega1281에서는 플래시 메모리의 용량이 64K 워드이므로 이런 방법이 필요 없으며, 따라서 이 경우에는 항상 EIND=0으로 설정하면 된다.

이를 도시하면 <그림 1.2.13>과 같이 Z 레지스터의 상위에 EIND 레지스터가 추가되어 총 24비트로 플래시 메모리의 워드 어드레스를 지정하는 것과 같이 된다. EIND 레지스터의 설정값에 따라 EIJMP 또는 EICALL 명령에 의하여 점프하거나 호출할 수 있는 플래시 메모리의 영역을 정리하여 보면 <표 1.2.5>와 같다.

〈표 1.2.5〉 EIND 레지스터에 따라 EIJMP/EICALL 명령으로 처리할 수 있는 영역

EIND 레지스터	16비트 구조의 플래시 메모리 번지	비 고
0	0x000000~0x00FFFF(64K 번지)	ATmega2561에서만 사용
1	0x010000~0x01FFFF(64K 번지)	

4. ATmega1281/2561의 메모리 구조

ATmega1281/2561의 메모리 구조는 크게 프로그램 메모리와 데이터 메모리로 나눌 수 있다. 이 마이크로콘트롤러는 하버드 구조를 채택하고 있기 때문에 외부에 어드레스 버스 및 데이터 버스가 각각 프로그램 메모리용과 데이터 메모리용으로 2가지씩을 가지고 있어야 하지만, 프로그램 메모리는 내부의 플래시 메모리만을 사용하는 구조이므로 실제로 외부에는 데이터 메모리용의 어드레스 버스와 데이터 버스 1가지만을 가지고 있다.

(1) 프로그램 메모리

ATmega1281/2561은 <그림 1.2.14>와 같이 내부에 프로그램 메모리로 사용하는 128KB/256KB의 플래시 메모리를 가지고 있다. ATmega1281/2561은 8비트 마이크로콘트롤러지만 이 프로그램 메모리는 각 번지가 16비트 구조로 되어 있어서 64K×16비트=128KB 및 128K×16비트=256KB의 용량을 갖는다. 따라서, 모든 명령이 16비트 또는 32비트 구조로 되어 있으므로 각 명령은 프로그램 메모리에서 1~2개의 번지를 차지하게 된다. 프로그램 메모리는 부트 프로그램 섹션(또는 부트로더 섹션)과 응용 프로그램 섹션으로 나뉘어 사용될 수 있다.

이 플래시 메모리는 SPI 직렬통신을 이용한 ISP(In-System Programming) 기능을 가지고 있어서 사용자가 작성한 프로그램을 쉽게 다운로드하여 라이팅할 수 있다. 사

용자 프로그램은 플래시 메모리에 10,000번까지 재기입이 가능(reprogrammable)하다. 플래시 메모리에 프로그램을 기입하는 방법은 SPI 이외에도 JTAG 에뮬레이터를 사용하는 방법과 병렬 프로그래밍(Parallel Programming) 방법이 있다.

ATmega640/1280/1281은 2바이트, ATmega2560/2561은 3바이트의 프로그램 카운터 PC를 가지고 있다. 그러나, 실제로 ATmega640은 15비트, ATmega1280/1281은 16비트, ATmega2560/2561은 17비트 길이의 프로그램 카운터 값을 사용하여 각각 32K 워드, 64K 워드, 128K 워드의 프로그램 메모리 번지를 어드레싱할 수 있다.

프로그램 메모리 영역에 정의된 상수를 액세스하는데는 LPM/ELPM/SPM 명령을 사용한다. 이 중에서 LPM/ELPM 명령에서는 16비트 구조의 프로그램 메모리를 8비트씩 액세스하기 위하여 번지수가 2배로 증가한다. 즉, ATmega2561의 경우 128K×16비트 구조의 프로그램 메모리를 256K×8비트로 간주한다. 그런데, 이 번지를 간접 지정하는 Z 레지스터는 16비트이므로 256K×8비트를 4개의 64K×8비트 페이지 영역으로 분할하여 1개의 페이지만을 액티브 상태로 지정한다. 이러한 프로그램 메모리의 액티브 페이지 지정에는 <그림 1.2.11>에서 보였던 것처럼 RAMPZ 레지스터를 사용한다.

또한 ATmega2561의 경우에는 128K 워드의 번지를 가지므로 EIJMP/EICALL 명령을 사용할 때 16비트인 Z 레지스터로 모든 플래시 메모리 번지를 간접지정하지 못한다. 따라서, 이러한 경우에는 플래시 메모리를 2개의 64K 워드 페이지 영역으로 분할하여 1개의 페이지만을 액티브 상태로 지정한다. 이러한 프로그램 메모리의 액티브 페이지 지정에는 <그림 1.2.13>에서 보였던 것처럼 EIND 레지스터를 사용한다.

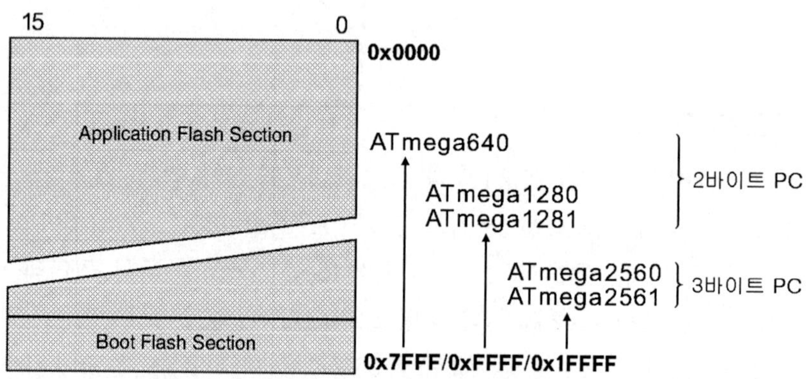

〈그림 1.2.14〉 프로그램 메모리

(2) 데이터 메모리

ATmega1281/2561의 데이터 메모리는 크게 3가지 종류로 나눌 수 있다. 내부 데이터 메모리로서의 SRAM, 외부확장 데이터 메모리, 그리고 내부 EEPROM이다.

이 중에서 EEPROM은 별도의 I/O 레지스터를 통하여 특별한 방식으로 액세스하며, 나머지는 모두 64KB의 데이터 메모리 영역에 맵핑되어 있다. 즉, EEPROM을 제외한 모든 데이터 메모리는 데이터 메모리 액세스용 어드레스 0x0000~0xFFFF 번지에 맵핑되어 있으며, <그림 1.2.15>에 보인 바와 같이 이 중에서 최하위 영역은 범용 레지스터 R0~R31로 사용되고, 그 다음 영역은 I/O 레지스터 및 확장 I/O 레지스터로 사용되며, 그 다음 영역이 8KB의 내부 SRAM이고, 그 윗부분의 나머지가 외부 데이터 메모리 영역이다.

이러한 데이터 메모리 영역의 메모리 맵은 ATmega640/1280/1281/2560/2561에서 모두 동일한 구조를 가지며, 종래의 ATmega128과는 달라졌으니 주의해야 한다.

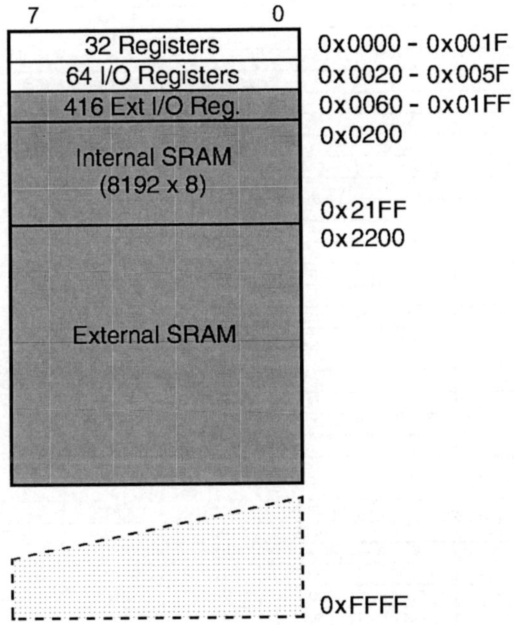

〈그림 1.2.15〉 데이터 메모리

▣ I/O 레지스터

I/O 레지스터(I/O Register)는 ATmega1281/2561에 내장된 각종 I/O 디바이스들을 제어하기 위한 레지스터로서 이것들을 액세스하는데는 IN/OUT 명령을 사용한다. 그런데, 이들 I/O 레지스터는 실제로 0x0020~0x005F 번지에 존재하지만 IN/OUT 명령에서는 이것들을 0x00~0x3F의 번호로 지정한다는데 유의해야 한다.

〈표 1.2.6〉 I/O 레지스터

Address	Name	Bit 7	Bit 6	Bit 5	Bit 4	Bit 3	Bit 2	Bit 1	Bit 0
0x3F (0x5F)	SREG	I	T	H	S	V	N	Z	C
0x3E (0x5E)	SPH	SP15	SP14	SP13	SP12	SP11	SP10	SP9	SP8
0x3D (0x5D)	SPL	SP7	SP6	SP5	SP4	SP3	SP2	SP1	SP0
0x3C (0x5C)	EIND	-	-	-	-	-	-	-	EIND0
0x3B (0x5B)	RAMPZ	-	-	-	-	-	-	RAMPZ1	RAMPZ0
0x3A (0x5A)	Reserved	-	-	-	-	-	-	-	-
0x39 (0x59)	Reserved	-	-	-	-	-	-	-	-
0x38 (0x58)	Reserved	-	-	-	-	-	-	-	-
0x37 (0x57)	SPMCSR	SPMIE	RWWSB	SIGRD	RWWSRE	BLBSET	PGWRT	PGERS	SPMEN
0x36 (0x56)	Reserved	-	-	-	-	-	-	-	-
0x35 (0x55)	MCUCR	JTD	-	-	PUD	-	-	IVSEL	IVCE
0x34 (0x54)	MCUSR	-	-	-	JTRF	WDRF	BORF	EXTRF	PORF
0x33 (0x53)	SMCR	-	-	-	-	SM2	SM1	SM0	SE
0x32 (0x52)	Reserved	-	-	-	-	-	-	-	-
0x31 (0x51)	OCDR/ MONDR	OCDR7	OCDR6	OCDR5	OCDR4	OCDR3	OCDR2	OCDR1	OCDR0
		Monitor Data Register							
0x30 (0x50)	ACSR	ACD	ACBG	ACO	ACI	ACIE	ACIC	ACIS1	ACIS0
0x2F (0x4F)	Reserved	-	-	-	-	-	-	-	-
0x2E (0x4E)	SPDR	SPI Data Register							
0x2D (0x4D)	SPSR	SPIF	WCOL	-	-	-	-	-	SPI2X
0x2C (0x4C)	SPCR	SPIE	SPE	DORD	MSTR	CPOL	CPHA	SPR1	SPR0
0x2B (0x4B)	GPIOR2	General Purpose I/O Register 2							
0x2A (0x4A)	GPIOR1	General Purpose I/O Register 1							
0x29 (0x49)	Reserved	-	-	-	-	-	-	-	-
0x28 (0x48)	OCR0B	Timer/Counter0 Output Compare Register B							
0x27 (0x47)	OCR0A	Timer/Counter0 Output Compare Register A							
0x26 (0x46)	TCNT0	Timer/Counter0 (8 Bit)							
0x25 (0x45)	TCCR0B	FOC0A	FOC0B	-	-	WGM02	CS02	CS01	CS00
0x24 (0x44)	TCCR0A	COM0A1	COM0A0	COM0B1	COM0B0	-	-	WGM01	WGM00
0x23 (0x43)	GTCCR	TSM	-	-	-	-	-	PSRASY	PSRSYNC
0x22 (0x42)	EEARH	-	-	-	-	EEPROM Address Register High Byte			
0x21 (0x41)	EEARL	EEPROM Address Register Low Byte							
0x20 (0x40)	EEDR	EEPROM Data Register							
0x1F (0x3F)	EECR	-	-	EEPM1	EEPM0	EERIE	EEMPE	EEPE	EERE
0x1E (0x3E)	GPIOR0	General Purpose I/O Register 0							
0x1D (0x3D)	EIMSK	INT7	INT6	INT5	INT4	INT3	INT2	INT1	INT0
0x1C (0x3C)	EIFR	INTF7	INTF6	INTF5	INTF4	INTF3	INTF2	INTF1	INTF0
0x1B (0x3B)	PCIFR	-	-	-	-	-	PCIF2	PCIF1	PCIF0
0x1A (0x3A)	TIFR5	-	-	ICF5	-	OCF5C	OCF5B	OCF5A	TOV5
0x19 (0x39)	TIFR4	-	-	ICF4	-	OCF4C	OCF4B	OCF4A	TOV4
0x18 (0x38)	TIFR3	-	-	ICF3	-	OCF3C	OCF3B	OCF3A	TOV3
0x17 (0x37)	TIFR2	-	-	-	-	-	OCF2B	OCF2A	TOV2
0x16 (0x36)	TIFR1	-	-	ICF1	-	OCF1C	OCF1B	OCF1A	TOV1
0x15 (0x35)	TIFR0	-	-	-	-	-	OCF0B	OCF0A	TOV0
0x14 (0x34)	PORTG	-	-	PORTG5	PORTG4	PORTG3	PORTG2	PORTG1	PORTG0
0x13 (0x33)	DDRG	-	-	DDG5	DDG4	DDG3	DDG2	DDG1	DDG0
0x12 (0x32)	PING	-	-	PING5	PING4	PING3	PING2	PING1	PING0
0x11 (0x31)	PORTF	PORTF7	PORTF6	PORTF5	PORTF4	PORTF3	PORTF2	PORTF1	PORTF0
0x10 (0x30)	DDRF	DDF7	DDF6	DDF5	DDF4	DDF3	DDF2	DDF1	DDF0
0x0F (0x2F)	PINF	PINF7	PINF6	PINF5	PINF4	PINF3	PINF2	PINF1	PINF0
0x0E (0x2E)	PORTE	PORTE7	PORTE6	PORTE5	PORTE4	PORTE3	PORTE2	PORTE1	PORTE0
0x0D (0x2D)	DDRE	DDE7	DDE6	DDE5	DDE4	DDE3	DDE2	DDE1	DDE0
0x0C (0x2C)	PINE	PINE7	PINE6	PINE5	PINE4	PINE3	PINE2	PINE1	PINE0
0x0B (0x2B)	PORTD	PORTD7	PORTD6	PORTD5	PORTD4	PORTD3	PORTD2	PORTD1	PORTD0
0x0A (0x2A)	DDRD	DDD7	DDD6	DDD5	DDD4	DDD3	DDD2	DDD1	DDD0
0x09 (0x29)	PIND	PIND7	PIND6	PIND5	PIND4	PIND3	PIND2	PIND1	PIND0
0x08 (0x28)	PORTC	PORTC7	PORTC6	PORTC5	PORTC4	PORTC3	PORTC2	PORTC1	PORTC0
0x07 (0x27)	DDRC	DDC7	DDC6	DDC5	DDC4	DDC3	DDC2	DDC1	DDC0
0x06 (0x26)	PINC	PINC7	PINC6	PINC5	PINC4	PINC3	PINC2	PINC1	PINC0
0x05 (0x25)	PORTB	PORTB7	PORTB6	PORTB5	PORTB4	PORTB3	PORTB2	PORTB1	PORTB0
0x04 (0x24)	DDRB	DDB7	DDB6	DDB5	DDB4	DDB3	DDB2	DDB1	DDB0
0x03 (0x23)	PINB	PINB7	PINB6	PINB5	PINB4	PINB3	PINB2	PINB1	PINB0
0x02 (0x22)	PORTA	PORTA7	PORTA6	PORTA5	PORTA4	PORTA3	PORTA2	PORTA1	PORTA0
0x01 (0x21)	DDRA	DDA7	DDA6	DDA5	DDA4	DDA3	DDA2	DDA1	DDA0
0x00 (0x20)	PINA	PINA7	PINA6	PINA5	PINA4	PINA3	PINA2	PINA1	PINA0

〈표 1.2.7〉 확장 I/O 레지스터(1/3)

Address	Name	Bit 7	Bit 6	Bit 5	Bit 4	Bit 3	Bit 2	Bit 1	Bit 0
(0x9F)	Reserved	-	-	-	-	-	-	-	-
(0x9E)	Reserved	-	-	-	-	-	-	-	-
(0x9D)	OCR3CH	Timer/Counter3 - Output Compare Register C High Byte							
(0x9C)	OCR3CL	Timer/Counter3 - Output Compare Register C Low Byte							
(0x9B)	OCR3BH	Timer/Counter3 - Output Compare Register B High Byte							
(0x9A)	OCR3BL	Timer/Counter3 - Output Compare Register B Low Byte							
(0x99)	OCR3AH	Timer/Counter3 - Output Compare Register A High Byte							
(0x98)	OCR3AL	Timer/Counter3 - Output Compare Register A Low Byte							
(0x97)	ICR3H	Timer/Counter3 - Input Capture Register High Byte							
(0x96)	ICR3L	Timer/Counter3 - Input Capture Register Low Byte							
(0x95)	TCNT3H	Timer/Counter3 - Counter Register High Byte							
(0x94)	TCNT3L	Timer/Counter3 - Counter Register Low Byte							
(0x93)	Reserved	-	-	-	-	-	-	-	-
(0x92)	TCCR3C	FOC3A	FOC3B	FOC3C	-	-	-	-	-
(0x91)	TCCR3B	ICNC3	ICES3	-	WGM33	WGM32	CS32	CS31	CS30
(0x90)	TCCR3A	COM3A1	COM3A0	COM3B1	COM3B0	COM3C1	COM3C0	WGM31	WGM30
(0x8F)	Reserved	-	-	-	-	-	-	-	-
(0x8E)	Reserved	-	-	-	-	-	-	-	-
(0x8D)	OCR1CH	Timer/Counter1 - Output Compare Register C High Byte							
(0x8C)	OCR1CL	Timer/Counter1 - Output Compare Register C Low Byte							
(0x8B)	OCR1BH	Timer/Counter1 - Output Compare Register B High Byte							
(0x8A)	OCR1BL	Timer/Counter1 - Output Compare Register B Low Byte							
(0x89)	OCR1AH	Timer/Counter1 - Output Compare Register A High Byte							
(0x88)	OCR1AL	Timer/Counter1 - Output Compare Register A Low Byte							
(0x87)	ICR1H	Timer/Counter1 - Input Capture Register High Byte							
(0x86)	ICR1L	Timer/Counter1 - Input Capture Register Low Byte							
(0x85)	TCNT1H	Timer/Counter1 - Counter Register High Byte							
(0x84)	TCNT1L	Timer/Counter1 - Counter Register Low Byte							
(0x83)	Reserved	-	-	-	-	-	-	-	-
(0x82)	TCCR1C	FOC1A	FOC1B	FOC1C	-	-	-	-	-
(0x81)	TCCR1B	ICNC1	ICES1	-	WGM13	WGM12	CS12	CS11	CS10
(0x80)	TCCR1A	COM1A1	COM1A0	COM1B1	COM1B0	COM1C1	COM1C0	WGM11	WGM10
(0x7F)	DIDR1	-	-	-	-	-	-	AIN1D	AIN0D
(0x7E)	DIDR0	ADC7D	ADC6D	ADC5D	ADC4D	ADC3D	ADC2D	ADC1D	ADC0D
(0x7D)	DIDR2	ADC15D	ADC14D	ADC13D	ADC12D	ADC11D	ADC10D	ADC9D	ADC8D
(0x7C)	ADMUX	REFS1	REFS0	ADLAR	MUX4	MUX3	MUX2	MUX1	MUX0
(0x7B)	ADCSRB	-	ACME	-	-	MUX5	ADTS2	ADTS1	ADTS0
(0x7A)	ADCSRA	ADEN	ADSC	ADATE	ADIF	ADIE	ADPS2	ADPS1	ADPS0
(0x79)	ADCH	ADC Data Register High byte							
(0x78)	ADCL	ADC Data Register Low byte							
(0x77)	Reserved	-	-	-	-	-	-	-	-
(0x76)	Reserved	-	-	-	-	-	-	-	-
(0x75)	XMCRB	XMBK	-	-	-	-	XMM2	XMM1	XMM0
(0x74)	XMCRA	SRE	SRL2	SRL1	SRL0	SRW11	SRW10	SRW01	SRW00
(0x73)	TIMSK5	-	-	ICIE5	-	OCIE5C	OCIE5B	OCIE5A	TOIE5
(0x72)	TIMSK4	-	-	ICIE4	-	OCIE4C	OCIE4B	OCIE4A	TOIE4
(0x71)	TIMSK3	-	-	ICIE3	-	OCIE3C	OCIE3B	OCIE3A	TOIE3
(0x70)	TIMSK2	-	-	-	-	-	OCIE2B	OCIE2A	TOIE2
(0x6F)	TIMSK1	-	-	ICIE1	-	OCIE1C	OCIE1B	OCIE1A	TOIE1
(0x6E)	TIMSK0	-	-	-	-	-	OCIE0B	OCIE0A	TOIE0
(0x6D)	PCMSK2	PCINT23	PCINT22	PCINT21	PCINT20	PCINT19	PCINT18	PCINT17	PCINT16
(0x6C)	PCMSK1	PCINT15	PCINT14	PCINT13	PCINT12	PCINT11	PCINT10	PCINT9	PCINT8
(0x6B)	PCMSK0	PCINT7	PCINT6	PCINT5	PCINT4	PCINT3	PCINT2	PCINT1	PCINT0
(0x6A)	EICRB	ISC71	ISC70	ISC61	ISC60	ISC51	ISC50	ISC41	ISC40
(0x69)	EICRA	ISC31	ISC30	ISC21	ISC20	ISC11	ISC10	ISC01	ISC00
(0x68)	PCICR	-	-	-	-	-	PCIE2	PCIE1	PCIE0
(0x67)	Reserved	-	-	-	-	-	-	-	-
(0x66)	OSCCAL	Oscillator Calibration Register							
(0x65)	PRR1	-	-	PRTIM5	PRTIM4	PRTIM3	PRUSART3	PRUSART2	PRUSART1
(0x64)	PRR0	PRTWI	PRTIM2	PRTIM0	-	PRTIM1	PRSPI	PRUSART0	PRADC
(0x63)	Reserved	-	-	-	-	-	-	-	-
(0x62)	Reserved	-	-	-	-	-	-	-	-
(0x61)	CLKPR	CLKPCE	-	-	-	CLKPS3	CLKPS2	CLKPS1	CLKPS0
(0x60)	WDTCSR	WDIF	WDIE	WDP3	WDCE	WDE	WDP2	WDP1	WDP0

〈표 1.2.7〉 확장 I/O 레지스터(2/3)

Address	Name	Bit 7	Bit 6	Bit 5	Bit 4	Bit 3	Bit 2	Bit 1	Bit 0
(0xFF)	Reserved	-	-	-	-	-	-	-	-
...	Reserved	-	-	-	-	-	-	-	-
(0xDF)	Reserved	-	-	-	-	-	-	-	-
(0xDE)	Reserved	-	-	-	-	-	-	-	-
(0xDD)	Reserved	-	-	-	-	-	-	-	-
(0xDC)	Reserved	-	-	-	-	-	-	-	-
(0xDB)	Reserved	-	-	-	-	-	-	-	-
(0xDA)	Reserved	-	-	-	-	-	-	-	-
(0xD9)	Reserved	-	-	-	-	-	-	-	-
(0xD8)	Reserved	-	-	-	-	-	-	-	-
(0xD7)	Reserved	-	-	-	-	-	-	-	-
(0xD6)	UDR2	USART2 I/O Data Register							
(0xD5)	UBRR2H	-	-	-	-	USART2 Baud Rate Register High Byte			
(0xD4)	UBRR2L	USART2 Baud Rate Register Low Byte							
(0xD3)	Reserved	-	-	-	-	-	-	-	-
(0xD2)	UCSR2C	UMSEL21	UMSEL20	UPM21	UPM20	USBS2	UCSZ21	UCSZ20	UCPOL2
(0xD1)	UCSR2B	RXCIE2	TXCIE2	UDRIE2	RXEN2	TXEN2	UCSZ22	RXB82	TXB82
(0xD0)	UCSR2A	RXC2	TXC2	UDRE2	FE2	DOR2	UPE2	U2X2	MPCM2
(0xCF)	Reserved	-	-	-	-	-	-	-	-
(0xCE)	UDR1	USART1 I/O Data Register							
(0xCD)	UBRR1H	-	-	-	-	USART1 Baud Rate Register High Byte			
(0xCC)	UBRR1L	USART1 Baud Rate Register Low Byte							
(0xCB)	Reserved	-	-	-	-	-	-	-	-
(0xCA)	UCSR1C	UMSEL11	UMSEL10	UPM11	UPM10	USBS1	UCSZ11	UCSZ10	UCPOL1
(0xC9)	UCSR1B	RXCIE1	TXCIE1	UDRIE1	RXEN1	TXEN1	UCSZ12	RXB81	TXB81
(0xC8)	UCSR1A	RXC1	TXC1	UDRE1	FE1	DOR1	UPE1	U2X1	MPCM1
(0xC7)	Reserved	-	-	-	-	-	-	-	-
(0xC6)	UDR0	USART0 I/O Data Register							
(0xC5)	UBRR0H	-	-	-	-	USART0 Baud Rate Register High Byte			
(0xC4)	UBRR0L	USART0 Baud Rate Register Low Byte							
(0xC3)	Reserved	-	-	-	-	-	-	-	-
(0xC2)	UCSR0C	UMSEL01	UMSEL00	UPM01	UPM00	USBS0	UCSZ01	UCSZ00	UCPOL0
(0xC1)	UCSR0B	RXCIE0	TXCIE0	UDRIE0	RXEN0	TXEN0	UCSZ02	RXB80	TXB80
(0xC0)	UCSR0A	RXC0	TXC0	UDRE0	FE0	DOR0	UPE0	U2X0	MPCM0
(0xBF)	Reserved	-	-	-	-	-	-	-	-
(0xBE)	Reserved	-	-	-	-	-	-	-	-
(0xBD)	TWAMR	TWAM6	TWAM5	TWAM4	TWAM3	TWAM2	TWAM1	TWAM0	-
(0xBC)	TWCR	TWINT	TWEA	TWSTA	TWSTO	TWWC	TWEN	-	TWIE
(0xBB)	TWDR	2-wire Serial Interface Data Register							
(0xBA)	TWAR	TWA6	TWA5	TWA4	TWA3	TWA2	TWA1	TWA0	TWGCE
(0xB9)	TWSR	TWS7	TWS6	TWS5	TWS4	TWS3	-	TWPS1	TWPS0
(0xB8)	TWBR	2-wire Serial Interface Bit Rate Register							
(0xB7)	Reserved	-	-	-	-	-	-	-	-
(0xB6)	ASSR	-	EXCLK	AS2	TCN2UB	OCR2AUB	OCR2BUB	TCR2AUB	TCR2BUB
(0xB5)	Reserved	-	-	-	-	-	-	-	-
(0xB4)	OCR2B	Timer/Counter2 Output Compare Register B							
(0xB3)	OCR2A	Timer/Counter2 Output Compare Register A							
(0xB2)	TCNT2	Timer/Counter2 (8 Bit)							
(0xB1)	TCCR2B	FOC2A	FOC2B	-	-	WGM22	CS22	CS21	CS20
(0xB0)	TCCR2A	COM2A1	COM2A0	COM2B1	COM2B0	-	-	WGM21	WGM20
(0xAF)	Reserved	-	-	-	-	-	-	-	-
(0xAE)	Reserved	-	-	-	-	-	-	-	-
(0xAD)	OCR4CH	Timer/Counter4 - Output Compare Register C High Byte							
(0xAC)	OCR4CL	Timer/Counter4 - Output Compare Register C Low Byte							
(0xAB)	OCR4BH	Timer/Counter4 - Output Compare Register B High Byte							
(0xAA)	OCR4BL	Timer/Counter4 - Output Compare Register B Low Byte							
(0xA9)	OCR4AH	Timer/Counter4 - Output Compare Register A High Byte							
(0xA8)	OCR4AL	Timer/Counter4 - Output Compare Register A Low Byte							
(0xA7)	ICR4H	Timer/Counter4 - Input Capture Register High Byte							
(0xA6)	ICR4L	Timer/Counter4 - Input Capture Register Low Byte							
(0xA5)	TCNT4H	Timer/Counter4 - Counter Register High Byte							
(0xA4)	TCNT4L	Timer/Counter4 - Counter Register Low Byte							
(0xA3)	Reserved	-	-	-	-	-	-	-	-
(0xA2)	TCCR4C	FOC4A	FOC4B	FOC4C	-	-	-	-	-
(0xA1)	TCCR4B	ICNC4	ICES4	-	WGM43	WGM42	CS42	CS41	CS40
(0xA0)	TCCR4A	COM4A1	COM4A0	COM4B1	COM4B0	COM4C1	COM4C0	WGM41	WGM40

〈표 1.2.7〉 확장 I/O 레지스터(3/3)

Address	Name	Bit 7	Bit 6	Bit 5	Bit 4	Bit 3	Bit 2	Bit 1	Bit 0
(0x1FF)	Reserved	-	-	-	-	-	-	-	-
...	Reserved	-	-	-	-	-	-	-	-
(0x13F)	Reserved								
(0x13E)	Reserved								
(0x13D)	Reserved								
(0x13C)	Reserved								
(0x13B)	Reserved								
(0x13A)	Reserved								
(0x139)	Reserved								
(0x138)	Reserved								
(0x137)	Reserved								
(0x136)	UDR3	USART3 I/O Data Register							
(0x135)	UBRR3H	-	-	-	-	USART3 Baud Rate Register High Byte			
(0x134)	UBRR3L	USART3 Baud Rate Register Low Byte							
(0x133)	Reserved	-	-	-	-	-	-	-	-
(0x132)	UCSR3C	UMSEL31	UMSEL30	UPM31	UPM30	USBS3	UCSZ31	UCSZ30	UCPOL3
(0x131)	UCSR3B	RXCIE3	TXCIE3	UDRIE3	RXEN3	TXEN3	UCSZ32	RXB83	TXB83
(0x130)	UCSR3A	RXC3	TXC3	UDRE3	FE3	DOR3	UPE3	U2X3	MPCM3
(0x12F)	Reserved	-	-	-	-	-	-	-	-
(0x12E)	Reserved	-	-	-	-	-	-	-	-
(0x12D)	OCR5CH	Timer/Counter5 - Output Compare Register C High Byte							
(0x12C)	OCR5CL	Timer/Counter5 - Output Compare Register C Low Byte							
(0x12B)	OCR5BH	Timer/Counter5 - Output Compare Register B High Byte							
(0x12A)	OCR5BL	Timer/Counter5 - Output Compare Register B Low Byte							
(0x129)	OCR5AH	Timer/Counter5 - Output Compare Register A High Byte							
(0x128)	OCR5AL	Timer/Counter5 - Output Compare Register A Low Byte							
(0x127)	ICR5H	Timer/Counter5 - Input Capture Register High Byte							
(0x126)	ICR5L	Timer/Counter5 - Input Capture Register Low Byte							
(0x125)	TCNT5H	Timer/Counter5 - Counter Register High Byte							
(0x124)	TCNT5L	Timer/Counter5 - Counter Register Low Byte							
(0x123)	Reserved	-	-	-	-	-	-	-	-
(0x122)	TCCR5C	FOC5A	FOC5B	FOC5C	-	-	-	-	-
(0x121)	TCCR5B	ICNC5	ICES5	-	WGM53	WGM52	CS52	CS51	CS50
(0x120)	TCCR5A	COM5A1	COM5A0	COM5B1	COM5B0	COM5C1	COM5C0	WGM51	WGM50
(0x11F)	Reserved	-	-	-	-	-	-	-	-
(0x11E)	Reserved	-	-	-	-	-	-	-	-
(0x11D)	Reserved	-	-	-	-	-	-	-	-
(0x11C)	Reserved	-	-	-	-	-	-	-	-
(0x11B)	Reserved	-	-	-	-	-	-	-	-
(0x11A)	Reserved	-	-	-	-	-	-	-	-
(0x119)	Reserved	-	-	-	-	-	-	-	-
(0x118)	Reserved	-	-	-	-	-	-	-	-
(0x117)	Reserved	-	-	-	-	-	-	-	-
(0x116)	Reserved	-	-	-	-	-	-	-	-
(0x115)	Reserved	-	-	-	-	-	-	-	-
(0x114)	Reserved	-	-	-	-	-	-	-	-
(0x113)	Reserved	-	-	-	-	-	-	-	-
(0x112)	Reserved	-	-	-	-	-	-	-	-
(0x111)	Reserved	-	-	-	-	-	-	-	-
(0x110)	Reserved	-	-	-	-	-	-	-	-
(0x10F)	Reserved	-	-	-	-	-	-	-	-
(0x10E)	Reserved	-	-	-	-	-	-	-	-
(0x10D)	Reserved	-	-	-	-	-	-	-	-
(0x10C)	Reserved	-	-	-	-	-	-	-	-
(0x10B)	PORTL	PORTL7	PORTL6	PORTL5	PORTL4	PORTL3	PORTL2	PORTL1	PORTL0
(0x10A)	DDRL	DDL7	DDL6	DDL5	DDL4	DDL3	DDL2	DDL1	DDL0
(0x109)	PINL	PINL7	PINL6	PINL5	PINL4	PINL3	PINL2	PINL1	PINL0
(0x108)	PORTK	PORTK7	PORTK6	PORTK5	PORTK4	PORTK3	PORTK2	PORTK1	PORTK0
(0x107)	DDRK	DDK7	DDK6	DDK5	DDK4	DDK3	DDK2	DDK1	DDK0
(0x106)	PINK	PINK7	PINK6	PINK5	PINK4	PINK3	PINK2	PINK1	PINK0
(0x105)	PORTJ	PORTJ7	PORTJ6	PORTJ5	PORTJ4	PORTJ3	PORTJ2	PORTJ1	PORTJ0
(0x104)	DDRJ	DDJ7	DDJ6	DDJ5	DDJ4	DDJ3	DDJ2	DDJ1	DDJ0
(0x103)	PINJ	PINJ7	PINJ6	PINJ5	PINJ4	PINJ3	PINJ2	PINJ1	PINJ0
(0x102)	PORTH	PORTH7	PORTH6	PORTH5	PORTH4	PORTH3	PORTH2	PORTH1	PORTH0
(0x101)	DDRH	DDH7	DDH6	DDH5	DDH4	DDH3	DDH2	DDH1	DDH0
(0x100)	PINH	PINH7	PINH6	PINH5	PINH4	PINH3	PINH2	PINH1	PINH0

즉, 0x0020 번지에 있는 PINA 레지스터를 R0 레지스터로 읽어들이려면 IN R0,0x20 이라고 하지 않고 IN R0,0x00 이라고 해야한다는 것이다.

이들 I/O 레지스터 중에서 아래쪽의 0x00~0x1F에 위치하는 32개는 CBI/SBI 명령 및 SBIC/SBIS 명령을 사용하여 비트 어드레싱이 가능하다. 그러나, 이들 32개의 I/O 레지스터를 제외하고는 비트 어드레싱이 사용될 수 없으므로 다소 불편하다.

64개의 I/O 레지스터를 정리하여 보이면 <표 1.2.6>과 같다.

◀참고▶ Atmel사에서 제공하는 AVR Studio에 포함된 매크로 어셈블러에서는 16진수를 20H처럼 표시하지 않고 0x20 또는 $20의 2가지 방식으로 표시하는데, 이 책에서는 주로 0x20의 형식을 사용하기로 한다. 이는 C언어에서 사용하는 형식과 같다.

I/O 레지스터 중에는 3개의 범용 I/O 레지스터(General Purpose I/O Register) GPIOR0, GPIOR1, GPIOR2가 있는데, 이것들은 사용자가 임의의 용도로 사용할 수 있는 레지스터이다. 이것들은 모두 0x00~0x3F의 영역에 있으므로 IN/OUT 명령을 사용할 수 있어서 글로벌 변수나 상태 플랙을 저장하여 처리하는데 유용하다. 이 중에서 특히 GPIOR0는 0x00~0x1F의 영역에 있으므로 SBI, CBI, SBIS, CBIS 명령을 사용한 비트 어드레싱이 가능하다.

Bit	7	6	5	4	3	2	1	0	
0x2B (0x4B)	MSB							LSB	GPIOR2
Read/Write	R/W	R/W	R/W	R/W	R/W	R/W	R/W	R/W	
Initial Value	0	0	0	0	0	0	0	0	
Bit	7	6	5	4	3	2	1	0	
0x2A (0x4A)	MSB							LSB	GPIOR1
Read/Write	R/W	R/W	R/W	R/W	R/W	R/W	R/W	R/W	
Initial Value	0	0	0	0	0	0	0	0	
Bit	7	6	5	4	3	2	1	0	
0x1E (0x3E)	MSB							LSB	GPIOR0
Read/Write	R/W	R/W	R/W	R/W	R/W	R/W	R/W	R/W	
Initial Value	0	0	0	0	0	0	0	0	

〈그림 1.2.16〉 범용 I/O 레지스터 GPIOR0, GPIOR1, GPIOR2

▣ 확장 I/O 레지스터

확장 I/O 레지스터(Extended I/O Register)는 64개의 I/O 레지스터 영역에 포함시키지 못한 각종 I/O 디바이스 제어 레지스터로서 0x0060~0x01FF 번지의 416개에 해당하며, 이것들을 액세스하려면 I/O 레지스터와 달리 IN/OUT 명령을 사용할 수 없고 외부 데이터 메모리처럼 LD/LDS/LDD 및 ST/STS/STD 명령만을 사용하여야 한다. 이것은 확장 I/O 레지스터들의 번지는 반드시 16비트로 지정하여야 한다는 것을 의미한다. 이 중에서 LDS 명령 및 STS 명령에서는 확장 I/O 레지스터의 번지를 16비트의 즉치 데이터로 지정하지만, 나머지 명령들에서는 X, Y, Z 레지스터를 사용하여 간접지정으로 처리한다.

416개의 확장 I/O 레지스터를 정리하여 보이면 <표 1.2.7>과 같다.

■ 내부 SRAM

ATmega1281/2561의 내부 데이터 메모리인 SRAM은 0x0200~0x21FF번지의 8KB를 가지고 있다. 내부 데이터 메모리는 16비트 즉치 데이터에 의한 번지값을 지정하여 액세스하거나 또는 X, Y, Z 레지스터를 사용하여 간접지정으로 액세스한다. 여기에 사용되는 명령들은 LD/LDS/LDD 또는 ST/STS/STD 명령 등이다. 이러한 명령들이 내부 데이터 메모리를 액세스하는데는 <그림 1.2.17>에 보인 바와 같이 2클록 사이클이 소요되며, 이때는 당연히 외부로 ALE나 $\overline{RD}$, $\overline{WR}$ 신호가 발생되지 않는다.

내부 SRAM은 프로그램에서 각종 사용자 변수로 사용되며, 스택 영역으로 사용되기도 한다. 스택 영역을 액세스할 때는 PUSH 및 POP 명령이 사용된다.

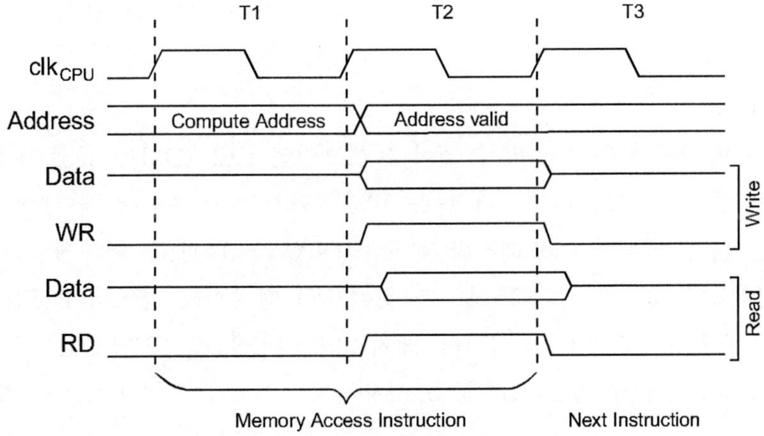

〈그림 1.2.17〉 내부 데이터 메모리의 액세스 사이클

■ 외부 데이터 메모리

ATmega1281/2561에서 0x2200~0xFFFF 번지의 약 56KB는 외부 데이터 메모리 영역이다. 여기에는 사용자가 필요에 의하여 외부 데이터 메모리로서 SRAM을 접속하여 사용하거나 또는 외부 I/O 확장 영역으로 사용할 수도 있다. I/O 디바이스는 기본

적으로 리드 및 라이트 동작이 가능해야 하므로 항상 데이터 메모리와 유사한 것으로 간주된다.

외부 데이터 메모리는 16비트 즉치 데이터에 의한 번지값을 지정하여 액세스하거나 또는 X, Y, Z 레지스터를 사용하여 간접지정으로 액세스한다. 여기에 사용되는 명령들은 LD/LDS/LDD 또는 ST/STS/STD 명령 등이다. 외부확장 데이터 메모리로 접속된 SRAM도 프로그램에서 각종 사용자 변수 영역으로 사용되며, PUSH 및 POP 명령에 의하여 스택 영역으로 사용될 수도 있다.

이러한 명령들이 외부 데이터 메모리 번지를 액세스할 때는 당연히 외부로 ALE 신호와 함께 동작에 따라 $\overline{RD}$ 또는 $\overline{WR}$ 신호가 발생된다. 그러나, 이들 명령으로 외부 데이터 메모리를 액세스하는 동작을 수행하는 경우에는 내부의 데이터 메모리를 액세스하는 경우에 비하여 1바이트당 1클록 사이클만큼의 처리시간이 더 필요하게 된다. 이보다 긴 시간이 요구되는 외부 액세스 동작에는 사용자가 1~3개의 웨이트 사이클을 부여할 수 있는데, 이러한 웨이트 사이클은 <그림 1.2.27>과 같은 외부 메모리 제어 레지스터 XMCRA를 사용하여 소프트웨어적으로 편리하게 설정할 수 있다.

외부 SRAM을 스택으로 사용할 때 인터럽트나 서브루틴의 호출이나 리턴 동작에서는 2 또는 3바이트의 프로그램 카운터 값을 push 또는 pop해야 하는데 이는 내부 SRAM을 사용하는 경우에 비하여 3클록 사이클의 처리시간이 더 필요하게 된다.

▣ EEPROM

ATmega1281/2561에는 불휘발성 데이터 메모리인 EEPROM을 4KB 내장하고 있는데, 여기에는 플래시 메모리보다 더 많은 10만번까지 반복적으로 데이터를 기입할 수 있다. 이것은 다른 메모리 어드레스와 별개로 0x0000~0x0FFF 번지에 할당되어 있으며, <그림 1.2.18>~<그림 1.2.20>에 보였듯이 I/O 레지스터 영역의 EEPROM 어드레스 레지스터 EEAR, EEPROM 데이터 레지스터 EEDR 및 EEPROM 제어 레지스터 EECR(EEPROM Control Register) 등을 사용하여 1바이트씩 액세스할 수 있다.

Bit	15	14	13	12	11	10	9	8	
0x22 (0x42)	–	–	–	–	EEAR11	EEAR10	EEAR9	EEAR8	EEARH
0x21 (0x41)	EEAR7	EEAR6	EEAR5	EEAR4	EEAR3	EEAR2	EEAR1	EEAR0	EEARL
	7	6	5	4	3	2	1	0	
Read/Write	R	R	R	R	R/W	R/W	R/W	R/W	
	R/W	R/W	R/W	R/W	R/W	R/W	R/W	R/W	
Initial Value	0	0	0	0	X	X	X	X	
	X	X	X	X	X	X	X	X	

〈그림 1.2.18〉 EEPROM 어드레스 레지스터 EEAR

Bit	7	6	5	4	3	2	1	0	
0x20 (0x40)	MSB							LSB	EEDR
Read/Write	R/W	R/W	R/W	R/W	R/W	R/W	R/W	R/W	
Initial Value	0	0	0	0	0	0	0	0	

〈그림 1.2.19〉 EEPROM 데이터 레지스터 EEDR

Bit	7	6	5	4	3	2	1	0	
0x1F (0x3F)	–	–	EEPM1	EEPM0	EERIE	EEMPE	EEPE	EERE	EECR
Read/Write	R	R	R/W	R/W	R/W	R/W	R/W	R/W	
Initial Value	0	0	X	X	0	0	X	0	

〈그림 1.2.20〉 EEPROM 제어 레지스터 EECR

EEPROM을 액세스할 때는 아래에서 설명하는 바와 같이 지정된 규칙을 잘 지켜야 한다. EEPROM을 리드할 때 CPU는 안전한 동작을 위하여 4클록 사이클 동안 멈추었다가 다음 명령을 계속하며, EEPROM을 라이트할 때는 2클록 사이클 동안 멈추었다가 다음 명령을 계속한다.

EEPROM 제어 레지스터 EECR의 EEPM1과 EEPM0(EEPROM Programming Mode Bits) 비트는 아래 <표 1.2.8>과 같이 EEPROM의 동작 모드를 설정하는데 사용한다.

〈표 1.2.8〉 EEPROM의 동작 모드 설정

EEPM1	EEPM0	프로그래밍 시간	동 작
0	0	3.4 ms	삭제 및 기록 모두 가능
0	1	1.8 ms	삭제만 가능
1	0	1.8 ms	기록만 가능
1	1	–	–

EERIE(EEPROM Ready Interrupt Enable) 비트는 1로 설정되면 EEWE 비트가 클리어될 때 EEPROM Ready 인터럽트를 발생하는 기능을 가진다.

EEMPE(EEPROM Master Programming Enable) 비트는 EEPE=1로 설정할 때 EEPROM에 라이트가 가능하도록 허용할지 여부를 결정하는 기능을 수행한다. 즉, 이 비트를 1로 설정하면 EEPE=1로 되고 나서 4클록 사이클 이내에 해당 데이터를 지정된 EEPROM 번지에 라이트한다. 이렇게 라이트 동작이 완료되면 EEMPE 비트는 내부에서 자동적으로 0이 된다.

EEPE(EEPROM Programming Enable) 비트는 EEPROM에 데이터를 라이트하기 위한 스트로브 신호를 준다. 먼저 EEPROM의 어드레스와 데이터 값을 지정한 후에

EEMPE = 1로 설정된 상태에서 이 비트를 1로 주면 라이트 동작이 수행된다. 라이트 동작이 수행되고 나면 EEPE 비트는 내부에서 자동적으로 0이 된다. EEPROM 라이트 동작을 요약하면 다음과 같다.

① 앞의 라이트 동작이 완료되어 EEPE=0으로 될 때까지 기다린다.
② SPMCSR 레지스터에서 SPMEN=0으로 될 때까지 기다린다.
③ 새로 라이트할 EEPROM 어드레스를 EEAR 레지스터에 저장한다.
④ 새로 라이트할 EEPROM 데이터를 EEDR 레지스터에 저장한다.
⑤ EECR 레지스터에 EEMPE=1, EEPE=0으로 설정한다.
⑥ 4사이클 이내에 EEPE=1로 설정한다.

EEPE=1로 설정하여 EEPROM 라이트 동작이 수행되고 나면 CPU는 다음 명령을 실행하기 전에 2클록 사이클 동안 멈춘다. 위에서 ③과 ④의 순서는 서로 바꾸어도 정상적으로 동작이 수행된다. EEPROM 라이트 기능은 CPU가 플래시 메모리에 라이트를 수행하고 있을 때는 불가능하다. 따라서, 부트 로더를 사용하는 경우에는 이런 잘못된 시도를 할 수 있기 때문에 주의가 필요하며, 위의 ②는 이 때문에 수행하는 절차이다.

위의 ⑤와 ⑥의 처리과정을 수행하는 사이에서 인터럽트가 발생되면 EEMPE의 동작 제한시간이 초과되어 EEPROM 라이트 동작이 실패하게 된다. 이를 방지하려면 ③~⑥의 과정을 수행하는 동안에는 상태 레지스터 SREG에서 I=0으로 설정하여 인터럽트 발생을 금지시켜야 한다.

EERE(EEPROM Read Enable) 비트는 EEPROM에 데이터를 리드하기 위한 스트로브 신호를 준다. EEPROM 리드 동작이 수행되고 나면 CPU는 다음 명령을 실행하기 전에 4클록 사이클 동안 멈춘다. EEPROM 리드 동작을 요약하면 다음과 같다.

① 앞의 라이트 동작이 완료되어 EEPE=0으로 될 때까지 기다린다.
② 리드할 EEPROM 어드레스를 EEAR 레지스터에 저장한다.
③ EECR 레지스터에 EERE=1로 설정한다.
④ EEPROM 데이터를 EEDR 레지스터로부터 읽는다.

전원 전압이 사양보다 낮은 시간이 길게 지속되면 EEPROM에 저장된 데이터가 지워질 우려가 있다. 이런 상태에서는 소프트웨어적으로 정상적인 라이트 처리과정이 수행되더라도 저전압에 의하여 하드웨어가 올바르게 동작하지 않을 수 있으며, 더욱 낮은 전압에서는 하드웨어 자체가 잘못된 명령을 실행할 수도 있기 때문이다. 따라서, 이를 방지하려면 전원전압이 사양보다 낮을 경우에는 CPU 리셋이 동작하도록 하드웨어를 구성하는 것이 좋은데, ATmega1281/2561에 내장된 BOD(Brown-Out Detector) 기능을 이용하면 편리하다.

파워다운 모드를 사용할 때는 EEPROM 라이트 동작이 완료된 것을 먼저 확인해야 한다. 그렇지 않으면 EEPROM 라이트 동작이 완료된 후에 클록발생 회로가 동작하게 되므로 파워다운 모드에 들어가지 못하게 된다.

5. ATmega1281/2561의 외부 인터페이스

앞에서도 설명한 바와 같이 ATmega1281/2561 마이크로콘트롤러의 외부 데이터 메모리 영역은 0x2200~0xFFFF 번지의 약 56KB 영역을 사용할 수 있으며, 이것들은 데이터 메모리로서 SRAM이나 각종 외부 I/O 확장에 사용할 수 있다. 이 외부 데이터 메모리 영역은 다음과 같이 여러가지의 우수한 기능을 가지고 있어서 사용자가 하드웨어를 인터페이스하고 이를 프로그램으로 구동하는데 매우 편리하게 되어 있다.

① 인터페이스할 소자의 액세스 시간에 적합하도록 소프트웨어적으로 0~3개의 웨이트 사이클을 설정할 수 있다.
② 외부 데이터 메모리 영역을 2개의 섹터로 분할할 수 있고, 이들 각각에 대하여 독립적으로 웨이트 사이클을 설정할 수 있다.
③ 16비트 어드레스의 상위 바이트에 있는 8비트 중에서 필요한 개수만을 어드레스 버스로 동작하게 할 수 있다.
④ 데이터 버스의 신호들이 동작할 때 전류 소비량이 감소되도록 버스 키퍼 기능을 설정하여 사용할 수 있다.

(1) 외부 인터페이스의 기본 동작

ATmega1281/2561에서 외부 인터페이스에 사용되는 신호는 A15~A8, AD7~AD0, ALE, $\overline{RD}$, $\overline{WR}$ 등인데, 이것들의 동작 여부는 외부 메모리 제어 레지스터 XMCRA로 설정한다. CPU가 외부 데이터 메모리 영역인 0x2200~0xFFFF번지를 액세스하려고 하면 병렬포트와 공용으로 되어 있는 이러한 외부 신호들이 시스템 버스로 동작한다. 이 중에서 AD7~AD0은 핀수를 절약하기 위하여 어드레스 버스의 하위 8비트와 데이터 버스를 시분할 다중화(time-multiplexed)시킨 것이기 때문에 74573 소자에 ALE 신호를 사용하여 <그림 1.2.21>처럼 분리시켜야 한다.

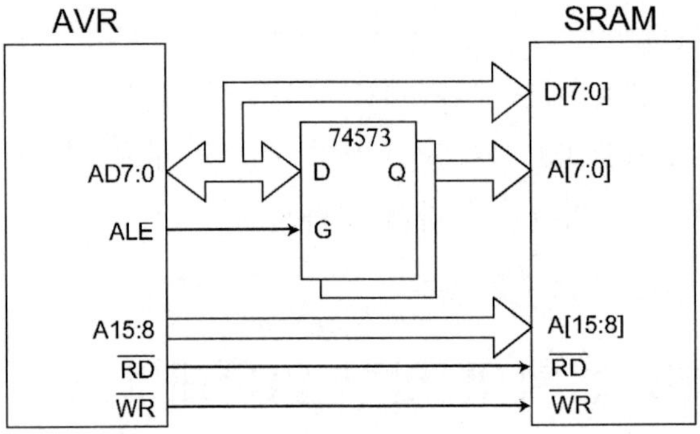

〈그림 1.2.21〉 외부 인터페이스 기본 설계

AD7~AD0 신호의 내부에 들어있는 풀업저항은 해당 포트에 1을 쓰면 동작할 가능성이 있으므로 슬립 모드에서 전력소비를 줄이고자 하면 슬립 모드로 들어가기 전에 해당 포트에 0을 출력하여 풀업저항이 동작하지 않도록 하는 것이 좋다.

또한 AD7~AD0 신호의 출력단 회로에는 버스 키퍼(bus keeper) 기능을 지원한다. 이는 나중에 설명하는 외부 메모리 제어 레지스터 XMCRB에서 XMBK=1로 설정하는데, 이렇게 버스 키퍼 기능이 설정되면 리드 동작시에 이 버스가 3-스테이트 상태로 들어가야하는 순간에 이전의 상태값을 그대로 출력하게 된다. 이것의 정확한 동작에 관해서는 <그림 1.2.22>에서 리드 동작 타이밍 부분을 참조하라.

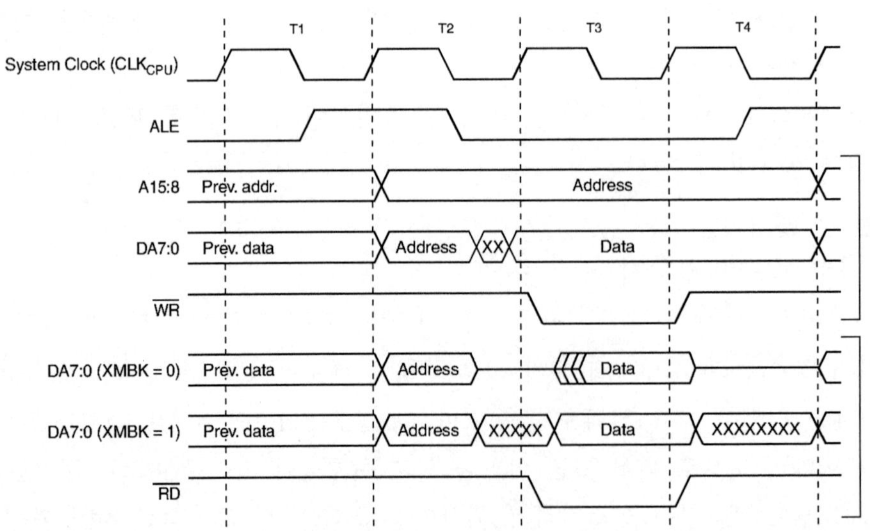

〈그림 1.2.22〉 기본 외부 액세스 동작 사이클(SRWn1~0=00)

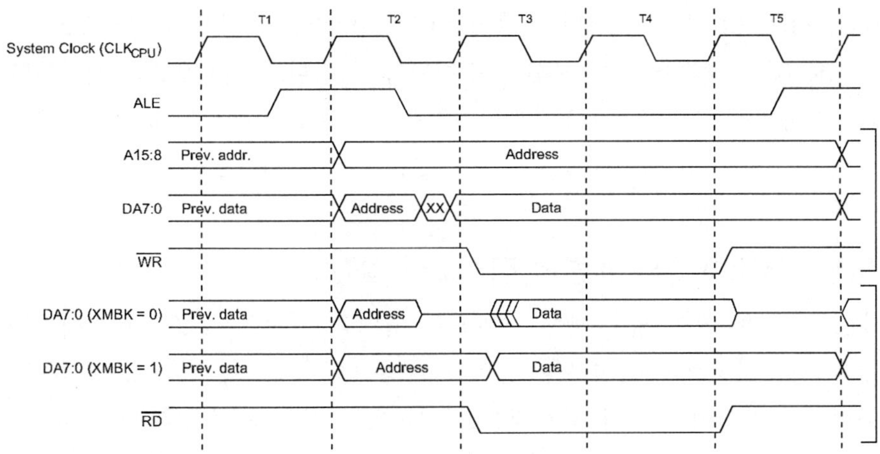

〈그림 1.2.23〉 1개의 웨이트가 주어진 외부 액세스 동작 사이클(SRWn1:0=01)

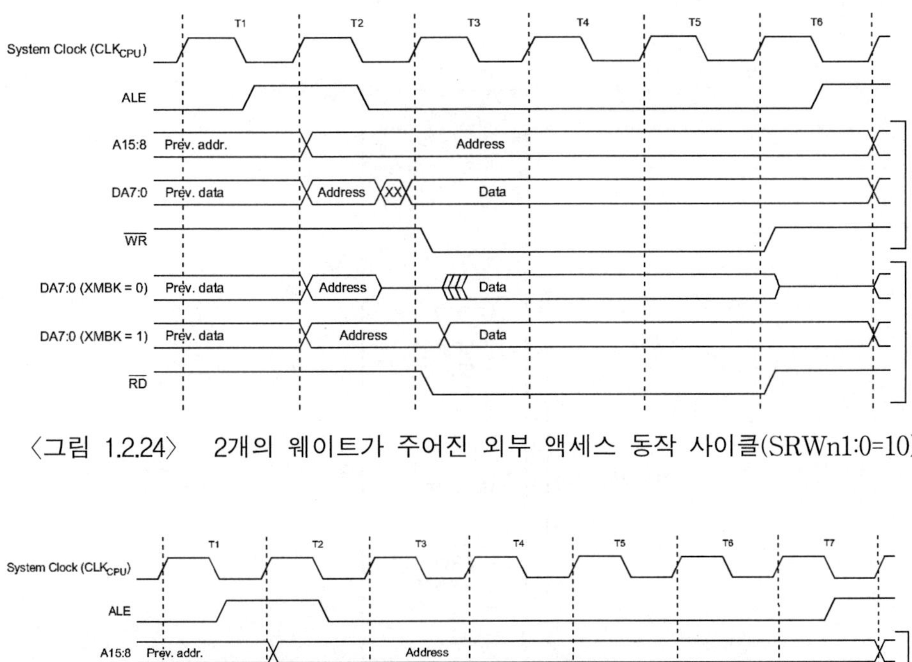

〈그림 1.2.24〉 2개의 웨이트가 주어진 외부 액세스 동작 사이클(SRWn1:0=10)

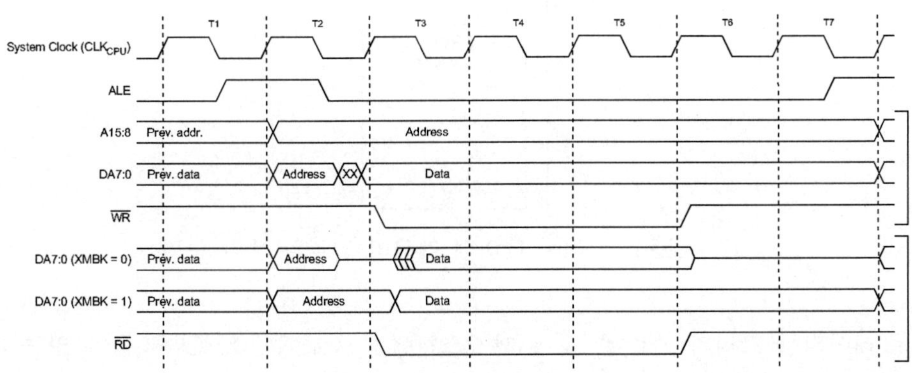

〈그림 1.2.25〉 3개의 웨이트가 주어진 외부 액세스 동작 사이클(SRWn1:0=11)

ATmega1281/2561 외부 데이터 메모리 영역의 액세스 동작은 <그림 1.2.22>와 같이 기본적으로 3클록 사이클(T2~T4)에 수행된다. 그러나, 외부 메모리 제어 레지스터 XMCRA를 이용하여 소프트웨어적으로 1~3개의 웨이트 사이클(wait cycle)을 줄 수 있는데 이런 경우의 동작 타이밍을 <그림 1.2.23> ~ <그림 1.2.25>에 보였다.

(2) 외부 인터페이스와 관련된 레지스터 설정

ATmega1281/2561에서 외부 데이터 메모리 영역은 <그림 1.2.26>과 같이 사용자가 임의로 경계선을 지정하여 사이즈를 설정하는 방법으로 2개의 섹터로 나눌 수 있다. 이렇게 나누어진 섹터에는 각각 독립적으로 웨이트 사이클을 설정할 수 있다. 이는 상당히 액세스 속도가 빠른 SRAM은 0웨이트로 설정하고, 이에 비하여 상대적으로 동작 속도가 느린 I/O 디바이스들에 대하여는 적절한 웨이트 사이클을 부여할 수 있어서 ATmega1281/2561의 주변회로 설계에 매우 유용하다.

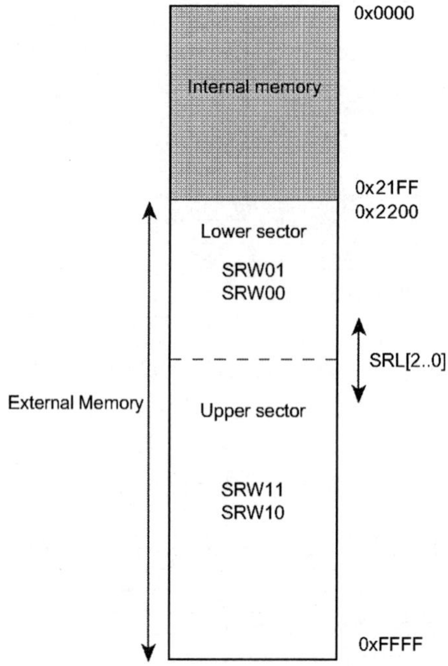

〈그림 1.2.26〉 외부 데이터 메모리 영역의 섹터 분할

외부 데이터 메모리와 관련된 제어 레지스터에는 XMCRA, XMCRB 등이 있는데 이것들의 기능을 요약하면 다음과 같다.

▣ 외부 메모리 제어 레지스터 XMCRA

XMCRA(External Memory Control Register A) 레지스터는 외부 데이터 메모리를 액세스할 수 있도록 설정하며, 이 메모리 영역을 2개의 섹터로 분할하고 각 섹터에 웨이트 사이클을 설정하는데 사용된다.

Bit	7	6	5	4	3	2	1	0	
(0x74)	SRE	SRL2	SRL1	SRL0	SRW11	SRW10	SRW01	SRW00	XMCRA
Read/Write	R/W	R/W	R/W	R/W	R/W	R/W	R/W	R/W	
Initial Value	0	0	0	0	0	0	0	0	

〈그림 1.2.27〉 외부 메모리 제어 레지스터 XMCRA

SRE(External SRAM/XMEM Enable) 비트는 A15~A8, AD0~AD7, ALE, $\overline{RD}$, $\overline{WR}$ 등과 같은 외부 데이터 메모리 영역의 액세스 신호들을 유효하도록 한다. 이렇게 설정하지 않으면 이 신호들은 기본 기능인 병렬 I/O 포트로 동작하게 된다.

SRL2~0(Wait-state Sector Limit) 비트는 <표 1.2.9>와 같이 외부 데이터 메모리 영역을 2개의 섹터로 분할하여 이들 각 섹터에 별도로 웨이트 사이클을 설정할 수 있도록 한다.

〈표 1.2.9〉 SRL2~0 비트에 의한 외부 데이터 메모리의 섹터 분할

SRL2	SRL1	SRL0	섹터 영역
0	0	X	lower sector = 없음 upper sector = 0x2200~0xFFFF
0	1	0	lower sector = 0x2200~0x3FFF upper sector = 0x4000~0xFFFF
0	1	1	lower sector = 0x2200~0x5FFF upper sector = 0x6000~0xFFFF
1	0	0	lower sector = 0x2200~0x7FFF upper sector = 0x8000~0xFFFF
1	0	1	lower sector = 0x2200~0x9FFF upper sector = 0xA000~0xFFFF
1	1	0	lower sector = 0x2200~0xBFFF upper sector = 0xC000~0xFFFF
1	1	1	lower sector = 0x2200~0xDFFF upper sector = 0xE000~0xFFFF

SRW11~10(Wait-state Select Bits for Upper Sector) 비트들은 외부 데이터 메모리의 상위 섹터에 해당하는 웨이트 사이클을 설정한다. 또한 SRW01~00(Wait-state Select Bits for Lower Sector) 비트들은 외부 데이터 메모리의 하위 섹터에 해당하는 웨이트 사이클을 설정한다. 이 비트들을 사용하여 웨이트 사이클을 설정하는 방법은

<표 1.2.10>과 같다. 또한 이렇게 하여 상위 섹터 또는 하위 섹터에 웨이트 사이클의 수가 설정된 경우의 동작 파형은 앞의 <그림 1.2.22> ~ <그림 1.2.25>에서 보인 바가 있다.

〈표 1.2.10〉 SRW11~10 및 SRW01~00비트에 의한 웨이트 사이클의 설정

SRWn1	SRWn0	웨이트 사이클의 수
0	0	0 웨이트
0	1	리드/라이트 신호에 1개의 웨이트
1	0	리드/라이트 신호에 2개의 웨이트
1	1	리드/라이트 신호에 2개 + 다음 어드레스 출력 전에 1개의 웨이트

※ n은 섹터 번호 0(lower sector) 또는 1(upper sector)을 나타냄.

■ 외부 메모리 제어 레지스터 XMCRB

XMCRB(External Memory Control Register B) 레지스터는 버스 키퍼 기능을 설정하고 외부 데이터 메모리 어드레스의 상위 바이트 중에서 어디까지 어드레스 기능으로 사용할 것인지를 설정하는데 사용된다.

Bit	7	6	5	4	3	2	1	0	
(0x75)	XMBK	–	–	–	–	XMM2	XMM1	XMM0	XMCRB
Read/Write	R/W	R	R	R	R	R/W	R/W	R/W	
Initial Value	0	0	0	0	0	0	0	0	

〈그림 1.2.28〉 외부 메모리 제어 레지스터 XMCRB

XMBK(External Memory Bus-keeper Enable) 비트는 AD7~AD0 신호가 3-스테이트로 되어야 하는 동안에 이를 이전의 값으로 출력되도록 하는 버스 키퍼 기능을 설정한다. 버스 키퍼 기능을 설정하면 데이터 버스에서 출력단 회로의 스위칭 동작이 줄어들어 소비전력을 절감할 수 있다. 이런 상황은 <그림 1.2.22> ~ <그림 1.2.25>의 리드 액세스 동작에서 보인 바가 있다. 이 기능은 SRE=0으로 설정되었을 경우에도 유효하다.

XMM2~0(External Memory High Mask) 비트들은 포트C와 기능을 겸하고 있는 어드레스 버스의 상위 바이트가 어느 부분까지 어드레스 버스 신호로 사용될지를 설정하는 기능을 수행한다. 이를 이용하여 <표 1.2.11>과 같이 A15~A8의 일부분만을 어드레스 버스로 사용할 수 있으며, 그 나머지 비트들은 포트C의 기능으로 사용된다. 이는 필요할 경우 외부 데이터 메모리의 용량을 축소시켜 사용하는 대신에 남는 비트들을 병렬 I/O 포트로 활용할 수 있는 장점을 가진다.

〈표 1.2.11〉 포트C와 어드레스 버스 상위 바이트의 기능 설정

XMM2	XMM1	XMM0	어드레스 버스	포트C
0	0	0	A15~A8로 사용	-
0	0	1	A14~A8로 사용	PC7로 사용
0	1	0	A13~A8로 사용	PC7~PC6으로 사용
0	1	1	A12~A8로 사용	PC7~PC5로 사용
1	0	0	A11~A8로 사용	PC7~PC4로 사용
1	0	1	A10~A8로 사용	PC7~PC3으로 사용
1	1	0	A9~A8로 사용	PC7~PC2로 사용
1	1	1	-	PC7~PC0으로 사용

◀휴게실▶

EEPROM과 플래시 메모리

ATmega1281/2561에는 프로그램 메모리로서 128KB/256KB의 플래시 메모리를 내장하고 있고 데이터 메모리로서 4KB의 EEPROM을 내장하고 있다. EEPROM과 플래시 메모리는 하나의 뿌리에서 발전해온 매우 유사한 메모리이지만 사용방법이 서로 다르다. 이것들은 오늘날 독립된 메모리 소자로서도 널리 사용되고 있으므로 충분히 알아둘 필요가 있다.

EEPROM(E^2PROM, Electrically Erasable PROM)은 온보드(on-board) 상태에서 사용자가 내용을 바이트 단위로 리드하거나 라이트할 수 있으므로 사실상 SRAM처럼 사용할 수 있는 불휘발성 메모리이며, 따라서 제조회사에 따라서는 이를 EEPROM이라고 부르지 않고 EAPROM(Electrically Alterable PROM) 또는 NVRAM(Non-Volatile RAM)이라고 부르기도 한다. 그러나, 이것의 리드 동작은 액세스 시간이 다소 느리기는 하더라도 SRAM과 유사하므로 별 문제가 없는데 비하여, 라이트 동작을 수행하는 경우에는 1바이트를 라이트할 때마다 수[ms] 이상의 시간지연이 필요하므로 SRAM과 동일하게 사용할 수는 없다. 따라서, EEPROM은 실시간으로 사용되는 변수를 저장하는 메모리나 스택 메모리로는 사용될 수 없으며, 한번 내용을 저장하면 비교적 오랫동안 이를 기억하고 있으면서 주로 이를 읽어 사용하기만 하거나 전원을 꺼도 지워져서는 안되는 중요한 데이터를 백업하여 두어야 하는 설정값 저장용 메모리로 적합하다. 이 메모리 소자는 28Cxxx의 형태로 이름을 짓는 경우가 많다.

플래시 메모리(flash memory)는 온보드 상태에서 사용자가 내용을 바이트 단위로 자유로이 리드할 수는 있지만, 라이트는 페이지(page) 또는 섹터(sector)라고 불리는 블록(block) 단위로만 수행할 수 있는 변형된 EEPROM이다. 블록의 크기는 메모리 소자나 메이커에 따라 다르지만 대체로 64바이트, 128바이트, 256바이트 등에서부터 128KB까지도 사용한다. 이렇게 플래시 메모리는 EEPROM과 매우 유사하지만 바이트 단위로 라이트하는 것이 불가능하므로 페이지 모드 라이트 기능만을 가지는 EEPROM이라고 생각하면 되며, 따라서 역시 SRAM처럼 실시간 데이터 메모리로 사용하는 것은 불가능하다. 그러나, 플래시 메모리는 EEPROM보다 메모리 셀의 구조가 간단하여 훨씬 대용량의 메모리 소자를 만드는데 적합하며, 1개의 블록 전체를 라이트하는데 수 [ms] 정도가 걸리므로 대용량 데이터를 라이트할 때는 EEPROM보다 훨씬 속도가 빠르다는 장점을 가진다.

그런데, 플래시 메모리는 내부 구조에 따라서 NOR형 플래시와 NAND형 플래시 메모리로 나눌 수 있다. NOR형 플래시는 다른 메모리 소자와 같이 외부 구조가 어드레스 버스, 데이터 버스, 그리고 몇 가지의 제어신호 및 전원으로 되어 있어서 프로그램 저장용으로 널리 사용된다. NOR형 플래시 메모리는 대부분 29Cxxx 형태의 이름을 가지고 있다. 그러나, NAND형 플래시 메모리는 어드레스 버스와 데이터 버스가 따로 있는 것이 아니고 8개(또는 16개)의 데이터 신호와 몇 개의 제어신호 및 전원핀을 가지고 있다. 8개의 데이터 신호선은 어드레스 및 제어명령을 라이트하거나 데이터 값을 읽고 쓰는 용도로 사용된다. 이렇게 하면 메모리를 읽고 쓰는 동작은 좀 번거로워지지만 메모리 용량이 증가하더라도 핀수가 늘어나지 않으므로 하드웨어 규격을 통일할 수 있어서 플래시 메모리를 마치 하드 디스크처럼 사용하는 것이 가능하다. 특히, 요즈음에는 휴대용 기기를 염두에 두고 1.8[V]나 3.3[V]의 저전압에서 동작하는 수십 MB~수 GB짜리 대용량의 NAND형 플래시 메모리가 많이 개발되어 휴대용 통신기기, 디지털 카메라, MP3 플레이어, 이동형 USB 메모리 등과 같은 용도에 널리 사용되고 있다.

1.3 ATmega1281/2561의 명령 세트

이 절에서는 ATmega1281/2561의 수치 데이터 표현 방법, 어드레싱 모드, 명령 세트 등에 대하여 설명한다. 이는 물론 어셈블리 언어 프로그램을 위하여 필수적인 것이지만, C언어로 프로그램을 하는 사람도 충분히 알아두는 것이 좋다. 흔히 어셈블리 언어와 C언어는 사용자가 배타적으로 선택할 사항이라고 생각하기 쉽지만 사실 이것들은 서로 매우 보완적이다. 적어도 마이크로콘트롤러 응용분야에서는 어셈블리 언어를 제대로 모르면서 C언어의 제대로 구사하겠다는 것은 상당히 어려운 일이다.

1. ATmega1281/2561의 데이터 표현

ATmega1281/2561은 8비트 마이크로콘트롤러이므로 기본적으로 데이터를 8비트 단위로 처리하며, 일부 명령에서는 16비트 데이터를 사용하기도 한다. C언어에서는 32비트나 64비트 데이터도 사용하지만 어셈블러에서는 이런 데이터를 지원하는 명령이 없다. ATmega1281/2561에서 사용하는 데이터 표현 형식은 <표 1.3.1>과 같다.

〈표 1.3.1〉 ATmega1281/2561에서 사용하는 데이터의 표현 형식

데이터의 형식		표현 범위	어셈블리 언어	C 언어
8비트	양의 정수 표현	0 ~ 255	BYTE	unsigned char
	2의 보수 표현	-128 ~ +127	BYTE	signed char
16비트	양의 정수 표현	0 ~ 65,535	WORD	unsigned int
	2의 보수 표현	-32,768 ~ +32,767	WORD	signed int
(32비트)	양의 정수 표현	0 ~ 4,294,967,295	DOUBLE WORD	unsigned long
	2의 보수 표현	-2,147,483,648 ~ +2,147,483,647	DOUBLE WORD	signed long
(64비트)	양의 정수 표현	0 ~ 1.844×10^19	QUAD WORD	unsigned long long
	2의 보수 표현	-9.22×10^18 ~ +9.22×10^18	QUAD WORD	signed long long

(1) 비트

비트(bit)는 디지털 정보 표현의 최소단위로서 0(false) 또는 1(true)의 값을 가진다. 이러한 비트는 바이트나 워드 등의 데이터를 구성하는 최소 단위의 요소가 되며, ATmega1281/2561에는 비트 단위로 처리하는 명령도 있다. 즉, SBI 명령은 I/O 레지스터의 아래쪽 32개 레지스터에서 임의의 1비트를 지정하여 셋트시킬 수 있고, CBI 명령은 반대로 1비트를 리셋시키는데 사용된다. 또한, SBIC/SBIS 명령은 각각 이 I/O 레지

스터들의 지정된 특정 비트를 조사하여 클리어/셋트되어 있을 경우 다음 명령을 건너뛰도록 하는 명령이며, SBRC/SBRS 명령은 범용 레지스터들의 특정 비트를 조사하여 클리어/셋트되어 있을 경우 다음 명령을 건너뛰도록 하는 명령이다.

(2) 바이트

바이트(byte)는 8비트 길이를 가지는 데이터의 형식으로서 부호가 없는 수의 경우에는 0~255 범위의 수를 표현할 수 있으며, 부호가 있어서 2의 보수 표현법으로 양수 및 음수를 나타내는 경우에는 -128~+127 범위의 수를 표현할 수 있다. 8비트 2의 보수 표현법에서는 부호를 최상위 비트(b7)로 표시하며, 양수인 경우에는 부호를 0으로 나타내고 음수인 경우에는 1로 나타낸다.

8비트의 바이트 데이터는 모든 데이터 메모리에서 1개의 번지를 차지하므로 내부 SRAM, EEPROM, 외부 데이터 메모리 등 어느 곳에라도 쉽게 저장할 수 있다. 그러나, 프로그램 메모리는 16비트 구조를 가지므로 2개의 바이트가 1개의 번지에 저장된다. 이때 첫번째 바이트가 16비트의 하위 바이트에 저장되고, 두번째 바이트가 상위 바이트에 저장되며, 전체적으로 홀수개의 바이트 데이터를 정의하는 경우에는 마지막에 8비트가 남게 되는데 여기에는 디폴트값인 0x00으로 채워진다.

어셈블리 프로그램에서 프로그램 메모리나 EEPROM에 8비트 바이트 상수 데이터를 정의할 때는 지시어 DB를 사용한다.

예
```
Const1:  .DB  10,20,-10,-20
Const2:  .DB  0b01010101,0x3F,$5A
```

(3) 워드

워드(word)는 16비트 길이를 가지는 데이터의 형식으로서 부호가 없는 수의 경우에는 0~65535 범위의 수를 표현할 수 있으며, 부호가 있어서 2의 보수 표현법으로 양수 및 음수를 나타내는 경우에는 -32768~+32767 범위의 수를 표현할 수 있다. 16비트 2의 보수 표현법에서는 부호를 최상위 비트(b15)로 표시하며, 양수인 경우에는 부호를 0으로 나타내고 음수인 경우에는 1로 나타낸다.

16비트의 워드 데이터는 모든 데이터 메모리에서 8비트씩 2개의 번지를 차지하며, 낮은 번지에 하위 바이트가 저장되고 높은 번지에 상위 바이트가 저장되는데 이를 역워드순(little endian)이라고 한다. 그러나, 프로그램 메모리는 16비트의 구조를 가지므로 1워드가 1개의 번지에 저장된다.

어셈블리 프로그램에서 프로그램 메모리나 EEPROM에 16비트 워드 상수 데이터를 정의할 때는 지시어 DW를 사용한다.

```
예  Const1:  .DW  1000,2000,-1000,-2000
    Const2:  .DW  0b0000111100001111,0xFFFF,$5A6B
```

2. ATmega1281/2561의 어드레싱 모드

ATmega1281/2561의 명령에서는 다음과 같이 총 10가지 종류의 어드레싱 모드(addressing mode)를 사용한다.

(1) 즉치 데이터 번지 지정

즉치 데이터 번지 지정(Immediate Addressing) 모드는 오퍼랜드를 명령어의 일부로 포함하고 있는 방식이다. 즉치 데이터에는 8비트와 6비트가 있다. 8비트 즉치 데이터를 사용하는 명령에서는 데스티네이션 오퍼랜드로서 범용 레지스터 R16~R31만을 사용할 수 있으며, ADIW와 SBIW 명령은 16비트 레지스터와 6비트의 즉치 데이터를 연산하는데 16비트 데스티네이션 오퍼랜드로서 범용 레지스터 R24, R26, R28, R30만을 사용할 수 있다.

```
예  8비트 즉치 데이터를 사용하는 경우
    LDI     Rdx, imm8            ; Rdx ← imm8
             ▲    ▲
             │    └──── 8비트 즉치 데이터 0~255
             └───────── 레지스터 R16~R31
```

```
예  6비트 즉치 데이터를 사용하는 경우
    ADIW    Rdl, imm6            ; Rdl+1:Rdl ← Rdl+1:Rdl + imm6
             ▲    ▲
             │    └──── 6비트 즉치 데이터 0~63
             └───────── 레지스터 R24, R26, R28, R30
```

(2) 레지스터 직접 번지 지정

레지스터 직접 번지 지정(Register Direct Addressing) 모드는 오퍼랜드로서 32개의 범용 레지스터 R0~R31 중의 하나를 사용하는 방식이다. 단, 8비트 즉치 데이터를 사용하는 명령에서는 범용 레지스터 R16~R31만을 사용할 수 있으며, 16비트 데이터를 사용하는 명령에서는 범용 레지스터 R24~R31만을 사용할 수 있다.

예 데스티네이션 오퍼랜드에 사용되는 경우

```
LDI     Rdx, imm8          ; Rdx ← imm8
        ↑
        └──────── 레지스터 R16~R31
```

예 소스 오퍼랜드에 사용되는 경우

```
STS     addr16,Rr          ; (addr16) ← Rr
                ↑
                └──── 레지스터 R0~R31
```

예 소스 및 데스티네이션 오퍼랜드에 모두 사용되는 경우

```
ADD     Rd,Rr              ; Rd ← Rd + Rr
        ↑  ↑
        │  └──────── 레지스터 R0~R31
        └─────────── 레지스터 R0~R31
```

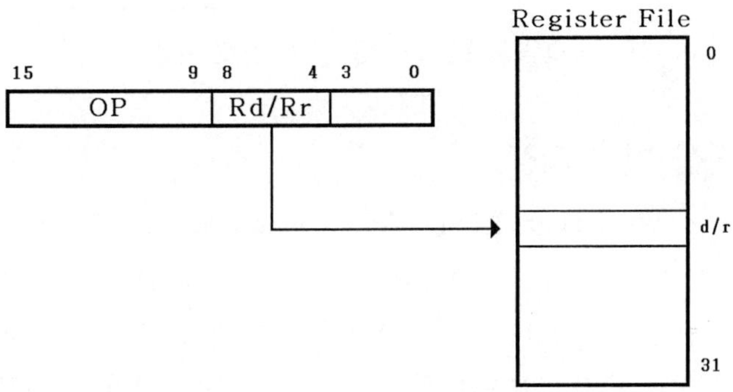

〈그림 1.3.1〉 레지스터 직접 번지 지정

(3) I/O 직접 번지 지정

I/O 직접 번지 지정(I/O Direct Addressing) 모드는 오퍼랜드로서 64개의 I/O 레지스터중의 하나를 사용하는 방식이다. 이것은 기계어 코드에서 6비트의 어드레스로 지정되는데, 실제의 I/O 레지스터를 액세스할 때는 이 6비트 값에 0x20을 더하여 처리한다. 이 어드레싱 모드는 IN/OUT 명령에서 사용되며, CBI/SBI/SBIC/SBIS 명령에서는 64개의 I/O 레지스터 중에서 아래쪽의 32개만을 사용할 수 있다.

예 입출력 명령

```
IN      Rd,port            ; Rd ← (port)
OUT     port,Rr            ; (port) ← Rr
        ↑
        └──────── I/O 포트 0~63
```

예 비트 클리어/셋트 명령

```
CBI    port32,b          ; (port32)b ← 0
SBI    port32,b          ; (port32)b ← 1
       ↑
       └───────── I/O 포트 0~31
```

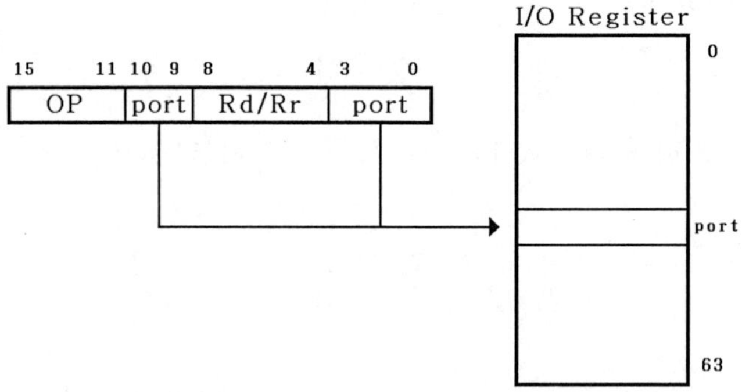

〈그림 1.3.2〉 I/O 직접 번지 지정

(4) 데이터 직접 번지 지정

데이터 직접 번지 지정(Data Direct Addressing) 모드는 오퍼랜드로서 데이터 메모리 영역을 16비트 어드레스값으로 직접 지정하는 방법이다. 이 16비트 데이터 메모리 번지는 32개의 범용 레지스터 영역, 64개의 I/O 레지스터 영역, 416개의 확장 I/O 레지스터 영역, 8KB의 내부 SRAM 영역, 그리고 외부 데이터 메모리 영역을 모두 포함한다.

이 어드레싱 모드는 LDS/STS 명령에서만 사용한다.(그러나, 16비트 직접 번지는 이 밖에 JMP/CALL 명령에서도 사용된다.)

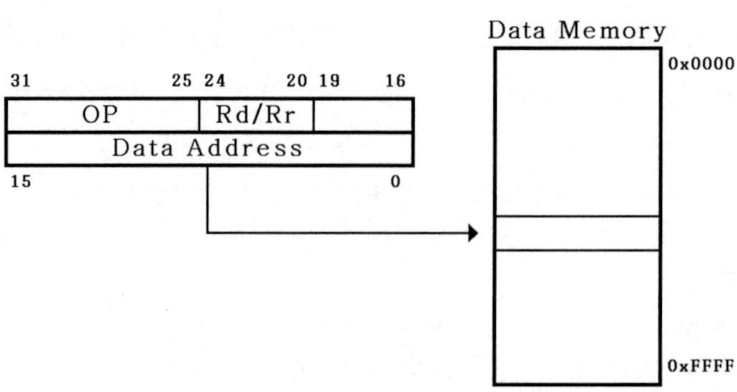

〈그림 1.3.3〉 데이터 직접 번지 지정

예 소스 오퍼랜드에 사용되는 경우

```
LDS    Rd, addr16          ; Rd ← (addr16)
       ↑—— 16비트 어드레스 0~65535
```

예 데스티네이션 오퍼랜드에 사용되는 경우

```
STS    addr16, Rr          ; (addr16) ← Rr
       ↑—— 16비트 어드레스 0~65535
```

(5) 데이터 간접 번지 지정

데이터 간접 번지 지정(Data Indirect Addressing) 모드는 오퍼랜드로서 데이터 메모리 영역을 16비트 어드레스 포인터인 X, Y, Z 레지스터를 사용하여 간접 지정하는 방법이다. 이 16비트 데이터 메모리 번지는 32개의 범용 레지스터 영역, 64개의 I/O 레지스터 영역, 416개의 확장 I/O 레지스터 영역, 8KB의 내부 SRAM 영역, 그리고 외부 데이터 메모리 영역을 모두 포함한다.

이 어드레싱 모드는 LD/ST 명령에서만 사용한다.(그러나, LPM/ELPM/SPM 명령에서는 Z 레지스터를 사용하여 프로그램 메모리를 이와 유사하게 액세스한다.)

예 소스 오퍼랜드에 사용되는 경우

```
LD     Rd, X               ; Rd ← (X)
       ↑—— X, Y, Z 레지스터(0~65535)
```

예 데스티네이션 오퍼랜드에 사용되는 경우

```
ST     X, Rr               ; (X) ← Rr
       ↑—— X, Y, Z 레지스터(0~65535)
```

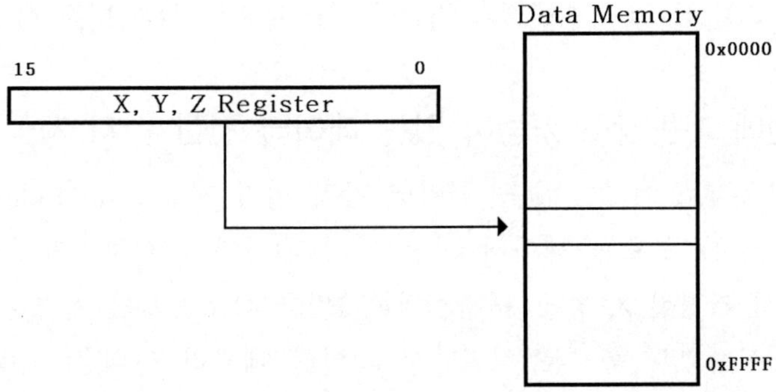

〈그림 1.3.4〉 데이터 간접 번지 지정

(6) 동작 후에 자동증가 기능이 있는 데이터 간접 번지 지정

동작 후에 자동증가 기능이 있는 데이터 간접 번지 지정(Data Indirect Addressing with Post-increment) 모드는 데이터 간접 번지 지정과 동일하지만 동작을 수행한 후에 이 명령에서 지정된 X, Y, Z 레지스터를 1만큼 증가시켜 두는 기능을 추가적으로 가지는 방법이다. 이는 번지를 증가시키면서 데이터 메모리 영역을 연속적으로 읽거나 쓰는 동작에 유용하다.

이 어드레싱 모드는 LD/ST 명령에서만 사용한다. (그러나, LPM/ELPM 명령에서는 Z 레지스터를 사용하여 프로그램 메모리를 이와 유사하게 액세스한다.)

예 소스 오퍼랜드에 사용되는 경우

```
LD      Rd, X+              ; Rd ← (X),  X ← X + 1
            ↑
            └────── X, Y, Z 레지스터
```

예 데스티네이션 오퍼랜드에 사용되는 경우

```
ST      X+, Rr              ;  (X) ← Rr,  X ← X + 1
        ↑
        └────────── X, Y, Z 레지스터
```

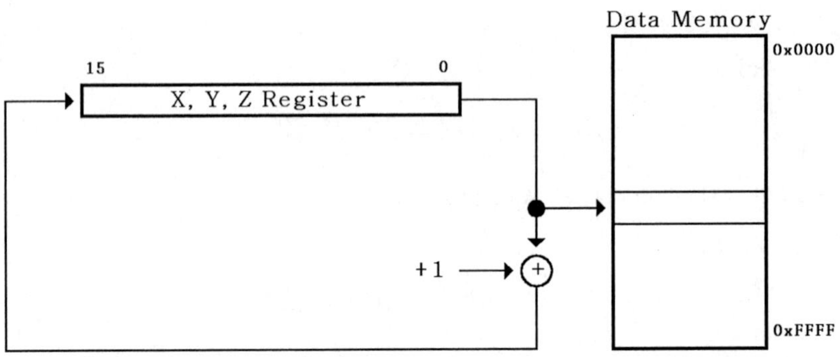

〈그림 1.3.5〉 자동증가 기능이 있는 데이터 간접 번지 지정

(7) 동작 전에 자동감소 기능이 있는 데이터 간접 번지 지정

동작 전에 자동감소 기능이 있는 데이터 간접 번지 지정(Data Indirect Addressing with Pre-decrement) 모드는 데이터 간접 번지 지정과 동일하지만 동작을 수행하기 전에 이 명령에서 지정된 X, Y, Z 레지스터를 1만큼 감소시키는 기능을 추가적으로 가지는 방법이다. 이는 번지를 감소시키면서 데이터 메모리 영역을 연속적으로 읽거나 쓰는 동작에 유용하다. 이 어드레싱 모드는 LD/ST 명령에서만 사용한다.

예 소스 오퍼랜드에 사용되는 경우

```
LD      Rd, -X              ; X ← X - 1, Rd ← (X)
            ↑
            └──── X, Y, Z 레지스터
```

예 데스티네이션 오퍼랜드에 사용되는 경우

```
ST      -X, Rr              ; X ← X - 1, (X) ← Rr
        ↑
        └──────── X, Y, Z 레지스터
```

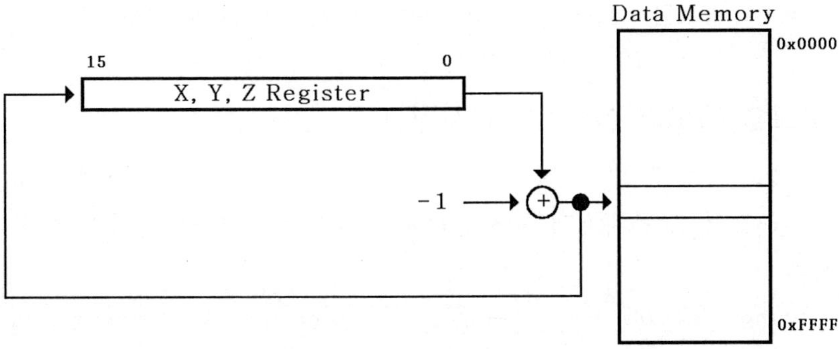

〈그림 1.3.6〉 자동감소 기능이 있는 데이터 간접 번지 지정

(8) 변위가 있는 데이터 간접 번지 지정

변위가 있는 데이터 간접 번지 지정(Data Indirect Addressing with Displacement) 모드는 데이터 간접 번지 지정과 유사하지만 어드레스 포인터로서 Y, Z 레지스터에 변위를 합하여 사용하는 방법이다. 여기서 베이스 레지스터로는 Y 레지스터와 Z 레지스터만을 사용할 수 있으며, 변위는 6비트의 양의 정수로 표현되어 0~63 범위를 사용할 수 있다. 이는 베이스 번지를 기준으로 하는 데이터 테이블을 처리하는 동작에 유용하다.

이 어드레싱 모드는 LDD/STD 명령에서만 사용한다.

예 소스 오퍼랜드에 사용되는 경우

```
LDD     Rd, Y+q             ; Rd ← (Y + q)
            ↑
            └──── Y, Z 레지스터
```

예 데스티네이션 오퍼랜드에 사용되는 경우

```
STD     Y+q, Rr             ; (Y + q) ← Rr
        ↑
        └──────── Y, Z 레지스터
```

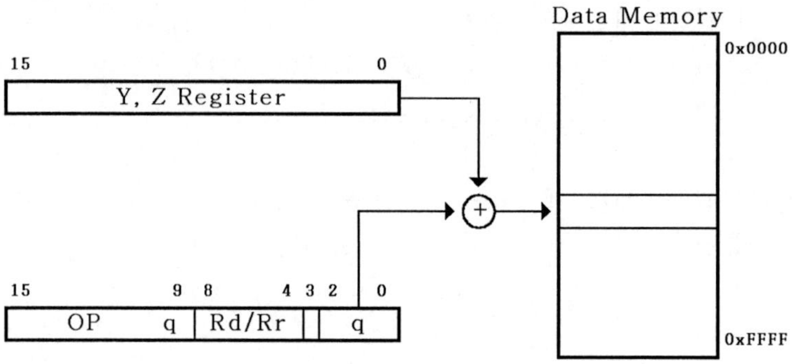

〈그림 1.3.7〉 변위가 있는 데이터 간접 번지 지정

(9) 프로그램 메모리 상수 번지 지정

프로그램 메모리 상수 번지 지정(Program Memory Constant Addressing) 모드는 어드레스 포인터로서 Z 레지스터를 사용하여 프로그램 메모리 영역의 상수를 액세스하는 방법이다.

ATmega1281의 프로그램 메모리는 64K×16비트의 구조를 가지고 있지만, 이 어드레싱 모드에서는 상수를 바이트 단위로만 액세스하므로 프로그램 메모리를 128K×8비트의 구조로 간주한다. 따라서, 16비트 어드레스 포인터인 Z 레지스터로는 이를 모두 지정하지 못하므로 프로그램 메모리를 64K×8비트 용량의 2개 페이지로 구분하여 사용하게 된다. 또한, ATmega2561의 프로그램 메모리는 128K×16비트의 구조를 가지고 있지만, 이 어드레싱 모드에서는 상수를 바이트 단위로만 액세스하므로 프로그램 메모리를 256K×8비트의 구조로 간주한다. 따라서, 16비트 어드레스 포인터인 Z 레지스터로는 이를 모두 지정하지 못하므로 프로그램 메모리를 64K×8비트 용량의 4개 페이지로 구분하여 사용하게 된다.

LPM 명령에서는 무조건 첫번째 페이지만을 사용하며, ELPM/SPM 명령에서는 RAMPZ 레지스터를 이용하여 사용하려는 페이지를 지정할 수 있다. 결국 이와 같이 페이지를 지정하면 바이트 단위의 프로그램 메모리 상수를 가리키는 포인터 레지스터는 앞의 <그림 1.2.11>에서 보인 바와 같이 RAMPZ 레지스터와 Z 레지스터를 합하여 24비트 어드레스가 되는 셈이다.

이 어드레싱 모드는 LPM/ELPM/SPM 명령에서만 사용한다.

예 LPM 명령의 경우

```
LPM                  ; R0 ← (Z)
LPM    Rd, Z         ; Rd ← (Z)
```

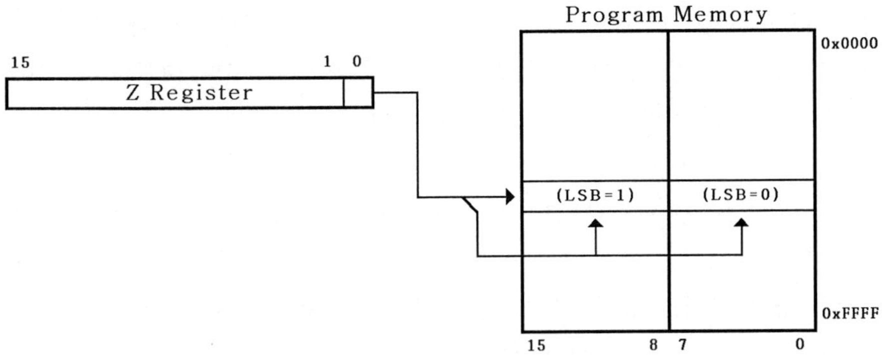

〈그림 1.3.8〉 프로그램 메모리 상수 번지 지정

(10) 자동증가 기능이 있는 프로그램 메모리 상수 번지 지정

동작 후 자동증가 기능이 있는 프로그램 메모리 상수 번지 지정(Program Memory Constant Addressing with Post-increment) 모드는 프로그램 메모리 상수 번지 지정과 동일하지만 동작 후에 Z 레지스터를 1만큼 증가시켜 두는 기능을 추가로 가지고 있는 방법이다.

이 어드레싱 모드는 LPM/ELPM 명령에서만 사용한다.

예 LPM 명령의 경우

```
LPM     Rd, Z+          ; Rd ← (Z), Z ← Z + 1
```

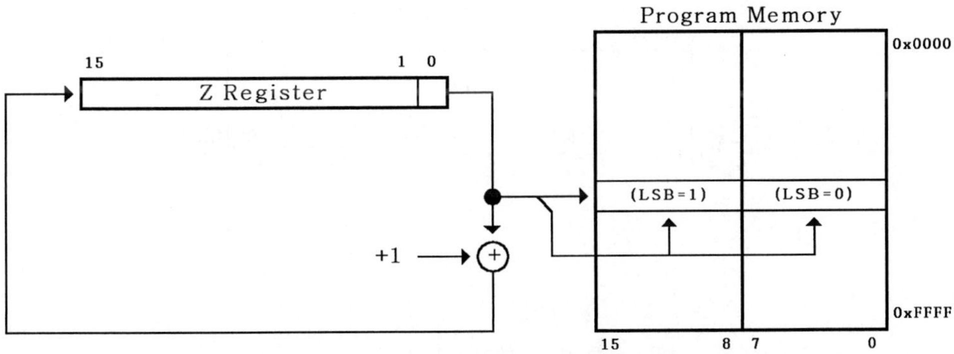

〈그림 1.3.9〉 자동증가 기능이 있는 프로그램 메모리 상수 번지 지정

3. ATmega1281/2561의 16비트 I/O 레지스터 액세스

ATmega1281/2561 마이크로콘트롤러의 I/O 레지스터와 확장 I/O 레지스터에는 많

은 16비트 레지스터를 가지고 있다. 스택 포인터 SP나 타이머/카운터1의 TCNT1, OCR1A, OCR1B, OCR1C, ICR1 등이 그러한 16비트 레지스터의 예이다. 그러나, AVR 계열의 ATmega1281/2561은 근본적으로 8비트 데이터 버스를 가지는 8비트 마이크로 콘트롤러이기 때문에 이러한 16비트 레지스터들을 액세스하려면 2번의 리드(read) 또는 라이트(write) 동작을 수행해야만 한다. 이 때문에 이들 각각의 레지스터들은 상위 바이트와 하위 바이트가 따로 I/O 레지스터 영역 또는 확장 I/O 레지스터 영역을 차지하고 있으며, 상위 바이트 레지스터의 이름에는 마지막에 H자가 붙어 있고, 하위 바이트 레지스터의 이름에는 마지막에 L자가 붙어 있다.

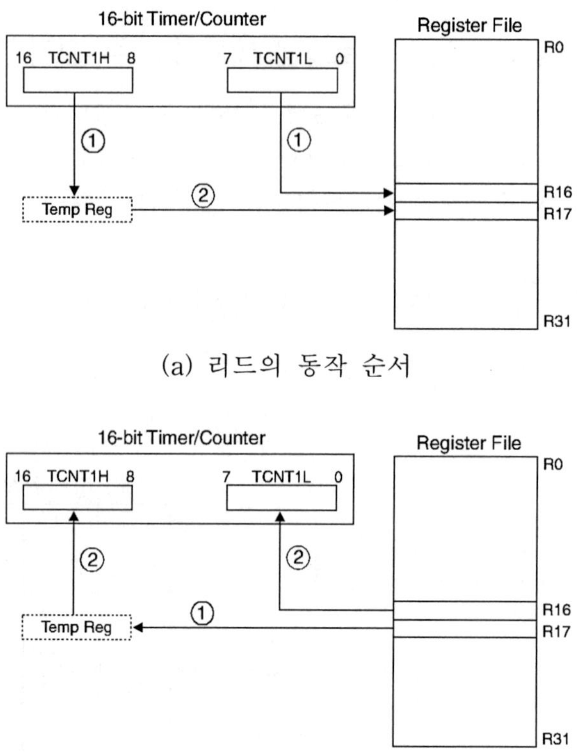

(a) 리드의 동작 순서

(b) 라이트의 동작 순서

〈그림 1.3.10〉 16비트 레지스터의 리드 및 라이트 동작

그러나, 16비트 레지스터는 시차를 두고 상위 바이트와 하위 바이트를 액세스할 경우 그 사이에 데이터가 변하여 잘못된 데이터로 처리되는 글리치(glitch) 현상이 발생할 수 있기 때문에 ATmega1281/2561에서는 이를 방지하기 위하여 특별한 방법을 사용하고 있다. 즉, 상위 바이트에는 임시 레지스터(Temporary Register)를 두어 이 임

시 레지스터의 값과 하위 바이트가 동시에 처리되도록 함으로써 사용자는 8비트씩 2차례에서 걸쳐서 순차적으로 이를 액세스하지만 16비트 레지스터에서는 한번에 동시에 16비트를 액세스하는 결과가 되는 것이다.

다시 말하면 16비트 레지스터를 리드(read)할 때는 반드시 먼저 하위 바이트를 리드하여 이를 CPU가 읽어들이는 동시에 상위 바이트가 임시 레지스터에 저장되고, 이어서 상위 바이트를 리드하면 임시 레지스터에 저장되어 있던 값이 읽혀진다. 반대로 16비트 레지스터에 데이터를 라이트(write)할 때는 반드시 먼저 상위 바이트를 라이트하여 그것이 임시 레지스터에 저장되도록 하고, 이어서 하위 바이트를 라이트하면 이 하위 바이트와 임시 레지스터에 있던 상위 바이트가 동시에 16비트 레지스터에 저장된다. 따라서, 사용자 프로그램에서 16비트 레지스터를 리드하려면 반드시 하위 바이트를 먼저 입력해야 하며, 사용자가 16비트 레지스터를 라이트하려면 반드시 상위 바이트를 먼저 출력해야 한다. 이를 도시하면 <그림 1.3.10>과 같다.

예를 들어서 스택 포인터 SP를 읽어서 다른 레지스터에 저장하려면 다음과 같이 하면 된다.

예 16비트 리드의 경우

```
IN      R16,SPL         ; R16 ← SPL(low byte first)
IN      R17,SPH         ; R17 ← SPH
```

또한, 스택 포인터 SP에 0x21FF라는 값을 로드하려면 다음과 같이 하면 된다.

예 16비트 라이트의 경우

```
LDI     R17,0x21        ; R17:R16 ← 0x21FF
LDI     R16,0xFF
OUT     SPH,R17         ; SPH ← R17(high byte first)
OUT     SPL,R16         ; SPL ← R16
```

단, 16비트 레지스터가 I/O 레지스터 영역이 아니고 확장 I/O 레지스터 영역에 있는 경우는 IN, OUT 명령 대신에 LDS, STS 명령을 사용해야 한다는 것이 다르다. 예를 들어서 타이머/카운터 레지스터1을 읽어서 다른 레지스터에 저장하려면 다음과 같이 하면 된다.

예 16비트 리드의 경우

```
LDS     R16,TCNT1L; R16 ← TCNT1L(low byte first)
LDS     R17,TCNT1H; R17 ← TCNT1H
```

또한, 타이머/카운터 레지스터1에 10000이라는 값을 로드하려면 다음과 같이 하면 된다.

예 16비트 라이트의 경우

```
LDI   R17,high(10000)    ; R17:R16 ← 10000
LDI   R16,low(10000)
STS   TCNT1H,R17; TCNT1H ← R17(high byte first)
STS   TCNT1L,R16; TCNT1L ← R16
```

그러나, C언어의 경우에는 이러한 16비트 레지스터를 8비트씩 구분하여 처리할 수도 있고 한번에 16비트를 처리할 수도 있다. 또한, C언어에서는 I/O 레지스터 영역과 확장 I/O 레지스터 영역을 컴파일러가 알아서 구분하여 처리하므로 사용자가 IN/OUT 명령과 LDS/STS 명령을 구별하여 생각할 필요도 없다.

예

```
TCNT1H = (10000 >> 8);   // 8-bit access
TCNT1L = 10000 & 0xFF;

TCNT1 = 10000;           // 16-bit access
```

그런데, 이렇게 사용되는 임시 레지스터는 오직 1개만을 가지고 있어서 모든 16비트 레지스터에 대하여 공통적으로 사용되므로, 만약 이를 액세스하는 도중에 인터럽트가 발생하여 인터럽트 서비스 루틴에서 임시 레지스터가 사용된다면 나중에 인터럽트가 종료되고 리턴하였을 때 임시 레지스터의 값이 달라져 있게 되므로 프로그램이 정상적으로 처리되지 않는 문제가 발생한다. 이를 방지하기 위해서는 16비트를 액세스하는 동안에 아래와 같이 인터럽트 발생을 금지시켜야 한다.

예 16비트 리드의 경우

```
IN    R18,SREG           ; store global interrupt flag in SREG
CLI                      ; disable interrupts
LDS   R16,TCNT1L; R16 ← TCNT1L(low byte first)
LDS   R17,TCNT1H; R17 ← TCNT1H
OUT   SREG,R18           ; restore global interrupt flag in SREG
```

예 16비트 라이트의 경우

```
LDI   R17,high(10000)    ; R17:R16 ← 10000
LDI   R16,low(10000)
IN    R18,SREG           ; store global interrupt flag in SREG
CLI                      ; disable interrupts
STS   TCNT1H,R17; TCNT1H ← R17(high byte first)
STS   TCNT1L,R16; TCNT1L ← R16
OUT   SREG,R18           ; restore global interrupt flag in SREG
```

이러한 16비트 레지스터 액세스의 기본 원칙은 타이머/카운터에 관련된 레지스터뿐만 아니라 ATmega1281/2561의 모든 I/O 레지스터 또는 확장 I/O 레지스터에 있는 모든 16비트 레지스터에 공통적으로 적용된다.

또한, C언어에서 내부적으로 이러한 16비트 액세스 동작을 처리하는데 편리하도록 ATmega1281/2561에서는 모든 16비트 레지스터를 2개의 8비트 레지스터로 나누어 I/O 레지스터 영역 또는 확장 I/O 레지스터 영역의 연속된 번지에 할당하고 있다.

4. ATmega1281/2561의 명령 세트

ATmega1281/2561 마이크로콘트롤러에는 모두 135종의 명령을 가지고 있으며, Atmel사에서 데이터 시트에 제공하는 명령표는 <표 1.3.2>와 같다. 대부분의 명령은 16비트의 길이를 가지고 있지만 4개의 명령은 32비트(LDS, STS, JMP, CALL)로 되어 있으며, 실행시간은 명령에 따라 1~4클록 사이클로 다르다. 만약 *OK-1281/2561* 키트에서처럼 16MHz의 시스템 클록을 사용한다면 1클록 사이클의 주기는 62.5[ns]가 된다. 명령어의 종류가 다른 마이크로프로세서에 비하여 다소 부족한 측면도 있지만, 이것이 RISC 마이크로프로세서라는 점을 고려할 때 이 정도면 상당히 양호한 것으로 볼 수 있다.

여기서는 이 명령 세트를 기능별로 좀더 세분화하여 데이터 이동 명령, 산술연산 명령, 논리연산 명령, 분기명령, 비트 처리 명령, MCU 제어 명령 등으로 자세히 살펴보기로 한다.

◀참고▶ 이제까지 설명한 바와 같이 ATmega640/1280/1281/2560/2561은 기본 구조가 매우 유사한 모델들이다. 그러나, 이들은 구조상 당연히 몇 개의 명령이 다른데, 이 명령표에서 EIJMP 및 EICALL 명령은 플래시 메모리의 번지가 64K를 초과하는 ATmega2560/2561에만 존재하고 ATmega640/1280/1281에는 존재하지 않는다. 또한, ELPM 명령은 플래시 메모리가 64K 바이트를 초과하는 ATmega1280/1281/2560/2561에만 존재하고 ATmega640에는 존재하지 않는다.

◀참고▶ 이 명령표에서 데이터 메모리 액세스에 관련되는 명령은 모두 내부 데이터 메모리를 기준으로 하였다. 만약 외부 데이터 메모리를 사용한다면 LD, ST, LDS, STS, PUSH, POP 명령은 여기에 1사이클을 더 추가해야 하며, CALL, ICALL, RCALL, RET, RETI 명령은 여기에 3사이클을 더 추가해야 한다. 또한, CALL, ICALL, RCALL, RET, RETI 명령은 2회의 데이터 메모리 액세스를 수행하므로 스택을 외부 SRAM으로 사용할 경우 1개의 웨이트 사이클을 추가하면 실행시간은 2사이클이 증가하는데 유의해야 한다.

〈표 1.3.2〉 ATmega1281/2561의 명령 세트(1/2)

Mnemonics	Operands	Description	Operation	Flags	#Clocks
ARITHMETIC AND LOGIC INSTRUCTIONS					
ADD	Rd, Rr	Add two Registers	Rd ← Rd + Rr	Z,C,N,V,H	1
ADC	Rd, Rr	Add with Carry two Registers	Rd ← Rd + Rr + C	Z,C,N,V,H	1
ADIW	Rdl,K	Add Immediate to Word	Rdh:Rdl ← Rdh:Rdl + K	Z,C,N,V,S	2
SUB	Rd, Rr	Subtract two Registers	Rd ← Rd - Rr	Z,C,N,V,H	1
SUBI	Rd, K	Subtract Constant from Register	Rd ← Rd - K	Z,C,N,V,H	1
SBC	Rd, Rr	Subtract with Carry two Registers	Rd ← Rd - Rr - C	Z,C,N,V,H	1
SBCI	Rd, K	Subtract with Carry Constant from Reg.	Rd ← Rd - K - C	Z,C,N,V,H	1
SBIW	Rdl,K	Subtract Immediate from Word	Rdh:Rdl ← Rdh:Rdl - K	Z,C,N,V,S	2
AND	Rd, Rr	Logical AND Registers	Rd ← Rd • Rr	Z,N,V	1
ANDI	Rd, K	Logical AND Register and Constant	Rd ← Rd • K	Z,N,V	1
OR	Rd, Rr	Logical OR Registers	Rd ← Rd v Rr	Z,N,V	1
ORI	Rd, K	Logical OR Register and Constant	Rd ← Rd v K	Z,N,V	1
EOR	Rd, Rr	Exclusive OR Registers	Rd ← Rd ⊕ Rr	Z,N,V	1
COM	Rd	One's Complement	Rd ← 0xFF – Rd	Z,C,N,V	1
NEG	Rd	Two's Complement	Rd ← 0x00 – Rd	Z,C,N,V,H	1
SBR	Rd,K	Set Bit(s) in Register	Rd ← Rd v K	Z,N,V	1
CBR	Rd,K	Clear Bit(s) in Register	Rd ← Rd • (0xFF - K)	Z,N,V	1
INC	Rd	Increment	Rd ← Rd + 1	Z,N,V	1
DEC	Rd	Decrement	Rd ← Rd – 1	Z,N,V	1
TST	Rd	Test for Zero or Minus	Rd ← Rd • Rd	Z,N,V	1
CLR	Rd	Clear Register	Rd ← Rd ⊕ Rd	Z,N,V	1
SER	Rd	Set Register	Rd ← 0xFF	None	1
MUL	Rd, Rr	Multiply Unsigned	R1:R0 ← Rd x Rr	Z,C	2
MULS	Rd, Rr	Multiply Signed	R1:R0 ← Rd x Rr	Z,C	2
MULSU	Rd, Rr	Multiply Signed with Unsigned	R1:R0 ← Rd x Rr	Z,C	2
FMUL	Rd, Rr	Fractional Multiply Unsigned	R1:R0 ← (Rd x Rr) << 1	Z,C	2
FMULS	Rd, Rr	Fractional Multiply Signed	R1:R0 ← (Rd x Rr) << 1	Z,C	2
FMULSU	Rd, Rr	Fractional Multiply Signed with Unsigned	R1:R0 ← (Rd x Rr) << 1	Z,C	2
BRANCH INSTRUCTIONS					
RJMP	k	Relative Jump	PC ← PC + k + 1	None	2
IJMP		Indirect Jump to (Z)	PC ← Z	None	2
EIJMP		Extended Indirect Jump to (Z)	PC ←(EIND:Z)	None	2
JMP	k	Direct Jump	PC ← k	None	3
RCALL	k	Relative Subroutine Call	PC ← PC + k + 1	None	4
ICALL		Indirect Call to (Z)	PC ← Z	None	4
EICALL		Extended Indirect Call to (Z)	PC ←(EIND:Z)	None	4
CALL	k	Direct Subroutine Call	PC ← k	None	5
RET		Subroutine Return	PC ← STACK	None	5
RETI		Interrupt Return	PC ← STACK	I	5
CPSE	Rd,Rr	Compare, Skip if Equal	if (Rd = Rr) PC ← PC + 2 or 3	None	1/2/3
CP	Rd,Rr	Compare	Rd – Rr	Z, N,V,C,H	1
CPC	Rd,Rr	Compare with Carry	Rd – Rr – C	Z, N,V,C,H	1
CPI	Rd,K	Compare Register with Immediate	Rd – K	Z, N,V,C,H	1
SBRC	Rr, b	Skip if Bit in Register Cleared	if (Rr(b)=0) PC ← PC + 2 or 3	None	1/2/3
SBRS	Rr, b	Skip if Bit in Register is Set	if (Rr(b)=1) PC ← PC + 2 or 3	None	1/2/3
SBIC	P, b	Skip if Bit in I/O Register Cleared	if (P(b)=0) PC ← PC + 2 or 3	None	1/2/3
SBIS	P, b	Skip if Bit in I/O Register is Set	if (P(b)=1) PC ← PC + 2 or 3	None	1/2/3
BRBS	s, k	Branch if Status Flag Set	if (SREG(s) = 1) then PC←PC+k + 1	None	1/2
BRBC	s, k	Branch if Status Flag Cleared	if (SREG(s) = 0) then PC←PC+k + 1	None	1/2
BREQ	k	Branch if Equal	if (Z = 1) then PC ← PC + k + 1	None	1/2
BRNE	k	Branch if Not Equal	if (Z = 0) then PC ← PC + k + 1	None	1/2
BRCS	k	Branch if Carry Set	if (C = 1) then PC ← PC + k + 1	None	1/2
BRCC	k	Branch if Carry Cleared	if (C = 0) then PC ← PC + k + 1	None	1/2
BRSH	k	Branch if Same or Higher	if (C = 0) then PC ← PC + k + 1	None	1/2
BRLO	k	Branch if Lower	if (C = 1) then PC ← PC + k + 1	None	1/2
BRMI	k	Branch if Minus	if (N = 1) then PC ← PC + k + 1	None	1/2
BRPL	k	Branch if Plus	if (N = 0) then PC ← PC + k + 1	None	1/2
BRGE	k	Branch if Greater or Equal, Signed	if (N ⊕ V= 0) then PC ← PC + k + 1	None	1/2
BRLT	k	Branch if Less Than Zero, Signed	if (N ⊕ V= 1) then PC ← PC + k + 1	None	1/2
BRHS	k	Branch if Half Carry Flag Set	if (H = 1) then PC ← PC + k + 1	None	1/2
BRHC	k	Branch if Half Carry Flag Cleared	if (H = 0) then PC ← PC + k + 1	None	1/2
BRTS	k	Branch if T Flag Set	if (T = 1) then PC ← PC + k + 1	None	1/2
BRTC	k	Branch if T Flag Cleared	if (T = 0) then PC ← PC + k + 1	None	1/2
BRVS	k	Branch if Overflow Flag is Set	if (V = 1) then PC ← PC + k + 1	None	1/2
BRVC	k	Branch if Overflow Flag is Cleared	if (V = 0) then PC ← PC + k + 1	None	1/2
BRIE	k	Branch if Interrupt Enabled	if (I = 1) then PC ← PC + k + 1	None	1/2
BRID	k	Branch if Interrupt Disabled	if (I = 0) then PC ← PC + k + 1	None	1/2

〈표 1.3.2〉 ATmega1281/2561의 명령 세트(2/2)

Mnemonics	Operands	Description	Operation	Flags	#Clocks
BIT AND BIT-TEST INSTRUCTIONS					
SBI	P,b	Set Bit in I/O Register	I/O(P,b) ← 1	None	2
CBI	P,b	Clear Bit in I/O Register	I/O(P,b) ← 0	None	2
LSL	Rd	Logical Shift Left	Rd(n+1) ← Rd(n), Rd(0) ← 0	Z,C,N,V	1
LSR	Rd	Logical Shift Right	Rd(n) ← Rd(n+1), Rd(7) ← 0	Z,C,N,V	1
ROL	Rd	Rotate Left Through Carry	Rd(0)←C,Rd(n+1)← Rd(n),C←Rd(7)	Z,C,N,V	1
ROR	Rd	Rotate Right Through Carry	Rd(7)←C,Rd(n)← Rd(n+1),C←Rd(0)	Z,C,N,V	1
ASR	Rd	Arithmetic Shift Right	Rd(n) ← Rd(n+1), n=0..6	Z,C,N,V	1
SWAP	Rd	Swap Nibbles	Rd(3..0)←Rd(7..4),Rd(7..4)←Rd(3..0)	None	1
BSET	s	Flag Set	SREG(s) ← 1	SREG(s)	1
BCLR	s	Flag Clear	SREG(s) ← 0	SREG(s)	1
BST	Rr, b	Bit Store from Register to T	T ← Rr(b)	T	1
BLD	Rd, b	Bit load from T to Register	Rd(b) ← T	None	1
SEC		Set Carry	C ← 1	C	1
CLC		Clear Carry	C ← 0	C	1
SEN		Set Negative Flag	N ← 1	N	1
CLN		Clear Negative Flag	N ← 0	N	1
SEZ		Set Zero Flag	Z ← 1	Z	1
CLZ		Clear Zero Flag	Z ← 0	Z	1
SEI		Global Interrupt Enable	I ← 1	I	1
CLI		Global Interrupt Disable	I ← 0	I	1
SES		Set Signed Test Flag	S ← 1	S	1
CLS		Clear Signed Test Flag	S ← 0	S	1
SEV		Set Twos Complement Overflow.	V ← 1	V	1
CLV		Clear Twos Complement Overflow	V ← 0	V	1
SET		Set T in SREG	T ← 1	T	1
CLT		Clear T in SREG	T ← 0	T	1
SEH		Set Half Carry Flag in SREG	H ← 1	H	1
CLH		Clear Half Carry Flag in SREG	H ← 0	H	1
DATA TRANSFER INSTRUCTIONS					
MOV	Rd, Rr	Move Between Registers	Rd ← Rr	None	1
MOVW	Rd, Rr	Copy Register Word	Rd+1:Rd ← Rr+1:Rr	None	1
LDI	Rd, K	Load Immediate	Rd ← K	None	1
LD	Rd, X	Load Indirect	Rd ← (X)	None	2
LD	Rd, X+	Load Indirect and Post-Inc.	Rd ← (X), X ← X + 1	None	2
LD	Rd, - X	Load Indirect and Pre-Dec.	X ← X - 1, Rd ← (X)	None	2
LD	Rd, Y	Load Indirect	Rd ← (Y)	None	2
LD	Rd, Y+	Load Indirect and Post-Inc.	Rd ← (Y), Y ← Y + 1	None	2
LD	Rd, - Y	Load Indirect and Pre-Dec.	Y ← Y - 1, Rd ← (Y)	None	2
LDD	Rd,Y+q	Load Indirect with Displacement	Rd ← (Y + q)	None	2
LD	Rd, Z	Load Indirect	Rd ← (Z)	None	2
LD	Rd, Z+	Load Indirect and Post-Inc.	Rd ← (Z), Z ← Z+1	None	2
LD	Rd, -Z	Load Indirect and Pre-Dec.	Z ← Z - 1, Rd ← (Z)	None	2
LDD	Rd, Z+q	Load Indirect with Displacement	Rd ← (Z + q)	None	2
LDS	Rd, k	Load Direct from SRAM	Rd ← (k)	None	2
ST	X, Rr	Store Indirect	(X) ← Rr	None	2
ST	X+, Rr	Store Indirect and Post-Inc.	(X) ← Rr, X ← X + 1	None	2
ST	- X, Rr	Store Indirect and Pre-Dec.	X ← X - 1, (X) ← Rr	None	2
ST	Y, Rr	Store Indirect	(Y) ← Rr	None	2
ST	Y+, Rr	Store Indirect and Post-Inc.	(Y) ← Rr, Y ← Y + 1	None	2
ST	- Y, Rr	Store Indirect and Pre-Dec.	Y ← Y - 1, (Y) ← Rr	None	2
STD	Y+q,Rr	Store Indirect with Displacement	(Y + q) ← Rr	None	2
ST	Z, Rr	Store Indirect	(Z) ← Rr	None	2
ST	Z+, Rr	Store Indirect and Post-Inc.	(Z) ← Rr, Z ← Z + 1	None	2
ST	-Z, Rr	Store Indirect and Pre-Dec.	Z ← Z - 1, (Z) ← Rr	None	2
STD	Z+q,Rr	Store Indirect with Displacement	(Z + q) ← Rr	None	2
STS	k, Rr	Store Direct to SRAM	(k) ← Rr	None	2
LPM		Load Program Memory	R0 ← (Z)	None	3
LPM	Rd, Z	Load Program Memory	Rd ← (Z)	None	3
LPM	Rd, Z+	Load Program Memory and Post-Inc	Rd ← (Z), Z ← Z+1	None	3
ELPM		Extended Load Program Memory	R0 ← (RAMPZ:Z)	None	3
ELPM	Rd, Z	Extended Load Program Memory	Rd ← (Z)	None	3
ELPM	Rd, Z+	Extended Load Program Memory	Rd ← (RAMPZ:Z), RAMPZ:Z ←RAMPZ:Z+1	None	3
SPM		Store Program Memory	(Z) ← R1:R0	None	-
IN	Rd, P	In Port	Rd ← P	None	1
OUT	P, Rr	Out Port	P ← Rr	None	1
PUSH	Rr	Push Register on Stack	STACK ← Rr	None	2
POP	Rd	Pop Register from Stack	Rd ← STACK	None	2
MCU CONTROL INSTRUCTIONS					
NOP		No Operation		None	1
SLEEP		Sleep	(see specific descr. for Sleep function)	None	1
WDR		Watchdog Reset	(see specific descr. for WDR/timer)	None	1
BREAK		Break	For On-chip Debug Only	None	N/A

이제부터 ATmega1281/2561의 각 어셈블리 명령을 설명하는데 사용하는 약어나 기호들을 요약하면 <표 1.3.3>과 같다. 이러한 명령들을 제대로 이해하려면 본 절에서 설명한 수치 데이터 표현 형식이나 어드레싱 모드는 물론이고, 앞 절에서 이미 설명한 바와 같이 ATmega1281/2561의 레지스터 구조와 메모리 구조를 잘 알아두어야 한다.

〈표 1.3.3〉 어셈블리 명령에서 사용하는 약어 또는 기호

기 호	기 능
Rr	소스측 오퍼랜드로 사용되는 범용 레지스터 R0~R31.
Rd	데스티네이션측 오퍼랜드로 사용되는 범용 레지스터 R0~R31.
Rre	소스측 오퍼랜드로 사용되는 짝수번째 범용 레지스터 R0, R2, ... , R28, R30.
Rde	데스티네이션측 오퍼랜드로 사용되는 짝수번째 범용 레지스터 R0, R2, ... , R28, R30.
Rdl	데스티네이션측 오퍼랜드로 사용되는 레지스터쌍 R24:R25, R26:R27, R28:R29, R30:R31.
Rrx	소스측 오퍼랜드로 사용되는 16개의 범용 레지스터 R16~R31.
Rdx	데스티네이션측 오퍼랜드로 사용되는 16개의 범용 레지스터 R16~R31.
Rr8	소스측 오퍼랜드로 사용되는 8개의 범용 레지스터 R16~R23.
Rd8	데스티네이션측 오퍼랜드로 사용되는 8개의 범용 레지스터 R16~R23.
addr16	데이터 메모리 영역의 16비트 절대번지 0x0000~0xFFFF.
addr22	JMP 및 CALL 명령을 위한 프로그램 메모리 영역의 22비트 절대번지
port	I/O 레지스터 영역 0~63
port32	I/O 레지스터 중에서 아래쪽의 0~31 영역
b	바이트 데이터의 비트 번호 0~7.
q	6비트의 변위 0~63.
imm6	6비트의 즉치 데이터 0~63.
imm8	8비트의 즉치 데이터 0~255.
offset7	7비트 2의 보수로 표시되는 오프셋 번지 -64~+63.
offset12	12비트 2의 보수로 표시되는 오프셋 번지 -2048~+2047.
↕	처리하는 데이터에 따라 플랙이 변화할 수 있다는 것을 나타냄.

(1) 데이터 이동 명령

데이터 이동 명령은 범용 레지스터 R0~R31에 어떤 값을 로드하거나, 범용 레지스터와 외부 데이터 메모리 사이에 데이터를 액세스하거나, 프로그램 메모리의 상수 데이터를 액세스하는 명령이다. 이 명령들은 <표 1.3.4>에 정리하였다.

일반적으로 그러하듯이 ATmega1281/2561에서도 데이터 이동 명령은 크게 레지스터들 사이에 데이터를 이동하는 move 명령, 레지스터에 값을 저장하는 load 명령, 레지스터의 값을 데이터 메모리에 저장하는 store 명령 등의 3가지로 나누어진다. 단, 데이터 메모리 중에서 64개의 I/O 레지스터에 대한 데이터 액세스 명령은 특별히 input/output 명령이라고 하며, 스택에 후입선출 방식으로 데이터를 저장하거나 꺼내오는 명령은 push/pop 명령으로 별도 구분한다.

이와 같이 64개의 I/O 레지스터에 대하여만 사용하는 IN/OUT 명령에 비하여 416개의 확장 I/O 레지스터나 외부 데이터 메모리에 대하여는 LDS/STS 명령으로 직접지정을 사용하거나 또는 간접지정 방법을 사용한다는데 유의해야 한다.

〈표 1.3.4〉 데이터 이동 명령

명령 니모닉	기계어	기능 및 동작	클럭	상태 레지스터 플랙					
				H	S	V	N	Z	C
MOV Rd, Rr	0010 11rd dddd rrrr	Move between registers(Copy register) Rd ← Rr	1	-	-	-	-	-	-
MOVW Rde, Rre	0000 0001 dddd rrrr	Move word between register pairs Rde+1:Rde ← Rre+1:Rre	1	-	-	-	-	-	-
LDI Rdx, imm8	1110 kkkk xxxx kkkk	Load immediate Rdx ← imm8	1	-	-	-	-	-	-
LDS Rd, addr16	1001 000d dddd 0000 kkkk kkkk kkkk kkkk	Load direct from data memory space Rd ← (addr16)	2	-	-	-	-	-	-
LD Rd, X	1001 000d dddd 1100	Load indirect with index X register Rd ← (X)	2	-	-	-	-	-	-
LD Rd, X+	1001 000d dddd 1101	Load indirect with index X register Rd ← (X), X ← X+1	2	-	-	-	-	-	-
LD Rd, -X	1001 000d dddd 1110	Load indirect with index X register X ← X-1, Rd ← (X)	2	-	-	-	-	-	-
LD Rd, Y *	1000 000d dddd 1000	Load indirect with index Y register Rd ← (Y)	2	-	-	-	-	-	-
LD Rd, Y+	1001 000d dddd 1001	Load indirect with index Y register Rd ← (Y), Y ← Y+1	2	-	-	-	-	-	-
LD Rd, -Y	1001 000d dddd 1010	Load indirect with index Y register Y ← Y-1, Rd ← (Y)	2	-	-	-	-	-	-
LD Rd, Z *	1000 000d dddd 0000	Load indirect with index Z register Rd ← (Z)	2	-	-	-	-	-	-
LD Rd, Z+	1001 000d dddd 0001	Load indirect with index Z register Rd ← (Z), Z ← Z+1	2	-	-	-	-	-	-
LD Rd, -Z	1001 000d dddd 0010	Load indirect with index Z register Z ← Z-1, Rd ← (Z)	2	-	-	-	-	-	-
LDD Rd, Y+q *	10q0 qq0d dddd 1qqq	Load indirect with index Y and displacement Rd ← (Y+q)	2	-	-	-	-	-	-
LDD Rd, Z+q *	10q0 qq0d dddd 0qqq	Load indirect with index Z and displacement Rd ← (Z+q)	2	-	-	-	-	-	-
STS addr16, Rr	1001 001r rrrr 0000 kkkk kkkk kkkk kkkk	Store direct to data memory space (addr16) ← Rr	2	-	-	-	-	-	-
ST X, Rr	1001 001r rrrr 1100	Store indirect with index X register (X) ← Rr	2	-	-	-	-	-	-
ST X+, Rr	1001 001r rrrr 1101	Store indirect with index X register (X) ← Rr, X ← X+1	2	-	-	-	-	-	-
ST -X, Rr	1001 001r rrrr 1110	Store indirect with index X register X ← X-1, (X) ← Rr	2	-	-	-	-	-	-
ST Y, Rr *	1000 001r rrrr 1000	Store indirect with index Y register (Y) ← Rr	2	-	-	-	-	-	-
ST Y+, Rr	1001 001r rrrr 1001	Store indirect with index Y register (Y) ← Rr, Y ← Y+1	2	-	-	-	-	-	-
ST -Y, Rr	1001 001r rrrr 1010	Store indirect with index Y register Y ← Y-1, (Y) ← Rr	2	-	-	-	-	-	-
ST Z, Rr *	1000 001r rrrr 0000	Store indirect with index Z register (Z) ← Rr	2	-	-	-	-	-	-
ST Z+, Rr	1001 001r rrrr 0001	Store indirect with index Z register (Z) ← Rr, Z ← Z+1	2	-	-	-	-	-	-
ST -Z, Rr	1001 001r rrrr 0010	Store indirect with index Z register Z ← Z-1, (Z) ← Rr	2	-	-	-	-	-	-
STD Y+q, Rr *	10q0 qq1r rrrr 1qqq	Store indirect with index Y and displacement (Y+q) ← Rr	2	-	-	-	-	-	-
STD Z+q, Rr *	10q0 qq1r rrrr 0qqq	Store indirect with index Z and displacement (Z+q) ← Rr	2	-	-	-	-	-	-

☞ LD Rd,Y 및 LD Rd,Z 명령은 LDD Rd,Y+q 및 LDD Rd,Z+q 명령에서 q=0의 경우와 동일한 명령이다.

☞ ST Y,Rr 및 ST Z,Rr 명령은 STD Y+q,Rr 및 STD Z+q,Rr 명령에서 q=0의 경우와 동일한 명령이다.

〈표 1.3.4〉 데이터 이동 명령(계속)

명령 니모닉	기계어	기능 및 동작	클럭	상태 레지스터 플랙					
				H	S	V	N	Z	C
LPM	1001 0101 1100 1000	Load program memory(first 64KB) R0 ← (Z)	3	-	-	-	-	-	-
LPM Rd,Z	1001 000d dddd 0100	Load program memory(〃) Rd ← (Z)	3	-	-	-	-	-	-
LPM Rd,Z+	1001 000d dddd 0101	Load program memory(〃) and post-increment Rd ← (Z), Z ← Z+1	3	-	-	-	-	-	-
ELPM	1001 0101 1101 1000	Extended load program memory R0 ← (RAMPZ:Z) (☞ ATmega640에는 없음)	3	-	-	-	-	-	-
ELPM Rd,Z	1001 000d dddd 0110	Extended load program memory Rd ← (RAMPZ:Z) (☞ 〃)	3	-	-	-	-	-	-
ELPM Rd,Z+	1001 000d dddd 0111	Extended load program memory and post-inc. Rd ← (RAMPZ:Z), Z ← Z+1 (☞ 〃)	3	-	-	-	-	-	-
SPM *	1001 0101 1110 1000	Store word in program memory (RAMPZ:Z) ← R1:R0	?	-	-	-	-	-	-
IN Rd,port	1011 0kkd dddd kkkk	Input from port(I/O register) Rd ← (port)	1	-	-	-	-	-	-
OUT port,Rr	1011 1kkr rrrr kkkk	Output to port(I/O register) (port) ← Rr	1	-	-	-	-	-	-
PUSH Rr	1001 001r rrrr 1111	Push register on stack (SP) ← Rr, SP ← SP-1	2	-	-	-	-	-	-
POP Rd	1001 000d dddd 1111	Pop register from stack SP ← SP+1, Rd ← (SP)	2	-	-	-	-	-	-

☞ SPM 명령의 실행 시간은 상황에 따라 달라진다.

데이터 메모리를 간접 지정하는데는 16비트 어드레스 포인터로서 X, Y, Z 레지스터가 사용되며, 변위까지를 포함하는 데이터 메모리 간접지정에는 Y, Z 레지스터만이 사용되는데 주목하라.

또한, 32개의 8비트 범용 레지스터 중에서 1개의 명령으로 직접 즉치 데이터를 로드할 수 있는 것은 R16~R31의 16개뿐이며, 프로그램 메모리에서 상수 데이터를 액세스하는데는 LPM/ELPM/SPM 명령이 사용된다는 것에도 유의하라.

(2) 산술연산 명령

ATmega1281/2561은 정수 데이터의 덧셈, 뺄셈, 곱셈 명령을 가지고 있지만 나눗셈 명령은 지원하지 않는다. 이러한 산술연산 명령들은 <표 1.3.5>에 정리하였다. 정수의 산술연산 명령은 상태 레지스터 SREG와 매우 밀접한 관련이 있으므로 이미 앞에서 설명하였던 <그림 1.2.8>과 <표 1.2.3>에 대하여 다시 한번 잘 익혀 두기 바란다. ATmega1281/2561은 레지스터 중심형의 RISC 마이크로프로세서이므로 대부분의 연산 명령이 특별한 제한없이 모든 범용 레지스터 R0~R31에서 수행 가능하다.

덧셈 명령은 8비트 범용 레지스터에서만 가능하며, 루프를 이용하여 큰 수를 덧셈할 때 사용할 수 있도록 캐리 플랙을 함께 더하는 ADC 명령이 있지만, 레지스터와 즉치 데이터의 덧셈 명령이 없다는 점이 다소 특이하다. 그러나, R24:R25, R26:R27, R28:R29, R30:R31 등 4개의 레지스터쌍에 대하여는 6비트의 즉치 데이터와 덧셈이 가능한데, 이는 어드레스 포인터용으로 사용할 때 편리하다.

뺄셈도 덧셈의 경우와 유사하지만 여기서는 범용 레지스터에서 8비트 즉치 데이터를 빼는 명령을 가지고 있다. 그러나, 8비트 즉치 데이터를 가지는 명령이 모두 그러하듯이 이때의 8비트 범용 레지스터로는 R16~R31만 사용할 수 있다.

곱셈 명령은 일반적인 경우처럼 부호없는 8비트 정수의 곱셈과 2의 보수로 표현되는 부호있는 8비트 정수의 곱셈 명령을 가지며, 여기에 추가로 부호있는 정수와 부호없는 정수의 곱셈 명령을 가진다는 점과 소수를 곱셈하는데 사용할 수 있도록 곱셈 및 비트 시프트 기능을 포함하는 FMUL/FMULS/FMULSU 명령을 가지고 있다는 점이 특이하다. 8비트 정수의 곱셈 결과는 최대 16비트 길이로 나타나므로 곱셈 결과는 항상 R1:R0 레지스터쌍에 저장되는 것에도 주의하라. 모든 곱셈명령은 제로 플랙과 캐리 플랙에만 영향을 주는데, 캐리 플랙의 값은 곱셈 결과의 최상위 비트와 같다.

〈표 1.3.5〉 산술연산 명령

명령 니모닉	기계어	기능 및 동작	클럭	상태 레지스터 플랙					
				H	S	V	N	Z	C
ADD Rd, Rr	0000 11rd dddd rrrr	Add two registers without carry Rd ← Rd + Rr	1	↕	↕	↕	↕	↕	↕
ADC Rd, Rr	0001 11rd dddd rrrr	Add two registers with carry Rd ← Rd + Rr + C	1	↕	↕	↕	↕	↕	↕
ADIW Rdl, imm6	1001 0110 kkdd kkkk	Add immediate(0~63) to register pair(word) Rdl+1:Rdl ← Rdl+1:Rdl + imm6	2	-	↕	↕	↕	↕	↕
SUB Rd, Rr	0001 10rd dddd rrrr	Subtract two registers without carry Rd ← Rd - Rr	1	↕	↕	↕	↕	↕	↕
SBC Rd, Rr	0000 10rd dddd rrrr	Subtract two registers with carry Rd ← Rd - Rr - C	1	↕	↕	↕	↕	↕	↕
SUBI Rdx, imm8	0101 kkkk dddd kkkk	Subtract immediate from register Rdx ← Rdx - imm8	1	↕	↕	↕	↕	↕	↕
SBCI Rdx, imm8	0100 kkkk dddd kkkk	Subtract immediate with carry from register Rdx ← Rdx - imm8 - C	1	↕	↕	↕	↕	↕	↕
SBIW Rdl, imm6	1001 0111 kkdd kkkk	Subtract immediate(0~63) from register pair Rdl+1:Rdl ← Rdl+1:Rdl - imm6	2	-	↕	↕	↕	↕	↕
INC Rd	1001 010d dddd 0011	Increment register Rd ← Rd + 1	1	-	↕	↕	↕	↕	-
DEC Rd	1001 010d dddd 1010	Decrement register Rd ← Rd - 1	1	-	↕	↕	↕	↕	-
MUL Rd, Rr	1001 11rd dddd rrrr	Multiply unsigned registers R1:R0 ← Rd × Rr	2	-	-	-	-	↕	↕
MULS Rdx, Rrx	0000 0010 dddd rrrr	Multiply signed registers R1:R0 ← Rdx × Rrx	2	-	-	-	-	↕	↕
MULSU Rd8, Rr8	0000 0011 0ddd 0rrr	Multiply signed Rd8 and unsigned Rr8 R1:R0 ← Rd8 × Rr8	2	-	-	-	-	↕	↕
FMUL Rd8, Rr8	0000 0011 0ddd 1rrr	Fractional multiply unsigned registers R1:R0 ← Rd8 × Rr8	2	-	-	-	-	↕	↕
FMULS Rd8, Rr8	0000 0011 1ddd 0rrr	Fractional multiply signed registers R1:R0 ← Rd8 × Rr8	2	-	-	-	-	↕	↕
FMULSU Rd8, Rr8	0000 0011 1ddd 1rrr	Fractional multiply signed & unsigned reg. R1:R0 ← Rd8 × Rr8	2	-	-	-	-	↕	↕

ATmega1281/2561에는 나눗셈 명령을 가지고 있지 않으므로 나눗셈 연산 루틴은 사용자가 직접 작성하여야 한다. 그러나, Atmel사의 응용 노트에 다양한 곱셈 및 나눗셈 서브루틴을 제공하고 있으며, 이 책에서는 OK1281.INC 및 OK2561.INC 파일에 더 좋은 연산루틴을 제공하고 있다. 또한 ATmega1281/2561에는 BCD 연산을 처리하는 명령이 없으므로 이를 필요로 하는 경우에는 상당히 불편하다.

(3) 논리연산 명령

대부분의 마이크로프로세서에서 그렇듯이 ATmega1281/2561에도 AND, OR, EOR의 3가지 논리연산 명령을 가진다. 그러나, ATmega1281/2561에서는 <표 1.3.6>에서 보인 것처럼 여기에 몇가지의 명령을 추가하여 논리연산 명령으로 분류한다.

다른 마이크로프로세서에서는 보통 배타적 논리합 명령을 XOR로 부르는데 여기서는 EOR이라고 하며, AND 및 OR 명령은 레지스터와 8비트 즉치 데이터의 연산이 가능한데 비하여 EOR 명령에서는 이것이 불가능하다는 점에 주의하라.

〈표 1.3.6〉 논리연산 명령

명령 니모닉	기계어	기능 및 동작	클럭	상태 레지스터 플랙					
				H	S	V	N	Z	C
AND Rd,Rr	0010 00rd dddd rrrr	Logical AND registers Rd ← Rd · Rr	1	-	↕	0	↕	↕	-
ANDI Rdx,imm8	0111 kkkk dddd kkkk	Logical AND register and immediate Rdx ← Rdx · imm8	1	-	↕	0	↕	↕	-
OR Rd,Rr	0010 10rd dddd rrrr	Logical OR registers Rd ← Rd ∨ Rr	1	-	↕	0	↕	↕	-
ORI Rdx,imm8	0110 kkkk dddd kkkk	Logical OR register and immediate Rdx ← Rdx ∨ imm8	1	-	↕	0	↕	↕	-
EOR Rd,Rr	0010 01rd dddd rrrr	Logical exclusive OR registers Rd ← Rd ⊕ Rr	1	-	↕	0	↕	↕	-
COM Rd	1001 010d dddd 0000	One's complement Rd ← 0xFF - Rd	1	-	↕	0	↕	↕	1
NEG Rd	1001 010d dddd 0001	Two's complement Rd ← 0x00 - Rd	1	↕	↕	↕	↕	↕	↕
CBR Rdx,imm8 *	0111 kkkk dddd kkkk	Clear bits in register Rdx ← Rdx · (0xFF - imm8)	1	-	↕	0	↕	↕	-
SBR Rdx,imm8 *	0110 kkkk dddd kkkk	Set bits in register Rdx ← Rdx ∨ imm8	1	-	↕	0	↕	↕	-
TST Rd *	0010 00dd dddd dddd	Test for zero or minus Rd ← Rd · Rd	1	-	↕	0	↕	↕	-
CLR Rd *	0010 01dd dddd dddd	Clear register Rd ← Rd ⊕ Rd	1	-	0	0	0	1	-
SER Rdx *	1110 1111 dddd 1111	Set all bits in register Rdx ← 0xFF	1	-	-	-	-	-	-

☞ CBR Rdx,imm8 명령은 ANDI Rdx,imm8 명령과 즉치 데이터를 반전시키면 서로 동일한 명령이다.

☞ SBR Rdx,imm8 명령은 ORI Rdx,imm8 명령과 동일한 명령이다.

☞ TST Rd 명령은 AND Rd,Rd 명령과 동일한 명령이다.

☞ CLR Rd 명령은 EOR Rd,Rd 명령과 동일한 명령이다.

☞ SER Rdx 명령은 LDI Rdx,0xFF 명령과 동일한 명령이다.

ATmega1281/2561에서는 매우 특이하게도 기계어 코드는 동일하지만 니모닉 코드는 다르게 표시하는 명령이 여러 개 있다. 이런 경우에 이것들은 1개의 명령으로 간주하는 것이 옳다고 생각되나 Atmel사에서는 이를 2개의 명령으로 간주하는 듯하다. 예를 들어 <표 1.3.6>에 보인 바와 같이 CBR Rdx,imm8 명령은 ANDI Rdx,imm8 명령과 즉치 데이터를 반전시키면 서로 동일한 명령이며, SBR Rdx,imm8 명령은 ORI Rdx,imm8 명령과 동일한 명령이다. 또한, TST Rd 명령은 AND Rd,Rd 명령과 동일한 명령이고, CLR Rd 명령은 EOR Rd,Rd 명령과 동일한 명령이며, SER Rdx 명령은 LDI Rdx,0xFF 명령과 동일한 명령이다.

(4) 분기 명령

분기 명령에는 일반적으로 무조건 분기, 조건부 분기, 서브루틴 호출 및 복귀 명령 등이 포함되며, 루프처리 명령을 포함하기도 한다. ATmega1281/2561의 분기 명령을 요약하면 <표 1.3.7>과 같다.

무조건 점프는 직접 16비트 번지를 지정하는 JMP 명령, Z 레지스터를 이용하여 간접 지정하는 IJMP/EIJMP 명령, 12비트 2의 보수로 상대번지인 오프셋(offset)을 표시하는 RJMP 명령 등이 있다. EIJMP 명령은 ATmega2560/2561에서만 사용하며, 플래시 메모리의 번지를 간접지정하는데 EIND 레지스터 및 Z 레지스터가 사용된다. 절대번지로 점프하는 JMP 명령은 기계어 코드상으로는 번지를 22비트까지 지정할 수 있으며 사용하지 않는 상위 어드레스 비트들은 0으로 채워진다. 이는 플래시 메모리의 번지가 64K 워드를 넘어 4M 워드까지 사용되는 대용량의 모델을 위한 기능이다. 12비트 2의 보수로 상대번지인 오프셋을 표시하는 RJMP 명령에서는 점프할 번지를 -2048~+2047의 범위에서 지정할 수 있다.

산술적 비교 명령인 CP/CPC/CPI는 일반적으로 산술연산 명령 그룹에 포함시키지만 Atmel에서는 이를 분기명령으로 분류한다. 뺄셈 명령은 연산결과를 목적 레지스터에 저장하지만 비교명령은 연산만을 수행하고 그 결과를 저장하지 않는다는 특징을 가진다. 이는 나중에 조건부 점프 명령에서 분기의 조건으로 사용될 수 있다.

모든 조건부 점프 명령에서는 점프할 목적번지를 7비트 2의 보수로 나타낸다. 이렇게 하면 점프할 수 있는 폭은 이 점프 명령의 다음 명령을 기준으로 -64~+63 번지 이내로 제한되는 단점이 있으나 기계어 명령 코드가 1워드로 짧아지는 장점이 있다. 이에 비하여 JMP 명령은 명령이 2워드로 길어지지만 점프 범위에 제한이 없다는 것이 장점이다.

〈표 1.3.7〉 분기 명령

명령 니모닉	기계어	기능 및 동작	클럭	상태 레지스터 플랙					
				H	S	V	N	Z	C
JMP addr22	1001 010k kkkk 110k kkkk kkkk kkkk kkkk	Jump within program memory space PC ← addr22	3	-	-	-	-	-	-
IJMP	1001 0100 0000 1001	Indirect jump by Z pointer register PC ← 0:Z	2	-	-	-	-	-	-
EIJMP	1001 0100 0001 1001	Indirect jump by Z pointer register PC ← EIND:Z (☞ ATmega2560/2561에서만 사용)	2	-	-	-	-	-	-
RJMP offset12	1100 kkkk kkkk kkkk	Relative jump within PC - 2K + 1 and PC + 2K PC ← PC + offset12 + 1	2	-	-	-	-	-	-
CP Rd,Rr	0001 01rd dddd rrrr	Compare Rd - Rr	1	↕	↕	↕	↕	↕	↕
CPC Rd,Rr	0000 01rd dddd rrrr	Compare with carry Rd - Rr - C	1	↕	↕	↕	↕	↕	↕
CPI Rdx,imm8	0011 kkkk dddd kkkk	Compare with immediate Rdx - imm8	1	↕	↕	↕	↕	↕	↕
CPSE Rd,Rr *	0001 00rd dddd rrrr	Compare, skip if equal If Rd = Rr PC ← PC+2(or 3), else PC ← PC+1	1/2 /3	-	-	-	-	-	-
BRID offset7	1111 01kk kkkk k111	Branch if global interrupt is disabled If I=0 PC ← PC+offset7+1, else PC ← PC+1	1/2	-	-	-	-	-	-
BRIE offset7	1111 00kk kkkk k111	Branch if global interrupt is enabled If I=1 PC ← PC+offset7+1, else PC ← PC+1	1/2	-	-	-	-	-	-
BRTC offset7	1111 01kk kkkk k110	Branch if T flag is cleared If T=0 PC ← PC+offset7+1, else PC ← PC+1	1/2	-	-	-	-	-	-
BRTS offset7	1111 00kk kkkk k110	Branch if T flag is set If T=1 PC ← PC+offset7+1, else PC ← PC+1	1/2	-	-	-	-	-	-
BRHC offset7	1111 01kk kkkk k101	Branch if half carry flag is cleared If H=0 PC ← PC+offset7+1, else PC ← PC+1	1/2	-	-	-	-	-	-
BRHS offset7	1111 00kk kkkk k101	Branch if half carry flag is set If H=1 PC ← PC+offset7+1, else PC ← PC+1	1/2	-	-	-	-	-	-
BRVC offset7	1111 01kk kkkk k011	Branch if overflow flag is cleared If V=0 PC ← PC+offset7+1, else PC ← PC+1	1/2	-	-	-	-	-	-
BRVS offset7	1111 00kk kkkk k011	Branch if overflow flag is set If V=1 PC ← PC+offset7+1, else PC ← PC+1	1/2	-	-	-	-	-	-
BRPL offset7	1111 01kk kkkk k010	Branch if plus If N=0 PC ← PC+offset7+1, else PC ← PC+1	1/2	-	-	-	-	-	-
BRMI offset7	1111 00kk kkkk k010	Branch if minus If N=1 PC ← PC+offset7+1, else PC ← PC+1	1/2	-	-	-	-	-	-
BRNE offset7	1111 01kk kkkk k001	Branch if not equal If Z=0 PC ← PC+offset7+1, else PC ← PC+1	1/2	-	-	-	-	-	-
BREQ offset7	1111 00kk kkkk k001	Branch if equal If Z=1 PC ← PC+offset7+1, else PC ← PC+1	1/2	-	-	-	-	-	-
BRCC offset7	1111 01kk kkkk k000	Branch if carry flag is cleared If C=0 PC ← PC+offset7+1, else PC ← PC+1	1/2	-	-	-	-	-	-
BRCS offset7	1111 00kk kkkk k000	Branch if carry flag is set If C=1 PC ← PC+offset7+1, else PC ← PC+1	1/2	-	-	-	-	-	-
BRLO offset7 *	1111 00kk kkkk k000	Branch if lower(unsigned Rd < Rr) If C=1 PC ← PC+offset7+1, else PC ← PC+1	1/2	-	-	-	-	-	-
BRSH offset7 *	1111 01kk kkkk k000	Branch if same or higher(unsigned Rd ≥ Rr) If C=0 PC ← PC+offset7+1, else PC ← PC+1	1/2	-	-	-	-	-	-
BRLT offset7	1111 00kk kkkk k100	Branch if less than(signed Rd < Rr) If N⊕V=1 PC ← PC+offset7+1,else PC ← PC+1	1/2	-	-	-	-	-	-
BRGE offset7	1111 01kk kkkk k100	Branch if greater or equal(signed Rd ≥ Rr) If N⊕V=0 PC ← PC+offset7+1,else PC ← PC+1	1/2	-	-	-	-	-	-

☞ CPSE Rd,Rr 명령에서 조건이 충족되지 않으면 1사이클, 조건이 충족되어 1워드 명령을 건너뛸 때는 실행시간이 2사이클, 2워드 명령을 건너뛸 때는 실행시간이 3사이클 소요된다.

☞ 모든 조건분기 명령에서 조건이 충족되지 않으면 1사이클, 충족되어 분기하면 2사이클이 소요된다.

☞ BRLO 명령 및 BRSH 명령은 각각 BRCS 명령 및 BRCC 명령과 동일한 명령이다.

〈표 1.3.7〉 분기 명령(계속)

명령 니모닉	기계어	기능 및 동작	클럭	상태 레지스터 플랙					
				H	S	V	N	Z	C
BRBC b,offset7	1111 01kk kkkk kbbb	Branch if bit in SREG is cleared If $(SREG)_b$ = 0 PC ← PC+offset7+1, else PC ← PC+1	1/2	-	-	-	-	-	-
BRBS b,offset7	1111 00kk kkkk kbbb	Branch if bit in SREG is set If $(SREG)_b$ = 1 PC ← PC+offset7+1, else PC ← PC+1	1/2	-	-	-	-	-	-
SBRC Rr,b *	1111 110r rrrr 0bbb	Skip if bit in register is cleared If $(Rr)_b$=0 PC ← PC+2(or 3), else PC ← PC+1	1/2/3	-	-	-	-	-	-
SBRS Rr,b *	1111 111r rrrr 0bbb	Skip if bit in register is set If $(Rr)_b$=1 PC ← PC+2(or 3), else PC ← PC+1	1/2/3	-	-	-	-	-	-
SBIC port32,b *	1001 1001 kkkk kbbb	Skip if bit in I/O register is cleared If $(port)_b$=0 PC ← PC+2(or 3), else PC ← PC+1	1/2/3	-	-	-	-	-	-
SBIS port32,b *	1001 1011 kkkk kbbb	Skip if bit in I/O register is set If $(port)_b$=1 PC ← PC+2(or 3), else PC ← PC+1	1/2/3	-	-	-	-	-	-
CALL addr22 *	1001 010k kkkk 111k kkkk kkkk kkkk kkkk	Call to subroutine (SP) ← PC_L, SP ← SP - 1 (SP) ← PC_H, SP ← SP - 1 (SP) ← PC_X, SP ← SP - 1, PC ← addr22	5	-	-	-	-	-	-
ICALL *	1001 0101 0000 1001	Indirect call to subroutine (SP) ← PC_L, SP ← SP - 1 (SP) ← PC_H, SP ← SP - 1 (SP) ← PC_X, SP ← SP - 1, PC ← 0:Z	4	-	-	-	-	-	-
EICALL	1001 0101 0001 1001	Indirect call to subroutine (SP) ← PC(3 byte), SP ← SP - 3 PC ← EIND:Z (☞ ATmega2560/2561에서만 사용)	4	-	-	-	-	-	-
RCALL offset12 *	1101 kkkk kkkk kkkk	Relative call to subroutine (SP) ← PC_L, SP ← SP - 1 (SP) ← PC_H, SP ← SP - 1 (SP) ← PC_X, SP ← SP - 1, PC ← PC+offset12+1	4	-	-	-	-	-	-
RET *	1001 0101 0000 1000	Return from subroutine SP ← SP + 1, PC_X ← (SP) SP ← SP + 1, PC_H ← (SP) SP ← SP + 1, PC_L ← (SP)	5	-	-	-	-	-	-
RETI *	1001 0101 0001 1000	Return form interrupt SP ← SP + 1, PC_X ← (SP) SP ← SP + 1, PC_H ← (SP) SP ← SP + 1, PC_L ← (SP), I ← 1	5	-	-	-	-	-	-

☞ SBRC/SBRS/SBIC/SBIS 명령에서 조건이 충족되지 않으면 1사이클, 조건이 충족되어 1워드 명령을 건너뛸 때는 2사이클이 소요되고, 2워드로 된 명령을 건너뛸 때는 실행시간이 3사이클 소요된다.

☞ 이 표에서 CALL/ICALL/RCALL/RET/RETI 명령은 프로그램 카운터가 3바이트인 ATmega2560/2561을 기준으로 설명하였다. 그러나, 프로그램 카운터가 2바이트인 ATmega640/1280/1281에서는 3번째 바이트인 PC_X를 스택에 저장하거나 스택에서 꺼내는 과정이 없고, 따라서 이 명령 실행후에 SP값이 3이 아니라 2만큼 변화하며, 명령의 실행시간도 이 표에 표시된 것보다 1클록 사이클씩 줄어든다.

ATmega1281/2561의 분기 명령 중에서 또 한가지 특이한 것은 특정 조건이 만족될 경우에 그 다음에 오는 1개의 명령을 실행하지 않고 그냥 다음 명령으로 건너뛰도록 하는 스킵 명령이다. SBRC/SBRS 명령은 범용 레지스터의 특정 비트값을 조사하여 스킵 조건을 판단하며, SBIC/SBIS 명령은 I/O 레지스터의 특정 비트값을 조사하여 스킵 조건을 판단한다. 이들 명령의 실행 시간은 조건이 충족되지 않아서 바로 다음 명령을 실행하면 1사이클, 조건이 충족되고 그 다음에 1워드로 된 명령을 스킵하면 2사이클, 2워드로 된 명령을 스킵하면 3사이클이 소요된다.

서브루틴 호출 명령도 무조건 점프 명령과 유사하여 CALL/ICALL/EICALL/RCALL이 있으며, 서브루틴으로부터 복귀하는 RET 명령과 인터럽트 서비스 루틴으로부터 복귀하는 RETI 명령은 서로 다르다.

〈표 1.3.8〉 비트 처리 명령

명령 니모닉	기계어	기능 및 동작	클럭	상태 레지스터 플랙					
				H	S	V	N	Z	C
LSL Rd *	0000 11dd dddd dddd	Logical shift left $C \leftarrow (Rd)_7,\ (Rd)_{n+1} \leftarrow (Rd)_n,\ (Rd)_0 \leftarrow 0$	1	↕	↕	↕	↕	↕	↕
LSR Rd	1001 010d dddd 0110	Logical shift right $0 \rightarrow (Rd)_7,\ (Rd)_{n+1} \rightarrow (Rd)_n,\ (Rd)_0 \rightarrow C$	1	-	↕	↕	0	↕	↕
ROL Rd *	0001 11dd dddd dddd	Rotate left through carry $C \leftarrow (Rd)_7,\ (Rd)_{n+1} \leftarrow (Rd)_n,\ (Rd)_0 \leftarrow C$	1	↕	↕	↕	↕	↕	↕
ROR Rd	1001 010d dddd 0111	Rotate right through carry $C \rightarrow (Rd)_7,\ (Rd)_{n+1} \rightarrow (Rd)_n,\ (Rd)_0 \rightarrow C$	1	-	↕	↕	↕	↕	↕
ASR Rd	1001 010d dddd 0101	Arithmetic shift right $(Rd)_7 \rightarrow (Rd)_7,\ (Rd)_{n+1} \rightarrow (Rd)_n,\ (Rd)_0 \rightarrow C$	1	-	↕	↕	↕	↕	↕
SWAP Rd	1001 010d dddd 0010	Swap nibbles $(Rd)_{7\sim4} \leftrightarrow (Rd)_{3\sim0}$	1	-	-	-	-	-	-
BLD Rd, b	1111 100d dddd 0bbb	Bit load from T flag to a bit in register $(Rd)_b \leftarrow T$	1	-	-	-	-	-	-
BST Rr, b	1111 101d dddd 0bbb	Bit store from a bit in register to T flag $T \leftarrow (Rd)_b$	1	-	-	-	-	-	-
CBI port32, b	1001 1000 kkkk kbbb	Clear bit in I/O register $(port)_b \leftarrow 0$	2	-	-	-	-	-	-
SBI port32, b	1001 1010 kkkk kbbb	Set bit in I/O register $(port)_b \leftarrow 1$	2	-	-	-	-	-	-
BCLR b	1001 0100 1bbb 1000	Bit clear in SREG $(SREG)_b \leftarrow 0$	1	↕	↕	↕	↕	↕	↕
BSET b	1001 0100 0bbb 1000	Bit set in SREG $(SREG)_b \leftarrow 1$	1	↕	↕	↕	↕	↕	↕
CLI	1001 0100 1111 1000	Clear global interrupt flag $I \leftarrow 0$	1	-	-	-	-	-	-
SEI	1001 0100 0111 1000	Set global interrupt flag $I \leftarrow 1$	1	-	-	-	-	-	-
CLT	1001 0100 1110 1000	Clear T flag $T \leftarrow 0$	1	-	-	-	-	-	-
SET	1001 0100 0110 1000	Set T flag $T \leftarrow 1$	1	-	-	-	-	-	-
CLH	1001 0100 1101 1000	Clear half carry flag $H \leftarrow 0$	1	0	-	-	-	-	-
SEH	1001 0100 0101 1000	Set half carry flag $H \leftarrow 1$	1	1	-	-	-	-	-
CLS	1001 0100 1100 1000	Clear sign flag $S \leftarrow 0$	1	-	0	-	-	-	-
SES	1001 0100 0100 1000	Set sign flag $S \leftarrow 1$	1	-	1	-	-	-	-
CLV	1001 0100 1011 1000	Clear 2's complement overflow flag $V \leftarrow 0$	1	-	-	0	-	-	-
SEV	1001 0100 0011 1000	Set 2's complement overflow flag $V \leftarrow 1$	1	-	-	1	-	-	-
CLN	1001 0100 1010 1000	Clear negative flag $N \leftarrow 0$	1	-	-	-	0	-	-
SEN	1001 0100 0010 1000	Set negative flag $N \leftarrow 1$	1	-	-	-	1	-	-
CLZ	1001 0100 1001 1000	Clear zero flag $Z \leftarrow 0$	1	-	-	-	-	0	-
SEZ	1001 0100 0001 1000	Set zero flag $Z \leftarrow 1$	1	-	-	-	-	1	-
CLC	1001 0100 1000 1000	Clear carry flag $C \leftarrow 0$	1	-	-	-	-	-	0
SEC	1001 0100 0000 1000	Set carry flag $C \leftarrow 1$	1	-	-	-	-	-	1

☞ LSL Rd 명령은 ADD Rd,Rd 명령과 동일하며, ROL Rd 명령은 ADC Rd,Rd 명령과 동일한 명령이다.

(5) 비트 처리 명령

비트 처리 명령은 <표 1.3.8>에 보인 바와 같이 시프트 및 로테이트 명령, 비트 액세스 명령, 상태 레지스터 액세스 명령 등으로 나누어진다.

이 명령들은 매우 동작이 단순하므로 특별한 설명을 필요로 하지 않는다. 다만, CBI/SBI 명령으로 비트 액세스할 수 있는 I/O 레지스터는 0x00~0x1F의 32개로 제한된다는 점에 유의하라.

(6) MCU 제어 명령

MCU 제어 명령은 <표 1.3.9>에 보인 바와 같이 4개가 있다. NOP 명령은 아무 기능을 수행하지 않는 명령으로 1사이클의 실행시간을 가진다.

SLEEP 명령은 ATmega1281/2561 MCU를 슬립모드로 들어가도록 한다. 슬립모드의 허용 여부나 종류는 슬립모드 제어 레지스터 SMCR에 의하여 설정된다.

WDR 명령은 워치독 타이머를 리셋시키는 명령이다. 워치독 기능을 사용하도록 설정되었을 경우 이 명령을 제한 시간내에 반복적으로 실행시키지 않으면 MCU를 리셋시켜 다시 부팅하거나 인터럽트를 발생한다.

BREAK 명령은 사용자 프로그램에서는 사용할 필요가 없으며 온칩 디버그 시스템(on-chip debug system)에서 사용하기 위하여 만들어 놓은 명령이다. 이 명령을 실행하면 ATmega1281/2561 MCU가 정지 모드(stopped mode)로 들어가 온칩 디버거의 기능을 수행하기 시작한다.

〈표 1.3.9〉 MCU 제어 명령

명령 니모닉	기계어	기능 및 동작	클럭	상태 레지스터 플랙					
				H	S	V	N	Z	C
NOP	0000 0000 0000 0000	No operation	1	-	-	-	-	-	-
SLEEP	1001 0101 1000 1000	Sleep	1	-	-	-	-	-	-
WDR	1001 0101 1010 1000	Watchdog reset	1	-	-	-	-	-	-
BREAK	1001 0101 1001 1000	Break(Stopped mode for on-chip debug only)	1	-	-	-	-	-	-

5. 어셈블리 프로그램에서의 산술연산

ATmega1281/2561의 산술연산 명령에는 8비트 정수의 가산, 감산, 승산 명령이 있으나, 어셈블리 프로그램에서 실제로 이것들을 사용하여 원하는 수치 데이터의 연산을 수행하는 것은 그렇게 간단한 일이 아니다. 이를 올바르게 수행하려면 우선 이 마이크로프로세서가 데이터를 표현하고 취급하는 방법을 제대로 이해하는 것이 선행되어야 하며, 그 다음에는 연산명령의 동작 및 이에 따른 상태 레지스터의 기능까지를 정확히 알아야 한다.

(1) ATmega1281/2561에서 수치 데이터의 표현법

ATmega1281/2561에서 사용하는 수치 데이터의 표현 방법에는 부호없는 정수 표현법과 2의 보수 표현법이 있다. 8비트 정수의 가감산을 수행할 때 이 중에서 어떤 표현법을 사용할지는 MCU가 아니라 전적으로 프로그래머에게 달려 있다. 이 마이크로콘트롤러는 모든 수를 단순히 부호가 없는 2진수인 것처럼 간주하고 연산하는 기능만을 갖는데, 이러면 음수에 대하여는 연산을 수행할 수 없으므로 2가지의 데이터 표현방법에 따른 연산결과의 상태를 상태 레지스터에 표시하여 둔다. 프로그래머는 이 중에서 어느 플랙을 적절히 선택하여 이용함으로써 부호없는 두 정수의 연산결과를 얻을 수도 있고 2의 보수 연산결과를 얻을 수도 있게 되는 것이다.

〈표 1.3.10〉 부호없는 8비트 정수의 표현

10진수	부호없는 8비트 정수	10진수	부호없는 8비트 정수
0	0b00000000	128	0b10000000
1	0b00000001	129	0b10000001
2	0b00000010	130	0b10000010
3	0b00000011	131	0b10000011
.	.	.	.
.	.	.	.
.	.	.	.
124	0b01111100	252	0b11111100
125	0b01111101	253	0b11111101
126	0b01111110	254	0b11111110
127	0b01111111	255	0b11111111

〈표 1.3.11〉 부호없는 16비트 정수의 표현

10진수	부호없는 16비트 정수	10진수	부호없는 16비트 정수
0	0b00000000 00000000	32768	0b10000000 00000000
1	0b00000000 00000001	32769	0b10000000 00000001
2	0b00000000 00000010	32770	0b10000000 00000010
3	0b00000000 00000011	32771	0b10000000 00000011
.	.	.	.
.	.	.	.
.	.	.	.
32764	0b01111111 11111100	65532	0b11111111 11111100
32765	0b01111111 11111101	65533	0b11111111 11111101
32766	0b01111111 11111110	65534	0b11111111 11111110
32767	0b01111111 11111111	65535	0b11111111 11111111

▣ 부호없는 정수 표현법

이것은 8비트 데이터 전체가 부호없는 수의 크기를 2진수로 표현하는 방법으로 0과 양의 정수만 표현할 수 있으므로 양의 정수 표현법이라고도 한다.

8비트 데이터로 표현할 수 있는 수의 범위는 0~255(0x00~0xFF)이며, 16비트 데이터로는 0~65535(0x0000~0xFFFF)의 수를 표현할 수 있다. ATmega1281/2561에서 범용 레지스터는 모두 8비트 길이로 되어 있으며, 16비트 데이터는 2개의 레지스터를 쌍으로 연결하여 사용하는데 MOVW/ADIW/SBIW 명령 및 곱셈 명령에서 그러한 사용예를 볼 수 있다.

▣ 2의 보수 표현법

이것은 8비트 데이터에서 최상위 비트(b7)로는 부호를 표시(0은 양수의 +, 1은 음수의 -)하고, 나머지 7개의 비트들(b6~b0)은 수의 크기를 표현하는 방법으로서, 이를 이용하면 0과 양의 정수는 물론 음의 정수까지도 표현할 수 있다. b6~b0에 표시되는 수의 크기는 양수의 경우에는 절대값을 그대로 2진수로 표현하며, 음수의 경우에는 이를 2의 보수(2's complement)로 표현한다. 이 방법에 의해서 8비트 길이의 데이터로 표현할 수 있는 수의 범위는 -128~+127이다.

〈표 1.3.12〉 8비트 2의 보수 표현

양의 정수	8비트 2의 보수	음의 정수	8비트 2의 보수
+127	0b01111111	-1	0b11111111
+126	0b01111110	-2	0b11111110
+125	0b01111101	-3	0b11111101
.	.	.	.
.	.	.	.
.	.	.	.
+3	0b00000011	-125	0b10000011
+2	0b00000010	-126	0b10000010
+1	0b00000001	-127	0b10000001
0	0b00000000	-128	0b10000000

〈표 1.3.13〉 16비트 2의 보수 표현

양의 정수	16비트 2의 보수	음의 정수	16비트 2의 보수
+32767	0b01111111 11111111	-1	0b11111111 11111111
+32766	0b01111111 11111110	-2	0b11111111 11111110
+32765	0b01111111 11111101	-3	0b11111111 11111101
.	.	.	.
.	.	.	.
.	.	.	.
+3	0b00000000 00000011	-32765	0b10000000 00000011
+2	0b00000000 00000010	-32766	0b10000000 00000010
+1	0b00000000 00000001	-32767	0b10000000 00000001
0	0b00000000 00000000	-32768	0b10000000 00000000

마찬가지로 16비트 데이터에서 2의 보수 표현법은 최상위 비트(b15)로는 부호를 표시(0은 양수의 +, 1은 음수의 -)하고, 나머지 15개의 비트들(b14~b0)은 수의 크기를 표현한다. b14~b0에 표시되는 수의 크기는 양수의 경우에는 절대값을 그대로 2진수로 표현하며, 음수의 경우에는 이를 2의 보수로 표현한다. 이 방법에 의해서 16비트 길이의 데이터로 표현할 수 있는 수의 범위는 -32768~+32767이다.

16비트 2의 보수 표현법에 의한 수치 데이터는 주로 곱셈명령에서 사용된다. 8비트와 16비트 2의 보수 표현을 각각 <표 1.3.12> 및 <표 1.3.13>에 정리하였다.

◀참고▶ 기타의 수치 데이터 표현방법으로는 부호 및 절대값에 의한 표현법, 1의 보수 표현법, BCD (Binary-Coded Decimal) 표현법이 있으며, BCD 표현법은 다시 밀집형 10진수(packed BCD) 표현법과 비밀집형 10진수(unpacked BCD) 표현법 등이 있다.

(2) 오버플로우

연산을 수행하였을 때 지정된 데이터 길이로 표현할 수 없는 범위의 결과가 발생하는 것을 **자리넘침**(overflow)이라고 한다. 그러나, 오버플로우가 발생하면 항상 상태 레지스터의 오버플로우 플랙 V가 1로 세트되리라고 생각하면 큰 오산이다.

ATmega1281/2561의 ALU는 부호없는 정수나 2의 보수 표현법으로 표현된 모든 수를 가감산해야 하지만, 사실 CPU는 연산할 데이터가 양의 정수 표현법으로 표시된 수인지 2의 보수 표현법으로 표시된 수인지를 알지 못한다. 그럼에도 불구하고 아무 문제없이 가감산이 가능한 것이 2의 보수 표현법을 사용하는 이유이다. 즉, ALU는 부호없는 정수나 2의 보수 표현법으로 표현된 수를 모두 동일한 방법으로 가감산한다는 것이다. 심지어는 결과까지 동일하게 나온다. 그러나, 계산이 끝난 후에 목적 레지스터에 저장된 결과를 부호없는 정수 표현법으로 해석하면 그에 맞는 답을 얻을 수 있고, 또한 2의 보수 표현법으로 해석하더라도 그에 맞는 답을 얻을 수 있다.

그런데, 오버플로우가 발생하였을 경우 그 표시는 다르게 된다. 즉, 2의 보수 표현법으로 가감산을 수행하였을 때 오버플로우가 발생하였다면 이는 -128~+127의 범위를 벗어난 결과가 되었다는 뜻이며 그 상태는 상태 레지스터의 오버플로우 플랙에 V=1로 표시된다. 그러나, 부호없는 양의 정수로 가감산을 수행하였을 때 오버플로우가 발생하였다면 이는 0~255의 범위를 초과하는 결과가 되었다는 뜻이며 그 상태는 상태 레지스터의 캐리 플랙에 C=1로 표시된다. 이처럼 정수 데이터의 가감산을 수행할 때는 데이터의 표현법에 따라 오버플로우가 다르게 표시되는데 유의해야 한다.

◀휴게실▶ **수치 데이터의 2의 보수 표현법**

10진수로 된 수치 데이터를 2의 보수 표현법으로 변환하거나 반대로 2의 보수 표현법으로 된 수치 데이터를 10진수로 환산하는 방법은 프로그램을 수동 번역할 경우에 자주 사용되므로 잘 알아두어야 한다.

(1) 양수의 경우

10진수로 55를 8비트 2의 보수 표현법으로 표시하라.

i) 양수이므로 최상위의 부호 비트는 0이다.
ii) 수의 절대값을 7비트의 2진수로 변환한다.

```
2 ) 55
2 ) 27 ··· 1
2 ) 13 ··· 1
2 )  6 ··· 1
2 )  3 ··· 0
     1 ··· 1        ∴ 0110111
```

iii) 양수이므로 부호 비트 0과 7비트의 수를 그대로 합하여 2의 보수 표현법을 완성한다.

```
00110111 = 0x37
```

(2) 음수의 경우

10진수로 -55를 8비트 2의 보수 표현법으로 표시하라.

i) 음수이므로 최상위의 부호 비트는 1이다.
ii) 수의 절대값을 7비트의 2진수로 변환한다.

```
2 ) 55
2 ) 27 ··· 1
2 ) 13 ··· 1
2 )  6 ··· 1
2 )  3 ··· 0
     1 ··· 1        ∴ 0110111
```

iii) 음수이므로 부호 비트 1과 7비트의 수를 2의 보수로 나타낸 것을 합하여 2의 보수를 완성한다.

```
    10110111
        ↓          (1의 보수)
    11001000
+ )        1
    11001001 = 0xC9 (2의 보수)
```

(3) 10진수로의 역변환

2의 보수 표현법의 수를 10진수로 역변환하는 방법은 위의 변환과 반대로 수행하면 된다. 즉, 최상위 비트가 0인 경우(양수)에는 아래 7비트의 수를 그대로 10진수로 환산하여 양의 부호(+)를 붙이면 되고, 최상위 비트가 1인 경우(음수)에는 아래 7비트의 수를 2의 보수로 변환한후 10진수로 환산하여 음의 부호(-)를 붙이면 된다.

다시 말하면 2의 보수 표현법에 의한 정수 연산에서의 오버플로우는 상태 레지스터 SREG의 V 플래그에 저장되고, 양의 정수 표현법에 의한 정수 연산에서의 오버플로우는 상태 레지스터의 C 플랙에 저장된다는 것이다. 이를 확실히 하기 위하여 그랬는지 ATmega128에서는 V 플랙을 그냥 오버플로우 플랙이라고 하지 않고 2의 보수 오버플로우 플랙(2's complement overflow flag)이라고 부른다.

◀참고▶ underflow는 반대로 연산결과가 너무 작아져서 지정된 데이터 길이로는 표현할 수 없는 것인데, 이는 정수형 마이크로프로세서에서는 발생하지 않으며 부동소수점형 DSP와 같이 부동소수점 연산 명령을 갖는 마이크로프로세서에서나 발생할 수 있다.

▣ 부호없는 정수 표현법에 의한 가감산의 경우

8비트의 부호없는 두 정수를 가산하였을 경우에는 그 결과가 8비트의 표현가능 범위인 255(0xFF)를 초과하면 오버플로우가 된다. 또한, 16비트의 부호없는 두 정수를 가산하였을 경우에는 그 결과가 16비트의 표현가능 범위인 65535(0xFFFF)를 초과하면 오버플로우가 된다. 이 경우 오버플로우가 발생한 사실은 상태 레지스터의 캐리 플랙 C에 표시된다. 8비트나 16비트의 부호없는 두 정수를 감산하였을 경우에는 오버플로우가 발생하지 않는다.

따라서, 8비트 또는 16비트의 부호없는 두 정수를 가산하고 나서 C=1로 되었다면 오버플로우가 발생한 것이므로 목적 레지스터에 들어있는 연산 결과만으로는 옳은 답이라고 할 수 없다. 이처럼 오버플로우가 발생하면 이는 지정된 레지스터에 연산의 결과를 저장하는 것이 불가능하므로 자리올림이 된 것을 포함하여 자릿수를 늘려서 저장해야 한다.

▣ 2의 보수 표현법에 의한 가감산의 경우

8비트 2의 보수로 표현된 두 정수를 가산하거나 감산하였을 경우에는 그 결과가 8비트의 표현가능 범위인 -128～+127보다 작거나 크면 오버플로우가 된다. 또한, 16비트 2의 보수로 표현된 두 정수를 가산하거나 감산하였을 경우에는 그 결과가 16비트의 표현가능 범위인 -32768～+32767보다 작거나 크면 오버플로우가 된다. 이때 오버플로우가 발생한 사실은 상태 레지스터의 오버플로우 플랙 V에 표시된다.

따라서, 8비트 또는 16비트 2의 보수로 표현된 두 정수를 연산하고 나서 V=1로 되었다면 오버플로우가 발생한 것이므로 목적 레지스터에 들어있는 연산 결과만으로는 옳은 답이라고 할 수 없다. 이처럼 오버플로우가 발생하면 이는 지정된 레지스터에 연산의 결과를 저장하는 것이 불가능하므로 연산할 데이터의 자릿수를 늘려서 다시 계산해야 한다.

정수 연산에서 오버플로우가 발생할 수 있는 경우를 요약하면 다음과 같다.

① 양수 + 양수 = 절대값이 더 큰 양수
② 양수 - 음수 = 절대값이 더 큰 양수
③ 음수 + 음수 = 절대값이 더 큰 음수
④ 음수 - 양수 = 절대값이 더 큰 음수

(3) 정수의 가감산

ATmega1281/2561이 수행할 수 있는 정수의 가감산 연산 기능에는 다음과 같은 것들을 포함한다.

① 부호없는 8비트 정수의 가감산
② 2의 보수 표현법에 의한 8비트 정수의 가감산
③ 부호없는 16비트 정수와 부호없는 6비트 정수의 가감산
④ 2의 보수 표현법에 의한 16비트 정수와 부호없는 6비트 정수의 가감산

초창기의 저수준 범용 마이크로프로세서에는 일반적으로 정수의 곱셈 또는 나눗셈을 수행하는 명령이 없거나 또는 있다고 하더라도 그 기능이 매우 미약하였으며, 더구나 부동소수점 수를 연산하는 기능은 없었다. 따라서, 이들 연산을 필요로 하는 경우에는 사용자가 다른 명령들을 이용하여 이를 위한 프로그램을 작성하여야 한다.

그러나, 8비트 마이크로프로세서라고 하더라도 일부의 모델에서는 16비트 가감산 명령을 가지는 경우도 있으며, 대부분의 경우에는 반복처리 루프에 의한 다중 바이트 연산을 통하여 상당히 큰 정수에 대한 가감산 연산도 가능하도록 되어 있다. 그러나, 2의 보수 표현법에서는 이러한 큰 수의 연산을 위해서 다소 복잡한 알고리즘을 필요로 한다.

ATmega1281/2561과 같은 대부분의 마이크로프로세서는 산술연산 명령에서 부호없는 정수 표현법 및 2의 보수 표현법을 사용한다. 가산명령에서는 사용하는 수치 데이터의 표현법에 관계없이 단순한 방법으로 오퍼랜드를 가산하여 목적 레지스터에 저장하며, 마이크로프로세서는 가산에 사용된 이들 두 수치 데이터가 부호없는 양의 정수 표현법에 의한 것인지 2의 보수 표현법에 의한 것인지를 구별하지 못한다. 즉, 프로그래머가 두 수치 데이터를 양의 정수로 가산하였으면 그 결과도 양의 정수로 간주되며, 두 수치 데이터를 2의 보수로 가산하였으면 그 결과도 2의 보수로 간주되는 것이다. 그런데 마이크로프로세서는 이 2가지의 가산에 모두 적용될 수 있도록 가산 결과의 상태를 상태 레지스터 SREG에 저장한다. 따라서, 어떤 수치 데이터의 표현법을 선택

하여 사용하느냐는 전적으로 프로그래머에 의해 결정되며, 선택된 표현법에 따라 이에 해당되는 플랙을 보고 결과의 正誤를 판단하여야 한다. 이상의 내용은 감산의 경우에도 동일하게 적용된다.

▣ 부호없는 8비트 정수의 가감산

8비트의 부호없는 양의 정수 표현법으로 표시할 수 있는 수의 범위는 0~255이다. 만약, 피가수(augend) 및 가수(addend) 두 정수의 가산 결과가 이 범위를 넘으면 이를 오버플로우라고 하는데, 이렇게 되면 자리올림(carry)이 발생하여 상태 레지스터의 캐리 플랙 C가 세트되고, 당연히 계산의 결과로 목적 레지스터에 저장된 데이터는 자리올림된 수를 함께 고려하지 않으면 옳은 답이 될 수 없다.

즉, 두 8비트 양의 정수 가산에서는 C=0이면 목적 레지스터에 저장된 계산결과가 옳은 답이 되지만, C=1이면 계산결과가 8비트의 표현범위를 넘어 목적 레지스터의 내용만으로는 옳은 답이 될 수 없다. 따라서, 이러한 경우에는 자리올림된 수를 포함하여 답이 저장될 자릿수를 늘려주어야 한다. <그림 1.3.11>의 오른쪽 예에서 목적 레지스터에는 44가 저장되어 답이 아니지만, 자리올림을 고려하면 256 + 44 = 300으로 옳은 결과가 되는 것을 알 수 있다.

```
   01010000 (0x50 = 80)          |     01100100 (0x64 = 100)
+) 00111100 (0x3C = 60)          |  +) 11001000 (0xC8 = 200)
 ----------                      |   ----------
 0 10001100 (0x8C = 140)         |   1 00101100 (0x2C = 44)
 | └──→ V=1(무시)                |   | └──→ V=0(무시)
 └────→ C=0(옳은 결과)           |   └────→ C=1(틀린 결과, 오버플로우 발생)
```

〈그림 1.3.11〉 부호없는 8비트 정수 가산의 예

```
   01010000 (0x50 = 80)          |     01100100 (0x64 = 100)
-) 00111100 (0x3C = 60)          |  -) 01111000 (0x78 = 120)
 ----------                      |   ----------
 0 00010100 (0x14 = 20)          |   1 11101100 (0xEC = 236)
 | └──→ V=0(무시)                |   | └──→ V=0(무시)
 └────→ C=0(옳은 결과)           |   └────→ C=1(틀린 결과, 음수 발생)
```

〈그림 1.3.12〉 부호없는 8비트 정수 감산의 예

8비트의 부호없는 정수 표현법으로 표시된 두 정수의 감산의 경우에는 오버플로우가 발생하지 않으나 계산결과가 음수로 될 수도 있다는 것에 유의해야 한다. 피감수

(minuend)가 감수(subtrahend)보다 크거나 같은 경우에는 문제가 없지만, 피감수가 감수보다 작으면 감산을 수행하기 위하여 자리내림(borrow)이 발생하고 이때 목적 레지스터에 저장된 결과는 옳은 답이 될 수 없다. 따라서, 8비트의 부호없는 정수 표현법의 범위에서는 감산이 자유롭지 못하며, 모든 감산이 가능하려면 감산 결과 음수가 되었을 경우에도 이를 표현할 수 있도록 2의 보수 표현법을 사용해야 한다. <그림 1.3.12>의 오른쪽 예에서 목적 레지스터에는 236이 저장되어 답이 아니지만, 만약 이를 2의 보수 표현법으로 수행하였다면 0xEC = -20으로 옳은 결과가 되는 것을 알 수 있다.

▣ 2의 보수 표현법에 의한 8비트 정수의 가감산

양이나 음의 부호를 가질 수 있도록 8비트 2의 보수 표현법으로 표시할 수 있는 수의 범위는 -128~+127이다. 2의 보수 표현법에 의한 정수의 가산에서 두 양수의 합은 반드시 양수이며, 두 음수의 합은 반드시 음수이다. 만약, 이와 같은 관계가 성립하지 않으면 가산의 결과가 8비트로 표현 가능한 범위를 넘어 오버플로우가 발생한 것이므로 상태 레지스터의 오버플로우 플랙 V가 1로 세트된다. 그러나, 양수와 음수의 가산에서는 수학적으로 오버플로우가 발생하지 않는다.

계산 결과 오버플로우가 발생하였다면 목적 레지스터에 저장된 데이터는 옳은 답이 아니다. 즉, 2의 보수 표현법에 의한 두 8비트 정수의 가산에서는 V=0이면 목적 레지스터에 저장된 계산결과가 옳은 답이 되지만, V=1이면 계산결과가 8비트의 표현범위를 넘어 목적 레지스터의 내용만으로는 옳은 답이 될 수 없다. 따라서, 이러한 경우에는 답이 저장될 자릿수를 늘려주어야 한다.

결국 가산에서는 어느 수치 데이터 표현법을 사용하든지 항상 계산결과가 저장될 자리는 가수나 피가수의 자리보다 적어도 1자리(바이트)만큼 크게 해야 완전한 결과를 얻을 수 있다. <그림 1.3.13>에 보인 2의 보수 표현법에 의한 두 정수의 가산의 예에서 오른쪽 2개의 경우는 V=1로 오버플로우가 발생하여 목적 레지스터에 저장된 계산결과가 전혀 틀린 답이 되는 것을 알 수 있다. 따라서, 이 문제를 해결하려면 적어도 16비트 2의 보수 표현으로 자릿수를 늘려서 처리하는 알고리즘으로 연산 프로그램을 작성해야 한다.

이상에서 설명한 8비트 2의 보수 표현법에 의한 두 정수의 가산에 관한 내용은 두 정수의 감산에 대하여도 동일하게 적용된다. 8비트 2의 보수 표현법에 의한 감산의 예는 <그림 1.3.14>에 보였다.

```
   01010000 (0x50 = +80)
+) 00010100 (0x14 = +20)
0 01100100 (0x64 = +100)
  → V=0(양수, 옳은 결과)
  → C=0(무시)
```

```
   01010000 (0x50 = +80)
+) 00111100 (0x3C = +60)
0 10001100 (0x8C = -116)
  → V=1(음수, 틀린 결과, 오버플로우)
  → C=0(무시)
```

```
   10110000 (0xB0 = -80)
+) 11101100 (0xEC = -20)
1 10011100 (0x9C = -100)
  → V=0(음수, 옳은 결과)
  → C=1(무시)
```

```
   10110000 (0xB0 = -80)
+) 11000100 (0xC4 = -60)
1 01110100 (0x74 = +116)
  → V=1(양수, 틀린 결과, 오버플로우)
  → C=1(무시)
```

〈그림 1.3.13〉 2의 보수 표현법에 의한 8비트 정수 가산의 예

```
   01010000 (0x50 = +80)
-) 00010100 (0x14 = +20)
0 00111100 (0x3C = +60)
  → V=0(옳은 결과)
  → C=0(무시)
```

```
   10110000 (0xB0 = -80)
-) 00111100 (0x3C = +60)
0 01110100 (0x74 = +116)
  → V=1(틀린 결과, 오버플로우 발생)
  → C=0(무시)
```

```
   10110000 (0xB0 = -80)
-) 11101100 (0xEC = -20)
1 11000100 (0xC4 = -60)
  → V=0(옳은 결과)
  → C=1(무시)
```

```
   01010000 (0x50 = +80)
-) 11000100 (0xC4 = -60)
1 10001100 (0x8C = -116)
  → V=1(틀린 결과, 오버플로우 발생)
  → C=1(무시)
```

〈그림 1.3.14〉 2의 보수 표현법에 의한 8비트 정수 감산의 예

▣ 8비트를 넘는 보다 큰 수의 가감산을 위한 다중 바이트 연산

위에서 설명한 바와 같이 8비트의 가감산에서 오버플로우가 발생하면 16비트로 늘려서 연산해야 하고, 16비트의 가감산에서 오버플로우가 발생하면 다시 그 이상으로 자리수를 늘려서 연산해야 한다. ATmega1281/2561에는 16비트의 가감산 명령이 있기는 하지만 기능이 불완전하며, 또한 16비트를 넘는 정수에 대하여는 어차피 이것도 사용할 수 없으므로, 8비트를 넘는 가감산 연산은 적절한 프로그램 루틴으로 작성하여야 한다. 이때 연산하려는 두 정수가 2의 보수 표현법을 사용한 경우에는 최상위 비트에 있는 부호를 별도로 처리해야 하므로 계산 알고리즘이 매우 복잡해지며 여기서 취급하지 않는다.

8비트의 길이를 넘는 부호없는 두개의 큰 정수에 대하여는 8비트의 가감산 명령을 반복처리 기법으로 사용하여 가감산 연산을 수행할 수 있으며, 이때는 각각 상태 레지스터의 자리올림(carry)이나 자리내림(borrow) 비트를 이용한다. 즉, 덧셈에서는 낮은

자리에서부터 높은 자리의 수로 반복적으로 덧셈을 수행해 가는데 매번 덧셈을 수행할 때마다 자리올림을 기억해 두고 이것을 다음 자리의 덧셈을 수행할 때 함께 더해주게 된다. 마찬가지로, 뺄셈에서는 낮은 자리에서부터 높은 자리의 수로 반복적으로 뺄셈을 수행해 가는데 매번 뺄셈을 수행할 때마다 자리내림이 있었는지를 기억해 두고 이것을 다음 자리의 뺄셈을 수행할 때 함께 빼주게 된다.

이러한 원리를 도시하면 <그림 1.3.15>와 같다. 이러한 다중 바이트 가산이나 감산에서는 첫번째 바이트의 연산을 수행하기 전에 각각 자리올림 또는 자리내림 비트를 미리 0으로 클리어시켜 두어야 하는데 유의하라.

ATmega1281/2561을 비롯한 대부분의 마이크로프로세서에서 자리올림이나 자리내림은 모두 상태 레지스터의 캐리 플랙 비트 C를 사용하며, 덧셈의 경우에는 이것이 자리올림의 기능을 수행하고 뺄셈의 경우에는 자리내림의 기능을 수행한다. 즉, 덧셈을 수행할 때 자리올림이 발생하거나 뺄셈을 수행할 때 자리내림이 발생하면 C=1이 되고, 그렇지 않은 경우에는 C=0으로 된다.

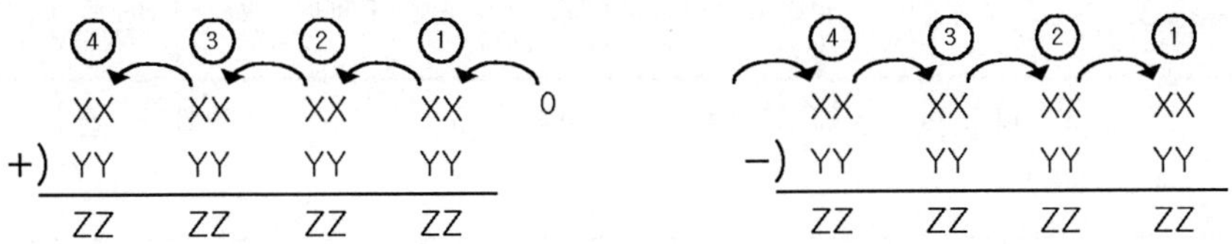

(a) 다중 바이트 가산 (b) 다중 바이트 감산

〈그림 1.3.15〉 다중 바이트 연산 방법에 의한 가감산

(4) 정수의 대소관계 비교

대부분의 마이크로프로세서에는 수치 데이터의 크기를 비교하는 비교명령을 가지고 있다. ATmega1281/2561에도 CP/CPC/CPI 등의 비교명령이 있으며, 이 비교명령은 정수의 감산 명령과 똑같이 연산을 수행하지만 그 결과를 레지스터에 저장하지 않고 연산결과의 상태만을 상태 레지스터에 표시하여 두 수의 대소비교에 사용된다. 따라서, 비교명령을 사용하여 데이터를 비교하면 이를 수행한 후에도 비교하는 레지스터들의 값이 변하지 않는다는 장점이 있다. 비교명령을 사용하고 나서 수치 데이터의 대소관계를 판단하는데는 수치 데이터의 표현법에 따라 제로 플랙(Z), 캐리 플랙(C), 음수 플랙(N), 오버플로우 플랙(V) 등이 사용된다.

두 정수의 대소관계를 비교할 때는 비교하려는 두 수가 부호없는 정수 표현법에 의한 것인지 2의 보수 표현법에 의한 것인지에 따라 비교 결과가 달라질 수 있는데,

이 각각의 경우에 대소관계는 상태 레지스터의 해당 플랙 비트들을 보고 판단하게 된다. 그러나, ATmega1281/2561은 이러한 각각의 경우에 대하여 대소관계를 판단하고 그 결과에 따라 분기할 수 있는 다양한 조건부 점프 명령을 가지고 있어서 매우 편리하다. ATmega1281/2561에서 두 정수의 대소관계에 따른 조건부 분기 명령과 그 동작을 요약하면 <표 1.3.14>와 같다.

이 표에서 보는 바와 같이 부호없는 두 정수의 대소관계는 캐리 플랙만으로 간단하게 판단되지만, 2의 보수로 표현된 정수의 대소관계는 음수 플랙과 오버플로우 플랙의 배타적 논리합 즉 N⊕V의 값에 의해 결정된다. 그 이유를 체계적으로 살펴보면 <그림 1.3.16>과 같다.

〈표 1.3.14〉 두 정수의 대소관계에 따라 분기하는 명령

	Rd ≥ Rr	Rd = Rr	Rd ≠ Rr	Rd < Rr
부호없는 정수 표현법의 경우	BRSH offset7 (C=0)	BREQ offset7 (Z=1)	BRNE offset7 (Z=0)	BRLO offset7 (C=1)
2의 보수 표현법의 경우	BRGE offset7 (N⊕V=0)	BREQ offset7 (Z=1)	BRNE offset7 (Z=0)	BRLT offset7 (N⊕V=1)

☞ 대소 비교는 CP Rd,Rr 명령에 의하여 수행한 것으로 가정함.

[예1A] 양수 > 음수 00010000 (0x10 = +16 = Ⓐ) -) 10000000 (0x80 = -128 = Ⓑ) 10010000 (+144) N⊕V = 1⊕1 = 0 ∴ Ⓐ > Ⓑ	[예1B] 음수 < 양수 10000000 (0x80 = -128 = Ⓐ) -) 00010000 (0x10 = +16 = Ⓑ) 01110000 (-144) N⊕V = 0⊕1 = 1 ∴ Ⓐ < Ⓑ
[예2A] 양수大 > 양수小 00110000 (0x30 = +48 = Ⓐ) -) 00010000 (0x10 = +16 = Ⓑ) 00100000 (+32) N⊕V = 0⊕0 = 0 ∴ Ⓐ > Ⓑ	[예2B] 양수小 < 양수大 00010000 (0x10 = +16 = Ⓐ) -) 00110000 (0x30 = +48 = Ⓑ) 11100000 (-32) N⊕V = 1⊕0 = 1 ∴ Ⓐ < Ⓑ
[예3A] 음수大 > 음수小 10010000 (0x90 = -112 = Ⓐ) -) 10000000 (0x80 = -128 = Ⓑ) 00010000 (+16) N⊕V = 0⊕0 = 0 ∴ Ⓐ > Ⓑ	[예3B] 음수小 < 음수大 10000000 (0x80 = -128 = Ⓐ) -) 10010000 (0x90 = -112 = Ⓑ) 11110000 (-16) N⊕V = 1⊕0 = 1 ∴ Ⓐ < Ⓑ
따라서 N⊕V = 0 이면 Ⓐ > Ⓑ	따라서 N⊕V = 1 이면 Ⓐ < Ⓑ

〈그림 1.3.16〉 2의 보수 표현법에 의한 두 정수의 대소관계 비교

(5) 정수의 승산

대부분의 8비트 마이크로프로세서들은 곱셈 명령이 없거나 또는 상당히 기능이 미약한 실정이지만, ATmega1281/2561은 매우 우수한 곱셈 명령을 가지고 있어서 곱셈 연산 프로그램 작성이 용이하다.

ATmega1281/2561의 곱셈 명령은 MUL/MULS/MULSU 등 3가지가 있어서 부호없는 8비트 정수와 2의 보수로 표현되는 부호있는 8비트 정수의 임의의 조합에 대하여 곱셈이 가능하다. 한편, FMUL/FMULS/FMULSU 명령은 각각 앞의 3가지 곱셈 명령과 동일하나 이것들은 소수를 곱셈하는데 사용할 수 있도록 곱셈 연산 후에 결과값을 좌측으로 1비트 시프트하는 기능을 포함하고 있다.

두 8비트 정수의 곱셈 결과는 최대 16비트 길이로 나타나므로 곱셈 결과는 항상 R1:R0 레지스터쌍에 저장된다. MUL 명령은 피승수(multiplicand) 및 승수(multiplier)의 오퍼랜드로 R0~R31을 사용할 수 있고, MULS 명령은 오퍼랜드로 R16~R31을 사용할 수 있으며, MULSU/FMUL/FMULS/FMULSU 명령은 오퍼랜드로 R16~R23만을 사용할 수 있다. 모든 곱셈명령은 제로 플랙과 캐리 플랙에만 영향을 주는데, 곱셈의 경우에는 특이하게도 캐리 플랙의 값이 곱셈결과의 최상위 비트(b15)와 같아서 8비트 데이터의 N 플랙과 유사한 기능을 수행한다. 이러한 곱셈 명령들의 기능을 모두 요약하면 <표 1.3.15>와 같다.

◀참고▶ 여러 가지 곱셈을 수행하는 어셈블리 서브루틴에 대하여는 Atmel사의 응용노트 AVR200 및 AVR201에서 자세히 취급하고 있으니 참조하기 바란다. 응용노트 AVR200에서는 여러 가지의 나눗셈 서브루틴도 제공하고 있다. 또한, 응용노트 AVR202에서는 다양한 16비트 가감산 서브루틴을 제공하며, 응용노트 AVR204에서는 BCD 연산에 관련된 서브루틴들을 제공한다.

〈표 1.3.15〉 ATmega1281/2561 곱셈 명령의 기능 요약

곱셈 명령		Rd < Rr
곱셈	MUL Rd,Rr	unsigned R1:R0 ← unsigned Rd × unsigned Rr (16비트) (8비트) (8비트)
	MULS Rdx,Rrx	signed R1:R0 ← signed Rdx × signed Rrx (16비트) (8비트) (8비트)
	MULSU Rd8,Rr8	signed R1:R0 ← signed Rd8 × unsigned Rr8 (16비트) (8비트) (8비트)
곱셈 + 시프트	FMUL Rd8,Rr8	unsigned R1:R0 ← (unsigned Rd8 × unsigned Rr8) << 1 (16비트) (8비트) (8비트)
	FMULS Rd8,Rr8	signed R1:R0 ← (signed Rd8 × signed Rr8) << 1 (16비트) (8비트) (8비트)
	FMULSU Rd8,Rr8	signed R1:R0 ← (signed Rd8 × unsigned Rr8) << 1 (16비트) (8비트) (8비트)

6. 논리연산 명령을 이용한 프로그래밍 기법

대부분의 8비트 마이크로프로세서가 그렇듯이 ATmega1281/2561에서도 8비트 데이터에 대하여 AND, OR, EOR 등의 논리연산 명령을 지원한다. 사용자 프로그램에서 이들 논리연산 명령은 각각 다음과 같은 프로그래밍 기법으로 많이 응용된다.

이것은 어느 마이크로프로세서에서나 보편적으로 사용할 수 있는 프로그래밍 기법이다. 그러나, ATmega1281/2561의 경우에는 특별히 상태 레지스터 SREG와 0x00~0x31번지의 I/O 레지스터에 대하여는 비트 단위의 처리 기능이 있어서 이 프로그래밍 기법보다도 더 편리하게 사용할 수도 있다.

▣ AND Masking 기법

처리하고자 하는 데이터와 마스크 워드(mask word)를 AND시켜 어떤 데이터로부터 특정한 비트들을 리셋하여 제거하는 기법으로 선택적 리셋(selected reset)이라고도 한다. ATmega1281/2561의 경우는 2개의 범용 레지스터끼리 또는 범용 레지스터와 8비트 즉치 데이터 사이에 AND 연산을 수행하는 명령을 가지고 있다.

예 영문 알파벳의 소문자를 대문자로 변환하는 경우

```
      0b01100001 = "a"
AND ) 0b11011111 (mask word)
      0b01000001 = "A"
```

▣ OR Masking 기법

처리하고자 하는 데이터와 마스크 워드를 OR시켜 어떤 데이터로부터 특정한 비트들을 세트시키는 기법으로 선택적 세트(selected set)라고도 한다. ATmega1281/2561의 경우는 2개의 범용 레지스터끼리 또는 범용 레지스터와 8비트 즉치 데이터 사이에 OR 연산을 수행하는 명령을 가지고 있다.

예 영문 알파벳의 대문자를 소문자로 변환하는 경우

```
     0b01000001 = "A"
OR ) 0b00100000 (mask word)
     0b01100001 = "a"
```

▣ EOR Masking 기법

처리하고자 하는 데이터와 마스크 워드를 EOR시켜 어떤 데이터로부터 특정한 비트들의 값을 반전시키는 기법으로 선택적 반전(selected complement)이라고도 한다.

ATmega1281/2561의 경우는 2개의 범용 레지스터끼리 EOR 연산을 수행하는 명령을 가지고 있다.

예 프로그램으로 LED를 점멸시키는 경우(b_3과 b_0에 LED가 접속된 것으로 가정.)

```
      0b00001100 = LED 입력 데이터
XOR ) 0b00001001 (mask word)
      0b00000101 = LED 출력 데이터
```

7. 서브루틴과 스택

(1) 서브루틴의 정의

동일한 처리루틴이 한 프로그램내의 여러 곳에서 사용될 경우에 이를 별도의 독립된 루틴으로 작성하여 두고 필요할 때마다 주 루틴(main routine)에서 이를 호출(call)하여 사용하는 것을 서브루틴(subroutine)이라고 한다. 서브루틴을 사용하면 하나의 프로그램내에서 동일한 루틴이 여기저기에 중복되게 위치함으로써 프로그램이 쓸데없이 길어지는 것을 방지할 수 있고, 따라서 소스 프로그램의 입력이 간단해지며 나중에 프로그램을 수정할 경우에도 서브루틴 한 곳만을 수정하면 되므로 관리가 간편해지는 등 모듈식 프로그램의 작성에 매우 편리하다.

모듈식 프로그램에서는 서브루틴을 별도의 파일로 작성하여 번역하고 이를 나중에 링크시키는 경우도 많으며, 이 서브루틴들을 별도로 모아서 사용자 라이브러리 파일로 만들기도 한다.

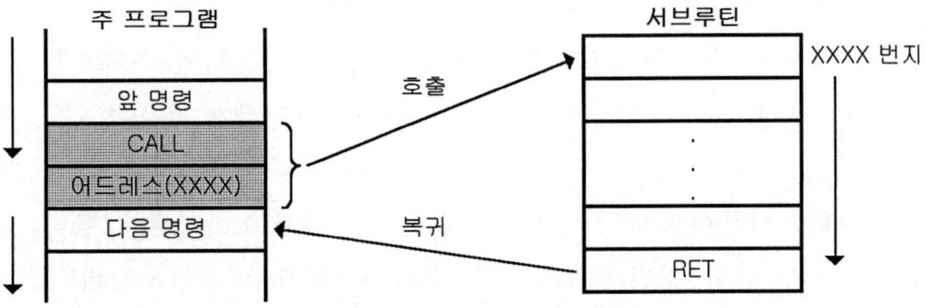

〈그림 1.3.17〉 서브루틴 호출에서 리턴까지의 실행 과정

(2) 서브루틴의 구조 및 실행 과정

어셈블리 프로그램에서 서브루틴은 프로그래머가 임의의 라벨로 그 이름을 정하여

두고 마지막에는 리턴(return) 명령 RET로 끝난다. 이를 사용하려면 <그림 1.3.17>과 같이 이 서브루틴 이름을 CALL 또는 ICALL, EICALL, RCALL 명령으로 호출하기만 하면 되는데, 이렇게 하면 점프에서처럼 CPU의 제어가 서브루틴으로 옮겨져서 프로그램이 수행되다가 리턴 명령을 만나면 서브루틴을 호출한 바로 다음의 위치로 되돌아온다.

서브루틴은 주프로그램에서의 호출에 의해 실행이 개시되고, 이때 나중에 복귀될 주소(return address)가 스택에 저장된다. 서브루틴의 실행 종료는 복귀명령에 의해 인식되고, 이때 스택에 저장되었던 복귀주소가 되찾아져서 서브루틴 호출이 이루어졌던 바로 다음의 명령으로 제어가 넘겨진다.

서브루틴은 주프로그램의 앞이나 뒤 어느 곳에 위치해도 관계없으나, 이와 같이 주프로그램에 의한 호출 및 복귀에 의해서만 실행되어야 하며, 정상적으로 메모리의 번지순에 의하여 프로그램을 수행하다가 이 부분이 실행되어서는 안된다.

ATmega1281/2561로 프로그램을 작성할 때 서브루틴 기법의 사용에 관한 주요 사항을 요약하면 다음과 같다.

① 주프로그램에서 서브루틴을 호출하기에 앞서서 필요할 경우에는 입력 파라미터(input parameter 또는 entry)를 준비해야 한다. 이것은 서브루틴 내에서의 작업처리에 필요한 데이터 또는 상수들이다.

② 서브루틴 호출 명령 CALL, ICALL, EICALL, RCALL을 이용하여 서브루틴을 호출한다. 이들 서브루틴 호출 명령들은 각각 호출할 수 있는 어드레스 범위에 차이가 있으며, EICALL 명령은 ATmega2560/2561에서만 사용할 수 있다. 서브루틴을 호출하는 이들 명령을 실행하면 현재의 프로그램 카운터 값을 나중에 복귀에 사용될 수 있도록 스택에 저장한 후 프로그램 카운터에 서브루틴의 시작번지를 로드하여 서브루틴의 실행을 개시하도록 한다.

③ 서브루틴의 서두에서는 필요하다면 주프로그램에서 사용되던 레지스터들의 내용이 변경되지 않도록 PUSH 명령을 사용하여 스택에 안전하게 일시적으로 보관(store)해야 할 경우도 있다. 이것은 서브루틴의 말미에서 주프로그램으로 되돌아가기 전에 POP 명령을 사용하여 다시 원래의 값으로 복구(restore)해야 한다. 물론, 이와 같은 레지스터의 일시 보관 및 복구는 주프로그램에서 서브루틴의 호출 직전 및 직후에 처리할 수도 있으나 서브루틴내에서 처리하는 것이 보다 간편하고 일반적이다.

④ 서브루틴의 종료는 RET 명령에 의해 인식된다. 이때 스택에 저장되어 있던 복귀주소가 다시 프로그램 카운터에 로드되어 제어는 주프로그램으로 되돌아간다.

◀참고▶ RETI는 인터럽트 서비스 루틴에서 주프로그램으로 복귀하라는 명령이므로 서브루틴에서 이를 사용하면 안된다.

서브루틴을 사용할 때는 특히 주프로그램에서와 서브루틴에서 각각 레지스터의 사용이 중복되지 않도록 주의해야 한다. 또한, 서브루틴에서 입력 파라미터와 출력 파라미터를 사용함으로써 서브루틴을 호출할 때 입력 파라미터를 가지고 들어가서 서브루틴을 실행한 후에 그 결과를 출력 파라미터로 가지고 나오는 방법을 사용하면 서브루틴의 범용성을 높일 수 있다.

점프 명령이나 서브루틴 호출 명령은 이처럼 프로그램의 실행순서를 변경하여 지정된 번지로 점프한다는 점에서는 유사하지만, 점프 명령에서는 다시 되돌아오는 것이 전제되지 않는데 비하여 서브루틴 호출 명령에서는 점프하기 전에 원래의 위치로 다시 되돌아 올 수 있도록 복귀주소를 스택에 저장한다. 즉, 분기 명령에서는 프로그램 카운터의 값을 점프할 번지로 바꾸어 단순히 점프를 수행하는데 비하여, 서브루틴 호출시에는 점프를 수행하기 전에 나중에 되돌아오기 위한 복귀주소로서 현재의 프로그램 카운터값(프로그램 카운터는 이미 CALL/ICALL/EICALL/RCALL 명령의 다음 명령을 가리키고 있음)을 스택에 저장하는 것이 다르다.

또한, 서브루틴은 인터럽트와 매우 유사하지만 발생 원인이나 처리방법에 있어서 여러가지 다른 점도 있는데, 이들을 비교하여 요약하면 <표 1.3.16>과 같다.

〈표 1.3.16〉 서브루틴과 인터럽트의 비교

서 브 루 틴	인 터 럽 트
① 동일한 처리를 프로그램내의 여러 곳에서 필요로 할 때 사용.	① 주변장치가 CPU에게 긴급한 처리를 요구할 때 사용.
② CPU의 서브루틴 호출 명령(CALL/ICALL/EICALL/RCALL)에 의해 동작이 시작.	② 주변장치가 CPU에게 하드웨어적인 인터럽트 요구신호를 보냄으로써 시작.
③ 점프하기 전에 복귀주소를 스택에 자동으로 저장.	③ 점프하기 전에 복귀주소를 스택에 자동으로 저장.
④ 별도의 처리 루틴(subroutine)으로 제어가 옮겨져서 프로그램을 수행.	④ 별도의 처리 루틴(interrupt service routine)으로 제어가 옮겨져서 프로그램을 수행.
⑤ 복귀 명령(RET)에 의해 원래의 위치로 복귀.	⑤ 복귀 명령(RETI)에 의해 원래의 위치로 복귀.
⑥ 대부분 입력 및 출력 파라미터가 있음.	⑥ 입력 및 출력 파라미터가 없음.

(3) 서브루틴의 종류

서브루틴의 종류에는 보통의 닫힌 서브루틴(closed subroutine)과 열린 서브루틴(open subroutine)이 있다. 닫힌 서브루틴은 이제까지 설명한 바와 같이 주프로그램에서의 호출 명령에 의하여 CPU의 실행제어가 서브루틴으로 넘겨져서 처리를 수행하고,

서브루틴의 실행이 종료되어 복귀 명령을 만나면 다시 주루틴으로 실행제어가 되돌아오는 방법이다. 일반적으로 그냥 서브루틴이라고 말하면 이 닫힌 서브루틴을 가리킨다.

이에 비하여 열린 서브루틴은 별도로 분리되어 작성된 서브루틴 전체가 프로그램이 어셈블될 때 주프로그램의 일부로서 확장(expansion)되어 삽입되는 방식인데, 이와 같은 것을 매크로(macro) 처리기능이라 하고 매크로 처리기능을 가진 어셈블러를 매크로 어셈블러(macro assembler)라고 한다. 따라서, 열린 서브루틴으로 작성된 소스 프로그램에서는 서브루틴이 존재하지만 이것이 어셈블되어 만들어진 오브젝트 파일에는 서브루틴이 따로 남아있지 않고 주프로그램의 일부가 되어 주프로그램의 실행파일이 길어진다. 오늘날 사용되는 대부분의 어셈블러는 매크로 어셈블러이며, 이 책에서 기본적으로 사용하는 Atmel사의 어셈블러도 물론 매크로 어셈블러이다.

닫힌 서브루틴과 열린 서브루틴은 모두 소스 프로그램을 간결하게 작성할 수 있는 장점이 있다. 그러나, 열린 서브루틴은 번역시에 매크로 확장에 의하여 서브루틴이 주프로그램으로 되므로 오브젝트 파일 또는 실행 프로그램이 짧아지지 않는 단점이 있는데 비하여, CPU가 서브루틴을 호출하거나 리턴하는 절차가 없으므로 이에 따른 실행시간의 지연이 없는 것이 장점이다.

◀참고▶ 이상에서 설명한 열린 서브루틴(open subroutine)을 소스 파일 인클루드(.INCLUDE) 기능과 혼동하면 안된다. 인클루드는 어셈블리 언어나 C언어에서 외부로부터 다른 소스 파일을 불러들여 현재의 파일에 포함시키는 기능이다. 이것은 각종 프로그램에 공통적으로 사용되는 사항들을 정의하는 헤더 파일(header file)에도 적용되고, 별도의 파일에 작성되어 있는 서브루틴들을 불러들이는데도 사용된다.

(4) 스택

데이터 메모리인 RAM(마이크로콘트롤러에서는 대부분 SRAM을 사용)의 일부를 특별한 데이터 저장 영역으로 할당하여 두고 後入先出(LIFO ; Last-In First-Out) 방식으로만 액세스하여 사용하는 메모리를 스택(stack)이라고 한다. 이것은 데이터 메모리 영역의 SRAM을 이용함에도 불구하고 임의접근(random access) 방식과는 다소 다른 후입선출 방식으로만 사용한다.

일반적으로 메모리에 데이터를 저장할 때는 저장하는 번지를 기억하여 두었다가 나중에 필요하면 즉각 이 번지로부터 데이터를 읽어낼 수 있다. 이에 비하여 스택은 사용자가 데이터를 어느 번지에 기억시켜 두었는지를 알 필요가 없고 단지 데이터를 원하는 순서대로 저장하였다가 나중에 다시 순서대로 꺼낼 수만 있으면 되는 경우에 사용된다. 그러나, 사용자는 데이터를 어느 번지에 저장하였는지를 알 필요가 없더라도 이와 같은 동작을 제어하는 CPU는 현재 스택의 어느 곳을 사용하고 있는지 알아야 데이터를 중복되지 않게 관리할 수 있는데, 이러한 역할을 수행하는 것이 스택 포인터(SP ; Stack Pointer)이다.

ATmega1281/2561에서 스택 포인터는 스택에 1바이트의 데이터를 저장(push)하고 나서 1만큼 값이 감소(post-decrement)하고, 스택에서 1바이트의 데이터를 꺼내기(pop) 전에 1만큼 값이 증가(pre-increment)하는 방식으로 동작한다. 따라서, 스택에 데이터를 저장할수록 스택 포인터가 낮은 번지로 감소하고, 데이터를 꺼내면 원래의 위치로 올라가며, 마치 동전을 쌓듯이 스택에 데이터를 쌓아둔다고 생각하여 스택 포인터는 항상 스택의 꼭대기(top of stack)를 가리킨다고 한다.

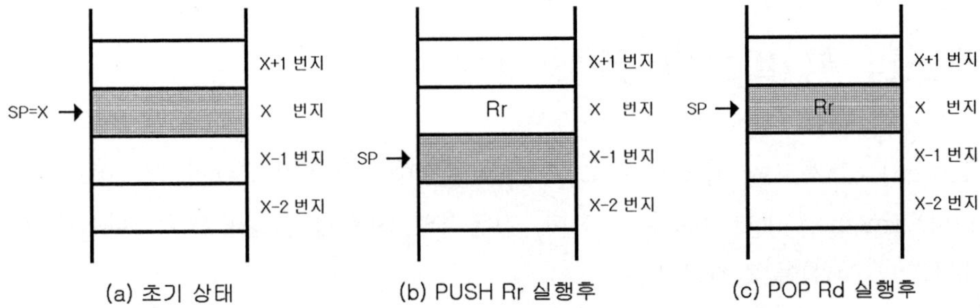

〈그림 1.3.18〉 스택의 동작

스택은 이와 같이 PUSH 및 POP 명령으로 사용자가 데이터를 저장하거나 꺼내올 수도 있지만, 본래 이 스택의 목적은 서브루틴 호출이나 인터럽트 발생시에 이들 처리 루틴을 수행하고 다시 본래의 위치로 되돌아오기 위한 복귀주소(return address)를 저장하기 위한 것이다.

스택의 용량을 너무 작게 설정하거나, 또한 프로그램 작성시에 스택에 데이터를 push하는 동작과 pop하는 동작이 쌍으로 이루어지지 않으면 스택에 데이터가 누적되고 결국 이것이 너무 커져서 지정된 스택 영역 메모리의 범위를 벗어나는 스택 오버플로우(stack overflow) 에러가 발생할 수 있다. 스택 오버플로우가 발생하면 시스템은 예측할 수 없는 상태로 되며 거의 시스템 다운이나 시스템 리셋으로 나타난다.

◀**참고**▶ 스택에 2바이트(ATmega640/1280/1281의 경우) 또는 3바이트(ATmega2560/2561의 경우)의 프로그램 카운터 값을 복귀주소로 저장할 때에는 순워드순(big endian)으로 저장한다.

1.4 ATmega1281/2561의 기본 하드웨어

이 절에서는 ATmega1281/2561의 기본적인 하드웨어 구조 및 동작에 대하여 앞에서 취급되지 않은 부분들을 발췌하여 설명한다. 이러한 사항들은 ATmega1281/2561의 기본적인 동작을 이해하는데는 물론이고 MCU 주변회로를 설계하는데도 꼭 필요하므로 잘 알아두어야 한다.

1. 메모리 록 비트와 퓨즈 비트

ATmega1281/2561은 메모리 보호 기능을 설정하는 용도로 1바이트 구조로 된 메모리 록 비트(memory lock bit)를 가지며, 기본적인 시스템 설정용으로 3바이트 구조인 퓨즈 비트(fuse bit)를 가지고 있다.

(1) 메모리 록 비트

메모리 록 비트는 메모리 프로그래밍에 관련된 보호기능을 설정하는데 사용되며, <표 1.4.1>처럼 1바이트 중에서 6개의 비트만 사용된다. 여기서 메모리 록 기능은 프로그램 메모리의 내용을 외부에서 읽어볼 수 없도록 보안을 유지하는 것뿐만 아니라 실수로 프로그래밍이 수행되는 것을 방지하기 위한 보호기능이다.

이 비트들은 모두 초기에 디폴트로 1(unprogrammed)로 되어 있으며, 프로그램하면 0(programmed)으로 설정된다. 그러나, 칩삭제(chip erase) 명령을 수행하면 이 비트들은 다시 1로 환원된다.

〈표 1.4.1〉 Memory Lock Bit 바이트의 비트 구성

비트 번호	비트 이름	기 능	디폴트 값
7	-	-	1
6	-	-	1
5	BLB12	Boot lock bit	1(unprogrammed)
4	BLB11	Boot lock bit	1(unprogrammed)
3	BLB02	Boot lock bit	1(unprogrammed)
2	BLB01	Boot lock bit	1(unprogrammed)
1	LB2	Lock bit	1(unprogrammed)
0	LB1	Lock bit	1(unprogrammed)

〈표 1.4.2〉 Memory Lock Bit에 의한 메모리 보호 기능

메모리 록 비트			메모리 보호 기능
LB 모드	**LB2**	**LB1**	**외부에서 플래시 메모리를 프로그래밍하는 기능에 대한 보호 설정**
1	1	1	아무 메모리 록 기능도 설정되지 않는다.
2	1	0	플래시나 EEPROM을 병렬모드나 SPI/JTAG 직렬모드로 더 이상 프로그래밍하는 것을 금지시킨다. 퓨즈 비트도 역시 프로그래밍하는 것이 금지된다.
3	0	0	플래시나 EEPROM을 병렬모드나 SPI/JTAG 직렬모드로 더 이상 프로그래밍하거나 verify하는 것을 모두 금지시킨다. 퓨즈 비트도 역시 프로그래밍하는 것이 금지된다.
BLB0 모드	**BLB02**	**BLB01**	**실행 프로그램으로 응용 프로그램 섹션을 액세스하는데 대한 보호 설정**
1	1	1	LPM/ELPM/SPM 명령을 사용하여 프로그램 메모리의 응용 프로그램 섹션을 액세스하는데 아무 제한이 설정되지 않는다.
2	1	0	SPM 명령으로 프로그램 메모리의 응용 프로그램 섹션을 라이트하는 것이 금지된다.
3	0	0	SPM 명령으로 프로그램 메모리의 응용 프로그램 섹션을 라이트하는 것이 금지되고, 부트로더 섹션에서 실행되는 LPM/ELPM 명령으로 프로그램 메모리의 응용 프로그램 섹션을 리드하는 것이 금지된다. 만약 부트로더 섹션에 인터럽트 벡터가 위치한다면 응용 프로그램 섹션이 실행되는 동안에 모든 인터럽트는 금지된다.
4	0	1	부트로더 섹션에서 실행되는 LPM/ELPM 명령으로 프로그램 메모리의 응용 프로그램 섹션을 리드하는 것이 금지된다. 만약 부트로더 섹션에 인터럽트 벡터가 위치한다면 응용 프로그램 섹션이 실행되는 동안에 모든 인터럽트는 금지된다.
BLB1 모드	**BLB12**	**BLB11**	**실행 프로그램으로 부트로더 섹션을 액세스하는데 대한 보호 설정**
1	1	1	LPM/ELPM/SPM 명령을 사용하여 프로그램 메모리의 부트로더 섹션을 액세스하는데 아무 제한이 설정되지 않는다.
2	1	0	SPM 명령으로 프로그램 메모리의 부트로더 섹션을 라이트하는 것이 금지된다.
3	0	0	SPM 명령으로 프로그램 메모리의 부트로더 섹션을 라이트하는 것이 금지되고, 응용 프로그램 섹션에서 실행되는 LPM/ELPM 명령으로 프로그램 메모리의 부트로더 섹션을 리드하는 것이 금지된다. 만약 응용 프로그램 섹션에 인터럽트 벡터가 위치한다면 부트로더 섹션이 실행되는 동안에 모든 인터럽트는 금지된다.
4	0	1	응용 프로그램 섹션에서 실행되는 LPM/ELPM 명령으로 프로그램 메모리의 부트로더 섹션을 리드하는 것이 금지된다. 만약 응용 프로그램 섹션에 인터럽트 벡터가 위치한다면 부트로더 섹션이 실행되는 동안에 모든 인터럽트는 금지된다.

◀참고▶ 대부분의 다운로드 프로그램에서 메모리 록 비트나 퓨즈 비트를 기입할 때 체크(✓)로 표시한 비트는 0으로 설정되고 그냥 비워둔 비트는 1로 설정된다.

(2) 퓨즈 비트

퓨즈 비트는 AVR 마이크로콘트롤러의 기본적인 시스템 설정용으로 사용되며 모두 3바이트로 구성되어 있다. 이 비트들은 프로그램하지 않으면 1(unprogrammed)로 설정되며, 프로그램하면 0(programmed)으로 설정된다. 그러나, 칩삭제(chip erase) 명령을 수행하더라도 퓨즈 비트는 영향을 받지 않으며, 메모리 록 비트의 LB1을 사용하여 퓨즈 비트를 변경할 수 없도록 보호(lock) 기능을 설정할 수 있다. 따라서, 퓨즈 비트를 먼저 설정하고 메모리 록 비트를 나중에 설정하여야 한다.

▣ 제1바이트 - Extended Fuse Byte

퓨즈 비트를 설정하는 첫번째 바이트는 Extended Fuse Byte로서 <표 1.4.3>처럼 1바이트 중에서 3개의 비트만 사용된다. 이 3비트는 BOD(Brown Out Detector) 기능의 사용 여부와 이를 사용할 경우 트리거 전압 레벨도 설정한다. BOD의 트리거 전압 레벨에 대하여는 <표 1.4.21>을 참조하라. 여기서 보듯이 ATmega1281/2561은 디폴트 상태에서 BOD 기능이 사용되지 않는 상태에 있다.

〈표 1.4.3〉 Extended Fuse Byte의 비트 구성

비트 번호	비트 이름	기 능	디폴트 값
7	-	-	1
6	-	-	1
5	-	-	1
4	-	-	1
3	-	-	1
2	BODLEVEL1	BOD 트리거 전압 레벨을 선택 (☞ <표 1.4.21> 참조)	1(unprogrammed)
1	BODLEVEL1		1(unprogrammed)
0	BODLEVEL0		1(unprogrammed)

▣ 제2바이트 - Fuse High Byte

퓨즈 비트를 설정하는 두번째 바이트는 Fuse High Byte로서 <표 1.4.4>와 같다. 여기서 보면 ATmega1281/2561은 디폴트 상태에서 JTAGEN=SPIEN=0으로 되어 있으므로 JTAG과 SPI에 의한 직렬 프로그래밍 동작이 가능한 상태에 있고 OCDEN=1로 설정되어 있으며, EESAVE=1로 되어 있으므로 칩 삭제 명령을 사용할 때 EEPROM의 내용은 보존되지 않고 모두 지워진다. 그리고, 워치독 타이머는 디폴트로 사용하지 않는 것으로 되어 있는데 이의 설정에 대하여는 <그림 1.4.13>의 워치독 타이머 제어 레지스터 WDTCSR을 참조하라. ATmega1281의 부트 사이즈는 <표1.4.26>에서와 같이 디폴트로 0xF000~0xFFFF 영역의 4096워드가 되며, ATmega2561에서는 디폴트로 0x1F000~0x1FFFF 영역의 4096워드가 된다.

〈표 1.4.4〉 Fuse High Byte의 비트 구성

비트 번호	비트 이름	기 능	디폴트 값
7	OCDEN	OCD(On-Chip Debug) 사용 가능	1(unprogrammed)
6	JTAGEN	JTAG 사용 가능	0(programmed)
5	SPIEN	SPI를 통한 직렬 프로그래밍 가능	0(programmed)
4	WDTON	Watchdog Timer 동작이 가능하도록 설정	1(unprogrammed)
3	EESAVE	Chip Erase시에 EEPROM은 삭제하지 않고 보존	1(unprogrammed)
2	BOOTSZ1	Boot Size 선택(☞ <표 1.4.27> 참조)	0(programmed)
1	BOOTSZ0		0(programmed)
0	BOOTRST	Reset Vector 선택	1(unprogrammed)

▣ 제3바이트 - Fuse Low Byte

퓨즈 비트를 설정하는 세번째 바이트는 Fuse Low Byte로서 <표 1.4.5>와 같다. 여기서 보면 SUT1~0=10이므로 기동 시간은 디폴트로 최대값으로 되고, 시스템 클록은 디폴트로 CKSEL3~0=0010이므로 내부 RC 오실레이터에 의하여 8MHz로 발진되지만 CKDIV8=0이므로 이것이 8분주되어 1MHz로 공급된다. 또한, CKOUT=1이므로 PE7/CLKO 단자에는 시스템 클록 신호가 출력되지 않는다.

〈표 1.4.5〉 Fuse Low Byte의 비트 구성

비트 번호	비트 이름	기 능	디폴트 값
7	CKDIV8	시스템 클록을 8분주하여 공급	0(programmed)
6	CKOUT	PE7/CLKO 단자에 시스템 클록 신호를 출력	1(unprogrammed)
5	SUT1	기동시간을 선택(☞ "2. 시스템 클록" 참조)	1(unprogrammed)
4	SUT0		0(programmed)
3	CKSEL3	클록 소스를 선택(☞ "2. 시스템 클록" 참조)	0(programmed)
2	CKSEL2		0(programmed)
1	CKSEL1		1(unprogrammed)
0	CKSEL0		0(programmed)

〈표 1.4.6〉 제품표시 바이트의 예

0x00 번지	0x01 번지	0x02 번지	마이크로콘트롤러 모델
0x1E (Atmel사의 제품)	**0x98** (256KB 플래시 모델)	0x01	ATmega2560
		0x02	**ATmega2561**
	0x97 (128KB 플래시 모델)	0x01	ATmega103
		0x02	ATmega128
		0x03	ATmega1280
		0x04	**ATmega1281**
	0x96 (64KB 플래시 모델)	0x01	
		0x02	ATmega64
		0x08	ATmega640
	0x95 (32KB 플래시 모델)	0x01	ATmega323
		0x02	ATmega32
	0x94 (16KB 플래시 모델)	0x01	ATmega161
		0x02	ATmega163
		0x03	ATmega16
		0x04	ATmega162
		0x05	ATmega169
	0x93 (8KB 플래시 모델)	0x06	ATmega8515
		0x07	ATmega8
		0x08	ATmega8535
	0x91 (2KB 플래시 모델)	0x07	ATtiny28
		0x0A	ATtiny2313

(3) 제품표시 바이트

Atmel사의 모든 마이크로콘트롤러에는 모델의 종류를 표시하는 3바이트의 코드가 내장되어 있다. 이 제품표시 바이트(signature byte)는 직렬 및 병렬 프로그래밍 모드에서 모두 읽을 수 있으며, 보호기능(lock)이 설정되어 있는 상태에서도 읽혀진다.

이 바이트들은 각각 별도의 특별한 메모리 영역의 0x00~0x02번지에 위치하는데, 그 몇가지의 예를 보이면 <표 1.4.6>과 같다.

2. 시스템 클록

ATmega1281/2561에서는 <그림 1.4.1>에 보인 바와 같이 시스템 클록을 발생할 수 있는 방법이 여러 가지가 있고, 이것들을 내부에 배분하는 계통도 복잡하다. 마이크로 콘트롤러 내부의 각 구성 부분들은 모두 항상 클록 신호를 필요로 하지는 않으므로 소비전력을 감소시키기 위하여 각 부분에 별도의 클록을 공급하고 개별적으로 슬립 모드를 사용하여 이들 클록의 공급을 차단할 수 있다.

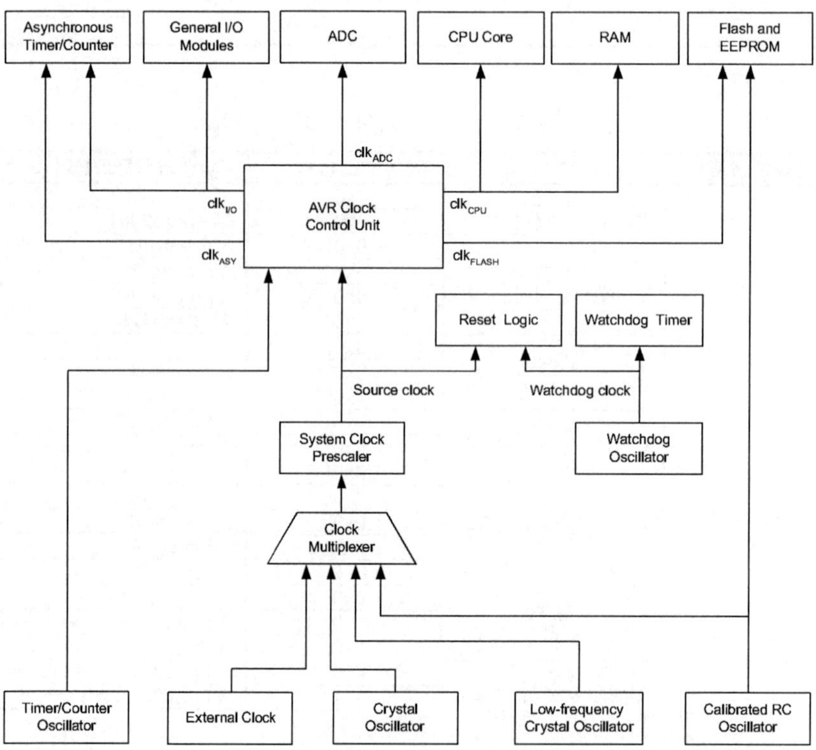

〈그림 1.4.1〉 ATmega1281/2561의 클록 발생 및 배분 블록도

(1) 클록의 기동

ATmega1281/2561의 모든 클록 소스는 발진을 시작하기 위하여 충분한 Vcc 전압

을 필요로 하며, 안정된 발진 동작을 위해서는 최소한의 클록 사이클에 해당하는 기동 시간(start-up time)이 경과하여야 한다.

전원 Vcc가 충분한 값에 도달하는 시간을 확보하기 위하여 일정한 클록 사이클 수 만큼 리셋시간을 연장하는 시간지연이 주어지는데 이 시간지연은 워치독 오실레이터에 의하여 수행되며, 구체적으로 지연되는 클록 사이클 수는 클록 소스에 따라 퓨즈 비트의 SUT1~0 비트와 CKSEL0 비트로 결정된다. 그런데, 워치독 오실레이터의 발진 주파수는 전원전압에 따라 약간 달라지므로 이에 따른 시간지연 값을 정리하면 <표 1.4.7>과 같다.

〈표 1.4.7〉 워치독 오실레이터에 의한 시간지연

클록 사이클 수	Vcc=5.0V일 때 시간지연	Vcc=3.0V일 때 시간지연
0	0 ms	0 ms
512	4.1 ms	4.3 ms
8192	65 ms	69 ms

이와 같이 리셋 후에는 시스템 클록의 안정된 동작을 위하여 내부 카운터에서 워치독 오실레이터를 사용한 지연시간과 시스템 클록의 14주기에 해당하는 기동시간이 경과한 후에 MCU가 정상적으로 동작을 개시한다. 그러나, 파워다운이나 파워세이브와 같은 슬립모드에서 해제되는 경우에는 전원전압 Vcc가 이미 충분히 안정되어 있는 것으로 간주되므로 특별한 지연시간은 주어지지 않으며 퓨즈 비트의 SUT1~0과 CKSEL0 비트로 결정되는 기동시간이 경과하면 MCU가 동작을 개시한다.

(2) 클록 소스의 선택

ATmega1281/2561에서 사용할 수 있는 시스템 클록의 소스는 크게 3가지가 있는데, 이 중에서 내부 RC 오실레이터를 사용하는 것은 다시 2가지로 나누고 외부 크리스탈을 사용하는 것은 3가지로 나눌 수 있으므로 세부적으로는 6가지 중의 하나로 설정할 수 있다. 이것들은 퓨즈 비트 설정용의 3번째 바이트(Fuse Low Byte)에 있는 4개의 비트 CKSEL3~0을 사용하여 <표 1.4.8>과 같이 설정한다.

◀참고▶ 퓨즈 비트에서 디폴트로 CKSEL3~0=0010으로 설정되어 있고 CKDIV8=0으로 설정되어 있어서 초기화를 수행하지 않고 처음 사용할 때는 ATmega1281/2561이 **내부 RC 오실레이터에 의한 약 8MHz로 발진되고 이것이 8분주되어 1MHz의 시스템 클록**으로 동작하게 된다. 또한 디폴트로 초기 상태에서 SUT1~0=10으로 되어 있으므로 기동 시간은 가장 긴 값을 갖는다. 그러나, 이러한 초기 상태는 사용자가 ISP 기능이나 병렬 프로그래머를 사용하여 다른 내용으로 변경할 수 있다.

〈표 1.4.8〉 시스템 클록의 소스 선택

클록 소스		CKSEL3~0
Low Power Crystal Oscillator	8.0~16.0 MHz	111x
	3.0~8.0 MHz	110x
	0.9~3.0 MHz	101x
	0.4~0.9 MHz	100x
Full Swing Crystal Oscillator	(0.4~16.0 MHz)	011x
Low Frequency Crystal Oscillator (32.768 kHz)		010x
Internal 128 kHz RC Oscillator		0011
Calibrated Internal RC Oscillator (8 MHz)		0010
사용하지 않음(reserved)		0001
External Clock		0000

(3) 저전력 크리스탈 오실레이터

이것은 ATmega1281/2561의 외부에 크리스탈(quartz crystal) 또는 세라믹 레조네이터(resonator)를 사용하는 경우로서 소비전력은 적지만 XTAL2 단자의 발진신호가 진폭이 작고 이것이 또다른 회로를 구동하는 능력이 낮으며 잡음에 민감해진다.

크리스탈이나 세라믹 레조네이터는 <그림 1.4.2>에 보인 바와 같이 XTAL1 입력단자 및 XTAL2 출력단자에 접속한다. 크리스탈을 사용하는 경우 C1과 C2는 <표 1.4.9>와 같이 선택하며, 레조네이터의 경우에는 C1과 C2의 값을 레조네이터 제조회사의 권장치에 따르는 것이 좋다.

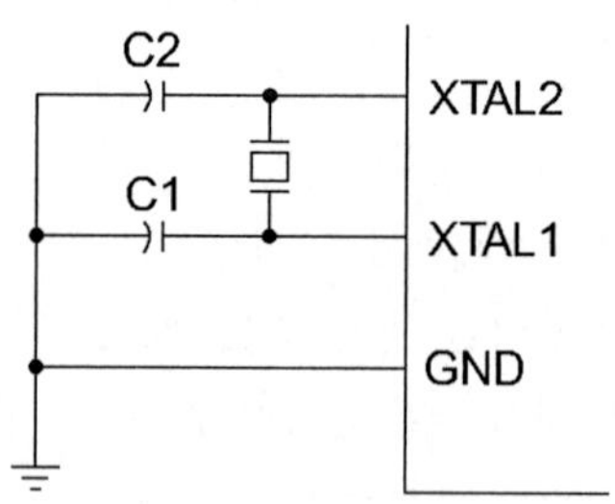

〈그림 1.4.2〉 외부 크리스탈 또는 레조네이터의 접속

내부 발진회로의 동작에는 3가지의 모드가 있는데, 이는 CKSEL3~1 비트에 의하여 <표 1.4.9>와 같이 선택된다. 또한, CKSEL0 비트는 SUT1~0 비트와 함께 <표 1.4.10>에 보인 바와 같이 기동시간을 선택하는데 사용된다.

〈표 1.4.9〉 저전력 크리스탈 오실레이터를 사용할 때의 동작 모드

CKSEL3~1	주파수 범위	크리스탈을 사용할 때의 권장 C1, C2값
100	0.4~0.9 MHz	세라믹 레조네이터에서만 사용하는 모드
101	0.9~3.0 MHz	12pF~22pF
110	3.0~8.0 MHz	12pF~22pF
111	8.0~16.0 MHz	12pF~22pF

〈표 1.4.10〉 저전력 크리스탈 오실레이터를 사용할 때 기동시간의 선택

CKSEL0	SUT1~0	슬립모드에서의 기동시간	5V에서 리셋의 경우 기동시간+지연시간	사용이 권장되는 응용분야
0	00	258 클록	14클록 + 4.1 ms	세라믹 레조네이터(fast rising power) *
0	01	258 클록	14클록 + 65 ms	세라믹 레조네이터(slowly rising power) *
0	10	1024 클록	14클록	세라믹 레조네이터(BOD 사용)
0	11	1024 클록	14클록 + 4.1 ms	세라믹 레조네이터(fast rising power)
1	00	1024 클록	14클록 + 65 ms	세라믹 레조네이터(slowly rising power)
1	01	16384 클록	14클록	크리스탈(BOD 사용)
1	10	16384 클록	14클록 + 4.1 ms	크리스탈(fast rising power)
1	11	16384 클록	14클록 + 65 ms	크리스탈(slowly rising power)

☞ *는 주파수가 낮고 기동시 주파수 안정도가 중요하지 않은 응용에서만 사용할 수 있음.

(4) 풀 스윙 크리스탈 오실레이터

이것은 ATmega1281/2561의 외부에 크리스탈 또는 세라믹 레조네이터를 사용하는 경우로서 소비전력은 크지만 XTAL2 단자의 발진신호가 진폭이 크고 이것이 또다른 회로를 구동하는데 사용될 수 있으며 잡음에 강하다.

크리스탈이나 세라믹 레조네이터는 앞의 <그림 1.4.2>에 보인 바와 같이 XTAL1 입력단자 및 XTAL2 출력단자에 접속한다. 크리스탈을 사용하는 경우 C1과 C2는 <표 1.4.11>과 같이 선택하며, 레조네이터의 경우에는 C1과 C2의 값을 레조네이터 제조회사의 권장치에 따르는 것이 좋다.

내부 발진회로의 동작은 CKSEL3~1 비트에 의하여 <표 1.4.11>과 같이 선택된다. 또한, CKSEL0 비트는 SUT1~0 비트와 함께 <표 1.4.12>에 보인 바와 같이 기동시간을 선택하는데 사용된다.

OK-1281/2561 키트에서는 기본적으로 16MHz의 크리스탈을 사용하여 안정된 동작을 원하므로 CKSEL3~1=011, CKSEL0=1, SUT1~0=11로 설정할 것을 권한다.

〈표 1.4.11〉 풀 스윙 크리스탈 오실레이터를 사용할 때의 동작 모드

CKSEL3~1	주파수 범위	크리스탈을 사용할 때의 권장 C1, C2값
011	0.4~16.0 MHz	12pF~22pF

☞ *OK-1281/2561* 키트에서는 CKSEL3~1=011, CKSEL0=1, SUT1~0=11로 주는 것을 권장함.

〈표 1.4.12〉 풀 스윙 크리스탈 오실레이터를 사용할 때 기동시간의 선택

CKSEL0	SUT1~0	슬립모드에서의 기동시간	5V에서 리셋의 경우 기동시간+지연시간	사용이 권장되는 응용분야
0	00	258 클록	14클록 + 4.1 ms	세라믹 레조네이터(fast rising power) *
0	01	258 클록	14클록 + 65 ms	세라믹 레조네이터(slowly rising power) *
0	10	1024 클록	14클록	세라믹 레조네이터(BOD 사용)
0	11	1024 클록	14클록 + 4.1 ms	세라믹 레조네이터(fast rising power)
1	00	1024 클록	14클록 + 65 ms	세라믹 레조네이터(slowly rising power)
1	01	16384 클록	14클록	크리스탈(BOD 사용)
1	10	16384 클록	14클록 + 4.1 ms	크리스탈(fast rising power)
1	11	16384 클록	14클록 + 65 ms	크리스탈(slowly rising power)

☞ *는 주파수가 낮고 기동시 주파수 안정도가 중요하지 않은 응용에서만 사용할 수 있음.

(5) 저주파 크리스탈 오실레이터

외부에 시계용으로 사용하는 32.768kHz의 낮은 주파수 크리스탈을 접속하는 경우에는 이 소자를 <그림 1.4.2>와 같이 연결하고 <표 1.4.8>에서 보였듯이 CKSEL3~1을 010으로 설정해야 한다.

이와 같이 저주파 크리스탈이 사용되는 경우의 기동시간은 CKSEL0 및 SUT1~0 비트에 따라 <표 1.4.13>에 보인 바와 같이 선택된다.

〈표 1.4.13〉 저주파 크리스탈 오실레이터를 사용할 때 기동시간의 선택

CKSEL0	SUT1~0	슬립모드에서의 기동시간	5V에서 리셋의 경우 기동시간+지연시간	사용이 권장되는 응용분야
0	00	1024 클록	14클록	BOD 사용 *
0	01	1024 클록	14클록 + 4.1 ms	fast rising power *
0	10	1024 클록	14클록 + 65 ms	slowly rising power *
0	11	-	-	사용하지 않음(reserved)
1	00	1024 클록	14클록	BOD 사용
1	01	16384 클록	14클록 + 4.1 ms	fast rising power
1	10	16384 클록	14클록 + 65 ms	slowly rising power
1	11	-	-	사용하지 않음(reserved)

☞ *는 기동시 주파수 안정도가 중요하지 않은 응용에서만 사용할 수 있음.

(6) 내부 128kHz RC 오실레이터

이것은 외부에 아무런 발진소자를 사용하지 않고 ATmega1281/2561의 내부에서 3V/25℃ 기준으로 128kHz의 주파수를 발진한다. 이 발진 모드는 <표 1.4.14>에서와 같이 CKSEL3~0 비트를 사용하여 지정할 수 있으며, 기동시간은 SUT1~0 비트에 따라 <표 1.4.15>에 보인 바와 같이 선택된다.

〈표 1.4.14〉 내부 128kHz RC 오실레이터를 사용할 때의 동작 모드

CKSEL3~0	주파수 범위	외부에 접속하는 소자
0011	128 kHz	없음

〈표 1.4.15〉 내부 128kHz RC 오실레이터를 사용할 때 기동시간의 선택

SUT1~0	슬립모드에서의 기동시간	5V에서 리셋의 경우 기동시간+지연시간	사용이 권장되는 응용분야
00	6 클록	14클록	BOD 사용
01	6 클록	14클록 + 4 ms	fast rising power
10	6 클록	14클록 + 64 ms	slowly rising power
11	사용하지 않음(reserved)		

(7) 조정 가능한 내부 RC 오실레이터

이것은 외부에 아무 발진소자도 추가로 사용하지 않고 ATmega1281/2561의 내부에서 약 8.0 MHz의 주파수를 발진한다. 이 발진 모드가 사용되면 리셋 직후에 조정 바이트(calibration byte)가 OSCCAL 레지스터에 자동적으로 로드되면서 3V/25℃에서 8MHz±1%로 발진되도록 조정되며, 필요하다면 사용자가 OSCCAL 레지스터의 값을 변화시켜 7.3~8.1MHz±1%의 범위에서 조정할 수 있다.

ATmega1281/2561은 공장에서 출하시에 디폴트로 이 발진 모드로 설정되어 있으며, <표 1.4.16>에서와 같이 CKSEL3~0 비트를 사용하여 지정할 수도 있다. 이와 같이 조정 가능한 내부 RC 오실레이터가 사용되는 경우의 기동시간은 SUT1~0 비트에 따라 <표 1.4.17>에 보인 바와 같이 선택된다. 디폴트로 SUT1~0 비트는 10으로 설정되어 있다.

〈표 1.4.16〉 조정 가능한 내부 RC 오실레이터를 사용할 때의 동작 모드

CKSEL3~0	주파수 범위	외부에 접속하는 소자
0010	7.3~8.1 MHz	없음

☞ ATmega1281/2561은 디폴트로 CKSEL3~0=0010, SUT1~0=10으로 설정되어 있음.

〈표 1.4.17〉 조정 가능한 내부 RC 오실레이터를 사용할 때 기동시간의 선택

SUT1~0	슬립모드에서의 기동시간	5V에서 리셋의 경우 기동시간+지연시간	사용이 권장되는 응용분야
00	6 클록	14클록	BOD 사용
01	6 클록	14클록 + 4.1 ms	fast rising power
10	6 클록	14클록 + 65 ms	slowly rising power
11	사용하지 않음(reserved)		

조정 가능한 내부 RC 오실레이터에 의하여 발생되는 클록 주파수는 비교적 부정확하다. 이것은 Atmel에서 3V/25℃에서 8MHz±1%로 발진되도록 조정하여 출하되지만, 사용자가 필요하면 OSCCAL 레지스터의 값을 변화시켜 7.3~8.1MHz±1%의 범위에서 발진주파수를 조정할 수 있다. 이를 조정하는데는 <그림 1.4.3>과 같이 오실레이터 조정 레지스터 OSCCAL(Oscillator Calibration Register)이 사용된다. 이 레지스터에는 리셋 직후에 제품표시 바이트의 첫번째 번지(0x00)에 있는 상위 바이트(calibration byte) 값이 자동으로 로드되어 8MHz의 주파수를 조정한다.

만약 조정 가능한 내부 RC 오실레이터를 8MHz와 다소 다른 주파수로 변경하여 사용하고자 하면 사용자가 OSCCAL 레지스터에 값을 지정하면 된다. 이 레지스터에서 최상위 비트는 오실레이터의 동작 범위를 지정하는데, CAL7=0이면 발진주파수는 낮은 범위가 되고 CAL7=1이면 발진주파수는 높은 범위가 된다. 이 2개의 주파수 범위는 서로 중첩되어 OSCCAL=0x7F는 OSCCAL=0x80보다 더 높은 주파수로 발진하게 한다. 또한, CAL6~CAL0 비트들은 선택된 동작 범위에서 발진주파수를 조정하는데 이 값을 1씩 증가시키면 7.3~8.1MHz의 범위에서 약 2% 이하의 주파수가 증가한다.

Bit	7	6	5	4	3	2	1	0	
(0x66)	CAL7	CAL6	CAL5	CAL4	CAL3	CAL2	CAL1	CAL0	OSCCAL
Read/Write	R/W	R/W	R/W	R/W	R/W	R/W	R/W	R/W	
Initial Value	Device Specific Calibration Value								

〈그림 1.4.3〉 오실레이터 조정 레지스터 OSCCAL

조정 가능한 내부 RC 오실레이터는 EEPROM과 플래시 메모리를 라이트할 때의 시간에도 영향을 미친다. 이 주파수를 8.8MHz 이상으로 조정한다면 EEPROM과 플래시 메모리를 라이트하는 동작에 문제를 일으킬 수 있다.

(8) 외부 클록 사용

외부에서 클록 신호를 공급할 때는 <그림 1.4.4>에 보였듯이 반드시 이를 XTAL1 단자에 연결하며 XTAL2 단자는 사용하지 않고 비워두어야 한다. 이때 CKSEL3~0 비트는 <표 1.4.18>과 같이 0000으로 설정하며, 기동시간은 SUT1~0 비트에 따라 <표 1.4.19>와 같이 선택된다.

외부 클록을 사용할 때는 클록 주파수의 갑작스러운 변동이 없도록 주의해야 한다. 클록 주파수가 순간적으로 2% 이상 변동하면 마이크로콘트롤러의 동작이 불안정해져서 예측할 수 없는 동작을 유발할 수 있다. 만약 2% 이상의 주파수 변경이 필요하다면 이는 리셋 상태에서 수행해야 한다. 그러나, 발진주파수가 안정되게 유지되는 상태에서 시스템 클록의 프리스케일러를 변경하는 것은 가능하다.

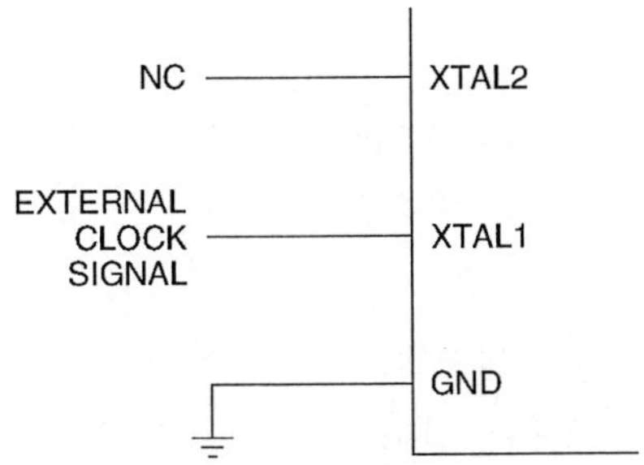

〈그림 1.4.4〉 외부 클록의 접속

〈표 1.4.18〉 외부 클록을 사용할 때의 동작 모드

CKSEL3~0	주파수 범위	비 고
0000	0~16 MHz	클록신호를 반드시 XTAL1 단자에 입력

〈표 1.4.19〉 외부 클록을 사용할 때 기동시간의 선택

SUT1~0	슬립모드에서의 기동시간	5V에서 리셋의 경우 기동시간+지연시간	사용이 권장되는 응용분야
00	6 클록	14클록	BOD 사용
01	6 클록	14클록 + 4.1 ms	fast rising power
10	6 클록	14클록 + 65 ms	slowly rising power
11	사용하지 않음(reserved)		

(9) 시스템 클록 프리스케일 레지스터 CLKPR

ATmega1281/2561에는 시스템 클록 프리스케일러(system clock prescaler)를 가지고 있어서 시스템 클록을 정수값으로 나누어 CPU와 모든 주변장치에 공급되는 클록의 주파수를 낮출 수 있으며, 이것은 CPU의 처리 성능을 저하시키지만 소비전력을 절감하는데는 유용하다.

시스템 클록을 분주하기 위한 클록 프리스케일 레지스터 CLKPR(Clock Prescale Register)은 <그림 1.4.5>와 같으며, 이를 가지고 설정할 수 있는 분주비는 <표 1.4.20>과 같다. 이 레지스터에는 잘못하여 원하지 않는 설정이 수행되지 않도록 특별한 라이팅 절차가 요구된다. 즉, ① CLKPCE 비트를 1로 하고 나머지 비트들은 모두 0으로 하여 이 레지스터를 라이트하고 ② 4사이클 이내에 CLKPCE 비트를 0으로 하고 나머지 비트들은 원하는 값으로 설정하여 이 레지스터를 라이트해야 한다.

Bit	7	6	5	4	3	2	1	0	
(0x61)	CLKPCE	–	–	–	CLKPS3	CLKPS2	CLKPS1	CLKPS0	CLKPR
Read/Write	R/W	R	R	R	R/W	R/W	R/W	R/W	
Initial Value	0	0	0	0	See Bit Description				

〈그림 1.4.5〉 클록 프리스케일 레지스터 CLKPR

비트7은 CLKPCE(Clock Prescaler Change Enable) 비트로서 클록 프리스케일 레지스터 값의 변경을 허용한다. 클록 프리스케일 레지스터 값을 변경하려면 2단계로 처리해야 하는데, 먼저 CLKPCE=1로 하고 나머지 비트들은 모두 0으로 하여 이 레지스터를 라이트하고, 4사이클 이내에 CLKPCE=0으로 하고 나머지 비트들은 원하는 값으로 설정하여 이 레지스터를 라이트해야 한다.

비트3~0은 CLKPS3~CLKPS0(Clock Prescaler Select Bit) 비트로서 <표 1.4.20>과 같이 시스템 클록의 분주비를 설정할 수 있다.

퓨즈 비트에서 CLKDIV8=1로 설정하면 무조건 CLKPS3~0=0000의 초기값을 갖는다. 그러나, 퓨즈 비트에서 CLKDIV8=0으로 설정하면 CLKPS3~0=0011로 초기화되어 분주비가 8로 된다. 그러나, 그 이후에 원하면 사용자가 CLKPR 레지스터를 수정하여 원하는 분주비로 설정할 수 있다.

〈표 1.4.20〉 클록 프리스케일러의 설정

CLKPS3	CLKPS2	CLKPS1	CLKPS0	시스템 클록의 분주비
0	0	0	0	1
0	0	0	1	2
0	0	1	0	4
0	0	1	1	8
0	1	0	0	16
0	1	0	1	32
0	1	1	0	64
0	1	1	1	128
1	0	0	0	256
1	0	0	1	사용하지 않음(reseved)
...	...	...	...	사용하지 않음(reseved)
1	1	1	1	사용하지 않음(reseved)

3. 시스템 리셋

ATmega1281/2561이 리셋되면 모든 I/O 레지스터들이 디폴트값으로 초기화되며 프로그램은 리셋 벡터로부터 시작된다. 리셋 동작을 블록도로 표시하면 <그림 1.4.6>과 같고, 리셋에 관한 전기적 특성을 요약하면 <표 1.4.21>과 같다.

리셋 입력이 액티브되면 리셋 동작이 시작되며 병렬 I/O 포트가 즉시 디폴트값으로 출력된다. 리셋 입력이 해제되고 나더라도 MCU의 동작이 개시되기까지 전원전압 Vcc가 규정치에 도달하는 시간을 확보하기 위하여 워치독 오실레이터에 의한 시간지연이 주어지며, 여기에 시스템 클록의 안정된 발진을 얻기 위하여 기동시간(start-up time) 만큼 시간지연이 추가로 연장된다. 이러한 내부 리셋신호의 지연시간 t_{TOUT}은 모두 내부의 시간지연 카운터에 의하여 만들어지며, 각 발진 모드에 따른 시간지연 값은 퓨즈 비트의 SUT1~0 및 CKSEL0에 의하여 선택된다.

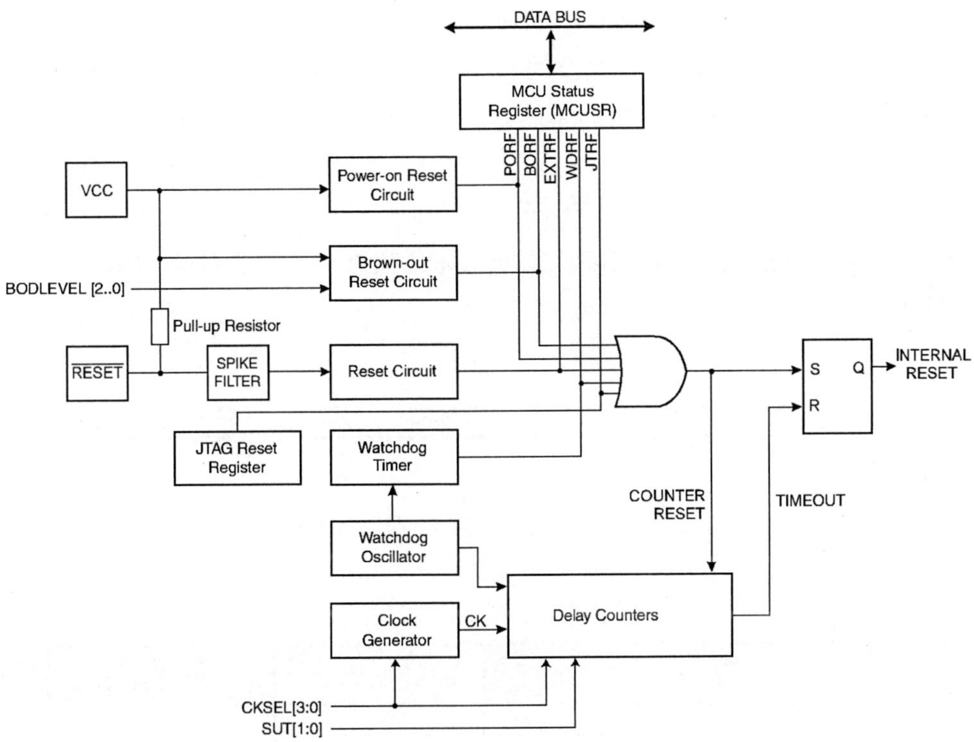

〈그림 1.4.6〉 시스템 리셋에 관련된 내부 회로

ATmega1281/2561 MCU의 리셋 소스는 다음과 같이 5가지가 있다.

① Power-on Reset : 전원 전압 Vcc가 Power-on Reset Threshold(V_{POT}) 이하일 때 MCU가 리셋되는 것이다.

② External Reset : $\overline{\text{RESET}}$ 핀에 지정된 최소폭(1.5μs) 이상의 L레벨 펄스가 입력되어 MCU가 리셋되는 것이다.

③ Watchdog Reset : 워치독 타이머에서 지정된 주기 이상이 경과되어 워치독 타임아웃이 동작함으로써 MCU가 리셋되는 것이다.

④ Brown-out Reset : 전원 전압 Vcc가 지정된 시간(2μs) 이상 동안 Brown-out Reset Threshold(V_{BOT}) 이하로 떨어져 Brown-out Detector가 동작함으로써 MCU가 리셋되는 것이다.

⑤ JTAG AVR Reset : JTAG 시스템에서 리셋 레지스터에 논리값 1을 저장시키고 이에 관련된 하드웨어가 동작함으로써 MCU가 리셋되는 것이다.

이상의 어느 원인에 의해 MCU가 리셋되었는지는 리셋 직후에 <그림 1.4.7>과 같이 MCU 상태 레지스터 MCUSR(MCU Status Register)을 읽어보면 알 수 있다.

여기서 PORF는 Power-on Reset을 나타내는 비트, EXTRF는 External Reset을 나타내는 비트, BORF는 Brown-out Reset을 나타내는 비트, WDRF는 Watchdog Reset을 나타내는 비트, JTRF는 JTAG Reset을 나타내는 비트이다. 각 리셋이 발생하면 해당 비트가 세트되며, Power-on Reset이 발생하면 나머지 4개의 리셋 비트는 모두 클리어된다.

Bit	7	6	5	4	3	2	1	0	
0x35 (0x55)	–	–	–	JTRF	WDRF	BORF	EXTRF	PORF	MCUSR
Read/Write	R	R	R	R/W	R/W	R/W	R/W	R/W	
Initial Value	0	0	0	See Bit Description					

〈그림 1.4.7〉 MCU 상태 레지스터 MCUSR

〈표 1.4.21〉 리셋 관련 전기적 특성

파 라 미 터		조 건	특 성 값			단위
			최소값	대표값	최대값	
V_{POT}	Power-on Reset Threshold Voltage(rising)			1.4	2.3	V
	Power-on Reset Threshold Voltage(falling)			1.3	2.3	V
V_{RST}	$\overline{\text{RESET}}$ Pin Threshold Voltage		0.2Vcc		0.85Vcc	V
t_{RST}	Minimum Pulse Width on $\overline{\text{RESET}}$ Pin		1.5			μs
V_{BOT}	Brown-Out Reset Threshold Voltage	BODLEVEL2~0=111	BOD 사용 금지			V
		BODLEVEL2~0=110	1.7	1.8	2.0	
		BODLEVEL2~0=101	2.5	2.7	2.9	
		BODLEVEL2~0=100	4.1	4.3	4.5	
		BODLEVEL2~0=011	사용하지 않음 (reserved)			
		BODLEVEL2~0=010				
		BODLEVEL2~0=001				
		BODLEVEL2~0=000				
t_{BOD}	Minimum Low Voltage Period for BOD			2		μs
V_{HYST}	Brown-out Detector Hysteresis			50		mV

(1) 전원 투입 리셋

전원투입 리셋(Power-on Reset)은 MCU 내부의 검출회로에 의하여 동작하는데, 이 동작은 전원 전압 Vcc가 검출 레벨인 Power-on Reset Threshold(V_{POT}) 이하일 때 액티브된다.

이것은 전원이 투입되고 나면 곧바로 MCU를 리셋시키며, 전원 전압이 V_{POT}에 도달하면 시간지연 카운터의 동작이 개시되어 전원 전압이 V_{POT}의 이상으로 된 이후에도 <그림 1.4.8>에서처럼 지연시간 t_{TOUT} 동안 리셋이 더 유지되도록 한다. 이 시간지연에 상관없이 전원 전압이 V_{POT}의 이하로 떨어지면 다시 리셋 동작이 액티브된다.

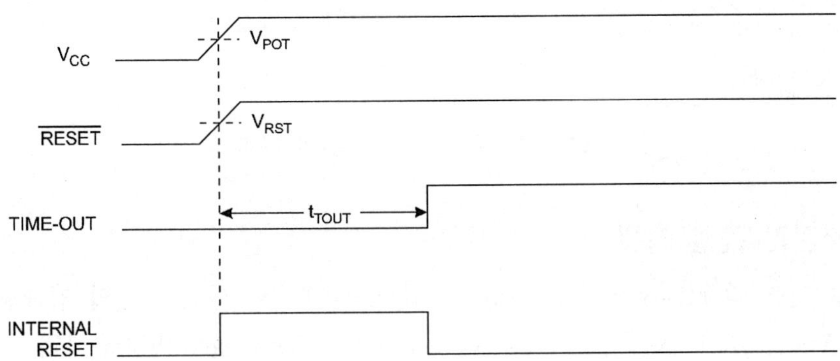

(a) $\overline{\text{RESET}}$ 핀을 Vcc에 접속하고 스타트한 경우

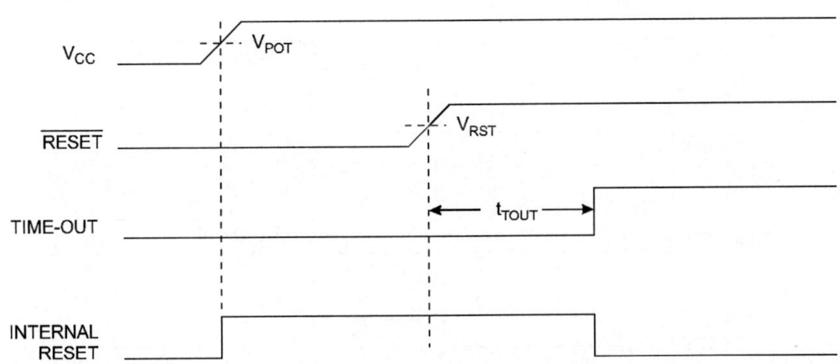

(b) $\overline{\text{RESET}}$ 핀에 외부 리셋 신호를 접속하고 스타트한 경우

〈그림 1.4.8〉 전원 투입시의 리셋 지연시간

(2) 외부 리셋

외부 리셋(External Reset)은 MCU의 외부에서 $\overline{\text{RESET}}$ 핀을 통하여 입력된 리셋 신호에 의하여 동작하는데, 리셋 신호는 Reset Threshold Voltage(V_{RST}) 이하의 레벨

이 지정된 최소 시간(1.5μs) 이상 동안 지속되어야 리셋 동작이 액티브된다.

리셋 신호가 V_{RST}의 이상으로 올라가면 <그림 1.4.9>처럼 시간지연 카운터의 동작이 개시되어 이후에도 일정한 지연시간 t_{TOUT}동안 리셋이 유지되도록 한다.

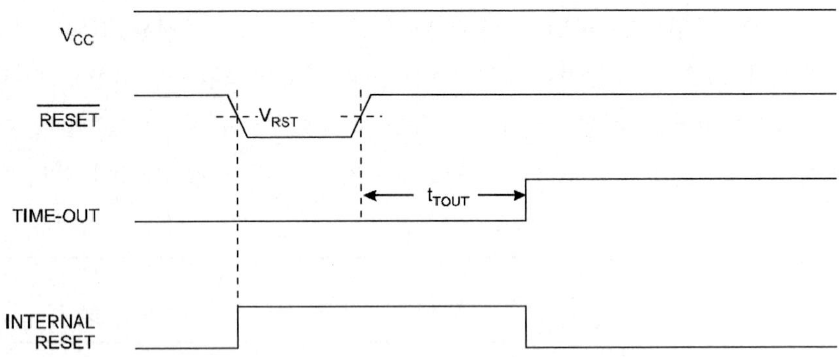

〈그림 1.4.9〉 외부 리셋의 동작

(3) 저전압 검출 리셋

저전압 검출 리셋(Brown-out Reset)은 MCU의 내부에 있는 저전압 검출회로가 전원 전압 Vcc를 검출하여 이것이 Brown-out Reset Threshold Voltage(V_{BOT}) 이하의 레벨로 지정된 최소 시간(2μs) 이상 동안 지속되면 발생하는 리셋이다.

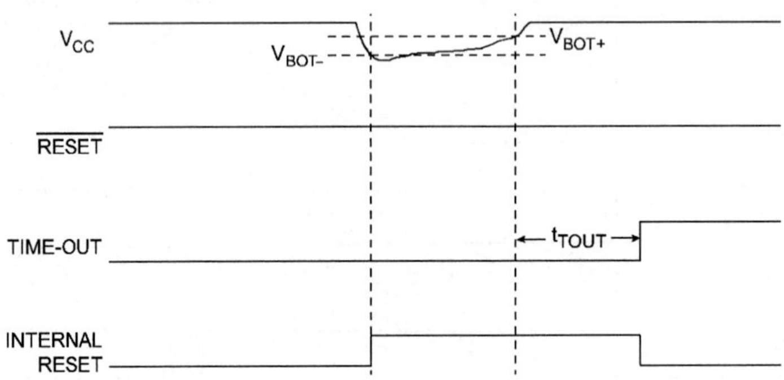

〈그림 1.4.10〉 저전압 검출 리셋의 동작

<표 1.4.21>에서 보였듯이 검출전압 레벨 V_{BOT}는 퓨즈 비트의 BODLEVEL2~0 비트를 설정하는데 따라 1.8V/2.7V/4.3V 중에서 한가지로 지정된다. 또한, 전압 스파이크(spike)에 의한 오동작을 줄이기 위하여 전압검출에 히스테리시스 특성을 갖도록 하였다. 즉, 전압이 감소할 때는 $V_{BOT-} = V_{BOT} - V_{HYST} / 2$ 이하로 될 때 저전압 검출 리셋

이 트리거되며, 전압이 다시 증가할 때는 $V_{BOT+} = V_{BOT} + V_{HYST} / 2$ 이상으로 될 때 리셋이 해제된다.

(4) 워치독 리셋

워치독 타임아웃이 발생하면 이는 1클록 사이클 길이의 리셋 펄스를 발생하여 MCU를 리셋시킨다. 이 펄스가 끝나면 시간지연 카운터의 동작이 개시되어 이후에도 일정한 지연시간 t_{TOUT}동안 리셋이 유지되도록 한다.

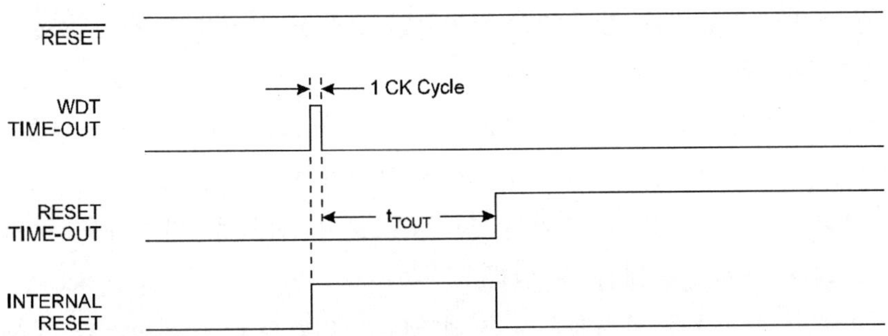

〈그림 1.4.11〉 워치독 리셋의 동작

(5) 내부 기준전압

ATmega1281/2561에서는 BOD 회로나 또는 아날로그 비교기, A/D 컨버터 등에서 사용하기 위한 내부 기준전압을 발생한다. 이 기준전압 사양은 <표 1.4.22>와 같은데, 이것은 소비전력 절약을 위하여 동작하지 않다가 다음과 같은 상황에서만 동작이 개시된다.

〈표 1.4.22〉 내부 기준전압 특성

파 라 미 터		조 건	특 성 값			단위
			최소값	대표값	최대값	
V_{BG}	Bandgap Reference Voltage		1.0	1.1	1.2	V
V_{INT}	Internal Reference Voltage for A/D converter		2.3	2.56	2.8	V
t_{BG}	Bandgap Reference Start-up Time			40	70	μs
I_{BG}	Bandgap Reference Current Consumption			10		μA

① 퓨즈 비트에서 BODLEVEL2~0을 설정하여 BOD 기능을 사용하는 경우

② 아날로그 비교기 제어 및 상태 레지스터 ACSR에서 ACBG=1로 설정하여 아날로그 비교기가 기준전압을 사용하는 경우

③ A/D 컨버터 제어 및 상태 레지스터 ADCSRA에서 ADEN=1로 설정하여 A/D 컨버터를 사용하는 경우(ADC는 V_{BG}와 2.56V의 2가지를 내부 기준전압으로 사용함)

4. 워치독 타이머

워치독 타이머(Watchdog Timer)는 타임아웃이 되기 전에 소프트웨어 명령으로 그 값을 클리어시켜 주지 않으면 MCU를 리셋시키거나 인터럽트를 발생시켜 시스템이 정상적으로 동작하고 있는지를 감시하고 지속적인 오동작 상태에 빠지는 것을 방지하는 마이크로프로세서 신뢰성 향상 기술이다.

ATmega1281/2561의 워치독 타이머는 내부에서 시스템 클록과는 독립적으로 존재하는 128kHz의 오실레이터에서 클록을 받아 동작하며, <그림 1.4.12>처럼 사용자가 이를 분주하여 10가지로 클록 주기를 변경함으로써 워치독 타임아웃 주기를 최소 16ms에서 최대 8sec까지 설정할 수 있다.

워치독 타임아웃에서는 시스템을 리셋하거나 인터럽트를 발생하거나 또는 이 2가지를 모두 발생하도록 설정할 수 있다. 인터럽트 발생 모드는 슬립모드를 해제하는데 사용할 수 있으며, 시스템 리셋 모드에서는 <그림 1.4.11>에서처럼 1클록 주기의 리셋 신호를 발생시켜 시스템을 리셋시킨다. 인터럽트 발생과 시스템 리셋을 병행하는 모드는 시스템 리셋이 수행되기 전에 인터럽트 처리 루틴에서 중요한 파라미터를 저장하고 안전하게 셧다운(shutdown)하는데 사용할 수 있다.

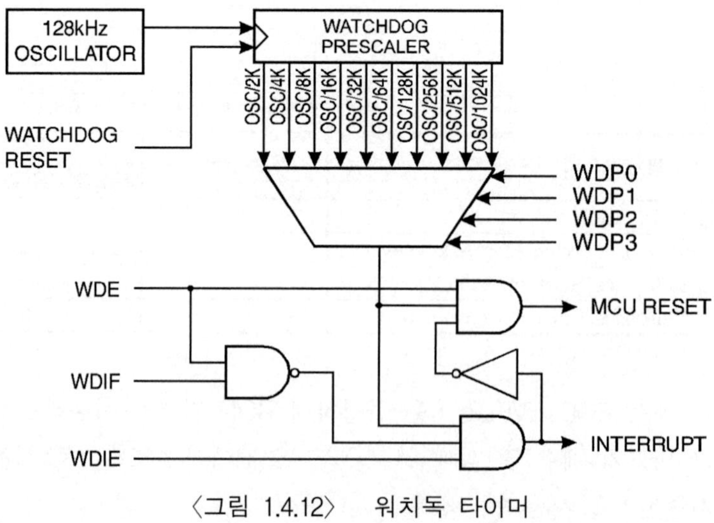

〈그림 1.4.12〉 워치독 타이머

퓨즈 비트에서 WDTON=0으로 설정하면 이는 워치독 타이머가 항상 시스템 리셋 모드로 동작하도록 한다. 그러나, WDTON=1이더라도 워치독 타이머 제어 레지스터 WDTCSR에서 시스템 리셋 모드 비트 WDE나 인터럽트 모드 비트 WDIE를 각각 1로 지정하면 원하는 모드를 설정할 수 있다. 원하지 않는 동작의 오류를 방지하기 위하여 워치독 타이머 제어 레지스터 WDTCSR의 설정 내용을 변경하려면 다음과 같이 지정된 절차를 따라야 한다.

① WDTCR 레지스터에 동시에 WDCE=1, WDE=1로 하여 라이트한다.

② 4클록 사이클 이내에 WDTCR 레지스터에 WDCE=0으로 하고 WDE와 나머지 비트들을 원하는 값으로 설정하여 라이트한다.

워치독 타이머 제어 레지스터 WDTCSR(Watchdog Timer Control and Status Register)은 아래 <그림 1.4.13>과 같다.

Bit	7	6	5	4	3	2	1	0	
(0x60)	WDIF	WDIE	WDP3	WDCE	WDE	WDP2	WDP1	WDP0	WDTCSR
Read/Write	R/W	R/W	R/W	R/W	R/W	R/W	R/W	R/W	
Initial Value	0	0	0	0	X	0	0	0	

〈그림 1.4.13〉 워치독 타이머 제어 및 상태 레지스터 WDTCSR

비트7의 WDIF(Watchdog Interrupt Flag)는 워치독 타임아웃이 발생하고 워치독 타이머가 인터럽트 모드로 설정되어 있을 경우에 1로 셋트되어 인터럽트를 요청한다. 이 인터럽트가 처리되기 시작하면 이 플랙 비트는 다시 자동적으로 0으로 클리어되며, 사용자가 강제로 이를 0이 되게 하려면 이 비트에 1을 써주어야 한다.

비트6의 WDIE(Watchdog Interrupt Enable)는 워치독 타임아웃에 의한 인터럽트가 요청되는 경우에 이를 개별적으로 허용한다. WDIE 비트와 WDE 비트가 모두 1로 되어 있을 때 워치독 타임아웃이 발생하면 인터럽트 처리가 시작되면서 WDIF 비트와 WDIE 비트가 모두 하드웨어적으로 클리어된다.

비트4의 WDCE(Watchdog Change Enable)는 워치독 타이머 제어 레지스터의 내용을 변경하는 것을 허용하는 비트이다. 내용을 변경하려면 이 비트를 사용하여 지정된 절차에 따라야 하며, 이를 1로 설정하면 4클록 사이클 후에 자동으로 클리어된다.

비트3의 WDE(Watchdog System Reset Enable)는 워치독 타임아웃에 의하여 시스템이 리셋되도록 허용한다. 이 비트는 리셋 후에 MCUSR 레지스터의 WDRF 비트가 자동으로 복사된다. 따라서, 워치독 타이머에 의한 반복적인 리셋을 방지하려면 리셋 후에 WDE 비트를 클리어하기 전에 먼저 WDRF 비트를 클리어해야 한다.

비트5와 비트2~0의 WDP3~0(Watchdog Timer Prescaler)은 워치독 타이머에 공급되는 클록을 128kHz로부터 프리스케일하여 워치독 타임아웃 시간을 설정한다. 이를 요약하면 <표 1.4.23>과 같다.

〈표 1.4.23〉 워치독 타이머의 프리스케일러 설정

WDP3	WDP2	WDP1	WDP0	워치독 분주비	Vcc=5.0V에서 타임아웃 시간
0	0	0	0	2,048	16 ms
0	0	0	1	4,096	32 ms
0	0	1	0	8,192	64 ms
0	0	1	1	16,384	0.125 s
0	1	0	0	32,768	0.25 s
0	1	0	1	65,536	0.5 s
0	1	1	0	131,072	1.0 s
0	1	1	1	262,144	2.0 s
1	0	0	0	524,288	4.0 s
1	0	0	1	1,048,576	8.0 s
1	0	1	0	사용하지 않음(reserved)	
...	...	...	...		
1	1	1	1		

워치독 타이머의 동작 모드는 <표 1.4.24>와 같다. 디폴트 상태에서 퓨즈 비트는 WDTON=1로 되어 있고 워치독 타이머 제어 레지스터는 WDE=WDIE=0으로 되어 있으므로 워치독 타이머는 사용되지 않는다. 그러나, 여기서 퓨즈 비트를 수정하지 않고도 사용자 프로그램에서 워치독 타이머 제어 레지스터에서 WDE 및 WDIE 비트를 수정하는 것만으로 워치독 타이머를 사용할 수도 있다는 것을 알 수 있다.

〈표 1.4.24〉 워치독 타이머의 동작 모드

WDTON	WDE	WDIE	동작 모드	비 고
1	0	0	워치독 타이머를 사용하지 않음	(디폴트 상태)
1	0	1	인터럽트 모드	
1	1	0	시스템 리셋 모드	
1	1	1	인터럽트 및 시스템 리셋 모드	① 인터럽트 → ② 시스템 리셋
0	x	x	시스템 리셋 모드	

5. 슬립 모드

슬립 모드(Sleep Mode)는 마이크로콘트롤러 내부에서 사용하지 않는 구성 모듈의 동작을 정지시켜(shut down) 소비전력을 절감하기 위한 기능이다. ATmega1281/2561은 6가지의 다양한 슬립 모드를 제공한다.

슬립 모드를 사용하려면 슬립 모드 제어 레지스터 SMCR에서 SE=1로 설정하고 SM2~0비트를 이용하여 슬립 모드를 6가지 중의 하나로 지정한 상태에서 CPU의 SLEEP 명령을 실행하면 된다.

ATmega1281/2561이 슬립 모드에 있을 때 허용된 인터럽트가 발생되면 슬립 모드는 해제된다. 그러면 MCU는 기동시간에 4사이클이 더 경과한 후에 슬립 모드가 해제되면서 동작이 개시되는데, 먼저 인터럽트 서비스 루틴이 실행되고 나서 SLEEP 명령의 바로 뒤에 이어지는 명령으로 복귀된다. 모든 레지스터와 내부 SRAM의 내용은 슬립 모드에 들어갔다가 복귀된 후에도 변경되지 않고 원래대로 유지된다. 만약, 슬립 모드에서 리셋이 발생하면 슬립 모드가 해제되고 정상적인 리셋 동작이 수행된다.

슬립 모드는 <그림 1.4.14>에 보인 바와 같이 슬립 모드 제어 레지스터 SMCR (Sleep Mode Control Register)로 설정한다. 여기서 SE(Sleep Enable) 비트는 SLEEP 명령이 실행되었을 때 슬립 모드로 들어가도록 허용하며, SM2~0(Sleep Mode Select Bit) 비트는 <표 1.4.25>와 같이 슬립 모드를 6가지 중의 하나로 설정한다. 이 중에서 Standby 모드와 Extended Standby 모드는 외부에 크리스탈 또는 세라믹 레조네이터를 사용하였을 경우에만 유효하다.

Bit	7	6	5	4	3	2	1	0	
0x33 (0x53)	–	–	–	–	SM2	SM1	SM0	SE	SMCR
Read/Write	R	R	R	R	R/W	R/W	R/W	R/W	
Initial Value	0	0	0	0	0	0	0	0	

〈그림 1.4.14〉 슬립 모드 제어 레지스터 SMCR

〈표 1.4.25〉 슬립 모드의 지정

SM2	SM1	SM0	슬립 모드
0	0	0	Idle
0	0	1	ADC Noise Reduction
0	1	0	Power-down
0	1	1	Power-save
1	0	0	사용하지 않음(reserved)
1	0	1	사용하지 않음(reserved)
1	1	0	Standby
1	1	1	Extended Standby

각 슬립 모드의 동작이나 기능을 요약하면 <표 1.4.26>과 같다. 먼저 Idle 모드에서는 CPU의 동작을 멈추지만, SPI, USART, 아날로그 비교기, ADC, TWI, 타이머/카운터, 워치독, 인터럽트 시스템 등의 동작은 계속된다. 이 모드에서 clk_{CPU}와 clk_{FLASH}는 차단되지만 나머지 클록은 모두 공급된다.

ADC Noise Reduction 모드에서는 CPU의 동작을 멈추지만, ADC, TWI, 타이머/카운터2, 워치독, 외부 인터럽트 등의 동작은 계속된다. 이 모드에서 clk_{CPU}와 clk_{FLASH}, $clk_{I/O}$는 차단되지만 나머지 클록은 모두 공급된다. 이 모드는 A/D 컨버터가 정밀한 동작을 위하여 잡음을 덜 받도록 하기 위한 모드인데, 만약 A/D 컨버터가 인에이블되어 있다면 이 모드로 들어갈 때 변환이 자동으로 시작된다.

〈표 1.4.26〉 6가지 슬립 모드의 동작 요약

슬립 모드	차단되지 않는 클록					오실레이터		슬립 모드의 해제 방법						
	clk_{CPU}	clk_{FLASH}	$clk_{I/O}$	clk_{ADC}	clk_{ASY}	메인 클록	타이머2 클록	INT7~0 PC Int.	TWI	Timer2	SPM/ EEPROM	ADC	WDT Int.	다른 I/O
Idle			✓	✓	✓	✓	✓2)	✓	✓	✓	✓	✓	✓	✓
ADC Noise Reduction				✓	✓	✓	✓2)	✓3)	✓	✓2)	✓	✓	✓	
Power-down								✓3)	✓				✓	
Power-save					✓		✓2)	✓3)	✓	✓			✓	
Standby 1)						✓		✓3)	✓				✓	
Extended Standby 1)					✓2)	✓	✓2)	✓3)	✓	✓			✓	

☞ 1)은 외부 크리스탈 또는 레조네이터를 사용하는 경우에만 유효함.
2)는 타이머/카운터2가 비동기 모드로 동작하는 경우에만 유효함.
3)은 INT7~4는 레벨 트리거 모드일 경우에만 유효함.

Power-down 모드에서는 외부 크리스탈 또는 세라믹 레조네이터 발진이 정지되며, TWI, 워치독, 외부 인터럽트 등의 동작은 계속된다. 이 모드에서는 모든 클록이 차단되어 비동기 모듈의 동작만이 가능하다. 이 모드가 해제될 때는 클록 발진회로가 안정상태에 들어가는 충분한 시간이 요구되므로 기동시간이 필요한데 이는 사용자가 퓨즈비트에서 SUT1~0과 CKSEL0 비트로 지정할 수 있다.

Power-save 모드는 Power-down 모드와 유사하지만 1가지가 다르다. 타이머/카운터2가 TOSC1과 TOSC2 단자로 입력되는 외부 클록에 의하여 비동기로 동작할 때 이 모드를 사용한다는 것이다. 이 모드에서 clk_{ASY}를 제외한 모든 클록이 차단된다. 그러나, 만약 타이머/카운터2에서 비동기 모드를 사용하지 않는다면 Power-save 모드 보다는 Power-down 모드를 사용하는 것이 좋다.

Standby 모드는 슬립 모드에서도 클록 발생회로인 오실레이터가 동작하고 있다는 것을 제외하면 Power-down 모드와 유사하다. 이 모드는 외부 크리스탈 또는 레조네이터를 사용하는 경우에만 유효하다. 오실레이터가 동작하고 있으므로 Standby 모드가 해제되어 정상동작이 개시되는데 6개의 클록 사이클만이 소요된다.

Extended Standby 모드는 슬립 모드에서도 클록 발생회로인 오실레이터가 동작하고 있다는 것을 제외하면 Power-save 모드와 유사하다. 이 모드는 외부 크리스탈 또는 레조네이터를 사용하는 경우에만 유효하다. 오실레이터가 동작하고 있으므로 Standby 모드가 해제되어 정상동작이 개시되는데 6개의 클록 사이클만이 소요된다.

ATmega1281/2561에는 각 주변장치의 동작을 정지시켜 해당 주변장치에서의 소비 전력을 절약하기 위하여 <그림 1.4.15> 및 <그림 1.4.16>에 보인 것처럼 2개의 파워 절약 레지스터(Power Reduction Register) PRR0 및 PRR1을 가지고 있다.

Bit	7	6	5	4	3	2	1	0	
(0x64)	PRTWI	PRTIM2	PRTIM0	–	PRTIM1	PRSPI	PRUSART0	PRADC	PRR0
Read/Write	R/W	R/W	R/W	R	R/W	R/W	R/W	R/W	
Initial Value	0	0	0	0	0	0	0	0	

〈그림 1.4.15〉 파워 절약 레지스터0 PRR0

비트7의 PRTWI(Power Reduction TWI)는 1로 설정하면 TWI 직렬통신 모듈에 클록을 공급하는 것을 차단하여 기능을 정지시킨다.

비트6의 PRTIM2(Power Reduction Timer/Counter 2)는 1로 설정하면 타이머/카운터2 모듈에 클록을 공급하는 것을 차단하여 기능을 정지시킨다.

비트5의 PRTIM0(Power Reduction Timer/Counter 0)은 1로 설정하면 타이머/카운터0 모듈에 클록을 공급하는 것을 차단하여 기능을 정지시킨다.

비트3의 PRTIM1(Power Reduction Timer/Counter 1)은 1로 설정하면 타이머/카운터1 모듈에 클록을 공급하는 것을 차단하여 기능을 정지시킨다.

비트2의 PRSPI(Power Reduction SPI)는 1로 설정하면 SPI 직렬통신 모듈에 클록을 공급하는 것을 차단하여 기능을 정지시킨다.

비트1의 PRUSART0(Power Reduction USART0)은 1로 설정하면 USART0 직렬통신 모듈에 클록을 공급하는 것을 차단하여 기능을 정지시킨다.

비트0의 PRADC(Power Reduction ADC)는 1로 설정하면 A/D 컨버터 모듈에 클록을 공급하는 것을 차단하여 기능을 정지시킨다.

Bit	7	6	5	4	3	2	1	0	
(0x65)	–	–	PRTIM5	PRTIM4	PRTIM3	PRUSART3	PRUSART2	PRUSART1	PRR1
Read/Write	R	R	R/W	R/W	R/W	R/W	R/W	R/W	
Initial Value	0	0	0	0	0	0	0	0	

〈그림 1.4.16〉 파워 절약 레지스터1 PRR1

비트5의 PRTIM5(Power Reduction Timer/Counter 5)는 1로 설정하면 타이머/카운

터5 모듈에 클록을 공급하는 것을 차단하여 기능을 정지시킨다.

비트4의 PRTIM4(Power Reduction Timer/Counter 4)는 1로 설정하면 타이머/카운터4 모듈에 클록을 공급하는 것을 차단하여 기능을 정지시킨다.

비트3의 PRTIM3(Power Reduction Timer/Counter 3)은 1로 설정하면 타이머/카운터3 모듈에 클록을 공급하는 것을 차단하여 기능을 정지시킨다.

비트2의 PRUSART3(Power Reduction USART3)은 1로 설정하면 USART3 직렬통신 모듈에 클록을 공급하는 것을 차단하여 기능을 정지시킨다.

비트1의 PRUSART2(Power Reduction USART2)는 1로 설정하면 USART2 직렬통신 모듈에 클록을 공급하는 것을 차단하여 기능을 정지시킨다.

비트0의 PRUSART1(Power Reduction USART1)은 1로 설정하면 USART1 직렬통신 모듈에 클록을 공급하는 것을 차단하여 기능을 정지시킨다.

ATmega1281/2561에서 소비전력을 절감하려면 슬립 모드를 사용하거나 파워 절약 레지스터를 사용하여 필요없는 주변장치 모듈에 클록을 공급하지 않도록 함으로써 해당 모듈의 기능을 정지시킨다. 이밖에도 BOD, 내부 기준전압, 워치독 타이머 등이 사용되지 않는다면 그 기능을 별도로 정지시킬 수 있으며, 마이크로콘트롤러 내부의 온칩 디버그 기능이나 JTAG 기능도 정지시키는 것이 좋다. 또한, 병렬 I/O 포트를 입력방향으로 설정하고 입력단자를 플로팅시켜 두는 것은 소비전력 측면에서 매우 바람직하지 않으므로 피해야 한다.

6. 부트 로더

부트 로더(Boot Loader)는 MCU 자신이 프로그램을 다운로드(download) 또는 업로드(upload)하기 위한 Read-While-Write Self-Programming 기능을 제공한다. 이것은 플래시 메모리에 들어 있는 부트 로더 프로그램에 의하여 마이크로콘트롤러가 스스로 플래시 메모리의 응용 프로그램을 갱신(update)하는 유연한 기능을 구현할 수 있다.

ATmega1281/2561에서 프로그램 메모리에 해당하는 플래시 메모리는 응용 프로그램 섹션(Application Section)과 부트 로더 섹션(Boot Loader Section)의 2부분으로 나눌 수 있다. 응용 프로그램 섹션은 사용자의 응용 프로그램을 저장하는 플래시 메모리 영역으로서 여기서는 SPM 명령을 실행하는 것이 불가능하다. 부트 로더 섹션은 응용 프로그램 또는 부트 로더 프로그램을 다운로드하여 갱신하는 기능을 수행하는 플래시 메모리 영역으로서 여기서는 SPM 명령을 실행하는 것이 가능하므로 모든 플래시 메모리를 액세스할 수 있다. 부트 로더 섹션의 크기에는 유연성이 있어서 퓨즈 비트의 BOOTSZ1~0 비트를 사용하여 4가지 중의 하나로 설정할 수 있다. 또한 이들 각각의 메모리 섹션은 메모리 록 비트를 이용하여 보호기능을 설정할 수 있다.

플래시 메모리는 항상 페이지 단위로만 삭제하거나 라이트하는 것이 가능하며, 리드 동작은 다른 메모리 소자처럼 바이트 단위로 가능하다. ATmega1281의 플래시 메모리는 0x0000~0xFFFF번지의 64K 워드를 가지고 있는데, 1페이지의 길이는 128워드로 되어 있으므로 총 512개의 페이지로 구성된다. 또한, ATmega2561의 플래시 메모리는 0x00000~0x1FFFF번지의 128K 워드를 가지고 있는데, 1페이지의 길이는 128워드로 되어 있으므로 총 1024개의 페이지로 구성된다. 이들 플래시 메모리는 2개의 동작 영역 RWW(Read-While-Write) 섹션과 NRWW(No Read-While-Write) 섹션으로 나누어진다. ATmega1281의 RWW는 0x0000~0xEFFF 범위(480개의 페이지)로 지정되어 있으며, NRWW는 0xF000~0xFFFF의 범위(32개의 페이지)로 정해져있다. 또한, ATmega2561의 RWW는 0x00000~0x1EFFF 범위(992개의 페이지)로 지정되어 있으며, NRWW는 0x1F000~0x1FFFF의 범위(32개의 페이지)로 정해져있다.

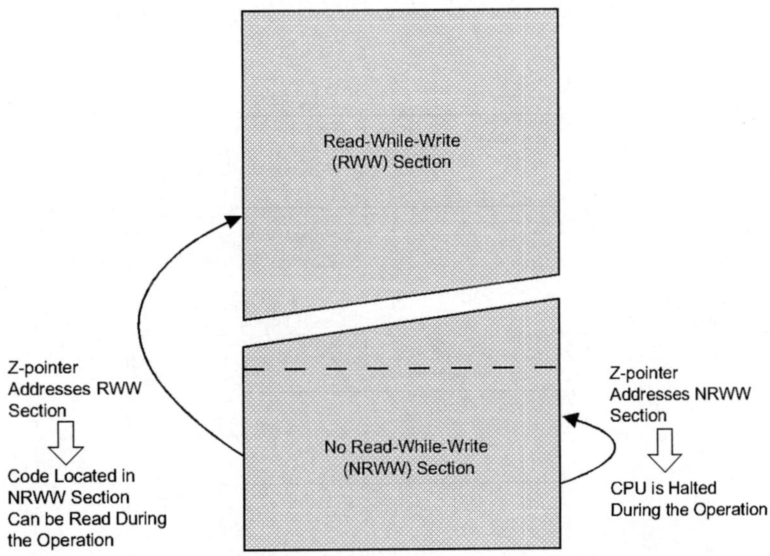

〈그림 1.4.17〉 Read-While-Write와 No Read-While-Write 영역의 동작

RWW 섹션에 있는 하나의 페이지를 삭제하거나 기록하는 동안에는 NRWW 영역이 읽혀질 수 있지만, NRWW 섹션에 있는 하나의 페이지를 삭제하거나 기록하는 동안에는 CPU의 동작이 정지한다. 즉, 부트 로더가 SPM 명령을 사용하여 Z 레지스터가

가리키는 RWW 섹션을 프로그래밍하고 있는 동안에는 NRWW 섹션의 명령을 읽어들일 수 있으며, NRWW 섹션을 프로그래밍하고 있는 경우에는 하나의 페이지가 삭제되거나 라이팅이 완료될 때까지 CPU의 동작이 정지한다. 이는 부트 로더 프로그램이 응용 프로그램 영역에 실행 코드를 다운로드할 수 있음은 물론이고, 부트 로더 자신의 영역에도 실행 코드를 다운로드하여 새로운 프로그램으로 갱신할 수 있다는 것을 의미한다. 이러한 사항을 그림으로 나타내면 <그림 1.4.17>과 같다. 또한, 퓨즈 비트의 BOOTSZ1~0 비트에 따라 부트 로더 섹션의 크기를 지정하는 4가지 방법을 도시하면 <그림 1.4.18> 및 <표 1.4.27>과 같다. 이처럼 부트 로더가 RWW 영역을 삭제하거나 액세스하는 동작에는 프로그램 메모리 제어 및 상태 레지스터 SPMCSR (Store Program Memory Control and Status Register)이 사용된다.

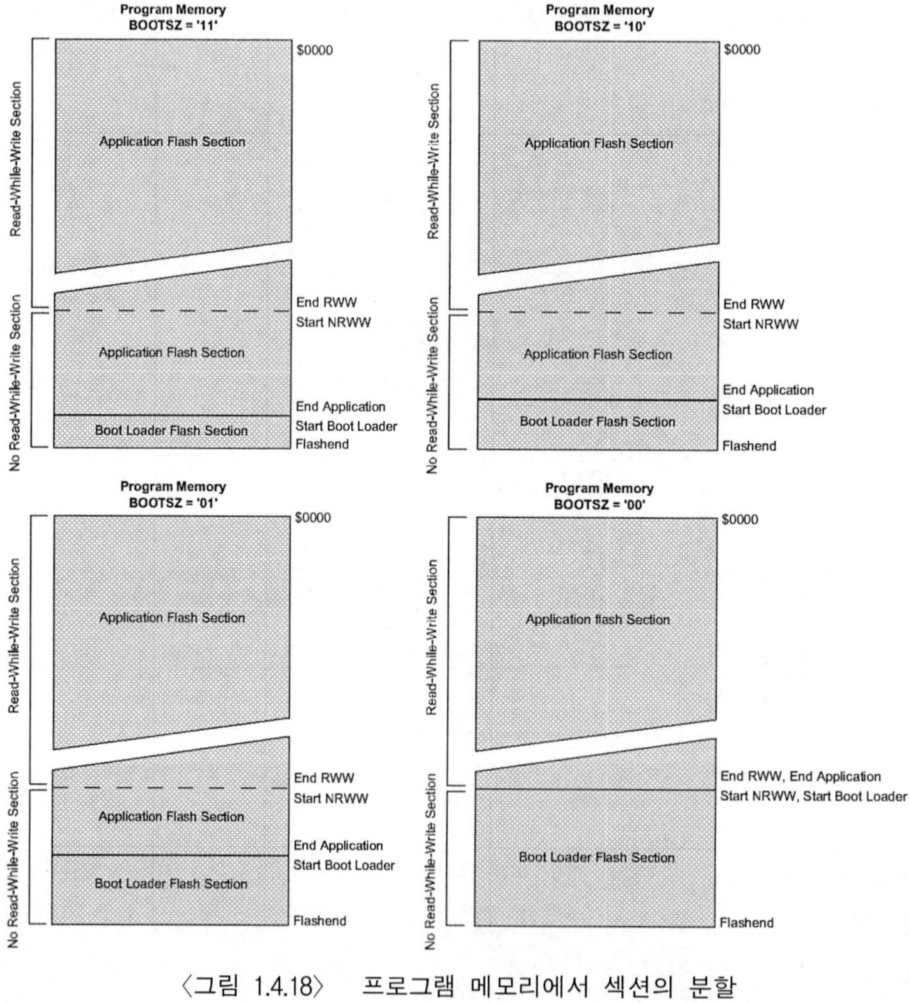

〈그림 1.4.18〉 프로그램 메모리에서 섹션의 분할

〈표 1.4.27〉 부트 로더의 사이즈 설정

(a) ATmega640

BOOTSZ1	BOOTSZ0	Boot Size	응용 프로그램 섹션	부트로더 섹션
1	1	512워드(4페이지)	0x0000~0x7DFF	0x7E00~0x7FFF
1	0	1024워드(8페이지)	0x0000~0x7BFF	0x7C00~0x7FFF
0	1	2048워드(16페이지)	0x0000~0x77FF	0x7800~0x7FFF
0	0	4096워드(32페이지)	0x0000~0x6FFF	0x7000~0x7FFF

(b) ATmega1280/1281

BOOTSZ1	BOOTSZ0	Boot Size	응용 프로그램 섹션	부트로더 섹션
1	1	512워드(4페이지)	0x0000~0xFDFF	0xFE00~0xFFFF
1	0	1024워드(8페이지)	0x0000~0xFBFF	0xFC00~0xFFFF
0	1	2048워드(16페이지)	0x0000~0xF7FF	0xF800~0xFFFF
0	0	4096워드(32페이지)	0x0000~0xEFFF	0xF000~0xFFFF

(c) ATmega2560/2561

BOOTSZ1	BOOTSZ0	Boot Size	응용 프로그램 섹션	부트로더 섹션
1	1	512워드(4페이지)	0x00000~0x1FDFF	0x1FE00~0x1FFFF
1	0	1024워드(8페이지)	0x00000~0x1FBFF	0x1FC00~0x1FFFF
0	1	2048워드(16페이지)	0x00000~0x1F7FF	0x1F800~0x1FFFF
0	0	4096워드(32페이지)	0x00000~0x1EFFF	0x1F000~0x1FFFF

부트 로더는 상당히 정도가 높은 기술 분야이며 특별한 사용자에게만 필요한 기능이어서 이 책의 취급 범위를 넘으므로 여기서 더 이상 자세히 설명하지 않는다. 이에 대하여 더 자세한 사항을 알고자 하면 ATmega1281/2561의 데이터 시트와 응용노트를 참조하기 바란다.

7. JTAG 인터페이스 및 AVR 프로그래밍

(1) JTAG

JTAG(Joint Test Action Group)은 boundary-scan이라는 데이터 전송 포맷으로 컴퓨터와 반도체 소자를 연결하여 온칩 디버깅(OCD ; On-Chip Debug), 불휘발성 메모리의 프로그래밍(ISP ; In-System Programming), PCB 테스트 등을 수행하는 인터페이스 기술로서 오늘날은 이 방식이 IEEE Standard 1149.1로 표준화되어 있다.

ATmega1281/2561은 이를 위하여 소자의 내부에 JTAG 인터페이스 지원 기능을 포함하고 있으며 외부에는 TMS, TCK, TDI, TDO 등 4개의 JTAG 인터페이스 핀을 가지고 있다. ATmega1281/2561에서는 MCU 제어 레지스터 MCUCR의 JTD 비트를 사용하여 JTAG 인터페이스 기능을 허용 또는 금지시킬 수 있으며, 또한 퓨즈 비트의 JTAGEN, OCDEN도 이와 관계가 있다. JTAGDP 의하여 시스템이 리셋된 경우에는 MCU 상태 레지스터 MCUSR의 JTRF 비트가 1로 세트되어 표시된다.

오늘날 JTAG은 CPU나 MCU의 에뮬레이터를 접속하는 표준 인터페이스로 자리잡고 있다. ATmega1281/2561도 이러한 표준 인터페이스를 따르고 있으며 Atmel에서도 JTAG 에뮬레이터와 AVR Studio 프로그램을 제공하고 있으므로 *OK-1281/2561* 키트에서도 JTAG 에뮬레이터를 연결할 수 있도록 콘넥터 CN3을 마련해 놓고 있다.

JTAG은 상당히 정도가 높은 기술 분야로서 특별한 사용자만 이를 알 필요가 있어서 이 책의 취급 범위를 넘으므로 여기서 더 이상 자세히 설명하지 않는다. 이에 대하여 더 자세한 사항을 알고자 하면 ATmega1281/2561의 데이터 시트와 응용노트를 참조하기 바란다.

(2) 병렬 프로그래밍

ATmega1281/2561을 프로그래밍하는 방법에는 JTAG 이외에도 2가지가 더 있다. 하나는 종래의 MCU에서 EPROM 프로그래밍에 흔히 볼 수 있던 병렬 프로그래밍(parallel programming) 방법으로서, 이는 <그림 1.4.19>와 같이 ATmega1281/2561의 외부 핀들을 사용하여 병렬 액세스 방식으로 내부의 플래시 메모리, EEPROM, 퓨즈 비트, 메모리 록 비트 등을 프로그래밍하는 것이다. 이때 ATmega1281/2561의 외부 핀들은 정상적인 기능과 전혀 다른 동작을 하게 되는데, 병렬 프로그래밍에 사용되는 외부 핀들을 요약하면 <표 1.4.28>과 같다.

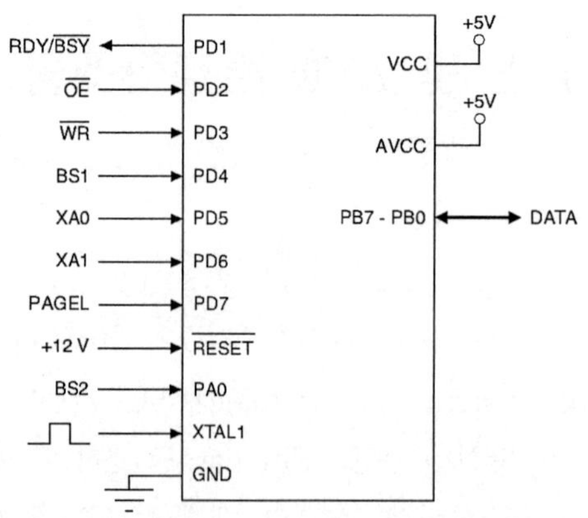

〈그림 1.4.19〉 ATmega1281/2561의 병렬 프로그래밍 접속도

〈표 1.4.28〉 병렬 프로그래밍 사용시의 핀 기능

병렬 프로그래밍에서 신호 이름	원래의 핀 이름	I/O	기 능
RDY/$\overline{\text{BSY}}$	PD1	O	현재 프로그래밍 동작이 수행중인지 여부를 표시하는 신호 (0 = busy, 1 = ready)
$\overline{\text{OE}}$	PD2	I	리드 동작을 위한 출력 인에이블 신호
$\overline{\text{WR}}$	PD3	I	라이트 동작을 위한 스트로브 신호
BS1 / PROG_ENABLE0	PD4	I	바이트 셀렉트1(0 = 하위 바이트, 1 = 상위 바이트) 또는 프로그래밍 모드 인에이블 신호
XA0 / PROG_ENABLE1	PD5	I	XTAL1 펄스 인가시의 동작을 지정하는 비트0 또는 프로그래밍 모드 인에이블 신호
XA1 / PROG_ENABLE2	PD6	I	XTAL1 펄스 인가시의 동작을 지정하는 비트1 또는 프로그래밍 모드 인에이블 신호
PAGEL / PROG_ENABLE3	PD7	I	프로그램 메모리 및 EEPROM의 페이지 로드 신호
BS2	PA0	I	바이트 셀렉트2(0 = 하위 바이트, 1 = 2번째 상위 바이트)
DATA	PB7~0	I/O	양방향 데이터 버스

여기서 BS2 및 BS1 신호의 기능은 <표 1.4.29>와 같고, XA1과 XA0 신호의 기능은 <표 1.4.30>과 같다. 병렬 프로그래밍의 명령(command)은 <표 1.4.31>과 같고, Enter Programming Mode 명령은 PROG_ENABLE3~0 = 0000으로 수행된다.

〈표 1.4.29〉 BS1 및 BS0 신호의 인코딩

BS2	BS1	플래시/EEPROM 어드레스	플래시 메모리 로드/리드	퓨즈 비트 프로그래밍	퓨즈 비트 및 메모리 록 비트 리드
0	0	low byte	low byte	fuse low byte	fuse low byte
0	1	high byte	high byte	fuse high byte	memory lock bits
1	0	extended high byte	(reserved)	extended fuse byte	extended fuse byte
1	1	(reserved)	(reserved)	(reserved)	fuse high byte

〈표 1.4.30〉 XA1 및 XA0 신호의 인코딩

XA1	XA0	XTAL1에 펄스가 인가될 때의 동작
0	0	플래시/EEPROM의 어드레스를 로드(BS2 및 BS1에 의해 상위/하위 바이트를 구분)
0	1	데이터를 로드(BS1에 의해 플래시 메모리의 상위/하위 바이트를 구분)
1	0	명령을 로드
1	1	아무 동작도 수행하지 않음

ATmega1281/2561이 병렬 프로그래밍 모드로 들어가려면 다음과 같은 절차가 필요하다.

① Vcc와 GND 단자 사이에 +5V의 전원을 인가한다.

② $\overline{\text{RESET}}$ 단자에 0을 인가하고 XTAL1 단자에 1과 0을 토글하는 클록신호를 6회 이상 인가한다.

③ PROG_ENABLE3~0 신호에 0000을 인가하고 100ns 이상 기다린다.

④ $\overline{\text{RESET}}$ 단자에 +12V를 인가하고 PROG_ENABLE3~0 입력이 0000으로 유지된 상태에서 100ns 이상 기다린다.

⑤ 50μns 이상 기다린 후에 원하는 병렬 프로그래밍 명령을 수행한다.

〈표 1.4.31〉 병렬 프로그램의 명령

명령 바이트	동 작
1000 0000	Chip Erase
0100 0000	Write Fuse Byte
0010 0000	Write Memory Lock Bits
0001 0000	Write Flash Memory
0001 0001	Write EEPROM
0000 1000	Read Signature Bytes and Calibration Byte
0000 0100	Read Fuse Byte and Memory Lock Bits
0000 0010	Read Flash Memory
0000 0011	Read EEPROM

ATmega1281/2561의 병렬 프로그래밍을 수행하는 알고리즘이나 동작 타이밍 등에 대하여는 데이터 시트에 자세히 설명되어 있으니 이를 참조하라.

(2) SPI 직렬 프로그래밍

ATmega1281/2561을 프로그래밍하는 가장 실용적이면서 AVR의 특징을 잘 나타내는 방법은 SPI 직렬통신을 이용하는 직렬 프로그래밍(serial programming) 방법이다. 이는 ATmega1281/2561의 SPI 직렬통신 포트를 이용하여 간편하게 내부의 플래시 메모리, EEPROM, 퓨즈 비트, 메모리 록 비트 등을 프로그래밍하는 것이다. 그런데, 이러한 직렬 프로그래밍에 사용되는 신호는 <그림 1.4.20>과 <표 1.4.32>에 보인 바와 같이 64핀짜리 ATmega1281/2561에서와 100핀짜리 ATmega1280/2560에서 서로 다르다. 즉, ATmega1281/2561의 경우에는 직렬 프로그래밍을 위한 전용의 신호를 가지고 있어서 PE0/PDI와 PE1/PDO 핀을 사용한다. 그러나, ATmega1280/2560의 경우에는 직렬 프로그래밍을 수행할 때 SPI 직렬통신 포트의 신호선인 PB2/MOSI와 PB3/MISO 핀을 사용한다.

ATmega1281/2561의 SPI 직렬 프로그래밍은 $\overline{\text{RESET}}$=0인 상태에서 수행되므로 직렬 프로그래밍 모드로 들어가기 위하여 필요한 것은 단지 $\overline{\text{RESET}}$ 단자를 0으로 유지하면서 SPI 직렬통신으로 Programming Enable 명령을 라이트하는 것뿐이다. 물론 이때 ATmega1281/2561의 Vcc와 GND 단자 사이에는 전원 전압이 인가되고 있어야 하며, 시스템 클록은 퓨즈 비트의 클록 소스 지정에 따라 정상적으로 동작하고 있어야 한다.

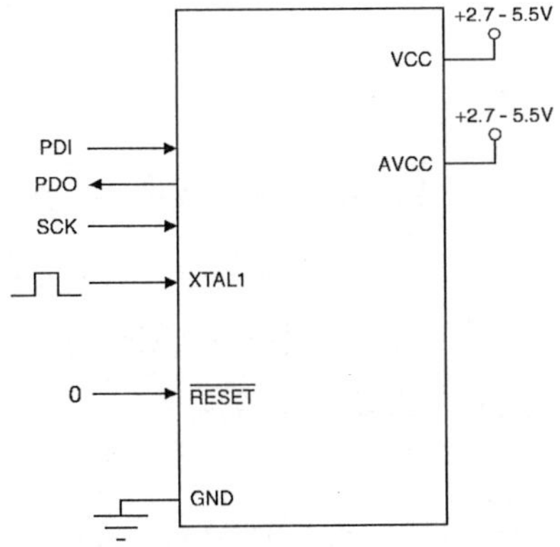

〈그림 1.4.20〉 ATmega1281/2561의 SPI 직렬 프로그래밍 접속도

〈표 1.4.32〉 직렬 프로그래밍 사용시의 핀 기능

직렬 프로그래밍 신호 이름	ATmega1281 ATmega2561	ATmega1280 ATmega2560	I/O	기 능
MOSI	PE0/PDI	PB2/MOSI	I	ISP를 위한 직렬 데이터 입력
MISO	PE1/PDO	PB3/MISO	O	ISP를 위한 직렬 데이터 출력
SCK	PB1/SCK	PB1/SCK	I	ISP를 위한 클록

〈그림 1.4.21〉 ATmega1281/2561의 SPI 직렬 프로그래밍의 동작 타이밍

ATmega1281/2561에 직렬 프로그래밍의 데이터를 라이트할 때는 <그림 1.4.21>에서 보는 것처럼 클록 신호 SCK의 상승 에지에서 동작이 수행되고, 데이터를 리드할 때는 클록 신호의 하강 에지에서 이루어진다. ATmega1281/2561의 시스템 클록이 12MHz 미만일 경우에는 클록 신호 SCK의 H와 L의 구간이 각각 2클록 주기를 넘어야 하고, 시스템 클록이 12MHz 이상일 경우에는 클록 신호 SCK의 H와 L의 구간이

각각 3클록 주기를 넘어야 한다. 따라서, 항상 SCK의 주파수는 여유있게 시스템 클록의 1/8 정도로 처리하면 무난하다.

ATmega1281/2561이 직렬 프로그래밍 모드로 들어가려면 다음과 같은 절차가 필요하다.

① $\overline{\text{RESET}}$과 SCK 단자에 0을 인가한 상태에서 Vcc와 GND 단자 사이에 +5V의 전원을 투입한다. 만약, 이렇게 해도 직렬 프로그래밍 모드로 들어가지 않을 경우에는 또다른 방법으로는 전원이 투입된 상태에서 SCK 신호를 0으로 입력하고 $\overline{\text{RESET}}$ 단자에 2클록 주기 이상의 H 펄스를 인가한다.
② 20ms 이상을 기다린다.
③ PDI(MOSI) 단자를 통하여 Programming Enable 명령을 보낸다.
④ 만약 Programming Enable 명령에 대하여 ATmega1281/2561이 동기가 맞으면 이 명령의 3번째 바이트(0x00)를 송신할 때 2번째 바이트(0x53)가 에코백(echo back)되어 수신된다.
⑤ 그러나, 이렇게 에코백이 수행되지 않으면 동기가 맞지 않는 것이므로 $\overline{\text{RESET}}$ 단자에 H 펄스를 인가한 후에 ②번부터 다시 수행한다.
⑥ 이후의 직렬 프로그래밍 동작은 지정된 알고리즘과 직렬 프로그래밍 명령어를 사용하여 수행하면 된다.
⑦ 모든 프로그래밍 동작이 완료되고 $\overline{\text{RESET}}$=1 상태로 하면 ATmega1281/2561의 직렬 프로그래밍 모드가 해제되면서 정상적인 동작이 시작된다.

플래시 메모리는 페이지 단위로 프로그래밍하는데, 하나의 번지에서는 하위 바이트를 먼저 라이트하고 상위 바이트를 나중에 라이트한다. 1개의 페이지 데이터를 모두 라이팅하고 나서 폴링 명령 Poll RDY/$\overline{\text{BSY}}$를 수행하여 마지막 바이트를 전송할 때 읽은 값의 LSB가 1이면 아직 동작중(busy)임을 의미하고 0이면 동작 완료(ready)를 나타낸다. 그러나, 이와 같이 폴링 방식으로 사용하지 않고 데이터 시트에 명시된 $t_{WD_FLASH} = 4.5$ms 이상 동안 시간지연을 주는 방법도 가능하다.

EEPROM은 1바이트 단위로 프로그래밍하며, 폴링 방식을 사용할 수도 있고 데이터 시트에 명시된 $t_{WD_EEPROM} = 9.0$ms 이상 동안 시간지연을 주는 방법도 가능하다. 칩 전체를 삭제하는 Chip Erase 명령은 $t_{WD_ERASE} = 9.0$ms가 필요하다.

〈표 1.4.33〉 ATmega1280/1281/2560/2561의 직렬 프로그래밍에서 사용하는 명령

분류	명령의 기능	명령 포맷			
		바이트1	바이트2	바이트3	바이트4
일반 명령	Programming Enable	0xAC	0x53	0x00	0x00
	Chip Erase	0xAC	0x80	0x00	0x00
	Poll RDY/$\overline{\text{BSY}}$ [1)]	0xF0	0x00	0x00	data byte out
로드 명령	Load Extended Address Byte [2)]	0x4D	0x00	extended addr	0x00
	Load Program Memory Page(low byte)	0x40	0x00	address LSB	low data byte in
	Load Program Memory Page(high byte)	0x48	0x00	address LSB	high data byte in
	Load EEPROM Memory Page	0xC1	0x00	0000 00aa	data byte in
리드 명령	Read Program Memory(low byte)	0x20	address MSB	address LSB	low data byte out
	Read Program Memory(high byte)	0x28	address MSB	address LSB	high data byte out
	Read EEPROM Memory	0xA0	0000 aaaa	aaaa aaaa	data byte out
	Read Memory Lock Bits	0x58	0x00	0x00	data byte out
	Read Signature Byte	0x30	0x00	0000 00aa	data byte out
	Read Fuse Byte	0x50	0x00	0x00	data byte out
	Read Fuse High Byte	0x58	0x08	0x00	data byte out
	Read Extended Fuse Byte	0x50	0x08	0x00	data byte out
	Read Calibration Byte	0x38	0x00	0x00	data byte out
라이트 명령	Write Program Memory Page	0x4C	address MSB	address LSB	0x00
	Write EEPROM Memory	0xC0	0000 aaaa	aaaa aaaa	data byte in
	Write EEPROM Memory Page	0xC2	0000 aaaa	aaaa aa00	0x00
	Write Memory Lock Bits	0xAC	0xE0	0x00	data byte in
	Write Fuse Byte	0xAC	0xA0	0x00	data byte in
	Write Fuse High Byte	0xAC	0xA8	0x00	data byte in
	Write Extended Fuse Byte	0xAC	0xA4	0x00	data byte in

☞ 1) 바이트4를 전송할 때 읽은 data byte out 데이터의 b0=1이면 busy를 의미함.
2) 이것은 Read Program Memory 또는 Write Program Memory Page 명령을 사용하기 전에 수행함.
바이트2와 바이트3에서 a는 어드레스 비트를 나타냄.
data byte in 데이터는 바이트4에 전송할 8비트 값을 나타냄.
data byte out 데이터는 바이트4에 0x00을 전송할 때 읽혀지는 8비트 값을 나타냄.

ATmega1281/2561의 직렬 프로그래밍 명령을 요약하면 <표 1.4.33>과 같다. 이 직렬 프로그래밍의 명령표와 사용자 프로그램을 번역하여 만들어진 인텔 HEX 파일의 구조를 잘 이해하면 누구라도 다운로드 케이블과 이를 사용하기 위한 다운로드 프로그램을 작성할 수 있다.

이 명령표에서 Load Extended Address Byte 명령은 16비트를 넘는 플래시 메모리 어드레스를 로드하기 위한 것으로서 ATmega2560/2561에서만 사용되며, 이는 Read Program Memory 또는 Write Program Memory Page 명령을 사용하기 전에 필요하다. 플래시 메모리를 프로그래밍할 때는 먼저 Load Program Memory Page(low byte) 명령

및 Load Program Memory Page(high byte) 명령으로 1페이지 분량(128워드 또는 256바이트)의 데이터를 로드한 후에 Write Program Memory Page 명령으로 실제 라이트를 수행한다. 마찬가지로 EEPROM을 페이지 모드로 프로그래밍할 때는 먼저 Load EEPROM Memory Page 명령 명령으로 1페이지 분량(4바이트)의 데이터를 로드한 후에 Write EEPROM Memory Page 명령으로 실제 라이트를 수행한다. 그러나, EEPROM을 바이트 단위로 프로그래밍할 때는 Write EEPROM Memory 명령으로 주소를 지정하면서 1바이트씩 라이트한다. 플래시 메모리나 EEPROM 메모리를 읽을 때는 어드레스를 지정하면서 1바이트씩 읽어야 한다.

페이지 단위로 플래시 메모리나 EEPROM을 프로그래밍하는 과정을 그림으로 설명하면 <그림 1.4.22>와 같다.

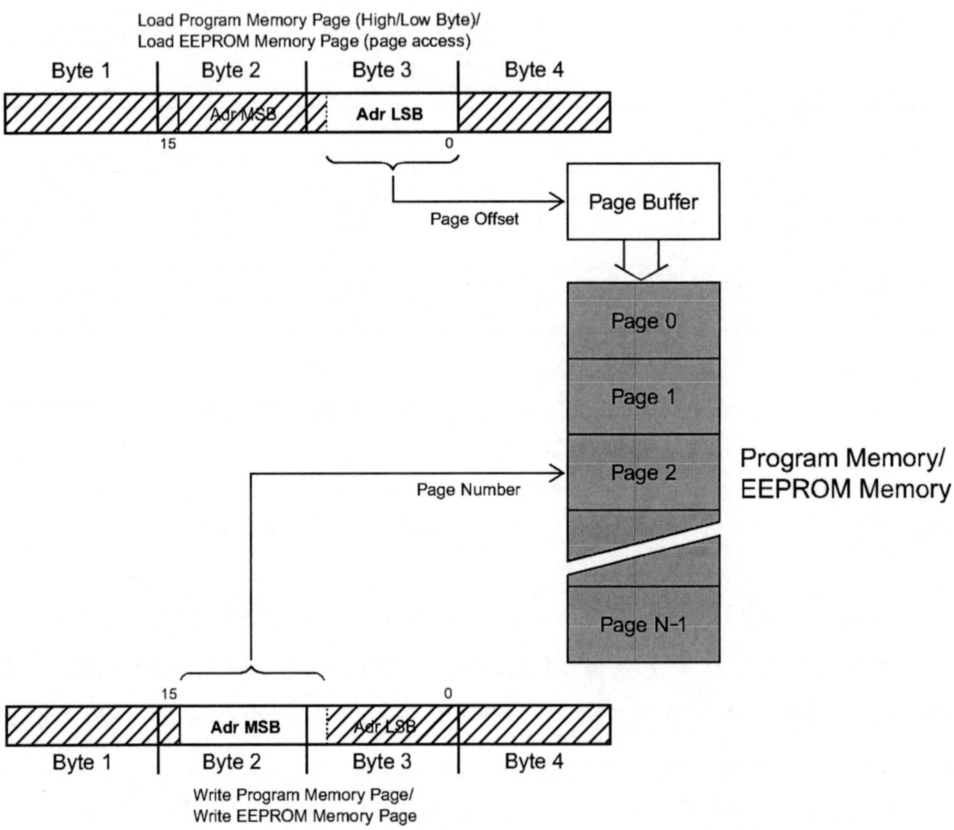

〈그림 1.4.22〉 SPI 직렬 프로그래밍에서 페이지 모드 프로그래밍의 동작

1.5 ATmega1281/2561의 인터럽트 처리

이 절에서는 ATmega1281/2561의 인터럽트 처리 기능에 대하여 설명한다. 인터럽트 처리는 MCU의 매우 중요한 기능이므로 잘 알아두어야 하며 이를 제대로 응용할 수 있는 능력을 기르는 것이 필요하다. 그러나, 마이크로프로세서의 초보자에게는 인터럽트란 무엇인지 이해하는 것부터 쉽지 않기 때문에 여기서는 ATmega1281/2561의 인터럽트 처리 기능을 설명하기 전에 먼저 인터럽트의 기본을 알아보기로 한다.

1. 인터럽트의 개요

(1) 인터럽트의 개념

CPU 외부의 하드웨어적인 요구에 의해서 정상적인 프로그램의 실행 순서를 변경하여 보다 시급한 작업을 먼저 수행한 후에 다시 원래의 프로그램으로 복귀하는 것을 인터럽트(interrupt, 가로채기)라고 한다. 이것은 흔히 우리가 책을 읽고 있는 도중에 전화가 와서 책의 읽던 페이지에 책갈피를 끼워 표시해두고 전화를 받은 다음에 다시 표시해 두었던 페이지를 찾아 책을 계속 읽어가는 상황에 비유될 수 있다.

인터럽트는 주변장치의 서비스 요청에 CPU가 가장 빠르게 대응할 수 있는 방법이며, 이것을 이용하면 주변장치측으로부터의 발생시기를 예측하기 어려운 비동기적인 일(event, 사건)을 CPU가 빠르게 처리할 수 있어서, 인터럽트는 서로 비동기적으로 동작하는 CPU(매우 고속으로 동작)와 주변장치(비교적 저속으로 동작) 사이에서 효율적으로 일을 수행하는 중요한 수단이 된다.

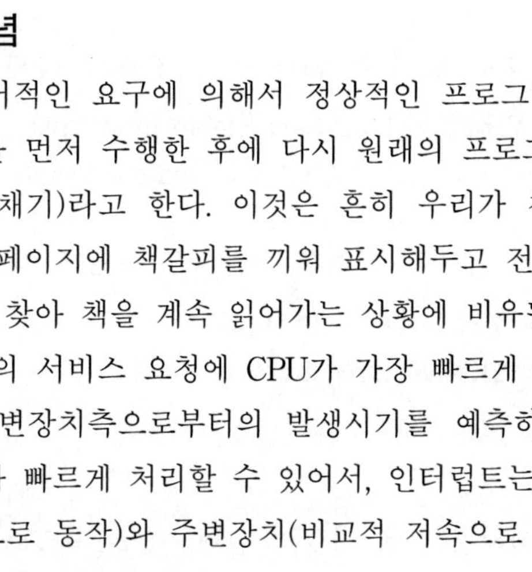

〈그림 1.5.1〉 인터럽트의 개념도

인터럽트가 발생하면 서브루틴의 경우에서처럼 나중에 되돌아 올 복귀주소(return address)를 스택에 저장하였다가 인터럽트 서비스 루틴(interrupt service routine)의 마지막에서 복귀명령(return instruction) RETI를 만나면 스택으로부터 복귀주소를 되찾아 인터럽트 발생 전의 위치로 돌아간다.

(2) 인터럽트의 종류

인터럽트의 종류는 마이크로프로세서에 따라 다르고, 또한 이를 보는 관점에 따라 여러가지 방법으로 분류할 수 있으나 일반적으로 다음과 같은 것들이 있다.

◉ 인터럽트 발생 원인에 따른 분류

┌ 하드웨어 인터럽트 ┬ 내부 인터럽트
│   └ **외부 인터럽트**
└ 소프트웨어 인터럽트

◉ 인터럽트 발생시 마이크로프로세서의 반응 방식에 따른 분류

┌ **차단 가능 인터럽트**(INT ; maskable interrupt)
└ 차단 불가능 인터럽트(NMI ; non-maskable interrupt)

◉ 인터럽트를 요구한 입/출력 기기를 확인하는 방법에 따른 분류

┌ 조사형 인터럽트(polled interrupt)
└ **벡터형 인터럽트**(vectored interrupt)

▣ 내부 인터럽트

내부 인터럽트는 정의되지 않은 명령의 실행, 영(zero)으로 나눗셈을 시도하는 것과 같은 나눗셈 에러, 보호된 메모리 영역에의 접근 등의 원인에 의해 마이크로프로세서에서 내부적으로 발생되는 인터럽트이다. 경우에 따라서는 이러한 것들을 소프트웨어 인터럽트에 포함시키기도 한다. 그러나, 마이크로콘트롤러에서 CPU 소자에 내장된 타이머나 직렬 포트, DMA 콘트롤러 등과 같은 주변장치에 의하여 발생된 인터럽트는 물리적으로는 내부 인터럽트가 되겠지만 이것들의 성격으로 보아 외부 인터럽트로 분류하는 것이 타당할 것이다.

이러한 내부 인터럽트는 신뢰성이 매우 중시되는 마이크로콘트롤러나 다중 프로그래밍용의 CPU에서 많이 사용되며, ATmega1281/2561에서는 이러한 내부 인터럽트를 사용하지 않는다.

▣ 외부 인터럽트

외부 인터럽트는 타이머에서의 지정된 시간 경과, 입력 장치에서의 서비스 요구, 출력 장치의 작업 종료, DMA 동작의 종료, 멀티프로세서간의 통신 요구 등 마이크로프로세서와 독립되어 있는 외부장치에 의해 발생되는 순수한 의미에서의 인터럽트이다. 일반적으로 인터럽트라고 하면 대부분 이것을 지칭한다.

대부분의 마이크로프로세서에서 사용하고 있는 $\overline{\text{INT}}$ 및 $\overline{\text{NMI}}$ 인터럽트가 이에 해당하는데 요즈음의 마이크로콘트롤러는 $\overline{\text{NMI}}$ 인터럽트를 사용하지 않는 경우가 많다. ATmega1281/2561에서도 차단 불가능의 $\overline{\text{NMI}}$ 인터럽트를 사용하지 않으며 8개의 차단 가능한 외부 인터럽트 INT0~INT7을 가지고 있다. 이 MCU에서 사용하는 그밖의 주변장치 인터럽트들도 넓은 의미에서 보면 모두 외부 인터럽트로 분류할 수 있다.

▣ 차단 가능 인터럽트

차단 가능 인터럽트는 프로그래머에 의하여 인터럽트 요청을 받아들이지 않고 무시(mask)할 수 있는 것으로서 시간 제약이 있는 중요한 프로그램 수행중에는 인터럽트 요청을 허용하지 않을 수 있다. 보통 인터럽트를 허용하는 방법은 인터럽트 마스크 레지스터 또는 인터럽트 허용 레지스터를 사용하여 각각의 인터럽트를 개별적으로 허용하고 이것들을 다시 전체적으로 허용한다. 인터럽트를 전체적으로 허용하거나 차단하기 위하여 각각 EI(enable interrupt)와 DI(disable interrupt) 명령을 가지고 있는 경우가 많다.

ATmega1281/2561에서는 외부 인터럽트 INT0~INT7을 비롯한 모든 인터럽트가 차단 가능하며, 개별적인 인터럽트의 차단에는 외부 인터럽트 마스크 레지스터 EIMSK와 같은 인터럽트 제어 레지스터를 사용하고, 전체적으로 인터럽트를 허용 또는 금지하는 데는 각각 SEI(Set Global Interrupt Flag, Global Interrupt Enable)와 CLI(Clear Global Interrupt Flag, Global Interrupt Disable) 명령을 사용한다.

▣ 차단 불가능 인터럽트

차단 불가능 인터럽트는 프로그래머에 의하여 어떤 방법으로도 인터럽트 요청이 차단될 수 없는 것으로서 전원 이상이나 비상정지 스위치 등과 같이 중요도가 높은 심각한 돌발 사태에 대비하기 위하여 주로 사용된다.

요즈음에는 차단 불가능의 $\overline{\text{NMI}}$ 인터럽트를 사용하지 않는 마이크로콘트롤러도 많은데 ATmega1281/2561에서도 이를 사용하지 않는다.

▣ 조사형 인터럽트

조사형 인터럽트는 인터럽트가 발생하면 이 인터럽트를 요청한 장치를 찾아내기 위하여 CPU가 각 주변장치를 소프트웨어적으로 차례로 조사(polling)하는 방식이다. 이때 각 장치는 상태 레지스터(status register)의 특정 비트에 인터럽트 요청 사실을 표시해 놓음으로써 자신이 인터럽트를 요청하였음을 CPU가 알 수 있도록 한다. 따라서, 여기서는 폴링 순서에 의해 소프트웨어적으로 인터럽트의 우선순위가 결정된다.

이 방법은 하드웨어가 간단한 것이 장점이므로 주변 단말장치가 많은 범용 컴퓨터에서 많이 사용하지만, 인터럽트가 발생될 때마다 각 장치를 조사해야 하므로 주변장치의 수가 많을수록 소프트웨어적인 처리 시간이 길어지고 따라서 인터럽트 응답이 늦어지는 단점이 있다. ATmega1281/2561에서는 이를 사용하지 않는다.

▣ 벡터형 인터럽트

벡터형 인터럽트의 처리방식에는 다시 2가지 형태가 있다. 첫째는, 인터럽트가 발생할 때마다 인터럽트를 요청한 장치(interrupting device)가 인터럽트 벡터(interrupt vector)를 CPU에게 전송하는 방식이다. CPU는 주변장치에서 전송된 인터럽트 벡터를 이용하여 그 장치에 해당하는 인터럽트 서비스 루틴의 시작번지를 결정한다. 이것은 모든 주변장치가 1개의 인터럽트 신호선을 공유하는 범용 마이크로프로세서에서 주로 사용하며, 인터럽트 벡터를 사용하여 각 장치의 인터럽트 요구를 구분한다.

둘째는, 각 주변장치가 별개의 인터럽트 신호선을 가지고 있고 이것들이 인터럽트를 요청하면 CPU는 각각의 인터럽트에 따라 미리 지정된 인터럽트 벡터들을 가지고 있어서 즉시 해당 인터럽트 서비스 루틴을 찾아가는 방식이다. 이 방법은 인터럽트 서비스 루틴을 찾아가는 시간이 빠르므로 인터럽트 응답시간이 중시되는 마이크로콘트롤러에 유용하지만, 대부분의 주변장치들이 각각의 인터럽트 신호선을 가지고 있으므로 인터럽트를 요구할 수 있는 주변장치는 소수로 한정되는 경우가 많다.

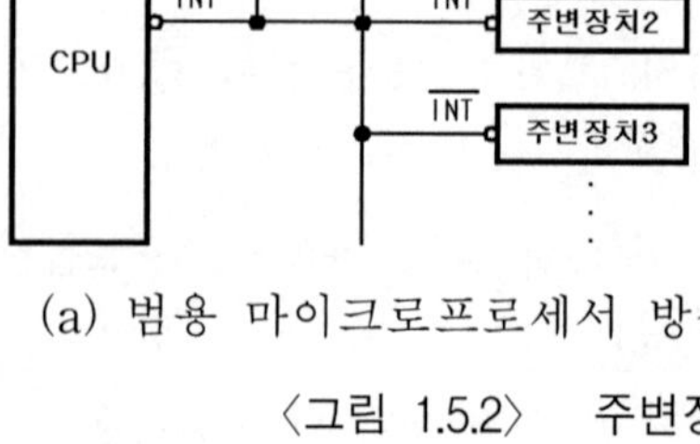

(a) 범용 마이크로프로세서 방식

(b) 마이크로콘트롤러 방식

〈그림 1.5.2〉 주변장치가 인터럽트를 요청하는 방식

이 방법은 인터럽트 벡터에 의하여 즉시 인터럽트 서비스 루틴을 찾아가므로 인터럽트 응답 시간이 빠르며, 이 인터럽트 응답시간이 주변장치의 수가 많고 적음에 영향을 받지 않는다. 이와 같은 장점 때문에 빠른 인터럽트 처리가 요구되는 마이크로콘트롤러에서는 대부분 이 방식을 사용하며, ATmega1281/2561에서는 위의 벡터형 인터럽트 중에서 두번째 방식을 사용하고 있다.

(3) 인터럽트의 우선순위 제어

인터럽트는 CPU의 의지가 아니라 주변장치의 필요에 의하여 CPU와 비동기적으로 또는 부정기적으로 발생되는 것이 일반적이므로 우연히 2개 이상의 주변장치가 동시에 신호를 보내 인터럽트를 요청하는 경우가 존재할 수 있다. 이러한 경우에 CPU는 이들 인터럽트를 한꺼번에 처리할 수가 없으므로 한번에 1개만의 인터럽트를 선택하여 처리하게 되는데 이를 인터럽트 우선순위(priority)라고 한다. 우선순위가 높은 인터럽트가 처리되는 동안에 낮은 순위의 인터럽트는 대기되며, 이것은 높은 순위의 인터럽트 처리가 끝난 후에 다시 순위에 따라 차례로 처리된다.

동시에 요청된 인터럽트의 우선순위를 결정하는 방법에는 여러 가지 형태가 있다. 조사형 인터럽트의 경우에는 인터럽트가 발생하면 이 인터럽트를 요청한 장치를 찾아내기 위하여 CPU가 각 주변장치를 소프트웨어적으로 차례로 조사하므로 조사 순서에 의하여 소프트웨어적으로 인터럽트의 우선순위를 지정할 수 있으며, 따라서 필요할 때마다 소프트웨어를 수정하여 손쉽게 우선순위를 변경할 수 있으므로 이를 동적 우선순위 제어(dynamic priority control)라고 한다.

그러나, Z80 CPU와 같은 범용 마이크로프로세서에서는 데이지 체인(daisy chain) 방식으로 인터럽트 우선순위를 사용자가 하드웨어적으로 결정하며, 이것은 하드웨어적으로 회로를 수정하지 않으면 우선순위를 변경하기 곤란하므로 정적 우선순위 제어(static priority control)라고 한다.

한편, 마이크로콘트롤러에서 주로 사용하는 벡터형 인터럽트의 경우에는 각 인터럽트에 대하여 미리 우선순위가 정해져 있는 경우가 많으며, 이를 사용자가 인터럽트 우선순위 제어 레지스터를 이용하여 변경할 수 있는 마이크로프로세서도 있는 반면에 ATmega1281/2561처럼 인터럽트 우선순위를 변경하지 못하는 경우도 있다.

이밖에 하나의 인터럽트가 서비스되고 있는 동안에 또다른 인터럽트가 요청되면 이를 어떻게 처리할 것인지도 인터럽트 우선순위 제어에 해당한다. 이런 경우의 인터럽트 처리 방식은 정해져 있는 경우도 있으나 대부분의 마이크로프로세서에서는 사용자 프로그램에 의하여 처리방법이 결정된다.

(4) 인터럽트의 처리 과정

인터럽트의 처리과정은 마이크로프로세서의 종류에 따라 상당히 다르고 또한 하나의 마이크로프로세서에서도 인터럽트의 종류에 따라 처리과정이 달라지는 경우가 있지만 전체적인 처리 과정은 매우 유사하다. 일반적인 인터럽트의 처리 과정을 개략적으로 요약하면 <그림 1.5.3>과 같으며, 물론 ATmega1281/2561에서도 전체적인 처리 과정은 이와 유사하다.

1. 인터럽트 요청 신호의 검출	CPU는 모든 명령 사이클에 한번씩 또는 모든 머신 사이클에 한번씩 지정된 순간에 인터럽트를 샘플링하여 주변장치의 인터럽트 요청을 검출한다. (ATmega1281/2561에는 모든 인터럽트마다 그에 대응되는 인터럽트 플랙 레지스터를 가지고 있어서 인터럽트가 검출되면 이 플랙이 1로 셋트된다. 이 플랙 비트는 해당 인터럽트의 벡터가 인출되어 인터럽트 서비스 루틴의 실행이 개시되면 자동으로 0으로 클리어된다.)
⬇	
2. 인터럽트 우선순위 제어 및 허용 여부 판단	CPU가 인터럽트를 허용할 수 있는 조건이 만족되는지를 판단하고 우선순위를 결정하여 인터럽트를 허용한다. 외부에서 인터럽트 벡터를 읽어들이는 방식에서는 이를 위한 인터럽트 인정 사이클을 수행한다. (ATmega1281/2561에서는 각 인터럽트에 해당되는 인터럽트 마스크 레지스터와 SREG 레지스터의 글로벌 인터럽트 허용 비트를 보고 인터럽트 허용 여부를 판단한다.)
⬇	
3. 인터럽트 처리루틴의 시작 번지 확인	CPU가 인터럽트를 요청한 주변장치에 대응하는 인터럽트 서비스 루틴의 시작번지를 확인한다. 각 인터럽트의 종류에 따라 이 벡터가 지정되어 있는 번지가 미리 정해져 있는 경우도 있고, 또다른 방식에서는 주변장치로부터 읽어들인 인터럽트 벡터가 이 서비스 루틴의 시작번지를 결정하는 자료로 사용된다. (ATmega1281/2561에서는 각 인터럽트별로 인터럽트 벡터의 번지가 미리 정해져 있어서 여기에 사용자가 인터럽트 서비스 루틴의 시작번지나 또는 그곳으로의 점프 명령을 저장하여 두어야 한다.)
⬇	
4. 복귀주소 및 레지스터를 저장	CPU가 나중에 인터럽트 서비스 루틴을 종료하고 되돌아 올 수 있도록 복귀주소(현재의 PC 값)를 스택에 저장하고, 마이크로프로세서에 따라서는 현재의 레지스터 값을 자동으로 스택에 저장하는 것도 있다. 또한, 대부분의 경우 하나의 인터럽트가 서비스되고 있는 동안에는 다른 인터럽트가 허용되지 못하도록 일시적으로 인터럽트 금지 상태로 설정된다. (ATmega1281/2561은 복귀주소만을 스택에 저장하며 다른 레지스터는 저장하지 않는다.)
⬇	
5. 인터럽트 서비스 루틴을 실행	CPU가 해당 인터럽트 서비스 루틴으로 점프하여 프로그램을 실행한다. 만약, 현재의 인터럽트 서비스 루틴이 실행되는 동안에 어떤 인터럽트를 허용하도록 하려면 여기서 그 인터럽트 설정을 새로 해주어야 한다.
⬇	
6. 인터럽트 서비스 루틴을 종료하고 원래의 주프로그램으로 복귀	CPU가 인터럽트 서비스 루틴의 실행중에 리턴 명령을 만나면 스택에서 복귀주소를 되찾아 프로그램 카운터에 로드함으로써 원래의 위치로 되돌아온다. 이때 복귀주소와 함께 레지스터를 저장하는 방식이면 이 레지스터들의 값도 되찾으며, 일시적으로 인터럽트 금지 상태로 설정되었던 것도 원상태로 되돌려진다. (ATmega1281/2561의 경우에는 RETI 명령을 만나면 해당 인터럽트를 종료하고 주프로그램으로 복귀한다.)

〈그림 1.5.3〉 인터럽트의 일반적인 처리 과정

2. ATmega1281/2561의 인터럽트 처리 동작

ATmega640/1280/1281/2560/2561에는 리셋을 포함하여 모두 57종의 리셋 및 인터럽트 벡터를 가지고 있는데, 64핀 패키지인 ATmega1281/2561의 경우에는 이 중에서 9가지가 사용되지 않아 48종이 된다. 이것들은 여러 가지의 인터럽트 마스크 레지스터를 통하여 각각 개별적으로 허용여부를 설정할 수 있으며, 상태 레지스터 SREG의 글로벌 인터럽트 허용 비트 I를 이용하여 전체적인 허용여부를 설정할 수 있다.

〈표 1.5.1〉 ATmega640/1280/1281/2560/2561의 리셋 및 인터럽트 벡터

벡터 번호 (우선순위)	벡터 번지	인터럽트 소스	인터럽트 발생 조건
0	0x0000	리셋	External Pin, Power-on Reset, Brown-out Reset, Watchdog Reset, and JTAG AVR Reset
1	0x0002	INT0	External Interrupt Request 0
2	0x0004	INT1	External Interrupt Request 1
3	0x0006	INT2	External Interrupt Request 2
4	0x0008	INT3	External Interrupt Request 3
5	0x000A	INT4	External Interrupt Request 4
6	0x000C	INT5	External Interrupt Request 5
7	0x000E	INT6	External Interrupt Request 6
8	0x0010	INT7	External Interrupt Request 7
9	0x0012	PCINT0	Pin Change Interrupt Request 0
10	0x0014	PCINT1	Pin Change Interrupt Request 1
11	0x0016	PCINT2	Pin Change Interrupt Request 2 ★
12	0x0018	WDT	Watchdog Time-out Interrupt
13	0x001A	TIMER2 COMPA	Timer/Counter2 Compare Match A
14	0x001C	TIMER2 COMPB	Timer/Counter2 Compare Match B
15	0x001E	TIMER2 OVF	Timer/Counter2 Overflow
16	0x0020	TIMER1 CAPT	Timer/Counter1 Capture Event
17	0x0022	TIMER1 COMPA	Timer/Counter1 Compare Match A
18	0x0024	TIMER1 COMPB	Timer/Counter1 Compare Match B
19	0x0026	TIMER1 COMPC	Timer/Counter1 Compare Match C
20	0x0028	TIMER1 OVF	Timer/Counter1 Overflow
21	0x002A	TIMER0 COMPA	Timer/Counter0 Compare Match A
22	0x002C	TIMER0 COMPB	Timer/Counter0 Compare Match B
23	0x002E	TIMER0 OVF	Timer/Counter0 Overflow
24	0x0030	SPI	SPI Serial Transfer Complete
25	0x0032	USART0 RXC	USART0 Rx Complete
26	0x0034	USART0 UDRE	USART0 Data Register Empty
27	0x0036	USART0 TXC	USART0 Tx Complete
28	0x0038	ANALOG COMP	Analog Comparator
29	0x003A	ADC	ADC Conversion Complete
30	0x003C	EE READY	EEPROM Ready ☆
31	0x003E	TIMER3 CAPT	Timer/Counter3 Capture Event
32	0x0040	TIMER3 COMPA	Timer/Counter3 Compare Match A
33	0x0042	TIMER3 COMPB	Timer/Counter3 Compare Match B
34	0x0044	TIMER3 COMPC	Timer/Counter3 Compare Match C
35	0x0046	TIMER3 OVF	Timer/Counter3 Overflow

〈표 1.5.1〉 리셋 및 인터럽트 벡터(계속)

벡터 번호 (우선순위)	벡터 번지	인터럽트 소스	인터럽트 발생 조건
36	0x0048	USART1 RXC	USART1 Rx Complete
37	0x004A	USART1 UDRE	USART1 Data Register Empty
38	0x004C	USART1 TXC	USART1 Tx Complete
39	0x004E	TWI	Two-wire Serial Interface
40	0x0050	SPM READY	Store Program Memory Ready ☆
41	0x0052	TIMER4 CAPT	Timer/Counter4 Capture Event ★
42	0x0054	TIMER4 COMPA	Timer/Counter4 Compare Match A
43	0x0056	TIMER4 COMPB	Timer/Counter4 Compare Match B
44	0x0058	TIMER4 COMPC	Timer/Counter4 Compare Match C
45	0x005A	TIMER4 OVF	Timer/Counter4 Overflow
46	0x005C	TIMER5 CAPT	Timer/Counter5 Capture Event ★
47	0x005E	TIMER5 COMPA	Timer/Counter5 Compare Match A
48	0x0060	TIMER5 COMPB	Timer/Counter5 Compare Match B
49	0x0062	TIMER5 COMPC	Timer/Counter5 Compare Match C
50	0x0064	TIMER5 OVF	Timer/Counter5 Overflow
51	0x0066	USART2 RXC	USART2 Rx Complete ★
52	0x0068	USART2 UDRE	USART2 Data Register Empty ★
53	0x006A	USART2 TXC	USART2 Tx Complete ★
54	0x006C	USART3 RXC	USART3 Rx Complete ★
55	0x006E	USART3 UDRE	USART3 Data Register Empty ★
56	0x0070	USART3 TXC	USART3 Tx Complete ★

☞ ☆표시는 인터럽트 플랙이 없는 인터럽트임. ★표시는 ATmega640/1280/2560에서만 유효함.

(1) 인터럽트의 종류

ATmega1281/2561의 인터럽트는 <표 1.5.1>과 같이 모두 48종이 있는데, 이것들은 모두 외부 인터럽트에 해당하며 차단 가능하다.

이들 인터럽트에는 크게 2가지의 동작 유형이 있다. 첫째는, 인터럽트가 발생하면 관련 플랙 레지스터의 해당 플랙 비트를 1로 셋트하도록 트리거시키는 종류이다. 이러한 인터럽트에서는 인터럽트 벡터가 결정되고 프로그램 카운터가 인터럽트 서비스 루틴의 시작번지를 지정하여 액세스하면 자동으로 해당 플랙이 다시 0으로 클리어된다. 소프트웨어로 이 비트에 1을 라이트하여 0으로 클리어할 수도 있다. 이들 인터럽트에서는 인터럽트 마스크 레지스터 또는 SREG 레지스터에서 이를 금지상태로 설정하여 놓았더라도 인터럽트가 발생하면 해당 인터럽트 플랙이 1로 되어 인터럽트 대기상태로 되며, 나중에라도 인터럽트가 허용상태로 설정되면 이 인터럽트가 처리된다.

둘째는, 인터럽트가 요청되더라도 이를 기억해둘 인터럽트 플랙을 가지고 있지 않으며 인터럽트 발생 조건이 만족되어 있는 경우에만 인터럽트를 트리거하는 종류이다. 이러한 인터럽트는 인터럽트 발생조건이 사라지면 인터럽트 요청도 없어지므로 나중에 인터럽트가 다시 허용상태로 되더라도 인터럽트는 걸리지 않는다.

(2) 인터럽트의 동작

ATmega1281/2561에서는 어느 인터럽트가 요청되어 이것이 허용되면 인터럽트 서비스 루틴(interrupt service routine, interrupt handler)이 실행되면서 SREG 레지스터의 글로벌 인터럽트 허용 비트 I가 0으로 클리어되어 모든 인터럽트가 금지상태로 된다. 따라서, 여기서 사용자가 인터럽트 서비스 루틴이 실행되는 동안에 다른 인터럽트가 발생되도록 다중 인터럽트를 허용하려면 SREG 레지스터의 I비트를 1로 설정하여야 한다. 인터럽트 서비스 루틴을 종료하기 위하여 복귀명령 RETI를 실행하면 SREG 레지스터의 글로벌 인터럽트 허용 비트 I가 다시 1로 되살아나 인터럽트 허용상태로 복구된다.

이처럼 하나의 인터럽트가 처리되는 동안에 SREG 레지스터의 글로벌 인터럽트 허용 비트 I가 잠정적으로 0으로 되었다가 나중에 인터럽트가 종료되면 다시 1로 복구되지만, 이 과정에서 SREG 레지스터의 내용이 자동으로 저장되지 않으므로 SREG 레지스터의 내용이 변경되지 않고 안전하게 유지되도록 하려면 사용자가 인터럽트 서비스 루틴에서 이를 저장하거나 되찾도록 프로그램해야 한다.

◀참고▶ ATmega1281/2561에서 PUSH 및 POP 명령의 오퍼랜드로는 단지 R0~R31만을 사용할 수 있다. 따라서, I/O 영역에 위치하는 상태 레지스터 SREG를 직접 스택에 PUSH/POP하는 것은 불가능하므로 다른 레지스터나 데이터 메모리에 저장해야 한다.

ATmega1281/2561이 인터럽트 서비스 루틴을 종료하고 원래의 프로그램으로 복귀하면 이미 대기 상태에 있던 다른 인터럽트를 수행하기 전에 최소한 1개 이상의 명령을 실행한다. CLI 명령을 실행하면 어떤 인터럽트도 수행되지 않으므로 이 명령이 실행될 때 동시에 요청된 인터럽트도 처리되지 않고 대기 상태로 된다. SEI 명령을 실행하면 그 다음에 있는 최소 1개의 명령을 실행하고 나서 대기 상태에 있던 인터럽트가 수행된다.

ATmega1281/2561이 인터럽트 요청에 응답하는데는 최소한 4/5클록 사이클이 소요된다. CPU는 이 시간 동안에 프로그램 카운터를 스택에 저장하고, 인터럽트 벡터를 인출하여 서비스 루틴으로 점프한다. 그러나, 만약 여러 사이클에 수행되는 명령을 실행하고 있는 동안에 인터럽트가 요청된다면 이 명령이 완료된 이후에 인터럽트가 처리되므로 전체적인 인터럽트 응답시간은 이보다 더 길어진다. 또한, 슬립 모드에 있을 때 인터럽트가 발생하면 인터럽트 응답시간은 4/5클록 사이클만큼 추가로 더 길어지며, 슬립모드에 따라 여기에 기동시간이 추가된다.

ATmega1281/2561이 RETI 명령에 의하여 인터럽트 서비스 루틴의 실행을 마치고 복귀하는데도 4/5클록 사이클이 소요된다. 이 시간동안에 2/3바이트의 프로그램 카운터의 값이 스택에서 꺼내지고, 스택 포인터가 2/3만큼 증가하며, SREG 레지스터의 글로벌 인터럽트 허용 비트 I가 다시 1로 셋트된다.

ATmega1281/2561의 인터럽트 우선순위는 <표 1.5.1>에 표시된 것처럼 고정되어 있으며, 사용자가 이를 변경할 수 없다.

(3) 리셋 및 인터럽트 벡터의 배치

ATmega1281/2561에서 리셋 및 인터럽트 벡터는 항상 <표 1.5.1>처럼 위치가 고정되어 있는 것이 아니라 가변적으로 배치할 수 있다. 즉, 퓨즈 비트의 BOOTRST 비트 및 MCU 제어 레지스터 MCUCR의 IVSEL 비트에 따라 <표 1.5.2>와 같이 여러 가지의 조합이 가능하다.

여기서 Boot Reset Address는 부트 로더 섹션의 메모리 용량에 따라 달라지는데, 이는 <표 1.4.27>에서 보인 바와 같이 퓨즈 비트의 BOOTSZ1~0 비트에 의하여 설정된다. 예를 들어 ATmega1281/2561에서 BOOTSZ1~0 비트들이 모두 0으로 설정되면 부트 사이즈는 8KB(4096워드)가 되어 Boot Reset Address는 0xF000/0x1F000 번지가 된다.

〈표 1.5.2〉 ATmega1281/2561에서 리셋 및 인터럽트 벡터의 배치

BOOTRST	IVSEL	리셋 벡터 어드레스	인터럽트 벡터의 시작 어드레스
1	0	0x0000	0x0002
1	1	0x0000	Boot Reset Address + 0x0002
0	0	Boot Reset Address	0x0002
0	1	Boot Reset Address	Boot Reset Address + 0x0002

이상으로부터 ATmega1281/2561에서 전형적(BOOTRST=1, IVSEL=0)인 경우 리셋 및 인터럽트 벡터 어드레스를 고려한 어셈블리 프로그램의 예를 보이면 다음과 같다.

```
Address   Labels      Code                  Comments
0x0000                JMP   RESET           ; Reset Handler
0x0002                JMP   INT0            ; IRQ0 Handler
0x0004                JMP   INT1            ; IRQ1 Handler
0x0006                JMP   INT2            ; IRQ2 Handler
0x0008                JMP   INT3            ; IRQ3 Handler
0x000A                JMP   INT4            ; IRQ4 Handler
0x000C                JMP   INT5            ; IRQ5 Handler
0x000E                JMP   INT6            ; IRQ6 Handler
0x0010                JMP   INT7            ; IRQ7 Handler
```

```
0x0012          JMP  PCINT0            ; PCINT0 Handler
0x0014          JMP  PCINT1            ; PCINT1 Handler
0x0016          JMP  PCINT2            ; PCINT2 Handler
0x0018          JMP  WDT               ; Watchdog Timeout Handler
0x001A          JMP  TIM2_COMPA        ; Timer2 Compare A Handler
0x001C          JMP  TIM2_COMPB        ; Timer2 Compare B Handler
0x001E          JMP  TIM2_OVF          ; Timer2 Overflow Handler
0x0020          JMP  TIM1_CAPT         ; Timer1 Capture Handler
0x0022          JMP  TIM1_COMPA        ; Timer1 Compare A Handler
0x0024          JMP  TIM1_COMPB        ; Timer1 Compare B Handler
0x0026          JMP  TIM1_COMPC        ; Timer1 Compare C Handler
0x0028          JMP  TIM1_OVF          ; Timer1 Overflow Handler
0x002A          JMP  TIM0_COMPA        ; Timer0 Compare A Handler
0x002C          JMP  TIM0_COMPB        ; Timer0 Compare B Handler
0x002E          JMP  TIM0_OVF          ; Timer0 Overflow Handler
0x0030          JMP  SPI               ; SPI Transfer Complete Handler
0x0032          JMP  USART0_RXC        ; USART0 RX Complete Handler
0x0034          JMP  USART0_UDRE       ; USART0 UDR Empty Handler
0x0036          JMP  USART0_TXC        ; USART0 TX Complete Handler
0x0038          JMP  ANA_COMP          ; Analog Comparator Handler
0x003A          JMP  ADC               ; ADC Conversion Complete Handler
0x003C          JMP  EE_RDY            ; EEPROM Ready Handler
0x003E          JMP  TIM3_CAPT         ; Timer3 Capture Handler
0x0040          JMP  TIM3_COMPA        ; Timer3 Compare A Handler
0x0042          JMP  TIM3_COMPB        ; Timer3 Compare B Handler
0x0044          JMP  TIM3_COMPC        ; Timer3 Compare C Handler
0x0046          JMP  TIM3_OVF          ; Timer3 Overflow Handler
0x0048          JMP  USART1_RXC        ; USART1 RX Complete Handler
0x004A          JMP  USART1_UDRE       ; USART1 UDR Empty Handler
0x004C          JMP  USART1_TXC        ; USART1 TX Complete Handler
0x004E          JMP  TWI               ; Two-Wire Serial Handler
0x0050          JMP  SPM_RDY           ; SPM Ready Handler
0x0052          JMP  TIM4_CAPT         ; Timer4 Capture Handler
0x0054          JMP  TIM4_COMPA        ; Timer4 Compare A Handler
0x0056          JMP  TIM4_COMPB        ; Timer4 Compare B Handler
0x0058          JMP  TIM4_COMPC        ; Timer4 Compare C Handler
0x005A          JMP  TIM4_OVF          ; Timer4 Overflow Handler
0x005C          JMP  TIM5_CAPT         ; Timer5 Capture Handler
0x005E          JMP  TIM5_COMPA        ; Timer5 Compare A Handler
0x0060          JMP  TIM5_COMPB        ; Timer5 Compare B Handler
0x0062          JMP  TIM5_COMPC        ; Timer5 Compare C Handler
0x0064          JMP  TIM5_OVF          ; Timer5 Overflow Handler
0x0066          JMP  USART2_RXC        ; USART2 RX Complete Handler
0x0068          JMP  USART2_UDRE       ; USART2 UDR Empty Handler
0x006A          JMP  USART2_TXC        ; USART2 TX Complete Handler
0x006C          JMP  USART3_RXC        ; USART3 RX Complete Handler
0x006E          JMP  USART3_UDRE       ; USART3 UDR Empty Handler
0x0070          JMP  USART3_TXC        ; USART3 TX Complete Handler
;
0x0072  RESET:  LDI  R16, high(RAMEND) ; Main program start
0x0073          OUT  SPH, R16          ; Set stack pointer to top of RAM
0x0074          LDI  R16, low(RAMEND)
0x0075          OUT  SPL, R16
0x0076          SEI                    ; Enable interrupts
0x0077           · · ·
```

그러나, ATmega2561에서 BOOTRST=1, IVSEL=1로 설정하고 부트 사이즈가 8KB인 경우 리셋 및 인터럽트 벡터 어드레스를 고려한 어셈블리 프로그램의 예를 보이면 다음과 같다.(단, ATmega1281이면 0x1F002를 0xF002로 해야 한다.)

Address	Labels	Code	Comments
0x00000	RESET:	LDI R16, high(RAMEND)	; Main program start
0x00001		OUT SPH, R16	; Set stack pointer to top of RAM
0x00002		LDI R16, low(RAMEND)	
0x00003		OUT SPL, R16	
0x00004		SEI	; Enable interrupts
0x00005		. . .	
;			
		.org 0x1F002	
0x1F002		JMP INT0	; IRQ0 Handler
0x1F004		JMP INT1	; IRQ1 Handler
		. . .	
0x1F06E		JMP USART3_UDRE	; USART3 UDR Empty Handler
0x1F070		JMP USART3_TXC	; USART3 TX Complete Handler

또한, ATmega2561에서 BOOTRST=0, IVSEL=0으로 설정하고 부트 사이즈가 8KB인 경우 리셋 및 인터럽트 벡터 어드레스를 고려한 어셈블리 프로그램의 예를 보이면 다음과 같다.(단, ATmega1281이면 0x1F000을 0xF000으로 해야 한다.)

Address	Labels	Code	Comments
		.org 0x0002	
0x00002		JMP INT0	; IRQ0 Handler
0x00004		JMP INT1	; IRQ1 Handler
		. . .	
0x0006E		JMP USART3_UDRE	; USART3 UDR Empty Handler
0x00070		JMP USART3_TXC	; USART3 TX Complete Handler
;			
		.org 0x1F000	
0x1F000	RESET:	LDI R16, high(RAMEND)	; Main program start
0x1F001		OUT SPH, R16	; Set stack pointer to top of RAM
0x1F002		LDI R16, low(RAMEND)	
0x1F003		OUT SPL, R16	
0x1F004		SEI	; Enable interrupts
0x1F005		. . .	

마지막으로, ATmega2561에서 BOOTRST=0, IVSEL=1로 설정하고 부트 사이즈가 8KB인 경우 리셋 및 인터럽트 벡터 어드레스를 고려한 어셈블리 프로그램의 예를 보이면 다음과 같다.(단, ATmega1281이면 0x1F000을 0xF000으로 해야 한다.)

Address	Labels	Code	Comments
		.org 0x1F000	
0x1F000		JMP RESET	; Reset Handler
0x1F002		JMP INT0	; IRQ0 Handler
0x1F004		JMP INT1	; IRQ1 Handler
		. . .	
0x1006E		JMP USART3_UDRE	; USART3 UDR Empty Handler
0x10070		JMP USART3_TXC	; USART3 TX Complete Handler
;			
0x1F072	RESET:	LDI R16, high(RAMEND)	; Main program start
0x1F073		OUT SPH, R16	; Set stack pointer to top of RAM
0x1F074		LDI R16, low(RAMEND)	
0x1F075		OUT SPL, R16	
0x1F076		SEI	; Enable interrupts
0x1F077		. . .	

인터럽트 벡터를 응용 프로그램 섹션과 부트 로더 섹션 사이에 이동시켜 할당하는데는 <그림 1.5.4>와 같은 MCU 제어 레지스터 MCUCR(MCU Control Register)의 IVSEL(Interrupt Vector Select) 비트가 사용된다. 이 비트를 0으로 클리어하면 인터럽트 벡터는 응용 프로그램 섹션인 플래시 메모리의 시작부분에 위치하게 되고, 이 비트를 1로 셋트하면 인터럽트 벡터는 플래시 메모리에서 부트 로더 섹션의 선두부분에 위치하게 된다. 부트 로더 섹션의 정확한 어드레스 범위는 퓨즈 비트의 BOOTSZ1～0 비트에 의하여 설정된다.

자칫 프로그램 오류에 의하여 인터럽트 벡터 테이블이 이동되는 것을 방지하기 위하여 IVSEL 비트의 설정값을 변경하는데는 특별한 절차가 필요하다. 즉, ①단계에서는 MCUCR 레지스터의 IVCE(Interrupt Vector Change Enable) 비트에 1을 쓰고, ②단계에서는 4사이클 이내에 MCUCR 레지스터의 IVCE 비트에 0과 함께 IVSEL 비트에 원하는 값을 쓰면 된다. 이러한 수행절차 동안에는 모든 인터럽트가 자동적으로 금지된다. 그러나, ①단계가 수행되고 나서 ②단계가 수행되지 않으면 4사이클 후에 인터럽트는 다시 원상태로 복구된다.

만약 인터럽트 벡터가 부트 로더 섹션에 위치하고 메모리 록 비트 BLB02 비트가 0으로 설정되어 있다면 응용 프로그램 섹션이 실행되는 동안에 모든 인터럽트는 금지된다. 반대로, 만약 인터럽트 벡터가 응용 프로그램 섹션에 위치하고 메모리 록 비트 BLB12 비트가 0으로 설정되어 있다면 부트 로더 섹션이 실행되는 동안에 모든 인터럽트는 금지된다. 이에 대한 좀더 자세한 사항은 메모리 록 비트를 참조하라.

Bit	7	6	5	4	3	2	1	0	
0x35 (0x55)	JTD	–	–	PUD	–	–	IVSEL	IVCE	MCUCR
Read/Write	R/W	R	R	R/W	R	R	R/W	R/W	
Initial Value	0	0	0	0	0	0	0	0	

〈그림 1.5.4〉 MCU 제어 레지스터 MCUCR

MCUCR 레지스터에서 비트7의 JTD(JTAG Interface Disable) 비트는 JTAG 인터페이스의 사용을 금지하는 비트이다. JTAG 인터페이스를 사용하려면 퓨즈 비트에서 JTAGEN 비트를 0으로 프로그램하고 JTD=0으로 설정해야 한다. 이 비트는 뜻하지 않게 변경되는 것을 방지하기 위하여 특별한 사용 절차가 필요한데, 이를 변경하려면 4 클록 사이클 이내에 원하는 값을 2번 라이트해야 한다.

또한, 비트4의 PUD(Pull-Up Disable) 비트는 병렬 I/O 포트에서 입력방향으로 설정될 때 풀업저항의 사용을 금지시킨다. 이에 대한 자세한 사항은 제3.1절의 병렬 I/O 포트를 참조하라.

(4) ATmega1281/2561의 외부 인터럽트

ATmega1281/2561에서 외부 인터럽트라고 하면 8개의 외부핀 INT7~0을 통해 입력되는 신호에 의하여 발생하는 인터럽트를 가리킨다. 외부 인터럽트는 이 핀들을 출력으로 설정하더라도 발생되는데, 따라서 이를 이용하면 병렬 I/O 포트에 소프트웨어적으로 데이터를 출력하여 인터럽트를 요구할 수 있다.

각각의 외부 인터럽트는 L의 논리레벨(low level), 하강 에지(falling edge), 상승 에지(rising edge) 등에 의하여 트리거(trigger)될 수 있는데, 이러한 인터럽트 트리거 방법은 외부 인터럽트 제어 레지스터 EICRA(INT3~0) 및 EICRB(INT7~4)로 설정한다. 만약 인터럽트가 허용되고 레벨 트리거 방식으로 설정되어 있다면 해당 핀에 L상태가 입력되는 동안 인터럽트가 발생된다. 모든 레벨 트리거 인터럽트와 INT3~0이 하강 또는 상승 에지 트리거 방식으로 설정된 경우에는 인터럽트가 클록 신호에 관계없이 비동기적으로 검출되므로 이것들은 모든 슬립모드를 해제하는 수단으로 사용할 수 있다.

그러나, INT7~4가 에지 트리거 방식으로 설정되면 이는 I/O 클록을 필요로 하므로 이것들은 I/O 클록이 차단되는 아이들 모드 이외의 슬립모드에서는 슬립모드를 해제하는 수단으로 사용할 수 없다. 에지 트리거로 사용하는 인터럽트 신호의 펄스 폭은 최소 t_{INT} = 50ns 이상이어야 한다.

레벨 트리거로 사용되는 인터럽트가 파워 다운 모드의 해제 수단으로 사용되는 경우에는 좀더 긴 인터럽트 신호가 요구되는데, 이것은 MCU가 잡음에 대하여 덜 민감하게 해주는 효과가 있다. 레벨 트리거 인터럽트 신호는 워치독 오실레이터에 의하여 2번 샘플링되는데 L레벨이면 이는 슬립모드를 해제한다. 그러나, 만약 이와 같이 슬립모드가 해제되고 나서 기동시간이 경과하기 전에 이 인터럽트 신호가 사라지면 슬립모드의 해제는 이루어지지만 인터럽트는 발생되지 않는다. 슬립모드를 해제하고 인터럽트도 발생되려면 충분히 긴 시간동안 인터럽트 신호가 L상태로 입력되어야 한다.

외부 인터럽트 제어 레지스터 EICRA(External Interrupt Control Register A)는 <그림 1.5.5> 및 <표 1.5.3>에 나타낸 바와 같이 INT3~0 핀으로 입력되는 신호에 의하여 인터럽트가 트리거되는 방법을 설정한다.

또한, 외부 인터럽트 제어 레지스터 EICRB(External Interrupt Control Register B)는 <그림 1.5.6> 및 <표 1.5.4>에 나타낸 바와 같이 INT7~4 핀으로 입력되는 신호에 의하여 인터럽트가 트리거되는 방법을 설정한다.

Bit	7	6	5	4	3	2	1	0	
(0x69)	ISC31	ISC30	ISC21	ISC20	ISC11	ISC10	ISC01	ISC00	EICRA
Read/Write	R/W	R/W	R/W	R/W	R/W	R/W	R/W	R/W	
Initial Value	0	0	0	0	0	0	0	0	

〈그림 1.5.5〉 외부 인터럽트 제어 레지스터 EICRA

〈표 1.5.3〉 외부 인터럽트 INT3~0의 트리거 방식 설정

ISCn1	ISCn0	인터럽트 트리거 방식
0	0	INTn 핀의 L레벨 신호(low level) 입력이 인터럽트를 트리거한다.
0	1	INTn 핀의 하강 에지 또는 상승 에지가 인터럽트를 비동기적으로 트리거한다.
1	0	INTn 핀의 하강 에지(falling edge)가 인터럽트를 비동기적으로 트리거한다.
1	1	INTn 핀의 상승 에지(rising edge)가 인터럽트를 비동기적으로 트리거한다.

Bit	7	6	5	4	3	2	1	0	
(0x6A)	ISC71	ISC70	ISC61	ISC60	ISC51	ISC50	ISC41	ISC40	EICRB
Read/Write	R/W	R/W	R/W	R/W	R/W	R/W	R/W	R/W	
Initial Value	0	0	0	0	0	0	0	0	

〈그림 1.5.6〉 외부 인터럽트 제어 레지스터 EICRB

〈표 1.5.4〉 외부 인터럽트 INT7~4의 트리거 방식 설정

ISCn1	ISCn0	인터럽트 트리거 방식
0	0	INTn 핀의 L레벨 신호(low level) 입력이 인터럽트를 트리거한다.
0	1	INTn 핀의 하강 에지 또는 상승 에지가 인터럽트를 트리거한다.
1	0	INTn 핀의 하강 에지(falling edge)가 인터럽트를 트리거한다.
1	1	INTn 핀의 상승 에지(rising edge)가 인터럽트를 트리거한다.

외부 인터럽트 제어 레지스터 EICRA 및 EICRB의 값을 변경하면 뜻하지 않은 인터럽트를 발생할 수 있으므로 이러한 작업은 이들 인터럽트를 일시적으로 금지시킨 상태에서 수행하는 것이 바람직하다.

Bit	7	6	5	4	3	2	1	0	
0x1D (0x3D)	INT7	INT6	INT5	INT4	INT3	INT2	INT1	IINT0	EIMSK
Read/Write	R/W	R/W	R/W	R/W	R/W	R/W	R/W	R/W	
Initial Value	0	0	0	0	0	0	0	0	

〈그림 1.5.7〉 외부 인터럽트 마스크 레지스터 EIMSK

Bit	7	6	5	4	3	2	1	0	
0x1C (0x3C)	INTF7	INTF6	INTF5	INTF4	INTF3	INTF2	INTF1	IINTF0	EIFR
Read/Write	R/W	R/W	R/W	R/W	R/W	R/W	R/W	R/W	
Initial Value	0	0	0	0	0	0	0	0	

〈그림 1.5.8〉 외부 인터럽트 플랙 레지스터 EIFR

외부 인터럽트 마스크 레지스터 EIMSK(External Interrupt Mask Register)는 외부 인터럽트 INT7~0을 개별적으로 허용하는데 사용된다. 각 비트를 1로 설정하면 해당 인터럽트를 허용하고, 0으로 설정하면 해당 인터럽트를 금지하게 된다. 이렇게 개별적으로 허용된 인터럽트는 다시 SREG 레지스터의 글로벌 인터럽트 허용 비트 I가 1로 되어야만 실제로 허용상태가 된다.

외부 인터럽트 플랙 레지스터 EIFR(External Interrupt Flag Register)은 인터럽트 INT7~0을 에지 트리거 방식으로 설정하였을 경우 해당 인터럽트가 트리거 되었음을 표시하는데 사용된다. 이 비트들은 인터럽트 처리가 시작되고 마이크로콘트롤러가 인터럽트 벡터를 인출하여 인터럽트 서비스 루틴으로 점프하게 되면 다시 0으로 클리어되며, 이를 강제로 0으로 클리어하려면 해당 비트에 1을 라이트해야 한다. 그러나, 인터럽트 INT7~0을 레벨 트리거 방식으로 설정하였을 경우에는 이들 비트가 사용되지 않고 항상 0으로 유지된다.

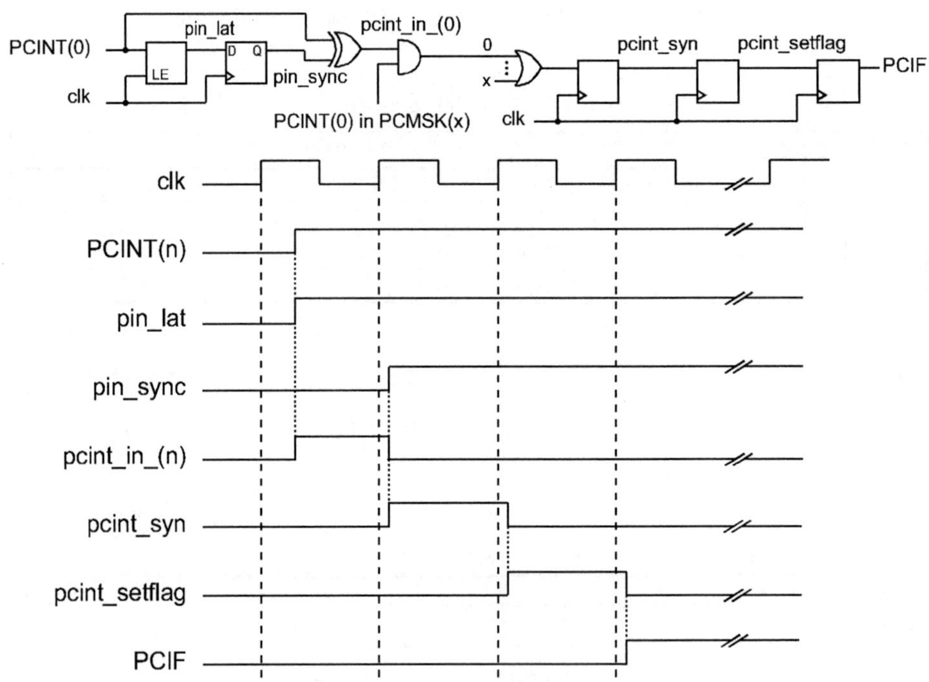

〈그림 1.5.9〉 핀 변경 인터럽트 신호의 검출

(5) ATmega1281/2561의 핀 변경 인터럽트

ATmega1281/2561에는 9개의 핀 변경 인터럽트(Pin Change Interrupt) 신호 PCINT

8~0을 가지고 있으며, ATmega1280/2560에는 24개의 핀 변경 인터럽트 신호 PCINT23~0을 가지고 있다. 핀 변경 인터럽트라는 것은 8개의 인터럽트 신호가 1개의 인터럽트 벡터를 공유하는 것을 말한다. 따라서, 24개의 핀 변경 인터럽트 신호는 8개씩 그룹으로 나누어 3개의 인터럽트 벡터를 가지고 있다. 8개의 인터럽트 신호 중에서 어느 것이 실제로 인터럽트를 발생할지는 핀 변경 마스크 레지스터 PCMSK2~0으로 설정된다.

핀 변경 인터럽트 신호는 임의의 논리상태 변경에 의하여 인터럽트를 발생하며, 이는 시스템 클록에 관계없이 비동기적으로 검출되므로 이것들은 Idle 모드를 제외한 슬립모드를 해제하는 수단으로 사용될 수 있다. 이 신호의 동작을 그림으로 설명하면 <그림 1.5.9>와 같다.

핀 변경 인터럽트 제어 레지스터 PCICR(Pin Change Interrupt Control Register)은 <그림 1.5.10>과 같다. 여기서 비트0의 PCIE0(Pin Change Interrupt Enable 0)은 PCI0 인터럽트 벡터에 해당하는 인터럽트를 발생하도록 설정하며, 이것은 외부 단자 PCINT7~0에서 들어온 신호에 의하여 인터럽트가 요청된다.

마찬가지로 비트1의 PCIE1(Pin Change Interrupt Enable 1)은 PCI1 인터럽트 벡터에 해당하는 인터럽트를 발생하도록 설정하며, 이것은 외부 단자 PCINT15~8에서 들어온 신호에 의하여 인터럽트가 요청된다. 또한, 비트2의 PCIE2(Pin Change Interrupt Enable 2)는 PCI2 인터럽트 벡터에 해당하는 인터럽트를 발생하도록 설정하며, 이것은 외부 단자 PCINT23~16에서 들어온 신호에 의하여 인터럽트가 요청된다.

Bit	7	6	5	4	3	2	1	0	
(0x68)			–	–	–	PCIE2	PCIE1	PCIE0	PCICR
Read/Write	R	R	R	R	R	R/W	R/W	R/W	
Initial Value	0	0	0	0	0	0	0	0	

〈그림 1.5.10〉 핀 변경 인터럽트 제어 레지스터 PCICR

Bit	7	6	5	4	3	2	1	0	
0x1B (0x3B)			–	–	–	PCIF2	PCIF1	PCIF0	PCIFR
Read/Write	R	R	R	R	R	R/W	R/W	R/W	
Initial Value	0	0	0	0	0	0	0	0	

〈그림 1.5.11〉 핀 변경 인터럽트 플랙 레지스터 PCIFR

핀 변경 인터럽트 플랙 레지스터 PCIFR(Pin Change Interrupt Flag Register)은 <그림 1.5.11>과 같다. 여기서 비트0의 PCIF0(Pin Change Interrupt Flag 0)은 외부 단자 PCINT7~0에서 들어온 에지 신호에 의하여 인터럽트가 요청된 것을 나타내며,

PCIE0=1로 설정되어 개별적으로 인터럽트가 허용되고 상태 레지스터 SREG에서 I=1로 설정되어 있다면 PCI0 인터럽트 벡터에 해당하는 인터럽트가 발생된다.

마찬가지로 비트1의 PCIE1은 외부 단자 PCINT15~8에서 들어온 에지 신호에 의하여 인터럽트가 요청된 것을 나타내며, 비트2의 PCIE2는 외부 단자 PCINT23~16에서 들어온 에지 신호에 의하여 인터럽트가 요청된 것을 나타낸다.

핀 변경 인터럽트 플랙 비트 PCIF2~0은 해당 인터럽트 처리가 시작되고 MCU가 인터럽트 벡터를 인출하여 인터럽트 서비스 루틴으로 점프하게 되면 다시 0으로 클리어되며, 이를 강제로 0으로 클리어하려면 해당 비트에 1을 라이트해야 한다.

그러나, 이렇게 핀 변경 인터럽트 제어 레지스터만을 사용하여 핀 변경 인터럽트가 발생하는 것은 아니다. 즉, 하나의 핀 변경 인터럽트를 발생할 수 있는 8개의 신호를 사용자가 개별적으로 허용 또는 금지시킬 수 있다. 예를 들어 PCI0 벡터에 해당하는 인터럽트를 발생할 수 있는 PCINT7~0 입력신호는 <그림 1.5.12>에서 핀 변경 마스크 레지스터 PCMSK0(Pin Change Mask Register 0)처럼 개별적으로 하나씩 인터럽트 발생 가능 여부를 설정할 수 있다. 이 비트들은 1로 설정하면 인터럽트 발생 가능, 0으로 설정하면 인터럽트 발생 불가능이 된다.

이와 마찬가지로 PCI1 벡터에 해당하는 인터럽트를 발생할 수 있는 PCINT15~8 입력신호는 핀 변경 마스크 레지스터 PCMSK1에 의하여 설정하고, PCI2 벡터에 해당하는 인터럽트를 발생할 수 있는 PCINT23~16 입력신호는 핀 변경 마스크 레지스터 PCMSK2에 의하여 설정한다.

Bit	7	6	5	4	3	2	1	0	
(0x6D)	PCINT23	PCINT22	PCINT21	PCINT20	PCINT19	PCINT18	PCINT17	PCINT16	PCMSK2
Read/Write	R/W	R/W	R/W	R/W	R/W	R/W	R/W	R/W	
Initial Value	0	0	0	0	0	0	0	0	

Bit	7	6	5	4	3	2	1	0	
(0x6C)	PCINT15	PCINT14	PCINT13	PCINT12	PCINT11	PCINT10	PCINT9	PCINT8	PCMSK1
Read/Write	R/W	R/W	R/W	R/W	R/W	R/W	R/W	R/W	
Initial Value	0	0	0	0	0	0	0	0	

Bit	7	6	5	4	3	2	1	0	
(0x6B)	PCINT7	PCINT6	PCINT5	PCINT4	PCINT3	PCINT2	PCINT1	PCINT0	PCMSK0
Read/Write	R/W	R/W	R/W	R/W	R/W	R/W	R/W	R/W	
Initial Value	0	0	0	0	0	0	0	0	

〈그림 1.5.12〉 핀 변경 마스크 레지스터 PCMSK0~2

◀휴게실▶ ATmega1281/2561이 ATmega128과 달라진 사항 요약

ATmega640/1280/1281/2560/2561 모델은 동일한 CPU 코어를 가지면서 기본적으로 공통의 사양을 가지는 제품들이다. 이 중에서 ATmega1281은 이보다 훨씬 먼저 나온 ATmega128과 매우 유사한 구조를 가지고 있지만 사양이 다소 높아지고 세부적으로 기술적인 사항이 달라진 것이 많으므로 완벽한 상향 호환성을 가진다고 말하기는 어렵다. 당연히 소프트웨어 호환성도 보장하기 어려우므로 ATmega128에서 작성된 프로그램이 ATmega1281에서 올바르게 실행되지 않을 수 있다. 그러나, 앞으로 궁극적으로는 ATmega1281이 ATmega128을 대체할 것으로 전망된다. ATmega2561은 ATmega1281에 비하여 단지 플래시 메모리의 용량이 2배로 증가한 것을 제외하고는 똑같다. ATmega1281/2561이 ATmega128에 비하여 달라진 사항을 요약하면 다음과 같다.

(1) I/O 레지스터 및 확장 I/O 레지스터의 변화

ATmega1281/2561에는 ATmega128에 비하여 훨씬 더 많은 I/O 레지스터와 확장 I/O 레지스터를 가지고 있다. 물론 CPU 코어에 해당하는 레지스터의 변화는 EIND 레지스터가 추가된 것을 제외하고는 없다. 레지스터의 이름이 변경되거나 일부의 레지스터는 없어지고 새로 생긴 경우도 있는데 이를 요약하면 다음의 <표 1.5.5>와 같다.

〈표 1.5.5〉 이름이 변경되거나 폐지되거나 새로 생긴 레지스터

	ATmega128의 레지스터	ATmega1281/2561의 레지스터
CPU 코어 ★	-	EIND
I/O 전반	MCUCSR	MCUCR, MCUSR
	MCUCR	SMCR
	-	GPIOR0, GPIOR1, GPIOR2
	SFIOR	-
	-	PPR0, PPR1
시스템 클록 관련	XDIV	CLKPR
워치독 타이머 관련	WDTCR	WDTCSR
인터럽트 관련	-	PCICR, PCIFR, PCMSK0, PCMSK1, PCMSK2
병렬 I/O 포트 관련 ☆	-	PORTH, PINH, DDRH, PORTJ, PINJ, DDRJ, PORTK, PINK, DDRK, PORTL, PINL, DDRL
타이머/카운터 관련	SFIOR	GTCCR
	TCCR0, OCR0 TCCR2, OCR2	TCCR0A, TCCR0B, OCR0A, OCR0B TCCR2A, TCCR2B, OCR2A, OCR2B
	-	TCCR4A, TCCR4B, TCCR4C, TCNT4L, TCNT4H, OCR4AL, OCR4AH, OCR4BL, OCR4BH, OCR4CL, OCR4CH, ICR4L, ICR4H TCCR5A, TCCR5B, TCCR5C, TCNT5L, TCNT5H, OCR5AL, OCR5AH, OCR5BL, OCR5BH, OCR5CL, OCR5CH, ICR5L, ICR5H
	TIMSK, ETIMSK TIFR, ETIFR	TIMSK0, TIMSK1, TIMSK2, TIMSK3, TIMSK4, TIMSK5 TIFR0, TIFR1, TIFR2, TIFR3, TIFR4, TIFR5
USART 관련	-	UCSR2A, UCSR2B, UCSR2C, UBRR2L, UBRR2H, UDR2 UCSR3A, UCSR3B, UCSR3C, UBRR3L, UBRR3H, UDR3
TWI 관련	-	TWAMR
A/D 컨버터 관련	-	ADCSRB, DIDR0, DIDR2
아날로그 비교기 관련	SFIOR	ADCSRB, DIDR1

☆는 ATmega1281/2561에는 없고 ATmega1280/2560에만 적용되는 사항임.

★는 ATmega1281/1280에는 없고 ATmega2560/2561에만 적용되는 사항임.

또한, 레지스터의 비트가 다른 레지스터로 옮겨진 경우도 있는데 이를 요약하면 다음의 <표 1.5.6>과 같다.

〈표 1.5.6〉 비트가 다른 레지스터로 옮겨진 경우

	ATmega128의 레지스터	ATmega1281/2561의 레지스터
JTD	MCUCSR	MCUCR
JTRF, WDRF, BORF, EXTRF, PORF	MCUCSR	MCUSR
SRE, SRW10	MCUCR	XMCRA
SM2, SM1, SM0, SE	MCUCR	SMCR
PUD	SFIOR	MCUCR
TSM, PSR321	SFIOR	GTCCR(PSR321→PSRSYNC)
ACME	SFIOR	ADCSRB

(2) 메모리

ATmega128은 내부 SRAM을 4KB 가지고 있지만 ATmeg1281/2561에서는 이것이 8KB로 증가되었다. 플래시 메모리와 EEPROM의 용량은 각각 128KB와 4KB로 동일하지만, ATmega2561의 플래시 메모리는 이것의 2배인 256KB이다. 또한, ATmega128에서는 EEPROM의 기본적인 라이팅 시간이 8.5ms였지만 ATmega1281/2561에서는 이것이 3.3ms까지 빨라졌다.

(3) 클록 소스

ATmega1281/2561에는 128kHz의 내부 RC 오실레이터가 추가되었으며, 클록 소스를 선택하는 퓨즈비트의 구성도 달라졌다. 또한, 시스템 클록의 주파수를 분주할 수 있는 레지스터가 XDIV에서 CLKPR로 변경되고 그 내용도 달라졌다. 이밖에도 ATmega1281/2561에서는 시스템 클록 신호를 외부 핀 CLKO로 출력할 수 있는 기능이 추가되었다.

(4) 인터럽트

ATmega128은 35개의 인터럽트를 사용하지만 ATmega1281/2561은 57개의 인터럽트 소스를 가진다. 특히 여기서는 각각 8개의 외부 핀 중에서 1개를 인터럽트 단자로 선택하여 사용할 수 있는 핀변경 인터럽트 3개가 추가되었다.

(5) 전력 관리

ATmega1281/2561에는 2개의 파워 절약 레지스터 PRR1~0을 사용하여 타이머/카운터0~5, USART0~3, SPI 모듈, TWI 모듈, A/D 컨버터와 같은 특정한 주변장치에 공급되는 클록 신호를 개별적으로 차단함으로써 이 소자의 소비전력을 절약할 수 있는 기능이 추가되었다.

(6) BOD

ATmega128에서는 퓨즈 비트를 사용하여 BOD 전압 레벨을 2.7V 또는 4.0V 중에서 한가지로 설정할 수 있으나, ATmega1281/2561에서는 1.8V, 2.7V, 4.3V 중에서 한가지로 설정할 수 있다.

(7) 워치독 타이머

워치독 타이머 기능은 ATmega128의 워치독 제어 레지스터 WDTCR이 ATmega1281/2561에서 워치독 제어 및 상태 레지스터 WDTCSR로 변경되었으며 동작 내용도 많이 달라졌다. 우선 ATmega128에서는 워치독 타임 아웃이 발생하면 무조건 시스템 리셋이 수행되었으나, ATmega1281/2561에서는 시스템 리셋 모드와 인터럽트 모드를 선택할 수 있다. ATmega128에서는 퓨즈 비트에서 WDTON 비트를 0으로 프로그래밍하면 디폴트로 워치독 타이머가 설정 상태가 되고, WDTON=1로 하면 소프트웨어적으로 워치독 타이머를 설정하거나 해제할 수 있다. ATmega1281/2561에서는 WDTON=0으로 하면 디폴트로 워치독 타이머가 시스템 리셋 모드로 설정 상태가 되지만, WDTON=1로 하면 소프트웨어적으로 시스템 리셋 모드와 인터럽트 모드를 선택하여 사용할 수 있다. 또한, 워치독 오실레이터가 1.0MHz에서 128kHz로 달라졌으며, 이에 따라 워치독 타임아웃 주기도 14.0ms~1.8s 범위에서 16ms~8.0s 범위로 늘어났다.

(8) 타이머/카운터

ATmega128의 타이머/카운터0과 2는 ATmega1281/2561에서 타이머/카운터2와 0으로 서로 바뀌어 RTC 기능이 타이머/카운터2로 옮겨졌다. 이에 따라 타이머/카운터0과 2에 관련된 외부 핀들의 배열이 달라졌고 ASSR 레지스터의 내용도 달라졌으며, ATmega1281/2561에서는 TOSC1과 TOSC2 단자에 32.768kHz의 크리스탈을 접속할 때 외부 커패시터를 달아주어야 한다. 또한 ATmega1281/2561에서는 타이머/카운터0과 2의 출력비교 기능이 2개씩으로 늘어났다. 이에 따라 타이머/카운터에 관련되는 I/O 레지스터는 많이 달라지거나 추가되었다. (☆ ATmega1280/2560에서는 타이머/카운터4와 5가 추가되었다. 타이머/카운터4와 5는 ATmega1281/2561에도 있으나 여기서는 이에 관련된 외부 핀을 가지고 있지 않으므로 내부적인 기능만을 사용할 수 있다.)

(9) USART

ATmega1281/2561에서는 모든 USART 직렬통신 포트가 비동기 및 동기식의 직렬통신은 물론이고 SPI 직렬통신의 마스터 모드로도 동작할 수 있다. (☆ ATmega1280/2560에서는 USART 직렬통신 포트가 4개로 늘어났다.)

(10) TWI

ATmega1281/2561에는 TWAMR 레지스터가 추가되었다.

(11) A/D 컨버터

ATmega128에서는 내부의 기준전압으로 2.56V를 사용하지만, ATmega1281/2561에서는 2.56V와 1.1V를 사용할 수 있다. 또한 A/D 컨버터의 자동 트리거 기능이 추가되었으며, 프리 런닝 모드도 자동 트리거 모드의 일종으로 되었다. ADCSRB 레지스터가 추가되었으며, DIDR0 및 DIDR2 레지스터가 추가되어 A/D 컨버터의 아날로그 입력신호와 공용으로 되어 있는 병렬 I/O 포트 단자에서 디지털 입력을 금지하도록 설정할 수 있다. (☆ ATmega1280/2560에서는 아날로그 입력신호가 ADC7~0에서 ADC15~0으로 늘어났다.)

(12) 아날로그 비교기

ATmega128에서는 내부의 기준전압으로 1.23V를 사용하지만, ATmega1281/2561에서는 이것이 1.1V로 달라졌다. 또한 SFIOR 레지스터가 없어지면서 여기에 있던 ACME 비트가 ADCSRB 레지스터로 옮겨졌다. DIDR1 레지스터가 추가되어 아날로그 비교기의 아날로그 입력신호와 공용으로 되어 있는 병렬 I/O 포트 단자에서 디지털 입력을 금지하도록 설정할 수 있다. (☆ ATmega1280/2560에서는 아날로그 입력신호가 ADC7~0에서 ADC15~0으로 늘어났다.)

(13) 병렬 I/O 포트

ATmega128에서는 포트G가 PORTG0~PORTG4의 5비트로 구성되었지만 ATmega1281/2561에서는 이것이 6비트로 늘어났다. (☆ ATmega1280/2560에서는 8비트인 포트H, 포트J, 포트K, 포트L이 늘어났다.)

(14) ATmega103과의 호환성

ATmega128은 ATmega103 호환 모드를 가지고 있지만, ATmega1281/2561에서는 이것이 폐지되었다.

(15) 동작 전압

이것들의 동작전압 사양은 <표 1.5.7>처럼 서로 약간 다르다.

〈표 1.5.7〉 동작 전압 및 그에 따른 동작 속도

	동작 전압	동작 속도
ATmega128	4.5~5.5V	0~16MHz
ATmega128L	2.7~5.5V	0~8MHz
ATmega1281	2.7~5.5V	0~8MHz @ 2.7~5.5V 0~16MHz @ 4.5~5.5V
ATmega2561	4.5~5.5V	0~16MHz
ATmega1281V/2561V	1.8~5.5V	0~4MHz @ 1.8~5.5V 0~8MHz @ 2.7~5.5V

(16) 패키지

ATmega128과 ATmega1281/2561은 동일한 패키지를 사용한다. 그러나, MLF 패키지에서만은 가운데 부분에 있는 접지 패들(ground paddle)의 크기가 달라졌다.

(17) 핀 배열

ATmega128과 ATmega1281/2561은 동일한 패키지를 사용하며, 최대한 핀 번호를 같게 하였다. 그러나, ATmega128의 1번 $\overline{\text{PEN}}$ 단자가 없어지고 이것이 ATmega1281/2561에서는 PG5 신호로 바뀌는 등 일부의 변화가 있다. 따라서, 기존에 ATmega128을 사용할 목적으로 제작된 PCB에 ATmega1281/2561을 조립하여 사용하고자 한다면 경우에 따라 일부의 단자에 점퍼 처리가 필요할 수도 있다.

ATmega1281/2561이 ATmega128에 비하여 달라진 핀을 요약하면 <표 1.5.8>과 같다.

〈표 1.5.8〉 외부 핀의 변화

핀 번호	ATmega128	ATmega1281/2561	비 고
1	$\overline{\text{PEN}}$	PG5(OC0B)	$\overline{\text{PEN}}$ 신호는 없어짐, 타이머0/2 기능 확장
2	PE0(RXD0/PDI)	PE0(RXD0/PCINT8/PDI)	핀 변경 인터럽트 추가
9	PE7(ICP3/INT7)	PE7(ICP3/CLKO/INT7)	시스템 클록 신호 출력기능 추가
10	PB0($\overline{\text{SS}}$)	PB0($\overline{\text{SS}}$/PCINT0)	핀 변경 인터럽트 추가
11	PB1(SCK)	PB1(SCK/PCINT1)	핀 변경 인터럽트 추가
12	PB2(MOSI)	PB2(MOSI/PCINT2)	핀 변경 인터럽트 추가
13	PB3(MISO)	PB3(MISO/PCINT3)	핀 변경 인터럽트 추가
14	PB4(OC0)	PB4(OC2A/PCINT4)	핀 변경 인터럽트 추가, 타이머0/2 교환
15	PB5(OC1A)	PB5(OC1A/PCINT5)	핀 변경 인터럽트 추가
16	PB6(OC1B)	PB6(OC1B/PCINT6)	핀 변경 인터럽트 추가
17	PB7(OC2/OC1C)	PB7(OC0A/OC1C/PCINT7)	핀 변경 인터럽트 추가, 타이머0/2 교환
32	PD7(T2)	PD7(T0)	타이머0/2 교환

(☆ ATmega1280/2560은 100핀 패키지로서 여기에 핀 변경 인터럽트 신호, 8비트인 포트H, 포트J, 포트K, 포트L의 신호, A/D 컨버터의 아날로그 입력 신호, 타이머/카운터2의 OC2B 신호, 타이머/카운터4~5와 관련된 신호, USART2~3과 관련된 신호 등이 늘어났다. 그러나, ATmega1280/2560에서는 PDI 및 PDO 신호가 없어지고, 따라서 SPI에 의한 직렬 프로그래밍 동작에서 이들 신호 대신에 MOSI 및 MISO 신호를 사용한다.)

◀휴게실▶ ATmega1281과 ATmega2561의 소프트웨어 호환성

ATmega1281과 ATmega2561은 단지 프로그램 메모리로 사용되는 플래시 메모리의 용량이 각각 128KB와 256KB라는 차이가 있을 뿐이며 그외의 모든 사양이나 기능이 같고 명령 세트도 동일하므로 이들 2가지 모델 사이에는 완벽한 소프트웨어의 호환성이 있을 것이라고 생각하기 쉽다. 그러나, 이들 사이에는 매우 중요한 기술적인 차이점이 1가지 더 있어서 상당히 제한적으로만 소프트웨어의 호환성을 가지게 된다. 즉, ATmega1281은 프로그램 카운터가 2바이트 구조이고 ATmega2561은 프로그램 카운터가 3바이트 구조(실제로는 이 중에서 17비트만 유효)라는 것이다. 이 때문에 스택을 사용하는 일부 프로그램에서는 소프트웨어의 호환성이 없게 된다. 이를 어셈블리 프로그램의 경우와 C언어 프로그램의 경우로 나누어 설명하면 다음과 같다. 이 관계는 이 2가지 모델뿐만 아니라 ATmega1280과 ATmega2560에 대하여도 동일하다.

(1) AVR Studio의 매크로 어셈블러를 사용하는 경우

ATmega1281은 프로그램 카운터가 2바이트로 되어 있으므로 CALL/ICALL 명령을 수행하는 경우 스택에 2바이트가 저장되고 스택 포인터도 2만큼 감소하며, 반대로 RET/RETI 명령을 수행할 때는 스택 포인터가 2만큼 증가한다. 그러나, ATmega2561은 프로그램 카운터가 3바이트이므로 CALL/ICALL/EICALL 명령을 수행하는 경우 스택에 3바이트가 저장되고 스택 포인터도 3만큼 감소하며, 반대로 RET/RETI 명령을 수행할 때는 스택 포인터가 3만큼 증가한다.(당연히 각 모델에서 이와 같이 2바이트와 3바이트의 프로그램 카운터를 저장 또는 복구하므로 이들 명령의 실행시간도 달라진다. 이에 관해서는 <표 1.3.7>을 참조하라.)

이에 따라 서브루틴 내에서 스택을 사용하는 프로그램에서는 스택 영역을 액세스할 때 이를 다르게 처리해 주어야 한다. 이 책의 예제 프로그램에서는 플래시 메모리의 내용을 상수로 읽어오기 위한 서브루틴 LCD_STRING, GLCD_STRING, TX0_STRING, TX1_STRING 등이 이에 해당하는데, 이 중에서 LCD_STRING을 보면 다음의 <표 1.5.9>와 같다.

〈표 1.5.9〉 ATmega1281과 ATmega2561에서 서브루틴 LCD_STRING의 차이

ATmega1281의 경우(*OK-1281* 키트)	ATmega2561의 경우(*OK-2561* 키트)
LCD_STRING:	LCD_STRING:
OUT GPIOR0,ZL ; store RAMPZ:ZH:ZL	OUT GPIOR0,ZL ; store RAMPZ:ZH:ZL
OUT GPIOR1,ZH	OUT GPIOR1,ZH
IN ZL,RAMPZ	IN ZL,RAMPZ
OUT GPIOR2,ZL	OUT GPIOR2,ZL
CLR RAMPZ_BUFFER ; ★ get start address of string	POP RAMPZ_BUFFER ; ★ get start address of string
POP ZH ; ★	POP ZH ; ★
POP ZL ; ★	POP ZL ; ★
LSL ZL ; convert into byte address	LSL ZL ; convert into byte address
ROL ZH	ROL ZH
ROL RAMPZ_BUFFER	ROL RAMPZ_BUFFER
OUT RAMPZ,RAMPZ_BUFFER	OUT RAMPZ,RAMPZ_BUFFER
LCD_STR1:	LCD_STR1:
ELPM LCD_BUFFER,Z+ ; read a character. end string ?	ELPM LCD_BUFFER,Z+ ; read a character. end string ?
CPI LCD_BUFFER,0	CPI LCD_BUFFER,0
BREQ LCD_STR2 ; if yes, return	BREQ LCD_STR2 ; if yes, return
CALL LCD_DATA ; if no, display a character	CALL LCD_DATA ; if no, display a character
RJMP LCD_STR1	RJMP LCD_STR1
LCD_STR2:	LCD_STR2:
SBRC ZL,0 ; if odd address, skip 1 address	SBRC ZL,0 ; if odd address, skip 1 address
ELPM LCD_BUFFER,Z+	ELPM LCD_BUFFER,Z+
IN RAMPZ_BUFFER,RAMPZ ; convert into word address	IN RAMPZ_BUFFER,RAMPZ ; convert into word address
LSR RAMPZ_BUFFER	LSR RAMPZ_BUFFER
ROR ZH	ROR ZH
ROR ZL	ROR ZL
PUSH ZL ; ★ store new return address	PUSH ZL ; ★ store new return address
PUSH ZH ; ★	PUSH ZH ; ★
; ★	PUSH RAMPZ_BUFFER ; ★
IN ZL,GPIOR2 ; restore RAMPZ:ZH:ZL	IN ZL,GPIOR2 ; restore RAMPZ:ZH:ZL
OUT RAMPZ,ZL	OUT RAMPZ,ZL
IN ZH,GPIOR1	IN ZH,GPIOR1
IN ZL,GPIOR0	IN ZL,GPIOR0
RET	RET

이 표에서 ATmega1281과 ATmega2561에서 서로 다르게 처리해 주어야 하는 부분은 ★표로 표시하였다. 여기서 보듯이 서브루틴을 호출한 후에 스택에 저장되어 있는 복귀주소인 프로그램 카운터 값을 꺼내려면 ATmega1281에서는 2차례 POP 명령을 사용해야 하지만 ATmega2561에서는 3차례 POP 명령을 사용해야 한다. 반대로 모든 처리가 끝나고 나중에 다시 복귀주소를 스택에 저장할 경우에도 ATmega1281에서는 2차례 PUSH 명령을 사용해야 하지만 ATmega2561에서는 3차례 PUSH 명령을 사용해야 한다.

따라서, 어셈블리 언어 프로그램에서 이러한 특별한 서브루틴을 사용하는 프로그램은 ATmega1281과 ATmega2561에서 소프트웨어의 호환성이 없게 된다. 이 책에 있는 대부분의 어셈블리 언어 예제에서는 이 서브루틴들을 사용하고 있으므로 이 2가지 모델 사이에는 사실상 소프트웨어 호환성이 없다고 보아야 한다. 이러한 이유 때문에 이 책에서는 *OK-1281* 키트용의 어셈블리 예제 프로그램과 *OK-2561* 키트용의 어셈블리 예제 프로그램을 각각 별도로 제공한다.

(2) WinAVR의 AVR-GCC 컴파일러를 사용하는 경우

WinAVR에서 함수를 호출할 때는 인수를 전달할 때 레지스터 R25~R8이 사용된다. 이것들은 인수에 따라 사용방법이 약간 달라지는데, char형의 인수는 짝수 번호의 레지스터만 사용하고, int형의 인수는 2개의 레지스터를 사용하며, long형의 인수는 4개의 레지스터를 사용한다. 따라서, 인수에 사용되는 레지스터들을 모두 정리하면 다음과 같다.

char형 인수(9개까지 사용 가능) : R24, R22, R20, R18, R16, R14, R12, R10, R8
int형 인수(9개까지 사용 가능) : R25:R24, R23:R22, R21:R20, R19:R18, R17:R16, R15:R14, R13:R12, R11:R10, R9:R8
long형 인수(4개까지 사용 가능) : R25:R24:R23:R22, R21:R20:R19:R18, R17:R16:R15:R14, R13:R12:R11:R10

만약, 하나의 함수에서 사용하는 모든 인수들이 이처럼 1가지의 데이터 형으로 통일되어 있지 않고 여러가지의 데이터 형을 사용하고 있더라도 이 규칙에 따라 R25에서 R8까지 차례로 해당 레지스터들을 할당하여 사용하게 된다. 그러나, 하나의 함수에서 사용하는 인수가 많아져서 레지스터로 이를 모두 전달하지 못하게 되면 레지스터를 더 이상 사용할 수 없는 뒤쪽의 인수들은 스택을 통하여 전달된다.

그런데, 함수 내부에서 이 인수들을 꺼내어 사용하려면 문제가 발생하게 된다. 레지스터 R25~R8을 통하여 전달된 인수를 사용하는 것은 간단하지만, 스택을 통하여 전달된 인수를 사용하려면 스택 영역을 액세스해야 하는데, 스택에는 먼저 인수들이 차례로 저장되고 마지막에 복귀주소인 프로그램 카운터가 저장되어 있게 된다. ATmega1281에서는 2바이트의 프로그램 카운터가 저장되므로 현재 스택 포인터가 가리키는 위치에서 2번지만큼 위에 있는 영역에 인수들이 위치하지만, ATmega2561에서는 3바이트의 프로그램 카운터가 저장되므로 현재 스택 포인터가 가리키는 위치에서 3번지만큼 위에 있는 영역에 인수들이 위치하게 되므로 이를 액세스하는 프로그램은 서로 다르게 컴파일되어야 하며, 따라서 이 2모델 사이에는 소프트웨어의 호환성이 없게 된다.

따라서, C언어 프로그램에서 인수가 매우 많아서 일부의 인수를 스택으로 전달해야 하는 함수를 사용하는 프로그램은 ATmega1281과 ATmega2561에서 소프트웨어의 호환성이 없게 된다. 그러나, 이 책에 있는 모든 C언어 예제에서는 함수가 이렇게 많은 인수를 사용하지 않으므로 이 2가지 모델 사이에는 사실상 소프트웨어 호환성이 있다고 보아야 한다. 그러므로 현재 WinAVR은 아직 ATmega2561을 지원하지 않지만 ATmega1281용으로 컴파일된 실행파일을 그냥 ATmega2561에서 실행하면 되는 것이다.(그럼에도 이 책에서 *OK-1281* 키트용의 C언어 예제 프로그램과 *OK-2561* 키트용의 C언어 예제 프로그램을 각각 별도로 제공하는 것은 각 키트에서 텍스트형 LCD 모듈 등에 표시하는 메시지 내용이 서로 다르기 때문이다.)

그러나, 이 책의 제4.20절에서 printf() 함수를 사용하는 C언어 예제만은 ATmega1281과 ATmega2561에서 소프트웨어의 호환성이 없다. 이 함수를 지원하는 라이브러리 파일에서는 스택 영역에 저장된 내용을 액세스하여 사용하기 때문이다. 즉, ATmega1281용으로 컴파일된 실행파일은 ATmega1281에서만 정상적으로 실행되고, ATmega2561용으로 컴파일된 실행파일은 ATmega2561에서만 정상적으로 실행된다는 것이다. 그러나, 현재 WinAVR은 아직 ATmega2560/2561 모델을 지원하지 않으므로 여기서 printf() 함수를 사용하려면 이를 지원하는 새로운 버전의 WinAVR이 나올 때까지 기다려야 할 것이다.

제2장

ATmega1281/2561의 내장 I/O 기능

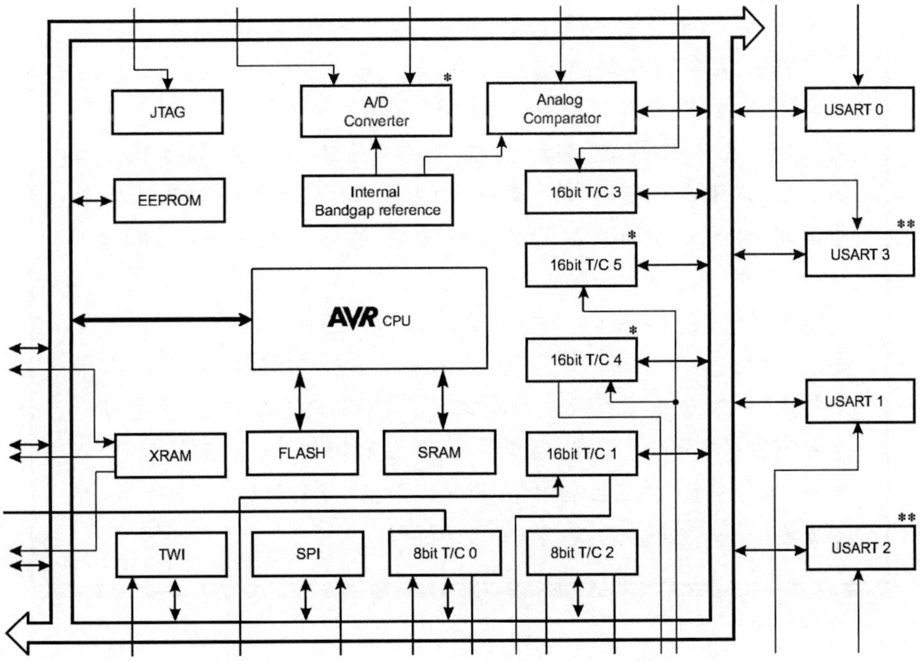

☞

이 장에서는 ATmega1281/2561 MCU에 내장되어 있는 여러 가지 I/O 기능들을 이해하고 이를 사용자 프로그램으로 충분히 활용하는 기술에 대하여 공부한다.

따지고 보면 우리가 ATmega1281/2561과 같은 MCU를 배우고자 하는 것은 이것이 빠른 명령 처리속도를 가지며 다양한 I/O 기능을 내장하고 있기 때문이다. 이처럼 I/O 기능을 기본적인 사항부터 바르게 이해하고 활용하는 것이 중요하므로 이를 제2장에서 별도로 취급하는 것이다.

대부분의 초보자들이 마이크로프로세서 또는 마이크로콘트롤러를 사용하는 기술이 어렵다고 말하는 것은 이러한 소자의 가장 기본적인 기능을 소홀히 하는데서 기인한다. 마이크로프로세서 응용기술은 CPU 소자를 포함하는 하드웨어에 관한 기본적인 지식을 바탕으로 소프트웨어를 자유자재로 구사하는 능력에 따라 좌우된다는 사실을 다시 한번 명심하라.

2.1 병렬 I/O 포트

이 절에서는 ATmega1281/2561에 내장되어 있는 병렬 I/O 포트의 구조와 기능에 대하여 알아보기로 한다.

1. 병렬 I/O 포트의 기본 동작

(1) 기본 구조

ATmega1281/2561은 모두 6개의 8비트 양방향 병렬 I/O 포트(PORTA~PORTF)와 1개의 6비트 양방향 병렬 I/O 포트(PORTG)를 가지고 있다. 이 중에서 PORTA~PORTE는 범용 I/O 포트로 사용될 경우 기능적으로 모두 read-modify-write 동작이 가능하다. 즉, SBI 및 CBI 명령을 사용하여 이들 포트에서 의도적으로 다른 핀의 입출력 방향을 변경하지 않으면서 어느 핀의 동작 방향을 개별적으로 변경할 수 있다.

각 포트는 H상태의 출력전류 드라이브(source drive) 능력이나 L상태의 출력전류 드라이브(sink drive) 능력이 대칭적이며, 최대 구동전류가 40mA 정도이므로 LED를 직접 구동할 수 있다.

각 I/O 핀에는 <그림 2.1.1>과 같이 보호용 다이오드가 붙어있으며, 내부 풀업저항(pull-up resistor)의 사용 여부를 선택적으로 설정할 수 있다. 이 풀업저항 R_{PU}의 저항값은 20[kΩ]~50[kΩ] 정도이다.

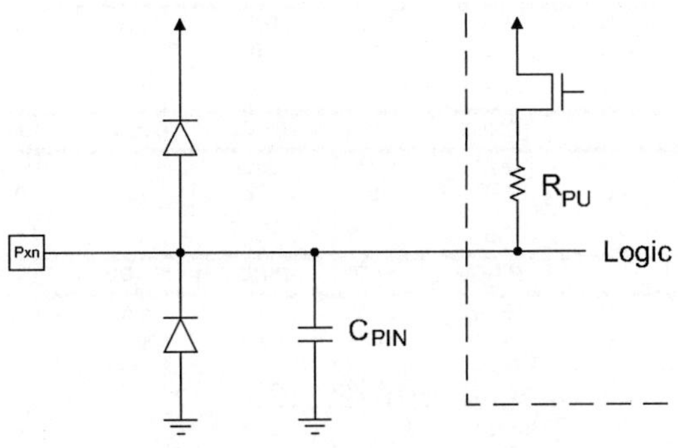

〈그림 2.1.1〉 병렬 I/O 핀의 구조

이제부터 모든 병렬 I/O 포트를 지칭하는 레지스터에서 x는 포트A~G를 나타내며, n은 각 포트의 비트 번호 0~7을 나타낸다. 즉, PORTx는 PORTA~PORTG를 나타내며, PORTB3이라고 하면 PORTB의 3번 비트를 가리킨다.

각 포트에는 3개의 I/O 레지스터 영역을 가지고 있는데, 입출력의 방향을 설정하는 DDRx 레지스터(Data Direction Register), 데이터 출력에 해당하는 PORTx 레지스터(Data Register), 포트 입력 핀에 해당하는 PINx 레지스터(Port Input Pins Address) 등이 그것이다. DDRx와 PORTx는 읽고 쓰는 것이 가능하지만, PINx는 당연히 읽는 것만 가능하다. 각 포트에 관련된 레지스터를 보이면 <그림 2.1.2>와 같다.

<그림 1.2.16>에서 보였듯이 PORTA~PORTG에 해당하는 레지스터들은 모두 I/O 레지스터 영역에 위치한다. 그러나, ATmega640/1280/2560 모델에만 추가로 가지고 있는 PORTH, PORTJ, PORTK, PORTL에 해당하는 레지스터들은 모두 확장 I/O 레지스터 영역에 위치한다.

Bit	7	6	5	4	3	2	1	0	
0x02 (0x22)	PORTA7	PORTA6	PORTA5	PORTA4	PORTA3	PORTA2	PORTA1	PORTA0	PORTA
Read/Write	R/W	R/W	R/W	R/W	R/W	R/W	R/W	R/W	
Initial Value	0	0	0	0	0	0	0	0	
Bit	7	6	5	4	3	2	1	0	
0x01 (0x21)	DDA7	DDA6	DDA5	DDA4	DDA3	DDA2	DDA1	DDA0	DDRA
Read/Write	R/W	R/W	R/W	R/W	R/W	R/W	R/W	R/W	
Initial Value	0	0	0	0	0	0	0	0	
Bit	7	6	5	4	3	2	1	0	
0x00 (0x20)	PINA7	PINA6	PINA5	PINA4	PINA3	PINA2	PINA1	PINA0	PINA
Read/Write	R/W	R/W	R/W	R/W	R/W	R/W	R/W	R/W	
Initial Value	N/A	N/A	N/A	N/A	N/A	N/A	N/A	N/A	

(a) 포트A(포트B~F도 이와 동일한 구조)

Bit	7	6	5	4	3	2	1	0	
0x14 (0x34)	–	–	PORTG5	PORTG4	PORTG3	PORTG2	PORTG1	PORTG0	PORTG
Read/Write	R	R	R/W	R/W	R/W	R/W	R/W	R/W	
Initial Value	0	0	0	0	0	0	0	0	
Bit	7	6	5	4	3	2	1	0	
0x13 (0x33)	–	–	DDG5	DDG4	DDG3	DDG2	DDG1	DDG0	DDRG
Read/Write	R	R	R/W	R/W	R/W	R/W	R/W	R/W	
Initial Value	0	0	0	0	0	0	0	0	
Bit	7	6	5	4	3	2	1	0	
0x12 (0x32)	–	–	PING5	PING4	PING3	PING2	PING1	PING0	PING
Read/Write	R	R	R/W	R/W	R/W	R/W	R/W	R/W	
Initial Value	0	0	N/A	N/A	N/A	N/A	N/A	N/A	

(b) 포트G

〈그림 2.1.2〉 각 병렬 I/O 포트에 관련된 레지스터

대부분의 병렬 I/O 포트에 있는 비트들은 범용 I/O 핀으로서의 기능 이외에도 부수적인 기능(alternate function)을 1가지 또는 그 이상씩 가지고 있다. 이러한 부수적인 기능을 사용하려면 해당 I/O 디바이스를 적절히 초기화 설정해 주어야 하는 경우가 많다.

병렬 I/O 포트의 모든 풀업 저항은 <그림 1.5.4>에서 보였던 MCU 제어 레지스터 MCUCR의 PUD(Pull-up Disable) 비트를 1로 셋트하면 그 기능이 금지된다. 내부 풀업 저항을 사용하려면 PUD=0으로 설정하고, DDRx 레지스터의 해당 비트를 0으로 하여 입력방향으로 설정하며, PORTx 레지스터의 해당 비트를 1로 출력해야 한다.

(2) 기본 동작

병렬 I/O 포트의 각 핀들이 범용 I/O 핀으로 동작할 때의 기본적인 하드웨어 구조는 <그림 2.1.3>과 같다. 여기서 DDxn은 방향설정 레지스터 DDRx의 각 비트로서 이것을 1로 하면 이 핀은 출력핀으로 설정되고, 0으로 하면 입력핀으로 설정된다.

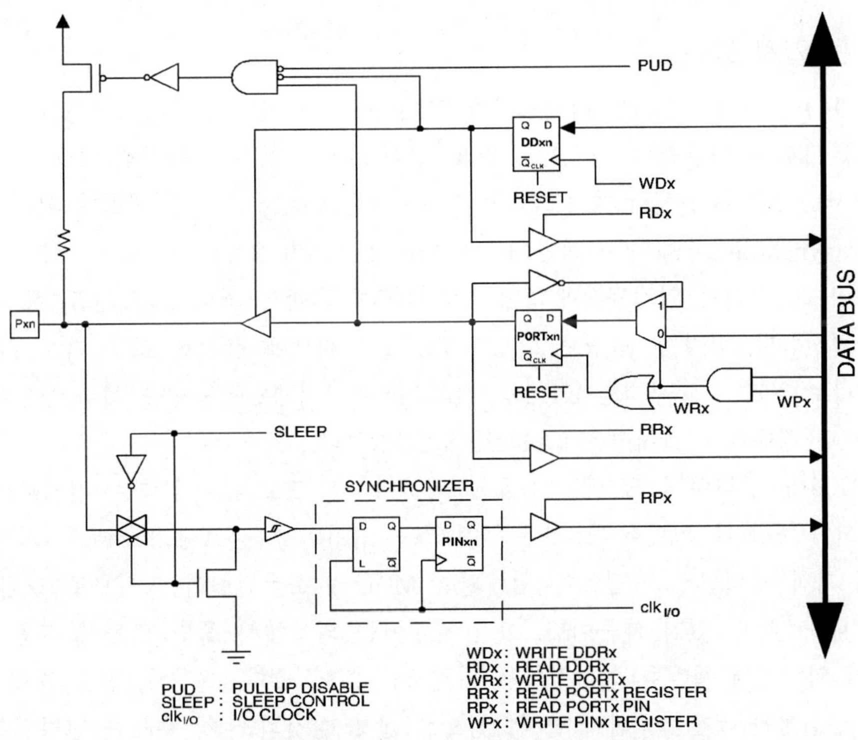

Note : WRx, WPx, WDx, RRx, RPx, and RDx are common to all pins within the same port. $clk_{I/O}$, SLEEP, and PUD are common to all ports.

〈그림 2.1.3〉 병렬 I/O 포트의 기본 구조

또한, PORTxn은 출력으로 설정된 포트에 데이터를 출력하는 레지스터 비트이며, 만약 이 핀이 입력으로 설정되어 있는 경우 여기에 1을 출력하면 이 입력핀에 내부적으로 풀업저항이 연결되어 동작한다. 그러나, PORTxn에 0을 출력하거나 PUD=1로 설정하면 내부 풀업저항은 연결되지 않고 핀이 3스테이트 상태가 된다. 이처럼 MCUCR 레지스터의 PUD 비트는 내부 풀업저항의 사용을 허용 또는 금지하는데 사용된다. MCU가 리셋되어 있는 동안에도 이 핀들은 3스테이트 상태로 되며, PORTxn이 출력핀으로 설정된 경우에는 풀업저항이 연결되지 않는다. 이러한 핀의 동작 설정 방법을 정리하면 <표 2.1.1>과 같다.

〈표 2.1.1〉 병렬 I/O 포트 핀의 동작 설정

DDxn	PORTxn	PUD	I/O	풀업저항	비 고
0	0	×	입력	No	3스테이트(하이 임피던스)
0	1	0	입력	Yes	내부에서 풀업
0	1	1	입력	No	3스테이트(하이 임피던스)
1	0	×	출력	No	L출력(sink)
1	1	×	출력	No	H출력(source)

(3) 핀 입력 동작

병렬 I/O 포트에서 DDRx 레지스터의 DDxn 비트가 어떻게 설정되어 있든지 PINxn 레지스터 비트를 이용하여 그 포트 핀을 읽어들이는 것은 가능하다. 그러나, <그림 2.1.3>에서도 보듯이 PINxn 레지스터 비트는 metastability 현상을 피하기 위하여 클록 동기회로(synchronizer)를 사용하는데, 이 때문에 <그림 2.1.4>의 (a)에서 볼 수 있는 바와 같이 핀 상태의 입력동작에 최소 $t_{pd,min}$(0.5클록)에서 최대 $t_{pd,max}$(1.5클록)의 시간 지연이 발생한다. 따라서, 명령으로 포트 PORTxn 비트에 출력한 값을 다시 읽어들이려면 곧바로 읽지 말고 <그림 2.1.4>의 (b)처럼 중간에 NOP 명령을 하나 삽입하는 것이 좋다. 이 경우의 시간지연은 t_{pd}(1클록)로 일정하다.

슬립모드가 동작하면 SLEEP 신호에 의하여 각 포트의 핀입력은 접지로 클램프(clamp)되어 동작이 차단된다. 사용하지 않는 입력핀을 플로팅(floating)시켜 두거나 Vcc/2에 가까운 아날로그 신호가 입력되면 MCU의 소비전력이 커지므로 슬립모드에서는 문제가 될 수 있기 때문이다. 이런 경우에는 외부에서 풀업 또는 풀다운 저항을 사용하여 입력핀에 확실한 논리상태를 입력하는 것이 좋다. 그러나, 핀을 직접 Vcc나 GND에 연결하는 것은 이 핀이 출력방향으로 잘못 설정되는 경우에 큰 단락전류가 흐를 수 있으므로 매우 바람직하지 않으며, 내부 풀업저항을 사용하는 것도 간단한 해결 방법이기는 하지만 리셋 동안에는 풀업저항이 끊어지므로 핀이 플로팅되는 문제가 발생할 수 있다.

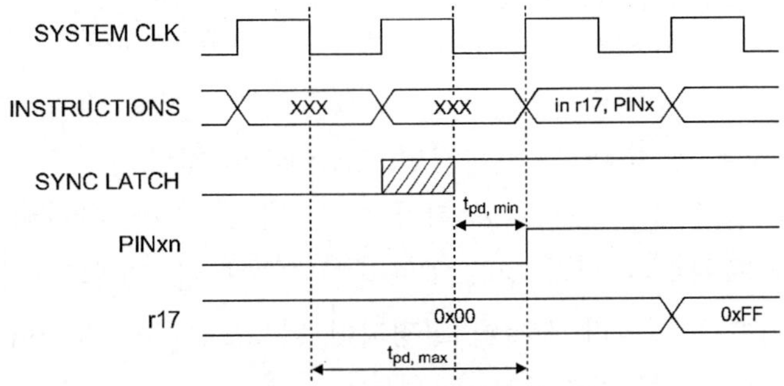

(a) 외부 핀을 읽어들이는 동작

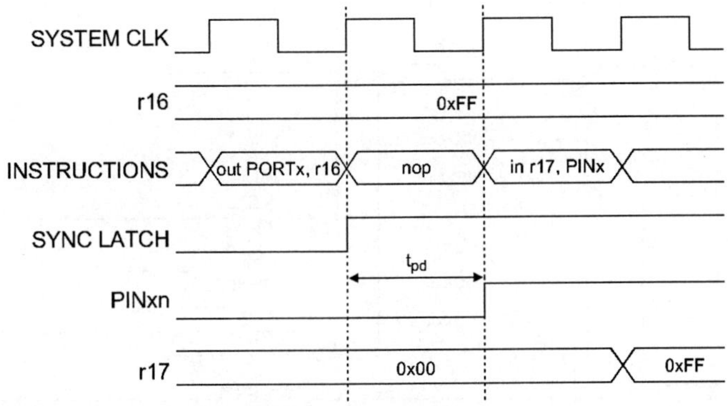

(b) 출력후 다시 읽어들이는 동작

〈그림 2.1.4〉 병렬 I/O 핀을 읽어들이는 동작

◀참고▶ 병렬 I/O 포트에서 어셈블리 언어 또는 C언어로 read-modify-write 처리를 수행할 때는 반드시 PINx 레지스터가 아니라 PORTx 레지스터에서 수행하여야 한다. 이것은 비록 데이터 시트에서 PINx를 레지스터인 것처럼 표시해 놓았지만 사실 이것은 레지스터가 아니라 리드 동작만 가능한 입력포트이기 때문이며, 또한 PORTx가 출력되는 병렬 I/O 포트의 부하 임피던스에 의하여 PINx로 입력되는 값의 논리상태가 달라질 수도 있기 때문이다.

◀참고▶ 포트A~G는 모두 메모리맵의 I/O 레지스터 영역에 존재하므로 IN/OUT 명령으로 쉽게 액세스할 수 있으며, SBI/CBI 명령을 사용하여 비트 단위의 read-modify-write 처리를 수행하는 것도 가능하다. 그러나, ATmega640/1280/2560 모델에만 추가적으로 가지는 PORTH, PORTJ, PORTK, PORTL은 확장 I/O 레지스터 영역에 위치하며, 따라서 IN/OUT 명령으로 액세스할 수 없고 LDS/STS 명령을 사용해야 하므로 실행시간이 더 길어지고, SBI/CBI 명령에 의한 read-modify-write 처리도 불가능하다. C언어에서는 각 포트에 따라 컴파일러가 내부에서 이를 자동적으로 구분하여 번역한다.

2. 병렬 I/O 포트의 부수적 동작

앞에서도 설명한 바와 같이 병렬 I/O 포트의 각 핀들은 대부분 기본적인 범용 I/O 포트로서의 기능 이외에 부수적인 기능을 1~2가지씩 가지고 있다. 이것은 대부분의 마이크로콘트롤러에서 볼 수 있는 일반적인 특징이기도 하다.

<그림 2.1.5>는 범용 I/O 포트로 동작하는 <그림 2.1.3>에 대하여 각종 overriding signal들이 어떻게 동작하여 이와 같은 부수적인 기능들이 수행되는지를 보여준다. 이에 대한 자세한 사항은 데이터 시트에 설명되어 있으므로 사용자들이 이를 필요로 하는 경우에는 데이터 시트를 참조하기 바란다.

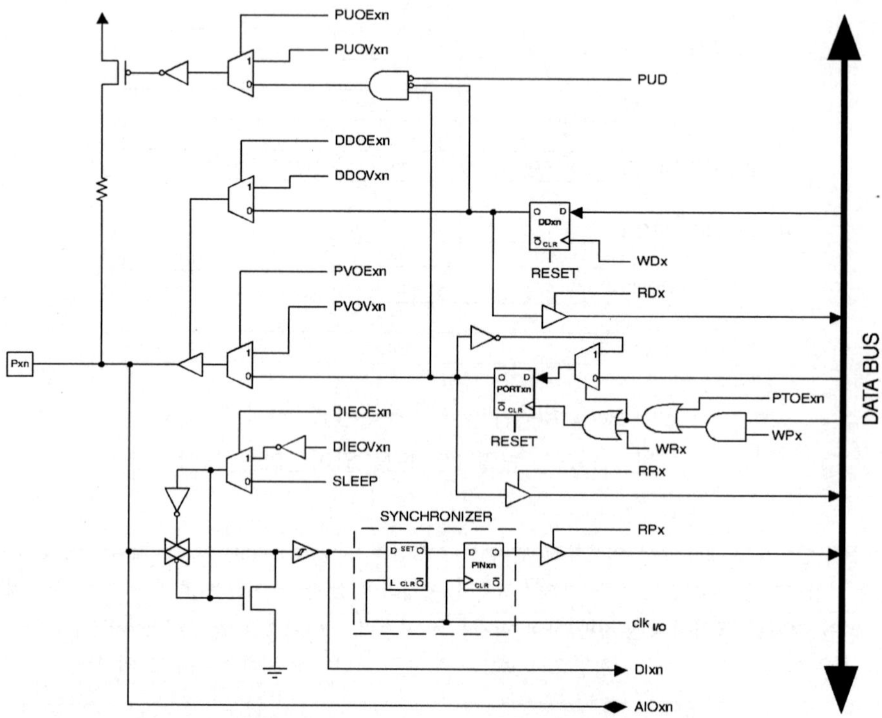

PUOExn: Pxn PULL-UP OVERRIDE ENABLE
PUOVxn: Pxn PULL-UP OVERRIDE VALUE
DDOExn: Pxn DATA DIRECTION OVERRIDE ENABLE
DDOVxn: Pxn DATA DIRECTION OVERRIDE VALUE
PVOExn: Pxn PORT VALUE OVERRIDE ENABLE
PVOVxn: Pxn PORT VALUE OVERRIDE VALUE
DIEOExn: Pxn DIGITAL INPUT-ENABLE OVERRIDE ENABLE
DIEOVxn: Pxn DIGITAL INPUT-ENABLE OVERRIDE VALUE
SLEEP: SLEEP CONTROL
PTOExn: Pxn, PORT TOGGLE OVERRIDE ENABLE

PUD: PULLUP DISABLE
WDx: WRITE DDRx
RDx: READ DDRx
RRx: READ PORTx REGISTER
WRx: WRITE PORTx
RPx: READ PORTx PIN
WPx: WRITE PINx
$clk_{I/O}$: I/O CLOCK
DIxn: DIGITAL INPUT PIN n ON PORTx
AIOxn: ANALOG INPUT/OUTPUT PIN n ON PORTx

Note: WRx, WPx, WDx, RRx, RPx, and RDx are common to all pins within the same port. $clk_{I/O}$, SLEEP, and PUD are common to all ports. All other signals are unique for each pin.

〈그림 2.1.5〉 병렬 I/O 포트가 부수적인 기능을 수행하는 구조

(1) 포트A

포트A는 범용 I/O 포트 이외에 외부 메모리를 인터페이스하기 위하여 시분할다중화된 데이터 버스 및 어드레스 버스의 하위 바이트로 동작한다. 이러한 시분할다중화된 버스로부터 어드레스 버스를 분리하는데는 ALE(Address Latch Enable) 신호가 사용된다.

포트A의 부수적인 기능을 요약하면 <표 2.1.2>와 같다.

〈표 2.1.2〉 포트A의 부수적인 기능

병렬 포트 핀	부수적인 기능
PA7	AD7(External memory interface address and data bit 7)
PA6	AD6(External memory interface address and data bit 6)
PA5	AD5(External memory interface address and data bit 5)
PA4	AD4(External memory interface address and data bit 4)
PA3	AD3(External memory interface address and data bit 3)
PA2	AD2(External memory interface address and data bit 2)
PA1	AD1(External memory interface address and data bit 1)
PA0	AD0(External memory interface address and data bit 0)

(2) 포트B

포트B는 범용 I/O 포트 이외에 타이머/카운터나 SPI 기능, 핀 변경 인터럽트를 위한 신호들로 동작한다. 포트B의 부수적인 기능을 요약하면 <표 2.1.3>과 같다.

〈표 2.1.3〉 포트B의 부수적인 기능

병렬 포트 핀	부수적인 기능
PB7	OC0A(Output Compare and PWM Output A for Timer/Counter0) OC1C(Output Compare and PWM Output C for Timer/Counter1) PCINT7(Pin Change Interrupt 7)
PB6	OC1B(Output Compare and PWM Output B for Timer/Counter1) PCINT6(Pin Change Interrupt 6)
PB5	OC1A(Output Compare and PWM Output A for Timer/Counter1) PCINT5(Pin Change Interrupt 5)
PB4	OC2A(Output Compare and PWM Output A for Timer/Counter2) PCINT4(Pin Change Interrupt 4)
PB3	MISO(SPI Bus Master Input/Slave Output) PCINT3(Pin Change Interrupt 3)
PB2	MOSI(SPI Bus Master Output/Slave Input) PCINT2(Pin Change Interrupt 2)
PB1	SCK(SPI Bus Serial Clock) PCINT1(Pin Change Interrupt 1)
PB0	$\overline{SS}$(SPI Slave Select Input) PCINT0(Pin Change Interrupt 0)

(3) 포트C

포트C는 범용 I/O 포트 이외에 외부 메모리를 인터페이스하기 위한 어드레스 버스의 상위 바이트 A15~A8로 동작한다. 포트C의 부수적인 기능을 요약하면 <표 2.1.4>와 같다.

〈표 2.1.4〉 포트C의 부수적인 기능

병렬 포트 핀	부수적인 기능
PC7	A15(External memory interface address bit 15)
PC6	A14(External memory interface address bit 14)
PC5	A13(External memory interface address bit 13)
PC4	A12(External memory interface address bit 12)
PC3	A11(External memory interface address bit 11)
PC2	A10(External memory interface address bit 10)
PC1	A9 (External memory interface address bit 9)
PC0	A8 (External memory interface address bit 8)

(4) 포트D

포트D는 범용 I/O 포트 이외에 타이머/카운터나 외부 인터럽트 또는 USART1, TWI 직렬통신 포트 기능을 위한 신호들로 동작한다. 포트D의 부수적인 기능을 요약하면 <표 2.1.5>와 같다.

〈표 2.1.5〉 포트D의 부수적인 기능

병렬 포트 핀	부수적인 기능
PD7	T0(Timer/Counter0 Clock Input)
PD6	T1(Timer/Counter1 Clock Input)
PD5	XCK1(USART1 External Clock Input/Output)
PD4	ICP1(Timer/Counter1 Input Capture Pin)
PD3	INT3(External Interrupt 3 Input) TXD1(USART1 Transmit Data Pin)
PD2	INT2(External Interrupt 2 Input) RXD1(USART1 Receive Data Pin)
PD1	INT1(External Interrupt 1 Input) SDA(TWI Serial Data)
PD0	INT0(External Interrupt 0 Input) SCL(TWI Serial Clock)

(5) 포트E

포트E는 범용 I/O 포트 이외에 타이머/카운터나 외부 인터럽트 또는 USART0 직렬통신 포트, 아날로그 비교기, ISP 기능을 위한 신호들로 동작한다. 포트E의 부수적인 기능을 요약하면 <표 2.1.6>과 같다.

〈표 2.1.6〉 포트E의 부수적인 기능

병렬 포트 핀	부수적인 기능
PE7	INT7(External Interrupt 7 Input) ICP3(Timer/Counter3 Input Capture Pin) CLKO(Divided System Clock Output)
PE6	INT6(External Interrupt 6 Input) T3(Timer/Counter3 Clock Input)
PE5	INT5(External Interrupt 5 Input or Output Compare) OC3C(Output Compare and PWM Output C for Timer/Counter3)
PE4	INT4(External Interrupt 4 Input or Output Compare) OC3B(Output Compare and PWM Output B for Timer/Counter3)
PE3	AIN1(Analog Comparator Negative Input or Output Compare) OC3A(Output Compare and PWM Output A for Timer/Counter3)
PE2	AIN0(Analog Comparator Positive Input) ACK0(USART0 External Clock Input/Output)
PE1	PDO(Programming Data Output) TXD0(USART0 Transmit Data)
PE0	PDI(Programming Data Input) RXD0(USART0 Receive Data) PCINT8(Pin Change Interrupt 8)

(6) 포트F

포트F는 범용 I/O 포트 이외에 A/D 컨버터나 JTAG 인터페이스 기능을 위한 신호들로 동작한다. 포트F의 부수적인 기능을 요약하면 <표 2.1.7>과 같다.

〈표 2.1.7〉 포트F의 부수적인 기능

병렬 포트 핀	부수적인 기능
PF7	ADC7(ADC Input Channel 7) TDI(JTAG Test Data Input)
PF6	ADC6(ADC Input Channel 6) TDO(JTAG Test Data Output)
PF5	ADC5(ADC Input Channel 5) TMS(JTAG Test Mode Select)
PF4	ADC4(ADC Input Channel 4) TCK(JTAG Test Clock)
PF3	ADC3(ADC Input Channel 3)
PF2	ADC2(ADC Input Channel 2)
PF1	ADC1(ADC Input Channel 1)
PF0	ADC0(ADC Input Channel 0)

(7) 포트G

포트G는 8비트가 아니라 PG5~PG0의 6비트만 유효하다. 포트G는 범용 I/O 포트 이외에 외부 메모리 인터페이스나 타이머/카운터 기능을 위한 신호들로 동작한다. 포트G의 부수적인 기능을 요약하면 <표 2.1.8>과 같다.

〈표 2.1.8〉 포트G의 부수적인 기능

병렬 포트 핀	부수적인 기능
PG5	OC0B(Output Compare and PWM Output B for Timer/Counter0)
PG4	TOSC1(RTC Oscillator Input for Timer/Counter2)
PG3	TOSC2(RTC Oscillator Output for Timer/Counter2)
PG2	ALE(Address Latch Enable to External Memory)
PG1	$\overline{\text{RD}}$(Read Strobe to External Memory)
PG0	$\overline{\text{WR}}$(Write Strobe to External Memory)

◀휴게실▶ **인터럽트 플랙 비트의 클리어**

ATmega1281/2561에서 인터럽트 플랙을 가지는 종류의 인터럽트는 인터럽트가 요청되면 이 비트가 1로 셋트되어 인터럽트 요청 사실을 표시하게 된다. 이러한 대부분의 인터럽트에서는 인터럽트가 허용되고 이 인터럽트 서비스 루틴이 처리되기 시작하면 해당 인터럽트 플랙이 자동으로 다시 0으로 된다.

그러나, 이 인터럽트 플랙을 소프트웨어에 의하여 강제로 클리어하려면 이 플랙 비트에 1을 써주어야 하는 점에 주의해야 한다. 대부분의 레지스터에서 어느 비트를 0으로 하고 싶으면 해당 비트에 0을 써주면 되지만, 이러한 인터럽트 플랙 비트의 경우는 이를 0으로 클리어하려면 1을 써주어야만 한다는 것이다.

이와 같이 0으로 클리어하기 위하여 해당 비트에 1을 써주어야하는 인터럽트 플랙을 요약하면 다음과 같다.

- 워치독 타이머 제어 레지스터 WDTCR의 WDIF 비트
- 외부 인터럽트 플랙 레지스터 EIFR의 INTF7~INTF0 비트
- 핀 변경 인터럽트 플랙 레지스터 PCIFR의 PCIF2~PCIF0 비트
- 타이머/카운터0 인터럽트 플랙 레지스터 TIFR0의 TOV0, OCF0A, OCF0B 비트
- 타이머/카운터2 인터럽트 플랙 레지스터 TIFR2의 TOV2, OCF2A, OCF2B 비트
- 타이머/카운터1 인터럽트 플랙 레지스터 TIFR1의 TOV1, OCF1A, OCF1B, OCF1C, ICF1 비트
- 타이머/카운터3 인터럽트 플랙 레지스터 TIFR3의 TOV3, OCF3A, OCF3B, OCF3C, ICF3 비트
- 타이머/카운터4 인터럽트 플랙 레지스터 TIFR4의 TOV4, OCF4A, OCF4B, OCF4C, ICF4 비트
- 타이머/카운터5 인터럽트 플랙 레지스터 TIFR5의 TOV5, OCF5A, OCF5B, OCF5C, ICF5 비트
- USART0 제어 및 상태 레지스터 UCSR0A의 TXC0 비트
- USART1 제어 및 상태 레지스터 UCSR1A의 TXC1 비트
- TWI 제어 레지스터 TWCR의 TWINT 비트
- A/D 컨버터 제어 및 상태 레지스터 ADCSRA의 ADIF 비트
- 아날로그 비교기 제어 및 상태 레지스터 ACSR의 ACI 비트

2.2 타이머/카운터 및 PWM 출력

이 절에서는 ATmega1281/2561에 내장되어 있는 타이머/카운터의 구조와 기능에 대하여 알아보기로 한다.

1. 타이머/카운터의 개요

ATmega1281/2561에는 8비트 구조의 타이머/카운터0, 2와 16비트 구조인 타이머/카운터1, 3, 4, 5 등 모두 6개의 타이머/카운터를 가지고 있다. 이들 타이머/카운터의 주요 기능과 특징을 요약하여 비교하면 <표 2.2.1>과 같다.

〈표 2.2.1〉 ATmega1281/2561 타이머/카운터의 비교

<table>
<tr><th></th><th>타이머/카운터0</th><th>타이머/카운터2</th><th>타이머/카운터1, 3</th><th>타이머/카운터4, 5</th></tr>
<tr><td>기본 구조</td><td>8비트</td><td>8비트</td><td colspan="2">16비트</td></tr>
<tr><td>타이머 입력</td><td>$clk_{I/O}$ (= clk_{CPU})</td><td>$clk_{I/O}$ (= clk_{CPU})</td><td colspan="2">$clk_{I/O}$ (= clk_{CPU})</td></tr>
<tr><td>카운터 입력</td><td>T0</td><td>TOSC1, TOSC2 단자와 내부 Oscillator</td><td colspan="2">Tn</td></tr>
<tr><td>타이머 프리스케일러</td><td>/1, 8, 64, 256, 1024</td><td rowspan="2">/1, 8, 32, 64, 128, 256, 1024</td><td colspan="2">/1, 8, 64, 256, 1024</td></tr>
<tr><td>카운터 프리스케일러</td><td>-</td><td colspan="2">-</td></tr>
<tr><td>관련 레지스터</td><td>TCCR0A, TCCR0B, TCNT0, OCR0A, OCR0B, GTCCR, TIMSK0, TIFR0</td><td>TCCR2A, TCCR2B, TCNT2, OCR2A, OCR2B, GTCCR, ASSR, TIMSK2, TIFR2</td><td colspan="2">TCCRnA, TCCRnB, TCCRnC, TCNTnH, TCNTnL, OCRnAH, OCRnAL, OCRnBH, OCRnBL, OCRnCH, OCRnCL, ICRnH, ICRnL, GTCCR, TIMSKn, TIFRn</td></tr>
<tr><td>동작 모드</td><td>Normal, CTC, Fast PWM, Phase Correct PWM</td><td>Normal, CTC, Fast PWM, Phase Correct PWM</td><td colspan="2">Normal, CTC, Fast PWM, Phase Correct PWM, Phase and Frequency Correct PWM</td></tr>
<tr><td>입력신호 단자</td><td>T0</td><td>TOSC1, TOSC2</td><td colspan="2">Tn, ICPn</td></tr>
<tr><td>출력신호 단자</td><td>OC0A, OC0B</td><td>OC2A, OC2B</td><td colspan="2">OCnA, OCnB, OCnC</td></tr>
<tr><td>인터럽트</td><td>Overflow, Output Compare Match A/B</td><td>Overflow, Output Compare Match A/B</td><td colspan="2">Overflow, Output Compare Match A/B/C, Input Capture</td></tr>
<tr><td rowspan="2">기타 특징</td><td rowspan="2"></td><td>RTC 기능</td><td colspan="2">캡쳐 기능</td></tr>
<tr><td>64핀 모델에는 출력 단자 OC2B가 없음</td><td></td><td>64핀 모델에는 모든 입출력 신호 단자가 없으므로 내부적인 기능만 사용 가능</td></tr>
</table>

ATmega1281/2561과 같은 64핀 모델에는 타이머/카운터4, 5를 내장하고 있기는 하지만 이것들의 외부 입력 단자 T4, T5, ICP4, ICP5와 외부 출력 단자 OC4A, OC4B, OC4C, OC5A, OC5B, OC5C는 가지고 있지 않으며, 타이머/카운터2의 OC2B 단자도 가지고 있지 않다. 따라서, 이들 64핀 모델에서는 타이머/카운터4, 5 채널의 카운터 기능이나 캡쳐 기능을 사용할 수 없으며, 타이머 기능 중에서도 이들 외부 입출력 단자와 관계없는 내부적인 기능만을 사용할 수 있다. 그러나, ATmega640/1280/2560과 같은 100핀짜리 모델은 이러한 핀들을 모두 가지고 있다.

이들 6개 타이머/카운터의 특징을 보면 타이머/카운터0과 2는 8비트 구조로서 기능이 서로 매우 유사하고, 타이머/카운터1, 3, 4, 5는 16비트 구조로서 기능이 서로 거의 같다. 다만, 타이머/카운터2는 타이머/카운터0과 달리 외부의 클록 입력단자 T2가 없는 대신에 32.768kHz의 외부 크리스탈을 접속하는 TOSC1 및 TOSC2 단자를 가지고 있어서 자체적인 발진에 의하여 RTC(Real Time Counter)의 기능을 수행하도록 할 수가 있다. 또한, 다른 모든 타이머/카운터 채널은 내부 클록을 사용하는 타이머 동작에서만 프리스케일러를 사용하는데 비하여, 타이머/카운터2는 내부 클록을 사용하는 타이머 동작에서든 외부의 클록을 사용하는 카운터 동작에서든 모두 프리스케일러의 적용을 받으며 사용할 수 있는 분주비의 종류도 약간 다르다.

모든 타이머/카운터는 시스템 클록에 의하여 동기적으로 동작하지만, 타이머/카운터2가 이와 같이 외부 크리스탈을 사용한 자체 발진으로 동작하면 이는 시스템 클록과는 무관하게 되므로 비동기 동작이 된다. 타이머/카운터가 동기 동작을 수행하는지 비동기 동작을 수행하는지 하는 것은 시스템 클록이 사용되는지 여부로 결정되기 때문에 슬립 모드와 밀접하게 관련이 된다.

이들 타이머/카운터는 모두 인터럽트 및 PWM 출력 기능을 가지고 있다. 인터럽트는 8비트 또는 16비트의 카운터 값이 오버플로우되는 경우에 발생하는 오버플로우 인터럽트(overflow interrupt), 카운터 값이 출력비교 레지스터의 값과 같아지면 발생하는 출력비교 인터럽트(output compare match interrupt), 그리고 입력캡쳐 인터럽트(input capture interrupt) 등이 있다. PWM 출력 기능은 이러한 출력비교 기능을 이용하여 출력비교 신호에 주기와 듀티비(duty ratio)를 가변할 수 있는 출력신호를 발생하는 것이다. 이러한 출력신호는 타이머/카운터0, 2의 경우 OCnA/OCnB 단자로 출력되고 타이머/카운터1, 3, 4, 5의 경우 OCnA/OCnB/OCnC 단자로 출력되는데, 이 단자를 출력비교 신호로 사용하려면 미리 병렬 I/O 포트의 DDRx 레지스터를 사용하여 해당 비트를 출력방향으로 설정해 놓아야 한다.

이밖에 타이머/카운터1, 3, 4, 5에는 각각 외부 트리거 신호 ICP1, ICP3, ICP4, ICP5

에 의하여 현재의 카운터 레지스터 값을 캡쳐하여 캡쳐 레지스터에 저장할 수 있는 기능을 가지고 있다. 단, 타이머/카운터1에서는 예외적으로 외부 트리거 신호 ICP1 이외에 아날로그 비교기의 비교결과 신호에 의해서도 카운터 레지스터 캡쳐기능을 수행할 수 있다.

2. 타이머/카운터0, 2

타이머/카운터0과 2는 2개의 PWM 출력을 가지는 8비트 업/다운 카운터로서, 프리스케일러를 통하여 내부 클록을 소스로 받아서 동작하는 타이머 기능과 외부 클록을 소스로 받아 동작하는 카운터 기능이 있다.

(1) 기본 동작

타이머/카운터0과 2는 모두 8비트로 되어 있지만 구조와 기능면에서는 몇가지의 다른 점이 있다. 타이머/카운터0의 전체적인 구조를 도시하면 <그림 2.2.1>와 같고, 타이머/카운터2의 구조는 <그림 2.2.2>와 같다.

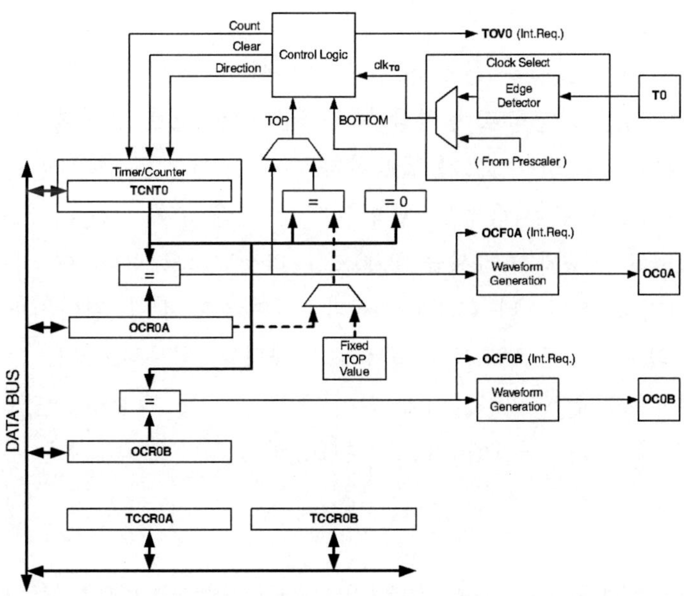

〈그림 2.2.1〉 타이머/카운터0의 구성 블록도

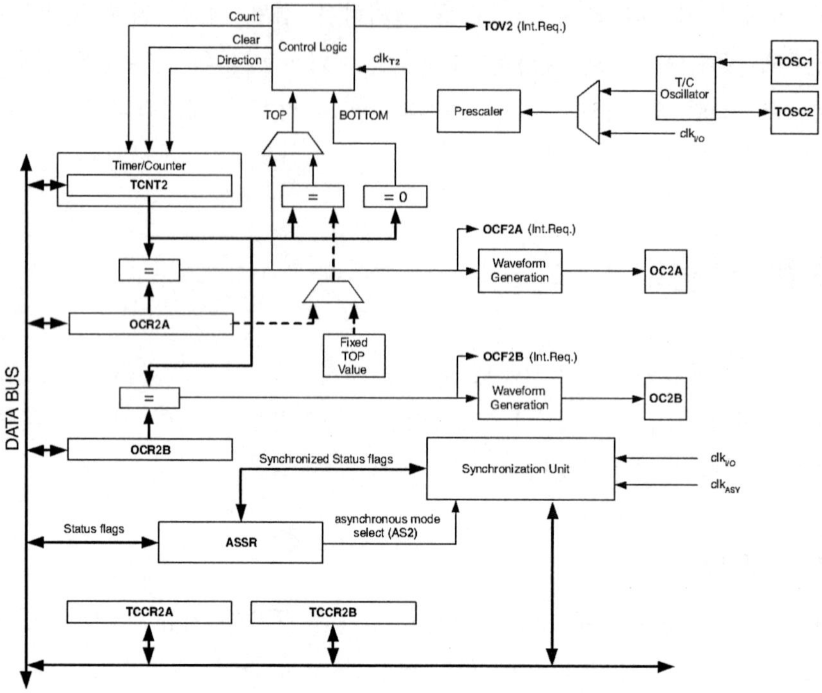

〈그림 2.2.2〉 타이머/카운터2의 구성 블록도

▣ 동작의 개요

타이머/카운터0과 2는 클록 신호 clk_{Tn}에 의하여 8비트의 업/다운 카운터 TCNTn이 동작되고, 이것이 상향 카운터로 동작할 때 0xFF→0x00으로 오버플로우되면 TOVn 신호에 의하여 오버플로우 인터럽트가 발생한다.

8비트 카운터 TCNTn은 사용하는 동작 모드에 따라 클록 clk_{Tn}의 입력에 의해 값이 증가 또는 감소하며 경우에 따라서는 0x00으로 리셋되기도 한다. 이 카운터 값은 동작 중에 항상 출력비교 레지스터 OCRnx와 비교되며, 그 값이 같아지면 내부적으로는 OCFnx 신호에 의하여 출력비교 인터럽트가 발생되고, 외부적으로는 OCnx 단자에 신호가 출력되도록 설정할 수 있다. 이와 같이 동작 모드를 적절히 설정하고 OCRnx 레지스터를 활용하면 OCnx 단자에 8비트 분해능의 PWM 출력신호를 발생할 수 있게 된다.

◀참고▶ 이제부터 8비트 구조인 타이머/카운터0, 2에 관한 설명에서 BOTTOM은 8비트 카운터가 가질 수 있는 최소값 0x00을 나타내고, 반대로 MAX는 카운터가 가질 수 있는 최대값 0xFF를 나타낸다. 또한, TOP은 각 동작 모드에 따라 카운터가 실제로 도달할 수 있는 최대의 값을 나타내는데, 이 값은 동작 모드에 따라 MAX가 되기도 하고 OCRnA 레지스터에 설정된 값이 되기도 한다.

또한, 레지스터나 신호 이름을 표시할 때 n은 타이머/카운터의 채널 번호인 0 또는 2를 나타내며, x는 각 타이머/카운터에서 출력비교 회로의 구성 부분인 A 또는 B를 나타낸다.

■ 카운터 부분

타이머/카운터0의 클록 입력과 카운터 부분의 구성은 <그림 2.2.3>에 다시 보였고, 타이머/카운터2의 클록 입력과 카운터 부분의 구성은 <그림 2.2.5>에 다시 보였다. 이 <그림 2.2.3>에서 보듯이 타이머/카운터0은 외부 클록을 T0 단자로 받아 카운터 동작을 수행하지만, <그림 2.2.5>와 같이 타이머/카운터2는 외부의 클록 입력단자 T2가 없는 대신에 TOSC1 및 TOSC2 단자를 가지고 있어서 여기에 크리스탈을 접속하여 자체적인 발진회로를 사용하거나 TOSC1 단자에 외부 클록 신호를 인가할 수 있다.

타이머/카운터0의 외부클록 입력신호 T0은 <그림 2.2.4>와 같이 내부의 동기회로에 의하여 매 시스템 클록 사이클에 1번씩 샘플링되어 에지 검출기(edge detector)로 전달되며, 이들 회로들은 $clk_{I/O}$ 클록 신호에 의하여 동작한다. 이렇게 입력된 클록 신호는 샘플링 회로 및 에지 검출기 회로에서 동기화 과정을 거치기 때문에 시스템 클록으로 2.5~3.5 주기만큼 시간적으로 지연되어 동작한다. T0 클록 신호가 카운터에서 상승 에지로 동작할지 하강 에지로 동작할지는 CS02~0 비트로 설정된다. 이때 입력된 T0 클록 신호의 H 또는 L상태는 각각 1주기의 $clk_{I/O}$보다 길게 유지되어야만 올바르게 샘플링되므로 결과적으로 외부 클록의 주파수는 $clk_{I/O}$÷2 미만이어야 한다. 그러나, 외부 클록 신호의 듀티비가 50%로 유지되지 않는 경우에는 이러한 조건으로도 충분하지 않을 수 있으므로, 듀티비에 관계없이 항상 안정된 동작을 하려면 T0 단자로 입력되는 외부 클록 신호의 주파수는 $clk_{I/O}$÷2.5 미만으로 사용하는 것이 권장된다.

타이머/카운터0에서 타이머로 동작할 때는 시스템 클록 주파수(*OK-1281/2561* 키트에서는 16MHz)와 같은 내부 클록 $clk_{I/O}$를 클록 소스로 사용하며, 이것은 프리스케일러에 의하여 분주비 1, 8, 64, 256, 1024 중의 하나로 분주될 수 있고, 클록 입력을 차단하여 타이머/카운터0의 기능을 정지시킬 수도 있다. 그러나, 타이머/카운터0이 카운터로 동작할 때는 외부의 T0 단자에서 입력된 신호를 클록 소스로 사용하며, 이것은 프리스케일러를 거치지 않고 직접 카운터에 입력된다.

그러나, 타이머/카운터2는 타이머 동작이나 카운터 동작에서 항상 프리스케일러를 사용하며 카운터로 동작할 때는 비동기 동작의 특징을 가진다. 즉, 타이머/카운터2는 내부 시스템 클록에서 비롯된 $clk_{I/O}$를 클록 소스로 사용하는 타이머의 동기 동작 모드는 물론이고, 외부 TOSC1와 TOSC2 단자에 32.768kHz의 크리스탈을 접속하여 사용하거나 TOSC1 단자에 외부 클록 신호를 인가하는 카운터의 비동기 동작 모드에서도 프리스케일러가 사용되며, 프리스케일러의 분주비도 1, 8, 32, 64, 128, 256, 1024 중의 하나를 사용할 수 있어서 타이머/카운터0의 경우와는 약간 다르다.

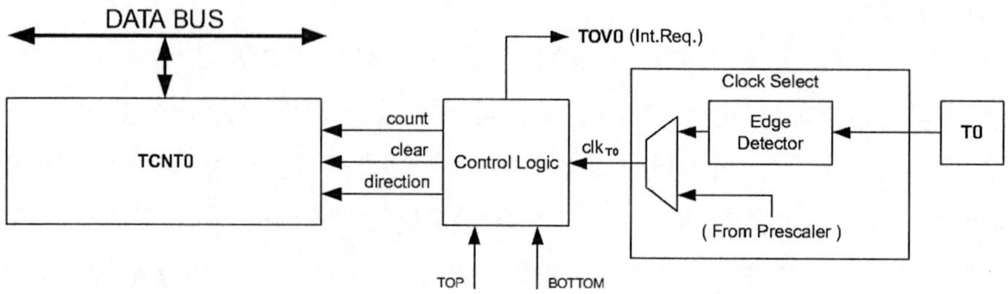

〈그림 2.2.3〉 타이머/카운터0의 카운터 부분 구성도

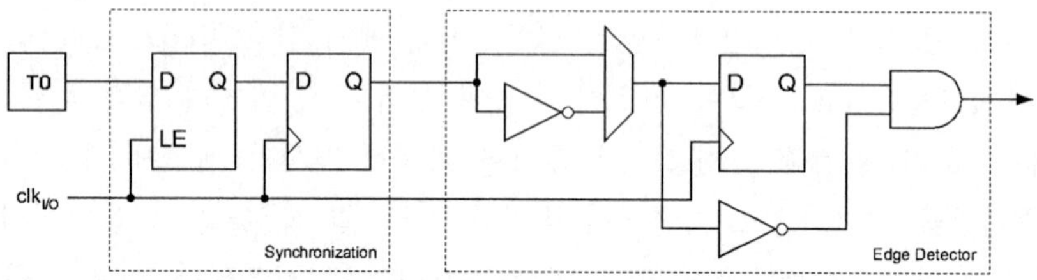

〈그림 2.2.4〉 타이머/카운터0의 외부 클록 입력 샘플링

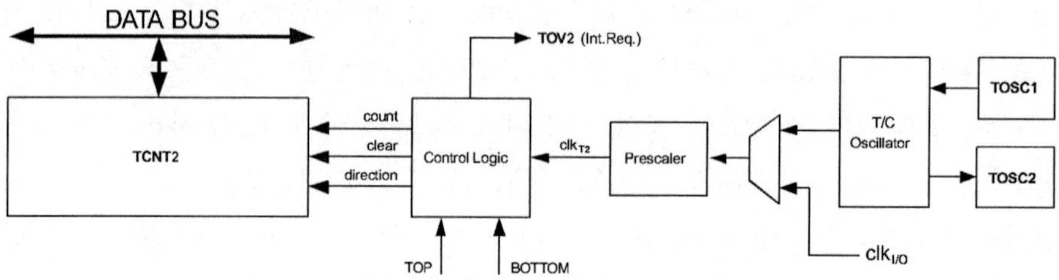

〈그림 2.2.5〉 타이머/카운터2의 카운터 부분 구성도

▣ 출력 비교기 부분

<그림 2.2.6>에 보였듯이 타이머/카운터0과 2에 입력되는 클록 신호 clk_{Tn}은 8비트의 업/다운 카운터 TCNTn을 동작시키고, 이것은 동작중에 항상 출력비교 레지스터 OCRnx와 비교되며, 그 값이 같아지면 그 다음 주기에 내부적으로는 OCFnx 신호에 의하여 출력비교 인터럽트를 요청하고, 외부적으로는 OCnx 단자에 신호가 출력되도록 설정할 수 있다. 이와 같이 동작 모드를 적절히 설정하고 OCRnx 레지스터를 활용하면 OCnx 단자에 원하는 PWM 출력신호를 발생할 수 있게 된다.

출력비교 레지스터 OCRnx는 모든 PWM 모드에서 이중 버퍼링으로 동작하여 타이

머/카운터 레지스터 TCNTn이 TOP 또는 BOTTOM에 도달하였을 때 그 값이 갱신되므로 PWM 출력 신호에 글리치(glitch)가 발생하는 것을 방지한다. 그러나, 일반 모드나 CTC 모드에서는 출력비교 레지스터 OCRnx가 이중 버퍼링으로 동작하지 않으므로 주의해야 한다.

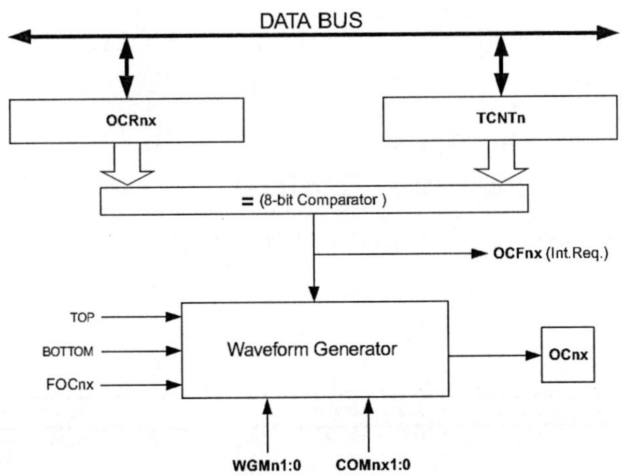

〈그림 2.2.6〉 타이머/카운터0과 2의 출력비교기 부분 구성도

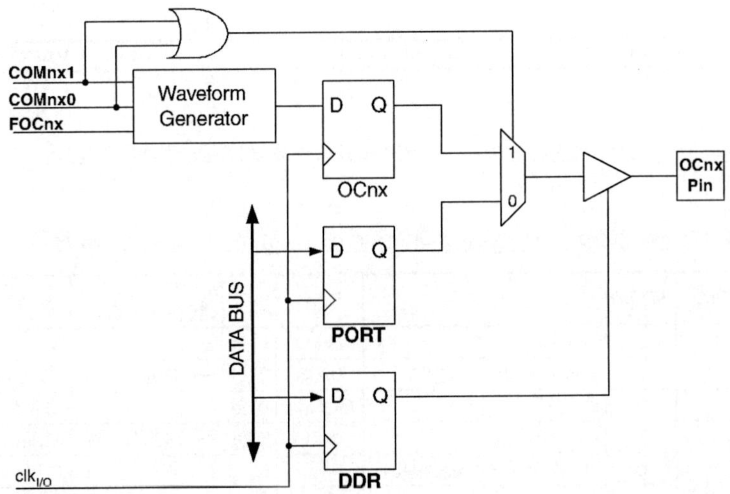

〈그림 2.2.7〉 타이머/카운터0과 2의 비교 매치 출력 부분 구성도

■ 비교결과 출력회로 부분

타이머/카운터0과 2에서 8비트의 업/다운 카운터 TCNTn과 출력비교 레지스터 OCRnx를 비교하여 이것이 일치(match)하면 출력되는 신호 OCnx는 병렬 I/O 포트와

기능을 겸하고 있으며, 이 출력회로 부분의 구조는 <그림 2.2.7>과 같다. 따라서, 이 단자를 병렬 I/O 포트가 아니라 비교출력 신호로 사용하려면 DDRx 레지스터를 사용하여 미리 해당 병렬 I/O 포트의 비트를 출력 방향으로 설정해 놓아야 한다.

(2) 레지스터 사용

타이머/카운터0과 2에는 다양한 기능과 동작을 제어하기 위하여 여러 가지의 I/O 레지스터를 가지고 있다.

▣ 타이머/카운터n 제어 레지스터 A(TCCRnA)

TCCRnA(Timer/Counter 0 or 2 Control Register A) 레지스터는 타이머/카운터0과 2의 동작 모드를 설정하고 비교출력 신호의 출력방식을 설정하는 기능을 수행한다.

Bit	7	6	5	4	3	2	1	0	
0x24 (0x44)	COM0A1	COM0A0	COM0B1	COM0B0	–	–	WGM01	WGM00	TCCR0A
Read/Write	R/W	R/W	R/W	R/W	R	R	R/W	R/W	
Initial Value	0	0	0	0	0	0	0	0	

〈그림 2.2.8〉 타이머/카운터0 제어 레지스터 TCCR0A

Bit	7	6	5	4	3	2	1	0	
(0xB0)	COM2A1	COM2A0	COM2B1	COM2B0	–	–	WGM21	WGM20	TCCR2A
Read/Write	R/W	R/W	R/W	R/W	R	R	R/W	R/W	
Initial Value	0	0	0	0	0	0	0	0	

〈그림 2.2.9〉 타이머/카운터2 제어 레지스터 TCCR2A

〈표 2.2.2〉 WGMn2~0 비트에 의한 동작 모드의 설정

모드	WGMn2	WGMn1	WGMn0	동작 모드	TOP	OCRnx 레지스터의 업데이트 시점	TOVn 플랙의 셋트 시점
0	0	0	0	Normal	0xFF	설정 즉시	MAX → BOTTOM
1	0	0	1	Phase Correct PWM	0xFF	TOP → TOP-1	BOTTOM → 0x01
2	0	1	0	CTC	OCRnA	설정 즉시	MAX → BOTTOM
3	0	1	1	Fast PWM	0xFF	TOP → BOTTOM	MAX → BOTTOM
4	1	0	0	사용하지 않음(reserved)	–	–	–
5	1	0	1	Phase Correct PWM	OCRnA	TOP → TOP-1	BOTTOM → 0x01
6	1	1	0	사용하지 않음(reserved)	–	–	–
7	1	1	1	Fast PWM	OCRnA	TOP → BOTTOM	TOP → BOTTOM

비트1, 0의 WGMn1~0(Waveform Generation Mode)은 타이머/카운터n 제어 레지스터 B인 TCCRnB의 WGMn2 비트와 함께 3비트로 구성되어 카운터의 동작 모드를

설정하는데, 이를 요약하면 <표 2.2.2>와 같다.

비트7, 6의 COMnA1~0(Compare Match Output A Mode)은 OCnA 단자의 출력 동작을 설정한다. 이 OCnA 신호의 동작은 타이머/카운터0, 2의 각 동작 모드에 따라 달라지는데 이를 요약하면 <표 2.2.3>과 같다.

〈표 2.2.3〉 COMnA1~0 비트에 의한 OCnA 단자의 기능 설정

	COMnA1	COMnA0	OCnA 단자의 기능
PWM 모드가 아닌 경우	0	0	정상적인 범용 I/O 포트로 동작(OCnA 출력을 차단)
	0	1	compare match에서 OCnA 출력을 토글
	1	0	compare match에서 OCnA=0으로 클리어
	1	1	compare match에서 OCnA=1로 셋트
Fast PWM 모드인 경우	0	0	정상적인 범용 I/O 포트로 동작(OCnA 출력을 차단)
	0	1	동작 모드3에서 정상적인 범용 I/O 포트로 동작(OCnA 출력을 차단) 동작 모드7에서 compare match에서 OCnA 출력을 토글
	1	0	compare match에서 OCnA=0으로 클리어하고 TOP→BOTTOM에서 OCnA=1로 셋트
	1	1	compare match에서 OCnA=1로 셋트하고 TOP→BOTTOM에서 OCnA=0으로 클리어
Phase Correct PWM 모드인 경우	0	0	정상적인 범용 I/O 포트로 동작(OCnA 출력을 차단)
	0	1	동작 모드1에서 정상적인 범용 I/O 포트로 동작(OCnA 출력을 차단) 동작 모드5에서 compare match에서 OCnA 출력을 토글
	1	0	상향 카운터에서는 compare match에서 OCnA=0으로 클리어하고 하향 카운터에서는 compare match에서 OCnA=1로 셋트
	1	1	상향 카운터에서는 compare match에서 OCnA=1로 셋트하고 하향 카운터에서는 compare match에서 OCnA=0으로 클리어

◀참고▶ OCnA 단자를 통하여 PWM과 같은 출력신호를 내보내려면 미리 해당 병렬 I/O 포트의 비트를 입출력 방향제어 레지스터 DDRx에서 출력 방향으로 설정하여 놓아야 한다.

〈표 2.2.4〉 COMnB1~0 비트에 의한 OCnB 단자의 기능 설정

	COMnB1	COMnB0	OCnB 단자의 기능
PWM 모드가 아닌 경우	0	0	정상적인 범용 I/O 포트로 동작(OCnB 출력을 차단)
	0	1	compare match에서 OCnB 출력을 토글
	1	0	compare match에서 OCnB=0으로 클리어
	1	1	compare match에서 OCnB=1로 셋트
Fast PWM 모드인 경우	0	0	정상적인 범용 I/O 포트로 동작(OCnB 출력을 차단)
	0	1	사용하지 않음(reserved)
	1	0	compare match에서 OCnB=0으로 클리어하고 TOP→BOTTOM에서 OCnB=1로 셋트
	1	1	compare match에서 OCnB=1로 셋트하고 TOP→BOTTOM에서 OCnB=0으로 클리어
Phase Correct PWM 모드인 경우	0	0	정상적인 범용 I/O 포트로 동작(OCnB 출력을 차단)
	0	1	사용하지 않음(reserved)
	1	0	상향 카운터에서는 compare match에서 OCnB=0으로 클리어하고 하향 카운터에서는 compare match에서 OCnB=1로 셋트
	1	1	상향 카운터에서는 compare match에서 OCnB=1로 셋트하고 하향 카운터에서는 compare match에서 OCnB=0으로 클리어

◀참고▶ OCnB 단자를 통하여 PWM과 같은 출력신호를 내보내려면 미리 해당 병렬 I/O 포트의 비트를 입출력 방향제어 레지스터 DDRx에서 출력 방향으로 설정하여 놓아야 한다.

비트5, 4의 COMnB1~0(Compare Match Output B Mode)은 OCnB 단자의 출력 동작을 설정한다. 이 OCnB 신호의 동작은 타이머/카운터0, 2의 각 동작 모드에 따라 달라지는데 이를 요약하면 <표 2.2.4>와 같다.

▣ 타이머/카운터n 제어 레지스터 B(TCCRnB)

TCCRnB(Timer/Counter 0 or 2 Control Register B) 레지스터는 타이머/카운터0과 2의 동작 모드를 설정하고 프리스케일러의 분주비를 설정하는 등의 기능을 수행한다.

Bit	7	6	5	4	3	2	1	0	
0x25 (0x45)	FOC0A	FOC0B	–	–	WGM02	CS02	CS01	CS00	TCCR0B
Read/Write	W	W	R	R	R/W	R/W	R/W	R/W	
Initial Value	0	0	0	0	0	0	0	0	

〈그림 2.2.10〉 타이머/카운터0 제어 레지스터 TCCR0B

Bit	7	6	5	4	3	2	1	0	
(0xB1)	FOC2A	FOC2B	–	–	WGM22	CS22	CS21	CS20	TCCR2B
Read/Write	W	W	R	R	R/W	R/W	R/W	R/W	
Initial Value	0	0	0	0	0	0	0	0	

〈그림 2.2.11〉 타이머/카운터2 제어 레지스터 TCCR2B

비트7의 FOC0A와 비트6의 FOC0B(Force Output Compare A or B)는 PWM 모드가 아닌 경우에만 유효한 것으로서 이를 1로 설정하면 강제로 즉시 각각 OCnA 또는 OCnB 단자에 출력비교가 매치(match)된 것과 같은 출력을 내보내며, 이 출력신호의 동작은 COMnA1~0 또는 COMnB1~0 비트에 의하여 결정된다. 그러나, 이렇게 강제로 만들어진 출력비교 매치는 OCnx 단자에 신호만을 출력할 뿐이며, 해당 인터럽트를 발생하지도 않고 CTC 모드에서 TCNTn 레지스터를 클리어시키지도 않는다. 따라서, 특별한 경우가 아니면 이 비트는 0으로 설정하여 둔다.

비트3의 WGMn2(Waveform Generation Mode)은 타이머/카운터n 제어 레지스터 A인 TCCRnA의 WGMn1~0 비트와 함께 3비트로 구성되어 카운터의 동작 모드를 설정하는데, 이에 관해서는 앞의 <표 2.2.2>에 보였다.

비트2~0의 기능은 타이머/카운터0과 타이머/카운터2에서 약간 다르다. 먼저, 타이머/카운터0의 TCCR0B 레지스터에서 비트2~0의 CS02~0(Clock Select)은 <표 2.2.5>와 같이 프리스케일러(prescaler)를 사용한 클록의 분주비를 선택한다. 이를 도시하면 <그림 2.2.4>와 같은데, 여기서 n은 타이머/카운터 채널 1, 3, 4, 5를 나타낸다.

〈표 2.2.5〉 타이머/카운터0에서 CS02~0 비트에 의한 클록의 소스 또는 분주비 선택

CS02	CS01	CS00	클록 소스의 기능
0	0	0	클록 입력을 차단(타이머/카운터0의 기능이 정지됨)
0	0	1	$clk_{I/O}$ / 1
0	1	0	$clk_{I/O}$ / 8
0	1	1	$clk_{I/O}$ / 64
1	0	0	$clk_{I/O}$ / 256
1	0	1	$clk_{I/O}$ / 1024
1	1	0	T0 단자에서 입력되는 외부 클록(하강 에지에서 동작)
1	1	1	T0 단자에서 입력되는 외부 클록(상승 에지에서 동작)

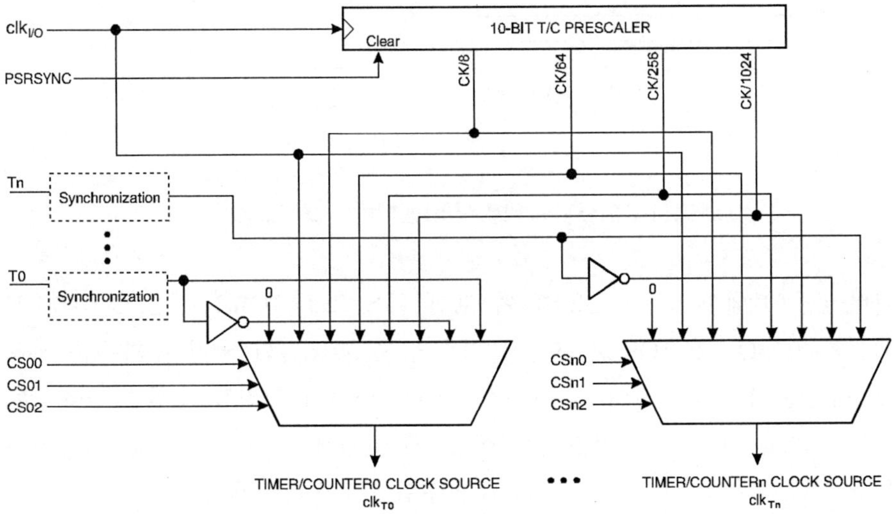

〈그림 2.2.12〉 타이머/카운터0의 프리스케일러

타이머/카운터2의 TCCR2B 레지스터에서 비트2~0의 CS22~0은 <표 2.2.6>에 표시한 바와 같이 프리스케일러를 사용한 클록의 분주비를 선택한다. 이를 그림으로 설명하면 <그림 2.2.13>과 같다.

〈표 2.2.6〉 타이머/카운터2에서 CS22~0 비트에 의한 클록의 분주비 선택

CS22	CS21	CS20	클록 소스의 기능
0	0	0	클록 입력을 차단(타이머/카운터2의 기능이 정지됨)
0	0	1	clk_{T0S} / 1
0	1	0	clk_{T0S} / 8
0	1	1	clk_{T0S} / 32
1	0	0	clk_{T0S} / 64
1	0	1	clk_{T0S} / 128
1	1	0	clk_{T0S} / 256
1	1	1	clk_{T0S} / 1024

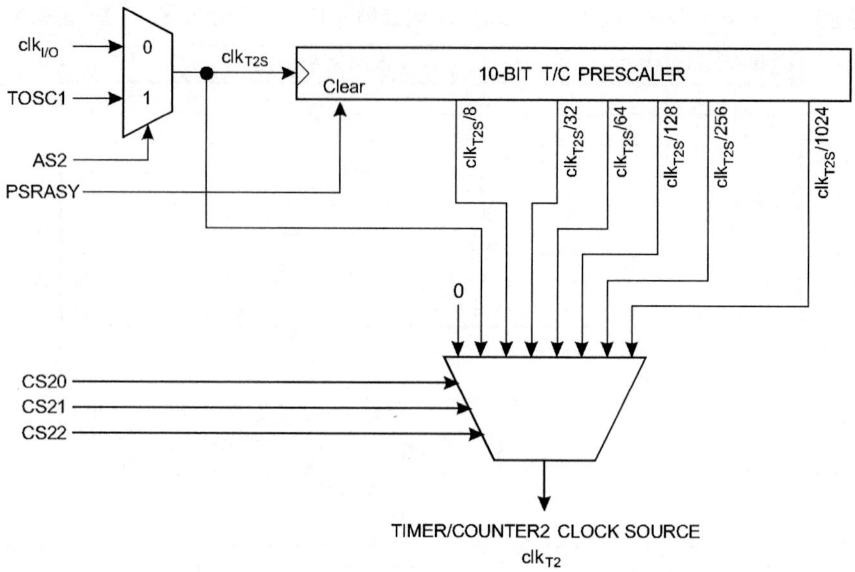

〈그림 2.2.13〉 타이머/카운터2의 프리스케일러

타이머/카운터2에서 <그림 2.2.13>에 보인 클록 소스 TOSC1은 EXCLK=0으로 설정하여 외부의 TOSC1 및 TOSC2 단자에 접속된 32.768kHz의 발진 주파수를 사용할 수도 있고, EXCLK=1로 설정하여 외부에서 TOSC1 단자에 입력한 구형파 클록 주파수를 사용할 수도 있다. AS2=1로 설정하여 이 클록 소스를 선택한 경우는 비동기 동작이 되는데, 이 클록 주파수는 시스템 클록 주파수의 1/4 이하여야 한다.

▣ 타이머/카운터 일반 제어 레지스터(GTCCR)

GTCCR(General Timer/Counter Control Register) 레지스터는 타이머/카운터들을 동기화시키는데 관련된 기능을 수행한다.

Bit	7	6	5	4	3	2	1	0	
0x23 (0x43)	TSM	–	–	–	–	–	PSRASY	PSRSYNC	GTCCR
Read/Write	R/W	R	R	R	R	R	R/W	R/W	
Initial Value	0	0	0	0	0	0	0	0	

〈그림 2.2.14〉 타이머/카운터 일반 제어 레지스터 GTCCR

비트7의 TSM(Timer/Counter Synchronization Mode)은 모든 타이머/카운터들을 동기화시키는 기능을 수행한다. 즉, 이를 1로 하면 PSRASY 및 PSRSYNC 비트에 라이트한 값을 유지하여 이에 대응하는 프리스케일러 리셋 신호를 발생하고, 이는 해당 타이머/카운터의 동작을 정지시켜 이것들을 똑같은 초기값으로 설정할 수 있도록 해준다. TSM 비트를 0으로 클리어하면 PSRASY 및 PSRSYNC 비트가 하드웨어적으로 클리어되며 타이머/카운터들이 모두 동시에 카운팅 동작을 시작한다.

비트0의 PSRSYNC(Prescaler Reset for Synchronous Timer/Counters)는 <그림 2.2.12>에서 보였듯이 타이머/카운터0, 1, 3, 4, 5에서 공통적으로 사용하고 있는 프리스케일러를 리셋시키며, TSM=1로 되어 있지 않다면 동작후에 즉시 자동적으로 0으로 클리어된다.

비트1의 PSRASY(Prescaler Reset for Asynchronous Timer/Counter2)은 <그림 2.2.13>에서 보였듯이 타이머/카운터2의 프리스케일러를 리셋시키며 동작후에 즉시 자동적으로 클리어된다. 그러나, 타이머/카운터2가 AS2=1로 설정되어 비동기 모드로 동작하고 있을 때 이를 1로 하면 이것은 프리스케일러가 리셋될 때까지 그 값이 유지되며, TSM=1이면 하드웨어에 의하여 자동적으로 클리어되지 않는다.

▣ 비동기 상태 레지스터(ASSR)

ASSR(Asynchronous Status Register) 레지스터는 타이머/카운터2가 외부 클록에 의하여 비동기 모드로 동작하는 경우에 관련된 기능을 수행한다.

Bit	7	6	5	4	3	2	1	0	
(0xB6)	–	EXCLK	AS2	TCN2UB	OCR2AUB	OCR2BUB	TCR2AUB	TCR2BUB	ASSR
Read/Write	R	R/W	R/W	R	R	R	R	R	
Initial Value	0	0	0	0	0	0	0	0	

〈그림 2.2.15〉 비동기 상태 레지스터 ASSR

비트6의 EXCLK(Enable External Clock Input)는 타이머/카운터2의 클록 소스로서 TOSC1 단자와 TOSC2 단자에 크리스탈을 사용하는 대신에 TOSC1 단자에 클록 신호를 입력하도록 한다. 즉, TOSC1과 TOSC2 단자에 크리스탈을 접속하여 사용하려면 EXCLK=0으로 설정하고, TOSC1 단자에 외부 클록 신호를 인가하려면 EXCLK=1로 설정해야 한다. 물론, 이렇게 타이머/카운터2에 크리스탈 또는 외부 클록 신호가 사용되려면 이는 모두 비동기 모드에 해당하므로 AS2=1로 설정해야 한다.

비트5의 AS2(Asynchronous Timer/Counter2)는 타이머/카운터2의 클록 소스를 선택하는 비트로서, AS2=0으로 설정하면 내부 클록 $clk_{I/O}$가 선택되어 동기 모드로 동작하고, AS2=1로 설정하면 외부의 크리스탈에 의해 발진되는 주파수 또는 TOSC1 단자에 입력되는 클록 신호가 선택되어 비동기 모드인 RTC(Real Time Counter)로 동작한다. AS2의 값을 변경하면 TCNT2, OCR2A, OCR2B, TCCR2A, TCCR2B의 내용이 깨질 수 있으며, 또한 아래의 비지 플랙들이 1인 동안에 TCNT2, OCR2A, OCR2B, TCCR2A, TCCR2B 레지스터들의 값을 라이트하면 이들 레지스터값이 깨질 수 있고 이로 인하여 예상하지 않은 인터럽트가 발생할 수 있으니 주의해야 한다. 이들 레지스터의 값을 읽으면 TCNT2 레지스터는 실시간 값이지만, OCR2A, OCR2B, TCCR2A, TCCR2B의 경우에는 임시 레지스터의 값이 읽혀진다.

비트4의 TCN2UB(Timer/Counter2 Update Busy)은 타이머/카운터2가 비동기로 동작하고 있을 때 TCNT2 레지스터에 새로운 값을 라이트하면 이 비트가 1로 셋트된다. 그러다가 이 값이 임시 레지스터로부터 TCNT2 레지스터에 옮겨져서 TCNT2의 라이트가 완료되면 이 비트는 다시 0이 된다.

비트3~2의 OCR2xUB(Output Compare Register 2A or 2B Update Busy)는 타이머/카운터2가 비동기로 동작하고 있을 때 OCR2x 레지스터에 새로운 값을 라이트하면 이 비트가 1로 셋트된다. 그후 이 값이 임시 레지스터로부터 OCR2x 레지스터에 옮겨져서 OCR2x의 라이트가 완료되면 이 비트는 다시 0이 된다.

비트1~0의 TCR2xUB(Timer/Counter Control Register 2A or 2B Update Busy)은 타이머/카운터2가 비동기로 동작하고 있을 때 TCCR2x 레지스터에 새로운 값을 라이트하면 이 비트가 1로 셋트된다. 그후 이 값이 임시 레지스터로부터 TCCR2x 레지스터에 옮겨져서 TCCR2x의 라이트가 완료되면 이 비트는 다시 0이 된다.

이처럼 타이머/카운터2를 동기 모드와 비동기 모드로 스위칭하는 경우에는 뜻하지 않게 TCNT2, OCR2x, TCCR2x 레지스터의 내용이 깨지는 등의 부작용이 나타날 수 있으므로 다음과 같은 절차로 수행하는 것이 바람직하다.

① TIMSK2의 OCIE2x 및 TOIE2x 비트를 0으로 하여 인터럽트를 금지한다.
② ASSR의 AS2 비트 값을 원하는대로 설정한다.
③ TCNT2, OCR2x, TCCR2x 레지스터의 값을 원하는대로 설정한다.
④ ASSR의 TCN2UB, OCR2xUB, TCR2xUB 비트가 0이 될 때까지 기다린다.
⑤ TIFR2의 OCF2x 및 TOV2 비트를 0으로 클리어한다.
⑥ TIMSK2의 OCIE2x 및 TOIE2x 비트를 원래의 상태로 되돌려 설정한다.

5개의 레지스터 TCNT2, OCR2x, TCCR2x에는 각각 임시 레지스터를 1개씩 가지고 있어서 이들 레지스터에 값을 쓰면 먼저 임시 레지스터에 저장되었다가 TOSC1 클록에서 2개의 상승 에지가 입력되면 최종적으로 레지스터에 저장된다. 이들 데이터가 아직 임시 레지스터에 저장되어 있는 동안에는 이 5개의 레지스터에 새로운 값을 쓰지 말아야 하며 슬립 모드에 들어가는 것도 피해야 한다. 이 라이트 동작이 완료되었는지를 판단하는 유일한 방법은 ASSR 레지스터에서 비지 플랙 TCN2UB, OCR2xUB, TCR2xUB를 관측하는 것이다.

타이머/카운터2가 비동기 모드로 동작하고 있을 때 이것이 인터럽트를 발생하기 위하여 인터럽트 플랙을 동기화하는데는 1개의 타이머 사이클과 여기에 3개의 CPU 시스템 클록 사이클이 추가로 필요하다. 따라서, CPU가 이 인터럽트 플랙을 셋트시킨 타이머/카운터 레지스터 TCNT2를 읽어보면 최소한 1 이상의 값이 이미 변해있게 되며, 이때 비교출력 신호를 사용한다면 이는 시스템 클록 신호와 동기되지 않게 된다.

▣ 타이머/카운터n 레지스터(TCNTn)

TCNTn(Timer/Counter Register 0 or 2) 레지스터는 타이머/카운터0과 2의 8비트 카운터값을 저장하고 있는 레지스터로서, 이 레지스터는 언제나 리드 및 라이트 동작이 가능하지만 카운터가 동작하고 있을 때 이 값을 수정하면 TCNTn 값과 OCRnx 값을 비교하여 출력신호를 발생하는 비교 매치 기능에 문제를 일으킬 수도 있다.

Bit	7	6	5	4	3	2	1	0	
0x26 (0x46)	TCNT0[7:0]								TCNT0
Read/Write	R/W	R/W	R/W	R/W	R/W	R/W	R/W	R/W	
Initial Value	0	0	0	0	0	0	0	0	

〈그림 2.2.16〉 타이머/카운터0 레지스터 TCNT0

Bit	7	6	5	4	3	2	1	0	
(0xB2)	TCNT2[7:0]								TCNT2
Read/Write	R/W	R/W	R/W	R/W	R/W	R/W	R/W	R/W	
Initial Value	0	0	0	0	0	0	0	0	

〈그림 2.2.17〉 타이머/카운터2 레지스터 TCNT2

▣ 타이머/카운터n 출력비교 레지스터 A, B(OCRnA, OCRnB)

OCRnx(Timer/Counter 0 or 2 Output Compare Register A or B) 레지스터는 타이머/카운터 레지스터 TCNTn 값과 비교하여 OCnx 단자에 출력신호를 발생하기 위한 8비트 값을 저장하는 레지스터이다.

OCRnx 레지스터는 모든 PWM 모드에서 이중 버퍼링으로 동작하여 타이머/카운터 레지스터 TCNTn이 TOP 또는 BOTTOM에 도달하였을 때 그 값이 갱신되므로 PWM 출력 신호에 글리치가 발생하는 것을 방지한다. 그러나, 일반 모드나 CTC 모드에서는

OCRnx 레지스터가 이중 버퍼링으로 동작하지 않는다.

Bit	7	6	5	4	3	2	1	0	
0x27 (0x47)	OCR0A[7:0]								OCR0A
Read/Write	R/W	R/W	R/W	R/W	R/W	R/W	R/W	R/W	
Initial Value	0	0	0	0	0	0	0	0	

Bit	7	6	5	4	3	2	1	0	
0x28 (0x48)	OCR0B[7:0]								OCR0B
Read/Write	R/W	R/W	R/W	R/W	R/W	R/W	R/W	R/W	
Initial Value	0	0	0	0	0	0	0	0	

〈그림 2.2.18〉 타이머/카운터0 출력비교 레지스터 OCR0A, OCR0B

Bit	7	6	5	4	3	2	1	0	
(0xB3)	OCR2A[7:0]								OCR2A
Read/Write	R/W	R/W	R/W	R/W	R/W	R/W	R/W	R/W	
Initial Value	0	0	0	0	0	0	0	0	

Bit	7	6	5	4	3	2	1	0	
(0xB4)	OCR2B[7:0]								OCR2B
Read/Write	R/W	R/W	R/W	R/W	R/W	R/W	R/W	R/W	
Initial Value	0	0	0	0	0	0	0	0	

〈그림 2.2.19〉 타이머/카운터2 출력비교 레지스터 OCR2A, OCR2B

▣ 타이머/카운터n 인터럽트 마스크 레지스터(TIMSKn)

TIMSKn(Timer/Counter 0 or 2 Interrupt Mask Register) 레지스터는 타이머/카운터0과 2가 발생하는 인터럽트를 개별적으로 허용하는 기능을 수행하는 레지스터이다.

Bit	7	6	5	4	3	2	1	0	
(0x6E)	–	–	–	–	–	OCIE0B	OCIE0A	TOIE0	TIMSK0
Read/Write	R	R	R	R	R	R/W	R/W	R/W	
Initial Value	0	0	0	0	0	0	0	0	

〈그림 2.2.20〉 타이머/카운터0 인터럽트 마스크 레지스터 TIMSK0

Bit	7	6	5	4	3	2	1	0	
(0x70)	–	–	–	–	–	OCIE2B	OCIE2A	TOIE2	TIMSK2
Read/Write	R	R	R	R	R	R/W	R/W	R/W	
Initial Value	0	0	0	0	0	0	0	0	

〈그림 2.2.21〉 타이머/카운터2 인터럽트 마스크 레지스터 TIMSK2

비트1의 OCIEnA(Timer/Counter 0 or 2 Output Compare Match A Interrupt Enable)은 이것이 1로 설정되고 상태 레지스터 SREG에서 I=1로 설정되면 타이머/카운터0, 2의 출력비교 A 인터럽트가 허용상태로 된다. 이때 타이머/카운터n의 출력비교

A 인터럽트가 발생되어 TIFRn 레지스터의 OCFnA 비트가 1로 되면 이 인터럽트가 처리된다. 마찬가지로 비트2의 OCIEnB는 타이머/카운터0, 2의 출력비교 B 인터럽트를 개별적으로 허용하는 기능을 수행한다.

비트0의 TOIEn(Timer/Counter 0 or 2 Overflow Interrupt Enable)은 이것이 1로 설정되고 상태 레지스터 SREG에서 I=1로 설정되면 타이머/카운터0, 2의 오버플로우 인터럽트가 허용상태로 된다. 이때 타이머/카운터0의 오버플로우 인터럽트가 발생되어 TIFRn 레지스터의 TOVn 비트가 1로 되면 이 인터럽트가 처리된다.

▣ 타이머/카운터n 인터럽트 플랙 레지스터(TIFRn)

TIFRn(Timer/Counter 0 or 2 Interrupt Flag Register) 레지스터는 타이머/카운터0과 2가 발생하는 인터럽트 플랙을 저장하는 레지스터이다.

Bit	7	6	5	4	3	2	1	0	
0x15 (0x35)	–	–	–	–	–	OCF0B	OCF0A	TOV0	TIFR0
Read/Write	R	R	R	R	R	R/W	R/W	R/W	
Initial Value	0	0	0	0	0	0	0	0	

〈그림 2.2.22〉 타이머/카운터0 인터럽트 플랙 레지스터 TIFR0

Bit	7	6	5	4	3	2	1	0	
0x17 (0x37)	–	–	–	–	–	OCF2B	OCF2A	TOV2	TIFR2
Read/Write	R	R	R	R	R	R/W	R/W	R/W	
Initial Value	0	0	0	0	0	0	0	0	

〈그림 2.2.23〉 타이머/카운터2 인터럽트 플랙 레지스터 TIFR2

비트1의 OCFnA(Timer/Counter 0 or 2 Output Compare A Match Flag)는 타이머/카운터0, 2의 TCNTn 레지스터와 출력비교 레지스터 OCRnA의 값을 비교하여 이것이 같아지면 그 다음 주기에 이 비트가 1로 셋트되면서 출력비교 인터럽트를 요청한다. 마찬가지로 비트2의 OCFnB는 타이머/카운터0, 2의 TCNTn 레지스터와 OCRnB 레지스터의 값을 비교하여 이것이 같으면 이 비트가 1로 셋트되면서 출력비교 인터럽트를 요청한다. 이 인터럽트가 처리되기 시작하면 이 플랙 비트는 다시 0으로 클리어된다.

비트0의 TOVn(Timer/Counter 0 or 2 Overflow Flag)은 타이머/카운터0, 2에서 오버플로우가 발생하면 이 비트가 1로 셋트되면서 오버플로우 인터럽트를 요청한다. 그러나, PC PWM 모드에서는 타이머/카운터0, 2가 0x00에서 계수방향을 바꿀 때 이 비트가 셋트된다. 이 인터럽트가 처리되기 시작하면 이 플랙 비트는 다시 0으로 클리어된다.

(3) 동작 모드

타이머/카운터0, 2에서는 TCCRnA 및 TCCRnB 레지스터의 WGMn2~0 비트에 의하여 동작 모드가 결정되고, TCCRnA 레지스터의 COMnx1~0 비트에 의하여 출력신호의 동작이 지정됨으로써 각 채널별로 2개씩의 OCnx 단자에 어떤 파형을 출력하게 될지를 결정할 수 있게 된다.

앞의 <그림 2.2.6>에서 보인 바와 같이 타이머/카운터0, 2에 포함된 8비트 비교기는 항상 TCNTn의 값과 OCRnx의 값을 비교하고 있다가 이 값이 같아지면(match) 그 다음의 타이머 클록 사이클에서 OCFnx=1로 되면서 출력비교 인터럽트를 요청한다. OCRnx 레지스터는 PWM 모드에서는 이중 버퍼로 액세스되어 이 값이 업데이트되는 시점을 TOP 또는 BOTTOM으로 동기시킬 수 있는데 비하여, 일반 모드나 CTC 모드에서는 이중 버퍼 기능이 해제되어 CPU가 이를 직접 액세스하므로 자칫하면 의도하지 않았던 동작이 일어날 가능성이 있으니 주의해야 한다.

타이머/카운터0과 2의 동작 모드는 <표 2.2.2>에서 보였지만 이를 크게 나누면 일반 모드, CTC 모드, 고속 PWM 모드, PC PWM 모드 등 4가지의 동작 모드가 있다.

▣ 일반 모드

타이머/카운터0, 2의 일반 모드(Normal Mode)는 TCCRnA 및 TCCRnB 레지스터에서 WGMn2~0=0으로 설정하는데, 이 동작 모드에서는 타이머/카운터 레지스터 TCNTn이 항상 상향 카운터(up counter)로만 동작하고, 카운터가 도중에 클리어되는 일이 없이 클록 입력에 의하여 항상 0x00~0xFF의 값으로 계수동작이 반복하여 수행된다. 따라서, 타이머/카운터를 외부 클록 입력에 의한 펄스 카운트 목적으로 사용하는 경우에는 이 동작 모드가 적합하다.

이 타이머/카운터 레지스터 TCNTn의 값이 0xFF에서 0x00으로 바뀌는 순간에 TIFRn 레지스터에서 TOVn=1로 되면서 오버플로우 인터럽트가 요청된다. 일반 모드에서도 출력비교 인터럽트가 사용될 수는 있으나 여기서는 OCnx 단자를 이용하여 어떤 파형을 발생하는 것이 바람직하지 않으며, 만약 이것이 필요하다면 고속 PWM 모드를 사용하는 것이 좋다.

▣ CTC 모드

CTC 모드(Clear Timer on Compare Match Mode)는 TCCRnA 및 TCCRnB 레지스터에서 WGMn2~0=2로 설정하는데, 이 모드에서는 타이머/카운터 레지스터 TCNTn의 값이 출력비교 레지스터 OCRnx의 값과 일치하면 그 다음 클록 사이클에서 0으로 클리어된다.

따라서, 이 모드에서는 클록 입력에 의하여 타이머/카운터 레지스터 TCNTn의 값이 항상 0x00~OCRnx의 범위에서 계수동작이 반복되며, 이 동작 모드는 자동 재적재(auto reload)가 가능한 주파수 분주 기능으로 사용하는데 유용하다.

이 타이머/카운터 레지스터 TCNTn의 값이 증가하다가 TOP인 OCRnx 레지스터 값과 같게 되면 그 다음 주기에 TIFRn 레지스터에서 OCFnx=1로 되면서 출력비교 인터럽트가 요청된다. 그러나, CTC 모드에서는 OCRnx 레지스터에 이중 버퍼링(double buffering) 기능이 없으므로, 만약 카운트 도중에 TOP인 OCRnx 레지스터에 TCNTn의 값보다 작은 값을 라이트하면 그 주기에서는 출력비교에 실패하여 카운터가 MAX인 0xFF까지 증가하였다가 0x00으로 될 것이며, 이때 TIFRn 레지스터에서 TOVn=1로 되면서 오버플로우 인터럽트가 요청된다.

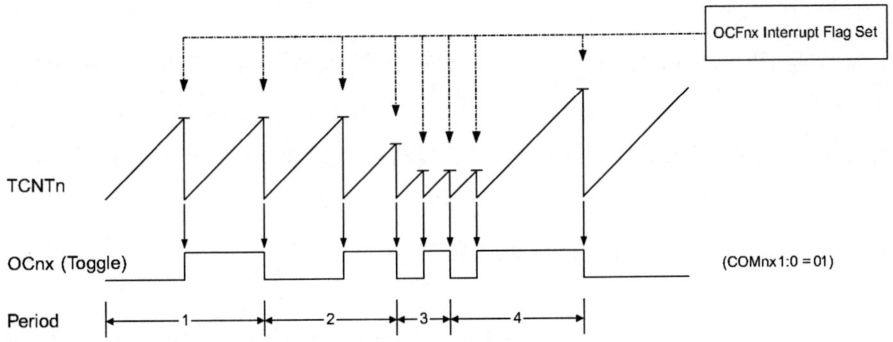

〈그림 2.2.24〉 타이머/카운터0과 2의 CTC 모드 동작

CTC 모드에서는 OCnx 단자가 출력파형을 발생하도록 할 수 있다. 만약 TCCRnA 레지스터에서 COMnx1~0 = 01로 설정하여 출력 매치에서 OCnx 단자의 출력신호를 토글하는 경우에 출력 주파수는 다음과 같이 계산된다. 단, 여기서 N은 프리스케일러의 분주비로서 타이머/카운터0에서는 1, 8, 64, 256, 1024 중의 하나를 사용할 수 있고, 타이머/카운터2에서는 1, 8, 32, 64, 128, 256, 1024 중의 하나를 사용할 수 있다.

$$f_{\mathrm{OCnx}} = \frac{f_{\mathrm{clk\_I/O}}}{2 \cdot \mathrm{N} \cdot (1+\mathrm{OCRnx})} = \frac{f_{\mathrm{clk\_Tn}}}{2 \cdot (1+\mathrm{OCRnx})}$$

그러나, CTC 모드에서 출력비교 인터럽트가 2번 발생하여 1주기의 출력파형을 만들게 되므로 인터럽트 발생 주파수는 이보다 2배 높아서 다음과 같이 된다는데 주의할 필요가 있다.

$$f_{OCnx\_INT} = \frac{f_{clk\_I/O}}{N \cdot (1+OCRnx)} = \frac{f_{clk\_Tn}}{1+OCRnx}$$

▣ 고속 PWM 모드

고속 PWM 모드(Fast PWM Mode)는 TCCRnA 및 TCCRnB 레지스터에서 WGMn 2~0=3 또는 7로 설정하며, 높은 주파수의 PWM 출력 파형을 발생하는데 유용하다. 이 동작 모드에서는 타이머/카운터 레지스터 TCNTn의 계수동작이 항상 0x00~TOP의 범위에서 증가하는 방향으로만 반복적으로 수행(single-slope operation)되는데, 모드3에서는 TOP이 0xFF이며 모드7에서는 TOP이 OCRnA 레지스터 설정값이다.

이때 타이머/카운터 레지스터 TCNTn의 값은 항상 출력비교 레지스터 OCRnx의 값과 비교되어 그것이 일치하면 OCnx 단자의 출력신호가 0으로 클리어되고, TCNTn의 값이 TOP→0x00으로 되면 OCnx 출력신호가 1로 셋트된다. 이를 도시하면 <그림 2.2.25>와 같다. COMnx1~0=10으로 설정하면 OCnx 단자는 이와 같이 정상 PWM 출력으로 동작하지만, COMnx1~0=11로 설정하면 OCnx 단자는 반전 PWM 출력($\overline{OCnx}$)으로 동작한다.

COMnA1~0=01로 설정하면 동작 모드3에서는 OCnA 출력이 사용되지 않으며, 동작 모드7에서는 OCnA 단자의 출력신호가 출력 매치에서 토글된다. 그러나, 이런 기능은 OCnA 단자에만 있고 OCnB 단자에는 없다.

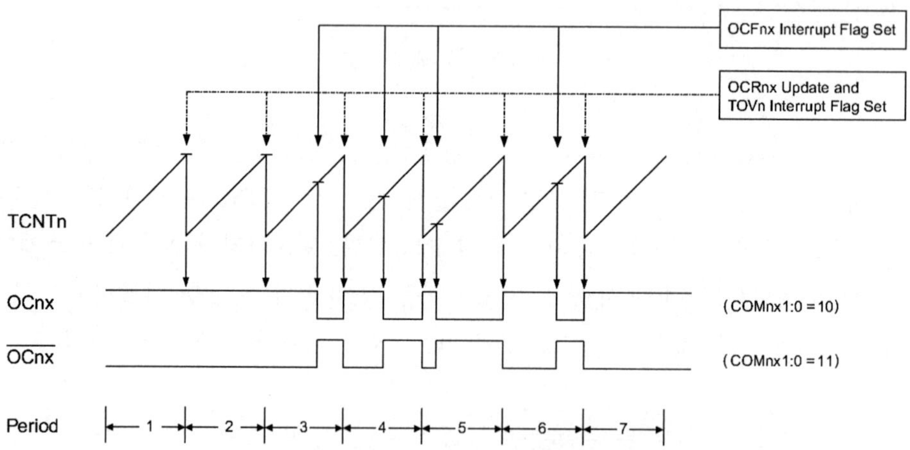

〈그림 2.2.25〉 타이머/카운터0과 2의 고속 PWM 모드 동작

이것은 타이머/카운터 레지스터 TCNTn의 값이 항상 0x00~TOP의 범위에서 증가하는 single-slope 동작을 수행하므로 PWM 출력신호의 주파수는 다음과 같이 표시되

며, 이는 PC PWM 모드의 경우에 비하여 약 2배 높은 주파수가 된다. 단, 여기서 N은 프리스케일러의 분주비로서 타이머/카운터0에서는 <그림 2.2.12>처럼 1, 8, 64, 256, 1024 중의 하나를 사용할 수 있고, 타이머/카운터2에서는 <그림 2.2.13>처럼 1, 8, 32, 64, 128, 256, 1024 중의 하나를 사용할 수 있다.

$$f_{OCnx\_FPWM} = \frac{f_{clk\_I/O}}{N \cdot (1+TOP)} = \frac{f_{clk\_Tn}}{1+TOP}$$

고속 PWM 모드에서는 OCRnx 레지스터에 이중 버퍼링 기능이 있으므로, 만약 카운트 동작중에 PWM 출력의 듀티비를 변경하기 위하여 OCRnx 레지스터에 새로운 값을 라이트하더라도 OCRnx 레지스터가 즉시 변경되지 않고, 이 값은 타이머/카운터 레지스터 TCNTn이 TOP→0x00으로 되어 현재의 주기가 끝나는 순간에 갱신된다.

이 동작 모드에서 타이머/카운터 레지스터 TCNTn의 값이 OCRnx 레지스터와 일치하면 그 다음 주기에 OCFnx=1로 되면서 출력비교 인터럽트가 요청되며, TCNTn의 값이 TOP→0x00으로 될 때 TOV0=1로 되면서 오버플로우 인터럽트가 요청된다.

극단적으로 OCRnx 레지스터의 값을 0x00으로 설정하면 출력파형은 TCNTn의 값이 0x00으로 되는 1 타이머 클록 사이클 동안에만 좁은 스파이크로 나타나며(듀티비 1/256), 반대로 OCRnx 레지스터의 값을 0xFF로 설정하면 출력파형은 OCnx의 경우는 계속 H상태로 출력되고(듀티비 100%) $\overline{\text{OCnx}}$의 경우는 계속 L상태로 출력된다.

▣ PC PWM 모드

PC PWM 모드(Phase Correct PWM Mode, 위상교정 PWM 모드)는 TCCRnA 및 TCCRnB 레지스터에서 WGMn2~0 = 1 또는 5로 설정하며, 높은 분해능의 PWM 출력파형을 발생하는데 유용하다. 이 동작 모드에서는 타이머/카운터 레지스터 TCNTn의 계수동작이 상향 카운터로서 0x00~TOP의 범위에서 증가하였다가 다시 하향 카운터로서 TOP~0x00으로 감소하는 동작을 반복적으로 수행(dual-slope operation)하는데, 모드1에서는 TOP이 0xFF이며 모드5에서는 TOP이 OCRnA 레지스터 설정값이다.

이때 타이머/카운터 레지스터 TCNTn의 값은 항상 출력비교 레지스터 OCRnx의 값과 비교되어, 상향 카운터로 동작할 때 그것이 일치하면 OCnx 출력신호가 0으로 클리어되고, 하향 카운터로 동작할 때 그것이 일치하면 OCnx 출력신호가 1로 셋트된다. 이를 도시하면 <그림 2.2.26>과 같다. COMnx1~0 = 10으로 설정하면 OCnx 단자는 이와 같이 정상 PWM 출력으로 동작하지만, COMnx1~0 = 11로 설정하면 OCnx 단자는 반전 PWM 출력($\overline{\text{OCnx}}$)으로 동작한다.

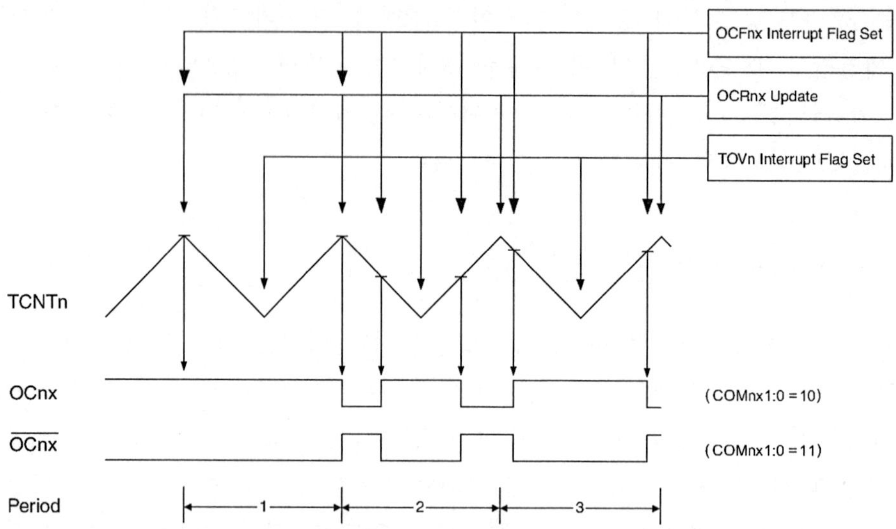

〈그림 2.2.26〉 타이머/카운터0과 2의 PC PWM 모드 동작

이것은 TCNTn의 값이 0x00～TOP의 범위에서 증가하였다가 다시 TOP～0x00으로 감소하는 dual-slope 동작을 수행하므로 PWM 출력신호의 주파수는 다음과 같이 표시되며, 이는 고속 PWM 모드의 경우에 비하여 약 1/2로 낮은 주파수가 된다. 단, 여기서 N은 프리스케일러의 분주비로서 타이머/카운터0에서는 <그림 2.2.12>처럼 1, 8, 64, 256, 1024 중의 하나를 사용할 수 있고, 타이머/카운터2에서는 <그림 2.2.13>처럼 1, 8, 32, 64, 128, 256, 1024 중의 하나를 사용할 수 있다.

$$f_{\text{OCnx\_PCPWM}} = \frac{f_{\text{clk\_I/O}}}{2 \cdot \text{N} \cdot \text{TOP}} = \frac{f_{\text{clk\_Tn}}}{2 \cdot \text{TOP}}$$

이처럼 PC PWM 모드는 고속 PWM 모드에 비하여 주파수는 약 1/2로 낮아졌지만, 고속 PWM 모드가 듀티비의 분해능이 8비트인데 비하여 이것은 거의 2배의 분해능을 가지는 것으로 높아졌으며 또한 대칭적인 PWM 동작을 수행한다.

PC PWM 모드에서는 OCRnx 레지스터에 이중 버퍼링 기능이 있으므로, 만약 카운트 동작중에 PWM 출력의 듀티비를 변경하기 위하여 OCRnx 레지스터에 새로운 값을 라이트하더라도 OCRnx 레지스터가 즉시 변경되지 않고, 이 값은 TCNTn이 TOP으로 되었다가 다시 감소하기 시작하는 순간에 갱신된다.

이 동작 모드에서 TCNTn의 값이 OCRnx 레지스터와 일치하면 그 다음 주기에 OCFnx=1로 되면서 출력비교 인터럽트가 요청되며, TCNTn의 값이 BOTTOM인 0x00으로 되면 TOVn=1로 되면서 오버플로우 인터럽트가 요청된다.

극단적으로 OCRnx 레지스터의 값을 0x00으로 설정하면 출력파형은 OCnx의 경우는 계속 L상태로 출력되고(듀티비 0%) $\overline{OCnx}$의 경우는 계속 H상태로 출력되며, 반대로 OCRnx 레지스터의 값을 TOP으로 설정하면 출력파형은 OCnx의 경우는 계속 H상태로 출력되고(듀티비 100%) $\overline{OCnx}$의 경우는 계속 L상태로 출력된다.

(4) 동작 타이밍

타이머/카운터0과 2가 동기 모드로 동작할 때 타이머 클록 clk_{Tn}은 클록 입력신호가 아니라 $clk_{I/O}$ 클록의 인에이블 신호(clock enable signal)로 동작한다.

따라서, 프리스케일러의 분주비가 1일 경우에는 PC PWM 모드를 제외한 모든 동작 모드에서 TCNTn의 값이 증가하여 TOVn=1이 되고 오버플로우 인터럽트가 발생하기까지의 과정은 <그림 2.2.27>의 (a)와 같은 타이밍으로 동작한다. 여기서 타이머/카운터 레지스터 TCNTn의 값은 0x00~MAX(0xFF) 범위에서 증가하고, 이것이 오버플로우되어 MAX→0x00으로 되는 순간에 TOVn=1이 되면서 오버플로우 인터럽트가 발생하는 것을 볼 수 있다.

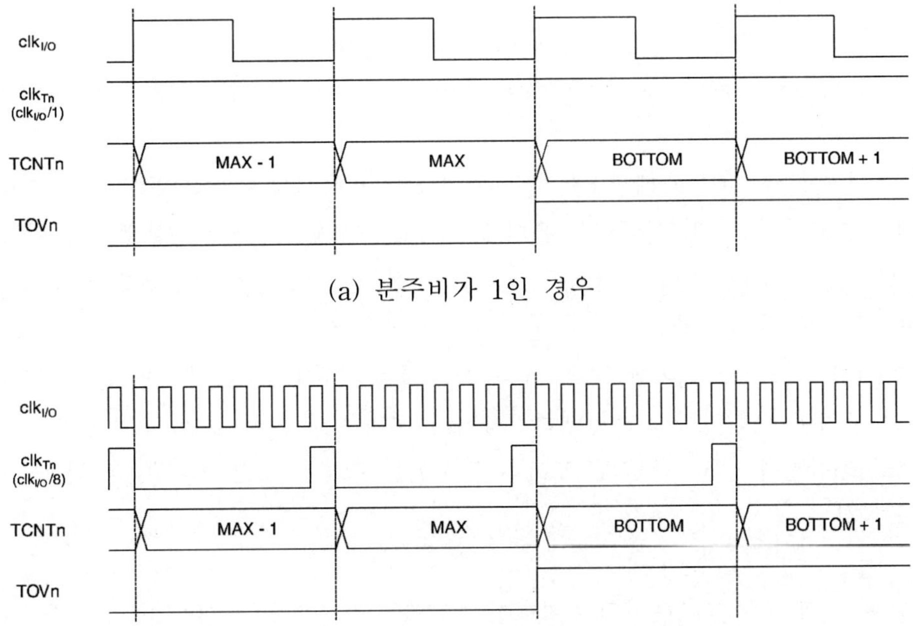

(a) 분주비가 1인 경우

(b) 분주비가 8인 경우

〈그림 2.2.27〉 타이머/카운터0과 2의 카운터가 동작하여 TOVn=1로 되는 타이밍

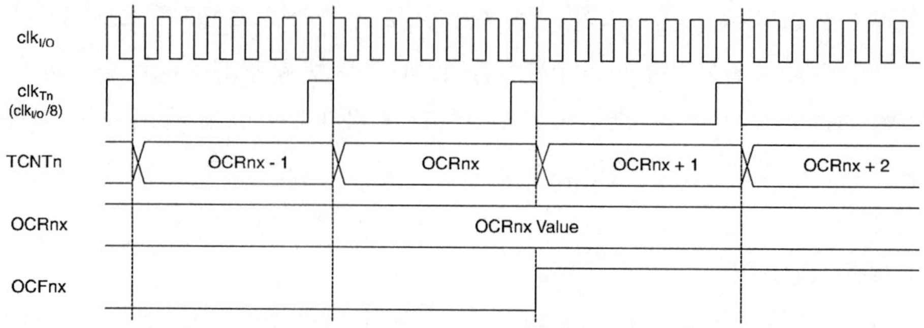

(a) 일반 모드, 고속 PWM 모드, PC PWM 모드인 경우

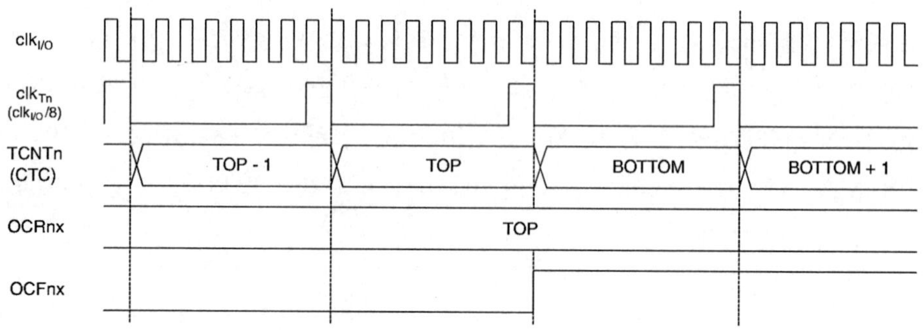

(b) CTC 모드인 경우

〈그림 2.2.28〉 타이머/카운터0과 2의 카운터가 동작하여 OCFnx=1로 되는 타이밍

그러나, 이것이 프리스케일러의 분주비가 8인 경우에는 <그림 2.2.27>의 (b)와 같은 타이밍으로 동작한다. 타이머/카운터에 입력되는 clk$_{I/O}$ 클록을 8분주하여 만들어진 clk$_{Tn}$ 신호는 8클록 주기에 한번씩 클록 인에이블 신호로 동작하여 TCNTn의 값이 증가하는 것을 볼 수 있다.

또한, CTC 모드를 제외한 모든 동작 모드에서 TCNTn의 값이 증가하여 OCFnx=1이 되고 출력비교 인터럽트가 발생하기까지의 과정은 <그림 2.2.28>의 (a)와 같은 타이밍으로 동작한다. 그러나, CTC 모드인 경우에는 <그림 2.2.28>의 (b)와 같은 타이밍으로 동작한다.

◀참고▶ 파워 절약 레지스터 PPR0의 비트5인 PRTIM0을 1로 설정하면 타이머/카운터0의 동작을 정지시켜 소비전력을 줄일 수 있다. 또한, 파워 절약 레지스터 PPR0의 비트6인 PRTIM2를 1로 설정하면 타이머/카운터2의 동기 동작(AS2=0)을 정지시켜 소비전력을 줄일 수 있다. 그러나, 이들 비트를 0으로 하면 정지하기 직전의 상태에서 동작이 다시 시작된다.

3. 타이머/카운터1, 3, 4, 5

타이머/카운터1, 3, 4, 5는 각각 3개의 PWM 출력 및 1개의 캡쳐 기능을 가지는 16비트의 업/다운 카운터로서, 프리스케일러를 통하여 내부 클록을 소스로 받아서 동작하는 타이머 기능과 외부 클록을 소스로 받아 동작하는 카운터 기능이 있다.

(1) 기본 동작

타이머/카운터1, 3, 4, 5는 모두 거의 유사한 구조와 기능을 가지는데 그 내부 구조는 <그림 2.2.29>와 같다. 여기서 n은 타이머/카운터1, 3, 4, 5에 해당하는 채널 번호를 나타내며, 레지스터가 아래위로 2개씩 붙어있는 것은 16비트 레지스터라는 것을 나타낸다.

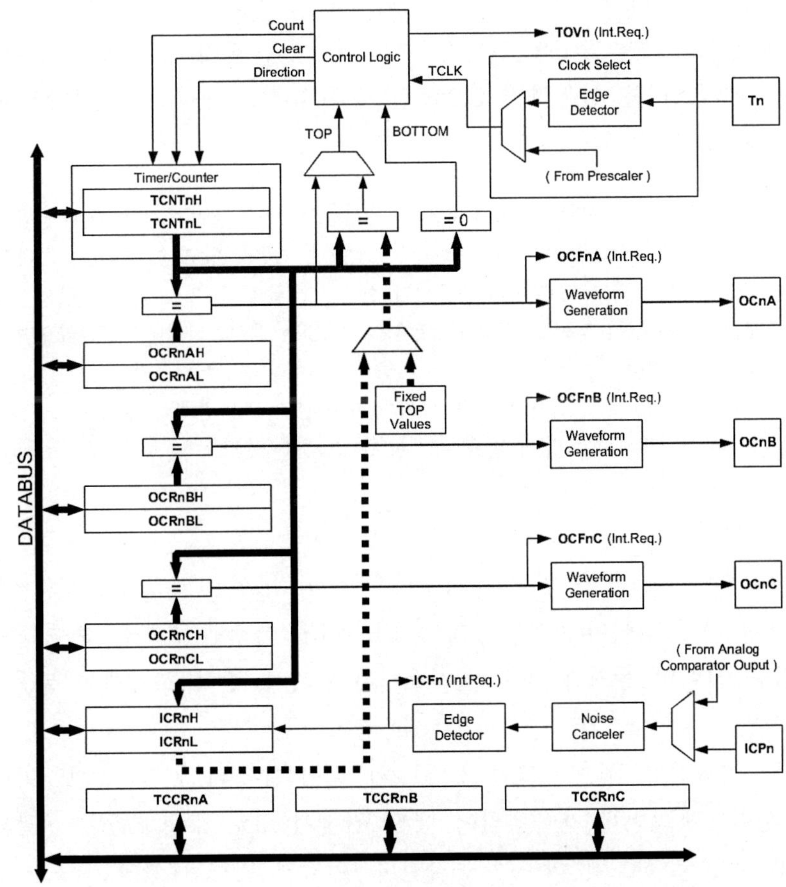

〈그림 2.2.29〉 타이머/카운터1, 3, 4, 5의 구성 블록도

100핀 패키지인 ATmega640/1280/2560은 이들 기능을 모두 가지지만, **64핀 패키지인 ATmega1281/2561에서는 타이머/카운터 4, 5에 대한 클록 입력 단자 Tn과 비교출력 단자 OCnx가 없다**. 따라서, ATmega1281/2561에서는 이 단자들과 관련된 기능은 사용하지 못하며, 단지 내부적인 기능만을 사용할 수 있다.

▣ 동작의 개요

타이머/카운터1, 3, 4, 5는 클록 신호 clk_{Tn}에 의하여 16비트의 업/다운 카운터 TCNTn이 동작되고, 이것이 상향 카운터로 동작할 때 0xFFFF→0x00으로 오버플로우되면 TOVn 신호에 의하여 오버플로우 인터럽트가 발생한다.

16비트 타이머/카운터 레지스터 TCNTn은 사용하는 동작 모드에 따라 클록 clk_{Tn}의 입력에 의해 값이 증가 또는 감소하며 경우에 따라서는 0x0000으로 리셋되기도 한다. 이 카운터 값은 동작중에 항상 출력비교 레지스터 OCRnx와 비교되며, 그 값이 같아지면 내부적으로는 OCFnx 신호에 의하여 출력비교 인터럽트가 발생되고, 외부적으로는 OCnx 단자에 신호가 출력되도록 설정할 수 있다. 이와 같이 동작 모드를 적절히 설정하고 OCRnx 레지스터를 활용하면 OCnx 단자에 16비트 분해능의 PWM 출력신호를 발생할 수 있게 된다.

◀참고▶ 이제부터 16비트 구조인 타이머/카운터1, 3, 4, 5에 관한 설명에서 BOTTOM은 16비트 카운터가 가질 수 있는 최소값 0x0000을 나타내고, 반대로 MAX는 카운터가 가질 수 있는 최대값 0xFFFF를 나타낸다. 또한, TOP은 각 동작 모드에 따라 카운터가 실제로 도달할 수 있는 최대의 값을 나타내는데, 이 값은 동작 모드에 따라 MAX가 되기도 하고 OCRnA 또는 ICRn 레지스터인 경우도 있으며 동작 모드에 따라 지정된 값이 되기도 한다.

또한, 레지스터나 신호 이름을 표시할 때 n은 타이머/카운터의 채널 번호인 1, 3, 4, 5를 나타내며, x는 각 타이머/카운터에서 출력비교 회로의 구성 부분인 A, B, C를 나타낸다.

▣ 카운터 부분

타이머/카운터1, 3의 클록 입력과 카운터 부분의 구성은 <그림 2.2.30>에 다시 보였다. 여기서 보듯이 타이머/카운터1, 3, 4, 5는 내부 시스템 클록을 분주하여 클록 소스로 사용하는 타이머 동작과 외부 클록을 Tn 단자로 받아 사용하는 카운터 동작을 수행할 수 있다.

외부 클록 입력신호 Tn은 <그림 2.2.31>와 같이 내부의 동기회로에 의하여 매 시스템 클록 사이클에 1번씩 샘플링되어 에지 검출기(edge detector)로 전달되며, 이들 회로들은 $clk_{I/O}$ 클록 신호에 의하여 동작한다. 이렇게 입력된 클록 신호는 샘플링 회로 및 에지 검출기 회로에서 동기화 과정을 거치기 때문에 시스템 클록으로 2.5~3.5

주기만큼 시간적으로 지연되어 동작한다. Tn 클록 신호가 카운터에서 상승 에지로 동작할지 하강 에지로 동작할지는 타이머/카운터n 제어 레지스터 TCCRnB의 CSn2~0 비트로 설정한다. 이때 입력된 Tn 클록 신호의 H 또는 L상태는 각각 1주기의 $clk_{I/O}$보다 길게 유지되어야만 올바르게 샘플링되므로 결과적으로 외부 클록 신호의 주파수는 $clk_{I/O}$÷2 미만이어야 한다. 그러나, 외부 클록 신호의 듀티비가 50%로 유지되지 않는 경우에는 이러한 조건으로도 문제가 될 수 있으므로, 듀티비에 관계없이 항상 안정된 동작을 하려면 Tn 단자로 입력되는 외부 클록 신호의 주파수는 $clk_{I/O}$÷2.5 미만으로 사용하는 것이 권장된다.

타이머/카운터 채널이 타이머로 동작할 때는 시스템 클록 주파수(*OK-1281/2561* 키트에서는 16MHz)와 같은 내부 클록 $clk_{I/O}$를 클록 소스로 사용하며, 이것은 프리스케일러에 의하여 분주비 1, 8, 64, 256, 1024 중의 하나로 분주될 수 있고, 클록 입력을 차단하여 타이머/카운터 채널의 기능을 정지시킬 수도 있다. 그러나, 타이머/카운터 채널이 카운터로 동작할 때는 외부의 Tn 단자에서 입력된 신호를 클록 소스로 사용하며, 이것은 프리스케일러를 거치지 않고 직접 카운터에 입력된다.

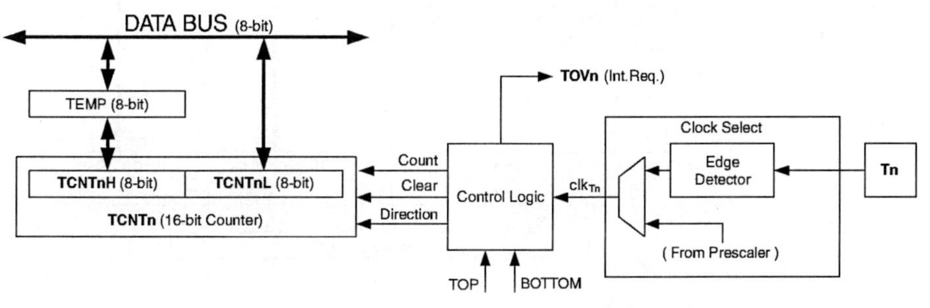

〈그림 2.2.30〉 타이머/카운터1, 3의 카운터 부분 구성도

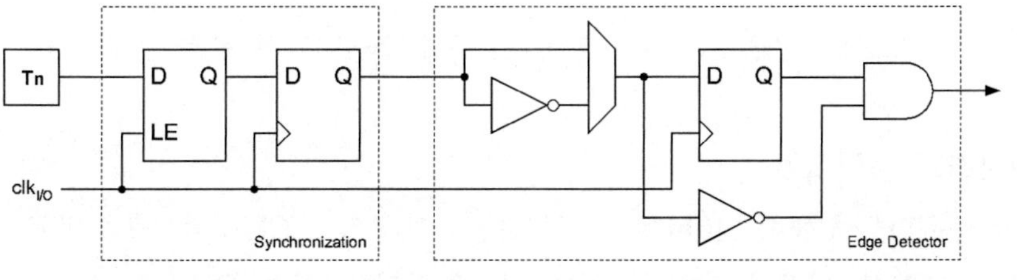

〈그림 2.2.31〉 타이머/카운터1, 3의 외부 클록 입력 샘플링

▣ 출력 비교기 부분

<그림 2.2.32>에 보였듯이 타이머/카운터1, 3에 입력되는 클록 신호 clk_{Tn}은 16비트

의 업/다운 카운터 TCNTn을 동작시키고, 이것은 동작중에 항상 출력비교 레지스터 OCRnx와 비교되며, 그 값이 같아지면 그 다음 주기에 내부적으로는 OCFnx 신호에 의하여 출력비교 인터럽트를 요청하고, 외부적으로는 OCnx 단자에 신호가 출력되도록 설정할 수 있다. 이와 같이 동작 모드를 적절히 설정하고 OCRnx 레지스터를 활용하면 OCnx 단자에 원하는 PWM 출력신호를 발생할 수 있게 된다.

출력비교 레지스터 OCRnx는 모든 PWM 모드에서 이중 버퍼링으로 동작하여 타이머/카운터 레지스터 TCNTn이 TOP 또는 BOTTOM에 도달하였을 때 그 값이 갱신되므로 PWM 출력 신호에 글리치(glitch)가 발생하는 것을 방지한다. 그러나, 일반 모드나 CTC 모드에서는 출력비교 레지스터 OCRnx가 이중 버퍼링으로 동작하지 않으므로 주의해야 한다.

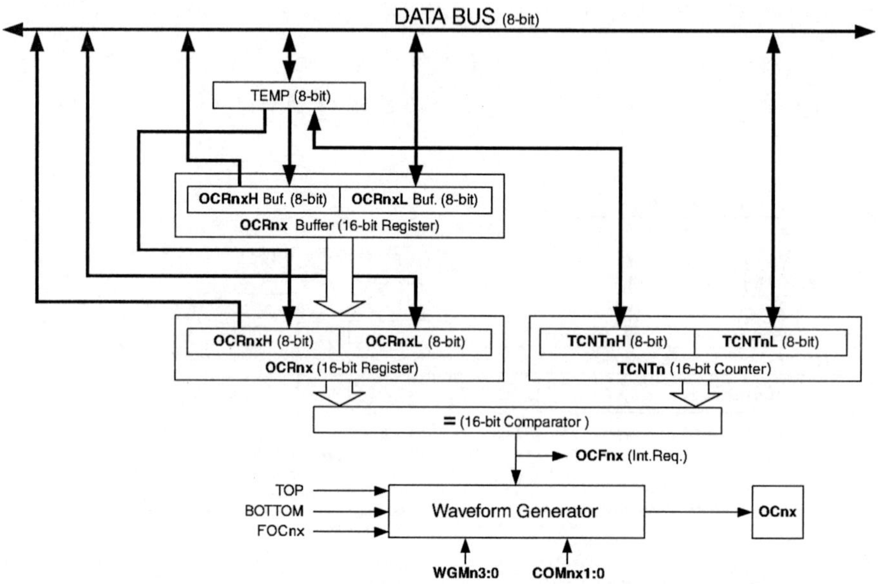

〈그림 2.2.32〉 타이머/카운터1, 3의 출력비교기 부분 구성도

▣ 비교결과 출력회로 부분

타이머/카운터1, 3에서 16비트의 업/다운 카운터 TCNTn과 출력비교 레지스터 OCRnx를 비교하여 이것이 일치(match)하면 출력되는 신호 OCnx는 병렬 I/O 포트와 기능을 겸하고 있으며, 이 출력회로 부분의 구조는 <그림 2.2.33>과 같다. 따라서, 이 단자를 병렬 I/O 포트가 아니라 비교출력 신호로 사용하려면 DDRx 레지스터를 사용하여 미리 해당 병렬 I/O 포트의 비트를 출력 방향으로 설정해 놓아야 한다.

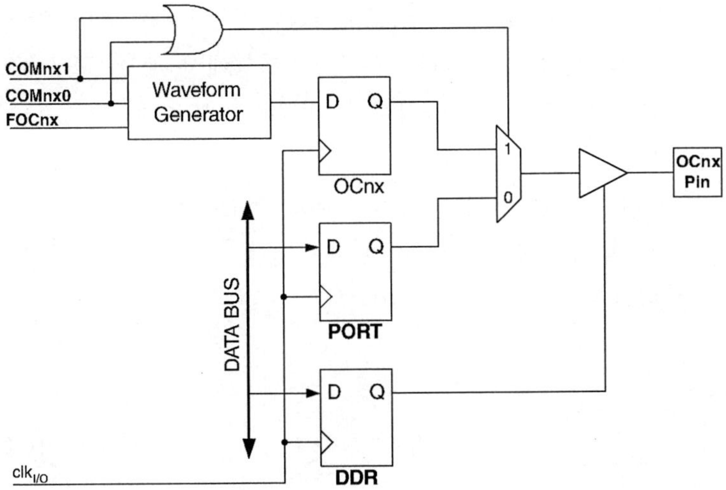

〈그림 2.2.33〉 타이머/카운터1, 3의 비교 매치 출력 부분 구성도

▣ 출력신호의 중복 처리

ATmega1281/2561의 17번 단자는 특별히 PB7/OC1C/OC0A 등 3가지 신호를 겸용으로 사용하고 있다. 즉, 병렬 I/O 포트 이외에도 2가지의 비교출력 기능을 가지고 있어서, 타이머/카운터1에서 COM1C1~0 비트로 OC1C 핀에 비교출력 신호를 내보내도록 설정하거나 타이머/카운터0에서 COM0A1~0 비트로 OC0A 핀에 비교출력 신호를 내보내도록 설정하면 병렬 I/O 포트 PB7의 신호 기능은 자동적으로 금지 상태가 된다. 그러나, 이때 DDRB 레지스터를 사용하여 이 병렬 I/O 포트의 해당 비트는 출력방향으로 설정되어야 한다.

그런데, 이 비교출력 신호 OC1C와 OC0A는 배타적으로 1가지만 선택하여 사용하는 것이 아니라 좀더 다양한 기능을 가지고 있다. 즉, OC1C와 OC0A 중에서 1가지만을 사용할 때는 단순한 하나의 비교출력 신호로 동작하지만, 이 2가지를 모두 설정하여 사용하는 경우에는 PB7 비트의 값에 따라 OC1C와 OC0A의 출력신호를 논리적으로 변조하여(modulated) AND하거나 OR시킨 출력을 내보낼 수 있다.

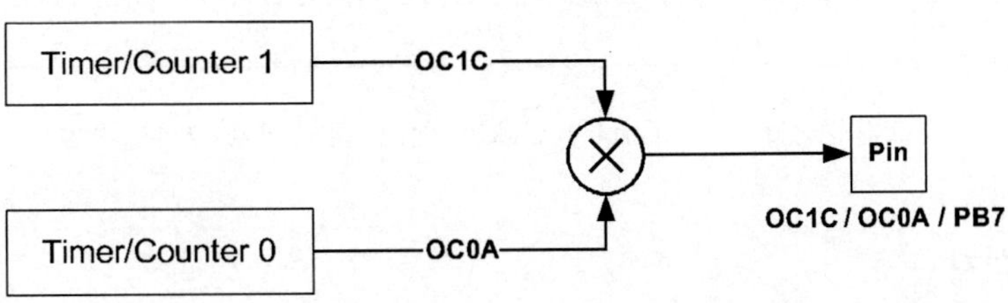

〈그림 2.2.34〉 OC1C와 OC0A 신호 출력단자의 겸용 동작

이를 위하여 이 신호들의 출력단 구조는 <그림 2.2.35>와 같이 만들어져 있으며, 그 동작 파형은 <그림 2.2.36>과 같다. 이 동작 파형에서 보면 PB7=0으로 출력하면 OC1C와 OC0A의 신호는 AND하여 출력되며, PB7=1로 출력하면 OC1C와 OC0A의 신호는 OR하여 출력되는 것을 알 수 있다.

이와 같이 17번 핀으로 2채널의 타이머/카운터 비교출력 신호를 합성 또는 변조하는 기능은 단순히 1채널의 PWM 출력 신호로는 만들 수 없는 좀더 복잡한 파형을 만드는데 사용할 수 있다.

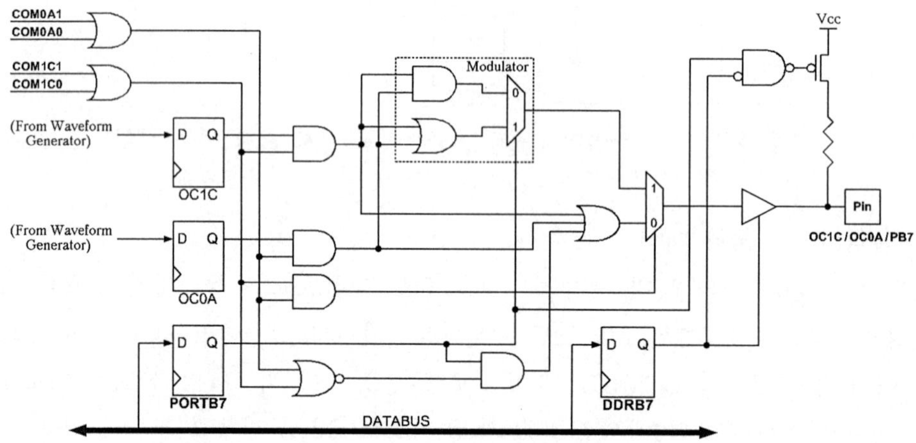

〈그림 2.2.35〉 OC1C와 OC0A 신호 출력단의 내부 구성 블록도

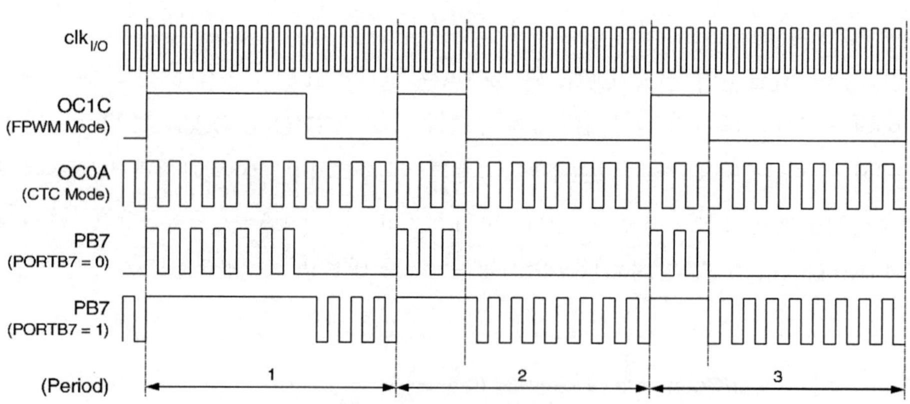

〈그림 2.2.36〉 OC1C와 OC0A 신호 출력단의 동작 파형

■ 입력 캡쳐 부분

ATmega1281/2561의 타이머/카운터1, 3에는 입력 캡쳐(input capture) 기능이 있는

데, 이는 각각 외부 입력핀 ICPn에서 입력되는 트리거 신호에 의하여 타이머/카운터n 레지스터 TCNTn의 현재값을 입력 캡쳐 레지스터 ICRn에 캡쳐하여 저장하는 기능을 수행한다. 단, 타이머/카운터1에서는 입력 캡쳐 트리거 신호로서 ICP1 신호 이외에 아날로그 비교기에서 만들어진 비교결과 신호를 사용할 수도 있다.(아날로그 비교기로부터 캡쳐 신호를 사용하려면 ACSR 레지스터에서 ACIC=1로 설정해야 한다.)

캡쳐 트리거 신호의 잡음을 제거하기 위하여 잡음 제거기(noise canceler) 회로를 사용할 수 있는데, 이를 사용하면 입력 트리거 신호는 시스템 클록의 4주기만큼 지연되어 동작한다.

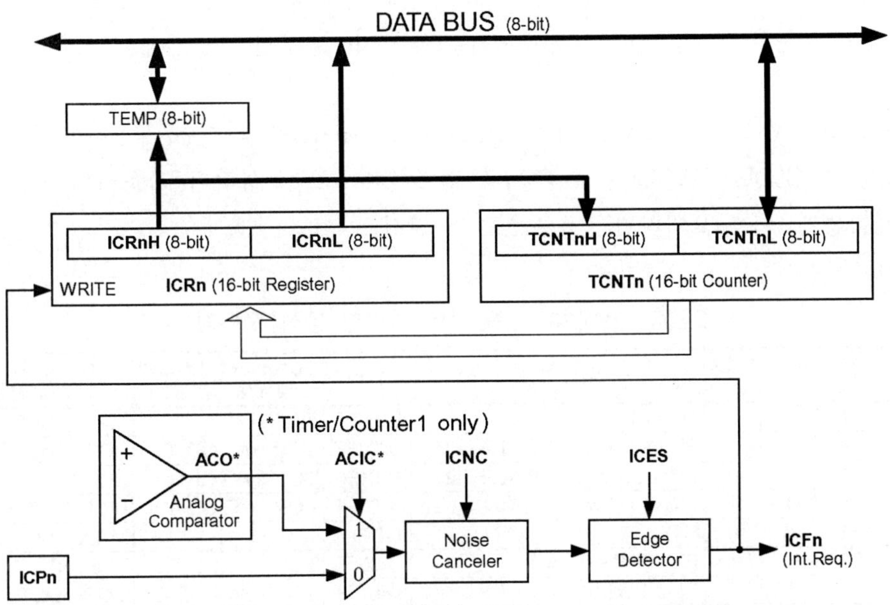

〈그림 2.2.37〉 타이머/카운터1, 3의 입력 캡쳐 부분 구성도

(2) 레지스터 사용

타이머/카운터1, 3, 4, 5에는 다양한 기능과 동작을 제어하기 위하여 여러 가지의 I/O 레지스터를 가지고 있다.

■ 타이머/카운터n 제어 레지스터 A(TCCRnA)

TCCRnA(Timer/Counter 1, 3, 4 or 5 Control Register A) 레지스터는 타이머/카운터1, 3, 4, 5의 동작 모드를 설정하고 비교출력 신호의 출력방식을 설정하는 기능을 수행한다.

Bit	7	6	5	4	3	2	1	0	
(0x80)	COM1A1	COM1A0	COM1B1	COM1B0	COM1C1	COM1C0	WGM11	WGM10	TCCR1A
Read/Write	R/W	R/W	R/W	R/W	R/W	R/W	R/W	R/W	
Initial Value	0	0	0	0	0	0	0	0	

Bit	7	6	5	4	3	2	1	0	
(0x90)	COM3A1	COM3A0	COM3B1	COM3B0	COM3C1	COM3C0	WGM31	WGM30	TCCR3A
Read/Write	R/W	R/W	R/W	R/W	R/W	R/W	R/W	R/W	
Initial Value	0	0	0	0	0	0	0	0	

Bit	7	6	5	4	3	2	1	0	
(0xA0)	COM4A1	COM4A0	COM4B1	COM4B0	COM4C1	COM4C0	WGM41	WGM40	TCCR4A
Read/Write	R/W	R/W	R/W	R/W	R/W	R/W	R/W	R/W	
Initial Value	0	0	0	0	0	0	0	0	

Bit	7	6	5	4	3	2	1	0	
(0x120)	COM5A1	COM5A0	COM5B1	COM5B0	COM5C1	COM5C0	WGM51	WGM50	TCCR5A
Read/Write	R/W	R/W	R/W	R/W	R/W	R/W	R/W	R/W	
Initial Value	0	0	0	0	0	0	0	0	

〈그림 2.2.38〉 타이머/카운터n 제어 레지스터 TCCRnA

비트1, 0의 WGMn1~0(Waveform Generation Mode)은 타이머/카운터n 제어 레지스터 B인 TCCRnB의 WGMn3~2 비트와 함께 4비트로 구성되어 카운터의 동작 모드를 설정하는데, 이를 요약하면 <표 2.2.7>과 같다.

〈표 2.2.7〉 WGMn4~0 비트에 의한 동작 모드의 설정

모드	WGM n3	WGM n2	WGM n1	WGM n0	동작 모드	TOP	OCRnx 레지스터의 업데이트 시점	TOVn 플랙의 셋트 시점
0	0	0	0	0	Normal	0xFFFF	설정 즉시	MAX→BOTTOM
1	0	0	0	1	Phase Correct PWM(8-bit)	0x00FF	TOP → TOP-1	BOTTOM→0x0001
2	0	0	1	0	Phase Correct PWM(9-bit)	0x01FF	TOP → TOP-1	BOTTOM→0x0001
3	0	0	1	1	Phase Correct PWM(10-bit)	0x03FF	TOP → TOP-1	BOTTOM→0x0001
4	0	1	0	0	CTC	OCRnA	설정 즉시	MAX→BOTTOM
5	0	1	0	1	Fast PWM(8-bit)	0x00FF	TOP→BOTTOM	TOP→BOTTOM
6	0	1	1	0	Fast PWM(9-bit)	0x01FF	TOP→BOTTOM	TOP→BOTTOM
7	0	1	1	1	Fast PWM(10-bit)	0x03FF	TOP→BOTTOM	TOP→BOTTOM
8	1	0	0	0	Phase and Frequency Correct PWM	ICRn	BOTTOM→0x0001	BOTTOM→0x0001
9	1	0	0	1	Phase and Frequency Correct PWM	OCRnA	BOTTOM→0x0001	BOTTOM→0x0001
10	1	0	1	0	Phase Correct PWM	ICRn	TOP → TOP-1	BOTTOM→0x0001
11	1	0	1	1	Phase Correct PWM	OCRnA	TOP → TOP-1	BOTTOM→0x0001
12	1	1	0	0	CTC	ICRn	설정 즉시	MAX→BOTTOM
13	1	1	0	1	사용하지 않음(reserved)	-	-	-
14	1	1	1	0	Fast PWM	ICRn	TOP→BOTTOM	TOP→BOTTOM
15	1	1	1	1	Fast PWM	OCRnA	TOP→BOTTOM	TOP→BOTTOM

비트7, 6의 COMnA1~0과 비트5, 4의 COMnB1~0 및 비트3, 2의 COMnC1~0(Compare Match Output Mode for Channel A, B, C)은 각각 OCnA, OCnB, OCnC 단자의 동작을 설정한다. 이들 출력 신호의 동작은 타이머/카운터n의 동작 모드에 따라 달라지는데 이를 요약하면 <표 2.2.8>과 같다.

〈표 2.2.8〉 COMnx1~0 비트에 의한 OCnx 단자의 기능 설정

	COMnx1	COMnx0	OCnx 핀의 기능
PWM 모드가 아닌 경우	0	0	정상적인 범용 I/O 포트로 동작(OCnx 출력을 차단)
	0	1	compare match에서 OCnx 출력을 토글
	1	0	compare match에서 OCnx=0으로 클리어
	1	1	compare match에서 OCnx=1로 셋트
Fast PWM 모드인 경우	0	0	정상적인 범용 I/O 포트로 동작(OCnx 출력을 차단)
	0	1	모드15의 경우 compare match에서 OCnA 출력을 토글하고 OCnB와 OCnC는 출력을 차단하며, 기타의 동작 모드에서는 OCnx 출력을 차단
	1	0	compare match에서 OCnx=0으로 클리어하고 TOP→BOTTOM에서 OCnx=1로 셋트
	1	1	compare match에서 OCnx=1로 셋트하고 TOP→BOTTOM에서 OCnx=0으로 클리어
Phase (and Frequency) Correct PWM 모드인 경우	0	0	정상적인 범용 I/O 포트로 동작(OCnx 출력을 차단)
	0	1	모드9, 11의 경우 compare match에서 OCnA 출력을 토글하고 OCnB와 OCnC는 출력을 차단하며, 기타의 동작 모드에서는 OCnx 출력을 차단
	1	0	상향 카운터에서는 compare match에서 OCnx=0으로 클리어하고 하향 카운터에서는 compare match에서 OCnx=1로 셋트
	1	1	상향 카운터에서는 compare match에서 OCnx=1로 셋트하고 하향 카운터에서는 compare match에서 OCnx=0으로 클리어

◀참고▶ OCnx 단자를 통하여 PWM과 같은 출력신호를 내보내려면 미리 해당 병렬 I/O 포트의 비트를 입출력 방향제어 레지스터 DDRx에서 출력 방향으로 설정하여 놓아야 한다.

▣ 타이머/카운터n 제어 레지스터 B(TCCRnB)

TCCRnB(Timer/Counter 1, 3, 4 or 5 Control Register B) 레지스터는 타이머/카운터1, 3, 4, 5의 동작 모드를 설정하고 프리스케일러의 분주비를 설정하거나 입력 캡쳐에 관련된 기능을 설정하는 등의 기능을 수행한다.

Bit	7	6	5	4	3	2	1	0	
(0x81)	ICNC1	ICES1	–	WGM13	WGM12	CS12	CS11	CS10	TCCR1B
Read/Write	R/W	R/W	R	R/W	R/W	R/W	R/W	R/W	
Initial Value	0	0	0	0	0	0	0	0	

Bit	7	6	5	4	3	2	1	0	
(0x91)	ICNC3	ICES3	–	WGM33	WGM32	CS32	CS31	CS30	TCCR3B
Read/Write	R/W	R/W	R	R/W	R/W	R/W	R/W	R/W	
Initial Value	0	0	0	0	0	0	0	0	

Bit	7	6	5	4	3	2	1	0	
(0xA1)	ICNC4	ICES4	–	WGM43	WGM42	CS42	CS41	CS40	TCCR4B
Read/Write	R/W	R/W	R	R/W	R/W	R/W	R/W	R/W	
Initial Value	0	0	0	0	0	0	0	0	

Bit	7	6	5	4	3	2	1	0	
(0x121)	ICNC5	ICES5	–	WGM53	WGM52	CS52	CS51	CS50	TCCR5B
Read/Write	R/W	R/W	R	R/W	R/W	R/W	R/W	R/W	
Initial Value	0	0	0	0	0	0	0	0	

〈그림 2.2.39〉 타이머/카운터n 제어 레지스터 TCCRnB

비트7의 ICNCn(Input Capture Noise Canceler)은 입력캡쳐 단자 ICPn으로 입력되는 캡쳐신호를 위한 노이즈 제거회로(noise canceler)가 작동하도록 설정한다. 이를 1로 설정하면 노이즈 제거회로가 작동하여 신호가 필터링되며, 이렇게 하면 입력캡쳐 신호가 시스템 클록의 4주기만큼 지연되어 동작하게 된다.

비트6의 ICESn(Input Capture Edge Select)은 입력캡쳐 단자 ICPn으로 입력되는 신호의 에지를 선택한다. 이를 1로 설정하면 캡쳐신호가 상승 에지(rising or positive edge)일 때 캡쳐가 수행되며, 0으로 하면 캡쳐신호가 하강 에지(falling or negative edge)일 때 캡쳐가 수행된다. 이와 같이 캡쳐신호가 입력되면 현재의 타이머/카운터 레지스터 TCNTn 값이 입력캡쳐 레지스터 ICRn에 저장되며, 동시에 ICFn=1로 되면서 입력캡쳐 인터럽트가 요청된다. ICRn 레지스터의 값이 TOP으로 사용되는 동작 모드에서는 입력캡쳐 기능이 정지된다.

〈표 2.2.9〉 CSn2~0 비트에 의한 클록의 소스 또는 분주비 선택

CSn2	CSn1	CSn0	클록 소스의 기능
0	0	0	클록 입력을 차단(타이머/카운터n의 기능이 정지됨)
0	0	1	$clk_{I/O}$ / 1
0	1	0	$clk_{I/O}$ / 8
0	1	1	$clk_{I/O}$ / 64
1	0	0	$clk_{I/O}$ / 256
1	0	1	$clk_{I/O}$ / 1024
1	1	0	Tn 핀에서 입력되는 외부 클록(하강 에지에서 동작)
1	1	1	Tn 핀에서 입력되는 외부 클록(상승 에지에서 동작)

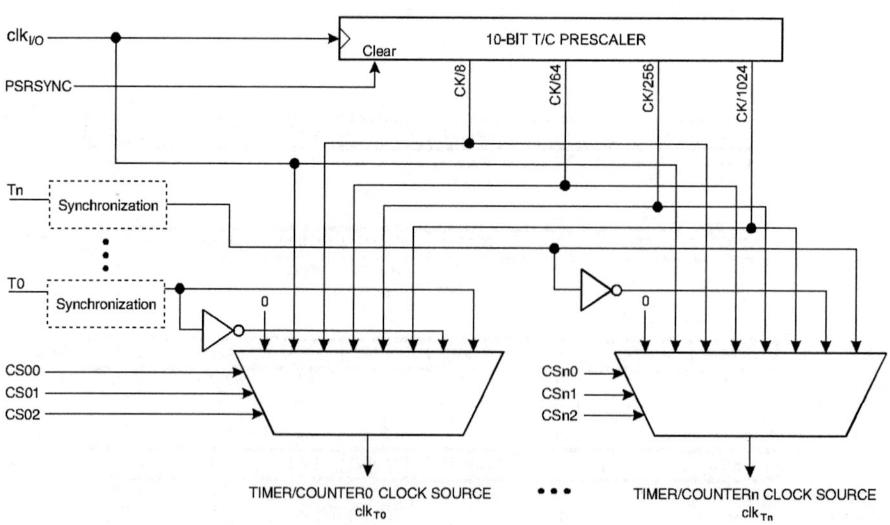

〈그림 2.2.40〉 타이머/카운터1, 3, 4, 5의 프리스케일러

비트4, 3의 WGMn3~2(Waveform Generation Mode)는 앞에서 보았듯이 TCCRnA 레지스터의 WGMn1~0 비트와 결합하여 타이머/카운터n의 동작 모드를 결정하는 기능을 수행한다.

비트2~0의 CSn2~0(Clock Select)은 <표 2.2.9>와 <그림 2.2.40>에 나타낸 바와 같이 클록 소스 또는 프리스케일러(prescaler)의 분주비를 선택한다. 여기서, n은 타이머/카운터1, 3, 4, 5를 나타낸다.

▣ 타이머/카운터n 제어 레지스터 C(TCCRnC)

TCCRnC(Timer/Counter 1, 3, 4 or 5 Control Register C) 레지스터는 타이머/카운터1, 3, 4, 5의 비교출력 단자와 관련된 기능을 설정하는데 사용한다.

Bit	7	6	5	4	3	2	1	0	
(0x82)	FOC1A	FOC1B	FOC1C	–	–	–	–	–	TCCR1C
Read/Write	W	W	W	R	R	R	R	R	
Initial Value	0	0	0	0	0	0	0	0	
Bit	7	6	5	4	3	2	1	0	
(0x92)	FOC3A	FOC3B	FOC3C	–	–	–	–	–	TCCR3C
Read/Write	W	W	W	R	R	R	R	R	
Initial Value	0	0	0	0	0	0	0	0	
Bit	7	6	5	4	3	2	1	0	
(0xA2)	FOC4A	FOC4B	FOC4C	–	–	–	–	–	TCCR4C
Read/Write	W	W	W	R	R	R	R	R	
Initial Value	0	0	0	0	0	0	0	0	
Bit	7	6	5	4	3	2	1	0	
(0x122)	FOC5A	FOC5B	FOC5C	–	–	–	–	–	TCCR5C
Read/Write	W	W	W	R	R	R	R	R	
Initial Value	0	0	0	0	0	0	0	0	

〈그림 2.2.41〉 타이머/카운터n 제어 레지스터 TCCRnC

비트7~5의 FOCnx(Force Output Compare for Channel A, B, C)는 PWM 모드가 아닌 경우에만 유효한 것으로서 이를 1로 설정하면 강제로 즉시 OCnx 단자에 출력비교가 매치(match)된 것과 같은 출력을 내보내며, 이 출력신호의 동작은 COMnx1~0 비트에 의하여 결정된다.

그러나, 이렇게 하여 강제로 만들어진 출력비교 매치 동작은 OCnx 단자에 신호만을 출력할 뿐이며, 해당 인터럽트를 발생하지도 않고 CTC 모드에서 TCNTn 레지스터를 클리어시키지도 않는다. 따라서, 동작 테스트 목적의 경우처럼 특별한 경우가 아니라면 이 비트는 0으로 설정하여 둔다.

▣ 타이머/카운터 일반 제어 레지스터(GTCCR)

GTCCR(General Timer/Counter Control Register) 레지스터는 타이머/카운터들을 동기화시키는데 관련된 기능을 수행한다.

Bit	7	6	5	4	3	2	1	0	
0x23 (0x43)	TSM	–	–	–	–	–	PSRASY	PSRSYNC	GTCCR
Read/Write	R/W	R	R	R	R	R	R/W	R/W	
Initial Value	0	0	0	0	0	0	0	0	

〈그림 2.2.42〉 타이머/카운터 일반 제어 레지스터 GTCCR

비트7의 TSM(Timer/Counter Synchronization Mode)은 모든 타이머/카운터들을 동기화시키는 기능을 수행한다. 즉, 이를 1로 하면 PSRASY 및 PSRSYNC 비트에 라이트한 값을 유지하여 이에 대응하는 프리스케일러 리셋 신호를 발생하고, 이는 해당 타이머/카운터의 동작을 정지시켜 이것들을 똑같은 초기값으로 설정할 수 있도록 해준다. TSM 비트를 0으로 클리어하면 PSRASY 및 PSRSYNC 비트가 하드웨어적으로 클리어되며 타이머/카운터들이 모두 동시에 카운팅 동작을 시작한다.

비트0의 PSRSYNC(Prescaler Reset for Synchronous Timer/Counters)는 <그림 2.2.40>에서 보였듯이 타이머/카운터0, 1, 3, 4, 5에서 공통적으로 사용하고 있는 프리스케일러를 리셋시키며, TSM=1로 되어 있지 않다면 동작후에 즉시 자동적으로 0으로 클리어된다.

비트1의 PSRASY는 타이머/카운터2에 관련되는 기능이므로 <그림 2.2.14>의 설명을 참조하라.

▣ 타이머/카운터n 레지스터(TCNTn)

TCNTn(Timer/Counter Register 1, 3, 4 or 5) 레지스터는 타이머/카운터1, 3, 4, 5의 16비트 카운터 값을 저장하고 있는 레지스터이다.

이 레지스터는 16비트 구조이므로 8비트씩 2차례로 나누어 액세스해야 하는데, 16비트 레지스터를 8비트 단위로 2차례에 액세스할 때는 그 순서에 주의해야 한다. 즉, 라이트 동작은 상위 바이트 TCNTnH를 먼저 수행하고 하위 바이트 TCNTnL을 나중에 수행하며, 리드 동작은 그 반대의 순서로 수행해야 한다.

이 레지스터는 언제나 리드 및 라이트 동작이 가능하지만 카운터가 동작하고 있을 때 이 값을 수정하면 TCNTn 값과 OCRnx 값을 비교하여 출력신호를 발생하는 비교매치 기능에 문제를 일으킬 수도 있다.

Bit	7	6	5	4	3	2	1	0	
(0x85)	TCNT1[15:8]								TCNT1H
(0x84)	TCNT1[7:0]								TCNT1L
Read/Write	R/W	R/W	R/W	R/W	R/W	R/W	R/W	R/W	
Initial Value	0	0	0	0	0	0	0	0	
Bit	7	6	5	4	3	2	1	0	
(0x95)	TCNT3[15:8]								TCNT3H
(0x94)	TCNT3[7:0]								TCNT3L
Read/Write	R/W	R/W	R/W	R/W	R/W	R/W	R/W	R/W	
Initial Value	0	0	0	0	0	0	0	0	
Bit	7	6	5	4	3	2	1	0	
(0xA5)	TCNT4[15:8]								TCNT4H
(0xA4)	TCNT4[7:0]								TCNT4L
Read/Write	R/W	R/W	R/W	R/W	R/W	R/W	R/W	R/W	
Initial Value	0	0	0	0	0	0	0	0	
Bit	7	6	5	4	3	2	1	0	
(0x125)	TCNT5[15:8]								TCNT5H
(0x124)	TCNT5[7:0]								TCNT5L
Read/Write	R/W	R/W	R/W	R/W	R/W	R/W	R/W	R/W	
Initial Value	0	0	0	0	0	0	0	0	

〈그림 2.2.43〉 타이머/카운터n 레지스터 TCNTn

▣ 타이머/카운터n 출력비교 레지스터(OCRnx)

OCRnx(Timer/Counter 1, 3, 4 or 5 Output Compare Register A, B or C) 레지스터는 타이머/카운터 레지스터 TCNTn 값과 비교하여 OCnx 단자에 출력신호를 발생하기 위한 16비트 값을 저장하는 레지스터이다.

OCRnx 레지스터는 모든 PWM 모드에서 이중 버퍼링으로 동작하여 타이머/카운터 레지스터 TCNTn이 TOP 또는 BOTTOM에 도달하였을 때 그 값이 갱신되므로 PWM 출력 신호에 글리치가 발생하는 것을 방지한다. 그러나, 일반 모드나 CTC 모드에서는 OCRnx 레지스터가 이중 버퍼링으로 동작하지 않는다.

Bit	7	6	5	4	3	2	1	0	
(0x89)	OCR1A[15:8]								OCR1AH
(0x88)	OCR1A[7:0]								OCR1AL
Read/Write	R/W	R/W	R/W	R/W	R/W	R/W	R/W	R/W	
Initial Value	0	0	0	0	0	0	0	0	
Bit	7	6	5	4	3	2	1	0	
(0x8B)	OCR1B[15:8]								OCR1BH
(0x8A)	OCR1B[7:0]								OCR1BL
Read/Write	R/W	R/W	R/W	R/W	R/W	R/W	R/W	R/W	
Initial Value	0	0	0	0	0	0	0	0	
Bit	7	6	5	4	3	2	1	0	
(0x8D)	OCR1C[15:8]								OCR1CH
(0x8C)	OCR1C[7:0]								OCR1CL
Read/Write	R/W	R/W	R/W	R/W	R/W	R/W	R/W	R/W	
Initial Value	0	0	0	0	0	0	0	0	

〈그림 2.2.44〉 타이머/카운터1 출력비교 레지스터 OCR1x

<그림 2.2.44>에는 타이머/카운터1 출력비교 레지스터를 보였는데, 타이머/카운터3, 4, 5에 대하여도 이와 똑같은 레지스터를 3개씩 가지고 있다.

▣ 타이머/카운터n 입력 캡쳐 레지스터(ICRn)

ICRn(Timer/Counter Input Capture Register 1, 3, 4 or 5) 레지스터는 입력캡쳐 신호 ICPn에 의하여(또는 타이머/카운터1의 경우에는 아날로그 비교기로의 출력 신호도 사용 가능함) 타이머/카운터 레지스터 TCNTn의 현재값을 캡쳐하여 저장하는 16비트 레지스터이다.

이 ICRn 레지스터는 일부의 동작 모드에서 TOP으로 사용되기도 한다.

Bit	7	6	5	4	3	2	1	0	
(0x87)	ICR1[15:8]								ICR1H
(0x86)	ICR1[7:0]								ICR1L
Read/Write	R/W	R/W	R/W	R/W	R/W	R/W	R/W	R/W	
Initial Value	0	0	0	0	0	0	0	0	
Bit	7	6	5	4	3	2	1	0	
(0x97)	ICR3[15:8]								ICR3H
(0x96)	ICR3[7:0]								ICR3L
Read/Write	R/W	R/W	R/W	R/W	R/W	R/W	R/W	R/W	
Initial Value	0	0	0	0	0	0	0	0	
Bit	7	6	5	4	3	2	1	0	
(0xA7)	ICR4[15:8]								ICR4H
(0xA6)	ICR4[7:0]								ICR4L
Read/Write	R/W	R/W	R/W	R/W	R/W	R/W	R/W	R/W	
Initial Value	0	0	0	0	0	0	0	0	
Bit	7	6	5	4	3	2	1	0	
(0x127)	ICR5[15:8]								ICR5H
(0x126)	ICR5[7:0]								ICR5L
Read/Write	R/W	R/W	R/W	R/W	R/W	R/W	R/W	R/W	
Initial Value	0	0	0	0	0	0	0	0	

〈그림 2.2.45〉 타이머/카운터n 입력 캡쳐 레지스터 ICRn

▣ 타이머/카운터n 인터럽트 마스크 레지스터(TIMSKn)

TIMSKn(Timer/Counter 1, 3, 4 or 5 Interrupt Mask Register) 레지스터는 타이머/카운터1, 3, 4, 5가 발생하는 인터럽트를 개별적으로 허용하는 기능을 수행하는 레지스터이다.

비트5의 ICIEn(Timer/Counter 1, 3, 4 or 5 Input Capture Interrupt Enable)은 이것이 1로 설정되고 상태 레지스터 SREG에서 I=1로 설정되면 타이머/카운터n의 입력캡쳐 인터럽트가 허용상태로 된다.

Bit	7	6	5	4	3	2	1	0	
(0x6F)	–	–	ICIE1	–	OCIE1C	OCIE1B	OCIE1A	TOIE1	TIMSK1
Read/Write	R	R	R/W	R	R/W	R/W	R/W	R/W	
Initial Value	0	0	0	0	0	0	0	0	
Bit	7	6	5	4	3	2	1	0	
(0x71)	–	–	ICIE3	–	OCIE3C	OCIE3B	OCIE3A	TOIE3	TIMSK3
Read/Write	R	R	R/W	R	R/W	R/W	R/W	R/W	
Initial Value	0	0	0	0	0	0	0	0	
Bit	7	6	5	4	3	2	1	0	
(0x72)	–	–	ICIE4	–	OCIE4C	OCIE4B	OCIE4A	TOIE4	TIMSK4
Read/Write	R	R	R/W	R	R/W	R/W	R/W	R/W	
Initial Value	0	0	0	0	0	0	0	0	
Bit	7	6	5	4	3	2	1	0	
(0x73)	–	–	ICIE5	–	OCIE5C	OCIE5B	OCIE5A	TOIE5	TIMSK5
Read/Write	R	R	R/W	R	R/W	R/W	R/W	R/W	
Initial Value	0	0	0	0	0	0	0	0	

〈그림 2.2.46〉 타이머/카운터n 인터럽트 마스크 레지스터 TIMSKn

비트1~3의 OCIEnx(Timer/Counter 1, 3, 4 or 5 Output Compare A, B or C Match Interrupt Enable)는 이것이 1로 설정되고 상태 레지스터 SREG에서 I=1로 설정되면 각각 타이머/카운터n의 출력비교 인터럽트 A, B, C가 허용상태로 된다.

비트0의 TOIEn(Timer/Counter 1, 3, 4 or 5 Overflow Interrupt Enable)은 이것이 1로 설정되고 상태 레지스터 SREG에서 I=1로 설정되면 타이머/카운터n의 오버플로우 인터럽트가 허용상태로 된다.

▣ 타이머/카운터n 인터럽트 플랙 레지스터(TIFRn)

TIFRn(Timer/Counter 1, 3, 4 or 5 Interrupt Flag Register) 레지스터는 타이머/카운터1, 3, 4, 5가 발생하는 인터럽트 플랙을 저장하는 레지스터이다.

Bit	7	6	5	4	3	2	1	0	
0x16 (0x36)	–	–	ICF1	–	OCF1C	OCF1B	OCF1A	TOV1	TIFR1
Read/Write	R	R	R/W	R	R/W	R/W	R/W	R/W	
Initial Value	0	0	0	0	0	0	0	0	
Bit	7	6	5	4	3	2	1	0	
0x18 (0x38)	–	–	ICF3	–	OCF3C	OCF3B	OCF3A	TOV3	TIFR3
Read/Write	R	R	R/W	R	R/W	R/W	R/W	R/W	
Initial Value	0	0	0	0	0	0	0	0	
Bit	7	6	5	4	3	2	1	0	
0x19 (0x39)	–	–	ICF4	–	OCF4C	OCF4B	OCF4A	TOV4	TIFR4
Read/Write	R	R	R/W	R	R/W	R/W	R/W	R/W	
Initial Value	0	0	0	0	0	0	0	0	
Bit	7	6	5	4	3	2	1	0	
0x1A (0x3A)	–	–	ICF5	–	OCF5C	OCF5B	OCF5A	TOV5	TIFR5
Read/Write	R	R	R/W	R	R/W	R/W	R/W	R/W	
Initial Value	0	0	0	0	0	0	0	0	

〈그림 2.2.47〉 타이머/카운터n 인터럽트 플랙 레지스터 TIFRn

비트5의 ICFn(Timer/Counter 1, 3, 4 or 5 Input Capture Flag)은 타이머/카운터n의 입력캡쳐 신호(타이머/카운터1의 경우에는 아날로그 비교기로부터의 비교 결과 신호도 사용 가능)에 의하여 캡쳐 동작이 수행될 때 이 비트가 1로 셋트되면서 입력캡쳐 인터럽트가 요청된다. 또한 ICRn 레지스터가 TOP으로 사용되는 동작 모드에서는 TCNTn의 값이 TOP으로 될 때 이 플랙 비트가 1로 되면서 인터럽트가 요청된다. 이 인터럽트가 처리되기 시작하면 이 플랙 비트는 다시 0으로 클리어된다.

비트1~3의 OCFnx(Timer/Counter 1, 3, 4 or 5 Output Compare A, B or C Match Flag)는 타이머/카운터n 레지스터 TCNTn과 출력비교 레지스터 OCRnx의 값을 비교하여 이것이 같아지면 그 다음 주기에 이 비트가 1로 셋트되면서 출력비교 인터럽트가 요청되고, 이 인터럽트가 처리되기 시작하면 다시 0으로 클리어된다. 그러나, FOCnx 비트에 의한 강제 출력비교 동작에서는 이 인터럽트 플랙이 셋트되지 않는다.

비트0의 TOVn(Timer/Counter 1, 3, 4 or 5 Overflow Flag)은 타이머/카운터n에서 오버플로우가 발생하면 이 비트가 1로 셋트되면서 오버플로우 인터럽트가 요청된다. 그러나, PC PWM 모드와 PFC PWM 모드에서는 타이머/카운터n이 0x0000에서 계수 방향을 바꿀 때 이 플랙 비트가 셋트된다. 이 인터럽트가 처리되기 시작하면 이 플랙 비트는 다시 0으로 클리어된다.

타이머/카운터의 모든 인터럽트 플랙 비트는 사용자가 이를 소프트웨어에 의하여 강제로 0으로 클리어하려면 해당 비트에 1을 써주어야 한다.

(3) 동작 모드

타이머/카운터1, 3, 4, 5에서는 TCCRnA와 TCCRnB 레지스터의 WGMn3~0 비트에 의하여 동작 모드가 결정되고, COMnx1~0 비트에 의하여 출력신호의 동작이 지정됨으로써 각 채널별로 3개씩의 OCnx 단자에 출력할 파형을 결정할 수 있다.

앞의 <그림 2.2.32>에서 보인 바와 같이 타이머/카운터1, 3, 4, 5에 포함된 16비트의 출력 비교기는 항상 TCNTn의 값과 OCRnx의 값을 비교하고 있다가 이 값이 같아지면(match) 그 다음의 타이머 클록 사이클에서 OCFnx=1로 되면서 출력비교 인터럽트를 요청한다. OCRnx 레지스터는 PWM 모드에서는 이중 버퍼로 액세스되어 이 값이 업데이트되는 시점을 TOP 또는 BOTTOM으로 동기시킬 수 있는데 비하여, 일반 모드나 CTC 모드에서는 이중 버퍼 기능이 해제되어 CPU가 이를 직접 액세스하므로 자칫하면 의도하지 않았던 동작이 일어날 가능성이 있으니 주의해야 한다.

타이머/카운터1, 3, 4, 5의 동작 모드는 <표 2.2.7>에서 보였지만 이를 크게 나누면 일반 모드, CTC 모드, 고속 PWM 모드, PC PWM 모드, PFC PWM 모드 등 5가지의 동작 모드가 있다.

▣ 일반 모드

타이머/카운터1, 3, 4, 5의 일반 모드(Normal Mode)는 TCCRnA 및 TCCRnB 레지스터에서 WGMn3~0=0으로 설정하는데, 이 동작 모드에서는 타이머/카운터 레지스터 TCNTn이 항상 상향 카운터(up counter)로만 동작하고, 카운터가 도중에 클리어되는 일이 없이 클록 입력에 의하여 항상 0x0000~0xFFFF의 값으로 계수동작이 반복하여 수행된다. 따라서, 타이머/카운터를 외부 클록 입력에 의한 펄스 카운트 목적으로 사용하는 경우에는 이 동작 모드가 적합하다.

이 타이머/카운터 레지스터 TCNTn의 값이 0xFFFF에서 0x0000으로 바뀌는 순간에 TIFRn 레지스터에서 TOVn=1로 되고 오버플로우 인터럽트가 요청된다. 일반 모드에서도 출력비교 인터럽트가 사용될 수는 있으나 여기서는 OCnx 단자를 이용하여 어떤 파형을 발생하는 것이 바람직하지 않으며, 만약 이것이 필요하다면 고속 PWM 모드를 사용하는 것이 좋다. 그러나, 입력캡처 동작은 일반 모드에서 사용하는 것이 편리하다.

▣ CTC 모드

CTC 모드(Clear Timer on Compare Match Mode)는 TCCRnA 및 TCCRnB 레지스터에서 WGMn3~0=4 또는 12로 설정하는 2가지 동작을 가진다. 이 동작 모드에서는 타이머/카운터 레지스터 TCNTn의 계수동작이 항상 0x0000에서부터 TOP에 이르기까지 반복적으로 증가하는데, TOP의 값은 모드4에서는 OCRnA가 사용되고 모드 12에서는 ICRn이 사용된다.

타이머/카운터 레지스터 TCNTn의 값이 증가하다가 TOP으로 사용되는 출력비교 레지스터 OCRnA 또는 ICRn 레지스터 값과 일치하면 그 다음 클록 사이클에서 0으로 클리어되므로 이 모드에서는 클록 입력에 의하여 항상 0x0000~TOP의 값으로 계수동작이 반복하여 수행된다. 이러한 CTC 모드에서 COMnx1~0=01로 설정하여 출력 매치에서 OCnx 단자의 신호를 토글하는 경우에 출력 주파수는 다음과 같이 계산된다. 단, 여기서 N은 프리스케일러의 분주비로서 1, 8, 64, 256, 1024 중의 하나를 사용할 수 있다.

$$f_{\mathrm{OCnx}} = \frac{f_{\mathrm{clk\_I/O}}}{2 \cdot N \cdot (1+\mathrm{TOP})} = \frac{f_{\mathrm{clk\_Tn}}}{2 \cdot (1+\mathrm{TOP})}$$

그러나, CTC 모드에서 출력비교 인터럽트가 2번 발생하여 1주기의 출력파형을 만들게 되므로 인터럽트 발생 주파수는 이보다 2배 높아서 다음과 같이 된다는데 주의할 필요가 있다.

$$f_{OCnx\_INT} = \frac{f_{clk\_I/O}}{N \cdot (1+TOP)} = \frac{f_{clk\_Tn}}{1+TOP}$$

따라서, 이러한 CTC 모드에서는 클록 입력에 의하여 항상 0x0000~OCRnA 또는 0x0000~ICRn 값으로 계수동작이 반복하여 수행되므로, 결국 이 동작 모드는 자동 재적재(auto reload)가 가능한 주파수 분주 기능으로 사용하는데 유용하다.

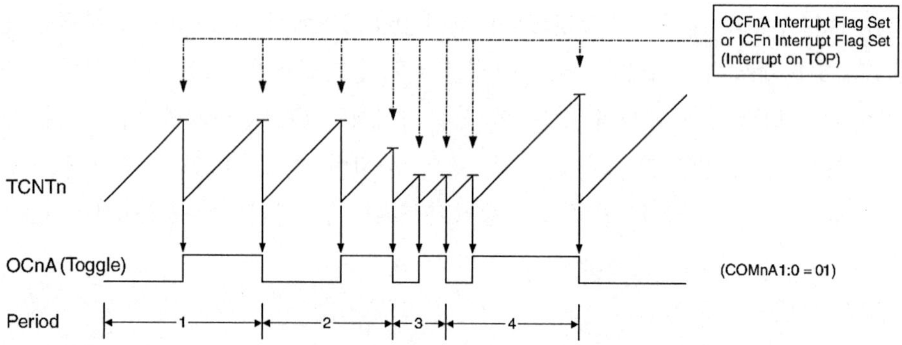

〈그림 2.2.48〉 타이머/카운터1, 3, 4, 5의 CTC 모드 동작

이 카운트 값이 TOP인 OCRnA 또는 ICRn 값과 일치하여 TOP→0x0000으로 바뀌는 순간에 TIFRn 레지스터에서 각각 OCFnA=1 또는 ICFn=1로 되면서 출력비교 인터럽트가 요청되며, 이 인터럽트의 서비스 루틴은 TOP을 새로운 값으로 변경하는 목적으로 사용될 수 있다. 그러나, CTC 모드에서는 OCRnA 레지스터나 ICRn 레지스터에 이중 버퍼링(double buffering) 기능이 없으므로, 만약 카운트 동작중에 OCRnA 레지스터나 ICRn 레지스터에 TCNTn의 값보다 작은 값을 라이트하면 그 주기에서는 출력비교에 실패하여 카운터가 MAX인 0xFFFF까지 증가하였다가 0x0000으로 될 것이며, 이때 TIFRn 레지스터에서 TOVn=1로 되면서 오버플로우 인터럽트가 발생한다.

▣ 고속 PWM 모드

고속 PWM 모드(Fast PWM Mode)는 TCCRnA 및 TCCRnB 레지스터에서 WGMn 3~0 = 5, 6, 7, 14, 15로 설정하며, 보다 높은 주파수의 PWM 출력 파형을 발생하는데 유용하다. 이 동작 모드에서는 타이머/카운터 레지스터 TCNTn의 계수동작이 항상 0x0000~TOP의 범위에서 오직 증가하는 방향으로만 반복적으로 수행(single-slope operation)되는데, 여기서 PWM의 주기를 결정하는 TOP의 값은 동작 모드에 따라서 0x00FF, 0x01FF, 0x03FF, ICRn, OCRnA 등으로 지정된다.

이때 타이머/카운터 레지스터 TCNTn의 값은 항상 출력비교 레지스터 OCRnx의 값과 비교되어 그것이 일치하면 OCnx 출력신호가 0으로 클리어되고, TCNTn의 값이 TOP→0x0000으로 되면 OCnx 출력신호가 1로 셋트된다. 이를 도시하면 <그림 2.2.49>와 같다. COMnx1~0 = 10으로 설정하면 OCnx 단자는 이와 같이 정상 PWM 출력으로 동작하지만, COMnx1~0 = 11로 설정하면 OCnx 단자는 반전 PWM 출력($\overline{\text{OCnx}}$)으로 동작한다.

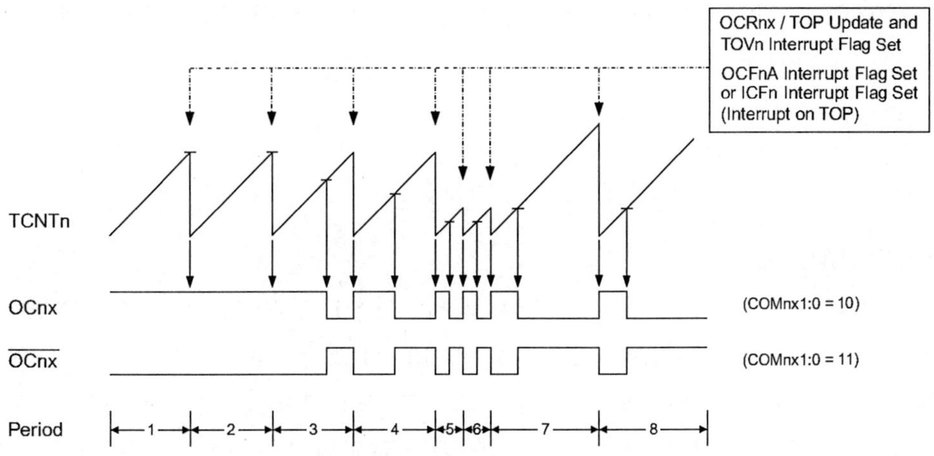

〈그림 2.2.49〉 타이머/카운터1, 3, 4, 5의 고속 PWM 모드 동작

이것은 타이머/카운터 레지스터 TCNTn의 값이 항상 0x0000~TOP의 범위에서 증가하는 single-slope 동작을 수행하므로 PWM 출력신호의 주파수는 다음과 같이 표시되며, 이는 PC PWM 모드의 경우에 비하여 약 2배 높은 주파수가 된다. 단, 여기서 N은 프리스케일러의 분주비로서 1, 8, 64, 256, 1024 중의 하나를 사용할 수 있다.

$$f_{\text{OCnx\_FPWM}} = \frac{f_{\text{clk\_I/O}}}{\text{N} \cdot (1+\text{TOP})} = \frac{f_{\text{clk\_Tn}}}{(1+\text{TOP})}$$

고속 PWM 모드에서는 OCRnx 레지스터에 이중 버퍼링 기능이 있으므로, 만약 카운트 동작중에 PWM 출력의 듀티비를 변경하기 위하여 OCRnx 레지스터에 새로운 값을 라이트하더라도 OCRnx 레지스터가 즉시 변경되지 않고, 이 값은 타이머/카운터 레지스터 TCNTn이 TOP→0x0000으로 되어 현재의 주기가 끝나는 순간에 갱신된다. 또한, TOP으로 사용되는 OCRnA 레지스터에도 이중 버퍼링 기능이 있으나, TOP으로 사용되는 ICRn 레지스터에는 이중 버퍼링 기능이 없으므로 주의해야 한다.

이 동작 모드에서는 TOP으로 OCRnA나 ICRn 중에서 어느 것을 사용하는지에 관계없이(최소한 0x0003 이상으로 설정해야 함) TCNTn의 값이 TOP→0x0000으로 될 때 각각 OCFnA=1 또는 ICFn=1로 되면서 해당 인터럽트가 요청되며, 또한 이와 동시에 TOVn=1로 되면서 오버플로우 인터럽트도 요청된다.

극단적으로 OCRnx 레지스터의 값을 0x0000으로 설정하면 출력파형은 TCNTn의 값이 0x0000으로 되는 1 타이머 클록 사이클 동안에만 좁은 스파이크로 나타나며(듀티비 1/(1+TOP)), 반대로 OCRnx 레지스터의 값을 TOP으로 설정하면 출력파형은 OCnx의 경우는 계속 H상태로 출력되고(듀티비 100%) $\overline{\text{OCnx}}$의 경우는 계속 L상태로 출력된다. TOP으로서 OCRnA가 사용되는 모드15에서는 COMnA1~0 = 01로 설정되는 경우 OCnA 신호가 50%의 듀티비로 토글된다.

▣ PC PWM 모드

PC PWM 모드(Phase Correct PWM Mode, 위상교정 PWM 모드)는 TCCRnA 및 TCCRnB 레지스터에서 WGMn3~0 = 1, 2, 3, 10, 11로 설정하며, 보다 높은 분해능의 PWM 출력 파형을 발생하는데 유용하다. 이 동작 모드에서는 타이머/카운터 레지스터 TCNTn의 계수동작이 상향 카운터로서 0x0000~TOP의 범위에서 증가하였다가 다시 하향 카운터로서 TOP~0x0000으로 감소하는 동작을 반복적으로 수행(dual-slope operation)하는데, 여기서 PWM의 주기를 결정하는 TOP의 값은 동작 모드에 따라서 0x00FF, 0x01FF, 0x03FF, ICRn, OCRnA 등으로 지정된다.

이때 타이머/카운터 레지스터 TCNTn의 값은 항상 출력비교 레지스터 OCRnx의 값과 비교되어, 상향 카운터로 동작할 때 그것이 일치하면 OCnx 출력신호가 0으로 클리어되고, 하향 카운터로 동작할 때 그것이 일치하면 OCnx 출력신호가 1로 셋트된다. 이를 도시하면 <그림 2.2.50>과 같다. COMnx1~0 = 10으로 설정하면 OCnx 단자는 이와 같이 정상 PWM 출력으로 동작하지만, COMnx1~0 = 11로 설정하면 OCnx 단자는 반전 PWM 출력($\overline{\text{OCnx}}$)으로 동작한다.

이것은 TCNTn의 값이 0x0000~TOP의 범위에서 증가하였다가 다시 TOP~0x0000으로 감소하는 dual-slope 동작을 수행하므로 PWM 출력신호의 주파수는 다음과 같이 표시되며, 이는 고속 PWM 모드의 경우에 비하여 약 1/2로 낮은 주파수가 된다. 단, 여기서 N은 프리스케일러의 분주비로서 1, 8, 64, 256, 1024 중의 하나를 사용할 수 있다.

$$f_{OCnx\_PCPWM} = \frac{f_{clk\_I/O}}{2 \cdot N \cdot TOP} = \frac{f_{clk\_Tn}}{2 \cdot TOP}$$

이처럼 PC PWM 모드는 고속 PWM 모드에 비하여 주파수는 낮아졌지만, 고속 PWM 모드보다 분해능은 거의 2배 정도로 높아졌으며 또한 대칭적인 PWM 동작을 수행한다.

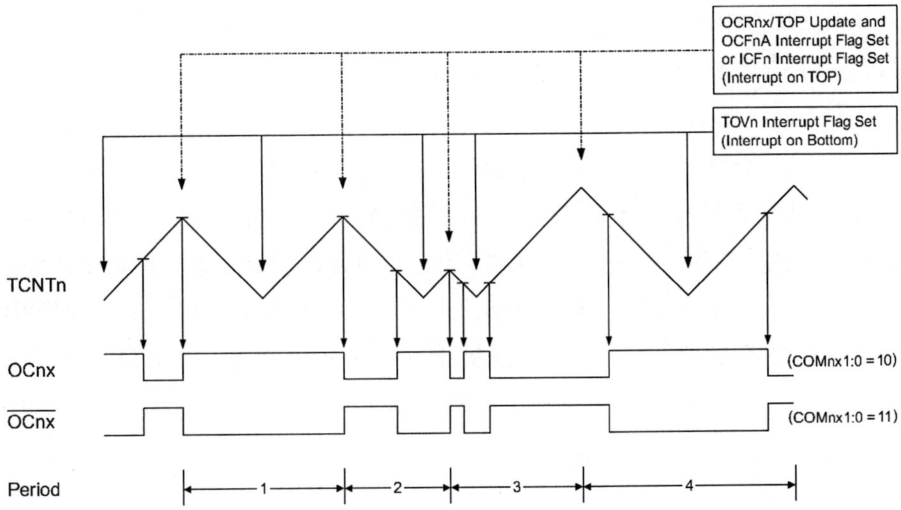

〈그림 2.2.50〉 타이머/카운터1, 3, 4, 5의 PC PWM 모드 동작

PC PWM 모드에서는 OCRnx 레지스터에 이중 버퍼링 기능이 있으므로, 만약 카운트 동작중에 PWM 출력의 듀티비를 변경하기 위하여 OCRnx 레지스터에 새로운 값을 라이트하더라도 OCRnx 레지스터가 즉시 변경되지 않고, 이 값은 TCNTn이 TOP으로 되었다가 다시 감소하기 시작하는 순간에 갱신된다.

이 동작 모드에서는 TOP으로 OCRnA나 ICRn 중에서 어느 것을 사용하는지에 따라(최소한 0x0003 이상으로 설정해야 함) TCNTn의 값이 TOP에 도달하였을 때 각각 OCFnA=1 또는 ICFn=1로 되면서 해당 인터럽트가 요청되며, TCNTn이 BOTTOM인 0x0000으로 되면 그 다음 주기에 TOVn=1로 되면서 오버플로우 인터럽트가 요청된다.

극단적으로 OCRnx 레지스터의 값을 0x0000으로 설정하면 출력파형은 OCnx의 경우는 계속 L상태로 출력되고(듀티비 0%) $\overline{OCnx}$의 경우는 계속 H상태로 출력되며, 반대로 OCRnx 레지스터의 값을 TOP으로 설정하면 출력파형은 OCnx의 경우는 계속 H

상태로 출력되고(듀티비 100%) $\overline{OCnx}$의 경우는 계속 L상태로 출력된다. TOP으로서 OCRnA가 사용되는 모드11에서는 COMnA1~0 = 01로 설정되는 경우 OCnA 신호가 50%의 듀티비로 토글된다.

▣ PFC PWM 모드

PFC PWM 모드(Phase and Frequency Correct PWM Mode, 위상 및 주파수 교정 PWM 모드)는 TCCRnA 및 TCCRnB 레지스터에서 WGMn3~0 = 8, 9로 설정하며, 보다 높은 분해능의 PWM 출력 파형을 발생하는데 유용하다. 이 동작 모드에서는 타이머/카운터 레지스터 TCNTn의 계수동작이 상향 카운터로서 0x0000~TOP의 범위에서 증가하였다가 다시 하향 카운터로서 TOP~0x0000으로 감소하는 동작을 반복적으로 수행(dual-slope operation)하는데, 여기서 PWM의 주기를 결정하는 TOP의 값은 모드8에서는 ICRn 레지스터 설정값이며 모드9에서는 OCRnA 레지스터 설정값이다.

이때 타이머/카운터 레지스터 TCNTn의 값은 항상 출력비교 레지스터 OCRnx의 값과 비교되어, 상향 카운터로 동작할 때 그것이 일치하면 OCnx 출력신호가 0으로 클리어되고, 하향 카운터로 동작할 때 그것이 일치하면 OCnx 출력신호가 1로 셋트된다. 이를 도시하면 <그림 2.2.51>과 같다. COMnx1~0 = 10으로 설정하면 OCnx 단자는 이와 같이 정상 PWM 출력으로 동작하지만, COMnx1~0 = 11로 설정하면 OCnx 단자는 반전 PWM 출력($\overline{OCnx}$)으로 동작한다.

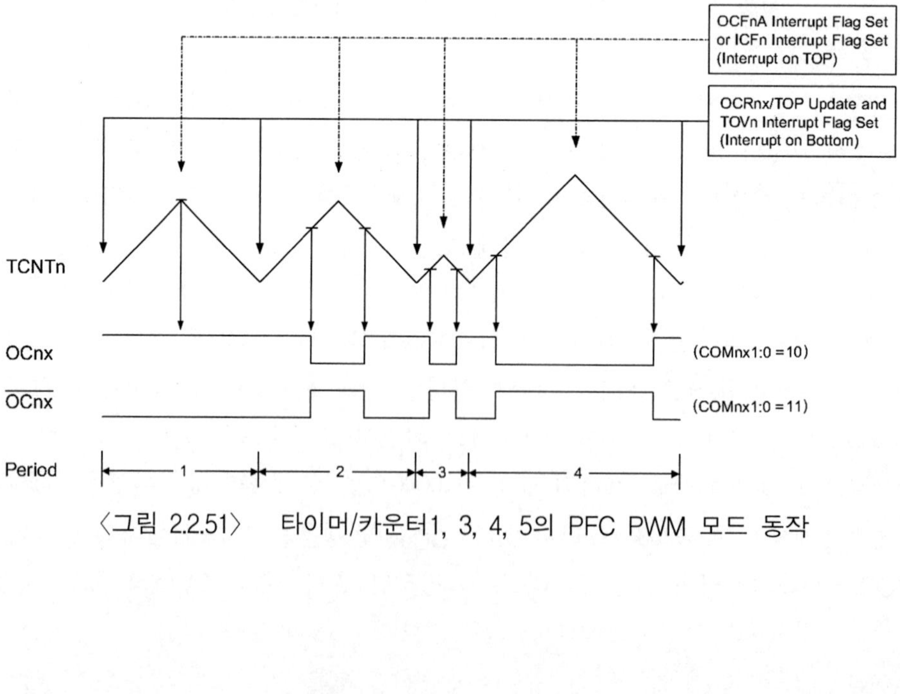

〈그림 2.2.51〉 타이머/카운터1, 3, 4, 5의 PFC PWM 모드 동작

이것은 TCNTn의 값이 0x0000~TOP의 범위에서 증가하였다가 다시 TOP~0x0000으로 감소하는 dual-slope 동작을 수행하므로 PWM 출력신호의 주파수는 다음과 같이 표시되며, 이는 고속 PWM 모드의 경우에 비하여 약 1/2로 낮은 주파수가 된다. 단, 여기서 N은 프리스케일러의 분주비로서 1, 8, 64, 256, 1024 중의 하나를 사용할 수 있다.

$$f_{\mathrm{OCnx\_PFCPWM}} = \frac{f_{\mathrm{clk\_I/O}}}{2 \cdot N \cdot TOP} = \frac{f_{\mathrm{clk\_Tn}}}{2 \cdot TOP}$$

이처럼 PFC PWM 모드는 고속 PWM 모드에 비하여 주파수는 낮아졌지만, 고속 PWM 모드보다 분해능은 2배 높아졌으며 대칭적인 PWM 동작을 수행한다.

PFC PWM 모드에서는 OCRnx 레지스터에 이중 버퍼링 기능이 있으므로, 만약 카운트 동작중에 PWM 출력의 듀티비를 변경하기 위하여 OCRnx 레지스터에 새로운 값을 라이트하더라도 OCRnx 레지스터가 즉시 변경되지 않고, 이 값은 TCNTn이 BOTTOM인 0x0000으로 된 다음 주기에 갱신된다.

이 동작 모드에서는 TOP으로 OCRnA나 ICRn 중에서 어느 것을 사용하는지에 따라(최소한 0x0003 이상으로 설정해야 함) TCNTn의 값이 TOP에 도달하였을 때 각각 OCFnA=1 또는 ICFn=1로 되면서 해당 인터럽트가 요청되며, TCNTn이 BOTTOM인 0x0000으로 되면 그 다음 주기에 TOVn=1로 되면서 오버플로우 인터럽트가 요청된다.

극단적으로 OCRnx 레지스터의 값을 0x0000으로 설정하면 출력파형은 OCnx의 경우는 계속 L상태로 출력되고(듀티비 0%) $\overline{\mathrm{OCnx}}$의 경우는 계속 H상태로 출력되며, 반대로 OCRnx 레지스터의 값을 TOP으로 설정하면 출력파형은 OCnx의 경우는 계속 H상태로 출력되고(듀티비 100%) $\overline{\mathrm{OCnx}}$의 경우는 계속 L상태로 출력된다. TOP으로서 OCRnA가 사용되는 모드9에서는 COMnA1~0=01로 설정되는 경우 OCnA가 50%의 듀티비로 토글된다.

PFC PWM 모드가 PC PWM 모드와 다른 점은 TOP의 값을 ICRn과 OCRnA의 2가지만으로 지정할 수 있다는 점과, 이것을 새로운 값으로 갱신할 때 TCNTn의 값이 TOP의 값과 같아질 때 갱신되는 것이 아니라 TCNTn이 BOTTOM인 0x0000으로 될 때 갱신된다는 점이다. 이렇게 함으로써 TCNTn의 동작 주기를 0x0000에서 그 다음의 0x0000까지로 볼 때 PWM 파형이 완벽한 대칭 동작을 하게 된다. 그러나, PC PWM 모드에서는 TOP 값이 변하는 주기에서는 과도적으로 비대칭의 PWM 파형을 출력한다. 결과적으로 PFC PWM 모드는 시스템의 동작중에 TOP 값을 수시로 변화시킴으로써 주파수가 가변되는 PWM의 경우에 사용하면 PC PWM 모드에 비하여 적합하다는 것이다.

◀참고▶ 모든 PWM 동작에서 ICRn 레지스터를 TOP으로 사용하면 ICRn에 이중 버퍼링 기능이 없으므로 동작중에 TOP을 변경하지 않는 일정 주파수의 PWM 방식에나 적합하지만, OCnA~OCnC 핀을 모두 PWM 출력으로 사용할 수 있다는 점에서 유리하다. 그러나, OCRnA 레지스터를 TOP으로 사용하는 경우에는 OCnA 핀을 PWM 출력으로 사용할 수 없고 OCnB~OCnC 핀만을 PWM 출력으로 사용할 수 있지만, OCRnA 레지스터에 이중 버퍼링 기능이 있어서 동작중에 TOP을 안심하고 변경할 수 있으므로 가변 주파수의 PWM 방식에 적합하다.

(4) 동작 타이밍

타이머/카운터1, 3, 4, 5는 항상 동기 모드로 동작하며, 타이머 클록 clk_{Tn}은 클록 입력신호가 아니라 $clk_{I/O}$ 클록의 인에이블 신호(clock enable signal)로 동작한다.

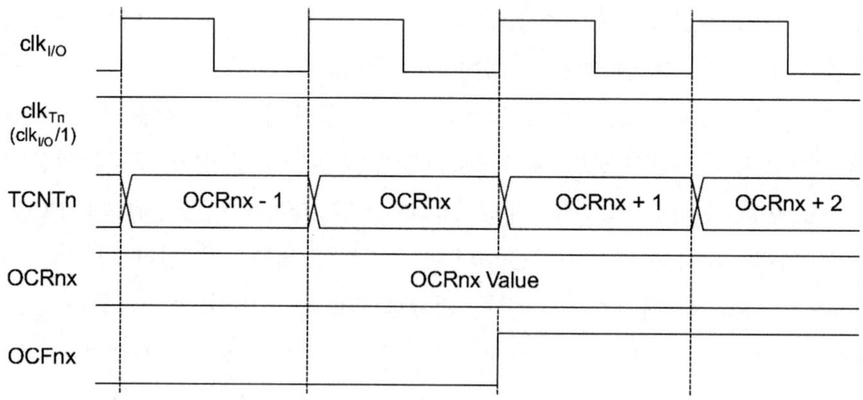

(a) 분주비가 1인 경우

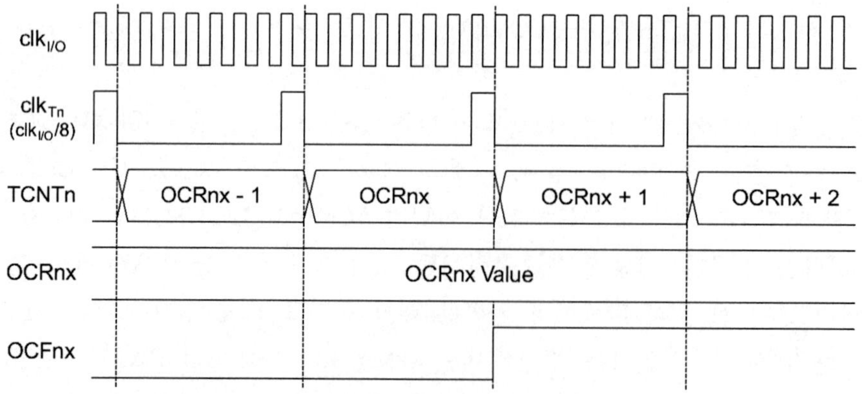

(b) 분주비가 8인 경우

〈그림 2.2.52〉 타이머/카운터1, 3, 4, 5의 카운터가 동작하여 OCFnx=1로 되는 타이밍

따라서, 프리스케일러의 분주비가 1일 경우에는 TCNTn의 값이 증가하여 OCFnx=1이 되고 출력비교 인터럽트가 발생하기까지의 과정은 <그림 2.2.52>의 (a)와 같은 타이밍으로 동작한다. 여기서 타이머/카운터 레지스터 TCNTn의 값이 증가하여 출력비교 레지스터 OCRnx와 같아지면 그 다음 사이클에서 OCFnx=1이 되면서 출력비교 인터럽트가 발생하는 것을 볼 수 있다.

그러나, 이것이 프리스케일러의 분주비가 8인 경우에는 <그림 2.2.52>의 (b)와 같은 타이밍으로 동작한다. 타이머/카운터에 입력되는 $clk_{I/O}$ 클록을 8분주하여 만들어진 clk_{Tn} 신호는 8클록 주기에 한번씩 클록 인에이블 신호로 동작하여 TCNTn의 값이 증가하는 것을 볼 수 있다.

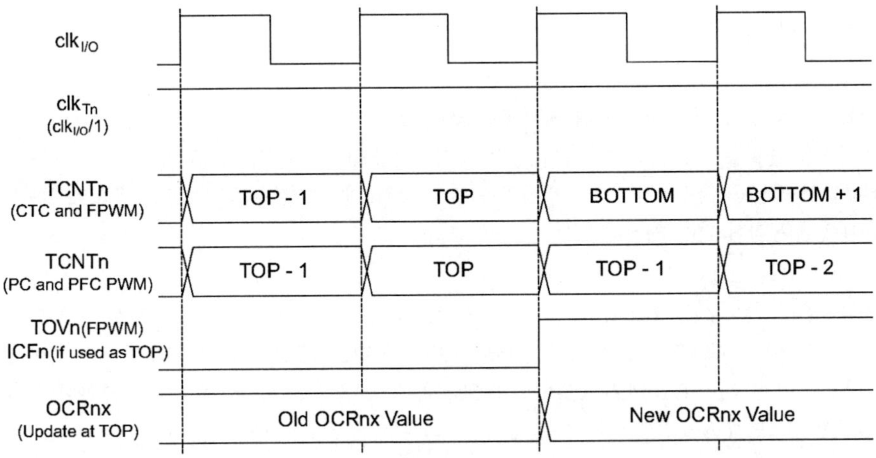

(a) 분주비가 1인 경우

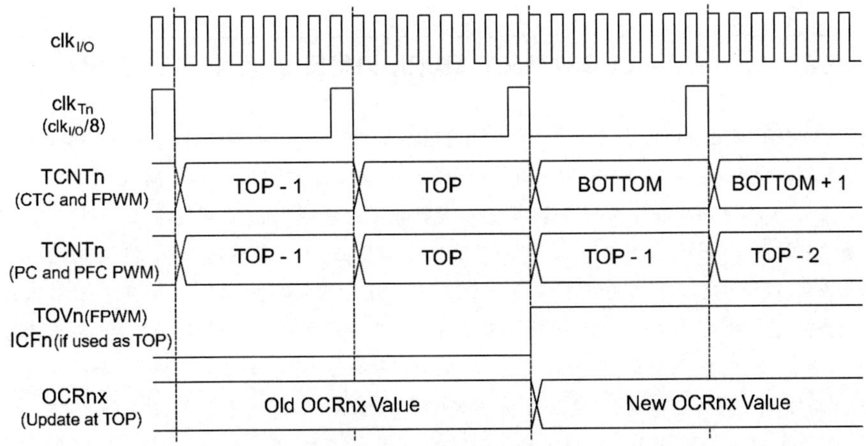

(b) 분주비가 8인 경우

〈그림 2.2.53〉 타이머/카운터1, 3, 4, 5의 카운터가 TOP 근처에서 동작하는 타이밍

또한, TCNTn의 값이 증가하여 TOP 근처에서 동작하는 모습은 <그림 2.2.53>의 (a)에 보였다. CTC 모드나 고속 PWM 모드에서는 TCNTn의 값이 증가하여 TOP이 되고 나면 BOTTOM으로 바뀌지만, PC PWM 모드나 PFC PWM에서는 TOP이 된 이후에는 다운 카운터로 동작하여 TCNTn의 값이 감소한다. 고속 PWM 모드에서는 이때 TOVn=1이 되면서 오버플로우 인터럽트가 발생하며, OCRnA 또는 ICRn 레지스터를 TOP으로 사용하는 PWM 모드에서는 이때 각각 OCFnA=1 또는 ICFn=1이 되면서 해당 인터럽트가 발생된다.

그러나, 이것이 프리스케일러의 분주비가 8인 경우에는 <그림 2.2.53>의 (b)와 같은 타이밍으로 동작한다. 타이머/카운터에 입력되는 $clk_{I/O}$ 클록을 8분주하여 만들어진 clk_{Tn} 신호는 8클록 주기에 한번씩 클록 인에이블 신호로 동작하여 TCNTn의 값이 증가하는 것을 볼 수 있다.

◀참고▶ 파워 절약 레지스터 PRR0에서 PRTIM1 비트를 1로 설정하면 타이머/카운터1의 동작을 정지시켜 소비전력을 줄일 수 있다. 또한, 파워 절약 레지스터 PRR1의 PRTIM3~5 비트를 1로 설정하면 각각 타이머/카운터3~5의 동작을 정지시켜 소비전력을 줄일 수 있다. 그러나, 이들 비트를 0으로 하면 정지하기 직전의 상태에서 동작이 다시 시작된다.

◀참고▶ *OK-1281/2561* 키트에서는 사용자가 PWM 출력 파형을 오실로스코프로 관측할 수 있도록 PCB의 중앙 상단에 PB4(OC2A), PB5(OC1A), PB6(OC1B), PB7(OC1C/OC0A) 신호를 단자로 뽑아놓았다. 또한, 외부 확장 콘넥터 CN8에는 PE4(OC3B), PE5(OC3C), PE6(T3), PE7(ICP3) 신호를 연결하여 놓았다. 그리고, PE3(OC3A) 신호는 *OK-1281/2561* 키트 내부에서 스피커 구동에도 사용된다.

◀휴게실▶ ATmega1281/2561 타이머/카운터의 동작 모드 요약

ATmega1281/2561에는 8비트 구조의 타이머/카운터0 및 2와 16비트 구조의 타이머/카운터1, 3, 4, 5를 내장하고 있는데, 이것들은 각각 여러 가지의 동작 모드를 가지고 있으며, 다른 MCU의 경우와는 동작이 상당히 다르고 특이하여 사용자가 이것들을 제대로 이해하고 응용하기가 꽤 어렵게 느껴질 수도 있다.

이것들을 타이머/카운터라고 부르는 것은 이것들의 동작을 크게 분류하면 타이머로서의 동작과 카운터로서의 동작으로 나눌 수 있기 때문이다. 기본적으로 타이머 동작이라는 것은 사용자가 알고 있는 일정한 주파수의 시스템 클록을 입력으로 받아 이를 프리스케일러로 분주하고 카운터로 계수함으로써 정확한 시간의 경과를 측정할 수 있는 동작을 말한다. 반면에 카운터 동작은 CPU 외부의 단자를 통하여 입력되는 미지의 클록 신호를 카운터로 계수하여 펄스 수나 주파수를 측정할 수 있는 동작을 말한다.

그러나, ATmega1281/2561에서 각 타이머/카운터의 동작 모드를 세부적으로 나누어 보면 이보다 훨씬 더 복잡하다. 여기에는 일반적인 목적의 계수 기능이나 분주 기능도 물론 가지고 있지만, AVR의 타이머/

카운터는 특별히 PWM 신호 출력 기능에 중점을 두어 설계된 측면이 강하다. 이 PWM 제어 기능은 모터 속도제어와 같은 응용분야에 매우 유용하게 사용될 수 있다. ATmega1281/2561 타이머/카운터의 세부적인 동작 모드를 요약하여 정리하면 <표 2.2.10>과 같다.

〈표 2.2.10〉 ATmega1281/2561에서 각 타이머/카운터의 동작 모드 비교

	타이머/카운터0, 2 (8비트)					타이머/카운터1, 3, 4, 5 (16비트)				
	모드번호	TCNTn 동작	OCRn 업데이트 시점	TOVn 세트	PWM 출력핀	모드번호	TCNTn 동작	OCRnx 업데이트 시점	TOVn 세트	PWM 출력핀
일반 모드	0	0x00~0xFF	설정 즉시	0xFF→0x00	OCnA OCnB	0	0x0000~0xFFFF	설정 즉시	0xFFFF →0x0000	OCnA OCnB OCnC
CTC 모드	2	0x00~OCRn	설정 즉시	0xFF→0x00 (비교 실패)	OCnA OCnB	4	0x0000~OCRnA	설정 즉시	0xFFFF →0x0000 (비교 실패)	OCnB OCnC
						12	0x0000~ICRn	설정 즉시		OCnA OCnB OCnC
고속 PWM 모드	3	0x00~0xFF	0xFF→0x00 (이중 버퍼)	0xFF→0x00	OCnA OCnB	5	0x0000~0x00FF	0x00FF →0x0000 (이중 버퍼)	0x00FF →0x0000	OCnA OCnB OCnC
						6	0x0000~0x01FF	0x01FF →0x0000 (이중 버퍼)	0x01FF →0x0000	OCnA OCnB OCnC
						7	0x0000~0x03FF	0x03FF →0x0000 (이중 버퍼)	0x03FF →0x0000	OCnA OCnB OCnC
	7	0x00~OCRnA	OCRnA →0x00 (이중 버퍼)	OCRnA →0x00	OCnB	14	0x0000~ICRn (ICRn은 설정 즉시 변경됨)	ICRn →0x0000 (이중 버퍼)	ICRn →0x0000	OCnA OCnB OCnC
						15	0x0000~OCRnA	OCRnA →0x0000 (이중 버퍼)	OCRnA →0x0000	OCnB OCnC
PC PWM 모드	1	0x00~0xFF ~0x00	0xFF →0xFE (이중 버퍼)	0x00→0x01	OCnA OCnB	1	0x0000~0x00FF ~0x0000	0x00FF →0x00FE (이중 버퍼)	0x0000 →0x0001	OCnA OCnB OCnC
						2	0x0000~0x01FF ~0x0000	0x01FF →0x01FE (이중 버퍼)	0x0000 →0x0001	OCnA OCnB OCnC
	5	0x00~OCRnA ~0x00	OCRnA →OCRnA-1 (이중 버퍼)	0x00→0x01	OCnB	3	0x0000~0x03FF ~0x0000	0x03FF →0x03FE (이중 버퍼)	0x0000 →0x0001	OCnA OCnB OCnC
						10	0x0000~ICRn ~0x0000 (ICRn은 설정 즉시 변경됨)	ICRn →ICRn-1 (이중 버퍼)	0x0000 →0x0001	OCnA OCnB OCnC
						11	0x0000~OCRnA ~0x0000	OCRnA →OCRnA-1 (이중 버퍼)	0x0000 →0x0001	OCnB OCnC
PFC PWM 모드	-	-	-	-	-	8	0x0000~ICRn ~0x0000 (ICRn은 설정 즉시 변경됨)	0x0000 →0x0001 (이중 버퍼)	0x0000 →0x0001	OCnA OCnB OCnC
						9	0x0000~OCRnA ~0x0000	0x0000 →0x0001 (이중 버퍼)	0x0000 →0x0001	OCnB OCnC
비고	여기서 n은 타이머/카운터0, 2를 나타냄.					여기서 n은 타이머/카운터1, 3, 4, 5를 나타냄.				

일반 모드(Normal Mode)는 카운터가 클록 입력에 의하여 최소값(8비트 0x00 또는 16비트 0x0000)에서 최대값(8비트 0xFF 또는 16비트 0xFFFF)까지 단순하게 증가하므로 타이머/카운터가 외부에서 입력되는 펄스 수를 세는 카운터 동작으로 사용하는데 적합하다.

CTC 모드(Clear Timer on Compare Match Mode)는 카운터가 클록 입력에 의하여 최소값(BOTTOM, 8비트의 0x00 및 16비트의 0x0000)에서 지정된 설정값(TOP, 8비트의 OCRnA 레지스터 및 16비트의 ICRn 또는 OCRnA 레지스터)까지 동작하므로 타이머 동작이든 카운터 동작이든 관계없이 입력 주파수를 정수로 분주한 출력 주파수를 얻을 수 있는 분주 기능을 가지며, 이를 인터럽트와 연계하면 원하는 시간 간격으로

주기적인 인터럽트를 발생하는데 적합하다.

고속 PWM 모드(Fast PWM Mode)는 단순한 톱니파와 비교 데이터를 사용한 PWM 기능으로 생각할 수 있다. 톱니파에 해당하는 기능을 만들기 위하여 8비트인 타이머/카운터0과 2에서는 카운터가 무조건 0x00~TOP으로 반복적으로 증가하고(TOP은 0xFF 또는 OCRnA로 지정), 16비트인 타이머/카운터1, 3, 4, 5에서는 카운터가 0x0000~TOP으로 반복적으로 증가하므로(TOP은 0x00FF, 0x01FF, 0x03FF, ICRn 또는 OCRnA로 지정) TOP은 PWM 주기를 결정한다. 이 톱니파와 비교할 데이터로 8비트에서는 8비트 OCRnx 레지스터를 사용하고, 16비트에서는 16비트 OCRnx 레지스터를 사용한다. 고속 PWM 모드는 다른 PWM 모드에 비하여 약 2배의 PWM 스위칭 주파수를 가지도록 할 수 있으므로 "고속"이라는 이름이 붙었다. 대칭적인 동작이 필요없고 일정한 스위칭 주기에서 듀티비만을 가변하면 되는 단순한 PWM 제어에는 이 모드를 사용하는 것이 적합하다.

PC PWM 모드(Phase Correct PWM Mode)는 톱니파 비교 형태의 싱글 슬로프를 사용하는 고속 PWM 모드와 달리 삼각파 비교 형태의 듀얼 슬로프를 사용하여 PWM 파형을 발생한다. 이렇게 하면 PWM 출력 파형이 1주기내에서 대칭적인 동작을 수행하며, 고속 PWM 모드에 비하여 약 1/2로 낮은 스위칭 주파수에서 2배로 높은 분해능의 PWM 출력 신호를 만들 수 있다. 그러나, 이 동작 모드에서는 출력비교 레지스터 OCRnx가 삼각파의 정점(TOP)에서 갱신되므로 증가 부분에서 적용되는 출력비교 값과 감소 부분에서 적용되는 출력비교 값이 다를 경우 이 1주기 동안 비대칭 PWM 출력을 발생하는 단점이 있다. 8비트인 타이머/카운터0과 2에서 이 동작 모드는 OCRnA 레지스터를 사용하여 주기를 가변할 수 있고, 16비트인 타이머/카운터1, 3, 4, 5에서 이 동작 모드는 ICRn 또는 OCRnA 레지스터를 사용하여 주기를 변화시키는 것이 가능하기는 하지만, 주기를 결정하는 레지스터의 값을 수정하고 나면 1주기 동안 비대칭 PWM 출력 파형을 발생하게 되는 단점이 있다. 따라서, 이 동작 모드는 기본적으로 고정된 주파수에서 아주 가끔 듀티비를 가변하는 정도의 PWM 동작에 적합하므로 "Phase Correct"라는 이름이 붙은 것으로 생각된다.

PFC PWM 모드(Phase and Frequency Correct PWM Mode)는 16비트인 타이머/카운터1, 3, 4, 5에서만 사용되는 동작 모드로서, 기본적인 동작이 PC PWM 모드와 매우 유사하다. 그러나, 출력비교 레지스터 OCRnx가 삼각파의 저점(BOTTOM)에서 갱신되므로 이를 수정하여 듀티비를 가변하거나 PWM의 주기를 변경하더라도 항상 대칭적인 PWM 출력 파형을 발생하게 되는 장점을 가진다. 따라서, 이 동작 모드는 PWM 출력의 듀티비와 스위칭 주파수를 모두 변경하여야 하는 응용에 적합하므로 "Phase and Frequency Correct"라는 이름이 붙은 것으로 생각된다.

이상의 동작모드에서 항상 출력 비교 레지스터 OCRnx나 TOP으로 사용되는 OCRnA 레지스터는 이중 버퍼링 구조로 되어 있어서 소프트웨어로 이들 값을 변경하더라도 이것이 즉시 적용되지 않고 지정된 시점에 새로운 값으로 갱신된다. 그러나, ICRn 레지스터는 소프트웨어로 이 값을 지정하는 순간 즉시 새로운 값으로 갱신되므로 이를 TOP으로 사용하는 동작 모드에서는 1주기 동안 PWM 신호가 올바르게 출력되지 않는 글리치 현상이 발생될 수 있으니 주의해야 한다.

그런데, 이들 타이머/카운터의 동작 모드에서 "Correct"라는 표현이 상당히 난해하다. 의미도 그러하거니와 동사형의 단어를 이렇게 사용한 점도 이채로워 Atmel사에서 이를 사용한 의도를 정확히 파악하기가 어렵다. 물론 이것이 사전적인 의미에서는 "교정하다"가 되겠으나, 위의 동작 설명에서 보듯이 의미상으로는 "교정"이라는 것보다 차라리 "수정", "가변", "변경" 등이 더 적합한 것으로 판단된다. 이 때문에 저자로서는 이 책에서 이를 적합한 우리말로 번역하기가 매우 난감하므로 "위상교정 PWM"이나 "위상 및 주파수교정 PWM"보다는 그냥 "PC PWM" 또는 "PFC PWM"과 같은 축약어로 처리하기로 하였다.

2.3 USART 직렬통신 포트

이 절에서는 ATmega1281/2561에 내장되어 있는 USART 직렬통신 포트의 구조와 기능에 대하여 알아보기로 한다.

1. USART 직렬통신 포트의 개요

(1) USART의 특징

ATmega1281/2561 마이크로콘트롤러에는 완전히 동일한 기능을 수행하는 2개의 USART(Universal Synchronous and Asynchronous Receiver and Transmitter) 직렬통신 포트 USARTn(USART0, USART1)을 가지고 있는데, 이것들은 동기 및 비동기 전송 모드에서 모두 전이중 통신이 가능하고, 멀티프로세서 통신 모드로 동작하는 것도 가능하며, 높은 정밀도의 보레이트 발생기(Baud Rate Generator)를 내장하고 있다. 그러나, ATmega640/1280/2560은 4개의 USARTn(USART0, USART1, USART3, USART4)을 가지고 있다.

동기식 전송 모드에서 마스터(master)로 동작하는 경우에는 전송속도를 결정하는데 내부 클록을 사용하지만, 슬레이브(slave)로 동작할 때는 XCKn 단자로 입력되는 외부 클록 신호에 의하여 동작한다. 비동기식 전송 모드에서는 항상 내부의 시스템 클록에 의하여 보레이트가 결정된다.

전송 데이터는 5~9비트로 설정하고 스톱 비트는 1~2비트로 설정할 수 있으며, 전송중에 패리티 비트를 사용하지 않을 수도 있고 짝수 또는 홀수 패리티(even or odd parity)를 임의로 설정하여 사용할 수도 있다. 수신 동작에서는 패리티 에러(parity error), 오버런 에러(overrun error) 및 프레임 에러(frame error)를 검출하는 기능을 가지고 있다.

USARTn 직렬통신 포트에서는 송신 완료(TX Complete), 송신 데이터 레지스터 준비완료(TX Data Register Empty), 수신 완료(RX Complete) 등 3가지의 인터럽트를 사용할 수 있다.

ATmega1281/2561의 직렬통신 포트 USARTn은 또한 SPI 통신의 마스터로 사용할 수도 있다. 이에 대하여는 뒤에서 별도로 설명한다.

(2) USART의 구조

<그림 2.3.1>에 ATmega1281/2561의 USARTn 직렬통신 포트의 내부 구성 블록도를 보였다. 여기서 n은 2개의 USART 포트에 해당하는 0~1이다.

ATmega1281/2561의 직렬통신 포트 USARTn은 각각 크게 클록 발생부(clock generator), 송신부(transmitter), 수신부(receiver)의 3가지 구성 부분으로 이루어진다. 이 중에서 클록 발생부는 보레이트 발생기와 동기 모드에서 클록과 동기를 취하는 회로 등으로 구성된다. 또한, 송신부는 송신 버퍼, 송신 시프트 레지스터, 패리티 발생기 등으로 구성되며, 수신부는 가장 복잡하여 수신 버퍼, 수신 시프트 레지스터, 패리티 검사기 등으로 구성된다.

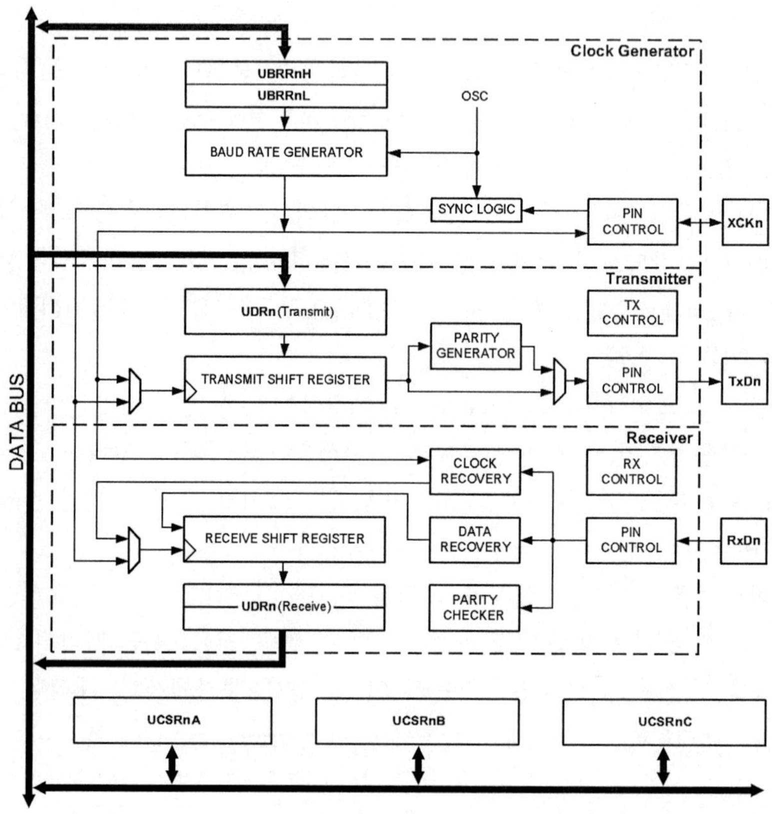

〈그림 2.3.1〉 USART0, 1 직렬통신 포트의 구성 블록도

(3) 클록 발생부

클록 발생부는 <그림 2.3.2>와 같은 구조로 되어 있으며, 비동기 일반 모드, 비동기

2배속 모드, 동기 마스터 모드, 동기 슬레이브 모드에서 각각 보레이트 클록의 소스나 주파수가 달라진다. 이들 각각의 경우에 대하여 보레이트를 계산하는 방법은 나중에 설명한다.

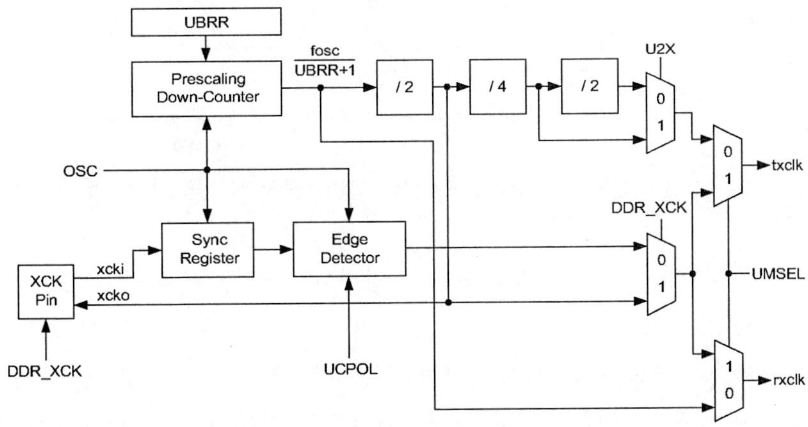

〈그림 2.3.2〉 클록 발생부의 내부 구조

비동기 모드를 사용하려면 UCSRnC 레지스터에서 UMSELn1~0 = 00으로 설정하면 된다. 비동기 모드에서는 내부 시스템 클록을 기본으로 하여 보레이트 클록을 발생하며, UCSRnA 레지스터의 U2Xn 비트가 0이면 일반 모드가 되고 1이면 2배속 모드가 된다.

동기 모드를 사용하려면 UCSRnC 레지스터에서 UMSELn1~0 = 01로 설정하면 된다. 동기 모드에서는 XCKn 단자가 클록으로 사용되는데, 마스터 모드에서는 이 단자를 통하여 동기 클록을 외부의 슬레이브에게 보내야 하므로 이것이 출력 단자가 되고, 슬레이브 모드에서는 이 단자를 통하여 동기 클록을 외부의 마스터로부터 받아야 하므로 입력 단자가 된다. 따라서, 동기 마스터 모드에서는 병렬 I/O 포트 방향설정 레지스터 DDRx의 해당 비트들을 1로 하여 XCKn 단자를 출력 방향으로 동작하도록 해야 하고, 동기 슬레이브 모드에서는 이 비트들을 0으로 하여 XCKn 단자를 입력 방향으로 동작하도록 해야 한다.

동기 슬레이브 모드에서 외부로부터 입력되는 XCKn 클록 신호는 동기 레지스터(synchronization register)와 에지 검출기(edge detector)를 거치면서 2개의 시스템 클록 주기만큼 지연되며, 이 클록의 주파수는 시스템 클록의 1/4 이하여야 한다.

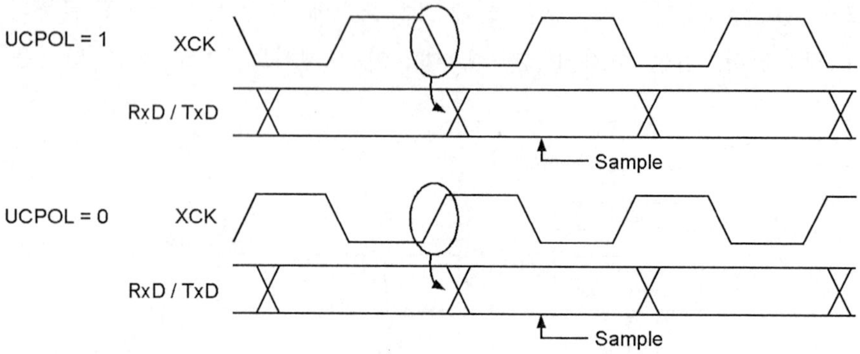

〈그림 2.3.3〉 동기 모드에서 XCKn 클록의 동작 타이밍

동기 모드에서 XCKn 단자로 출력되거나 입력되는 클록 신호는 UCSRnC 레지스터의 UCPOLn 비트에 의하여 동작 에지가 선택된다. 즉, <그림 2.3.3>에서 보듯이 이를 1로 설정하면 XCKn 클록의 하강 에지에서 송신 데이터를 출력하고 상승 에지에서 수신 데이터를 샘플링하며, 이를 0으로 설정하면 XCKn 클록의 상승 에지에서 송신 데이터를 출력하고 하강 에지에서 수신 데이터를 샘플링한다.

(4) 전송 데이터 포맷

직렬통신 포트 USARTn에서 직렬 전송 데이터의 구성 포맷(format)은 1 스타트 비트(start bit), 5~9 데이터 비트(data bit), 1 패리티 비트(parity bit), 1~2 스톱 비트(stop bit)이다. 이와 같이 데이터 비트와 스톱 비트의 길이는 사용자가 설정할 수 있으며, 패리티 비트는 사용하지 않을 수도 있고 사용한다면 짝수 패리티 방식 또는 홀수 패리티 방식을 지정할 수 있다.

이와 같이 ATmega1281/2561에서 1개의 전송 프레임은 최소 7비트에서 최대 13비트로 구성될 수 있는데, 이를 그림으로 설명하면 <그림 2.3.4>와 같다.

데이터 포맷에 패리티 비트를 사용하도록 설정한 경우에는 데이터를 수신할 때 패리티를 계산하여 전송 에러를 체크한다. 또한, 첫번째의 스톱 비트까지 프레임을 체크하여 이 비트가 low로 검출되면 프레임 에러가 된다. 2개의 스톱 비트를 사용하도록 설정된 경우에도 2번째의 스톱 비트는 수신부에 의하여 무시되며, 이는 수신부의 처리 동작이 느릴 경우에 대비하여 송신부에서 다음 데이터를 전송하는 동작을 지연시키는 효과가 있을 뿐이다.

전송 데이터가 n개의 비트로 구성되는 경우 패리티 비트를 계산하는 공식은 다음과 같다.

$$P_{even} = d_{n-1} \oplus \ldots \oplus d_3 \oplus d_2 \oplus d_1 \oplus d_0 \oplus 0$$

$$P_{odd} = d_{n-1} \oplus \ldots \oplus d_3 \oplus d_2 \oplus d_1 \oplus d_0 \oplus 1$$

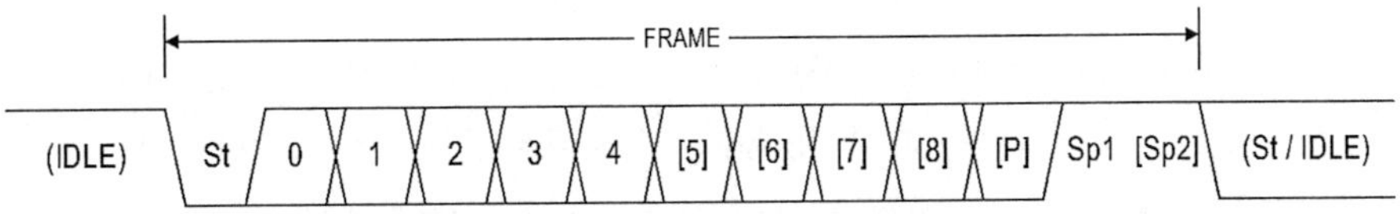

St	Start bit, always low.
(n)	Data bits (0 to 8).
P	Parity bit. Can be odd or even.
Sp	Stop bit, always high.
IDLE	No transfers on the communication line (RxD or TxD). An IDLE line must be high.

〈그림 2.3.4〉 직렬 전송 데이터의 포맷

◀참고▶ 비동기 직렬전송에서 스톱 비트는 통신기능에 직접적인 역할을 수행하지는 않으며, 다만 수신측의 CPU가 데이터 수신동작을 수행하는데 필요한 시간 여유를 주는데 목적이 있다. 송신측 CPU의 처리속도가 매우 빠르다면 송신 데이터들은 시간 공백없이 연속적으로 출력되며, 송신측 CPU의 처리속도가 느리다면 하나의 송신 문자와 다음 송신 문자의 사이에 마크 상태가 포함될 것이므로, 송신측 CPU의 처리속도는 전체적인 데이터 전송속도에 영향을 준다. 그러나, 수신측 CPU의 처리속도가 늦으면 연속적으로 들어오는 수신 데이터를 실시간으로 받지 못하여 오버런 에러(overrun error)가 발생될 수 있다.(수신측 CPU가 수신동작을 수행할 수 있는 시간은 패리티 비트가 수신된 이후부터 다음 문자의 스타트 비트가 들어오기 전까지에 불과하기 때문이다. 그러나, double buffer로 되어 있는 통신용 LSI에서는 수신측 CPU가 수신동작을 수행할 수 있는 시간이 패리티 비트가 수신된 이후부터 다음 문자의 패리티 비트가 수신되기 전까지로 확대되어 훨씬 여유가 많아진다.) 이와 같이 수신측의 CPU가 송신측의 CPU에 비하여 현저히 느릴 경우에는 송신 문자 사이에 시간 여유를 많이 주기 위하여 스톱 비트수를 크게 하는 것이 안전하다. 그러나, 오늘날의 직렬 인터페이스는 대부분 더블 버퍼 방식을 사용하므로 스톱 비트가 별로 의미가 없는 경우가 많으며, 따라서 스톱 비트는 가능하면 적게 설정하여 사용하는 것이 유리하다.

2. USART 직렬통신 포트의 동작

(1) 레지스터 사용

ATmega1281/2561의 직렬통신 포트 USARTn에 관련되는 I/O 레지스터는 모두 각각의 포트에 대하여 서로 동일한 기능을 수행하는 쌍으로 되어 있다.

▣ USARTn 입출력 데이터 레지스터(UDRn)

UDRn(USARTn I/O Data Register) 레지스터는 USARTn 포트의 송수신 데이터 버퍼의 기능을 수행한다. 각 포트의 송신 및 수신 버퍼는 동일한 번지에 위치하지만 내부적으로는 서로 다른 별개의 레지스터로서, 송신할 때는 송신 데이터를 UDRn에 라이트하면 이는 송신 데이터 버퍼 TXBn에 저장되고, 수신할 때는 수신 데이터를 UDRn에서 읽으면 이는 수신 데이터 버퍼 RXBn에 수신되어 있는 값이 읽혀진다.

전송 데이터 문자를 5~7 비트로 설정하면 송신의 경우에는 사용하지 않는 상위 비트들이 무시되고, 수신의 경우에는 이 상위 비트들이 수신부에서 0으로 채워진다.

Bit	7	6	5	4	3	2	1	0	
	RXB[7:0]								UDRn (Read)
	TXB[7:0]								UDRn (Write)
Read/Write	R/W	R/W	R/W	R/W	R/W	R/W	R/W	R/W	
Initial Value	0	0	0	0	0	0	0	0	

〈그림 2.3.5〉 USARTn 입출력 데이터 레지스터 UDRn

송신 버퍼는 UCSRnA 레지스터의 UDREn 플랙 비트가 1로 되어 있는 경우에만 라이트할 수 있으며, UDREn 플랙 비트가 0으로 되어 있는 경우에는 만약 UDRn에 송신할 데이터를 라이트하더라도 이는 송신부가 무시한다. 정상적으로 UDRn 레지스터의 송신 버퍼에 라이트된 데이터는 송신 시프트 레지스터가 비어있을 경우 자동적으로 이 시프트 레지스터로 옮겨지고, 이것은 즉시 TxDn 핀을 통하여 직렬로 송신된다.

수신 버퍼는 2단계의 FIFO로 된 이중 버퍼링 구조를 가지며, 따라서 이는 읽을 때마다 상태가 변화되므로 이 수신 버퍼에 대하여는 SBI/CBI 명령이나 SBIS/SBIC 명령을 사용하지 않는 것이 좋다.

▣ USARTn 제어 및 상태 레지스터 A(UCSRnA)

UCSRnA(USARTn Control and Status Register A) 레지스터는 USARTn 포트의 송수신 동작을 제어하거나 송수신 상태를 저장하는 기능을 수행한다.

Bit	7	6	5	4	3	2	1	0	
	RXCn	TXCn	UDREn	FEn	DORn	UPEn	U2Xn	MPCMn	UCSRnA
Read/Write	R	R/W	R	R	R	R	R/W	R/W	
Initial Value	0	0	1	0	0	0	0	0	

〈그림 2.3.6〉 USARTn 제어 및 상태 레지스터 UCSRnA

비트7의 RXCn(USARTn Receive Complete)은 수신 버퍼에 읽혀지지 않은 수신 문자가 들어 있으면 1로 셋트되고, CPU가 이를 읽어서 수신 버퍼가 비어있는 상태라면 0으로 클리어되는 상태 플랙이다. 이 비트가 1로 되면 수신완료 인터럽트(Receive Complete Interrupt)를 요청하는데, 이 비트는 수신 버퍼를 읽으면 0으로 클리어된다.

비트6의 TXCn(USARTn Transmit Complete)은 송신 시프트 레지스터에 있는 송신 데이터가 모두 송신되고 UDRn의 송신 버퍼에 아직 새로운 송신 데이터가 라이트되지 않은 상태이면 1로 셋트되는 상태 플랙이다. 이 비트가 1로 되면 송신완료 인터럽트(Transmit Complete Interrupt)를 요청하는데, 이 인터럽트의 처리가 시작되면 이 비트는 자동으로 0으로 클리어되며, 이 비트를 강제로 클리어하려면 이 비트에 1을 라이트해야 한다.

비트5의 UDREn(USARTn Data Register Empty)은 UDRn의 송신 버퍼가 비어있어서 새로운 송신 데이터를 받을 준비가 되어 있으면 1로 셋트되는 상태 플랙이다. 이 비트가 1로 되면 송신 데이터 레지스터 준비완료 인터럽트(Data Register Empty Interrupt)를 요청하며, 송신 버퍼에 새로운 데이터를 라이트하면 이 비트는 0으로 클리어된다. 시스템 리셋 후에 디폴트로 이 비트는 1이다.

비트4의 FEn(USARTn Frame Error)은 UDRn의 수신 버퍼에 현재 저장되어 있는 데이터를 수신하는 동안에 프레임 에러가 발생하였음을 나타내는 상태 플랙이다. 프레임 에러는 수신 문자의 첫번째 스톱 비트가 0으로 검출되면 발생한다. 이 플랙은 수신 버퍼 UDRn을 읽을 때까지 유효하며, UCSRnA 레지스터를 라이트하면 이 비트는 무조건 0으로 클리어된다.

비트3의 DORn(USARTn Data Overrun Error)은 UDRn의 수신 동작에서 오버런 에러가 발생하였음을 나타내는 상태 플랙이다. 오버런 에러는 UDRn의 수신 버퍼에 현재 읽지 않은 수신 문자가 들어 있는 상태에서 수신 시프트 레지스터에 새로운 데이터 문자가 수신 완료되고 다시 그 다음 수신 데이터인 3번째 문자의 스타트 비트가 검출되면 발생한다. 이 플랙은 수신 버퍼 UDRn을 읽을 때까지 유효하며, UCSRnA 레지스터를 라이트하면 이 비트는 무조건 0으로 클리어된다.

비트2의 UPEn(USARTn Parity Error)은 UDRn의 수신 버퍼에 현재 저장되어 있는 데이터를 수신하는 동안에 패리티 에러가 발생하였음을 나타내는 상태 플랙이다. 패리티 에러는 UCSRnC 레지스터에서 UPMn1 = 1로 하여 패리티 비트를 사용하도록 설정한 경우에만 발생할 수 있다. 이 플랙은 수신 버퍼 UDRn을 읽을 때까지 유효하며, UCSRnA 레지스터를 라이트하면 이 비트는 무조건 0으로 클리어된다.

비트1의 U2Xn(Double the USARTn Transmission Speed)은 비동기 모드에서만 유

효한 것으로서 USARTn 포트의 클록 분주비를 16에서 8로 절반만큼 낮추어 전송속도를 2배 높이는 기능을 수행한다.

비트0의 MPCMn(USARTn Multi-Processor Communication Mode)은 USARTn을 멀티프로세서 통신 모드로 설정한다. 멀티프로세서 통신 모드에서는 어드레스 정보를 포함하지 않는 모든 수신 데이터는 수신부에 의하여 무시된다. 송신부는 이 비트에 의하여 영향을 받지 않는다.

▣ USARTn 제어 및 상태 레지스터 B(UCSRnB)

UCSRnB(USARTn Control and Status Register B) 레지스터는 USARTn 포트의 송수신 동작을 제어하거나, 전송 데이터를 9비트로 설정한 경우에 전송 데이터의 9번째 비트값을 저장하는 기능을 수행한다.

Bit	7	6	5	4	3	2	1	0	
	RXCIEn	TXCIEn	UDRIEn	RXENn	TXENn	UCSZn2	RXB8n	TXB8n	UCSRnB
Read/Write	R/W	R/W	R/W	R/W	R/W	R/W	R	R/W	
Initial Value	0	0	0	0	0	0	0	0	

〈그림 2.3.7〉 USARTn 제어 및 상태 레지스터 UCSRnB

비트7의 RXCIEn(USARTn RX Complete Interrupt Enable)은 수신완료 인터럽트를 개별적으로 허용하는 비트이다. 이를 1로 설정하고 SREG 레지스터의 I비트가 1이라면 1문자가 수신되어 UCSRnA 레지스터의 RXCn 비트가 1로 되는 경우 수신완료 인터럽트가 발생한다.

비트6의 TXCIEn(USARTn TX Complete Interrupt Enable)은 송신완료 인터럽트를 개별적으로 허용하는 비트이다. 이를 1로 설정하고 SREG 레지스터의 I비트가 1이라면 송신 시프트 레지스터가 비어 UCSRnA 레지스터의 TXCn 비트가 1로 되는 경우 송신완료 인터럽트가 발생한다.

비트5의 UDRIEn(USARTn Data Register Empty Interrupt Enable)은 송신 데이터 레지스터 준비완료 인터럽트를 개별적으로 허용하는 비트이다. 이를 1로 설정하고 SREG 레지스터의 I비트가 1이라면 송신 버퍼가 비어 UCSRnA 레지스터의 UDREn 비트가 1로 되는 경우 송신 데이터 레지스터 준비완료 인터럽트가 발생한다.

비트4의 RXENn(USARTn Receiver Enable)은 USARTn 포트의 수신부가 동작하도록 허용한다. 이는 RxDn 핀이 병렬 I/O 포트가 아니라 직렬 데이터 수신 단자로 동작하도록 설정하며, 에러 플랙 비트 FEn, DORn, UPEn의 동작을 유효하도록 한다.

비트3의 TXENn(USARTn Transmitter Enable)은 USARTn 포트의 송신부가 동작하도록 허용한다. 이는 TxDn 핀이 병렬 I/O 포트가 아니라 직렬 데이터 송신 단자로 동작하도록 설정하며, 이 비트를 0으로 설정하더라도 이는 송신 시프트 레지스터에 데이터가 남아있을 경우에는 이것이 전송 완료될 때까지 유효하지 않다.

비트2의 UCSZn2(USARTn Character Size)는 UCSRnC 레지스터의 UCSZn1~0 비트와 함께 전송 문자의 데이터 비트수를 5~9로 설정하는데 사용된다.

비트1의 RXB8n(USARTn Receive Data Bit 8)은 전송 문자가 9비트로 설정된 경우 수신된 문자의 9번째 비트(MSB)를 저장한다. 이는 반드시 UDRn 레지스터보다 먼저 읽혀야 한다.

비트0의 TXB8n(USARTn Transmit Data Bit 8)은 전송 문자가 9비트로 설정된 경우 송신할 문자의 9번째 비트(MSB)를 저장한다. 이는 반드시 UDRn 레지스터보다 먼저 라이트되어야 한다.

▣ USARTn 제어 및 상태 레지스터 C(UCSRnC)

UCSRnC(USARTn Control and Status Register C) 레지스터는 USARTn 포트의 송수신 동작을 제어하는 기능을 수행한다.

Bit	7	6	5	4	3	2	1	0	
	UMSELn1	UMSELn0	UPMn1	UPMn0	USBSn	UCSZn1	UCSZn0	UCPOLn	UCSRnC
Read/Write	R/W	R/W	R/W	R/W	R/W	R/W	R/W	R/W	
Initial Value	0	0	0	0	0	1	1	0	

〈그림 2.3.8〉 USARTn 제어 및 상태 레지스터 UCSRnC

비트7~6의 UMSELn1~0(USARTn Mode Select)은 <표 2.3.1>과 같이 USARTn 포트의 동작 모드를 설정한다.

〈표 2.3.1〉 USARTn 포트에서 동작 모드의 설정

UMSELn1	UMSELn0	동작 모드
0	0	USARTn을 비동기 모드로 설정
0	1	USARTn을 동기 모드로 설정
1	0	사용하지 않음(reserved)
1	1	USARTn을 SPI 마스터 모드(MSPIM)로 설정

비트5~4의 UPMn1~0(USARTn Parity Mode)은 <표 2.3.2>와 같이 USARTn 포트에서 패리티 모드를 설정한다. 패리티 사용을 설정하면 송신부에서는 자동으로 패리

티 비트를 계산하여 전송하며, 수신부에서는 수신된 패리티 비트와 계산한 패리티 비트를 비교하여 일치하지 않으면 UCSRnA 레지스터에서 UPEn=1로 세트한다.

〈표 2.3.2〉 USARTn 포트에서 패리티 모드의 설정

UPMn1	UPMn0	패리티 모드
0	0	패리티 체크 기능을 사용하지 않음
0	1	사용하지 않음(reserved)
1	0	짝수 패리티(even paritry) 방식을 사용
1	1	홀수 패리티(odd parity) 방식을 사용

비트3의 USBSn(USARTn Stop Bit Select)은 0이면 USARTn 포트에서 데이터 포맷을 구성하는 스톱 비트를 1개로 설정하고, 1이면 스톱 비트를 2개로 설정한다.

비트2~1의 UCSZn1~0(USARTn Character Size)은 UCSRnB 레지스터의 UCSZn2 비트와 함께 USARTn 포트에서 <표 2.3.3>과 같이 전송 문자의 데이터 비트수를 설정한다.

〈표 2.3.3〉 USARTn 포트에서 전송 데이터 길이의 설정

UCSZn2	UCSZn1	UCSZn0	전송 데이터 길이
0	0	0	5 비트
0	0	1	6 비트
0	1	0	7 비트
0	1	1	8 비트
1	0	0	사용하지 않음(reserved)
1	0	1	사용하지 않음(reserved)
1	1	0	사용하지 않음(reserved)
1	1	1	9 비트

비트0의 UCPOLn(USARTn Clock Polarity)은 동기 전송 모드에서만 유효한 것으로, 이를 0으로 설정하면 TxDn 단자의 송신 데이터는 XCKn 클록의 상승 에지에서 새로운 값이 출력되고, RxDn 단자의 수신 데이터는 XCKn 클록의 하강 에지에서 검출된다. 그러나, 이를 1로 설정하면 반대로 송신 데이터는 XCKn 클록의 하강 에지에서 새로운 값이 출력되고, 수신 데이터는 XCKn 클록의 상승 에지에서 검출된다.

▣ USARTn 보레이트 레지스터(UBRRnH/L)

UBRRnH/L(USARTn Baud Rate Register) 레지스터는 16비트 중에서 12비트만 유효한 것으로서 USARTn 포트의 송수신 속도를 설정하는 기능을 수행한다. 즉, 이 레지스터 값은 클록의 분주비로 작용하여 직렬포트의 전송속도인 보레이트를 결정한다.

16비트 레지스터를 라이트하는 경우에는 항상 상위 바이트인 UBRRnH를 먼저 라이트하고 하위 바이트인 UBRRnL을 나중에 라이트해야 한다.

Bit	15	14	13	12	11	10	9	8	
	–	–	–	–	UBRR[11:8]				UBRRHn
	UBRR[7:0]								UBRRLn
	7	6	5	4	3	2	1	0	
Read/Write	R	R	R	R	R/W	R/W	R/W	R/W	
	R/W	R/W	R/W	R/W	R/W	R/W	R/W	R/W	
Initial Value	0	0	0	0	0	0	0	0	
	0	0	0	0	0	0	0	0	

〈그림 2.3.9〉 USARTn 보레이트 레지스터 UBBRnH/L

이렇게 설정된 UBBRn 레지스터에 대하여 전송 보레이트를 계산하는 공식이나, 반대로 원하는 보레이트를 설정하기 위한 UBRRn 레지스터의 값을 구하는 공식을 동작 모드별로 요약하면 <표 2.3.4>와 같다. 여기서 전송속도를 나타내는 BAUD의 단위는 bps(bits per second)이며, UBRRn은 12비트만을 사용하므로 0~4095 범위의 값을 가질 수 있다.

〈표 2.3.4〉 USARTn 포트에서 전송속도 설정의 공식

동작 모드	전송속도를 결정하는 공식	UBRRn 레지스터값을 결정하는 공식
비동기 일반 모드 (U2Xn = 0)	$BAUD = \frac{f_{OSC}}{16(UBRRn+1)}$	$UBRRn = \frac{f_{OSC}}{16 \times BAUD} - 1$
비동기 2배속 모드 (U2Xn = 1)	$BAUD = \frac{f_{OSC}}{8(UBRRn+1)}$	$UBRRn = \frac{f_{OSC}}{8 \times BAUD} - 1$
동기 마스터 모드	$BAUD = \frac{f_{OSC}}{2(UBRRn+1)}$	$UBRRn = \frac{f_{OSC}}{2 \times BAUD} - 1$

〈표 2.3.5〉 전송속도에 따른 UBRRn 레지스터의 설정(fosc = 16MHz)

전송속도 (bps)	비동기 일반 모드(U2Xn=0)		비동기 2배속 모드(U2Xn=1)	
	UBRRn	에러	UBRRn	에러
2400	416	-0.08%	832	+0.04%
4800	207	+0.16%	416	-0.08%
9600	103	+0.16%	207	+0.16%
14,400	68	+0.64%	138	-0.08%
19,200	51	+0.16%	103	+0.16%
28,800	34	-0.79%	68	+0.64%
38,400	25	+0.16%	51	+0.16%
57,600	16	+2.12%	34	-0.79%
76,800	12	+0.16%	25	+0.16%
115,200	8	-3.55%	16	+2.12%
230,400	3	+8.51%	8	-3.55%
250,000	3	+0.00%	7	+0.00%
500,000	1	+0.00%	3	+0.00%
1M	0	+0.00%	1	+0.00%

이 공식에 따라 ATmega1281/2561에 16MHz의 시스템 클록을 사용하는 경우 각 보레이트별로 이에 필요한 UBRRn 레지스터의 값을 계산해보면 <표 2.3.5>와 같다. 이 표에서는 UBRRn 레지스터의 값을 이와 같이 설정하는 경우 표준 보레이트와 실제로 동작하는 전송 속도 사이의 오차를 계산하여 제시하였는데, 나중에 설명하는 바와 같이 230.4kbps인 경우를 제외한 모든 전송 속도에서는 거의 동작에 영향을 주지 않는 무시할 수 있는 오차가 된다.

(2) 비동기 모드에서 1비트의 샘플링 동작

ATmega1281/2561의 비동기 전송 모드에서는 수신 데이터의 정확한 검출을 위하여 전송속도의 16배 주파수 또는 8배수 주파수를 사용하여 데이터를 샘플링한다. 즉, 일반 모드에서는 데이터 샘플링에 사용되는 주파수를 전송속도의 16배 주파수로 사용하고, 2배속 모드에서는 8배 주파수로 사용한다. 이렇게 하면 1비트의 신호를 샘플링할 때 16개 또는 8개의 클록 주기에서 1비트 신호의 중앙부를 사용함으로써 클록 주파수에 어느 정도의 오차가 있는 경우에도 검출의 정확도를 높일 수 있게 된다.

그런데, 이러한 기능 이외에도 ATmega1281/2561에는 전압 스파이크(spike) 잡음에 의하여 데이터 수신에 오류가 발생하는 것을 방지하기 위하여 1비트를 3차례 검출하는 방법을 사용한다. 즉, <그림 2.3.10> (a)에서 보면 스타트 비트를 검출할 때 일반 모드에서는 16개의 샘플링 클록 주기중에 8~10번째 주기에서 각각 1번씩 신호를 샘플링하고 이 중에서 2차례 이상 검출된 논리값을 검출 결과로 처리한다. 2배속 모드에서는 8개의 샘플링 클록 주기중에 4~6번째 주기에서 각각 1번씩 신호를 샘플링하고 이중에서 2번 이상 검출된 값을 검출 결과로 처리한다. 그림에서 검출 순서를 0으로 표시한 것은 직렬전송 동작이 수행되지 않는 아이들 상태(idle state)를 나타낸다.

이와 같이 스타트 비트가 검출되면 16개(2배속 모드에서는 8개)의 클록 주기가 지난 후에 데이터 비트가 시작되는 것으로 동기를 취하여 이후 n개의 데이터 비트를 수신한다. 데이터 비트나 패리티 비트의 수신 동작도 <그림 2.3.10> (b)와 같이 1비트의 중앙부에서 3차례 샘플링한다.

그러나, 스톱 비트의 수신 동작은 다소 다르다. 이는 <그림 2.3.10> (c)에 보였는데, 1비트의 중앙부에서 3차례 샘플링하는 것은 앞에서와 동일하지만, 일단 스톱 비트가 검출되고 나면 그 이후의 스톱 비트 지속시간은 수신부에 의해 무시된다. 그 이후에는 <그림 2.3.10>의 (a)~(c)의 경우처럼 아무 때나 하강 에지가 발생하더라도 이는 그 다음 프레임의 스타트 비트로 간주된다.

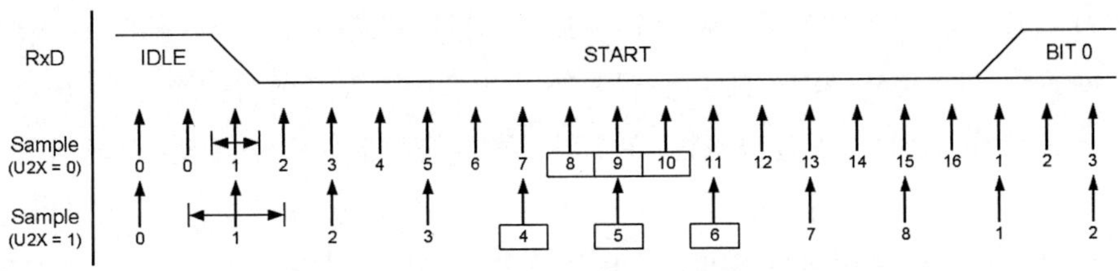

(a) 스타트 비트의 샘플링

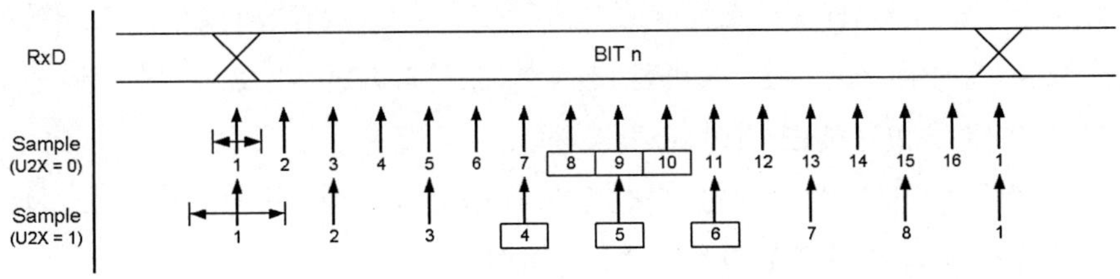

(b) 데이터 비트 또는 패리티 비트의 샘플링

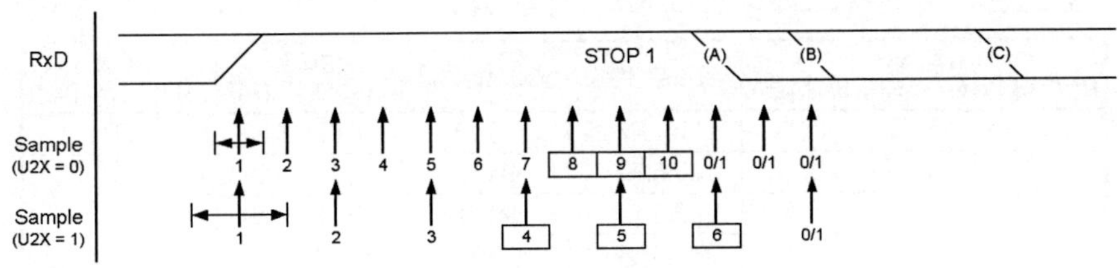

(c) 스톱 비트의 샘플링

〈그림 2.3.10〉 비동기 모드에서 1비트의 샘플링 동작

만약, 데이터가 실제로 입력되는 전송속도에 비하여 수신부가 내부적으로 동작하는 속도가 너무 빠르거나 느리다면 올바른 데이터의 수신을 기대할 수 없다. 수신부의 동작에 비하여 허용 범위에서 가장 빠르게 입력되는 데이터의 전송속도 비율은 다음과 같이 표현된다.

$$R_{fast} = \frac{(D+2)S}{(D+1)S+S_M}$$

또한, 수신부의 동작에 비하여 허용 범위에서 가장 느리게 입력되는 데이터의 전송속도 비율은 다음과 같이 표현된다.

$$R_{slow} = \frac{(D+1)S}{S-1+D\cdot S+S_F} = \frac{(D+1)S}{(D+1)S+S_F-1}$$

여기서, D는 데이터 비트와 패리티 비트를 합한 비트수로서 5~10으로 되며, S는 비트당 샘플링 횟수로서 일반 모드에서는 16이고 2배속 모드에서는 8이다. 또한, S_M은 비트를 검출하기 위하여 샘플링하는 횟수의 중간 순서값으로서 일반 모드에서는 9이고 2배속 모드에서는 5이며, S_F는 비트를 검출하기 위하여 샘플링하는 횟수의 첫번째 순서값으로서 일반 모드에서는 8이고 2배속 모드에서는 4이다.

결국 이 공식에 의한 비율은 데이터 비트와 패리티 비트를 합한 비트수 D에 따라 변하는데, 이를 모두 계산하여 보면 <표 2.3.6> 및 <표 2.3.7>과 같다. 직렬통신 포트의 전송속도를 설정할 경우에는 올바른 전송이 보장되려면 이 표에 제시된 권장 허용오차의 범위 이내로 설정하는 것이 바람직하다.

비동기 직렬통신 방식은 이처럼 송신측과 수신측의 클록 주파수에 다소 차이가 있더라도 무난하게 통신이 수행된다는 것이 장점이다.

〈표 2.3.6〉 수신측 보레이트 오차의 허용 범위(비동기 일반 모드 : U2Xn=0)

D의 값 (데이터 비트 + 패리티 비트)	Rfast [%]	Rslow [%]	최대 허용오차 [%]	권장 허용오차 [%]
5	106.67	93.20	+6.67/−6.80	±3.0
6	105.79	94.12	+5.79/−5.88	±2.5
7	105.11	94.81	+5.11/−5.19	±2.0
8	104.58	95.36	+4.58/−4.64	±2.0
9	104.14	95.81	+4.14/−4.19	±1.5
10	103.78	96.17	+3.78/−3.83	±1.5

〈표 2.3.7〉 수신측 보레이트 오차의 허용 범위(비동기 2배속 모드 : U2Xn=1)

D의 값 (데이터 비트 + 패리티 비트)	Rfast [%]	Rslow [%]	최대 허용오차 [%]	권장 허용오차 [%]
5	105.66	94.12	+5.66/−5.88	±2.5
6	104.92	94.92	+4.92/−5.08	±2.0
7	104.35	95.52	+4.35/−4.48	±1.5
8	103.90	96.00	+3.90/−4.00	±1.5
9	103.53	96.39	+3.53/−3.61	±1.5
10	103.23	96.70	+3.23/−3.30	±1.0

◀참고▶ 전송속도를 나타내는 단위로는 baud와 bps가 있는데 이는 서로 개념이 약간 다르다. baud는 프랑스 엔지니어 Baudot의 이름에서 유래한 것으로서 이것은 1초에 신호를 전자적으로 변환하는 회수를 나타낸다. 이에 비하여 bps(bits per second)는 1초에 전송되는 신호의 비트수를 나타낸다. 따라서, 1번에 변환되는 신호가 1비트로 구성되는 일반 직렬통신에서는 baud와 bps가 동일한 표현이 되지만, 1번에 여러 비트를 변환하여 전송하는 경우에는 baud와 bps가 다를 수 있다. 결국, 일반적인 직렬통신에는 baud와 bps 중에 어느 것을 사용해도 무방하지만 bps를 사용하는 것이 의미를 좀더 이해하기 쉬울 것이다.

(3) 멀티프로세서 통신 모드

멀티프로세서 통신 모드는 1개의 마스터 프로세서가 여러 개의 슬레이브 프로세서에게 특정한 어드레스를 전송함으로써 1개의 슬레이브만을 지정하여 데이터를 전송하는 동작 모드이다.

이를 위해 마스터인 송신측에서는 1문자를 9비트로 사용하는 프레임으로 설정하야하며, 여러 개의 슬레이브로 구성되는 수신측은 9비트 프레임을 사용하는 것은 물론이고 UCSRnA 레지스터의 MPCMn 비트를 1로 지정하여 어드레스 프레임이 수신되기를 기다린다. 이때 마스터는 8개의 데이터 비트에 지정하고자 하는 어드레스와 함께 9번째 비트를 TXB8n=1로 만든 어드레스 프레임을 송신한다.

그러면 모든 슬레이브는 이 어드레스 프레임을 수신하여 자신에게 해당되는 어드레스인지를 확인하고 이것이 자신의 어드레스인 것을 확인한 1개의 슬레이브만 MPCMn 비트를 0으로 클리어하여 이후에 전송될 데이터 프레임을 수신할 수 있도록 한다. 어드레스가 선택되지 않은 나머지의 슬레이브들은 계속하여 MPCMn 비트를 1로 유지한채 다시 어드레스 프레임이 수신되기를 기다린다.

마스터측의 데이터 프레임은 8개의 데이터 비트와 9번째 비트를 TXB8n=0으로 하여 구성된다. 선택된 슬레이브는 모든 데이터 프레임을 수신하고 이것이 완료되면 다시 MPCMn 비트를 1로 설정하여 어드레스 프레임의 수신 대기 상태로 들어간다.

3. USART의 SPI 통신 마스터 동작

ATmega1281/2561의 직렬통신 포트 USARTn은 모두 SPI 직렬통신의 마스터 모드(MSPIM ; Master SPI Mode)로 사용될 수도 있다. 이것은 SPI 직렬통신의 슬레이브 기능은 수행하지 않고 오직 마스터로만 동작할 수 있으므로 $\overline{SS}$ 단자는 없으며, USARTn 포트의 TxDn, RxDn, XCKn 단자는 각각 SPI 마스터 모드의 MOSIn, MISOn, SCKn 단자로 사용되어 3선식 통신이 된다. 그러나, 물론 MSPIM에서 필요하다면 임의의 병렬 I/O 포트 비트를 $\overline{SS}$ 단자로 할당하여 사용할 수 있다.

이처럼 USARTn 포트를 MSPIM으로 설정하여 사용하면 송신부에 이중 버퍼링 기능을 가지고, WCOL 비트에 해당하는 기능이 없으며, 인터럽트 타이밍이 다소 다른 등의 지엽적인 사항을 제외하면 정상적인 SPI 직렬통신 포트와 거의 유사한 동작을 수행한다.

(1) MSPIM의 동작

ATmega1281/2561의 USARTn 직렬통신 포트를 MSPIM 기능으로 사용하려면 USARTnC 레지스터에서 UMSELn1～0 = 11로 설정하여야 한다. 그리고, XCKn 단자가 출력방향의 SCKn 단자로 사용될 수 있도록 해당 병렬 I/O 포트의 방향설정 레지스터를 출력으로 설정해야 하며, TxDn과 RxDn 단자가 각각 MOSIn과 MISOn 단자로 사용되도록 USARTnB 레지스터에서 TXENn과 RXENn 비트를 1로 설정해야 한다.

MSPIM에서는 USARTnC 레지스터에서 UCPOLn과 UCPHAn 비트의 설정에 따라 <표 2.3.8> 및 <그림 2.3.11>에 나타낸 바와 같이 4가지 모드의 SCKn 타이밍 동작이 가능하다.

〈표 2.3.8〉 UCPOLn 및 UCPHAn 비트에 따른 SPI 동작 모드의 설정

SPI 모드	UCPOLn	UCPHAn	Leading Edge	Trailing Edge
0	0	0	sample(상승 에지)	setup(하강 에지)
1	0	1	setup(상승 에지)	sample(하강 에지)
2	1	0	sample(하강 에지)	setup(상승 에지)
3	1	1	setup(하강 에지)	sample(상승 에지)

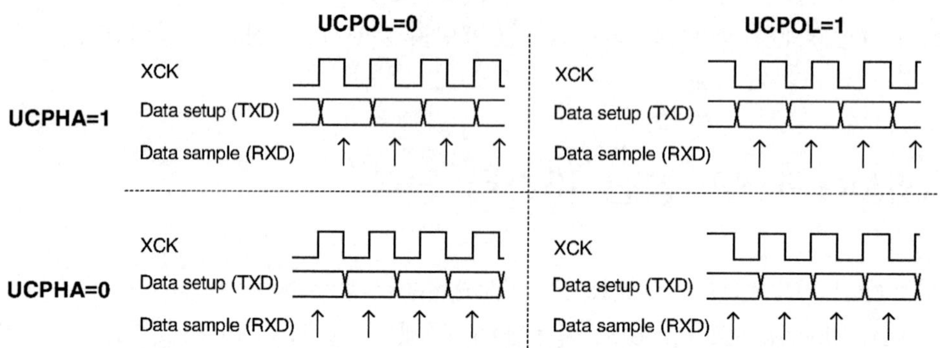

〈그림 2.3.11〉 USARTn이 SPI 통신 마스터로 동작할 때의 동작 타이밍

MSPIM에서 직렬 데이터 프레임은 1문자가 8비트로 구성되며, USARTnC 레지스터의 UDORDn 비트를 사용하여 MSB부터 전송하는 방식과 LSB부터 전송하는 방식을 선택적으로 지정할 수 있다. MSPIM에서는 비동기 전송 포맷에서처럼 서두에 스타트 비트나 마지막에 패리티 비트 또는 스톱 비트 등은 사용하지 않고 8비트의 데이터 비트들만 전송된다. 1문자의 전송이 완료되면 바로 다음 문자의 전송이 이어지거나 또는 idle state(H 상태)가 이어진다. 따라서, 만약 UDRn 레지스터에 연속적으로 2바이트의 데이터를 라이트하면 16비트 데이터를 전송할 수 있다.

MSPIM에서 전송속도는 UBRRn 레지스터를 사용하여 설정하는데 USARTn에서의 동기 전송 모드와 유사한 방법으로 동작한다.

MSPIM에서 인터럽트는 USARTn에서의 인터럽트와 유사하지만, 프레임 에러, 오버런 에러, 패리티 에러 등은 사용되지 않는다. USARTn에서처럼 USARTnA 레지스터의 TXCn 플랙 비트는 송신 완료를 체크하기 위하여 사용될 수 있고, RXCn 플랙 비트는 수신 문자가 있는지 여부를 체크하기 위하여 사용될 수 있다.

(2) 레지스터 사용

ATmega1281/2561의 직렬통신 포트 USARTn을 MSPIM으로 사용할 때 관련되는 I/O 레지스터는 각 포트에 대하여 서로 동일한 기능을 수행하는 쌍으로 되어 있다. 이것들은 모두 USARTn의 I/O 레지스터들을 그대로 사용하지만, 일부 I/O 레지스터의 비트 구성이 USARTn에서와 달라진다.

▣ USARTn MSPIM I/O 데이터 레지스터(UDRn)

이것(USARTn MSPIM I/O Data Register)은 USARTn I/O 데이터 레지스터 UDRn을 그대로 사용한다.

▣ USARTn MSPIM 제어 및 상태 레지스터 A(UCSRnA)

이것(USARTn MSPIM Control and Status Register A)은 USARTn 제어 및 상태 레지스터 UCSRnA을 그대로 사용하지만, MSPIM에서는 상위 3비트만이 유효하다. 이 3비트는 SPI 통신의 송수신 상태를 저장하는 기능을 수행한다.

Bit	7	6	5	4	3	2	1	0	
	RXCn	TXCn	UDREn	–	–	–	–	–	UCSRnA
Read/Write	R/W	R/W	R/W	R	R	R	R	R	
Initial Value	0	0	0	0	0	1	1	0	

〈그림 2.3.12〉 USARTn MSPIM 제어 및 상태 레지스터 UCSRnA

비트7의 RXCn(USARTn MSPIM Receive Complete)은 수신 버퍼에 읽혀지지 않은 수신 문자가 들어 있으면 1로 셋트되고, CPU가 이를 읽어서 수신 버퍼가 비어있는 상태라면 0으로 클리어되는 상태 플랙이다. 이 비트가 1로 되면 수신완료 인터럽트(Receive Complete Interrupt)가 요청된다.

비트6의 TXCn(USARTn MSPIM Transmit Complete)은 송신 시프트 레지스터에

있는 송신 데이터가 모두 송신되고 UDRn의 송신 버퍼에 아직 새로운 송신 데이터가 라이트되지 않은 상태이면 1로 셋트되는 상태 플랙이다. 이 비트가 1로 되면 송신완료 인터럽트(Transmit Complete Interrupt)를 요청하는데, 이 인터럽트의 처리가 시작되면 이 비트는 자동으로 0으로 클리어된다.

비트5의 UDREn(USARTn MSPIM Data Register Empty)은 UDRn의 송신 버퍼가 비어있어서 새로운 송신 데이터를 받을 준비가 되어 있으면 1로 셋트되는 상태 플랙이다. 이 비트가 1로 되면 송신 데이터 레지스터 준비완료 인터럽트(Data Register Empty Interrupt)를 요청한다. 시스템 리셋 후에 디폴트로 이 비트는 1이다.

▣ USARTn MSPIM 제어 및 상태 레지스터 B(UCSRnB)

이것(USARTn MSPIM Control and Status Register B)은 USARTn 제어 및 상태 레지스터 UCSRnB를 그대로 사용하지만, MSPIM에서는 상위 5비트만이 유효하다. 이 5비트는 SPI의 송수신 동작이나 인터럽트를 제어하는 기능을 수행한다.

Bit	7	6	5	4	3	2	1	0	
	RXCIEn	TXCIEn	UDRIE	RXENn	TXENn	-	-	-	UCSRnB
Read/Write	R/W	R/W	R/W	R/W	R/W	R	R	R	
Initial Value	0	0	0	0	0	1	1	0	

〈그림 2.3.13〉 USARTn MSPIM 제어 및 상태 레지스터 UCSRnB

비트7의 RXCIEn(USARTn MSPIM RX Complete Interrupt Enable)은 수신완료 인터럽트를 개별적으로 허용하는 비트이다. 이를 1로 설정하고 SREG 레지스터의 I비트가 1이라면 1문자가 수신되어 UCSRnA 레지스터의 RXCn 비트가 1로 되는 경우 수신완료 인터럽트가 발생한다.

비트6의 TXCIEn(USARTn MSPIM TX Complete Interrupt Enable)은 송신완료 인터럽트를 개별적으로 허용하는 비트이다. 이를 1로 설정하고 SREG 레지스터의 I비트가 1이라면 송신 시프트 레지스터가 비어 UCSRnA 레지스터의 TXCn 비트가 1로 되는 경우 송신완료 인터럽트가 발생한다.

비트5의 UDRIEn(USARTn MSPIM Data Register Empty Interrupt Enable)은 송신 데이터 레지스터 준비완료 인터럽트를 개별적으로 허용하는 비트이다. 이를 1로 설정하고 SREG 레지스터의 I비트가 1이라면 송신 버퍼가 비어 UCSRnA 레지스터의 UDREn 비트가 1로 되는 경우 송신 데이터 레지스터 준비완료 인터럽트가 발생한다.

비트4의 RXENn(USARTn MSPIM Receiver Enable)은 USARTn 포트의 수신부가

MSPIM 모드로 동작하도록 허용한다. 이는 RxDn 핀이 병렬 I/O 포트가 아니라 직렬 데이터 수신 단자 MISOn으로 동작하도록 설정한다.

비트3의 TXENn(USARTn MSPIM Transmitter Enable)은 USARTn 포트의 송신부가 MSPIM 모드로 동작하도록 허용한다. 이는 TxDn 핀이 병렬 I/O 포트가 아니라 직렬 데이터 송신 단자 MOSIn으로 동작하도록 설정하며, 이 비트를 0으로 설정하더라도 이는 송신 시프트 레지스터에 데이터가 남아있을 경우에는 이것이 전송 완료될 때까지 유효하지 않다.

▣ USARTn MSPIM 제어 및 상태 레지스터 C(UCSRnC)

이것(USARTn MSPIM Control and Status Register C)은 USARTn 제어 및 상태 레지스터 UCSRnC를 그대로 사용하지만, MSPIM에서는 이 중에서 일부 비트를 사용하지 않으며 또한 일부 비트는 USARTn에서와 기능이 달라졌다. 이 비트들은 USARTn을 MSPIM 모드로 설정하거나 SPI의 송수신 동작을 제어하는 기능을 수행한다.

Bit	7	6	5	4	3	2	1	0	
	UMSELn1	UMSELn0	–	–	–	UDORDn	UCPHAn	UCPOLn	UCSRnC
Read/Write	R/W	R/W	R	R	R	R/W	R/W	R/W	
Initial Value	0	0	0	0	0	1	1	0	

〈그림 2.3.14〉 USARTn MSPIM 제어 및 상태 레지스터 UCSRnC

비트7~6의 UMSELn1~0(USARTn Mode Select)은 <표 2.3.9>와 같이 USARTn 포트의 동작 모드를 설정한다.

〈표 2.3.9〉 USARTn 포트에서 동작 모드의 설정

UMSELn1	UMSELn0	동작 모드
0	0	USARTn을 비동기 모드로 설정
0	1	USARTn을 동기 모드로 설정
1	0	사용하지 않음(reserved)
1	1	USARTn을 SPI 마스터 모드(MSPIM)로 설정

비트2의 UDORDn(USARTn MSPIM Data Order)은 1이면 SPI 통신에서 LSB부터 전송이 수행되고, 0이면 MSB부터 전송이 수행된다.

비트1의 UCPHAn(USARTn MSPIM Clock Phase)은 SPI 수신 데이터가 leading edge에서 샘플링될지 trailing edge에서 샘플링될지를 설정한다.

비트0의 UCPOLn(USARTn MSPIM Clock Polarity)은 XCKn 단자가 SPI의 SCKn

신호로 사용될 때 이 클록이 동작하는 극성을 설정한다. UCPOLn 비트와 UCPHAn 비트의 설정에 따른 SPI 통신의 동작은 앞의 <표 2.3.8>과 <그림 2.3.11>에서 보였다.

4. RS-232C 직렬통신

CPU에서의 병렬 데이터가 USARTn 직렬통신 포트를 거쳐서 직렬 데이터로 변환되었다 하더라도 이는 기본적으로 TTL 로직 레벨이므로 이 상태로 원거리를 전송하는데는 부적합하다. 따라서, 이들 신호를 먼 거리로 전송하는데 적합한 신호로 변환하기 위한 신호레벨의 인터페이스 회로가 필요한데, 이 부분도 통일된 규격이 필요하므로 국제기구를 통하여 규격화가 계속 진행되어 왔으며, 현재까지 일반적으로 널리 사용되고 있는 국제규격의 예로는 RS-232C, RS-422A, RS-485 등이 있다.

〈표 2.3.10〉 RS-232C 및 기타 통신방식의 전기적인 사양 요약

<table>
<tr><th colspan="2">항 목</th><th>RS-232C</th><th>RS-422A</th><th>RS-485</th></tr>
<tr><td colspan="2">동작 모드</td><td>single end</td><td>differential</td><td>differential</td></tr>
<tr><td colspan="2">접속 가능 대수</td><td>1 드라이버/1 리시버
(1:1 통신)</td><td>1 드라이버/10 리시버
(1:多 통신)</td><td>32 드라이버/ 32 리시버
(多:多 멀티드롭 통신)</td></tr>
<tr><td colspan="2">최대 전송선 길이</td><td>50피트(약 15 m)</td><td>4000피트(약 1200 m)</td><td>4000피트(약 1200 m)</td></tr>
<tr><td rowspan="3">최대
전송속도</td><td>12 m</td><td rowspan="3">20 Kbps</td><td>10 Mbps</td><td>10 Mbps</td></tr>
<tr><td>120 m</td><td>1 Mbps</td><td>1 Mbps</td></tr>
<tr><td>1200 m</td><td>100 Kbps</td><td>100 Kbps</td></tr>
<tr><td colspan="2">드라이버 출력전압</td><td>±5V ~ ±15V</td><td>±2V ~ ±6V</td><td>±1.5V ~ ±6V</td></tr>
<tr><td colspan="2">리시버 입력전압
"1" = mark
"0" = space</td><td>±3V ~ ±25V
-3V ~ -25V
+3V ~ +25V</td><td>±0.2V ~ ±6V
V_A-V_B = -0.2V~-6V
V_A-V_B = +0.2V~+6V</td><td>±0.2V ~ ±6V
V_A-V_B = -0.2V~-6V
V_A-V_B = +0.2V~+6V</td></tr>
<tr><td colspan="2">최대 동상전압</td><td></td><td>±7V</td><td>-7V ~ +12V</td></tr>
<tr><td colspan="2">드라이버 부하저항</td><td>3 kΩ ~ 7 kΩ</td><td>100 Ω</td><td>54 Ω</td></tr>
<tr><td colspan="2">리시버 입력저항</td><td>3 kΩ ~ 7 kΩ</td><td>> 4 kΩ</td><td>> 12 kΩ</td></tr>
<tr><td colspan="2" rowspan="2">드라이버 IC</td><td rowspan="2">SN75150, SN75188
µA9636A, MC1488</td><td>SN75151/3, SN75158/9
Am26LS31, µA9638A
MC3487</td><td></td></tr>
<tr><td colspan="2">SN75172, SN75174</td></tr>
<tr><td colspan="2" rowspan="2">리시버 IC</td><td rowspan="2">SN75152, SN75154
SN75189, MC1489</td><td>SN75157, Am26LS32A
µA9637A, MC3486</td><td></td></tr>
<tr><td colspan="2">SN75173, SN75175</td></tr>
<tr><td colspan="2">콘넥터</td><td>DB-25 25핀
DB-9 9핀</td><td>규정되지 않음</td><td>규정되지 않음</td></tr>
<tr><td colspan="2">접속법</td><td>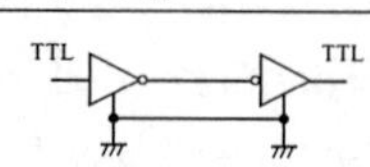
(단일선 인터페이스)</td><td>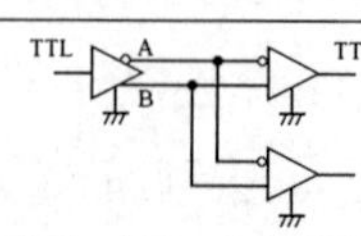
(평형 차동 인터페이스)</td><td>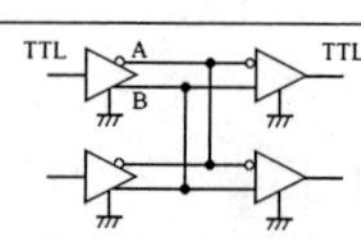
(평형 차동 인터페이스)</td></tr>
</table>

(1) RS-232C의 전기적 사양

RS-232C 통신방식은 디지털 데이터 통신회선으로 전화선을 사용하기 위하여 1962년에 EIA(Electronic Industries Association)에서 컴퓨터나 터미널 등과 같은 DTE (Data Terminal Equipment, 데이터 단말장치)와 모뎀(MODEM) 등과 같은 DCE(Data Communication Equipment 또는 Data Circuit-Terminating Equipment, 회선 종단장치) 사이에 데이터 전송용으로 제정한 통신 권고규격(recommended standard)이다. 이 규격에서는 25핀과 9핀 콘넥터에 데이터 신호와 핸드셰이킹 신호들을 지정하고 이들 신호명은 물론 각 신호들의 전기적인 사양까지를 자세하게 규정하고 있다. RS-232C 방식의 전기적 사양을 다른 통신방식과 비교하여 요약하면 <표 2.3.10>과 같다.

(2) RS-232C 신호의 기능 및 콘넥터 구조

RS-232C 직렬통신에서 정의된 신호들의 기능을 요약하면 <표 2.3.11>과 같다. 이 중에서 핸드셰이킹 제어에 필수적인 신호는 $\overline{\text{RTS}}$ 및 $\overline{\text{CTS}}$이다.

RS-232C에 표준으로 사용되는 D형 콘넥터는 반드시 **DTE측에 수컷**(male)을 사용하고 **DCE측에 암컷**(female)을 사용해야 한다. 따라서, 통신 케이블에 사용되는 콘넥터는 각각 이와 반대가 된다. 그런데, 25핀의 DB-25 콘넥터에는 사실상 사용하지 않는 핀이 많고 부피가 커서 불편하므로 나중에 이보다 간편한 DB-9라고 불리는 9핀 D형 콘넥터도 표준으로 추가되어 현재는 거의 이 DB-9를 사용하고 있다. RS-232C의 콘넥터 및 각 신호의 이름을 보이면 <그림 2.3.15> 및 <표 2.3.12>와 같다.

〈표 2.3.11〉 RS-232C 신호의 기능

신호 이름	I/O	기 능
TxD	O	Transmitter Data : DTE에서 직렬로 송신하는 출력 데이터 신호이다.
RxD	I	Receiver Data : DTE에서 직렬로 수신하는 입력 데이터 신호이다.
$\overline{\text{DTR}}$	O	Data Terminal Ready : DTE가 송수신이 가능한 레디 상태에 있음을 DCE에게 알려주는 신호이다. 이를 L상태로 하면 모뎀이 회선과 접속되고, H상태로 하면 모뎀이 회선과 단절된다.
$\overline{\text{DSR}}$	I	Data Set Ready : DCE가 동작 가능한 상태에 있음을 DTE에게 알려주는 신호이다. 즉, 이는 $\overline{\text{DTR}}$ 신호에 의하여 모뎀을 회선과 접속하고 DTE에게 응답하는 신호이다.
$\overline{\text{RTS}}$	O	Request to Send : DTE가 DCE에 대하여 송신할 데이터가 있음을 알려주는 신호이다. 이 신호가 L상태인 동안에만 DCE는 회선에 캐리어를 출력한다.
$\overline{\text{CTS}}$	I	Clear to Send : DCE가 $\overline{\text{RTS}}$ 신호를 받고 회선에 캐리어를 출력하여 데이터를 송신할 수 있는 상태에 있음을 DTE에게 알려주는 신호이다. 즉, 이는 $\overline{\text{RTS}}$ 신호에 의하여 회선에 캐리어를 출력하기 시작하고 DTE에게 응답하는 신호이다.
$\overline{\text{CD}}$	I	Carrier Detect : 상대방에서 송신되어 오는 캐리어를 검출하였음을 나타내는 신호이다. 실제로 데이터를 수신하는 것은 이 신호가 L상태로 된 이후이다.
RI	I	Ring Indicator : DCE가 회선에서 호출 신호를 받으면 액티브되는 신호이다.

☞ 여기서 I/O는 DTE측을 기준으로 하여 표현한 것이다.

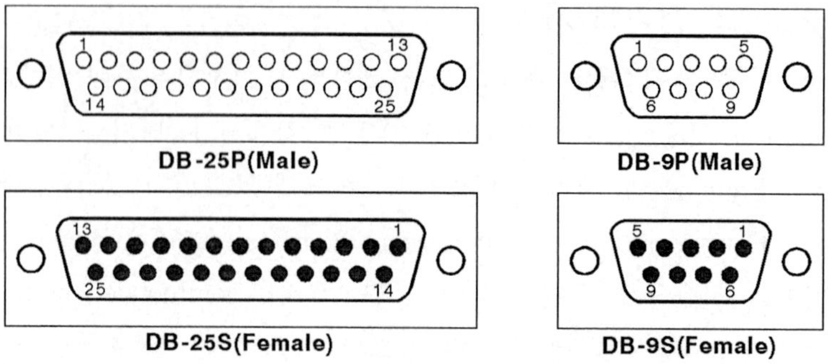

〈그림 2.3.15〉 RS-232C 컨넥터 및 핀 배열

〈표 2.3.12〉 RS-232C 컨넥터의 핀 배열 및 기능

콘넥터 핀번호		일반적인 신호명	RS-232C 신호명	기 능	신호의 방향
25핀	9핀				
1		FG	AA	Protective Ground	-
2	3	TxD	BA	Transmitted Data	DTE → DCE
3	2	RxD	BB	Received Data	DTE ← DCE
4	7	$\overline{RTS}$	CA	Request to Send	DTE → DCE
5	8	$\overline{CTS}$	CB	Clear to Send	DTE ← DCE
6	6	$\overline{DSR}$	CC	Data Set Ready	DTE ← DCE
7	5	GND	AB	Signal Ground	-
8	1	$\overline{CD}$	CF	Received Line Signal Detector	DTE ← DCE
9			-	사용하지 않음(reserved)	-
10			-	사용하지 않음(reserved)	-
11			-	사용하지 않음(not used)	-
12			SCF	Secondary Received Line Signal Detector	DTE ← DCE
13			SCB	Secondary Clear to Send	DTE ← DCE
14			SBA	Secondary Transmitted Data	DTE → DCE
15			DB	Transmission Signal Element Timing	DTE ← DCE
16			SBB	Secondary Received Data	DTE ← DCE
17			DD	Receiver Signal Element Timing	DTE ← DCE
18			-	사용하지 않음(not used)	-
19			SCA	Secondary Request to Send	DTE → DCE
20	4	$\overline{DTR}$	CD	Data Terminal Ready	DTE → DCE
21			CG	Signal Quality Detector	DTE ← DCE
22	9	RI	CE	Ring Indicator	DTE ← DCE
23			CH/CI	Data Signal Rate Selector	DTE ↔ DCE
24			DA	Transmission Signal Element Timing	DTE → DCE
25			-	사용하지 않음(not used)	-

(3) RS-232C 신호선의 접속

RS-232C를 사용한 비동기 직렬통신 방식에서 컴퓨터(DTE)와 모뎀(DCE)을 접속할 경우에는 <그림 2.3.16>의 (b)와 같이 연결한다. 그러면, 각 신호선의 동작은 <그림 2.3.16>의 (c)와 같게 된다. 이 경우에는 어느 순간에 송신동작과 수신동작이 한가지씩만 수행되는 반이중 통신(half duplex)을 나타냈지만, 이를 송신과 수신동작이 동시에 중첩되게 수행되는 것으로 생각하면 전이중 통신(full duplex)이 된다.

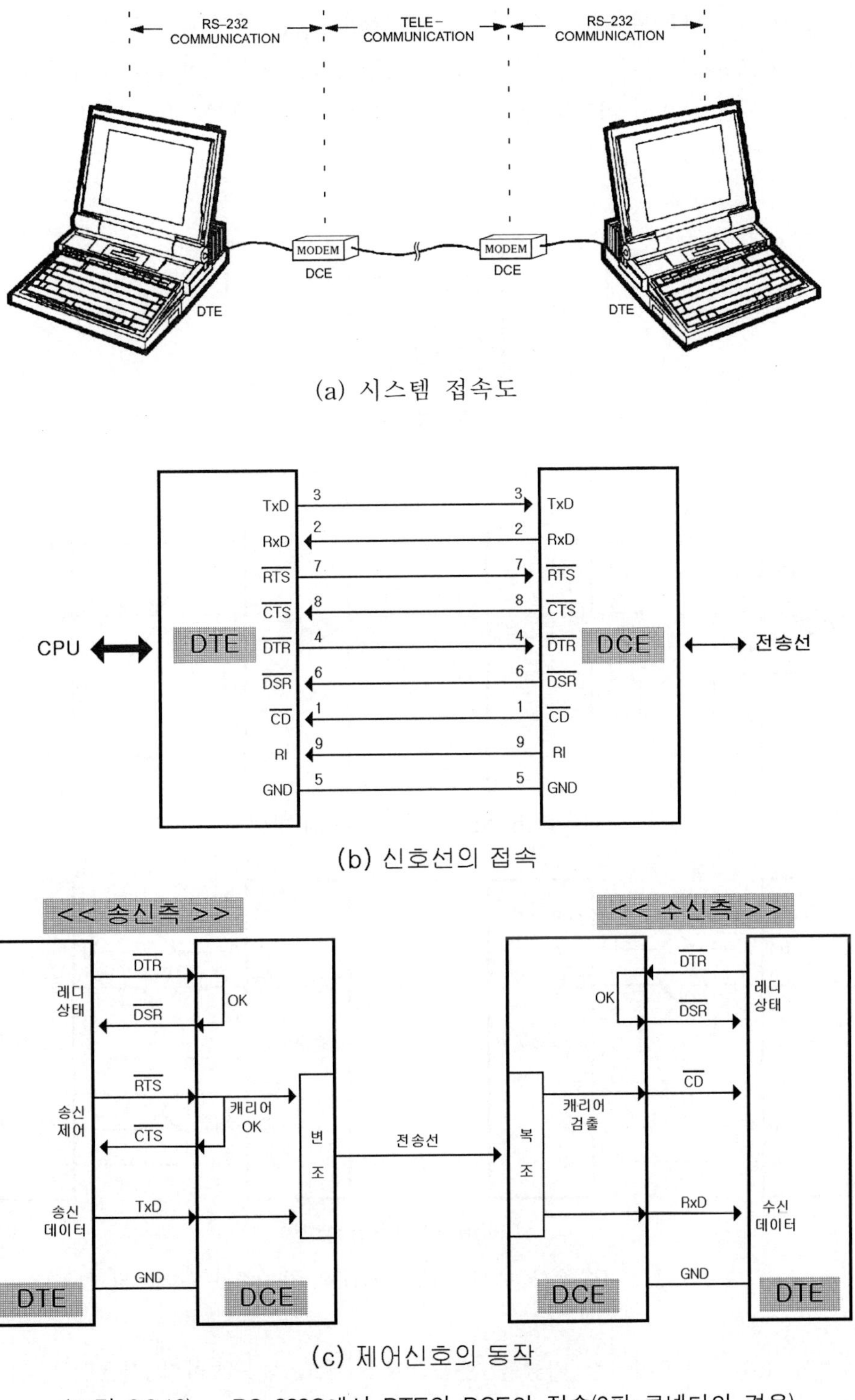

(a) 시스템 접속도

(b) 신호선의 접속

(c) 제어신호의 동작

〈그림 2.3.16〉 RS-232C에서 DTE와 DCE의 접속(9핀 콘넥터의 경우)

또한, 컴퓨터(DTE)와 컴퓨터(DTE)를 RS-232C 통신 케이블로 직접 접속할 경우에는 <그림 2.3.17>과 같이 여러가지의 연결 방법이 가능하다. 이러한 접속방법은 DTE 사이의 전송거리가 15m 이하로 짧아서 굳이 전화선을 사용할 필요가 없고 따라서 모뎀도 필요 없는 비교적 근거리 통신의 경우에 널리 사용된다.

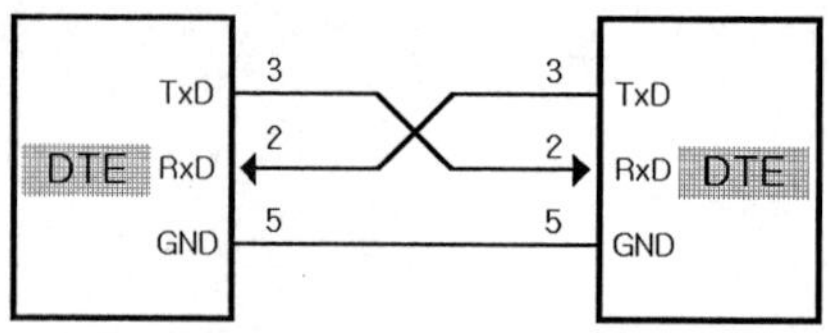

(a) No Handshaking 방법

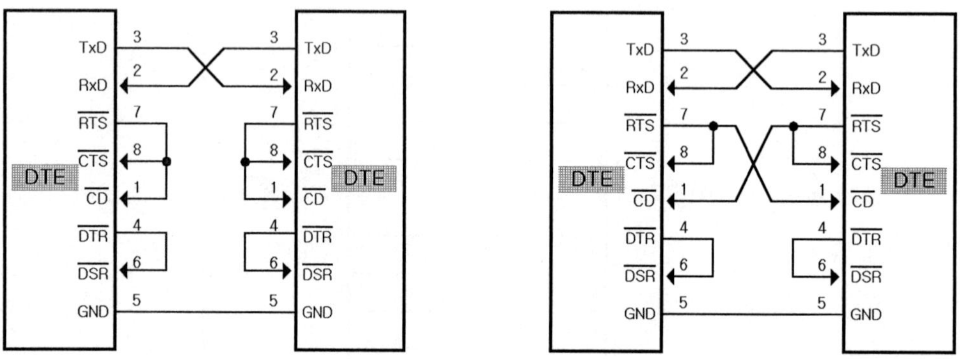

(b) Pseudo Handshaking 방법

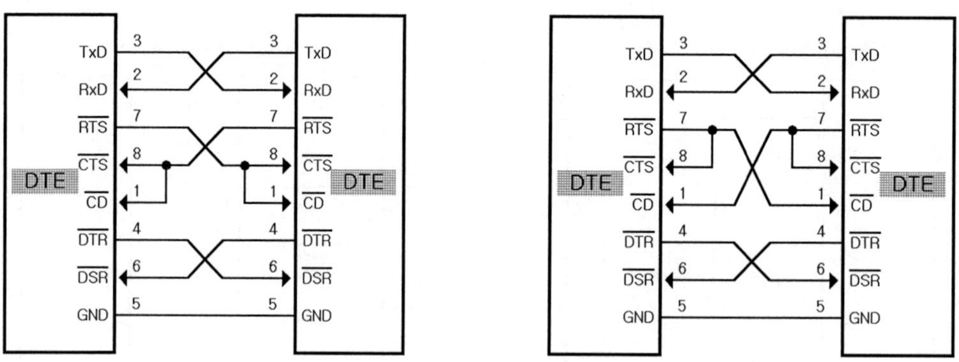

(c) Handshaking 방법

〈그림 2.3.17〉 RS-232C에서 DTE와 DTE의 접속(9핀 콘넥터의 경우)

여기서, (a)는 핸드셰이킹 기능을 사용하지도 않고 핸드셰이킹 신호선을 접속하지도 않는 경우로서 마이크로콘트롤러에서 가장 널리 사용하는 방식이며, (b)는 제어논리에서는 핸드세이킹 기능을 사용하지만 실제로는 핸드세이킹 신호선을 접속하지 않고 이에 필요한 제어신호를 루프백(loopback)시켜 마치 상대측이 레디 상태에 있는 것처럼 처리해주는 경우이다. 또한, (c)는 핸드세이킹 기능을 사용하며 하드웨어적으로 핸드세이킹 신호선을 이에 맞도록 접속하는 경우이다.

실제로 이 중에서 어떤 접속방법을 사용하는가 하는 문제는 직렬통신 포트의 하드웨어적인 통신제어 동작이나 소프트웨어의 작성 방법에 따라 달라진다. 예를 들어 하드웨어나 소프트웨어적으로 회선의 상태를 체크하지 않고 단순하게 데이터의 송신 및 수신 기능만을 수행한다면 (a)와 같이 간단히 3선의 연결만으로도 문제없이 통신이 수행된다. 현재 대부분의 마이크로콘트롤러에서는 간단히 직렬통신을 구현하기 위하여 이 방법을 주로 사용한다. 그러나, 직렬통신 포트나 시스템 소프트웨어에서 회선측 모뎀의 상태를 체크하여 레디 상태일 때만 송신 또는 수신이 가능하도록 처리한다면 (b)나 (c)의 연결방법을 사용해야 한다. IBM PC와 같은 범용 컴퓨터에서는 이 방법을 사용하는 경우가 많다.

(4) RS-232C 신호 레벨의 변환

RS-232C 통신 방식의 전기적 사양은 앞의 <표 2.3.10>에서 보인 바와 같이 부논리로 되어 출력전압이 "1"(mark) 상태인 경우는 -5～-15[V]로 표현되고 "0"(space) 상태인 경우는 +5～+15[V]로 표현되는데 보통 ±12[V] 정도의 레벨을 사용한다. 이에 비하여 수신측에서 입력신호의 감도는 -3[V] 이하이면 "1"(mark) 상태로 인식되고 +3[V] 이상이면 "0"(space) 상태로 인식되므로 전송신호의 잡음여유(noise margin)는 최소한 2[V] 이상으로 된다.

이러한 동작을 도시하면 <그림 2.3.18>과 같고, RS-232C의 전압 레벨을 데이터 전송 포맷으로 도시하면 <그림 2.3.19>와 같다. 따라서, 직렬통신 인터페이스 회로의 신호레벨 변환 단계에서는 이처럼 전압레벨을 변환하는 기능이 필요하다. 전통적으로 RS-232C에서의 전압레벨 변환회로는 송신 신호의 경우에는 SN75188(또는 MC1488), 수신 신호의 경우에는 SN75189(또는 MC1489)가 널리 사용되었다. 그러나, 최근에는 승압회로와 반전회로를 내장하여 +5[V]의 입력 전원으로부터 ±10[V] 정도의 내부 전원을 만들어 동작하고, 송수신 변환회로를 모두 내장하여 1개의 소자만으로 RS-232C 직렬통신의 신호레벨 변환회로를 구성할 수 있는 MAXIM사의 MAX232 소자가 널리 사용되고 있다. 이 소자는 +5[V]의 전원과 최소 1[μF] 이상의 콘덴서를 4개 사용하여 TTL 레벨의 입력신호로부터 ±5～±15[V]의 출력신호를 발생하며, 송수신 변환회로가 각각 2개씩 내장되어 있어서 1개의 소자로 <그림 2.3.17>의 (a)와 같은 결선방법의 통신채널을 2개까지 사용할 수 있다. 그러나, 만약 CPU측이 +3.3V 전원으로 되어 있는 시스템이라면 5V 전용의 MAX232 소자 대신에 3.0V~5.5V 범위에서 동작하는 MAX3232 소자를 사용하면 된다.

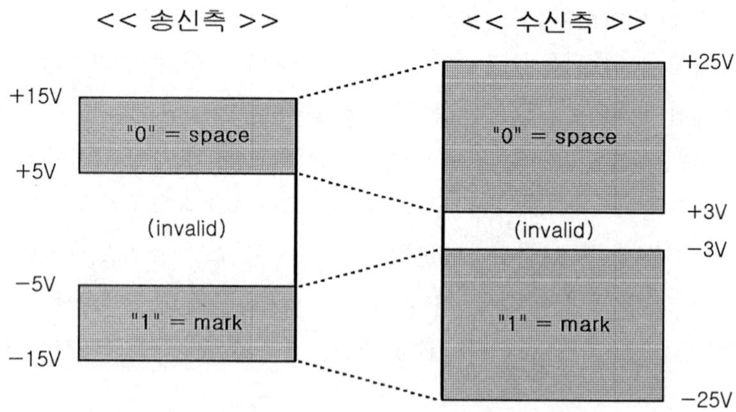

〈그림 2.3.18〉 RS-232C 통신방식에서의 전압레벨 및 잡음여유

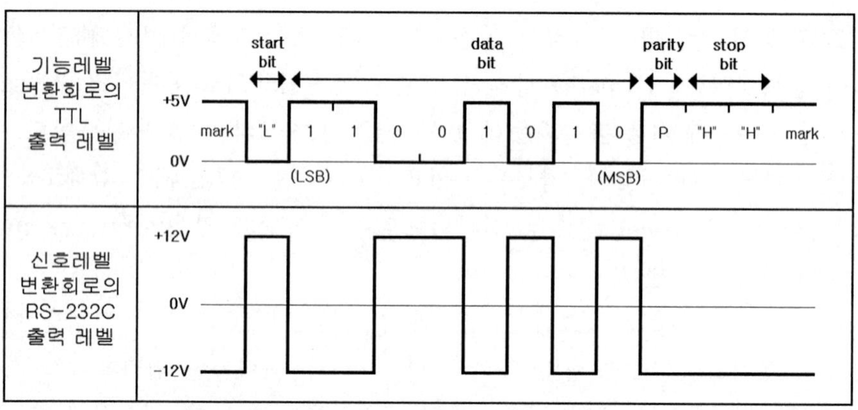

〈그림 2.3.19〉 RS-232C에서의 신호 전압레벨(8비트 데이터, 홀수 패리티의 경우)

◀참고▶ *OK-1281/2561* 키트에서는 USART0과 USART1 직렬통신 포트에 1개의 MAX232 소자(U13)를 사용하여 이것들을 RS-232C 신호로 변환한다. USART0은 MAX232를 거쳐서 9핀 D형 콘넥터 CN4에 연결되고, USART1은 MAX232를 거쳐서 3핀 콘넥터 CN5에 연결되어 있다. 따라서, 사용자가 USART1에 9핀 D형 콘넥터를 사용하여 RS-232C 직렬통신을 수행하려면 CN5의 신호를 9핀 D형 콘넥터로 접속해주는 어댑터 케이블을 만들어 사용하는 것이 좋다.

◀휴게실▶ **ASCII 코드**

일반적인 ASCII(American Standard Code for Information Interchange) 코드는 국제표준기구(ISO, International Standard Organization)에서 제정한 국제표준의 문자 데이터 표현을 위한 코드로서 컴퓨터 내부에서의 문자표현은 물론 컴퓨터와 컴퓨터 사이의 정보교환 또는 컴퓨터와 주변장치 사이의 정보교환에 가장 일반적으로 사용된다.

이 ASCII 코드는 7비트로 표현되므로 모두 128문자를 나타낼 수 있는데, 이 중에서 20H~7EH(총95자)는 도형문자로서 영문의 대/소문자, 아라비아 숫자, 각종 문장부호 등을 표현하는데 사용되고, 00H~1FH 및 7FH(총33자)는 기능제어문자로서 주변장치의 제어, 직렬통신제어 등에 사용된다.

그러나, IBM PC에서는 ASCII 코드를 8비트로 정의하며, 표준 ASCII 문자의 경우에는 최상위 비트인 b7을 0으로 하여 128문자를 수용하고, b7=1인 128문자를 추가하여 확장 ASCII 코드(Extended ASCII code)라 한다. 확장 ASCII 코드에는 각종 외래어 문자나 세미 그래픽 문자 등이 정의되어 있으며, 우리나라의 경우에는 KS 규격에서 이 확장 ASCII 코드 영역을 이용하여 한글이나 한자 코드를 정의하고 있다.

(1) 전체 ASCII 코드표

코드값	문자	코드값	문자	코드값	문자	코드값	문자
00H	NUL	20H	space	40H	@	60H	`
01H	SOH	21H	!	41H	A	61H	a
02H	STX	22H	"	42H	B	62H	b
03H	ETX	23H	#	43H	C	63H	c
04H	EOT	24H	$	44H	D	64H	d
05H	ENQ	25H	%	45H	E	65H	e
06H	ACK	26H	&	46H	F	66H	f
07H	BEL	27H	'	47H	G	67H	g
08H	BS	28H	(	48H	H	68H	h
09H	HT	29H	)	49H	I	69H	i
0AH	LF	2AH	*	4AH	J	6AH	j
0BH	VT	2BH	+	4BH	K	6BH	k
0CH	FF	2CH	,	4CH	L	6CH	l
0DH	CR	2DH	-	4DH	M	6DH	m
0EH	SO	2EH	.	4EH	N	6EH	n
0FH	SI	2FH	/	4FH	O	6FH	o
10H	DLE	30H	0	50H	P	70H	p
11H	DC1	31H	1	51H	Q	71H	q
12H	DC2	32H	2	52H	R	72H	r
13H	DC3	33H	3	53H	S	73H	s
14H	DC4	34H	4	54H	T	74H	t
15H	NAK	35H	5	55H	U	75H	u
16H	SYN	36H	6	56H	V	76H	v
17H	ETB	37H	7	57H	W	77H	w
18H	CAN	38H	8	58H	X	78H	x
19H	EM	39H	9	59H	Y	79H	y
1AH	SUB	3AH	:	5AH	Z	7AH	z
1BH	ESC	3BH	;	5BH	[	7BH	{
1CH	FS	3CH	<	5CH	\	7CH	|
1DH	GS	3DH	=	5DH	]	7DH	}
1EH	RS	3EH	>	5EH	^	7EH	~
1FH	US	3FH	?	5FH	_	7FH	DEL

(2) 기능제어문자

ASCII 코드값	기능제어문자	의 미
00H(0)	NUL	null(all zeros)
01H(1)	SOH	start of heading
02H(2)	STX	start of text
03H(3)	ETX	end of text
04H(4)	EOT	end of transmission
05H(5)	ENQ	enquiry
06H(6)	ACK	acknowledge
07H(7)	BEL	bell(beep)
08H(8)	BS	backspace
09H(9)	HT	horizontal tabulation
0AH(10)	LF	line feed
0BH(11)	VT	vertical tabulation
0CH(12)	FF	form feed
0DH(13)	CR	carriage return
0EH(14)	SO	shift out
0FH(15)	SI	shift in
10H(16)	DLE	data link escape
11H(17)	DC1	device control 1
12H(18)	DC2	device control 2
13H(19)	DC3	device control 3
14H(20)	DC4	device control 4
15H(21)	NAK	negative acknowledge
16H(22)	SYN	synchronous idle
17H(23)	ETB	end of transmission block
18H(24)	CAN	cancel
19H(25)	EM	end of medium
1AH(26)	SUB	substitute
1BH(27)	ESC	escape
1CH(28)	FS	file separator
1DH(29)	GS	group separator
1EH(30)	RS	record separator
1FH(31)	US	unit separator
7FH(127)	DEL	delete

(3) 특수 기호의 명칭

ASCII 코드 중에 특수한 기호들의 정확한 명칭을 요약하면 다음 표와 같다.

문자	명 칭	문자	명 칭
!	exclamation mark	:	colon
″	quotation mark	;	semicolon
#	number sign(sharp sign)	< >	less than / greater than
$	dollar sign	=	equal sign
%	percent	?	question mark
&	ampersand(and mark)	@	commercial at mark
′	apostrophe(acute accent)	[ ]	opening/closing bracket
( )	opening/closing parenthesis	\	backslash
*	asterisk	^	circumflex(circumflex accent)
+	plus sign	_	underscore(underline)
,	comma	`	single quotation mark(grave accent)
−	minus sign(hyphen, dash)	{ }	opening/closing brace
.	period	|	vertical bar
/	slash(slant)	~	tilde

2.4 SPI 직렬통신 포트

이 절에서는 ATmega1281/2561에 내장되어 있는 SPI 직렬통신 포트의 구조와 기능에 대하여 알아보기로 한다.

1. SPI 직렬통신 포트의 개요

SPI(Serial Peripheral Interface)는 Motorola사에 의하여 개발되어 지금은 표준화된 근거리용 직렬통신 규격으로서, MOSI, MISO, SCK, $\overline{SS}$ 등 4개의 통신선을 사용하는 고속 동기식 직렬통신 방식이다. ATmega1281/2561에서 사용하는 SPI 모듈은 다음과 같은 특징을 가진다.

- 3선($\overline{SS}$까지 4선)을 사용하는 직렬 동기식 통신으로서 전이중 통신이 가능하다.
- 마스터(master) 또는 슬레이브(slave)로 동작할 수 있다.
- 항상 마스터와 슬레이브 사이에서 직렬로 데이터를 송수신한다.
- 마스터가 데이터를 송신 또는 수신하더라도 클록은 항상 마스터가 발생한다.
- 1문자를 LSB부터 전송할 수도 있고 MSB부터 전송할 수도 있다.
- 수십 MHz의 통신이 가능하며, 7가지의 전송속도 중에서 선택 사용할 수 있다.
- 송신 데이터 충돌 플랙(Write Collision Flag)을 이용한 보호기능을 가지고 있다.
- 전송완료 인터럽트를 발생할 수 있다.
- 슬립 모드를 해제하는 wake-up 기능을 가진다.

SPI 직렬통신은 일반적인 직렬통신 동작뿐만 아니라 ATmega1281/2561 내부에 있는 프로그램 메모리인 128KB/256KB의 플래시 메모리에 사용자 프로그램을 다운로드하는 ISP(In-System Programming) 기능을 위해서도 사용된다.

◀**참고**▶ ATmega1281/2561에서 SPI 통신을 프로그램 메모리에 다운로드하는 ISP 기능으로 사용할 경우에는 과거의 ATmega128에서처럼 MOSI(Master Output Slave Input) 단자 대신에 PDI(SPI Serial Programming Data Input) 단자를 사용하고, MISO(Master Input Slave Output) 단자 대신에 PDO(SPI Serial Programming Data Output) 단자를 사용하도록 되어 있다는데 주의하라. 그러나, 100핀 패키지의 ATmega640/1280/2560에서는 PDI 및 PDO 단자가 없어지고 직접 MOSI 및 MISO 단자를 사용한다.

일반적으로 SPI 통신을 사용하는 시스템의 구성은 <그림 2.4.1>과 같다. 여기서 보듯이 마스터는 각 슬레이브에 대하여 독립적인 슬레이브 선택 신호($\overline{SSn}$)를 사용하여 선택 지정한 후에 1:1로 통신을 수행한다. 이것은 슬레이브의 수가 증가하면 그에 따라 슬레이브 선택 신호도 증가하므로 회로의 복잡성도 함께 증가한다는 것을 의미하며, 따라서 슬레이브의 수가 많은 시스템에서는 이 SPI 통신 방식이 적합하지 않을 수도 있다.

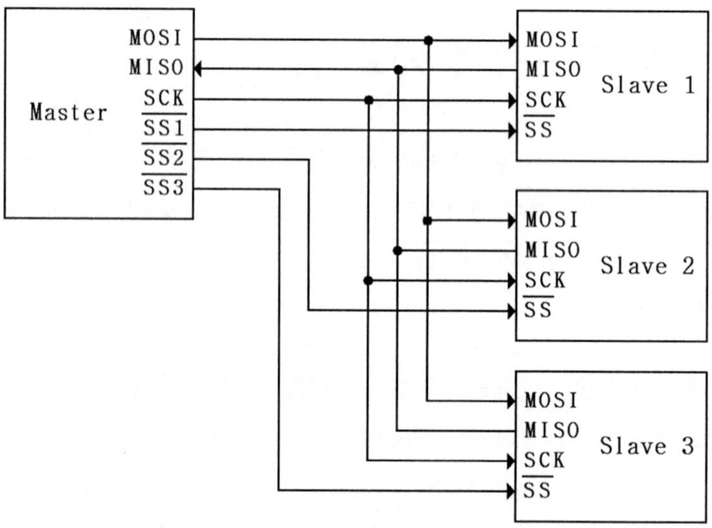

〈그림 2.4.1〉 SPI 직렬통신 시스템의 구성도

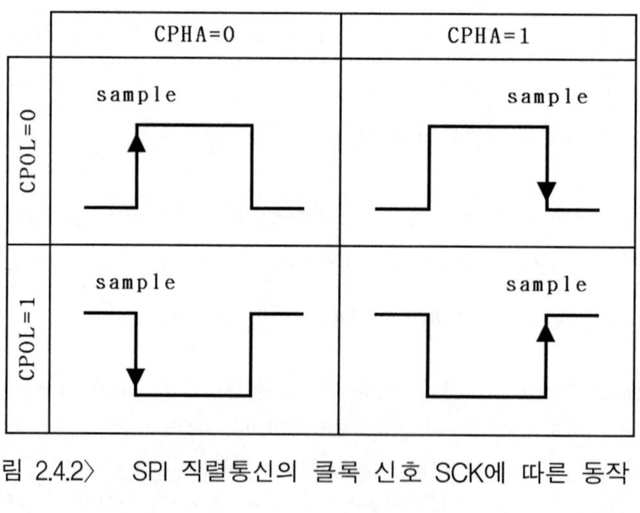

〈그림 2.4.2〉 SPI 직렬통신의 클록 신호 SCK에 따른 동작 모드

그러나, SPI 통신은 제2.5절에서 설명하는 I^2C에 비하여 통신 제어가 간단하고 훨씬 높은 속도의 통신이 가능하다. 결국 SPI 직렬통신은 근거리에서 마스터와 슬레이브가 각각 1개씩으로 구성되는 시스템에서 고속으로 데이터를 전송하는데 적합한 통신 방식이라고 할 수 있다.

SPI는 클록 신호 SCK를 이용한 동기식 통신이므로 항상 마스터측에서 클록을 공급한다. 그런데, SPI 직렬통신에서는 클록 신호에 의한 데이터의 인식(sampling) 방법이 명확히 1가지로 규정되어 있지 않고 <그림 2.4.2>와 같이 사용자가 선택할 수 있도록 되어 있다. 즉, 클록의 극성(clock polarity)을 지정하는데 따라 수신 데이터가 클록 신호의 상승 에지(rising edge)에서 인식될 수도 있고 하강 에지(falling edge)에서 인식될 수도 있다. 또한, 클록의 위상(clock phase)을 지정하는데 따라 데이터가 클록 신호의 앞쪽 에지(leading edge)에서 인식될 수도 있고 뒤쪽 에지(trailing edge)에서 인식될 수도 있다.

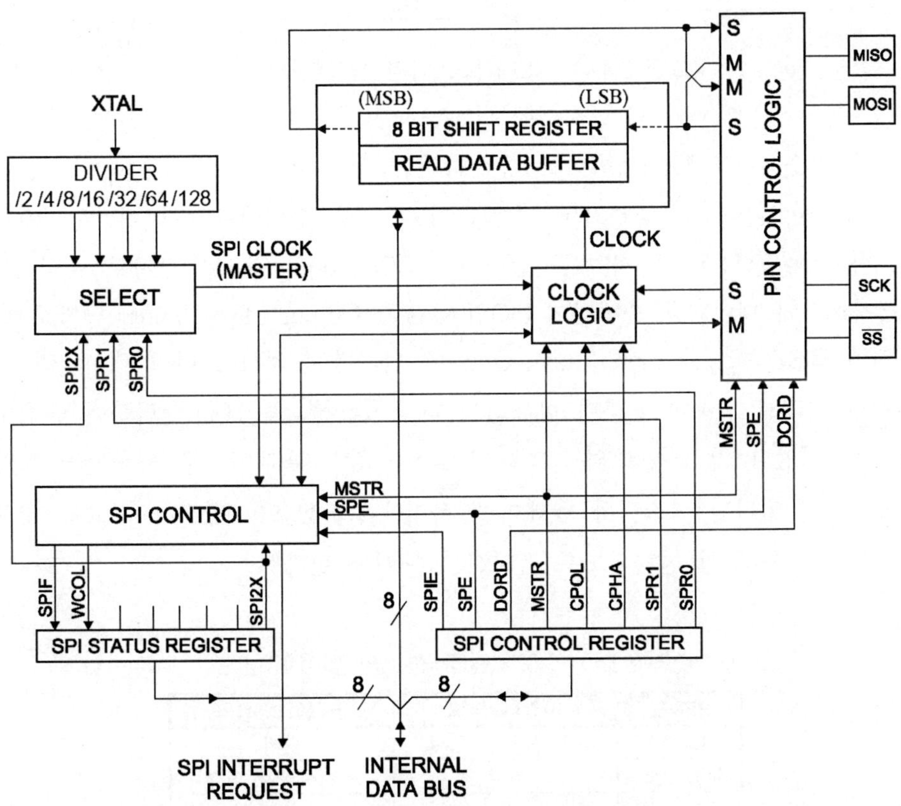

〈그림 2.4.3〉 SPI 통신 모듈의 구성 블록도

2. SPI 직렬통신 포트의 동작

(1) 개요

ATmega1281/2561에 내장되어 있는 SPI 직렬통신 모듈의 구성도는 <그림 2.4.3>과 같다. SPI의 데이터 통신은 반드시 1개의 마스터와 1개의 슬레이브 사이에서만 이루어지는데, 마스터와 슬레이브의 연결 관계를 도시하면 <그림 2.4.4>와 같다.

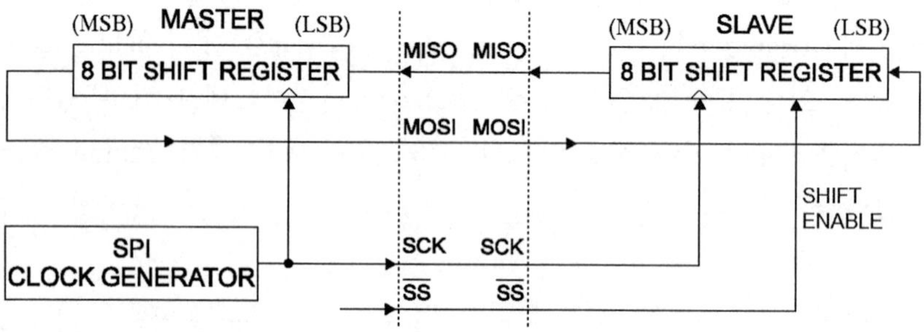

〈그림 2.4.4〉 SPI 마스터와 슬레이브의 연결

마스터가 슬레이브에게 데이터를 송신하려면 먼저 마스터가 지정하려는 슬레이브에게 $\overline{SS}$(Slave Select) 신호를 L로 출력하여 통신할 슬레이브 디바이스를 선택한다. 그리고 나서 마스터는 클록 신호를 발생하여 SCK(Serial Clock) 단자로 출력하며, 시프트 레지스터에 데이터를 준비하여 MOSI(Master Output Slave Input) 단자로 출력하고, 동시에 MISO(Master Input Slave Output) 단자를 통해서는 더미 데이터가 입력된다. 데이터 패킷의 전송이 끝나면 마스터는 다시 $\overline{SS}$ 신호를 H로 출력하여 슬레이브의 동작을 정지시킨다.(그러나, 위의 <그림 2.4.4>와 같이 슬레이브로 사용되는 소자가 1개로 고정되어 있다면 마스터와 슬레이브 사이에 $\overline{SS}$ 신호를 연결하지 않고 슬레이브의 $\overline{SS}$ 입력단자를 항상 선택되도록 접지시켜 두어도 된다.)

〈표 2.4.1〉 SPI 단자 신호의 입출력 방향

SPI 핀	마스터 모드	슬레이브 모드
MOSI (PB2)	출력(사용자 설정)	입력
MISO (PB3)	입력	출력(사용자 설정)
SCK (PB1)	출력(사용자 설정)	입력
$\overline{SS}$ (PB0)	출력(사용자 설정)	입력

이들 4개의 SPI 신호 MOSI, MISO, SCK, $\overline{SS}$는 모두 PORTB에 포함된 부수적인 기능이다. 이들 핀의 입출력 방향을 정리하면 <표 2.4.1>과 같다.

▣ 마스터 모드

SPCR 레지스터에서 MSTR=1로 설정하여 SPI가 마스터로 동작할 때는 $\overline{SS}$ 신호가 자동으로 처리되지 않고 단순한 병렬 I/O 비트로 동작하므로 사용자 프로그램에서 방향설정 레지스터의 DDRB0 비트를 사용하여 이 신호의 방향을 출력으로 설정해 주어야 한다. 이 비트를 출력으로 설정하면 이는 PORTB 레지스터의 병렬 출력 비트로 동작하므로 사용자 프로그램에서 여기에 L상태를 출력시켜 통신할 슬레이브를 지정할 수 있다.

그러나, 마스터 모드에서 이 핀을 입력으로 설정하면 반드시 풀업저항과 같은 외부 회로에 의하여 H상태로 유지되어야 한다. 만약, 마스터 모드에서 이 핀이 입력으로 설정되고 L상태로 드라이브되면 SPI는 이를 외부에서 다른 마스터가 SPI를 슬레이브로 지정하고 SPI에게 데이터를 전송하기 시작하는 것으로 해석한다. 그러면, SPI는 버스 충돌을 방지하기 위하여 스스로 SPCR 레지스터에서 MSTR=0으로 하여 슬레이브 모드로 변경하고, 따라서 MOSI와 SCK 단자는 입력핀으로 바뀌며, SPSR 레지스터에서 SPIF=1로 되면서 인터럽트가 요청된다. 이러한 경우에는 사용자가 이 인터럽트 서비스 루틴에서 SPI를 다시 마스터 모드로 설정하면 된다.

SPI를 마스터 모드로 설정하고 $\overline{SS}$ 신호를 출력으로 설정하여 L상태를 출력시킴으로써 통신할 슬레이브를 지정하였다면 SPDR 레지스터에 전송할 바이트를 라이트하여 송신을 시작할 수 있다. 그러면, SPI는 클록을 발생하고 하드웨어적으로 이 데이터를 8비트만큼 시프트하여 슬레이브로 전송한다. 1바이트의 전송이 끝나면 클록이 정지되고 SPIF=1로 되면서 SPI 전송완료 인터럽트가 요청된다. 이후 SPDR 레지스터에 새로운 바이트를 라이트하면 그 다음의 전송이 시작되며, 이와 같이 전송을 계속하다가 데이터 패킷을 종료하려면 $\overline{SS}$ 신호에 H상태를 출력한다.

▣ 슬레이브 모드

SPCR 레지스터에서 MSTR=0으로 설정하여 SPI가 슬레이브로 동작할 때는 $\overline{SS}$ 단자가 자동으로 입력핀으로 동작하며, 외부에서 $\overline{SS}$ 신호가 L상태로 입력되는 경우에만 SPI가 슬레이브로서의 동작이 유효하게 되고 MISO가 출력 단자로 된다. 만약 슬레이브 모드에서 $\overline{SS}$ 신호가 H상태로 입력되면 모든 SPI 신호가 3스테이트 또는 입력 상태로 되면서 데이터 송수신 동작이 정지된다.

이 상태에서 SPI 데이터 레지스터에 값을 라이트할 수는 있지만 이는 $\overline{SS}$ 신호가 L 상태로 입력될 때까지 시프트 아웃되지 않고 대기한다. 즉, 슬레이브는 능동적인 데이터 송신 능력이 없고, 마스터가 원할 때만 데이터를 마스터로 보낼 수 있다는 것이다. $\overline{SS}$ 신호가 L상태로 입력되고 외부에서 입력된 SCK 신호에 의하여 데이터 레지스터의 1바이트가 전송되고 나면 SPSR 레지스터에서 SPIF=1로 되면서 SPI 전송완료 인터럽트가 요청된다.

(2) 레지스터 사용

ATmega1281/2561의 SPI 통신 모듈은 제어 레지스터, 상태 레지스터, 데이터 레지스터를 각각 1개씩 가지고 있다.

▣ SPI 제어 레지스터(SPCR)

SPCR(SPI Control Register) 레지스터는 SPI의 전반적인 동작을 제어하는 기능을 수행한다.

Bit	7	6	5	4	3	2	1	0	
0x2C (0x4C)	SPIE	SPE	DORD	MSTR	CPOL	CPHA	SPR1	SPR0	SPCR
Read/Write	R/W	R/W	R/W	R/W	R/W	R/W	R/W	R/W	
Initial Value	0	0	0	0	0	0	0	0	

〈그림 2.4.5〉 SPI 제어 레지스터 SPCR

비트7의 SPIE(SPI Interrupt Enable)는 SPI 전송이 완료되어 SPSR 레지스터에서 SPIF=1로 되면서 인터럽트가 발생하는 것을 개별적으로 허용한다.

비트6의 SPE(SPI Enable)는 SPI가 동작하는 것을 허용한다. SPI 직렬통신 모듈을 사용하려면 무조건 이를 1로 설정하여야 한다.

비트5의 DORD(Data Order)는 SPI가 데이터를 직렬로 전송하는 순서를 지정하는데, 1로 설정하면 데이터를 LSB부터 전송하고, 0으로 설정하면 MSB부터 전송한다.

비트4의 MSTR(Master/Slave Select)은 1로 설정하면 SPI 모듈이 마스터로 동작하도록 하고, 0으로 설정하면 SPI 모듈이 슬레이브로 동작하도록 한다. 만약, SPI를 마스터로 설정하였더라도 $\overline{SS}$ 단자가 입력으로 설정되고 L상태로 드라이브되면 MSTR 비트는 자동으로 클리어되면서 슬레이브 모드로 되고 SPSR 레지스터에서 SPIF=1로 되어 인터럽트가 발생한다.

비트3의 CPOL(Clock Polarity)은 0으로 설정되면 통신을 수행하지 않을 때 SCK 클록 신호가 L상태에 있으며, 1로 설정되면 통신을 수행하지 않을 때 SCK 클록 신호가 H상태에 있게 된다. 따라서, 이 비트의 설정에 따른 SCK 클록 신호의 데이터 샘플링 동작을 요약하면 <표 2.4.2>와 같고 이것의 동작 파형은 <그림 2.4.8>과 같다.

〈표 2.4.2〉 CPOL에 의한 SCK의 데이터 샘플링 에지의 극성 설정

CPOL	Leading Edge의 경우	Trailing Edge의 경우
0	상승 에지(rising edge)	하강 에지(falling edge)
1	하강 에지(falling edge)	상승 에지(rising edge)

비트2의 CPHA(Clock Phase)는 <표 2.4.3>과 같이 데이터 샘플링 동작이 수행되는 SCK 클록 신호의 위상을 설정한다. 즉, 이 비트를 0으로 설정하면 SCK 클록 신호에 의한 데이터 샘플링이 leading edge에서 수행되고, 이 비트를 1로 설정하면 데이터 샘플링이 trailing edge에서 수행된다.

〈표 2.4.3〉 CPHA에 의한 SCK의 데이터 샘플링 에지의 위상 설정

CPHA	Leading Edge의 경우	Trailing Edge의 경우
0	sample	(setup)
1	(setup)	sample

비트1~0의 SPR1~0(SPI Clock Rate Select 1 or 0)은 <표 2.4.4>에 보인 바와 같이 SPI가 마스터로 동작할 경우 SCK 클록 신호의 주파수를 결정한다. SPSR 레지스터에서 SPI2X=1로 설정된 경우에는 주파수가 2배로 증가되어 2배속 모드가 된다.

〈표 2.4.4〉 SCK 클록 신호의 주파수 설정

SPI2X	SPR1	SPR0	SCK 클록 신호의 주파수
0	0	0	fosc / 4
0	0	1	fosc / 16
0	1	0	fosc / 64
0	1	1	fosc / 128
1	0	0	fosc / 2
1	0	1	fosc / 8
1	1	0	fosc / 32
1	1	1	fosc / 64

■ SPI 상태 레지스터(SPSR)

SPSR(SPI Status Register) 레지스터는 SPI의 동작 상태를 나타내거나 SCK 클록 신호의 주파수를 설정하는 기능을 수행한다.

Bit	7	6	5	4	3	2	1	0	
0x2D (0x4D)	SPIF	WCOL	–	–	–	–	–	SPI2X	SPSR
Read/Write	R	R	R	R	R	R	R	R/W	
Initial Value	0	0	0	0	0	0	0	0	

〈그림 2.4.6〉 SPI 상태 레지스터 SPSR

비트7의 SPIF(SPI Interrupt Flag)는 SPI 전송이 완료되면 1로 셋트되면서 인터럽트가 요청된다. 또한, 만약 SPI를 마스터로 설정하고 $\overline{SS}$ 단자가 입력으로 설정되어 L 상태로 드라이브되면 MSTR 비트가 자동으로 클리어되면서 슬레이브 모드로 되고 SPIF=1로 되어 인터럽트가 발생한다. 인터럽트가 처리되기 시작하면 이 비트는 자동으로 클리어된다. 또한, 사용자 프로그램에서 SPSR 레지스터를 읽고 나서 SPDR 레지스터를 액세스하는 경우에도 이 비트가 클리어된다.

비트6의 WCOL(Write Collision Flag)은 SPI가 데이터 전송을 수행하고 있는 동안에 SPDR 레지스터를 라이트하면 이 비트가 1로 셋트된다. 사용자 프로그램에서 SPSR 레지스터를 읽고 나서 SPDR 레지스터를 액세스하면 SPIF와 WCOL 비트는 클리어된다.

비트0의 SPI2X(SPI Double Speed Bit)는 SPI가 마스터로 동작할 때 SCK 클록 신호의 주파수를 2배로 설정한다. 따라서, 마스터 모드에서는 SCK 클록 신호의 주파수가 최고 fosc/2까지 사용될 수 있다. 그러나, SPI가 슬레이브 모드로 사용될 경우에는 SCK 클록 신호의 주파수가 fosc/4 이하에서만 올바른 동작이 보장된다.

▣ SPI 데이터 레지스터(SPDR)

SPDR(SPI Data Register) 레지스터는 SPI가 송신할 데이터를 저장하거나 수신한 데이터를 저장하고 있다.

Bit	7	6	5	4	3	2	1	0	
0x2E (0x4E)	MSB							LSB	SPDR
Read/Write	R/W	R/W	R/W	R/W	R/W	R/W	R/W	R/W	
Initial Value	X	X	X	X	X	X	X	X	

〈그림 2.4.7〉 SPI 데이터 레지스터 SPDR

SPI 데이터 레지스터 SPDR이 송신 버퍼로 사용되는 경우에는 단일 버퍼(single buffered register)로 동작하며, 수신 버퍼로 사용되는 경우에는 이중 버퍼(double buffered register)로 동작한다. 즉, 송신 동작의 경우에는 모든 데이터 비트가 시프트 아웃(shift out)되기 전에는 SPDR 레지스터에 그 다음에 송신할 데이터를 미리 라이트할 수 없으나, 수신 동작의 경우 수신 데이터는 그 다음 데이터의 모든 비트가 완전히 시프트 인(shift in)되기 전까지만 SPDR 레지스터에서 읽어들이면 된다.

〈표 2.4.5〉 CPOL과 CPHA 비트에 의한 SCK 클록 신호의 동작

CPOL	CPHA	Leading Edge에서	Trailing Edge에서	SPI 모드
0	0	sample(rising)	setup(falling)	0
0	1	setup(rising)	sample(falling)	1
1	0	sample(falling)	setup(rising)	2
1	1	setup(falling)	sample(rising)	3

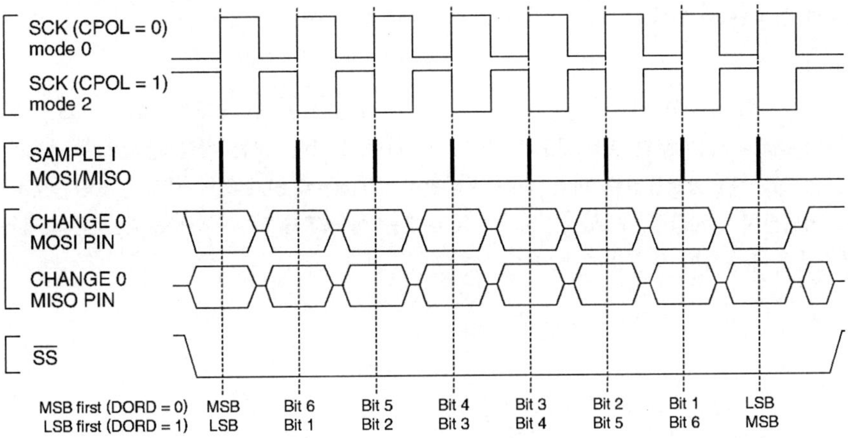

(a) CPHA = 0인 경우

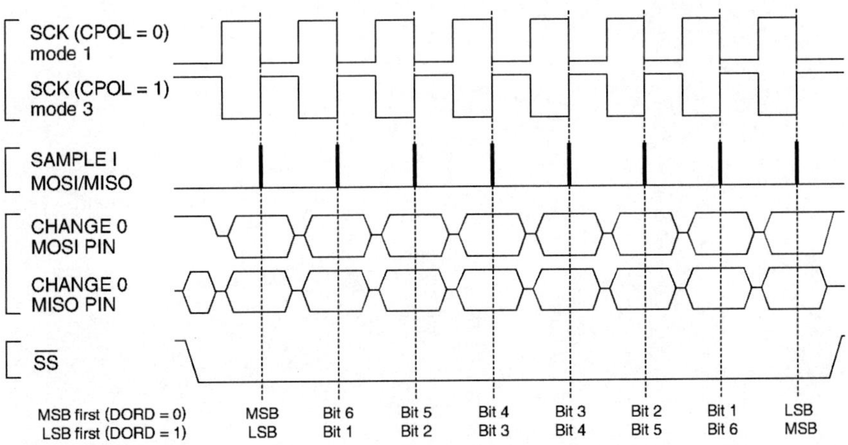

(b) CPHA = 1인 경우

〈그림 2.4.8〉 SPI 통신 모듈의 데이터 송수신 동작

(3) 데이터 송수신 동작

ATmega1281/2561의 SPI 통신 모듈에서 수신 데이터를 인식하는 동작은 SCK 클록 신호의 극성과 위상에 따라 4가지의 모드가 사용될 수 있다. 즉, SPCR 레지스터에서 CPOL과 CPHA 비트를 어떻게 설정하는지에 따라 SPI는 <표 2.4.5>와 같은 4가지의 동작 모드 중에서 하나로 설정된다. 이러한 SCK 클록 신호에 의한 SPI 통신 모듈의 송수신 동작을 그림으로 설명하면 <그림 2.4.8>과 같다.

◀**참고**▶ ATmega1281/2561에서는 이와 같은 SPI 직렬통신 모듈뿐만 아니라 2개의 USART 직렬통신 포트도 모두 SPI 통신을 수행할 수 있다. 단, USARTn 직렬통신 포트를 SPI 통신에 사용할 경우에는 마스터 모드로만 동작할 수 있다.

◀**참고**▶ *OK-1281/2561* 키트에서는 SPI 직렬통신을 수행해 볼 수 있도록 MOSI, MISO, SCK, $\overline{SS}$ 신호를 3-wire Serial EEPROM인 AT93C56(U18)에 접속하여 놓았다. 이는 직렬 방식으로 액세스하는 불휘발성 메모리이므로 SPI 직렬통신에 대한 응용이 되면서 ATmega1281/2561에 내장된 EEPROM 이외에 추가적인 보조기억장치로 사용할 수 있다. 그러나, U18에는 이 AT93C56 이외에도 AT93C46/56/66/86 중에서 어느 것이라도 접속하여 사용할 수 있다.

2.5 TWI 직렬통신 포트

이 절에서는 ATmega1281/2561에 내장되어 있는 TWI 직렬통신 포트의 구조와 기능에 대하여 알아보기로 한다.

1. TWI 직렬통신 포트의 개요

ATmega1281/2561의 TWI(Two-Wire Serial Interface) 직렬통신 포트는 원래 필립스(Philips)사에서 제안한 근거리용 표준 직렬통신 방식인 I^2C 버스로 통신하는 방식인데, Atmel사에서는 무슨 이유에서인지 이를 I^2C라고 하지 않고 TWI라고 부르고 있지만 이것들은 서로 같은 통신방식이다. 이것은 2선식 직렬통신 방식으로 항상 마스터(master)와 슬레이브(slave) 사이에서 직렬로 데이터를 송수신할 수 있다.

ATmega1281/2561의 TWI 직렬통신 포트는 여러 가지의 제어 레지스터를 통하여 유연하고 강력한 I^2C 통신을 수행할 수 있으며, 마스터와 슬레이브로 임의 사용될 수 있다. 7비트 어드레스 지정과 100kHz, 400kHz의 통신속도를 지원하며, 멀티 마스터 조정 기능을 가지고 있다. 또한, MCU가 슬립 모드에 있을 때 슬레이브로서 어드레스 지정이 되면 슬립 모드에서 벗어나는 wake-up 기능을 가지고 있다.

2. I^2C 통신에 대하여

(1) 개요

I^2C(Inter-Integrated Circuit) 버스는 1980년대 초에 필립스사에서 제안한 IC 소자들을 연결하기 위한 단거리용 2선식 직렬통신 버스로서, 마이크로콘트롤러에 여러 가지의 메모리 또는 I/O 소자들을 인터페이스하기 위하여 고안된 방법이다.

마이크로콘트롤러에 메모리나 I/O 소자를 인터페이스하는 것은 물론 어드레스 버스와 데이터 버스를 사용하는 병렬 방식이 기본이지만, TV나 VCR과 같은 가전제품에서는 이렇게 할 경우 많은 버스선이나 인터페이스 소자들 때문에 PCB의 면적을 많이 차지하게 되고 이는 제품의 가격이나 소형화에 매우 불리하게 된다. 이 때문에 가전제품 메이커인 필립스에서는 2선식의 간편한 양방향 직렬통신용 버스를 제안하게 되었는데 이것이 바로 I^2C이다.

I^2C 버스를 사용하는 직렬통신 방식은 1980년대에 시작하여 현재의 V2.1에 이르는 동안에 많은 회사 및 반도체 소자에서 채택하고 있다. 이것의 특징을 요약하면 다음과 같다.

- SDA, SCL 2개의 선으로 양방향 직렬통신을 수행(2.3V~5.5V의 전원 전압을 사용)
- 반드시 마스터와 슬레이브 사이에 직렬 동기식 양방향 데이터 통신을 수행
- 마스터가 데이터를 송신 또는 수신을 하기 위하여 데이터 SDA는 양방향 신호
- 마스터가 데이터를 송신 또는 수신하더라도 클록 신호 SCL은 항상 마스터가 발생
- 100kbps, 400kbps, 3.4Mbps의 3가지 전송속도를 지원
- 마스터가 슬레이브에게 7비트 또는 10비트 어드레스로 지정 가능
- 마스터가 전체호출 기능으로 전체 슬레이브를 동시에 지정하는 것이 가능
- 멀티마스터 조정 기능 지원

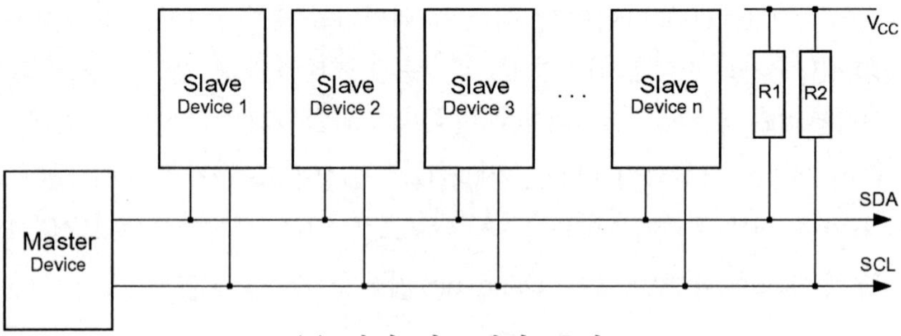

(a) 전체 시스템의 구성

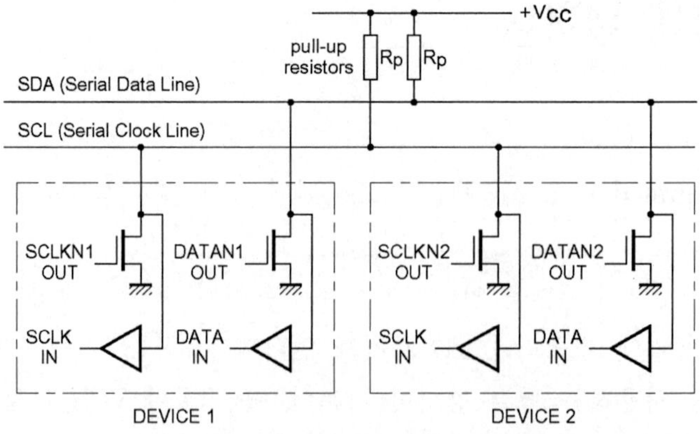

(b) 내부 회로의 구성

〈그림 2.5.1〉 I^2C 버스를 사용한 시스템의 구성도

I^{2}C 버스를 사용하는 시스템의 전체 구성을 보면 <그림 2.5.1>의 (a)와 같다. 즉, 기본적으로는 1개의 마스터가 여러 개의 슬레이브 중에서 1개를 어드레스로 지정하여 이와 데이터를 송수신하며, 전체호출 기능을 사용하면 마스터가 한번에 전체의 슬레이브를 지정하여 모든 슬레이브에게 데이터를 송신하는 것도 가능하다. 그러나, 복잡한 시스템에서는 마스터가 여러 개 존재하는 멀티마스터 기능도 가능하다.

이처럼 하나의 시스템에 여러 개의 디바이스를 접속하기 위하여 SDA와 SCL 신호의 출력단은 <그림 2.5.1>의 (b)에 보인 바와 같이 모두 오픈 콜렉터(open-collector) 또는 오픈 드레인(open-drain) 방식으로 되어 있으며, 따라서 이 버스에는 반드시 외부에 풀업 저항(pullup resistor)을 접속해야 한다. 풀업 저항의 크기는 사용하는 소자의 출력단 트랜지스터의 용량에 따라 달라지지만 대체로 수 kΩ 정도면 무난하다.

I^{2}C 직렬통신에서 자주 사용하는 용어를 정리하면 다음과 같다.

전송선에는 데이터선인 SDA(Serial Data)와 클록선인 SCL(Serial Clock)이 있으며, 전송을 시작하고 클록을 발생하며 전송을 종료하는 모든 일을 주관하는 측의 장치를 마스터(master)라 하고, 마스터에 의하여 주소가 지정되어 동작하는 측의 장치를 슬레이브(slave)라고 한다.

데이터를 버스로 보내는 측을 송신측(transmitter)이라고 하고, 버스로부터 데이터를 받는 측을 수신측(receiver)이라고 한다.

마스터는 항상 슬레이브의 어드레스를 지정하여 1개를 선택하고, 이 선택된 슬레이브에게 데이터를 송신하거나 이것으로부터 데이터를 수신할 수 있다. 그러나, 전체호출 기능(general call 또는 data broadcast)을 이용하여 마스터가 동시에 모든 슬레이브에게 데이터를 송신할 수도 있다.

전송속도는 표준 모드(standard mode, 100kbps), 고속 모드(fast mode, 400kbps), 최고속 모드(high speed mode, 3.4Mbps)의 3가지로 나누어진다.

동시에 버스를 제어하려고 시도하는 여러 개의 마스터를 멀티마스터(multi-master)라고 하며, 이들 멀티마스터가 각각 발생하는 여러 개의 클록 신호들 중에서 하나의 클록으로 동기(synchronization)를 취하고 1개의 디바이스를 선택하여 마스터의 기능을 허용하는 것을 조정(arbitration)이라고 한다.

(2) 기본 전송 포맷

I^{2}C 직렬통신에서 기본적으로 1비트를 전송하는 형식은 <그림 2.5.2>의 (a)처럼 데이터 신호 SDA가 안정되어 있는 상태에서 클록 신호 SCL이 상승 에지에서 하강 에지까지 1개의 펄스를 발생하면 된다. 데이터 신호선이 값을 변경하는 것은 클록이 L상

태를 유지하고 있는 동안에만 가능하다.

그러나, 마스터가 데이터 전송의 시작을 표시하는 START 조건은 <그림 2.5.2>의 (b)처럼 SCL 클록 신호가 H를 유지하는 상태에서 SDA 데이터 신호가 하강 에지로 변화해야 한다. 또한, 마스터가 데이터 전송의 종료를 표시하는 STOP 조건은 SCL 클록 신호가 H를 유지하는 상태에서 SDA 데이터 신호가 상승 에지로 변화해야 한다. START 조건과 STOP 조건의 사이에서는 항상 버스가 동작(busy) 상태인 것으로 간주되며, 따라서 이 기간동안에는 어느 다른 마스터도 버스 제어권을 가지려고 시도하지 말아야 한다.

START 이후에 STOP 조건이 발생되지 않고 다시 START 조건이 출력되는 것이 가능한데 이를 REPEATED START라고 한다. REPEATED START는 버스 제어권을 포기하지 않고 새로운 전송을 시작하는 것뿐이며 모든 사항이 START와 동일하다.

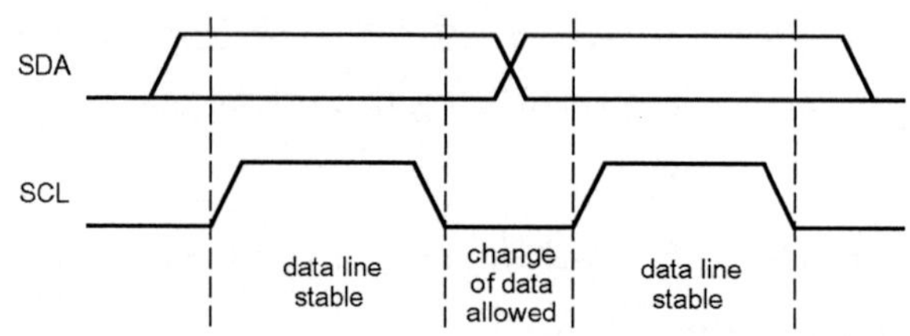

(a) 기본적인 1비트의 데이터 전송 형식

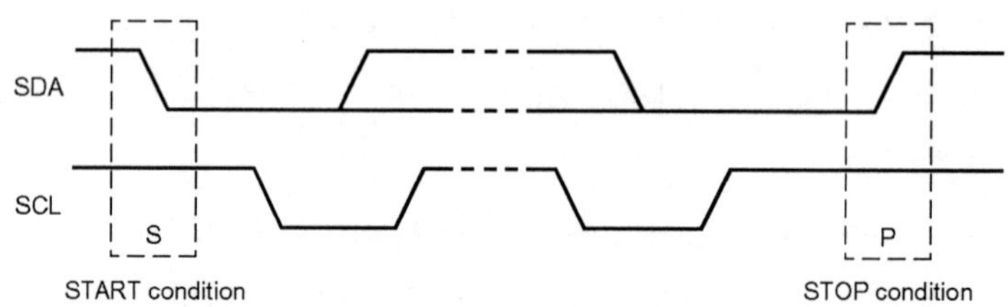

(b) START 조건 및 STOP 조건

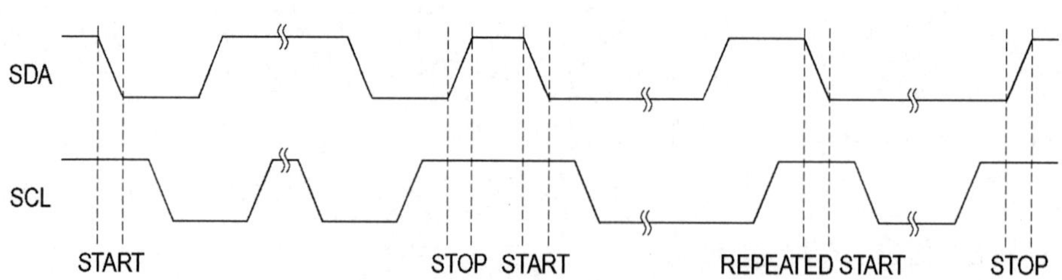

(c) START, REPEATED START, STOP 조건

〈그림 2.5.2〉 I^2C 버스를 사용한 데이터 전송

(3) 데이터 송신 및 수신 포맷

I^2C 직렬통신에서 마스터가 슬레이브에게 데이터를 송신하거나 반대로 마스터가 슬레이브로부터 데이터를 수신하는 기본 형식은 <그림 2.5.3>의 (a)와 같다.

마스터가 슬레이브에게 데이터를 송신할 때는 먼저 마스터가 7비트의 슬레이브 어드레스를 보내고, 이어서 송신(transmit 또는 write)을 의미하는 L상태의 1비트를 보내며, 이에 대하여 지정된 어드레스를 가지고 있는 슬레이브는 L상태의 1비트 확인 신호(acknowledge)로 응답한다. 그러면 마스터는 n 바이트의 데이터를 연속으로 송신하며 각 바이트를 송신할 때마다 해당 슬레이브로부터 확인 비트로 응답을 받는다.

마스터가 슬레이브로부터 데이터를 수신할 때는 먼저 마스터가 7비트의 슬레이브 어드레스를 보내고, 이어서 수신(receive 또는 read)을 의미하는 H상태의 1비트를 보내며, 이에 대하여 지정된 어드레스를 가지고 있는 슬레이브는 L상태의 1비트 확인 신호로 응답한다. 그러면 마스터는 n 바이트의 데이터를 연속으로 수신하며 각 바이트를 수신할 때마다 해당 슬레이브에게 확인 비트로 응답한다.

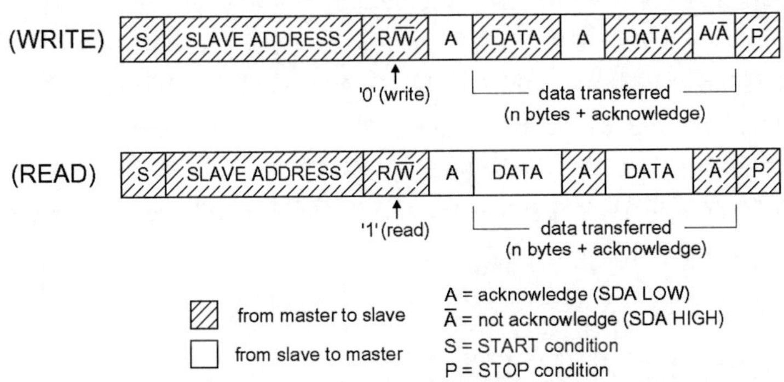

(a) 송신 및 수신 데이터 포맷

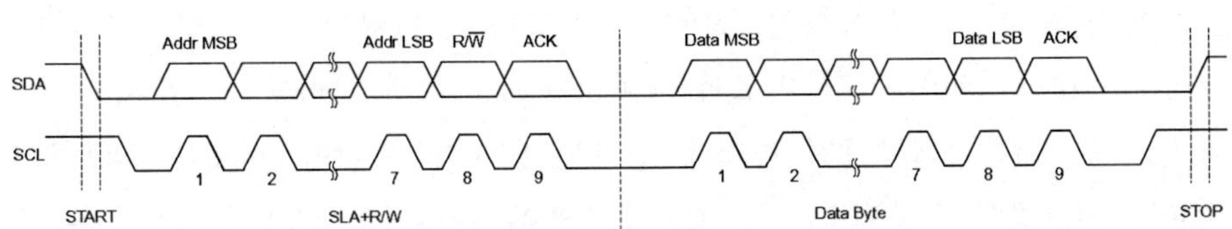

(b) 송수신 동작 파형

〈그림 2.5.3〉 I^2C 버스를 사용한 데이터 송수신 포맷

이와 같이 마스터가 슬레이브에게 데이터를 송신할 때는 마스터가 송신측, 슬레이브가 수신측이 되고, 반대로 마스터가 슬레이브로부터 데이터를 수신할 때는 마스터가

수신측, 슬레이브가 송신측이 되지만, 클록 신호 SCL이나 START, STOP 조건은 항상 마스터가 발생한다. 이러한 동작을 파형으로 보이면 <그림 2.5.3>의 (b)와 같다.

이처럼 I^2C 직렬통신 형식은 어드레스 패킷(address packet)과 데이터 패킷(data packet)으로 나누어진다. 어드레스 패킷의 형식은 9비트로 구성되는데, 마스터가 슬레이브에게 데이터를 송신하는 경우에는 슬레이브 어드레스, 라이트 신호, 확인 신호(SLA+W)로 이루어지고, 마스터가 슬레이브로부터 데이터를 수신하는 경우에는 슬레이브 어드레스, 리드 신호, 확인 신호(SLA+R)로 이루어진다. 7비트의 어드레스를 전송할 때는 반드시 MSB부터 전송해야 한다.

데이터 패킷의 형식은 8비트의 데이터와 1비트의 확인 신호를 합하여 9비트로 구성되는데, 8비트의 데이터를 전송할 때도 반드시 MSB부터 전송해야 한다. 어드레스 패킷이나 데이터 패킷을 전송할 때 슬레이브가 동작(busy) 상태에 있거나 기타의 이유로 L상태의 확인 신호를 응답하지 않으면 마스터는 STOP 조건을 발생하거나 또는 REPEATED START를 발생할 수 있다.

◀참고▶ 어드레스 패킷에서 어드레스값을 0000000으로 전송하면 모든 슬레이브가 동시에 지정되는데 이를 전체호출(general call)이라고 한다. 또한, 7비트 어드레스 형식에서 1111XXX의 어드레스는 향후의 기능 확장을 위하여 예약된 어드레스로서 사용하지 말아야 한다. 이 중에서 11110XX는 I^2C V1.0 이후부터 10비트 어드레스 형식을 지정하는데 사용되었다. 10비트 어드레스 형식을 사용하는 경우에는 어드레스 패킷이 2차례 전송되는데, 첫번째 어드레스 패킷에서는 11110XX가 전송되고 두번째는 YYYYYYYY가 전송되어 이를 합한 XXYYYYYYYY가 10비트의 슬레이브 어드레스로 사용된다. ATmega1281/2561의 TWI에서는 7비트 어드레스 형식만을 지원한다.

(4) 멀티마스터의 동기 및 조정

모든 마스터는 자신의 SCL 라인을 통하여 I^2C 버스에 클록을 발생한다. 그런데, 데이터는 이들 클록 신호가 H상태인 동안에만 유효하다. 따라서, 이들 클록이 하나로 동기(synchronization)되어야만 각 비트의 데이터가 올바르게 처리될 수 있다.

클록 동기는 기본적으로 I^2C 버스에 연결된 SCL 클록선이 wired-AND 로직으로 되어 있다는 것으로써 수행된다. 즉, SCL에 접속된 슬레이브 중에서 어느 하나라도 출력이 H상태에서 L상태로 떨어지면 <그림 2.5.4>와 같이 전체 클록선의 신호는 L상태가 되므로 이 동안에는 디바이스들의 내부 카운트 동작이 멈추게(count off) 된다. 이 클록은 모든 SCL 클록의 출력이 H상태로 되어야만 다시 카운트 동작을 시작한다. 따라서, SCL 클록선의 L상태 기간은 가장 L상태가 긴 SCL 신호에 의하여 결정되며, SCL 클록선의 H상태 기간은 가장 H상태가 짧은 SCL 신호에 의하여 결정된다.

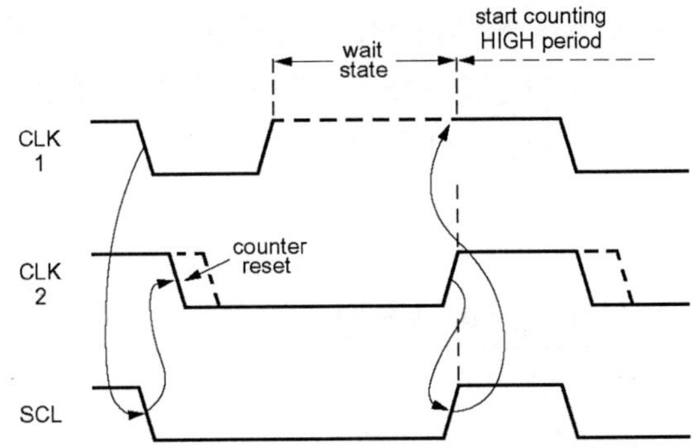

〈그림 2.5.4〉 I^{2}C 버스의 멀티마스터 사이에서의 클록 동기

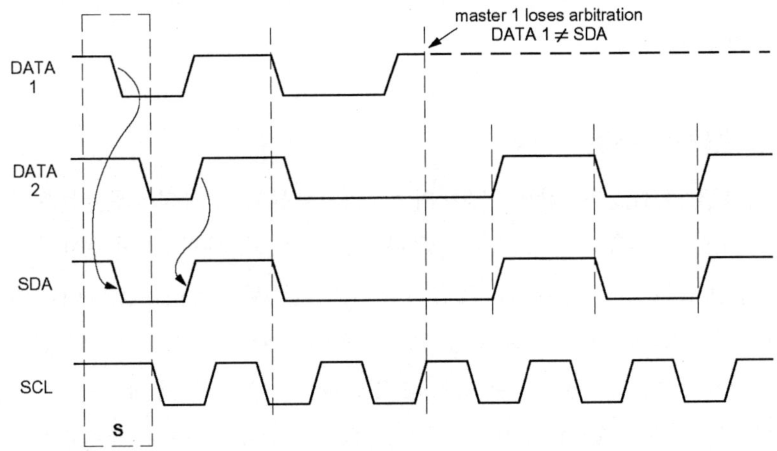

〈그림 2.5.5〉 I^{2}C 버스의 멀티마스터 사이에서의 버스 조정

마스터는 버스가 사용되지 않고 있을 때(free)만 전송을 할 수 있다. 그러나, 우연히 2개 이상의 마스터가 I^{2}C 버스에 START 조건을 출력하려고 시도하는 상황이 발생할 수 있는데, 이런 경우에는 버스 조정(arbitration)이 필요하다.

조정은 SCL 클록선이 H상태를 유지하고 있는 동안 SDA 데이터선에서 발생한다. 즉, 하나의 마스터가 SDA 선으로 H상태를 출력하고 있을 때 다른 마스터가 L상태를 출력하면 전체 SDA 데이터선의 상태는 L로 되고, 이렇게 되면 처음에 H상태를 출력하던 마스터는 출력을 차단하고 마스터로서의 제어권을 상실(lose master)하게 된다.

이러한 조정은 START 조건 이후에 어드레스 패킷이 전송되는 동안에 각 비트에서 계속된다. 그리고, 2개 이상의 마스터가 같은 어드레스의 슬레이브를 지정하였다면 어드레스 패킷에서 조정이 끝나지 않을 것이므로 데이터 패킷이 전송되는 동안까지 조정이 계속되기도 한다. 조정에서 탈락한 마스터는 해당 패킷의 바이트가 끝날 때까지 클록 신호를 계속 출력할 수도 있으나, 조정에서 끝까지 남은 마스터가 조정에서 탈락한 마스터를 슬레이브로 지정할 수도 있도록 하려면 조정에서 탈락한 마스터는 즉시 슬레이브 모드로 전환되어야 한다.

3. TWI 직렬통신 포트의 동작

ATmega1281/2561의 TWI는 일반 I^2C 버스에 비하여 다소 축소된 기능을 가지고 있다. 즉, TWI는 7비트 어드레스 방식과 10비트 어드레스 방식 중에서 7비트만을 지원하며, 3가지의 전송속도 중에서 표준 모드(standard mode, 100kbps)와 고속 모드(fast mode, 400kbps)만을 지원한다.

(1) TWI 모듈의 구조

TWI는 <그림 2.5.6>과 같이 몇개의 서브 모듈과 2개의 통신선으로 구성된다. SDA와 SCL 신호선의 출력단 드라이버에는 I^2C 버스의 사양을 만족시키기 위한 슬루 레이트 제한기(slew-rate limiter)를 포함하며, 입력단 회로에는 50ns 이하의 짧은 펄스를 제거하기 위한 스파이크 억제회로(spike suppression unit)가 내장되어 있다.

전송속도 발생부(Bit Rate Generator)는 TWI가 마스터로 동작하는 경우 SCL의 주기를 제어하는데, 이는 TWBR 레지스터를 설정하는 값에 의하여 결정된다. 슬레이브로 동작하는 경우에는 전송속도 설정과 상관이 없지만 이때 SCL 클록 신호의 주파수는 시스템 클록 주파수의 1/16 이하로 설정되어야 한다. SCL의 클록 주파수는 다음과 같이 결정된다.

$$f_{SCL} = \frac{f_{CPU}}{16 + 2 \cdot TWBR \cdot 4^{TWPS}}$$

여기서, *TWBR*은 TWBR 레지스터의 설정값으로서 TWI가 마스터로 동작하는 경우에는 반드시 10 이상이어야 하며, *TWPS*는 TWSR 레지스터에 설정된 프리스케일러 비트값 TWPS1～0이다.

버스 인터페이스부(Bus Interface Unit)는 어드레스/데이터값을 송수신하는 시프트 레지스터(TWDR), START/STOP 제어기, 버스 조정 검출기 등으로 구성되어 버스 인터페이스에 관련된 모든 기능을 수행한다. TWI가 마스터로서 송신을 시작하려면 항상 버스 조정 검출기가 동작하여 동작 가능 여부를 확인한다. 만약, 마스터로서 조정에서 탈락하면 제어부에게 이를 알려 적절한 조치를 받거나 상태 레지스터에 이를 표시한다.

어드레스 일치 검출부(Address Match Unit)는 TWI가 슬레이브로 사용될 때 수신된 어드레스값이 TWAR 레지스터에 설정된 7비트와 일치하는지를 체크한다. 어드레스가 일치하면 이를 제어부에게 알려 적절한 처리 동작을 취하도록 한다. 전체호출이 검출된 경우에는 어드레스 일치와 같이 처리된다. 어드레스 일치 검출 동작은 슬립모드에서도 수행되어 이 마이크로콘트롤러가 슬립모드에서 깨어나게 하는(wake-up) 기능으로 사용할 수 있다.

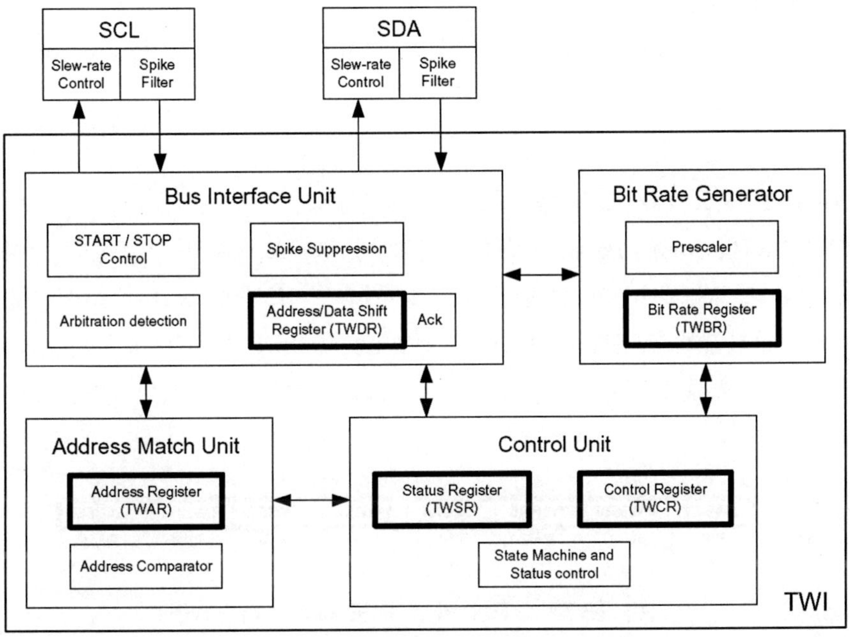

〈그림 2.5.6〉 TWI 모듈의 구성 블록도

제어부(Control Unit)는 TWCR 레지스터에 설정된 내용에 따라 TWI 동작의 전반을 제어하는 기능을 담당하는데, 이를 위하여 제어부는 항상 TWI 버스를 감시하여 그 상태를 보고받고 그에 따른 적절한 대응조치를 취한다. 버스에서 어떤 상황이 발생하여 응용 소프트웨어가 이에 대한 적절한 대응을 필요로 하는 경우에는 TWCR 레지스터에서 TWINT=1로 되면서 TWI가 인터럽트를 발생하는데 그러한 경우를 요약하면 다음과 같다.

- TWI가 마스터로서 START 또는 REPEATED START의 전송을 완료한 경우
- TWI가 마스터로서 SLA+R 또는 SLA+W 전송을 완료한 경우
- TWI가 마스터로서 1바이트의 어드레스 전송을 완료한 경우
- TWI가 마스터로서 버스 조정에서 탈락한 경우
- TWI가 슬레이브로서 어드레스 일치나 전체호출을 검출한 경우
- TWI가 슬레이브로서 1바이트의 데이터를 수신한 경우
- TWI가 슬레이브로서 STOP 또는 REPEATED START를 수신한 경우
- 잘못된 START 또는 STOP 조건으로 버스 에러가 발생한 경우

(2) 레지스터 사용

TWI 모듈은 I^2C 직렬통신에 필요한 여러 가지의 레지스터를 가지고 있는데, 그것들을 요약하면 다음과 같다.

▣ TWI 비트 속도 레지스터(TWBR)

TWBR(TWI Bit Rate Register) 레지스터는 마스터 모드에서 전송속도 발생부가 동작하는데 필요한 SCL 신호의 클록 주파수를 만들기 위하여 필요한 분주비를 설정한다. 이 8비트 설정값과 TWSR 레지스터의 TWPS1～0 비트가 SCL 클록의 주파수를 결정하는 관계식은 앞에서 설명한 바 있다.

Bit	7	6	5	4	3	2	1	0	
(0xB8)	TWBR7	TWBR6	TWBR5	TWBR4	TWBR3	TWBR2	TWBR1	TWBR0	TWBR
Read/Write	R/W	R/W	R/W	R/W	R/W	R/W	R/W	R/W	
Initial Value	0	0	0	0	0	0	0	0	

〈그림 2.5.7〉 TWI 비트 속도 레지스터 TWBR

▣ TWI 제어 레지스터(TWCR)

TWCR(TWI Control Register) 레지스터는 TWI의 전반적인 동작을 제어하는 기능을 수행한다.

Bit	7	6	5	4	3	2	1	0	
(0xBC)	TWINT	TWEA	TWSTA	TWSTO	TWWC	TWEN	–	TWIE	TWCR
Read/Write	R/W	R/W	R/W	R/W	R	R/W	R	R/W	
Initial Value	0	0	0	0	0	0	0	0	

〈그림 2.5.8〉 TWI 제어 레지스터 TWCR

비트7의 TWINT(TWI Interrupt Flag)는 TWI가 현재의 동작을 완료하고 응용 소프트웨어를 사용한 적절한 조치가 필요한 경우에 1로 셋트되면서 인터럽트를 요청한다. 이 TWINT 플래이 1로 셋트되어 있는 동안에는 SCL 클록 신호가 계속하여 L상태로 유지된다. 따라서, 이 TWINT 플랙 비트는 인터럽트 처리가 시작되더라도 자동으로 클리어되지 않으며, 사용자가 새로운 동작을 위하여 TWAR, TWDR, TWSR 레지스터를 모두 설정한 이후에 이 TWINT 비트를 클리어시켜 주어야 한다. TWINT 비트를 0으로 클리어하려면 이 비트에 1을 라이트해야 하는데 유의하라.

비트6의 TWEA(TWI Enable Acknowledge Bit)는 다음과 같은 상황에서 확인 신호(L출력)를 발생하도록 한다. 이 비트를 0으로 설정하면 어떤 확인신호 응답도 하지 않기 때문에 사실상 TWI가 버스에서 끊어져 있는 것과 다름없다.

- 슬레이브 모드에서 자신과 일치하는 어드레스를 수신하였을 경우
- TWAR 레지스터에서 TWGCE=1로 설정되어 있고 전체호출이 검출된 경우
- 마스터 수신 모드 또는 슬레이브 수신 모드에서 1바이트 데이터를 수신한 경우

비트5의 TWSTA(TWI START Condition Bit)는 1로 설정하면 TWI가 마스터로서 동작하고 TWI는 버스가 사용 가능한 상태인지를 체크하여 START 조건을 출력하며, 만약 버스가 동작 상태라면 STOP 조건이 검출될 때까지 기다렸다가 START 조건을 출력한다. START 조건이 출력되고 나면 이 비트는 응용 소프트웨어에 의하여 클리어되어야 한다.

비트4의 TWSTO(TWI STOP Condition Bit)는 마스터 모드에서 동작할 때 1로 설정하면 TWI가 STOP 조건을 출력하며, 버스에서 STOP 조건이 수행되었으면 이 비트는 자동으로 클리어된다. 슬레이브 모드에서 이 비트를 1로 설정하면 STOP 조건을 출력하는 것이 아니라 TWI가 에러 상태에서 해제되면서 정상적인 슬레이브 모드의 수신 대기상태로 된다.

비트3의 TWWC(TWI Write Collision Flag)는 TWINT=0인 상태에서 TWDR 레지스터에 어떤 값을 라이트하려고 시도하면 이 비트가 1로 셋트된다. 이 비트는 TWINT=1인 상태에서 TWDR 레지스터에 어떤 값을 라이트하면 클리어된다.

비트2의 TWEN(TWI Enable Bit)은 TWI 통신 모듈이 동작하는 것을 가능하게 하며, SDA 및 SCL 핀을 유효하게 한다.

비트0의 TWIE(TWI Interrupt Enable)는 TWINT 플래에 의하여 TWI 인터럽트가 발생하는 것을 개별적으로 허용하는 비트이다.

▣ TWI 상태 레지스터(TWSR)

TWSR(TWI Status Register) 레지스터는 TWI 모듈의 동작 상태를 표시하거나 전송속도를 결정하기 위한 프리스케일러를 설정하는 기능을 수행한다.

Bit	7	6	5	4	3	2	1	0	
(0xB9)	TWS7	TWS6	TWS5	TWS4	TWS3	–	TWPS1	TWPS0	TWSR
Read/Write	R	R	R	R	R	R	R/W	R/W	
Initial Value	1	1	1	1	1	0	0	0	

〈그림 2.5.9〉 TWI 상태 레지스터 TWSR

비트7~3의 TWS7~3(TWI Status)은 TWI 버스의 상태를 표시한다. 이 코드값은 TWI 모듈이 마스터 송신 모드, 마스터 수신 모드, 슬레이브 송신 모드, 슬레이브 수신 모드로 동작하는데 따라 상당히 복잡하므로 이에 대하여는 ATmega1281/2561의 데이터 시트를 참조하기 바란다.

비트1~0의 TWPS1~0(TWI Prescaler Bits)은 TWI의 마스터 모드에서 전송속도를 결정하기 위한 프리스케일러를 <표 2.5.1>과 같이 설정한다. 전송속도는 시스템 클록의 주파수와 이 프리스케일러 및 TWBR 레지스터의 설정값에 의하여 결정된다.

〈표 2.5.1〉 TWI의 전송속도를 위한 프리스케일러의 설정

TWPS1	TWPS0	TWPS값	프리스케일러 값
0	0	0	1
0	1	1	4
1	0	2	16
1	1	3	64

▣ TWI 데이터 레지스터(TWDR)

TWDR(TWI Data Register) 레지스터는 TWI 모듈의 송신 모드에서 다음에 송신할 바이트(슬레이브 어드레스 또는 전송 데이터)를 저장하며, 수신 모드에서는 수신된 바이트를 저장하고 있다.

Bit	7	6	5	4	3	2	1	0	
(0xBB)	TWD7	TWD6	TWD5	TWD4	TWD3	TWD2	TWD1	TWD0	TWDR
Read/Write	R/W	R/W	R/W	R/W	R/W	R/W	R/W	R/W	
Initial Value	1	1	1	1	1	1	1	1	

〈그림 2.5.10〉 TWI 데이터 레지스터 TWDR

이 레지스터에는 TWI가 데이터를 시프트(송신중)하고 있지 않는 한 데이터를 라이

트하는 것이 가능하며, 주로 TWINT=1인 동안에 라이트 동작이 수행된다. 데이터를 송수신할 때 확인 신호(acknowledge)는 TWI 로직에 의하여 자동으로 검출되므로 사용자 프로그램에서 이를 직접 읽어 처리할 수는 없다.

▣ TWI 슬레이브 어드레스 레지스터(TWAR)

TWAR(TWI Slave Address Register) 레지스터는 슬레이브 모드에서만 유효한 것으로서 마스터에 의하여 지정될 7비트의 슬레이브 어드레스를 저장하고 있다. 그밖의 1비트에는 전체호출 기능을 설정하는데 사용된다.

Bit	7	6	5	4	3	2	1	0	
(0xBA)	TWA6	TWA5	TWA4	TWA3	TWA2	TWA1	TWA0	TWGCE	TWAR
Read/Write	R/W	R/W	R/W	R/W	R/W	R/W	R/W	R/W	
Initial Value	1	1	1	1	1	1	1	0	

〈그림 2.5.11〉 TWI 슬레이브 어드레스 레지스터 TWAR

비트7~1의 TWA6~0(TWI Slave Address Bits)은 TWI 모듈의 슬레이브 모드에서 7비트의 슬레이브 어드레스를 설정하는데 사용한다. 그러나, 멀티마스터 시스템에서는 이것이 마스터 모드에서 설정되며, 다른 마스터에 의하여 슬레이브를 어드레싱 하는데 사용된다.

비트0의 TWGCE(TWI General Call Recognition Enable Bit)는 마스터가 7비트의 어드레스를 0000000으로 전송하여 전체호출을 수행할 경우에 슬레이브가 이를 검출하여 인식하도록 허용한다.

▣ TWI 슬레이브 어드레스 마스크 레지스터(TWAMR)

TWAMR(TWI Slave Address Mask Register) 레지스터는 TWAR 레지스터에 설정된 슬레이브 어드레스의 일부 비트를 무효화(mask, disable)시킨다. 즉, 비트 7~1의 TWAM6~0(TWI Address Mask)은 1로 설정하면 각 해당 비트가 TWAR 레지스터에 설정된 슬레이브 어드레스와 수신된 어드레스값이 비교되는 것을 무효화시킨다. 이를 좀더 알기 쉽게 설명하면 <그림 2.5.13>과 같다.

Bit	7	6	5	4	3	2	1	0	
(0xBD)	TWAM[6:0]							–	TWAMR
Read/Write	R/W	R/W	R/W	R/W	R/W	R/W	R/W	R	
Initial Value	0	0	0	0	0	0	0	0	

〈그림 2.5.12〉 TWI 슬레이브 어드레스 마스크 레지스터 TWAMR

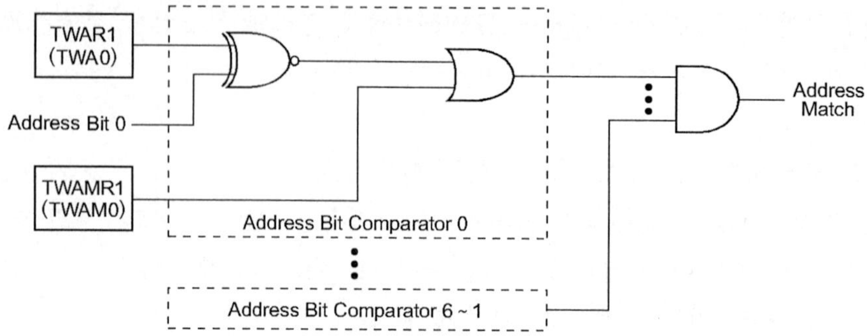

〈그림 2.5.13〉 TWI 슬레이브 어드레스 비교 회로의 동작

(3) TWI의 동작

간단히 말하면 TWI 직렬통신은 인터럽트를 기반으로 하는 바이트 단위의 전송이다. 즉, TWI 통신에서는 기본적인 한 단계의 동작이 끝날 때마다 인터럽트가 발생하며, 인터럽트 서비스 루틴에서 다음 동작을 지정한다. 따라서, 응용 프로그램은 외형적으로 TWI 통신에 대하여 거의 부담을 지지 않으며, 모든 통신 동작은 인터럽트에 의하여 백그라운드로 수행된다.

<그림 2.5.14>에는 마스터가 슬레이브에게 1바이트의 데이터를 전송하고자 할 때 응용 소프트웨어가 단계별로 어떻게 TWI 하드웨어와 연계되어 직렬통신을 수행하는지를 보였다.

① TWI 통신의 첫번째 단계는 START 조건의 전송이다. 이것은 TWI 하드웨어가 START 조건을 전송하도록 TWCR 레지스터를 초기화하는 것으로 수행된다. 그러나, 만약 TWINT=1로 셋트되어 있으면 어떤 동작도 시작되지 않는다. 따라서, START 조건의 전송이 시작되려면 반드시 TWINT 플랙 비트에 1을 라이트하여 이를 0으로 클리어시켜야 한다.

② START 조건의 전송이 완료되면 TWCR 레지스터에서 TWINT = 1로 셋트되면서 TWSR 레지스터에 START 조건이 성공적으로 전송되었다는 상태가 표시된다.

③ 응용 소프트웨어의 인터럽트 서비스 루틴에서는 START 조건이 전송 완료되었다는 상태를 확인하고, TWDR 레지스터에 SLA+W를 라이트하며, 바이트 데이터를 전송하도록 TWCR을 초기화한다. 어드레스 패킷의 전송이 시작되려면 반드시 TWINT 플랙 비트에 1을 라이트하여 클리어시켜야 한다. 만약, 상태 레지스터를 확인한 결과 START 조건의 전송이 완료되지 않았다면 에러 처리 루틴을 호출하는 등의 조치가

필요하다.

④ 어드레스 패킷의 전송이 완료되면 TWCR 레지스터에서 TWINT = 1로 셋트되면서 TWSR 레지스터에 어드레스 패킷의 전송이 성공적으로 전송되었으며 또한 슬레이브가 이 어드레스 패킷에 대하여 확인 신호로 응답했는지 여부가 상태 코드로 표시된다.

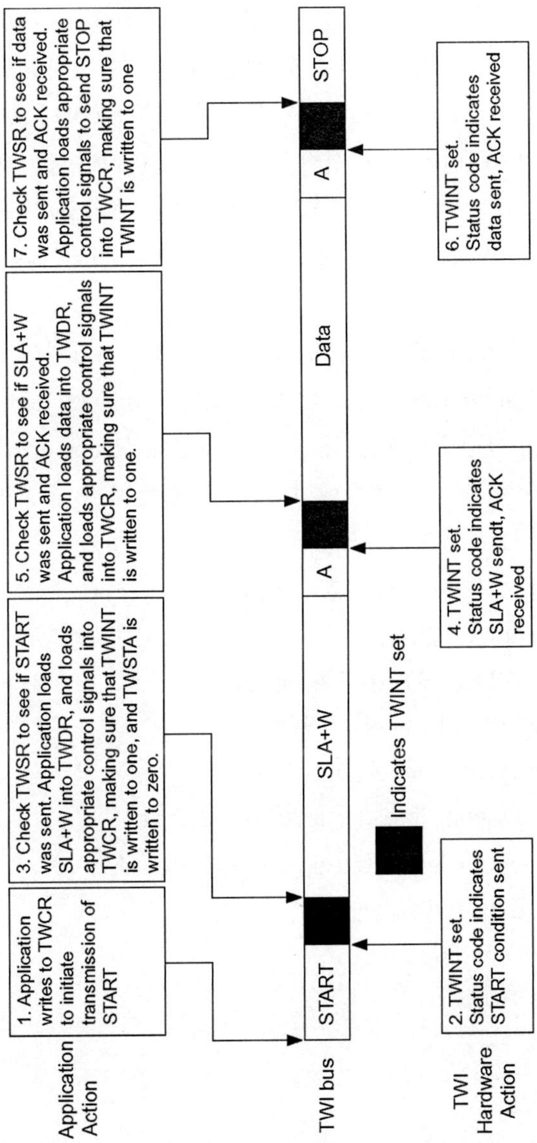

〈그림 2.5.14〉 TWI의 전형적인 단계별 동작

⑤ 응용 소프트웨어의 인터럽트 서비스 루틴에서는 어드레스 패킷의 전송이 완료

되었다는 상태를 확인하고, TWDR 레지스터에 송신할 데이터를 라이트하며, 바이트 데이터를 전송하도록 TWCR을 초기화한다. 데이터 패킷의 전송이 시작되려면 반드시 TWINT 플랙 비트에 1을 라이트하여 클리어시켜야 한다. 만약, 상태 레지스터를 확인한 결과 데이터 패킷의 전송이 완료되지 않았다면 에러 처리 루틴을 호출하는 등의 조치가 필요하다.

⑥ 데이터 패킷의 전송이 완료되면 TWCR 레지스터에서 TWINT = 1로 셋트되면서 TWSR 레지스터에 데이터 패킷의 전송이 성공적으로 전송되었으며 또한 슬레이브가 이 데이터 패킷에 대하여 확인 신호로 응답했는지 여부가 상태 코드로 표시된다.

⑦ 응용 소프트웨어의 인터럽트 서비스 루틴에서는 데이터 패킷의 전송이 완료된 상태를 확인하고, STOP 조건을 전송하도록 TWCR을 초기화한다. STOP 조건의 전송이 시작되려면 반드시 TWINT 플랙 비트에 1을 라이트하여 클리어시켜야 한다.

ATmega1281/2561에서 TWI의 전송 동작에는 크게 4가지의 종류가 있다. 마스터 송신(MT ; Master Transmitter), 마스터 수신(MR ; Master Receiver), 슬레이브 송신(ST ; Slave Transmitter), 슬레이브 수신(SR ; Slave Receiver)이 그것이다. 여기서는 TWI 모듈이 마스터로 동작하는 경우에 대하여만 설명하니 슬레이브로서의 동작에 대하여는 데이터 시트를 참조하기 바란다.

이제부터 설명에서 사용하는 약어를 요약하면 다음과 같다.

S : START condition
Rs : REPEATED START condition
R : Read bit(high level at SDA)
W : Write bit(low level in SDA)
A : Acknowledge bit(low level at SDA)
$\overline{A}$: Not acknowledge bit(high level at SDA)
Data : 8-bit data byte
P : STOP condition
SLA : Slave Address

▣ 마스터 송신 모드

마스터 송신 모드는 마스터가 송신측으로 동작하고 슬레이브가 수신측으로 동작하여 1바이트 또는 여러 바이트의 데이터를 마스터로부터 슬레이브로 송신하는 모드이다. 마스터 송신 모드는 START 조건에 이어서 출력되는 SLA+W 어드레스 패킷에 의하여 결정된다.

각 단계에서 동작의 완료는 TWSR 레지스터에 표시되는 5비트의 상태 코드를 보면 알 수 있다. 여기서 상태 코드는 TWSR 레지스터에서 사용하지 않는 비트2와 프리스케일러를 설정하는 비트1~0을 0으로 간주하였을 때의 8비트 값을 나타낸다.

① TWCR 레지스터에 다음과 같은 값을 라이트하여 START 조건을 출력한다.

TWCR	TWINT	TWEA	TWSTA	TWSTO	TWWC	TWEN	–	TWIE
value	1	X	1	0	X	1	0	X

이 START 조건의 전송이 완료되면 TWCR 레지스터에서 TWINT=1로 세트되면서 TWSR 레지스터의 상태 코드가 0x08로 된다.

② TWDR 레지스터에 SLA+W를 저장하고 TWCR 레지스터에 다음과 같은 값을 라이트하여 마스터 송신 모드가 되도록 한다.

TWCR	TWINT	TWEA	TWSTA	TWSTO	TWWC	TWEN	–	TWIE
value	1	X	0	0	X	1	0	X

이 SLA+W의 전송이 완료되고 슬레이브로부터 확인 비트가 수신되면 TWCR 레지스터에서 TWINT=1로 세트되면서 TWSR 레지스터의 상태 코드가 0x18로 되고, 확인 비트가 수신되지 않으면 상태 코드는 0x20으로 된다.

③ SLA+W의 전송이 완료된 경우에는 TWDR 레지스터에 전송할 데이터 바이트를 저장하고 TWCR 레지스터에 다음과 같은 값을 라이트하여 데이터를 전송한다.

TWCR	TWINT	TWEA	TWSTA	TWSTO	TWWC	TWEN	–	TWIE
value	1	X	0	0	X	1	0	X

이 데이터 바이트가 전송이 완료되고 슬레이브로부터 확인 비트가 수신되면 TWCR 레지스터에서 TWINT=1로 세트되면서 TWSR 레지스터의 상태 코드가 0x28로 되고, 확인 비트가 수신되지 않으면 상태 코드는 0x30으로 된다.

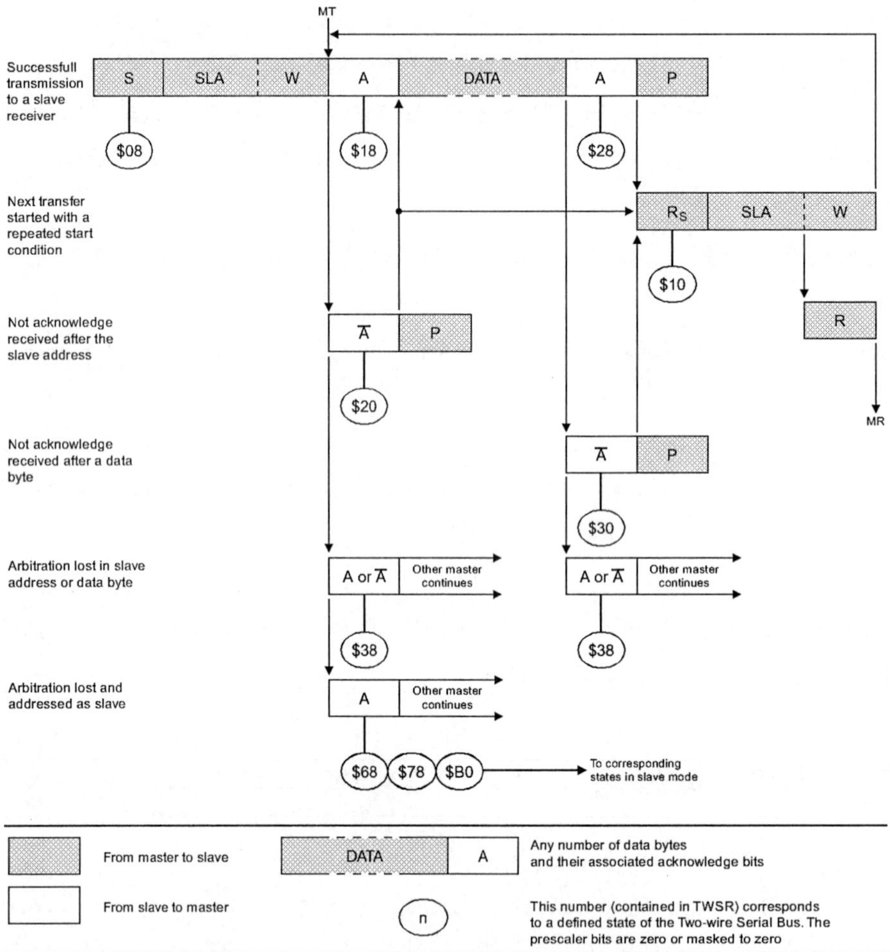

〈그림 2.5.15〉 마스터 송신 모드의 단계별 동작

④ 송신할 바이트가 여러 개인 경우에는 위의 ③을 반복하여 수행한다. 단, 슬레이브 어드레스를 변경하려면 START 조건의 대신에 REPEATED START 조건을 사용하여 ①~③의 과정을 반복하며, 이때의 상태 코드는 0x08이 아니라 0x10으로 된다. REPEATED START 조건을 송신하려면 TWCR 레지스터에 다음과 같은 값을 라이트 한다.

TWCR	TWINT	TWEA	TWSTA	TWSTO	TWWC	TWEN	–	TWIE
value	1	X	1	0	X	1	0	X

〈표 2.5.2〉 마스터 송신 모드에서의 상태 코드

Status Code (TWSR) Prescaler Bits are 0	Status of the 2-wire Serial Bus and 2-wire Serial Interface Hardware	Application Software Response					Next Action Taken by TWI Hardware
		To/from TWDR	To TWCR				
			STA	STO	TWINT	TWEA	
0x08	A START condition has been transmitted	Load SLA+W	0	0	1	X	SLA+W will be transmitted; ACK or NOT ACK will be received
0x10	A repeated START condition has been transmitted	Load SLA+W or	0	0	1	X	SLA+W will be transmitted; ACK or NOT ACK will be received
		Load SLA+R	0	0	1	X	SLA+R will be transmitted; Logic will switch to Master Receiver mode
0x18	SLA+W has been transmitted; ACK has been received	Load data byte or	0	0	1	X	Data byte will be transmitted and ACK or NOT ACK will be received
		No TWDR action or	1	0	1	X	Repeated START will be transmitted
		No TWDR action or	0	1	1	X	STOP condition will be transmitted and TWSTO Flag will be reset
		No TWDR action	1	1	1	X	STOP condition followed by a START condition will be transmitted and TWSTO Flag will be reset
0x20	SLA+W has been transmitted; NOT ACK has been received	Load data byte or	0	0	1	X	Data byte will be transmitted and ACK or NOT ACK will be received
		No TWDR action or	1	0	1	X	Repeated START will be transmitted
		No TWDR action or	0	1	1	X	STOP condition will be transmitted and TWSTO Flag will be reset
		No TWDR action	1	1	1	X	STOP condition followed by a START condition will be transmitted and TWSTO Flag will be reset
0x28	Data byte has been transmitted; ACK has been received	Load data byte or	0	0	1	X	Data byte will be transmitted and ACK or NOT ACK will be received
		No TWDR action or	1	0	1	X	Repeated START will be transmitted
		No TWDR action or	0	1	1	X	STOP condition will be transmitted and TWSTO Flag will be reset
		No TWDR action	1	1	1	X	STOP condition followed by a START condition will be transmitted and TWSTO Flag will be reset
0x30	Data byte has been transmitted; NOT ACK has been received	Load data byte or	0	0	1	X	Data byte will be transmitted and ACK or NOT ACK will be received
		No TWDR action or	1	0	1	X	Repeated START will be transmitted
		No TWDR action or	0	1	1	X	STOP condition will be transmitted and TWSTO Flag will be reset
		No TWDR action	1	1	1	X	STOP condition followed by a START condition will be transmitted and TWSTO Flag will be reset
0x38	Arbitration lost in SLA+W or data bytes	No TWDR action or	0	0	1	X	2-wire Serial Bus will be released and not addressed Slave mode entered
		No TWDR action	1	0	1	X	A START condition will be transmitted when the bus becomes free

⑤ 모든 데이터 송신 동작이 완료되고 STOP 조건을 전송하려면 TWCR 레지스터에 다음과 같은 값을 라이트한다.

TWCR	TWINT	TWEA	TWSTA	TWSTO	TWWC	TWEN	–	TWIE
value	1	X	0	1	X	1	0	X

이상의 마스터 송신 모드의 동작을 그림으로 요약하면 <그림 2.5.15>와 같다. 또한, 마스터 송신 모드에서의 상태 코드를 요약하면 <표 2.5.2>와 같다.

▣ 마스터 수신 모드

마스터 수신 모드는 마스터가 수신측으로 동작하고 슬레이브가 송신측으로 동작하여 1바이트 또는 여러 바이트의 데이터를 슬레이브로부터 마스터로 수신하는 모드이다. 마스터 수신 모드는 START 조건에 이어서 출력되는 SLA+R 어드레스 패킷에 의하여 결정된다.

① TWCR 레지스터에 다음과 같은 값을 라이트하여 START 조건을 출력한다.

TWCR	TWINT	TWEA	TWSTA	TWSTO	TWWC	TWEN	–	TWIE
value	1	X	1	0	X	1	0	X

이 START 조건의 전송이 완료되면 TWCR 레지스터에서 TWINT=1로 세트되면서 TWSR 레지스터의 상태 코드가 0x08로 된다.

② TWDR 레지스터에 SLA+R을 저장하고 TWCR 레지스터에 다음과 같은 값을 라이트하여 마스터 송신 모드가 되도록 한다.

TWCR	TWINT	TWEA	TWSTA	TWSTO	TWWC	TWEN	–	TWIE
value	1	X	0	0	X	1	0	X

이 SLA+R의 전송이 완료되고 슬레이브로부터 확인 비트가 수신되면 TWCR 레지스터에서 TWINT=1로 세트되면서 TWSR 레지스터의 상태 코드가 0x40으로 되고, 확인 비트가 수신되지 않으면 상태 코드는 0x48로 된다.

③ SLA+R의 전송이 완료된 경우에 마스터는 다시 TWCR 레지스터에 다음과 같은 값을 라이트하고 데이터 수신 대기상태에 들어간다.

TWCR	TWINT	TWEA	TWSTA	TWSTO	TWWC	TWEN	–	TWIE
value	1	X	0	0	X	1	0	X

이때 만약 TWCR 레지스터에서 TWEA=0으로 설정하였다면 마스터가 데이터를 수신하고 나서 확인 비트를 출력하지 않으므로 TWCR 레지스터에서 TWINT=1로 세트되면서 상태 코드가 0x58로 되며, TWEA=1로 설정하였다면 마스터가 데이터를 수신하고 나서 확인 비트를 출력하므로 TWINT=1로 세트되면서 상태 코드가 0x50으로 된다.

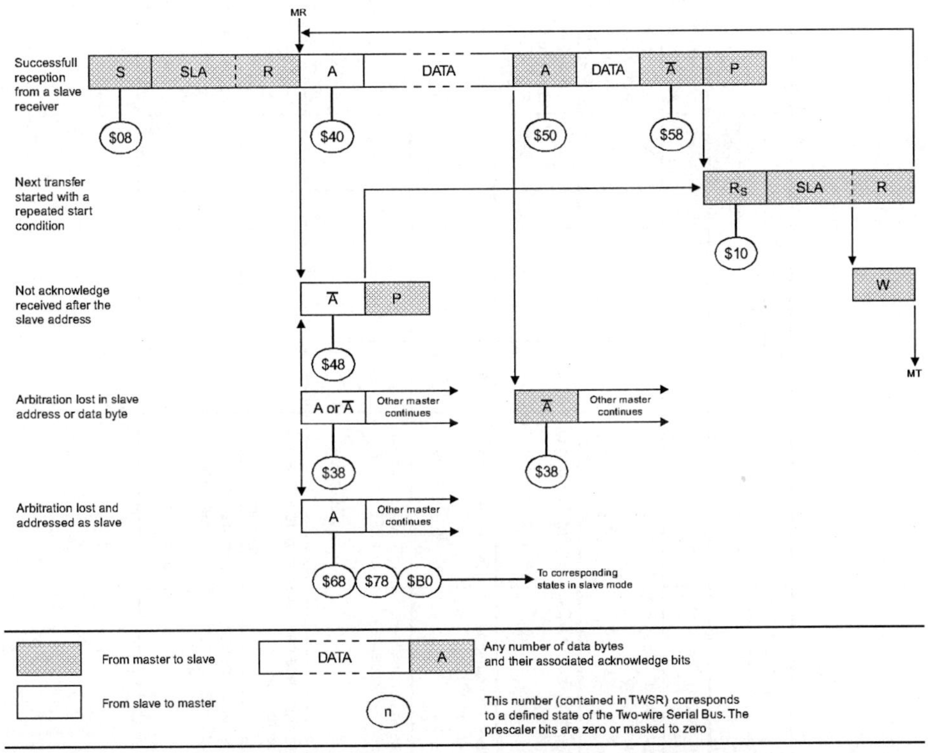

〈그림 2.5.16〉 마스터 수신 모드의 단계별 동작

④ 수신할 바이트가 여러 개인 경우에는 위의 ③을 반복하여 수행한다. 단, 슬레이브 어드레스를 변경하려면 START 조건의 대신에 REPEATED START 조건을 사용하여 ①~③의 과정을 반복하며, 이때의 상태 코드는 0x08이 아니라 0x10으로 된다.

REPEATED START 조건을 송신하려면 TWCR 레지스터에 다음과 같은 값을 라이트 한다.

〈표 2.5.3〉 마스터 수신 모드에서의 상태 코드

Status Code (TWSR) Prescaler Bits are 0	Status of the 2-wire Serial Bus and 2-wire Serial Interface Hardware	Application Software Response					Next Action Taken by TWI Hardware
		To/from TWDR	To TWCR				
			STA	STO	TWINT	TWEA	
0x08	A START condition has been transmitted	Load SLA+R	0	0	1	X	SLA+R will be transmitted ACK or NOT ACK will be received
0x10	A repeated START condition has been transmitted	Load SLA+R or Load SLA+W	0 0	0 0	1 1	X X	SLA+R will be transmitted ACK or NOT ACK will be received SLA+W will be transmitted Logic will switch to Master Transmitter mode
0x38	Arbitration lost in SLA+R or NOT ACK bit	No TWDR action or No TWDR action	0 1	0 0	1 1	X X	2-wire Serial Bus will be released and not addressed Slave mode will be entered A START condition will be transmitted when the bus becomes free
0x40	SLA+R has been transmitted; ACK has been received	No TWDR action or No TWDR action	0 0	0 0	1 1	0 1	Data byte will be received and NOT ACK will be returned Data byte will be received and ACK will be returned
0x48	SLA+R has been transmitted; NOT ACK has been received	No TWDR action or No TWDR action or No TWDR action	1 0 1	0 1 1	1 1 1	X X X	Repeated START will be transmitted STOP condition will be transmitted and TWSTO Flag will be reset STOP condition followed by a START condition will be transmitted and TWSTO Flag will be reset
0x50	Data byte has been received; ACK has been returned	Read data byte or Read data byte	0 0	0 0	1 1	0 1	Data byte will be received and NOT ACK will be returned Data byte will be received and ACK will be returned
0x58	Data byte has been received; NOT ACK has been returned	Read data byte or Read data byte or Read data byte	1 0 1	0 1 1	1 1 1	X X X	Repeated START will be transmitted STOP condition will be transmitted and TWSTO Flag will be reset STOP condition followed by a START condition will be transmitted and TWSTO Flag will be reset

TWCR	TWINT	TWEA	TWSTA	TWSTO	TWWC	TWEN	-	TWIE
value	1	X	1	0	X	1	0	X

⑤ 모든 데이터 수신 동작이 완료되고 STOP 조건을 전송하려면 TWCR 레지스터에 다음과 같은 값을 라이트한다.

TWCR	TWINT	TWEA	TWSTA	TWSTO	TWWC	TWEN	-	TWIE
value	1	X	0	1	X	1	0	X

이상의 마스터 수신 모드의 동작을 그림으로 요약하면 <그림 2.5.16>과 같다. 또한, 마스터 수신 모드에서의 상태 코드를 요약하면 <표 2.5.3>과 같다.

◀**참고**▶ ATmega1281/2561의 TWI 직렬통신 모듈은 이밖에도 슬레이브 송신 모드와 슬레이브 수신 모드로 동작할 수 있다. 그러나, ATmega1281/2561을 응용하는 시스템에서 이 마이크로콘트롤러는 마스터로 사용되는 것이 대부분이며 슬레이브로 사용되는 경우는 거의 없으므로 슬레이브 모드의 동작에 대하여는 여기서 설명하지 않는다. 또한, TWI 통신의 멀티마스터 시스템을 사용하는 경우에 대하여도 여기서 취급하지 않는다. 만약, 이에 대하여 자세한 사항을 알고자 하면 ATmega1281/2561의 데이터 시트를 참조하기 바란다.

◀**참고**▶ *OK-1281/2561* 키트에서는 TWI 직렬통신을 수행해 볼 수 있도록 SDA, SCL 신호를 2-wire Serial EEPROM인 AT24C16(U19)에 접속하여 놓았다. 이는 직렬 방식으로 액세스하는 불휘발성 메모리이므로 TWI 직렬통신에 대한 응용이 되면서 ATmega1281/2561에 내장된 EEPROM 이외에 추가적인 보조 기억장치로 사용할 수 있다. 그러나, U19에는 AT24C16 이외에도 AT24C16/32/64/128/512/1024 중에서 어느 것이라도 접속하여 사용할 수 있다.

2.6 A/D 컨버터

이 절에서는 ATmega1281/2561에 내장되어 있는 A/D 컨버터의 구조와 기능에 대하여 알아보기로 한다.

1. A/D 컨버터의 개요

64핀 패키지의 ATmega1281/2561은 8채널 10비트 분해능의 축차비교형(successive approximation) A/D 컨버터를 가지고 있다. 그러나, 100핀인 ATmega640/1280/2560은 16채널을 가지고 있다. 앞의 8채널의 아날로그 입력신호 ADC7~0은 모두 포트F와 동일한 단자를 사용하고 있고, 추가된 8채널의 아날로그 입력신호 ADC15~8은 모두 포트K와 동일한 단자를 사용하고 있으며, 마이크로콘트롤러 내부의 아날로그 멀티플렉서(analog multiplexer)에 의하여 선택된다. A/D 컨버터의 앞단에는 샘플/홀드(sample and hold) 회로를 가지고 있어서 A/D 변환이 수행되고 있는 동안에 아날로그 전압이 일정하게 유지되도록 한다.

각 채널은 16개의 단극성(single ended) 아날로그 입력으로 사용될 수도 있고, 1개의 지정된 핀을 기준으로 하는 몇개의 차동(differential) 입력으로 사용될 수도 있으며, 이 중에서 2가지의 차동입력에 대해서는 입력된 아날로그 신호를 마이크로콘트롤러 내부에서 10배 또는 200배 증폭하여 A/D 변환할 수도 있다. 한편, 아날로그 입력신호 단자 ADC15~ADC0은 아날로그 비교기의 음극성 입력으로 사용될 수도 있다.

단극성 입력을 사용할 때 A/D 변환시간은 사용 주파수 50kHz~1000kHz에서 13~260μs로 된다. 기준전압 V_{REF}의 범위는 1.0V~AVCC이며, 아날로그 입력 전압의 범위는 GND~V_{REF}로 사용해야 한다. 한편, 차동입력을 사용할 때 A/D 변환시간은 사용 주파수 50kHz~200kHz에서 65~260μs로 된다. 기준전압 V_{REF}의 범위는 2.0V~AVCC-0.5이며, 아날로그 입력 전압의 범위는 GND~VCC로 사용해야 한다.

A/D 컨버터에는 보다 안정된 동작을 위하여 마이크로콘트롤러의 디지털 전원과 별도로 아날로그 회로의 전원 단자 AVCC를 가지고 있으며, A/D 변환에 필요한 기준전압 단자 AREF도 가지고 있다. AVCC의 전압은 VCC에 인가된 전압의 ±0.3V 이내로 유지되어야 한다.

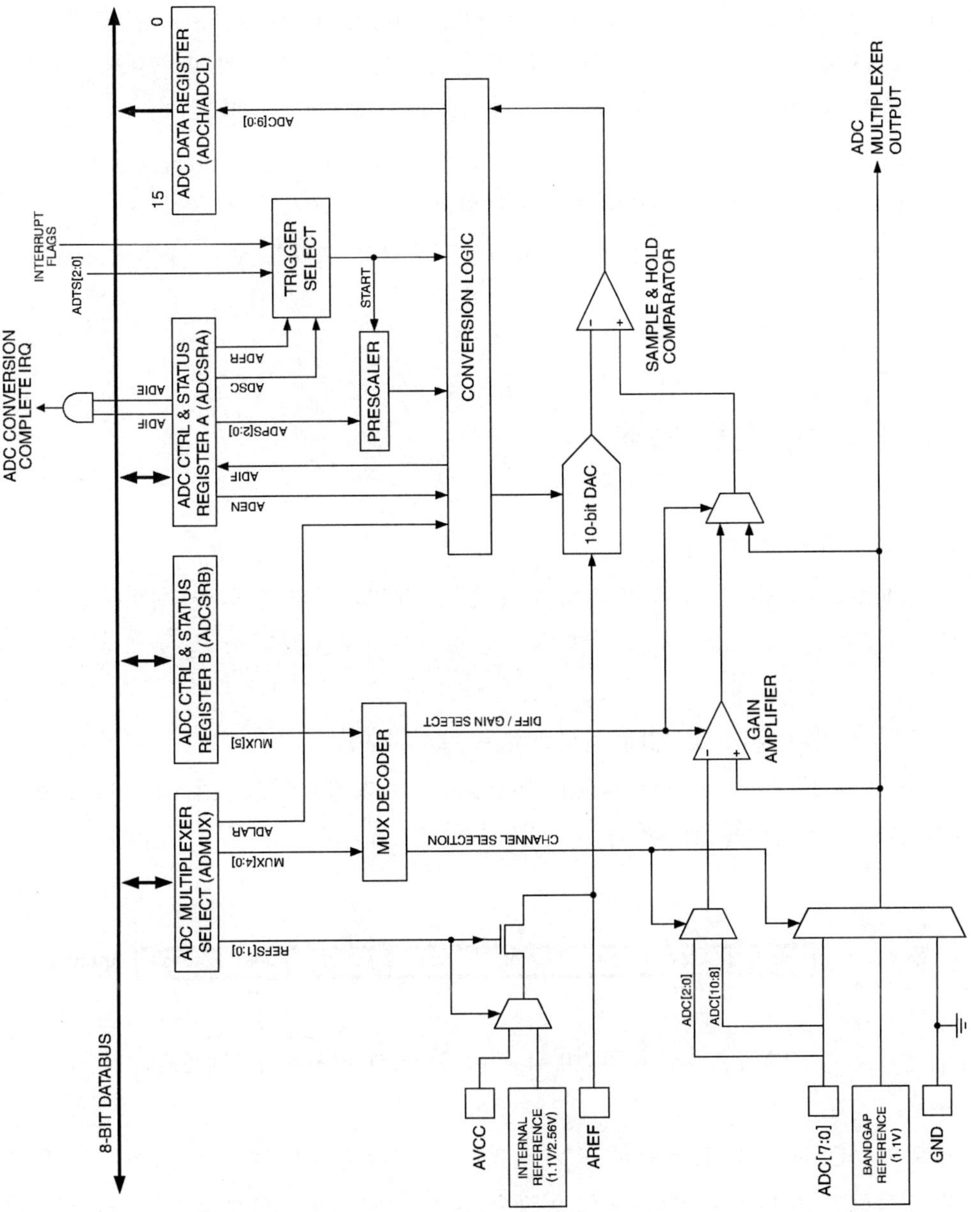

〈그림 2.6.1〉 A/D 컨버터의 구성 블록도

A/D 컨버터의 기준전압 V_{REF}에는 외부의 AREF 단자로 입력된 전압을 사용할 수도 있고, 마이크로콘트롤러 내부의 기준전압 1.1V 또는 2.56V를 사용할 수도 있다. 외부에서 인가하는 기준전압 AREF는 아날로그 전원 전압 AVCC 및 VCC를 초과할 수 없다.

A/D 변환 모드에는 단일변환 모드(single conversion mode)와 자동 트리거 모드(auto trigger mode)가 있으며, 자동 트리거 모드에서는 여러 가지 방법으로 트리거 소스를 지정할 수 있다. 변환이 완료되면 변환 결과가 저장되는 데이터 레지스터가 업데이트되면서 A/D 변환완료 인터럽트(ADC Conversion Complete Interrupt)가 요청되며 ADCSRA 레지스터의 ADIF 플랙이 1로 셋트된다.

ATmega1281/2561에서 A/D 컨버터의 내부 구성을 블록도로 보이면 <그림 2.6.1>과 같다.

2. A/D 컨버터의 동작

(1) 레지스터 사용

ATmega1281/2561의 A/D 컨버터에 관련된 레지스터의 기능을 살펴보면 다음과 같다.

▣ A/D 컨버터 제어 및 상태 레지스터 A(ADCSRA)

ADCSRA(ADC Control and Status Register A) 레지스터는 A/D 컨버터의 동작을 설정하거나 동작 상태를 표시하는 기능을 수행한다.

Bit	7	6	5	4	3	2	1	0	
(0x7A)	ADEN	ADSC	ADATE	ADIF	ADIE	ADPS2	ADPS1	ADPS0	ADCSRA
Read/Write	R/W	R/W	R/W	R/W	R/W	R/W	R/W	R/W	
Initial Value	0	0	0	0	0	0	0	0	

〈그림 2.6.2〉 A/D 컨버터 제어 및 상태 레지스터 ADCSRA

비트7의 ADEN(ADC Enable)은 1로 설정하면 A/D 컨버터의 모든 동작이 허용되고, 0으로 설정하면 A/D 컨버터의 모든 동작이 금지된다. A/D 컨버터의 동작을 금지하면 소비전력을 절감할 수 있다.

비트6의 ADSC(ADC Start Conversion)는 1로 설정하면 A/D 컨버터의 변환이 시작된다. 단, 프리 런닝 모드에서는 이를 1로 설정하면 첫번째의 변환이 개시되며 그 다음부터는 자동으로 변환이 반복된다. ADEN=1로 설정하고 나서 첫번째의 변환에는 25주기의 clk_{ADC} 클록 주기가 필요하고 그 다음부터는 A/D 변환에 13클록이 소요된다. A/D 변환이 수행되는 동안에 이 비트를 읽으면 1로 읽혀지며, 변환이 완료되면 자동적으로 0으로 클리어된다.

비트5의 ADATE(ADC Auto Trigger Enable)는 0으로 설정하면 ADSC 비트에 의하여 소프트웨어적으로 A/D 변환이 시작되며, 1로 설정하면 외부의 트리거 소스에 의하여 하드웨어적으로 A/D 컨버터를 자동 트리거하는 기능을 허용한다. 자동 트리거 소스는 ADCSRB 레지스터의 ADTS2~0 비트로 설정하며, 선택된 자동 트리거 신호가 H 상태로 입력된 이후에 첫번째 클록의 상승 에지에서 A/D 변환이 시작된다.

비트4의 ADIF(ADC Interrupt Flag)는 A/D 변환이 완료되어 A/D 컨버터 데이터 레지스터 값이 갱신되고 나면 이것이 1로 셋트되면서 변환완료 인터럽트를 요청한다. 이때 ADIE=1로 설정되고 SREG 레지스터의 I비트가 1로 설정되어 있다면 이 인터럽트가 발생되어 처리된다. 이 인터럽트가 처리되기 시작하면 이 플랙 비트는 다시 자동적으로 0으로 클리어되며, 사용자가 강제로 이를 0으로 클리어하려면 이 비트에 1을 써 주어야 한다.

비트3의 ADIE(ADC Interrupt Enable)는 A/D 변환완료 인터럽트를 개별적으로 허용한다. 실제로 인터럽트가 허용되려면 ADIE=1로 설정되고 SREG 레지스터의 I비트가 1로 설정되어 있어야 한다.

비트2~0의 ADPS2~0(ADC Prescaler Select Bit)은 <표 2.6.1>과 같이 A/D 컨버터에 인가되는 클록의 분주비를 선택한다. A/D 변환을 수행하는데는 일정한 수의 클록 주기가 소요되므로 시스템 클록을 나누는 분주비를 어떻게 선택하는지에 따라 변환시간이 달라진다.

〈표 2.6.1〉 A/D 컨버터 클록의 분주비 선택

ADPS2	ADPS1	ADPS0	분주비
0	0	0	2
0	0	1	2
0	1	0	4
0	1	1	8
1	0	0	16
1	0	1	32
1	1	0	64
1	1	1	128

▣ A/D 컨버터 제어 및 상태 레지스터 B(ADCSRB)

ADCSRB(ADC Control and Status Register B) 레지스터는 자동 트리거 소스를 설정하거나 아날로그 멀티플렉서에 관련되는 비트를 가지고 있다. 또한, 여기에는 아날로그 비교기 관련 비트도 부수적으로 가지고 있다.

Bit	7	6	5	4	3	2	1	0	
(0x7B)	–	ACME	–	–	MUX5	ADTS2	ADTS1	ADTS0	ADCSRB
Read/Write	R	R/W	R	R	R/W	R/W	R/W	R/W	
Initial Value	0	0	0	0	0	0	0	0	

〈그림 2.6.3〉 A/D 컨버터 제어 및 상태 레지스터 ADCSRB

비트6의 ACME(Analog Comparator Multiplexer Enable)는 아날로그 비교기의 음극성 입력에 A/D 컨버터의 입력신호가 사용될 수 있도록 허용한다. 이 비트는 아날로그 비교기에서 자세히 설명하였다.

비트3의 MUX5(Analog Channel and Gain Selection Bit)는 ADMUX 레지스터의 MUX4~0 비트와 함께 A/D 컨버터의 아날로그 입력 채널을 선택한다. 그러나, ATmega1281/2561에서는 이 비트가 사용되지 않고 항상 0인 것으로 간주한다.

비트2~0의 ADTS2~0(ADC Auto Trigger Source Select Bit)은 ADCSRA 레지스터에서 ADATE=1로 설정하여 자동 트리거 모드를 사용할 경우의 트리거 소스를 설정한다. 자동 트리거 소스는 <표 2.6.2>와 같이 8가지의 하드웨어적인 방법 중에서 하나를 사용할 수 있다.

〈표 2.6.2〉 A/D 컨버터 자동 트리거 소스 선택

ADTS2	ADTS1	ADTS0	자동 트리거 소스
0	0	0	프리 런닝 모드(free running mode) *
0	0	1	아날로그 비교기
0	1	0	외부 인터럽트 0
0	1	1	타이머/카운터0 비교출력 A
1	0	0	타이머/카운터0 오버플로우
1	0	1	타이머/카운터1 비교출력 B
1	1	0	타이머/카운터1 오버플로우
1	1	1	타이머/카운터1 입력 캡쳐

* 차동입력에서는 프리 런닝 모드를 사용할 수 없음.

▣ A/D 컨버터 멀티플렉서 선택 레지스터(ADMUX)

ADMUX(ADC Multiplexer Selection Register) 레지스터는 A/D 컨버터의 아날로그 입력 채널을 선택하는 기본 기능 이외에도 A/D 컨버터의 기준전압 소스를 선택하거나 변환결과 레지스터의 데이터 저장 형식을 지정하는 기능을 수행한다.

Bit	7	6	5	4	3	2	1	0	
(0x7C)	REFS1	REFS0	ADLAR	MUX4	MUX3	MUX2	MUX1	MUX0	ADMUX
Read/Write	R/W	R/W	R/W	R/W	R/W	R/W	R/W	R/W	
Initial Value	0	0	0	0	0	0	0	0	

〈그림 2.6.4〉 A/D 컨버터 멀티플렉서 선택 레지스터 ADMUX

비트7~6의 REFS1~0(Reference Selection Bit)은 <표 2.6.3>과 같이 A/D 컨버터에서 사용하는 기준전압을 선택한다. 차동입력에서는 내부 기준전압 1.1V를 사용할 수 없으며, 10× 및 200× 모드에서는 2.56V의 내부 기준전압을 사용해야 한다.

〈표 2.6.3〉 A/D 컨버터 기준전압의 선택

REFS1	REFS0	기준전압
0	0	외부의 AREF 단자로 입력된 전압을 사용
0	1	외부의 AVCC 단자로 입력된 전압을 사용 *
1	0	내부의 기준전압 1.1V를 사용 *
1	1	내부의 기준전압 2.56V를 사용 *

*의 경우에는 AREF 단자에 전압을 인가하지 말고 이 단자와 접지 사이에 0.1μF의 콘덴서를 접속할 것.

〈표 2.6.4〉 A/D 컨버터 기준전압의 선택

MUX5~0	단극성 입력	차동입력 +단자	차동입력 -단자	차동입력 이득	MUX5~0	단극성 입력	차동입력 +단자	차동입력 -단자	차동입력 이득
000000	ADC0	–			100000	ADC8	–		
000001	ADC1				100001	ADC9			
000010	ADC2				100010	ADC10			
000011	ADC3				100011	ADC11			
000100	ADC4				100100	ADC12			
000101	ADC5				100101	ADC13			
000110	ADC6				100110	ADC14			
000111	ADC7				100111	ADC15			
001000	–	ADC0	ADC0	10×	101000	–	ADC8	ADC8	10×
001001		ADC1	ADC0	10×	101001		ADC9	ADC8	10×
001010		ADC0	ADC0	200×	101010		ADC8	ADC8	200×
001011		ADC1	ADC0	200×	101011		ADC9	ADC8	200×
001100		ADC2	ADC2	10×	101100		ADC10	ADC10	10×
001101		ADC3	ADC2	10×	101101		ADC11	ADC10	10×
001110		ADC2	ADC2	200×	101110		ADC10	ADC10	200×
001111		ADC3	ADC2	200×	101111		ADC11	ADC10	200×
010000		ADC0	ADC1	1×	110000		ADC8	ADC9	1×
010001		ADC1	ADC1	1×	110001		ADC9	ADC9	1×
010010		ADC2	ADC1	1×	110010		ADC10	ADC9	1×
010011		ADC3	ADC1	1×	110011		ADC11	ADC9	1×
010100		ADC4	ADC1	1×	110100		ADC12	ADC9	1×
010101		ADC5	ADC1	1×	110101		ADC13	ADC9	1×
010110		ADC6	ADC1	1×	110110		ADC14	ADC9	1×
010111		ADC7	ADC1	1×	110111		ADC15	ADC9	1×
011000		ADC0	ADC2	1×	111000		ADC8	ADC10	1×
011001		ADC1	ADC2	1×	111001		ADC9	ADC10	1×
011010		ADC2	ADC2	1×	111010		ADC10	ADC10	1×
011011		ADC3	ADC2	1×	111011		ADC11	ADC10	1×
011100		ADC4	ADC2	1×	111100		ADC12	ADC10	1×
011101		ADC5	ADC2	1×	111101		ADC13	ADC10	1×
011110	1.1V(V_{BG})	–			111110	(reserved)	–		
011111	0V(GND)				111111	(reserved)			

☞ ADC15~ADC8은 ATmega640/1280/2560에만 해당됨.

비트5의 ADLAR(ADC Left Adjust Result)을 1로 지정하면 변환 결과가 A/D 컨버터 데이터 레지스터에 저장될 때 <그림 2.6.5>의 아래쪽 그림과 같이 좌측으로 끝을 맞추어 저장된다. 그러나, 이 비트를 0으로 지정하면 <그림 2.6.5>의 위쪽 그림과 같이 변환 결과가 A/D 컨버터 데이터 레지스터의 우측으로 끝을 맞추어 저장된다.

비트4~0의 MUX4~0(Analog Channel and Gain Selection Bit)은 ADCSRB 레지스터의 MUX5 비트와 함께 <표 2.6.4>에 보인 것처럼 A/D 컨버터의 아날로그 입력 채널을 선택한다. 아날로그 입력은 크게 8/16가지의 단극성 입력과 22/44가지 종류의 차동입력으로 구분되고, 차동입력은 다시 4가지 경우로 나누어지는데 ① ADC1~ADC0(ADC9~ADC8) 단자 사이의 차동입력(이득 10 또는 200), ② ADC3~ADC2(ADC11~ADC10) 단자 사이의 차동입력(이득 10 또는 200), ③ ADC1/ADC9 단자를 기준으로 한 8가지의 차동입력, ④ ADC2/ADC10 단자를 기준으로 한 6가지의 차동입력 등이다.

여기서 이득이 10×과 200×인 경우에는 A/D 컨버터의 동작전압 AVCC를 2.0V 미만으로 사용하면 안된다는 점에 유의하라. <표 2.6.4>에서 당연히 ADC15~ADC8에 관련되는 기능은 모두 ATmega640/1280/2560 모델에만 적용된다.

▣ A/D 컨버터 데이터 레지스터(ADCH, ADCL)

ADCH 및 ADCL(ADC Data Register) 레지스터는 A/D 컨버터의 변환 결과를 저장한다. 단극성 입력을 사용할 경우에는 A/D 변환 결과가 10비트 양의 정수로 표시되어 0~1023의 범위를 가지지만, 차동입력을 사용할 경우에는 A/D 변환 결과가 10비트 2의 보수(2's complement)로 표현되어 -512~+511의 범위를 갖는다.

이 16비트 레지스터에서 A/D 변환 결과를 읽을 때는 AVR에서의 기본 원칙대로 반드시 하위 바이트인 ADCL을 먼저 읽고 나서 나중에 상위 바이트인 ADCH를 읽어야 한다.

ADLAR = 0

Bit	15	14	13	12	11	10	9	8	
(0x79)	–	–	–	–	–	–	ADC9	ADC8	ADCH
(0x78)	ADC7	ADC6	ADC5	ADC4	ADC3	ADC2	ADC1	ADC0	ADCL
	7	6	5	4	3	2	1	0	
Read/Write	R	R	R	R	R	R	R	R	
	R	R	R	R	R	R	R	R	
Initial Value	0	0	0	0	0	0	0	0	
	0	0	0	0	0	0	0	0	

ADLAR = 1

Bit	15	14	13	12	11	10	9	8	
(0x79)	ADC9	ADC8	ADC7	ADC6	ADC5	ADC4	ADC3	ADC2	ADCH
(0x78)	ADC1	ADC0	–	–	–	–	–	–	ADCL
	7	6	5	4	3	2	1	0	
Read/Write	R	R	R	R	R	R	R	R	
	R	R	R	R	R	R	R	R	
Initial Value	0	0	0	0	0	0	0	0	
	0	0	0	0	0	0	0	0	

〈그림 2.6.5〉 A/D 컨버터 데이터 레지스터 ADCH 및 ADCL

A/D 변환이 수행되고 나서 10비트의 변환 결과를 16비트 데이터 레지스터에 저장하는데는 2가지의 방법이 있다. 즉, ADMUX 레지스터의 ADLAR 비트를 0으로 설정하면 <그림 2.6.5>에서 위의 경우처럼 데이터가 우측으로 정렬되어 저장되고, 이를 1로 설정하면 <그림 2.6.5>에서 아래의 경우처럼 데이터가 좌측으로 정렬되어 저장된다. 일반적으로는 우측 정렬을 사용하지만, 10비트의 A/D 변환 결과에서 하위 2비트를 잘라내고 8비트로 사용하고 싶을 경우에는 좌측정렬 방법을 사용하는 것이 유리하다.

▣ 디지털 입력 금지 레지스터 0(DIDR0)

DIDR0(Digital Input Disable Register 0) 레지스터는 A/D 컨버터의 아날로그 입력 단자에서 디지털 입력 버퍼를 금지시켜 병렬 I/O 포트로 동작하지 못하도록 하는 기능을 수행한다. 이와 같이 하면 디지털 입력 버퍼에서의 소비전력을 절약할 수 있다.

Bit	7	6	5	4	3	2	1	0	
(0x7E)	ADC7D	ADC6D	ADC5D	ADC4D	ADC3D	ADC2D	ADC1D	ADC0D	DIDR0
Read/Write	R/W	R/W	R/W	R/W	R/W	R/W	R/W	R/W	
Initial Value	0	0	0	0	0	0	0	0	

〈그림 2.6.6〉 디지털 입력 금지 레지스터 DIDR0

비트7~0의 ADC7D~ADC0D(ADC7~0 Digital Input Disable)는 각각 ADC7~0 단자에서 디지털 입력을 금지시킨다. 디지털 입력을 금지하면 해당 PINx 레지스터를 읽었을 때 디지털 값이 0으로 읽혀진다.

▣ 디지털 입력 금지 레지스터 2(DIDR2)

DIDR2(Digital Input Disable Register 2) 레지스터는 A/D 컨버터의 아날로그 입력 단자에서 디지털 입력 버퍼를 금지시켜 병렬 I/O 포트로 동작하지 못하도록 하는 기능을 수행한다. 이와 같이 하면 디지털 입력 버퍼에서의 소비전력을 절약할 수 있다.

Bit	7	6	5	4	3	2	1	0	
(0x7D)	ADC15D	ADC14D	ADC13D	ADC12D	ADC11D	ADC10D	ADC9D	ADC8D	DIDR2
Read/Write	R/W	R/W	R/W	R/W	R/W	R/W	R/W	R/W	
Initial Value	0	0	0	0	0	0	0	0	

〈그림 2.6.7〉 디지털 입력 금지 레지스터 DIDR2

비트7~0의 ADC15D~ADC8D(ADC15~8 Digital Input Disable)는 각각 ADC15~8 단자에서 디지털 입력을 금지시킨다. 디지털 입력을 금지하면 해당 PINx 레지스터를 읽었을 때 디지털 값이 0으로 읽혀진다.

(2) A/D 변환의 시작

단일 변환 모드에서 A/D 변환을 시작하는 것은 ADCSRA 레지스터에서 ADSC=1로 라이트하여 소프트웨어적으로 수행된다. 그러면 이 비트는 A/D 변환이 수행되는 동안에 1로 유지되다가 변환이 완료되면 0으로 된다. 만약 A/D 변환이 수행되고 있는 동안에 다른 채널이 선택되면 현재의 A/D 변환은 강제로 종료된다.

자동 트리거 모드는 ADCSRA 레지스터에서 ADATE=1로 하여 설정한다. 자동 크리거 모드에서는 ADCSRB 레지스터에서 ADTS2~0 비트를 사용하여 하드웨어적으로 A/D 변환을 시작하는 자동 트리거 방법이 8가지 중에서 하나로 설정될 수 있다. 이것들은 해당 이벤트가 발생하여 상승 에지 신호가 들어오면 그 다음 첫번째 클록의 상승 에지에서 A/D 변환이 자동으로 시작된다. 그러나, 프리 러닝 모드를 사용하는 경우에는 ADCSRA 레지스터에서 ADSC=1로 라이트하여 소프트웨어적으로 첫번째의 변환을 수행해 주어야만 한다. A/D 변환이 완료되었을 때 이벤트 신호가 아직 H상태로 유지되고 있더라도 새로운 A/D 변환이 시작되지 않으며, 이를 위해서는 이벤트 신호가 다시 상승 에지로 입력되어야 한다.

자동 트리거 모드로 설정되어 있는 경우에도 ADCSRA 레지스터에서 ADSC=1로 라이트하면 소프트웨어적으로 단일 변환이 시작된다. A/D 변환이 수행중일 때는 항상 ADSC=1로 되어 있으므로 이 비트는 어떤 변환 모드에서든지 현재 A/D 변환 작업이 수행중인지를 조사하는데 사용할 수 있다.

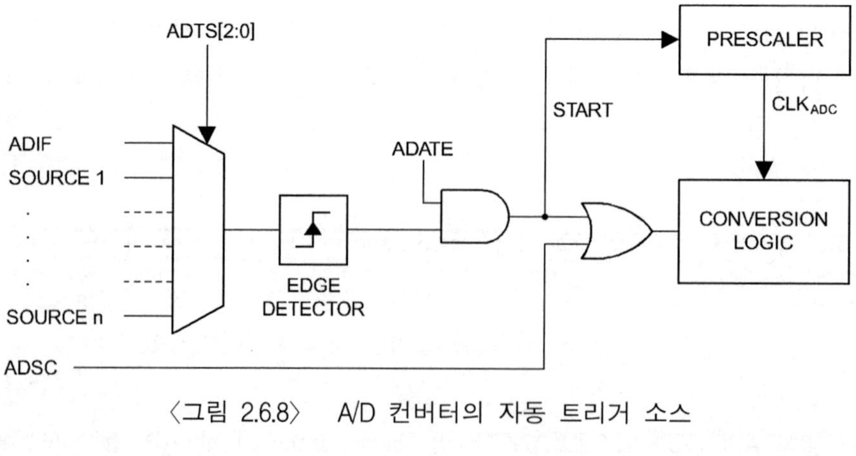

〈그림 2.6.8〉 A/D 컨버터의 자동 트리거 소스

(3) 클록의 선택 및 동작 타이밍

ATmega1281/2561의 A/D 컨버터에는 클록이 공급되어야 하는데, 단극성 입력에서는 50kHz~1000kHz 범위의 클록을 사용하고 차동입력에서는 50kHz~200kHz의 클록을 사용해야 한다. 이 A/D 컨버터의 클록 clk_{ADC}에는 <그림 2.6.9>와 같이 시스템 클록을 프리스케일러로 분주하여 공급하는데, 이 프리스케일러의 분주비는 ADCSRA 레지스터의 ADPS2~0 비트에 의하여 2, 4, 8, 16, 32, 64, 128 중의 1가지로 선택할 수 있다. 이 프리스케일러는 ADCSRA 레지스터에서 ADEN=1로 설정한 경우에만 동작한다.

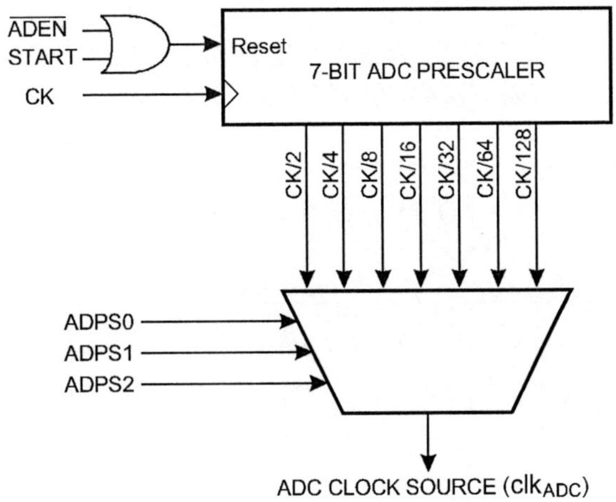

〈그림 2.6.9〉 A/D 컨버터의 클록을 공급하는 프리스케일러

〈표 2.6.5〉 A/D 컨버터의 동작 시간

조 건	샘플/홀드 시간(사이클)	A/D 변환 시간(사이클)
ADEN=1 설정후 최초 변환	13.5	25
그 이후의 일반적인 A/D 변환(단극성 입력)	1.5	13
그 이후의 일반적인 A/D 변환(차동입력)	1.5~2.5	13~14
자동 트리거 모드에서의 A/D 변환	2	13.5

☞ 이 클록 사이클 수는 clk_{ADC} 클록을 기준으로 표현한 것임.

ATmega1281/2561이 A/D 변환을 수행하는데는 각각 일정한 클록 주기가 소요되는데 이를 요약하면 <표 2.6.5>와 같다. 즉, ADEN=1로 설정하고 나서 최초의 변환에는 25개의 clk_{ADC} 클록 주기가 소요되며, 그 이후의 단극성 입력 변환에는 13클록이 소요된다. 이 변환시간에는 각각 13.5클록 주기와 1.5클록 주기의 샘플/홀드 시간이 포함되어 있다. 그러나, 차동입력의 경우에는 clk_{ADC} 클록 주파수의 1/2에 해당하는 clk_{ADC2} 클록에 동기되어 동작하는데, 내부의 동기를 취하는 과정이 필요하기 때문에 상황에 따라 단극성 입력의 경우보다 clk_{ADC}로 1클록 주기씩 더 걸릴 수도 있다. 한편, 자동 트리거 모드에서는 2클록 주기의 샘플/홀드 시간을 포함하여 13.5클록 주기의 변환시간이 소요된다.

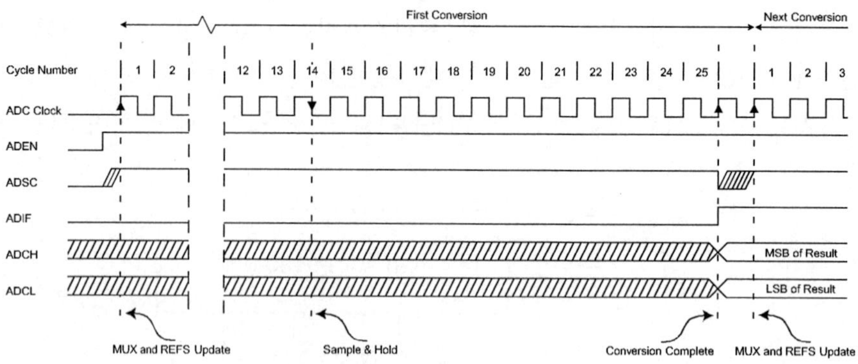

(a) ADEN=1 설정후 최초의 변환

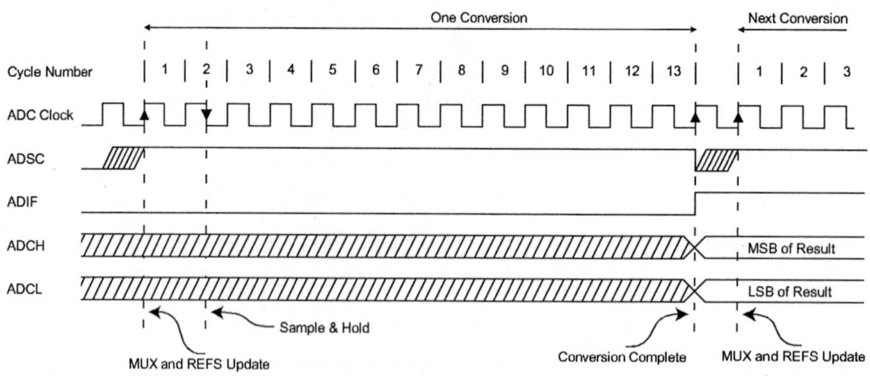

(b) 그 이후의 일반적인 변환

〈그림 2.6.10〉 단일변환 모드에서의 A/D 변환 동작 타이밍

단일변환 모드에서는 ADCSRA 레지스터에서 미리 ADEN=1로 설정된 상태에서 또는 ADEN 비트와 ADSC 비트를 동시에 1로 설정하여 A/D 변환의 시작을 지시하는데, 이렇게 하면 <그림 2.6.10>의 (a)에 보였듯이 그 이후 첫번째로 오는 clk_{ADC} 클록 사이클의 상승 에지에서 A/D 변환이 시작된다. 샘플/홀드를 포함한 A/D 변환의 전체 과정에는 13.5클록의 샘플링 시간을 포함하여 총 25클록 주기가 소요되는데, 이 시간이 지나면 변환 결과가 A/D 컨버터 데이터 레지스터에 저장되면서 ADIF=1로 되어 A/D 변환완료 인터럽트가 요청되고 ADSC 비트는 자동으로 클리어된다. 마이크로콘트롤러

가 이 A/D 변환 결과를 읽어들인 후에 다시 A/D 변환을 수행하려면 ADSC=1로 설정하면 된다. 그러나, 이제부터는 <그림 2.6.10>의 (b)처럼 A/D 변환이 1.5클록의 샘플링 시간을 포함하여 총 13클록에 완료된다.

자동 트리거 모드에서는 트리거 이벤트 신호가 들어오면 먼저 프리스케일러를 리셋하고 <그림 2.6.11>에 보인 바와 같이 A/D 변환을 수행한다.

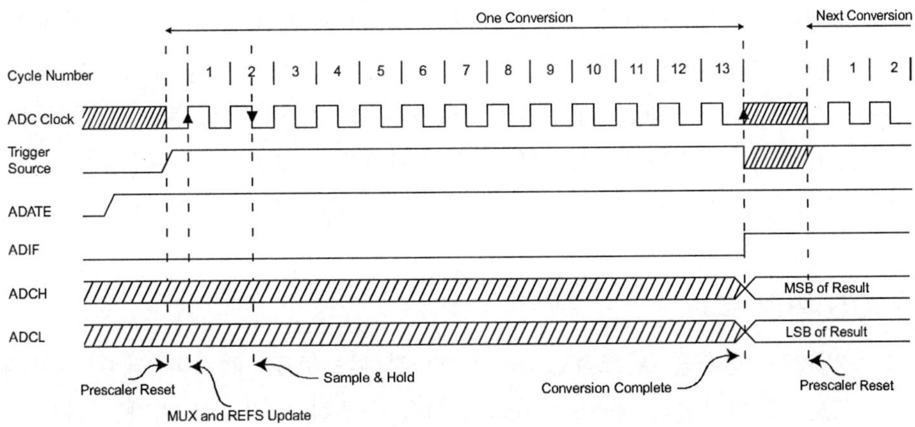

〈그림 2.6.11〉 자동 트리거 모드에서의 A/D 변환 동작 타이밍

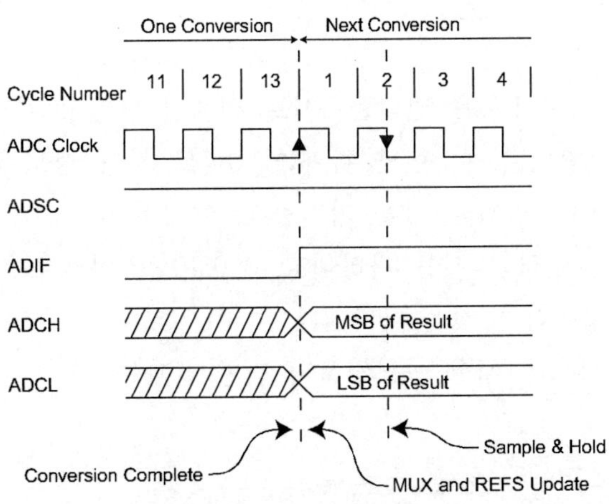

〈그림 2.6.12〉 프리 런닝 모드에서의 A/D 변환 동작 타이밍

자동 트리거 기능 중에서 프리 런닝 모드를 사용하려면 최초에 한번만 ADSC=1로 설정하여 A/D 변환을 시작하면 그 이후에는 자동적으로 반복하여 A/D 변환을 수행한다. 즉, <그림 2.6.12>에 보였듯이 이 모드에서는 13클록만에 A/D 변환이 완료되며,

이것이 A/D 컨버터 데이터 레지스터에 저장되면서 즉시 그 다음 차례의 A/D 변환이 자동으로 시작된다. 따라서, 이 동작 모드를 사용하는 경우에는 마이크로콘트롤러가 아무 때나 A/D 컨버터 데이터 레지스터를 읽어들이면 가장 최근에 변환된 결과를 읽을 수 있다.

A/D 컨버터는 모든 동작 모드에서 A/D 변환 동작을 시작할 때마다 ADMUX 및 ADCSRB 레지스터에 설정되어 있는 REFS1~0 비트와 MUX5~0 비트를 업데이트하여 가장 최근에 설정된 기준전압과 아날로그 입력 채널에 의해 동작한다. 사용자가 이들 값을 새로 설정하려면 A/D 변환을 시작하기 전에 수행하는 것이 원칙이며, 기준전압을 변경하고 나면 A/D 변환을 시작하기 전에 적어도 125μs 이상 동안 기다려야 한다. 또한, 차동입력에서는 아날로그 신호의 이득을 처리하는 부분의 동작이 안정되는데 좀 더 많은 시간이 필요하기 때문에 채널을 변경하면 125μs 이상의 시간지연이 필요하다.

(4) A/D 변환 결과

A/D 컨버터가 변환을 완료하면 그 변환 결과는 A/D 컨버터 데이터 레지스터 ADCH 및 ADCL에 저장된다. 단극성 입력 채널을 사용하는 경우의 변환 결과는

$$\mathrm{ADCH:ADCL} = \frac{V_{IN}}{V_{REF}} \times 1024$$

와 같이 표현된다. 여기서 V_{IN}은 멀티플렉서로 선택된 단극성 아날로그 입력전압이고, V_{REF}는 선택된 기준전압이다. 이 변환 결과는 10비트 양의 정수 표현법을 사용하므로 0(0x0000)~1023(0x03FF) 범위의 값을 가지는데, 여기서 0x0000은 아날로그 입력전압이 접지(0V)와 같은 값이라는 것을 나타내고, 0x03FF는 아날로그 입력전압이 V_{REF}보다 1 LSB만큼 낮은 값이라는 것을 나타낸다.

그러나, 차동입력 채널을 사용하는 경우의 변환 결과는

$$\mathrm{ADCH:ADCL} = \frac{V_{POS} - V_{NEG}}{V_{REF}} \times GAIN \times 512$$

와 같이 표현된다. 여기서 V_{POS}는 멀티플렉서로 선택된 차동 아날로그 입력의 양극성 단자 전압이고 V_{NEG}는 음극성 단자 전압이다. 또한, *GAIN*은 아날로그 전압의 이득으로서 1, 10, 200 중의 1가지이다. 이 변환 결과는 10비트 2의 보수 표현법을 사용하므로 -512(0x0200)~+511(0x01FF) 범위의 값을 가진다. 따라서, 만약 *GAIN*이 1인 경우

라면 0x0000은 차동입력 전압이 0V라는 것을 나타내고, 0x01FF는 차동입력 전압이 V_{REF} 보다 1 LSB만큼 낮은 값이라는 것을 나타내며, 0x0200은 차동입력 전압이 $-V_{REF}$와 같다는 것을 나타낸다. 이를 도시하면 <그림 2.6.13>과 같다.

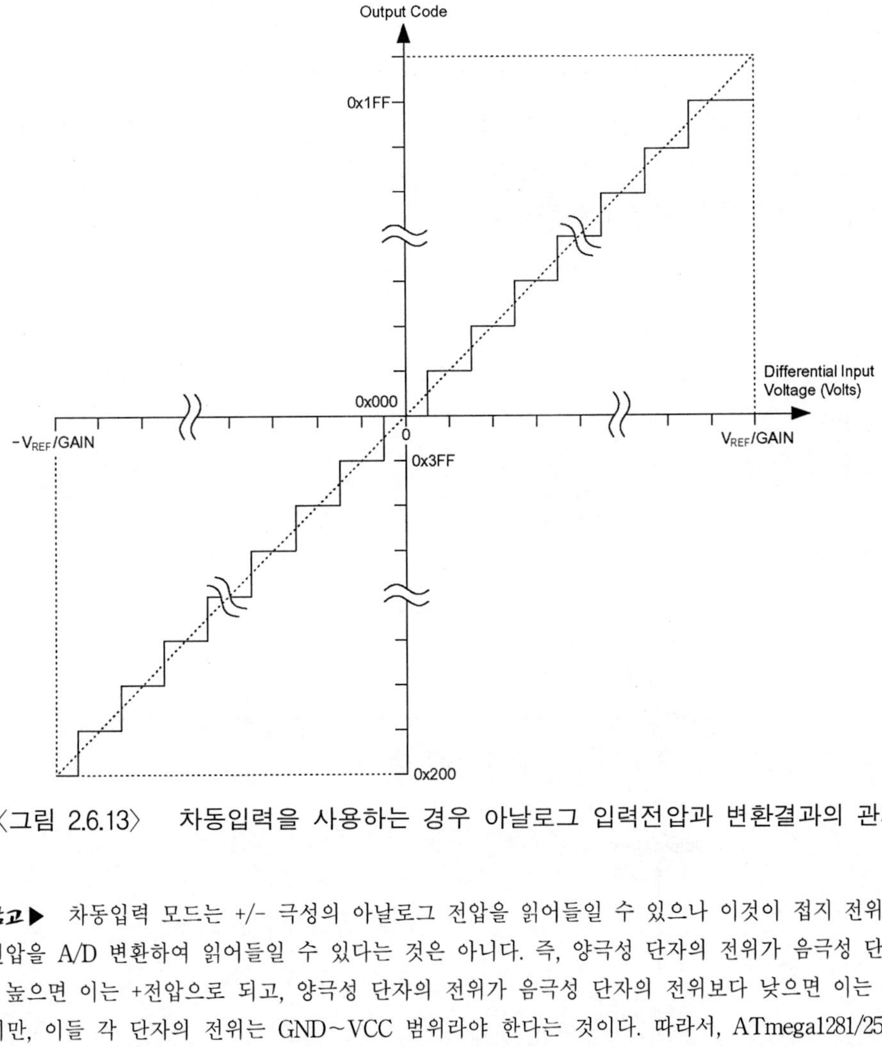

〈그림 2.6.13〉 차동입력을 사용하는 경우 아날로그 입력전압과 변환결과의 관계

◀참고▶ 차동입력 모드는 +/- 극성의 아날로그 전압을 읽어들일 수 있으나 이것이 접지 전위보다 낮은 음전압을 A/D 변환하여 읽어들일 수 있다는 것은 아니다. 즉, 양극성 단자의 전위가 음극성 단자의 전위보다 높으면 이는 +전압으로 되고, 양극성 단자의 전위가 음극성 단자의 전위보다 낮으면 이는 -전압으로 되지만, 이들 각 단자의 전위는 GND~VCC 범위라야 한다는 것이다. 따라서, ATmega1281/2561의 접지와 분리된 접지를 사용하는 회로가 아니라면 -극성의 아날로그 신호를 직접 읽어들이는 것은 어렵다.

◀참고▶ 차동입력에서 채널을 변경한 이후에 첫번째 A/D 변환의 결과는 상당히 정확하지 않을 수 있으므로 주의해야 한다. 이는 내부에 들어있는 자동 오프셋 제거회로가 동작하고 이득을 처리하는 회로가 안정되는데 충분한 시간이 필요하기 때문이다. 따라서, 올바른 변환 결과를 얻으려면 채널 변경후 125μs 이상을 기다려야 하며, 이를 지키지 못하면 첫번째 변환 결과는 사용하지 말고 버리는 것이 바람직하다.

(5) A/D 변환 오차

n비트 분해능의 A/D 컨버터가 GND~V_{REF} 범위의 단극성 아날로그 입력신호를 변환한다면 디지털 값은 0 ~ 2^n-1 범위에서 2^n개의 스텝으로 변화한다. 이때 A/D 컨버터에서는 여러 가지의 요인으로 오차가 발생할 수 있는데, 오차의 종류를 요약하면 다음과 같다.

첫째는 양자화 오차(quantization error)로서 1비트의 디지털 값의 변화를 일으키는 아날로그 값의 한계인데, 이는 <그림 2.6.14>의 (a)처럼 항상 ±0.5LSB로서 일정하며 A/D 컨버터가 속성적으로 가지는 불가피한 오차이다. 이 오차를 작게 하려면 분해능이 높은 A/D 컨버터를 사용해야 한다.

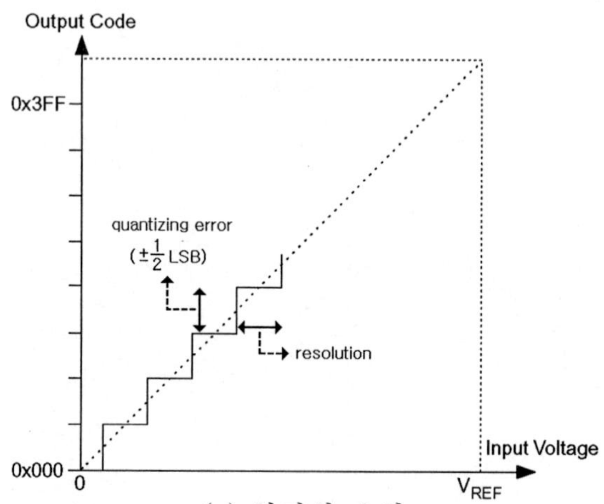

(a) 양자화 오차

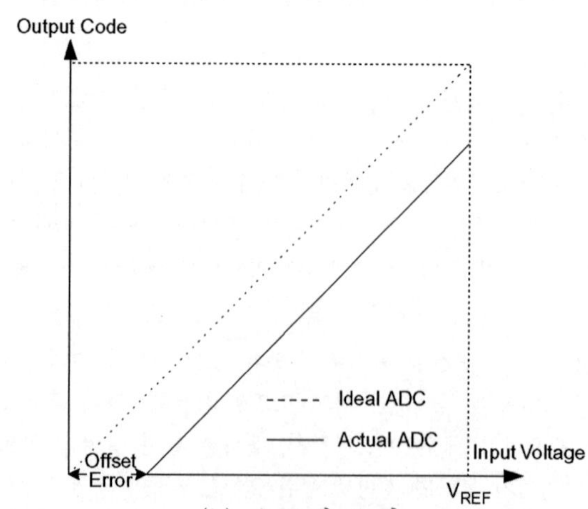

(b) 오프셋 오차

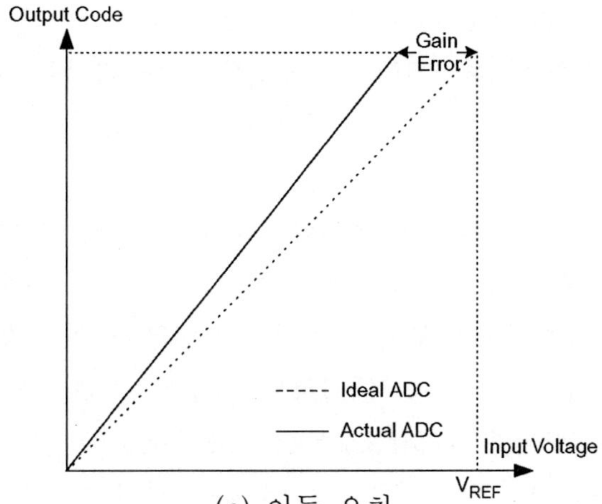

(c) 이득 오차

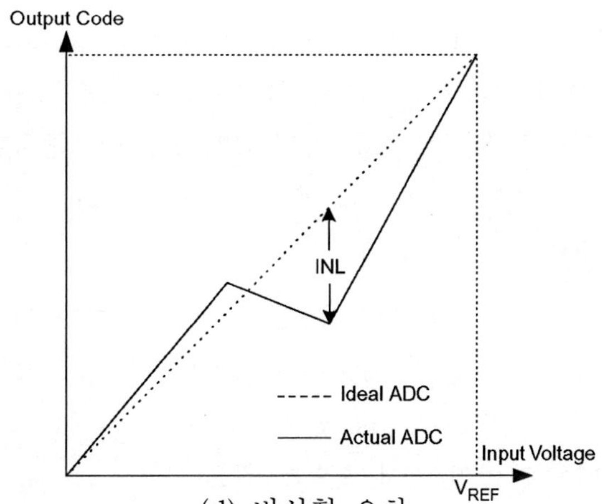

(d) 비선형 오차

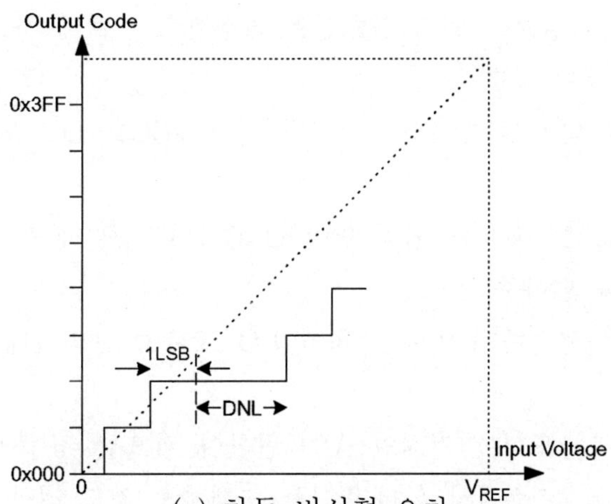

(e) 차동 비선형 오차

〈그림 2.6.14〉 A/D 컨버터의 변환 오차

둘째는 오프셋 오차(offset error)로서 <그림 2.6.14>의 (b)처럼 변환 결과가 이상적인 디지털 값에서 일정한 양만큼 벗어나는 것인데, 이는 디지털 값이 최소치인 0일 때의 아날로그 입력값으로 표현한다. 이는 변환된 디지털 값에서 일정치를 빼거나 더함으로써 소프트웨어적으로 쉽게 보정할 수 있다.

셋째는 이득 오차(gain error)로서 <그림 2.6.14>의 (c)처럼 변환 결과가 이상적인 값에서 일정한 비율만큼 벗어나는 것인데, 이는 디지털 값이 최대치인 경우의 아날로그 입력과 최대 아날로그 입력인 V_{REF}의 차이로 표현한다. 이는 변환된 디지털 값에서 일정치를 곱하거나 나눔으로써 소프트웨어적으로 쉽게 보정할 수 있다.

넷째는 비선형 오차(INL ; integral non-linearity error)로서 <그림 2.6.14>의 (d)처럼 오프셋 오차나 이득 오차를 보상한 후에 디지털 값이 이상적인 값에서 가장 크게 벗어나는 양이다. 이러한 오차는 A/D 컨버터의 사용자가 보정하기가 어렵다.

다섯째는 차동 비선형 오차(DNL ; differential non-linearity error)로서 <그림 2.6.14>의 (e)처럼 1비트의 변화를 발생하는 아날로그 값이 이상적인 경우에서 가장 크게 벗어나는 양이다. 이러한 오차는 A/D 컨버터의 사용자가 보정하기가 어렵다.

(6) 잡음 제거 방법

ATmega1281/2561의 A/D 컨버터는 디지털 회로의 영향을 받지 않고 잡음에 대하여 보다 안정적인 동작을 수행할 수 있도록 독립적인 아날로그 회로 전원 단자 AVCC 및 기준전원 입력 단자 AREF를 가지고 있다. 그럼에도 불구하고 A/D 컨버터는 잡음에 상당히 민감하기 때문에 여러 가지 주의가 필요하다.

① A/D 컨버터의 아날로그 입력 신호선은 최소한으로 짧게 하고 잡음의 영향을 받지 않도록 처리하는 것이 좋다.

② 아날로그 전원 단자 AVCC에는 디지털 전원 VCC를 LC 필터로 안정화시켜 인가하는 것이 좋다.

③ A/D 컨버터의 근처에서는 접지 단자 GND와 디지털 전원 VCC 사이에도 충분한 바이패스 콘덴서를 달아준다.

④ A/D 변환이 수행되는 동안에는 병렬 I/O 포트의 논리상태를 스위칭하지 않는 것이 좋다.

⑤ 잡음에 대하여 극도의 안정적인 A/D 변환이 필요한 경우에는 Idle mode 또는 ADC Noise Reduction mode에서 A/D 변환을 수행하는 것도 권장된다.

⑥ A/D 변환 결과가 잡음 등에 의하여 흔들리는 경우에는 디지털 필터를 사용하거

나 여러번 A/D 변환 결과를 읽어들인 것을 평균 처리하여 사용하면 좋다.

디지털 전원 VCC를 LC 필터로 안정화시켜 아날로그 전원 단자 AVCC에 인가하는 회로는 <그림 2.6.15>와 같은데, 여기서 사용하는 소자는 L=10μH, C=0.1μF 정도가 무난하다. A/D 컨버터의 기준전압 단자 VREF에는 이보다 더욱 정밀한 기준전압을 인가해야 하지만, 저가형으로 구현할 경우에는 여기에도 VCC를 LC 필터로 안정화시켜 인가하는 정도로 처리할 수 있다.

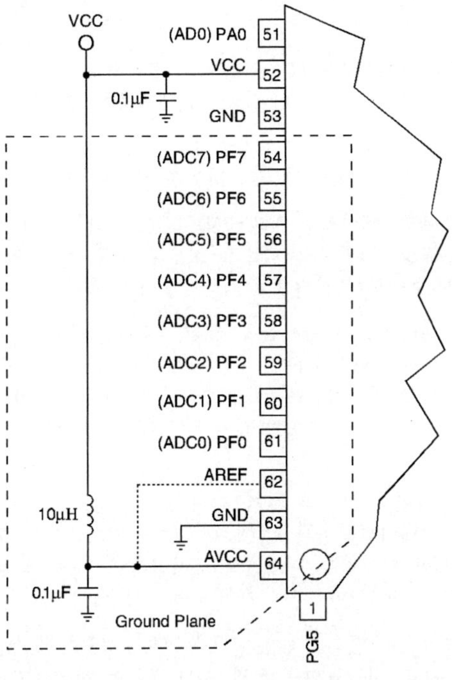

〈그림 2.6.15〉 A/D 컨버터의 아날로그 전원 처리

◀참고▶ *OK-1281/2561* 키트에서는 반도체 온도센서 LM35DZ의 출력을 Op Amp로 증폭하여 ADC2 단자에 연결하고, 가변저항 VR1의 출력을 ADC3 단자에 연결하여 단극성 아날로그 입력으로 A/D 변환을 수행할 수 있도록 하였다.

그러나, 만약 이 키트를 +5V 전원만으로 사용할 경우에도 온도센서의 A/D 변환값을 읽고자 하면 이 Op Amp를 사용할 수가 없으므로 온도센서의 출력신호를 직접 ADC1 단자에 연결하였으며, 이 경우에는 센서의 출력전압이 너무 낮으므로 내부적으로 10×의 이득을 사용하기 위하여 차동입력 모드로 설정할 수도 있기 때문에 기판에서 차동입력의 음극성 단자인 ADC0을 접지시켜 두었다.

기준전압으로는 AVCC나 내부의 2.56V를 사용할 수 있도록 AREF 단자에 전원을 인가하지 않고 이 단자와 접지 사이에 0.1μF의 콘덴서(C9)를 연결하였다.

◀휴게실▶ ATmega1281/2561에서 A/D 컨버터 사용의 주의사항 요약

AVR ATmega1281/2561에 내장된 A/D 컨버터는 매우 독특한 특징을 많이 가지고 있기 때문에 이를 사용할 때는 주의가 필요한데 이러한 사항들을 요약하면 다음과 같다.

① AVCC 단자에는 VCC±0.3V 이내의 안정된 전원을 인가하여야 하며, 기준전원으로는 AREF 단자에 입력한 전압을 사용할 수도 있고 AVCC 단자로 입력한 전압을 사용할 수도 있으며, 내부의 기준전압 1.1V/2.56V를 사용할 수도 있다. 기준전압으로 AVCC나 1.1V/2.56V를 선택하여 사용할 때는 AREF 단자에 어떤 전원을 인가해서도 안되며 이 단자와 접지 사이에 0.1μF의 콘덴서를 달아준다.

② A/D 컨버터에는 8개의 아날로그 입력단자 ADC0~ADC7이 있는데, 이것들은 8개의 단극성 입력으로 사용될 수도 있고, 1개의 지정된 핀을 기준으로 하는 차동입력으로 사용될 수도 있다. 차동입력에서 2개의 채널에 대해서는 입력된 아날로그 신호를 마이크로콘트롤러 내부에서 10배 또는 200배 증폭하여 A/D 변환할 수도 있다.

③ 아날로그 입력단자 ADC4~ADC7은 JTAG 신호와 겸용으로 되어 있으므로 이를 A/D 컨버터의 입력으로 사용하려면 퓨즈비트에서 JTAGEN 비트를 1로 해제하여 놓아야 한다.

④ 차동입력에서는 2개의 차동입력 단자에 +극성 또는 -극성의 아날로그 전압이 인가될 수 있으나 이들 각 신호의 접지에 대한 전위는 GND~VCC의 범위를 가져야 한다.

⑤ 10비트의 A/D 변환 결과는 16비트의 ADCH/ADCL 레지스터에 저장되므로 이를 LSB에 맞추어 우측으로 정렬할 수도 있고 MSB에 맞추어 좌측으로 정렬할 수도 있다. 단극성 입력에서는 우측정렬이 유리하고, 차동입력에서는 2의 보수로 표시되므로 좌측정렬이 유리하다.

⑥ 단극성 입력을 사용할 때 A/D 변환시간은 사용 주파수 50kHz~1000kHz에서 13~260μs로 되고, 기준전압 V_{REF}의 범위는 1.0V~AVCC이며, 아날로그 입력 전압의 범위는 GND~V_{REF}로 사용해야 한다. 차동입력을 사용할 때 A/D 변환시간은 사용 주파수 50kHz~200kHz에서 65~260μs로 되고, 기준전압 V_{REF}의 범위는 2.0V~AVCC-0.5이며, 각 단자에서 아날로그 입력 전압의 범위는 GND~VCC로 사용해야 한다.

⑦ A/D 변환 모드에는 단일변환 모드와 프리 런닝 모드가 있는데, 변환이 완료되면 변환 결과가 저장되는 데이터 레지스터가 업데이트되면서 ADCSRA 레지스터의 ADIF 플랙이 1로 셋트되고 A/D 변환완료 인터럽트가 요청된다. 이 인터럽트가 처리되기 시작하면 이 플랙 비트는 다시 자동적으로 0으로 클리어되며, 사용자가 강제로 이를 0이 되게 하려면 이 비트에 1을 써주어야 한다. 그러나, 폴링 방식으로 A/D 변환결과를 읽어들일 때는 ADIF 플랙이 자동적으로 클리어되지 않으므로 주의해야 한다.

⑧ 단일변환 모드에서는 ADSC 비트를 1로 하면 A/D 변환이 시작되며, 변환이 완료되면 이 비트가 0으로 된다. 따라서, 매번 A/D 변환을 수행할 때마다 이를 다시 1로 설정해 주어야 하며, A/D 변환 완료를 확인하기 위하여 이 비트를 폴링하는 방법도 가능하다.

⑨ 프리 런닝 모드에서는 첫번째 A/D 변환을 위해서만 ADSC 비트를 1로 설정하며, 그 이후에는 변환이 완료되더라도 이 비트가 0으로 되지 않고 즉시 다음 A/D 변환 동작이 자동으로 시작된다. 따라서, 이후에는 아무 때나 원하는 때에 A/D 변환 결과를 읽어낼 수 있다.

⑩ ADMUX 레지스터에서 기준전압의 선택을 변경하는 경우에는 내부 회로가 안정될 때까지 적어도 125μs 이상동안 기다렸다가 A/D 변환 동작을 시작해야 한다. 그럼에도 불구하고 기준전압 선택 변경후 첫번째의 A/D 변환 결과는 정확성이 낮으므로 버리는 것이 좋다.

⑪ 차동입력을 사용하는 경우에는 ADMUX 레지스터에서 채널을 변경하면 아날로그 신호의 이득을 처리하는 부분의 회로 동작이 안정되는데 좀더 많은 시간이 필요하므로 적어도 125μs 이상동안 기다렸다가 A/D 변환 동작을 시작해야 한다. 이 시간 지연을 지키지 않으면 채널 변경후 첫 번째의 A/D 변환 결과는 정확성이 낮으므로 버리는 것이 좋다.

2.7 아날로그 비교기

이 절에서는 ATmega1281/2561에 내장되어 있는 아날로그 비교기의 구조와 기능에 대하여 공부하기로 한다.

(1) 기본 구조

ATmega1281/2561의 아날로그 비교기는 양극성 입력(positive input) 단자 AIN0과 음극성 입력(negative input) 단자 AIN1의 입력전압을 비교하여 만약 AIN0 단자의 전압이 높으면 출력 ACO가 1로 되고 AIN1 단자의 전압이 높으면 출력 ACO가 0으로 되는 회로이다. 이와 같은 아날로그 비교기의 출력은 아날로그 비교기 인터럽트를 발생시킬 수도 있고 또한 타이머/카운터1의 입력캡쳐 트리거 신호로 사용될 수도 있다. 아날로그 비교기의 내부 구성 블록도는 <그림 2.7.1>과 같다.

아날로그 비교기의 양극성 입력에는 AIN0 단자로 입력된 전압이 사용될 수도 있고, 내부의 기준전압 V_{BG}(bandgap reference voltage, 1.1V)가 사용될 수도 있다. 또한, 음극성 입력에는 AIN1 단자로 입력된 전압이 사용될 수도 있고, A/D 컨버터의 입력신호 ADC0~ADC7 중의 하나가 선택적으로 사용될 수도 있다.

아날로그 비교기의 출력이 인터럽트를 발생하는 방법도 여러 가지가 있어서 사용자가 선택할 수 있다.

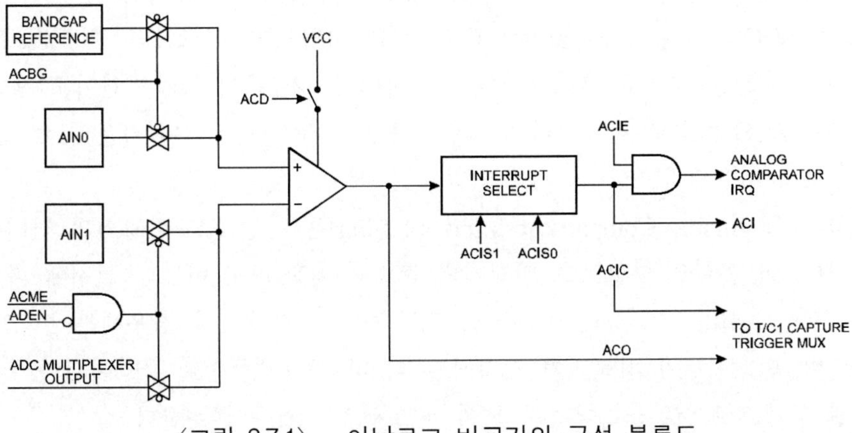

〈그림 2.7.1〉 아날로그 비교기의 구성 블록도

(2) 레지스터 사용

아날로그 비교기에 관련된 I/O 레지스터는 다음과 같이 3개가 있다.

■ 아날로그 비교기 제어 및 상태 레지스터(ACSR)

ACSR(Analog Comparator Control and Status Register) 레지스터는 아날로그 비교기의 기능을 설정하거나 동작 상태를 표시하는 레지스터이다.

Bit	7	6	5	4	3	2	1	0	
0x30 (0x50)	ACD	ACBG	ACO	ACI	ACIE	ACIC	ACIS1	ACIS0	ACSR
Read/Write	R/W	R/W	R	R/W	R/W	R/W	R/W	R/W	
Initial Value	0	0	N/A	0	0	0	0	0	

〈그림 2.7.2〉 아날로그 비교기 제어 및 상태 레지스터 ACSR

비트7의 ACD(Analog Comparator Disable)는 아날로그 비교기의 동작을 금지시키는 비트이다. 이것을 1로 설정하면 아날로그 비교기에 공급되는 전원을 차단하여 동작을 정지시키고 소비전력을 감소시킨다.(이것은 디폴트로 0으로 되어 있으므로 저소비전력형의 시스템을 설계할 경우에 아날로그 비교기를 사용하지 않는다면 이 비트를 1로 설정하는 것이 좋다.) 이 비트를 변경하면 아날로그 비교기 인터럽트가 발생될 수 있으므로 이를 방지하려면 비트값을 변경하기 전에 미리 ACIE 비트를 클리어시켜 두는 것이 좋다.

비트6의 ACBG(Analog Comparator Bandgap Select)는 아날로그 비교기의 양극성 입력에 인가되는 전압을 선택한다. 이 비트를 1로 설정하면 양극성 입력 AIN0에는 내부 기준전압 1.1V가 선택되고, 0으로 하면 AIN0 단자로 입력되는 전압이 선택된다.

비트5의 ACO(Analog Comparator Output)는 아날로그 비교기의 출력값으로서 클록과 동기되어 발생된다. 클록과 동기되기 위하여 1~2클록의 시간지연이 발생하며, 이 값은 그대로 ACO 신호로 전달되어 인터럽트를 발생하거나 타이머/카운터1의 입력캡쳐 트리거 신호로 사용된다.

비트4의 ACI(Analog Comparator Interrupt Flag)는 아날로그 비교기의 인터럽트 발생 플랙이다. 이 플랙은 아날로그 비교기의 출력과 ACIS1~0 비트의 설정에 따라 결정된다. ACIE=1로 설정되고 상태 레지스터 SREG의 I비트가 1일 경우에는 이 인터럽트가 허용되며, 인터럽트가 처리되기 시작하면 이 비트는 자동으로 클리어된다. 사용자가 이 비트를 강제로 0으로 클리어하려면 이 비트에 1을 써주어야 한다.

비트3의 ACIE(Analog Comparator Interrupt Enable)는 아날로그 비교기의 인터럽

트 발생을 개별적으로 허용하는 비트이다.

비트2의 ACIC(Analog Comparator Input Capture Enable)는 아날로그 비교기의 출력이 타이머/카운터1의 입력캡쳐 트리거 신호로 사용되도록 설정한다.

비트1~0의 ACIS1~0(Analog Comparator Interrupt Mode Select)은 아날로그 비교기의 출력이 인터럽트를 발생하는 모드를 설정한다. 이를 요약하면 <표 2.7.1>과 같다. ACIS1~0 비트의 설정을 변경하는 경우에는 아날로그 비교기의 인터럽트가 발생할 수 있으니 이 비트들을 변경하기 전에 미리 ACIE=0으로 하여 인터럽트를 금지시켜 두어야 한다.

〈표 2.7.1〉 아날로그 비교기의 인터럽트 모드 설정

ACIS1	ACIS0	인터럽트 발생 모드
0	0	출력의 하강 및 상승 에지에서 아날로그 비교기의 인터럽트 발생 (comparator interrupt on output toggle)
0	1	사용하지 않음(reserved)
1	0	출력의 하강 에지에서 아날로그 비교기의 인터럽트 발생 (comparator interrupt on falling output edge)
1	1	출력의 상승 에지에서 아날로그 비교기의 인터럽트 발생 (comparator interrupt on rising output edge)

▣ A/D 컨버터 제어 및 상태 레지스터 B(ADCSRB)

ADCSRB(ADC Control and Status Register B) 레지스터는 A/D 컨버터 제어 및 상태 레지스터이지만, 그중에서 비트6은 아날로그 비교기와 관련된 비트이다.

Bit	7	6	5	4	3	2	1	0	
(0x7B)	–	ACME	–	–	MUX5	ADTS2	ADTS1	ADTS0	ADCSRB
Read/Write	R	R/W	R	R	R/W	R/W	R/W	R/W	
Initial Value	0	0	0	0	0	0	0	0	

〈그림 2.7.3〉 A/D 컨버터 제어 및 상태 레지스터 ADCSRB

비트6의 ACME(Analog Comparator Multiplexer Enable)는 아날로그 비교기의 음극성 입력에 A/D 컨버터의 입력 신호가 사용될 수 있도록 허용한다. 이 비트를 0으로 하면 음극성 입력에는 무조건 AIN1로 입력된 전압이 사용되며, 이 비트를 1로 하고 ADCSRA 레지스터에서 ADEN=0으로 설정하여 A/D 컨버터의 동작을 정지시키면 ADC0~ADC7의 입력 신호가 아날로그 비교기의 음극성 입력으로 사용된다. 이때 ADC0~ADC7중의 하나를 선택하는 것은 ADCSRB 레지스터의 MUX5 비트와 ADMUX 레지스터의 MUX2~0 비트로 설정한다. 이를 요약하면 <표 2.7.2>와 같다.

〈표 2.7.2〉 아날로그 비교기의 음극성 입력 신호 선택

ACME	ADEN	MUX5	MUX2~0	아날로그 비교기의 음극성 입력 신호	
0	X	X	XXX	AIN1	
1	1	X	XXX	AIN1	
1	0	0	000	ADC0	
1	0	0	001	ADC1	
1	0	0	010	ADC2	
1	0	0	011	ADC3	
1	0	0	100	ADC4	
1	0	0	101	ADC5	
1	0	0	110	ADC6	
1	0	0	111	ADC7	
1	0	1	000	ADC8	
1	0	1	001	ADC9	
1	0	1	010	ADC10	
1	0	1	011	ADC11	ATmega640/1280/2560에만 해당됨
1	0	1	100	ADC12	
1	0	1	101	ADC13	
1	0	1	110	ADC14	
1	0	1	111	ADC15	

▣ 디지털 입력 금지 레지스터 1(DIDR1)

DIDR1(Digital Input Disable Register 1) 레지스터는 아날로그 비교기의 2개 입력 단자에서 디지털 입력 버퍼를 금지시켜 병렬 I/O 포트로 동작하지 못하도록 하는 기능을 수행한다. 이와 같이 하면 디지털 입력 버퍼에서의 소비전력을 절약할 수 있다.

Bit	7	6	5	4	3	2	1	0	
(0x7F)	–	–	–	–	–	–	AIN1D	AIN0D	DIDR1
Read/Write	R	R	R	R	R	R	R/W	R/W	
Initial Value	0	0	0	0	0	0	0	0	

〈그림 2.7.4〉 디지털 입력 금지 레지스터 DIDR1

비트1~0의 AIN1D 및 AIN0D(AIN1 or AIN0 Digital Input Disable)는 각각 AIN1 및 AIN0 단자에서 디지털 입력을 금지시킨다. 디지털 입력을 금지하면 해당 PINx 레지스터를 읽었을 때 디지털 값이 0으로 읽혀진다.

◀참고▶ *OK-1281/2561* 키트에서는 하드웨어적으로 아날로그 비교기 입력단자를 사용하지 않는다. 그러나, 제4장에서 A/D 컨버터 응용 프로그래밍 기술을 익힐 때 아날로그 비교기의 동작을 익히기 위하여 이에 관한 프로그램 작성 실습은 해보기로 한다. ATmega1281/2561에서는 외부에 있는 AIN0과 AIN1 단자를 하드웨어적으로 사용하지 않고도 아날로그 비교기의 입력을 줄 수 있기 때문에 이것이 가능하다.

제3장

OK-1281/2561 키트 및 개발 툴

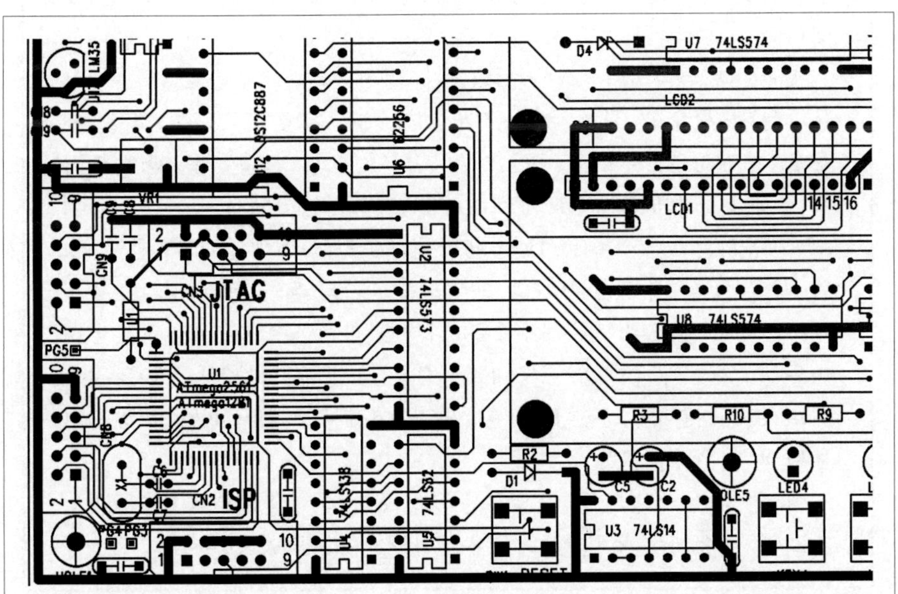

☞

이 장에서는 먼저 저자가 설계한 ATmega1281/2561 마이크로콘트롤러의 트레이닝 키트 *OK-1281/2561 V1.0*의 구조와 기능을 살펴보고, 여기에 사용자가 프로그램을 다운로드하는 병렬포트형 및 직렬포트형 AVR ISP 케이블의 제작 및 사용 방법을 설명한다. 다운로드 프로그램으로는 병렬포트형에서 ToastProg2005를 사용하고, 직렬포트형 및 USB 포트형에서는 AVR Studio를 사용한다.

이 키트에 사용된 회로 및 설계 개념들을 철저히 분석하여 이해하는 것은 이 키트를 올바르게 사용하는데 필수적일 뿐만 아니라 앞으로 독자 여러분이 자신에게 필요한 마이크로프로세서 응용 시스템을 설계하는 능력을 기르는 데에도 크게 도움이 될 것이다.

또한, 이 장에서는 ATmega1281/2561 마이크로콘트롤러를 사용하는데 필요한 각종 하드웨어 개발 툴 및 소프트웨어 개발 툴들을 소개하고, 본서와 키트에서 기본적으로 사용하는 어셈블러 및 C컴파일러에 대하여 자세히 설명한다. 본서에서는 Atmel사에서 제공하는 AVR Studio에 포함된 매크로 어셈블러 AVRASM2와 무료 공유 소프트웨어의 대명사라고 할 수 있는 GNU 그룹의 WinAVR에 포함된 AVR-GCC를 기본으로 사용한다. 이 소프트웨어들은 모두 무료이며, 전 세계적으로 가장 사랑받는 소프트웨어 중의 하나이므로 성능면에서도 독자 여러분이 사용하는데 아무런 불편이 없을 것이다.

이 장에서 설명하는 내용들은 제4장의 어셈블리와 C언어 프로그래밍 실습에서 중요하게 사용되니 잘 익혀두기 바란다.

3.1 *OK-1281/2561* 키트의 구조와 기능

1. *OK-1281/2561* 키트의 개요 및 사양

OK-1281/2561 키트는 미국 Atmel사의 유명한 AVR 시리즈의 8비트 마이크로콘트롤러인 ATmega1281/2561의 하드웨어 및 소프트웨어 학습용으로 설계된 아주 작은 규모의 단일 보드 컴퓨터 시스템(training kit)으로서 그 기본 구조는 <그림 3.1.1>과 같고, 이에 대한 자세한 기술적인 사양은 <표 3.1.1>과 같다.

〈표 3.1.1〉 *OK-1281/2561* 키트 V1.0의 설계 사양

항 목	사 양	비 고
1. CPU	ATmega1281-16AU(16 MHz) 또는 ATmega2561-16AU(16 MHz)	16 MHz 수정발진자 사용
2. ROM	CPU에 내장된 128/256KB의 플래시 메모리	프로그램 저장
3. 외부 RAM	62256-7(32 KB) (CPU에 내장된 8KB는 별도)	사용자 데이터 저장
4. 프로그램 입력/실행	1. AVR ISP 다운로드 케이블을 사용하는 방법 2. JTAG ICE 에뮬레이터를 사용하는 방법	1. 병렬포트형 AVR ISP 케이블 제공 (직렬포트형과 USB 포트형은 옵션) 2. 테스트 프로그램 및 예제 기본 제공
5. I/O	1. CPU 프로그램용 콘넥터 (1) AVR ISP용 10핀 DIP 콘넥터(CN2) (2) JTAG ICE용 10핀 DIP 콘넥터(CN3) 2. CPU가 직접 제어하는 I/O (1) 4개의 키입력 스위치(KEY1~KEY4) (2) 4개의 상태표시 LED(LED1~LED4) (3) 외부 인터럽트 스위치(SW2) (4) +5V용 버저, 스피커 사운드 출력(CN6) (5) LM35D에 의한 온도센서(ADC1, ADC2) (6) 가변저항에 의한 전압센서(ADC3) (7) DAC0800 8비트 D/A 컨버터 (8) AT93C56 및 AT24C16 직렬 EEPROM (9) 2개의 RS-232C 직렬포트(CN4, CN5) (10) 병렬 I/O 포트 확장 콘넥터(CN8) (11) 도트 매트릭스 LED 접속 콘넥터(CN9) 3. 16×2 문자 텍스트형 LCD 모듈 4. 128×64 도트 그래픽형 LCD 모듈 5. 8개의 7세그먼트 LED 6. DS12C887 배터리 백업형 리얼타임 클록 7. 스텝모터 구동 인터페이스 콘넥터(CN7)	STK200/300의 AVR ISP 표준 Atmel사의 JTAG ICE 표준 A/D 입력 범위는 0V~+5V 0V~+10V, -10V~+10V 중에서 선택 RS-232C 통신 케이블 기본 제공 화면밝기 조절 및 백라이트 기능 포함 화면밝기 조절 및 백라이트 기능 포함 ULN2803 출력
6. 전원	+5V, ±15V(또는 ±12V도 사용 가능)	±15V는 아날로그 회로에서만 사용
7. PCB 외형	160×130mm 양면 에폭시 기판	

☞ 이것은 *OK-1281* 키트와 *OK-2561* 키트 겸용이므로 자신이 원하는 MCU 소자를 조립하면 된다.

OK-1281/2561 키트는 <그림 3.1.1>에서 보는 바와 같이 8비트의 마이크로콘트롤러인 ATmega1281/2561(16MHz)을 중심으로 하여 외부 데이터 메모리용 SRAM인 62256을 가지고 있고, CPU에 내장된 여러 가지 기본 I/O 기능 이외에도 다양한 외부 확장 I/O를 가지고 있다.

CPU에 내장된 I/O 기능에는 6개의 타이머/카운터와 4개의 USART 직렬통신 포트, SPI, TWI, A/D 컨버터 등이 있고, A/D 컨버터의 아날로그 입력으로는 반도체 온도센서와 가변저항을 이용한 전압센서 회로가 있으며, 병렬포트에 접속된 I/O 기능에는 4개의 키입력 스위치와 4개의 LED, 스피커, 버저(buzzer), D/A 컨버터, 도트 매트릭스 LED 인터페이스 등이 있다.

CPU의 외부 어드레스 영역에 확장한 I/O 기능으로는 16×2자의 텍스트형 LCD 모듈, 128×64도트의 그래픽형 LCD 모듈, 8개의 7세그먼트 LED, DS12C887 RTC(Real Time Clock)가 있으며, 여기에 8비트 래치와 트랜지스터 어레이를 이용한 스텝모터 구동 인터페이스 회로를 추가하였다.

사용자는 이러한 많은 하드웨어 및 I/O 기능을 통하여 다양한 프로그래밍 연습 및 응용이 가능할 것이며, 사용자 프로그램의 입력 및 실행은 AVR ISP를 이용하여 용이하게 수행할 수 있다.

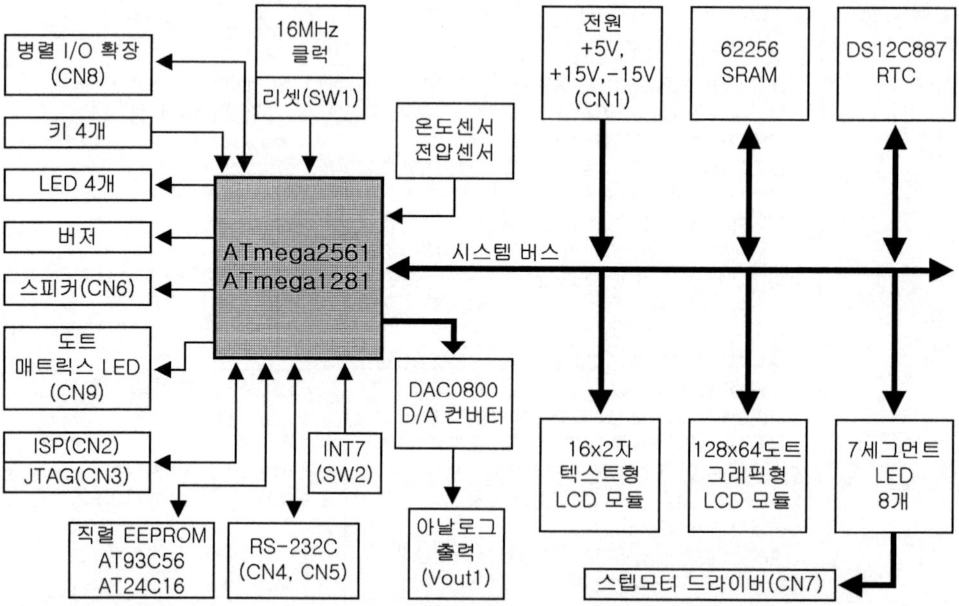

〈그림 3.1.1〉 *OK-1281/2561* 키트 V1.0의 하드웨어 구성 블록도

OK-1281/2561 키트는 매우 다양한 기능을 내장하고 있으면서도 PCB 기판을 양면으로 하고 크기가 약 16×13cm에 불과하도록 설계하여 상당히 저렴한 비용으로 제작할 수 있으며, 아마추어를 위한 마이크로콘트롤러 트레이닝 키트로서는 물론 각종 자동제어 분야의 응용 시스템에까지 무리없이 적용될 수 있을 것이다. 특히, 이 키트를 실무적인 분야에 직접 적용하고자 할 때 종종 필수적으로 요구되는 배터리 백업형의 실시간 시계 소자를 1개 내장하였다. 또한, 이를 설계하는데는 사용자가 쉽게 조립하여 사용할 수 있도록 시장에서 용이하게 구입할 수 있으며 저가인 부품들을 사용하도록 최대한 고려하였다.

OK-1281/2561 키트는 AVR 시리즈의 마이크로콘트롤러를 공부하고자 하는 아마추어, 공업고등학교 학생, 대학 학부생 정도의 초보자 교육용에 적합하도록 설계하는 것을 기본적인 목표로 하였으나, 이 마이크로콘트롤러를 특정 분야의 응용 시스템에 적용하려는 현장의 엔지니어, 연구원, 대학원생, 관련분야의 교수와 같은 분들에게도 유용하도록 설계하였다. 특히, 여기에서 사용한 ATmega1281/2561 마이크로콘트롤러는 128KB/256KB의 대용량 프로그램용 메모리인 플래시 메모리를 내장하고 있어서 상당히 규모가 큰 프로그램도 가능하며, 사용자가 여기에 ISP 기능을 이용하여 손쉽게 프로그램을 다운로드할 수 있으므로 초보자라도 별도의 장비를 갖출 필요 없이 단계적으로 이 마이크로콘트롤러의 기능을 익혀 나갈 수 있다.

또한, 이 책에서는 초보자들이 재미있게 이를 따라 익히며, 여러 응용분야에 종사하는 사용자들이 각각 자신의 분야에 필요한 응용기술을 연마할 수 있도록 가능한한 여러 가지의 다양한 응용 프로그램을 어셈블리 언어 및 C언어로 제시하고 이를 실행하여 볼 수 있도록 하였다.

2. *OK-1281/2561* 키트의 하드웨어 구조

이제 사용자가 *OK-1281/2561* 키트의 기능들을 충분히 활용하고 나아가 이를 응용하는 능력을 기르기 위해서는 이 키트의 구조 및 기능을 자세히 이해하여야 한다. 여기서는 이것의 전체적인 하드웨어 구조와 설계자의 의도를 설명하고자 한다.

OK-1281/2561 키트 V1.0의 전체 회로도는 <그림 3.1.2>에 보인 바와 같고, 실제 키트의 PCB(Printed Circuit Board) 모양 및 부품배치도는 <그림 3.1.3>에 보였으며, 여기에서 사용하는 모든 부품의 리스트를 <표 3.1.2>에 정리하였다.

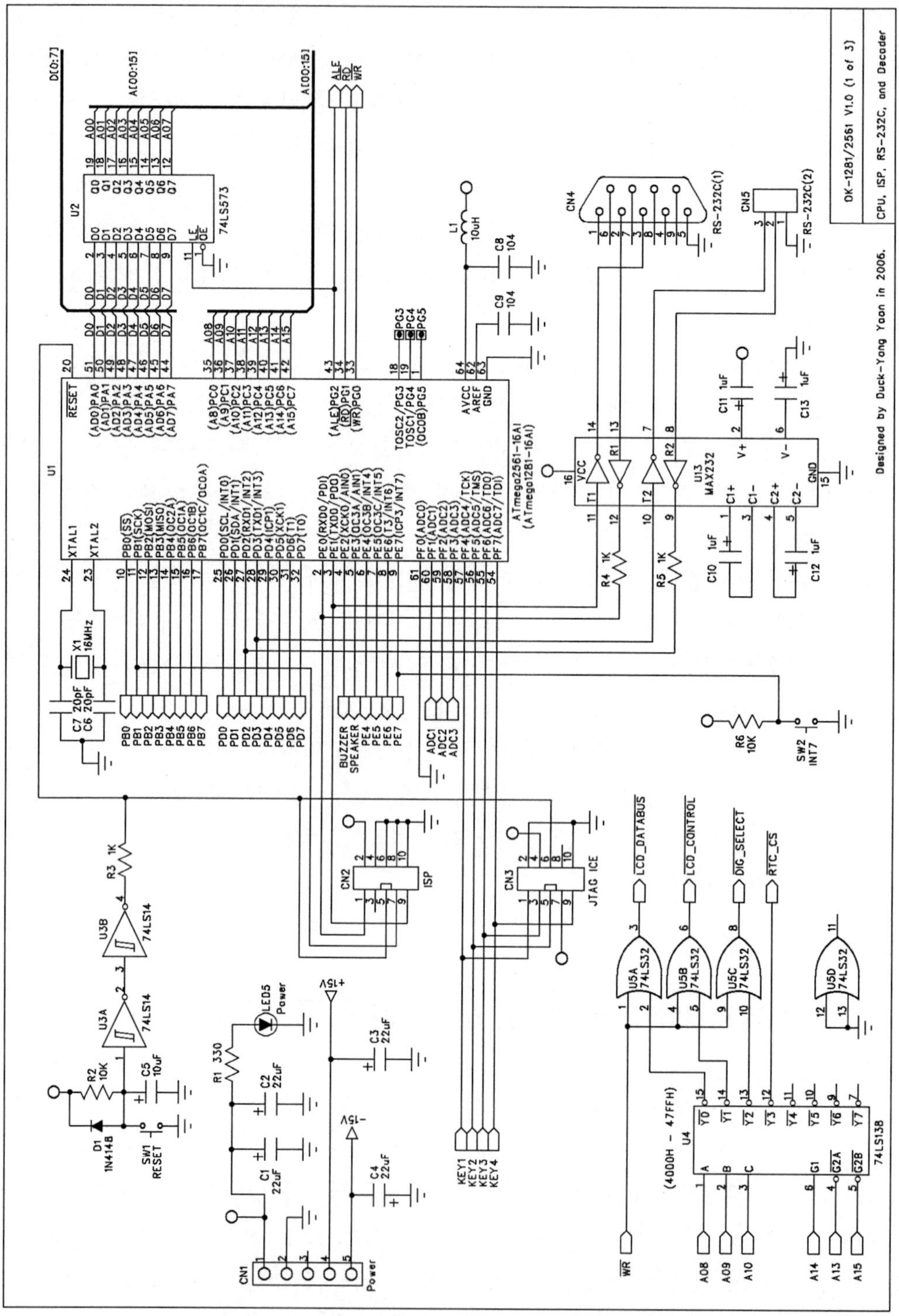

〈그림 3.1.2〉 *OK-1281/2561* 키트 V1.0의 전체 회로도(1/3)

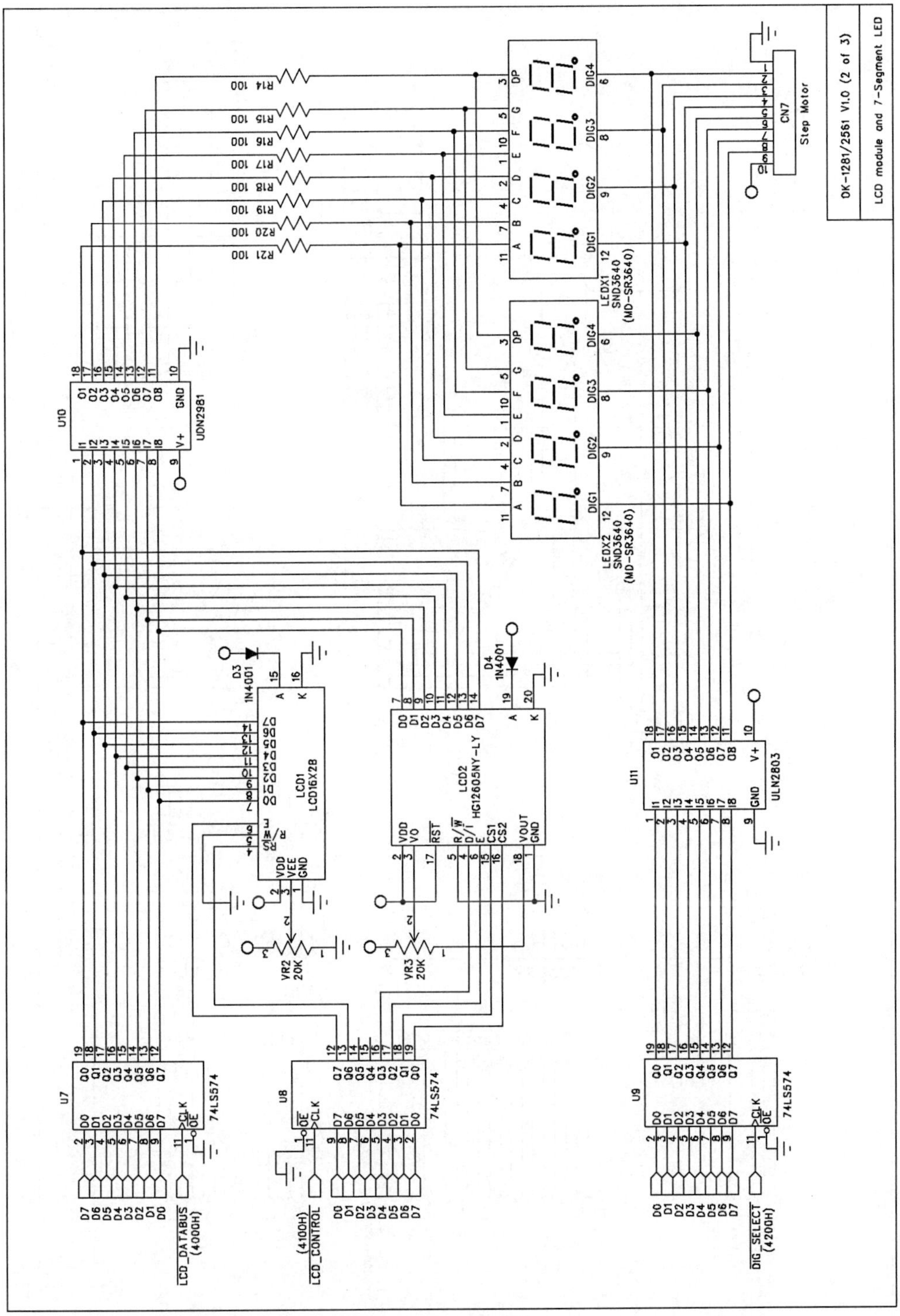

〈그림 3.1.2〉 *OK-1281/2561* 키트 V1.0의 전체 회로도(2/3)

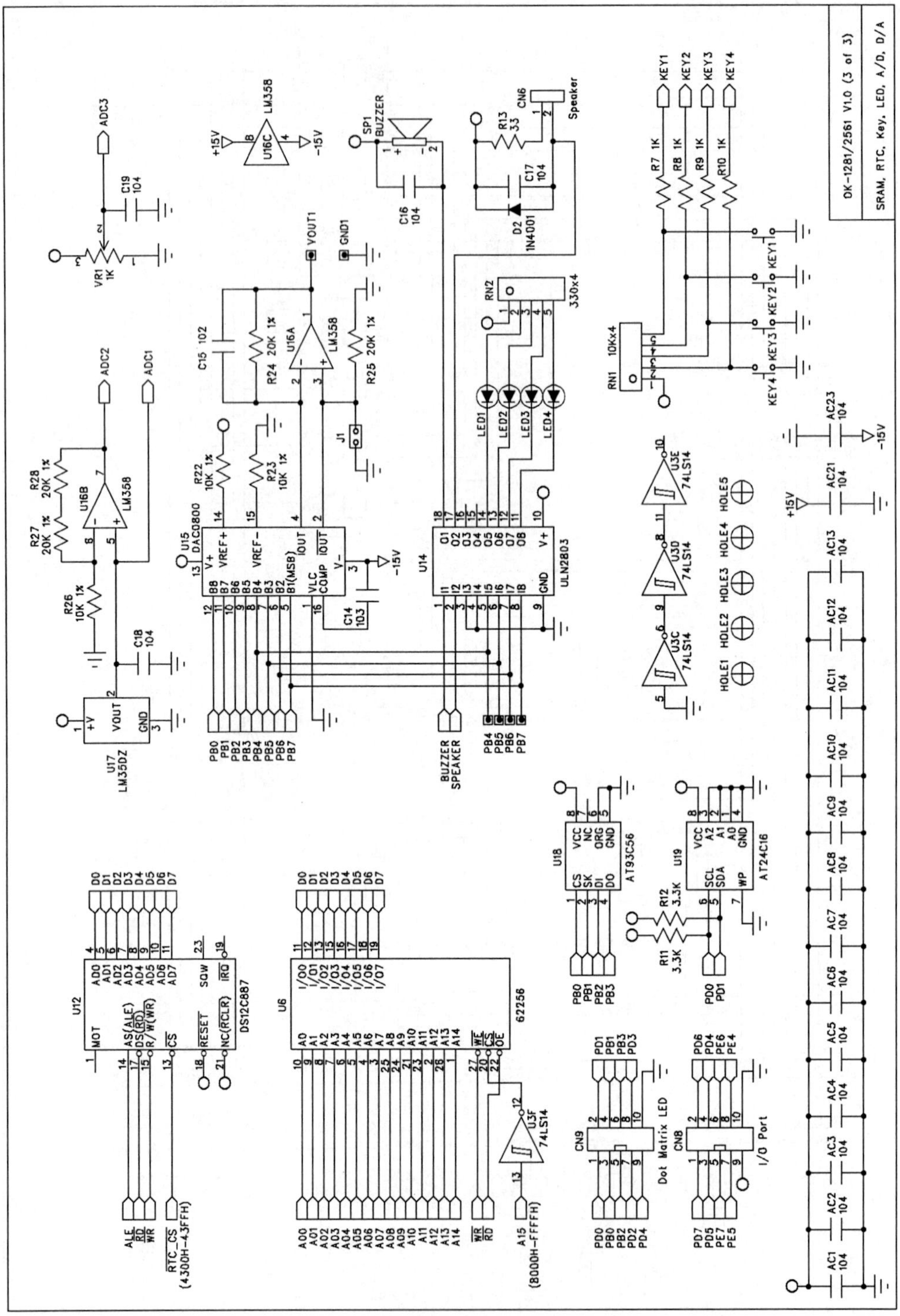

〈그림 3.1.2〉 *OK-1281/2561* 키트 V1.0의 전체 회로도(3/3)

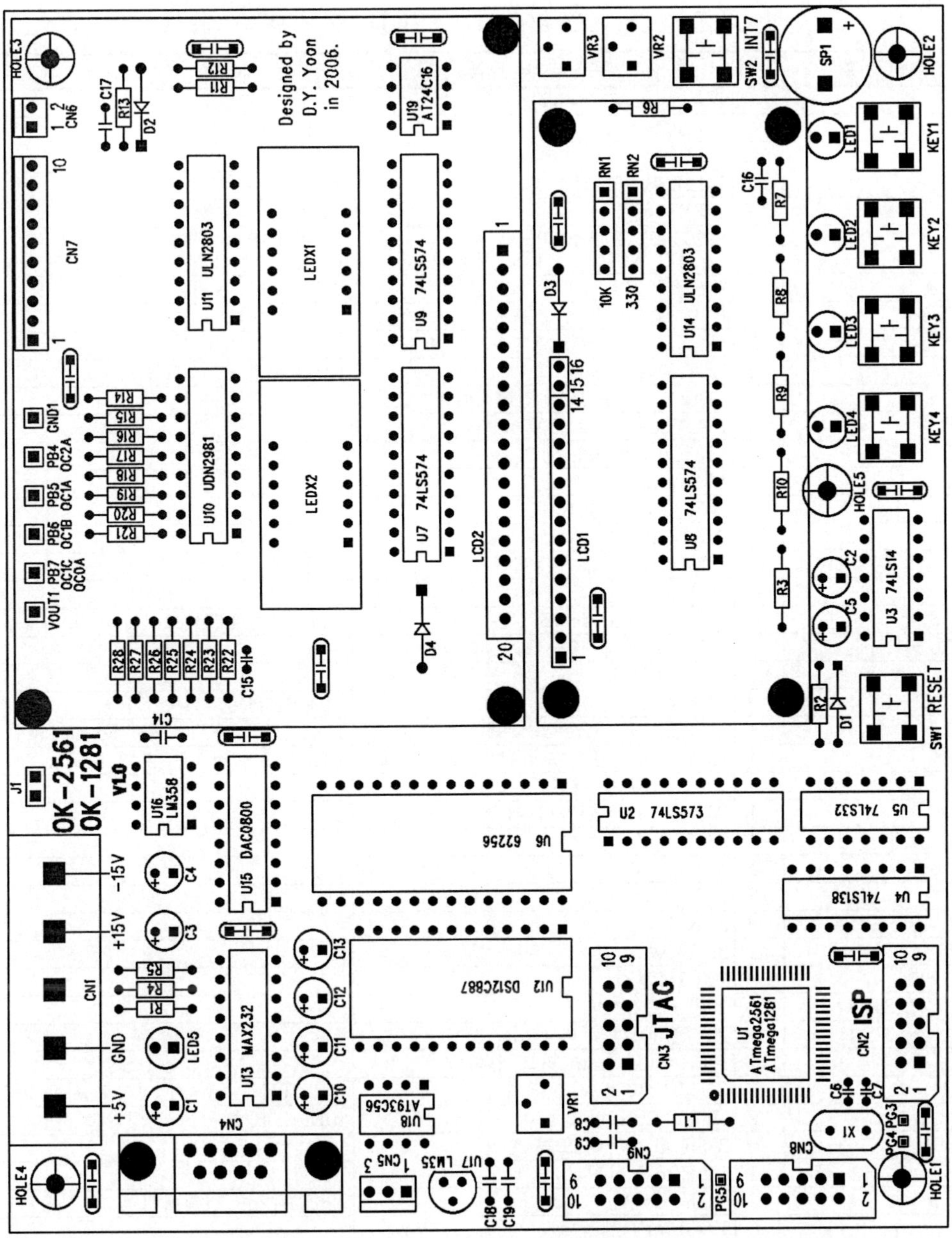

〈그림 3.1.3〉 *OK-1281/2561* 키트 V1.0의 PCB 부품배치도(실물의 100% 크기)

◀참고▶ 이 키트에서 JTAG 에뮬레이터를 사용하지 않는다면 콘넥터 CN3을 조립하지 않아도 되며, 콘넥터 CN7~CN9와 SRAM 소자 U6은 이 책에서 기본적으로 사용하지 않으니 조립하지 않아도 된다. 이 밖에도 정밀한 A/D 변환이 필요없다면 인덕터 L1을 사용하지 않고 점퍼선으로 단락시켜도 된다.

〈표 3.1.2〉 *OK-1281/2561* 키트 V1.0의 전체 부품 리스트

부품 번호	수량	부품명 및 규격	비 고
U1	1	ATmega1281/2561-16AU	
U2	1	74LS573 8비트 래치	74HC573도 사용 가능
U3	1	74LS14 슈미트 트리거 인버터 게이트	74HC14를 사용하지 말 것
U4	1	74LS138 어드레스 디코더	74HC138도 사용 가능
U5	1	74LS32 OR 게이트	74HC32도 사용 가능
U6	1	62256-70 SRAM(70[ns] 이하) (삼성의 K6T0808C10도 사용 가능)	(28핀 DIP 소켓 포함) (하이닉스의 HY62CT08081E도 가능)
U7, 8, 9	3	74LS574 8비트 D형 플립플롭	74HC574도 사용 가능
U10	1	UDN2981 PNP형 트랜지스터 어레이	
U11, 14	2	ULN2803 NPN형 트랜지스터 어레이	
U12	1	DS12C887 RTC	(24핀 DIP 소켓 포함)
U13	1	MAX232 RS-232C 인터페이스	
U15	1	DAC0800 8비트 D/A 컨버터	
U16	1	LM358 듀얼 OP 앰프	
U17	1	LM35DZ 반도체 온도 센서	
U18	1	AT93C56 직렬 EEPROM	
U19	1	AT24C16 직렬 EEPROM	
X1	1	16MHz ATS형 수정발진자	수정발진 모듈은 사용할 수 없음
D1	1	1N4148	
D2, 3, 4	3	1N4001(1N4002~7도 사용 가능)	(D3, D4는 LCD 모델에 따라 사용함)
LED1~4	4	녹색 LED(5ψ 또는 3ψ 둥근형)	
LED5	1	적색 LED(5ψ 또는 3ψ 둥근형)	
LEDX1~2	2	SND3640 7세그먼트 LED	MD-SR3640도 사용 가능
LCD1	1	HC16202NY-LY 텍스트형 LCD 모듈	16×2자(접속용 14/16핀 header 포함)
LCD2	1	HG12605NY-LY 그래픽형 LCD 모듈	128×64도트(접속용 20핀 header 포함)
RN1	1	10K×4 SIP형 어레이 저항	
RN2	1	330×4 SIP형 어레이 저항	
R1	1	330 1/4W	
R2, 6	2	10K 1/4W	
R3~5, 7~10	7	1K 1/4W	
R11, 12	2	3.3K 1/4W	
R13	1	33 1/4W	
R14~21	8	100 1/4W	
R22, 23, 26	3	10K 1% 1/4W	
R24, 25, 27, 28	4	20K 1% 1/4W	
L1	1	10μH 7.0x3.0mm 리드 인덕터	
VR1	1	GF06P 1K 반고정 저항	1K~10K 범위에서 임의로 사용 가능
VR2, 3	2	GF06P 20K 반고정 저항	10K~20K 범위에서 임의로 사용 가능
C1~4	4	22μF/25V 전해 또는 탄탈	전원 필터용 콘덴서
C5	1	10μF/16V 전해 또는 탄탈	
C6, 7	2	20pF 세라믹	12pF~22pF 범위에서 임의 사용 가능
C8, 9, 16~19	6	104(0.1μF) 세라믹	
C10~13	4	1μF/25V 전해 또는 탄탈	
C14	1	103(0.01μF) 세라믹	
C15	1	102(0.001μF) 세라믹	
번호 없음	15	104(0.1μF) 필름 또는 세라믹	전원 바이패스용 콘덴서
SP1	1	ALP1205S PCB용 +5V 버저	
번호 없음	1	8Ω/0.5W 소형 스피커	(접속용 2핀 콘넥터 및 케이블 포함)
SW1~2, KEY1~4	6	4핀 택트(tact) 스위치	
J1	1	2핀 점퍼 header 및 캡	
GND1, VOUT1, PB4~7	6	테스트 핀(11핀 header로 사용 가능)	잘라낸 부품의 리드선을 사용해도 됨

☞ 납땜에 능숙하다면 모든 IC에 소켓을 사용하지 않아도 됨.

〈표 3.1.2〉 *OK-1281/2561* 키트 V1.0의 전체 부품 리스트(계속)

부품 번호	수량	부품명 및 규격	비 고
CN1	1	BR-762C(5핀) 콘넥터	
CN2, 3, 8, 9	4	3FB-10P-S/T 10핀 박스형 콘넥터	
CN4	1	DB9-HM 9핀 D형 콘넥터(수컷)	(케이블용의 암컷 DB-9S 2개 포함)
CN5	1	3핀 SIP header	
CN6	1	2핀 SIP header(right angle형)	
CN7	1	10핀 SIP header(right angle형)	
HOLE1~5 및 LCD	12	F-10(10mm PCB 서포트)	PCB 고정용(볼트 23개 포함)
OK-1281/2561 PCB	1	크기 160×130mm (양면 에폭시)	(구입 : http://www.ohm.co.kr)
SMPS	1	SF15-EE(+5V/2A, ±15V/0.2A)	+5V, ±12V SMPS도 사용 가능
아크릴 판	1	두께 5mm 이상 크기 200×250mm 이상	PCB 및 SMPS 고정용 (바닥 고무발 4개 포함)
납땜 공구		인두, 땜납, 플럭스 등	필요한 전선 및 케이블 포함

(1) MCU 및 주변회로

ATmega1281/2561의 주변회로는 <그림 3.1.2>에서 보는 바와 같이 MCU와 이에 기본적으로 추가되는 시스템 클록 발생회로, 시스템 리셋 회로, ISP 및 JTAG 인터페이스 회로, CPU에 내장된 I/O 관련회로 등으로 구성된다.

◀참고▶ 이 PCB에 ATmega1281-16AU를 조립하면 *OK-1281* 키트가 되지만, ATmega2561-16AU를 조립하면 *OK-2561* 키트가 된다. *OK-1281* 키트는 *OK-2561* 키트에 비하여 CPU에 내장된 플래시 메모리가 256KB에서 128KB로 감소된 것을 제외하면 모든 사양이 같다. 이 책의 예제 프로그램은 *OK-1281* 키트와 *OK-2561* 키트에서 모두 검증되었으나, 다만 C언어의 경우에는 WinAVR의 현재 버전에서 아직 ATmega2561을 지원하지 않으므로 *OK-1281* 키트용의 프로그램을 *OK-2561* 키트에서 그대로 실행했다.

▣ 시스템 클록 발생회로

ATmega1281/2561-16AU는 최고 16MHz까지의 시스템 클록을 사용할 수 있도록 되어 있으므로 *OK-1281/2561* 키트에서는 최고 주파수에 해당하는 16MHz의 수정발진자를 XTAL1 및 XTAL2 단자에 연결하여 사용한다. 이들 각 단자와 접지 사이에는 12pF~22pF 범위의 세라믹 커패시터를 접속한다. 그러나, 만약 필요한 경우에는 이보다 낮은 주파수를 시스템 클록으로 사용할 수도 있으며, MCU 내부의 RC 오실레이터에서 8.0MHz로 발진하여 이를 8분주한 1MHz를 시스템 클록으로 사용해도 된다.

▣ 시스템 리셋 회로

시스템 리셋 회로는 시스템 전체를 강제적으로 리셋시키기 위한 스위치 SW1과 전원 투입 리셋(power-on reset)을 위한 R2, C5, D1 등의 소자로 구성된다. 리셋 회로에 의한 전압파형은 아날로그적으로 동작하므로 74LS14(U3)를 사용하여 확실한 디지털 논리로 변환하는 것이 일반적이다. 이러한 리셋 스위치는 키트의 사용자가 매우 빈번하게 사용하므로 PCB를 설계할 때 사용하기 편리한 위치에 두도록 고려하였다.

ATmega1281/2561의 시스템 리셋 회로는 이와 같이 마이크로프로세서에서 사용하는 전형적인 RC 리셋 회로와 74LS14 슈미트 트리거 소자를 사용한다. 그러나, 시스템 리셋 신호는 이 회로뿐만 아니라 AVR ISP나 JTAG ICE에서도 나올 수 있어야 하는데, 이것들은 외부 시스템 리셋 회로의 출력신호와 충돌되지 않도록 주의하여 설계해야 한다. 즉, AVR ISP용의 CN2 콘넥터나 JTAG용의 CN3 콘넥터에서 리셋 신호가 L 상태로 출력되면 74LS14의 H상태 출력과 단락이 발생한다. 이를 방지하기 위하여 *OK-1281/2561* 키트에서는 단락방지용 직렬저항 R3으로 1KΩ을 사용하였다.

◀참고▶ ATmega1281/2561에는 전원투입 리셋 회로가 내장되어 있으므로 외부에서 긴 리셋 시간을 확보하기 위하여 R, C 소자로 구성되는 리셋회로를 접속하지 않아도 되며, 이 마이크로콘트롤러의 $\overline{\text{RESET}}$ 단자에 수[kΩ] 정도의 저항으로 풀업을 시켜주는 것으로 충분하다. 그러나, *OK-1281/2561* 키트에서는 여러 개의 74LS14 게이트가 남으므로 이를 이용하여 이와 같은 전형적인 시스템 리셋 회로를 구성하였다.

▣ AVR ISP 및 JTAG ICE 인터페이스 회로

ATmega1281/2561은 직렬통신 방식으로 플래시 메모리에 사용자 프로그램을 다운로드하는 기능을 가지고 있는데 이를 AVR ISP라고 한다. *OK-1281/2561* 키트에서는 퍼스널컴퓨터의 병렬포트(프린터 포트)를 통하여 ISP를 구현하는 방식을 사용하며, 이 다운로드 케이블은 CN2에 접속한다.

또한, Atmel사의 JTAG ICE는 CN3에 접속한다. AVR ISP용의 콘넥터 CN2와 JTAG ICE용의 콘넥터 CN3은 서로 모양이 동일하므로 이것들을 서로 바꾸어 잘못 접속하지 않도록 주의해야 한다.

▣ ATmega1281/2561에 내장된 I/O 관련 회로

ATmega1281/2561 마이크로콘트롤러에는 여러 가지의 I/O 디바이스를 내장하고 있는데 *OK-1281/2561* 키트에서는 이것들을 최대한 활용할 수 있도록 하드웨어를 설계하였다.

먼저 기본적인 사용자 인터페이스로 키입력 및 상태 표시 LED가 있는데, 키입력 신호 KEY1~KEY4는 병렬 I/O 포트의 PF4~PF7에 접속하였다. 키입력 신호는 모두 JTAG용 신호와 중복되므로 JTAG ICE를 접속한 경우에는 키 KEY1~KEY4를 누르지 말아야 한다. 한편, LED1~LED4는 병렬 I/O 포트의 PB4~PB7에 접속하였는데, 이 부분은 D/A 컨버터 출력의 상위 니블과 중복된다.

버저는 PE2 비트를 통하여 ON/OFF하며, 스피커는 PE3 비트 단자를 타이머3의 OC3A 출력신호로 동작시켜 구동한다. 스피커는 콘넥터 CN6을 통하여 키트의 외부에 접속한다.

PB0~PB3과 PD0~PD4는 도트 매트릭스 LED를 사용한 전광판을 구현하기 위한 회로를 접속할 수 있도록 콘넥터 CN9에 연결되어 있다. 여기에는 각 콘넥터를 통하여 삼광전자의 단색 도트 매트릭스 LED 모듈 SMM23216, SMM24816, SMM26416, SMM28016 등이나 3색의 컬러 도트 매트릭스 LED 모듈 SMM223216, SMM33216, SMM51616, SMM53216, SMM54816 등을 접속할 수 있다.

〈표 3.1.3〉 *OK-1281/2561* 키트 V1.0에서 MCU의 병렬 I/O 포트에 접속된 기능

병렬 I/O 포트		기능	
포트A	PA0~PA7	외부 데이터 버스 D0~D7 및 어드레스 버스 A0~A7	
포트B	PB0~PB3	도트 매트릭스 LED 접속 콘넥터(CN9)	DAC0800 D/A 컨버터
	PB4~PB7	LED1~LED4 및 PB4~PB7 핀	
포트C	PC0~PC7	외부 어드레스 버스 A8~A15	
포트D	PD0~PD4	도트 매트릭스 LED 접속 콘넥터(CN9)	
	PD4~PD7	병렬 I/O 확장 콘넥터(CN8)	
포트E	PE2	버저 ON/OFF 출력	
	PE3	스피커 출력	
	PE4~PE7	병렬 I/O 확장 콘넥터(CN8), PE7은 외부 인터럽트 INT7(SW2)	
포트F	PF0	접지	
	PF1	온도센서 LM35DZ로부터 직접 입력되는 신호	
	PF2	온도센서 LM35DZ 출력이 증폭되어 입력되는 신호	
	PF3	가변저항 VR1 신호	
	PF4~PF7	키 KEY1~KEY4의 입력신호	
포트G	PG3~PG5	PG3~PG5 확장핀	

병렬 I/O 포트 PB0~PB7에는 8비트 D/A 컨버터 DAC0800을 접속하였다. 여기서 점퍼 스위치 J1은 출력되는 아날로그 전압의 극성 또는 범위를 설정하는데 사용된다. 즉, 이 회로에서 점퍼 스위치 J1을 ON시키면 출력전압은 +방향의 단극성(unipolar)으로 되고, 출력전압의 범위는 약 0~+10[V]가 된다. 그러나, 점퍼 스위치 J1을 OFF시키면 출력전압은 + 및 -방향이 모두 가능한 양극성(bipolar)으로 되고, 출력전압의 범위는 약 -10~+10[V]가 된다.

ATmega1281/2561에 내장된 A/D 컨버터 부분에는 모두 8채널이 있는데, 이 중에서 ADC1~ADC2에는 반도체 온도센서 LM35DZ를 접속하였고, ADC3에는 가변저항을 이용한 전압센서를 접속하였다. 온도센서에서 ADC1에 직접 따로 접속한 것은 이 키트에 ±15V 전원을 사용하지 않고 +5V 전원만을 사용하는 특별한 경우에도 온도센서를 사용할 수 있도록 하기 위함이다.

ATmega1281/2561에는 2개의 독립적인 USART 채널을 가지고 있는데, USART0은 9핀 D형 콘넥터 CN4를 통하여 RS-232C 통신을 수행할 수 있으며, USART1은 3핀 헤더 콘넥터 CN5를 통하여 역시 RS-232C 통신을 수행할 수 있다. 또한, ATmega1281/2561에는 이밖에도 SPI나 TWI 직렬통신 기능을 가지고 있는데, 여기에는 각각 SPI 통신에 의한 3선식 직렬 EEPROM 소자인 AT94C56과 I^2C 통신에 의한 2선식 직렬 EEPROM 소자인 AT24C16을 접속하여 해당 직렬통신 기능을 수행하여 볼 수 있도록 하였다. 하지만, ATmega1281/2561에는 4KB의 EPPROM이 내장되어 있으므로 이러한 직렬 EEPROM 소자는 메모리로서 보다는 단지 SPI 및 TWI 직렬통신 기능을 위하여 사용되고 있다.

OK-1281/2561 키트에서 ATmega1281/2561의 병렬 I/O 포트에 접속된 디바이스들을 요약하면 <표 3.1.3>과 같다.

(2) 외부 I/O 및 SRAM 관련회로

ATmega1281/2561에서는 내장된 128KB/256KB의 플래시 메모리만을 프로그램 메모리로 사용할 수 있으며, 데이터 메모리로서 8KB의 SRAM과 4KB의 EEPROM을 가지고 있다. 그러나, 이와 별도로 MCU의 외부에는 0x2200~0xFFFF 번지의 데이터 메모리 공간을 가지고 있어서 여기에 I/O 디바이스를 인터페이스하거나 SRAM을 확장할 수 있다.

▣ 어드레스/데이터 버스 분리회로

ATmega1281/2561에서는 이와 같이 외부 데이터 메모리 공간을 사용하는 경우에 포트A가 시분할다중화(time-multiplexed)된 어드레스 및 데이터 버스로 동작하고, 포트C가 어드레스 버스의 상위 바이트로 동작한다.

포트A에서 출력되는 어드레스 버스의 하위 바이트와 데이터 버스를 분리하는데는 ALE 신호가 사용된다. *OK-1281/2561* 키트에서는 74LS573(U2) 래치에 ALE 신호를 인가하여 어드레스 버스와 데이터 버스를 분리한다. 이때 U2의 출력 인에이블 신호 $\overline{OE}$는 접지시킨다. ALE 신호는 DS12C887 RTC에서도 사용된다. 그러나, 포트C는 어드레스 버스로만 사용되므로 이러한 래치 과정이 필요 없이 그대로 사용한다.

▣ SRAM의 확장 회로

OK-1281/2561 키트에는 외부 데이터 메모리로서 0x8000~0xFFFF 번지 영역에 62256 SRAM을 확장하여 사용하는데, 이렇게 하면 어드레스 단자 A15를 74LS14로 반

전시켜 간단하게 SRAM의 칩선택 신호를 만들 수 있다.

▣ I/O 어드레스 디코더 부분

OK-1281/2561 키트에는 텍스트형 LCD 모듈, 그래픽형 LCD 모듈, 8개의 7세그먼트 LED, DS12C887 RTC 등 모두 4가지의 외부 I/O 소자를 사용한다. 그러나, 이들 LCD 모듈은 동작속도가 매우 느리기 때문에 16MHz로 동작하는 ATmega1281/2561에서는 소프트웨어적으로 가능한 최대한의 웨이트 사이클을 설정하더라도 동작 타이밍을 맞출 수가 없다. 따라서, 이 소자들은 어드레스 공간에 직접 인터페이스하지 않고 74LS574를 이용하여 병렬 I/O 포트와 같은 형식으로 인터페이스하였다. 이와 같이 LCD 모듈을 인터페이스하기 위해서는 LCD 데이터 버스에 연결되는 포트와 제어신호를 발생하기 위한 포트 등 2개의 병렬출력 포트가 필요하다.

7세그먼트 LED를 인터페이스하는 경우에도 LED 표시 데이터(pattern data)를 출력하는 포트와 글자의 표시위치를 선택(digit select)하는 데이터를 출력하는 포트 등 2개의 병렬출력 포트가 필요하다. 그러나, *OK-1281/2561* 키트에서는 LED 표시 데이터 출력을 LCD용 데이터 포트와 기능을 중복시켜 사용함으로써 출력 포트 1개를 절약하도록 설계하였다.

OK-1281/2561 키트는 교육용은 물론 산업용 실무분야에서 콘트롤러로도 사용될 수 있도록 배터리 백업형 실시간 시계(RTC ; Real Time Clock)를 1개 내장하고 있다. 이것은 현재 시각을 외부에 표시하거나 기계가 동작하면서 실시간으로 작업 데이터를 현재 시각과 함께 저장하는 경우에 유용하며 오늘날 산업용 기계에서는 이러한 방식이 많아지는 추세이다.

RTC로는 기본적으로 Dallas사의 DS12C887을 사용하지만 이것 외에 DS1287이나 DS1687을 사용하더라도 별 문제가 없다. 이들 RTC 소자들은 모두 내부에 충전이 가능한 리튬전지, 클록발생회로, 실시간 시계, 일정 용량의 SRAM 등을 가지고 있어서 배터리 백업형 실시간 시계는 물론 소용량의 불휘발성 RAM으로 사용할 수 있다. 이러한 배터리 백업 메모리는 자동화 기계의 기능 설정 데이터를 저장하는 용도로 유용하게 사용된다.

이 RTC 소자는 CPU와 인터페이스할 때 어드레스 버스와 데이터 버스가 시분할 다중화된 것을 사용하는 특징이 있는데, ATmega1281/2561의 버스는 바로 이러한 구조를 가지므로 접속이 용이하다. 따라서, ATmega1281/2561에 이를 접속할 때는 키트의 회로도에서 보는 것처럼 이를 시스템 버스에 접속하지 말고, 어드레스 및 데이터 버스가 분리되기 전의 시분할 다중화되어 있는 포트A에 직접 접속해야 하는 것에 유의해야 한다.

OK-1281/2561 키트에서 사용하는 모든 외부 I/O 어드레스 및 SRAM 영역을 요약하면 <표 3.1.4>와 같다.

〈표 3.1.4〉 *OK-1281/2561* 키트 V1.0의 외부 I/O 어드레스 및 SRAM 영역

어드레스 범위	소자		기능	비고
4000H (4000H~40FFH)	$\overline{\text{LCD\_DATABUS}}$	74LS574 (U7)	텍스트형 LCD 모듈로 데이터를 출력 그래픽형 LCD 모듈로 데이터를 출력 7세그먼트 LED로 패턴 데이터를 출력	I/O
4100H (4100H~41FFH)	$\overline{\text{LCD\_CONTROL}}$	74LS574 (U8)	텍스트형 LCD 모듈로 제어신호를 출력 그래픽형 LCD 모듈로 제어신호를 출력	
4200H (4200H~42FFH)	$\overline{\text{DIG\_SELECT}}$	74LS574 (U9)	7세그먼트 LED로 위치선택 데이터를 출력 스텝모터 구동 출력	
4300H~437FH (4300H~43FFH)	$\overline{\text{RTC\_CS}}$	DS12C887(U12)	배터리 백업 실시간 시계	
8000H~FFFFH	$\overline{\text{RAM\_CS}}$	62256 (U6)	사용자 데이터 저장	메모리

〈표 3.1.5〉 *OK-1281/2561* 키트 V1.0의 외부 접속 콘넥터 요약

콘넥터		기능			
CN1	전원 콘넥터 (BR-762B/C)	1 2 3	+5V(1A 이상) GND (사용 안함)	4 5	+15V(또는 +12V) -15V(또는 -12V)
CN2	ISP용 (3FB-10P-S/T)	1 2 3 4 5	MOSI VTG (사용 안함) GND /RST	6 7 8 9 10	GND SCK GND MISO GND
CN3	JTAG용 (3FB-10P-S/T)	1 2 3 4 5	TCK GND TDO VTref TMS	6 7 8 9 10	/RESET Vsupply (사용 안함) TDI GND
CN4	USART0의 RS-232C용 (DB9-HM, 수컷)	1 2 3	(사용 안함) RxD TxD	4 5 6~9	(사용 안함) GND (사용 안함)
CN5	USART1의 RS-232C용 (3핀 SIP male header)	1	GND	2 3	RxD TxD
CN6	스피커 접속용 (2핀 SIP male header)	1 2	스피커+ 스피커-		
CN7	스텝모터 구동 출력 데이터용 (10핀 SIP male header)	1 2 3 4 5	GND D0 D1 D2 D3	6 7 8 9 10	D4 D5 D6 D7 +5V
CN8	병렬 I/O 포트 확장용 (3FB-10P-S/T)	1 2 3 4 5	PD7 PD6 PD5 PD4 PE7	6 7 8 9 10	PE6 PE5 PE4 +5V GND
CN9	도트 매트릭스 LED 구동 (3FB-10P-S/T)	1 2 3 4 5	PD0 PD1 PB0 PB1 PB2	6 7 8 9 10	PB3 PD2 PD3 PD4 GND
J1	D/A 컨버터 출력전압범위 설정용	OFF	-10 ~ +10[V]	ON	0 ~ +10[V]
VOUT1	아날로그 출력전압 측정용	VOUT1	D/A 컨버터 출력	GND1	GND

(3) *OK-2561* 키트 V1.0 콘넥터의 요약

OK-1281/2561 키트에는 기판에서 외부로 접속하기 위한 콘넥터가 모두 9개 있고, 기능을 선택하기 위한 점퍼 스위치가 1개 있는데 이를 요약하면 <표 3.1.5>와 같다.

이 중에서 CN7~CN9는 *OK-1281/2561* 키트를 기본적으로 사용하는데는 필요하지 않고 특별한 응용 분야나 기능 확장을 위해서 필요하므로 이를 필요로 하는 경우에만 사용자가 직접 조립하도록 한다.

3. *OK-1281/2561* 키트의 조립 및 테스트

이제 만약 *OK-1281/2561* 키트 V1.0을 사용자가 직접 조립하고자 하면 <그림 3.1.2>의 회로도와 <그림 3.1.3>의 PCB 부품 배치도, 그리고 <표 3.1.2>의 전체 부품 리스트를 참조하면서 반드시 다음 설명을 읽고 작업하라.

(1) *OK-1281/2561* 키트를 조립할 때의 유의 사항

OK-1281/2561 키트 V1.0을 납땜 및 조립할 때의 주의 사항들을 요약하면 다음과 같다.

① 납땜에 자신이 있다면 대부분의 IC는 가능한 한 소켓을 사용하지 말고 PCB에 직접 납땜하라. 이와 같이 하면 부품의 접촉불량이 적어져 동작의 신뢰성이 높아진다. 그러나, 납땜에 자신이 없다면 납땜중에 부품이 손상될 우려가 있으므로 IC 소켓을 사용하는 편이 바람직하다.

② 납땜은 신속하고 확실히 하라. 1개의 핀을 납땜하는데 수초 이상이 걸리면 부품이 과열되어 손상될 수 있다. 또한, IC 소자의 경우 같은 소자에 있는 여러 개의 핀들을 연속하여 납땜하지 말고, 다른 소자를 번갈아 돌아가면서 납땜하라. 이와 같이 하면 납땜중에 부품의 온도가 높아졌던 것이 다른 부품을 납땜하는 동안에 냉각되어 다시 돌아와서 납땜하더라도 보다 안전해진다.

③ 부품이 서로 바뀌지 않도록 철저히 체크하며, PCB에 표시되어 있는 부품의 방향이나 극성 표시를 올바르게 확인하고 삽입하라. 만약, 극성이 있는 소자가 반대 방향으로 조립되면 정상적으로 동작이 수행되지 않음은 물론이고 부품이 소손될 수 있으며, 나중에 이를 교체하려면 부품은 물론 PCB를 망가뜨릴 우려가 있다. 특히,

RS-232C용의 콘넥터(CN4)처럼 모양이 비슷한 부품이라도 핀의 암수를 올바르게 구분하여 선정하는 등 정확한 부품을 사용해야 한다는 점을 다시 한번 확인하라.

④ 부품을 PCB 홀에 삽입할 때는 이를 PCB의 바닥면에 완전히 밀착시킨 후에 납땜하라. 부품이 PCB의 바닥면에 밀착되지 않고 위로 들떠 있으면 뒷면에서 납땜이 확실하게 되지 않거나 부품이 기계적으로 단단히 고정되지 않을 수도 있으며, 미관상으로도 좋지 않다.
그러나, 온도센서(U17)와 같이 특수한 소자의 경우에는 주의가 필요하다. 이것은 PCB 주변의 기온을 측정하는 것이므로 PCB 윗면에 수직으로 세우지 말고 90°로 꺾어서 PCB의 옆쪽 밖으로 돌출되도록 젖혀두어야만 주위 공기의 흐름에 의하여 좀더 정확한 온도를 측정할 수 있다.

⑤ ATmega1281/2561 MCU를 가장 먼저 조립하라. 이것은 핀 간격이 매우 좁은 QFP형의 소자이므로 전용의 솔더크림과 정밀한 인두를 사용하여 납땜하며, 상당히 숙달된 납땜 기술을 필요로 한다. 납땜이 부실하면 자칫 기판을 망가뜨리거나 나중에 기판이 오동작하는 가장 큰 원인이 되므로 주의해야 한다.

⑥ LCD 모듈의 아래쪽에 위치하는 부품들은 LCD 모듈보다 먼저 조립하며, 높이를 고려하여 가급적이면 소켓을 사용하지 말고 직접 납땜하여 조립하라.

⑦ LCD 모듈은 직접 기판에 고정되도록 조립하지 말고 콘넥터를 사용하여 착탈식으로 처리하라. 조립후에는 LCD 모델에 따라 가변저항 VR2와 VR3으로 화면의 밝기가 적절해지도록 조정해야 한다.

⑧ 키트의 전원은 반드시 안정된 SMPS를 사용하라. 이 키트는 기본적으로는 +5V/2A 정도라면 충분히 동작한다. 하지만, A/D 및 D/A와 같은 아날로그 회로를 사용하려면 ±12V 또는 ±15V 출력을 함께 가지고 있는 SMPS가 필요하다.

(2) 조립하지 않아도 되는 경우

이 키트는 매우 많은 기능을 가지고 있으므로 경우에 따라서는 일부 부품을 조립하지 않고 비워두어도 무방하다.

① JTAG ICE를 가지고 있지 않은 사용자는 ISP용의 콘넥터 CN2만을 조립하고 JTAG용의 콘넥터 CN3은 조립하지 않는 것이 좋다. 이 2개의 콘넥터는 모양이 동

일하여 자칫하면 서로 바뀌어 잘못 접속할 우려가 있기 때문이다.

② 키트의 부품 중에서 L1과 C8은 CPU의 A/D 컨버터에 보다 안정된 전원을 공급하기 위한 저역통과 필터 기능을 수행한다. 하지만, 인덕터 소자를 가지고 있지 않거나 A/D 컨버터가 다소 불안정한 동작을 하는 것을 감수하겠다면 L1은 조립하지 않아도 되며, 이때는 반드시 L1의 자리를 점퍼선으로 연결하여 단락시켜야 한다.

③ 스텝모터 구동 인터페이스를 사용하지 않는다면 콘넥터 CN7은 조립하지 않아도 된다.

④ ATmega1281/2561의 병렬 I/O 포트 확장 인터페이스를 사용하지 않는다면 콘넥터 CN8은 조립하지 않아도 된다.

⑤ 도트 매트릭스 LED 모듈 구동 인터페이스를 사용하지 않는다면 콘넥터 CN9는 조립하지 않아도 된다.

⑥ 대부분의 사용자는 외부의 62256 SRAM을 사용하지 않으므로 U6을 조립하지 않아도 된다.

⑦ ATmega1281/2561의 PG3~PG5는 이 키트에서 사용하지 않는 핀이다. 그러나, 만약 나중에 사용자가 이를 필요로 하면 MCU의 해당 핀에 직접 신호선을 접속하는 것이 매우 어려우므로 *OK-1281/2561* 키트에서는 이를 쉽게 점퍼 처리할 수 있도록 핀 가까운 곳에 홀을 뚫어 놓았다.

⑧ D/A 컨버터를 사용하지 않는 경우에는 이 키트의 전원으로 +5V만을 사용해도 된다. 이때 온도센서는 U16(LM358)을 거치지 않고 직접 ADC1로 읽어들일 수 있다.

⑨ 이 키트의 모든 TTL 소자들은 74LS형이나 74HC형을 사용하는 것이 가능하다. 그러나, U3의 경우에는 74LS를 74HC로 사용하게 되면 리셋 시간이 매우 길어져서 문제가 될 수 있으므로 반드시 74LS14를 사용하든지 또는 R2, C5의 소자값을 대폭 줄여 다시 선정하여야 한다.

(3) *OK-1281/2561* 키트를 조립하고 나서 동작을 테스트하는 방법

이제 *OK-1281/2561* 키트의 조립이 끝났으면 이것의 동작을 테스트하여 확인하여야 한다. 만약, 여러분이 믿을 수 있는 부품으로 자신있게 납땜하였다면 틀림없이 잘 동작할 것이니 걱정할 필요는 없다. **"잘 동작하도록 설계해 놓은 것을 동작하지 않게 조립하는 것도 보통 능력이 아니다!"**라는 점을 상기하고, **"남들은 이를 설계하고 만들기도 하는데 단지 조립하여 사용하라는 것을 못하랴!"**라고 자신의 오기를 자극하시라.

이제 설레는 가슴을 진정시키고 작업하던 주위를 좀 깨끗하게 정리한 후에 차분하게 다음과 같은 순서로 테스트를 시작한다.

① 조립이 끝났으면 작업하던 테이블 위를 깨끗이 청소하고 다시 한번 조립상태를 세밀하게 점검하라. 부품이 바뀌지 않고 올바르게 선정되었는지, 극성이 바르게 조립되었는지, 납땜 상태는 양호한지 등을 중점적으로 체크한다.

◀휴게실▶ **회로도에서는 생략되지만 PCB에서 유의할 사항**

우리가 컴퓨터의 회로도에서는 일반적으로 생략하지만 PCB 기판을 설계할 때는 다음과 같은 사항이 고려된다. 따라서, 이들 사항은 PCB를 조립하는 경우에도 알아두는 것이 좋다.

① 회로도에서 특히 IC 소자의 경우에는 일반적으로 전원 및 GND 단자가 생략되어 있다. 그러나, 기판 설계시에는 반드시 이를 각각 전원선 및 접지선에 연결해 주어야 한다. 따라서, 사용자가 조립후에 이를 계측기로 측정하거나 하드웨어 디버깅을 실시할 경우에는 해당 IC의 데이터 시트를 참조하여야 한다.

② 기판 설계시에 전원선은 신호선에 비하여 상대적으로 굵게 배선한다. 각 전원선의 굵기는 전류용량에 따라 적절히 하면 된다.

③ 전원이 기판으로 공급되는 입구 부근에는 반드시 필터 콘덴서(filter condenser)를 설치한다. 기판이 크고 IC 논리소자가 많을 경우에는 IC 소자 10~30개 정도에 1개씩의 필터 콘덴서를 기판에 분포시켜 추가하는 것이 바람직하다. 필터 콘덴서는 먼 거리의 전원장치로부터 전원이 공급됨으로써 발생할 수 있는 전압강하를 방지하거나, 부하에서 순간적으로 대전류를 필요로 할 때 이 콘덴서에서 전류를 공급하는 역할을 수행함으로써 회로의 안정된 동작을 유지한다. 필터 콘덴서로는 대부분 10~30[μF]의 전해 콘덴서 또는 탄탈 콘덴서를 사용한다. 탄탈 콘덴서가 성능이 우수하지만 가격이 비싸다. 따라서, 사용자가 기판을 조립할 경우에도 이들 필터 콘덴서는 반드시 조립하는 것이 좋으며, 이들 콘덴서의 극성 및 내압에도 주의해야 한다.

④ IC 논리소자는 ON, OFF의 스위칭 동작시에 순간적으로 꽤 큰 전류가 흐르거나 이 원인으로 전원에 서지(surge)를 발생시켜 전원선으로 퍼뜨림으로써 다른 IC의 동작에 장애를 준다. 특히 디지털 소자와 같은 전원을 사용하는 아날로그 센서들은 이러한 영향으로 오동작할 우려가 높다. 이러한 영향을 제거하기 위하여 사용하는 콘덴서를 바이패스 콘덴서(bypass condenser) 또는 디커플링 콘덴서(decoupling condenser)라고 한다.(*OK-1281/2561* 키트의 경우에는 이 바이패스 콘덴서를 회로도에 표시하였지만, 일반적으로 회로도에는 바이패스 콘덴서를 나타내지 않고 생략한다.) 바이패스 콘덴서로는 0.01~0.1[μF]의 고주파 특성이 좋은 세라믹 콘덴서 또는 필름 콘덴서를 사용한다. 이들 바이패스 콘덴서는 IC 소자 2~3개에 1개 정도씩 가급적이면 많이 배치할수록 동작이 안정되며, 해당 소자들에서 가장 가까운 곳에 분포시킨다. 따라서, 사용자가 기판을 조립할 경우에도 이들 바이패스 콘덴서는 반드시 조립하는 것이 좋으며, 대부분의 기판에서는 이들 콘덴서에 부품번호를 표시하지 않음에 주의해야 한다.

⑤ 기판상에서 부품간의 배선은 최단거리 배선을 원칙으로 하며, 특히 동작 주파수가 높은 신호의 배선이나 굵기가 가는 배선은 90°로 꺾지 않고 45° 정도로 처리한다.

② 전원을 넣기 전에 키트에 전원이 올바르게 공급될 것인지 다시 한번 점검하라. 전원의 각 전압은 올바른지, 전원의 극성을 반대로 연결하지 않았는지 등을 중점적으로 체크한다.

③ 조립이 끝나면 *OK-1281/2561* 키트에는 아무 프로그램도 들어있지 않으므로 전원을 넣어봐야 프로그램이 실행되지 않으며 아무 동작도 수행되지 않는다. 그러나, 전원을 투입하고 나서 LED5가 점등되는지, 그리고 +5V, +15V, -15V 단자의 전압이 올바르게 측정되는지를 확인하는 것이 좋다.

④ 아직은 사용자가 직접 프로그램을 작성하는 것은 어려우므로 예제 프로그램에 함께 제공되는 kit_test.hex 파일을 다운로드하여 실행한다. 그러기 위해서는 먼저 제 3.2절에서 설명하는 AVR ISP 프로그램의 사용방법을 익혀야 한다.

⑤ 위의 ④에서 수행한 테스트 프로그램이 모두 올바르게 실행된다면 이제 여러분이 조립한 *OK-1281/2561* 키트는 거의 정상적으로 동작하는 것으로 봐도 좋다. 그러나, 부분적으로 동작하지 않는 기능이 발견되면 회로도를 보면서 해당 부분의 하드웨어를 체크해야 한다. 만약, 전혀 키트가 동작하지 않고 스스로 이를 디버깅할 능력이 부족하다면 전문가의 도움을 받는 것이 좋다.

예제 프로그램에 함께 제공되는 kit_test.hex 프로그램은 *OK-1281/2561* 키트의 각 부분 동작을 점검하기 위한 8가지의 테스트 프로그램으로서 이것을 실행하는 방법과 실행하였을 경우의 동작은 다음과 같다. 이 테스트 프로그램의 소스는 어셈블리 언어로 작성하였으며 <부록 2>에 보였다.

① 제3.2절의 설명에 따라 다운로드 프로그램을 실행하고 기본적인 설정을 완료하라. 그리고 나서 ATmega1281/2561 마이크로콘트롤러에서 퓨즈 비트를 셋팅하라. 기본적으로 *OK-1281/2561* 키트에서 퓨즈 비트는 JTAGEN 및 SPIEN 항목만을 0으로 설정하고 나머지의 모든 항목을 1로 설정하면 된다.

② 퓨즈 비트의 설정이 끝났으면 다운로드 프로그램으로 C:\Atmel\OK1281asm\ 또는 C:\Atmel\OK2561asm\ 폴더에서 kit_test.hex 파일을 컴퓨터로 읽어들여 다운로드한다. 프로그램이 다운로드되고 나면 자동으로 실행이 시작된다.

③ 이 프로그램은 부팅 과정에서 긴 버저음과 함께 LED1~LED4가 차례로 점등되고,

텍스트형 LCD 모듈에 키트의 로고가 표시되며, 이어서 8가지의 테스트 프로그램이 반복하여 수행된다.

④ 테스트 1은 그래픽형 LCD 모듈의 동작을 테스트하는 것으로서 화면에 간단한 영문 메시지를 출력한다. 단, 이 테스트를 실시하려면 키트에 그래픽형 LCD 모듈을 장착하고 있어야 한다.

⑤ 테스트 2는 키입력 테스트로서 KEY1~KEY4를 누르면 이 키를 LED1~LED4와 텍스트 LCD 모듈의 화면에 보여준다.

⑥ 테스트 3은 스피커 사운드 테스트로서 옥타브4에서 "도레미파솔라시도", "도시라솔파미레도"가 한차례 연주된다. 이를 확인하려면 물론 콘넥터 CN6에 스피커를 접속하여 놓아야 한다.

⑦ 테스트 4는 A/D 컨버터 테스트로서 온도센서에 의한 현재 기온과 VR1에 의한 전압값을 차례로 텍스트 LCD 모듈에 표시한다. 온도값은 엄지와 검지로 온도센서를 잡아 사람의 체온에 의하여 온도값이 변하는 것으로 동작을 확인할 수 있고, 전압값은 드라이버로 VR1을 돌리면서 0.0V에서부터 5.0V 부근까지 값이 변화하는 것으로서 동작을 확인할 수 있다.

⑧ 테스트 5는 D/A 컨버터 테스트로서 VOUT1 단자에 파형을 출력한다. 이를 오실로스코프로 관측하면 삼각파와 정현파가 출력되는 것을 확인할 수 있다. 이때 점퍼 J1을 ON시켜 놓았다면 출력 파형은 0~+10V 범위로 되고, J1을 OFF하였다면 출력 파형은 -10V~+10V 범위로 된다.

⑨ 테스트 6은 RS-232C 통신 테스트로서 ATmega1281/2561의 USART0 포트에서 송신한 데이터를 루프백(loop back)하여 다시 수신함으로써 올바른 통신 동작을 확인한다. 즉, *OK-1281/2561* 키트가 ATmega1281/2561의 TXD0 단자로 송신한 데이터를 RXD0 단자로 수신하여 USART0 포트의 정상동작 여부를 체크하는데, 테스트 결과는 LCD 모듈에 메시지로 표시된다.
이 테스트를 수행할 때는 <그림 3.1.4>에 보인 것처럼 미리 RS-232C 직렬통신 케이블의 한쪽을 *OK-1281/2561* 키트의 콘넥터 CN4에 연결하고, 이 케이블 반대편의 암컷 콘넥터에서 점퍼선으로 2번 핀과 3번 핀을 연결시켜 주어야 한다. 그러면 *OK-1281/2561* 키트에서 콘넥터 CN4를 통하여 USART0 포트의 TXD0 단자로 송신한 데이터를 RXD0 단자로 수신할 수 있게 된다.

⑩ 테스트 7은 7세그먼트 LED 테스트로서 여기에 여러 가지의 문자를 디스플레이한다. 8개의 글자에 동일한 문자를 디스플레이하기도 하고, 각각 다른 글자들을 디스플레이하기도 한다. 단, 7세그먼트 LED는 그래픽형 LCD 모듈의 아래쪽에 장착되어 있으므로 이 테스트를 실시하려면 그래픽형 LCD 모듈을 *OK-1281/2561* 키트에서 해체하여 제거해야 한다.

⑪ 테스트 8은 외부에 접속된 62256 SRAM을 테스트하는데, 각 번지마다 0x55와 0xAA를 라이트 및 리드하여 동작을 확인한다. 만약 에러가 발생하면 그 번지와 라이트한 값, 리드한 값을 모두 화면에 보여주므로 이를 참고하여 하드웨어를 디버깅할 수 있다.

이상의 테스트를 실시하면서 정상 동작 여부를 확인하여 만약 *OK-1281/2561* 키트에 문제가 있다면 하드웨어 디버깅을 수행하여야 한다. 마이크로프로세서의 초보자거나 ATmega1281/2561 마이크로콘트롤러에 익숙하지 않은 사용자라면 키트를 점검하는 일은 쉽지 않은 일이지만 자신이 조립한 실제 키트와 회로도를 대조하면서 원리적으로 차분히 접근하면 꼭 어려운 것만도 아니어서 대부분의 에러는 무난하게 찾아낼 수가 있다.

하드웨어를 디버깅할 때는 물론 좋은 계측기가 필요하지만, 계측기에 지나치게 의존하지 말고 자신의 눈이나 감각으로 직접 부품의 납땜 상태나 소자의 핀접속 상태 또는 동작중 과열 여부 등 여러 가지의 상태를 확인하는 것이 중요하다. 키트 동작의 오류는 거의 대부분 납땜 불량이나 부품의 오삽 등과 같은 작업자의 실수에 의하여 발생하므로 자신의 눈으로 세밀하게 관찰하면 찾아낼 수 있다는 것이다.

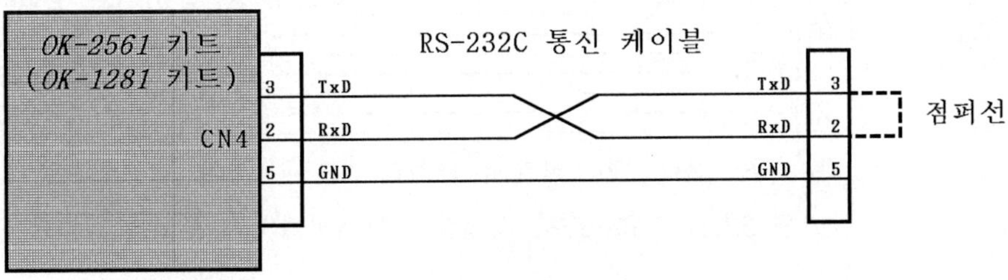

〈그림 3.1.4〉 USART0 직렬통신 포트의 루프백 테스트

4. RS-232C 통신 케이블의 제작

OK-1281/2561 키트에서는 CN4용의 RS-232C 직렬통신 케이블을 기본으로 제공하며, 이것의 구조는 <그림 3.1.5>와 같다. 그러나, 이것은 필요하면 사용자가 이를 직접 만들 수도 있다.

RS-232C의 콘넥터는 컴퓨터와 같은 DTE(Data Terminal Equipment, 데이터 단말장치) 측에 D형 콘넥터의 수컷을 사용하고, 모뎀과 같은 DCE(Data Communication Equipment 또는 Data Circuit-Terminating Equipment, 회선 종단장치) 측에 D형 콘넥터의 암컷을 사용하도록 되어 있다. 그러나, *OK-1281/2561* 키트는 DTE로서 IBM PC와 직접 즉, DTE끼리 직접 통신을 수행하므로 RS-232C 통신 케이블의 양쪽에는 모두 암컷 콘넥터를 사용해야 한다. 그러므로 키트의 콘넥터 CN4는 당연히 수컷으로 되어 있다. 흔히 마이크로프로세서 트레이닝 키트의 직렬통신 포트에 암컷 콘넥터를 사용하는 경우가 있으나 이는 잘못된 것이다.

IBM PC의 직렬 포트	RS-232C용 직렬통신 케이블		키트의 콘넥터 CN4
(9핀 콘넥터 수컷)	(9핀 콘넥터 암컷)	(9핀 콘넥터 암컷)	(9핀 콘넥터 수컷)
②(RxD)	(RxD)②	③(TxD)	③(TxD)
③(TxD)	(TxD)③	②(RxD)	②(RxD)
⑤(GND)	(GND)⑤	⑤(GND)	⑤(GND)

(a) *OK-1281/2561* 키트의 콘넥터 CN4용 케이블

IBM PC의 직렬 포트	RS-232C용 직렬통신 케이블		키트의 콘넥터 CN5
(9핀 콘넥터 수컷)	(9핀 콘넥터 암컷)	(3핀 콘넥터 암컷)	(3핀 콘넥터 수컷)
②(RxD)	(RxD)②	③(TxD)	③(TxD)
③(TxD)	(TxD)③	②(RxD)	②(RxD)
⑤(GND)	(GND)⑤	①(GND)	①(GND)

(b) *OK-1281/2561* 키트의 콘넥터 CN5용 케이블

〈그림 3.1.5〉 RS-232C 직렬통신용 케이블의 결선도

일부의 통신 프로그램에서는 RS-232C 통신 케이블에서 TxD 및 RxD 신호는 물론이고 $\overline{RTS}$, $\overline{CTS}$, $\overline{DTR}$, $\overline{DSR}$과 같은 모뎀제어 신호를 사용하여 핸드세이킹 제어를 수행하는 경우도 있지만 대부분의 MCU에서는 TxD 및 RxD 신호만으로 간단히 직렬통신을 수행한다. 따라서, 퍼스널컴퓨터측의 직렬통신 프로그램에서도 핸드세이킹 제어를

사용하지 않도록 설정하여야 한다.

RS-232C 통신 케이블의 길이는 규격상 최대 15m까지 사용할 수 있다. 그러나, 우리의 경우는 이를 *OK-1281/2561* 키트와 퍼스널컴퓨터를 직렬통신하기 위하여 연결하는데 사용하거나 또는 제3.2절에서 설명하는 바와 같이 *AVR-ISP Studio* 다운로드 케이블을 연결하는데 사용할 것이므로 1m정도로 하면 충분하다.

OK-1281/2561 키트에서 USART0 포트를 사용하는 콘넥터 CN4에는 9핀 D형 콘넥터를 사용하였으나, USART1 포트를 사용하는 콘넥터 CN5에는 PCB 면적을 줄이기 위하여 9핀 D형 콘넥터를 사용하지 않고 3핀 메일 헤더(male header) 콘넥터를 사용하였다. 따라서, 이 USART1을 사용하는 RS-232C 통신 케이블은 <그림 3.1.5>의 (b)처럼 콘넥터 CN5에 접속할 부분을 다르게 만들어야 하지만, <그림 3.1.5>의 (a)와 같은 정상적인 RS-232C 통신 케이블에 추가로 <그림 3.1.6>과 같은 어댑터를 만들어 사용하면 더욱 편리하다.

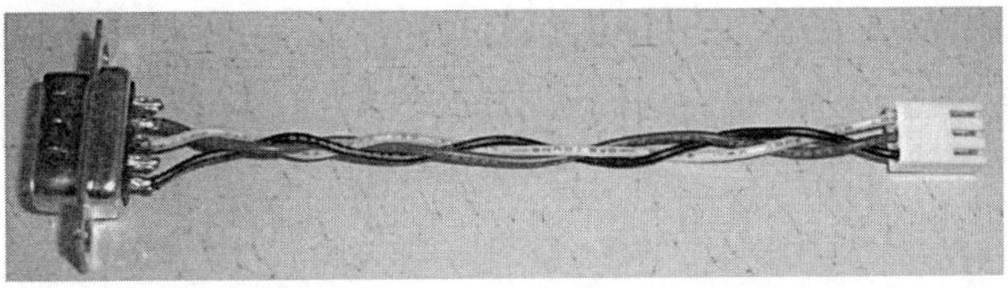

RS-232C용 직렬통신 케이블	어댑터		키트의 콘넥터 CN5
(9핀 콘넥터 암컷)	(9핀 콘넥터 수컷)	(3핀 콘넥터 암컷)	(3핀 콘넥터 수컷)
③(TxD)	(TxD)③	③(TxD)	③(TxD)
②(RxD)	(RxD)②	②(RxD)	②(RxD)
⑤(GND)	(GND)⑤	①(GND)	①(GND)

〈그림 3.1.6〉 *OK-1281/2561* 키트의 CN5를 위한 RS-232C 통신 케이블의 어댑터

3.2 AVR ISP 다운로드 케이블

이 절에서는 ATmega1281/2561 마이크로콘트롤러를 사용하여 시스템을 설계하거나 이를 특정 분야에 응용할 때 사용자가 사용할 수 있는 하드웨어 및 소프트웨어 개발 툴(development tool)에는 어떤 것들이 있는지를 알아보고, 이 중에서 병렬포트형 및 직렬포트형 AVR ISP 케이블의 제작 및 사용방법을 자세히 설명한다.

Atmel사의 AVR 마이크로콘트롤러는 그 역사가 매우 짧은데도 불구하고 오늘날처럼 많은 사용자를 확보하게 된 것은 그 성능이 뛰어나고 편리한 ISP 기능을 가지고 있는 등의 장점 때문이지만, 또 한편으로는 여기에 필요로 하는 개발 툴을 대부분 무료로 사용할 수 있다는 점 때문이기도 하다. 물론 이러한 개발 툴은 Atmel사나 다른 회사에서 상업적으로 판매하는 것도 많지만, 우리는 무료로 얻을 수 있는 툴만으로도 훌륭하게 이를 충분히 사용할 수가 있다. 그것도 메이커에서 제공하는 한정된 기능을 가지는 데모 버전(demonstration version) 또는 평가용 버전(evaluation version)이 아니라 이른바 풀 버전(full version)의 정품이라는 것이다.

이 책에서 사용하는 하드웨어 개발 툴의 대표적인 것으로는 프로그램 다운로드용 AVR ISP 케이블이다. 이 중에서 일부는 사용자가 직접 만들어서 사용할 수도 있다. 물론 하드웨어 개발 툴 중에서 가장 좋은 것은 에뮬레이터지만 AVR ISP 다운로드 케이블을 사용해보면 에뮬레이터 없이도 충분히 개발이 가능하다는 것을 알게 된다.

이 책에서 사용하는 어셈블러는 Atmel사에서 무료로 제공하는 AVR Studio에 포함된 매크로 어셈블러 AVRASM2.EXE이다. 이것은 모든 윈도우 운영체제에서 사용이 가능하며 Atmel사에서 지속적으로 버전업하여 무료로 제공하고 있다. 또한 우리는 C 컴파일러로서 WinAVR에 포함된 AVR-GCC를 사용한다. 이는 GNU 그룹에서 무료로 제공하는 C 컴파일러로서 다른 상업용 제품에 비해서 전혀 손색이 없는 우수한 기능을 가지고 있으며 버전업도 상당히 빠르게 이루어지는 편이다. 이 WinAVR을 그냥 사용하려면 IDE(Integrated Development Environment) 기능의 지원이 부족하고 사용자가 직접 makefile을 만들어야 하기 때문에 상당히 불편한데, AVR Studio V4.12부터는 이것이 C언어에 대한 IDE의 기능을 지원하므로 이제는 AVR Studio 안에서 어셈블리 언어와 C언어 프로그램을 모두 개발할 수 있게 되었다. 따라서, 이 책에서는 AVR Studio를 이용하여 매크로 어셈블러와 WinAVR의 AVR-GCC C컴파일러를 기본으로 사용한다.

이상과 같이 이 책에서 우리는 누구나 모두 무료로 쉽게 구하여 사용할 수 있는

① AVR Studio + Atmel의 매크로 어셈블러 AVRASM2
② AVR Studio + WinAVR의 AVR-GCC 컴파일러
③ 병렬포트형 *AVR-ISP Parallel* 다운로드 케이블 + ToastProg2005 등
또는 직렬 포트형 *AVR-ISP Studio* 다운로드 케이블 + AVR Studio
또는 USB 포트형 *AVR-ISP USB* 다운로드 케이블 + AVR Studio

등을 사용함으로써 어떤 상업용 개발 툴을 구입하지 않고도 상업용 개발 시스템에 못지않은 훌륭한 ATmega1281/2561 개발 환경을 갖추게 되는 것이다.

1. 하드웨어 및 소프트웨어 개발 툴

(1) 하드웨어 개발 툴

AVR의 하드웨어 개발 툴은 에뮬레이터, 평가용 보드, ISP 다운로드 케이블, 그리고 이것들에 관련된 소프트웨어 등으로 나눌 수 있다.

▣ 에뮬레이터

사용자가 작성한 프로그램을 타겟 보드(target board)로 다운로드하여 실시간으로 실행하면서 하드웨어나 소프트웨어를 쉽게 디버깅할 수 있도록 도와주는 하드웨어 장비를 에뮬레이터(emulator)라고 한다. 일반적으로 에뮬레이터는 타겟 보드에 사용자 프로그램을 다운로드할 수 있고, 다운로드한 프로그램을 1개의 명령어씩 실행하는 싱글 스텝(single step) 또는 트레이스(trace) 기능, 사용자가 원하는 위치까지 프로그램을 실행한 후에 정지시키는 브레이크 포인트(break point) 기능, 프로그램의 실행 상황을 눈으로 직접 보면서 수행하는 윈도우 워치(window watch) 기능 등은 에뮬레이터의 기본적인 기능들이다. 그러나, 에뮬레이터를 가지고 있지 않은 경우에도 AVR Studio를 사용하면 사용자 프로그램을 시뮬레이션(simulation)할 수 있다.

Atmel사에서 판매하는 AVR용의 에뮬레이터는 주로 ATtiny 패밀리를 지원하는 ATICE40, 주로 AT90 패밀리를 지원하는 ATICE200, 그리고 주로 AT90 패밀리와 ATmega 패밀리를 지원하는 ATICE50 등이 있다. 이들 ICE(In-Circuit Emulator)들은 대부분 에뮬레이터에 부속되는 포드(pod)를 타겟 보드의 MCU 소켓에 접속하여 에뮬

레이터가 직접 타겟 보드의 MCU 기능을 대신하면서 실시간으로 실행 및 디버깅을 수행하게 된다. 따라서, 하나의 에뮬레이터에 여러 가지의 MCU에 따른 포드가 옵션 액세서리로 부속되어 있게 된다.

ICE는 모델에 따라 퍼스널컴퓨터의 RS-232C 직렬포트 또는 USB 포트에 연결하여 사용하며, 이에 관련된 IDE 소프트웨어로는 AVR Studio를 사용한다. ATmega 패밀리의 주요 모델들은 IEEE 1149.1 표준의 JTAG 인터페이스를 접속할 수 있는 외부 핀들을 가지고 있으며, Atmel사에서는 이를 위하여 JTAG ICE를 제공하고 있다. JTAG ICE는 일반 다른 ICE와 달리 타겟 보드에 있는 MCU를 그대로 사용하면서 표준 10핀 JTAG 콘넥터를 통하여 에뮬레이터와 타겟 보드를 연결한다. JTAG ICE의 사진을 <그림 3.2.1>에 보였으며, *OK-1281/2561* 키트에서도 콘넥터 CN3을 통하여 이를 접속할 수 있다.

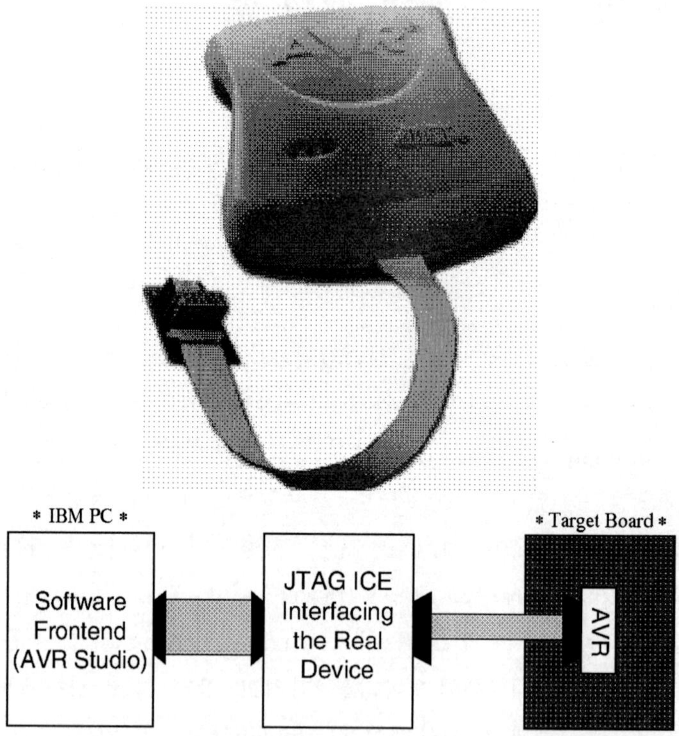

〈그림 3.2.1〉 Atmel사의 JTAG ICE

■ 평가용 보드

평가용 보드(evaluation board)는 MCU 제조회사가 해당 MCU를 사용하여 기본적인 하드웨어 설계 기술을 배우고 이를 사용해 봄으로써 MCU의 하드웨어 또는 소프트웨어 실행 성능이나 응용분야를 평가해 볼 수 있도록 판매하는 간단한 타겟 보드이다. 이 MCU를 처음 익히는 사람은 이를 이용하여 짧은 시간에 저렴한 비용으로 많은 경험을 쌓을 수 있으므로 스타터 키트(Starter Kit)라고 부르는 경우도 있다.

Atmel AVR의 스타터 키트는 Kanda Systems사에서 주로 공급하는데, 여기에는 주로 ATtiny 패밀리를 지원하는 STK100, 주로 AT90 패밀리를 지원하는 STK200, 주로 ATmega 패밀리를 지원하는 STK300 등이 있으며, 요즈음에는 Atmel사에서도 대부분의 AVR 패밀리를 지원하는 STK500 시리즈를 제공하고 있다. STK500 시리즈에는 필요에 따라 STK501~STK504 옵션 보드를 포함할 수 있는데, ATmega1281과 ATmega2561은 STK500 스타터 키트에 STK501 옵션을 추가하여 사용할 수 있다.

AVR용의 스타터 키트에는 부수적으로 사용자가 만든 타겟 보드에 있는 MCU를 프로그래밍할 수 있는 ISP 기능을 가지고 있는 경우가 많다. 하지만, MCU가 출시된지 얼마 되지 않아 이를 이용한 설계 기술이 널리 알려지지 않았거나 개발 툴을 구하기 어려운 경우라면 모르지만, 오늘날처럼 AVR을 사용하기 쉬운 환경에서는 평가용 보드나 스타터 키트의 필요성이 별로 없어 보인다.

▣ Atmel사의 표준 AVR ISP

Atmel사에서는 AVR의 플래시 메모리에 사용자 프로그램을 다운로드할 수 있는 직렬포트형 ISP 프로그래머로서 ATAVRISP라고 불리는 AVR ISP를 판매하고 있다. 이것은 <그림 3.2.2>와 같은 모양인데 얼핏 보면 JTAG ICE와 비슷하게 생겼지만 이것의 크기가 다소 작으며, 현재 수만원 정도의 가격으로 구입이 가능하다.

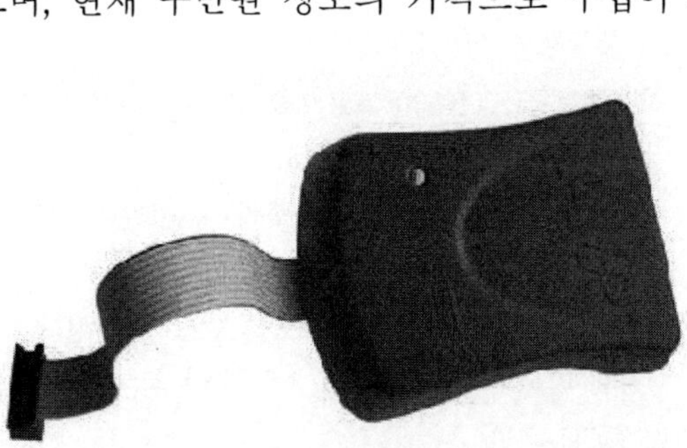

〈그림 3.2.2〉 Atmel사의 표준 AVR ISP

Atmel사의 표준 AVR ISP는 퍼스널컴퓨터의 RS-232C 직렬포트에 연결하여 AVR Studio와 함께 사용하며, 타겟 보드에 접속하는 콘넥터는 10핀 및 6핀 표준 콘넥터를 모두 사용할 수 있다. 즉, <그림 3.2.2>에서 플랫 케이블(flat cable)이 2가지가 있어서 사용자가 10핀 콘넥터를 사용하거나 6핀 콘넥터를 사용하려면 각각 그에 맞는 것으로 갈아 끼울 수 있도록 되어 있다. *OK-1281/2561* 키트에서는 이와 호환되는 AVR ISP를 사용할 수 있도록 10핀 콘넥터 CN2를 마련하여 두었다.

▣ 기타의 AVR ISP

Atmel사에서 제공하는 표준의 정품 AVR ISP 이외에도 많은 ISP 다운로드 케이블이 있다. 이것들은 크게 퍼스널컴퓨터의 병렬포트(프린터 포트)에 접속하여 사용하는 방식과 RS-232C 직렬포트에 접속하여 사용하는 방식 또는 USB 포트에 접속하여 사용하는 3가지로 나눌 수 있다. 이것들은 어느 것이나 AVR에 내장된 SPI 직렬통신을 이용하여 ISP를 구현하기 때문에 궁극적으로 직렬통신에 의하여 ISP가 수행되며, 따라서 병렬포트형의 ISP도 병렬포트를 가지고 소프트웨어적으로 직렬통신을 구현하고 있다. 그러나, 직렬포트형이나 병렬포트형이나 모두 타켓 보드에 접속하는 콘넥터는 Atmel 표준의 10핀 또는 6핀 콘넥터를 따르는 것이 좋다.

◀**참고**▶ AVR 마이크로콘트롤러에서 사용할 수 있는 AVR ISP 다운로드 케이블을 자세히 살펴보면 아래와 같은 6가지의 종류로 나눌 수 있다. *OK-1281/2561* 키트에서는 ToastProg2005 다운로드 프로그램과 함께 ①(*AVR-ISP Parallel*)을 기본으로 사용하고, 다운로드 속도가 가장 빠른 ③(*AVR-ISP Studio*)을 선택적으로 사용하며, 이밖에 병렬포트나 직렬포트를 가지고 있지 않은 노트북컴퓨터에서는 ⑤(*AVR-ISP USB*)를 사용하면 된다.

① **PonyProg2000을 사용하는 병렬포트형(STK200/300 호환형)★**
병렬포트의 데이터 비트를 사용하여 SPI 통신 신호 발생.(※ ToastProg2005 프로그램도 사용 가능)

② **PonyProg2000을 사용하는 직렬포트형**
직렬포트의 RS-232C 신호를 변형하여 SPI 통신 신호 발생.

③ **AVR Studio를 사용하는 직렬포트형(STK500 프로토콜 V2.0 호환형)★** - 중간에 MCU 내장
AVR Studio에서 Tools → Program AVR 메뉴로 동작.

④ **AVR Studio를 사용하는 직렬포트형(AvrProg.exe 호환형)** - 중간에 MCU 내장
AVR Studio에서 Tools → AVR Prog... 메뉴로 동작.

⑤ **AVR Studio를 사용하는 USB 포트형(STK500 프로토콜 V2.0 호환형)★** - 중간에 MCU 내장
AVR Studio에서 Tools → Program AVR 메뉴로 동작.(※ USB 포트를 직렬포트처럼 사용)

⑥ **기타 USB 포트형** - 중간에 MCU 내장
AVR Studio를 사용하지 않고 자체적인 전용 다운로드 프로그램을 사용.

◀**참고**▶ IAR C컴파일러나 CodeVision C컴파일러와 같은 소프트웨어에서도 대부분 컴파일된 사용자 프로그램을 ISP로 다운로드하는 기능을 가지고 있다. 이런 경우 다운로드 케이블로는 Atmel사의 AVR ISP는 물론이고 기타 대부분의 직렬포트형 또는 병렬포트형 AVR ISP 케이블을 선택적으로 지정하여 사용할 수 있도록 되어 있다.

〈표 3.2.1〉 AVR 개발툴 및 지원가능 소자

AVR 모델	ICE40	ICE50	ICE200	JTAGICE	JTAGICE mkII	STK500/ISP	Assembler	Simulator
ATtiny11/15						○	○	○
ATtiny12			○			○	○	○
ATtiny13	○	○			○	○	○	○
ATtiny26	○	○				○	○	○
ATtiny28						○	○	
ATtiny45					○	○	○	○
ATtiny2313		○			○	○	○	○
AT90S1200			○			○	○	○
AT90S2323/2343						○	○	○
AT90S2313/4433			○			○	○	○
AT90S8515/8535		○	○			○	○	○
ATmega8515/8535		○				○	○	○
ATmega8	○	○				○	○	○
ATmega48/88		○			○	○	○	○
ATmega16/32		○		○	○	○	○	○
ATmega162		○		○	○	○	○	○
ATmega168					○	○	○	○
ATmega169		○		○	○	○+STK502	○	○
ATmega325/329		○			○	○+STK502	○	○
ATmega3250/3290		○			○	○+STK504	○	○
ATmega64		○		○	○	○+STK501	○	○
ATmega128		○		○	○	○+STK501	○	○
ATmega1281/2561		○			○	○+STK501	○	○
ATmega640/1280/2560					○	○+STK503	○	○

(2) 소프트웨어 개발 툴

AVR의 소프트웨어 개발 툴은 어셈블러, C컴파일러, IDE 소프트웨어, ISP 다운로드 프로그램 등으로 나눌 수 있다.

▣ 어셈블러

AVR용의 어셈블러(assembler)에는 여러 가지가 있으나 거의 대부분 Atmel사의 매크로 어셈블러 AVRASM2.EXE를 사용한다. 이것은 IDE 소프트웨어인 AVR Studio에 포함되어 무료로 제공되며 지속적으로 버전업되고 있다.

오늘날의 개발자들은 어셈블러보다는 C언어를 즐겨 사용하는 경향이 있으며, 더구나 AVR은 처음부터 C언어를 사용하는데 적합하도록 의도적으로 고려하여 개발된 MCU이므로 여기서 어셈블리 언어를 사용하여 프로그래밍하는 개발자는 더욱 적어졌다. 그러나, 역시 어셈블리 언어는 임베디드 시스템 분야에서 그 세밀한 처리에 관하여 뛰어난 장점을 가지며 이는 여전히 C언어가 도저히 따라올 수 없는 영역이다. 따라서, 이 책에서는 어셈블리 언어와 C언어를 거의 동일한 비중으로 취급하며, 어셈블러는 Atmel사의 이 매크로 어셈블러를 사용한다.

Atmel 매크로 어셈블러는 MS-DOS 창에서도 사용할 수 있지만, 윈도우즈 운영체제에서 IDE 프로그램인 AVR Studio와 함께 사용하면 더욱 편리하다. AVR Studio를 설치하고 여기서 어셈블리 프로그램을 작성하는 방법에 대하여는 제3.3절에서 설명하며, 이 매크로 어셈블러의 자세한 기능이나 문법은 제3.4절에서 요약하여 설명한다.

▣ C 컴파일러

현재까지 가장 널리 사용되어 온 AVR용의 C컴파일러는 IAR C컴파일러로 알려져 있다. 이는 AVR을 개발할 때 처음부터 IAR사의 C컴파일러 개발팀과 Atmel사의 AVR 개발팀이 기술적으로 긴밀한 협조 속에서 작업을 수행하였기 때문에 AVR용 C 컴파일러 중에서 가장 먼저 출시되었다는 점은 물론이고 그만큼 AVR의 특성을 잘 살려서 만들어진 C컴파일러라는 장점을 가지고 있기 때문이다. 이 IAR C컴파일러는 현재 약 150만~200만원 정도에서 구입이 가능하다.

이밖에도 AVR C컴파일러에는 HP Info Tech사의 CodeVisionAVR C컴파일러와 Image Craft사의 ICC C컴파일러 등이 있는데, 이것들은 상대적으로 시장점유율이 낮으며 각각 20만~30만원대에 구입이 가능하다.

그러나, AVR에 관한한 이런 적지 않은 가격으로 상업용 정품 C컴파일러를 구입하여 사용할 필요가 별로 없다. 그것은 무료 소프트웨어의 대명사인 GNU 그룹에서 개발한 AVR-GCC와 이를 포함하는 AVR 소프트웨어 패키지 WinAVR을 무료로 사용할 수 있기 때문이다. 초창기의 AVR-GCC는 성능이 만족스럽지 못한 측면이 있었으나 현재는 매우 개선되고 안정되어 어느 상업용 C컴파일러와 비교하더라도 손색이 없는 정도이며, 필요할 때마다 지속적으로 버전업되고 있고 또한 Atmel에서 새로운 MCU 모델이 출시될 때마다 이를 지원하기 위한 기능이 추가되고 있다.

WinAVR 소프트웨어 패키지에는 만족할만한 IDE가 없어서 사용자가 이를 사용하는 것이 불편하였는데, AVR Studio V4.12부터는 이것이 WinAVR을 지원하므로 사용하기에 더욱 편리해졌다. 이 책에서는 당연히 AVR Studio에서 WinAVR을 사용하며, 이것을 설치하고 여기서 C언어 프로그램을 작성하는 방법에 대하여는 제3.3절에서 설명하고, 이 C컴파일러의 기능이나 문법은 제3.5절에서 요약하여 설명한다.

▣ ISP 다운로드 프로그램 및 IDE

ISP 다운로드 프로그램은 AVR ISP 다운로드 케이블을 통하여 퍼스널컴퓨터로부터 AVR 타겟 보드로 사용자 프로그램을 전송하여 플래시 메모리에 라이트하는 프로그램이다. 이러한 다운로드 프로그램은 AVR Studio처럼 IDE에 내장되어 다운로드 기능과 디버거 기능이 복합되기도 하며, IAR이나 CodeVisionAVR의 경우처럼 C컴파일러 소프트웨어 패키지의 쉘 프로그램에 포함되기도 한다. 또한, PonyProg2000이나

ToastProg2005의 경우처럼 전용의 다운로더 프로그램으로 나온 것도 있다.

이러한 대부분의 다운로더 프로그램에서는 사용할 ISP 케이블의 종류를 병렬포트 또는 직렬포트로 설정할 수 있고, 오브젝트 파일의 형식으로는 대부분 HEX 파일 또는 COFF 파일을 사용한다. 그러나, AVR Studio는 직렬포트형의 ISP만 지원한다.

IDE(Integrated Development Environment)는 에디터, 어셈블러, C컴파일러, 링커, 다운로더, 디버거 등 사용자가 프로그램 개발에 필요한 모든 소프트웨어를 종합적으로 사용할 수 있는 통합 관리 프로그램이라고 할 수 있다. IDE는 대부분의 경우 에뮬레이터와 그림자처럼 따라다니며 함께 사용되는데, 예를 들면 AVR Studio가 여기에 해당한다. AVR Studio를 사용하면 어셈블리 프로그램을 작성하여 어셈블할 수 있고, C 언어 프로그램을 작성하여 컴파일할 수 있으며, 어셈블러나 C언어로 작성되어 번역된 모든 오브젝트 파일을 다운로드하여 실행하면서 디버깅할 수 있다.

◀휴게실▶ **AVR 관련 업체 및 개인 홈페이지 리스트**

AVR 마이크로콘트롤러와 관련된 주요 업체와 개인 홈페이지를 요약하면 다음과 같다.

〈표 3.2.2〉 AVR 관련 업체 및 홈페이지

업체명	홈페이지 주소	취급 품목 또는 내용
Atmel	http://www.atmel.com/	AVR 칩 개발, JTAG ICE, AVR ISP, 평가용 보드, AVR Studio 개발
AVRfreaks	http://www.avrfreaks.net/	AVR / WinAVR / AVR Studio에 관한 forum 운영
SourceForge.net	http://sourceforge.net/projects/winavr	WinAVR 소프트웨어 개발, 무료 제공
Kanda Systems	http://www.kanda.com/	스타터 키트, 자체 ISP, AVR 칩
IAR	http://www.iar.com/	IAR C 컴파일러 개발
HP Info Tech	http://www.hpinfotech.com/	CodeVisionAVR C 컴파일러 개발
ImageCraft	http://www.imagecraft.com/	ImageCraft C 컴파일러 개발
Lanconelli	http://www.lancos.com/	다운로드 프로그램 PonyProg2000 개발
시니어컴	http://www.seniorcom.co.kr/	다운로드 프로그램 ToastProg2005 개발
Prochild	http://www.prochild.com/	AVR 칩, JTAG ICE, AVR ISP, 평가용 보드, IAR C, ImageCraft C
YKLogic	http://www.yklogic.co.kr/	CodeVisionAVR C
AVRMall	http://www.avrmall.com/	AVR 마이크로콘트롤러, 자체 ISP, 자체 키트 구입
Device Mart	http://www.devicemart.co.kr/	AVR 마이크로콘트롤러 구입

2. 병렬포트형 *AVR-ISP Parallel* 다운로드 케이블

AVR 마이크로콘트롤러의 ISP 다운로드 케이블 중에서 현재까지 가장 널리 사용되어 온 것은 Kanda Systems사의 스타터 키트 STK200/300과 호환인 병렬포트형의

AVR ISP 다운로드 케이블일 것이다. 이는 웹사이트 http://www.lancos.com에서 무료로 제공하는 PonyProg2000 다운로드 프로그램 덕분에 더욱 유명해졌다.

OK-1281/2561 키트에서는 기능적으로 이것과 호환이 되면서 일부 회로를 개선하여 다시 설계한 병렬포트형의 *AVR-ISP Parallel* 다운로드 케이블 V2.0을 사용하는데, 그 회로도는 <그림 3.2.3>과 같고, 부품 리스트는 <표 3.2.3>에 보였다.

이 제품에서는 내부적으로 동작전압의 범위가 넓은 74HC125 소자를 사용하고, 이것의 동작 전원으로서 10핀 콘넥터의 2번핀을 통하여 공급되는 타겟 보드(target board)의 전원을 사용하므로 타겟 보드의 마이크로콘트롤러가 5V 전원을 사용하는 경우 또는 3.3V 전원을 사용하는 경우에 별도의 회로 수정이 필요없이 모두 그대로 사용할 수 있다. 여기서 6핀 콘넥터 CN3은 사용하지 않으므로 조립하지 않아도 된다.

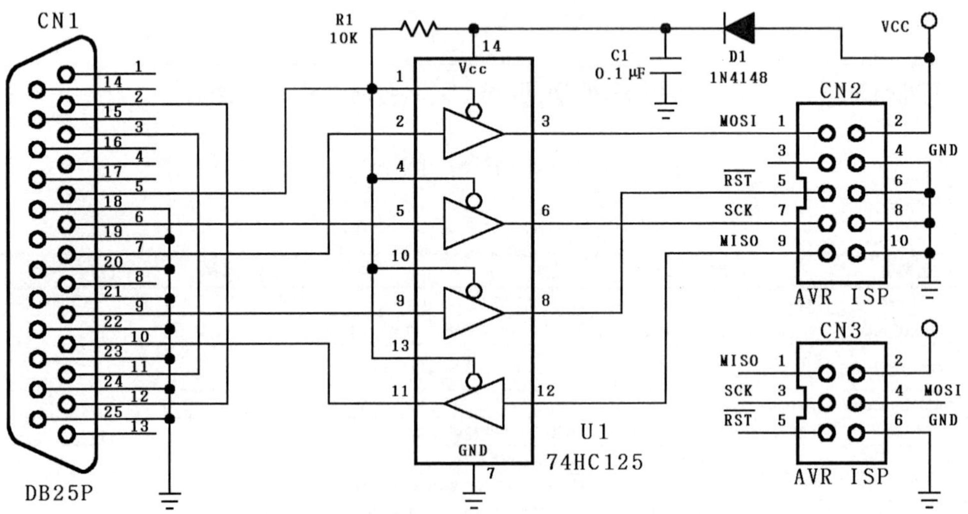

〈그림 3.2.3〉 *AVR-ISP Parallel* 다운로드 케이블 V2.0의 회로도

〈표 3.2.3〉 *AVR-ISP Parallel* 다운로드 케이블 V2.0의 부품 리스트

부품 번호	수량	부품명 및 규격	비 고
CN1	1	25핀 프린터 포트용 수컷 콘넥터	25핀 콘넥터 후드 포함
CN2	1	3FB-10P-S/T 10핀 박스형 콘넥터	
CN3	1	3FB-6P-S/T 6핀 박스형 콘넥터	기본적으로 조립하지 않음
U1	1	74HC125	
D1	1	1N4148	
R1	1	10K 1/4W	
C1	1	104(0.1μF) 세라믹 또는 모놀리틱	
PCB	1	크기 37×55mm (양면 에폭시)	(구입 : http://www.ohm.co.kr)
플랫 케이블	1	10핀, 1미터 정도	적색선이 1번핀이 되도록 조립할 것
플랫 케이블 콘넥터	2	FLAT-10P	케이블 양단에 조립, CN2의 암컷

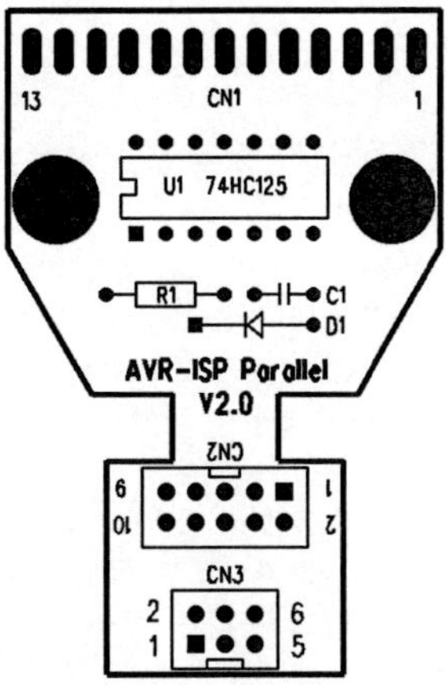

〈그림 3.2.4〉 *AVR-ISP Parallel* 다운로드 케이블 V2.0의 PCB 부품 배치도(실물 크기)

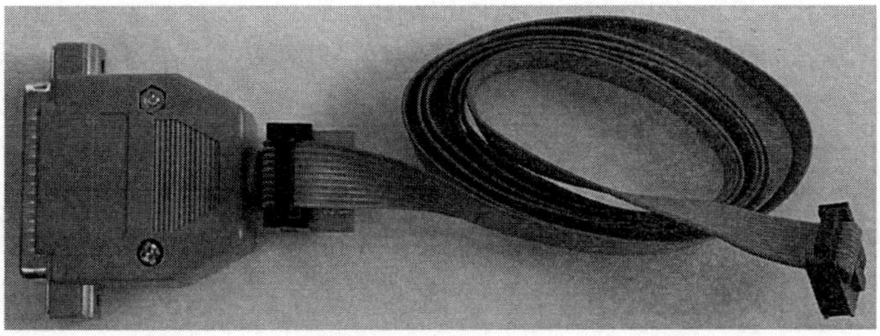

〈그림 3.2.5〉 조립이 완료된 *AVR-ISP Parallel* 다운로드 케이블 V2.0

이 *AVR-ISP Parallel* 다운로드 케이블 V2.0의 PCB 부품 배치도는 <그림 3.2.4>와 같고, 납땜과 조립이 모두 완료된 병렬포트형 *AVR-ISP Parallel* 케이블의 모습은 <그림 3.2.5>와 같다. 이 병렬포트형 *AVR-ISP Parallel* 다운로드 케이블은 병렬포트에 직접 접속하는 동글과 타겟 보드에 연결하기 위한 플랫 케이블로 구성된다. 10핀 플랫 케이블은 약 1미터 이하로 사용하는 것이 좋으며 *OK-1281/2561* 키트의 콘넥터 CN2에 접속하여 사용한다.

OK-1281/2561 키트에서 이 *AVR-ISP Parallel* 다운로드 케이블을 사용할 때는 우리나라의 안도랑 님이 개발한 ToastProg2005 다운로드 프로그램을 사용한다. 그러나, 현재 PonyProg2000은 ATmega1281/2561을 지원하지 않으므로 사용할 수 없다.

◀참고▶ 병렬포트형의 *AVR-ISP Parallel*과 PonyProg2000 또는 ToastProg2005를 사용하는 다운로드 방식은 구조가 간단하여 비용이 적게 들지만 다운로드 속도가 느린 것이 단점이다. 따라서, 소용량의 프로그램 메모리를 가지는 AVR에서는 이를 사용해도 좋지만, ATmega1281/2561과 같은 대용량의 플래시 메모리를 가지는 모델에서는 다운로드 속도가 이보다 훨씬 빠른 *AVR-ISP Studio*를 사용하는 것이 권장된다. 또한, 병렬포트나 직렬포트를 가지고 있지 않은 노트북 컴퓨터에서는 *AVR-ISP USB*를 사용하면 된다.

◀휴게실▶ **동 글**

퍼스널컴퓨터에서 25핀의 직렬포트 콘넥터 내부에 반도체 회로를 내장하여 특별한 입력신호에 대하여 지정된 신호로 응답하는 장치를 동글(dongle)이라고 한다. 이렇게 콘넥터 속에 내장되는 반도체 회로는 직렬로 액세스하는 EEPROM과 약간의 드라이버 회로로 구성되는 경우가 많다.

동글은 퍼스널컴퓨터에 작동하는 소프트웨어가 실행될 때 이것에 의하여 요구되는 신호에 정상적으로 응답함으로써 이 동글을 가지고 있는 정품 소프트웨어 구입자만이 이 소프트웨어를 정상적으로 사용할 수 있도록 하는 소프트웨어 복제방지 장치로 개발되었으며, 1984년에 PaperClip이라는 소프트웨어에 처음으로 적용되었다.

이것은 처음에는 복사방지 장치로서 소프트웨어 키락(keylock) 또는 하드락(hardware lock)이라고 널리 불려졌으나, 점차로 이것의 사용 범위가 직렬포트 콘넥터에서 프린터 포트 콘넥터 또는 슬롯을 통한 확장 카드로까지 넓어지면서 동글이라고 불리는 경우가 많아졌다. 특히 요즈음에는 직렬 포트 콘넥터가 거의 25핀에서 9핀형으로 작게 바뀌면서 직렬포트용의 동글을 사용하는 예는 거의 없으며, 이러한 물리적인 장치를 사용하는 것이 여러 가지로 불편하기 때문에 프린터 포트에 동글을 사용하는 것도 예전에 비해 상당히 감소되는 추세에 있다.

오히려 요즈음에는 AVR ISP 케이블의 경우처럼 소프트웨어 복제방지 장치로서가 아니라 주변장치 인터페이스 회로로서의 기능을 가지는 새로운 형태의 동글이 널리 사용되고 있다.

3. ToastProg2005를 사용한 프로그램 다운로드

ToastProg2005는 병렬포트형의 *AVR-ISP Parallel* 다운로드 케이블과 함께 사용하는 ISP 다운로드 프로그램으로서, 우리나라의 안도랑 님이 개발하여 무료로 제공하고 있다. 이것은 나중에 USB 포트형에서도 사용할 수 있도록 기능이 추가되었다.

(1) ToastProg2005의 설치

ToastProg2005를 설치하는 방법은 다음과 같다. 여기서는 Windows XP를 기준으로 설명하지만 그 외의 운영체제에서도 거의 이와 유사한 방법으로 설치할 수 있다. 또한 나중에 개발자에 의하여 이 소프트웨어가 새로운 버전으로 업그레이드되면 그에 맞도록 다시 설치하면 된다.

① ToastProg2005 프로그램 개발자의 홈페이지나 또는 저자의 홈페이지 책 관련 자료실에서 ToastProg2005의 설치 프로그램을 다운로드하여 자신의 퍼스널컴퓨터에 설치한다.

② 이 프로그램은 디폴트로 C:\Program Files\Seniorcom\ToastProg2005\ 폴더에 설치되는데, 프로그램을 설치하고 나면 컴퓨터의 바탕화면에 바로가기 아이콘이 자동적으

로 생성되지 않는다. 따라서 <그림 3.2.6>과 같이 바탕화면에 이 폴더에 있는 실행 파일 ToastProg2005.exe의 바로가기 아이콘을 만들어 두면 좀더 편리하게 이 프로그램을 사용할 수 있다.

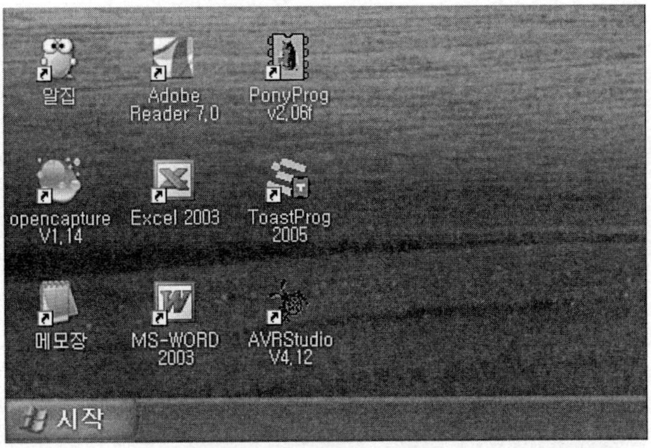

〈그림 3.2.6〉 바탕 화면에 만든 ToastProg2005의 바로가기 아이콘

③ ToastProg2005는 현재 v1.00a까지 나와 있는데, 여기서는 병렬포트형 다운로드 케이블과 USB 포트형 다운로드 케이블을 지원하므로 <그림 3.2.7>에 보인 바와 같이 Setup → Interface Setup 메뉴에서 LPT1을 선택하여 병렬포트형 다운로드 케이블을 사용하는 것으로 설정한다.

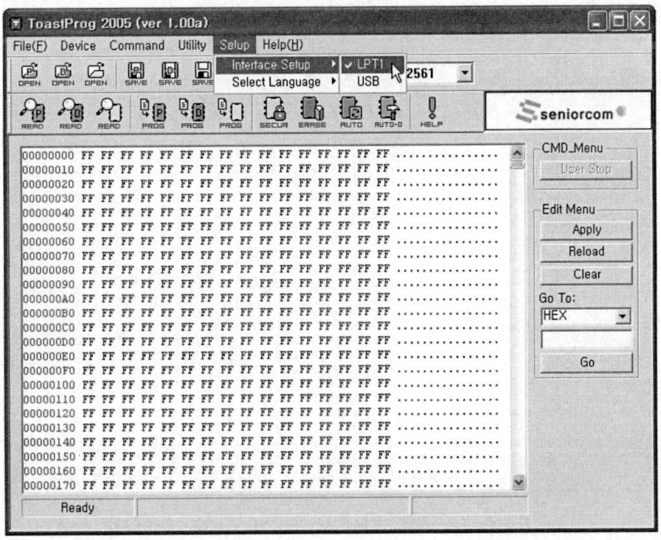

〈그림 3.2.7〉 다운로드 케이블의 하드웨어 인터페이스 설정

④ 이제부터 ToastProg2005 프로그램을 *OK-1281/2561* 키트에서 사용하려면 <그림 3.2.8>과 같이 Device 메뉴에서 타겟 AVR 모델을 설정해야 한다. 이렇게 설정한 모델은 프로그램 내부에 기억되므로 그 다음부터는 매번 이를 다시 설정하지 않아도 된다. 타겟 AVR 모델의 설정은 <그림 3.2.9>와 같이 수행할 수도 있다.

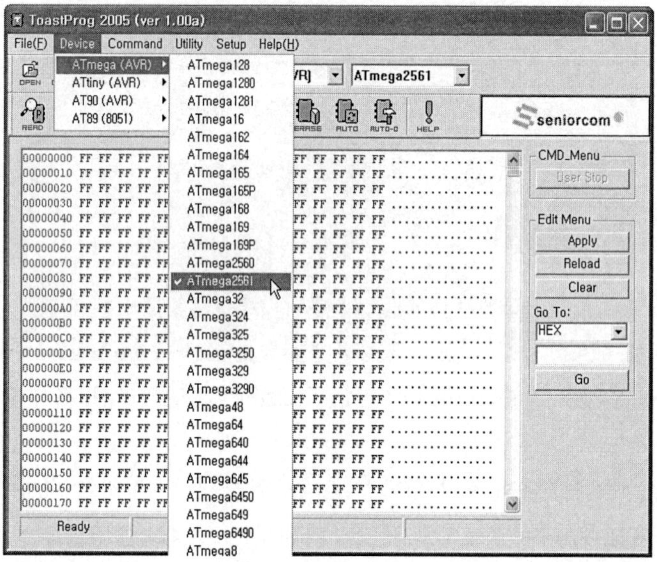

〈그림 3.2.8〉 Device 메뉴에서 타겟 AVR 모델의 설정

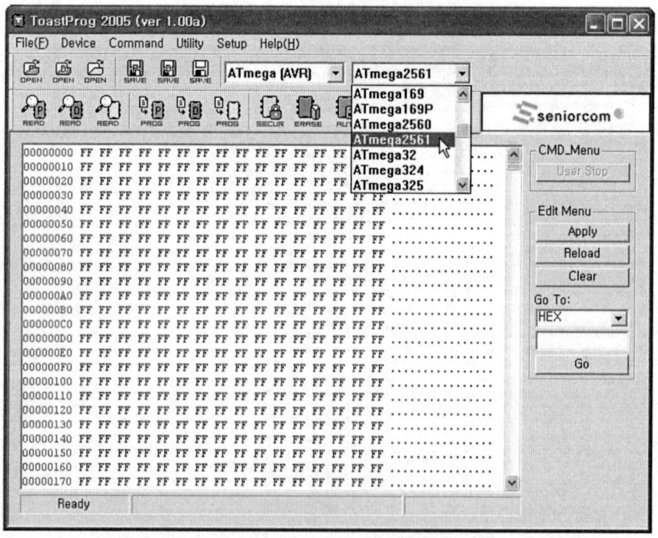

〈그림 3.2.9〉 선택창에서 타겟 AVR 모델의 설정

(2) 퓨즈 비트의 설정

AVR 마이크로콘트롤러는 내부에 메모리 록 비트나 퓨즈 비트를 가지고 있어서 이 것들을 올바르게 설정하여야만 MCU가 사용자의 의도대로 동작한다. 이를 잘못 설정하면 마이크로콘트롤러가 올바르게 동작하지 않을 수도 있다.

① ToastProg2005에서 AVR의 메모리 록 비트나 퓨즈 비트의 설정은 Command → Security and Configuration Bits... 메뉴를 눌러서 수행한다. 만약, 타겟 AVR 모델을 ATmega1281 또는 ATmega2561로 지정하였다면 이 메뉴를 선택하였을 때 퓨즈 비트는 <그림 3.2.10>처럼 이 AVR 모델의 디폴트 값을 보여준다. 여기서 현재 AVR의 퓨즈 비트 설정상태를 확인하려면 Read 버튼을 누르면 된다.

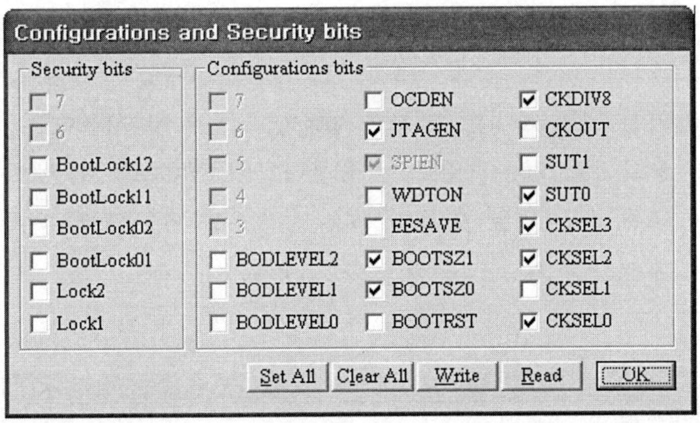

〈그림 3.2.10〉 디폴트 값을 표시하고 있는 퓨즈 비트 설정의 초기 화면

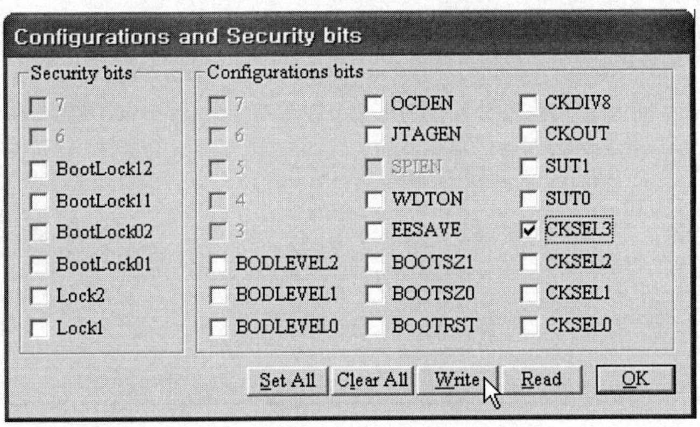

〈그림 3.2.11〉 *OK-1281/2561*을 사용하기 위한 기본적인 퓨즈 비트의 설정

② ***OK-1281/2561* 키트에서는 기본적으로 CKSEL3 항목에만 ☑로 체크하고 그 나머지 항목들은 모두 □로 체크하지 않는다.** 이렇게 하려면 <그림 3.2.11>과 같이 Clear All 버튼을 눌러서 모든 항목을 지운 후에 CKSEL3 항목만을 클릭하여 ✓로 체크한 후에 Write 및 OK 버튼을 차례로 눌러서 설정을 완료한다.

퓨즈 비트는 한 번 설정하는 것으로 충분하며, 앞으로 계속하여 *OK-1281/2561* 키트를 사용하면서 퓨즈 비트를 다른 내용으로 변경하려는 경우가 아니라면 이를 다시 설정할 필요는 없다.

(3) 사용자 프로그램의 다운로드

이제 사용자가 작성한 어셈블리 소스 프로그램을 어셈블하거나 또는 C소스 프로그램을 컴파일하여 만들어진 인텔 HEX 파일을 *OK-1281/2561* 키트에 실제로 다운로드하는 방법을 설명한다.

ATmega1281/2561의 소스 프로그램을 번역하면 플래시 프로그램 파일은 인텔 HEX 파일로 만들어지는데, 이것들은 보통 xxx.rom 또는 xxx.hex라는 이름으로 저장된다. 이 책에서는 항상 xxx.hex 파일로 사용한다. EEPROM용의 데이터 파일도 인텔 HEX 형식이지만 보통 xxx.eep로 만들어진다. 다운로드 프로그램 ToastProg2005는 이들 파일을 모두 다운로드할 수 있다.

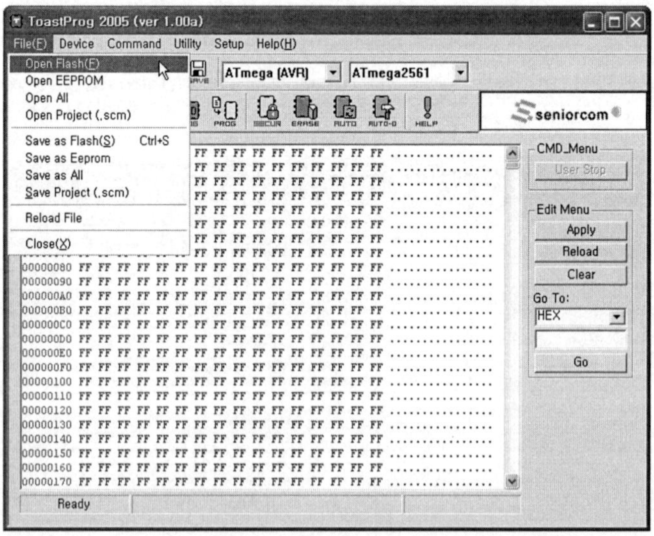

〈그림 3.2.12〉 다운로드할 인텔 HEX 형식의 사용자 플래시 파일을 불러오기

① 다운로드할 사용자 프로그램 파일을 지정하고 이를 버퍼로 읽어오려면 <그림 3.2.12>처럼 File(F) → Open Flash(F) 메뉴를 선택한다.

② 그러면 <그림 3.2.13>처럼 파일을 선택하기 위한 팝업창이 나타나는데, 여기서 자신이 불러올 HEX 파일을 지정하고 열기(O) 버튼을 누르면 된다.

이때 어셈블리 언어로 작성한 사용자 프로그램을 *OK-1281/2561* 키트에 다운로드하려면 이는 C:\Atmel\OK1281asm\ 또는 C:\Atmel\OK2561asm\ 폴더에서 찾아야 하며, C 언어로 작성한 사용자 프로그램을 키트에 다운로드하려면 C:\Atmel\OK1281c\AVRcfile 또는 C:\Atmel\OK2561c\AVRcfile 폴더에서 찾아야 한다.

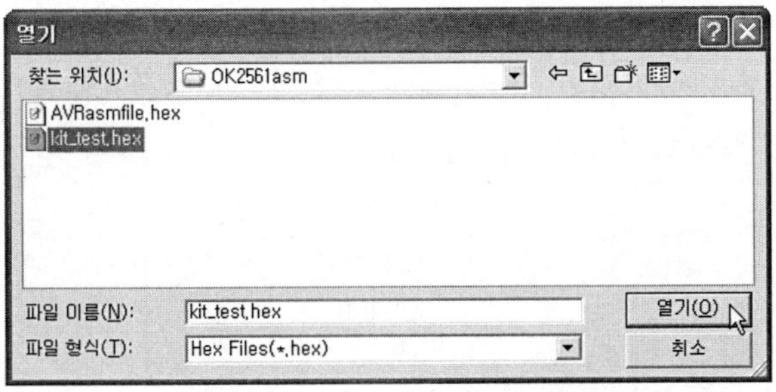

〈그림 3.2.13〉 인텔 HEX 형식의 사용자 프로그램 파일을 선택하기

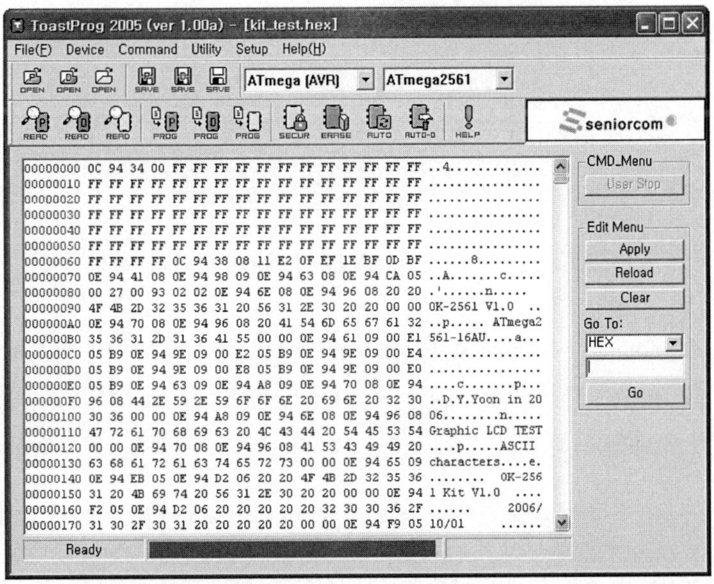

〈그림 3.2.14〉 사용자 프로그램의 HEX 파일을 불러온 화면

③ 다운로드할 HEX 파일을 버퍼에 읽어들인 모습은 <그림 3.2.14>와 같다. 필요하면 이렇게 읽어들인 버퍼의 내용을 화면에서 수정할 수도 있고, 화면 오른쪽에 있는 Edit Menu에서 Clear 버튼을 눌러 모두 삭제할 수도 있다.

④ 버퍼에 읽어들인 인텔 HEX 파일을 다운로드하려면 먼저 타겟 AVR의 플래시 메모리를 지워야 한다. 이렇게 플래시 메모리를 지우거나 다운로드 또는 검사(verify) 동작은 Command 메뉴 안에서 Erase, Write Program(FLASH), Verify Program(FLASH) 메뉴를 눌러서 각각 별도로 수행할 수 있다.

그러나, 이렇게 각 동작을 수행하는 것은 매우 번거로우므로 이를 일련적으로 설정하여 수행할 수 있는데, 그러기 위해서는 Command → User Auto Options... 메뉴를 선택하여 <그림 3.2.15>와 같은 화면이 나오도록 한다. 여기서 일련의 동작을 설정하기 위하여 Erase Chip, Write Program Memory(FLASH), Verify Program Memory(FLASH) 항목을 모두 ✓표시로 체크하고 OK 버튼을 누른다.

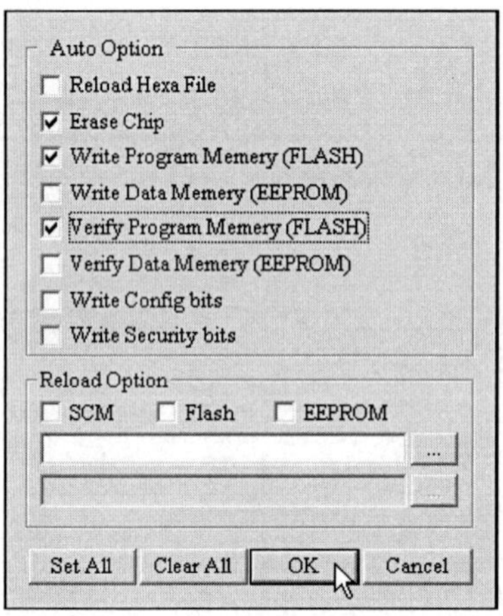

〈그림 3.2.15〉 User Auto Options 옵션의 설정

⑤ 이렇게 Command → User Auto Options... 메뉴에서 옵션을 설정해 놓았으면 이제부터는 <그림 3.2.16>처럼 Command → User Auto 메뉴를 클릭하는 것만으로 플래시 메모리의 삭제, HEX 파일의 다운로드, 그 다운로드 결과를 검사하는 과정이 차례로 수행된다.

이상에서는 사용자 프로그램의 HEX 파일을 플래시 메모리에 다운로드하는 과정을 설명하였지만 EEPROM용의 HEX 파일을 다운로드하는 것도 이와 유사한 과정으로 수행하면 된다. 다만, EEPROM을 다운로드할 때는 먼저 이를 삭제하는 절차가 필요 없다.

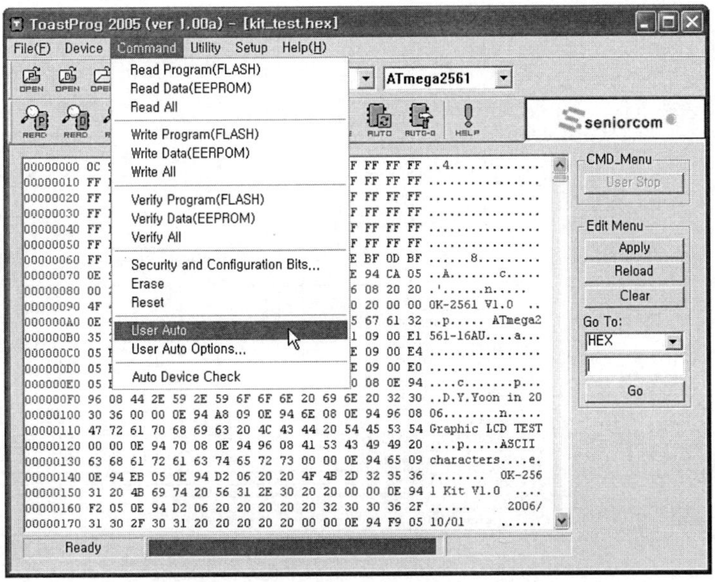

〈그림 3.2.16〉 일련적인 다운로드 동작의 수행

4. 직렬포트형 *AVR-ISP Studio* 다운로드 케이블

Atmel사의 표준 AVR ISP와 호환되는 직렬포트형의 *AVR-ISP Studio* 다운로드 케이블은 여기에 내장된 ATmega8 마이크로콘트롤러가 퍼스널컴퓨터와 RS-232C 직렬통신으로 데이터를 주고받으면서 SPI 통신 방식으로 ISP 기능을 수행하도록 설계한 제품이다.

이것은 사용자가 어셈블리 언어 및 C언어로 프로그램을 개발할 때 IDE에 해당하는 AVR Studio 프로그램을 사용하여 다운로드를 수행하므로 사용하기 편리하다. 또한, 퍼스널컴퓨터와 115200 bps의 빠른 속도로 직렬통신을 수행하고 ATmega8이 최적의 ISP 기능을 수행하므로 병렬포트형 다운로드 케이블을 사용하는 경우에 비하여 다운로드 속도가 현저하게 빠르다는 것도 장점이다.

AVR-ISP Studio 다운로드 케이블 V2.0의 회로도는 <그림 3.2.17>과 같고, 부품 리스트는 <표 3.2.4>에 보였다. 여기서 사용한 10핀 및 6핀 콘넥터는 물론 Atmel사의 표준 AVR ISP와 같다.

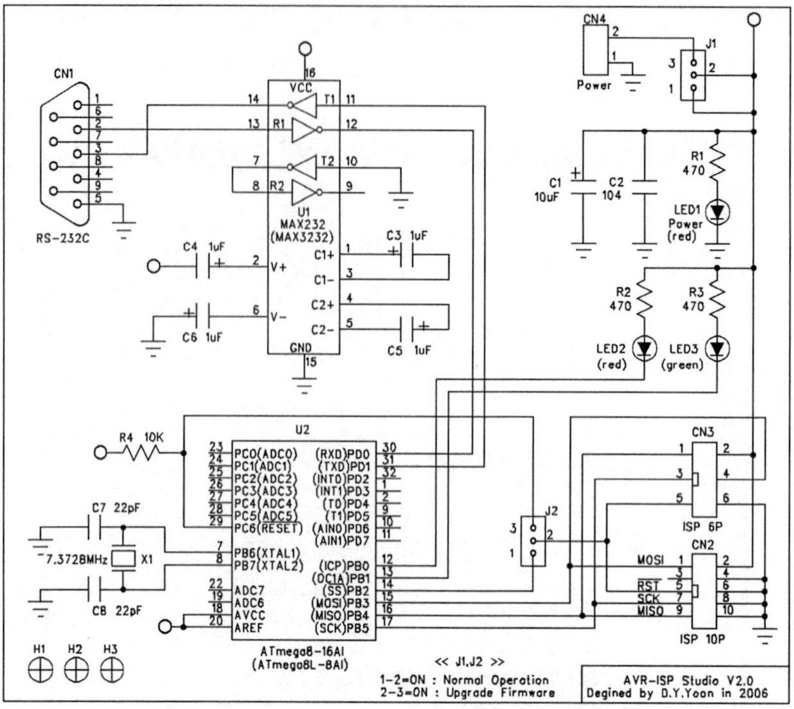

〈그림 3.2.17〉 *AVR-ISP Studio* 다운로드 케이블 V2.0의 회로도

〈표 3.2.4〉 *AVR-ISP Studio* 다운로드 케이블 V2.0의 부품 리스트

부품 번호	수량	부품명 및 규격	비 고
CN1	1	DB9-HM 9핀 D형 콘넥터(수컷)	
CN2	1	3FB-10P-S/T 10핀 박스형 콘넥터	
CN3	1	3FB-6P-S/T 6핀 박스형 콘넥터	기본적으로 조립하지 않음
CN4	1	2핀 SIP header 콘넥터	
U1	1	MAX3232(+5V 및 +3.3V 겸용)	MAX232(+5V 전용)도 사용 가능
U2	1	ATmega8L-8AI/AU(+5V/+3.3V 겸용)	ATmega8-16AI/AU(+5V 전용)도 사용 가능
X1	1	7.3728MHz 수정발진자	(구입 : http://www.devicemart.co.kr)
LED1, 2	2	직경 3mm 적색 LED	
LED3	1	직경 3mm 녹색 LED	
R1~3	3	470Ω 1/4W	
R4	1	10K 1/4W	
C1	1	10μF/16V 전해 콘덴서	
C2	3	0.1μF 세라믹 콘덴서	
C3~6	4	1μF/25V 전해 콘덴서	
C7, 8	2	22pF 세라믹 콘덴서	
J1, 2	2	3핀 점퍼 스위치 및 점퍼캡	
H1~3	3	F-20(20mm PCB 서포트)	PCB 고정용(볼트 6개 포함)
PCB	1	크기 71×30mm (양면 에폭시)	(구입 : http://www.ohm.co.kr)
플랫 케이블	1	10핀, 20cm 정도	적색선이 1번이 되도록 조립할 것
플랫 케이블 콘넥터	2	FLAT-10P	케이블 양단에 조립, CN2의 암컷

☞ ATmega8L-8AI/AU와 MAX3232를 사용하여 조립하면 +5V와 +3.3V 겸용의 다운로드 케이블이 된다.

☞ 홀 H1~H3에 서포트를 사용하여 앞뒤로 적절히 아크릴 판을 조립하면 케이스를 대용할 수 있다.

*AVR-ISP Studio*가 다운로드 동작을 수행할 때 이것의 동작에 필요한 전원은 플랫 케이블을 통하여 타겟 보드인 *OK-1281/2561* 키트로부터 공급받게 된다. 그러나, ATmega8의 펌웨어(firmware)를 업그레이드할 때는 외부에서 별도의 다운로드 케이블을 사용하여 ATmega8에 이를 다운로드해야 하므로 *AVR-ISP Studio*가 자체적인 +5V 전원을 가지고 있어야 한다. 따라서, 이 제품에는 이렇게 펌웨어 업그레이드의 경우에 외부에서 +5V 전원을 인가해 줄 수 있도록 콘넥터 CN4를 가지고 있다. 평소에 다운로드 케이블로 사용할 때는 점퍼 J1과 J2를 1-2로 연결하고, 펌웨어를 업그레이드할 때는 J1과 J2를 2-3으로 연결해야 한다는데 주의해야 한다.

이 *AVR-ISP Studio*에서는 내장 마이크로콘트롤러로서 ATmega8L-8AI/AU를 사용하고 RS-232C 통신 인터페이스 소자로 MAX3232를 선택하여 조립하면 타겟 보드가 +5V용과 +3.3V용에서 모두 사용할 수 있게 된다. 그러나, ATmega8-16AI/AU나 MAX232를 사용하여 조립하면 이것은 +5V 전용의 다운로드 케이블이 된다.

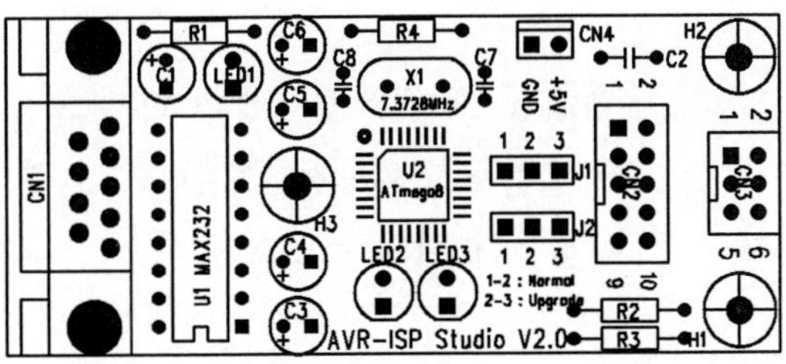

〈그림 3.2.18〉 *AVR-ISP Studio* 다운로드 케이블 V2.0의 PCB 부품 배치도(실물 크기)

〈그림 3.2.19〉 조립이 완료된 *AVR-ISP Studio* 다운로드 케이블 V2.0의 동글

AVR-ISP Studio 다운로드 케이블 V2.0에 사용되는 기판은 <그림 3.2.18>과 같다. 이는 적절한 콘넥터 후드를 찾기 어려우므로 특별한 덮개나 케이스 없이 그냥 기판을 노출시켜서 사용하며, 모든 부품의 조립이 완료된 모습은 <그림 3.2.19>와 같다. 그러

나, 기판의 홀 H1~H3에 PCB 서포트를 사용하여 앞과 뒷면에 적절히 아크릴 판을 부착하면 케이스 대용으로 사용할 수 있다.

AVR-ISP Studio V2.0은 3개의 통신 콘넥터를 가지고 있다. 이 중에서 CN1의 9핀 콘넥터(수컷)는 IBM PC의 직렬포트와 RS-232C 케이블로 접속하고, CN2의 10핀 DIP형 콘넥터(수컷) 또는 CN3의 6핀 DIP형 콘넥터(수컷)는 플랫 케이블을 통하여 타겟 보드인 *OK-1281/2561* 키트의 콘넥터 CN2에 접속한다. CN1 콘넥터는 DTE용의 수컷으로 되어 있으므로 퍼스널컴퓨터의 직렬포트 콘넥터에 직접 접속할 수 없고 반드시 RS-232C 케이블을 사용해야 하며 이 케이블은 당연히 양쪽의 TxD와 RxD 신호가 크로스(cross)되어 있어야 한다.

직렬포트형의 AVR ISP 다운로드 케이블인 *AVR-ISP Studio* V2.0을 사용하여 퍼스널컴퓨터와 *OK-1281/2561* 키트를 연결하는 방법은 <그림 3.2.20>과 같다. 이 그림에서 보듯이 *AVR-ISP Studio* V2.0 동글 이외에 2개의 케이블이 더 필요한데, 제 3.1절에서 설명한 RS-232C 직렬통신 케이블은 1미터 정도로 만들고 10핀 플랫 케이블은 20cm 정도로 만들면 충분하다.

모든 콘넥터를 연결하거나 연결을 해제할 경우에는 타겟 보드의 전원을 끈 상태에서 실시하는 것이 좋다. 전원을 켜놓은 상태에서 콘넥터를 연결하거나 케이블을 제거하면 다운로드 케이블이나 타겟 보드의 회로가 손상을 받을 수도 있다.

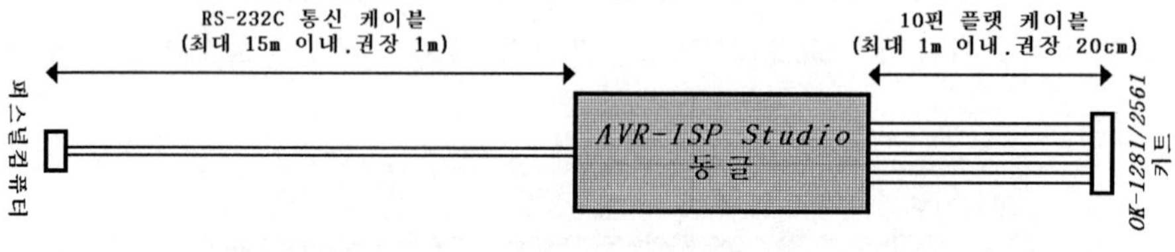

〈그림 3.2.20〉 *AVR-ISP Studio* 다운로드 케이블 V2.0의 연결

5. AVR Studio를 사용한 프로그램 다운로드

AVR Studio 프로그램에서 *AVR-ISP Studio* 또는 *AVR-ISP USB* 다운로드 케이블을 사용하여 프로그램을 *OK-1281/2561* 키트에 다운로드하는 방법은 다음과 같다.

① 바탕 화면에 만들어 놓은 바로가기 아이콘을 클릭하여 AVR Studio 프로그램을 실행한다.

② 퍼스널컴퓨터와 *OK-1280/2560* 키트의 AVR ISP용 콘넥터 CN2 사이에 다운로드 케이블을 접속하고 타겟 AVR 보드의 전원을 켠다. 이때 *AVR-ISP Studio* 다운로드 케이블은 RS-232C 직렬통신 케이블을 거쳐서 퍼스널컴퓨터의 COM1 또는 COM2 직렬포트에 접속하며, *AVR-ISP USB*는 퍼스널컴퓨터의 USB 포트에 접속한다.

③ AVR Studio에서 Tools → Program AVR → Connect... 메뉴를 선택하면 <그림 3.2.21>과 같이 다운로드 케이블을 접속한 직렬포트를 선택하도록 하는 창이 나타나는데 여기서 여러분이 적절한 직렬포트를 선택하면 *AVR-ISP Studio/USB* 구동 프로그램으로 들어간다. 또 다른 방법으로는 Tools → Program AVR → Auto Connect 메뉴를 선택하면 AVR Studio가 자동으로 다운로드 케이블이 연결된 직렬포트를 찾아서 인식한다. 이 경우 아주 드물게 AVR Studio가 다운로드 케이블을 인식하지 못하는 경우가 있는데, 이때는 퍼스널컴퓨터, *AVR-ISP Studio/USB* 다운로드 케이블, *OK-1281/2561* 키트가 올바르게 접속되어 있는지, 그리고 *OK-1281/2561* 키트의 전원이 켜져 있는지를 확인하고 다시 시도해 보면 된다.

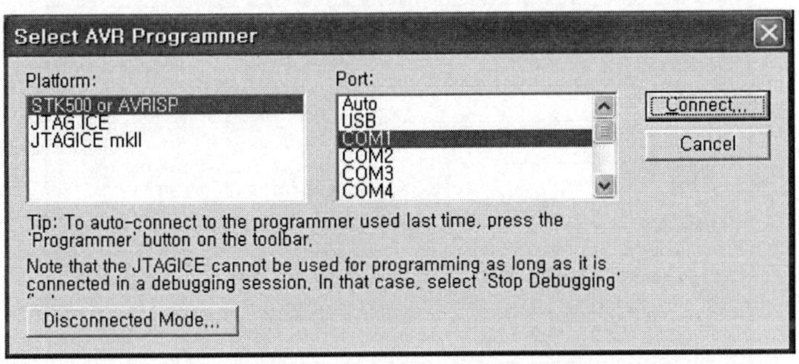

〈그림 3.2.21〉 다운로드 케이블을 접속한 직렬포트를 선택하는 화면

④ 처음에 AVR Studio에서 다운로드 케이블을 구동하는 프로그램으로 들어갈 때는 항상 내부적으로 AVR Studio가 *AVR-ISP Studio/USB* 다운로드 케이블의 펌웨어(소프트웨어) 버전을 체크하여 이것이 낮으면 <그림 3.2.22>에 보인 바와 같이 업그레이드할 것인지를 물어본다.

그러나, *AVR-ISP Studio/USB* 다운로드 케이블에는 AVR Studio에서 온라인으로 펌웨어를 업그레이드하는 기능이 없으므로 반드시 [취소]를 선택해야 한다.(☞ 이 다운로드 케이블 *AVR-ISP Studio/USB*의 펌웨어를 업그레이드하는 방법에 대하여는 해당 다운로드 케이블의 사용자 매뉴얼을 참조하기 바란다.)

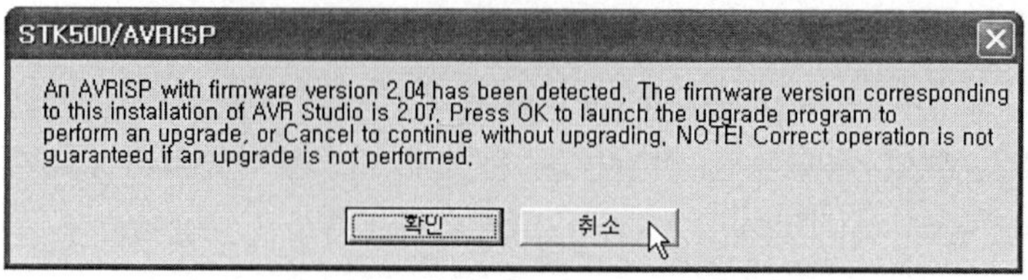

〈그림 3.2.22〉 펌웨어를 업그레이드할 것인지 여부를 묻는 화면

⑤ *AVR-ISP Studio/USB* 다운로드 케이블이 올바르게 콘넥터에 접속되고 인식되었으면 <그림 3.2.23>과 같은 화면이 나타난다. 그러면 먼저 Device를 원하는 AVR 모델로 지정한 후에 다운로드할 사용자 프로그램을 Flash 메모리의 Input HEX File 창에 선택하거나 또는 다운로드할 EEPROM 데이터 파일을 EEPROM 메모리의 Input HEX File 창에 선택하고 Program 버튼을 누르면 된다. *AVR-ISP Studio/USB* 다운로드 케이블은 ToasyProg2005를 사용하는 병렬포트형의 AVR ISP에 비하여 엄청나게 빠른 속도로 다운로드가 수행되는 것을 알 수 있다.

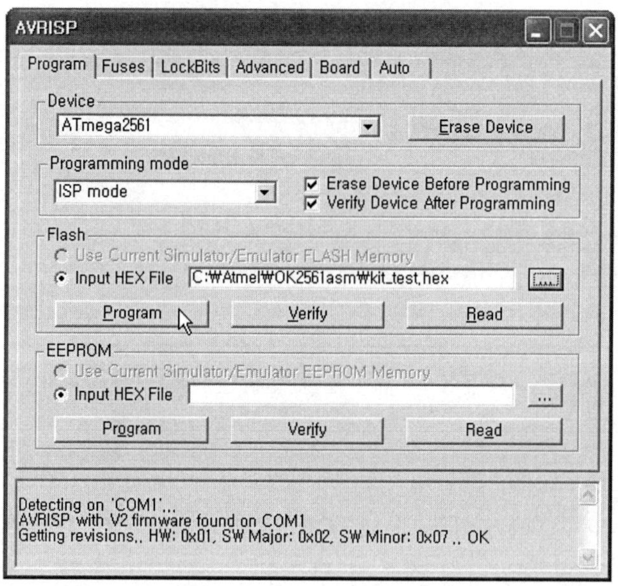

〈그림 3.2.23〉 *AVR-ISP Studio/USB* 다운로드 케이블이 올바르게 인식된 화면

⑥ 타겟 보드에 있는 AVR에 퓨즈 비트를 설정하는 화면은 <그림 3.2.24>와 같다. 여기에 나열된 항목 중에서 자신이 원하는 것을 선택하고 Program 버튼을 누르면 된다. ***OK-1281/2561* 키트에서는 기본적으로 아래와 같이 3개의 항목에만 ☑로 체크하고 그 나머지 항목들은 모두 □로 체크하지 않는다.**

☑ Brown-out detection disabled; [BODLEVEL=111]
☑ Boot Flash section size=512 words Boot start address=$1FE00; [BOOTSZ=11]
☑ Full Swing Oscillator; Start-up time: 16 CK + 65ms; Crystal Osc.; slowly rising power; [CKSEL=0111 SUT=11]

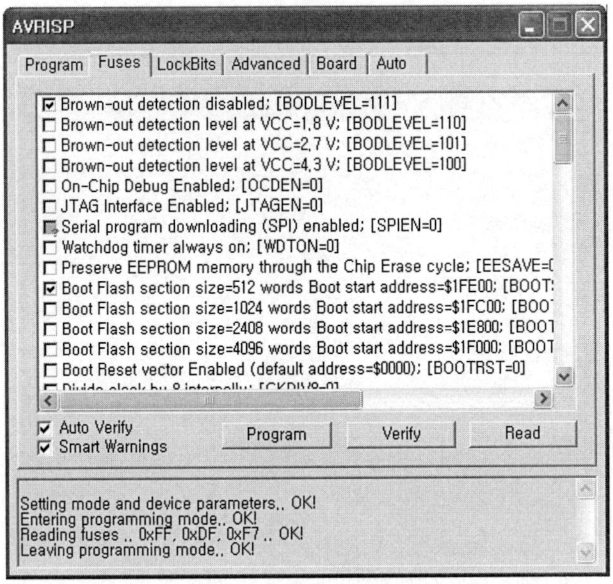

〈그림 3.2.24〉 퓨즈 비트를 설정하는 화면

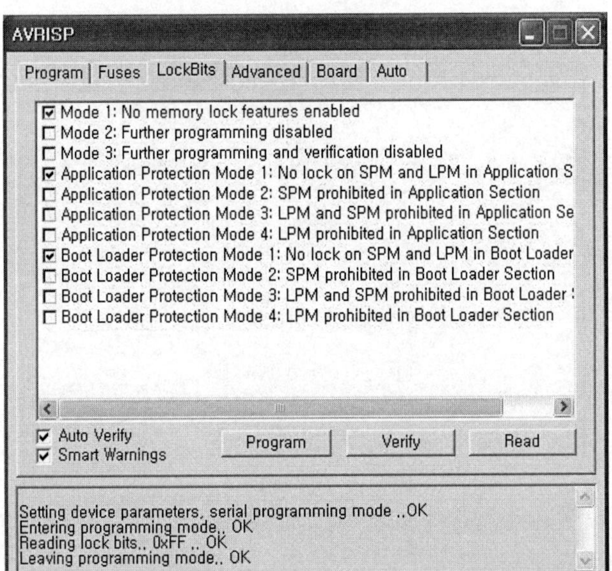

〈그림 3.2.25〉 메모리 록 비트를 설정하는 화면

⑦ 타겟 보드에 있는 AVR에 메모리 록 비트를 설정하는 화면은 <그림 3.2.25>와 같다. 나열된 항목에서 자신이 원하는 것을 선택하고 Program 버튼을 누르면 된다.

⑧ 타겟 보드에 있는 AVR의 제품표시 바이트(Signature Byte)를 읽기 위한 화면은 <그림 3.2.26>과 같다.

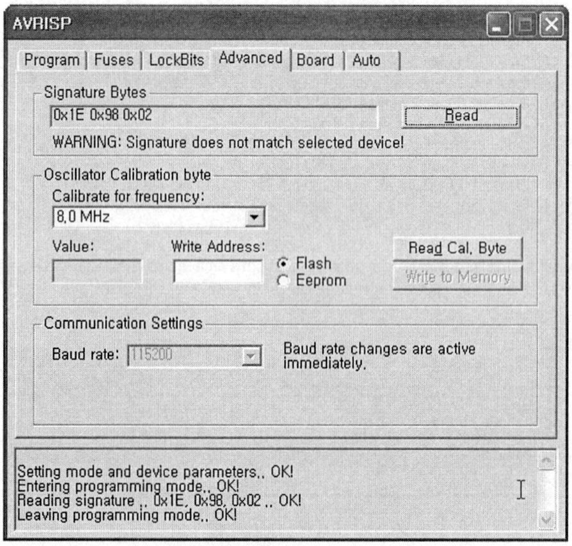

〈그림 3.2.26〉 제품표시 바이트를 읽는 화면

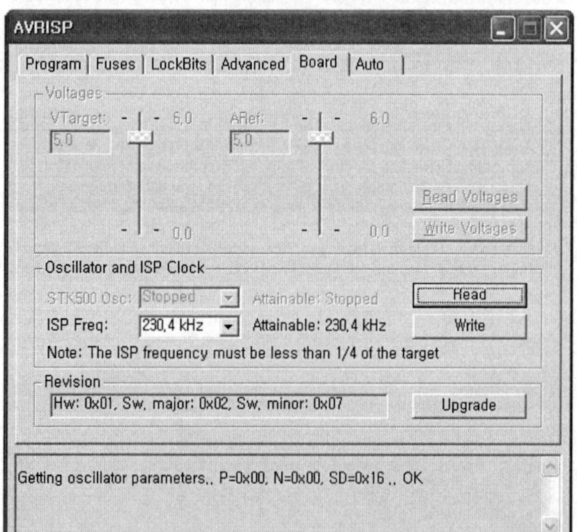

〈그림 3.2.27〉 다운로드 속도를 올리기 위한 설정 화면

⑨ *AVR-ISP Studio/USB* 다운로드 케이블은 타겟 AVR의 시스템 클록이 1MHz 이상이면 모두 문제없이 사용할 수 있도록 좀 느린 동작으로 설계되어 있다. 그러나, 타겟 AVR이 16MHz로 동작하는 경우에는 다운로드 속도를 약 2배 이상 빠르게 동작하도록 설정할 수 있다.

<그림 3.2.27>과 같이 Board 메뉴를 선택하면 아래쪽에 SD=0x01로 표시되는 것을 볼 수 있다. 이는 현재 타겟 보드의 AVR 시스템 클록이 1MHz라고 가정하고 동작하는 것을 의미한다. 이때 Write 버튼을 한번 누르고 나서 다시 Read 버튼을 눌러보면 이제는 SD=0x16으로 표시되는데 이는 타겟 보드의 AVR 시스템 클록이 16MHz라고 가정하고 동작하는 것을 의미한다.

이렇게 하고 다운로드를 수행하면 다운로드 속도가 약 2배정도 빨라진다. 그러나, 이 설정은 타겟 보드의 전원이 켜져 있는 동안에만 유지되며, 타겟 보드의 전원을 껐다 켜면 다시 1MHz 모드로 되돌아간다.

⑩ 마지막으로 Auto 메뉴를 선택하면 <그림 3.2.28>과 같은 화면이 나타나므로 여기서 *AVR-ISP Studio/USB* 다운로드 케이블로 할 수 있는 여러가지 일을 선택하여 한번에 일련적으로 배치(batch) 처리할 수 있다.

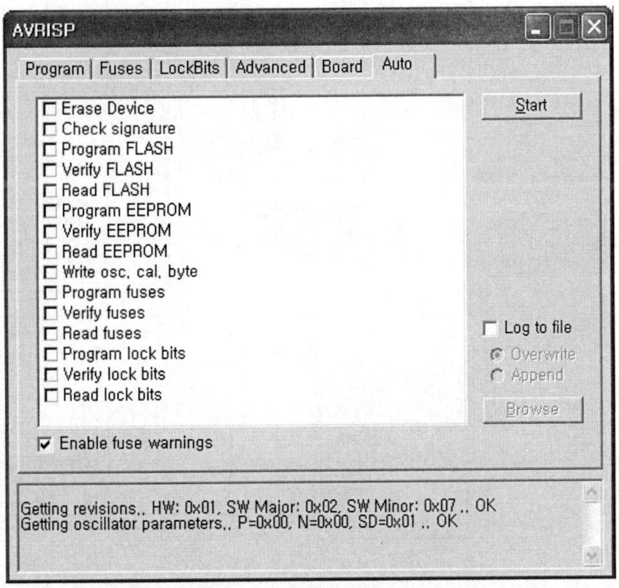

〈그림 3.2.28〉 Auto 메뉴를 선택한 화면

6. USB 포트형 *AVR-ISP USB* 다운로드 케이블

퍼스널컴퓨터의 USB 포트에 접속하여 사용하는 *AVR-ISP USB* 다운로드 케이블은 Atmel사의 표준 AVR ISP와 호환되는 직렬포트형의 *AVR-ISP Studio*를 USB 포트형으로 개조한 것이다. 따라서, 이것은 근본적으로 *AVR-ISP Studio*와 유사하지만 퍼스널컴퓨터와 RS-232C가 아니라 USB 직렬통신으로 데이터를 주고받도록 수정하였으며, 퍼스널컴퓨터에서는 하드웨어적으로 USB 콘넥터를 사용하지만 소프트웨어적으로는 VCP 드라이버에 의하여 RS-232C 직렬포트처럼 동작한다. 퍼스널컴퓨터와 ATmega8 마이크로콘트롤러 사이에서 USB 통신과 UART 통신의 신호를 상호 변환하는 것은 이 케이블에 FTDI사(http://www.ftdichip.com)의 FT232BM 소자를 사용하여 처리하였다.

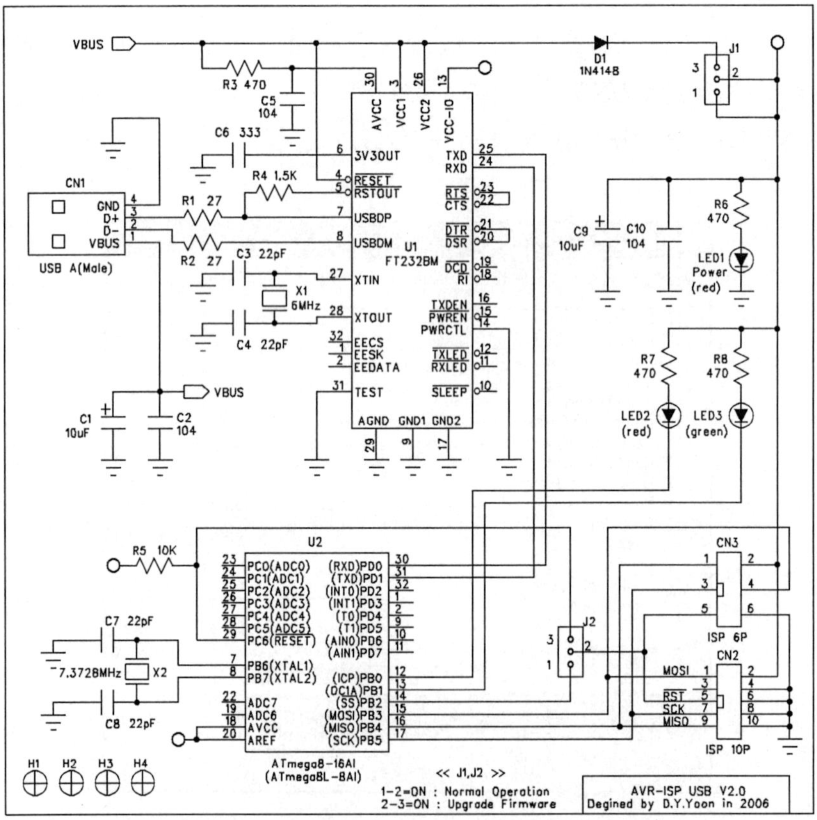

〈그림 3.2.29〉 *AVR-ISP USB* 다운로드 케이블 V2.0의 회로도

〈표 3.2.5〉 *AVR-ISP USB* 다운로드 케이블 V2.0의 부품 리스트

부품 번호	수량	부품명 및 규격	비 고
CN1	1	DS1097-W USB A형 수컷 콘넥터	(구입 : http://www.devicemart.co.kr)
CN2	1	3FB-10P-S/T 10핀 박스형 콘넥터	
CN3	1	3FB-6P-S/T 6핀 박스형 콘넥터	기본적으로 조립하지 않음
U1	1	FT232BM USB/RS-232C 변환 소자	(구입 : http://www.devicemart.co.kr)
U2	1	ATmega8L-8AI(+5V 및 +3.3V 겸용)	ATmega8-16AI(+5V 전용)도 사용 가능
X1	1	6MHz 수정발진자	(구입 : http://www.devicemart.co.kr)
X2	1	7.3728MHz 수정발진자	
D1	1	1N4148	
LED1, 2	2	직경 3mm 적색 LED	
LED3	1	직경 3mm 녹색 LED	
R1, 2	2	27Ω 1/4W	
R3, 6, 7, 8	4	470Ω 1/4W	
R4	1	1.5K 1/4W	
R5	1	10K 1/4W	
C1, 9	2	10μF/16V 전해 콘덴서	
C2, 5, 10	3	0.1μF 세라믹 콘덴서	
C3, 4, 7, 8	4	22pF 세라믹 콘덴서	
C6	1	0.033μF 세라믹 콘덴서	
J1, 2	2	3핀 점퍼 스위치 및 점퍼캡	
H1~4	4	F-20(20mm PCB 서포트)	PCB 고정용(볼트 8개 포함)
PCB	1	크기 71×30mm (양면 에폭시)	(구입 : http://www.ohm.co.kr)
플랫 케이블	1	10핀, 1미터 정도 또는 10cm 정도	적색선이 1번핀이 되도록 조립할 것
플랫 케이블 콘넥터	2	FLAT-10P	케이블 양단에 조립, CN2의 암컷

☞ ATmega8L-8AI/AU를 사용하여 조립하면 +5V와 +3.3V 겸용의 다운로드 케이블이 된다.

☞ 홀 H1~H4에 서포트를 사용하여 앞뒤로 적절히 아크릴 판을 조립하면 케이스를 대용할 수 있다.

이처럼 *AVR-ISP USB* 다운로드 케이블은 근본적으로 *AVR-ISP Studio*와 유사한 구조를 가지므로 USB 콘넥터에 접속하고 VCP 드라이버를 설치하는 것 이외에는 모든 사용방법이 *AVR-ISP Studio*에서와 같다. 당연히 다운로드 프로그램도 Atmel의 AVR Studio를 사용하며, 다운로드 속도도 *AVR-ISP Studio*와 비슷하게 빠르다.

AVR-ISP USB 다운로드 케이블 V2.0의 회로도는 <그림 3.2.29>와 같고, 부품 리스트는 <표 3.2.5>에 보였다. 여기서 사용한 10핀 및 6핀 콘넥터는 물론 Atmel사의 표준 AVR ISP와 같다.

*AVR-ISP USB*가 다운로드 동작을 수행할 때 ATmega8의 동작에 필요한 전원은 플랫 케이블을 통하여 타겟 보드인 *OK-1281/2561* 키트로부터 공급받게 되며, USB 소자인 FT232BM은 USB 콘넥터로부터 전원을 공급받는다. 그러나, ATmega8의 펌웨

어(firmware)를 업그레이드할 때는 외부에서 별도의 다운로드 케이블을 사용하여 ATmega8에 이를 다운로드해야 하므로 *AVR-ISP USB*가 자체적인 +5V 전원을 가지고 있어야 하며, 이는 D1을 통하여 USB 전원으로부터 얻게 된다. 따라서, 이 제품에서 펌웨어 업그레이드를 수행할 때는 ATmega8에 +5V 전원을 공급할 수 있도록 점퍼 스위치를 J1을 2-3으로 연결하고 J2도 2-3으로 연결한다. 그러나, 정상적인 다운로드 케이블의 동작을 위해서는 점퍼 스위치 J1과 J2를 1-2로 연결해야 한다는데 주의해야 한다.

이 *AVR-ISP Studio*에서는 내장 마이크로콘트롤러로서 ATmega8L-8AI/AU를 사용하여 조립하면 타겟 보드가 +5V용과 +3.3V용에서 모두 사용할 수 있게 된다. 그러나, ATmega8-16AI/AU를 사용하여 조립하면 이것은 +5V 전용의 다운로드 케이블이 된다.

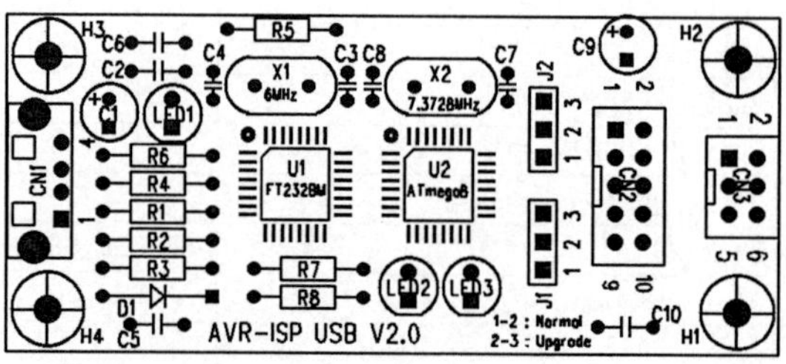

〈그림 3.2.30〉 *AVR-ISP USB* 다운로드 케이블 V2.0의 PCB 부품 배치도(실물 크기)

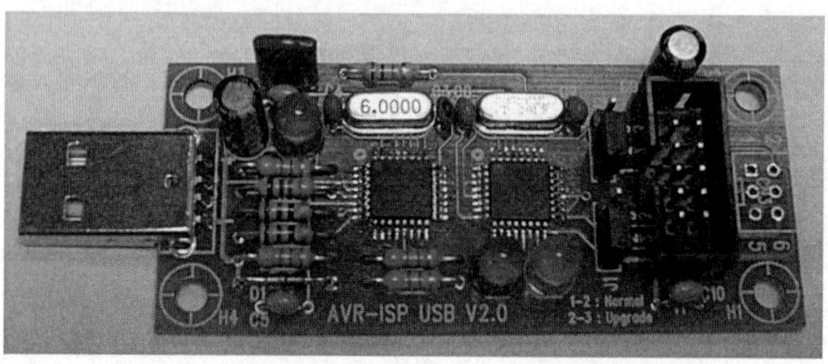

〈그림 3.2.31〉 조립이 완료된 *AVR-ISP USB* 다운로드 케이블 V2.0의 동글

AVR-ISP USB 다운로드 케이블 V2.0에 사용되는 기판은 <그림 3.2.30>과 같다. 이는 적절한 콘넥터 후드를 찾기 어려우므로 특별한 덮개나 케이스 없이 그냥 기판을 노출시켜서 사용하며, 모든 부품의 조립이 완료된 모습은 <그림 3.2.31>과 같다. 그러나, 기판의 홀 H1~H4에 PCB 서포트를 사용하여 앞과 뒷면에 적절히 아크릴 판을 부착하면 케이스 대용으로 사용할 수 있다.

AVR-ISP USB V2.0은 3개의 통신 콘넥터를 가지고 있다. 이 중에서 CN1의 USB 콘넥터는 IBM PC의 USB 포트와 접속하고, CN2의 10핀 DIP형 콘넥터(수컷) 또는 CN3의 6핀 DIP형 콘넥터(수컷)는 플랫 케이블을 통하여 타겟 보드인 *OK-1281/2561* 키트의 콘넥터 CN2에 접속한다. CN1 콘넥터는 퍼스널컴퓨터의 USB 포트 콘넥터에 직접 접속할 수도 있고, <그림 3.2.32>와 같은 USB 연장 케이블을 사용하여 접속할 수도 있다.

USB 포트형의 AVR ISP 다운로더 케이블인 *AVR-ISP USB* V2.0을 사용하여 퍼스널컴퓨터와 *OK-1281/2561* 키트를 연결하는 방법은 <그림 3.2.33>과 같다. 이 그림에서 보듯이 *AVR-ISP USB* V2.0 동글 이외에 1개의 10핀 플랫 케이블이 더 필요하며, 퍼스널컴퓨터 측에는 직접 USB 포트에 접속할 수도 있고 필요할 경우에는 USB 연장 케이블을 사용할 수도 있다. 퍼스널컴퓨터에 직접 접속할 경우에는 플랫 케이블이 1m 정도로 길어야 편리하며, USB 연장 케이블을 사용하는 경우에는 플랫 케이블이 20cm 정도로 짧아도 충분하다.

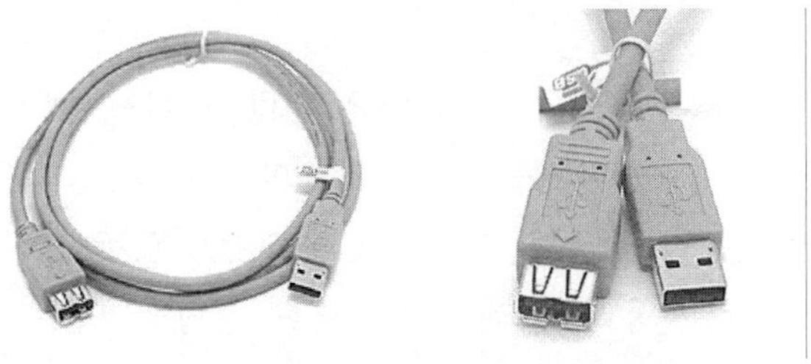

〈그림 3.2.32〉 USB 연장 케이블

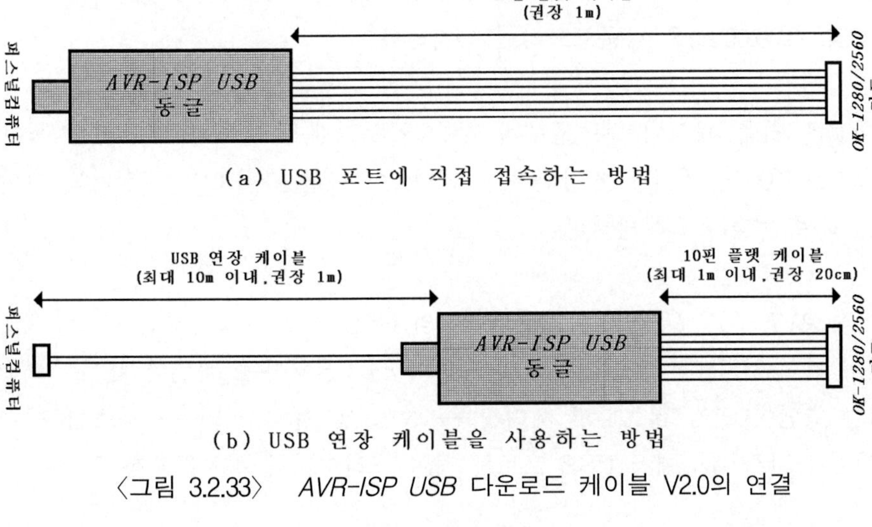

〈그림 3.2.33〉 *AVR-ISP USB* 다운로드 케이블 V2.0의 연결

타겟 보드에 플랫 케이블을 연결하거나 연결을 해제할 경우에는 타겟 보드의 전원을 끈 상태에서 실시하는 것이 좋다. 전원을 켜놓은 상태에서 이 케이블을 연결하거나 제거하면 다운로드 케이블이나 타겟 보드의 회로가 손상을 받을 수도 있다. 그러나, USB 콘넥터는 퍼스널컴퓨터나 타겟 보드의 전원이 들어가 있는 상태에서 마음대로 접속하고 제거할 수 있다.

7. VCP 드라이버의 설치 및 USB 포트의 설정

USB 포트형의 AVR ISP 다운로드 케이블인 *AVR-ISP USB*는 Atmel에서 제공하는 AVR Studio 프로그램을 사용하여 다운로드를 수행한다. 그러나, AVR Studio는 RS-232C 직렬통신 포트를 통하여 동작하므로 *AVR-ISP USB*를 사용하려면 이를 접속한 USB 포트를 RS-232C 직렬통신 포트처럼 동작시켜주는 FT232BM 소자용의 VCP(Virtual COM Port) 드라이버를 설치하고 USB 포트를 COM3처럼 직렬포트로 설정해 주어야 한다.

FT232BM 소자용의 VCP 드라이버 파일은 FTDI사에서 제공하며, 이를 설치하는 방법은 다음과 같다. 여기서 사용하는 가장 최근의 Windows XP용 VCP 드라이버는 2006년 6월에 버전업되었으며 압축 파일인 CDM 2.00.00.zip으로 제공된다. 여기서는 Windows XP 운영체제를 사용하는 것을 기준으로 설명하지만, 그 외의 운영체제에서도 거의 이와 유사한 방법으로 설치하여 사용할 수 있다.

① 인터넷 홈페이지 http://www.ftdichip.com에서 Windows XP용의 VCP 드라이버 파일인 CDM 2.00.00.zip을 다운로드하여 가져온다.

② 이것은 압축 파일이므로 알집과 같은 프로그램을 이용하여 압축을 풀어 예를 들어 C:\CDM 2.00.00 폴더에 저장한다. 그러나, 이는 물론 사용자가 원하는 임의의 폴더에 저장하여 두더라도 무방하다.

③ 이제 *AVR-ISP USB*를 퍼스널컴퓨터의 USB 포트에 접속하면 <그림 3.2.34>에 보인 바와 같이 USB 장치에 디바이스 드라이버를 설치하는 화면이 뜬다. 그러나, 만약 이러한 화면이 뜨지 않는다면 제어판 → 성능 및 유지 관리 → 시스템 → 하드웨어 → 장치 관리자 메뉴에서 USB 포트를 찾아 드라이버를 설치하도록 한다.

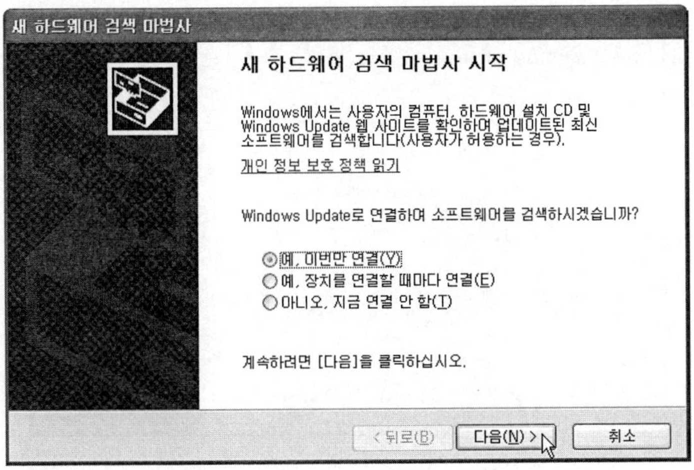

〈그림 3.2.34〉 VCP 드라이버 설치의 초기 화면

④ <그림 3.2.34>와 같이 선택하고 다음을 클릭하면 <그림 3.2.35>와 같이 드라이버 소프트웨어를 설치하는 방법을 선택하는 화면이 뜬다. 그러면 <그림 3.2.35>와 같이 선택하고 다음을 클릭한다.

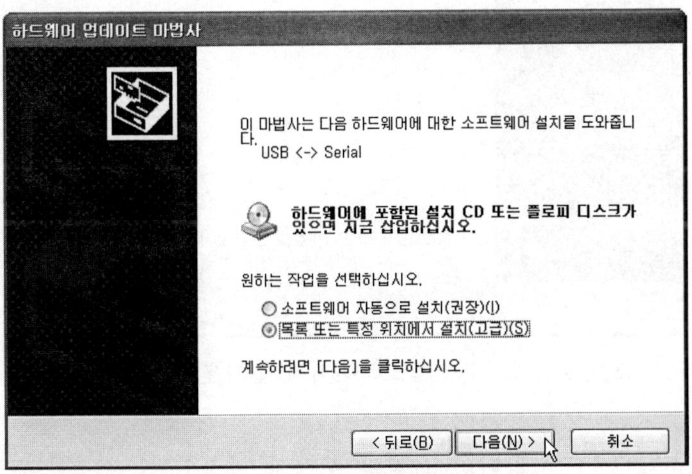

〈그림 3.2.35〉 VCP 드라이버 파일을 설치하는 방법 선택

⑤ <그림 3.2.36>와 같이 드라이버 소프트웨어를 검색할 위치를 찾기 위한 화면이 나타나면 우리는 이미 C:\CDM 2.00.00 폴더에 드라이버를 저장하여 두었으므로 <그림 3.2.36>과 같이 폴더를 선택하고 다음을 클릭한다.

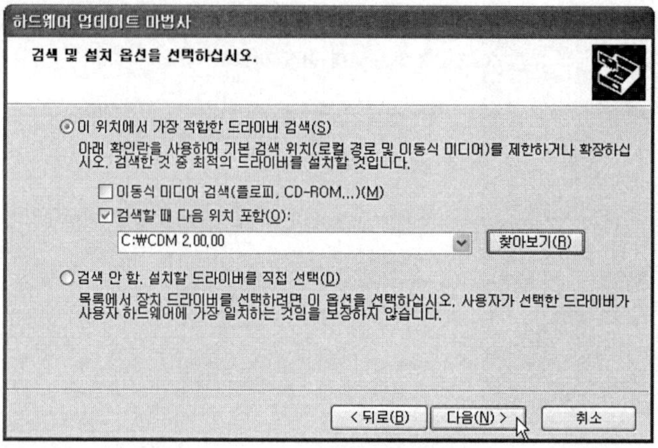

〈그림 3.2.36〉 VCP 드라이버 파일의 위치 지정

⑥ <그림 3.2.37>과 같은 설치종료 화면이 나오면 마침을 클릭한다.

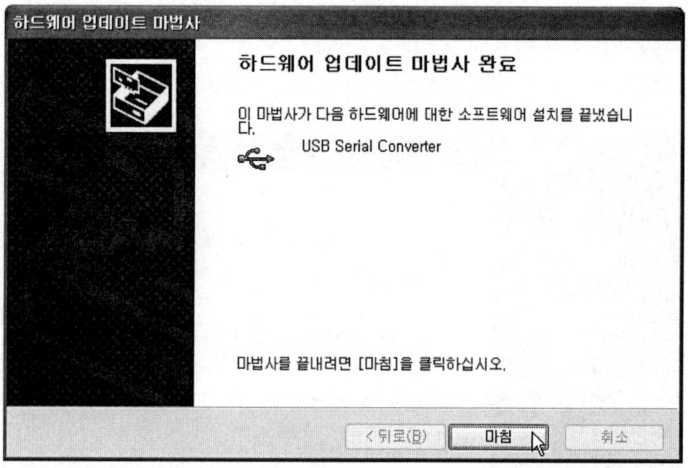

〈그림 3.2.37〉 VCP 드라이버의 설치를 종료하는 화면

⑦ 그러면 이제 VCP 드라이버 파일의 설치가 완료되고 <그림 3.2.38>과 같은 화면이 나타난다. 그러나, 만약 드라이버 파일의 설치가 제대로 이루어지지 않았다면 이 화면이 나타나지 않으므로 제어판 → 성능 및 유지 관리 → 시스템 → 하드웨어 → 장치 관리자 메뉴를 선택하여 노란색의 ?표로 표시된 USB 포트를 찾아 드라이버를 다시 설치하도록 한다.

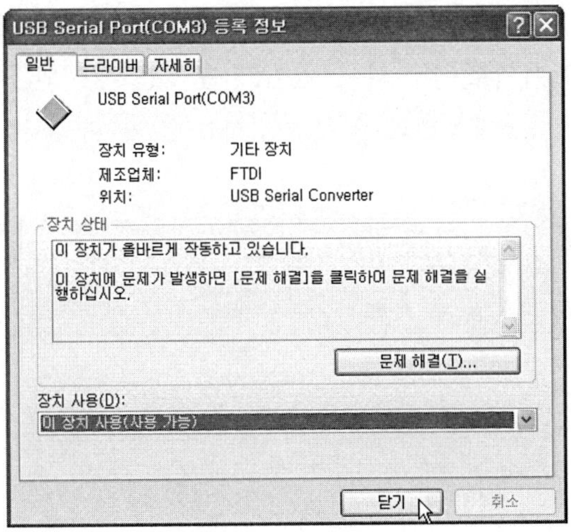

〈그림 3.2.38〉 VCP 드라이버의 설치가 완료된 화면

이제 VCP 드라이버가 퍼스널컴퓨터에 설치되었으면 이를 가상적인 COM3 직렬포트로 간주하고 이에 대하여 원하는 직렬통신 포맷을 설정하여야 한다. 즉, 이제부터 *AVR-ISP USB*가 USB 포트를 직렬포트 COM3처럼 사용하도록 설정하는 것이다.

① *AVR-ISP USB* 다운로드 케이블을 퍼스널컴퓨터의 USB 포트에 접속한 상태에서 <그림 3.2.39>처럼 퍼스널컴퓨터의 제어판 → 성능 및 유지 관리 → 시스템 → 하드웨어 → 장치 관리자 메뉴를 선택한다.

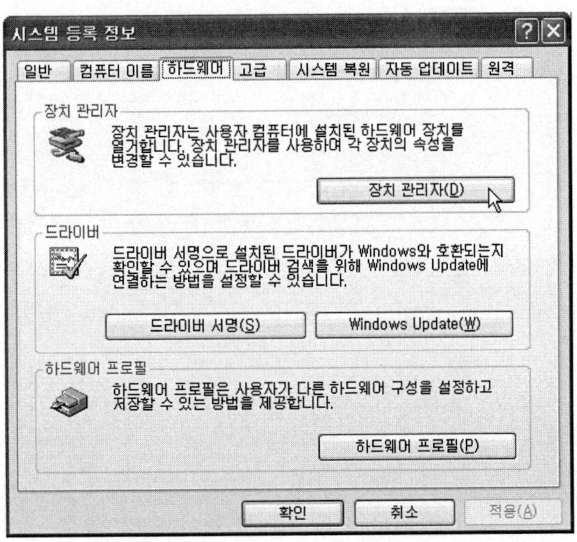

〈그림 3.2.39〉 장치 관리자 선택

② 그러면 <그림 3.2.40>처럼 USB 포트가 가상적인 직렬포트 COM3으로 잡혀있게 된다. 만약, COM3 이외로 설정되어 있어도 문제는 없지만, 이는 <그림 3.2.42>에서 설명하는 방법으로 나중에 COM3으로 수정하는 것이 바람직하다.

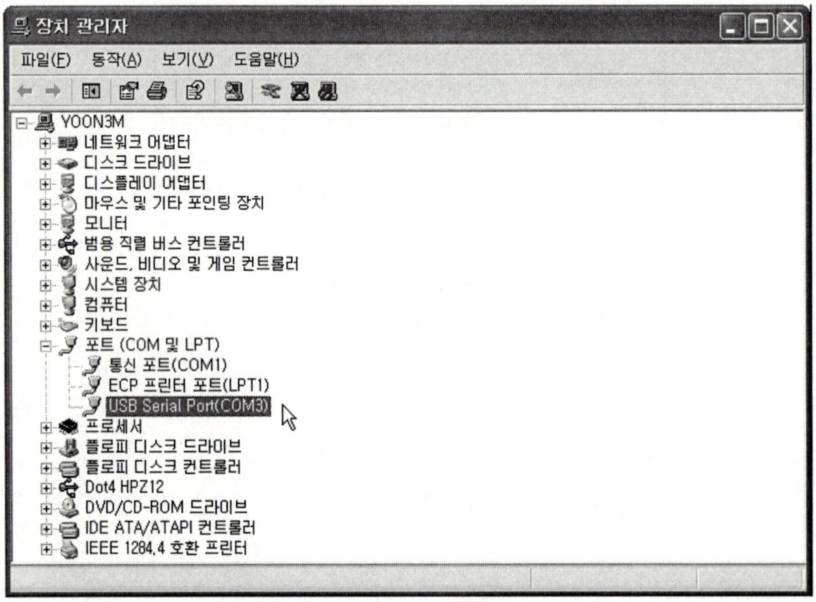

〈그림 3.2.40〉 USB 포트가 가상 직렬포트 COM3으로 설정된 화면

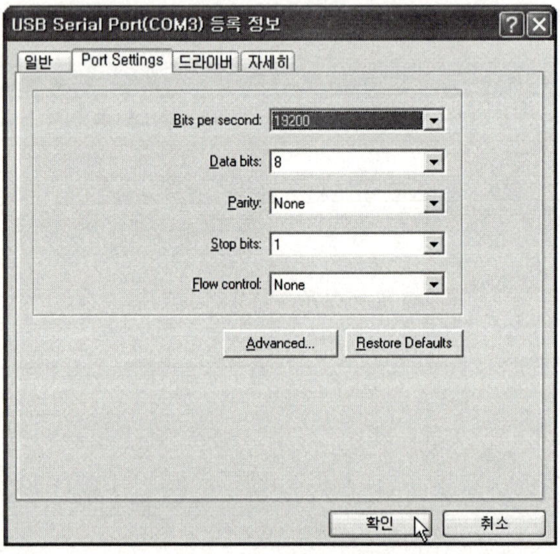

〈그림 3.2.41〉 COM3의 통신 포맷 설정

③ 이 USB Serial Port(COM3)를 클릭하면 <그림 3.2.41>처럼 직렬포트를 설정하는 화면이 나오는데, 통신 포맷을 이 그림처럼 설정한다. 그러나, 필요하다면 이를 다른 값으로 설정할 수도 있으며, 이를 어떻게 설정하더라도 AVR Studio는 내부에서 이를 자동적으로 115200bps, 8data, no parity, 1stop bit로 다시 설정하여 사용한다.

④ 만약 이와같이 VCP 드라이버를 설치하였을 때 USB 포트가 기본적으로 COM3으로 설정되어 있지 않은 경우에는 <그림 3.2.41>에서 Advanced...(또는 고급)를 눌러서 <그림 3.2.42>와 같이 가상적인 직렬포트를 COM3으로 수정할 수 있다.

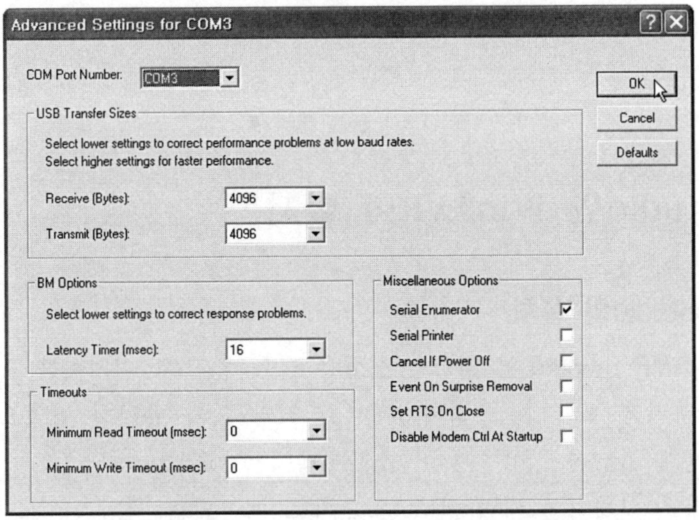

〈그림 3.2.42〉 가상 직렬포트를 COM3으로 설정

◀**참고**▶ 이상 3가지의 AVR ISP 다운로드 케이블의 다운로드 성능을 비교하면 다음과 같다.

〈표 3.2.6〉 각 AVR ISP 다운로드 케이블의 사양 및 다운로드 속도 비교 테스트 결과

	ToastProg2005용 (ToastProg2005 v1.00a 사용)	**AVR Studio용** (AVR Studio V4.12 사용)	
	병렬포트형 ***AVR-ISP Parallel* V2.0**	**직렬포트형** ***AVR-ISP Studio* V2.0**	**USB포트형** ***AVR-ISP USB* V2.0**
PC측 접속 콘넥터	LPT1, LPT2	COM1, COM2	COM3~COM16
전송속도	-	115200 bps	
내장 MCU	-	ATmega8L	
타겟 콘넥터	10핀, 6핀	10핀, 6핀	
지원 모델	대부분의 AVR 모델	대부분의 AVR ATmega 패밀리 모델	
기타 특징	콘넥터 후드에 내장하여 안전	최고의 다운로드 속도	VCP 드라이버 파일이 필요
ATmega2561 예제1	72초(상대시간 100%)	2초(상대시간 2.8%)	3초(상대시간 4.2%)
ATmega2561 예제2	77초(상대시간 100%)	6초(상대시간 7.8%)	9초(상대시간 11.7%)

☞ 테스트용으로 사용한 컴퓨터는 Pentium Ⅳ / 2.8GHz 모델에 Windows XP 운영체제임.

3.3 AVR Studio와 WinAVR의 설치 및 사용

이 절에서는 Atmel사에서 무료로 제공하는 IDE 소프트웨어인 AVR Studio V4.12의 설치와 그 안에 포함된 매크로 어셈블러를 사용한 어셈블리 언어 프로그래밍 방법을 설명한다. 또한, 역시 무료 소프트웨어인 WinAVR을 설치하고 이 안에 포함된 AVR-GCC 컴파일러를 사용하여 AVR Studio에서 C 언어로 프로그래밍하는 방법도 설명한다. 이렇게 작성한 어셈블 언어 또는 C언어 프로그램을 번역하여 생성된 인텔 HEX 파일을 *OK-1281/2561* 키트에 다운로드하여 실행하는 방법은 앞의 제3.2절에서 설명하였다.

1. AVR Studio와 WinAVR의 설치

(1) AVR Studio의 설치

Atmel사의 AVR Studio를 설치하는 방법은 다음과 같다. 여기서는 Windows XP를 기준으로 설명하지만 그 외의 운영체제에서도 거의 이와 유사한 방법으로 설치할 수 있다. 또한 나중에 Atmel에 의하여 이 소프트웨어가 새로운 버전으로 업그레이드되면 그에 맞도록 새로 설치하면 되며, 때로는 추가로 제공되는 서비스팩을 함께 설치해야 하는 경우도 있다.

① Atmel사의 인터넷 홈페이지 http://www.atmel.com에서 AVR Studio V4.12 파일인 aStudio4b460.exe를 다운로드하여 가져온다.

② 이 파일을 실행하면 스스로 압축을 풀면서 곧바로 프로그램이 퍼스널컴퓨터에 설치되기 시작한다.

③ 이 프로그램을 설치하기 시작하면 <그림 3.3.1>에 보인 바와 같이 컴퓨터에 설치할 디렉터리가 디폴트로 C:\Program Files\Atmel\AVR Tools\로 지정되는데, 이 책의 설명대로 실습하려면 Change 버튼을 눌러서 <그림 3.3.2>와 같이 이를 반드시 C:\Atmel\AVR Tools\로 수정하여 주어야 한다.

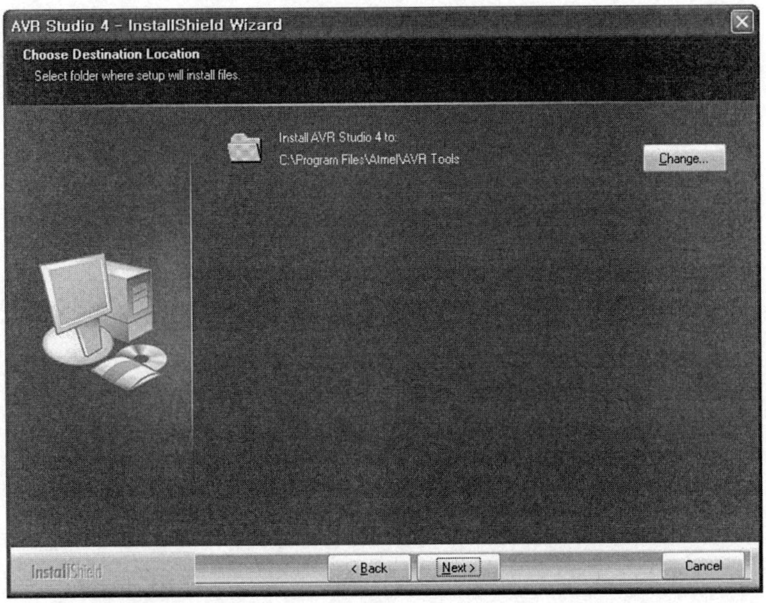

〈그림 3.3.1〉 AVR Studio를 설치할 기본 디렉터리 표시

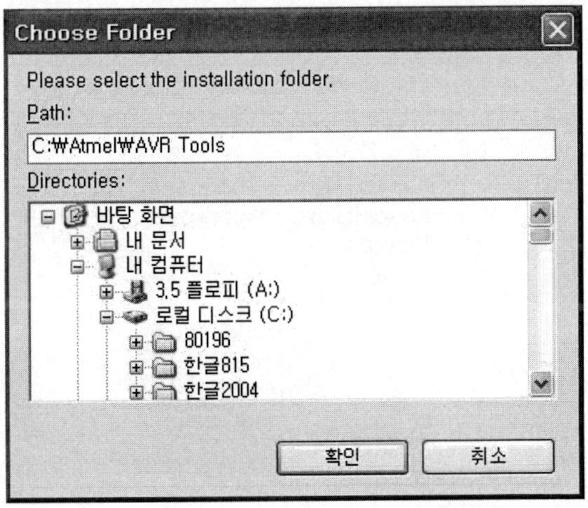

〈그림 3.3.2〉 AVR Studio를 설치할 디렉터리의 변경

④ 이와 같이 AVR Studio 프로그램을 설치하고 나면 바탕화면에 바로가기 아이콘이 자동적으로 생성되지 않는다. 따라서 이제부터 이 프로그램을 좀더 편리하게 사용하려면 C:\Atmel\AVR Tools\AvrStudio4\ 디렉터리에 있는 AVRStudio.exe의 바로가기 아이콘을 <그림 3.3.3>과 같이 바탕화면에 만들어 놓는 것이 좋다.

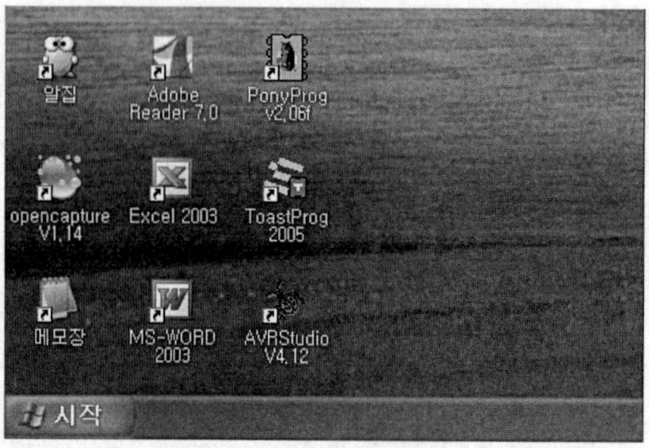

〈그림 3.3.3〉 바탕 화면에 만든 AVR Studio의 바로가기 아이콘

⑤ 이상과 같이 AVR Studio를 설치하였으면 하드디스크 드라이브 C:\에 만들어진 이 프로그램의 디렉터리 구조는 <그림 3.3.4>와 같게 된다. 단, 여기서 사용자 어셈블리 예제 폴더인 C:\Atmel\OK1281asm(또는 C:\Atmel\OK2561asm)과 사용자 C언어 예제 폴더인 C:\Atmel\OK1281c(또는 C:\Atmel\OK2561c)는 이 책에서 제공하는 예제 프로그램 파일을 가지고 사용자가 별도로 설치해 주어야 한다.

```
C:\─┬─
    ├─
    ├─Windows ...
    ├─
    └─Atmel─┬─AVR Tools─┬─AvrAssembler──Appnotes
            │           ├─AvrAssembler2─Appnotes
            │           ├─AVRDragon
            │           ├─AvrProg
            │           ├─AvrStudio4─────┬─bin
            │           │                ├─dll
            │           │                ├─edit
            │           │                ├─resources
            │           │                └─skins
            │           ├─AvrStudioPlugin
            │           ├─Compilers
            │           ├─Help
            │           ├─ICE50──────────┬─Selftest
            │           │                └─Upgrade
            │           ├─ICE200
            │           ├─JTAGICE
            │           ├─JTAGICEmkII
            │           ├─Parsers
            │           ├─Partdescriptionfiles
            │           └─STK500
            ├─OK2561asm
            └─OK2561c
```

〈그림 3.3.4〉 AVR Studio를 모두 설치한 후의 디렉터리 구조

(2) WinAVR의 설치

AVR Studio에 이어서 이번에는 WinAVR을 설치한다. Windows XP를 기준으로 설명하지만 그 외의 운영체제에서도 거의 이와 유사한 방법으로 설치할 수 있다. 또한 나중에 이 소프트웨어가 새로운 버전으로 업그레이드되면 그에 맞도록 새로 설치하면 된다.

① 인터넷 홈페이지 http://sourceforge.net/projects/winavr/에서 WinAVR의 가장 최근 버전인 WinAVR-20060421-install.exe 파일을 다운로드하여 가져온다. 이것은 2006년 4월 21일자 버전의 설치 파일이다.

② 이 파일을 실행하면 스스로 압축을 풀면서 곧바로 프로그램이 퍼스널컴퓨터에 설치되기 시작한다.

③ 이 프로그램을 설치하기 시작하면 <그림 3.3.5>에 보인 바와 같이 컴퓨터에 설치할 디렉터리가 디폴트로 C:\WinAVR\로 지정되는데, 특별한 이유가 없다면 이 폴더에 그대로 설치한다.

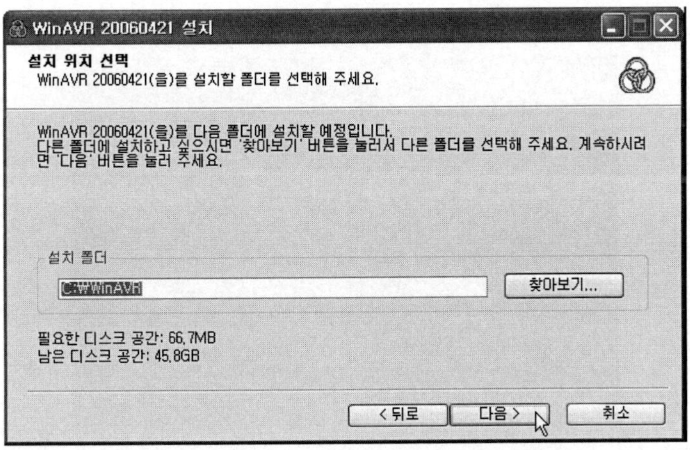

〈그림 3.3.5〉 WinAVR을 설치할 기본 디렉터리 표시

④ 다음에 <그림 3.3.6>과 같이 설치할 요소를 선택하는 화면이 나타나면 그대로 설치 버튼을 누른다.

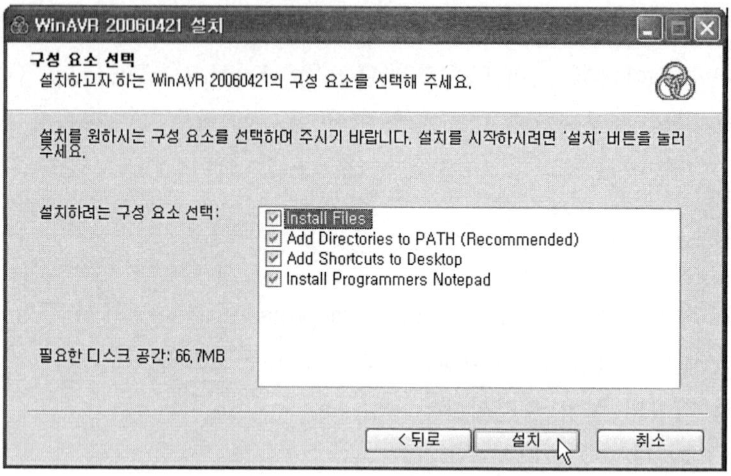

〈그림 3.3.6〉 WinAVR의 설치 구성요소를 선택하는 화면

⑤ 이와 같이 WinAVR 소프트웨어를 설치하고 나면 <그림 3.3.7>처럼 바탕화면에 이 프로그램과 관련된 여러가지의 바로가기 아이콘이 자동적으로 생성되는데, 이제부터 우리는 WinAVR을 직접 사용하지 않고 AVR Studio 내부에서 이를 자동으로 연결하여 사용하므로 이러한 바로가기 아이콘은 실제로 사용하지 않으며 따라서 이것들을 모두 바탕화면에서 삭제하여 없애도 무방하다.

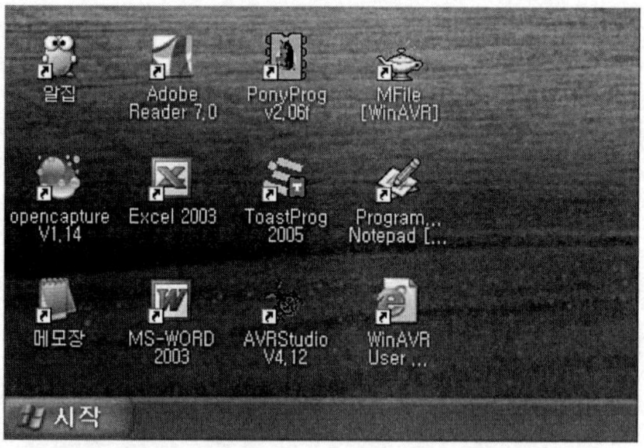

〈그림 3.3.7〉 바탕 화면에 생성된 WinAVR 관련의 여러가지 바로가기 아이콘

⑥ 이상과 같이 WinAVR을 설치하였으면 하드디스크 드라이브 C:\에 만들어진 이 프로그램의 디렉터리 구조는 <그림 3.3.8>과 같게 된다. 이와 같이 WinAVR이 설치되면 이제부터 AVR Studio는 이를 자동으로 인식하여 사용한다.

```
C:\─┬
    ├
    ├Windows  · · ·
    ├
    └WinAvr──┬avr──────┬bin
             │         ├include───┬avr
             │         │          ├compat
             │         │          └util
             │         └lib───────┬avr3
             │                    ├avr4
             │                    ├avr5
             │                    └ldscripts
             ├bin
             ├doc──────┬avarice
             │         ├avrdude
             │         ├avr-libc    · · ·
             │         ├binutils    · · ·
             │         ├gcc
             │         ├gdb
             │         ├simulavr-0.1.2.1
             │         └srecord
             ├examples─┬demo
             │         ├largedemo
             │         ├stdiodemo
             │         └twitest
             ├lib──────┬dde1.2
             │         ├gcc────────avr────3.4.6─┬avr3
             │         │                        ├avr4
             │         │                        ├avr5
             │         │                        ├include
             │         │                        └install-tools  · · ·
             │         ├insight1.0
             │         ├itcl3.2
             │         ├itk3.2
             │         ├reg1.1
             │         ├stb02188
             │         ├  · · ·
             │         └tk8.4
             ├libexec──gcc─────────avr────3.4.6──install-tools
             ├mfile
             ├pn───────┬clips
             │         ├schemes
             │         ├taggers
             │         └tools
             ├sample
             ├share────┬avarice
             │         ├doc               · · ·
             │         ├insight1.0        · · ·
             │         ├itcl3.2
             │         ├itk3.2
             │         ├iwidgets4.0.1     · · ·
             │         ├locale            · · ·
             │         ├redhat            · · ·
             │         ├tcl8.4            · · ·
             │         └tk8.4             · · ·
             ├source───┬binutils
             │         ├gcc
             │         ├insight
             │         └simulavr
             └utils────bin
```

〈그림 3.3.8〉 WinAVR을 모두 설치한 후의 디렉터리 구조

2. 예제 프로그램의 설치

이 책에서 사용하는 어셈블리 예제 프로그램은 Ohm사와 저자의 홈페이지 자료실에 OK1281asm.zip 파일 및 OK2561asm.zip 파일로 제공되며, C언어 예제 프로그램은 OK1281c.zip 파일 및 OK2561c.zip 파일로 제공된다. 여러분이 AVR Studio를 이용하여 어셈블리 프로그램을 작성하려면 이를 다운받아서 다음과 같이 설치해야 한다.

① 자신이 사용하는 키트가 *OK-1281*이라면 이제부터 어셈블리 프로그램을 작성하기 위하여 사용자가 작업할 디렉터리로서 C:\Atmel\OK1281asm\ 디렉터리를 만들고 여기에 OK1281asm.zip 파일의 압축을 풀어 모두 복사하라. 그러나, *OK-2561* 키트를 사용한다면 어셈블리 프로그램을 작성하기 위하여 사용자가 작업할 디렉터리로서 C:\Atmel\OK2561asm\ 디렉터리를 만들고 여기에 OK2561asm.zip 파일의 압축을 풀어 모두 복사하라.

② 자신이 사용하는 키트가 *OK-1281*이라면 이제부터 C언어 프로그램을 작성하기 위하여 사용자가 작업할 디렉터리로서 C:\Atmel\OK1281c\ 디렉터리를 만들고 여기에 OK1281c.zip 파일의 압축을 풀어 모두 복사하라. 그러나, *OK-2561* 키트를 사용한다면 C언어 프로그램을 작성하기 위하여 사용자가 작업할 디렉터리로서 C:\Atmel\OK2561c\ 디렉터리를 만들고 여기에 OK2561c.zip 파일의 압축을 풀어 모두 복사하라.

③ 그러면 여러분이 가지고 있는 컴퓨터에서 AVR Studio에 관련된 전체 디렉터리 구조는 <그림 3.3.4>와 같게 된다. 그러면 이제 여러분이 가지고 있는 컴퓨터에서 AVR Studio를 이용하여 어셈블리 언어 또는 C언어로 프로그램을 작성할 준비는 모두 완료되었다.

3. 어셈블리 언어 프로그램의 작성

이제 컴퓨터에 설치된 AVR Studio를 이용하여 어셈블리 언어 프로그램을 작성하는 방법을 구체적으로 알아본다. AVR Studio에서는 모든 사용자 프로그램이 각각의 프로젝트 단위로 처리된다.

① 이미 작성되어 있는 기존의 프로젝트를 불러오려면 AVR Studio에서 Project → Open Project 메뉴를 실행하여 <그림 3.3.9>와 같이 선택창이 나타날 때 원하는 프로젝트를 선택하면 된다. 그러면 <그림 3.3.10>과 같이 이 프로젝트에 포함된 소스가 에디터 창에 나타난다.

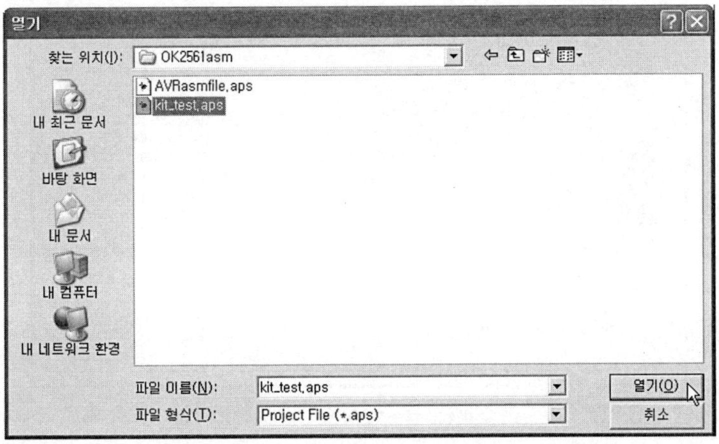

〈그림 3.3.9〉 기존의 프로젝트를 불러오기

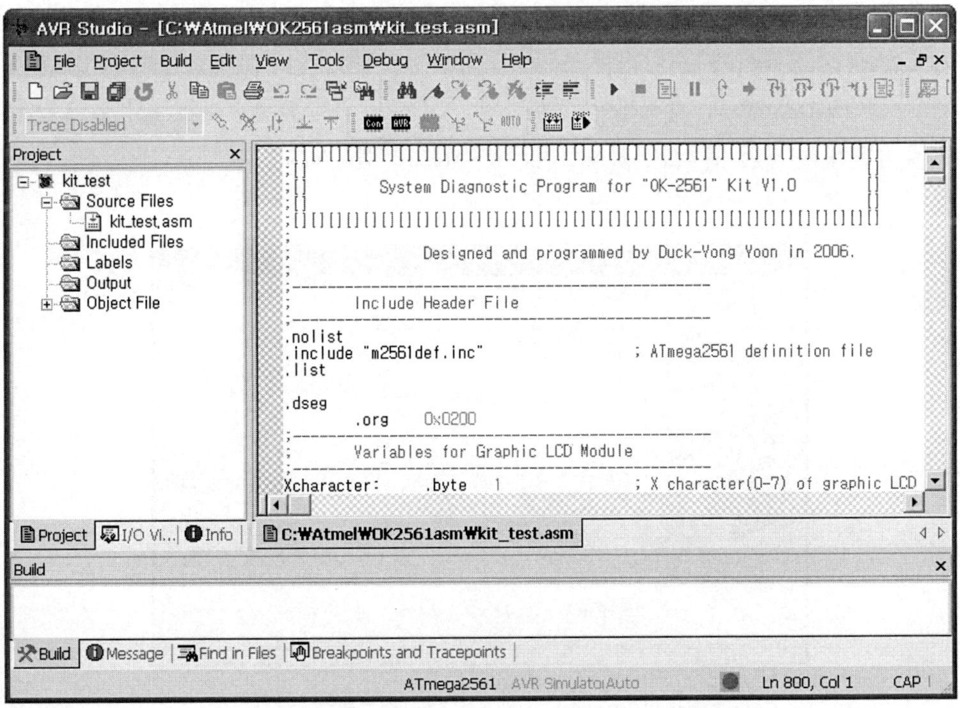

〈그림 3.3.10〉 기존의 프로젝트를 불러온 화면

② 그런데, 이와 같이 AVR Studio에서 기존에 한번이라도 사용한 적이 있는 프로젝트는 <그림 3.3.11>처럼 AVR Studio를 시작할 때마다 선택 팝업창에 리스트되어 나타나므로 여기서 원하는 프로젝트를 선택하고 Load를 눌러도 된다.

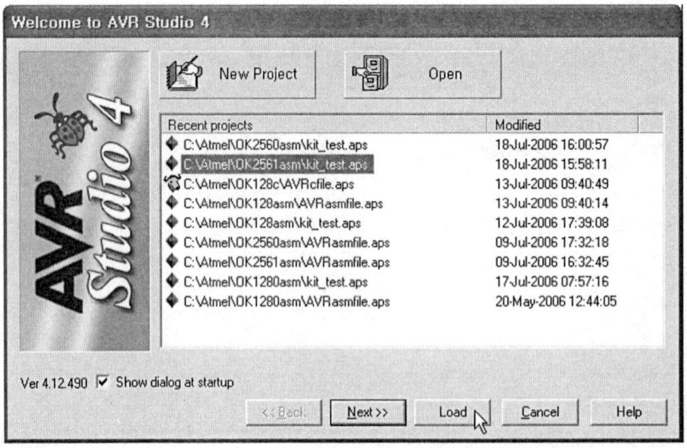

〈그림 3.3.11〉 AVR Studio를 시작할 때 나타나는 프로젝트 선택창

③ 그러나, 새로운 프로젝트를 작성하려면 Project → New Project 메뉴에서 <그림 3.3.12>처럼 프로젝트명을 입력하고 Next를 누른다. 이때 Create Folder는 반드시 해제하고, Location 창에서 디렉터리를 사용자 작업 디렉터리인 C:\Atmel\OK1281asm 또는 C:\Atmel\OK2561asm으로 지정해야 한다. 만약, Create Folder를 해제하지 않으면 새로운 프로젝트가 별도의 폴더를 생성하여 저장되므로 불편하다.

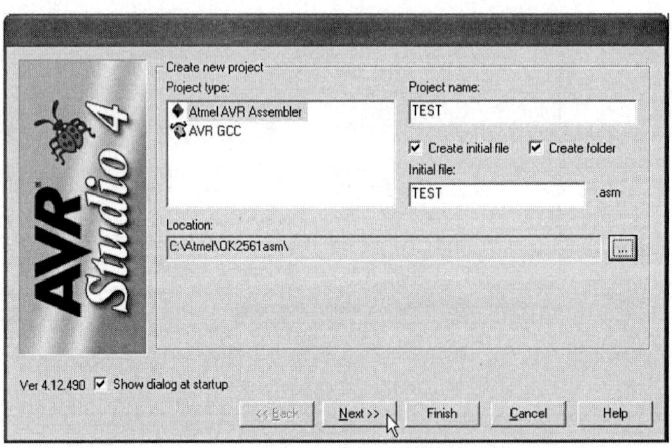

〈그림 3.3.12〉 새로운 프로젝트의 작성

④ 만약, 이와 같이 새롭게 작성할 프로젝트명을 TEST로 지정하고 Next를 누르면 <그림 3.3.13>처럼 Debug Platform과 Device를 묻는 화면이 나타나는데, 여기서는 각각 AVR Simulator와 ATmega1281 또는 ATmega2561을 선택하고 Finish를 누르면 된다. 이것은 나중에 시뮬레이션이나 디버깅을 수행할 때 필요한 것인데, 그때 가서 필요하면 Debug → Select Platform and Device... 메뉴를 선택하여 다시 지정해도 된다.

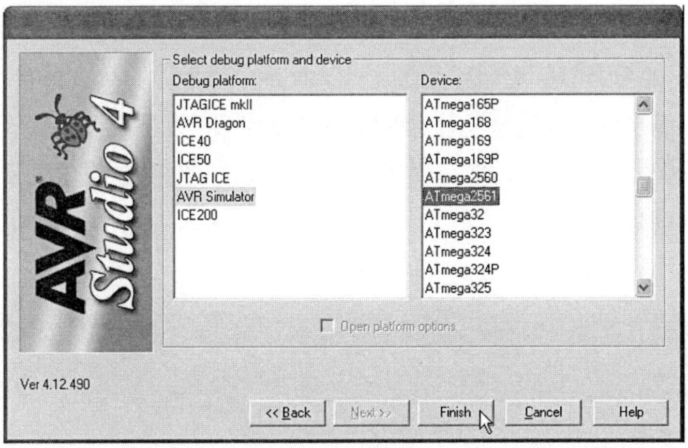

〈그림 3.3.13〉 디버그 플랫폼 및 디바이스의 설정

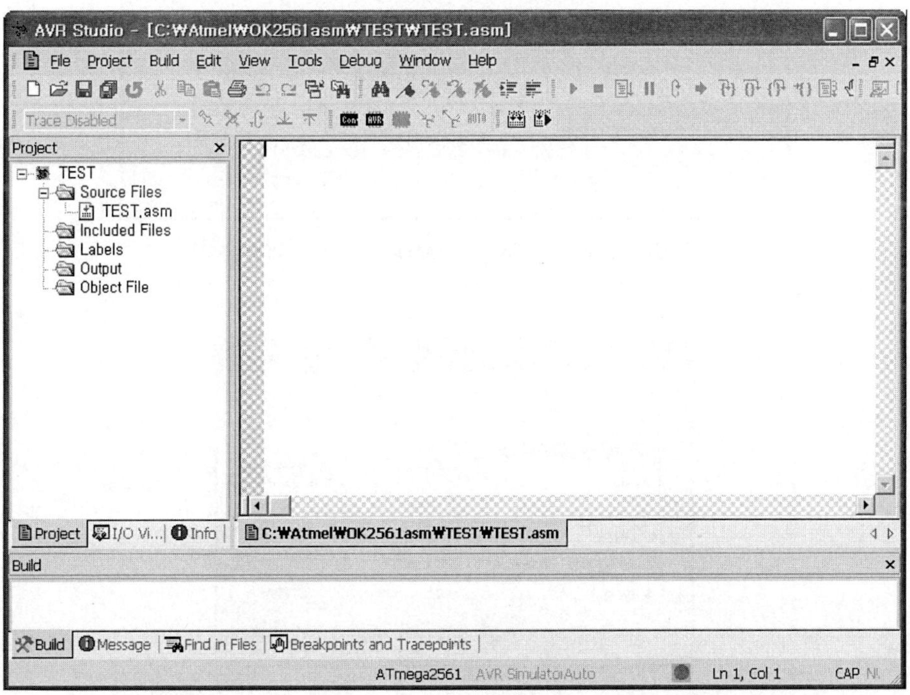

〈그림 3.3.14〉 새로운 프로젝트를 지정하였을 경우의 화면

⑤ 이렇게 하였으면 이제 <그림 3.3.14>처럼 새로운 프로젝트에서 소스 프로그램을 작성할 수 있도록 편집창이 비어 나타나게 된다. 그러나, 기존에 이 프로젝트명과 일치하는 어셈블리 소스 파일이 존재한다면 편집창에는 이 파일의 내용이 나타난다. 이와 같이 기존에 존재하는 어셈블리 소스 파일도 같은 이름의 새로운 프로젝트를 지정하면 AVR Studio에서 새로운 어셈블리 프로젝트로 관리할 수 있다.

⑥ 편집창에서 소스 프로그램을 작성할 때 화면의 텍스트를 보기 좋게 사용하려면 <그림 3.3.15>에 보인 바와 같이 Tools → Options → Editor 메뉴에서 Font Size가 10, Tabwidth가 8로 설정되어 있는지 확인한다. Tabwidth를 다른 값으로 설정하면 소스 프로그램에서 탭 키를 사용하는 경우 화면의 칼럼이 잘 정돈되지 않으므로 소스를 읽을 때 가독성이 떨어진다.

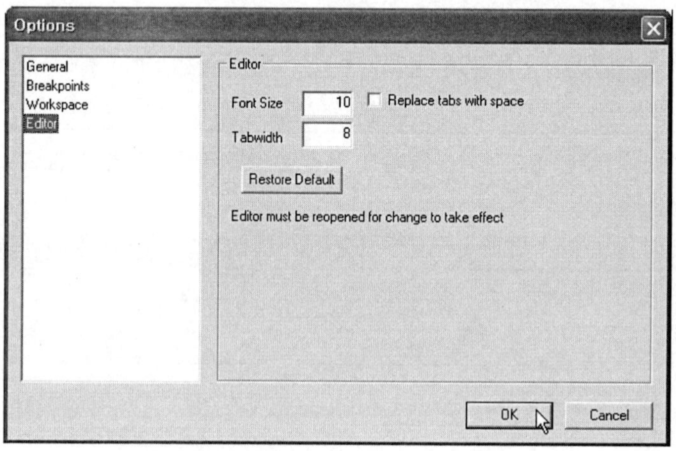

〈그림 3.3.15〉 AVR Studio의 기본 옵션 설정

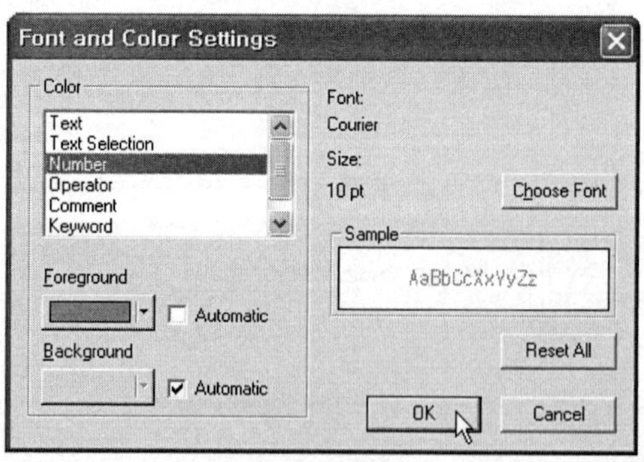

〈그림 3.3.16〉 AVR Studio에서의 폰트 및 색깔 지정

⑦ 또한 <그림 3.3.16>에 보인 바와 같이 Edit → Font and Color 메뉴에서 소스 프로그램의 각 요소별로 문자 폰트나 색깔을 다르게 설정하면 가독성을 더욱 좋게 할 수도 있다.

⑧ 이제 소스 프로그램의 편집이 모두 끝났으면 어셈블을 수행한다. 어셈블 동작은 Project → Build 메뉴를 클릭하여 수행한다. 그러나, 어셈블 동작을 수행하기 전에 적어도 한번은 Project → Assembler Options 메뉴에서 <그림 3.3.17>처럼 출력 파일의 형식을 인텔 HEX 파일로 지정하고, Create List file 항목을 체크하여 리스팅 파일이 생성되도록 설정하였는지를 확인하라. 메모리 맵 파일은 사용자가 지정하지 않더라도 자동으로 생성된다. 만약, 추가적으로 지정할 어셈블러 옵션이 있다면 Advanced Parameters 창에 입력하면 된다.

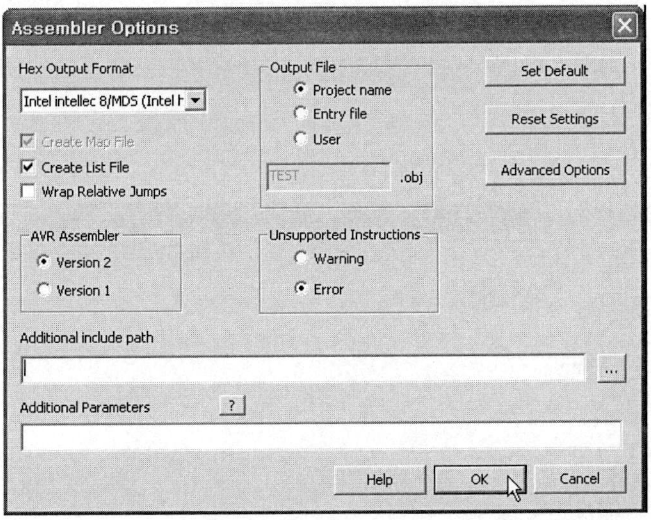

〈그림 3.3.17〉 어셈블을 수행하기 위한 출력 파일의 옵션 설정

⑨ 이와 같은 과정으로 kit_test.asm 파일을 어셈블하였다면 출력으로 오브젝트 파일 kit_test.obj, 인텔 HEX 파일 kit_test.hex, 리스팅 파일 kit_test.lst, 메모리맵 파일 kit_test.map 등이 생성된다. 그러면 제3.2절에서 설명한 바와 같이 적절한 AVR ISP 다운로드 케이블과 그에 부합하는 다운로드 프로그램을 사용하여 kit_test.hex 파일을 *OK-1281/2561* 키트로 다운로드하면 된다.

그러나, 만약 어셈블 과정에서 에러가 발생하였다면 화면 하단의 Output 창에 에러 메시지가 출력되므로 이를 보고 에러의 원인을 파악하여 소스 파일을 수정하고 다시 어셈블하면 된다.

4. C언어 프로그램의 작성

이번에는 AVR Studio에서 WinAVR을 이용하여 C언어 프로그램을 작성하는 방법을 구체적으로 알아본다. C언어의 경우에도 모든 사용자 프로그램이 각각의 프로젝트 단위로 처리된다.

C언어를 사용하려면 AVR Studio는 물론이고 WinAVR이 컴퓨터에 설치되어 있어야 한다. 이들 프로그램의 설치 방법은 이미 앞에서 설명한 바 있다.

① 이미 작성되어 있는 기존의 프로젝트를 불러오려면 AVR Studio에서 Project → Open Project 메뉴를 실행하여 <그림 3.3.18>와 같이 선택창이 나타날 때 원하는 프로젝트를 선택하면 된다. 그러면 <그림 3.3.19>와 같이 이 프로젝트에 포함된 소스가 에디터 창에 나타난다.

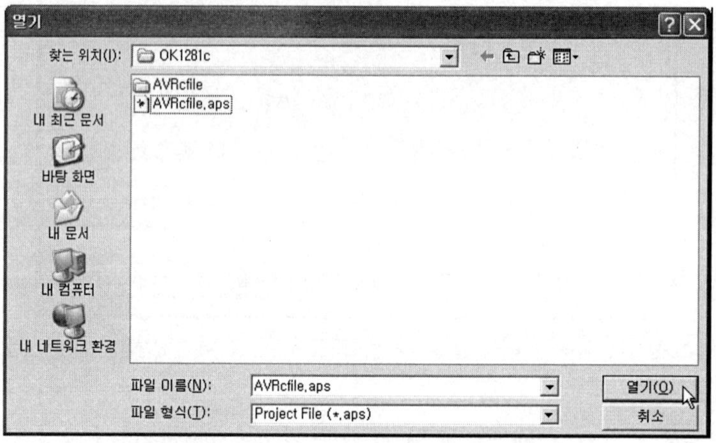

〈그림 3.3.18〉 기존의 프로젝트를 불러오기

② 그런데, 이와 같이 AVR Studio에서 기존에 한번이라도 사용한 적이 있는 프로젝트는 <그림 3.3.20>처럼 AVR Studio를 시작할 때마다 선택 팝업창에 리스트되어 나타나므로 여기서 원하는 프로젝트를 선택하고 Load를 눌러도 된다.

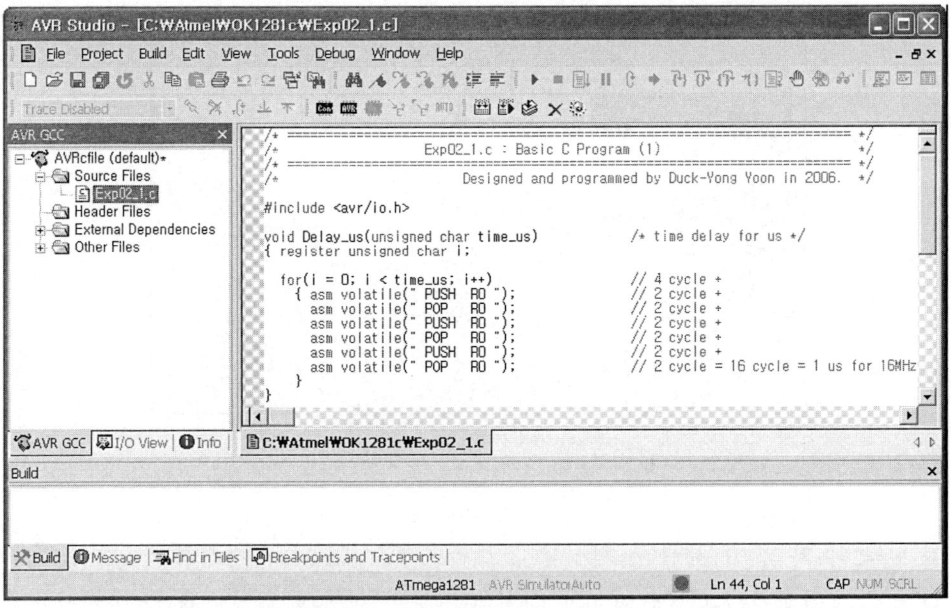

〈그림 3.3.19〉 기존의 프로젝트를 불러온 화면

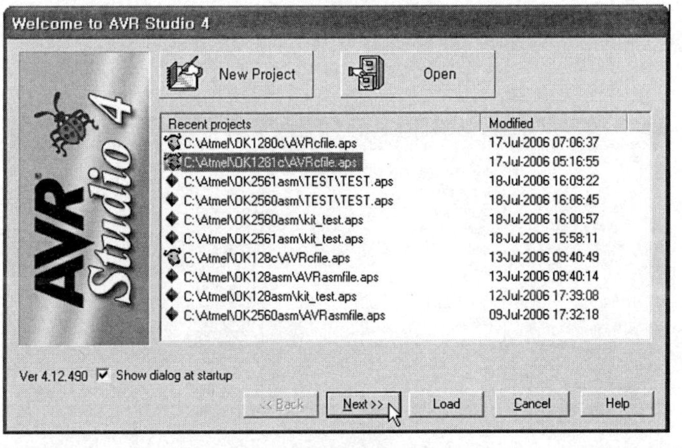

〈그림 3.3.20〉 AVR Studio를 시작할 때 나타나는 프로젝트 선택창

③ 그러나, 새로운 프로젝트를 작성하려면 Project → New Project 메뉴에서 <그림 3.3.21>처럼 AVR GCC의 프로젝트명을 입력하고 Next를 누른다. 이때 Location 창에서 디렉터리를 사용자 작업 디렉터리인 C:\Atmel\OK1281c 또는 C:\Atmel\OK2561c로 지정해야 한다. 새로 작성하는 C언어 프로젝트는 항상 프로젝트명에 해당하는 새로운 폴더에 저장된다.

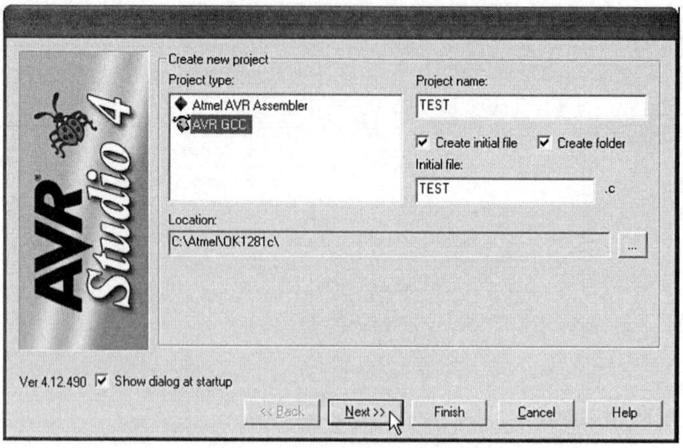

〈그림 3.3.21〉 새로운 프로젝트의 작성

④ 만약, 이와 같이 새롭게 작성할 프로젝트명을 TEST로 지정하고 Next를 누르면 <그림 3.3.22>처럼 Debug Platform과 Device를 묻는 화면이 나타나는데, 여기서는 각각 AVR Simulator와 ATmega1281 또는 ATmega2561을 선택하고 Finish를 누르면 된다. 이것은 나중에 시뮬레이션이나 디버깅을 수행할 때 필요한 것인데, 그때 가서 필요하면 Debug → Select Platform and Device... 메뉴를 선택하여 다시 지정해도 된다.

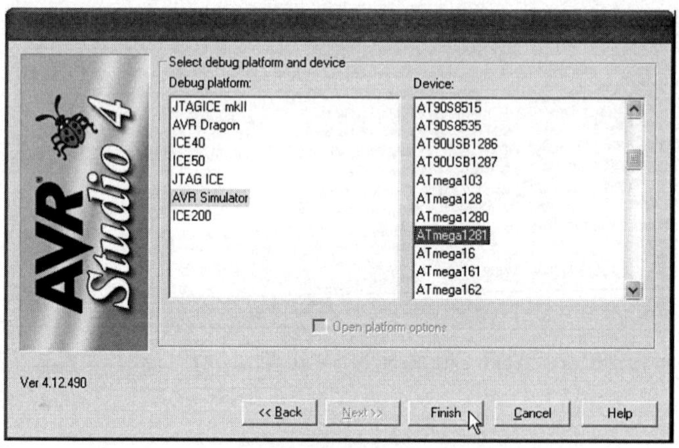

〈그림 3.3.22〉 디버그 플랫폼 및 디바이스의 설정

⑤ 이렇게 하였으면 이제 <그림 3.3.23>처럼 새로운 프로젝트에서 소스 프로그램을 작성할 수 있도록 편집창이 비어 나타나게 된다. 그러나, 기존에 이 프로젝트명과 일치하는 어셈블리 소스 파일이 존재한다면 편집창에는 이 파일의 내용이 나타난다. 이와 같이 기존에 존재하는 어셈블리 소스 파일도 같은 이름의 새로운 프로젝트를 지정하

면 AVR Studio에서 새로운 어셈블리 프로젝트로 관리할 수 있다.

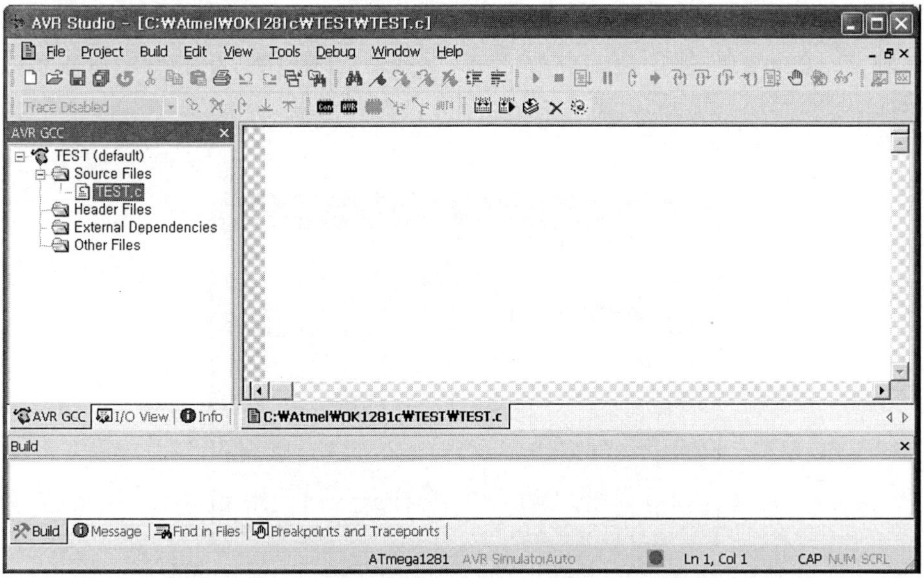

〈그림 3.3.23〉 새로운 프로젝트를 지정하였을 경우의 화면

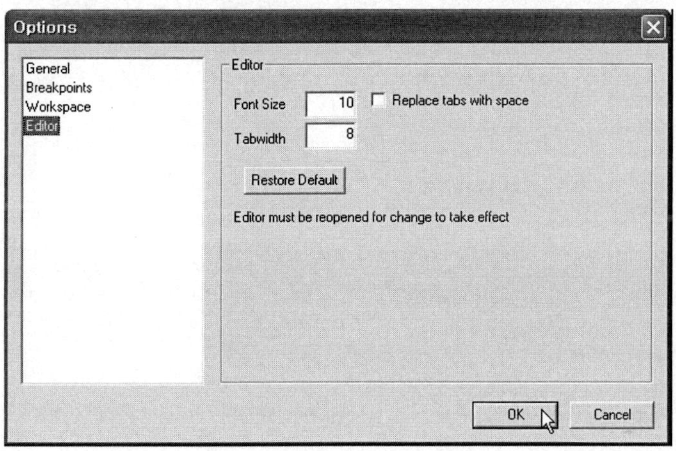

〈그림 3.3.24〉 AVR Studio의 기본 옵션 설정

⑥ 편집창에서 소스 프로그램을 작성할 때 화면의 텍스트를 보기 좋게 사용하려면 <그림 3.3.24>에 보인 바와 같이 Tools → Options → Editor 메뉴에서 Font Size가 10, Tabwidth가 8로 설정되어 있는지 확인한다. Tabwidth를 다른 값으로 설정하면 소스 프로그램에서 탭 키를 사용하는 경우 화면의 컬럼이 잘 정돈되지 않으므로 소스를 읽을

때 가독성이 떨어진다.

⑦ 또한 <그림 3.3.25>에 보인 바와 같이 Edit → Font and Color 메뉴에서 소스 프로그램의 각 요소별로 문자 폰트나 색깔을 다르게 설정하면 가독성을 더욱 좋게 할 수도 있다.

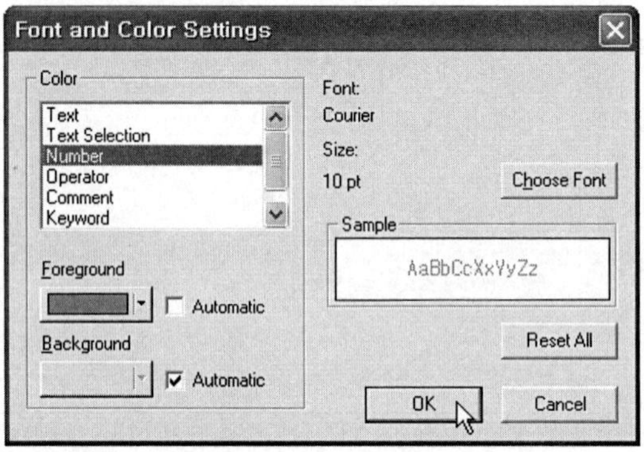

〈그림 3.3.25〉 AVR Studio에서의 폰트 및 색깔 지정

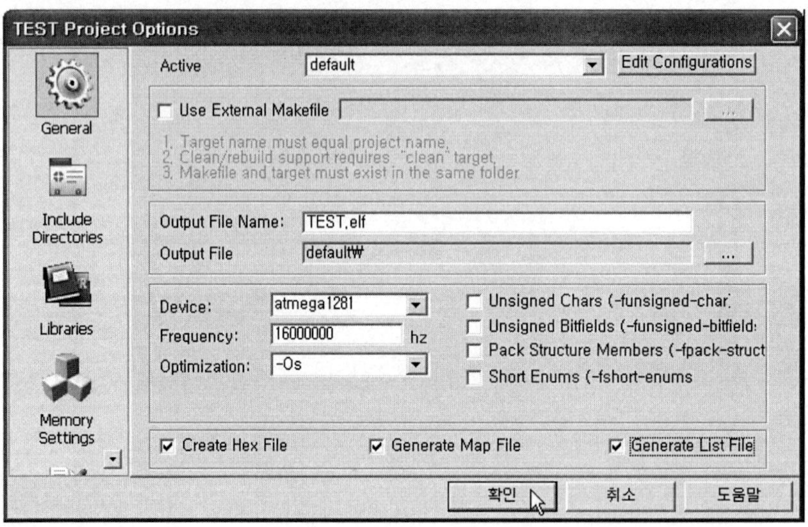

〈그림 3.3.26〉 컴파일을 수행하기 위한 출력 파일의 옵션 설정(1)

⑧ 이제 소스 프로그램의 편집이 모두 끝났으면 컴파일을 수행한다. 컴파일 동작은 Project → Build 메뉴를 클릭하여 수행한다. 그러나, 컴파일 동작을 수행하기 전에 적어도 한번은 Project → Configuration Options → General 메뉴에서 <그림 3.3.26>처럼

AVR 마이크로콘트롤러의 모델명과 시스템 클록의 주파수 및 최적화 옵션을 지정해야 한다. 또한, 반드시 인텔 HEX 파일을 생성하도록 지정하며, 필요하면 메모리 맵 파일과 리스팅 파일을 생성하도록 체크해 준다. 시스템 클록의 주파수는 반드시 Hz 단위로 입력해야 하므로 만약 16MHz 크리스털을 사용한다면 16000000으로 입력하며, 내부적으로는 여기에 unsigned long의 나타내는 UL이 덧붙여져서 16000000UL로 처리된다.

그리고, Project → Configuration Options → Custom Options 메뉴를 선택하여 보면 <그림 3.3.27>처럼 AVR Studio가 외부의 WinAVR을 인식하여 사용하도록 설정되어 있는지를 확인할 수 있다. 만약, 이렇게 표시되어 있지 않다면 WinAVR을 설치하지 않은 것이니 컴파일을 수행하기 전에 이 프로그램을 먼저 설치해야 한다.

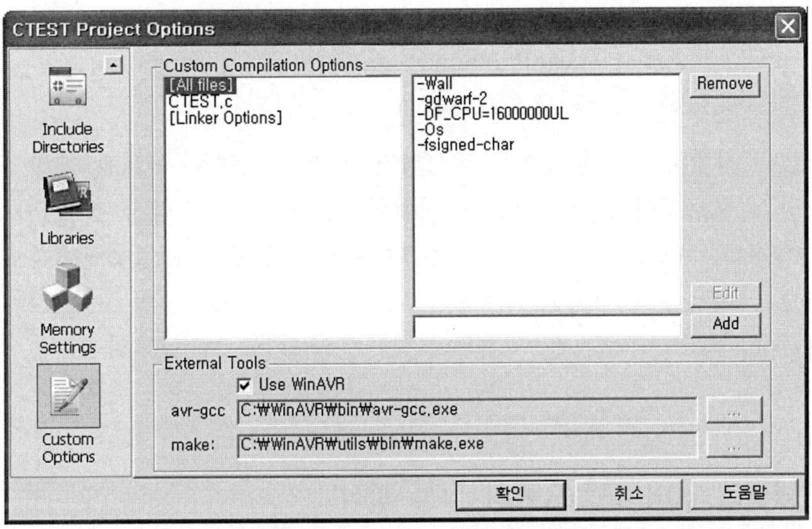

〈그림 3.3.27〉 컴파일을 수행하기 위한 출력 파일의 옵션 설정(2)

⑨ 이와 같은 과정으로 CTEST.c 파일을 컴파일하였다면 출력으로 오브젝트 파일 CTEST.o, 인텔 HEX 파일 CTEST.hex, 리스팅 파일 CTEST.lss, 메모리맵 파일 CTEST.map 등이 생성된다. 그러면 제3.2절에서 설명한 바와 같이 적절한 AVR ISP 다운로드 케이블과 그에 부합하는 다운로드 프로그램을 사용하여 CTEST.hex 파일을 *OK-1281/2561* 키트로 다운로드하면 된다.

그러나, 만약 컴파일 과정에서 에러가 발생하였다면 화면 하단의 Output 창에 에러 메시지가 출력되므로 이를 보고 에러의 원인을 파악하여 소스 파일을 수정하고 다시 컴파일하면 된다.

◀참고▶ AVR Studio는 이상에서 설명한 바와 같이 어셈블리 언어 프로그램을 작성하고 이를 어셈블하는 기능 이외에도 WinAVR과 연계하여 C언어 프로그램을 작성하는 기능도 있으며, 이렇게 어셈블리 언어 또는 C언어로 작성한 실행파일을 타겟 보드에 다운로드하여 실행하거나 이를 통하여 디버깅을 수행하는 기능과 프로그램을 타겟 보드에서 직접 실행하지 않고 시뮬레이션하는 기능까지 가지고 있다. 다운로드를 수행하는 방법은 제3.2절에서 설명하였으며, 기타 기능들의 사용법에 대하여는 여기서 취급하지 않으므로 이를 필요로 한다면 AVR Studio의 매뉴얼이나 기타 문헌을 통해 스스로 익혀서 사용하기 바란다.

5. 프로그램 작성 과정의 요약

AVR Studio와 WinAVR에서 매크로 어셈블러나 C컴파일러를 사용하여 사용자가 AVR용의 프로그램을 작성하고 이를 AVR 마이크로콘트롤러 소자에 다운로드하여 실행하는 과정은 소프트웨어 개발의 기본적인 흐름이지만, 이 체계를 전체적으로 정리하여 정확히 파악하지 않으면 초보자에게는 헷갈릴 수도 있다.

프로그램을 정확하고 효율적으로 작성하기 위하여는 먼저 이러한 개발 과정을 이해하고 해당 소프트웨어의 매뉴얼을 숙지하여 정상적인 사용법을 잘 알아두는 것이 중요하다. 그러나, 아무리 잘 만들어진 소프트웨어 매뉴얼이나 도움말이라도 그 소프트웨어의 모든 기능을 완벽하게 설명하고 있지는 못하므로 많은 프로그래밍 경험을 통하여 자신이 사용하는 매크로 어셈블러나 C컴파일러의 특성을 파악하고 있는 것이 좋다.

(1) 어셈블러 언어 프로그램의 작성 과정

먼저 Atmel사에서 무료로 제공하는 AVR Studio 및 그 안에 내장된 매크로 어셈블러 AVRASM2.EXE를 사용하여 사용자가 어셈블리 언어로 프로그램을 작성하고 이를 *OK-1281/2561* 키트에 다운로드하여 실행하는 과정을 요약하여 보이면 <그림 3.2.28>과 같다. 사용자는 AVR Studio에 내장된 텍스트 에디터를 사용하여 소스 파일을 작성하고, 매크로 어셈블러를 사용하여 이를 재배치 가능 오브젝트 파일로 어셈블하며, 링커를 사용하여 이 오브젝트 파일과 필요하면 다른 오브젝트 파일 또는 라이브러리 파일을 링크함으로써 최종적으로 1개의 실행 파일을 생성한다.

그러나, AVR Studio의 매크로 어셈블러는 어셈블러와 링커의 기능을 겸하고 있으므로 따로 링커를 가지고 있지 않으며, 다른 오브젝트 파일이나 라이브러리를 링크하는 기능도 없다. 이렇게 하여 만들어진 인텔 HEX 형식의 실행 파일은 AVR ISP 다운로드 케이블과 다운로더 프로그램을 사용하여 *OK-1281/2561* 키트에 다운로드하고 실행할 수 있다.

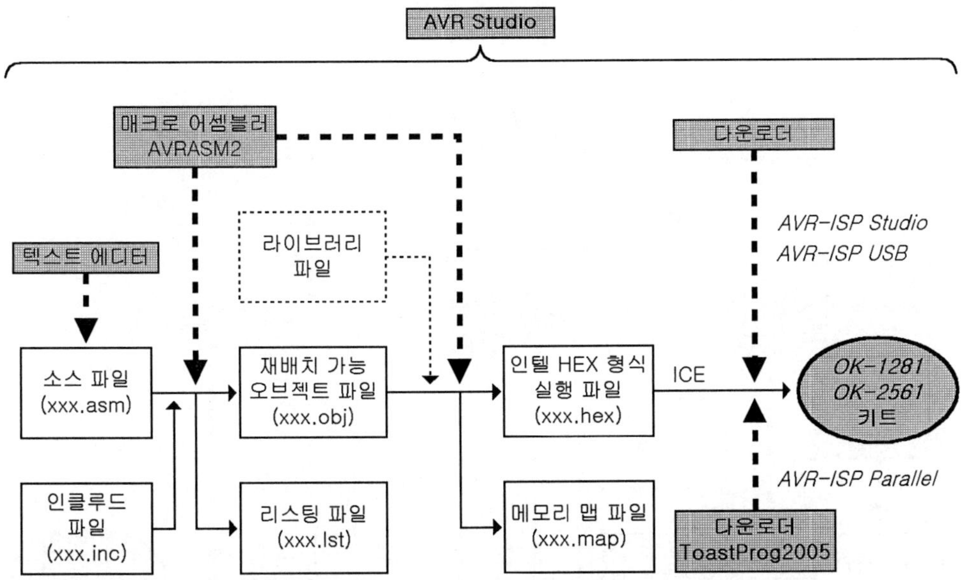

〈그림 3.3.28〉 AVR Studio에서 매크로 어셈블러를 이용한 프로그램 작성 체계

이러한 각 단계의 처리 과정은 모두 AVR Studio의 IDE 환경에서 통합적으로 처리하는 것이 기본이지만, 만약 필요하다면 윈도우즈 운영체제의 MS-DOS창에서 각각 개별적으로 처리할 수도 있다. 그러나, AVR Studio는 이러한 텍스트 에디터, 매크로 어셈블러, 다운로더의 기능을 모두 포함하고 있으므로 AVR Studio의 IDE 환경에서 이를 통합적으로 사용하는 것이 훨씬 더 편리하다. 단, 병렬포트형 다운로드 케이블인 *AVR-ISP Parallel*을 사용하는 경우에는 다운로더 프로그램으로서 외부에서 별도로 ToastProg2005를 사용해야 한다.

(2) C언어 프로그램의 작성 과정

한편, AVR Studio에서 WinAVR의 C컴파일러 AVR-GCC를 사용하여 C언어로 프로그램을 작성하고 이를 *OK-1281/2561* 키트에 다운로드하여 실행하는 과정을 요약하여 보이면 <그림 3.3.29>와 같다. 사용자는 AVR Studio에 내장된 텍스트 에디터를 사용하여 소스 파일을 작성하고, WinAVR의 C컴파일러를 사용하여 이를 재배치 가능 오브젝트 파일로 컴파일하며, WinAVR의 링커를 사용하여 이 오브젝트 파일과 필요하면 다른 오브젝트 파일 또는 라이브러리 파일을 링크함으로써 최종적으로 1개의 실행

파일을 생성한다. 이렇게 하여 만들어진 인텔 HEX 형식의 실행 파일은 AVR ISP 다운로드 케이블과 다운로더 프로그램을 사용하여 *OK-1281/2561* 키트에 다운로드하고 실행할 수 있다.

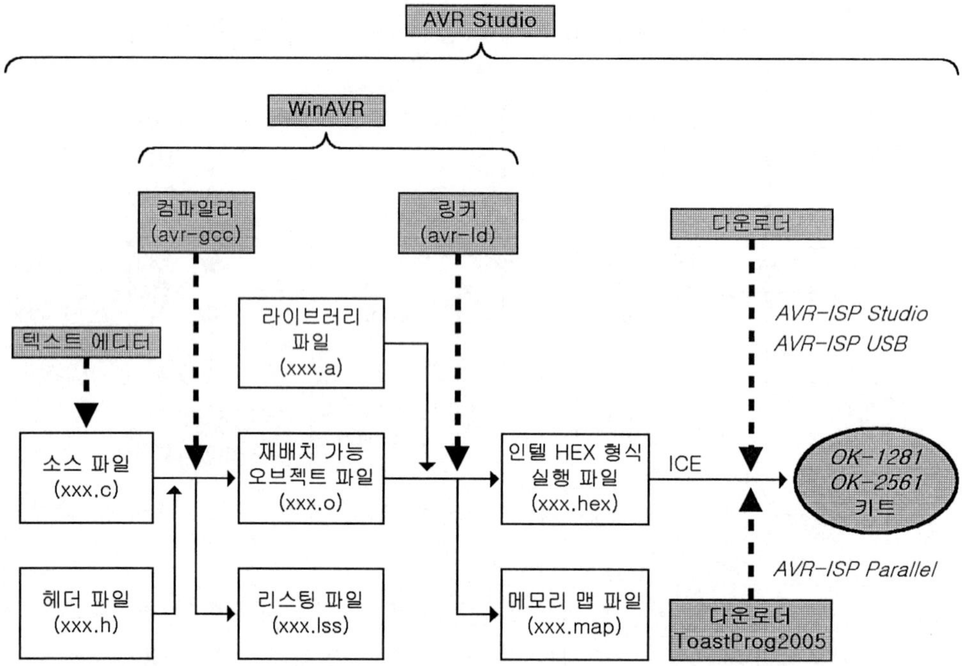

〈그림 3.3.29〉 AVR Studio에서 WinAVR을 이용한 프로그램 작성 체계

이러한 각 단계의 처리 과정은 모두 WinAVR에서 처리할 수도 있다. 그러나, AVR Studio의 IDE 환경을 사용하면 훨씬 사용하기에 편리하며, 어셈블리 언어 프로그래과 유사한 방법과 절차를 사용하므로 배우고 익히기도 쉽다. 뿐만 아니라 AVR Studio의 IDE 환경을 사용하여 C언어 프로그램을 작성하면 이러한 프로그램 작성과 다운로드 과정 이외에 에뮬레이터 또는 시뮬레이터를 사용할 수 있는 장점도 있다. 단, 여기서도 병렬포트형 다운로드 케이블인 *AVR-ISP Parallel*을 사용하는 경우에는 다운로더 프로그램으로서 AVR Studio에 내장된 다운로더 기능을 사용하지 못하므로 외부에서 별도로 ToastProg2005를 사용해야 한다.

◀휴게실▶ **어셈블리 언어인가, C언어인가?**

마이크로콘트롤러를 이용한 제어 시스템을 설계할 때 어느 모델을 사용할 것인가 하는 문제가 해결되고 나면 곧바로 사용자들을 망설이게 하는 것은 늘 어셈블리 언어를 사용하여 프로그램을 작성할지 아니면 C언어를 사용하여 프로그램을 작성해야 할지 하는 문제이다. 그러나, 결론부터 말하면 이것은 사용자 선택의 문제가 아니고 시스템의 응용 목적에 따라 자동으로 정해지는 문제이다.

본 저자는 이에 관한 질문을 많이 받는데, 그때마다 다음과 같은 비유를 들어 답변한다. C언어와 같은 고급언어를 사용하는 것은 자동차의 自家 運轉者와 같다. 이들은 약간의 자동차 상식을 가지고 경험적인 숙련과정을 통하여 자신의 차를 운전한다. 자동차에 관한 기계적인 지식이 거의 없더라도 대부분의 운전자는 웬만한 정도의 목적지까지 자동차를 운전해 가는데 문제가 없다. 그러나, 좀더 연륜이 쌓인 운전자는 스틱 기어와 오토매틱 기어의 차이나, 주간 운전이나 비오는 날의 야간 운전 또는 눈길에서의 운전의 차이를 경험으로 알고 있다. 또한, 경력이 많은 운전자일수록 자동차의 간단한 문제 정도는 스스로 조치할 수 있다. 자동차를 바꾸더라도 그것이 승용차인한 다시 약간의 경험을 쌓으면 곧 익숙하게 새차를 운전할 수 있다. 그러나, 이들 자가 운전자는 자동차에 기계적인 문제가 발생하면 불가피하게 정비소에 가서 전문적인 整備士에게 의뢰할 수밖에 없다. 자가 운전자는 전문 교육을 받고 자격을 갖추지 않으면 스스로 정비사가 될 수 없기 때문이다.

이에 비하여 어셈블리 프로그래머는 자동차의 정비사에 비유될 수 있다. 그들은 자동차에 발생된 모든 문제에 관한 해결책을 알고 있다. 구동 계통, 연료 계통, 제동 계통 그리고 이러한 분야의 기계적인 기술이나 전기 전자적인 기술에 모두 익숙하므로 모든 문제를 숙달되게 진단하고, 장비와 부품이 있다면 모든 정비를 무난히 수행할 수 있다. 처음에는 몇 종류의 자동차 정비에만 능숙하겠지만 연륜이 쌓이면 결국 모든 자동차의 기능이 같고 심지어는 승용차나 화물차도 구조와 원리가 크게 다르지 않다는 사실을 알게 되며, 이렇게 되면 차종에 관계없이 모든 문제를 해결할 수 있게 될 것이다. 이들도 자신의 자가용 자동차를 가지고 있으며 당연히 운전도 할 수 있다. 오히려 기계의 특성을 잘 알고 있으므로 빗길이나 눈길에서 좀더 안전하고 능숙하게 운전할 수 있을 것이다.

흔히 C언어로 모든 프로그램을 고집하는 사람에게 왜 C언어를 사용하려느냐고 물으면 "C를 오래 써왔고 C에 능숙해서..."라고 대답한다. 그러나, 많은 경우 이 대답은 "어셈블리 언어를 몰라서..."라는 사실의 변명에 다름 아니다. 놀랍게도 이런 경우일수록 자세히 물어보면 C언어에조차도 능숙하지 않은 사람이 많다. 설혹 C언어에 능숙하다고 하더라도 퍼스널컴퓨터에서 공부한 C언어 정도의 지식만으로 별다른 새로운 노력없이 다른 마이크로프로세서에서 C언어로 프로그램을 하겠다는 게으름일 경우가 많다. 사실, 고급언어가 좋다는 것은 바로 이러한 점이라는 것은 분명하다. 그러나, 앞의 자가 운전자와 정비사의 경우에서 보듯이 기계적인 특성을 자세히 알 필요가 없는 OA용 프로그램 정도에서는 이러한 생각이 별 무리가 없을 수도 있으나, 시스템의 하드웨어적인 특성을 자세히 알아야 하거나 실시간으로 고속처리를 수행해야 하는 제어성(制御性) 프로그램에서는 무리한 생각일 수밖에 없다. C언어는 결코 쉬운 언어가 아니다. C언어에 능숙할 정도의 능력과 열정을 가진 사람이라면 그 누구라도 어셈블리 언어에 대하여는 훨씬 더 쉽게 도사가 될 수 있다.

결론적으로 말하면, C언어가 모든 경우를 만족할 수 있는 만능이 아니듯이 어셈블리 언어도 능사가 아니라는 것이다. 어떤 환경에서 어떤 응용분야에 마이크로프로세서를 적용하느냐에 따라 적합한 언어가 있다. 경우에 따라서는 C언어와 어셈블리 언어를 혼용하는 것이 바람직할 수도 있다. 많은 제어 프로그램에서 C언어 프로그램내에 인라인 어셈블 명령을 포함하는 것이 그 예이다. 이 때문에 전문적인 엔지니어가 되고자 하면 C언어와 어셈블리 언어에 모두 능숙해야만 하는 것이다. 전쟁에서 미사일로만 싸울 수는 없으며 소총과 같은 원시적인 개인 화기가 필요한 경우도 있다.

오늘날은 퍼스널컴퓨터의 영향으로 많은 마이크로프로세서 사용자들이 C언어를 사용하여 제어 프로그램을 작성하려는 경향이 심화되고 있다. 그러나, 당신이 만약 마이크로콘트롤러 분야의 초보 입문자라면 어셈블리 언어로 시작할 것을 강력히 권한다. 다소 귀찮거나 불편한 일의 경험은 초보때가 아니면 하기 어렵다. 어셈블리 언어에 익숙한 사람은 필요하면 언제라도 자신의 프로그램에 쉽게 C언어를 도입할 수 있다. 그러나, 이미 C언어에만 익숙한 사람은 고집스럽게도 어셈블리 언어는 사용하려 하지 않는다. 이것은 자전거를 타던 사람은 형편이 좋아지면 쉽게 자가용 자동차를 사지만, 자가용을 타던 사람은 형편이 나빠져도 자전거는 타려하지 않는 것과 같다.

3.4 AVR Studio의 매크로 어셈블러

이 절에서는 Atmel사에서 AVR Studio와 함께 무료로 제공하는 매크로 어셈블러의 문법에 대하여 설명한다. 여기서 우리가 사용하는 매크로 어셈블러 소프트웨어는 AVR Studio V4.12에 포함된 AVRASM2.EXE V2.1.9를 기준으로 한다. AVR Studio와 매크로 어셈블러의 설치 및 사용 방법에 관해서는 앞의 제3.3절에서 설명하였으니 참조하라.

1. 매크로 어셈블러의 개요

AVR 매크로 어셈블러는 Atmel사에서 AVR Studio와 함께 지속적으로 무료 제공하는 가장 기본적이고 표준적인 어셈블러이다. 따라서, AVR Studio를 설치하면 매크로 어셈블러도 자동으로 <그림 3.3.4>와 같이 설치되며, AVR Studio와 매크로 어셈블러를 사용한 프로그램 개발 과정을 도시하면 <그림 3.3.28>과 같다.

이 어셈블러는 어셈블리 소스를 번역하여 오브젝트 코드를 생성하며, 이 오브젝트 코드는 AVR Studio에서 AVR 시뮬레이터나 AVR 에뮬레이터의 입력 파일로 사용될 수 있다. 또한, 이 어셈블러는 오브젝트 코드를 프로그램 메모리에 로드할 수 있도록 인텔 HEX 포맷과 같은 형식의 파일을 생성할 수도 있다.

일반적인 어셈블러는 어셈블 과정과 링크 과정을 거쳐서 실행 파일을 생성하지만, AVR 매크로 어셈블러는 링크 과정이 없이 어셈블러가 곧바로 실행 가능한 오브젝트 코드를 생성한다.

이 어셈블러는 퍼스널컴퓨터의 윈도우 환경이나 MS-DOS 커맨드 라인에서 모두 사용이 가능하다.

◀참고▶ AVR Studio V4.09까지는 AVRASM32.EXE 매크로 어셈블러 V1.xx가 제공되었으나, AVR Studio V4.10 이후에는 여기에 새로 AVRASM2.EXE 매크로 어셈블러 V2.x.x가 기본으로 제공되어 이들 2가지의 어셈블러가 선택적으로 사용될 수 있다. 그러나, 이렇게 2가지 버전의 매크로 어셈블러를 사용하는 것은 호환성을 고려한 과도적인 조치일 뿐이고, 향후에는 AVRASM2.EXE 매크로 어셈블러만이 남게 될 것으로 예상된다. AVRASM2.EXE는 그 이전의 버전에 비하여 많은 기능이 추가되었으며, 특히 C언어 스타일의 형식을 많이 지원하게 되었다.

(1) 어셈블리 소스의 형식

어셈블리 프로그램 소스는 어셈블리 명령(instruction), 어셈블러 지시어(directive), 라벨(label), 주석문(comment) 등으로 구성되며, 그 형식은 다음과 같다.

```
#preprocessor directive
[label:]          instruction    [operands]      [; comment]
[label:]          directive      [operands]      [// comment]
; comment
/* comment */
empty line
```

여기서 [ ] 안의 내용은 경우에 따라 생략할 수 있음을 나타낸다. 모든 행은 캐리지 리턴(carriage return) 및 라인 피드(line feed) 문자로 끝나야 하며, 각 행의 길이는 120문자까지 허용된다. 어셈블리 소스에서는 기본적으로 대소문자를 구분하지 않지만, -c 옵션을 지정하면 대소문자를 구분하여 사용한다.

라벨은 최대 31문자까지 허용되고 항상 콜론(:)으로 끝나야 하며, 프로그램 메모리에서 점프할 목적지가 될 수 있고, RAM에서는 변수명으로 사용될 수 있다. 모든 어셈블러 지시어는 항상 마침표(.)로 시작하며, 모든 선행처리기(preprocessor) 지시어는 number sign(#)으로 시작한다.

소스 행이 길어져서 1행으로 처리하지 못하고 다음 행으로 이어지도록 할 경우에는 앞의 행 마지막에 backslash(\) 문자를 둔다.

주석은 항상 세미콜론(;)으로 시작하며 그 행의 끝 부분까지 이어진다. 또한, 주석문은 C언어에서처럼 //로 시작하거나 /* ... */로 묶이는 형식도 사용할 수 있다.

(2) MS-DOS 환경에서의 사용 방법

AVR 매크로 어셈블러는 Windows 운영체제의 도스창으로 나가 MS-DOS 환경의 커맨드 라인(command line) 모드에서 사용할 수도 있다.

MS-DOS 커맨드 모드에서 AVR 매크로 어셈블러 AVRASM2.EXE를 기동하여 사용하는 형식은 다음과 같다.

AVRASM2 [*options*] *asmfile*

여기서 *asmfile*은 어셈블리 언어로 작성된 소스 파일의 이름으로서 어떤 파일명이라도 무방하지만 일반적으로 XXX.ASM의 형태를 사용한다.

*options*는 매크로 어셈블러의 기능을 지시하는 제어 옵션으로서 이를 <표 3.4.1>에 요약하였다. 이들 제어 옵션 스위치들은 여러 개가 공백문자로 구분되어 나열될 수 있으며 사용되는 순서에는 관계가 없다.

〈표 3.4.1〉 AVR 매크로 어셈블러 AVRASM2.EXE의 제어 옵션

옵 션	기 능
-f*format*	어셈블을 수행한 결과로 생성되는 오브젝트 출력 파일의 형식을 지정한다. *format*에는 다음과 같이 4가지를 사용할 수 있다. O : AVR Studio에서 시뮬레이션을 수행하기 위한 디버그 정보 파일 형식(default) M : 모토롤러(Motorola)사의 HEX 파일 형식 I : 인텔(Intel)사의 HEX 파일 형식 G : generic format
-f	어셈블을 수행한 결과로 어떤 출력 파일도 생성하지 않는다.
-o *ofile*	오브젝트 출력 파일명을 *ofile*로 지정한다. 디폴트로는 asmfile과 이름은 같고 확장자가 .obj인 파일명으로 처리된다.
-d *dfile*	AVR Studio에서 시뮬레이션을 수행하기 위한 디버그 정보 파일의 이름을 *dfile*로 지정한다. 이 옵션은 -f 옵션에서 M, I, G 중의 하나를 지정하였을 때만 사용할 수 있다.
-l *lfile*	리스팅 파일을 생성하고 그 파일명을 *lfile*로 지정한다. 디폴트로는 asmfile과 이름은 같고 확장자가 .lst인 파일명으로 처리된다.
-m *mfile*	메모리 맵 파일을 생성하고 그 파일명을 *mfile*로 지정한다. 디폴트로는 asmfile과 이름은 같고 확장자가 .map인 파일명으로 처리된다.
-e *efile*	EEPROM의 내용을 파일명 *efile*로 저장한다. 디폴트로는 asmfile과 이름은 같고 확장자가 .eep인 파일명으로 처리된다.
-w	프로그램 메모리에서 상대점프(relative jump)가 4K 워드까지 사용될 수 있도록 허용한다.(AVRASM2.EXE부터는 이 기능이 AVR에 따라 자동으로 처리되므로 이 옵션은 무시된다.)
-C *ver*	AVR 코어의 버전을 지정한다. 이는 Atmel에서 테스트용으로 사용하기 위한 기능이다.
-c	대소문자를 구분하여 사용한다.(case sensitive) 이 옵션을 설정하면 키워드는 모두 소문자로 된다.
-1 -2	V1.xx인 AVRASM32.EXE와의 호환성을 허용한다.(이 옵션은 나중에 없어질 것이다.) V1.xx인 AVRASM32.EXE와의 호환성을 금지한다.(이 옵션은 나중에 없어질 것이다.)
-I *dir*	대문자 I의 뒤에 오는 *dir*로 인클루드 파일을 검색할 디렉터리를 지정한다. (이 옵션을 여러개 지정하면 지정된 순서대로 디렉터리를 검색한다.)
-i *file*	인클루드 파일 *file*을 지정한다. 이 옵션은 여러 개를 사용할 수 있다.
-D *name[=value]*	심볼을 정의하고 값을 할당한다. 값을 생략하면 디폴트로 1이 된다.
-U *name*	심볼의 정의를 해제한다.
-v*n*	출력 파일에 포함될 내용을 *n*으로 다음과 같이 지정한다. s : 출력 파일에 레지스터, 명령어, 메모리에 관련된 통계자료를 포함시킨다. l : (영어 L의 소문자) 출력 파일에 raw instruction을 포함시킨다. 0 : 출력 파일에 에러 메시지만을 포함하고, 경고나 정보는 포함시키지 않는다. 1 : 출력 파일에 에러와 경고 메시지만을 포함하고, 정보는 포함시키지 않는다. 2 : 출력 파일에 에러 메시지, 경고 메시지, 정보를 모두 포함시킨다.(default) 3~9 : 숫자에 따라 점점 많은 어셈블러 내부 상태를 출력 파일에 포함시킨다.
-Oi -Ow -Oe	코드 섹션이 메모리에서 중복되는 경우 에러 메시지를 출력하지 않는다. 코드 섹션이 메모리에서 중복되는 경우 경고 메시지를 출력한다. 코드 섹션이 메모리에서 중복되는 경우 에러로 처리한다.
-W-b -W+bo -W+bi	바이트 오퍼랜드 out-of-range 경고 메시지를 출력하지 않는다. 바이트 오퍼랜드가 8비트 양수 오버플로우이면 out-of-range 경고 메시지를 출력한다. 바이트 오퍼랜드가 8비트 정수 범위를 넘으면 out-of-range 경고 메시지를 출력한다.
-W+ie -W+iw	정의되지 않은 명령이 사용되었을 때 에러로 처리한다.(default) 정의되지 않은 명령이 사용되었을 때 경고 메시지를 출력한다.
-FD*format* -FT*format*	내장 매크로 __DATE__에 지정된 포맷의 문자열을 할당한다. 내장 매크로 __TIME__에 지정된 포맷의 문자열을 할당한다.

◀참고▶ -FD 옵션에서 *format*은 디폴트로 "%b %d %Y"로 되어 있고, -FT 옵션에서 *format*은 디폴트로 "%H:%M:%S"로 되어 있다. 여기서 사용할 수 있는 포맷을 요약하면 다음과 같다.

%Y 4자리의 연도(0000~9999)
%y 2자리의 연도(00~99)
%m 월(01~12)
%b 월 이름의 단축형(JAN, FEB, ...)
%B 월 이름(JANUARY, FEBRUARY, ...)
%d 날짜(01~31)
%a 요일 이름의 단축형(SUN, MON, ...)
%A 요일 이름(SUNDAY, MONDAY, ...)
%H 24시제 시간(00~23)
%I 12시제 시간(01~12)
%p 12시제에서 오전 또는 오후(AM, PM)
%M 분(00~59)
%S 초(00~59)

예를 들어 MS-DOS 커맨드 모드에서 TEST.ASM이라는 어셈블리 파일을 번역하려면 다음과 같이 수행한다. 단, 이를 위해서는 미리 C:\Atmel\AVR Tools\AvrAssembler2\avrasm2.exe 파일을 C:\Atmel\OK2561asm\avrasm2.exe로 복사해 두어야 한다.

```
C:\Atmel\OK2561asm>avrasm2 -fI -o TEST.HEX -l TEST.LST -m TEST.MAP TEST.ASM Enter↵
```

이렇게 하여 생성된 인텔 HEX 형식의 실행파일 TEST.HEX는 제3.2절에서 설명한 방법으로 다운로드 프로그램을 사용하여 *OK-1281/2561* 키트에 다운로드할 수 있다.

(3) 윈도우 환경에서의 사용 방법

AVR 매크로 어셈블러를 윈도우 환경에서 사용할 경우에는 항상 AVR Studio와 함께 사용한다. AVR Studio에서는 소스 에디터와 어셈블을 수행하는 메뉴가 마련되어 있어서 Build 메뉴를 클릭하는 것으로 간단히 어셈블이 수행된다. 이에 대한 자세한 사용법은 제3.3절을 참조하라.

AVR 매크로 어셈블러를 윈도우 환경에서 사용할 때 <표 3.4.1>과 같은 어셈블러 옵션을 지정하려면 Project → Assembler Options 메뉴에서 Additional Parameters 창에 입력하면 된다.

2. 데이터의 표현과 연산자

어셈블러에서 사용하는 표현식은 오퍼랜드, 연산자, 함수 등으로 구성된다. 모든 표현식은 내부적으로 64비트로 처리된다.

(1) 오퍼랜드

어셈블리 명령이나 어셈블러 지시어의 오퍼랜드로는 다음과 같은 것들이 사용될 수 있다.

- 로케이션 카운터(location counter)의 값을 부여받게 되는 사용자 정의 라벨(label)
- SET 지시어에 의하여 정의되는 사용자 정의 변수(variable)
- EQU 지시어에 의하여 정의되는 사용자 정의 상수(constant)
- 정수로 된 상수
  - · 10진수(디폴트) : 10, 255
  - · 16진수(2가지 방식) : 0x0A, 0xFF / $0A, $FF
  - · 2진수 : 0b00001010, 0b11111111
  - · 8진수 : O10, O77
- 부동소수점 상수
- 프로그램 메모리 로케이션 카운터의 현재값

◀참고▶ ASCII 문자 상수(character constant)를 표시하는데는 'A', 'a'와 같이 작은따옴표를 사용하고, 문자열(string)은 "Korea"처럼 큰따옴표를 사용한다. 문자 상수에는 C언어에서처럼 이스케이프 시퀀스(escape sequence)가 사용될 수 있다. 문자열은 .db 지시어에서만 사용할 수 있으며, 이스케이프 시퀀스가 사용되지 않고 내부에서 제로 문자로 종료 처리되지 않는다. 이스케이프 시퀀스 문자는 다음과 같다.

```
\n    line feed 문자(LF, 0x0A)
\r    carriage return 문자(CR, 0x0D)
\a    alert bell 문자(BEL, 0x07)
\b    backspace 문자(BS, 0x08)
\f    form feed 문자(FF, 0x0C)
\t    horizontal tab 문자(HT, 0x09)
\v    vertical tab 문자(VT, 0x0B)
\\    backslash 문자(\, 0x5C)
\0    null character 문자(NUL, 0x00)
\xhh  코드값이 16진수로 0xhh인 ASCII 문자
```

C언어에서 "Hello, world\n"와 같은 문자열을 어셈블리 언어로 구현하려면 다음과 같이 한다.

```
.db "Hello, world", '\n', 0
```

그러나, 문자열에서는 이스케이프 시퀀스가 동작하지 않으므로 아래 2가지는 서로 같은 내용이 된다.

```
.db "Hello\n"
.db 'H', 'e', 'l', 'l', 'o', '\\', 'n'
```

(2) 연산자

어셈블러에서는 여러 가지의 연산자가 사용되는데, 이것들을 우선순위에 따라 기능을 설명하면 <표 3.4.2>와 같다.

〈표 3.4.2〉 AVR 매크로 어셈블러의 연산자 및 우선순위

<table>
<tr><th>연산자</th><th>기 능</th><th>우선순위</th></tr>
<tr><td>!</td><td>논리적 NOT(logical not)</td><td rowspan="22">높음
↑
↓
낮음</td></tr>
<tr><td>~</td><td>비트단위 NOT(bitwise not)</td></tr>
<tr><td>-</td><td>음수 표시(unary minus)</td></tr>
<tr><td>*</td><td>곱셈(multiplication)</td></tr>
<tr><td>/</td><td>나눗셈(division)</td></tr>
<tr><td>%</td><td>나머지(modulo)</td></tr>
<tr><td>+</td><td>덧셈(addition)</td></tr>
<tr><td>-</td><td>뺄셈(subtraction)</td></tr>
<tr><td><<</td><td>좌측으로 비트 이동(shift left)</td></tr>
<tr><td>>></td><td>우측으로 비트 이동(shift right)</td></tr>
<tr><td><</td><td>작다(less than)</td></tr>
<tr><td><=</td><td>작거나 같다(less than or equal)</td></tr>
<tr><td>></td><td>크다(greater than)</td></tr>
<tr><td>>=</td><td>크거나 같다(greater than or equal)</td></tr>
<tr><td>==</td><td>같다(equal)</td></tr>
<tr><td>!=</td><td>같지 않다(not equal)</td></tr>
<tr><td>&</td><td>비트 단위의 AND(bitwise and)</td></tr>
<tr><td>^</td><td>비트 단위의 XOR(bitwise xor)</td></tr>
<tr><td>|</td><td>비트 단위의 OR(bitwise or)</td></tr>
<tr><td>&&</td><td>논리적 AND(logical and)</td></tr>
<tr><td>||</td><td>논리적 OR(logical or)</td></tr>
<tr><td>?</td><td>조건 연산자(conditional operator)</td></tr>
</table>

◀참고▶ 조건 연산자 ?는 *condition*? *expression1* : *expression2*처럼 사용하는데, 만약 *condition*이 참이면 *expression1*이 되돌려지고 그렇지 않으면 *expression2*가 되돌려진다.

(3) 함수

어셈블리 언어에서 함수로는 다음과 같은 것들이 사용될 수 있다.

- low(expression) : 표현식의 하위 바이트를 돌려준다.
- high(expression) : 표현식의 2번째 바이트를 돌려준다.
- byte2(expression) : high와 동일한 기능을 수행한다.
- byte3(expression) : 표현식의 3번째 바이트를 돌려준다.
- byte4(expression) : 표현식의 4번째 바이트를 돌려준다.
- lwrd(expression) : 표현식의 비트0~15를 돌려준다.
- hwrd(expression) : 표현식의 비트16~31을 돌려준다.
- page(expression) : 표현식의 비트16~21을 돌려준다.
- exp2(expression) : 표현식을 2의 지수로 사용하여 계산한 결과를 돌려준다.
- log2(expression) : log_2(expression)의 정수부를 돌려준다.
- int(expression) : 부동소수점 표현식의 소수부를 버리고 정수부만을 취한다.
- frac(expression) : 부동소수점 표현식의 정수부를 버리고 소수부만을 취한다.
- q7(expression) : 부동소수점 표현식을 FMUL/FMULS/FMULSU 명령에 적합하도록 "부호+7비트 소수부"의 형식으로 변환한다.
- q15(expression) : 부동소수점 표현식을 FMUL/FMULS/FMULSU 명령에 적합하도록 "부호+15비트 소수부"의 형식으로 변환한다.
- abs(expression) : 정수 표현식의 절대값을 돌려준다.
- defined(symbol) : 만약 앞에서 .equ, set, .def 지시어를 사용하여 symbol이 정의되어 있다

면 참값을 돌려준다. 이는 주로 .if 지시어에서 조건식으로 사용된다.

◀참고▶ 어셈블리 명령어, 레지스터 이름(R0~R31, X, Y, Z), 모든 어셈블리 지시어 및 함수명 등과 같은 예약어(keyword)는 다른 목적으로 사용하기 위하여 재정의(redefine)할 수 없다. 이러한 예약어는 대문자나 소문자를 모두 사용할 수 있으나, 만약 대소문자를 구분하는 옵션 -c를 지정하였다면 모든 예약어를 반드시 소문자로 사용하여야 한다.

이 책의 모든 어셈블리 예제 프로그램에서는 독자들이 시각적으로 쉽게 구분할 수 있도록 모든 어셈블리 지시어와 선행처리기 지시어를 소문자로 사용하며, 어셈블리 명령어는 대문자를 기본으로 사용하기로 한다.

3. 매크로 어셈블러의 지시어

어셈블리 소스에서는 여러 가지의 지시어가 사용되는데, 이것들은 직접적으로 명령코드를 생성하지는 않으며, 메모리에서 프로그램의 위치를 할당하거나 매크로를 정의하거나 또는 메모리를 초기화하는 등의 기능을 수행한다.

AVR 매크로 어셈블러에서 사용하는 지시어는 <표 3.4.3>과 같이 기능별로 분류할 수 있다. 모든 어셈블러 지시어는 항상 마침표(.)로 시작해야 한다.

AVR 매크로 어셈블러의 지시어에는 .END가 없다는 점에 유의하라. 다른 MCU의 어셈블리 소스에서와 달리 AVR 어셈블리 언어 프로그램 소스에서는 파일의 끝 부분에 .END 지시어를 사용하지 않는다.

〈표 3.4.3〉 AVR 매크로 어셈블러에서 사용하는 지시어의 요약

분 류	어셈블러 지시어
(1) 디바이스 정의	DEVICE
(2) 세그먼트 제어	CSEG, CSEGSIZE, DSEG, ESEG
(3) 심볼 정의	EQU, SET, DEF, UNDEF
(4) 메모리 초기화	DB, DW, DD, DQ
(5) 메모리 영역 예약	BYTE
(6) 어드레스 제어	ORG
(7) 프로그램 연결	INCLUDE, EXIT
(8) 리스팅 파일 제어	LIST, NOLIST
(9) 매크로 관련	MACRO, ENDM(ENDMACRO), LISTMAC
(10) 조건부 어셈블	IF/ELIF, IFDEF/IFNDEF/ELSE, ENDIF, MESSAGE, ERROR, WARNING

(1) 디바이스 정의 지시어

디바이스 정의 지시어에는 DEVICE 지시어 1가지가 있는데, 이것은 어느 MCU를 타겟 프로세서로 하여 어셈블리 소스를 번역하고 명령코드를 생성할 것인지를 지정한다.

만약 프로그램 소스에서 이 지시어로 지정된 MCU가 지원하지 않는 명령을 사용하면 경고 메시지가 발생되며, 코드 세그먼트나 EEPROM 세그먼트가 그 디바이스에서 제공되는 용량보다 커지면 역시 경고 메시지가 발생된다.

.DEVICE *device_code*

여기서 *device_code*는 지정할 MCU의 이름이며, 사용 가능한 모델은 <표 3.4.4>와 같다.

〈표 3.4.4〉 DEVICE 지시어에서 사용할 수 있는 MCU의 종류

분 류	MCU의 모델 이름
ATtiny 패밀리	ATtiny11, ATtiny12, ATtiny13, ATtiny22, ATtiny25, ATtiny26, ATtiny45, ATtiny85, ATtiny2313, ATtiny261, ATtiny461, ATtiny861
AT90 패밀리	AT90S1200, AT90S2313, AT90S2323, AT90S2333, AT90S2343, AT90S4414, AT90S4433, AT90S4434, AT90S8515, AT90S8534, AT90S8535
ATmega 패밀리	ATmega8, ATmega8515, ATmega8535, ATmega16, ATmega161, ATmega162, ATmega163, ATmega165, ATmega168, ATmega169, ATmega32, ATmega323, ATmega325, ATmega3250, ATmega329, ATmega3290, ATmega406, ATmega48, ATmega88, ATmega168, ATmega64, ATmega640, ATmega644, ATmega645, ATmega6450, ATmega649, ATmega6490, ATmega103, ATmega104, ATmega128, ATmega1280, ATmega1281, ATmega2560, ATmega2561
기타	AT86RF401, AT94K, AT90CAN32, AT90CAN64, AT90CAN128, AT90PWM2, AT90PWM3

◀참고▶ 이 지시어를 사용하지 않으면 모든 어셈블리 명령어가 제한 없이 지원되는 것으로 처리되며, 프로그램 메모리와 EEPROM 메모리에도 아무 제한이 없다.

(2) 세그먼트 제어 지시어

세그먼트란 코드 메모리나 데이터 메모리의 블록으로서, 프로그램 코드나 상수 데이터, 메모리 변수 등을 각각 지정된 메모리 영역에서 효율적으로 관리하기 위하여 사용한다.

▣ CSEG 지시어

CSEG 지시어는 프로그램 메모리에 해당하는 코드 세그먼트의 시작을 정의한다. 어셈블리 소스 파일은 여러 개의 코드 세그먼트로 구성될 수 있는데, 이들 세그먼트들은 어셈블될 때 모두 하나의 코드 세그먼트로 연결된다.

디폴트 세그먼트의 형은 코드 세그먼트이며, 코드 세그먼트 내부에는 워드 단위의 자체적인 로케이션 카운터를 가지고 있다. ORG 지시어는 프로그램 메모리 안에서 명령 코드나 상수를 특정한 번지에 위치시키기 위하여 사용될 수 있다.

코드 세그먼트 내에서는 BYTE 지시어를 사용할 수 없다. 코드 세그먼트 내에서 상수를 정의하려면 DB, DW, DD, DQ 지시어를 사용한다.

.CSEG

▣ CSEGSIZE 지시어

CSEGSIZE 지시어는 AT94K 모델에서만 적용된다. 이 모델에서는 사용자가 프로그램 메모리와 데이터 메모리 사이에 메모리 파티션(partition)이 가능하여, 예를 들면 SRAM의 용량을 줄이고 프로그램 메모리의 용량을 크게 할 수 있다. CSEGSIZE 지시어는 프로그램 메모리의 사이즈를 설정함으로써 메모리 파티션을 지정한다.

.CSEGSIZE = *program_memory_size*

*program_memory_size*에는 10, 12, 14, 16을 사용하는 것이 가능하다.

예 `.CSEGSIZE = 12` ; specifies the program memory size as 12K×16

▣ DSEG 지시어

DSEG 지시어는 SRAM 메모리에 해당하는 데이터 세그먼트의 시작을 정의한다. 어셈블리 소스 파일은 여러 개의 데이터 세그먼트로 구성될 수 있는데, 이들 세그먼트들은 어셈블될 때 모두 하나의 데이터 세그먼트로 연결된다.

데이터 세그먼트 내부에는 바이트 단위의 자체적인 로케이션 카운터를 가지고 있다. ORG 지시어는 SRAM 메모리 안에서 변수를 특정한 번지에 위치시키기 위하여 사용될 수 있다.

데이터 세그먼트는 라벨과 BYTE 지시어만으로 구성되며, BYTE 지시어는 데이터 세그먼트 내에서만 사용할 수 있다.

.DSEG

◀참고▶ 사용자가 데이터 세그먼트의 서두에서 ORG 지시어를 사용하지 않더라도 어셈블러는 각 AVR 모델의 내부 SRAM 시작번지를 올바르게 인식하여 자동적으로 데이터 세그먼트 영역이 시작되도록 한다. 즉, ATmega128의 경우에는 0x0060~0x00FF 번지가 확장 I/O 영역이고 SRAM이 0x0100 번지에서 시작되므로 사용자가 .ORG 0x0100 이라고 지정해 주지 않더라도 데이터 세그먼트가 자동적으로 0x0100 번지에서 시작된다.

▣ ESEG 지시어

ESEG 지시어는 EEPROM 세그먼트의 시작을 정의한다. 어셈블리 소스 파일은 여러 개의 EEPROM 세그먼트로 구성될 수 있는데, 이들 세그먼트들은 어셈블될 때 모두 하나의 EEPROM 세그먼트로 연결된다.

EEPROM 세그먼트 내부에는 바이트 단위의 자체적인 로케이션 카운터를 가지고 있다. ORG 지시어는 EEPROM 메모리 안에서 변수를 특정한 번지에 위치시키기 위하여 사용될 수 있다.

EEPROM 세그먼트는 라벨과 DB, DW, DD, DQ 지시어만으로 구성되며, BYTE 지시어는 EEPROM 세그먼트에서는 사용할 수 없고 데이터 세그먼트에서만 사용할 수 있다.

.ESEG

예
```
.EQU      TAB_SIZE    = 100

.DSEG                              ; start data segment
VAR1:     .BYTE       1            ; reserve 1 byte to VAR1
TABLE:    .BYTE       TAB_SIZE     ; reserve TAB_SIZE bytes

.ESEG                              ; start EEPROM segment
EEVAR1:   .DW         0xFFFF       ; initialize 1 word in EEPROM

.CSEG                              ; start code segment
          LDI         R30,LOW(VAR1)   ; load Z register low address
          LDI         R31,HIGH(VAR1)  ; load Z register high address
          LD          R0,Z            ; load VAR1 to R0
CONST:    .DB         0x7F            ; initialize 1 byte
```

(3) 심볼 정의 지시어

심볼 정의 지시어는 라벨에 값을 할당하거나 레지스터에 심볼을 할당하여 좀더 편리하게 사용할 수 있도록 한다.

▣ EQU 지시어

EQU 지시어는 라벨에 값을 할당한다. 그러면 이 라벨은 나중에 표현식에서 사용될 수 있다. EQU 지시어에 의하여 라벨에 할당된 값은 상수이며, 이 값은 변경되거나 다시 정의될 수 없다.

.EQU *label = expression*

예
```
.EQU    IO_OFFSET  = 0x19
.EQU    PORTA      = IO_OFFSET + 2

.CSEG
        CLR        R2                   ; clear R2
        OUT        PORTA,R2             ; write Port A
```

▣ SET 지시어

SET 지시어는 라벨에 값을 할당한다. 그러면 이 라벨은 나중에 표현식에서 사용될 수 있다. SET 지시어에 의하여 라벨에 할당된 값은 나중에 다시 정의되어 변경될 수 있다.

.SET *label = expression*

▣ DEF 지시어

DEF 지시어는 레지스터 이름에 다른 심볼을 할당한다. 그러면 이 심볼은 해당 레지스터의 이름 대신에 사용될 수 있다. 하나의 레지스터는 여러 가지의 심볼명으로 할당될 수 있으며, 그 심볼은 나중에 다시 정의될 수 있다.

.DEF *symbol = register*

예
```
.DEF    TEMP       = R16
.DEF    IO_BUFFER  = R0

.CSEG
        LDI        TEMP,0xF0            ; load 0xF0 into TEMP reg.
        IN         IO_BUFFER,0x3F       ; read SREG into IO_BUFFER reg.
```

▣ UNDEF 지시어

UNDEF 지시어는 DEF 지시어로 정의한 심볼을 해제하는데 사용한다. 그러면 이 심볼은 할당되었다가 해제된 심볼에는 다른 레지스터를 다시 할당하여 사용할 수 있다.

.UNDEF *symbol*

(4) 메모리 초기화 지시어

메모리 초기화 지시어는 메모리에 바이트 또는 워드의 메모리 공간을 확보하고 여기에 상수값을 정의한다.

▣ DB 지시어

DB 지시어는 CSEG의 프로그램 메모리나 ESEG의 EEPROM 메모리에 바이트(byte, 8비트) 상수를 정의한다. 이 상수의 번지를 액세스하려면 앞에 라벨을 붙인다. DB 지시어의 뒤에 여러 개의 표현식 리스트를 나열할 때는 컴머(,)로 구분한다. 선언되는 상수는 부호없는 수 0~255 또는 2의 보수 -128~+127 범위의 값이어야 한다.

DB 지시어가 코드 세그먼트에서 사용되고 표현식 리스트가 여러 개 나열될 때는 프로그램 메모리의 각 번지에 2바이트의 상수가 들어가도록 밀집 처리(packed)된다. 만약 표현식 리스트가 홀수개의 바이트로 구성되면 경고 메시지가 발생되면서 마지막 바이트에 0x00이 자동으로 추가되어 짝수개로 처리된다.

label: **.DB** *expression_list*

예
```
.CSEG
CONST1:    .DB        0,255,-128,0b10101010,0xFF

.ESEG
CONST2:    .DB        "OK-2561 KIT V1.0"
```

◀참고▶ AVR 매크로 어셈블러 V1.75부터는 .DB 지시어로 문자열을 정의할 때 16비트의 확장 ASCII 문자를 올바르게 처리하게 되었다. 이 때문에 현재는 문자열에 한글이나 한자를 포함하더라도 그에 대한 코드값이 제대로 어셈블된다.

▣ DW 지시어

DW 지시어는 CSEG의 프로그램 메모리나 ESEG의 EEPROM 메모리에 워드(word, 16비트) 상수를 정의한다. 이 상수의 번지를 액세스하려면 앞에 라벨을 붙인다. DW 지시어의 뒤에 여러 개의 표현식 리스트를 나열할 때는 컴머(,)로 구분한다. 선언되는 상수는 부호없는 수 0~65535 또는 2의 보수 -32768~+32767 범위의 값이어야 한다.

label: **.DW** *expression_list*

예
```
.CSEG
CONST1:    .DW        0,65535,-32768,0b1111000011110000,0xFFFF

.ESEG
```

```
CONST2:    .DW         1,2,3,65535,0xAABB
```

▣ DD 지시어

DD 지시어는 CSEG의 프로그램 메모리나 ESEG의 EEPROM 메모리에 더블 워드(double word, 32비트) 상수를 정의한다. 이 상수의 번지를 액세스하려면 앞에 라벨을 붙인다. DD 지시어의 뒤에 여러 개의 표현식 리스트를 나열할 때는 컴머(,)로 구분한다. 선언되는 상수에는 부호없는 수 또는 2의 보수가 모두 사용될 수 있다.

label: **.DD** *expression_list*

예
```
.CSEG
CONST1:    .DD         0,0x11AA22BB,-2147483648,1<<30
```

▣ DQ 지시어

DQ 지시어는 CSEG의 프로그램 메모리나 ESEG의 EEPROM 메모리에 쿼드 워드(quad word, 64비트) 상수를 정의한다. 이 상수의 번지를 액세스하려면 앞에 라벨을 붙인다. DQ 지시어의 뒤에 여러 개의 표현식 리스트를 나열할 때는 컴머(,)로 구분한다. 선언되는 상수에는 부호없는 수 또는 2의 보수가 모두 사용될 수 있다.

label: **.DQ** *expression_list*

예
```
.CSEG
CONST1:    .DQ         0,0x11AA22BB33CC44DD,-100,1<<60
```

(5) 메모리 영역 예약 지시어

메모리 영역 예약 지시어는 BYTE 지시어 1가지가 있는데, 이것은 데이터 세그먼트 DSEG의 SRAM 메모리에 지정된 수의 바이트 자리를 확보한다. 이 변수의 번지를 액세스하려면 앞에 라벨을 붙인다. 이 변수 영역에는 초기화가 되지 않으며, BYTE 지시어는 오직 1개의 파라미터만을 가질 수 있다.

BYTE 지시어는 데이터 세그먼트에서만 사용될 수 있다.

label: **.BYTE** *expression*

예
```
.EQU      TAB_SIZE   = 100

.DSEG
VAR1:     .BYTE      1            ; reserve 1 byte to VAR1
TABLE:    .BYTE      TAB_SIZE     ; reserve TAB_SIZE bytes
```

(6) 어드레스 제어 지시어

어드레스 제어 지시어는 ORG 지시어 1가지가 있는데, 이것은 로케이션 카운터에 파라미터로 지정된 절대값을 설정한다.

로케이션 카운터는 코드 세그먼트 CSEG, 데이터 세그먼트 DSEG, EEPROM 세그먼트 ESEG에 각각 별도로 존재한다. 코드 세그먼트와 EEPROM 세그먼트의 로케이션 카운터 값은 디폴트로 0이며, 데이터 세그먼트의 로케이션 카운터 값은 각 AVR 모델에 따라 SRAM의 시작번지가 다르므로 자동적으로 조정된다.

데이터 세그먼트와 EEPROM 세그먼트에서는 로케이션 카운터는 바이트 단위이지만, 코드 세그먼트의 로케이션 카운터는 워드 단위이다.

.ORG *expression*

예
```
.DSEG
          .ORG       0x0200       ; set SRAM address to 0x0200
VAR1:     .BYTE      1

.CSEG
          .ORG       0x0010       ; set location counter to 0x0010
          MOV        R0,R1
```

(7) 프로그램 연결 지시어

프로그램 연결 지시어는 여러 개의 소스 파일을 하나의 프로그램으로 연결하여 어셈블할 수 있도록 한다.

▣ INCLUDE 지시어

INCLUDE 지시어는 어셈블러가 외부로부터 지정된 소스 파일을 읽어들이도록 지시한다. 이렇게 읽어들여진 소스 파일은 파일의 끝(end of file ; EOF)을 만나거나 EXIT 지시어를 만날 때까지 어셈블된다. 인클루드 파일 안에서는 다시 다른 소스 파일을 인클루드할 수 있다.

```
.INCLUDE    "filename"
```

▣ EXIT 지시어

EXIT 지시어는 어셈블러가 현재의 소스 파일을 어셈블하는 동작을 종료하도록 지시한다. 따라서, 이 지시어를 사용하면 정상적으로 파일의 끝까지 어셈블할 파일의 어셈블 동작을 중간에서 종료시킬 수 있다.

만약 인클루드되는 파일내에서 EXIT 지시어가 사용되었으면 어셈블러는 그 파일의 어셈블 동작을 종료하고 INCLUDE 지시어를 사용한 파일로 되돌아가서 그 다음에 이어지는 소스를 계속 어셈블한다.

```
.EXIT
```

(8) 리스팅 파일 제어 지시어

리스팅 파일 제어 지시어는 어셈블 후에 출력으로 생성되는 리스팅 파일의 동작을 제어한다.

▣ LIST 지시어

LIST 지시어는 어셈블러가 이제부터 어셈블하는 부분을 리스팅 파일에 출력하도록 지시한다. 리스팅 파일이 생성될 때 디폴트로 LIST 지시어가 사용된 것으로 처리되어 어셈블된 모든 결과가 리스팅 파일에 포함된다.

```
.LIST
```

▣ NOLIST 지시어

NOLIST 지시어는 어셈블러가 이제부터 어셈블하는 부분을 리스팅 파일에 출력하지 않도록 지시한다. NOLIST 지시어와 LIST 지시어를 조합하면 어셈블리 소스의 특정 부분을 리스팅 파일에 포함시키지 않을 수 있다.

```
.NOLIST
```

예 .NOLIST

```
.INCLUDE  "OK2561.INC"    ; this file will not be included in listfile
.LIST
```

(9) 매크로 관련 지시어

매크로 관련 지시어는 매크로를 정의하는데 사용되는 지시어이다.

▣ MACRO 지시어

MACRO 지시어는 어셈블러에게 매크로 정의(definition)의 시작을 알려준다. MACRO 지시어는 파라미터로서 매크로 이름(macro name)을 가져야 한다. 나중에 이 매크로 이름이 사용되면 매크로로 정의된 부분이 그 위치로 확장(expansion)된다.

하나의 매크로는 10개 또는 그 이상의 파라미터를 가질 수 있는데, 이 파라미터들은 매크로 정의 내부에서 각각 @0~@9로 불려진다. 매크로를 호출(macro call)할 때는 이 파라미터들을 차례로 컴머(,)로 나열한다.

매크로 정의는 ENDM 또는 ENDMACRO 지시어로 종료된다.

.MACRO *macroname*

▣ ENDM 또는 ENDMACRO 지시어

ENDM 또는 ENDMACRO 지시어는 어셈블러에게 매크로 정의의 종료를 알려준다.

.ENDM **.ENDMACRO**

▣ LISTMAC 지시어

LISTMAC 지시어는 어셈블러에게 매크로가 호출될 때 매크로 확장되는 부분이 리스팅 파일에 포함되도록 한다. 그러나, 디폴트로는 매크로를 호출한 1행만 리스팅 파일에 포함된다.

.LISTMAC

예
```
.MACRO   SUB16                     ; start macro definition
         SUBI    @0,low(@2)
         SBCI    @1,high(@2)
```

```
.ENDM                                ; end macro definition

.CSEG
.LISTMAC
          SUB16    R16,R17,0x1234 ; macro call
```

(10) 조건부 어셈블 지시어

조건부 어셈블 지시어는 특정한 조건에 따라서 어셈블이 수행되거나 수행되지 않도록 제어하는데 사용되는 지시어이다.

▣ IF, ELIF, ELSE, ENDIF 지시어

IF 지시어는 지정된 조건이 충족되면 그 다음에 있는 명령 코드들을 어셈블한다. ELIF 지시어는 IF 지시어에 이어서 다른 조건을 판단할 때 사용된다. ELSE 지시어는 이제까지 IF 지시어 또는 ELIF 지시어로 판단한 조건의 그 나머지 경우에 해당할 때 그 다음에 있는 명령 코드들을 어셈블한다.

이들 지시어는 모두 ENDIF 지시어로 종료된다.

```
.IF      <expression>
.ELIF    <expression>
.ELSE
.ENDIF
```

예

```
.MACRO     SET_BAT
.IF @0 > 0x3F
.MESSAGE "Address larger than 0x3F"
           LDS      @2,@0
           SBR      @2,(1 << @1)
           STS      @0,@2
.ELSE
.MESSAGE "Address less than or equal to 0x3F"
.ENDIF
.ENDM
```

▣ IFDEF, IFNDEF, ELSE, ENDIF 지시어

IFDEF 지시어는 지정된 심볼이 정의되어 있으면 그 다음에 있는 명령 코드들을 어셈블한다. IFNDEF 지시어는 이와 반대로 지정된 심볼이 정의되어있지 않으면 그 다음에 있는 명령 코드들을 어셈블한다. ELSE 지시어는 이제까지 IFDEF 지시어 또는 IFNDEF 지시어로 판단한 조건의 그 나머지 경우에 해당할 때 그 다음에 있는 명령 코드들을 어셈블한다.

IFDEF 지시어 또는 IFNDEF 지시어로 판단하는 심볼은 반드시 앞에서 EQU 또는 SET 지시어로 정의된 것이어야 유효하며, DEF 지시어로 정의된 것은 해당되지 않는다.

이들 지시어는 모두 ENDIF 지시어로 종료된다.

.IFDEF <*symbol*> **.IFNDEF** <*symbol*> **.ELSE** **.ENDIF**

예
```
.IFDEF DEBUG
.MESSAGE "DEBUG is defined..."
.ELSE
.MESSAGE "DEBUG is not defined..."
.ENDIF
```

▣ MESSAGE 지시어

MESSAGE 지시어는 조건부 어셈블 명령과 함께 사용되어 스트링을 출력한다. 기능적으로 WARNING 지시어와 같다.

.MESSAGE "<*string*>"

예
```
.IFDEF DEBUG
.MESSAGE "DEBUG mode"
.ENDIF
```

▣ ERROR 지시어

ERROR 지시어는 조건부 어셈블 명령과 함께 사용되어 스트링을 출력하며 어셈블 동작을 중단한다.

.ERROR "<*string*>"

예
```
.IFDEF DONE
.ERROR "Still stuff to be done..."
.ENDIF
```

■ WARNING 지시어

WARNING 지시어는 조건부 어셈블 명령과 함께 사용되어 스트링을 출력하지만 어셈블 동작을 중단하지는 않는다.

.WARNING "<*string*>"

예
```
.IFDEF DONE
.WARNING "Still stuff to be done..."
.ENDIF
```

4. 매크로 어셈블러의 선행처리기

AVR 매크로 어셈블러 V2.0부터는 C언어 스타일의 선행처리기(preprocessor) 기능을 지원한다. 이것은 원래 C컴파일러가 본격적인 컴파일을 수행하기 전에 소스에 어떤 정의를 하거나 사전 처리를 하기 위한 것인데, AVR 매크로 어셈블러는 2패스가 아니라 1패스로 구성되므로 선행 처리라는 개념에 다소 문제가 생기며, 따라서 C언어의 선행처리기에 비하여 부분적인 차이가 있다.

선행처리기 지시어는 <표 3.4.5>와 같은데 이전부터 사용해 오던 어셈블러 지시어와 중복되는 기능을 많이 포함하고 있다. 어셈블러 지시어가 항상 마침표(.)로 시작하는데 비하여 선행처리기 지시어는 number sign(#)으로 시작한다. 또한, -c 옵션을 지정하지 않으면 어셈블리 지시어는 대문자나 소문자를 임의로 사용할 수 있는데 비하여 선행처리기 지시어는 항상 소문자를 사용해야 한다.

〈표 3.4.5〉 AVR 매크로 어셈블러에서 사용하는 선행처리기 지시어의 요약

분 류	선행처리기 지시어
(1) 프로그램 연결	#include
(2) 심볼 정의	#define, #undef
(3) 조건부 어셈블	#if, #elif, #ifdef, #ifndef, #else, #endif
(4) 메시지 출력	#message, #error, #warning
(5) 옵션 제어	#pragma
(6) 기타	#

■ #include

이것은 어셈블리 지시어 INCLUDE와 유사한 기능을 가지며 어셈블러가 외부로부터 지정된 소스 파일을 읽어들이도록 지시한다.

```
#include    "filename"
#include    <filename>
```

파일명을 " "로 묶으면 현재의 작업 디렉터리에서 먼저 인클루드 파일을 검색하고 찾는 파일이 없으면 2단계로 -I 옵션으로 지정된 디렉터리를 검색한다. 그러나, 파일명을 < >로 묶으면 -I 옵션으로 지정된 디렉터리만을 검색한다.

▣ #define

이것은 선행처리기 매크로를 정의한다. 여기에는 오브젝트형 매크로와 함수형 매크로의 2가지가 있다.

```
#define    name  [value]
#define    name(arg, ...)  [value]
```

위의 첫번째는 오브젝트형 매크로로서 심볼에 상수값을 정의할 때 사용하며, -D 옵션을 사용하는 것과 동일한 기능을 수행한다. 여기서 *name*에 *value*를 지정하지 않으면 디폴트로 1이 된다.

두번째는 함수형 매크로로서 함수를 정의할 때 사용하며, 이를 호출하면 *value*에 지정된 *arg*가 적용되어 함수가 처리된다. 이 형식에서는 처음으로 나타나는 괄호 (가 *name*에 공백없이 붙어 있어야 한다.

예
```
#define  BIT3    (1<<3)
#define  SQR(X)  ((X)*(X))
```

▣ #undef

이것은 #define으로 정의된 심볼을 해제하며, -U 옵션을 사용하는 것과 동일한 기능을 수행한다.

```
#undef    name
```

▣ #if, #elif, #else, #endif

어셈블리 지시어 IF, ELIF, ELSE, ENDIF처럼 조건부 어셈블 기능을 수행한다.

```
#if      condition
#elif    condition
#else
#endif
```

#if는 지정된 조건 *condition*이 충족(not equal to 0)되면 그 다음에 있는 명령 코드들을 어셈블한다. *condition*에는 특별히 defined(*name*)의 형식이 사용될 수 있는데, 이때 *name*이 정의되어 있으면 조건은 1이 되고 그렇지 않으면 조건이 0으로 된다.

#elif는 #if에 이어서 다른 조건을 판단할 때 사용된다. #else는 이제까지 #if 또는 #elif로 판단한 조건의 그 나머지 경우에 해당할 때 그 다음에 있는 명령 코드들을 어셈블한다.

이들 선행처리기 지시어는 모두 #endif로 종료된다.

예
```
#if  (defined(__ATmega1281__) || defined(__ATmega2561__))
#elif defined(__ATmega128__)
#endif
```

▣ #ifdef, #ifndef, #else, #endif

어셈블리 지시어 IFDEF, IFNDEF, ELSE, ENDIF처럼 조건부 어셈블 기능을 수행한다.

```
#ifdef   name
#ifndef  name
#else
#endif
```

#ifdef는 지정된 심볼 *name*이 정의되어 있으면 그 다음에 있는 명령 코드들을 어셈블한다. #ifndef는 이와 반대로 지정된 *name*이 정의되어있지 않으면 그 다음에 있는 명령 코드들을 어셈블한다. #else는 이제까지 #ifdef 또는 #ifndef로 판단한 조건의 그 나머지 경우에 해당할 때 그 다음에 있는 명령 코드들을 어셈블한다.

#ifdef *name*은 #if defined(*name*)과 기능적으로 동일한 결과가 되고, #ifndef *name*은 #if !defined(*name*)과 동일한 기능이 된다.

▣ #message, #error, #warning

이것들은 표준 출력장치에 지정된 문자열을 출력한다.

```
#message    tokens
#error      tokens
#warning    tokens
```

#message는 표준 출력장치에 조건없이 지정된 문자열을 출력한다. #error는 표준 출력장치에 문자열을 출력하고 에러 카운터를 1증가시킨다. #warning은 표준 출력장치에 문자열을 출력하고 경고 카운터를 1증가시킨다.

*tokens*는 문자열과 심볼의 조합으로 구성될 수 있다.

예
```
#message "Assemble OK!"
#error   "Unsupported part : " __PART_NAME__
```

▣ #pragma

이것은 매크로 어셈블러에게 제어옵션을 지정하기 위한 것으로서 2가지의 종류가 있다. 첫번째 종류는 아래와 같이 매크로 어셈블러에게 바이트 상수 처리나 코드 메모리 중첩, 정의되지 않은 명령의 사용에 따른 경고 메시지 또는 에러 메시지 발생을 제어하는 것이다.

```
#pragma warning range byte option
#pragma overlap option
#pragma error instruction
#pragma warning instruction
```

위의 첫번째 형식에서는 바이트 오퍼랜드의 처리방법을 지정하는데 이는 -W 옵션과 같은 기능을 수행한다. 매크로 어셈블러에서 상수는 내부적으로 항상 64비트로 처리되는데, 이를 LDI, CPI, ORI, ANDI, SUBI, SBCI 등의 명령에서 바이트 오퍼랜드로 사용하기 위하여 바이트 길이로 변환하다보면 "operand out of range" 에러가 발생할 수 있다. *option*을 integer로 지정하면(default) 바이트 오퍼랜드를 처리하는 과정에서 unsigned char로 0~255의 범위를 벗어나거나 signed char로 -128~+127의 범위를 벗어나면 경고 메시지가 발생된다. *option*을 overflow로 지정하면 바이트 오퍼랜드를 처리하는 과정을 항상 unsigned char로 처리하여 0~255의 범위를 벗어나면 경고 메시지가 발생된다. *option*을 none으로 지정하면 바이트 오퍼랜드를 처리하는 과정에서 경고 메시지를 발생하지 않는다.

위의 두번째 형식에서는 코드 메모리 섹션들을 메모리에 할당할 때 번지가 중첩되면 에러 또는 경고 메시지를 출력할지 여부를 제어한다. *option*을 ignore로 지정하면 메모리 번지가 중첩되더라도 어떤 에러나 경고 메시지를 발생하지 않는다. *option*을 warning으로 지정하면 메모리 번지가 중첩될 때 경고 메시지를 발생한다. *option*을 error로 지정하면(default) 메모리 번지가 중첩될 때 에러 메시지를 발생한다.

위의 세번째와 네번째의 형식에서는 현재 AVR 모델에서 지원되지 않는 이 명령을 사용하는 경우 에러 메시지(default) 또는 경고 메시지를 발생하도록 한다. 이것들은 각각 -W+ie 옵션 및 -W+iw 옵션과 동일한 기능을 수행한다.

#pragma의 두번째 종류는 아래와 같이 매크로 어셈블러에게 AVR 모델에 따른 특성을 지정하는 것이다. 그러나, 이런 사항들은 *part*def.inc 파일에 일괄적으로 정의하는 것이 더 바람직하다.

```
#pragma AVRPART ADMIN PART_NAME string
#pragma AVRPART CORE CORE_VERSION version-string
#pragma AVRPART CORE INSTRUCTIONS_NOT_SUPPORTED mnemonic[operand][: ...]
#pragma AVRPART CORE NEW_INSTRUCTIONS mnemonic[operand][: ...]
#pragma AVRPART MEMORY PROG_FLASH size
#pragma AVRPART MEMORY EEPROM size
#pragma AVRPART MEMORY INT_SRAM START_ADDR address
#pragma AVRPART MEMORY INT_SRAM SIZE size
```

위의 형식들을 사용하는 예를 들면 아래와 같다. *version-staring*으로 사용할 수 있는 것에는 V0, V0E, V1, V2, V2E, V3 등이 있다. 모든 메모리 *size*는 바이트 단위로 표시한다.

예
```
#pragma AVRPART ADMIN PART_NAME ATmega2561
#pragma AVRPART CORE CORE_VERSION V3
#pragma AVRPART CORE INSTRUCTION_NOT_SUPPORTED movw:break:lpm rd,z
#pragma AVRPART CORE NEW_INSTRUCTION lpm rd,z+
#pragma AVRPART MEMORY PROG_FLASH 262144
#pragma AVRPART MEMORY EEPROM 4096
#pragma AVRPART MEMORY INT_SRAM START_ADDR 0x0200
#pragma AVRPART MEMORY INT_SRAM SIZE 8192
```

■ #

이것은 아무 기능도 수행하지 않는다. 이것을 만들어 놓은 유일한 이유는 ANSI C 표준과 유사하도록 하기 위함이다.

```
#
```

5. 기본적인 인클루드 파일

AVR Studio의 매크로 어셈블러를 사용하여 사용자 프로그램을 작성할 때는 AVR 모델로서 ATmega2561을 사용한다면 ATmega2561의 모든 기술적인 사항을 정의해주는 C:\Atmel\AVR Tools\AvrAssembler2\Appnotes\m2561def.inc 파일을 인클루드하여야 한다. 이 인클루드 파일의 내용을 보이면 <프로그램 m2561def.inc>와 같다.

<프로그램 m2561def.inc> *OK-2561*에서 사용하는 인클루드 파일의 내용

```
;***** THIS IS A MACHINE GENERATED FILE - DO NOT EDIT ********************
;***** Created: 2005-11-04 09:37 ******* Source: ATmega2561.xml **********
;*************************************************************************
;* A P P L I C A T I O N   N O T E   F O R   T H E   A V R   F A M I L Y
;*
;* Number            : AVR000
;* File Name         : "m2561def.inc"
;* Title             : Register/Bit Definitions for the ATmega2561
;* Date              : 2005-11-04
;* Version           : 2.21
;* Support E-mail    : avr@atmel.com
;* Target MCU        : ATmega2561
;*
;* DESCRIPTION
;* When including this file in the assembly program file, all I/O register
;* names and I/O register bit names appearing in the data book can be used.
;* In addition, the six registers forming the three data pointers X, Y and
;* Z have been assigned names XL - ZH. Highest RAM address for Internal
;* SRAM is also defined
;*
;* The Register names are represented by their hexadecimal address.
;*
;* The Register Bit names are represented by their bit number (0-7).
;*
;* Please observe the difference in using the bit names with instructions
;* such as "sbr"/"cbr" (set/clear bit in register) and "sbrs"/"sbrc"
;* (skip if bit in register set/cleared). The following example illustrates
;* this:
;*
;* in    r16,PORTB             ;read PORTB latch
;* sbr   r16,(1<<PB6)+(1<<PB5) ;set PB6 and PB5 (use masks, not bit#)
;* out   PORTB,r16             ;output to PORTB
;*
;* in    r16,TIFR              ;read the Timer Interrupt Flag Register
;* sbrc  r16,TOV0              ;test the overflow flag (use bit#)
;* rjmp  TOV0_is_set           ;jump if set
;* ...                         ;otherwise do something else
;*************************************************************************

#ifndef _M2561DEF_INC_
#define _M2561DEF_INC_

#pragma partinc 0

; ***** SPECIFY DEVICE ***************************************************
.device ATmega2561
#pragma AVRPART ADMIN PART_NAME ATmega2561

.equ    SIGNATURE_000   = 0x1e
```

```
.equ    SIGNATURE_001   = 0x98
.equ    SIGNATURE_002   = 0x02

#pragma AVRPART CORE CORE_VERSION V3

; ***** I/O REGISTER DEFINITIONS *****************************************
; NOTE:
; Definitions marked "MEMORY MAPPED"are extended I/O ports
; and cannot be used with IN/OUT instructions
.equ    UDR3    = 0x136 ; MEMORY MAPPED
.equ    UBRR3H  = 0x135 ; MEMORY MAPPED
.equ    UBRR3L  = 0x134 ; MEMORY MAPPED
.equ    UCSR3C  = 0x132 ; MEMORY MAPPED
.equ    UCSR3B  = 0x131 ; MEMORY MAPPED
.equ    UCSR3A  = 0x130 ; MEMORY MAPPED
.equ    OCR5CL  = 0x12c ; MEMORY MAPPED
.equ    OCR5CH  = 0x12d ; MEMORY MAPPED
.equ    OCR5BL  = 0x12a ; MEMORY MAPPED
.equ    OCR5BH  = 0x12b ; MEMORY MAPPED
.equ    OCR5AL  = 0x128 ; MEMORY MAPPED
.equ    OCR5AH  = 0x129 ; MEMORY MAPPED
.equ    ICR5H   = 0x127 ; MEMORY MAPPED
.equ    ICR5L   = 0x126 ; MEMORY MAPPED
.equ    TCNT5L  = 0x124 ; MEMORY MAPPED
.equ    TCNT5H  = 0x125 ; MEMORY MAPPED
.equ    TCCR5C  = 0x122 ; MEMORY MAPPED
.equ    TCCR5B  = 0x121 ; MEMORY MAPPED
.equ    TCCR5A  = 0x120 ; MEMORY MAPPED
.equ    PORTL   = 0x10b ; MEMORY MAPPED
.equ    DDRL    = 0x10a ; MEMORY MAPPED
.equ    PINL    = 0x109 ; MEMORY MAPPED
.equ    PORTK   = 0x108 ; MEMORY MAPPED
.equ    DDRK    = 0x107 ; MEMORY MAPPED
.equ    PINK    = 0x106 ; MEMORY MAPPED
.equ    PORTJ   = 0x105 ; MEMORY MAPPED
.equ    DDRJ    = 0x104 ; MEMORY MAPPED
.equ    PINJ    = 0x103 ; MEMORY MAPPED
.equ    PORTH   = 0x102 ; MEMORY MAPPED
.equ    DDRH    = 0x101 ; MEMORY MAPPED
.equ    PINH    = 0x100 ; MEMORY MAPPED
.equ    UDR2    = 0xd6  ; MEMORY MAPPED
.equ    UBRR2H  = 0xd5  ; MEMORY MAPPED
.equ    UBRR2L  = 0xd4  ; MEMORY MAPPED
.equ    UCSR2C  = 0xd2  ; MEMORY MAPPED
.equ    UCSR2B  = 0xd1  ; MEMORY MAPPED
.equ    UCSR2A  = 0xd0  ; MEMORY MAPPED
.equ    UDR1    = 0xce  ; MEMORY MAPPED
.equ    UBRR1L  = 0xcc  ; MEMORY MAPPED
.equ    UBRR1H  = 0xcd  ; MEMORY MAPPED
.equ    UCSR1C  = 0xca  ; MEMORY MAPPED
.equ    UCSR1B  = 0xc9  ; MEMORY MAPPED
.equ    UCSR1A  = 0xc8  ; MEMORY MAPPED
.equ    UDR0    = 0xc6  ; MEMORY MAPPED
.equ    UBRR0L  = 0xc4  ; MEMORY MAPPED
.equ    UBRR0H  = 0xc5  ; MEMORY MAPPED
.equ    UCSR0C  = 0xc2  ; MEMORY MAPPED
.equ    UCSR0B  = 0xc1  ; MEMORY MAPPED
.equ    UCSR0A  = 0xc0  ; MEMORY MAPPED
.equ    TWAMR   = 0xbd  ; MEMORY MAPPED
.equ    TWCR    = 0xbc  ; MEMORY MAPPED
.equ    TWDR    = 0xbb  ; MEMORY MAPPED
.equ    TWAR    = 0xba  ; MEMORY MAPPED
.equ    TWSR    = 0xb9  ; MEMORY MAPPED
.equ    TWBR    = 0xb8  ; MEMORY MAPPED
.equ    ASSR    = 0xb6  ; MEMORY MAPPED
.equ    OCR2B   = 0xb4  ; MEMORY MAPPED
```

```
.equ    OCR2A   = 0xb3  ; MEMORY MAPPED
.equ    TCNT2   = 0xb2  ; MEMORY MAPPED
.equ    TCCR2B  = 0xb1  ; MEMORY MAPPED
.equ    TCCR2A  = 0xb0  ; MEMORY MAPPED
.equ    OCR4CL  = 0xac  ; MEMORY MAPPED
.equ    OCR4CH  = 0xad  ; MEMORY MAPPED
.equ    OCR4BL  = 0xaa  ; MEMORY MAPPED
.equ    OCR4BH  = 0xab  ; MEMORY MAPPED
.equ    OCR4AL  = 0xa8  ; MEMORY MAPPED
.equ    OCR4AH  = 0xa9  ; MEMORY MAPPED
.equ    ICR4L   = 0xa6  ; MEMORY MAPPED
.equ    ICR4H   = 0xa7  ; MEMORY MAPPED
.equ    TCNT4L  = 0xa4  ; MEMORY MAPPED
.equ    TCNT4H  = 0xa5  ; MEMORY MAPPED
.equ    TCCR4C  = 0xa2  ; MEMORY MAPPED
.equ    TCCR4B  = 0xa1  ; MEMORY MAPPED
.equ    TCCR4A  = 0xa0  ; MEMORY MAPPED
.equ    OCR3CL  = 0x9c  ; MEMORY MAPPED
.equ    OCR3CH  = 0x9d  ; MEMORY MAPPED
.equ    OCR3BL  = 0x9a  ; MEMORY MAPPED
.equ    OCR3BH  = 0x9b  ; MEMORY MAPPED
.equ    OCR3AL  = 0x98  ; MEMORY MAPPED
.equ    OCR3AH  = 0x99  ; MEMORY MAPPED
.equ    ICR3L   = 0x96  ; MEMORY MAPPED
.equ    ICR3H   = 0x97  ; MEMORY MAPPED
.equ    TCNT3L  = 0x94  ; MEMORY MAPPED
.equ    TCNT3H  = 0x95  ; MEMORY MAPPED
.equ    TCCR3C  = 0x92  ; MEMORY MAPPED
.equ    TCCR3B  = 0x91  ; MEMORY MAPPED
.equ    TCCR3A  = 0x90  ; MEMORY MAPPED
.equ    OCR1CL  = 0x8c  ; MEMORY MAPPED
.equ    OCR1CH  = 0x8d  ; MEMORY MAPPED
.equ    OCR1BL  = 0x8a  ; MEMORY MAPPED
.equ    OCR1BH  = 0x8b  ; MEMORY MAPPED
.equ    OCR1AL  = 0x88  ; MEMORY MAPPED
.equ    OCR1AH  = 0x89  ; MEMORY MAPPED
.equ    ICR1L   = 0x86  ; MEMORY MAPPED
.equ    ICR1H   = 0x87  ; MEMORY MAPPED
.equ    TCNT1L  = 0x84  ; MEMORY MAPPED
.equ    TCNT1H  = 0x85  ; MEMORY MAPPED
.equ    TCCR1C  = 0x82  ; MEMORY MAPPED
.equ    TCCR1B  = 0x81  ; MEMORY MAPPED
.equ    TCCR1A  = 0x80  ; MEMORY MAPPED
.equ    DIDR1   = 0x7f  ; MEMORY MAPPED
.equ    DIDR0   = 0x7e  ; MEMORY MAPPED
.equ    DIDR2   = 0x7d  ; MEMORY MAPPED
.equ    ADMUX   = 0x7c  ; MEMORY MAPPED
.equ    ADCSRB  = 0x7b  ; MEMORY MAPPED
.equ    ADCSRA  = 0x7a  ; MEMORY MAPPED
.equ    ADCH    = 0x79  ; MEMORY MAPPED
.equ    ADCL    = 0x78  ; MEMORY MAPPED
.equ    XMCRB   = 0x75  ; MEMORY MAPPED
.equ    XMCRA   = 0x74  ; MEMORY MAPPED
.equ    TIMSK5  = 0x73  ; MEMORY MAPPED
.equ    TIMSK4  = 0x72  ; MEMORY MAPPED
.equ    TIMSK3  = 0x71  ; MEMORY MAPPED
.equ    TIMSK2  = 0x70  ; MEMORY MAPPED
.equ    TIMSK1  = 0x6f  ; MEMORY MAPPED
.equ    TIMSK0  = 0x6e  ; MEMORY MAPPED
.equ    PCMSK2  = 0x6d  ; MEMORY MAPPED
.equ    PCMSK1  = 0x6c  ; MEMORY MAPPED
.equ    PCMSK0  = 0x6b  ; MEMORY MAPPED
.equ    EICRB   = 0x6a  ; MEMORY MAPPED
.equ    EICRA   = 0x69  ; MEMORY MAPPED
.equ    PCICR   = 0x68  ; MEMORY MAPPED
.equ    OSCCAL  = 0x66  ; MEMORY MAPPED
```

```
.equ    PRR1    = 0x65  ; MEMORY MAPPED
.equ    PRR0    = 0x64  ; MEMORY MAPPED
.equ    CLKPR   = 0x61  ; MEMORY MAPPED
.equ    WDTCSR  = 0x60  ; MEMORY MAPPED
.equ    SREG    = 0x3f
.equ    SPL     = 0x3d
.equ    SPH     = 0x3e
.equ    EIND    = 0x3c
.equ    RAMPZ   = 0x3b
.equ    SPMCSR  = 0x37
.equ    MCUCR   = 0x35
.equ    MCUSR   = 0x34
.equ    SMCR    = 0x33
.equ    OCDR    = 0x31
.equ    ACSR    = 0x30
.equ    SPDR    = 0x2e
.equ    SPSR    = 0x2d
.equ    SPCR    = 0x2c
.equ    GPIOR2  = 0x2b
.equ    GPIOR1  = 0x2a
.equ    OCR0B   = 0x28
.equ    OCR0A   = 0x27
.equ    TCNT0   = 0x26
.equ    TCCR0B  = 0x25
.equ    TCCR0A  = 0x24
.equ    GTCCR   = 0x23
.equ    EEARH   = 0x22
.equ    EEARL   = 0x21
.equ    EEDR    = 0x20
.equ    EECR    = 0x1f
.equ    GPIOR0  = 0x1e
.equ    EIMSK   = 0x1d
.equ    EIFR    = 0x1c
.equ    PCIFR   = 0x1b
.equ    TIFR5   = 0x1a
.equ    TIFR4   = 0x19
.equ    TIFR3   = 0x18
.equ    TIFR2   = 0x17
.equ    TIFR1   = 0x16
.equ    TIFR0   = 0x15
.equ    PORTG   = 0x14
.equ    DDRG    = 0x13
.equ    PING    = 0x12
.equ    PORTF   = 0x11
.equ    DDRF    = 0x10
.equ    PINF    = 0x0f
.equ    PORTE   = 0x0e
.equ    DDRE    = 0x0d
.equ    PINE    = 0x0c
.equ    PORTD   = 0x0b
.equ    DDRD    = 0x0a
.equ    PIND    = 0x09
.equ    PORTC   = 0x08
.equ    DDRC    = 0x07
.equ    PINC    = 0x06
.equ    PORTB   = 0x05
.equ    DDRB    = 0x04
.equ    PINB    = 0x03
.equ    PORTA   = 0x02
.equ    DDRA    = 0x01
.equ    PINA    = 0x00

; ***** BIT DEFINITIONS **************************************************

; ***** ANALOG_COMPARATOR ************
; ADCSRB - ADC Control and Status Register B
```

```
.equ    ACME    = 6     ; Analog Comparator Multiplexer Enable

; ACSR - Analog Comparator Control And Status Register
.equ    ACIS0   = 0     ; Analog Comparator Interrupt Mode Select bit 0
.equ    ACIS1   = 1     ; Analog Comparator Interrupt Mode Select bit 1
.equ    ACIC    = 2     ; Analog Comparator Input Capture Enable
.equ    ACIE    = 3     ; Analog Comparator Interrupt Enable
.equ    ACI     = 4     ; Analog Comparator Interrupt Flag
.equ    ACO     = 5     ; Analog Compare Output
.equ    ACBG    = 6     ; Analog Comparator Bandgap Select
.equ    ACD     = 7     ; Analog Comparator Disable

; DIDR1 - Digital Input Disable Register 1
.equ    AIN0D   = 0     ; AIN0 Digital Input Disable
.equ    AIN1D   = 1     ; AIN1 Digital Input Disable

; ***** USART0 ***********************
; UDR0 - USART I/O Data Register
.equ    UDR0_0  = 0     ; USART I/O Data Register bit 0
.equ    UDR0_1  = 1     ; USART I/O Data Register bit 1
.equ    UDR0_2  = 2     ; USART I/O Data Register bit 2
.equ    UDR0_3  = 3     ; USART I/O Data Register bit 3
.equ    UDR0_4  = 4     ; USART I/O Data Register bit 4
.equ    UDR0_5  = 5     ; USART I/O Data Register bit 5
.equ    UDR0_6  = 6     ; USART I/O Data Register bit 6
.equ    UDR0_7  = 7     ; USART I/O Data Register bit 7

; UCSR0A - USART Control and Status Register A
.equ    MPCM0   = 0     ; Multi-processor Communication Mode
.equ    U2X0    = 1     ; Double the USART transmission speed
.equ    UPE0    = 2     ; Parity Error
.equ    DOR0    = 3     ; Data overRun
.equ    FE0     = 4     ; Framing Error
.equ    UDRE0   = 5     ; USART Data Register Empty
.equ    TXC0    = 6     ; USART Transmitt Complete
.equ    RXC0    = 7     ; USART Receive Complete

; UCSR0B - USART Control and Status Register B
.equ    TXB80   = 0     ; Transmit Data Bit 8
.equ    RXB80   = 1     ; Receive Data Bit 8
.equ    UCSZ02  = 2     ; Character Size
.equ    TXEN0   = 3     ; Transmitter Enable
.equ    RXEN0   = 4     ; Receiver Enable
.equ    UDRIE0  = 5     ; USART Data register Empty Interrupt Enable
.equ    TXCIE0  = 6     ; TX Complete Interrupt Enable
.equ    RXCIE0  = 7     ; RX Complete Interrupt Enable

; UCSR0C - USART Control and Status Register C
.equ    UCPOL0  = 0     ; Clock Polarity
.equ    UCSZ00  = 1     ; Character Size
.equ    UCPHA0  = UCSZ00  ; For compatibility
.equ    UCSZ01  = 2     ; Character Size
.equ    UDORD0  = UCSZ01  ; For compatibility
.equ    USBS0   = 3     ; Stop Bit Select
.equ    UPM00   = 4     ; Parity Mode Bit 0
.equ    UPM01   = 5     ; Parity Mode Bit 1
.equ    UMSEL00 = 6     ; USART Mode Select
.equ    UMSEL0  = UMSEL00 ; For compatibility
.equ    UMSEL01 = 7     ; USART Mode Select
.equ    UMSEL1  = UMSEL01 ; For compatibility

; ***** TWI **************************
; TWAMR - TWI (Slave) Address Mask Register
.equ    TWAM0   = 1     ;
.equ    TWAMR0  = TWAM0 ; For compatibility
.equ    TWAM1   = 2     ;
```

```
.equ    TWAMR1  = TWAM1 ; For compatibility
.equ    TWAM2   = 3     ;
.equ    TWAMR2  = TWAM2 ; For compatibility
.equ    TWAM3   = 4     ;
.equ    TWAMR3  = TWAM3 ; For compatibility
.equ    TWAM4   = 5     ;
.equ    TWAMR4  = TWAM4 ; For compatibility
.equ    TWAM5   = 6     ;
.equ    TWAMR5  = TWAM5 ; For compatibility
.equ    TWAM6   = 7     ;
.equ    TWAMR6  = TWAM6 ; For compatibility

; TWBR - TWI Bit Rate register
.equ    TWBR0   = 0     ;
.equ    TWBR1   = 1     ;
.equ    TWBR2   = 2     ;
.equ    TWBR3   = 3     ;
.equ    TWBR4   = 4     ;
.equ    TWBR5   = 5     ;
.equ    TWBR6   = 6     ;
.equ    TWBR7   = 7     ;

; TWCR - TWI Control Register
.equ    TWIE    = 0     ; TWI Interrupt Enable
.equ    TWEN    = 2     ; TWI Enable Bit
.equ    TWWC    = 3     ; TWI Write Collition Flag
.equ    TWSTO   = 4     ; TWI Stop Condition Bit
.equ    TWSTA   = 5     ; TWI Start Condition Bit
.equ    TWEA    = 6     ; TWI Enable Acknowledge Bit
.equ    TWINT   = 7     ; TWI Interrupt Flag

; TWSR - TWI Status Register
.equ    TWPS0   = 0     ; TWI Prescaler
.equ    TWPS1   = 1     ; TWI Prescaler
.equ    TWS3    = 3     ; TWI Status
.equ    TWS4    = 4     ; TWI Status
.equ    TWS5    = 5     ; TWI Status
.equ    TWS6    = 6     ; TWI Status
.equ    TWS7    = 7     ; TWI Status

; TWDR - TWI Data register
.equ    TWD0    = 0     ; TWI Data Register Bit 0
.equ    TWD1    = 1     ; TWI Data Register Bit 1
.equ    TWD2    = 2     ; TWI Data Register Bit 2
.equ    TWD3    = 3     ; TWI Data Register Bit 3
.equ    TWD4    = 4     ; TWI Data Register Bit 4
.equ    TWD5    = 5     ; TWI Data Register Bit 5
.equ    TWD6    = 6     ; TWI Data Register Bit 6
.equ    TWD7    = 7     ; TWI Data Register Bit 7

; TWAR - TWI (Slave) Address register
.equ    TWGCE   = 0     ; TWI General Call Recognition Enable Bit
.equ    TWA0    = 1     ; TWI (Slave) Address register Bit 0
.equ    TWA1    = 2     ; TWI (Slave) Address register Bit 1
.equ    TWA2    = 3     ; TWI (Slave) Address register Bit 2
.equ    TWA3    = 4     ; TWI (Slave) Address register Bit 3
.equ    TWA4    = 5     ; TWI (Slave) Address register Bit 4
.equ    TWA5    = 6     ; TWI (Slave) Address register Bit 5
.equ    TWA6    = 7     ; TWI (Slave) Address register Bit 6

; ***** SPI ***************************
; SPDR - SPI Data Register
.equ    SPDR0   = 0     ; SPI Data Register bit 0
.equ    SPDR1   = 1     ; SPI Data Register bit 1
.equ    SPDR2   = 2     ; SPI Data Register bit 2
.equ    SPDR3   = 3     ; SPI Data Register bit 3
```

```
.equ    SPDR4   = 4     ; SPI Data Register bit 4
.equ    SPDR5   = 5     ; SPI Data Register bit 5
.equ    SPDR6   = 6     ; SPI Data Register bit 6
.equ    SPDR7   = 7     ; SPI Data Register bit 7

; SPSR - SPI Status Register
.equ    SPI2X   = 0     ; Double SPI Speed Bit
.equ    WCOL    = 6     ; Write Collision Flag
.equ    SPIF    = 7     ; SPI Interrupt Flag

; SPCR - SPI Control Register
.equ    SPR0    = 0     ; SPI Clock Rate Select 0
.equ    SPR1    = 1     ; SPI Clock Rate Select 1
.equ    CPHA    = 2     ; Clock Phase
.equ    CPOL    = 3     ; Clock polarity
.equ    MSTR    = 4     ; Master/Slave Select
.equ    DORD    = 5     ; Data Order
.equ    SPE     = 6     ; SPI Enable
.equ    SPIE    = 7     ; SPI Interrupt Enable

; ***** PORTA ************************
; PORTA - Port A Data Register
.equ    PORTA0  = 0     ; Port A Data Register bit 0
.equ    PA0     = 0     ; For compatibility
.equ    PORTA1  = 1     ; Port A Data Register bit 1
.equ    PA1     = 1     ; For compatibility
.equ    PORTA2  = 2     ; Port A Data Register bit 2
.equ    PA2     = 2     ; For compatibility
.equ    PORTA3  = 3     ; Port A Data Register bit 3
.equ    PA3     = 3     ; For compatibility
.equ    PORTA4  = 4     ; Port A Data Register bit 4
.equ    PA4     = 4     ; For compatibility
.equ    PORTA5  = 5     ; Port A Data Register bit 5
.equ    PA5     = 5     ; For compatibility
.equ    PORTA6  = 6     ; Port A Data Register bit 6
.equ    PA6     = 6     ; For compatibility
.equ    PORTA7  = 7     ; Port A Data Register bit 7
.equ    PA7     = 7     ; For compatibility

; DDRA - Port A Data Direction Register
.equ    DDA0    = 0     ; Data Direction Register, Port A, bit 0
.equ    DDA1    = 1     ; Data Direction Register, Port A, bit 1
.equ    DDA2    = 2     ; Data Direction Register, Port A, bit 2
.equ    DDA3    = 3     ; Data Direction Register, Port A, bit 3
.equ    DDA4    = 4     ; Data Direction Register, Port A, bit 4
.equ    DDA5    = 5     ; Data Direction Register, Port A, bit 5
.equ    DDA6    = 6     ; Data Direction Register, Port A, bit 6
.equ    DDA7    = 7     ; Data Direction Register, Port A, bit 7

; PINA - Port A Input Pins
.equ    PINA0   = 0     ; Input Pins, Port A bit 0
.equ    PINA1   = 1     ; Input Pins, Port A bit 1
.equ    PINA2   = 2     ; Input Pins, Port A bit 2
.equ    PINA3   = 3     ; Input Pins, Port A bit 3
.equ    PINA4   = 4     ; Input Pins, Port A bit 4
.equ    PINA5   = 5     ; Input Pins, Port A bit 5
.equ    PINA6   = 6     ; Input Pins, Port A bit 6
.equ    PINA7   = 7     ; Input Pins, Port A bit 7

; ***** PORTB ************************
; PORTB - Port B Data Register
.equ    PORTB0  = 0     ; Port B Data Register bit 0
.equ    PB0     = 0     ; For compatibility
.equ    PORTB1  = 1     ; Port B Data Register bit 1
.equ    PB1     = 1     ; For compatibility
.equ    PORTB2  = 2     ; Port B Data Register bit 2
```

```
.equ    PB2     = 2     ; For compatibility
.equ    PORTB3  = 3     ; Port B Data Register bit 3
.equ    PB3     = 3     ; For compatibility
.equ    PORTB4  = 4     ; Port B Data Register bit 4
.equ    PB4     = 4     ; For compatibility
.equ    PORTB5  = 5     ; Port B Data Register bit 5
.equ    PB5     = 5     ; For compatibility
.equ    PORTB6  = 6     ; Port B Data Register bit 6
.equ    PB6     = 6     ; For compatibility
.equ    PORTB7  = 7     ; Port B Data Register bit 7
.equ    PB7     = 7     ; For compatibility

; DDRB - Port B Data Direction Register
.equ    DDB0    = 0     ; Port B Data Direction Register bit 0
.equ    DDB1    = 1     ; Port B Data Direction Register bit 1
.equ    DDB2    = 2     ; Port B Data Direction Register bit 2
.equ    DDB3    = 3     ; Port B Data Direction Register bit 3
.equ    DDB4    = 4     ; Port B Data Direction Register bit 4
.equ    DDB5    = 5     ; Port B Data Direction Register bit 5
.equ    DDB6    = 6     ; Port B Data Direction Register bit 6
.equ    DDB7    = 7     ; Port B Data Direction Register bit 7

; PINB - Port B Input Pins
.equ    PINB0   = 0     ; Port B Input Pins bit 0
.equ    PINB1   = 1     ; Port B Input Pins bit 1
.equ    PINB2   = 2     ; Port B Input Pins bit 2
.equ    PINB3   = 3     ; Port B Input Pins bit 3
.equ    PINB4   = 4     ; Port B Input Pins bit 4
.equ    PINB5   = 5     ; Port B Input Pins bit 5
.equ    PINB6   = 6     ; Port B Input Pins bit 6
.equ    PINB7   = 7     ; Port B Input Pins bit 7

; ***** PORTC ************************
; PORTC - Port C Data Register
.equ    PORTC0  = 0     ; Port C Data Register bit 0
.equ    PC0     = 0     ; For compatibility
.equ    PORTC1  = 1     ; Port C Data Register bit 1
.equ    PC1     = 1     ; For compatibility
.equ    PORTC2  = 2     ; Port C Data Register bit 2
.equ    PC2     = 2     ; For compatibility
.equ    PORTC3  = 3     ; Port C Data Register bit 3
.equ    PC3     = 3     ; For compatibility
.equ    PORTC4  = 4     ; Port C Data Register bit 4
.equ    PC4     = 4     ; For compatibility
.equ    PORTC5  = 5     ; Port C Data Register bit 5
.equ    PC5     = 5     ; For compatibility
.equ    PORTC6  = 6     ; Port C Data Register bit 6
.equ    PC6     = 6     ; For compatibility
.equ    PORTC7  = 7     ; Port C Data Register bit 7
.equ    PC7     = 7     ; For compatibility

; DDRC - Port C Data Direction Register
.equ    DDC0    = 0     ; Port C Data Direction Register bit 0
.equ    DDC1    = 1     ; Port C Data Direction Register bit 1
.equ    DDC2    = 2     ; Port C Data Direction Register bit 2
.equ    DDC3    = 3     ; Port C Data Direction Register bit 3
.equ    DDC4    = 4     ; Port C Data Direction Register bit 4
.equ    DDC5    = 5     ; Port C Data Direction Register bit 5
.equ    DDC6    = 6     ; Port C Data Direction Register bit 6
.equ    DDC7    = 7     ; Port C Data Direction Register bit 7

; PINC - Port C Input Pins
.equ    PINC0   = 0     ; Port C Input Pins bit 0
.equ    PINC1   = 1     ; Port C Input Pins bit 1
.equ    PINC2   = 2     ; Port C Input Pins bit 2
.equ    PINC3   = 3     ; Port C Input Pins bit 3
```

```
.equ    PINC4   = 4     ; Port C Input Pins bit 4
.equ    PINC5   = 5     ; Port C Input Pins bit 5
.equ    PINC6   = 6     ; Port C Input Pins bit 6
.equ    PINC7   = 7     ; Port C Input Pins bit 7

; ***** PORTD ************************
; PORTD - Port D Data Register
.equ    PORTD0  = 0     ; Port D Data Register bit 0
.equ    PD0     = 0     ; For compatibility
.equ    PORTD1  = 1     ; Port D Data Register bit 1
.equ    PD1     = 1     ; For compatibility
.equ    PORTD2  = 2     ; Port D Data Register bit 2
.equ    PD2     = 2     ; For compatibility
.equ    PORTD3  = 3     ; Port D Data Register bit 3
.equ    PD3     = 3     ; For compatibility
.equ    PORTD4  = 4     ; Port D Data Register bit 4
.equ    PD4     = 4     ; For compatibility
.equ    PORTD5  = 5     ; Port D Data Register bit 5
.equ    PD5     = 5     ; For compatibility
.equ    PORTD6  = 6     ; Port D Data Register bit 6
.equ    PD6     = 6     ; For compatibility
.equ    PORTD7  = 7     ; Port D Data Register bit 7
.equ    PD7     = 7     ; For compatibility

; DDRD - Port D Data Direction Register
.equ    DDD0    = 0     ; Port D Data Direction Register bit 0
.equ    DDD1    = 1     ; Port D Data Direction Register bit 1
.equ    DDD2    = 2     ; Port D Data Direction Register bit 2
.equ    DDD3    = 3     ; Port D Data Direction Register bit 3
.equ    DDD4    = 4     ; Port D Data Direction Register bit 4
.equ    DDD5    = 5     ; Port D Data Direction Register bit 5
.equ    DDD6    = 6     ; Port D Data Direction Register bit 6
.equ    DDD7    = 7     ; Port D Data Direction Register bit 7

; PIND - Port D Input Pins
.equ    PIND0   = 0     ; Port D Input Pins bit 0
.equ    PIND1   = 1     ; Port D Input Pins bit 1
.equ    PIND2   = 2     ; Port D Input Pins bit 2
.equ    PIND3   = 3     ; Port D Input Pins bit 3
.equ    PIND4   = 4     ; Port D Input Pins bit 4
.equ    PIND5   = 5     ; Port D Input Pins bit 5
.equ    PIND6   = 6     ; Port D Input Pins bit 6
.equ    PIND7   = 7     ; Port D Input Pins bit 7

; ***** PORTE ************************
; PORTE - Data Register, Port E
.equ    PORTE0  = 0     ;
.equ    PE0     = 0     ; For compatibility
.equ    PORTE1  = 1     ;
.equ    PE1     = 1     ; For compatibility
.equ    PORTE2  = 2     ;
.equ    PE2     = 2     ; For compatibility
.equ    PORTE3  = 3     ;
.equ    PE3     = 3     ; For compatibility
.equ    PORTE4  = 4     ;
.equ    PE4     = 4     ; For compatibility
.equ    PORTE5  = 5     ;
.equ    PE5     = 5     ; For compatibility
.equ    PORTE6  = 6     ;
.equ    PE6     = 6     ; For compatibility
.equ    PORTE7  = 7     ;
.equ    PE7     = 7     ; For compatibility

; DDRE - Data Direction Register, Port E
.equ    DDE0    = 0     ;
.equ    DDE1    = 1     ;
```

```
.equ    DDE2    = 2     ;
.equ    DDE3    = 3     ;
.equ    DDE4    = 4     ;
.equ    DDE5    = 5     ;
.equ    DDE6    = 6     ;
.equ    DDE7    = 7     ;

; PINE - Input Pins, Port E
.equ    PINE0   = 0     ;
.equ    PINE1   = 1     ;
.equ    PINE2   = 2     ;
.equ    PINE3   = 3     ;
.equ    PINE4   = 4     ;
.equ    PINE5   = 5     ;
.equ    PINE6   = 6     ;
.equ    PINE7   = 7     ;

; ***** PORTF ************************
; PORTF - Data Register, Port F
.equ    PORTF0  = 0     ;
.equ    PF0     = 0     ; For compatibility
.equ    PORTF1  = 1     ;
.equ    PF1     = 1     ; For compatibility
.equ    PORTF2  = 2     ;
.equ    PF2     = 2     ; For compatibility
.equ    PORTF3  = 3     ;
.equ    PF3     = 3     ; For compatibility
.equ    PORTF4  = 4     ;
.equ    PF4     = 4     ; For compatibility
.equ    PORTF5  = 5     ;
.equ    PF5     = 5     ; For compatibility
.equ    PORTF6  = 6     ;
.equ    PF6     = 6     ; For compatibility
.equ    PORTF7  = 7     ;
.equ    PF7     = 7     ; For compatibility

; DDRF - Data Direction Register, Port F
.equ    DDF0    = 0     ;
.equ    DDF1    = 1     ;
.equ    DDF2    = 2     ;
.equ    DDF3    = 3     ;
.equ    DDF4    = 4     ;
.equ    DDF5    = 5     ;
.equ    DDF6    = 6     ;
.equ    DDF7    = 7     ;

; PINF - Input Pins, Port F
.equ    PINF0   = 0     ;
.equ    PINF1   = 1     ;
.equ    PINF2   = 2     ;
.equ    PINF3   = 3     ;
.equ    PINF4   = 4     ;
.equ    PINF5   = 5     ;
.equ    PINF6   = 6     ;
.equ    PINF7   = 7     ;

; ***** PORTG ************************
; PORTG - Data Register, Port G
.equ    PORTG0  = 0     ;
.equ    PG0     = 0     ; For compatibility
.equ    PORTG1  = 1     ;
.equ    PG1     = 1     ; For compatibility
.equ    PORTG2  = 2     ;
.equ    PG2     = 2     ; For compatibility
.equ    PORTG3  = 3     ;
.equ    PG3     = 3     ; For compatibility
```

```
.equ    PORTG4  = 4     ;
.equ    PG4     = 4     ; For compatibility
.equ    PORTG5  = 5     ;
.equ    PG5     = 5     ; For compatibility

; DDRG
.equ    DDG0    = 0     ;
.equ    DDG1    = 1     ;
.equ    DDG2    = 2     ;
.equ    DDG3    = 3     ;
.equ    DDG4    = 4     ;
.equ    DDG5    = 5     ;

; PING - Input Pins, Port G
.equ    PING0   = 0     ;
.equ    PING1   = 1     ;
.equ    PING2   = 2     ;
.equ    PING3   = 3     ;
.equ    PING4   = 4     ;
.equ    PING5   = 5     ;

; ***** TIMER_COUNTER_0 **************
; TIMSK0 - Timer/Counter0 Interrupt Mask Register
.equ    TOIE0   = 0     ; Timer/Counter0 Overflow Interrupt Enable
.equ    OCIE0A  = 1     ; Timer/Counter0 Output Compare Match A Interrupt Enable
.equ    OCIE0B  = 2     ; Timer/Counter0 Output Compare Match B Interrupt Enable

; TIFR0 - Timer/Counter0 Interrupt Flag register
.equ    TOV0    = 0     ; Timer/Counter0 Overflow Flag
.equ    OCF0A   = 1     ; Timer/Counter0 Output Compare Flag 0A
.equ    OCF0B   = 2     ; Timer/Counter0 Output Compare Flag 0B

; TCCR0A - Timer/Counter  Control Register A
.equ    WGM00   = 0     ; Waveform Generation Mode
.equ    WGM01   = 1     ; Waveform Generation Mode
.equ    COM0B0  = 4     ; Compare Output Mode, Fast PWm
.equ    COM0B1  = 5     ; Compare Output Mode, Fast PWm
.equ    COM0A0  = 6     ; Compare Output Mode, Phase Correct PWM Mode
.equ    COM0A1  = 7     ; Compare Output Mode, Phase Correct PWM Mode

; TCCR0B - Timer/Counter Control Register B
.equ    CS00    = 0     ; Clock Select
.equ    CS01    = 1     ; Clock Select
.equ    CS02    = 2     ; Clock Select
.equ    WGM02   = 3     ;
.equ    FOC0B   = 6     ; Force Output Compare B
.equ    FOC0A   = 7     ; Force Output Compare A

; TCNT0 - Timer/Counter0
.equ    TCNT0_0 = 0     ;
.equ    TCNT0_1 = 1     ;
.equ    TCNT0_2 = 2     ;
.equ    TCNT0_3 = 3     ;
.equ    TCNT0_4 = 4     ;
.equ    TCNT0_5 = 5     ;
.equ    TCNT0_6 = 6     ;
.equ    TCNT0_7 = 7     ;

; OCR0A - Timer/Counter0 Output Compare Register
.equ    OCR0A_0 = 0     ;
.equ    OCR0A_1 = 1     ;
.equ    OCR0A_2 = 2     ;
.equ    OCR0A_3 = 3     ;
.equ    OCR0A_4 = 4     ;
.equ    OCR0A_5 = 5     ;
.equ    OCR0A_6 = 6     ;
```

```
.equ    OCR0A_7 = 7       ;

; OCR0B - Timer/Counter0 Output Compare Register
.equ    OCR0B_0 = 0       ;
.equ    OCR0B_1 = 1       ;
.equ    OCR0B_2 = 2       ;
.equ    OCR0B_3 = 3       ;
.equ    OCR0B_4 = 4       ;
.equ    OCR0B_5 = 5       ;
.equ    OCR0B_6 = 6       ;
.equ    OCR0B_7 = 7       ;

; GTCCR - General Timer/Counter Control Register
.equ    PSRSYNC = 0       ; Prescaler Reset Timer/Counter1 and Timer/Counter0
.equ    PSR10   = PSRSYNC ; For compatibility
.equ    TSM     = 7       ; Timer/Counter Synchronization Mode

; ***** TIMER_COUNTER_2 **************
; TIMSK2 - Timer/Counter Interrupt Mask register
.equ    TOIE2   = 0       ; Timer/Counter2 Overflow Interrupt Enable
.equ    TOIE2A  = TOIE2   ; For compatibility
.equ    OCIE2A  = 1       ; Timer/Counter2 Output Compare Match A Interrupt Enable
.equ    OCIE2B  = 2       ; Timer/Counter2 Output Compare Match B Interrupt Enable

; TIFR2 - Timer/Counter Interrupt Flag Register
.equ    TOV2    = 0       ; Timer/Counter2 Overflow Flag
.equ    OCF2A   = 1       ; Output Compare Flag 2A
.equ    OCF2B   = 2       ; Output Compare Flag 2B

; TCCR2A - Timer/Counter2 Control Register A
.equ    WGM20   = 0       ; Waveform Genration Mode
.equ    WGM21   = 1       ; Waveform Genration Mode
.equ    COM2B0  = 4       ; Compare Output Mode bit 0
.equ    COM2B1  = 5       ; Compare Output Mode bit 1
.equ    COM2A0  = 6       ; Compare Output Mode bit 1
.equ    COM2A1  = 7       ; Compare Output Mode bit 1

; TCCR2B - Timer/Counter2 Control Register B
.equ    CS20    = 0       ; Clock Select bit 0
.equ    CS21    = 1       ; Clock Select bit 1
.equ    CS22    = 2       ; Clock Select bit 2
.equ    WGM22   = 3       ; Waveform Generation Mode
.equ    FOC2B   = 6       ; Force Output Compare B
.equ    FOC2A   = 7       ; Force Output Compare A

; TCNT2 - Timer/Counter2
.equ    TCNT2_0 = 0       ; Timer/Counter 2 bit 0
.equ    TCNT2_1 = 1       ; Timer/Counter 2 bit 1
.equ    TCNT2_2 = 2       ; Timer/Counter 2 bit 2
.equ    TCNT2_3 = 3       ; Timer/Counter 2 bit 3
.equ    TCNT2_4 = 4       ; Timer/Counter 2 bit 4
.equ    TCNT2_5 = 5       ; Timer/Counter 2 bit 5
.equ    TCNT2_6 = 6       ; Timer/Counter 2 bit 6
.equ    TCNT2_7 = 7       ; Timer/Counter 2 bit 7

; OCR2A - Timer/Counter2 Output Compare Register A
.equ    OCR2_0  = 0       ; Timer/Counter2 Output Compare Register Bit 0
.equ    OCR2_1  = 1       ; Timer/Counter2 Output Compare Register Bit 1
.equ    OCR2_2  = 2       ; Timer/Counter2 Output Compare Register Bit 2
.equ    OCR2_3  = 3       ; Timer/Counter2 Output Compare Register Bit 3
.equ    OCR2_4  = 4       ; Timer/Counter2 Output Compare Register Bit 4
.equ    OCR2_5  = 5       ; Timer/Counter2 Output Compare Register Bit 5
.equ    OCR2_6  = 6       ; Timer/Counter2 Output Compare Register Bit 6
.equ    OCR2_7  = 7       ; Timer/Counter2 Output Compare Register Bit 7

; OCR2B - Timer/Counter2 Output Compare Register B
```

```
;.equ   OCR2_0  = 0      ; Timer/Counter2 Output Compare Register Bit 0
;.equ   OCR2_1  = 1      ; Timer/Counter2 Output Compare Register Bit 1
;.equ   OCR2_2  = 2      ; Timer/Counter2 Output Compare Register Bit 2
;.equ   OCR2_3  = 3      ; Timer/Counter2 Output Compare Register Bit 3
;.equ   OCR2_4  = 4      ; Timer/Counter2 Output Compare Register Bit 4
;.equ   OCR2_5  = 5      ; Timer/Counter2 Output Compare Register Bit 5
;.equ   OCR2_6  = 6      ; Timer/Counter2 Output Compare Register Bit 6
;.equ   OCR2_7  = 7      ; Timer/Counter2 Output Compare Register Bit 7

; ASSR - Asynchronous Status Register
.equ    TCR2BUB = 0      ; Timer/Counter Control Register2 Update Busy
.equ    TCR2AUB = 1      ; Timer/Counter Control Register2 Update Busy
.equ    OCR2BUB = 2      ; Output Compare Register 2 Update Busy
.equ    OCR2AUB = 3      ; Output Compare Register2 Update Busy
.equ    TCN2UB  = 4      ; Timer/Counter2 Update Busy
.equ    AS2     = 5      ; Asynchronous Timer/Counter2
.equ    EXCLK   = 6      ; Enable External Clock Input

; GTCCR - General Timer Counter Control register
.equ    PSRASY  = 1      ; Prescaler Reset Timer/Counter2
.equ    PSR2    = PSRASY; For compatibility
;.equ   TSM     = 7      ; Timer/Counter Synchronization Mode

; ***** WATCHDOG **********************
; WDTCSR - Watchdog Timer Control Register
.equ    WDP0    = 0      ; Watch Dog Timer Prescaler bit 0
.equ    WDP1    = 1      ; Watch Dog Timer Prescaler bit 1
.equ    WDP2    = 2      ; Watch Dog Timer Prescaler bit 2
.equ    WDE     = 3      ; Watch Dog Enable
.equ    WDCE    = 4      ; Watchdog Change Enable
.equ    WDP3    = 5      ; Watchdog Timer Prescaler Bit 3
.equ    WDIE    = 6      ; Watchdog Timeout Interrupt Enable
.equ    WDIF    = 7      ; Watchdog Timeout Interrupt Flag

; ***** USART1 ************************
; UDR1 - USART I/O Data Register
.equ    UDR1_0  = 0      ; USART I/O Data Register bit 0
.equ    UDR1_1  = 1      ; USART I/O Data Register bit 1
.equ    UDR1_2  = 2      ; USART I/O Data Register bit 2
.equ    UDR1_3  = 3      ; USART I/O Data Register bit 3
.equ    UDR1_4  = 4      ; USART I/O Data Register bit 4
.equ    UDR1_5  = 5      ; USART I/O Data Register bit 5
.equ    UDR1_6  = 6      ; USART I/O Data Register bit 6
.equ    UDR1_7  = 7      ; USART I/O Data Register bit 7

; UCSR1A - USART Control and Status Register A
.equ    MPCM1   = 0      ; Multi-processor Communication Mode
.equ    U2X1    = 1      ; Double the USART transmission speed
.equ    UPE1    = 2      ; Parity Error
.equ    DOR1    = 3      ; Data overRun
.equ    FE1     = 4      ; Framing Error
.equ    UDRE1   = 5      ; USART Data Register Empty
.equ    TXC1    = 6      ; USART Transmitt Complete
.equ    RXC1    = 7      ; USART Receive Complete

; UCSR1B - USART Control and Status Register B
.equ    TXB81   = 0      ; Transmit Data Bit 8
.equ    RXB81   = 1      ; Receive Data Bit 8
.equ    UCSZ12  = 2      ; Character Size
.equ    TXEN1   = 3      ; Transmitter Enable
.equ    RXEN1   = 4      ; Receiver Enable
.equ    UDRIE1  = 5      ; USART Data register Empty Interrupt Enable
.equ    TXCIE1  = 6      ; TX Complete Interrupt Enable
.equ    RXCIE1  = 7      ; RX Complete Interrupt Enable

; UCSR1C - USART Control and Status Register C
```

```
.equ    UCPOL1  = 0     ; Clock Polarity
.equ    UCSZ10  = 1     ; Character Size
.equ    UCSZ11  = 2     ; Character Size
.equ    USBS1   = 3     ; Stop Bit Select
.equ    UPM10   = 4     ; Parity Mode Bit 0
.equ    UPM11   = 5     ; Parity Mode Bit 1
.equ    UMSEL10 = 6     ; USART Mode Select
.equ    UMSEL11 = 7     ; USART Mode Select

; ***** EEPROM ************************
; EEARH - EEPROM Address Register Low Byte
.equ    EEAR8   = 0     ; EEPROM Read/Write Access Bit 8
.equ    EEAR9   = 1     ; EEPROM Read/Write Access Bit 9
.equ    EEAR10  = 2     ; EEPROM Read/Write Access Bit 10
.equ    EEAR11  = 3     ; EEPROM Read/Write Access Bit 11

; EEARL - EEPROM Address Register Low Byte
.equ    EEAR0   = 0     ; EEPROM Read/Write Access Bit 0
.equ    EEAR1   = 1     ; EEPROM Read/Write Access Bit 1
.equ    EEAR2   = 2     ; EEPROM Read/Write Access Bit 2
.equ    EEAR3   = 3     ; EEPROM Read/Write Access Bit 3
.equ    EEAR4   = 4     ; EEPROM Read/Write Access Bit 4
.equ    EEAR5   = 5     ; EEPROM Read/Write Access Bit 5
.equ    EEAR6   = 6     ; EEPROM Read/Write Access Bit 6
.equ    EEAR7   = 7     ; EEPROM Read/Write Access Bit 7

; EEDR - EEPROM Data Register
.equ    EEDR0   = 0     ; EEPROM Data Register bit 0
.equ    EEDR1   = 1     ; EEPROM Data Register bit 1
.equ    EEDR2   = 2     ; EEPROM Data Register bit 2
.equ    EEDR3   = 3     ; EEPROM Data Register bit 3
.equ    EEDR4   = 4     ; EEPROM Data Register bit 4
.equ    EEDR5   = 5     ; EEPROM Data Register bit 5
.equ    EEDR6   = 6     ; EEPROM Data Register bit 6
.equ    EEDR7   = 7     ; EEPROM Data Register bit 7

; EECR - EEPROM Control Register
.equ    EERE    = 0     ; EEPROM Read Enable
.equ    EEPE    = 1     ; EEPROM Write Enable
.equ    EEMPE   = 2     ; EEPROM Master Write Enable
.equ    EERIE   = 3     ; EEPROM Ready Interrupt Enable
.equ    EEPM0   = 4     ; EEPROM Programming Mode Bit 0
.equ    EEPM1   = 5     ; EEPROM Programming Mode Bit 1

; ***** TIMER_COUNTER_5 **************
; TIMSK5 - Timer/Counter5 Interrupt Mask Register
.equ    TOIE5   = 0     ; Timer/Counter5 Overflow Interrupt Enable
.equ    OCIE5A  = 1     ; Timer/Counter5 Output Compare A Match Interrupt Enable
.equ    OCIE5B  = 2     ; Timer/Counter5 Output Compare B Match Interrupt Enable
.equ    OCIE5C  = 3     ; Timer/Counter5 Output Compare C Match Interrupt Enable
.equ    ICIE5   = 5     ; Timer/Counter5 Input Capture Interrupt Enable

; TIFR5 - Timer/Counter5 Interrupt Flag register
.equ    TOV5    = 0     ; Timer/Counter5 Overflow Flag
.equ    OCF5A   = 1     ; Output Compare Flag 5A
.equ    OCF5B   = 2     ; Output Compare Flag 5B
.equ    OCF5C   = 3     ; Output Compare Flag 5C
.equ    ICF5    = 5     ; Input Capture Flag 5

; TCCR5A - Timer/Counter5 Control Register A
.equ    WGM50   = 0     ; Waveform Generation Mode
.equ    WGM51   = 1     ; Waveform Generation Mode
.equ    COM5C0  = 2     ; Compare Output Mode 5C, bit 0
.equ    COM5C1  = 3     ; Compare Output Mode 5C, bit 1
.equ    COM5B0  = 4     ; Compare Output Mode 5B, bit 0
.equ    COM5B1  = 5     ; Compare Output Mode 5B, bit 1
```

```
.equ    COM5A0  = 6     ; Compare Output Mode 5A, bit 0
.equ    COM5A1  = 7     ; Compare Output Mode 1A, bit 1

; TCCR5B - Timer/Counter5 Control Register B
.equ    CS50    = 0     ; Prescaler source of Timer/Counter 5
.equ    CS51    = 1     ; Prescaler source of Timer/Counter 5
.equ    CS52    = 2     ; Prescaler source of Timer/Counter 5
.equ    WGM52   = 3     ; Waveform Generation Mode
.equ    WGM53   = 4     ; Waveform Generation Mode
.equ    ICES5   = 6     ; Input Capture 5 Edge Select
.equ    ICNC5   = 7     ; Input Capture 5 Noise Canceler

; TCCR5C - Timer/Counter 5 Control Register C
.equ    FOC5C   = 5     ; Force Output Compare 5C
.equ    FOC5B   = 6     ; Force Output Compare 5B
.equ    FOC5A   = 7     ; Force Output Compare 5A

; ICR5H - Timer/Counter5 Input Capture Register High Byte
.equ    ICR5H0  = 0     ; Timer/Counter5 Input Capture Register High Byte bit 0
.equ    ICR5H1  = 1     ; Timer/Counter5 Input Capture Register High Byte bit 1
.equ    ICR5H2  = 2     ; Timer/Counter5 Input Capture Register High Byte bit 2
.equ    ICR5H3  = 3     ; Timer/Counter5 Input Capture Register High Byte bit 3
.equ    ICR5H4  = 4     ; Timer/Counter5 Input Capture Register High Byte bit 4
.equ    ICR5H5  = 5     ; Timer/Counter5 Input Capture Register High Byte bit 5
.equ    ICR5H6  = 6     ; Timer/Counter5 Input Capture Register High Byte bit 6
.equ    ICR5H7  = 7     ; Timer/Counter5 Input Capture Register High Byte bit 7

; ICR5L - Timer/Counter5 Input Capture Register Low Byte
.equ    ICR5L0  = 0     ; Timer/Counter5 Input Capture Register Low Byte bit 0
.equ    ICR5L1  = 1     ; Timer/Counter5 Input Capture Register Low Byte bit 1
.equ    ICR5L2  = 2     ; Timer/Counter5 Input Capture Register Low Byte bit 2
.equ    ICR5L3  = 3     ; Timer/Counter5 Input Capture Register Low Byte bit 3
.equ    ICR5L4  = 4     ; Timer/Counter5 Input Capture Register Low Byte bit 4
.equ    ICR5L5  = 5     ; Timer/Counter5 Input Capture Register Low Byte bit 5
.equ    ICR5L6  = 6     ; Timer/Counter5 Input Capture Register Low Byte bit 6
.equ    ICR5L7  = 7     ; Timer/Counter5 Input Capture Register Low Byte bit 7

; ***** TIMER_COUNTER_4 **************
; TIMSK4 - Timer/Counter4 Interrupt Mask Register
.equ    TOIE4   = 0     ; Timer/Counter4 Overflow Interrupt Enable
.equ    OCIE4A  = 1     ; Timer/Counter4 Output Compare A Match Interrupt Enable
.equ    OCIE4B  = 2     ; Timer/Counter4 Output Compare B Match Interrupt Enable
.equ    OCIE4C  = 3     ; Timer/Counter4 Output Compare C Match Interrupt Enable
.equ    ICIE4   = 5     ; Timer/Counter4 Input Capture Interrupt Enable

; TIFR4 - Timer/Counter4 Interrupt Flag register
.equ    TOV4    = 0     ; Timer/Counter4 Overflow Flag
.equ    OCF4A   = 1     ; Output Compare Flag 4A
.equ    OCF4B   = 2     ; Output Compare Flag 4B
.equ    OCF4C   = 3     ; Output Compare Flag 4C
.equ    ICF4    = 5     ; Input Capture Flag 4

; TCCR4A - Timer/Counter4 Control Register A
.equ    WGM40   = 0     ; Waveform Generation Mode
.equ    WGM41   = 1     ; Waveform Generation Mode
.equ    COM4C0  = 2     ; Compare Output Mode 4C, bit 0
.equ    COM4C1  = 3     ; Compare Output Mode 4C, bit 1
.equ    COM4B0  = 4     ; Compare Output Mode 4B, bit 0
.equ    COM4B1  = 5     ; Compare Output Mode 4B, bit 1
.equ    COM4A0  = 6     ; Compare Output Mode 4A, bit 0
.equ    COM4A1  = 7     ; Compare Output Mode 1A, bit 1

; TCCR4B - Timer/Counter4 Control Register B
.equ    CS40    = 0     ; Prescaler source of Timer/Counter 4
.equ    CS41    = 1     ; Prescaler source of Timer/Counter 4
.equ    CS42    = 2     ; Prescaler source of Timer/Counter 4
```

```
.equ    WGM42   = 3     ; Waveform Generation Mode
.equ    WGM43   = 4     ; Waveform Generation Mode
.equ    ICES4   = 6     ; Input Capture 4 Edge Select
.equ    ICNC4   = 7     ; Input Capture 4 Noise Canceler

; TCCR4C - Timer/Counter 4 Control Register C
.equ    FOC4C   = 5     ; Force Output Compare 4C
.equ    FOC4B   = 6     ; Force Output Compare 4B
.equ    FOC4A   = 7     ; Force Output Compare 4A

; ***** TIMER_COUNTER_3 ***************
; TIMSK3 - Timer/Counter3 Interrupt Mask Register
.equ    TOIE3   = 0     ; Timer/Counter3 Overflow Interrupt Enable
.equ    OCIE3A  = 1     ; Timer/Counter3 Output Compare A Match Interrupt Enable
.equ    OCIE3B  = 2     ; Timer/Counter3 Output Compare B Match Interrupt Enable
.equ    OCIE3C  = 3     ; Timer/Counter3 Output Compare C Match Interrupt Enable
.equ    ICIE3   = 5     ; Timer/Counter3 Input Capture Interrupt Enable

; TIFR3 - Timer/Counter3 Interrupt Flag register
.equ    TOV3    = 0     ; Timer/Counter3 Overflow Flag
.equ    OCF3A   = 1     ; Output Compare Flag 3A
.equ    OCF3B   = 2     ; Output Compare Flag 3B
.equ    OCF3C   = 3     ; Output Compare Flag 3C
.equ    ICF3    = 5     ; Input Capture Flag 3

; TCCR3A - Timer/Counter3 Control Register A
.equ    WGM30   = 0     ; Waveform Generation Mode
.equ    WGM31   = 1     ; Waveform Generation Mode
.equ    COM3C0  = 2     ; Compare Output Mode 3C, bit 0
.equ    COM3C1  = 3     ; Compare Output Mode 3C, bit 1
.equ    COM3B0  = 4     ; Compare Output Mode 3B, bit 0
.equ    COM3B1  = 5     ; Compare Output Mode 3B, bit 1
.equ    COM3A0  = 6     ; Compare Output Mode 3A, bit 0
.equ    COM3A1  = 7     ; Compare Output Mode 1A, bit 1

; TCCR3B - Timer/Counter3 Control Register B
.equ    CS30    = 0     ; Prescaler source of Timer/Counter 3
.equ    CS31    = 1     ; Prescaler source of Timer/Counter 3
.equ    CS32    = 2     ; Prescaler source of Timer/Counter 3
.equ    WGM32   = 3     ; Waveform Generation Mode
.equ    WGM33   = 4     ; Waveform Generation Mode
.equ    ICES3   = 6     ; Input Capture 3 Edge Select
.equ    ICNC3   = 7     ; Input Capture 3 Noise Canceler

; TCCR3C - Timer/Counter 3 Control Register C
.equ    FOC3C   = 5     ; Force Output Compare 3C
.equ    FOC3B   = 6     ; Force Output Compare 3B
.equ    FOC3A   = 7     ; Force Output Compare 3A

; ***** TIMER_COUNTER_1 ***************
; TIMSK1 - Timer/Counter1 Interrupt Mask Register
.equ    TOIE1   = 0     ; Timer/Counter1 Overflow Interrupt Enable
.equ    OCIE1A  = 1     ; Timer/Counter1 Output Compare A Match Interrupt Enable
.equ    OCIE1B  = 2     ; Timer/Counter1 Output Compare B Match Interrupt Enable
.equ    OCIE1C  = 3     ; Timer/Counter1 Output Compare C Match Interrupt Enable
.equ    ICIE1   = 5     ; Timer/Counter1 Input Capture Interrupt Enable

; TIFR1 - Timer/Counter1 Interrupt Flag register
.equ    TOV1    = 0     ; Timer/Counter1 Overflow Flag
.equ    OCF1A   = 1     ; Output Compare Flag 1A
.equ    OCF1B   = 2     ; Output Compare Flag 1B
.equ    OCF1C   = 3     ; Output Compare Flag 1C
.equ    ICF1    = 5     ; Input Capture Flag 1

; TCCR1A - Timer/Counter1 Control Register A
.equ    WGM10   = 0     ; Waveform Generation Mode
```

```
.equ    WGM11   = 1     ; Waveform Generation Mode
.equ    COM1C0  = 2     ; Compare Output Mode 1C, bit 0
.equ    COM1C1  = 3     ; Compare Output Mode 1C, bit 1
.equ    COM1B0  = 4     ; Compare Output Mode 1B, bit 0
.equ    COM1B1  = 5     ; Compare Output Mode 1B, bit 1
.equ    COM1A0  = 6     ; Compare Output Mode 1A, bit 0
.equ    COM1A1  = 7     ; Compare Output Mode 1A, bit 1

; TCCR1B - Timer/Counter1 Control Register B
.equ    CS10    = 0     ; Prescaler source of Timer/Counter 1
.equ    CS11    = 1     ; Prescaler source of Timer/Counter 1
.equ    CS12    = 2     ; Prescaler source of Timer/Counter 1
.equ    WGM12   = 3     ; Waveform Generation Mode
.equ    WGM13   = 4     ; Waveform Generation Mode
.equ    ICES1   = 6     ; Input Capture 1 Edge Select
.equ    ICNC1   = 7     ; Input Capture 1 Noise Canceler

; TCCR1C - Timer/Counter 1 Control Register C
.equ    FOC1C   = 5     ; Force Output Compare 1C
.equ    FOC1B   = 6     ; Force Output Compare 1B
.equ    FOC1A   = 7     ; Force Output Compare 1A

; ***** JTAG **************************
; OCDR - On-Chip Debug Related Register in I/O Memory
.equ    OCDR0   = 0     ; On-Chip Debug Register Bit 0
.equ    OCDR1   = 1     ; On-Chip Debug Register Bit 1
.equ    OCDR2   = 2     ; On-Chip Debug Register Bit 2
.equ    OCDR3   = 3     ; On-Chip Debug Register Bit 3
.equ    OCDR4   = 4     ; On-Chip Debug Register Bit 4
.equ    OCDR5   = 5     ; On-Chip Debug Register Bit 5
.equ    OCDR6   = 6     ; On-Chip Debug Register Bit 6
.equ    OCDR7   = 7     ; On-Chip Debug Register Bit 7
.equ    IDRD    = OCDR7 ; For compatibility

; MCUCR - MCU Control Register
.equ    JTD     = 7     ; JTAG Interface Disable

; MCUSR - MCU Status Register
.equ    JTRF    = 4     ; JTAG Reset Flag

; ***** EXTERNAL_INTERRUPT ***********
; EICRA - External Interrupt Control Register A
.equ    ISC00   = 0     ; External Interrupt Sense Control Bit
.equ    ISC01   = 1     ; External Interrupt Sense Control Bit
.equ    ISC10   = 2     ; External Interrupt Sense Control Bit
.equ    ISC11   = 3     ; External Interrupt Sense Control Bit
.equ    ISC20   = 4     ; External Interrupt Sense Control Bit
.equ    ISC21   = 5     ; External Interrupt Sense Control Bit
.equ    ISC30   = 6     ; External Interrupt Sense Control Bit
.equ    ISC31   = 7     ; External Interrupt Sense Control Bit

; EICRB - External Interrupt Control Register B
.equ    ISC40   = 0     ; External Interrupt 7-4 Sense Control Bit
.equ    ISC41   = 1     ; External Interrupt 7-4 Sense Control Bit
.equ    ISC50   = 2     ; External Interrupt 7-4 Sense Control Bit
.equ    ISC51   = 3     ; External Interrupt 7-4 Sense Control Bit
.equ    ISC60   = 4     ; External Interrupt 7-4 Sense Control Bit
.equ    ISC61   = 5     ; External Interrupt 7-4 Sense Control Bit
.equ    ISC70   = 6     ; External Interrupt 7-4 Sense Control Bit
.equ    ISC71   = 7     ; External Interrupt 7-4 Sense Control Bit

; EIMSK - External Interrupt Mask Register
.equ    INT0    = 0     ; External Interrupt Request 0 Enable
.equ    INT1    = 1     ; External Interrupt Request 1 Enable
.equ    INT2    = 2     ; External Interrupt Request 2 Enable
.equ    INT3    = 3     ; External Interrupt Request 3 Enable
```

```
.equ    INT4    = 4     ; External Interrupt Request 4 Enable
.equ    INT5    = 5     ; External Interrupt Request 5 Enable
.equ    INT6    = 6     ; External Interrupt Request 6 Enable
.equ    INT7    = 7     ; External Interrupt Request 7 Enable

; EIFR - External Interrupt Flag Register
.equ    INTF0   = 0     ; External Interrupt Flag 0
.equ    INTF1   = 1     ; External Interrupt Flag 1
.equ    INTF2   = 2     ; External Interrupt Flag 2
.equ    INTF3   = 3     ; External Interrupt Flag 3
.equ    INTF4   = 4     ; External Interrupt Flag 4
.equ    INTF5   = 5     ; External Interrupt Flag 5
.equ    INTF6   = 6     ; External Interrupt Flag 6
.equ    INTF7   = 7     ; External Interrupt Flag 7

; PCICR - Pin Change Interrupt Control Register
.equ    PCIE0   = 0     ; Pin Change Interrupt Enable 0
.equ    PCIE1   = 1     ; Pin Change Interrupt Enable 1
.equ    PCIE2   = 2     ; Pin Change Interrupt Enable 2

; PCIFR - Pin Change Interrupt Flag Register
.equ    PCIF0   = 0     ; Pin Change Interrupt Flag 0
.equ    PCIF1   = 1     ; Pin Change Interrupt Flag 1
.equ    PCIF2   = 2     ; Pin Change Interrupt Flag 2

; PCMSK2 - Pin Change Mask Register 2
.equ    PCINT16 = 0     ; Pin Change Enable Mask 16
.equ    PCINT17 = 1     ; Pin Change Enable Mask 17
.equ    PCINT18 = 2     ; Pin Change Enable Mask 18
.equ    PCINT19 = 3     ; Pin Change Enable Mask 19
.equ    PCINT20 = 4     ; Pin Change Enable Mask 20
.equ    PCINT21 = 5     ; Pin Change Enable Mask 21
.equ    PCINT22 = 6     ; Pin Change Enable Mask 22
.equ    PCINT23 = 7     ; Pin Change Enable Mask 23

; PCMSK1 - Pin Change Mask Register 1
.equ    PCINT8  = 0     ; Pin Change Enable Mask 8
.equ    PCINT9  = 1     ; Pin Change Enable Mask 9
.equ    PCINT10 = 2     ; Pin Change Enable Mask 10
.equ    PCINT11 = 3     ; Pin Change Enable Mask 11
.equ    PCINT12 = 4     ; Pin Change Enable Mask 12
.equ    PCINT13 = 5     ; Pin Change Enable Mask 13
.equ    PCINT14 = 6     ; Pin Change Enable Mask 14
.equ    PCINT15 = 7     ; Pin Change Enable Mask 15

; PCMSK0 - Pin Change Mask Register 0
.equ    PCINT0  = 0     ; Pin Change Enable Mask 0
.equ    PCINT1  = 1     ; Pin Change Enable Mask 1
.equ    PCINT2  = 2     ; Pin Change Enable Mask 2
.equ    PCINT3  = 3     ; Pin Change Enable Mask 3
.equ    PCINT4  = 4     ; Pin Change Enable Mask 4
.equ    PCINT5  = 5     ; Pin Change Enable Mask 5
.equ    PCINT6  = 6     ; Pin Change Enable Mask 6
.equ    PCINT7  = 7     ; Pin Change Enable Mask 7

; ***** CPU **************************
; SREG - Status Register
.equ    SREG_C  = 0     ; Carry Flag
.equ    SREG_Z  = 1     ; Zero Flag
.equ    SREG_N  = 2     ; Negative Flag
.equ    SREG_V  = 3     ; Two's Complement Overflow Flag
.equ    SREG_S  = 4
.equ    SREG_H  = 5     ; Half Carry Flag
.equ    SREG_T  = 6     ; Bit Copy Storage
.equ    SREG_I  = 7     ; Global Interrupt Enable
```

```
; MCUCR - MCU Control Register
.equ    IVCE    = 0     ; Interrupt Vector Change Enable
.equ    IVSEL   = 1     ; Interrupt Vector Select
.equ    PUD     = 4     ; Pull-up disable
;.equ   JTD     = 7     ; JTAG Interface Disable

; MCUSR - MCU Status Register
.equ    PORF    = 0     ; Power-on reset flag
.equ    EXTRF   = 1     ; External Reset Flag
.equ    BORF    = 2     ; Brown-out Reset Flag
.equ    WDRF    = 3     ; Watchdog Reset Flag
;.equ   JTRF    = 4     ; JTAG Reset Flag

; XMCRA - External Memory Control Register A
.equ    SRW00   = 0     ; Wait state select bit lower page
.equ    SRW01   = 1     ; Wait state select bit lower page
.equ    SRW10   = 2     ; Wait state select bit upper page
.equ    SRW11   = 3     ; Wait state select bit upper page
.equ    SRL0    = 4     ; Wait state page limit
.equ    SRL1    = 5     ; Wait state page limit
.equ    SRL2    = 6     ; Wait state page limit
.equ    SRE     = 7     ; External SRAM Enable

; XMCRB - External Memory Control Register B
.equ    XMM0    = 0     ; External Memory High Mask
.equ    XMM1    = 1     ; External Memory High Mask
.equ    XMM2    = 2     ; External Memory High Mask
.equ    XMBK    = 7     ; External Memory Bus Keeper Enable

; OSCCAL - Oscillator Calibration Value
.equ    CAL0    = 0     ; Oscillator Calibration Value Bit0
.equ    CAL1    = 1     ; Oscillator Calibration Value Bit1
.equ    CAL2    = 2     ; Oscillator Calibration Value Bit2
.equ    CAL3    = 3     ; Oscillator Calibration Value Bit3
.equ    CAL4    = 4     ; Oscillator Calibration Value Bit4
.equ    CAL5    = 5     ; Oscillator Calibration Value Bit5
.equ    CAL6    = 6     ; Oscillator Calibration Value Bit6
.equ    CAL7    = 7     ; Oscillator Calibration Value Bit7

; CLKPR -
.equ    CLKPS0  = 0     ;
.equ    CLKPS1  = 1     ;
.equ    CLKPS2  = 2     ;
.equ    CLKPS3  = 3     ;
.equ    CPKPCE  = 7     ;

; SMCR - Sleep Mode Control Register
.equ    SE      = 0     ; Sleep Enable
.equ    SM0     = 1     ; Sleep Mode Select bit 0
.equ    SM1     = 2     ; Sleep Mode Select bit 1
.equ    SM2     = 3     ; Sleep Mode Select bit 2

; RAMPZ - RAM Page Z Select Register
.equ    RAMPZ0  = 0     ; RAM Page Z Select Register Bit 0
.equ    RAMPZ1  = 1     ; RAM Page Z Select Register Bit 1

; EIND - Extended Indirect Register
.equ    EIND0   = 0     ; Bit 0

; GPIOR2 - General Purpose IO Register 2
.equ    GPIOR20 = 0     ; General Purpose IO Register 2 bit 0
.equ    GPIOR21 = 1     ; General Purpose IO Register 2 bit 1
.equ    GPIOR22 = 2     ; General Purpose IO Register 2 bit 2
.equ    GPIOR23 = 3     ; General Purpose IO Register 2 bit 3
.equ    GPIOR24 = 4     ; General Purpose IO Register 2 bit 4
.equ    GPIOR25 = 5     ; General Purpose IO Register 2 bit 5
```

```
.equ    GPIOR26 = 6     ; General Purpose IO Register 2 bit 6
.equ    GPIOR27 = 7     ; General Purpose IO Register 2 bit 7

; GPIOR1 - General Purpose IO Register 1
.equ    GPIOR10 = 0     ; General Purpose IO Register 1 bit 0
.equ    GPIOR11 = 1     ; General Purpose IO Register 1 bit 1
.equ    GPIOR12 = 2     ; General Purpose IO Register 1 bit 2
.equ    GPIOR13 = 3     ; General Purpose IO Register 1 bit 3
.equ    GPIOR14 = 4     ; General Purpose IO Register 1 bit 4
.equ    GPIOR15 = 5     ; General Purpose IO Register 1 bit 5
.equ    GPIOR16 = 6     ; General Purpose IO Register 1 bit 6
.equ    GPIOR17 = 7     ; General Purpose IO Register 1 bit 7

; GPIOR0 - General Purpose IO Register 0
.equ    GPIOR00 = 0     ; General Purpose IO Register 0 bit 0
.equ    GPIOR01 = 1     ; General Purpose IO Register 0 bit 1
.equ    GPIOR02 = 2     ; General Purpose IO Register 0 bit 2
.equ    GPIOR03 = 3     ; General Purpose IO Register 0 bit 3
.equ    GPIOR04 = 4     ; General Purpose IO Register 0 bit 4
.equ    GPIOR05 = 5     ; General Purpose IO Register 0 bit 5
.equ    GPIOR06 = 6     ; General Purpose IO Register 0 bit 6
.equ    GPIOR07 = 7     ; General Purpose IO Register 0 bit 7

; PRR1 - Power Reduction Register1
.equ    PRUSART1        = 0     ; Power Reduction USART1
.equ    PRUSART2        = 1     ; Power Reduction USART2
.equ    PRUSART3        = 2     ; Power Reduction USART3
.equ    PRTIM3  = 3     ; Power Reduction Timer/Counter3
.equ    PRTIM4  = 4     ; Power Reduction Timer/Counter4
.equ    PRTIM5  = 5     ; Power Reduction Timer/Counter5

; PRR0 - Power Reduction Register0
.equ    PRADC   = 0     ; Power Reduction ADC
.equ    PRUSART0        = 1     ; Power Reduction USART
.equ    PRSPI   = 2     ; Power Reduction Serial Peripheral Interface
.equ    PRTIM1  = 3     ; Power Reduction Timer/Counter1
.equ    PRTIM0  = 5     ; Power Reduction Timer/Counter0
.equ    PRTIM2  = 6     ; Power Reduction Timer/Counter2
.equ    PRTWI   = 7     ; Power Reduction TWI

; ***** AD_CONVERTER *****************
; ADMUX - The ADC multiplexer Selection Register
.equ    MUX0    = 0     ; Analog Channel and Gain Selection Bits
.equ    MUX1    = 1     ; Analog Channel and Gain Selection Bits
.equ    MUX2    = 2     ; Analog Channel and Gain Selection Bits
.equ    MUX3    = 3     ; Analog Channel and Gain Selection Bits
.equ    MUX4    = 4     ; Analog Channel and Gain Selection Bits
.equ    ADLAR   = 5     ; Left Adjust Result
.equ    REFS0   = 6     ; Reference Selection Bit 0
.equ    REFS1   = 7     ; Reference Selection Bit 1

; ADCSRA - The ADC Control and Status register A
.equ    ADPS0   = 0     ; ADC  Prescaler Select Bits
.equ    ADPS1   = 1     ; ADC  Prescaler Select Bits
.equ    ADPS2   = 2     ; ADC  Prescaler Select Bits
.equ    ADIE    = 3     ; ADC Interrupt Enable
.equ    ADIF    = 4     ; ADC Interrupt Flag
.equ    ADATE   = 5     ; ADC  Auto Trigger Enable
.equ    ADSC    = 6     ; ADC Start Conversion
.equ    ADEN    = 7     ; ADC Enable

; ADCSRB - The ADC Control and Status register B
.equ    ADTS0   = 0     ; ADC Auto Trigger Source bit 0
.equ    ADTS1   = 1     ; ADC Auto Trigger Source bit 1
.equ    ADTS2   = 2     ; ADC Auto Trigger Source bit 2
.equ    MUX5    = 3     ; Analog Channel and Gain Selection Bits
```

```
;.equ    ACME     = 6      ;

; ADCH - ADC Data Register High Byte
.equ    ADCH0    = 0      ; ADC Data Register High Byte Bit 0
.equ    ADCH1    = 1      ; ADC Data Register High Byte Bit 1
.equ    ADCH2    = 2      ; ADC Data Register High Byte Bit 2
.equ    ADCH3    = 3      ; ADC Data Register High Byte Bit 3
.equ    ADCH4    = 4      ; ADC Data Register High Byte Bit 4
.equ    ADCH5    = 5      ; ADC Data Register High Byte Bit 5
.equ    ADCH6    = 6      ; ADC Data Register High Byte Bit 6
.equ    ADCH7    = 7      ; ADC Data Register High Byte Bit 7

; ADCL - ADC Data Register Low Byte
.equ    ADCL0    = 0      ; ADC Data Register Low Byte Bit 0
.equ    ADCL1    = 1      ; ADC Data Register Low Byte Bit 1
.equ    ADCL2    = 2      ; ADC Data Register Low Byte Bit 2
.equ    ADCL3    = 3      ; ADC Data Register Low Byte Bit 3
.equ    ADCL4    = 4      ; ADC Data Register Low Byte Bit 4
.equ    ADCL5    = 5      ; ADC Data Register Low Byte Bit 5
.equ    ADCL6    = 6      ; ADC Data Register Low Byte Bit 6
.equ    ADCL7    = 7      ; ADC Data Register Low Byte Bit 7

; DIDR0 - Digital Input Disable Register
.equ    ADC0D    = 0      ;
.equ    ADC1D    = 1      ;
.equ    ADC2D    = 2      ;
.equ    ADC3D    = 3      ;
.equ    ADC4D    = 4      ;
.equ    ADC5D    = 5      ;
.equ    ADC6D    = 6      ;
.equ    ADC7D    = 7      ;

; DIDR2 - Digital Input Disable Register
.equ    ADC8D    = 0      ;
.equ    ADC9D    = 1      ;
.equ    ADC10D   = 2      ;
.equ    ADC11D   = 3      ;
.equ    ADC12D   = 4      ;
.equ    ADC13D   = 5      ;
.equ    ADC14D   = 6      ;
.equ    ADC15D   = 7      ;

; ***** BOOT_LOAD *******************
; SPMCSR - Store Program Memory Control Register
.equ    SPMEN    = 0      ; Store Program Memory Enable
.equ    PGERS    = 1      ; Page Erase
.equ    PGWRT    = 2      ; Page Write
.equ    BLBSET   = 3      ; Boot Lock Bit Set
.equ    RWWSRE   = 4      ; Read While Write section read enable
.equ    SIGRD    = 5      ; Signature Row Read
.equ    RWWSB    = 6      ; Read While Write Section Busy
.equ    SPMIE    = 7      ; SPM Interrupt Enable

; ***** LOCKSBITS ********************************************************
.equ    LB1      = 0      ; Lock bit
.equ    LB2      = 1      ; Lock bit
.equ    BLB01    = 2      ; Boot Lock bit
.equ    BLB02    = 3      ; Boot Lock bit
.equ    BLB11    = 4      ; Boot lock bit
.equ    BLB12    = 5      ; Boot lock bit

; ***** FUSES ************************************************************
; LOW fuse bits
.equ    CKSEL0   = 0      ; Select Clock Source
.equ    CKSEL1   = 1      ; Select Clock Source
.equ    CKSEL2   = 2      ; Select Clock Source
```

```
.equ    CKSEL3  = 3     ; Select Clock Source
.equ    SUT0    = 4     ; Select start-up time
.equ    SUT1    = 5     ; Select start-up time
.equ    CKOUT   = 6     ; Clock output
.equ    CLKDIV8 = 7     ; Divide clock by 8

; HIGH fuse bits
.equ    BOOTRST = 0     ; Select Reset Vector
.equ    BOOTSZ0 = 1     ; Select Boot Size
.equ    BOOTSZ1 = 2     ; Select Boot Size
.equ    EESAVE  = 3     ; EEPROM memory is preserved through chip erase
.equ    WDTON   = 4     ; Watchdog timer always on
.equ    SPIEN   = 5     ; Enable Serial programming and Data Downloading
.equ    JTAGEN  = 6     ; Enable JTAG
.equ    OCDEN   = 7     ; Enable OCD

; EXTENDED fuse bits
.equ    BODLEVEL0 = 0   ; Brown-out Detector trigger level
.equ    BODLEVEL1 = 1   ; Brown-out Detector trigger level
.equ    BODLEVEL2 = 2   ; Brown-out Detector trigger level

; ***** CPU REGISTER DEFINITIONS *****************************************
.def    XH      = r27
.def    XL      = r26
.def    YH      = r29
.def    YL      = r28
.def    ZH      = r31
.def    ZL      = r30

; ***** DATA MEMORY DECLARATIONS *****************************************
.equ    FLASHEND   = 0x1ffff ; Note: Word address
.equ    IOEND      = 0x01ff
.equ    SRAM_START = 0x0200
.equ    SRAM_SIZE  = 8192
.equ    RAMEND     = 0x21ff
.equ    XRAMEND    = 0xffff
.equ    E2END      = 0x0fff
.equ    EEPROMEND  = 0x0fff
.equ    EEADRBITS  = 12

#pragma AVRPART MEMORY PROG_FLASH 262144
#pragma AVRPART MEMORY EEPROM 4096
#pragma AVRPART MEMORY INT_SRAM SIZE 8192
#pragma AVRPART MEMORY INT_SRAM START_ADDR 0x200

; ***** BOOTLOADER DECLARATIONS ******************************************
.equ    NRWW_START_ADDR = 0x1f000
.equ    NRWW_STOP_ADDR  = 0x1ffff
.equ    RWW_START_ADDR  = 0x0
.equ    RWW_STOP_ADDR   = 0x1efff
.equ    PAGESIZE        = 128
.equ    FIRSTBOOTSTART  = 0x1fe00
.equ    SECONDBOOTSTART = 0x1fc00
.equ    THIRDBOOTSTART  = 0x1f800
.equ    FOURTHBOOTSTART = 0x1f000
.equ    SMALLBOOTSTART  = FIRSTBOOTSTART
.equ    LARGEBOOTSTART  = FOURTHBOOTSTART

; ***** INTERRUPT VECTORS ************************************************
.equ    INT0addr        = 0x0002        ; External Interrupt Request 0
.equ    INT1addr        = 0x0004        ; External Interrupt Request 1
.equ    INT2addr        = 0x0006        ; External Interrupt Request 2
.equ    INT3addr        = 0x0008        ; External Interrupt Request 3
.equ    INT4addr        = 0x000a        ; External Interrupt Request 4
.equ    INT5addr        = 0x000c        ; External Interrupt Request 5
.equ    INT6addr        = 0x000e        ; External Interrupt Request 6
```

```
.equ    INT7addr        = 0x0010        ; External Interrupt Request 7
.equ    PCI0addr        = 0x0012        ; Pin Change Interrupt Request 0
.equ    PCI1addr        = 0x0014        ; Pin Change Interrupt Request 1
.equ    PCI2addr        = 0x0016        ; Pin Change Interrupt Request 2
.equ    WDTaddr         = 0x0018        ; Watchdog Time-out Interrupt
.equ    OC2Aaddr        = 0x001a        ; Timer/Counter2 Compare Match A
.equ    OC2Baddr        = 0x001c        ; Timer/Counter2 Compare Match B
.equ    OVF2addr        = 0x001e        ; Timer/Counter2 Overflow
.equ    ICP1addr        = 0x0020        ; Timer/Counter1 Capture Event
.equ    OC1Aaddr        = 0x0022        ; Timer/Counter1 Compare Match A
.equ    OC1Baddr        = 0x0024        ; Timer/Counter1 Compare Match B
.equ    OC1Caddr        = 0x0026        ; Timer/Counter1 Compare Match C
.equ    OVF1addr        = 0x0028        ; Timer/Counter1 Overflow
.equ    OC0Aaddr        = 0x002a        ; Timer/Counter0 Compare Match A
.equ    OC0Baddr        = 0x002c        ; Timer/Counter0 Compare Match B
.equ    OVF0addr        = 0x002e        ; Timer/Counter0 Overflow
.equ    SPIaddr         = 0x0030        ; SPI Serial Transfer Complete
.equ    URXC0addr       = 0x0032        ; USART0, Rx Complete
.equ    UDRE0addr       = 0x0034        ; USART0 Data register Empty
.equ    UTXC0addr       = 0x0036        ; USART0, Tx Complete
.equ    ACIaddr         = 0x0038        ; Analog Comparator
.equ    ADCCaddr        = 0x003a        ; ADC Conversion Complete
.equ    ERDYaddr        = 0x003c        ; EEPROM Ready
.equ    ICP3addr        = 0x003e        ; Timer/Counter3 Capture Event
.equ    OC3Aaddr        = 0x0040        ; Timer/Counter3 Compare Match A
.equ    OC3Baddr        = 0x0042        ; Timer/Counter3 Compare Match B
.equ    OC3Caddr        = 0x0044        ; Timer/Counter3 Compare Match C
.equ    OVF3addr        = 0x0046        ; Timer/Counter3 Overflow
.equ    URXC1addr       = 0x0048        ; USART1, Rx Complete
.equ    UDRE1addr       = 0x004a        ; USART1 Data register Empty
.equ    UTXC1addr       = 0x004c        ; USART1, Tx Complete
.equ    TWIaddr         = 0x004e        ; 2-wire Serial Interface
.equ    SPMRaddr        = 0x0050        ; Store Program Memory Read
.equ    ICP4addr        = 0x0052        ; Timer/Counter4 Capture Event
.equ    OC4Aaddr        = 0x0054        ; Timer/Counter4 Compare Match A
.equ    OC4Baddr        = 0x0056        ; Timer/Counter4 Compare Match B
.equ    OC4Caddr        = 0x0058        ; Timer/Counter4 Compare Match C
.equ    OVF4addr        = 0x005a        ; Timer/Counter4 Overflow
.equ    ICP5addr        = 0x005c        ; Timer/Counter5 Capture Event
.equ    OC5Aaddr        = 0x005e        ; Timer/Counter5 Compare Match A
.equ    OC5Baddr        = 0x0060        ; Timer/Counter5 Compare Match B
.equ    OC5Caddr        = 0x0062        ; Timer/Counter5 Compare Match C
.equ    OVF5addr        = 0x0064        ; Timer/Counter5 Overflow
.equ    URXC2addr       = 0x0066        ; USART2, Rx Complete
.equ    UDRE2addr       = 0x0068        ; USART2 Data register Empty
.equ    UTXC2addr       = 0x006a        ; USART2, Tx Complete
.equ    URXC3addr       = 0x006c        ; USART3, Rx Complete
.equ    UDRE3addr       = 0x006e        ; USART3 Data register Empty
.equ    UTXC3addr       = 0x0070        ; USART3, Tx Complete

.equ    INT_VECTORS_SIZE = 114          ; size in words

#endif  /* _M2561DEF_INC_ */

; ***** END OF FILE ******************************************************
```

3.5 WinAVR의 AVR-GCC 컴파일러

이 절에서는 WinAVR 소프트웨어 패키지에 포함되는 AVR-GCC 컴파일러의 주요 기능에 대하여 설명한다. 여기서 우리가 사용하는 WinAVR은 2006년 4월 21일자로 발표된 버전이며, 모든 설명은 이 소프트웨어에 포함된 AVR-GCC V3.4.6 및 avr-libc V1.4.4를 기준으로 한다. 이 WinAVR은 원래 Windows 운영체제에서 독립적으로 사용하도록 만들어진 소프트웨어지만, AVR Studio V4.12부터는 이것이 WinAVR의 IDE 기능을 지원하므로 훨씬 사용하기가 편리해졌다. AVR Studio와 WinAVR의 설치 및 사용 방법에 관해서는 앞의 제3.3절에서 설명하였으니 참조하라.

1. WinAVR의 개요

(1) WinAVR의 개요

GCC(GNU C Compiler 또는 GNU Compiler Collection이라고 함)는 지난 1984년 무렵부터 FSF(Free Software Foundation)을 중심으로 추진되어온 GNU(GNU is Not Unix) 프로젝트의 일환으로 개발된 공개 소프트웨어로서 C언어 및 C++언어를 지원하는 ANSI C 컴파일러이다. 이것은 공개용이지만 매우 우수한 성능과 안정성을 가지고 있으며, 전세계의 많은 지원자들에 의하여 지속적으로 발전하고 있다.

GCC는 거의 모든 CPU에 적용될 수 있을 정도로 뛰어난 이식성을 가지고 있는데, 이를 위하여 GCC는 플랫폼(platform)에 의존적인 부분과 플랫폼에 의존하지 않는 부분으로 나누어져 모듈화되어 있으며, 이들 모듈은 서로 지정된 규칙으로 인터페이스되고 있다. 따라서, 플랫폼에 의존적인 부분만을 수정하면 새로운 플랫폼을 지원하는 GCC를 만들 수가 있다. AVR-GCC는 이러한 방법으로 만들어진 AVR용의 GCC 컴파일러인 것이다.

AVR-GCC는 정확히 말하면 크로스 컴파일러(cross compiler)이다. 즉, 호스트 플랫폼(host platform)으로서 Windows 운영체제를 사용하는 IBM PC 호환기종 퍼스널컴퓨터를 사용하고, 타겟 플랫폼(target platform)으로서 AVR 마이크로콘트롤러용의 소스 파일을 컴파일하여 실행 파일을 생성하는 것이다. AVR-GCC가 이와 같이 크로스 컴파일러로 동작하기 위해서는 사실 어셈블러와 링커가 더욱 중요하다. GCC 컴파일러는 단지 C언어 소스를 어셈블리 소스로 번역하는 역할만을 수행하므로 어셈블러가 타겟용의 오브젝트 코드를 생성하고 링커가 여러 개의 오브젝트 파일들을 링크하기 때문이다. AVR-GCC에서는 이러한 크로스 어셈블러나 크로스 링커와 같은 유틸리티들을 모아서 binutils라고 한다.

최근에는 Windows 운영체제를 사용하는 IBM PC 호환기종 퍼스널컴퓨터를 호스트 플랫폼으로 하는 AVR-GCC 소프트웨어 패키지를 WinAVR이라고 부르고 있으며, 언제나 인터넷 홈페이지 http://sourceforge.net/projects/winavr/에서 가장 최신 버전의 소프트웨어를 다운로드 받을 수 있다. 따라서, 이제 WinAVR과 AVR-GCC는 거의 같은 의미로 통용되고 있다.

(2) WinAVR의 구성 및 특징

앞의 제3.3절에서 설명했듯이 인터넷 사이트 http://sourceforge.net/projects/winavr에서 WinAVR의 2006년 4월 21일자 버전인 WinAVR-20060421-install.exe 파일을 다운로드하여 설치하면 <그림 3.3.8>과 같은 폴더가 만들어진다.

이 WinAVR 소프트웨어 패키지에 포함되어 있는 주요 프로그램들을 살펴보면 avr-gcc(command line compiler), avr-libc(compiler library), avr-as(AVR assembler), avr-ld(linker), avr-ar 및 avr-ranlib(librarian), avrdude(programming interface), avarice (JTAG ICE interface), avr-gdb(debugger), pn(programmers notepad, editor) 등이 있다. 이들 소프트웨어에는 각각 자신들의 버전이 따로 있다. 그러나, 이것들을 모두 합쳐놓은 소프트웨어 패키지인 WinAVR에서는 버전 번호로 관리하지 않고 이를 발표한 날짜로 버전을 표시하고 있다.

WinAVR은 자체적으로 통합 쉘 프로그램 및 에디터에 해당하는 프로그래머 노트패드 pn.exe을 가지고 있으므로 이를 사용하여 소스 파일을 작성하며, 컴파일러나 어셈블러, 링커 등을 호출하여 소스를 번역하고 링크한다. 이러한 일련의 작업은 통합 쉘 프로그램을 사용하지 않고 MS-DOS 커맨드 레벨에서 수행할 수도 있다. 그러나, WinAVR을 사용할 때는 소스를 번역하고 링크하는 일련의 과정에 필요한 모든 정보들을 사용자가 일일이 makefile로 만들어주어야 한다는 것이 상당히 번거롭다.

과거에는 WinAVR의 이러한 사용 방법이 매우 불편하고 AVR Studio에서도 WinAVR을 지원하지 않았으므로 사용자들이 WinAVR을 사용하는데 어려움이 있었다. 이 때문에 우리나라의 황해권 님이 개발한 AvrEdit가 상당히 인기를 얻었는데, 이를 사용하면 하나의 통합 쉘 프로그램 안에서 소스 파일의 작성부터 컴파일 및 링크에 이르는 모든 과정을 간편하게 수행할 수 있고, 또한 기본적인 환경설정을 바탕으로

makefile도 AvrEdit가 자동으로 만들어 처리해주므로 WinAVR의 사용이 전체적으로 상당히 쉽고 편리해졌다.

그러나, 2005년에 발표된 AVR Studio V4.12부터는 AVR Studio가 기존의 매크로 어셈블러뿐만 아니라 WinAVR의 IDE 기능도 지원하기 시작하였다. AVR Studio와 함께 WinAVR을 퍼스널컴퓨터에 설치하여 두면 AVR Studio가 이를 자동으로 인식하여 사용하며, 여기서 사용자가 필요한 몇가지의 환경을 설정해주면 C언어 프로그램 개발 시 makefile도 AVR Studio가 자동으로 만들어 처리해주므로 매우 편리해졌다.

따라서, 이 책에서는 매크로 어셈블러에 의한 프로그램 개발이나 WinAVR에 의한 프로그램 개발을 모두 AVR Studio에서 사용하기로 한다. WinAVR을 설치한 결과는 <그림 3.3.8>에 보였으며, AVR Studio에서 WinAVR을 이용한 프로그램 개발 과정을 도시하면 <그림 3.3.29>와 같다.

◀참고▶ 대부분의 경우 소프트웨어 개발툴에는 컴파일러와 어셈블러를 모두 포함하고 있어서 이를 함께 사용하는 것이 일반적이다. WinAVR에도 물론 AVR-GCC 컴파일러뿐만 아니라 AVR-AS 매크로 어셈블러를 가지고 있으므로 사용자가 이를 사용하여 어셈블리 언어로 프로그래밍하는 것이 가능하다. 그러나, WinAVR에 포함된 매크로 어셈블러는 여러 가지 면에서 익히거나 사용하기가 불편하여 별로 인기가 없다. 따라서, 이 책에서는 WinAVR에 포함되어 있는 매크로 어셈블러를 사용하지 않고 AVR Studio에서 기본으로 제공하는 매크로 어셈블러를 사용하여 어셈블리 언어 프로그래밍을 수행하고 있다.

2. AVR-GCC의 주요 기능 요약

AVR-GCC는 ANSI 표준의 C 및 C++ 컴파일러이므로 여기서 이 컴파일러의 기능을 자세하게 설명하지 않는다. 여기서는 일반 ANSI C가 아니라 AVR용으로서의 C언어를 사용할 때 알아야 하는 중요한 특징과 기능만을 알아보기로 한다. 더 이상의 자세한 사항에 대하여는 AVR-GCC 소프트웨어 패키지의 각 매뉴얼 특히 avr-libc의 매뉴얼을 참조하기 바란다.

(1) SRAM에서의 변수 및 상수

AVR-GCC에서 특별히 속성을 지정하지 않고 변수(variable)를 정의하면 이는 MCU 내부의 SRAM 영역에 저장된다. 이것들은 외부 메모리에 저장되는 경우에 비하여 빠르게 액세스할 수 있다는 것이 장점이다.

AVR-GCC에서는 <표 3.5.1>과 같이 일반적으로 사용하는 데이터의 형 표현 방법이외에도 데이터형을 축약하여 표현하는 전용의 방법을 추가로 더 사용하고 있다. 이러한 데이터의 표현은 헤더파일 <stdint.h>에 정의되어 있다. 그러나, <io.h>를 인클루드하면 내부적으로 <stdint.h> 파일을 자동 인클루드하도록 연결되어 있으므로 사용자가 별도로 이를 인클루드해줄 필요는 없다.

변수는

```
uint8_t val = 10;
```

과 같이 정의하며,

```
val = 20;
```

과 같이 나중에 그 값을 변경할 수도 있다. 그러나,

```
const uint8_t conval = 10;
```

처럼 상수(constant)로 정의한 것은 SRAM에 저장되더라도 읽는 것만 가능하고 나중에 그 값을 수정할 수는 없다. 또한,

```
register uint8_t regval asm("r3");
```

처럼 변수를 레지스터에 할당하면 이는 액세스 속도가 더욱 빠르므로 자주 사용하는 변수에 유용하다.

〈표 3.5.1〉 AVR-GCC에서 데이터의 형 및 이를 축약하여 표현 방법

일반적인 데이터형의 표현	AVR-GCC의 데이터형 축약 표현	바이트 수	표현 범위
signed char	int8_t	1	-128~+127
unsigned char	uint8_t	1	0~255
signed int	int16_t	2	-32768~+32767
unsigned int	uint16_t	2	0~65535
signed long	int32_t	4	-2147483648~+2147483647
unsigned long	uint32_t	4	0~4294967295
signed long long	int64_t	8	-9.22×10^18~+9.22×10^18
unsigned long long	uint64_t	8	0~1.844×10^19
	intptr_t	2	int16_t와 같음
	uintptr_t	2	uint16_t와 같음
float		4	±8.4×10^-37~±3.4×10^38
double		8	±2.2×10^-308~±1.8×10^308

◀참고▶ 그러나, 이 책의 예제에서는 1행이 너무 길어져서 불편해지는 특별한 경우가 아니면 이런 AVR-GCC 전용의 데이터형 축약 표현법보다는 가급적이면 일반적인 데이터형의 표현 방법을 사용한다.

대부분의 C언어 프로그래머들에게는 그것이 더 알아보기 편하기 때문이다.

(2) 프로그램 메모리에서의 상수

AVR-GCC에서는 프로그램 메모리에서 상수를 지정하는 여러 가지 방법을 제공하고 있다. AVR의 프로그램 메모리인 플래시 메모리에는 프로그램이나 상수를 정의할 수 있는데, 이 상수는 당연히 읽는 것만 가능하지만 LCD 모듈에 표시할 문자열 등의 데이터를 저장하는데 매우 유용하다. 물론 이러한 상수 데이터는 SRAM에 저장할 수도 있지만 플래시 메모리는 SRAM에 비하여 용량이 훨씬 크므로 여기에 저장하는 것이 유리한 것이다.

〈표 3.5.2〉 AVR-GCC에서 프로그램 메모리 상수를 정의하는 방법

데이터의 형	AVR-GCC에서 프로그램 메모리 상수	바이트 수	표현 범위
signed char	prog_char prog_int8_t	1	-128~+127
unsigned char	prog_uchar prog_uint8_t	1	0~255
signed int	prog_int16_t	2	-32768~+32767
unsigned int	prog_uint16_t	2	0~65535
signed long	prog_int32_t	4	-2147483648~+2147483647
unsigned long	prog_uint32_t	4	0~4294967295
signed long long	prog_int64_t	8	-9.22×10^18~+9.22×10^18
unsigned long long	prog_uint64_t	8	0~1.844×10^19

〈표 3.5.3〉 AVR-GCC에서 프로그램 메모리 상수를 읽는 방법

프로그램 메모리 상수의 형	16비트 어드레스를 사용하여 읽기	32비트 어드레스를 사용하여 읽기
prog_char prog_uchar prog_int8_t prog_uint8_t	pgm_read_byte(address_short) pgm_read_byte_near(address_long)	pgm_read_byte_far(address_long)
prog_int16_t prog_uint16_t	pgm_read_word(address_short) pgm_read_word_near(address_long)	pgm_read_word_far(address_long)
prog_int32_t prog_uint32_t	pgm_read_dword(address_short) pgm_read_dword_near(address_long)	pgm_read_dword_far(address_long)

이러한 상수 데이터의 표현을 사용하려면 헤더파일 <pgmspace.h>를 인클루드해 주어야 한다. 이 헤더 파일에 의하여 프로그램 메모리에서 상수를 정의할 때는 8, 16, 32, 64 비트 데이터의 형을 <표 3.5.2>와 같이 정의하며, 이러한 프로그램 메모리 상수를 읽을 때는 <표 3.5.3>과 같은 함수를 사용한다.

예를 들어

```
prog_int8_t aaa = {1};
```

이라고 하면 1이라는 데이터가 프로그램 메모리에 바이트 상수로 저장되며, aaa는 이 데이터가 저장되는 번지가 된다. 이 데이터를 읽어내려면

```
int8_t value;
value = pgm_read_byte(&aaa);
```

와 같이 처리한다. 마찬가지로 프로그램 메모리에 바이트 상수 배열을 정의하려면 다음과 같이 2가지가 가능하다.

```
prog_int8_t array1[10] = {0,1,2,3,4,5,6,7,8,9};
prog_int8_t array2[ ] = {0,1,2,3,4,5,6,7,8,9};
```

이 중에서 어느 하나의 원소를 읽어내려면 다음과 같이 처리하면 된다.

```
int8_t element;
element = pgm_read_byte(&array1[3]);
```

프로그램 메모리에 문자열을 정의하는 것은

```
int8_t *str1 = PSTR("OK-1281 V1.0");
```

와 같이 수행하는데, 여기서 포인터 *str1은 문자열의 첫번째 번지를 가리킨다. 이 문자열에 포함된 어느 문자를 읽으려면

```
int8_t letter;
letter = pgm_read_byte(str1 + 7);
```

와 같이 처리할 수 있다. 프로그램 메모리에 문자열을 정의하는 또다른 방법으로는

```
int8_t str2[ ] __attribute__ ((progmem)) = "OK-1281 V1.0";
```

이 있으며, 이를 읽어내려면

```
int8_t letter;
letter = pgm_read_byte(&str2[7]);
```

와 같이 처리한다.

(3) EEPROM에서의 변수

AVR에서 EEPROM을 액세스하는 것은 I/O 레지스터를 사용하여 특별하게 수행해야 하므로 AVR-GCC에서는 EEPROM을 액세스하기 위한 특별한 함수들을 제공하는데, 이것들은 헤더파일 <eeprom.h>에 정의되어 있다.

〈표 3.5.4〉 AVR-GCC에서 EEPROM의 데이터를 액세스하는 방법

데이터의 종류	EEPROM 읽기	EEPROM 쓰기
8비트 바이트	eeprom_read_byte() _EEGET()	eeprom_write_byte() _EEPUT()
16비트 워드	eeprom_read_word()	eeprom_write_word()
바이트 블록	eeprom_read_block()	eeprom_write_block()

여기에 정의되어 있는 주요 함수들을 요약하면 <표 3.5.4>와 같고, 이것들의 사용 방법을 좀더 자세히 설명하면 다음과 같다.

```
eeprom_is_ready();
```

는 EEPROM의 상태를 조사하는 매크로로서 리턴값이 1이면 ready, 0이면 busy 상태를 나타낸다.

```
void eeprom_write_byte(uint8_t *addr, uint8_t value);
void eeprom_write_word(uint16_t *addr, uint16_t value);
```

은 EEPROM의 지정된 어드레스에 8비트 바이트 또는 16비트 워드의 데이터를 저장한다. 반대로

```
uint8_t   eeprom_read_byte(const uint8_t *addr);
uint16_t eeprom_read_word(const uint16_t *addr);
```

은 EEPROM의 지정된 어드레스에서 8비트 바이트 또는 16비트 워드의 데이터를 읽어온다. 또한,

```
void eeprom_write_block(const void *addr, void *buf, size_t n);
```

은 SRAM에 있는 n바이트의 *buf 버퍼값을 EEPROM의 지정된 어드레스에 저장하며

```
void eeprom_read_block(void *buf, const void *addr, size_t n);
```

은 EEPROM의 지정된 어드레스 *add에서 n바이트의 값을 읽어서 SRAM의 *buf 버퍼에 저장한다.

한편, IAR C컴파일러와의 호환성 때문에 헤더파일 <eeprom.h>에는

```
#define _EEGET(val, addr)  (avr) = eeprom_read_byte((uint8_t *)addr)
#define _EEPUT(addr, val)  eeprom_write_byte((uint8_t *)addr, (uint8_t)(val))
```

와 같이 정의되어 있기 때문에 _EEGET()과 _EEPUT() 함수도 사용할 수 있다.

◀참고▶ 예전에 사용하던 eeprom_rb(unsigned int addr)나 eeprom_wb(unsigned int addr, unsigned char value)는 현재 모두 폐지되어 사용할 수 없다.

(4) I/O 레지스터 및 병렬 I/O 포트의 액세스

AVR-GCC에서는 I/O 레지스터 또는 확장 I/O 레지스터를 액세스하기 위한 여러 가지의 함수나 매크로를 지원한다. 병렬 I/O 포트도 역시 이 영역에 있는 SFR(special function register)에 해당하므로 이 방법을 사용하여 액세스한다.

이러한 데이터의 표현은 헤더파일 <sfr_defs.h>에 정의되어 있다. 그러나, <io.h>를 인클루드하면 내부적으로 <sfr_defs.h> 파일을 자동 인클루드하도록 연결되어 있으므로 사용자가 별도로 이를 인클루드해줄 필요는 없다.

8비트 I/O 레지스터 또는 확장 I/O 레지스터는 다음과 같이 MCU에서 일반적인 입출력 방법을 사용하여 액세스한다.

```
unsigned char a;
PORTB = 0x80;
a = PINB;
```

그러나, 16비트의 I/O 레지스터 또는 확장 I/O 레지스터는 8비트 단위로 액세스할 수도 있고, 한번에 16비트를 처리하도록 명령을 사용해도 C컴파일러가 이를 8비트씩 2 차례에 액세스하도록 번역한다.

```
unsigned char a, b;
unsigned int c;
TCNT1H = 0x10;
TCNT1L = 0x20;
a = TCNT1L;
b = TCNT1H;
c = b + a*256;
TCNT1 = 0x1020;
c = TCNT1;
```

◀참고▶ 어셈블리 언어에서 I/O 레지스터 영역을 액세스할 때는 IN 및 OUT 명령을 사용하며, 확장 I/O 레지스터 영역을 액세스할 때는 LDS 및 STS 명령을 사용한다. 그러나, C언어에서는 이를 구분하지 않고 무조건 위와 같이 사용하면 된다. AVR-GCC가 내부적으로 I/O 영역의 레지스터와 확장 I/O 영역의 레지스터를 구분하여 각각에 맞는 어셈블리 명령으로 번역하여 주기 때문이다.

또한, 16비트 I/O 레지스터 또는 확장 I/O 레지스터를 액세스할 때는 각 바이트를 액세스하는 순서가 중요하다. 즉, 라이트 동작의 경우에는 반드시 상위 바이트를 먼저 라이트하고 하위 바이트를 나중에 라이트해야 하며, 리드 동작의 경우에는 반드시 하위 바이트를 먼저 리드하고 상위 바이트를 나중에 리드해야 한다. 그러나, C언어에서 이와 같이 편리하게 16비트 액세스 명령을 사용하면 C컴파일러가 이 액세스 순서에 맞도록 어셈블리 언어로 컴파일하므로 아무 문제없이 액세스 동작이 처리된다.

헤더 파일 <sfr_defs.h>에는

```
#define _BV(bit)  (1 << (bit))
```

가 정의되어 있어서 비트 단위의 처리에 유용하게 사용된다. 예를 들어 I/O 레지스터 또는 확장 I/O 레지스터의 특정 비트를 세트 또는 리셋시키는데 다음과 같이 활용할 수 있다.

```
PORTB = PORTB | _BV(1);          // sbi(PORTB, 1)
PORTB = PORTB & ~_BV(3);         // cbi(PORTB, 3)
```

그리고, 이 헤더 파일에는 또한 레지스터의 특정 비트가 세트되어 있는지 리셋되어 있는지를 조사하는 매크로

```
#define bit_is_set(sfr, bit)     (_SFR_BYTE(sfr) & _BV(bit))
#define bit_is_clear(sfr, bit)  (!(_SFR_BYTE(sfr) & _BV(bit)))
```

와 레지스터의 특정 비트가 세트되거나 또는 리셋될 때까지 기다리는 매크로

```
#define loop_until_bit_is_set(sfr, bit)    do { } while (bit_is_clear(sfr, bit))
#define loop_until_bit_is_clear(sfr, bit)  do { } while (bit_is_set(sfr, bit))
```

가 정의되어 있어서 유용하다.

예전에는 AVR-GCC에서 sbi(), cbi(), inp(), outp(), inb(), outb(), inw(), outw()와 같은 함수를 사용하였으나 2005년 2월 14일자의 WinAVR에 포함된 avr-libc v1.2.3에서 부터는 이것들을 모두 폐지하고 사용하지 않는다. 따라서, 이제부터 이것들은 사용하지 않는 것이 바람직하지만 굳이 이러한 기능들을 필요로 한다면 다음과 같이 직접 정의하고 사용하면 된다.

```
#define sbi(sfr, bit)      (_SFR_BYTE(sfr) |= _BV(bit))
#define cbi(sfr, bit)      (_SFR_BYTE(sfr) &= ~_BV(bit))
#define inp(sfr)           inb(sfr)
#define outp(val, sfr)     outb(sfr, val)
#define inb(sfr)           _SFR_BYTE(sfr)
#define outb(sfr, val)     (_SFR_BYTE(sfr) = (val))
#define inw(sfr)           _SFR_WORD(sfr)
#define outw(sfr, val)     (_SFR_WORD(sfr) = (val))
```

(5) 외부 I/O나 메모리의 절대번지 액세스

ATmega1281/2561의 외부 데이터 메모리 구조와 이를 *OK-1281/2561* 키트에서 사용하는 방법은 <그림 3.5.1>과 같다. 이와 같이 ATmega1281/2561의 외부에 데이터 메모리와 I/O를 확장하는 경우에는 반드시 XMCRA 레지스터에서 SRE 비트를 1로 설정하고, XMCRA, XMCRB 레지스터 등을 사용하여 외부 어드레스 영역을 액세스하기 위한 버스 신호들의 동작을 올바르게 초기화해 주어야 한다.

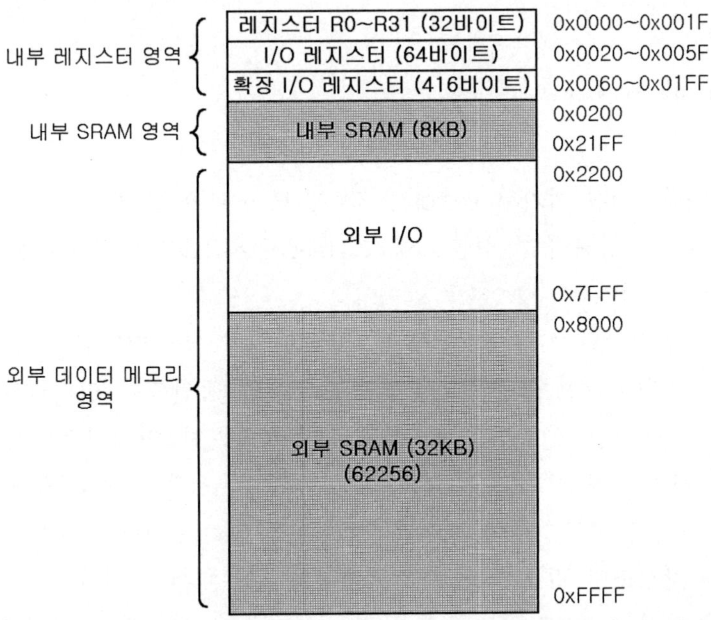

〈그림 3.5.1〉 ATmega1281/2561 및 *OK-1281/2561* 키트에서의 데이터 메모리 맵

AVR-GCC에서 외부의 I/O나 메모리와 같은 절대번지를 액세스하려면 일반적인 C 언어에서처럼 포인터를 사용한다.

```
#define LED7_data        (*(volatile unsigned char *)0x4000) // external I/O
#define LED7_digit       (*(volatile unsigned char *)0x4200)
#define ext_data1        (*(volatile unsigned char *)0x8000) // external memory
#define ext_data2        (*(volatile unsigned int *)0x9000)
unsigned char i;
unsigned int j;

    ext_data1 = 0x20;
    i = ext_data1;

    ext_data2 = 0x2040;
    j = ext_data2;
```

(6) 인터럽트 프로그래밍

AVR-GCC에서는 반드시 지정된 형식으로 인터럽트 서비스 루틴(interrupt service routine 또는 interrupt handler) 함수를 작성하여야만 C컴파일러가 이를 인식할 수 있도록 되어 있다. 즉, 이것은 헤더 파일 <interrupt.h>의 정의에 따라

```
ISR(vector)
{
    // interrupt service routine
}
```

과 같이 작성하면 된다. 여기서 vector는 각 AVR 마이크로콘트롤러 모델마다 인터럽트의 종류에 따라 정해지는 심볼로서 ATmega1281/2561의 경우에는 반드시 <표 3.5.5>와 같이 사용해야 한다.

AVR에서는 인터럽트 처리가 시작되면 SREG의 글로벌 인터럽트 플랙 I가 자동적으로 0이 되기 때문에 이 인터럽트 함수가 실행되는 동안에는 인터럽트 금지 상태가 된다. 그러나, 이때 인터럽트를 허용 상태로 설정하려면 인터럽트 함수의 서두에서 sei() 함수를 실행하여 주면 된다. 반대로 인터럽트를 금지하는 함수는 cli() 함수이다.

AVR-GCC에서는 프로그램의 오류를 방지하기 위하여 프로그래머가 사용하지 않는 인터럽트가 발생하면 리셋 벡터로 점프하도록 내부에서 처리하고 있다. 그러나, 다음과 같이 지정하면 이는 모든 사용하지 않는 인터럽트에 대한 인터럽트 처리 함수가 된다.

```
ISR(__vector_default)
{
    // interrupt service routine
}
```

〈표 3.5.5〉 ATmega1281/2561의 인터럽트 처리 함수를 정의하는 vector 및 signame

번호	vector (새로운 방식)	signame (옛 방식)	인터럽트 발생 조건
1	INT0_vect	SIG_INTERRUPT0	External Interrupt Request 0
2	INT1_vect	SIG_INTERRUPT1	External Interrupt Request 1
3	INT2_vect	SIG_INTERRUPT2	External Interrupt Request 2
4	INT3_vect	SIG_INTERRUPT3	External Interrupt Request 3
5	INT4_vect	SIG_INTERRUPT4	External Interrupt Request 4
6	INT5_vect	SIG_INTERRUPT5	External Interrupt Request 5
7	INT6_vect	SIG_INTERRUPT6	External Interrupt Request 6
8	INT7_vect	SIG_INTERRUPT7	External Interrupt Request 7
9	PCINT0_vect	SIG_PIN_CHANGE0	Pin Change Interrupt Request 0
10	PCINT1_vect	SIG_PIN_CHANGE1	Pin Change Interrupt Request 1
11	PCINT2_vect	SIG_PIN_CHANGE2	Pin Change Interrupt Request 2
12	WDT_vect	SIG_WDT	Watchdog Time-out Interrupt
13	TIMER2_COMPA_vect	SIG_OUTPUT_COMPARE2A	Timer/Counter2 Compare Match A
14	TIMER2_COMPB_vect	SIG_OUTPUT_COMPARE2B	Timer/Counter2 Compare Match B
15	TIMER2_OVF_vect	SIG_OVERFLOW2	Timer/Counter2 Overflow
16	TIMER1_CAPT_vect	SIG_INPUT_CAPTURE1	Timer/Counter1 Capture Event
17	TIMER1_COMPA_vect	SIG_OUTPUT_COMPARE1A	Timer/Counter1 Compare Match A
18	TIMER1_COMPB_vect	SIG_OUTPUT_COMPARE1B	Timer/Counter1 Compare Match B
19	TIMER1_COMPC_vect	SIG_OUTPUT_COMPARE1C	Timer/Counter1 Compare Match C
20	TIMER1_OVF_vect	SIG_OVERFLOW1	Timer/Counter1 Overflow
21	TIMER0_COMPA_vect	SIG_OUTPUT_COMPARE0A	Timer/Counter0 Compare Match A
22	TIMER0_COMPB_vect	SIG_OUTPUT_COMPARE0B	Timer/Counter0 Compare Match B
23	TIMER0_OVF_vect	SIG_OVERFLOW0	Timer/Counter0 Overflow
24	SPI_STC_vect	SIG_SPI	SPI Serial Transfer Complete
25	USART0_RX_vect	SIG_UART0_RECV	USART0 Rx Complete
26	USART0_UDRE_vect	SIG_UART0_DATA	USART0 Data Register Empty
27	USART0_TX_vect	SIG_UART0_TRANS	USART0 Tx Complete
28	ANALOG_COMP_vect	SIG_COMPARATOR	Analog Comparator
29	ADC_vect	SIG_ADC	ADC Conversion Complete
30	EE_READY_vect	SIG_EEPROM_READY	EEPROM Ready
31	TIMER3_CAPT_vect	SIG_INPUT_CAPTURE3	Timer/Counter3 Capture Event
32	TIMER3_COMPA_vect	SIG_OUTPUT_COMPARE3A	Timer/Counter3 Compare Match A
33	TIMER3_COMPB_vect	SIG_OUTPUT_COMPARE3B	Timer/Counter3 Compare Match B
34	TIMER3_COMPC_vect	SIG_OUTPUT_COMPARE3C	Timer/Counter3 Compare Match C
35	TIMER3_OVF_vect	SIG_OVERFLOW3	Timer/Counter3 Overflow
36	USART1_RX_vect	SIG_UART1_RECV	USART1 Rx Complete
37	USART1_UDRE_vect	SIG_UART1_DATA	USART1 Data Register Empty
38	USART1_TX_vect	SIG_UART1_TRANS	USART1 Tx Complete
39	TWI_vect	SIG_2WIRE_SERIAL	Two-wire Serial Interface
40	SPM_READY_vect	SIG_SPM_READY	Store Program Memory Ready
41	TIMER4_CAPT_vect	SIG_INPUT_CAPTURE4	Timer/Counter4 Capture Event
42	TIMER4_COMPA_vect	SIG_OUTPUT_COMPARE4A	Timer/Counter4 Compare Match A
43	TIMER4_COMPB_vect	SIG_OUTPUT_COMPARE4B	Timer/Counter4 Compare Match B
44	TIMER4_COMPC_vect	SIG_OUTPUT_COMPARE4C	Timer/Counter4 Compare Match C
45	TIMER4_OVF_vect	SIG_OVERFLOW4	Timer/Counter4 Overflow
46	TIMER5_CAPT_vect	SIG_INPUT_CAPTURE5	Timer/Counter5 Capture Event
47	TIMER5_COMPA_vect	SIG_OUTPUT_COMPARE5A	Timer/Counter5 Compare Match A
48	TIMER5_COMPB_vect	SIG_OUTPUT_COMPARE5B	Timer/Counter5 Compare Match B
49	TIMER5_COMPC_vect	SIG_OUTPUT_COMPARE5C	Timer/Counter5 Compare Match C
50	TIMER5_OVF_vect	SIG_OVERFLOW5	Timer/Counter5 Overflow
51	USART2_RX_vect	SIG_UART2_RECV	USART2 Rx Complete
52	USART2_UDRE_vect	SIG_UART2_DATA	USART2 Data Register Empty
53	USART2_TX_vect	SIG_UART2_TRANS	USART2 Tx Complete
54	USART3_RX_vect	SIG_UART3_RECV	USART3 Rx Complete
55	USART3_UDRE_vect	SIG_UART3_DATA	USART3 Data Register Empty
56	USART3_TX_vect	SIG_UART3_TRANS	USART3 Tx Complete

인터럽트 서비스 루틴 함수는 이밖에도

```
SIGNAL(signame)
{
   // interrupt service routine
}
```

의 형식을 사용할 수도 있으나 이는 나중에 폐지될 예정이므로 사용하지 않는 것이 좋다. 예전에 사용하던 INTERRUPT(signame) 형식은 폐지되었으므로 현재는 사용하지 않는다.

(7) 인라인 어셈블 프로그래밍

AVR-GCC를 이용하여 프로그램을 작성하다 보면 때로는 C언어 소스에서 어셈블리 명령을 사용하고 싶을 경우가 있다. 이때는 인라인 어셈블(inline assemble) 기능으로 어셈블리 명령을 C소스에 포함시킬 수 있다.

인라인 어셈블 명령을 사용하는 기본 형식은 다음과 같다.

```
asm volatile("assembly instruction \n\t"
             "assembly instruction \n\t"
                · · ·
             "assembly instruction \n\t");
```

여기서 assembly instruction은 1개 또는 여러 개의 어셈블리 명령인데 각 어셈블리 명령들은 큰 인용부호로 묶어져야 하며, 각 어셈블리 명령의 끝에는 줄을 바꾸는 표시로 \n\t 가 놓여야 한다.

인라인 어셈블 루틴에서 점프를 위한 라벨을 사용하는 것도 가능하다.

```
val1 = 1;
val2 = 2;
asm volatile("      LDS    R16, val1   \n\t"
             "      LDS    R17, val2   \n\t"
             "      ADD    R16, R17    \n\t"
             "      BRCC   over        \n\t"
             "      LDI    R16, 0xFF   \n\t"
             "over: STS    val1, R16   \n\t");
```

단, 이와 같이 인라인 어셈블 루틴에서 C소스의 변수명을 사용하려면 이는 반드시 글로벌 변수이어야만 한다. 이는 물론 다음과 같이 사용하는 것도 가능하다.

```
val1 = 1;
val2 = 2;
asm volatile("       LDS    R16, val1  ");
asm volatile("       LDS    R17, val2  ");
asm volatile("       ADD    R16, R17   ");
asm volatile("       BRCC   over       ");
asm volatile("       LDI    R16, 0xFF  ");
asm volatile("over:  STS    val1, R16  ");
```

인라인 어셈블 루틴에서는 <표 3.5.6>처럼 몇 개의 특별한 레지스터를 사용할 수 있다. 이것들은 C언어를 컴파일한 어셈블리 소스에서도 자주 사용되는 것이므로 때로는 인라인 어셈블 루틴에서 필요한 경우도 있다.

인라인 어셈블에 대한 여러 가지 기술적인 사항들은 이 책에서 더 이상 자세하게 설명하지 않으므로 보다 자세한 설명은 avr-libc Reference Manual의 제7.4절을 참조하라. 인라인 어셈블 루틴은 C컴파일러가 직접 처리하지 않고 거의 그대로 어셈블러에게 전달하므로 소스의 구문에 명백한 에러가 있더라도 에러 메시지를 발생하지 않는 경우가 많다. 따라서, 사용자가 세심하게 처리하지 않으면 프로그램이 뜻하지 않은 결과를 초래할 수도 있으니 주의해야 한다.

〈표 3.5.6〉 인라인 어셈블 루틴에서 사용 가능한 특별한 레지스터

심볼	레지스터의 기능
__SREG__	상태 레지스터 SREG (0x3F 번지)
__SP_H__	스택 포인터의 상위 바이트(0x3E 번지)
__SP_L__	스택 포인터의 하위 바이트(0x3D 번지)
__tmp_reg__	임시 레지스터로 사용되는 R0 레지스터
__zero_reg__	항상 0의 값을 가지는 레지스터로 사용되는 R1 레지스터

(8) 레지스터의 사용

C언어의 중요한 특징 중의 하나는 함수 중심의 언어라는 것이며, 일반적으로 함수를 호출할 때는 입력 파라미터가 전달되고, 함수가 수행되고 나서 리턴될 때는 출력 파라미터를 전달하게 된다. 이 함수를 어떻게 전달하고 그것이 함수 안에서 어떤 방법으로 사용되는지는 C컴파일러의 성능에 중요한 영향을 준다. 종래의 C컴파일러들은 이러한 파라미터를 대부분 스택을 통하여 전달함으로써 일반성은 있었으나 처리성능이 낮았다. 그러나, AVR은 R0~R31의 32개 레지스터를 가지고 있으므로 이러한 파라미터 전달에 주로 레지스터를 사용하며, 이는 C언어로 작성된 사용자 프로그램의 실행속도를 높여주므로 그만큼 AVR이 C언어에 적합한 구조의 마이크로콘트롤러라는 것을 말해준다.

모든 함수를 컴파일할 때 이들 사이에는 입출력 파라미터들이 서로 잘 매칭이 되어야 하므로 C컴파일러에서 이러한 함수 처리 방법은 매우 규칙적으로 정해져 있다. WinAVR에서 함수를 호출할 때 입력 파라미터에는 R25~R8이 사용되는데, 이것들은 파라미터의 순서대로 뒤쪽인 R25부터 차례로 사용된다. 예를 들어 입력 파라미터가 int형이라면 레지스터가 2개씩, long형이라면 레지스터가 4개씩 역워드순으로 사용된다. 단, 파라미터가 char형인 경우에는 짝수 번호의 레지스터만이 사용된다. 만약 입력 파라미터가 너무 많아서 이들 레지스터로 모두 표현할 수 없는 경우에는 초과되는 부분이 스택으로 전달된다. 한편, 함수의 리턴값을 전달하는 레지스터는 char형은 R24, int형은 R25~R24, long형은 R25~R22, long long형은 R25~R18이 사용된다.

◀휴게실▶ **AVR C언어에서 변수를 사용할 때의 유용한 팁**

(1) 변수의 사용

C언어의 어느 함수내에서 선언하여 그 함수에서만 사용하는 변수를 지역변수(local variable)라고 하며, 함수의 밖에서 선언하여 이후의 어느 함수에서나 사용할 수 있는 변수를 전역변수(global variable)라고 한다. 또한, 지역 변수이기는 하지만 함수가 호출된 이후에도 그 값이 보존되는 변수를 정적변수(static local variable)라고 한다.

전역변수는 함수의 밖에서 선언되어 SRAM 메모리에 저장되며 이 변수 영역은 다른 목적으로 사용될 수 없다. 따라서, 너무 많은 전역변수를 사용하면 SRAM 메모리의 낭비가 되며, 전역변수는 프로그램의 수정이나 관리를 어렵게 하므로 가급적 사용을 자제하는 것이 좋다.

지역변수는 일반적으로 스택에 저장되지만 AVR에서는 이를 대부분 레지스터에 저장하므로 프로그램의 실행 속도가 향상된다. 이에 비하여 전역변수는 SRAM에 저장되어 있다가 이것이 사용될 때만 레지스터로 옮겨지므로 그만큼 프로그램이 길어지고 실행 속도가 떨어진다. 따라서, C언어 프로그램에서는 불가피한 상황을 제외하고는 가급적이면 전역변수보다는 지역변수를 사용하는 것이 바람직하다.

정적변수는 함수가 시작될 때 레지스터로 옮겨지고 함수가 끝날 때는 다시 그 값이 SRAM으로 옮겨져 저장된다. 따라서, 정적변수는 하나의 함수내에서 여러 번 사용된다면 전역변수보다는 프로그램의 코드 사이즈를 절감할 수 있는 효과가 있다.

(2) 인터럽트 서비스 루틴에서

인터럽트 서비스 루틴이 시작될 때는 이 루틴내에서 사용되는 모든 레지스터를 스택에 저장한다. 또한, 인터럽트 서비스 루틴내에서 다른 함수를 호출할 때도 이 레지스터들을 모두 스택에 저장한다. 따라서, 코드 사이즈를 줄이고 실행 속도를 높이려면 인터럽트 서비스 루틴은 최대한 간단하고 짧게 하며 이 내부에서는 다른 함수를 호출하지 않는 것이 좋다.

(3) 메인 함수와 인터럽트 서비스 루틴 사이에서 전역변수의 공유

전역변수를 선언해 두고 이를 메인 함수와 인터럽트 서비스 루틴에서 공유하는 경우에는 주의가 필요하다. 즉, 인터럽트 서비스 루틴에서 이 변수값이 수시로 갱신될 수 있고 메인 함수에서는 그 갱신된 결과에 따라 어떤 처리를 해야 한다면 이 전역변수를 선언할 때 반드시 volatile로 선언해야 한다. 이렇게 하면 C컴파일러가 이를 컴파일할 때 최적화를 수행하더라도 그 상황에 맞는 상수값으로 처리하지 않기 때문에 항상 올바른 전역변수로 작용할 수 있도록 한다.

호출된 함수내에서는 지역변수로서 R18~R27 및 R30~R31을 자유롭게 사용한다. 따라서, 레지스터들의 값이 보존되어야 한다면 그것은 호출하는 쪽에서 처리해 주어야 한다. 그러나, R2~R17 및 R28~R29는 함수내에서 사용할 때 값이 변경되지 않도록 보존하여야 한다. 이밖에 R0은 임시 레지스터(temporary register)로 사용되며, R1은 항상 0의 값을 가지는 제로 레지스터(zero register)로 사용된다.

3. 기본적인 헤더 파일 및 라이브러리 함수 요약

WinAVR 소프트웨어 패키지의 avr-libc에는 AVR-GCC의 C언어 라이브러리 함수(library function)가 들어있다. 이는 사용자가 소스 프로그램을 작성할 때 항상 참조해야 하는 사항이므로 여기서 요약하여 정리한다.

(1) 헤더 파일

WinAVR의 C컴파일러에서 사용하는 헤더 파일을 모두 요약하면 <표 3.5.7>과 같다. 여기서 ①②③④로 표시된 헤더 파일은 각각 아래와 같은 폴더에 위치하는 것을 나타낸다.

① C:\WinAVR\avr\include\ 폴더에 위치
② C:\WinAVR\avr\include\avr\ 폴더에 위치
③ C:\WinAVR\avr\include\compat\ 폴더에 위치
④ C:\WinAVR\avr\include\util\ 폴더에 위치

사용자 프로그램에서 헤더 파일의 기본 폴더인 C:\WinAVR\avr\include\에 위치하는 헤더 파일을 인클루드할 때는

```
#include <stdio.h>
```

와 같이 사용한다. 그러나, 그 이하의 다른 폴더에 위치하는 헤더 파일을 인클루드할 때는

```
#include <avr/io.h>
#include <compat/ina90.h>
#include <util/delay.h>
```

와 같이 그 경로를 밝혀 표시해야 한다.

〈표 3.5.7〉 WinAVR에 제공하는 헤더 파일

헤더파일	파일의 내용	비고
assert.h	Diagnostics	①
boot.h	Bootloader support utilities	②
crc16.h	CRC-16 computations	②④
ctype.h	Character operations	①
delay.h	Busy-wait delay loops	②④
eeprom.h	EEPROM handling	②
errno.h	System errors	①
ina90.h	Compatibility header for IAR C compiler EWB 3.x	③
interrupt.h	Interrupt handling	②
inttypes.h	Integer type conversions	①
io.h	AVR device-specific I/O definitions	②
iom128.h 등	I/O definitions for various AVR microcontrollers	②
math.h	Mathematics	①
parity.h	Parity bit generation	②④
pgmspace.h	Program space string utilities	②
portpins.h	I/O port bit number definitions	②
setjmp.h	Non-local goto	①
sfr-defs.h	Special function registers	②
signal.h	기능이 모두 interrupt.h 파일로 흡수되어 사용하지 않음	②
sleep.h	Power management and sleep modes	②
stdint.h	Standard integer types	①
stdio.h	Standard I/O facilities	①
stdlib.h	General utilities	①
string.h	More string manipulation routines	①
twi.h	TWI bit mask definitions	③④
version.h	avr-libc version macros	②
wdt.h	Watchdog timer handling	②

(2) 함수 리스트

이제 WinAVR의 헤더 파일에 정의되어 있는 모든 C언어 라이브러리 함수를 요약 정리하면 <표 3.5.8>과 같다. 각 함수는 어느 헤더 파일에 정의되어 있는지를 함께 표시하였다. 헤더 파일의 구성은 소프트웨어 버전에 따라 조금씩 달라지는데, 이 표에서 ★로 표시한 것은 현재 폐지되어 사용하지 않는 것을 나타내며 ☆는 앞으로 폐지될 예정이므로 가급적이면 사용하지 말라는 것을 나타낸다.

〈표 3.5.8〉 WinAVR에서 사용하는 C언어 함수 및 그것이 정의되어 있는 헤더 파일

함수의 형	함수	헤더 파일
void	abort(void);	stdlib.h
int	abs(int x);	stdlib.h
double	acos(double x);	math.h
double	asin(double x);	math.h
double	atan(double x);	math.h
double	atan2(double y, double x);	math.h
long	atoi(char *p);	stdlib.h
long	atol(char *p);	stdlib.h
	bit_is_clear(sfr, bit);	sfr_defs.h
	bit_is_set(sfr, bit);	sfr_defs.h
	_BV(bit);	sfr_defs.h

	cbi(port, bit); ★	sfr_defs.h
double	ceil(double x);	math.h
	cli(void);	interrupt.h
void	*calloc(size_t nele, size_t size);	stdlib.h
double	cos(double x);	math.h
double	cosh(double x);	math.h
div_t	div(int x, int y);	stdlib.h
void	_delay_loop_1(unsigned char count);	delay.h
void	_delay_loop_2(unsigned int count);	delay.h
void	_delay_us(double us);	delay.h
void	_delay_ms(double ms);	delay.h
	eeprom_is_ready();	eeprom.h
unsigned char	eeprom_rb(unsigned int addr); ★	eeprom.h
unsigned int	eeprom_rw(unsigned int addr); ★	eeprom.h
unsigned char	eeprom_read_byte(const unsigned char *addr);	eeprom.h
unsigned int	eeprom_read_word(const unsigned int *addr);	eeprom.h
void	eeprom_read_block(void *buf, const void *addr, size_t n);	eeprom.h
void	eeprom_wb(unsigned int addr, unsigned char val); ★	eeprom.h
void	eeprom_write_byte(unsigned char *addr, unsigned char val);	eeprom.h
void	eeprom_write_word(unsigned int *addr, unsigned int val);	eeprom.h
void	eeprom_write_block(const void *addr, void *buf, size_t n);	eeprom.h
	_EEGET(val, addr);	eeprom.h
	_EEPUT(addr, val);	eeprom.h
	enable_external_int(unsigned char ints); ★	interrupt.h
double	exp(double x);	math.h
double	fabs(double x);	math.h
int	fclose(FILE *__stream);	stdio.h
	fdev_close(void);	stdio.h
FILE*	fdevopen(int(*put)(char,FILE*), int(*get)(FILE*));	stdio.h
int	fgetc(FILE *__stream);	stdio.h
double	floor(double x);	math.h
double	fmod(double x, double y);	math.h
int	fputc(int __c, FILE *__stream);	stdio.h
void	free(void *ptr);	stdlib.h
double	frexp(double x, int *exp);	math.h
	getchar(void);	stdio.h
	inp(port); ★	sfr_defs.h
	inb(port); ★	sfr_defs.h
	inw(port); ★	sfr_defs.h
	INTERRUPT(signame); ★	signal.h
double	inverse(double x); ★	math.h
	ISR(vector);	interrupt.h
int	isalnum(int __c);	ctype.h
int	isalpha(int __c);	ctype.h
int	isascii(int __c);	ctype.h
int	iscntrl(int __c);	ctype.h
int	isdigit(int __c);	ctype.h
int	isgraph(int __c);	ctype.h
int	islower(int __c);	ctype.h
int	isprint(int __c);	ctype.h
int	ispunct(int __c);	ctype.h
int	isspace(int __c);	ctype.h
int	isupper(int __c);	ctype.h
int	isxdigit(int __c);	ctype.h
int	isnan(double x);	math.h
int	isinf(double x);	math.h
char	*itoa(int value, char *string, int radix);	stdlib.h
long	labs(long x);	stdlib.h
double	ldexp(double x, int exp);	math.h
ldiv_t	ldiv(lomg x, long y);	stdlib.h
double	log(double x);	math.h
double	log10(double x);	math.h
void	longjmp(jmp_buf env, int val);	setjmp.h
	loop_until_bit_is_clear(sfr, bit);	sfr_defs.h
	loop_until_bit_is_set(sfr, bit);	sfr_defs.h
char	*ltoa(long int value, char *string, int radix);	stdlib.h
void	*malloc(size_t size);	stdlib.h
void	*memchr(void *s, char c, size_t n);	string.h
int	memcmp(const void *s1, const void *s2, size_t n);	string.h
void	*memcpy(void *to, void *from, size_t n);	string.h
void	*memmove(void *to, void *from, size_t n);	string.h
void	*memset(void *s, int c, size_t n);	string.h
double	modf(double x, double *iptr);	math.h

	outp(value, port); ★	sfr_defs.h
	outb(port, value); ★	sfr_defs.h
	outw(port, value); ★	sfr_defs.h
	parity_even_bit(val);	parity.h
	pgm_read_byte(address);	pgmspace.h
	pgm_read_word(address);	pgmspace.h
	pgm_read_dword(address);	pgmspace.h
	pgm_read_byte_near(address);	pgmspace.h
	pgm_read_word_near(address);	pgmspace.h
	pgm_read_dword_near(address);	pgmspace.h
	pgm_read_byte_far(address_long);	pgmspace.h
	pgm_read_word_far(address_long);	pgmspace.h
	pgm_read_dword_far(address_long);	pgmspace.h
double	pow(double x, double y);	math.h
int	printf(const char *__fmt, ...);	stdio.h
int	printf_P(const char *__fmt, ...);	stdio.h
	putchar(unsigned char c);	stdio.h
void	qsort(void *base, size_t nmemb, size_t size, ...);	stdlib.h
int	rand(void);	stdlib.h
int	rand_r(unsigned long *ctx);	stdlib.h
void	*realloc(void *ptr, size_t size);	stdlib.h
	sbi(port, bit); ★	sfr_defs.h
int	scanf(const char *__fmt, ...);	stdio.h
int	scanf_P(const char *__fmt, ...);	stdio.h
	sei(void);	interrupt.h
int	setjmp(jmp_buf env);	setjmp.h
	SIGNAL(signame); ☆	interrupt.h
double	sin(double x);	math.h
double	sinh(double x);	math.h
double	sqrt(double x);	math.h
double	square(double x);	math.h
	set_sleep_mode(unsigned char mode);	sleep.h
	sleep_mode(void);	sleep.h
	sleep_enable(void);	sleep.h
	sleep_disable(void);	sleep.h
	sleep_cpu(void);	sleep.h
void	srand(unsigned int __seed);	stdlib.h
int	strcasecmp(const char *s1, const char *s2);	string.h
char	*strcat(char *dest, char *src);	string.h
char	*strchr(const char *s, int c);	string.h
int	strcmp(const char *s1, const char* s2);	string.h
char	*strcpy(char *dest, char *src);	string.h
	*strdupa(s);	string.h
size_t	strlen(char *s);	string.h
char	*strlwr(char *);	string.h
int	strncasecmp(const char *, const char *, size_t);	string.h
char	*strncat(char *dest, char *src, size_t n);	string.h
int	strncmp(const char *s1, const char* s2, size_t n);	string.h
char	*strncpy(char *dest, char *src, size_t n);	string.h
	*strndupa(s, n);	string.h
size_t	strnlen(const char *s, size_t maxlen);	string.h
char	*strrchr(const char *s, int c);	string.h
char	*strrev(char *s1);	string.h
char	*strstr(const char *haystack, const char *needle);	string.h
double	strtod(const char *s, char **endptr);	stdlib.h
long	strtol(const char *nptr, char **endptr, int base);	stdlib.h
unsigned long	strtoul(const char *nptr, char **endptr, int base);	stdlib.h
char	*strupr(char *);	string.h
double	tan(double x);	math.h
double	tanh(double x);	math.h
	timer_enable_int(unsigned char ints); ★	interrupt.h
int	toascii(int __c);	ctype.h
int	tolower(int __c);	ctype.h
int	toupper(int __c);	ctype.h
char	*utoa(unsigned int value, char *string, int radix);	stdlib.h
char	*ultoa(unsigned long int value, char *string, int radix);	stdlib.h
int	vfprintf(FILE *__stream, const char *__fmt, va_list __ap);	stdio.h
int	vfscanf(FILE *__stream, const char *__fmt, va_list __ap);	stdio.h
	wdt_disable(void);	wdt.h
	wdt_enable(timeout);	wdt.h
	wdt_reset(void);	wdt.h

WinAVR에서 ATmega1281을 사용하려면 AVR 모델로서 ATmega1281을 지정하고 C:\WinAVR\avr\include\avr\io.h를 인클루드하면 된다. 그러면 이 헤더 파일은 내부에서 헤더 파일 iom1281.h를 인클루드하며, 이는 다시 내부적으로 iomxx0_1.h를 인클루드한다. 헤더 파일 iomxx0_1.h는 ATmega640/1280/1281/2560/2561에 공통으로 사용된다. 헤더 파일 iom1281.h와 iomxx0_1.h의 내용을 보이면 아래와 같다.

<프로그램 iom1281.h> ATmega1281에서 사용하는 헤더 파일의 내용

```
/* Copyright (c) 2005 Anatoly Sokolov
   All rights reserved.

   Redistribution and use in source and binary forms, with or without
   modification, are permitted provided that the following conditions are met:

   * Redistributions of source code must retain the above copyright
     notice, this list of conditions and the following disclaimer.

   * Redistributions in binary form must reproduce the above copyright
     notice, this list of conditions and the following disclaimer in
     the documentation and/or other materials provided with the
     distribution.

   * Neither the name of the copyright holders nor the names of
     contributors may be used to endorse or promote products derived
     from this software without specific prior written permission.

  THIS SOFTWARE IS PROVIDED BY THE COPYRIGHT HOLDERS AND CONTRIBUTORS "AS IS"
  AND ANY EXPRESS OR IMPLIED WARRANTIES, INCLUDING, BUT NOT LIMITED TO, THE
  IMPLIED WARRANTIES OF MERCHANTABILITY AND FITNESS FOR A PARTICULAR PURPOSE
  ARE DISCLAIMED. IN NO EVENT SHALL THE COPYRIGHT OWNER OR CONTRIBUTORS BE
  LIABLE FOR ANY DIRECT, INDIRECT, INCIDENTAL, SPECIAL, EXEMPLARY, OR
  CONSEQUENTIAL DAMAGES (INCLUDING, BUT NOT LIMITED TO, PROCUREMENT OF
  SUBSTITUTE GOODS OR SERVICES; LOSS OF USE, DATA, OR PROFITS; OR BUSINESS
  INTERRUPTION) HOWEVER CAUSED AND ON ANY THEORY OF LIABILITY, WHETHER IN
  CONTRACT, STRICT LIABILITY, OR TORT (INCLUDING NEGLIGENCE OR OTHERWISE)
  ARISING IN ANY WAY OUT OF THE USE OF THIS SOFTWARE, EVEN IF ADVISED OF THE
  POSSIBILITY OF SUCH DAMAGE. */

/* $Id: iom1281.h,v 1.1 2005/09/07 19:56:56 aesok Exp $ */

/* avr/iom1281.h - definitions for ATmega1281 */

#ifndef _AVR_IOM1281_H_
#define _AVR_IOM1281_H_ 1

#include <avr/iomxx0_1.h>

/* Constants */
#define SPM_PAGESIZE    256
#define RAMEND          0x21FF
#define XRAMEND         0xFFFF
#define E2END           0xFFF
#define FLASHEND        0x1FFFF

#endif /* _AVR_IOM1281_H_ */
```

<프로그램 iomxx0_1.h> ATmega640/1280/1281/2560/2561을 위한 헤더 파일

```
/* Copyright (c) 2005 Anatoly Sokolov
   All rights reserved.

   Redistribution and use in source and binary forms, with or without
   modification, are permitted provided that the following conditions are met:

   * Redistributions of source code must retain the above copyright
     notice, this list of conditions and the following disclaimer.

   * Redistributions in binary form must reproduce the above copyright
     notice, this list of conditions and the following disclaimer in
     the documentation and/or other materials provided with the
     distribution.

   * Neither the name of the copyright holders nor the names of
     contributors may be used to endorse or promote products derived
     from this software without specific prior written permission.

  THIS SOFTWARE IS PROVIDED BY THE COPYRIGHT HOLDERS AND CONTRIBUTORS "AS IS"
  AND ANY EXPRESS OR IMPLIED WARRANTIES, INCLUDING, BUT NOT LIMITED TO, THE
  IMPLIED WARRANTIES OF MERCHANTABILITY AND FITNESS FOR A PARTICULAR PURPOSE
  ARE DISCLAIMED. IN NO EVENT SHALL THE COPYRIGHT OWNER OR CONTRIBUTORS BE
  LIABLE FOR ANY DIRECT, INDIRECT, INCIDENTAL, SPECIAL, EXEMPLARY, OR
  CONSEQUENTIAL DAMAGES (INCLUDING, BUT NOT LIMITED TO, PROCUREMENT OF
  SUBSTITUTE GOODS OR SERVICES; LOSS OF USE, DATA, OR PROFITS; OR BUSINESS
  INTERRUPTION) HOWEVER CAUSED AND ON ANY THEORY OF LIABILITY, WHETHER IN
  CONTRACT, STRICT LIABILITY, OR TORT (INCLUDING NEGLIGENCE OR OTHERWISE)
  ARISING IN ANY WAY OUT OF THE USE OF THIS SOFTWARE, EVEN IF ADVISED OF THE
  POSSIBILITY OF SUCH DAMAGE. */

/* $Id: iomxx0_1.h,v 1.7.2.2 2006/03/19 21:39:07 joerg_wunsch Exp $ */

/* avr/iomxx0_1.h - definitions for ATmega640, Atmega1280, ATmega1281,
   ATmega2560 and ATmega2561. */

#ifndef _AVR_IOMXX0_1_H_
#define _AVR_IOMXX0_1_H_ 1

/* This file should only be included from <avr/io.h>, never directly. */

#ifndef _AVR_IO_H_
#  error "Include <avr/io.h> instead of this file."
#endif

#ifndef _AVR_IOXXX_H_
#  define _AVR_IOXXX_H_ "iomxx0_1.h"
#else
#  error "Attempt to include more than one <avr/ioXXX.h> file."
#endif

#if defined(__AVR_ATmega640__) || defined(__AVR_ATmega1280__) || defined(__AVR_ATmega2560__)
# define __ATmegaxx0__
#elif defined(__AVR_ATmega1281__) || defined(__AVR_ATmega2561__)
# define __ATmegaxx1__
#endif

/* Registers and associated bit numbers */

#define PINA    _SFR_IO8(0X00)
#define PINA7   7
#define PINA6   6
#define PINA5   5
```

```
#define PINA4   4
#define PINA3   3
#define PINA2   2
#define PINA1   1
#define PINA0   0

#define DDRA    _SFR_IO8(0X01)
#define DDA7    7
#define DDA6    6
#define DDA5    5
#define DDA4    4
#define DDA3    3
#define DDA2    2
#define DDA1    1
#define DDA0    0

#define PORTA   _SFR_IO8(0X02)
#define PA7     7
#define PA6     6
#define PA5     5
#define PA4     4
#define PA3     3
#define PA2     2
#define PA1     1
#define PA0     0

#define PINB    _SFR_IO8(0X03)
#define PINB7   7
#define PINB6   6
#define PINB5   5
#define PINB4   4
#define PINB3   3
#define PINB2   2
#define PINB1   1
#define PINB0   0

#define DDRB    _SFR_IO8(0x04)
#define DDB7    7
#define DDB6    6
#define DDB5    5
#define DDB4    4
#define DDB3    3
#define DDB2    2
#define DDB1    1
#define DDB0    0

#define PORTB   _SFR_IO8(0x05)
#define PB7     7
#define PB6     6
#define PB5     5
#define PB4     4
#define PB3     3
#define PB2     2
#define PB1     1
#define PB0     0

#define PINC    _SFR_IO8(0x06)
#define PINC7   7
#define PINC6   6
#define PINC5   5
#define PINC4   4
#define PINC3   3
#define PINC2   2
#define PINC1   1
#define PINC0   0
```

```
#define DDRC    _SFR_IO8(0x07)
#define DDC7    7
#define DDC6    6
#define DDC5    5
#define DDC4    4
#define DDC3    3
#define DDC2    2
#define DDC1    1
#define DDC0    0

#define PORTC   _SFR_IO8(0x08)
#define PC7     7
#define PC6     6
#define PC5     5
#define PC4     4
#define PC3     3
#define PC2     2
#define PC1     1
#define PC0     0

#define PIND    _SFR_IO8(0x09)
#define PIND7   7
#define PIND6   6
#define PIND5   5
#define PIND4   4
#define PIND3   3
#define PIND2   2
#define PIND1   1
#define PIND0   0

#define DDRD    _SFR_IO8(0x0A)
#define DDD7    7
#define DDD6    6
#define DDD5    5
#define DDD4    4
#define DDD3    3
#define DDD2    2
#define DDD1    1
#define DDD0    0

#define PORTD   _SFR_IO8(0x0B)
#define PD7     7
#define PD6     6
#define PD5     5
#define PD4     4
#define PD3     3
#define PD2     2
#define PD1     1
#define PD0     0

#define PINE    _SFR_IO8(0x0C)
#define PINE7   7
#define PINE6   6
#define PINE5   5
#define PINE4   4
#define PINE3   3
#define PINE2   2
#define PINE1   1
#define PINE0   0

#define DDRE    _SFR_IO8(0x0D)
#define DDE7    7
#define DDE6    6
#define DDE5    5
```

```
#define DDE4    4
#define DDE3    3
#define DDE2    2
#define DDE1    1
#define DDE0    0

#define PORTE   _SFR_IO8(0x0E)
#define PE7     7
#define PE6     6
#define PE5     5
#define PE4     4
#define PE3     3
#define PE2     2
#define PE1     1
#define PE0     0

#define PINF    _SFR_IO8(0x0F)
#define PINF7   7
#define PINF6   6
#define PINF5   5
#define PINF4   4
#define PINF3   3
#define PINF2   2
#define PINF1   1
#define PINF0   0

#define DDRF    _SFR_IO8(0x10)
#define DDF7    7
#define DDF6    6
#define DDF5    5
#define DDF4    4
#define DDF3    3
#define DDF2    2
#define DDF1    1
#define DDF0    0

#define PORTF   _SFR_IO8(0x11)
#define PF7     7
#define PF6     6
#define PF5     5
#define PF4     4
#define PF3     3
#define PF2     2
#define PF1     1
#define PF0     0

#define PING    _SFR_IO8(0x12)
#define PING5   5
#define PING4   4
#define PING3   3
#define PING2   2
#define PING1   1
#define PING0   0

#define DDRG    _SFR_IO8(0x13)
#define DDG5    5
#define DDG4    4
#define DDG3    3
#define DDG2    2
#define DDG1    1
#define DDG0    0

#define PORTG   _SFR_IO8(0x14)
#define PG5     5
#define PG4     4
```

```
#define PG3     3
#define PG2     2
#define PG1     1
#define PG0     0

#define TIFR0   _SFR_IO8(0x15)
#define OCF0B   2
#define OCF0A   1
#define TOV0    0

#define TIFR1   _SFR_IO8(0x16)
#define ICF1    5
#define OCF1C   3
#define OCF1B   2
#define OCF1A   1
#define TOV1    0

#define TIFR2   _SFR_IO8(0x17)
#define OCF2B   2
#define OCF2A   1
#define TOV2    0

#define TIFR3   _SFR_IO8(0x18)
#define ICF3    5
#define OCF3C   3
#define OCF3B   2
#define OCF3A   1
#define TOV3    0

#define TIFR4   _SFR_IO8(0x19)
#define ICF4    5
#define OCF4C   3
#define OCF4B   2
#define OCF4A   1
#define TOV4    0

#define TIFR5   _SFR_IO8(0x1A)
#define ICF5    5
#define OCF5C   3
#define OCF5B   2
#define OCF5A   1
#define TOV5    0

#define PCIFR   _SFR_IO8(0x1B)
#if defined(__ATmegaxx0__)
# define PCIF2  2
#endif /* __ATmegaxx0__ */
#define PCIF1   1
#define PCIF0   0

#define EIFR   _SFR_IO8(0x1C)
#define INTF7   7
#define INTF6   6
#define INTF5   5
#define INTF4   4
#define INTF3   3
#define INTF2   2
#define INTF1   1
#define INTF0   0

#define EIMSK   _SFR_IO8(0x1D)
#define INT7    7
#define INT6    6
#define INT5    5
#define INT4    4
```

```
#define INT3    3
#define INT2    2
#define INT1    1
#define INT0    0

#define GPIOR0  _SFR_IO8(0x1E)

#define EECR    _SFR_IO8(0x1F)
#define EEPM1   5
#define EEPM0   4
#define EERIE   3
#define EEMPE   2
#define EEPE    1
#define EERE    0

#define EEDR    _SFR_IO8(0X20)

/* Combine EEARL and EEARH */
#define EEAR    _SFR_IO16(0x21)

#define EEARL   _SFR_IO8(0x21)
#define EEARH   _SFR_IO8(0X22)

/* 6-char sequence denoting where to find the EEPROM registers in memory space.
   Adresses denoted in hex syntax with uppercase letters. Used by the EEPROM
   subroutines.
   First two letters:  EECR address.
   Second two letters: EEDR address.
   Last two letters:   EEAR address.  */
#define __EEPROM_REG_LOCATIONS__ 1F2021

#define GTCCR   _SFR_IO8(0x23)
#define TSM     7
#define PSRASY  1
#define PSRSYNC 0

#define TCCR0A  _SFR_IO8(0x24)
#define COM0A1  7
#define COM0A0  6
#define COM0B1  5
#define COM0B0  4
#define WGM01   1
#define WGM00   0

#define TCCR0B  _SFR_IO8(0x25)
#define FOC0A   7
#define FOC0B   6
#define WGM02   3
#define CS02    2
#define CS01    1
#define CS00    0

#define TCNT0   _SFR_IO8(0X26)

#define OCR0A   _SFR_IO8(0X27)

#define OCR0B   _SFR_IO8(0X28)

/* Reserved [0x29] */

#define GPIOR1  _SFR_IO8(0x2A)

#define GPIOR2  _SFR_IO8(0x2B)

#define SPCR    _SFR_IO8(0x2C)
```

```
#define SPIE    7
#define SPE     6
#define DORD    5
#define MSTR    4
#define CPOL    3
#define CPHA    2
#define SPR1    1
#define SPR0    0

#define SPSR    _SFR_I08(0x2D)
#define SPIF    7
#define WCOL    6
#define SPI2X   0

#define SPDR    _SFR_I08(0X2E)

/* Reserved [0x2F] */

#define ACSR    _SFR_I08(0x30)
#define ACD     7
#define ACBG    6
#define ACO     5
#define ACI     4
#define ACIE    3
#define ACIC    2
#define ACIS1   1
#define ACIS0   0

#define MONDR   _SFR_I08(0x31)
#define OCDR    _SFR_I08(0x31)
#define IDRD    7
#define OCDR7   7
#define OCDR6   6
#define OCDR5   5
#define OCDR4   4
#define OCDR3   3
#define OCDR2   2
#define OCDR1   1
#define OCDR0   0

/* Reserved [0x32] */

#define SMCR    _SFR_I08(0x33)
#define SM2     3
#define SM1     2
#define SM0     1
#define SE      0

#define MCUSR   _SFR_I08(0x34)
#define JTRF    4
#define WDRF    3
#define BORF    2
#define EXTRF   1
#define PORF    0

#define MCUCR   _SFR_I08(0X35)
#define JTD     7
#define PUD     4
#define IVSEL   1
#define IVCE    0

/* Reserved [0x36] */

#define SPMCSR  _SFR_I08(0x37)
#define SPMIE   7
```

```
#define RWWSB   6
#define SIGRD   5
#define RWWSRE  4
#define BLBSET  3
#define PGWRT   2
#define PGERS   1
#define SPMEN   0

/* Reserved [0x38..0x3A] */

#define RAMPZ   _SFR_IO8(0X3B)
#define RAMPZ0  0

#define EIND    _SFR_IO8(0X3C)
#define EIND0   0

/* SP [0x3D..0x3E] */
/* SREG [0x3F] */

#define WDTCSR  _SFR_MEM8(0x60)
#define WDIF    7
#define WDIE    6
#define WDP3    5
#define WDCE    4
#define WDE     3
#define WDP2    2
#define WDP1    1
#define WDP0    0

#define CLKPR   _SFR_MEM8(0x61)
#define CLKPCE  7
#define CLKPS3  3
#define CLKPS2  2
#define CLKPS1  1
#define CLKPS0  0

/* Reserved [0x62..0x63] */

#define PRR0    _SFR_MEM8(0x64)
#define PRTWI       7
#define PRTIM2      6
#define PRTIM0      5
#define PRTIM1      3
#define PRSPI       2
#define PRUSART0    1
#define PRADC       0

#define PRR1    _SFR_MEM8(0x65)
#define PRTIM5      5
#define PRTIM4      4
#define PRTIM3      3
#define PRUSART3    2
#define PRUSART2    1
#define PRUSART1    0

#define OSCCAL  _SFR_MEM8(0x66)

/* Reserved [0x67] */

#define PCICR   _SFR_MEM8(0x68)
#if defined(__ATmegaxx0__)
# define PCIE2  2
#endif /* __ATmegaxx0__ */
#define PCIE1   1
#define PCIE0   0
```

```
#define EICRA   _SFR_MEM8(0x69)
#define ISC31   7
#define ISC30   6
#define ISC21   5
#define ISC20   4
#define ISC11   3
#define ISC10   2
#define ISC01   1
#define ISC00   0

#define EICRB   _SFR_MEM8(0x6A)
#define ISC71   7
#define ISC70   6
#define ISC61   5
#define ISC60   4
#define ISC51   3
#define ISC50   2
#define ISC41   1
#define ISC40   0

#define PCMSK0  _SFR_MEM8(0x6B)
#define PCINT7  7
#define PCINT6  6
#define PCINT5  5
#define PCINT4  4
#define PCINT3  3
#define PCINT2  2
#define PCINT1  1
#define PCINT0  0

#define PCMSK1  _SFR_MEM8(0x6C)
#define PCINT15 7
#define PCINT14 6
#define PCINT13 5
#define PCINT12 4
#define PCINT11 3
#define PCINT10 2
#define PCINT9  1
#define PCINT8  0

#if defined(__ATmegaxx0__)
# define PCMSK2 _SFR_MEM8(0x6D)
# define PCINT23 7
# define PCINT22 6
# define PCINT21 5
# define PCINT20 4
# define PCINT19 3
# define PCINT18 2
# define PCINT17 1
# define PCINT16 0
#endif /* __ATmegaxx0__ */

#define TIMSK0  _SFR_MEM8(0x6E)
#define OCIE0B  2
#define OCIE0A  1
#define TOIE0   0

#define TIMSK1  _SFR_MEM8(0x6F)
#define ICIE1   5
#define OCIE1C  3
#define OCIE1B  2
#define OCIE1A  1
#define TOIE1   0
```

```
#define TIMSK2  _SFR_MEM8(0x70)
#define OCIE2B  2
#define OCIE2A  1
#define TOIE2   0

#define TIMSK3  _SFR_MEM8(0x71)
#define ICIE3   5
#define OCIE3C  3
#define OCIE3B  2
#define OCIE3A  1
#define TOIE3   0

#define TIMSK4  _SFR_MEM8(0x72)
#define ICIE4   5
#define OCIE4C  3
#define OCIE4B  2
#define OCIE4A  1
#define TOIE4   0

#define TIMSK5  _SFR_MEM8(0x73)
#define ICIE5   5
#define OCIE5C  3
#define OCIE5B  2
#define OCIE5A  1
#define TOIE5   0

#define XMCRA   _SFR_MEM8(0x74)
#define SRE     7
#define SRL2    6
#define SRL1    5
#define SRL0    4
#define SRW11   3
#define SRW10   2
#define SRW01   1
#define SRW00   0

#define XMCRB   _SFR_MEM8(0x75)
#define XMBK    7
#define XMM2    2
#define XMM1    1
#define XMM0    0

/* Reserved [0x76..0x77] */

/* Combine ADCL and ADCH */
#ifndef __ASSEMBLER__
#define ADC     _SFR_MEM16(0x78)
#endif
#define ADCW    _SFR_MEM16(0x78)
#define ADCL    _SFR_MEM8(0x78)
#define ADCH    _SFR_MEM8(0x79)

#define ADCSRA  _SFR_MEM8(0x7A)
#define ADEN    7
#define ADSC    6
#define ADATE   5
#define ADIF    4
#define ADIE    3
#define ADPS2   2
#define ADPS1   1
#define ADPS0   0

#define ADCSRB  _SFR_MEM8(0x7B)
#define ACME    6
#if defined(__ATmegaxx0__)
```

```
# define MUX5    3
#endif /* __ATmegaxx0__ */
#define ADTS2   2
#define ADTS1   1
#define ADTS0   0

#define ADMUX   _SFR_MEM8(0x7C)
#define REFS1   7
#define REFS0   6
#define ADLAR   5
#define MUX4    4
#define MUX3    3
#define MUX2    2
#define MUX1    1
#define MUX0    0

#define DIDR2   _SFR_MEM8(0x7D)
#define ADC15D  6
#define ADC14D  7
#define ADC13D  5
#define ADC12D  4
#define ADC11D  3
#define ADC10D  2
#define ADC9D   1
#define ADC8D   0

#define DIDR0   _SFR_MEM8(0x7E)
#define ADC7D   7
#define ADC6D   6
#define ADC5D   5
#define ADC4D   4
#define ADC3D   3
#define ADC2D   2
#define ADC1D   1
#define ADC0D   0

#define DIDR1   _SFR_MEM8(0x7F)
#define AIN1D   1
#define AIN0D   0

#define TCCR1A  _SFR_MEM8(0x80)
#define COM1A1  7
#define COM1A0  6
#define COM1B1  5
#define COM1B0  4
#define COM1C1  3
#define COM1C0  2
#define WGM11   1
#define WGM10   0

#define TCCR1B  _SFR_MEM8(0x81)
#define ICNC1   7
#define ICES1   6
#define WGM13   4
#define WGM12   3
#define CS12    2
#define CS11    1
#define CS10    0

#define TCCR1C  _SFR_MEM8(0x82)
#define FOC1A   7
#define FOC1B   6
#define FOC1C   5

/* Reserved [0x83] */
```

```
/* Combine TCNT1L and TCNT1H */
#define TCNT1    _SFR_MEM16(0x84)

#define TCNT1L   _SFR_MEM8(0x84)
#define TCNT1H   _SFR_MEM8(0x85)

/* Combine ICR1L and ICR1H */
#define ICR1     _SFR_MEM16(0x86)

#define ICR1L    _SFR_MEM8(0x86)
#define ICR1H    _SFR_MEM8(0x87)

/* Combine OCR1AL and OCR1AH */
#define OCR1A    _SFR_MEM16(0x88)

#define OCR1AL   _SFR_MEM8(0x88)
#define OCR1AH   _SFR_MEM8(0x89)

/* Combine OCR1BL and OCR1BH */
#define OCR1B    _SFR_MEM16(0x8A)

#define OCR1BL   _SFR_MEM8(0x8A)
#define OCR1BH   _SFR_MEM8(0x8B)

/* Combine OCR1CL and OCR1CH */
#define OCR1C    _SFR_MEM16(0x8C)

#define OCR1CL   _SFR_MEM8(0x8C)
#define OCR1CH   _SFR_MEM8(0x8D)

/* Reserved [0x8E..0x8F] */

#define TCCR3A   _SFR_MEM8(0x90)
#define COM3A1   7
#define COM3A0   6
#define COM3B1   5
#define COM3B0   4
#define COM3C1   3
#define COM3C0   2
#define WGM31    1
#define WGM30    0

#define TCCR3B   _SFR_MEM8(0x91)
#define ICNC3    7
#define ICES3    6
#define WGM33    4
#define WGM32    3
#define CS32     2
#define CS31     1
#define CS30     0

#define TCCR3C   _SFR_MEM8(0x92)
#define FOC3A    7
#define FOC3B    6
#define FOC3C    5

/* Reserved [0x93] */

/* Combine TCNT3L and TCNT3H */
#define TCNT3    _SFR_MEM16(0x94)

#define TCNT3L   _SFR_MEM8(0x94)
#define TCNT3H   _SFR_MEM8(0x95)
```

```
/* Combine ICR3L and ICR3H */
#define ICR3    _SFR_MEM16(0x96)

#define ICR3L   _SFR_MEM8(0x96)
#define ICR3H   _SFR_MEM8(0x97)

/* Combine OCR3AL and OCR3AH */
#define OCR3A   _SFR_MEM16(0x98)

#define OCR3AL  _SFR_MEM8(0x98)
#define OCR3AH  _SFR_MEM8(0x99)

/* Combine OCR3BL and OCR3BH */
#define OCR3B   _SFR_MEM16(0x9A)

#define OCR3BL  _SFR_MEM8(0x9A)
#define OCR3BH  _SFR_MEM8(0x9B)

/* Combine OCR3CL and OCR3CH */
#define OCR3C   _SFR_MEM16(0x9C)

#define OCR3CL  _SFR_MEM8(0x9C)
#define OCR3CH  _SFR_MEM8(0x9D)

/* Reserved [0x9E..0x9F] */

#define TCCR4A  _SFR_MEM8(0xA0)
#define COM4A1  7
#define COM4A0  6
#define COM4B1  5
#define COM4B0  4
#define COM4C1  3
#define COM4C0  2
#define WGM41   1
#define WGM40   0

#define TCCR4B  _SFR_MEM8(0xA1)
#define ICNC4   7
#define ICES4   6
#define WGM43   4
#define WGM42   3
#define CS42    2
#define CS41    1
#define CS40    0

#define TCCR4C  _SFR_MEM8(0xA2)
#define FOC4A   7
#define FOC4B   6
#define FOC4C   5

/* Reserved [0xA3] */

/* Combine TCNT4L and TCNT4H */
#define TCNT4   _SFR_MEM16(0xA4)

#define TCNT4L  _SFR_MEM8(0xA4)
#define TCNT4H  _SFR_MEM8(0xA5)

/* Combine ICR4L and ICR4H */
#define ICR4    _SFR_MEM16(0xA6)

#define ICR4L   _SFR_MEM8(0xA6)
#define ICR4H   _SFR_MEM8(0xA7)

/* Combine OCR4AL and OCR4AH */
```

```
#define OCR4A   _SFR_MEM16(0xA8)

#define OCR4AL  _SFR_MEM8(0xA8)
#define OCR4AH  _SFR_MEM8(0xA9)

/* Combine OCR4BL and OCR4BH */
#define OCR4B   _SFR_MEM16(0xAA)

#define OCR4BL  _SFR_MEM8(0xAA)
#define OCR4BH  _SFR_MEM8(0xAB)

/* Combine OCR4CL and OCR4CH */
#define OCR4C   _SFR_MEM16(0xAC)

#define OCR4CL  _SFR_MEM8(0xAC)
#define OCR4CH  _SFR_MEM8(0xAD)

/* Reserved [0xAE..0xAF] */

#define TCCR2A  _SFR_MEM8(0xB0)
#define COM2A1  7
#define COM2A0  6
#define COM2B1  5
#define COM2B0  4
#define WGM21   1
#define WGM20   0

#define TCCR2B  _SFR_MEM8(0xB1)
#define FOC2A   7
#define FOC2B   6
#define WGM22   3
#define CS22    2
#define CS21    1
#define CS20    0

#define TCNT2   _SFR_MEM8(0xB2)

#define OCR2A   _SFR_MEM8(0xB3)

#define OCR2B   _SFR_MEM8(0xB4)

/* Reserved [0xB5] */

#define ASSR    _SFR_MEM8(0xB6)
#define EXCLK   6
#define AS2     5
#define TCN2UB  4
#define OCR2AUB 3
#define OCR2BUB 2
#define TCR2AUB 1
#define TCR2BUB 0

/* Reserved [0xB7] */

#define TWBR    _SFR_MEM8(0xB8)

#define TWSR    _SFR_MEM8(0xB9)
#define TWS7    7
#define TWS6    6
#define TWS5    5
#define TWS4    4
#define TWS3    3
#define TWPS1   1
#define TWPS0   0
```

```
#define TWAR    _SFR_MEM8(0xBA)
#define TWA6    7
#define TWA5    6
#define TWA4    5
#define TWA3    4
#define TWA2    3
#define TWA1    2
#define TWA0    1
#define TWGCE   0

#define TWDR    _SFR_MEM8(0xBB)

#define TWCR    _SFR_MEM8(0xBC)
#define TWINT   7
#define TWEA    6
#define TWSTA   5
#define TWSTO   4
#define TWWC    3
#define TWEN    2
#define TWIE    0

#define TWAMR   _SFR_MEM8(0xBD)
#define TWAM6   7
#define TWAM5   6
#define TWAM4   5
#define TWAM3   4
#define TWAM2   3
#define TWAM1   2
#define TWAM0   1

/* Reserved [0xBE..0xBF] */

#define UCSR0A  _SFR_MEM8(0xC0)
#define RXC0    7
#define TXC0    6
#define UDRE0   5
#define FE0     4
#define DOR0    3
#define UPE0    2
#define U2X0    1
#define MPCM0   0

#define UCSR0B  _SFR_MEM8(0XC1)
#define RXCIE0  7
#define TXCIE0  6
#define UDRIE0  5
#define RXEN0   4
#define TXEN0   3
#define UCSZ02  2
#define RXB80   1
#define TXB80   0

#define UCSR0C  _SFR_MEM8(0xC2)
#define UMSEL01 7
#define UMSEL00 6
#define UPM01   5
#define UPM00   4
#define USBS0   3
#define UCSZ01  2
#define UCSZ00  1
#define UCPOL0  0

/* Reserved [0xC3] */

/* Combine UBRR0L and UBRR0H */
```

```
#define UBRR0    _SFR_MEM16(0xC4)

#define UBRR0L   _SFR_MEM8(0xC4)
#define UBRR0H   _SFR_MEM8(0xC5)

#define UDR0     _SFR_MEM8(0XC6)

/* Reserved [0xC7] */

#define UCSR1A   _SFR_MEM8(0xC8)
#define RXC1     7
#define TXC1     6
#define UDRE1    5
#define FE1      4
#define DOR1     3
#define UPE1     2
#define U2X1     1
#define MPCM1    0

#define UCSR1B   _SFR_MEM8(0XC9)
#define RXCIE1   7
#define TXCIE1   6
#define UDRIE1   5
#define RXEN1    4
#define TXEN1    3
#define UCSZ12   2
#define RXB81    1
#define TXB81    0

#define UCSR1C   _SFR_MEM8(0xCA)
#define UMSEL11 7
#define UMSEL10 6
#define UPM11    5
#define UPM10    4
#define USBS1    3
#define UCSZ11   2
#define UCSZ10   1
#define UCPOL1   0

/* Reserved [0xCB] */

/* Combine UBRR1L and UBRR1H */
#define UBRR1    _SFR_MEM16(0xCC)

#define UBRR1L   _SFR_MEM8(0xCC)
#define UBRR1H   _SFR_MEM8(0xCD)

#define UDR1     _SFR_MEM8(0XCE)

/* Reserved [0xCF] */

#if defined(__ATmegaxx0__)

# define UCSR2A _SFR_MEM8(0xD0)
# define RXC2    7
# define TXC2    6
# define UDRE2   5
# define FE2     4
# define DOR2    3
# define UPE2    2
# define U2X2    1
# define MPCM2   0

# define UCSR2B _SFR_MEM8(0XD1)
# define RXCIE2 7
```

```
# define TXCIE2 6
# define UDRIE2 5
# define RXEN2  4
# define TXEN2  3
# define UCSZ22 2
# define RXB82  1
# define TXB82  0

# define UCSR2C _SFR_MEM8(0xD2)
# define UMSEL21 7
# define UMSEL20 6
# define UPM21  5
# define UPM20  4
# define USBS2  3
# define UCSZ21 2
# define UCSZ20 1
# define UCPOL2 0

/* Reserved [0xD3] */

/* Combine UBRR2L and UBRR2H */
# define UBRR2  _SFR_MEM16(0xD4)

# define UBRR2L _SFR_MEM8(0xD4)
# define UBRR2H _SFR_MEM8(0xD5)

# define UDR2   _SFR_MEM8(0XD6)

#endif /* __ATmegaxx0__ */

/* Reserved [0xD7..0xFF] */

#if defined(__ATmegaxx0__)

# define PINH   _SFR_MEM8(0x100)
# define PINH7  7
# define PINH6  6
# define PINH5  5
# define PINH4  4
# define PINH3  3
# define PINH2  2
# define PINH1  1
# define PINH0  0

# define DDRH   _SFR_MEM8(0x101)
# define DDH7   7
# define DDH6   6
# define DDH5   5
# define DDH4   4
# define DDH3   3
# define DDH2   2
# define DDH1   1
# define DDH0   0

# define PORTH  _SFR_MEM8(0x102)
# define PH7    7
# define PH6    6
# define PH5    5
# define PH4    4
# define PH3    3
# define PH2    2
# define PH1    1
# define PH0    0

# define PINJ   _SFR_MEM8(0x103)
```

```
# define PINJ7  7
# define PINJ6  6
# define PINJ5  5
# define PINJ4  4
# define PINJ3  3
# define PINJ2  2
# define PINJ1  1
# define PINJ0  0

# define DDRJ   _SFR_MEM8(0x104)
# define DDJ7   7
# define DDJ6   6
# define DDJ5   5
# define DDJ4   4
# define DDJ3   3
# define DDJ2   2
# define DDJ1   1
# define DDJ0   0

# define PORTJ  _SFR_MEM8(0x105)
# define PJ7 7
# define PJ6 6
# define PJ5 5
# define PJ4 4
# define PJ3 3
# define PJ2 2
# define PJ1 1
# define PJ0 0

# define PINK   _SFR_MEM8(0x106)
# define PINK7  7
# define PINK6  6
# define PINK5  5
# define PINK4  4
# define PINK3  3
# define PINK2  2
# define PINK1  1
# define PINK0  0

# define DDRK   _SFR_MEM8(0x107)
# define DDK7   7
# define DDK6   6
# define DDK5   5
# define DDK4   4
# define DDK3   3
# define DDK2   2
# define DDK1   1
# define DDK0   0

# define PORTK  _SFR_MEM8(0x108)
# define PK7 7
# define PK6 6
# define PK5 5
# define PK4 4
# define PK3 3
# define PK2 2
# define PK1 1
# define PK0 0

# define PINL   _SFR_MEM8(0x109)
# define PINL7  7
# define PINL6  6
# define PINL5  5
# define PINL4  4
# define PINL3  3
```

```
# define PINL2  2
# define PINL1  1
# define PINL0  0

# define DDRL   _SFR_MEM8(0x10A)
# define DDL7   7
# define DDL6   6
# define DDL5   5
# define DDL4   4
# define DDL3   3
# define DDL2   2
# define DDL1   1
# define DDL0   0

# define PORTL  _SFR_MEM8(0x10B)
# define PL7 7
# define PL6 6
# define PL5 5
# define PL4 4
# define PL3 3
# define PL2 2
# define PL1 1
# define PL0 0

#endif /* __ATmegaxx0__ */

/* Reserved [0x10C..0x11F] */

#define TCCR5A  _SFR_MEM8(0x120)
#define COM5A1  7
#define COM5A0  6
#define COM5B1  5
#define COM5B0  4
#define COM5C1  3
#define COM5C0  2
#define WGM51   1
#define WGM50   0

#define TCCR5B  _SFR_MEM8(0x121)
#define ICNC5   7
#define ICES5   6
#define WGM53   4
#define WGM52   3
#define CS52    2
#define CS51    1
#define CS50    0

#define TCCR5C  _SFR_MEM8(0x122)
#define FOC5A   7
#define FOC5B   6
#define FOC5C   5

/* Reserved [0x123] */

/* Combine TCNT5L and TCNT5H */
#define TCNT5   _SFR_MEM16(0x124)

#define TCNT5L  _SFR_MEM8(0x124)
#define TCNT5H  _SFR_MEM8(0x125)

/* Combine ICR5L and ICR5H */
#define ICR5    _SFR_MEM16(0x126)

#define ICR5L   _SFR_MEM8(0x126)
#define ICR5H   _SFR_MEM8(0x127)
```

```
/* Combine OCR5AL and OCR5AH */
#define OCR5A   _SFR_MEM16(0x128)

#define OCR5AL  _SFR_MEM8(0x128)
#define OCR5AH  _SFR_MEM8(0x129)

/* Combine OCR5BL and OCR5BH */
#define OCR5B   _SFR_MEM16(0x12A)

#define OCR5BL  _SFR_MEM8(0x12A)
#define OCR5BH  _SFR_MEM8(0x12B)

/* Combine OCR5CL and OCR5CH */
#define OCR5C   _SFR_MEM16(0x12C)

#define OCR5CL  _SFR_MEM8(0x12C)
#define OCR5CH  _SFR_MEM8(0x12D)

/* Reserved [0x12E..0x12F] */

#if defined(__ATmegaxx0__)

# define UCSR3A _SFR_MEM8(0x130)
# define RXC3   7
# define TXC3   6
# define UDRE3  5
# define FE3    4
# define DOR3   3
# define UPE3   2
# define U2X3   1
# define MPCM3  0

# define UCSR3B _SFR_MEM8(0X131)
# define RXCIE3 7
# define TXCIE3 6
# define UDRIE3 5
# define RXEN3  4
# define TXEN3  3
# define UCSZ32 2
# define RXB83  1
# define TXB83  0

# define UCSR3C _SFR_MEM8(0x132)
# define UMSEL31 7
# define UMSEL30 6
# define UPM31  5
# define UPM30  4
# define USBS3  3
# define UCSZ31 2
# define UCSZ30 1
# define UCPOL3 0

/* Reserved [0x133] */

/* Combine UBRR3L and UBRR3H */
# define UBRR3  _SFR_MEM16(0x134)

# define UBRR3L _SFR_MEM8(0x134)
# define UBRR3H _SFR_MEM8(0x135)

# define UDR3   _SFR_MEM8(0X136)

#endif /* __ATmegaxx0__ */
```

```
/* Reserved [0x137..1FF] */

/* Interrupt vectors */
/* Vector 0 is the reset vector */
/* External Interrupt Request 0 */
#define INT0_vect                        _VECTOR(1)
#define SIG_INTERRUPT0                   _VECTOR(1)

/* External Interrupt Request 1 */
#define INT1_vect                        _VECTOR(2)
#define SIG_INTERRUPT1                   _VECTOR(2)

/* External Interrupt Request 2 */
#define INT2_vect                        _VECTOR(3)
#define SIG_INTERRUPT2                   _VECTOR(3)

/* External Interrupt Request 3 */
#define INT3_vect                        _VECTOR(4)
#define SIG_INTERRUPT3                   _VECTOR(4)

/* External Interrupt Request 4 */
#define INT4_vect                        _VECTOR(5)
#define SIG_INTERRUPT4                   _VECTOR(5)

/* External Interrupt Request 5 */
#define INT5_vect                        _VECTOR(6)
#define SIG_INTERRUPT5                   _VECTOR(6)

/* External Interrupt Request 6 */
#define INT6_vect                        _VECTOR(7)
#define SIG_INTERRUPT6                   _VECTOR(7)

/* External Interrupt Request 7 */
#define INT7_vect                        _VECTOR(8)
#define SIG_INTERRUPT7                   _VECTOR(8)

/* Pin Change Interrupt Request 0 */
#define PCINT0_vect                      _VECTOR(9)
#define SIG_PIN_CHANGE0                  _VECTOR(9)

/* Pin Change Interrupt Request 1 */
#define PCINT1_vect                      _VECTOR(10)
#define SIG_PIN_CHANGE1                  _VECTOR(10)

#if defined(__ATmegaxx0__)
/* Pin Change Interrupt Request 2 */
#define PCINT2_vect                      _VECTOR(11)
#define SIG_PIN_CHANGE2                  _VECTOR(11)

#endif /* __ATmegaxx0__ */

/* Watchdog Time-out Interrupt */
#define WDT_vect                         _VECTOR(12)
#define SIG_WATCHDOG_TIMEOUT             _VECTOR(12)

/* Timer/Counter2 Compare Match A */
#define TIMER2_COMPA_vect                _VECTOR(13)
#define SIG_OUTPUT_COMPARE2A             _VECTOR(13)

/* Timer/Counter2 Compare Match B */
#define TIMER2_COMPB_vect                _VECTOR(14)
#define SIG_OUTPUT_COMPARE2B             _VECTOR(14)

/* Timer/Counter2 Overflow */
#define TIMER2_OVF_vect                  _VECTOR(15)
```

```
#define SIG_OVERFLOW2                       _VECTOR(15)

/* Timer/Counter1 Capture Event */
#define TIMER1_CAPT_vect                    _VECTOR(16)
#define SIG_INPUT_CAPTURE1                  _VECTOR(16)

/* Timer/Counter1 Compare Match A */
#define TIMER1_COMPA_vect                   _VECTOR(17)
#define SIG_OUTPUT_COMPARE1A                _VECTOR(17)

/* Timer/Counter1 Compare Match B */
#define TIMER1_COMPB_vect                   _VECTOR(18)
#define SIG_OUTPUT_COMPARE1B                _VECTOR(18)

/* Timer/Counter1 Compare Match C */
#define TIMER1_COMPC_vect                   _VECTOR(19)
#define SIG_OUTPUT_COMPARE1C                _VECTOR(19)

/* Timer/Counter1 Overflow */
#define TIMER1_OVF_vect                     _VECTOR(20)
#define SIG_OVERFLOW1                       _VECTOR(20)

/* Timer/Counter0 Compare Match A */
#define TIMER0_COMPA_vect                   _VECTOR(21)
#define SIG_OUTPUT_COMPARE0A                _VECTOR(21)

/* Timer/Counter0 Compare Match B */
#define TIMER0_COMPB_vect                   _VECTOR(22)
#define SIG_OUTPUT_COMPARE0B                _VECTOR(22)

/* Timer/Counter0 Overflow */
#define TIMER0_OVF_vect                     _VECTOR(23)
#define SIG_OVERFLOW0                       _VECTOR(23)

/* SPI Serial Transfer Complete */
#define SPI_STC_vect                        _VECTOR(24)
#define SIG_SPI                             _VECTOR(24)

/* USART0, Rx Complete */
#define USART0_RX_vect                      _VECTOR(25)
#define SIG_USART0_RECV                     _VECTOR(25)

/* USART0 Data register Empty */
#define USART0_UDRE_vect                    _VECTOR(26)
#define SIG_USART0_DATA                     _VECTOR(26)

/* USART0, Tx Complete */
#define USART0_TX_vect                      _VECTOR(27)
#define SIG_USART0_TRANS                    _VECTOR(27)

/* Analog Comparator */
#define ANALOG_COMP_vect                    _VECTOR(28)
#define SIG_COMPARATOR                      _VECTOR(28)

/* ADC Conversion Complete */
#define ADC_vect                            _VECTOR(29)
#define SIG_ADC                             _VECTOR(29)

/* EEPROM Ready */
#define EE_READY_vect                       _VECTOR(30)
#define SIG_EEPROM_READY                    _VECTOR(30)

/* Timer/Counter3 Capture Event */
#define TIMER3_CAPT_vect                    _VECTOR(31)
#define SIG_INPUT_CAPTURE3                  _VECTOR(31)
```

```
/* Timer/Counter3 Compare Match A */
#define TIMER3_COMPA_vect                    _VECTOR(32)
#define SIG_OUTPUT_COMPARE3A                 _VECTOR(32)

/* Timer/Counter3 Compare Match B */
#define TIMER3_COMPB_vect                    _VECTOR(33)
#define SIG_OUTPUT_COMPARE3B                 _VECTOR(33)

/* Timer/Counter3 Compare Match C */
#define TIMER3_COMPC_vect                    _VECTOR(34)
#define SIG_OUTPUT_COMPARE3C                 _VECTOR(34)

/* Timer/Counter3 Overflow */
#define TIMER3_OVF_vect                      _VECTOR(35)
#define SIG_OVERFLOW3                        _VECTOR(35)

/* USART1, Rx Complete */
#define USART1_RX_vect                       _VECTOR(36)
#define SIG_USART1_RECV                      _VECTOR(36)

/* USART1 Data register Empty */
#define USART1_UDRE_vect                     _VECTOR(37)
#define SIG_USART1_DATA                      _VECTOR(37)

/* USART1, Tx Complete */
#define USART1_TX_vect                       _VECTOR(38)
#define SIG_USART1_TRANS                     _VECTOR(38)

/* 2-wire Serial Interface */
#define TWI_vect                             _VECTOR(39)
#define SIG_2WIRE_SERIAL                     _VECTOR(39)

/* Store Program Memory Read */
#define SPM_READY_vect                       _VECTOR(40)
#define SIG_SPM_READY                        _VECTOR(40)

#if defined(__ATmegaxx0__)
/* Timer/Counter4 Capture Event */
#define TIMER4_CAPT_vect                     _VECTOR(41)
#define SIG_INPUT_CAPTURE4                   _VECTOR(41)

#endif /* __ATmegaxx0__ */

/* Timer/Counter4 Compare Match A */
#define TIMER4_COMPA_vect                    _VECTOR(42)
#define SIG_OUTPUT_COMPARE4A                 _VECTOR(42)

/* Timer/Counter4 Compare Match B */
#define TIMER4_COMPB_vect                    _VECTOR(43)
#define SIG_OUTPUT_COMPARE4B                 _VECTOR(43)

/* Timer/Counter4 Compare Match C */
#define TIMER4_COMPC_vect                    _VECTOR(44)
#define SIG_OUTPUT_COMPARE4C                 _VECTOR(44)

/* Timer/Counter4 Overflow */
#define TIMER4_OVF_vect                      _VECTOR(45)
#define SIG_OVERFLOW4                        _VECTOR(45)

#if defined(__ATmegaxx0__)
/* Timer/Counter5 Capture Event */
#define TIMER5_CAPT_vect                     _VECTOR(46)
#define SIG_INPUT_CAPTURE5                   _VECTOR(46)
```

```
#endif /* __ATmegaxx0__ */

/* Timer/Counter5 Compare Match A */
#define TIMER5_COMPA_vect                     _VECTOR(47)
#define SIG_OUTPUT_COMPARE5A                  _VECTOR(47)

/* Timer/Counter5 Compare Match B */
#define TIMER5_COMPB_vect                     _VECTOR(48)
#define SIG_OUTPUT_COMPARE5B                  _VECTOR(48)

/* Timer/Counter5 Compare Match C */
#define TIMER5_COMPC_vect                     _VECTOR(49)
#define SIG_OUTPUT_COMPARE5C                  _VECTOR(49)

/* Timer/Counter5 Overflow */
#define TIMER5_OVF_vect                       _VECTOR(50)
#define SIG_OVERFLOW5                         _VECTOR(50)

#if defined(__ATmegaxx1__)

# define _VECTORS_SIZE 204

#else

/* USART2, Rx Complete */
#define USART2_RX_vect                        _VECTOR(51)
#define SIG_USART2_RECV                       _VECTOR(51)

/* USART2 Data register Empty */
#define USART2_UDRE_vect                      _VECTOR(52)
#define SIG_USART2_DATA                       _VECTOR(52)

/* USART2, Tx Complete */
#define USART2_TX_vect                        _VECTOR(53)
#define SIG_USART2_TRANS                      _VECTOR(53)

/* USART3, Rx Complete */
#define USART3_RX_vect                        _VECTOR(54)
#define SIG_USART3_RECV                       _VECTOR(54)

/* USART3 Data register Empty */
#define USART3_UDRE_vect                      _VECTOR(55)
#define SIG_USART3_DATA                       _VECTOR(55)

/* USART3, Tx Complete */
#define USART3_TX_vect                        _VECTOR(56)
#define SIG_USART3_TRANS                      _VECTOR(56)

# define _VECTORS_SIZE 228

#endif /* __ATmegaxx1__ */

#if defined(__ATmegaxx0__)
# undef __ATmegaxx0__
#endif

#if defined(__ATmegaxx1__)
# undef __ATmegaxx1__
#endif

#endif /* _AVR_IOMXX0_1_H_ */
```

◀휴게실▶ **Atmel사의 프로그래밍 힌트**

Atmel사의 응용노트 AVR035에서 추천하는 프로그래밍 힌트를 소개한다. 이는 주로 IAR C 컴파일러를 사용하는 것을 가정하고 설명하는 내용이지만, 우리처럼 어셈블러나 AVR-GCC 컴파일러를 사용하는 경우에도 상당히 도움이 될 것이다.

(1) 코드 사이즈를 줄이기 위한 18가지 힌트

① 컴파일할 때 코드 사이즈를 기준으로 최적화 옵션을 잘 활용하라.
② 가능하면 전역변수(global variable)보다는 지역변수(local variable)를 사용하라.
③ 가능하면 가장 작은 데이터의 형을 사용하고, 그것도 가능하면 signed형 보다는 unsigned형을 사용하라.
④ 지역변수가 아닌 변수가 하나의 함수에서만 참조된다면 static으로 선언하라.
⑤ 지역변수가 아닌 것들은 가능하면 구조적으로 한 곳에 모아서 처리하라. 그러면 포인터값을 바꾸지 않고 간접지정을 수행할 가능성이 높아져 유리하다.
⑥ memory-mapped I/O를 액세스할 때는 오프셋을 가진 포인터를 사용하고 구조체로 선언하라.
⑦ 무한 루프는 for(;;) {} 문을 사용하라.
⑧ 가능하면 do{} while() 문을 사용하라.
⑨ 가능하면 루프에서는 loop counter가 감소하는 방향으로 그리고 pre-decrement로 처리하라.
⑩ I/O 영역의 메모리는 가능하면 포인터를 사용하지 말고 직접 액세스하라.
⑪ main이 그 프로그램의 어느 곳에서도 호출되지 않는다면 C_task로 선언하라.
⑫ 어셈블리 명령으로 2~3라인에 불과한 작은 태스크를 처리하는 경우에는 함수보다는 매크로를 사용하라.
⑬ 가능하면 코드 세그먼트를 여기저기에 띄엄띄엄 분산시켜 두지 말고 하나로 이어서 처리하라.
⑭ 가능하면 함수들을 여러 개의 모듈(파일)에 흩어놓지 말고 하나의 모듈에 모아놓아라.
⑮ 때로 속도기준 최적화(full speed optimization)가 코드 사이즈 기준 최적화(full size optimization)보다 더 작은 코드 사이즈를 가져오는 경우도 있으니 경우에 따라 올바르게 수행하라.
⑯ 사용되지 않는 세그먼트들을 초기화하지 않으려면 C_startup을 최적화하라.
⑰ 가능하면 인터럽트 서비스 루틴내에서 다른 함수를 호출하지 마라.
⑱ 가능하면 가장 작은 메모리 모델을 사용하라.

(2) RAM 사용을 줄이기 위한 5가지 힌트

① 모든 상수나 문자들은 플래시 메모리에 저장하라.
② 가능하면 전역변수보다는 지역변수를 사용하라.
③ 제한된 시간에만 사용되는 변수를 가지는 함수에서는 subscope를 사용하는 것이 유리하다.
④ 사용되는 스택의 크기를 추정하여 스택을 잘 활용하라.
⑤ IDATA0와 UDATA0 세그먼트를 위하여 메모리 공간을 낭비하지 마라.

(3) 프로그램 디버깅을 위한 체크 리스트

① CSTACK 세그먼트의 크기가 충분한지 확인하라.
② RSTACK 세그먼트의 크기가 충분한지 확인하라.
③ 외부 메모리 인터페이스가 의도대로 허용되어 있는지 또는 금지되어 있는지 확인하라.
④ 일반 함수와 인터럽트 서비스 루틴이 전역변수를 이용하여 데이터를 주고받는 경우에는 이것이 체크될 때마다 RAM에서 다시 읽혀 문제가 없도록 volatile로 선언하라.

4. 컴파일러 옵션 및 makefile에 대하여

여기서는 AVR-GCC를 사용할 때 중요한 기능을 수행하는 makefile과 이를 사용하는데 필요한 소프트웨어 옵션들에 대하여 간략하게 요약한다. WinAVR을 가지고 직접 AVR-GCC를 사용하려면 사용자가 이에 대하여 자세히 알아야 하지만, 우리는 AVR Studio에서 이를 내부적으로 자동 처리하여 주므로 이를 자세히 알지 않더라도 별 문제가 없으니 그냥 참고로 보기 바란다.

(1) C컴파일러 avr_gcc의 옵션

C컴파일러인 avr-gcc를 실행할 때 사용되는 주요 옵션을 선택하여 요약하면 다음과 같다.

▣ AVR 모델에 관련된 옵션

-mmcu=*architecture*

컴파일할 때 *architecture*로 지정된 MCU 모델의 코드로 번역한다. *architecture*에는 다음과 같이 5가지를 지정할 수 있으며, 디폴트로는 avr2이다.

avr1 : 간단한 CPU 코어. 어셈블러만 지원함.
avr2 : 8KB 이내의 프로그램 메모리를 가지는 classic AVR.
avr3 : 8KB를 초과하는 프로그램 메모리를 가지는 classic AVR.
avr4 : 8KB 이내의 프로그램 메모리를 가지는 enhanced AVR.
avr5 : 8KB를 초과하는 프로그램 메모리를 가지는 enhanced AVR.

현재의 avr-gcc에서는 이 옵션만 사용하고 다음에 설명하는 -mmcu=*MCU name* 옵션을 사용하지 않는다면 컴파일러가 올바르게 동작하지 않는다.

-mmcu=*MCU name*

컴파일할 때 <표 3.5.9>와 같이 *MCU name*으로 지정된 MCU 모델의 코드로 번역한다.

-morder1
-morder2

레지스터 할당의 순서를 변경한다. 디폴트로는

〈표 3.5.9〉 AVR-GCC의 MCU 모델 지정

Architecture	MCU name	avr-gcc의 Macro
avr1	at90s1200	__AVR__AT90S1200__
avr1	attiny11	__AVR__ATtiny11__
avr1	attiny12	__AVR__ATtiny12__
avr1	attiny15	__AVR__ATtiny15__
avr1	attiny28	__AVR__ATtiny28__
avr2	at90s2313	__AVR__AT90S2313__
avr2	at90s2323	__AVR__AT90S2323__
avr2	at90s2333	__AVR__AT90S2333__
avr2	at90s2343	__AVR__AT90S2343__
avr2	attiny13	__AVR__ATtiny13__
avr2	attiny2313	__AVR__ATtiny2313__
avr2	attiny22	__AVR__ATtiny22__
avr2	attiny24	__AVR__ATtiny24__
avr2	attiny25	__AVR__ATtiny25__
avr2	attiny26	__AVR__ATtiny26__
avr2	attiny261	__AVR__ATtiny261__
avr2	attiny44	__AVR__ATtiny44__
avr2	attiny45	__AVR__ATtiny45__
avr2	attiny461	__AVR__ATtiny461__
avr2	attiny84	__AVR__ATtiny84__
avr2	attiny85	__AVR__ATtiny85__
avr2	attiny861	__AVR__ATtiny861__
avr2	at90s4414	__AVR__AT90S4414__
avr2	at90s4433	__AVR__AT90S4433__
avr2	at90s4434	__AVR__AT90S4434__
avr2	at90s8515	__AVR__AT90S8515__
avr2	at90s8534	__AVR__AT90S8534__
avr2	at90s8535	__AVR__AT90S8535__
avr2	at86rf401	__AVR__AT90RF401__
avr3	atmega103	__AVR__ATmega103__
avr3	atmega603	__AVR__ATmega603__
avr3	at43usb320	__AVR__AT43USB320__
avr3	at43usb355	__AVR__AT43USB355__
avr3	at76c711	__AVR__AT76C711__
avr4	atmega8	__AVR__ATmega8__
avr4	atmega48	__AVR__ATmega48__
avr4	atmega8515	__AVR__ATmega8515__
avr4	atmega8535	__AVR__ATmega8535__
avr4	atmega88	__AVR__ATmega88__
avr4	at90pwm2	__AVR__AT90PWM2__
avr5	at90pwm3	__AVR__AT90PWM3__
avr5	at90can32	__AVR__AT90CAN32__
avr5	at90can64	__AVR__AT90CAN64__
avr5	at90can128	__AVR__AT90CAN128__
avr5	atmega16	__AVR__ATmega16__
avr5	atmega161	__AVR__ATmega161__
avr5	atmega162	__AVR__ATmega162__
avr5	atmega163	__AVR__ATmega163__
avr5	atmega164	__AVR__ATmega164__
avr5	atmega165	__AVR__ATmega165__
avr5	atmega168	__AVR__ATmega168__
avr5	atmega169	__AVR__ATmega169__
avr5	atmega32	__AVR__ATmega32__
avr5	atmega323	__AVR__ATmega323__
avr5	atmega324	__AVR__ATmega324__
avr5	atmega325	__AVR__ATmega325__
avr5	atmega3250	__AVR__ATmega3250__
avr5	atmega329	__AVR__ATmega329__
avr5	atmega3290	__AVR__ATmega3290__
avr5	atmega64	__AVR__ATmega64__
avr5	atmega640	__AVR__ATmega640__
avr5	atmega644	__AVR__ATmega644__
avr5	atmega645	__AVR__ATmega645__
avr5	atmega6450	__AVR__ATmega6450__
avr5	atmega649	__AVR__ATmega649__
avr5	atmega6490	__AVR__ATmega6490__
avr5	atmega128	__AVR__ATmega128__
avr5	atmega1280	__AVR__ATmega1280__
avr5	atmega1281	__AVR__ATmega1281__
avr5	at94k	__AVR__AT94K__

r24, r25, r18, r19, r20, r21, r22, r23, r30, r31, r26, r27, r28, r29, r17, r16, r15, r14, r13, r12, r11, r10, r9, r8, r7, r6, r5, r4, r2, r0, r1

의 순서이며, Order 1로 지정하면

r18, r19, r20, r21, r22, r23, r24, r25, r30, r31, r26, r27, r28, r29, r17, r16, r15, r14, r13, r12, r11, r10, r9, r8, r7, r6, r5, r4, r2, r0, r1

로 되고, Order 2로 지정하면

r25, r24, r23, r22, r21, r20, r19, r18, r30, r31, r26, r27, r28, r29, r17, r16, r15, r14, r13, r12, r11, r10, r9, r8, r7, r6, r5, r4, r2, r1, r0

으로 사용된다.

-mint8

데이터형 int를 8비트 정수라고 가정한다. 그러나, 이는 물론 avr-libc에 의하여 지원되지 않으며, 정상적으로는 사용하지 말아야 한다.

-mno-interrupts

인터럽트를 금지하지 않고 스택 포인터를 변경하도록 코드를 생성한다. 그러나, 이를 지정하지 않으면 정상적으로 스택 포인터를 변경할 때 상태 레지스터 SREG를 임시 레지스터에 저장한다.

-mcall-prologues

함수의 프롤로그(prologue)와 에필로그(epilogue)를 위하여 서브루틴을 사용하도록 한다. 함수가 시작되고 끝날 때 많은 레지스터들을 저장하거나 되찾아야 하는 복잡한 함수의 경우에 이를 사용하면 좋으나 실행 시간이 약간 증가한다.

-minit-stack=*nnnn*

스택 포인터의 초기값을 *nnnn*으로 지정한다. 디폴트로 스택 포인터는 __stack 심볼로 지정되는데, 이것은 런타임 초기화 코드에 의하여 RAMEND 값으로 처리된다.

-mtiny-stack

스택 포인터의 하위 8비트만 변경할 수 있도록 한다. 따라서, 결과적으로 스택의 크기가 256바이트로 제한된다.

-mno-tablejump

table jump 명령을 사용하지 않도록 한다. 디폴트로는 switch 문을 최적화하기 위하여 jump table이 사용되는데, 이는 실행속도가 빠른 장점이 있으나 플래시 메모리의 낭비가 심하다. 이 옵션을 지정하면 일련의 비교명령으로 switch 문을 처리한다.

-mshort-call

8KB 이상의 프로그램 메모리를 가지는 모델에서 RJMP/RCALL 명령을 사용하도록 한다. 만약 av3이나 avr5 모델에서 JMP/CALL 명령을 사용하면 전체 어드레스로 점프할 수 있으나 플래시 메모리의 낭비가 생기고 실행시간이 길어진다. avr2나 avr4 모델에서는 이 옵션을 지정하지 않아도 항상 RJMP/RCALL 명령이 사용된다.

-mrtl

컴파일 결과 생성되는 어셈블러 코드에서 주석문으로 "RTL"을 포함시킨다. 이는 avr-gcc 디버깅을 위하여 사용된다.

- msize

컴파일 결과 생성되는 어셈블러 코드에서 주석문으로 각 명령의 어드레스나 사이즈 등의 내용을 포함시킨다. 이는 avr-gcc 디버깅을 위하여 사용된다.

- mdeb

디버깅 정보를 디바이스 stderr로 출력한다.

▣ 일반적인 컴파일러 옵션

-c

컴파일 또는 어셈블을 수행하되 링크는 하지 않도록 한다.

-o *outfile*

출력 파일을 *outfile*로 생성한다. 출력 파일은 동작에 따라 여러 가지로 될 수 있다. 즉, 컴파일 후의 어셈블리 소스나 오브젝트 파일이 될 수도 있고, 링크 후의 실행 파일이 될 수도 있다.

-O*n*

최적화를 레벨 *n*으로 지정한다. 레벨값 *n*이 커지면 더 많은 최적화가 수행되는 것을 의미한다. 디폴트로는 최적화가 가장 낮은 0이다. 최적화를 가장 높은 -O3으로 지정하면 실행속도는 가장 빠르게 되지만, 모든 간단한 함수를 어셈블리 언어에서의 매크로처럼 인라인으로 처리하려고 하기 때문에 코드 사이즈가 매우 커진다는데 유의하라. -Os 옵션은 코드 사이즈를 작게 하는 가장 우수한 최적화를 수행하는 옵션으로서 몇 가지의 사항을 제외하고는 대부분 -O2에 해당한다.

이 책의 모든 예제에서는 최적화 옵션으로 -Os를 사용하도록 권한다. 최적화 옵션을 이와 같이 설정하는 방법은 <그림 3.3.26>에서 설명하였다.

-g

avr-gdb에 의하여 사용될 디버깅 정보를 발생하여 오브젝트 파일에 포함시킨다.

-ffreestanding

컴파일할 때 표준 C를 따르기 보다는 독립적인(freestanding) 환경을 가지도록 한다. 이를테면 이 옵션을 설정하면 main() 함수가 void 형으로 지정되더라도 메시지가 출력되지 않으며, 모든 최적화 기능이 무시된다.

-funsigned-char

불확실한 char형을 unsigned char로 처리한다. 이 옵션을 지정하지 않으면 디폴트로 signed char로 처리된다.

-funsigned-bitfields

불확실한 bitfield형을 unsigned로 처리한다. 이 옵션을 지정하지 않으면 디폴트로 signed로 처리된다.

-fshort-enums

enum형을 처리하는데 필요한 최소의 바이트 수로만 할당한다.

-fpack-struct

모든 구조체를 중간에 빈 공간없이 밀집시켜 처리한다.

-Wa,*assembler-options*

*assembler-options*로 열거된 옵션들은 어셈블러에게 넘겨준다.

-Wl,*linker-options*

*linker-options*로 열거된 옵션들은 링커에게 넘겨준다.

(2) 어셈블러 avr_as의 옵션

어셈블러인 avr-as를 실행할 때 사용되는 주요 옵션을 선택하여 요약하면 다음과 같다.

▣ AVR 모델에 관련된 옵션

-mmcu=*architecture*

-mmcu=*MCU name*

이것은 avr-gcc에서의 옵션과 같다.

-mall-opcodes

어셈블할 opcode가 실제로 지정된 AVR 모델의 명령 세트에 해당하는지를 체크하지 않고 사용 가능한 모든 AVR 명령으로 어셈블되도록 한다.

-mno-skip-bug

CPSE/SBIC/SBIS/SBRC/SBRS 명령을 사용하는 경우 2워드를 스킵하게 되더라도 경고 메시지를 출력하지 않는다. 초창기의 AVR에서는 이러한 명령이 하드웨어적으로 올바르게 실행되지 않는 버그가 있었으므로 경고 메시지가 필요하였다.

-mno-wrap

RJMP/RCALL 명령에서 8KB 이상의 메모리를 갖는 모델에 대하여 점프할 목적 번지가 wrap around되는 것을 허용하지 않는다.

--gstabs

어셈블러 소스에 디버깅 심볼 .stabs를 포함시킨다. 이것은 avr-gdb가 어셈블러 소스 파일을 트레이스할 수 있도록 해준다. 이 옵션은 C컴파일러가 생성한 어셈블리 소스를 어셈블하는 경우에는 사용하지 말아야 한다. 이러한 파일에는 이미 디버깅에 필요한 라인 정보가 포함되어 있기 때문이다.

-a[cdhlmns=*file*]

어셈블러 소스 리스팅 파일을 생성하며, 다음과 같은 서브 옵션들을 이어서 표시할 수 있다. 단, =*file*은 반드시 마지막에 적어야 한다.

c : 조건부 어셈블에서 조건이 성립하지 않는 부분을 생략
d : 디버깅을 위한 지시어를 생략
h : 고급언어 소스 부분을 포함
l : 어셈블리 소스 부분을 포함
m : 매크로 확장 부분을 포함
n : forms processing을 생략
s : 심볼 테이블을 포함
=*file* : 소스 리스팅 파일 이름을 *file*로 지정

▣ C컴파일러에서 넘겨지는 어셈블러 옵션의 사용 예

어셈블러 옵션은 C컴파일러에서 -Wa를 사용하여 넘겨진다. 예를 들어 C소스 파일 test.c를 컴파일하여 어셈블리 소스 리스팅 파일 test.lss를 생성하려면 다음과 같이 하면 된다.

```
$ avr-gcc -c -O2 test.c -o test.o -Wa,-ahlms=test.lss
```

(3) 링커 avr_ld의 옵션

링커인 avr-ld를 실행할 때 사용되는 주요 옵션을 선택하여 요약하면 다음과 같다. 링커 옵션에는 AVR 모델에 관련되는 것이 없다.

▣ 주요 옵션

-l*name*

아카이브 라이브러리(archive library) 파일 lib*name*.a로부터 필요한 심볼을 찾아 링크한다. 파일명에서 lib 이후의 부분만을 떼어내어 지정한다는 것에 유의하라. 예를 들어 부동소수점 라이브러리를 사용하려면 링커 옵션에 -lm을 추가하여야 한다. 그러나, AVR Studio에서는 Project → Configuration Options → Libraries 메뉴를 클릭하면 볼

수 보듯이 WinAVR의 기본 라이브러리 파일을 모두 자동으로 링크하고 있으므로 사용자는 이를 신경쓰지 않아도 된다.

-L*path*

위의 -l 옵션으로 지정된 아카이브 라이브러리 파일을 찾기 위하여 검색할 경로를 지정한다.

--defsym=*symbol*=*expression*

글로벌 심볼 *symbol*에 *expression*으로 지정된 값을 정의한다.

-M

링커 맵 파일을 디바이스 stdout으로 출력한다.

-Map=*mapfile*

링커 맵 파일을 *mapfile*로 출력한다.

--crf

링커 맵 파일에 크로스 레퍼런스 테이블(cross reference table)을 출력한다.

--section-start=*sectionname*=*org*

섹션 *sectionname*을 절대번지 *org*에서 시작한다.

-Tbss=*org*
-Tdata=*org*
-Ttext=*org*

bss, data, text 섹션을 각각 절대번지 *org*에서 시작한다.

-T*scriptfile*

*scriptfile*을 링커 스크립트 파일로 사용한다. 디폴트 링커 스크립트 파일들은 디렉터리 ldscripts에 위치한다.

▣ C컴파일러에서 넘겨지는 링커 옵션의 사용 예

링커는 .o로 끝나는 오브젝트 파일과 .a로 끝나는 라이브러리 파일을 링크한다. 이때 시스템 라이브러리 파일은 파일명이 아니라 -l 옵션을 사용하여 약어로 지정된다. 즉, 표준 라이브러리 파일 libc.a는 -lc 옵션으로 링크하며, 수학함수를 위한 라이브러리 파일 libm.a는 -lm 옵션을 사하여 링크한다.

어셈블러 옵션은 C컴파일러에서 -Wl을 사용하여 넘겨진다. 예를 들어 C소스 파일 test.c를 컴파일하고 링크하여 실행 파일 test.out을 생성하고 맵 파일 test.map을 생성하려면 다음과 같이 하면 된다.

```
$ avr-gcc -O2 -o test.o -Wl,-Map=test.map -Wl,--crf test.c
```

(4) makefile의 개요

make 유틸리티는 프로그램을 개발할 때 프로그램 그룹의 많은 소스 파일 중에서 어느 부분을 새롭게 컴파일해야 하는지를 자동적으로 판단하여 가장 효율적으로 컴파일 및 링크 동작을 수행하는 소프트웨어이다. 즉, 여러 개의 소스를 모두 다시 컴파일하지 않고 수정된 내용과 이것이 영향을 미치는 부분만을 재처리함으로써 효율적인 처리가 가능하게 되는 것이다. 이를 위해서는 당연히 각 파일 사이의 관계가 명확히 기술되어야 한다.

makefile은 이러한 make 유틸리티의 처리방식이나 각 파일들의 관계를 배치 파일처럼 프로그램해 놓은 파일이다. makefile은 기본적으로 다음과 같은 3개의 요소로 구성되는 규칙(rule)이 반복적으로 나열된다.

```
target : dependency ...
           command
           ...
```

여기서 목표(target)는 명령(command)이 수행되어 생성되는 결과 파일을 지정하거나 라벨(label) 기능을 수행한다. 의존 관계(dependency) 부분에 정의된 파일의 내용이 바뀌었거나 목표 부분에 해당하는 파일이 없을 때 명령 부분에 정의된 내용들이 차례대로 실행된다. 명령 부분의 행은 반드시 TAB 문자로 시작해야 한다.

예를 들어

```
% avr-gcc -c main.c
% avr-gcc -c read.c
% avr-gcc -c write.c
% avr-gcc -o test.out main.o read.o write.o
```

라고 하면 각 파일 사이의 관계를 규정하지 않고 그냥 컴파일 및 링크를 수행한 것이다. 그러나, 소스 파일이 몇개 정도일 경우에는 이러한 방법을 사용해도 별 문제가 없지만 파일이 많아지면 매우 비효율적으로 된다. 이를 makefile로 처리한다면 아래와 같이 할 수 있다.

```
test.out : main.o read.o write.o
        avr-gcc -o test.out main.o read.o write.o
main.o : io.h main.c
        avr-gcc -c main.c
read.o : io.h read.c
        avr-gcc -c read.c
write.o : io.h write.c
        avr-gcc -c write.c
```

여기서 main.o read.o write.o 부분을 OBJECTS라는 매크로로 바꾸어 처리하면 다음과 같이 된다. 단, 마지막 부분에는 컴파일 및 링크 처리가 끝난 후에 필요없는 오브젝트 파일들을 삭제하는 기능을 추가하였다.

```
OBJECTS = main.o read.o write.o
test.out : $(OBJECTS)
        avr-gcc -o test.out $(OBJECTS)
main.o : io.h main.c
        avr-gcc -c main.c
read.o : io.h read.c
        avr-gcc -c read.c
write.o : io.h write.c
        avr-gcc -c write.c
clean :
        rm $(OBJECTS)
```

이를 이용하여 마지막의 라벨 clean에 해당하는 부분만을 실행하려면 다음과 같이 하면 된다.

```
% make clean
```

이제 여기서는 makefile에 대한 더 이상의 자세한 사항을 설명하는 것은 피하기로 한다. 이것이 필요한 경우가 발생한다면 make에 대한 매뉴얼을 참조하기 바란다. 이 매뉴얼은 인터넷의 http://www.gnu.org/software/make/manual/html_mono/make.html

에서 찾아볼 수 있다.

아래에 보인 것은 AVR Studio에서 AVR 모델을 ATmega1281로 지정하고 이 책의 예제 Exp01_1.c를 컴파일하였을 경우에 생성된 makefile이다. 이를 컴파일할 때는 <그림 3.3.26>과 같이 컴파일러 및 링커의 환경을 설정하였다.

<파일 makefile> 예제 프로그램 Exp01_1.c를 컴파일할 때 생성된 makefile

```
###############################################################################
# Makefile for the project AVRcfile
###############################################################################

## General Flags
PROJECT = AVRcfile
MCU = atmega1281
TARGET = AVRcfile.elf
CC = avr-gcc.exe

## Options common to compile, link and assembly rules
COMMON = -mmcu=$(MCU)

## Compile options common for all C compilation units.
CFLAGS = $(COMMON)
CFLAGS += -Wall -gdwarf-2 -DF_CPU=16000000UL  -Os -fsigned-char
CFLAGS += -MD -MP -MT $(*F).o -MF dep/$(@F).d

## Assembly specific flags
ASMFLAGS = $(COMMON)
ASMFLAGS += -x assembler-with-cpp -Wa,-gdwarf2

## Linker flags
LDFLAGS = $(COMMON)
LDFLAGS +=  -Wl,-Map=AVRcfile.map

## Intel Hex file production flags
HEX_FLASH_FLAGS = -R .eeprom

HEX_EEPROM_FLAGS = -j .eeprom
HEX_EEPROM_FLAGS += --set-section-flags=.eeprom="alloc,load"
HEX_EEPROM_FLAGS += --change-section-lma .eeprom=0

## Objects that must be built in order to link
OBJECTS = Exp01_1.o

## Objects explicitly added by the user
LINKONLYOBJECTS =

## Build
all: $(TARGET) AVRcfile.hex AVRcfile.eep AVRcfile.lss size

## Compile
Exp01_1.o: ../Exp01_1.c
	$(CC) $(INCLUDES) $(CFLAGS) -c  $<

##Link
$(TARGET): $(OBJECTS)
	$(CC) $(LDFLAGS) $(OBJECTS) $(LINKONLYOBJECTS) $(LIBDIRS) $(LIBS) -o $(TARGET)
```

```
%.hex: $(TARGET)
	avr-objcopy -O ihex $(HEX_FLASH_FLAGS)  $< $@

%.eep: $(TARGET)
	avr-objcopy $(HEX_EEPROM_FLAGS) -O ihex $< $@

%.lss: $(TARGET)
	avr-objdump -h -S $< > $@

size: ${TARGET}
	@echo
	@avr-size -C --mcu=${MCU} ${TARGET}

## Clean target
.PHONY: clean
clean:
 -rm -rf $(OBJECTS) AVRcfile.elf dep/* AVRcfile.hex AVRcfile.eep AVRcfile.lss AVRcfile.map

## Other dependencies
-include $(shell mkdir dep 2>/dev/null) $(wildcard dep/*)
```

◀휴게실▶ 어셈블리 언어와 C언어에 대한 5가지의 잘못된 편견

마이크로콘트롤러에서 주로 C언어를 선호하는 사람들이 가질 수 있는 잘못된 편견을 정리한다. 그리고 그에 대한 진실로 함께 밝힌다.

① C언어를 사용하면 하드웨어를 잘 몰라도 프로그램이 가능하다...!
- 전혀 그렇지 않다. 그야말로 황당한 이야기이다.
- 어셈블리 언어에서나 C언어에서나 MCU 분야에서는 하드웨어를 모르면 프로그램할 수 없다.
- 그것은 C언어를 사용하기 때문이 아니라 운영체제를 가진 범용 컴퓨터에서는 그럴 수 있다.

② 어셈블리 언어는 배우기 어렵고, C언어는 배우기가 쉽다...!
- 오히려 어셈블리 언어가 훨씬 더 간단하고 배우기 쉽다.
- C언어는 상당히 알고리즘적이기는 하지만 규정이 엄격하지 않고 꽤 어려운 언어이다.
- 어셈블리 언어가 어려운 것이 아니라 MCU나 하드웨어에 대한 이해가 부족하기 때문이다.

③ 마이크로프로세서에서는 C언어로 먼저 시작하고 나중에 필요하면 어셈블리 언어를 배우면 된다...!
- 오히려 반드시 마이크로프로세서 공부는 어셈블리 언어로 시작해야 한다.
- 먼저 C언어에 익숙해지면 나중에는 절대로 어셈블리 언어를 사용하지 못한다.

④ 앞으로 어셈블리 언어는 없어지고 모두 C언어와 같은 고급언어를 사용하게 될 것이다...!
- 마이크로프로세서가 존재하는 한 어셈블리 언어도 존재한다.
- 마이크로콘트롤러에서는 어셈블리 언어가 적합한 분야가 있고 C언어가 더 적합한 분야도 있다.
- 어셈블리 언어를 사용하면 하드웨어 비용이 절감되고, C언어를 사용하면 소프트웨어 비용이 절감된다.

⑤ 어셈블리 언어는 호환성이 없어서 아무리 열심히 배워도 다른 MCU를 사용하게 되면 소용없다...!
- 어셈블리 언어도 충분히 숙달되면 마이크로프로세서마다 크게 다르게 느껴지지 않는다.
- C언어도 하드웨어 의존적인 기능에서는 마이크로콘트롤러마다 상당히 다른 부분이 많다.

제4장

어셈블리와 C언어 프로그래밍

총 66개의 다양한 어셈블리 예제 프로그램

총 77개의 다양한 C언어 예제 프로그램

☞

이 장에서는 ATmega1281/2561 AVR 마이크로콘트롤러의 트레이닝 키트 *OK-1281/2561*을 이용하여 사용자가 어셈블리 프로그램과 C언어 프로그램을 작성하는 기술을 구체적으로 공부하기로 한다.

이에 앞서서 먼저 한가지 강조하면 "어셈블리 언어를 공부해야 하는지? 아니면 C언어로 프로그래밍하는 것을 배워야 하는지?"와 같은 어리석은 생각은 이제부터 하지 말기 바란다. 어셈블리 언어와 C언어는 배타적으로 어느 하나만을 배워서 되는 것이 아니다. 그들 각각은 상황과 응용분야에 따라 적합한 쓰임새와 경우가 있으므로 모두 철저히 배우고 익혀서 자유자재로 구사할 수 있어야 한다. 이는 한국어를 아무리 잘한다고 해도 영어를 배워야 하는 것과 같다. 한국에서는 한국어를 사용하는 것이 올바르고 미국에 가서는 영어를 사용해야 편리한 것과 같은 이치이다.

이 장에서는 어셈블리 프로그래밍과 C언어 프로그래밍을 모두 Atmel사에서 무료로 제공하는 AVR Studio에서 수행한다. 단, C언어를 사용하려면 미리 WinAVR을 설치해 두어야 하며, 그러면 AVR Studio가 내부적으로 WinAVR을 불러서 사용한다. 그리고, 작성된 사용자 프로그램의 hex 파일을 *OK-1281/2561* 키트에 다운로드하는데는 ToastProg2005와 *AVR-ISP Parallel* 다운로드 케이블을 기본으로 사용하지만, AVR Studio에서 *AVR-ISP Studio* 또는 *AVR-ISP USB* 다운로드 케이블을 사용해도 좋다. 이것들에 관한 기술적인 사항은 제3장을 참조하기 바란다.

4.1 Atmega1281/2561 어셈블리 프로그램 기초

이 절에서는 퍼스널컴퓨터에 Atmel사의 AVR Studio와 매크로 어셈블러를 사용하여 어셈블리 언어로 사용자 프로그램을 작성하고 이를 번역하여 생성된 인텔 HEX 파일을 *OK-1281/2561* 키트에 다운로드하고 실행하는 방법을 익힌다.

관련 내용	(1) 제1.3절 ATmega1281/2561의 명령 세트 (2) 제3.1절 *OK-1281/2561* 키트의 구조와 기능 (3) 제3.2절 AVR ISP 다운로드 케이블 (4) 제3.3절 AVR Studio 및 WinAVR의 설치 및 사용 (5) 제3.4절 AVR Studio의 매크로 어셈블러

1. 프로그래밍 실습을 시작하기 전에

이제부터 ATmega1281/2561의 프로그래밍 실습을 시작하기 전에 여러분은 제1장~제3장을 충분히 읽고 그 내용을 최대한 이해하도록 노력하라. 지금으로서는 여러분이 이 부분의 내용들을 모두 이해하는 것은 매우 어렵겠지만, 그렇다고 하더라도 제1장에서 ATmega1281/2561의 기본적인 구조와 기능이나 제3장에서 *OK-1281/2561* 키트의 개략적인 구조와 이에 필요한 소프트웨어들의 구성 및 설치에 대하여는 특별히 세심한 관심을 가져야만 앞으로의 실습을 제대로 진행할 수 있다. 또한, 실제로 *OK-1281/2561* 키트를 옆에 두고 직접 관찰하면서 눈에 보이는 기본적인 구조를 익혀두는 것이 좋다. 지금 책이나 키트에서 이해가 잘 되지 않는 부분들은 이제부터 점차적으로 한가지씩 익혀나간다는 마음가짐으로 시작하면 된다. 앞에서도 강조하였듯이 이 책에서는 **어셈블리 언어와 C언어를 동일한 비중으로 취급**한다.

이 분야의 초보자로서 가장 바람직하지 않은 태도중의 하나는 마이크로프로세서의 기본 구조나 어셈블리 프로그램 기술의 걸음마도 떼어보지 않고 모터가 무엇인지도 배우기 전에 로봇부터 만들어 보겠다든가 하는 허황된 마음을 갖는 것이다. 목표를 크게 세우고 공부하는 것은 좋으나 기술을 배우는데는 거쳐야할 단계가 있다. 기술의 세계에서 단계를 무시한 발전은 기대하기 어려우며, 과정 없이 결과만을 얻으려 하는 것은 무모하다. 자신의 발로 걸음마도 떼지 못하는 사람은 절대로 올림픽의 100미터 경기에 나갈 수가 없는 것이다. 마이크로프로세서나 전자, 제어 기술에 대하여 아무 것도 모르면서 여기저기 돌아다니다가 주워온 회로를 가지고 마이크로마우스라고 만들어 놓고는 제대로 동작을 하지 않으니 도대체 어디가 잘못되었느냐고 묻는 것은 무모함이나 황당함 이외에 아무 것도 아니다.

이제 여러분은 이 책과 함께 *OK-1281/2561* 키트를 이용하여 ATmega1281/2561 마이크로콘트롤러를 익히려는 첫걸음 단계에서 다음과 같은 경구를 항상 염두에 두기 바란다.

① **百聞이 不如一見** :	백번 듣는 것보다 내 눈으로 한번 직접 보는 것이 나으니라.
② **百見이 不如一打** :	백번 보는 것보다 내 손으로 한번 직접 키보드를 쳐보는 것이 나으니라.
③ **百打가 不如一作** :	백번 키보드를 치는 것보다 내 머리로 한번 직접 설계하거나 프로그램을 작성해 보는 것이 나으니라.

그러나, 처음부터 설계와 프로그래밍이 내 뜻대로 쉽게 되지는 않는다. 남의 것을 보는데서 출발하여 기초를 충분히 닦고 정석(定石)대로 따라하다 보면 스스로 능력과 개성을 발휘할 때가 오는 것이니, **무릇 창조(創造)는 모방(模倣)에서 출발하느니라**. 기초를 닦아야 할 때 행여 재주를 부리려고 나서지 말아야 한다.

마이크로콘트롤러를 배우고는 싶은데 꾸준히 공부를 계속하지 못한다면 그것은 아마도 2가지 중의 하나다. 하나는 공부 방법이 잘못된 경우이다. 재미가 없는데 꾸준히 공부가 될 수가 없다. 마이크로콘트롤러가 재미있으려면 책만 보지 말고 **좋은 키트를 가지고 프로그래밍 실습을 병행해야 한다**. 책을 읽어 이해가 안되는 부분은 프로그래밍 실습으로 보충하고 프로그램에서 풀리지 않는 의문은 책에서 찾아내야 한다.

또 하나는 마음이 나약하여 쉽게 지치고 포기하는 경우다. 그러나, 만약 여러분의 마음이 독하지 못하여 **작심삼일(作心三日)이면 3일마다 작심(作心)하라**. 프로그램에서 내가 그 의미를 모르고는 비록 1개의 명령이라도 사용하지 마라. 남의 프로그램을 읽을 때 단 한 줄이라도 이해가 안되는 부분이 있으면 그 다음 줄로 넘어가지 마라. 오늘 밤 내가 공부하다가 **모르면 잠을 자지 마라**.

2. 어셈블리 프로그램의 작성 및 실행 방법

AVR Studio와 이에 포함된 매크로 어셈블러를 사용하여 어셈블리 언어 프로그램을 작성하는 방법은 제3.3절에서 설명하였다. 그러나, 여기서는 이제부터 많은 예제 프로그램을 사용해야 하므로 좀더 편리하게 작업할 수 있는 방법을 제시한다.

이제부터 여러분이 어셈블리 언어 프로그램을 작성하려면 제3.3절의 설명에 따라 AVR Studio와 이 책의 어셈블리 예제 프로그램이 퍼스널컴퓨터에 설치되어 있어야 하며, 정상 동작이 확인된 *OK-1281/2561* 키트와 AVR ISP 다운로드 케이블을 가지고 있어야 한다. 다운로드 케이블로는 병렬포트형의 *AVR-ISP Parallel*, 직렬포트형의 *AVR-ISP Studio*, USB 포트형의 *AVR-ISP USB* 등 어느 것을 사용해도 좋다.

(1) 어셈블리 예제 프로젝트에서 소스 프로그램을 교체 등록

이제부터 이 책의 모든 어셈블리 예제 프로그램은 프로젝트명을 AVRasmfile.aps로 통일하여 사용하기로 한다. 그러나, 예제 프로그램이 달라지면 이 프로젝트에 등록된 예제 파일도 해당 파일로 교체하여야 한다.

① 바탕화면에서 AVR Studio의 바로가기 아이콘을 누르면 이 IDE 소프트웨어가 실행되면서 <그림 4.1.1>과 같이 기존에 사용했던 프로젝트 리스트 중에서 이제부터 사용할 프로젝트를 선택할 수 있는 선택창이 나타난다. 이제 우리는 어셈블리 예제 프로그램을 작성할 것이므로 AVRasmfile.aps를 선택하고 Load 버튼을 누른다.

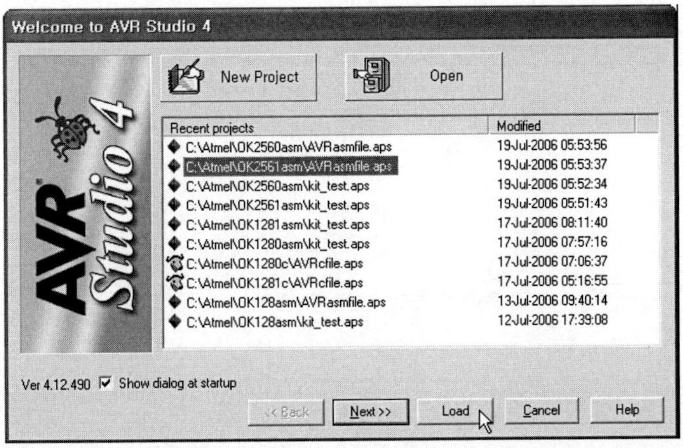

〈그림 4.1.1〉 AVR Studio를 시작할 때 나타나는 프로젝트 선택창

② 그러나, 이 선택창에서 Cancel을 눌러서 그냥 넘어갔다면 나중에 <그림 4.1.2.>와 같이 Project → Open Project 메뉴에서 C:\Atmel\OK2561asm\AVRasmfile.aps 프로젝트를 열면 된다.

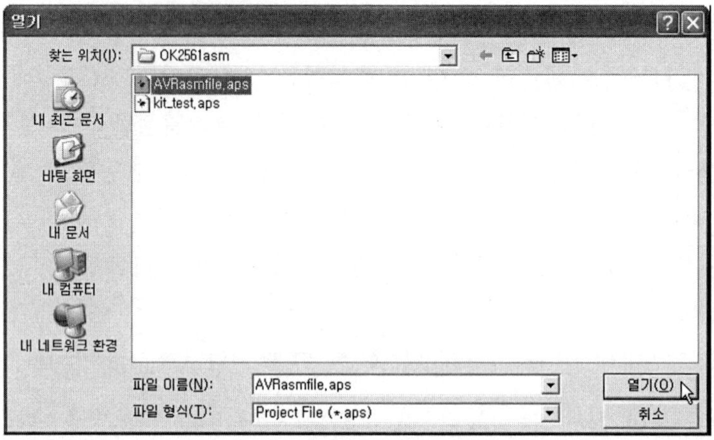

〈그림 4.1.2〉 AVR Studio에서 기존의 어셈블리 예제 프로젝트를 읽어오는 선택창

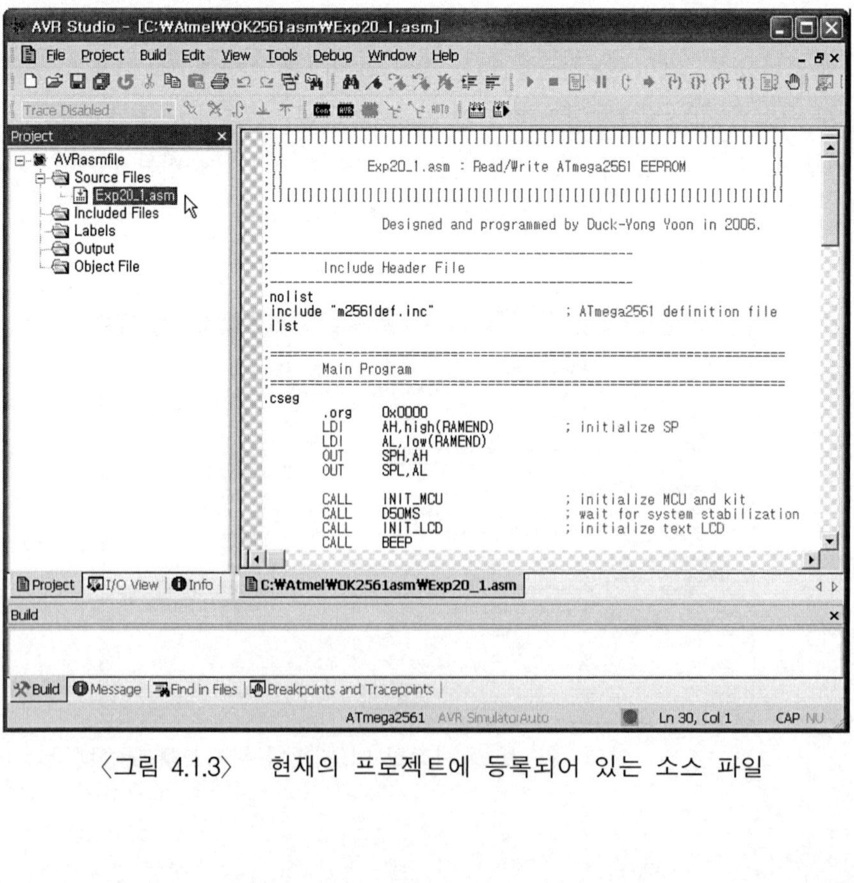

〈그림 4.1.3〉 현재의 프로젝트에 등록되어 있는 소스 파일

③ AVRasmfile.aps 프로젝트를 읽어들였으면 <그림 4.1.3>처럼 화면 좌측의 프로젝트창에서 현재 이 프로젝트에 등록되어 있는 예제 프로그램 소스 파일의 이름을 확인한다. 이 그림의 경우에는 과거에 사용하였던 Exp20_1.asm이라는 파일이 현재의 프로젝트에 등록되어 있는데 이것은 우리가 이 실습에서 사용하기를 원하는 파일이 아니다. 따라서, 이를 이제부터 우리가 사용할 예제 파일 Exp01_1.asm으로 교체 등록하고자 한다.

④ 프로젝트창에서 Source Files의 버튼 위에 마우스 커서를 올려놓고 오른쪽 버튼을 누르면 <그림 4.1.4>와 같이 현재의 프로젝트에 새로운 소스 파일을 추가할 수 있는 팝업창이 뜬다. 여기서 Add Files to Project 메뉴를 클릭하면 <그림 4.1.5>와 같이 새로 등록할 예제 소스 파일의 리스트가 나타나는데, 여기에서 C:\Atmel\OK2561asm\ 폴더를 찾아서 Exp01_1.asm 파일을 선택하고 열기(O) 버튼을 누른다.

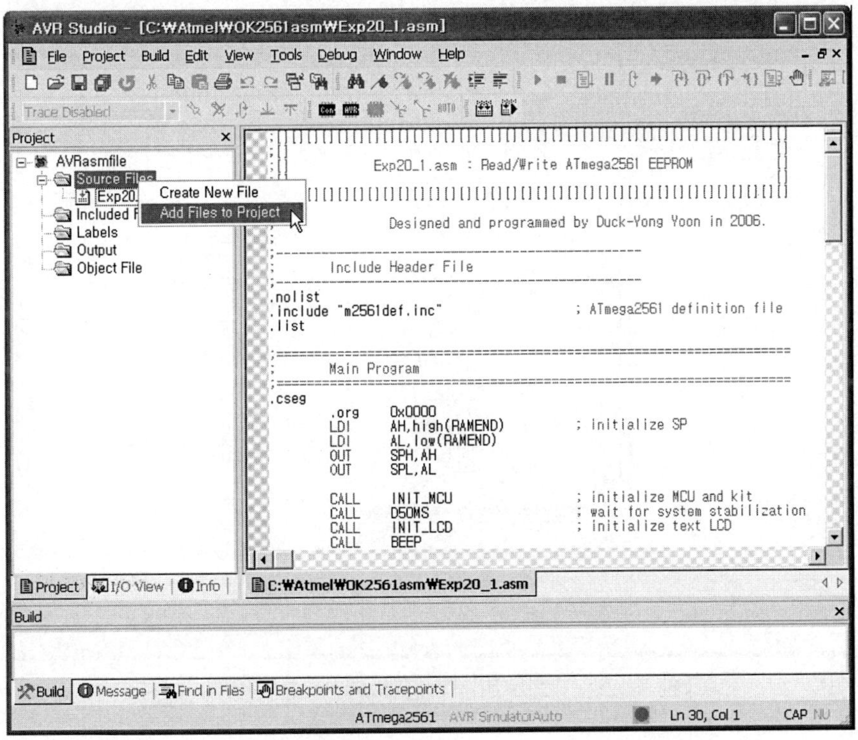

〈그림 4.1.4〉 현재의 프로젝트에 새로운 소스 파일을 추가

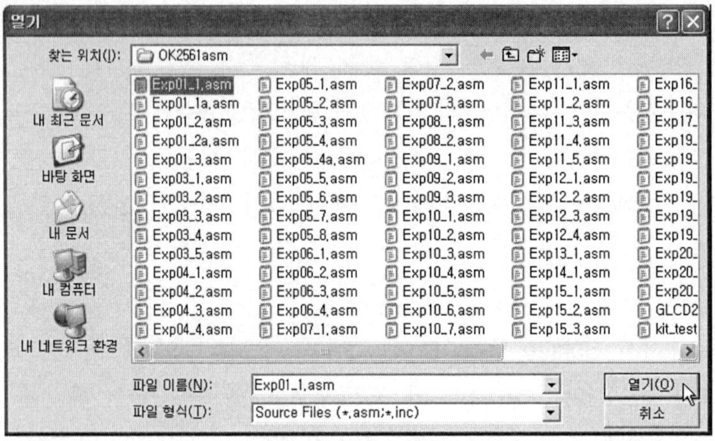

〈그림 4.1.5〉 현재의 프로젝트에 새롭게 추가할 소스 파일의 리스트

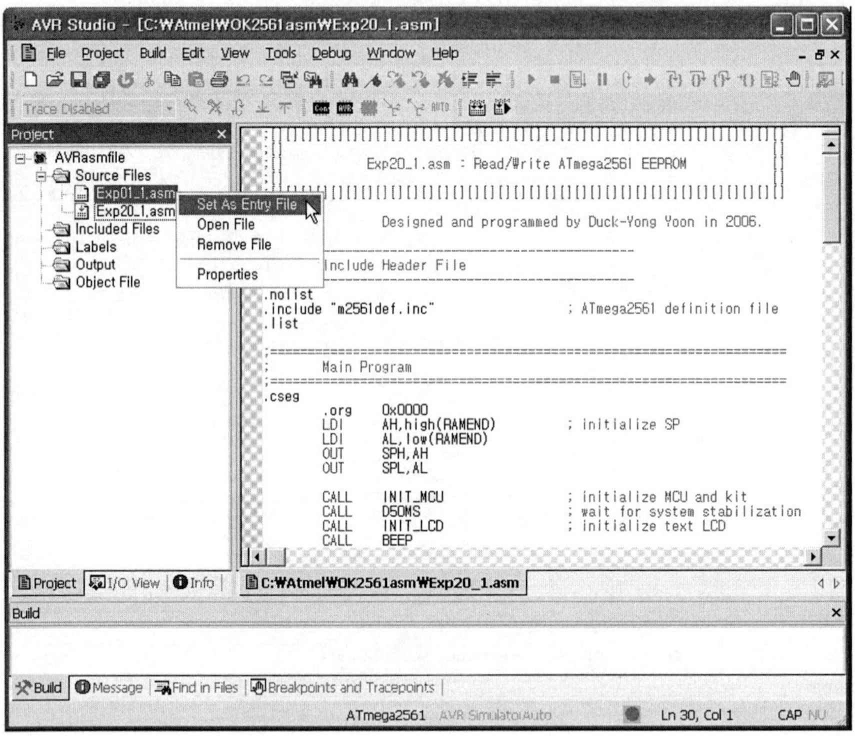

〈그림 4.1.6〉 현재의 프로젝트에서 주 파일의 변경

⑤ 그러면 현재의 프로젝트에는 과거에 사용하였던 Exp20_1.asm과 새로 추가한 Exp01_1.asm 파일 등 2개의 예제 파일이 등록되어 있다. 그러나, 주 파일(Entry File)은 Exp20_1.asm으로 되어 있어 이 파일명의 앞에 붉은 색 화살표 ↓가 표시되어 있는

것을 볼 수 있다. 이제 Exp01_1.asm 파일명 위에 마우스 커서를 올려놓고 오른쪽 버튼을 누르면 <그림 4.1.6>과 같이 주 파일을 변경할 수 있는 팝업창이 뜬다. 여기서 Set as Entry File 메뉴를 클릭하면 Exp01_1.asm이 주 파일로 변경되어 붉은 색 화살표 ↓가 표시되는 것을 볼 수 있다.

⑥ 이제 주 파일이 아닌 Exp20_1.asm은 현재의 프로젝트에서 필요 없으므로 등록을 해제할 수 있다. Exp20_1.asm 파일명 위에 마우스 커서를 올려놓고 오른쪽 버튼을 누르면 <그림 4.1.7>과 같이 파일을 제거할 수 있는 팝업창이 뜬다. 여기서 Remove File 메뉴를 클릭하면 이 파일이 현재의 프로젝트에서 등록이 해제된다.

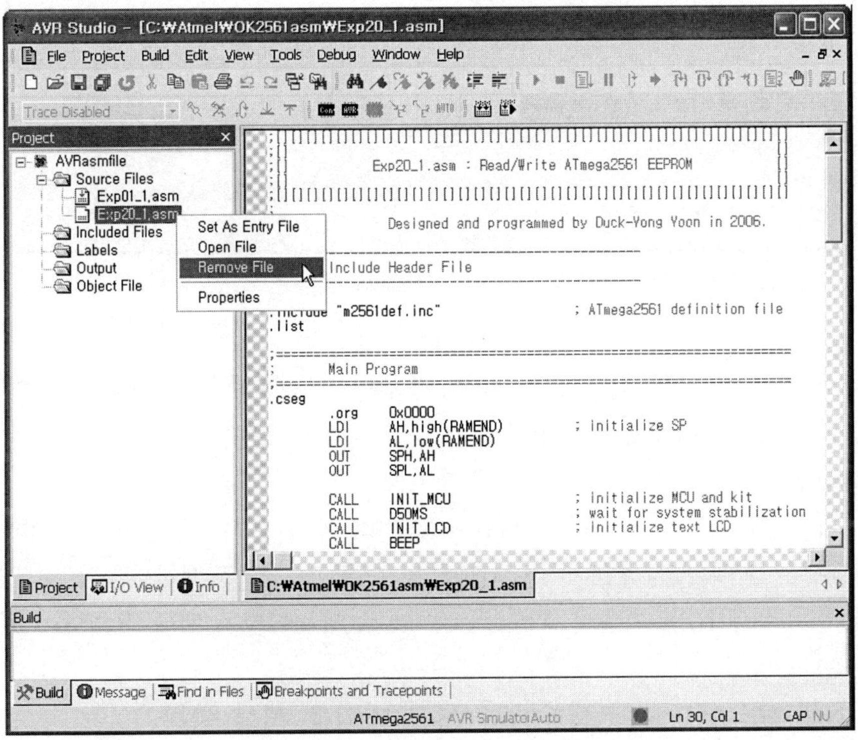

〈그림 4.1.7〉 현재의 프로젝트에서 필요 없는 파일의 등록 해제

⑦ 이제 현재의 프로젝트에 남아있는 주 파일 Exp01_1.asm을 클릭하면 오른쪽의 작업창에 <그림 4.1.8>과 같이 이 파일의 내용이 나타나므로 이를 편집하거나 어셈블할 수 있다.

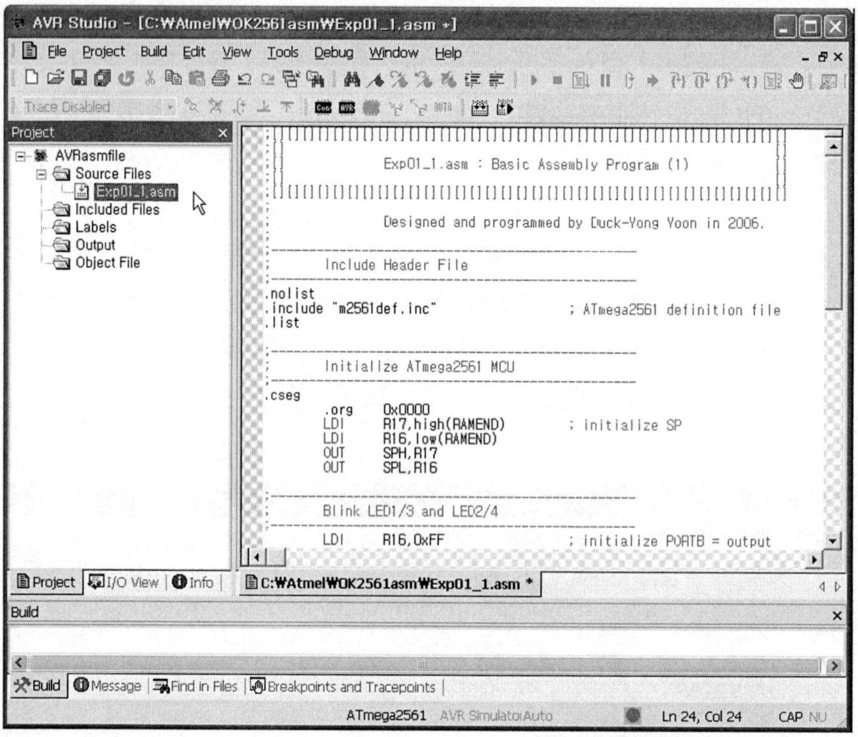

〈그림 4.1.8〉 현재의 프로젝트에 교체 등록된 소스 파일의 편집

⑧ 사용자 프로그램의 편집이 끝났으면 Build → Build 메뉴를 누르거나 해당 버튼 또는 F7 키를 눌러 어셈블을 수행한다.

⑨ 만약 이때 에러가 발생하지 않았다면 소스 프로그램이 정상적으로 어셈블되어 AVRasmfile.hex 파일이 생성된다. 소스 파일을 다른 것으로 교체하였지만 어셈블리 프로젝트에서는 항상 HEX 파일이 AVRasmfile.hex로 만들어지는 것에 유의해야 한다.

(2) 어셈블리 예제 프로젝트에서 신규 파일을 작성 등록

현재의 프로젝트 AVRasmfile.aps에 기존에 만들어져 있는 소스 파일을 등록하는 것이 아니라 새로운 예제 파일을 작성하면서 등록하는 방법도 많이 사용된다. 이때도 물론 기존에 이 프로젝트에 등록되어 있던 예제 파일은 등록을 해제하여야 한다.

① AVR Studio의 프로젝트창에서 Source Files의 버튼 위에 마우스 커서를 올려놓고 오른쪽 버튼을 누르면 <그림 4.1.9>와 같이 현재의 프로젝트에서 새로운 소스 파일

을 작성할 수 있는 팝업창이 뜬다. 여기서 Create New File 메뉴를 클릭하면 <그림 4.1.10>과 같이 새로 파일을 작성하여 저장할 수 있는 화면이 나타나는데, 여기에서 C:\Atmel\OK2561asm\ 폴더를 찾아서 새로 작성하기를 원하는 파일명을 이를테면 Exp01_1R.asm으로 입력하고 저장(S) 버튼을 누른다.

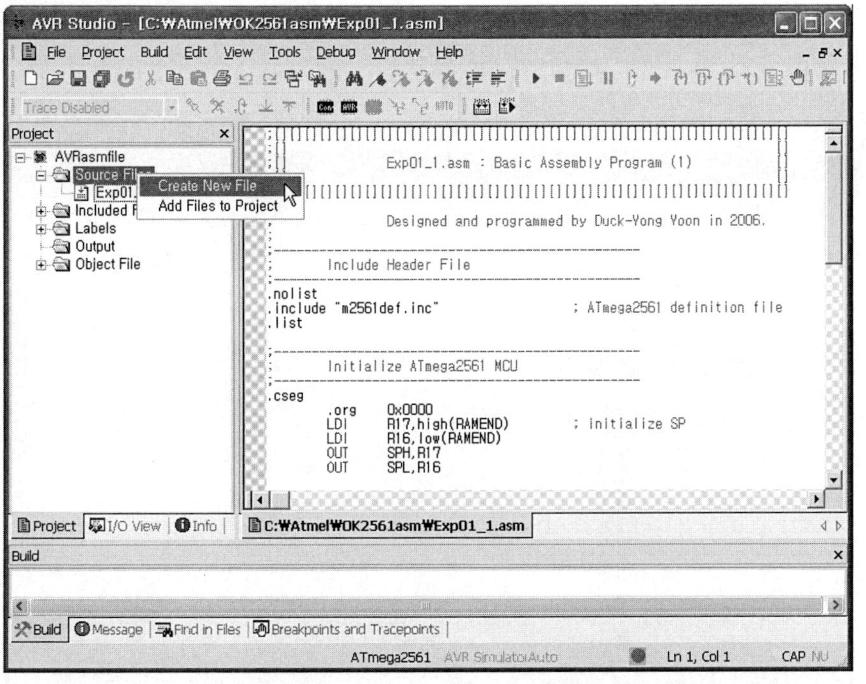

〈그림 4.1.9〉 현재의 프로젝트에서 새로운 소스 파일을 작성

〈그림 4.1.10〉 현재의 프로젝트에서 새롭게 작성할 소스 파일명을 입력

② 그러면 화면 오른쪽의 작업창에는 새로운 파일을 작성할 수 있는 빈 영역이 만들어지면서 이 파일명 Exp01_1R.asm이 프로젝트창에 새로 등록된 것을 볼 수 있다. 그러나, 아직 주 파일은 기존의 Exp01_1.asm으로 되어 있어 이 파일명의 앞에 붉은 색 화살표 ↓가 표시되어 있다. 이제 Exp01_1R.asm 파일명 위에 마우스 커서를 올려놓고 오른쪽 버튼을 누르면 <그림 4.1.11>과 같이 주 파일을 변경할 수 있는 팝업창이 뜬다. 여기서 Set as Entry File 메뉴를 클릭하면 Exp01_1R.asm이 주 파일로 변경되어 붉은 색 화살표 ↓가 표시되는 것을 볼 수 있다.

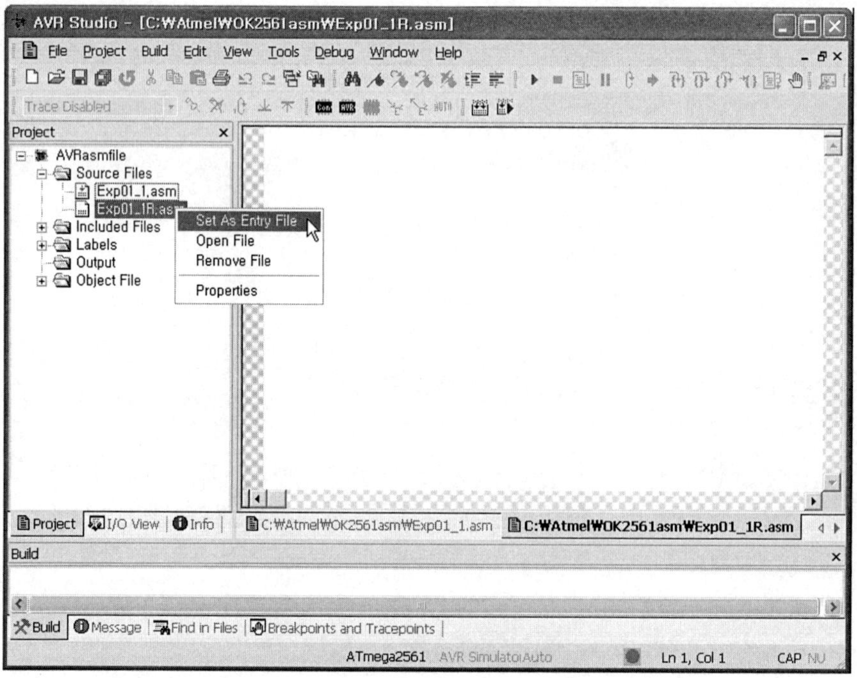

〈그림 4.1.11〉 현재의 프로젝트에서 주 파일의 변경

③ 이제 주 파일이 아닌 Exp01_1.asm은 현재의 프로젝트에서 필요 없으므로 등록을 해제할 수 있다. Exp01_1.asm 파일명 위에 마우스 커서를 올려놓고 오른쪽 버튼을 누르면 <그림 4.1.12>와 같이 파일을 제거할 수 있는 팝업창이 뜬다. 여기서 Remove File 메뉴를 클릭하면 이 파일이 현재의 프로젝트에서 등록이 해제된다.

④ 이제 현재의 프로젝트에는 신규로 작성되어 등록된 주 파일 Exp01_1R.asm만 존재하므로 오른쪽의 작업창에서 <그림 4.1.13>과 같이 이 파일의 내용을 입력한다.

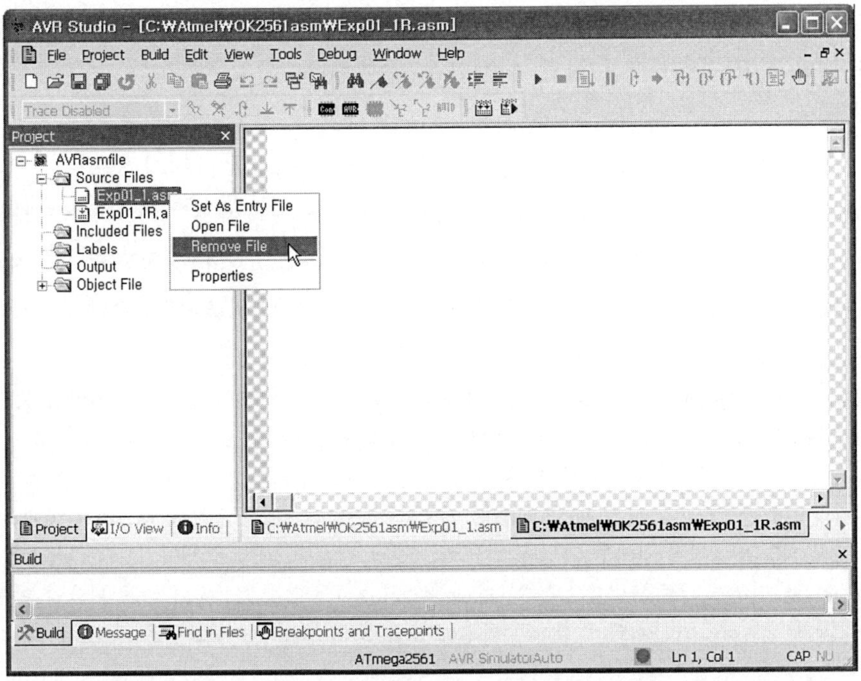

〈그림 4.1.12〉 현재의 프로젝트에서 필요 없는 파일의 등록 해제

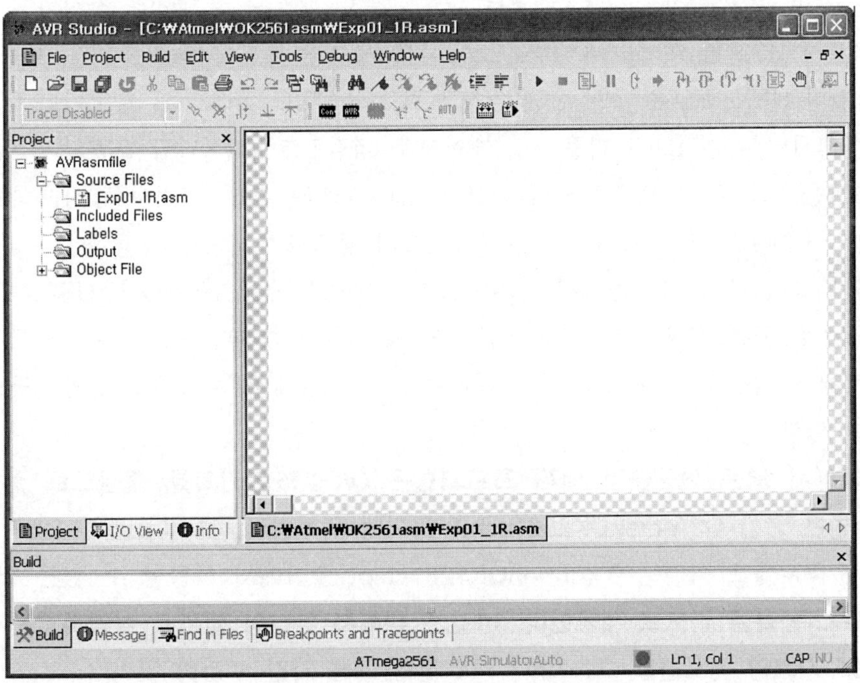

〈그림 4.1.13〉 현재의 프로젝트에 신규 등록된 소스 파일의 입력

⑤ 새로운 사용자 프로그램의 입력 및 편집이 끝났으면 Build → Build 메뉴를 누르거나 해당 버튼 또는 F7 키를 눌러 어셈블을 수행한다.

⑥ 만약 이때 에러가 발생하지 않았다면 소스 프로그램이 정상적으로 어셈블되어 AVRasmfile.hex 파일이 생성된다. 그러나, 만약 어셈블 과정에서 어떤 에러가 발생하였다면 이는 입력된 프로그램 소스에 오류가 있었던 것이므로 화면 하단의 Messages 창에 나타나는 에러 메시지를 보고 소스를 수정하여 다시 어셈블하면 된다.

◀참고▶ 소스를 입력할 때는 모든 내용을 일일이 키보드에서 입력하지 말고 필요하다면 기존의 파일에서 필요한 부분을 복사해 오는 것도 좋은 방법이다. 이를 위해서는 현재의 프로젝트에 여러 개의 소스 파일을 등록해 놓고 그 파일들을 찾아다니면서 필요한 부분을 블록으로 지정하여 복사해 오는 것이 좋다. 이러한 편집작업이 완료되고 나면 이제 필요 없는 파일들은 프로젝트에서 등록을 해제하여 제거하면 된다.

또한 기존의 파일과 상당히 유사한 파일을 신규로 작성할 때는 이를 새로 만들기보다 Windows 운영체제에서 그 파일을 원하는 새로운 이름으로 C:\Atmel\OK2561asm\ 폴더에 복사하여 놓은 다음에 이를 현재의 프로젝트에 교체 등록하고 수정하여 편집하면 편리하다.

(3) 사용자 프로그램을 *OK-1281/2561* 키트에 다운로드하여 실행

이와 같이 AVRasmfile.aps 프로젝트에서 사용자 예제 프로그램을 작성하고 정상적으로 어셈블하였으면 이제 *OK-1281/2561* 키트에 다운로드하여 실행한다. 다운로드할 실행 파일인 HEX 파일은 항상 C:\Atmel\OK2561asm\AVRasmfile.hex 파일이다.

이 책에서는 기본적으로 다운로드 케이블로 병렬포트형의 *AVR-ISP Parallel*을 사용하며 다운로드 프로그램으로는 ToastProg2005를 사용한다. 이것들을 사용하는 방법에 대하여는 제3.2절에서 자세하게 설명하였으니 참조하라.

그러나, 다운로드 케이블로서 직렬포트형의 *AVR-ISP Studio*나 USB 포트형의 *AVR-ISP USB*를 사용하면 좀더 빠른 다운로드가 가능하다. 이것들은 AVR Studio 프로그램에서 직접 사용하는데, 이에 대하여는 제3.2절에서 자세하게 설명하였으니 참조하기 바란다.

이 책에서 모든 어셈블리 예제 프로그램은 *OK-2561* 키트를 중심으로 설명하며, 이 파일들은 항상 C:\Atmel\OK2561asm\ 폴더에 위치한다. 그러나, *OK-1281* 키트를 사용하는 독자들을 위하여 C:\Atmel\OK1281asm\ 폴더에서 사용할 수 있는 어셈블리 예제 프로그램들을 별도로 제공한다. 이것은 책에서 일일이 별도로 설명하지는 않지만 *OK-2561* 키트의 예제들을 *OK-1281* 키트에 맞도록 약간 수정한 것이다.

이 책의 모든 어셈블리 예제 프로그램들은 LCD_STRING, GLCD_STRING이나

TX0_STRING, TX1_STRING 등의 서브루틴에서 2바이트의 프로그램 카운터 구조로 되어 있는 ATmega1280/1281의 경우와 3바이트의 프로그램 카운터 구조로 되어 있는 ATmega2560/2561의 경우가 서로 다르게 처리되고 있다. 따라서, *OK-1281* 키트의 예제들을 *OK-2561* 키트에서 실행하면 제대로 동작하지 않으며, 반대로 *OK-2561* 키트의 예제들을 *OK-1281* 키트에서 실행해도 제대로 동작하지 않으니 주의하라.

3. 비능률적인 어셈블리 프로그래밍

먼저 일반적인 방법으로 *OK-1281/2561* 키트에서 실행하기 위한 프로그램을 작성하여 보기로 한다. 그러나, 이러한 방법은 모든 예제에서 필요할 때마다 상당히 많은 분량의 동일한 서브루틴들을 반복하여 사용해야 하므로 상당히 불편하고 비능률적인 프로그래밍 방법이라는 것을 곧 알게 된다.

▣ LED 점등 예제

첫번째 예제는 *OK-1281/2561* 키트에서 LED1, 3과 LED2, 4를 교대로 500ms의 시간 간격으로 점멸하는 프로그램 Exp01_1.asm이다. AVR Studio에서 이 예제 파일을 기본 작업 프로젝트 AVRasmfile.aps에 등록하라.

<프로그램 Exp01_1.asm> LED를 점등하는 예제

```
;[][][][][][][][][][][][][][][][][][][][][][][][][][][][][][][][][][][]
;[]                                                                  []
;[]             Exp01_1.asm : Basic Assembly Program (1)             []
;[]                                                                  []
;[][][][][][][][][][][][][][][][][][][][][][][][][][][][][][][][][][][]
;
;               Designed and programmed by Duck-Yong Yoon in 2006.
;
;----------------------------------------------------
;       Include Header File
;----------------------------------------------------
.nolist
.include "m2561def.inc"                ; ATmega2561 definition file
.list

;----------------------------------------------------
;       Initialize ATmega2561 MCU
;----------------------------------------------------
.cseg
        .org    0x0000
        LDI     R17,high(RAMEND)       ; initialize SP
        LDI     R16,low(RAMEND)
        OUT     SPH,R17
```

```
        OUT     SPL,R16

;-----------------------------------------------
;       Blink LED1/3 and LED2/4
;-----------------------------------------------
        LDI     R16,0xFF                ; initialize PORTB = output
        OUT     DDRB,R16

LOOP:   LDI     R16,0b01010000          ; LED1,3 on
        OUT     PORTB,R16
        CALL    D500MS
        LDI     R16,0b10100000          ; LED2,4 on
        OUT     PORTB,R16
        CALL    D500MS
        JMP     LOOP

;-----------------------------------------------
;       Delay Subroutine
;-----------------------------------------------
D500MS: RCALL   D100MS                  ; delay 500ms
        RCALL   D200MS
        RCALL   D200MS
        RET

D100MS: LDI     R18,100
        RJMP    BASE1MS
D200MS: LDI     R18,200
BASE1MS:RCALL   D200US                  ; 200 us
        RCALL   D200US                  ; 200 us
        RCALL   D200US                  ; 200 us
        RCALL   D200US                  ; 200 us
        RCALL   D200US                  ; 200 us
        DEC     R18
        BRNE    BASE1MS                 ; (total = 1 ms)
        RET

D200US: LDI     R19,200                 ; delay 200us
BASE1US:NOP                             ; 1
        PUSH    R19                     ; 2
        POP     R19                     ; 2
        PUSH    R19                     ; 2
        POP     R19                     ; 2
        PUSH    R19                     ; 2
        POP     R19                     ; 2
        DEC     R19                     ; 1
        BRNE    BASE1US                 ; 2 (total 16 cycles = 1 us)
        RET
```

☞ 프로그램의 서두에서 항상 "m2561def.inc" 파일(또는 "m1281def.inc" 파일)을 인클루드시켜 주어야 한다. 이것은 ATmega2561(또는 ATmega1281)의 I/O 레지스터와 같은 여러가지 요소의 명칭들을 정의한 파일인데, 그 내용은 제3.6절에서 설명하였다. 이 인클루드 지시어의 앞과 뒤에는 각각 nolist와 list 지시어를 사용하여 어셈블 후에 생성되는 리스팅 파일에는 이 인클루드 파일의 내용이 포함되지 않도록 하였다.

서브루틴이나 인터럽트를 사용하는 프로그램에서는 스택이 사용되므로 프로그램이 시작될 때 항상 스택 포인터 SP의 값을 지정해 주어야 한다. *OK-1281/2561*에서는 스택으로 내부 SRAM의 마지막 부분인 0x2000~0x21FF 번지를 사용하는 것으로 한다. 이를 위해 프로그램의 서두에서 SP 레지스터에 m2561def.inc(또는 "m1281def.inc" 파일)에서 0x21FF 값으로 정의되어 있는 상수 RAMEND를 부여하였다. 그러나, 스택 영역의 아래쪽 끝이 0x2000 번지라는 표시는 어디에도 없으며, 나중에 사용자가 데이터 메모리 영역을 사용할 때 이 부분을 피하여 사용하면 되는 것이다.

*OK-1281/2561*에서 LED4~1은 각각 포트B의 PB7~PB4 단자에 연결되어 있다. 포트B를 출력으로 사용하려면 먼저 DDRB 레지스터를 0xFF로 초기화하여야 한다.

이 예제에서는 프로그램의 내용을 이해하기 어려우면 그냥 넘어가도 좋다. 여기서는 일단 프로그램의 내용보다는 어셈블리 프로그램의 기본적인 구조를 이해하는데 주력하고, 어셈블리 프로그램을 작성하고 어셈블하여 실행하는 절차에 더 신경을 쓰기 바란다. 또한, 이 예제를 실행하면 텍스트형 LCD 모듈, 그래픽형 LCD 모듈, 7세그먼트 LED 등에는 아무런 지시를 하지 않았으므로 화면에 임의의 내용이 나타날 수 있으나 현재는 이를 그냥 무시하기 바란다.

이 소스 프로그램이 현재의 프로젝트에 등록되었으면 이를 어셈블하라. 만약 어셈블 과정에서 어떤 에러가 발생하였다면 프로그램 소스에서 오류가 있었던 것이므로 화면 하단의 Messages 창에 나타나는 에러 메시지를 보고 소스를 수정하여 다시 어셈블하라.

이제 정상적으로 어셈블이 수행되었으면 AVRasmfile.hex 파일이 생성되었을 것이니 이를 *OK-1281/2561* 키트에 다운로드하여 실행하라.

▣ 텍스트형 LCD 모듈 출력 예제

두번째 예제는 *OK-1281/2561* 키트에 내장된 텍스트형 LCD 모듈에 간단한 메시지를 출력하여 디스플레이하는 프로그램 Exp01_2.asm이다. AVR Studio에서 이 예제 파일을 기본 작업 프로젝트 AVRasmfile.aps에 등록하라.

<프로그램 Exp01_2.asm> 텍스트형 LCD 모듈에 메시지를 출력하는 예제

```
;[][][][][][][][][][][][][][][][][][][][][][][][][][][][][][][][][][]
;[]                                                                []
;[]          Exp01_2.asm : Basic Assembly Program (2)              []
;[]                                                                []
;[][][][][][][][][][][][][][][][][][][][][][][][][][][][][][][][][][]
;
;            Designed and programmed by Duck-Yong Yoon in 2006.
;
;----------------------------------------------
;       Include Header File
;----------------------------------------------
.nolist
.include "m2561def.inc"              ; ATmega2561 definition file
.list

;==============================================================
;       Definitions in OK-2561 V1.0 Training Kit
;==============================================================
;----------------------------------------------
;       User Register
;----------------------------------------------
.def    RAMPZ_BUFFER    = R11        ; can't use immediate addressing
```

```
.def    AL              = R16           ; can use immediate addressing
.def    AH              = R17
.def    BL              = R18
.def    BH              = R19
.def    CL              = R20
.def    CH              = R21
.def    DL              = R22
.def    DH              = R23

.def    LCD_BUFFER      = R24
.def    DELAY_COUNT     = R25

;---------------------------------------------
;       Address of LCD
;---------------------------------------------
.equ    LCD_DATABUS     = 0x4000        ; LCD data output address
.equ    LCD_CONTROL     = 0x4100        ; LCD control signal output address
.equ    DIG_SELECT      = 0x4200        ; 7-segment LED digit select output address

;=============================================================
;       Main Program
;=============================================================
.cseg
        .org    0x0000
        LDI     AH,high(RAMEND)         ; initialize SP
        LDI     AL,low(RAMEND)
        OUT     SPH,AH
        OUT     SPL,AL

        CALL    INIT_MCU                ; initialize MCU and kit
        CALL    D50MS                   ; wait for system stabilization
        CALL    INIT_LCD                ; initialize text LCD

;---------------------------------------------
;       Display LCD
;---------------------------------------------
        CALL    LCD_HOME1               ; display logo
        CALL    LCD_STRING
        .db     "  OK-2561 V1.0  ",0,0
LOOP:   CALL    LCD_HOME2               ; display message 1
        CALL    LCD_STRING
        .db     " ATmega2561-16AU",0,0
        CALL    D1SEC
        CALL    LCD_HOME2               ; display message 2
        CALL    LCD_STRING
        .db     "   2006/10/01   ",0,0
        CALL    D1SEC
        JMP     LOOP

;=============================================================
;       Initialize ATmega2561 MCU and System Variables
;=============================================================
INIT_MCU:LDI    AL,0b11000001           ; 0x2200-0x7FFF = 1 wait
        STS     XMCRA,AL                ; 0x8000-0xFFFF = 0 wait
        LDI     AL,0b10000000           ; enable bus keeper
        STS     XMCRB,AL                ; use PC0-PC7 as high byte of address bus

        LDI     AL,0xFF                 ; PORTB = output (D/A, LED1-4, matrix LED)
        OUT     DDRB,AL
        LDI     AL,0x00
        OUT     PORTB,AL
        LDI     AL,0xFF                 ; PORTD = output (matrix LED)
        OUT     DDRD,AL
        LDI     AL,0x00
        OUT     PORTD,AL
        LDI     AL,0x0C                 ; PORTE = output for PE3, PE2
        OUT     DDRE,AL
```

```
        LDI     AL,0x00
        OUT     PORTE,AL
        LDI     AL,0x00             ; PORTF = input (KEY1-4)
        STS     DDRF,AL
        LDI     AL,0x00
        STS     PORTF,AL

        LDI     AL,0b00000000       ; clear LCD/GLCD control signal
        STS     LCD_CONTROL,AL

        LDI     AL,0b00000000       ; clear 7-segment LED
        STS     DIG_SELECT,AL
        RET

;=====================================================================
;       Text LCD Display
;=====================================================================
;---------------------------------------------
;       Initialize LCD Module
;---------------------------------------------
INIT_LCD:LDI    AL,0b00000011       ; E = 1, Rs = 1 (dummy write)
        STS     LCD_CONTROL,AL
        CALL    D1US
        LDI     AL,0b00000010       ; E = 0, Rs = 1
        STS     LCD_CONTROL,AL
        CALL    D2MS
        LDI     LCD_BUFFER,0x38     ; function set(8 bit, 2 line, 5x7 dot)
        RCALL   LCD_COMMAND
        LDI     LCD_BUFFER,0x0C     ; display control(display ON, cursor OFF)
        RCALL   LCD_COMMAND
        LDI     LCD_BUFFER,0x06     ; entry mode set(increment, not shift)
        RCALL   LCD_COMMAND
        LDI     LCD_BUFFER,0x01     ; clear display
        RCALL   LCD_COMMAND
        CALL    D2MS
        RET

;---------------------------------------------
;       Set LCD Cursor Position
;---------------------------------------------
LCD_HOME1:LDI   LCD_BUFFER,0x80     ; go home 1 (line 1, column 1)
        RJMP    LCD_COMMAND
LCD_HOME2:LDI   LCD_BUFFER,0xC0     ; go home 2 (line 2, column 1)
        RJMP    LCD_COMMAND

;---------------------------------------------
;       Write a Command to LCD(LCD_BUFFER)
;---------------------------------------------
LCD_COMMAND:
        PUSH    AL
        LDI     AL,0b00000000       ; E = 0, Rs = 0
        STS     LCD_CONTROL,AL
        STS     LCD_DATABUS,LCD_BUFFER ; output command
        LDI     AL,0b00000001       ; E = 1
        STS     LCD_CONTROL,AL
        PUSH    R0                  ; delay 4 cycles(about 250 ns)
        POP     R0
        LDI     AL,0b00000000       ; E = 0
        STS     LCD_CONTROL,AL
        CALL    D50US
        POP     AL
        RET

;---------------------------------------------
;       Display a Character on LCD(LCD_BUFFER)
;---------------------------------------------
LCD_DATA:PUSH   AL
        LDI     AL,0b00000010       ; E = 0, Rs = 1
```

```
        STS     LCD_CONTROL,AL
        STS     LCD_DATABUS,LCD_BUFFER   ; output data
        LDI     AL,0b00000011            ; E = 1
        STS     LCD_CONTROL,AL
        PUSH    R0                       ; delay 4 cycles(about 250 ns)
        POP     R0
        LDI     AL,0b00000010            ; E = 0
        STS     LCD_CONTROL,AL
        CALL    D50US
        POP     AL
        RET

;---------------------------------------------
;       Display String on LCD
;---------------------------------------------
LCD_STRING:OUT  GPIOR0,ZL                ; store RAMPZ:ZH:ZL
        OUT     GPIOR1,ZH
        IN      ZL,RAMPZ
        OUT     GPIOR2,ZL
        POP     RAMPZ_BUFFER             ; get start address of string
        POP     ZH
        POP     ZL
        LSL     ZL                       ; convert into byte address
        ROL     ZH
        ROL     RAMPZ_BUFFER
        OUT     RAMPZ,RAMPZ_BUFFER
LCD_STR1:ELPM   LCD_BUFFER,Z+            ; read a character. end string ?
        CPI     LCD_BUFFER,0
        BREQ    LCD_STR2                 ; if yes, return
        CALL    LCD_DATA                 ; if no, display a character
        RJMP    LCD_STR1
LCD_STR2:SBRC   ZL,0                     ; if odd address, skip 1 address
        ELPM    LCD_BUFFER,Z+
        IN      RAMPZ_BUFFER,RAMPZ       ; convert into word address
        LSR     RAMPZ_BUFFER
        ROR     ZH
        ROR     ZL
        PUSH    ZL                       ; store new return address
        PUSH    ZH
        PUSH    RAMPZ_BUFFER
        IN      ZL,GPIOR2                ; restore RAMPZ:ZH:ZL
        OUT     RAMPZ,ZL
        IN      ZH,GPIOR1
        IN      ZL,GPIOR0
        RET

;=====================================================================
;       Time Delay (for 16MHz clock)
;=====================================================================
D1US:   PUSH    DELAY_COUNT
        LDI     DELAY_COUNT,1
        RJMP    BASE1US

D50US:  PUSH    DELAY_COUNT
        LDI     DELAY_COUNT,50
        RJMP    BASE1US

D200US: PUSH    DELAY_COUNT
        LDI     DELAY_COUNT,200
        RJMP    BASE1US

D2MS:   PUSH    DELAY_COUNT
        LDI     DELAY_COUNT,2
        RJMP    BASE1MS

D50MS:  PUSH    DELAY_COUNT
        LDI     DELAY_COUNT,50
        RJMP    BASE1MS
```

```
D100MS: PUSH    DELAY_COUNT
        LDI     DELAY_COUNT,100
        RJMP    BASE1MS

D200MS: PUSH    DELAY_COUNT
        LDI     DELAY_COUNT,200
        RJMP    BASE1MS

D500MS: RCALL   D100MS
        RCALL   D200MS
        RCALL   D200MS
        RET

D1SEC:  RCALL   D500MS
        RCALL   D500MS
        RET

;---------------------------------------------------
;       Basic 1 us Delay
;---------------------------------------------------
BASE1US:NOP                             ; 1
        PUSH    DELAY_COUNT             ; 2
        POP     DELAY_COUNT             ; 2
        PUSH    DELAY_COUNT             ; 2
        POP     DELAY_COUNT             ; 2
        PUSH    DELAY_COUNT             ; 2
        POP     DELAY_COUNT             ; 2
        DEC     DELAY_COUNT             ; 1
        BRNE    BASE1US                 ; 2 (total 16 cycles = 1 us)
        POP     DELAY_COUNT
        RET

;---------------------------------------------------
;       Basic 1 ms Delay
;---------------------------------------------------
BASE1MS:RCALL   D200US                  ; 200 us
        RCALL   D200US                  ; 200 us
        RCALL   D200US                  ; 200 us
        RCALL   D200US                  ; 200 us
        RCALL   D200US                  ; 200 us
        DEC     DELAY_COUNT
        BRNE    BASE1MS                 ; (total = 1 ms)
        POP     DELAY_COUNT
        RET
```

☞ 이 프로그램을 살펴보면 텍스트형 LCD 모듈에 메시지를 출력하는 메인 프로그램은 몇줄 정도에 불과하지만, 이를 위하여 많은 부수적인 부분이 추가된다. 이러한 부분은 크게 2가지로 나누어진다. 하나는 프로그램의 서두에서 MCU의 레지스터 R11~R25를 좀더 기억하기 좋은 다른 레지스터 이름이나 변수 이름으로 지정하고, *OK-1281/2561* 키트의 여러 가지 외부 I/O 어드레스를 정의한 부분이다.

또 하나의 추가 부분은 서브루틴들이다. 텍스트형 LCD 모듈을 동작시키려면 먼저 이 LCD 모듈을 초기화하는 과정이 필요하며, 여기에 명령이나 데이터를 출력하는 루틴 또는 문자열을 출력하는 루틴들은 상당히 복잡하므로 미리 서브루틴으로 만들어 두고 사용하는 것이 일반적이다. 그밖에도 텍스트형 LCD 모듈의 구동에는 몇가지의 시간지연 루틴들이 필요하다. 하지만, 시간지연 루틴이나 LCD 모듈 관련 서브루틴, 키 입력 서브루틴 등은 앞으로 거의 모든 예제에서 공통적으로 사용하는 것들인데 매번 이렇게 각 사용자 예제 프로그램에서 이를 입력해주는 것은 상당히 불편하다.

그래서 나중에 설명하듯이 이러한 기본적인 정의나 공통 서브루틴들은 미리 인클루드 파일 OK2561.INC (또는 OK1281.INC)로 만들어 놓고 필요할 때 이를 인클루드하는 편리한 방법을 사용한다.

이 소스 프로그램을 어셈블하고 올바르게 어셈블이 수행되었으면 AVRasmfile.hex 파일이 생성되었으니 이를 *OK-1281/2561* 키트에 다운로드하여 실행하라.

4. 능률적인 어셈블리 프로그래밍

앞에서 공부한 2개의 예제는 아주 간단한 기능을 수행하는 프로그램이지만 소스가 상당히 길다. 이 프로그램에는 핵심적인 기능을 수행하는 메인 루틴 이외에 MCU 또는 주변장치들에 대한 기본 설정 부분이나 여러 가지의 서브루틴들이 사용되기 때문이다.

그러나, 이러한 기본적인 설정 부분이나 서브루틴들은 단지 이 예제 프로그램뿐만 아니라 앞으로 대부분의 예제 프로그램에서도 마찬가지로 필요하다. 그때마다 프로그램에 이러한 서브루틴을 포함하도록 직접 입력하는 것은 상당히 힘들고 지루한 비능률적인 작업이 될 수 있다. 이를 쉽게 해결하려면 항상 기본적으로 사용되는 공통적인 서브루틴들을 모아서 별도의 파일로 만들어놓고 이를 필요할 때마다 인클루드하여 주면 된다.

여기서는 이러한 공통적인 서브루틴들을 사용하여 앞의 예제 프로그램들을 간단하게 다시 작성하여 보기로 한다. 그러면 여러분은 전체 프로그램이 얼마나 간단해졌는지를 뚜렷이 느낄 수 있을 것이다.

▣ LED 점등 예제

앞의 예제 프로그램 Exp01_1.asm에서 기본적인 정의 부분과 공통 서브루틴들을 인클루드 파일 OK2561.INC(또는 OK1281.INC)로 처리하여 다시 작성하면 다음 프로그램 Exp01_1a.asm과 같다. 이들 2개의 프로그램 Exp01_1.asm과 Exp01_1a.asm을 서로 비교하여 보라. 프로그램을 작성하고 입력하는 시간이 크게 절감되는 것을 느낄 수 있을 것이다.

<프로그램 Exp01_1a.asm> LED를 점등하는 예제

```
;[][][][][][][][][][][][][][][][][][][][][][][][][][][][][][][][][][][][][][][][][]
;[]                                                                              []
;[]          Exp01_1a.asm : Basic Assembly Program (1)                           []
;[]                                                                              []
;[][][][][][][][][][][][][][][][][][][][][][][][][][][][][][][][][][][][][][][][][]
;
```

```
;               Designed and programmed by Duck-Yong Yoon in 2006.
;
;-----------------------------------------------
;       Include Header File
;-----------------------------------------------
.nolist
.include "m2561def.INC"                 ; ATmega2561 definition file
.list

;-----------------------------------------------
;       Initialize ATmega2561 MCU
;-----------------------------------------------
.cseg
        .org    0x0000
        LDI     AH,high(RAMEND)         ; initialize SP
        LDI     AL,low(RAMEND)
        OUT     SPH,AH
        OUT     SPL,AL

;-----------------------------------------------
;       Blink LED1/3 and LED2/4
;-----------------------------------------------
        LDI     AL,0xFF                 ; initialize PORTB = output
        OUT     DDRB,AL

LOOP:   LDI     AL,0b01010000           ; LED1,3 on
        OUT     PORTB,AL
        CALL    D500MS
        LDI     AL,0b10100000           ; LED2,4 on
        OUT     PORTB,AL
        CALL    D500MS
        JMP     LOOP

;-----------------------------------------------
;       Include User Subroutine File
;-----------------------------------------------
.include "OK2561.INC"                   ; OK-2561 I/O and subroutine file
```

이를 어셈블하고 *OK-1281/2561* 키트에 다운로드하여 실행하여 보라. 앞의 예제 프로그램 Exp01_1.asm과 동일한 실행 결과를 볼 수 있는가?

▣ 텍스트형 LCD 모듈 출력 예제

두번째 예제 프로그램 Exp01_2.asm에서 기본적인 정의 부분과 공통 서브루틴들을 인클루드 파일 OK2561.INC(또는 OK1281.INC)로 처리하여 다시 작성하면 다음 프로그램 Exp01_2a.asm과 같다. 이들 2개의 프로그램 Exp01_2.asm과 Exp01_2a.asm을 서로 비교하여 보라. 프로그램을 작성하고 입력하는 시간이 믿기 어려울만큼 단축되리라는 것을 느낄 수 있을 것이다.

<프로그램 Exp01_2a.asm> 텍스트형 LCD 모듈에 메시지를 출력하는 예제

```
;[][][][][][][][][][][][][][][][][][][][][][][][][][][][][][][][][][][]
;[]                                                                  []
;[]             Exp01_2a.asm : Basic Assembly Program (2)            []
;[]                                                                  []
;[][][][][][][][][][][][][][][][][][][][][][][][][][][][][][][][][][][]
;
;               Designed and programmed by Duck-Yong Yoon in 2006.
;
;-------------------------------------------------
;       Include Header File
;-------------------------------------------------
.nolist
.include "m2561def.inc"                 ; ATmega2561 definition file
.list

;===================================================================
;       Main Program
;===================================================================
.cseg
        .org    0x0000
        LDI     AH,high(RAMEND)         ; initialize SP
        LDI     AL,low(RAMEND)
        OUT     SPH,AH
        OUT     SPL,AL

        CALL    INIT_MCU                ; initialize MCU and kit
        CALL    D50MS                   ; wait for system stabilization
        CALL    INIT_LCD                ; initialize text LCD

;-------------------------------------------------
;       Display LCD
;-------------------------------------------------
        CALL    LCD_HOME1               ; display logo
        CALL    LCD_STRING
        .db     "  OK-2561 V1.0  ",0,0
LOOP:   CALL    LCD_HOME2               ; display message 1
        CALL    LCD_STRING
        .db     " ATmega2561-16AU",0,0
        CALL    D1SEC
        CALL    LCD_HOME2               ; display message 2
        CALL    LCD_STRING
        .db     "   2006/10/01   ",0,0
        CALL    D1SEC
        JMP     LOOP

;===================================================================
;       Include User Subroutine File
;===================================================================
.include "OK2561.INC"                   ; OK-2561 I/O and subroutine file
```

이를 어셈블하고 *OK-1281/2561* 키트에 다운로드하여 실행하여 보라. 앞의 예제 프로그램 Exp01_2.asm과 동일한 실행 결과를 볼 수 있는가?

5. 인클루드 파일의 내용

이제 여러분은 이 책에서 앞으로 어셈블리 언어로 프로그램을 작성할 때는 예제 프로그램 Exp01_1a.asm 및 프로그램 Exp01_2a.asm에서와 같이 항상 프로그램의 서두에서는 m2561def.inc(또는 m1281def.inc)파일을 인클루드하고, 프로그램의 말미에서는 OK2561.INC(또는 OK1281.INC) 파일을 인클루드하여 준다는 것을 기억하라.

그러나, 나중에 보듯이 스피커를 통하여 음악 멜로디 연주를 할 때는 그에 필요한 인클루드 파일을 추가로 사용하고, 그래픽형 LCD 모듈에 한글을 표시할 때는 또한 그에 맞는 인클루드 파일을 추가로 사용한다. 여러분도 필요하다면 스스로 자신만의 인클루드 파일을 만들어 사용할 수 있다. 만약 인클루드 파일에 포함되지 않은 정의를 하려면 프로그램 서두에서 직접 써넣으면 되고, 인클루드 파일에 포함되지 않은 서브루틴을 사용하려면 프로그램 말미에 직접 써넣으면 된다. 인클루드 파일에는 가급적이면 어느 예제 프로그램에서나 공통적으로 자주 사용하는 내용들만을 포함시키는 것이 바람직하다.

인클루드 파일 OK2561.INC(또는 OK1281.INC)의 내용은 다음과 같다. 이제부터 여러분은 이 인클루드 파일의 내용을 잘 이해하고 활용하는 것이 유능한 프로그래머가 되는 지름길이 될 것이다.

<인클루드 파일 OK2561.INC> 기본적인 정의 및 공통 서브루틴

```
;=====================================================================
;       User Register Definitions in OK-2561 V1.0 Training Kit
;=====================================================================
.def    RAMPZ_BUFFER    = r11           ; can't use immediate addressing
.def    KEY_FLAG        = r12
.def    ZERO_FLAG       = r13
.def    TXD_BUFFER      = r14
.def    RXD_BUFFER      = r15

.def    AL              = r16           ; can use immediate addressing
.def    AH              = r17
.def    BL              = r18
.def    BH              = r19
.def    CL              = r20
.def    CH              = r21
.def    DL              = r22
.def    DH              = r23

.def    LCD_BUFFER      = r24
.def    DELAY_COUNT     = r25

;=====================================================================
;       External I/O Address in OK-2561 V1.0 Training Kit
;=====================================================================
```

```
;----------------------------------------------
;       LCD, GLCD, and 7-Segment LED
;----------------------------------------------
.equ    LCD_DATABUS     = 0x4000        ; LCD/GLCD data
                                        ; 7-segment LED pattern
.equ    LCD_CONTROL     = 0x4100        ; LCD/GLCD control signal
.equ    DIG_SELECT      = 0x4200        ; 7-segment LED digit select
                                        ; 8-bit parallel data

;----------------------------------------------
;       DS12C887 RTC
;----------------------------------------------
.equ    RTC_SECOND      = 0x4300        ; second   (00-59, BCD)
.equ    RTC_SEC_ALM     = 0x4301        ; second alarm
.equ    RTC_MINUTE      = 0x4302        ; minute   (00-59, BCD)
.equ    RTC_MIN_ALM     = 0x4303        ; minute alarm
.equ    RTC_HOUR        = 0x4304        ; hour     (AM = 01-12, PM = 81-92, BCD)
.equ    RTC_HOUR_ALM    = 0x4305        ; hour alarm
.equ    RTC_WEEKDAY     = 0x4306        ; week day (SUN = 1, SAT = 7)
.equ    RTC_DATE        = 0x4307        ; date     (01-31, BCD)
.equ    RTC_MONTH       = 0x4308        ; month    (01-12, BCD)
.equ    RTC_YEAR        = 0x4309        ; year     (00-99, BCD)
.equ    RTC_A           = 0x430A        ; Reg. A : b7 = UIP flag(read only)
                                        ;          b6-4 = 010   oscillator on
                                        ;          b3-0 = 0000  no SQW frequency
                                        ;                 0011  8192 Hz
                                        ;                 1111  2 Hz
.equ    RTC_B           = 0x430B        ; Reg. B : b7 = set UIP transfer
                                        ;          b6 = PIE(periodic interrupt enable)
                                        ;          b5 = AIE(alarm interrupt enable)
                                        ;          b4 = UIE(update ended interrupt enable)
                                        ;          b3 = square wave enable(SQW)
                                        ;          b2 = data mode(0=BCD, 1=binary)
                                        ;          b1 = 12/24 bit control(0=12, 1=24)
                                        ;          b0 = daylight saving enable
.equ    RTC_C           = 0x430C        ; Reg. C : b7 = interrupt request flag
                                        ;          b6 = PF(periodic interrupt flag)
                                        ;          b5 = AF(alarm interrupt flag)
                                        ;          b4 = UF(update ended interrupt flag)
                                        ;          b3-0 = not used
.equ    RTC_D           = 0x430D        ; Reg. D : b7 = VRT(valid RAM and time, read only)
                                        ;          b6-0 = not used
.equ    RTC_FLAG        = 0x430F        ; battery backup and time OK("G") flag

;*******************************************************************
;*      Common Subroutines for OK-2561 V1.0 Training Kit          *
;*******************************************************************
;===================================================================
;       Initialize ATmega2561 MCU and OK-2561 Kit
;===================================================================
INIT_MCU:LDI    AL,0b11000001           ; 0x2200-0x7FFF = 1 wait
        STS     XMCRA,AL                ; 0x8000-0xFFFF = 0 wait
        LDI     AL,0b10000000           ; enable bus keeper
        STS     XMCRB,AL                ; use PC0-PC7 as high byte of address bus

        LDI     AL,0xFF                 ; PORTB = output (D/A, LED1-4, matrix LED)
        OUT     DDRB,AL
        LDI     AL,0x00
        OUT     PORTB,AL
        LDI     AL,0xFF                 ; PORTD = output (matrix LED)
        OUT     DDRD,AL
        LDI     AL,0x00
        OUT     PORTD,AL
        LDI     AL,0x0C                 ; PORTE = output for PE3, PE2
```

```
        OUT     DDRE,AL
        LDI     AL,0x00
        OUT     PORTE,AL
        LDI     AL,0x00                 ; PORTF = input (KEY1-4)
        STS     DDRF,AL
        LDI     AL,0x00
        STS     PORTF,AL

        LDI     AL,0b00000000           ; clear LCD/GLCD control signal
        STS     LCD_CONTROL,AL

        LDI     AL,0b00000000           ; clear 7-segment LED
        STS     DIG_SELECT,AL

        CLR     AL                      ; initialize system variables
        MOV     ZERO_FLAG,AL
        MOV     KEY_FLAG,AL
        RET

;========================================================================
;       Text LCD Display
;========================================================================
;-------------------------------------------------
;       Initialize LCD Module
;-------------------------------------------------
INIT_LCD:LDI    LCD_BUFFER,0x38         ; function set(8 bit, 2 line, 5x7 dot)
        RCALL   LCD_COMMAND
        LDI     LCD_BUFFER,0x0C         ; display control(display ON, cursor OFF)
        RCALL   LCD_COMMAND
        LDI     LCD_BUFFER,0x06         ; entry mode set(increment, not shift)
        RCALL   LCD_COMMAND
        LDI     LCD_BUFFER,0x01         ; clear display
        RCALL   LCD_COMMAND
        CALL    D2MS
        RET

;-------------------------------------------------
;       Set LCD Cursor Position
;-------------------------------------------------
LCD_HOME1:LDI   LCD_BUFFER,0x80         ; go home 1 (line 1, column 1)
        RJMP    LCD_COMMAND
LCD_HOME2:LDI   LCD_BUFFER,0xC0         ; go home 2 (line 2, column 1)
        RJMP    LCD_COMMAND

;-------------------------------------------------
;       Write a Command to LCD(LCD_BUFFER)
;-------------------------------------------------
LCD_COMMAND:
        PUSH    AL
        LDI     AL,0b00000000           ; E = 0, Rs = 0
        STS     LCD_CONTROL,AL
        STS     LCD_DATABUS,LCD_BUFFER  ; output command
        LDI     AL,0b00000001           ; E = 1
        STS     LCD_CONTROL,AL
        PUSH    R0                      ; delay 4 cycles(about 250 ns)
        POP     R0
        LDI     AL,0b00000000           ; E = 0
        STS     LCD_CONTROL,AL
        CALL    D50US
        POP     AL
        RET

;-------------------------------------------------
;       Display a Character on LCD(LCD_BUFFER)
```

```
;----------------------------------------------
LCD_DATA:PUSH   AL
        LDI     AL,0b00000010           ; E = 0, Rs = 1
        STS     LCD_CONTROL,AL
        STS     LCD_DATABUS,LCD_BUFFER  ; output data
        LDI     AL,0b00000011           ; E = 1
        STS     LCD_CONTROL,AL
        PUSH    R0                      ; delay 4 cycles(about 250 ns)
        POP     R0
        LDI     AL,0b00000010           ; E = 0
        STS     LCD_CONTROL,AL
        CALL    D50US
        POP     AL
        RET

;----------------------------------------------
;       Display String on LCD
;----------------------------------------------
LCD_STRING:OUT  GPIOR0,ZL               ; store RAMPZ:ZH:ZL
        OUT     GPIOR1,ZH
        IN      ZL,RAMPZ
        OUT     GPIOR2,ZL
#if(defined(__ATmega2560__) || defined(__ATmega2561__))
        POP     RAMPZ_BUFFER            ; get start address of string(3-byte PC)
#else
        CLR     RAMPZ_BUFFER            ; get start address of string(2-byte PC)
#endif
        POP     ZH
        POP     ZL
        LSL     ZL                      ; convert into byte address
        ROL     ZH
        ROL     RAMPZ_BUFFER
        OUT     RAMPZ,RAMPZ_BUFFER
LCD_STR1:ELPM   LCD_BUFFER,Z+           ; read a character. end string ?
        CPI     LCD_BUFFER,0
        BREQ    LCD_STR2                ; if yes, return
        CALL    LCD_DATA                ; if no, display a character
        RJMP    LCD_STR1
LCD_STR2:SBRC   ZL,0                    ; if odd address, skip 1 address
        ELPM    LCD_BUFFER,Z+
        IN      RAMPZ_BUFFER,RAMPZ      ; convert into word address
        LSR     RAMPZ_BUFFER
        ROR     ZH
        ROR     ZL
        PUSH    ZL                      ; store new return address
        PUSH    ZH
#if(defined(__ATmega2560__) || defined(__ATmega2561__))
        PUSH    RAMPZ_BUFFER
#endif
        IN      ZL,GPIOR2               ; restore RAMPZ:ZH:ZL
        OUT     RAMPZ,ZL
        IN      ZH,GPIOR1
        IN      ZL,GPIOR0
        RET

;----------------------------------------------
;       Display 4 Digit HEX Data(AH:AL)
;----------------------------------------------
LCD_4HEX:MOV    LCD_BUFFER,AH           ; high byte
        RCALL   LCD_2HEX
        MOV     LCD_BUFFER,AL           ; low byte
        RCALL   LCD_2HEX
        RET
```

```
;-----------------------------------------------
;       Display 2 Digit HEX Data(LCD_BUFFER)
;-----------------------------------------------
LCD_2HEX:PUSH   LCD_BUFFER
        LSR     LCD_BUFFER                  ; upper digit
        LSR     LCD_BUFFER
        LSR     LCD_BUFFER
        LSR     LCD_BUFFER
        CPI     LCD_BUFFER,0x0A
        BRSH    LCD_2HEX1
        ORI     LCD_BUFFER,'0'
        RJMP    LCD_2HEX2
LCD_2HEX1:SUBI  LCD_BUFFER,0x0A
        PUSH    AL
        LDI     AL,'A'
        ADD     LCD_BUFFER,AL
        POP     AL
LCD_2HEX2:CALL  LCD_DATA
        POP     LCD_BUFFER                  ; lower digit
        ANDI    LCD_BUFFER,0x0F
        CPI     LCD_BUFFER,0x0A
        BRSH    LCD_2HEX3
        ORI     LCD_BUFFER,'0'
        RJMP    LCD_2HEX4
LCD_2HEX3:SUBI  LCD_BUFFER,0x0A
        PUSH    AL
        LDI     AL,'A'
        ADD     LCD_BUFFER,AL
        POP     AL
LCD_2HEX4:CALL  LCD_DATA
        RET

;-----------------------------------------------
;       Display 5/4/3-Digit Decimal Number(AH:AL)
;       Display     2-Digit Decimal Number(AL)
;-----------------------------------------------
LCD_5DEC:PUSH   DH                          ; push registers
        PUSH    DL
        PUSH    BH
        PUSH    BL
        CLR     ZERO_FLAG                   ; clear zero zone flag
        CLR     BH
        CLR     BL
        LDI     DH,high(10000)              ; display 10^4 digit
        LDI     DL,low(10000)
        RCALL   DIV16
        MOV     LCD_BUFFER,AL
        ORI     LCD_BUFFER,'0'
        CPI     LCD_BUFFER,'0'
        BRNE    LCD_5DEC1
        LDI     LCD_BUFFER,' '
        RJMP    LCD_5DEC2
LCD_5DEC1:CLR   ZERO_FLAG
        COM     ZERO_FLAG
LCD_5DEC2:RCALL LCD_DATA
        MOVW    AH:AL,BH:BL
        RJMP    LCD_4DEC1

LCD_4DEC:PUSH   DH                          ; push registers
        PUSH    DL
        PUSH    BH
        PUSH    BL
        CLR     ZERO_FLAG                   ; clear zero zone flag
LCD_4DEC1:CLR   BH
```

```
        CLR     BL
        LDI     DH,high(1000)           ; display 10^3 digit
        LDI     DL,low(1000)
        RCALL   DIV16
        MOV     LCD_BUFFER,AL
        ORI     LCD_BUFFER,'0'
        CLR     AH
        CP      ZERO_FLAG,AH
        BRNE    LCD_4DEC3
        CPI     LCD_BUFFER,'0'
        BRNE    LCD_4DEC2
        LDI     LCD_BUFFER,' '
        RJMP    LCD_4DEC3
LCD_4DEC2:CLR   ZERO_FLAG
        COM     ZERO_FLAG
LCD_4DEC3:RCALL LCD_DATA
        MOVW    AH:AL,BH:BL
        RJMP    LCD_3DEC1

LCD_3DEC:PUSH   DH                      ; push registers
        PUSH    DL
        PUSH    BH
        PUSH    BL
        CLR     ZERO_FLAG               ; clear zero zone flag
LCD_3DEC1:LDI   BL,100                  ; display 10^2 digit
        RCALL   DIV8
        MOV     LCD_BUFFER,AL
        ORI     LCD_BUFFER,'0'
        CLR     BH
        CP      ZERO_FLAG,BH
        BRNE    LCD_3DEC3
        CPI     LCD_BUFFER,'0'
        BRNE    LCD_3DEC2
        LDI     LCD_BUFFER,' '
        RJMP    LCD_3DEC3
LCD_3DEC2:CLR   ZERO_FLAG
        COM     ZERO_FLAG
LCD_3DEC3:RCALL LCD_DATA
        MOV     AL,AH
        RJMP    LCD_2DEC1

LCD_2DEC:PUSH   DH                      ; push registers
        PUSH    DL
        PUSH    BH
        PUSH    BL
        CLR     ZERO_FLAG               ; clear zero zone flag
LCD_2DEC1:CLR   AH
        LDI     BL,10                   ; display 10^1 digit
        RCALL   DIV8
        MOV     LCD_BUFFER,AL
        ORI     LCD_BUFFER,'0'
        CLR     BH
        CP      ZERO_FLAG,BH
        BRNE    LCD_2DEC2
        CPI     LCD_BUFFER,'0'
        BRNE    LCD_2DEC2
        LDI     LCD_BUFFER,' '
LCD_2DEC2:RCALL LCD_DATA
        MOV     LCD_BUFFER,AH           ; display 10^0 digit
        ORI     LCD_BUFFER,'0'
        RCALL   LCD_DATA
        POP     BL
        POP     BH
        POP     DL
```

```
        POP     DH
        RET

;-----------------------------------------------
;       Display 8-Bit Binary Data(LCD_BUFFER)
;-----------------------------------------------
LCD_8BIN:PUSH   AH
        PUSH    AL
        LDI     AH,8
        MOV     AL,LCD_BUFFER
LCD_8B1:MOV     LCD_BUFFER,AL
        ROL     LCD_BUFFER
        MOV     AL,LCD_BUFFER
        ROL     LCD_BUFFER
        ANDI    LCD_BUFFER,0b00000001
        ORI     LCD_BUFFER,'0'
        CALL    LCD_DATA
        DEC     AH
        BRNE    LCD_8B1
        POP     AL
        POP     AH
        RET

;=====================================================================
;       Input Key Switch with Beep & Debounce(AL=key value)
;=====================================================================
KEY_IN: RCALL   KEY_CHECK               ; read 1st
        MOV     AH,AL
        CALL    D1MS
        CALL    KEY_CHECK               ; read 2nd
        CPSE    AH,AL
        RJMP    KEY_IN
        CPI     AL,0b11110000           ; if no key, check key off
        BRNE    KEY_IN2
        CLR     AH
        CP      KEY_FLAG,AH
        BREQ    KEY_IN1
        CALL    D20MS
        CLR     KEY_FLAG
KEY_IN1:RET
KEY_IN2:CLR     AH                      ; if key input, check continuous key
        CP      KEY_FLAG,AH
        BREQ    KEY_IN3
        LDI     AL,0b11110000           ; if continuous, treat as no key input
        RET
KEY_IN3:COM     KEY_FLAG                ; if new key, beep & delay for debounce
        CALL    BEEP
        RET

KEY_CHECK:IN    AL,PINF                 ; read key input
        ANDI    AL,0b11110000
        RET

;=====================================================================
;       Buzzer Sound
;=====================================================================
;-----------------------------------------------
;       Buzzer ON or OFF
;-----------------------------------------------
BUZZER_ON:
        SBI     PORTE,2
        RET

BUZZER_OFF:
```

```
        CBI     PORTE,2
        RET

;-----------------------------------------------
;       Sound Beep
;-----------------------------------------------
BEEP:   RCALL   BUZZER_ON
        RCALL   D50MS
        RCALL   BUZZER_OFF
        RET

;-----------------------------------------------
;       Sound Error
;-----------------------------------------------
ERROR:  RCALL   BEEP                    ; beep 2 times
        RCALL   D100MS
        RCALL   BEEP
        RET

;===================================================================
;       Time Delay (for 16MHz clock)
;===================================================================
D1US:   PUSH    DELAY_COUNT
        LDI     DELAY_COUNT,1
        RJMP    BASE1US

D2US:   PUSH    DELAY_COUNT
        LDI     DELAY_COUNT,2
        RJMP    BASE1US

D5US:   PUSH    DELAY_COUNT
        LDI     DELAY_COUNT,5
        RJMP    BASE1US

D10US:  PUSH    DELAY_COUNT
        LDI     DELAY_COUNT,10
        RJMP    BASE1US

D20US:  PUSH    DELAY_COUNT
        LDI     DELAY_COUNT,20
        RJMP    BASE1US

D50US:  PUSH    DELAY_COUNT
        LDI     DELAY_COUNT,50
        RJMP    BASE1US

D100US: PUSH    DELAY_COUNT
        LDI     DELAY_COUNT,100
        RJMP    BASE1US

D200US: PUSH    DELAY_COUNT
        LDI     DELAY_COUNT,200
        RJMP    BASE1US

D500US: RCALL   D100US
        RCALL   D200US
        RCALL   D200US
        RET

D1MS:   PUSH    DELAY_COUNT
        LDI     DELAY_COUNT,1
        RJMP    BASE1MS

D2MS:   PUSH    DELAY_COUNT
```

```
        LDI     DELAY_COUNT,2
        RJMP    BASE1MS

D5MS:   PUSH    DELAY_COUNT
        LDI     DELAY_COUNT,5
        RJMP    BASE1MS

D10MS:  PUSH    DELAY_COUNT
        LDI     DELAY_COUNT,10
        RJMP    BASE1MS

D20MS:  PUSH    DELAY_COUNT
        LDI     DELAY_COUNT,20
        RJMP    BASE1MS

D50MS:  PUSH    DELAY_COUNT
        LDI     DELAY_COUNT,50
        RJMP    BASE1MS

D100MS: PUSH    DELAY_COUNT
        LDI     DELAY_COUNT,100
        RJMP    BASE1MS

D200MS: PUSH    DELAY_COUNT
        LDI     DELAY_COUNT,200
        RJMP    BASE1MS

D500MS: RCALL   D100MS
        RCALL   D200MS
        RCALL   D200MS
        RET

D1SEC:  RCALL   D500MS
        RCALL   D500MS
        RET

D2SEC:  RCALL   D1SEC
        RCALL   D1SEC
        RET

D5SEC:  RCALL   D1SEC
        RCALL   D2SEC
        RCALL   D2SEC
        RET

;-----------------------------------------------
;       Basic 1 us Delay
;-----------------------------------------------
BASE1US:NOP                             ; 1
        PUSH    DELAY_COUNT             ; 2
        POP     DELAY_COUNT             ; 2
        PUSH    DELAY_COUNT             ; 2
        POP     DELAY_COUNT             ; 2
        PUSH    DELAY_COUNT             ; 2
        POP     DELAY_COUNT             ; 2
        DEC     DELAY_COUNT             ; 1
        BRNE    BASE1US                 ; 2 (total 16 cycles = 1 us)
        POP     DELAY_COUNT
        RET

;-----------------------------------------------
;       Basic 1 ms Delay
;-----------------------------------------------
BASE1MS:RCALL   D200US                  ; 200 us
```

```
        RCALL   D200US                  ; 200 us
        RCALL   D200US                  ; 200 us
        RCALL   D200US                  ; 200 us
        RCALL   D200US                  ; 200 us
        DEC     DELAY_COUNT
        BRNE    BASE1MS                 ; (total = 1 ms)
        POP     DELAY_COUNT
        RET

;======================================================================
;       16-Bit Arithmetic
;======================================================================
;---------------------------------------------------
;       16-Bit Addition (AH:AL = AH:AL + BH:BL)
;---------------------------------------------------
ADD16:  ADD     AL,BL                   ; add low bytes
        ADC     AH,BH                   ; add high bytes
        RET

;---------------------------------------------------
;       16-Bit Subtraction (AH:AL = AH:AL - BH:BL)
;---------------------------------------------------
SUB16:  SUB     AL,BL                   ; subtract low bytes
        SBC     AH,BH                   ; subtract high bytes
        RET

;---------------------------------------------------
;       16-Bit * 16-Bit = 32-Bit Unsigned Multiplication
;       (BH:BL:AH:AL = AH:AL * BH:BL)
;---------------------------------------------------
MUL16:  PUSH    R0
        PUSH    R1
        PUSH    R2
        PUSH    CL
        PUSH    CH
        PUSH    DL
        PUSH    DH
        CLR     R2
        MUL     AH,BH                   ; AH * BH
        MOVW    DH:DL,R1:R0
        MUL     AL,BL                   ; AL * BL
        MOVW    CH:CL,R1:R0
        MUL     AH,BL                   ; AH * BL
        ADD     CH,R0
        ADC     DL,R1
        ADC     DH,R2
        MUL     BH,AL                   ; BH * AL
        ADD     CH,R0
        ADC     DL,R1
        ADC     DH,R2
        MOVW    AH:AL,CH:CL             ; BH:BL:AH:AL <-- DH:DL:CH:CL
        MOVW    BH:BL,DH:DL
        POP     DH
        POP     DL
        POP     CH
        POP     CL
        POP     R2
        POP     R1
        POP     R0
        RET

;---------------------------------------------------
;       32-Bit / 16-Bit = 16-Bit Unsigned Division
;       (BH:BL:AH:AL / DH:DL --> Q = AH:AL, R = BH:BL)
```

```
;---------------------------------------------
DIV16:  PUSH    R0                      ; quotient
        PUSH    R1
        PUSH    R2                      ; remainder
        PUSH    R3
        PUSH    R4
        PUSH    R5
        PUSH    CL                      ; bit counter
        PUSH    CH                      ; zero value register

        CLR     R2                      ; clear remainder
        CLR     R3
        CLR     R4
        CLR     R5
        CLR     CH                      ; clear zero value register

        LDI     CL,32                   ; loop counter
DIV16A: LSL     AL                      ; shift dividend by 1 bit to left
        ROL     AH
        ROL     BL
        ROL     BH
        ROL     R2
        ROL     R3
        ROL     R4
        ROL     R5
        CP      R5,CH                   ; remainder >= divisor ?
        BRNE    DIV16B
        CP      R4,CH
        BRNE    DIV16B
        CP      R3,DH
        BRLO    DIV16C
        BRNE    DIV16B
        CP      R2,DL
        BRLO    DIV16C
DIV16B: SUB     R2,DL                   ; if yes, remainder - divisor
        SBC     R3,DH
        SBC     R4,CH
        SBC     R5,CH
        SEC                             ;   and shift 1 into quotient
        RJMP    DIV16D
DIV16C: CLC                             ; if no, shift 0 into quotient
DIV16D: ROL     R0                      ; shift quotient by 1 bit to left
        ROL     R1
        DEC     CL
        BRNE    DIV16A

        MOV     BH,R3                   ; make remainder
        MOV     BL,R2
        MOV     AH,R1                   ; make quotient
        MOV     AL,R0

        POP     CH
        POP     CL
        POP     R5
        POP     R4
        POP     R3
        POP     R2
        POP     R1
        POP     R0
        RET

;---------------------------------------------
;       16-Bit / 8-Bit = 8-Bit Unsigned Division
;       (AH:AL / BL --> Q = AL, R = AH)
```

```
;-----------------------------------------------
DIV8:   PUSH    R0              ; quotient
        PUSH    R1              ; remainder
        PUSH    R2
        PUSH    CL              ; bit counter
        PUSH    CH              ; zero value register

        CLR     R1              ; clear remainder
        CLR     R2
        CLR     CH              ; clear zero value register

        LDI     CL,16           ; loop counter
DIV8A:  LSL     AL              ; shift dividend by 1 bit to left
        ROL     AH
        ROL     R1
        ROL     R2
        CP      R2,CH           ; remainder >= divisor ?
        BRNE    DIV8B
        CP      R1,BL
        BRLO    DIV8C
DIV8B:  SUB     R1,BL           ; if yes, remainder - divisor
        SBC     R2,CH           ;   and shift 1 into quotient
        SEC
        RJMP    DIV8D
DIV8C:  CLC                     ; if no, shift 0 into quotient
DIV8D:  ROL     R0              ; shift quotient by 1 bit to left
        DEC     CL
        BRNE    DIV8A

        MOV     AH,R1           ; make remainder
        MOV     AL,R0           ; make quotient

        POP     CH
        POP     CL
        POP     R2
        POP     R1
        POP     R0
        RET
```

☞ ATmega1280/1281에서는 2바이트의 프로그램 카운터를 사용하고 ATmega2560/2561에서는 3바이트의 프로그램 카운터를 사용하므로 서브루틴 LCD_STRING에서는 이 각각의 경우에 적합한 동작을 수행하도록 하기 위하여 조건부 어셈블 지시어를 사용하였다.

이 인클루드 파일 OK2561.INC(또는 OK1281.INC)에 포함되어 있는 서브루틴들을 모두 요약하여 정리하면 <표 4.1.1>과 같다. 이 서브루틴들은 앞으로 *OK-1281/2561* 키트에서 어셈블리 언어로 프로그램을 작성할 때 유용하게 사용할 것이므로 잘 알아두어야 하며, 현재 단계에서는 어렵겠지만 앞으로 이 서브루틴들의 내용까지 정확히 이해하도록 노력할 것을 권한다.

특히 여기서 LCD_STRING, KEY_IN이나 시간지연 루틴과 같은 서브루틴은 MCU 및 하드웨어의 동작과 연계하면서 그 동작원리를 정확히 이해하는 것이 좋다. 현재는 비록 그 내용을 이해하기 어렵겠지만 앞으로 ATmega2561(또는 ATmega1281)의 공부가 진행될수록 이를 충분히 이해하게 되므로 염려하지 않아도 된다. 그러나, 곱셈이나 나눗셈 서브루틴은 어려우면 굳이 그 내용을 이해하려 하지 말고 그냥 사용하기만 해도 무방하다.

〈표 4.1.1〉 인클루드 파일 OK2561.INC(또는 OK1281.INC)에 포함된 서브루틴의 요약

서브루틴	기 능	입력 파라미터	출력 파라미터
INIT_MCU	ATmega2561(또는 ATmega1281) MCU를 *OK-2561* (또는 *OK-1281*) 키트의 사양에 맞도록 초기화한다.	–	–
INIT_LCD	텍스트형 LCD 모듈을 초기화한다.	–	–
LCD_HOME1 LCD_HOME2	텍스트형 LCD 모듈에서 커서의 위치를 각각 1행과 2행의 첫번째 문자에 위치시킨다.	–	–
LCD_COMMAND	텍스트형 LCD 모듈에 1개의 제어명령을 출력한다.	LCD_BUFFER	–
LCD_DATA	텍스트형 LCD 모듈에서 현재의 커서 위치에 1문자를 표시한다.	LCD_BUFFER	–
LCD_STRING	텍스트형 LCD 모듈에서 현재의 커서 위치부터 문자열을 출력한다. 문자열의 끝은 0으로 표시된다.	–	–
LCD_2HEX LCD_4HEX	텍스트형 LCD 모듈에서 현재의 커서 위치부터 각각 2자리와 4자리의 16진수를 표시한다.	LCD_BUFFER AH:AL	–
LCD_2DEC LCD_3DEC LCD_4DEC LCD_5DEC	텍스트형 LCD 모듈에서 현재의 커서 위치부터 각각 2, 3, 4, 5자리의 10진수를 표시한다.	AL AH:AL AH:AL AH:AL	–
LCD_8BIN	텍스트형 LCD 모듈에서 현재의 커서 위치부터 8비트의 2진수를 표시한다.	LCD_BUFFER	–
KEY_IN KEY_CHECK	키입력 KEY1~KEY4를 읽어온다. (디바운싱 ○) 키입력 KEY1~KEY4를 읽어온다. (디바운싱 ×)	–	AL
BUZZER_ON BUZZER_OFF BEEP ERROR	버저를 ON시킨다. 버저를 OFF시킨다. 버저를 50ms 동안 1차례 울린다. 버저를 50ms 동안 2차례 울린다.	–	–
D1US~D500US D1MS~D500MS D1SEC~D5SEC	지정된 시간만큼 지연을 수행한다.	–	–
ADD16	16비트의 두 수를 덧셈한다.(AH:AL=AH:AL+BH:BL)	AH:AL BH:BL	AH:AL
SUB16	16비트의 두 수를 뺄셈한다.(AH:AL=AH:AL-BH:BL)	AH:AL BH:BL	AH:AL
MUL16	16비트의 두 정수를 곱셈하여 32비트를 얻는다. (BH:BL:AH:AL=AH:AL*BH:BL)	AH:AL BH:BL	BH:BL:AH:AL
DIV16	32비트 정수를 16비트 정수로 나눗셈한다. (BH:BL:AH:AL/DH:DL → 몫=AH:AL, 나머지=BH:BL)	BH:BL:AH:AL DH:DL	AH:AL BH:BL
DIV8	16비트 정수를 8비트 정수로 나눗셈한다. (AH:AL/BL → 몫=AL, 나머지=AH)	AH:AL BL	AL AH

이를테면 정수의 나눗셈 연산이 사용되는 루틴의 예는 다음 예제 프로그램과 같다. 여기서 8비트 정수를 10진수로 디스플레이하는 Display(1) 루틴은 인클루드 파일의 LCD_3DEC 서브루틴을 이용하여 쉽게 처리하였으나, Display(2) 루틴은 인클루드 파일의 나눗셈 서브루틴 DIV8을 이용하여 사용자가 직접 처리하였다. 이 2가지 루틴의 차이를 세밀하게 분석하여 보기 바란다.

<프로그램 Exp01_3.asm> 나눗셈 연산이 사용되는 예제

```
;[][][][][][][][][][][][][][][][][][][][][][][][][][][][][][][][][][][]
;[]                                                                  []
;[]          Exp01_3.asm : Integer Number Display Program            []
;[]                                                                  []
;[][][][][][][][][][][][][][][][][][][][][][][][][][][][][][][][][][][]
;
;              Designed and programmed by Duck-Yong Yoon in 2006.
;
;--------------------------------------------
;       Include Header File
;--------------------------------------------
.nolist
.include "m2561def.inc"                 ; ATmega2561 definition file
.list

;================================================================
;       Main Program
;================================================================
.cseg
        .org    0x0000
        LDI     AH,high(RAMEND)         ; initialize SP
        LDI     AL,low(RAMEND)
        OUT     SPH,AH
        OUT     SPL,AL

        CALL    INIT_MCU                ; initialize MCU and kit
        CALL    D50MS                   ; wait for system stabilization
        CALL    INIT_LCD                ; initialize text LCD

;--------------------------------------------
;       8-Bit Integer Display
;--------------------------------------------
        CALL    LCD_HOME1               ; display title
        CALL    LCD_STRING
        .db     "Display(1) = 000",0,0
        CALL    LCD_HOME2
        CALL    LCD_STRING
        .db     "Display(2) = 000",0,0

LOOP:   CALL    BEEP
        LDI     AL,1                    ; from 1 to 255
        MOV     R7,AL
LOOP1:  LDI     LCD_BUFFER,0x8D         ; Display(1)
        CALL    LCD_COMMAND
        CLR     AH
        MOV     AL,R7
        CALL    LCD_3DEC
        LDI     LCD_BUFFER,0xCD         ; Display(2)
        CALL    LCD_COMMAND
        CLR     AH
        MOV     AL,R7
        LDI     BL,100
        CALL    DIV8                    ; (division operation AH:AL/BL)
        MOV     LCD_BUFFER,AL
        ORI     LCD_BUFFER,'0'
        CALL    LCD_DATA
        MOV     AL,AH
        CLR     AH
        LDI     BL,10
        CALL    DIV8                    ; (division operation AH:AL/BL)
```

```
        MOV     LCD_BUFFER,AL
        ORI     LCD_BUFFER,'0'
        CALL    LCD_DATA
        MOV     LCD_BUFFER,AH
        ORI     LCD_BUFFER,'0'
        CALL    LCD_DATA
        CALL    D1SEC
        INC     R7                          ; increment loop counter
        BRNE    LOOP1                       ; continue if not end

        JMP     LOOP                        ; start again

;=====================================================================
;       Include User Subroutine File
;=====================================================================
.include "OK2561.INC"                       ; OK-2561 I/O and subroutine file
```

이를 어셈블하고 *OK-1281/2561* 키트에 다운로드하여 실행하여 보라. 그리고, Display(1)과 Display(2)의 동작에 어떤 차이가 있는지 관찰하라.

6. 실습 과제

(1) 어셈블리 소스 프로그램에서 지시어 .cseg와 .org 0x0000을 사용하는 이유는 무엇인가?

(2) 이제부터 모든 어셈블리 예제 프로그램에서 인클루드 파일 OK2561.INC는 프로그램의 말미에 위치시킨다. 그러나, 만약 이를 프로그램의 서두에 놓는다면 어떻게 될지 설명하라.

(3) 예제 프로그램 Exp01_1.asm에서 LED가 점멸하는 속도를 500[ms]에서 100[ms]로 빠르게 수정한 프로그램 Exp01_1R.asm을 작성하라.

(4) 예제 프로그램 Exp01_3.asm에서 정수를 1에서 100까지만 디스플레이하고 디스플레이 속도가 0.5초 주기로 동작하도록 수정한 프로그램 Exp01_3R.asm을 작성하라.

4.2 Atmega1281/2561 C언어 프로그램 기초

이 절에서는 퍼스널컴퓨터에 Atmel사의 AVR Studio에서 WinAVR의 AVR-GCC 컴파일러를 사용하여 C언어로 사용자 프로그램을 작성하고 이를 번역하여 생성된 인텔 HEX 파일을 *OK-1281/2561* 키트에 다운로드하고 실행하는 방법을 익힌다.

관련 내용	(1) 제3.1절 *OK-1281/2561* 키트의 구조와 기능 (2) 제3.2절 AVR ISP 다운로드 케이블 (3) 제3.3절 AVR Studio 및 WinAVR의 설치 및 사용 (4) 제3.5절 WinAVR의 AVR-GCC 컴파일러

1. C언어 프로그램의 작성 및 실행 방법

AVR Studio에서 WinAVR의 C컴파일러를 사용하여 C언어 프로그램을 작성하는 방법은 제3.3절에서 설명하였다. 그러나, 여기서는 이제부터 많은 예제 프로그램을 사용해야 하므로 좀더 편리하게 작업할 수 있는 방법을 제시한다.

이제부터 여러분이 C언어 프로그램을 작성하려면 제3.3절의 설명에 따라서 AVR Studio 및 WinAVR과 이 책의 C언어 예제 프로그램이 퍼스널컴퓨터에 설치되어 있어야 하며, 올바른 동작이 확인된 *OK-1281/2561* 키트와 AVR ISP 다운로드 케이블을 가지고 있어야 한다. 다운로드 케이블로는 병렬포트형의 *AVR-ISP Parallel*, 직렬포트형의 *AVR-ISP Studio*, USB 포트형의 *AVR-ISP USB* 등 어느 것을 사용해도 좋다.

AVR Studio V4.12부터는 여기서 어셈블리 언어뿐만 아니라 C언어 프로그램 작성도 가능하다. 그러기 위해서는 미리 WinAVR이 설치되어 있어야 한다.

(1) C언어 예제 프로젝트에서 소스 프로그램을 교체 등록

이제부터 이 책의 모든 C언어 예제 프로그램은 프로젝트명을 AVRcfile.aps로 통일하여 사용하기로 한다. 그러나, 예제 프로그램이 달라지면 이 프로젝트에 등록된 예제 파일도 해당 파일로 교체하여야 한다.

① 바탕화면에서 AVR Studio의 바로가기 아이콘을 누르면 이 IDE 소프트웨어가

실행되면서 <그림 4.2.1>과 같이 기존에 사용했던 프로젝트 리스트 중에서 이제부터 사용할 프로젝트를 선택할 수 있는 선택창이 나타난다. 이제 우리는 C언어 예제 프로그램을 작성할 것이므로 AVRcfile.aps를 선택하고 Load 버튼을 누른다.

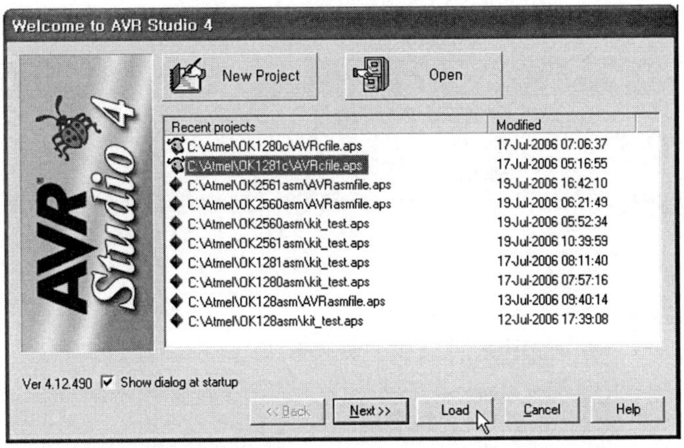

〈그림 4.2.1〉 AVR Studio를 시작할 때 나타나는 프로젝트 선택창

② 그러나, 이 선택창에서 Cancel을 눌러서 그냥 넘어갔다면 나중에 <그림 4.2.2.>와 같이 Project → Open Project 메뉴에서 C:\Atmel\OK1281c\AVRcfile.aps 프로젝트를 열면 된다.

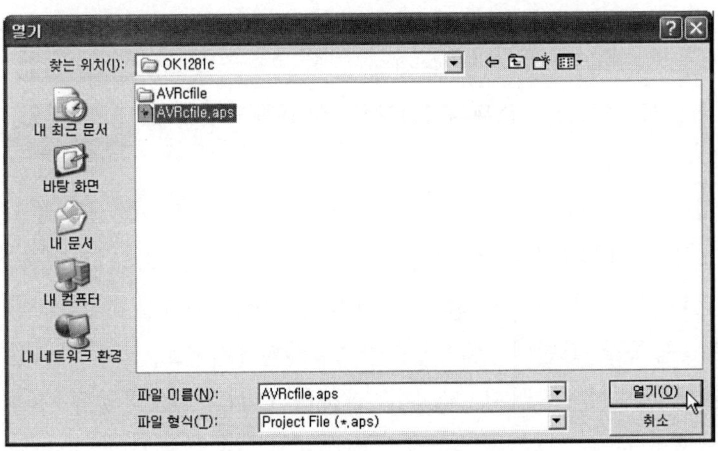

〈그림 4.2.2〉 AVR Studio에서 기존의 C언어 예제 프로젝트를 읽어오는 선택창

③ AVRcfile.aps 프로젝트를 읽어들였으면 <그림 4.2.3>처럼 화면 좌측의 프로젝트

창에서 현재 이 프로젝트에 등록되어 있는 예제 프로그램 소스 파일의 이름을 확인한다. 이 그림의 경우에는 과거에 사용하였던 Exp20_1.c라는 파일이 현재의 프로젝트에 등록되어 있는데 이것은 우리가 이 실습에서 사용하기를 원하는 파일이 아니다. 따라서, 이를 이제부터 우리가 사용할 예제 파일 Exp02_1.c로 교체 등록하고자 한다.

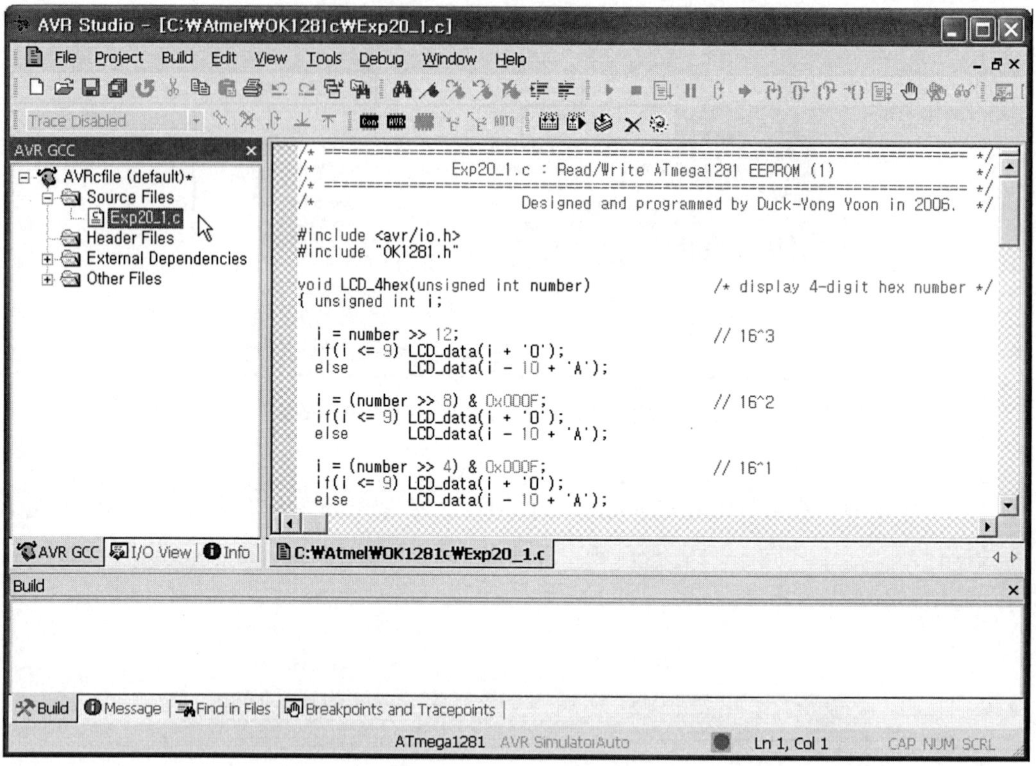

〈그림 4.2.3〉 현재의 프로젝트에 등록되어 있는 소스 파일

④ 프로젝트창에서 Source Files의 버튼 위에 마우스 커서를 올려놓고 오른쪽 버튼을 누르면 <그림 4.2.4>와 같이 현재의 프로젝트에 새로운 소스 파일을 추가할 수 있는 팝업창이 뜬다. 여기서 Add Existing Source File(s)... 메뉴를 클릭하면 <그림 4.2.5>와 같이 새로 등록할 C언어 예제 소스 파일의 리스트가 나타나는데, 여기에서 C:\Atmel\OK1281c\ 폴더를 찾아서 자신이 원하는 Exp02_1.c 파일을 선택하고 열기(O) 버튼을 누른다.

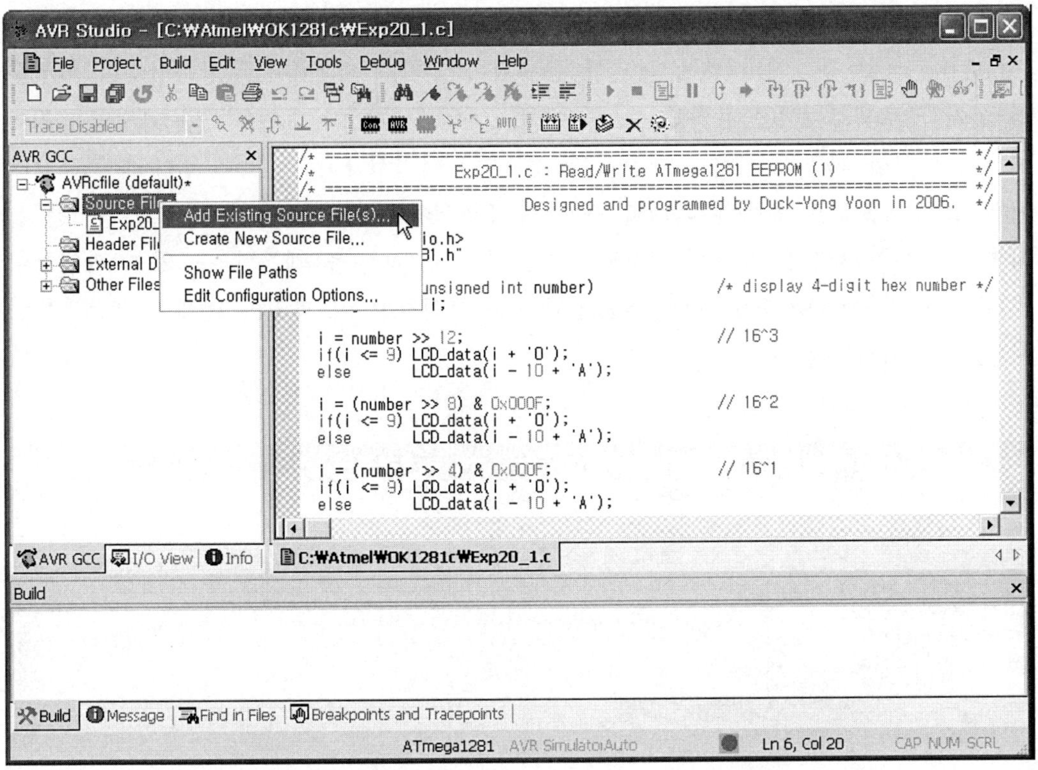

〈그림 4.2.4〉 현재의 프로젝트에 새로운 소스 파일을 추가

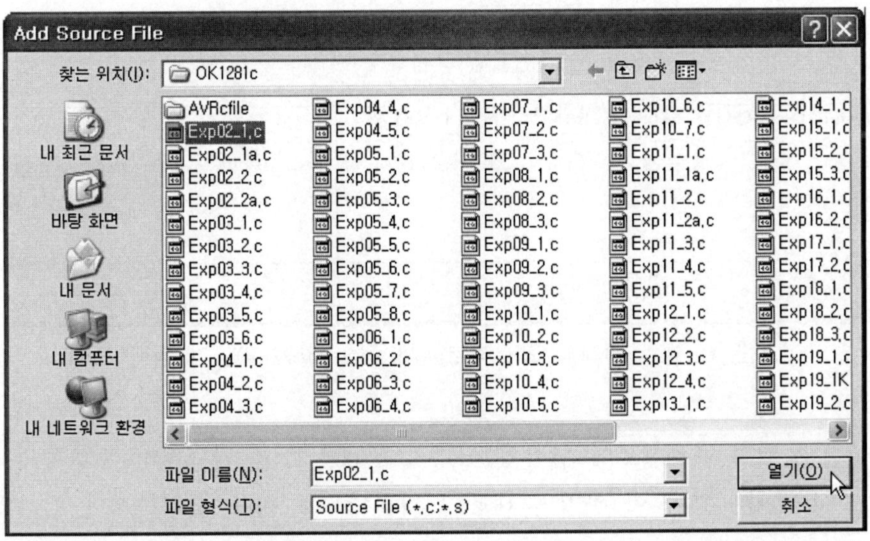

〈그림 4.2.5〉 현재의 프로젝트에 새롭게 추가할 소스 파일의 리스트

⑤ 그러면 현재의 프로젝트에는 과거에 사용하였던 Exp20_1.c와 새로 추가한 Exp02_1.c 파일 등 2개의 예제 파일이 등록되어 있다.(☞ 앞에서 설명하였듯이 어셈블리 언어 프로젝트에서는 등록된 파일들이 주 파일과 나머지 파일로 구분되지만 C언어에서는 이러한 파일의 성격을 구분하지 않는다.) 여기서 Exp20_1.c는 현재의 프로젝트에서 필요 없으므로 등록을 해제할 수 있다. Exp20_1.c 파일명 위에 마우스 커서를 올려놓고 오른쪽 버튼을 누르면 <그림 4.2.6>과 같이 파일을 제거할 수 있는 팝업창이 뜬다. 여기서 Remove File from Project 메뉴를 클릭하면 이 파일이 현재의 프로젝트에서 등록이 해제된다.

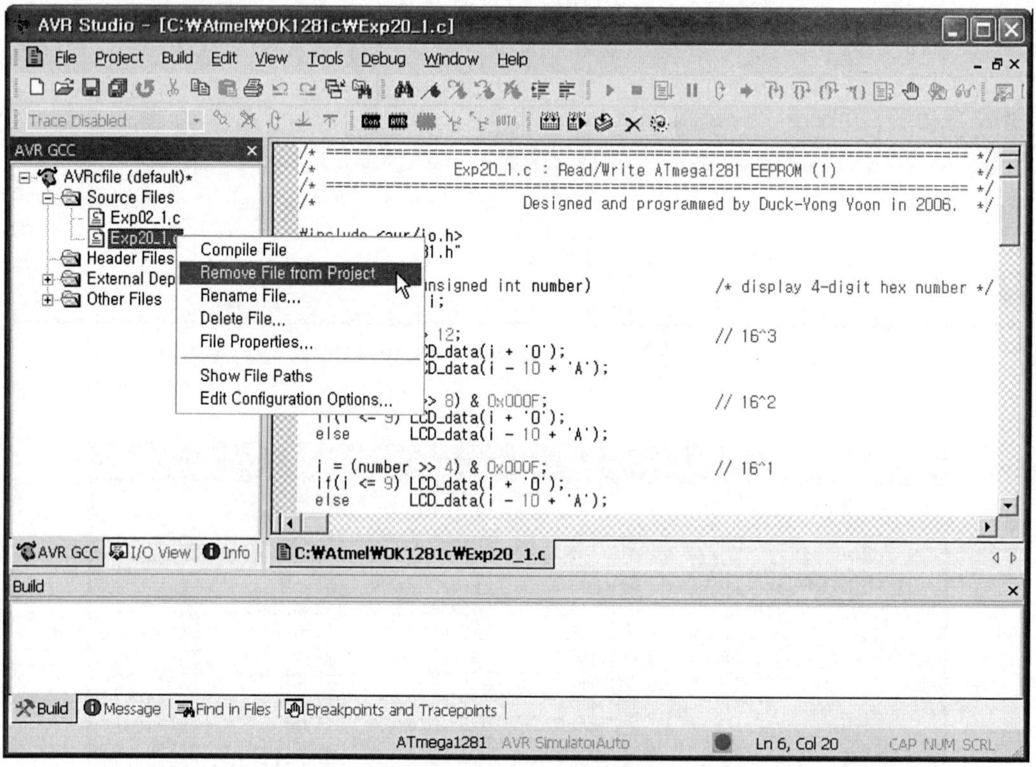

〈그림 4.2.6〉 현재의 프로젝트에서 필요 없는 파일의 등록 해제

⑥ 이제 현재의 프로젝트에 남아있는 파일 Exp02_1.c를 클릭하면 오른쪽의 작업창에 <그림 4.2.7>과 같이 이 파일의 내용이 나타나므로 이를 편집하거나 컴파일할 수 있다.

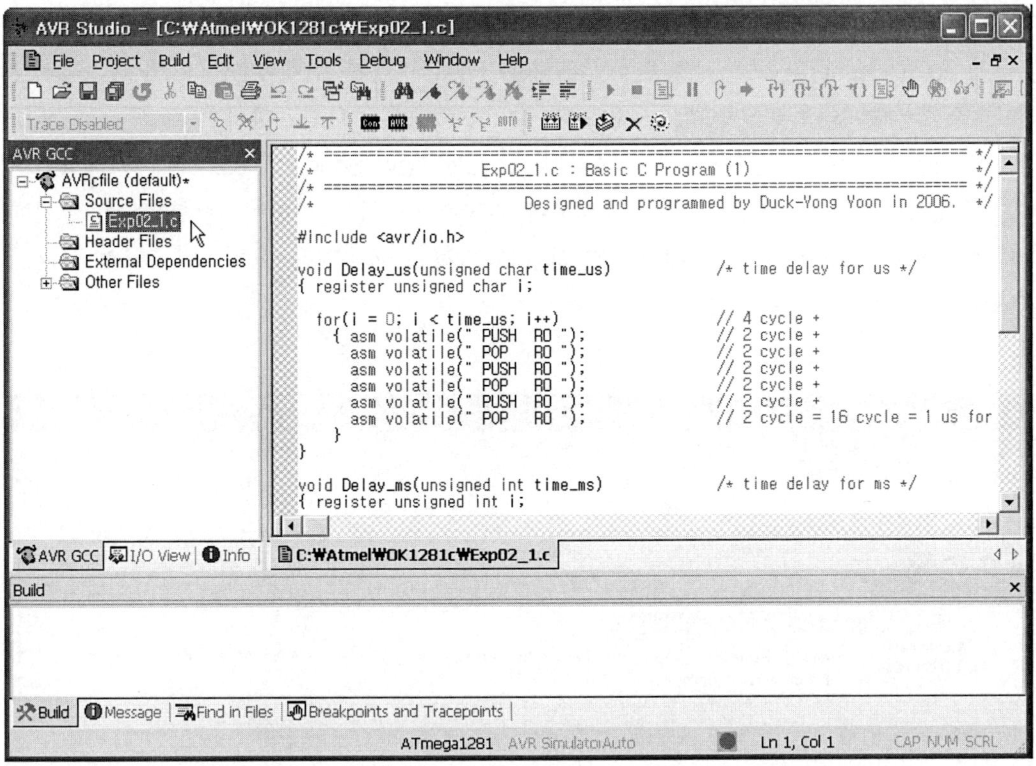

〈그림 4.2.7〉 현재의 프로젝트에 교체 등록된 소스 파일의 편집

⑦ 사용자 프로그램의 편집이 끝났으면 Build → Build 메뉴를 누르거나 해당 버튼 또는 F7 키를 눌러 컴파일을 수행한다.

⑧ 만약 이때 에러가 발생하지 않았다면 소스 프로그램이 정상적으로 컴파일되어 C:\Atmel\OK1281c\AVRcfile\ 폴더에 AVRcfile.hex 파일이 생성된다. 이 HEX 파일은 어셈블리 프로젝트에서와 달리 소스 파일이 존재하는 폴더가 아니라 그 아래에 있는 프로젝트명과 동일한 폴더에 생성되는 것에 유의하라. 또한, 그 소스 파일을 다른 것으로 교체하였지만 C언어 프로젝트에서는 항상 HEX 파일이 AVRcfile.hex로 만들어지는 것에 유의해야 한다.

(2) C언어 예제 프로젝트에서 신규 파일을 작성 등록

현재의 프로젝트 AVRcfile.aps에 기존에 만들어져 있는 소스 파일을 등록하는 것이 아니라 새로운 예제 파일을 작성하면서 등록하는 방법도 많이 사용된다. 이때도 물론 기존에 이 프로젝트에 등록되어 있던 예제 파일은 등록을 해제하여야 한다.

① AVR Studio의 프로젝트창에서 Source Files의 버튼 위에 마우스 커서를 올려놓고 오른쪽 버튼을 누르면 <그림 4.2.8>과 같이 현재의 프로젝트에서 새로운 소스 파일을 작성할 수 있는 팝업창이 뜬다. 여기서 Create New Source File... 메뉴를 클릭하면 <그림 4.2.9>와 같이 새로 파일을 작성하여 저장할 수 있는 화면이 나타나는데, 여기에서 C:\Atmel\OK1281c\ 폴더에 새로 작성하기를 원하는 파일명을 이를테면 Exp02_1R.c로 입력하고 OK 버튼을 누른다.

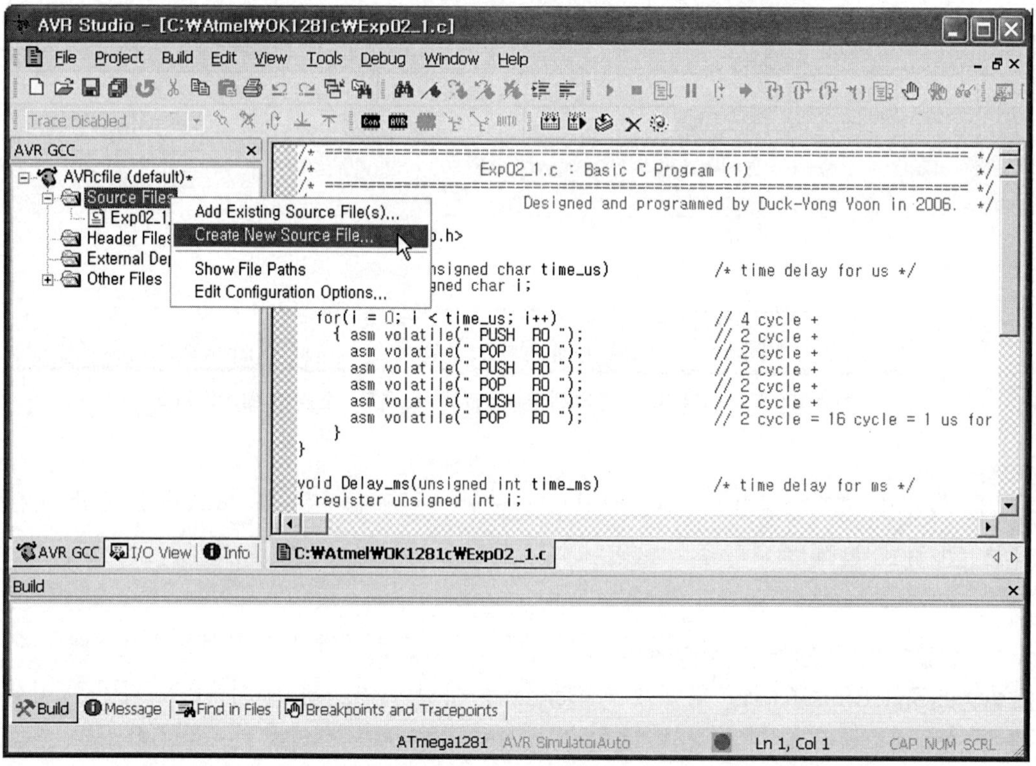

〈그림 4.2.8〉 현재의 프로젝트에서 새로운 소스 파일을 작성

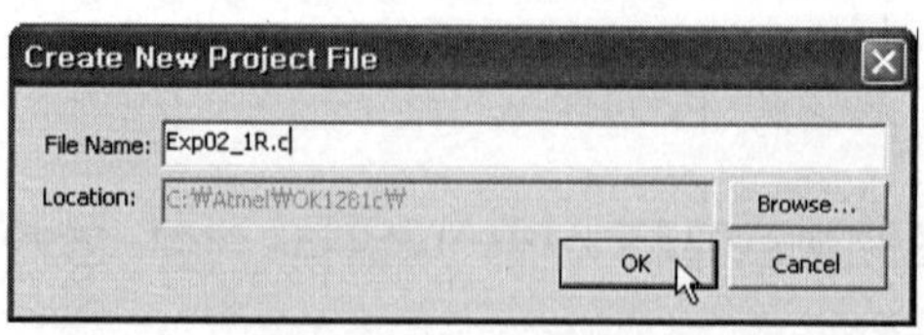

〈그림 4.2.9〉 현재의 프로젝트에서 새롭게 작성할 소스 파일명을 입력

② 그러면 화면 오른쪽의 작업창에는 새로운 파일을 작성할 수 있는 빈 영역이 만들어지면서 이 파일명 Exp02_1R.c가 프로젝트창에 새로 등록된 것을 볼 수 있다. 이제 기존에 등록되어 있던 파일 Exp02_1.c는 현재의 프로젝트에서 필요 없으므로 등록을 해제할 수 있다. Exp02_1.c 파일명 위에 마우스 커서를 올려놓고 오른쪽 버튼을 누르면 <그림 4.2.10>과 같이 파일을 제거할 수 있는 팝업창이 뜬다. 여기서 Remove File from Project 메뉴를 클릭하면 이 파일이 현재의 프로젝트에서 등록이 해제된다.

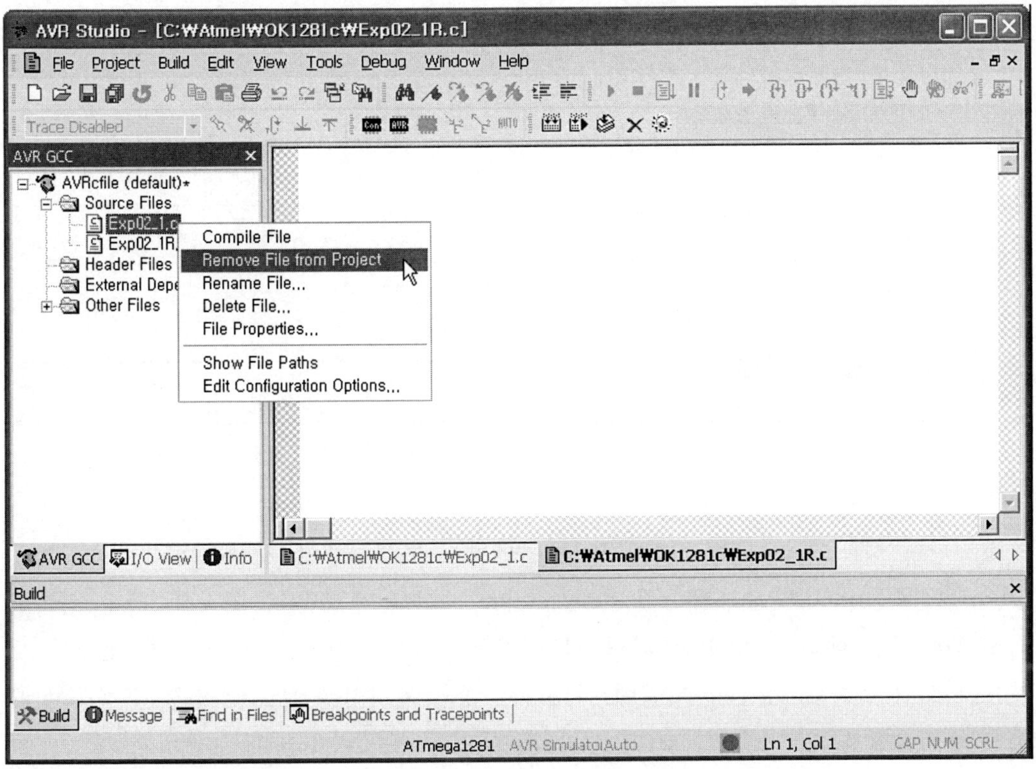

〈그림 4.2.10〉 현재의 프로젝트에서 필요 없는 파일의 등록 해제

③ 이제 현재의 프로젝트에는 신규로 작성되어 등록된 파일 Exp02_1R.c만 존재하므로 오른쪽의 작업창에서 <그림 4.2.11>과 같이 이 파일의 내용을 입력한다.

④ 새로운 사용자 프로그램의 입력 및 편집이 끝났으면 Build → Build 메뉴를 누르거나 해당 버튼 또는 F7 키를 눌러 컴파일을 수행한다.

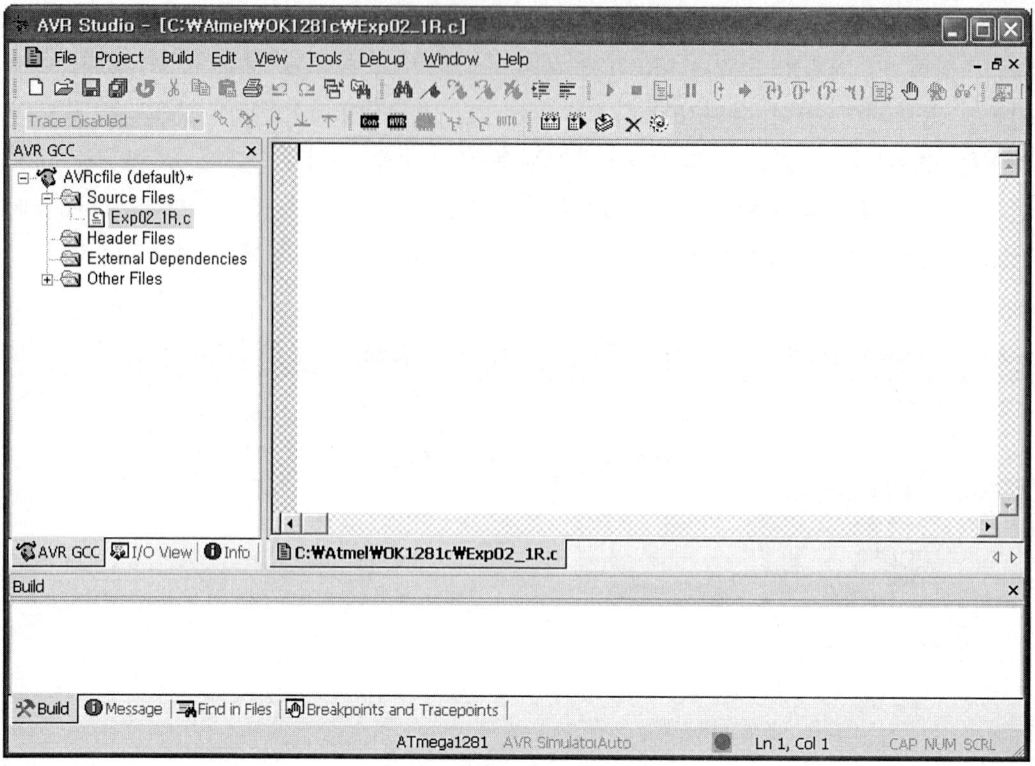

〈그림 4.2.11〉 현재의 프로젝트에 신규 등록된 소스 파일의 입력

⑤ 만약 이때 에러가 발생하지 않았다면 소스 프로그램이 정상적으로 컴파일되어 C:\Atmel\OK1281c\AVRcfile\ 폴더에 AVRcfile.hex 파일이 생성된다. 그러나, 만약 컴파일 과정에서 어떤 에러가 발생하였다면 이는 입력된 프로그램 소스에 오류가 있었던 것이므로 화면 하단의 Messages 창에 나타나는 에러 메시지를 보고 소스를 수정하여 다시 컴파일하면 된다.

◀참고▶ 소스를 입력할 때는 모든 내용을 일일이 키보드에서 입력하지 말고 필요하다면 기존의 파일에서 필요한 부분을 복사해 오는 것도 좋은 방법이다. 이를 위해서는 현재의 프로젝트에 여러 개의 소스 파일을 등록해 놓고 그 파일들을 찾아다니면서 필요한 부분을 블록으로 지정하여 복사해 오는 것이 좋다. 이러한 편집작업이 완료되고 나면 이제 필요 없는 파일들은 프로젝트에서 등록을 해제하여 제거하면 된다.

또한 기존의 파일과 상당히 유사한 파일을 신규로 작성할 때는 이를 새로 만들기보다 Windows 운영체제에서 그 파일을 원하는 새로운 이름으로 C:\Atmel\OK1281c\ 폴더에 복사하여 놓은 다음에 이를 현재의 프로젝트에 교체 등록하고 수정하여 편집하면 편리하다.

(3) 사용자 프로그램을 *OK-1281/2561* 키트에 다운로드하여 실행

이와 같이 AVRcfile.aps 프로젝트에서 사용자 예제 프로그램을 작성하고 정상적으로 컴파일하였으면 이제는 이를 *OK-1281/2561* 키트에 다운로드하여 실행한다. 다운로드할 실행 파일인 인텔 HEX 파일은 항상 C:\Atmel\OK1281c\AVRcfile\AVRcfile.hex 파일이다.

이 책에서는 기본적으로 다운로드 케이블로 병렬포트형의 *AVR-ISP Parallel*을 사용하며 다운로드 프로그램으로는 ToastProg2005를 사용한다. 이것들을 사용하는 방법에 대하여는 제3.2절에서 자세하게 설명하였으니 참조하라.

그러나, 다운로드 케이블로서 직렬포트형의 *AVR-ISP Studio*나 USB 포트형의 *AVR-ISP USB*를 사용하면 좀더 빠른 다운로드가 가능하다. 이것들은 AVR Studio 프로그램에서 직접 사용하는데, 이에 대하여는 제3.2절에서 자세하게 설명하였으니 참조하기 바란다.

이 책에서 모든 C언어 예제 프로그램은 *OK-1281* 키트를 중심으로 설명하며, 이 파일들은 항상 C:\Atmel\OK1281c\ 폴더에 위치한다. WinAVR의 20060421 버전은 아직까지 3바이트(24비트)의 프로그램 카운터를 사용하는 ATmega2560/2561 모델을 지원하지 않기 때문에 이를 위한 C언어 프로그램은 작성할 수 없다.

그러나, *OK-2561* 키트를 사용하는 독자들은 이렇게 만들어진 ATmega1281 및 *OK-1281* 키트용의 C언어 프로그램을 대부분 그대로 *OK-2561* 키트에 다운로드하여 실행하면 된다. 즉, ATmega1281 및 *OK-1281* 키트에 대하여 작성된 C언어 예제 프로그램은 ATmega2561의 플래시 메모리 중에서 앞쪽의 128KB만 사용하는 것과 같으므로 *OK-2561* 키트에서도 거의 대부분 그대로 실행할 수 있다는 것이다. 그러나, 만약 ATmega2561의 256KB를 모두 사용하려면 현재로서는 WinAVR에서 이를 지원하지 않으므로 어셈블리 언어로 프로그램을 작성해야 한다.

2. 비능률적인 C언어 프로그래밍

먼저 일반적인 방법으로 *OK-1281/2561* 키트에서 실행하기 위한 프로그램을 작성하여 보기로 한다. 그러나, 이러한 방법은 모든 예제에서 필요할 때마다 상당히 많은 분량의 동일한 함수들을 반복하여 사용해야 하므로 상당히 불편하고 비능률적인 프로그래밍 방법이라는 것을 곧 알게 된다.

▣ LED 점등 예제

첫번째 예제는 *OK-1281/2561* 키트에서 LED1, 3과 LED2, 4를 교대로 500ms의 시간 간격으로 점멸하는 프로그램 Exp02_1.c이다. AVR Studio에서 이 예제 파일을 기본 작업 프로젝트 AVRcfile.aps에 등록하라.

<프로그램 Exp02_1.c> LED를 점등하는 예제

```
/* ============================================================================ */
/*                      Exp02_1.c : Basic C Program (1)                          */
/* ============================================================================ */
/*                           Designed and programmed by Duck-Yong Yoon in 2006.  */

#include <avr/io.h>

void Delay_us(unsigned char time_us)         /* time delay for us */
{ register unsigned char i;

  for(i = 0; i < time_us; i++)               // 4 cycle +
    { asm volatile(" PUSH  R0 ");            // 2 cycle +
      asm volatile(" POP   R0 ");            // 2 cycle +
      asm volatile(" PUSH  R0 ");            // 2 cycle +
      asm volatile(" POP   R0 ");            // 2 cycle +
      asm volatile(" PUSH  R0 ");            // 2 cycle +
      asm volatile(" POP   R0 ");            // 2 cycle = 16 cycle = 1 us for 16MHz
    }
}

void Delay_ms(unsigned int time_ms)          /* time delay for ms */
{ register unsigned int i;

  for(i = 0; i < time_ms; i++)
    { Delay_us(250);
      Delay_us(250);
      Delay_us(250);
      Delay_us(250);
    }
}

int main(void)
{
  DDRB = 0xFF;                               // initialize PORTB = output

  while(1)
    { PORTB = 0x50;                          // LED1, 3 on
      Delay_ms(500);
      PORTB = 0xA0;                          // LED2, 4 on
      Delay_ms(500);
    }
}
```

☞ 프로그램의 서두에서 항상 헤더파일 "avr/io.h"를 인클루드시켜 주어야 한다. 이것은 기본적인 몇가지의 설정을 수행하고 나서 내부적으로 다시 ATmega1281의 I/O 레지스터를 정의한 헤더파일 "iom1281.h"를 호출하여 인클루드시킨다. 이 헤더파일 "iom1281.h"의 내용은 제3.5절에서 설명하였다.

시간지연 함수는 간단해 보이지만 상당히 어렵고 중요한 루틴이므로 나중에 제4.3절에서 자세히 공부한다. 이 예제에서는 프로그램의 내용이 이해하기 어려우면 그냥 넘어가도 좋다. 여기서는 프로그램의 내용보다는 C언어 프로그램의 기본 구조를 이해하는데 주력하고, C언어 프로그램을 작성하고 컴파일하여 실행하는 절차에 더 신경을 쓰기 바란다. 또한, 이 예제를 실행하면 텍스트형 LCD 모듈, 그래픽형 LCD 모듈, 7세그먼트 LED 등에는 아무런 지시를 하지 않았으므로 화면에 임의의 내용이 나타날 수 있으나 현재는 이를 그냥 무시하기 바란다.

그러나, 대부분의 C컴파일러에서 main() 함수는 void형인데 비하여 WinAVR의 AVR-GCC에서는 반드시 int형으로 지정하여야 한다는 것과 같은 특이 사항은 기억하고 넘어가는 것이 좋다.

이 소스 프로그램이 현재의 프로젝트에 등록되었으면 이를 컴파일하라. 만약 컴파일 과정에서 어떤 에러가 발생하였다면 프로그램 소스에서 오류가 있었던 것이므로 화면 하단의 Messages 창에 나타나는 에러 메시지를 보고 소스를 수정하여 다시 컴파일하라.

이제 정상적으로 컴파일이 수행되었으면 AVRcfile.hex 파일이 생성되었을 것이니 이를 *OK-1281/2561* 키트에 다운로드하여 실행하라.

▣ 텍스트형 LCD 모듈 출력 예제

두번째 예제는 *OK-1281/2561* 키트에 내장된 텍스트형 LCD 모듈에 간단한 메시지를 출력하여 디스플레이하는 프로그램 Exp02_2.c이다. AVR Studio에서 이 예제 파일을 기본 작업 프로젝트 AVRcfile.aps에 등록하라.

<프로그램 Exp02_2.c> 텍스트형 LCD 모듈에 메시지를 출력하는 예제

```
/* ====================================================================== */
/*                    Exp02_2.c : Basic C Program (2)                     */
/* ====================================================================== */
/*                        Designed and programmed by Duck-Yong Yoon in 2006.  */

#include <avr/io.h>

#define LCD_DATABUS   (*(volatile unsigned char *)0x4000) // LCD/GLCD data
#define LCD_CONTROL   (*(volatile unsigned char *)0x4100) // LCD/GLCD control signal
#define DIG_SELECT    (*(volatile unsigned char *)0x4200) // 7-segment LED digit select

void MCU_initialize(void)                    /* initialize ATmega1281 MCU & OK-1281 kit */
{
  XMCRA = 0xC1;                              // 0x2200-0x7FFF=1 wait, 0x8000-0xFFFF=0 wait
  XMCRB = 0x80;                              // enable bus keeper, use PC0-PC7 as address

  DDRB = 0xFF;                               // PORTB = output (D/A, LED1-4, matrix LED)
  PORTB = 0x00;
  DDRD = 0xFF;                               // PORTD = output (matrix LED)
  PORTD = 0x00;
  DDRE = 0x0C;                               // PORTE = output for PE3, PE2
  PORTE = 0x00;
```

```
  DDRF = 0x00;                                  // PORTF = input (KEY1-4)
  PORTF = 0x00;

  LCD_CONTROL = 0x00;                           // clear LCD/GLCD control signal
  DIG_SELECT = 0x00;                            // clear 7-segment LED
}

void Delay_us(unsigned char time_us)           /* time delay for us */
{ register unsigned char i;

  for(i = 0; i < time_us; i++)                 // 4 cycle +
    { asm volatile(" PUSH  R0 ");               // 2 cycle +
      asm volatile(" POP   R0 ");               // 2 cycle +
      asm volatile(" PUSH  R0 ");               // 2 cycle +
      asm volatile(" POP   R0 ");               // 2 cycle +
      asm volatile(" PUSH  R0 ");               // 2 cycle +
      asm volatile(" POP   R0 ");               // 2 cycle = 16 cycle = 1 us for 16MHz
    }
}

void Delay_ms(unsigned int time_ms)            /* time delay for ms */
{ register unsigned int i;

  for(i = 0; i < time_ms; i++)
    { Delay_us(250);
      Delay_us(250);
      Delay_us(250);
      Delay_us(250);
    }
}

void LCD_command(unsigned char command)        /* write a command(instruction) to text LCD */
{
  LCD_CONTROL = 0x00;                           // E = 0, Rs = 0
  LCD_DATABUS = command;                        // output command
  LCD_CONTROL = 0x01;                           // E = 1
  asm volatile(" PUSH  R0 ");                   // delay for about 250 ns
  asm volatile(" POP   R0 ");
  LCD_CONTROL = 0x00;                           // E = 0
  Delay_us(50);
}

void LCD_data(unsigned char data)              /* display a character on text LCD */
{
  LCD_CONTROL = 0x02;                           // E = 0, Rs = 1
  LCD_DATABUS = data;                           // output data
  LCD_CONTROL = 0x03;                           // E = 1
  asm volatile(" PUSH  R0 ");                   // delay for about 250 ns
  asm volatile(" POP   R0 ");
  LCD_CONTROL = 0x02;                           // E = 0
  Delay_us(50);
}

void LCD_string(unsigned char command, unsigned char *string) /* display a string on LCD */
{
  LCD_command(command);                         // start position of string
  while(*string != '\0')                        // display string
    { LCD_data(*string);
      string++;
    }
}

void LCD_initialize(void)                      /* initialize text LCD module */
```

```
{
  LCD_command(0x38);                              // function set(8 bit, 2 line, 5x7 dot)
  LCD_command(0x0C);                              // display control(display ON, cursor OFF)
  LCD_command(0x06);                              // entry mode set(increment, not shift)
  LCD_command(0x01);                              // clear display
  Delay_ms(2);
}

int main(void)
{
  MCU_initialize();                               // initialize MCU and kit
  Delay_ms(50);                                   // wait for system stabilization
  LCD_initialize();                               // initialize text LCD module

  LCD_string(0x80,"  OK-1281 V1.0  ");            // display logo

  while(1)
    { LCD_string(0xC0," ATmega1281-16AU");        // display message 1
      Delay_ms(1000);
      LCD_string(0xC0,"   2006/10/01   ");        // display message 2
      Delay_ms(1000);
    }
}
```

☞ 이 프로그램을 살펴보면 텍스트형 LCD 모듈에 메시지를 출력하는 메인 프로그램은 몇줄 정도에 불과하지만, 이를 위하여 많은 부수적인 부분이 추가된다. 이러한 부분은 크게 2가지로 나누어진다. 하나는 프로그램의 서두에서 *OK-1281/2561* 키트의 여러 가지 외부 I/O 어드레스를 정의하는 부분이고, 또 하나의 추가 부분은 사용자 정의 함수들이다. 텍스트형 LCD 모듈을 동작시키려면 먼저 이 LCD 모듈을 초기화하는 과정이 필요하며, 여기에 명령이나 데이터를 출력하는 함수 또는 문자열을 출력하는 함수들은 상당히 복잡하므로 미리 사용자 정의 함수로 만들어 두고 사용하는 것이 일반적이다. 그밖에도 텍스트형 LCD 모듈의 구동에는 몇가지의 시간지연 함수들이 필요하다. 하지만, 시간지연 함수나 LCD 모듈 관련 함수, 키 입력 함수 등은 앞으로 거의 모든 예제에서 공통적으로 사용하는 것들인데 매번 이렇게 각 사용자 예제 프로그램에서 이를 입력해주는 것은 상당히 불편하다.

그래서 나중에 보면 알지만 이러한 기본적인 정의나 공통 사용자 함수들은 미리 헤더파일 OK1281.h로 만들어 놓고 필요할 때 이를 인클루드하는 편리한 방법을 사용한다.

이 소스 프로그램을 컴파일하고 올바르게 컴파일이 수행되었으면 AVRcfile.hex 파일이 생성되었을 것이니 이를 *OK-1281/2561* 키트에 다운로드하여 실행하라.

3. 능률적인 C언어 프로그래밍

앞에서 공부한 2개의 예제는 아주 간단한 기능을 수행하는 프로그램이지만 소스가 상당히 길다. 이 프로그램에는 핵심적인 기능을 수행하는 메인 함수 이외에 MCU 또는 주변장치들에 대한 기본 설정 부분이나 여러 가지의 사용자 정의 함수들이 사용되기 때문이다.

그러나, 이러한 기본적인 설정 부분이나 사용자 정의 함수들은 단지 이 예제 프로그램뿐만 아니라 앞으로 대부분의 예제 프로그램에서도 마찬가지로 필요하다. 그때마다 프로그램에 이러한 사용자 정의 함수를 포함하도록 직접 입력하는 것은 상당히 힘들고 비능률적인 작업이 될 수 있다. 이를 쉽게 해결하려면 항상 기본적으로 사용되는 공통적인 사용자 정의 함수들을 모아서 별도의 헤더 파일로 만들어놓고 이를 필요할 때마다 인클루드하여 주면 된다.

여기서는 이러한 공통적인 사용자 정의 함수들을 사용하여 앞의 예제 프로그램들을 간단하게 다시 작성하여 보기로 한다. 그러면 여러분은 전체 프로그램이 얼마나 간단해졌는지를 뚜렷이 느낄 수 있을 것이다.

▣ LED 점등 예제

앞의 예제 프로그램 Exp02_1.c에서 기본적인 정의 부분과 공통 사용자 정의 함수들을 헤더 파일 OK1281.h로 처리하여 다시 작성하면 다음 프로그램 Exp02_1a.c와 같다. 이들 2개의 프로그램 Exp02_1.c와 Exp02_1a.c를 서로 비교하여 보라. 프로그램을 작성하고 입력하는 시간이 크게 절감되리라는 것을 느낄 수 있을 것이다.

<프로그램 Exp02_1a.c> LED를 점등하는 예제

```
/* ========================================================================== */
/*                      Exp02_1a.c : Basic C Program (1)                      */
/* ========================================================================== */
/*                         Designed and programmed by Duck-Yong Yoon in 2006.  */

#include <avr/io.h>
#include "OK1281.h"

int main(void)
{
  MCU_initialize();                              // initialize MCU and kit

  while(1)
    { PORTB = 0x50;                              // LED1, 3 on
      Delay_ms(500);
      PORTB = 0xA0;                              // LED2, 4 on
      Delay_ms(500);
    }
}
```

이를 컴파일하고 *OK-1281/2561* 키트에 다운로드하여 실행하여 보라. 앞의 예제 프로그램 Exp02_1.c와 동일한 실행 결과를 볼 수 있는가?

▣ 텍스트형 LCD 모듈 출력 예제

두번째 예제 프로그램 Exp02_2.c에서 기본적인 정의 부분과 공통 사용자 정의 함수들을 헤더 파일 OK1281.h로 처리하여 다시 작성하면 다음 프로그램 Exp02_2a.c와 같다. 이들 2개의 프로그램 Exp02_2.c와 Exp02_2a.c의 내용을 서로 비교하여 보라. 프로그램을 작성하고 입력하는 시간이 믿기 어려울만큼 단축되리라는 것을 느낄 수 있을 것이다.

<프로그램 Exp02_2a.c> 텍스트형 LCD 모듈에 메시지를 출력하는 예제

```
/* ============================================================================ */
/*                    Exp02_2a.c : Basic C Program (2)                          */
/* ============================================================================ */
/*                         Designed and programmed by Duck-Yong Yoon in 2006.   */

#include <avr/io.h>
#include "OK1281.h"

int main(void)
{
  MCU_initialize();                               // initialize MCU and kit
  Delay_ms(50);                                   // wait for system stabilization
  LCD_initialize();                               // initialize text LCD module

  LCD_string(0x80,"  OK-2561 V1.0  ");            // display logo

  while(1)
    { LCD_string(0xC0," ATmega2561-16AU");        // display message 1
      Delay_ms(1000);
      LCD_string(0xC0,"   2006/10/01   ");        // display message 2
      Delay_ms(1000);
    }
}
```

이를 컴파일하고 *OK-1281/2561* 키트에 다운로드하여 실행하여 보라. 앞의 예제 프로그램 Exp02_2.c와 동일한 실행 결과를 볼 수 있는가?

4. 헤더 파일의 내용

이제 여러분은 이 책에서 앞으로 C언어로 프로그램을 작성할 때는 예제 프로그램 Exp02_1a.c 및 프로그램 Exp02_2a.c에서와 같이 항상 프로그램의 서두에서 헤더 파일 io.h와 OK1281.h를 인클루드하여 준다는 것을 기억하라.

그러나, 나중에 보듯이 스피커를 통하여 음악 멜로디 연주를 할 때는 그에 필요한 헤더 파일을 추가로 사용하고, 그래픽형 LCD 모듈에 한글을 표시할 때는 또한 그에 맞는 헤더 파일을 추가로 사용한다. 여러분도 필요하다면 스스로 자신만의 헤더 파일을 만들어 사용할 수 있다. 만약 헤더 파일에 포함되지 않은 사용자 정의 함수를 사용하려면 프로그램 서두에 직접 써넣으면 된다. 헤더 파일에는 가급적이면 어느 예제 프로그램에서나 공통적으로 자주 사용하는 내용들만을 포함시키는 것이 바람직하다.

헤더 파일 OK1281.h의 내용은 다음과 같다. 이제부터 여러분은 이 헤더 파일의 내용을 잘 이해하고 활용하는 것이 유능한 프로그래머가 되는 지름길이 될 것이다.

<헤더 파일 OK1281.h> 기본적인 정의 및 사용자 정의 함수

```
/* ------------------------------------------------------------------------------ */
/* OK1281.h : I/O Address Definition & User Function for OK-1281 V1.0 Training Kit */
/* ------------------------------------------------------------------------------ */
#define LCD_DATABUS     (*(volatile unsigned char *)0x4000) // LCD/GLCD data
                                                            // 7-segment LED pattern
#define LCD_CONTROL     (*(volatile unsigned char *)0x4100) // LCD/GLCD control signal
#define DIG_SELECT      (*(volatile unsigned char *)0x4200) // 7-segment LED digit select
                                                            // 8-bit parallel data

#define RTC_SECOND      (*(volatile unsigned char *)0x4300) // DS12C887 RTC
#define RTC_SEC_ALM     (*(volatile unsigned char *)0x4301)
#define RTC_MINUTE      (*(volatile unsigned char *)0x4302)
#define RTC_MIN_ALM     (*(volatile unsigned char *)0x4303)
#define RTC_HOUR        (*(volatile unsigned char *)0x4304)
#define RTC_HOUR_ALM    (*(volatile unsigned char *)0x4305)
#define RTC_WEEKDAY     (*(volatile unsigned char *)0x4306)
#define RTC_DATE        (*(volatile unsigned char *)0x4307)
#define RTC_MONTH       (*(volatile unsigned char *)0x4308)
#define RTC_YEAR        (*(volatile unsigned char *)0x4309)
#define RTC_A           (*(volatile unsigned char *)0x430A)
#define RTC_B           (*(volatile unsigned char *)0x430B)
#define RTC_C           (*(volatile unsigned char *)0x430C)
#define RTC_D           (*(volatile unsigned char *)0x430D)
#define RTC_FLAG        (*(volatile unsigned char *)0x430F)

void MCU_initialize(void)                      /* initialize ATmege1281 MCU & OK-1281 kit */
{
  XMCRA = 0xC1;                                // 0x2200-0x7FFF=1 wait, 0x8000-0xFFFF=0 wait
  XMCRB = 0x80;                                // enable bus keeper, use PC0-PC7 as address

  DDRB = 0xFF;                                 // PORTB = output (D/A, LED1-4, matrix LED)
  PORTB = 0x00;
  DDRD = 0xFF;                                 // PORTD = output (matrix LED)
  PORTD = 0x00;
  DDRE = 0x0C;                                 // PORTE = output for PE3, PE2
  PORTE = 0x00;
  DDRF = 0x00;                                 // PORTF = input (KEY1-4)
  PORTF = 0x00;

  LCD_CONTROL = 0x00;                          // clear LCD/GLCD control signal
  DIG_SELECT = 0x00;                           // clear 7-segment LED
}
```

```
void Delay_us(unsigned char time_us)            /* time delay for us */
{ register unsigned char i;

  for(i = 0; i < time_us; i++)                  // 4 cycle +
    { asm volatile(" PUSH  R0 ");               // 2 cycle +
      asm volatile(" POP   R0 ");               // 2 cycle +
      asm volatile(" PUSH  R0 ");               // 2 cycle +
      asm volatile(" POP   R0 ");               // 2 cycle +
      asm volatile(" PUSH  R0 ");               // 2 cycle +
      asm volatile(" POP   R0 ");               // 2 cycle = 16 cycle = 1 us for 16MHz
    }
}

void Delay_ms(unsigned int time_ms)             /* time delay for ms */
{ register unsigned int i;

  for(i = 0; i < time_ms; i++)
    { Delay_us(250);
      Delay_us(250);
      Delay_us(250);
      Delay_us(250);
    }
}

void Beep(void)                                 /* beep for 50 ms */
{
  PORTE |= _BV(2);                              // buzzer on
  Delay_ms(50);                                 // delay 50 ms
  PORTE &= ~_BV(2);                             // buzzer off
}

void LCD_command(unsigned char command)         /* write a command(instruction) to text LCD */
{
  LCD_CONTROL = 0x00;                           // E = 0, Rs = 0
  LCD_DATABUS = command;                        // output command
  LCD_CONTROL = 0x01;                           // E = 1
  asm volatile(" PUSH  R0 ");                   // delay for about 250 ns
  asm volatile(" POP   R0 ");
  LCD_CONTROL = 0x00;                           // E = 0
  Delay_us(50);
}

void LCD_data(unsigned char data)               /* display a character on text LCD */
{
  LCD_CONTROL = 0x02;                           // E = 0, Rs = 1
  LCD_DATABUS = data;                           // output data
  LCD_CONTROL = 0x03;                           // E = 1
  asm volatile(" PUSH  R0 ");                   // delay for about 250 ns
  asm volatile(" POP   R0 ");
  LCD_CONTROL = 0x02;                           // E = 0
  Delay_us(50);
}

void LCD_string(unsigned char command, unsigned char *string) /* display a string on LCD */
{
  LCD_command(command);                         // start position of string
  while(*string != '\0')                        // display string
    { LCD_data(*string);
       string++;
    }
}
```

```
void LCD_initialize(void)                     /* initialize text LCD module */
{
  LCD_command(0x38);                          // function set(8 bit, 2 line, 5x7 dot)
  LCD_command(0x0C);                          // display control(display ON, cursor OFF)
  LCD_command(0x06);                          // entry mode set(increment, not shift)
  LCD_command(0x01);                          // clear display
  Delay_ms(2);
}

unsigned char key_flag = 0;

unsigned char Key_input(void)                 /* input key KEY1 - KEY4 */
{ unsigned char key;

  key = PINF & 0xF0;                          // any key pressed ?
  if(key == 0xF0)                             // if no key, check key off
    { if(key_flag == 0)
        return key;
      else
        { Delay_ms(20);
          key_flag = 0;
          return key;
        }
    }
  else                                        // if key input, check continuous key
    { if(key_flag != 0)                       // if continuous key, treat as no key input
        return 0xF0;
      else                                    // if new key, beep and delay for debounce
        { Beep();
          key_flag = 1;
          return key;
        }
    }
}
```

이 헤더 파일 OK1281.h에 포함되어 있는 사용자 정의 함수들을 모두 요약 정리하면 <표 4.2.1>과 같다. 이 사용자 정의 함수들은 앞으로 여러분이 *OK-1281/2561* 키트에서 C언어로 프로그램을 작성할 때 유용하게 사용할 것이므로 잘 알아두어야 하며, 가급적이면 이 함수들의 내용까지 정확히 이해하도록 노력할 것을 권한다.

C언어에서는 대문자와 소문자를 구분하여 사용한다. C언어 고유의 모든 지시어나 내장함수들은 항상 소문자로 시작한다. 그러나, 이 책의 C언어 예제에서는 모든 사용자 정의 함수를 대문자로 시작하는데 유의하라.

그리고, C언어 프로그램을 작성하는 동안 컴파일러의 기능이나 문법에 관한 문제를 만나면 항상 제3.5절의 설명을 참조하거나 WinAVR에 포함된 도움말 기능을 이용하기 바란다. 그리고, 당연히 **컴퓨터의 표준적인 C언어의 문법에 대한 사항은 C언어에 관한 책을 보고 별도로 익혀야 한다**. 이 책은 C언어를 사용하여 ATmega1281(또는 ATmega2561) 마이크로콘트롤러의 프로그래밍 기술을 공부하고자 하는 책이지 C 언어를 익히자는 책이 아니다.

〈표 4.2.1〉 헤더 파일 OK1281.h에 포함된 사용자 정의 함수들의 요약

사용자 정의 함수	기능	입력 파라미터	리턴 값
MCU_initialize()	ATmega1281(또는 ATmega2561)을 *OK-1281* (또는 *OK-2561*)키트의 사양에 맞도록 초기화 한다.	-	-
LCD_initialize()	텍스트형 LCD 모듈을 초기화한다.	-	-
LCD_command()	텍스트형 LCD 모듈에 1개의 제어명령을 출력 한다.	unsigned char command	-
LCD_data()	텍스트형 LCD 모듈에서 현재의 커서 위치에 1문자를 표시한다.	unsigned char data	-
LCD_string()	텍스트형 LCD 모듈에서 커서 위치를 지정하고 그 위치부터 문자열을 출력한다.	unsigned char command unsigned char *string	-
Key_input()	KEY1~KEY4를 통한 키입력을 읽어온다. 키를 입력할 때 디바운싱 기능을 수행한다.	-	unsigned char
Beep()	버저를 50ms 동안 1차례 울린다.	-	-
Delay_us() Delay_ms()	1~255μs 범위의 시간 지연을 수행한다. 1~65535ms 범위의 시간 지연을 수행한다.	unsigned char time_us unsigned char time_ms	-

5. 실습 과제

(1) C언어에서 #include < >와 #include " " 지시어는 어떻게 다른가?

(2) C언어에서 /* ~ */ 문은 어떤 의미인가? 또한 이와 유사한 기능을 수행하는 다른 방법은 무엇인가?

(3) C언어에서 while 문 및 do ~ while 문의 기능과 사용 방법을 설명하라.

(4) 예제 프로그램 Exp02_1.c에서 LED가 점멸하는 속도를 500[ms]에서 100[ms]로 빠르게 수정한 프로그램 Exp02_1R.c를 작성하라.

4.3 기본적인 프로그래밍 기법

이 절에서는 *OK-1281/2561* 키트에서 어셈블리 언어와 C언어로 프로그래밍할 때 매우 자주 사용되는 몇가지의 중요한 기본적인 프로그래밍 기법을 익힌다.

관련 내용	(1) 제1.3절 ATmega1281/2561의 명령 세트 (2) 제3.1절 *OK-1281/2561* 키트의 구조와 기능 (3) 제3.4절 AVR Studio의 매크로 어셈블러 (4) 제3.5절 WinAVR의 AVR-GCC 컴파일러

1. 16비트 레지스터의 액세스

ATmega1281/2561 마이크로콘트롤러의 I/O 레지스터와 확장 I/O 레지스터에는 많은 16비트 레지스터를 가지고 있다. 그러나, ATmega1281/2561은 근본적으로 8비트 데이터 버스를 가지는 8비트 마이크로콘트롤러이기 때문에 이러한 16비트 레지스터들을 액세스하려면 2번의 리드(read) 또는 라이트(write) 동작을 수행해야만 한다.

그러나, 16비트 레지스터는 시차를 두고 각각 상위 바이트와 하위 바이트를 액세스할 경우 그 사이에 데이터가 변하여 잘못된 데이터로 처리되는 글리치(glitch) 현상이 발생할 수 있기 때문에 ATmega1281/2561에서는 이를 방지하기 위하여 특별한 방법을 사용하고 있다. 즉, 상위 바이트에는 임시 레지스터(Temporary Register)를 두어 이 임시 레지스터의 값과 하위 바이트가 동시에 처리되도록 함으로써 사용자는 8비트씩 2차례에서 걸쳐서 순차적으로 이를 액세스하지만 16비트 레지스터에서는 한번에 동시에 16비트를 액세스하는 결과가 되는 것이다.

다시 말하면 16비트 레지스터를 리드(read)할 때는 반드시 먼저 하위 바이트를 리드하여 이를 CPU가 읽어들이는 동시에 상위 바이트가 임시 레지스터에 저장되고, 이어서 상위 바이트를 리드하면 임시 레지스터에 저장되어 있던 값이 읽혀진다. 반대로 16비트 레지스터에 데이터를 라이트(write)할 때는 반드시 먼저 상위 바이트를 라이트하여 그것이 임시 레지스터에 저장되도록 하고, 이어서 하위 바이트를 라이트하면 이 하위 바이트와 임시 레지스터에 있던 상위 바이트가 동시에 16비트 레지스터에 저장된다.

따라서, 사용자 프로그램에서 16비트 레지스터를 리드하려면 반드시 하위 바이트를 먼저 입력해야 하며, 사용자가 16비트 레지스터를 라이트하려면 반드시 상위 바이트를 먼저 출력해야 한다.

(1) 어셈블리 언어의 경우

예를 들어서 I/O 영역에 위치하는 16비트 레지스터인 스택 포인터 SP에 0x21FF라는 값을 로드하려면 다음과 같이 하면 된다.

예 16비트 라이트의 경우

```
LDI     R17,0x21            ; R17:R16 ← 0x21FF
LDI     R16,0xFF
OUT     SPH,R17             ; SPH ← R17(high byte first)
OUT     SPL,R16             ; SPL ← R16
```

그러나, 16비트 레지스터가 I/O 레지스터 영역이 아니고 확장 I/O 레지스터 영역에 있는 경우는 OUT, IN 명령 대신에 STS, LDS 명령을 사용해야 한다.

예 16비트 리드의 경우

```
LDS     R16,TCNT3L          ; R16 ← TCNT3L(low byte first)
LDS     R17,TCNT3H          ; R17 ← TCNT3H
```

또한, 타이머/카운터 레지스터3에 10진수로 10000이라는 값을 로드하려면 이를 상위 바이트와 하위 바이트로 쉽게 분리하여 다음과 같이 처리하면 된다.

예 16비트 라이트의 경우

```
LDI     R17,high(10000)     ; R17:R16 ← 10000
LDI     R16,low(10000)
STS     TCNT3H,R17          ; TCNT3H ← R17(high byte first)
STS     TCNT3L,R16          ; TCNT3L ← R16
```

(2) C언어의 경우

C언어의 경우에도 이러한 16비트 레지스터의 액세스 방법은 어셈블리 언어에서와 비슷하지만 C언어에서는 I/O 레지스터 영역과 확장 I/O 레지스터 영역을 컴파일러가 알아서 구분하여 처리하므로 사용자가 OUT/IN 명령과 STS/LDS 명령을 구별하여 생각할 필요도 없다.

예 16비트 라이트의 경우

```
SPH = 0x21;                    ; SPH:SPL ← 0x21FF
SPL = 0xFF;
```

그러나, C언어의 경우에는 이러한 16비트 레지스터를 8비트씩 구분하여 처리할 수도 있고, 좀더 편리하게 한번에 16비트를 처리할 수도 있다. 물론 이처럼 16비트로 처리하더라도 컴파일러에 의하여 이것이 어셈블리 언어로 번역될 때는 2차례의 8비트 액세스 동작으로 나누어진다.

예

```
TCNT3H = (10000 >> 8);    // 8-bit access
TCNT3L = 10000 & 0xFF;

TCNT3 = 10000;            // 16-bit access
```

2. 레지스터의 비트 처리

AVR 마이크로콘트롤러는 일부 명령에서 비트 단위의 처리 기능을 가지고 있지만 이것도 I/O 레지스터 영역의 앞쪽 32개 레지스터에만 적용되고 확장 I/O 레지스터에는 적용되지 않으며, I/O 레지스터에서 제대로 된 read-modify-write 기능을 포함하는 비트 단위의 처리 명령이 없다. 이 때문에 AVR에서는 비트 단위의 처리를 수행하기 위한 여러 가지의 프로그래밍 테크닉이 필요하게 된다.

(1) 어셈블리 언어의 경우

8051 마이크로콘트롤러는 여러 가지 단점에도 불구하고 비트 단위의 처리 기능은 상당히 우수한 편이다. AVR 마이크로콘트롤러도 8051에 비하여는 다소 부족하지만 비교적 양호한 비트 처리 기능을 가지고 있다.

AVR의 어셈블리 언어에서 비트 단위로 처리가 가능한 명령에는 몇가지가 있으나 비트값에 따른 스킵 명령 SBIS/SBIC와 비트 조작 명령 SBI/CBI를 제외하고는 그다지 자주 사용되지 않는다. 범용 레지스터나 I/O 레지스터 또는 확장 I/O 레지스터의 어느 것에서도 read-modify-write 기능을 사용할 수 없다는 것도 불편한 점이다.

프로그램에서 많이 사용하는 일은 어떤 레지스터의 특정 비트를 세트 또는 리셋하는 일인데, AVR의 어셈블리 언어에서 이는 SBI/CBI 명령을 사용하면 된다. 단, 이 명령들은 I/O 레지스터의 앞쪽 32개 레지스터에 대해서만 사용할 수 있으며, 그밖의 I/O 레지스터나 확장 I/O 레지스터에서는 사용할 수 없고, 상태 레지스터 SREG에 대한 비트 처리는 BSET/BCLR 명령이 따로 있다.

```
SBI     PORTB, 7        ; PORTB7 ← 1
CBI     PORTB, 4        ; PORTB4 ← 0
BSET  7                 ; (SREG)7 ← 1
BCLR  4                 ; (SREG)4 ← 0
```

그러나, 프로그래머가 각 I/O 레지스터의 비트 번호를 기억하기 어려울 때는 다음과 같이 비트 번호를 상수로 정의하면 편리하다.

```
.equ LED1  = 4
.equ LED2  = 5
.equ LED3  = 6
.equ LED4  = 7

    SBI     PORTB, LED4
    CBI     PORTB, LED1
```

대부분의 I/O 레지스터에서는 각 비트마다 고유한 역할을 가지고 있는데, 매크로 어셈블러에서는 사용자가 이렇게 I/O 레지스터의 각 비트를 편리하게 사용할 수 있도록 비트 번호를 일일이 기억하기 좋은 이름으로 정의해 놓은 인클루드 파일을 제공하고 있으며 이를 제3.4절에서 m2561def.inc 파일로 보인 바가 있다. 따라서, 아래의 2명령은 서로 같은 의미가 된다.

```
SBI     PORTB, 7
SBI     PORTB, PB7
```

프로그램에서 또한 많이 사용하는 일은 어떤 I/O 레지스터의 값을 설정하는 일인데 이것도 위와 같은 비트 번호의 정의를 이용하면 편리하다. 즉,

```
LDI     AL, 0b00011000
STS     UCSR1B, AL
```

로 처리할 것을

```
LDI     AL, (1<<RXEN1) | (1<<TXEN1)
STS     UCSR1B, AL
```

과 같이 처리해도 같은 의미가 된다.

이러한 비트 처리 방법으로 앞의 예제 프로그램 Exp01_1a.asm을 다시 작성하여 보

면 다음과 같다.

<프로그램 Exp03_1.asm> 비트 단위의 처리

```
;[][][][][][][][][][][][][][][][][][][][][][][][][][][][][][][][][][][][][][][]
;[]                                                                          []
;[]                  Exp03_1.asm : Bit Access                                []
;[]                                                                          []
;[][][][][][][][][][][][][][][][][][][][][][][][][][][][][][][][][][][][][][][]
;
;              Designed and programmed by Duck-Yong Yoon in 2006.
;
;-----------------------------------------------
;       Include Header File
;-----------------------------------------------
.nolist
.include "m2561def.inc"                 ; ATmega2561definition file
.list

;-----------------------------------------------
;       Initialize MCU
;-----------------------------------------------
.cseg
        .org    0x0000
        LDI     AH,high(RAMEND)         ; initialize SP
        LDI     AL,low(RAMEND)
        OUT     SPH,AH
        OUT     SPL,AL

;-----------------------------------------------
;       Blink LED1/3 and LED2/4
;-----------------------------------------------
        LDI     AL,0xFF                 ; initialize PORTB = output
        OUT     DDRB,AL

LOOP:   CBI     PORTB,PB7               ; LED1,3 on
        SBI     PORTB,PB6
        CBI     PORTB,PB5
        SBI     PORTB,PB4
        CALL    D500MS
        LDI     AL,(1<<PB7)|(1<<PB5)    ; LED2,4 on
        OUT     PORTB,AL
        CALL    D500MS
        JMP     LOOP

;-----------------------------------------------
;       Include User Subroutine File
;-----------------------------------------------
.include "OK2561.INC"                   ; OK-2561 I/O and subroutine file
```

☞ 이제 여기서부터 여러분은 프로그램의 내용을 자세히 이해하도록 해야 한다. 프로그램 소스의 단 한줄이라도 이해가 안되는 부분이 없도록 철저하게 명령과 지시어의 의미를 파악하는 노력을 해야 한다. 그리고, 이 책에서 사용하는 프로그래밍 테크닉을 철저하게 따라해야 한다.

이 책의 어셈블리 예제 프로그램에서는 그냥 비트 번호를 숫자로 지정하는 방법을 많이 사용하며, 때로는 여러 가지 방법을 혼용하기도 한다. 비트 번호를 직접 지정하는 것은 기억하기에 좀 불편하지만 소스를 이해하기는 더 쉽다. 이 중에서 어느 방법을 사용하느냐는 전적으로 프로그래머 취향의 문제일 것이다.

(2) C언어의 경우

C언어에서의 비트 단위 처리기능은 오히려 어셈블리 언어보다도 더 편리한 측면이 있어서 리드 및 라이트가 가능한 모든 레지스터에서 read-modify-write 기능을 사용할 수 있으며, AVR-GCC의 경우에는 비트 처리 매크로 _BV()를 정의해 두고 있어서 더욱 편리하다. 더구나, C언어에서는 어셈블리 언어에서처럼 I/O 레지스터나 확장 I/O 레지스터를 구분하지 않고 동일한 방법으로 액세스한다.

헤더 파일 <sfr_defs.h>에는

```
#define _BV(bit)  (1 << (bit))
```

가 정의되어 있어서 비트 단위의 처리에 유용하게 사용된다. 예를 들어 I/O 레지스터 또는 확장 I/O 레지스터의 특정 비트를 세트 또는 리셋시키는데 다음과 같이 활용할 수 있다.

```
PORTB = PORTB | _BV(1);                // sbi(PORTB, 1)
PORTB = PORTB & ~_BV(3);               // cbi(PORTB, 3)
```

그리고, 이 헤더 파일에는 또한 레지스터의 특정 비트가 세트되어 있는지 리셋되어 있는지를 조사하는 매크로

```
#define  bit_is_set(sfr, bit)     (_SFR_BYTE(sfr) & _BV(bit))
#define  bit_is_clear(sfr, bit)  (!(_SFR_BYTE(sfr) & _BV(bit)))
```

와 레지스터의 특정 비트가 세트되거나 또는 리셋될 때까지 기다리는 매크로

```
#define  loop_until_bit_is_set(sfr, bit)    do { } while (bit_is_clear(sfr, bit))
#define  loop_until_bit_is_clear(sfr, bit)  do { } while (bit_is_set(sfr, bit))
```

가 정의되어 있어서 유용하다.

예전에는 AVR-GCC에서 sbi(), cbi(), inp(), outp(), inb(), outb(), inw(), outw()와 같은 함수를 사용하였으나 2005년 2월 14일자의 WinAVR에 포함된 avr-libc v1.2.3에서부터는 이것들을 모두 폐지하고 사용하지 않는다. 따라서, 이제부터 이것들은 사용하지 않는 것이 바람직하지만 굳이 이러한 기능들을 필요로 한다면 다음과 같이 직접 정의하

고 사용하면 된다.

```
#define  sbi(sfr, bit)      (_SFR_BYTE(sfr) |= _BV(bit))
#define  cbi(sfr, bit)      (_SFR_BYTE(sfr) &= ~_BV(bit))
#define  inp(sfr)           inb(sfr)
#define  outp(val, sfr)     outb(sfr, val)
#define  inb(sfr)           _SFR_BYTE(sfr)
#define  outb(sfr, val)     (_SFR_BYTE(sfr) = (val))
#define  inw(sfr)           _SFR_WORD(sfr)
#define  outw(sfr, val)     (_SFR_WORD(sfr) = (val))
```

이제 이러한 AVR의 비트 처리 기능을 어셈블리 언어와 C언어에 대하여 서로 비교하여 보면 <표 4.3.1>과 같다.

〈표 4.3.1〉 AVR 어셈블리 언어와 C언어에서 비트 처리 기능의 비교

어셈블리 언어	C언어
LDI AL, 0b00011000 STS UCSR1B, AL	UCSR1B = 0x18; 또는 UCSR1B = (1<<4) | (1<<3); 또는 UCSR1B = _BV(4) | _BV(3);
LDI AL, (1<<RXEN1) | (1<<TXEN1) STS UCSR1B, AL	UCSR1B = (1<<RXEN1) | (1<<TXEN1);
SBI PORTB, 7	PORTB |= _BV(7); 또는 sbi(PORTB, 7) ★
CBI PORTB, 4	PORTB &= ~_BV(4); 또는 cbi(PORTB, 4) ★

★는 WinAVR 20050214 버전부터 폐지되어 현재는 사용하지 않는 기능임.

이러한 비트 처리 방법을 사용하여 앞의 예제 프로그램 Exp02_1a.c를 다시 작성하여 보면 다음과 같다.

<프로그램 Exp03_1.c> 비트 단위의 처리

```
/* ========================================================================== */
/*                    Exp03_1.c : Bit Access                                  */
/* ========================================================================== */
/*                          Designed and programmed by Duck-Yong Yoon in 2006.  */

#include <avr/io.h>
#include "OK1281.h"

int main(void)
{
  MCU_initialize();                                   // initialize MCU and kit

  while(1)
```

```
    { PORTB = (1<<6) | (1<<4);                     // LED1, 3 on
      Delay_ms(500);
      PORTB = _BV(7) | _BV(5);                     // LED2, 4 on
      Delay_ms(500);
    }
}
```

☞ 이 책의 C언어 예제에서는 특별한 이유없이 그냥 여러가지 방법을 혼용하기로 한다. 역시, 어느 방법을 사용하느냐는 전적으로 프로그래머 취향의 문제일 것이다.

3. 시간지연 루틴

마이크로콘트롤러에서 프로그램을 작성하다보면 가장 자주 사용하는 루틴중의 하나가 아마도 시간지연(time delay) 루틴일 것이다. 마이크로프로세서는 너무나도 동작이 빠르기 때문에 텍스트형 LCD 모듈처럼 훨씬 느린 주변장치의 속도에 맞도록 동작 타이밍을 일치시키고자 하면 시간지연이 필요하다. 또한, 빠르게 동작하는 마이크로프로세서에 비하여 사람의 눈으로 볼 수 있도록 LED를 느리게 점멸하거나 키입력 루틴에서 소프트웨어적으로 시간지연을 주는 방법으로 디바운싱을 구현하려면 역시 시간지연 루틴이 절대적으로 필요하다.

정밀한 시간지연 루틴을 구현하려면 하드웨어적으로 타이머를 이용하는 것이 좋지만, 이렇게 하는 것은 시스템 사이의 호환성을 떨어뜨릴 뿐만 아니라 이 루틴이 타이머라는 하드웨어를 독점적으로 점유하기 때문에 그만큼 사용 가능한 I/O 디바이스가 감소하여 불리하다. 따라서, 아주 정밀한 시간지연이 요구되지 않는 대부분의 경우에는 소프트웨어적으로 시간지연 루틴을 구현하는 것이 일반적이다.

(1) 어셈블리 언어의 경우

시간지연을 구현하는 것은 소프트웨어 명령의 실행시간을 이용하는 방법과 하드웨어적인 타이머 기능을 이용하는 방법이 있다. 이 책에서는 항상 소프트웨어적인 방법을 사용하지만 여기서는 타이머를 이용하는 하드웨어적인 방법도 소개한다.

▣ 소프트웨어적인 시간지연 방법

어셈블리 언어에서 소프트웨어적으로 시간지연을 구현하는 것은 각 명령의 실행시간을 고려하여 반복처리 루틴을 구성함으로써 전체적으로 각 명령들이 실행되는 횟수에 따라 실행 시간을 계산하여 시간지연을 얻는다. 이때 반복처리 루틴에 포함되는 각 명령들은 물론이고 반복처리를 구현하는 분기명령의 실행시간까지 철저하게 계산해야 한다.

CPU 코어가 프로그램 메모리에서 명령을 인출하여 실행할 때 명령큐(instruction queue)를 사용하거나 파이프라인(pipeline) 처리방식을 사용하는 방식에서는 명령 하나 하나의 실행시간을 정확히 알기 어려우므로 소프트웨어적인 방법으로는 정확한 시간지연 루틴을 작성하기가 곤란한 경우도 있다. 그러나, AVR 계열의 마이크로콘트롤러에서는 시스템 클록의 주파수가 정해지면 각 명령의 실행시간을 정확하게 알 수 있으므로 소프트웨어적인 방법으로 시간지연 루틴을 작성하기가 매우 쉽다.

어셈블리 프로그램에서의 시간지연을 구현하는 서브루틴들은 제4.1절에서 소개한 인클루드 파일 OK2561.INC에 포함되어 있는데 이 부분을 발췌 정리하여 아래에 다시 보였다.

<인클루드 파일 OK2561.INC> 시간지연 서브루틴 부분만을 발췌하여 정리

```
;*********************************************************************
;*      Common Subroutines for OK-2561 V1.0 Training Kit            *
;*********************************************************************

                (이전 생략)

;====================================================================
;       Time Delay (for 16MHz clock)
;====================================================================
;--------------------------------------------
;       us 단위의 시간지연 서브루틴
;--------------------------------------------
D1US:   PUSH    DELAY_COUNT
        LDI     DELAY_COUNT,1
        RJMP    BASE1US

D2US:   PUSH    DELAY_COUNT
        LDI     DELAY_COUNT,2
        RJMP    BASE1US

D5US:   PUSH    DELAY_COUNT
        LDI     DELAY_COUNT,5
        RJMP    BASE1US

D10US:  PUSH    DELAY_COUNT
        LDI     DELAY_COUNT,10
        RJMP    BASE1US

D20US:  PUSH    DELAY_COUNT
        LDI     DELAY_COUNT,20
        RJMP    BASE1US

D50US:  PUSH    DELAY_COUNT
        LDI     DELAY_COUNT,50
        RJMP    BASE1US

D100US: PUSH    DELAY_COUNT
        LDI     DELAY_COUNT,100
```

```
        RJMP    BASE1US

D200US: PUSH    DELAY_COUNT
        LDI     DELAY_COUNT,200
        RJMP    BASE1US

D500US: RCALL   D100US
        RCALL   D200US
        RCALL   D200US
        RET

;-----------------------------------------------
;       Basic 1 us Delay
;-----------------------------------------------
BASE1US:NOP                             ; 1
        PUSH    DELAY_COUNT             ; 2
        POP     DELAY_COUNT             ; 2
        PUSH    DELAY_COUNT             ; 2
        POP     DELAY_COUNT             ; 2
        PUSH    DELAY_COUNT             ; 2
        POP     DELAY_COUNT             ; 2
        DEC     DELAY_COUNT             ; 1
        BRNE    BASE1US                 ; 2 (total 16 cycles = 1 us)
        POP     DELAY_COUNT
        RET

;-----------------------------------------------
;       ms 및 sec 단위의 시간지연 서브루틴
;-----------------------------------------------

D1MS:   PUSH    DELAY_COUNT
        LDI     DELAY_COUNT,1
        RJMP    BASE1MS

D2MS:   PUSH    DELAY_COUNT
        LDI     DELAY_COUNT,2
        RJMP    BASE1MS

D5MS:   PUSH    DELAY_COUNT
        LDI     DELAY_COUNT,5
        RJMP    BASE1MS

D10MS:  PUSH    DELAY_COUNT
        LDI     DELAY_COUNT,10
        RJMP    BASE1MS

D20MS:  PUSH    DELAY_COUNT
        LDI     DELAY_COUNT,20
        RJMP    BASE1MS

D50MS:  PUSH    DELAY_COUNT
        LDI     DELAY_COUNT,50
        RJMP    BASE1MS

D100MS: PUSH    DELAY_COUNT
        LDI     DELAY_COUNT,100
        RJMP    BASE1MS

D200MS: PUSH    DELAY_COUNT
        LDI     DELAY_COUNT,200
        RJMP    BASE1MS

D500MS: RCALL   D100MS
        RCALL   D200MS
        RCALL   D200MS
        RET
```

```
D1SEC:  RCALL   D500MS
        RCALL   D500MS
        RET

D2SEC:  RCALL   D1SEC
        RCALL   D1SEC
        RET

D5SEC:  RCALL   D1SEC
        RCALL   D2SEC
        RCALL   D2SEC
        RET

;----------------------------------------------
;       Basic 1 ms Delay
;----------------------------------------------
BASE1MS:RCALL   D200US              ; 200 us
        RCALL   D200US              ; 200 us
        RCALL   D200US              ; 200 us
        RCALL   D200US              ; 200 us
        RCALL   D200US              ; 200 us
        DEC     DELAY_COUNT
        BRNE    BASE1MS             ; (total = 1 ms)
        POP     DELAY_COUNT
        RET

                (이후 생략)
```

여기서 이러한 소프트웨어적인 시간지연 루틴의 가장 기본은 1μs의 시간지연 루틴 BASE1US와 1ms의 시간지연 루틴 BASE1MS다.

OK-1281/2561 키트에서 ATmega1281/2561 마이크로콘트롤러는 16MHz의 시스템 클록으로 동작하므로 16클록 사이클이면 1μs가 되며, 따라서 BASE1US 서브루틴은 1μs의 시간 지연을 루프로 반복함으로써 원하는 시간지연을 얻을 수 있다. 즉, μs 단위의 서브루틴에서는 DELAY_COUNT라는 변수(범용 레지스터 R25를 다시 정의한 것)에 1~255 또는 0을 지정할 수 있으므로 1~256μs의 시간지연을 만들 수 있다. 이 루틴의 앞뒤에 불가피하게 약간의 오버헤드(overhead)가 포함되는 것을 고려하더라도 이를 사용하면 상당히 정확한 시간지연을 얻을 수 있다.

그러나, 좀더 긴 시간의 지연 루틴을 구현하려면 이 서브루틴 BASE1US로는 불편하므로 다시 새로운 1ms의 기본적인 지연 루틴 BASE1MS를 만들었다. 이것은 μs단위의 시간지연 루틴들을 이용하여 1ms의 시간지연 루틴을 구현하였고, 이것을 다시 DELAY_COUNT라는 변수를 이용하여 1~256ms의 시간지연을 만들 수 있다. sec 단위의 시간지연 서브루틴들은 다시 ms 단위의 서브루틴들을 조합하여 만든다.

여기서 DELAY_COUNT라는 변수가 중복하여 사용되므로 서브루틴의 시작 부분에서 이를 스택에 저장하고 서브루틴이 끝날 무렵에 이를 되찾는 것이 중요하다. 그렇지 않으면 모든 시간지연 서브루틴마다 이 변수를 별도로 사용해야만 한다. 이렇게 하나의 변수를 사용하면서 이를 PUSH/POP하는 것은 메모리 변수의 수를 감소시켜 데이터 메모리를 절약하는 효과가 있고, 메인 루틴과 인터럽트 서비스 루틴에서 시간지연 서브루틴을 중복하여 사용하더라도 별 문제가 없도록 해준다.

◀주의▶ 이상에서 설명한 어셈블리 언어 프로그램에서의 시간지연 루틴은 ATmega1281/2561을 16MHz로 동작시키는 경우에만 적용된다. 시스템 클록의 주파수가 달라지면 1클록 사이클의 주기도 달라지므로 그에 따라 시간지연 루틴을 다시 설계해야 한다.

이러한 소프트웨어적인 시간지연 서브루틴은 모두 인클루드 파일 OK2561.INC에 포함되어 있으므로 이를 인클루드하고 서브루틴을 호출하여 사용하면 된다. 그러한 사용 예로서 아래와 같은 예제 프로그램을 보기로 한다.

<프로그램 Exp03_2.asm> 소프트웨어적인 시간지연 루틴의 응용 프로그램

```
;[][][][][][][][][][][][][][][][][][][][][][][][][][][][][][][][][][][][]
;[]                                                                    []
;[]          Exp03_2.asm : Software Time Delay Application             []
;[]                                                                    []
;[][][][][][][][][][][][][][][][][][][][][][][][][][][][][][][][][][][][]
;
;               Designed and programmed by Duck-Yong Yoon in 2006.
;
;-----------------------------------------------
;       Include Header File
;-----------------------------------------------
.nolist
.include "m2561def.inc"                 ; ATmega2561 definition file
.list

;=================================================================
;       Main Program
;=================================================================
.cseg
        .org    0x0000
        LDI     AH,high(RAMEND)         ; initialize SP
        LDI     AL,low(RAMEND)
        OUT     SPH,AH
        OUT     SPL,AL

        CALL    INIT_MCU                ; initialize MCU and kit
        CALL    D50MS                   ; wait for system stabilization
        CALL    INIT_LCD                ; initialize text LCD
        CALL    BEEP

;-----------------------------------------------
;       Key Input and Display
;-----------------------------------------------
        CALL    LCD_HOME1               ; display title
        CALL    LCD_STRING
```

```
        .db     " S/W Time Delay ",0,0
        CALL    LCD_HOME2
        CALL    LCD_STRING
        .db     "Press KEY4-KEY1!",0,0

        LDI     CH,1                    ; initial speed mode
        LDI     CL,0b01010000           ; initial LED data

READ_KEY:CALL   KEY_IN                  ; input key
        CPI     AL,0b11100000           ; if KEY1, speed mode 1
        BRNE    CK_KEY2
        LDI     CH,1
        CALL    LCD_HOME2
        CALL    LCD_STRING
        .db     "      100[ms]    ",0,0
        JMP     LED_DISPLAY

CK_KEY2:CPI     AL,0b11010000           ; if KEY2, speed mode 2
        BRNE    CK_KEY3
        LDI     CH,2
        CALL    LCD_HOME2
        CALL    LCD_STRING
        .db     "      200[ms]    ",0,0
        JMP     LED_DISPLAY

CK_KEY3:CPI     AL,0b10110000           ; if KEY3, speed mode 3
        BRNE    CK_KEY4
        LDI     CH,3
        CALL    LCD_HOME2
        CALL    LCD_STRING
        .db     "      300[ms]    ",0,0
        JMP     LED_DISPLAY

CK_KEY4:CPI     AL,0b01110000           ; if KEY4, speed mode 4
        BRNE    LED_DISPLAY
        LDI     CH,4
        CALL    LCD_HOME2
        CALL    LCD_STRING
        .db     "      400[ms]    ",0,0

LED_DISPLAY:
        OUT     PORTB,CL                ; display LED
        LDI     AL,0b11110000           ; complement LED data
        EOR     CL,AL
        CPI     CH,1                    ; time delay
        BRNE    LED_D1
        CALL    D100MS
        JMP     READ_KEY
LED_D1: CPI     CH,2
        BRNE    LED_D2
        CALL    D200MS
        JMP     READ_KEY
LED_D2: CPI     CH,3
        BRNE    LED_D3
        CALL    D100MS
        CALL    D200MS
        JMP     READ_KEY
LED_D3: CALL    D200MS
        CALL    D200MS
        JMP     READ_KEY

;==================================================================
;       Include User Subroutine File
```

```
;==============================================================
.include "OK2561.INC"                    ; OK-2561 I/O and subroutine file
```

☞ 키 KEY4~KEY1을 입력하는 프로그래밍 기술은 나중에 공부하지만 여기서도 *OK-2561* 키트의 회로도를 보면서 미리 이해할 필요가 있다. 또한, LED4~LED1을 점등하는 프로그래밍 기술도 키트의 회로도와 함께 이해해야 한다.

이 예제 프로그램을 어셈블하여 *OK-2561* 키트에 다운로드하고 실행한 상태에서 키 KEY4~KEY1을 교대로 누르면서 LED4~LED1의 점멸 속도를 확인하라.

▣ 하드웨어적인 시간지연 방법

하드웨어적으로 시간지연을 구현하는 것은 타이머를 이용하는 것이다. 즉, 타이머가 일정한 주파수의 시스템 클록을 계수하면서 원하는 시간의 경과를 체크하면 된다. 이 방법은 소프트웨어적인 시간지연 방법보다는 상대적으로 구현하기가 쉽지만, 하드웨어 의존성이 크고 타이머를 1개 사용하므로 사용자가 쓸 수 있는 주변장치가 그만큼 감소하며, 메인 루틴과 인터럽트 서비스 루틴에서 이를 중복하여 사용할 수 없다는 단점이 있다.

OK-1281/2561 키트에서 ATmega1281/2561의 타이머0을 사용하여 하드웨어적으로 시간지연을 구현하는 방법으로 앞의 예제 프로그램 Exp03_2.asm을 수정하면 다음과 같다.

<프로그램 Exp03_3.asm> 하드웨어적인 시간지연 루틴의 응용 프로그램

```
;[][][][][][][][][][][][][][][][][][][][][][][][][][][][][][][][][][][][]
;[]                                                                    []
;[]        Exp03_3.asm : Hardware Time Delay Application               []
;[]                                                                    []
;[][][][][][][][][][][][][][][][][][][][][][][][][][][][][][][][][][][][]
;
;               Designed and programmed by Duck-Yong Yoon in 2006.
;
;-------------------------------------------------
;       Include Header File
;-------------------------------------------------
.nolist
.include "m2561def.inc"                  ; ATmega2561 definition file
.list

;==============================================================
;       Main Program
;==============================================================
.cseg
        .org    0x0000
```

```
        LDI     AH,high(RAMEND)         ; initialize SP
        LDI     AL,low(RAMEND)
        OUT     SPH,AH
        OUT     SPL,AL

        CALL    INIT_MCU                ; initialize MCU and kit
        CALL    D50MS                   ; wait for system stabilization
        CALL    INIT_LCD                ; initialize text LCD
        CALL    BEEP

;---------------------------------------------
;       Key Input and Display
;---------------------------------------------
        CALL    LCD_HOME1               ; display title
        CALL    LCD_STRING
        .db     " H/W Time Delay ",0,0
        CALL    LCD_HOME2
        CALL    LCD_STRING
        .db     "Press KEY4-KEY1!",0,0

        LDI     CH,1                    ; initial speed mode
        LDI     CL,0b01010000           ; initial LED data

READ_KEY:CALL   KEY_IN                  ; input key
        CPI     AL,0b11100000           ; if KEY1, speed mode 1
        BRNE    CK_KEY2
        LDI     CH,1
        CALL    LCD_HOME2
        CALL    LCD_STRING
        .db     "      100[ms]     ",0,0
        JMP     LED_DISPLAY

CK_KEY2:CPI     AL,0b11010000           ; if KEY2, speed mode 2
        BRNE    CK_KEY3
        LDI     CH,2
        CALL    LCD_HOME2
        CALL    LCD_STRING
        .db     "      200[ms]     ",0,0
        JMP     LED_DISPLAY

CK_KEY3:CPI     AL,0b10110000           ; if KEY3, speed mode 3
        BRNE    CK_KEY4
        LDI     CH,3
        CALL    LCD_HOME2
        CALL    LCD_STRING
        .db     "      300[ms]     ",0,0
        JMP     LED_DISPLAY

CK_KEY4:CPI     AL,0b01110000           ; if KEY4, speed mode 4
        BRNE    LED_DISPLAY
        LDI     CH,4
        CALL    LCD_HOME2
        CALL    LCD_STRING
        .db     "      400[ms]     ",0,0

LED_DISPLAY:
        OUT     PORTB,CL                ; display LED
        LDI     AL,0b11110000           ; complement LED data
        EOR     CL,AL
        CPI     CH,1                    ; time delay
        BRNE    LED_D1
        CALL    T100MS
        JMP     READ_KEY
```

```
LED_D1: CPI     CH,2
        BRNE    LED_D2
        CALL    T200MS
        JMP     READ_KEY
LED_D2: CPI     CH,3
        BRNE    LED_D3
        CALL    T100MS
        CALL    T200MS
        JMP     READ_KEY
LED_D3: CALL    T200MS
        CALL    T200MS
        JMP     READ_KEY

;-------------------------------------------------
;       Time Delay Routines by Hardware
;-------------------------------------------------
T100MS: PUSH    DELAY_COUNT
        LDI     DELAY_COUNT,100
        RJMP    T1MS

T200MS: PUSH    DELAY_COUNT
        LDI     DELAY_COUNT,200
        RJMP    T1MS

;-------------------------------------------------
;       Basic 1 ms Delay by Timer 0
;-------------------------------------------------
T1MS:   LDI     AL,0b00000000           ; set Timer 0 to Normal Mode
        OUT     TCCR0A,AL
        LDI     AL,0b00000011           ; 16MHz/64 = 250,000Hz
        OUT     TCCR0B,AL
T1MS1:  LDI     AL,0x00                 ; clear TCNT0
        OUT     TCNT0,AL
T1MS2:  IN      AL,TCNT0                ; TCNT0 = 250 ?
        CPI     AL,250
        BRNE    T1MS2
        DEC     DELAY_COUNT             ; repeat by DELAY_COUNT times
        BRNE    T1MS1
        POP     DELAY_COUNT
        RET

;=================================================================
;       Include User Subroutine File
;=================================================================
.include "OK2561.INC"                   ; OK-2561 I/O and subroutine file
```

☞ 여기서는 타이머0의 일반 모드(Normal Mode)를 사용하여 시간지연을 구현하였다. 타이머에 대하여는 나중에 자세하게 공부하며 현재 여기서는 이를 이해하기 어려우므로 그냥 넘어가도 좋다. 인클루드 파일에 있는 소프트웨어적인 시간지연 서브루틴과의 충돌을 피하기 위하여 이 서브루틴들의 이름을 다르게 하였음에 유의하라.

이때 타이머0에는 16MHz/64 = 250,000Hz의 클록이 입력되므로 1클록 주기는 4μs이며, 따라서 처음에 TCNT0=0으로 시작하여 이 값이 250이 되면 1000μs 즉 1ms가 경과한 것이다. 이러한 기본적인 1ms 지연 루틴을 DELAY_COUNT만큼 반복하면 원하는 시간지연을 ms 단위로 얻을 수 있다.

이 예제 프로그램을 어셈블하여 *OK-1281/2561* 키트에 다운로드하고 실행한 상태에서 키 KEY4~KEY1을 교대로 누르면서 LED4~LED1의 점멸 속도를 확인하라. 앞의 예제 프로그램 Exp03_2.asm에서와 동일한 결과를 얻을 수 있는가?

(2) C언어의 경우

C언어 프로그램에서도 시간지연을 구현하는 것은 소프트웨어 명령의 실행시간을 이용하는 방법과 하드웨어적인 타이머 기능을 이용하는 방법이 있다.

▣ 소프트웨어적인 시간지연 방법

C언어에서 소프트웨어적으로 시간지연을 구현하는 루틴도 기본적으로는 각 명령의 실행시간을 고려하여 반복 처리하는 방법을 사용하지만 이는 적어도 초보자들에게는 어셈블리 언어의 경우에 비하여 상당히 어렵다. 그것은 C언어 소스는 어떻게 컴파일되어 어셈블리 명령으로 번역되는지를 알기가 어렵기 때문이다. 흔히 C언어에서는 그냥 적당히 for 문으로 반복처리 루프를 돌려서 얼마인지도 모르는 시간지연 함수를 만들어 사용하는 것을 볼 수 있는데 이는 참으로 무모하고 답답한 일이다.

그러나, 어느 정도의 숙련된 프로그래머라면 걱정할 필요가 없다. 어느 컴파일러에서나 C언어 파일을 컴파일하면 어셈블리 소스로 된 중간 파일을 생성할 수 있기 때문에 이를 분석하여 보면 어셈블리 언어에서와 마찬가지로 상당히 정확한 시간지연 함수를 만들 수 있다.

C언어 프로그램에서의 시간지연을 구현하는 함수들은 제4.2절에서 소개한 헤더파일 OK1281.h에 포함되어 있는데 이 부분을 발췌 정리하여 아래에 다시 보였다.

<헤더파일 OK1281.h> 시간지연 함수 부분만을 발췌하여 정리

```
/* ---------------------------------------------------------------------------- */
/* OK1281.h : I/O Address Definition & User Function for OK-1281 V1.0 Training Kit */
/* ---------------------------------------------------------------------------- */

                (이전 생략)

void Delay_us(unsigned char time_us)            /* time delay for us */
{ register unsigned char i;

  for(i = 0; i < time_us; i++)                  // 4 cycle +
    { asm volatile(" PUSH  R0 ");               // 2 cycle +
      asm volatile(" POP   R0 ");               // 2 cycle +
      asm volatile(" PUSH  R0 ");               // 2 cycle +
      asm volatile(" POP   R0 ");               // 2 cycle +
      asm volatile(" PUSH  R0 ");               // 2 cycle +
      asm volatile(" POP   R0 ");               // 2 cycle = 16 cycle = 1 us for 16MHz
    }
}
```

```
void Delay_ms(unsigned int time_ms)            /* time delay for ms */
{ register unsigned int i;

  for(i = 0; i < time_ms; i++)
    { Delay_us(250);
      Delay_us(250);
      Delay_us(250);
      Delay_us(250);
    }
}
                  (이후 생략)
```

☞ 여기서는 μs 단위의 시간지연 함수 Delay_us()는 unsigned char형의 인수를 사용하고 이것이 내부에서 반복처리 루틴의 상한으로 사용되므로 1~255의 수를 사용하여 1~255μs의 시간지연을 얻을 수 있다. 또한, ms 단위의 시간지연 함수 Delay_ms()는 unsigned int형의 인수를 사용하고 이것이 내부에서 반복처리 루틴의 상한으로 사용되므로 1~65535의 수를 사용하여 1~65535ms의 시간지연을 얻을 수 있다.
그러나, Delay_ms() 함수에서는 Delay_us(); 함수를 반복 실행하면서 다소의 오버헤드가 발생하며, 최적화 옵션을 어떻게 주느냐에 따라 Delay_us() 함수에서도 미세한 오버헤드가 발생할 수 있다. 하지만 이런 정도의 오차는 전체 시간지연 값에 비하여 매우 미미하므로 대부분의 경우 무시될 수 있다.

이제 이러한 소프트웨어적인 시간지연 함수는 어떤 원리로 시간지연을 구현하는지 살펴보기로 한다. 예를 들어 인라인 어셈블(inline assemble) 명령과 for 문을 사용하여 시간지연 함수를 구현한 다음 예제를 컴파일하여 보자.

<프로그램 Exp03_2.c> 시간 지연 함수

```
/* ============================================================================ */
/*                    Exp03_2.c : Time Delay Function                          */
/* ============================================================================ */
/*                         Designed and programmed by Duck-Yong Yoon in 2006.   */

#include <avr/io.h>

void Delay_us(unsigned char time_us)        /* time delay for us */
{ register unsigned char i;

  for(i = 0; i < time_us; i++)              // 4 cycle +
    { asm volatile(" PUSH  R0 ");           // 2 cycle +
      asm volatile(" POP   R0 ");           // 2 cycle +
      asm volatile(" PUSH  R0 ");           // 2 cycle +
      asm volatile(" POP   R0 ");           // 2 cycle +
      asm volatile(" PUSH  R0 ");           // 2 cycle +
      asm volatile(" POP   R0 ");           // 2 cycle = 16 cycle = 1 us for 16MHz
    }
}

void Delay_ms(unsigned int time_ms)         /* time delay for ms */
{ register unsigned int i;
```

```
    for(i = 0; i < time_ms; i++)
      { Delay_us(250);
        Delay_us(250);
        Delay_us(250);
        Delay_us(250);
      }
  }

  int main(void)
  {
    DDRB = 0xFF;                              // initialize PORTB = output
    Delay_us(100);

    while(1)
      { PORTB = 0x50;                         // LED1, 3 on
        Delay_ms(500);
        PORTB = 0xA0;                         // LED2, 4 on
        Delay_ms(500);
      }
  }
```

AVR Studio에서 WinAVR을 사용하여 이 프로그램을 컴파일하면 소스 리스팅 파일 AVRcfile.lss가 얻어지는데, 이 중에서 시간지연 함수 Delay_us(100);을 처리한 부분을 살펴보면 C언어 프로그램에서 시간지연 루틴이 어떻게 처리되는지를 알 수 있다.

컴파일러의 최적화 옵션을 -Os로 설정하고 이 프로그램을 컴파일하였을 경우에 AVRcfile.lss 파일에서 Delay_us(100); 명령을 처리한 부분을 살펴보면 다음과 같다. 이렇게 하면 C언어에서의 함수가 어셈블리 언어의 서브루틴으로 처리되어 실행 코드가 가장 작아진다.

<소스 리스팅 파일 AVRcfile.lss> 시간지연 함수 Delay_us(100);이 번역된 부분(-Os)

```
                 .
                 .
                 .
     (함수를 정의하는 부분)
010a            <Delay_us>:
010a 90 e0                  ldi   r25,0x00   ;                       0
010c 98 17                  cp    r25,r24    ; 1사이클
010e 40 f4                  brcc  .+16       ; 1사이클,              0x120 <Delay_us+0x16>
0110 0f 92                  push  r0         ; 2사이클
0112 0f 90                  pop   r0         ; 2사이클
0114 0f 92                  push  r0         ; 2사이클
0116 0f 90                  pop   r0         ; 2사이클
0118 0f 92                  push  r0         ; 2사이클
011a 0f 90                  pop   r0         ; 2사이클
011c 9f 5f                  subi  r25,0xFF   ; 1사이클,              255
011e f6 cf                  rjmp  .-20       ; 2사이클(총 17사이클),0x10c <Delay_us+0x2>
0120 08 95                  ret
                 .
```

```
    (함수를 호출하는 부분)
016c 84 e6              ldi   r24,0x64  ;                     100
016e 0e 94 85 00        call  0x10a <Delay_us>
            .
            .
            .
```

이 소스에서 보듯이 C언어 프로그램을 번역하여 만들어진 어셈블리 소스는 어셈블리 프로그램에서와 마찬가지의 시간지연 루프로 구성되는 것을 볼 수 있다. 최적화 옵션을 -Os로 설정한 경우에는 루프가 16사이클(1μs)이 아니라 17사이클(1.0625μs)로 수행되므로 다소의 오차를 가지며, 전체적으로 약간의 오버헤드를 포함하지만 실용적으로 거의 문제가 없는 100us의 시간지연을 만든다. Delay_us(); 함수의 파라미터는 unsigned char형을 사용하므로 1~255 범위의 수를 주면 원하는 μs 단위의 시간지연을 얻을 수 있다.

이번에는 이 프로그램을 컴파일러의 최적화 옵션을 -O3으로 설정하고 컴파일하였을 경우에 AVRcfile.lss 파일에서 Delay_us(100); 명령을 처리한 부분을 살펴보면 다음과 같다. 이렇게 하면 C언어의 함수가 어셈블리 언어의 서브루틴이 아니라 매크로로 처리되어 전체 프로그램의 실행 코드가 가장 길어진다.

<소스 리스트 파일 AVRcfile.lss> 시간지연 함수 Delay_us(100);이 번역된 부분(-O3)

```
            .
            .
            .
          (중간 생략)

0192 83 e6          ldi   r24,0x63  ;                   99
0194 0f 92          push  r0        ; 2사이클
0196 0f 90          pop   r0        ; 2사이클
0198 0f 92          push  r0        ; 2사이클
019a 0f 90          pop   r0        ; 2사이클
019c 0f 92          push  r0        ; 2사이클
019e 0f 90          pop   r0        ; 2사이클
01a0 81 50          subi  r24,0x01  ; 1사이클,           1
01a2 87 ff          sbrs  r24,7     ; 1사이클
01a4 f7 cf          rjmp  .-18      ; 2사이클(총 16사이클),0x194 <main+0xe>
          (중간 생략)
            .
            .
            .
```

이와 같이 최적화 옵션을 -O3으로 설정한 경우에는 루프가 16사이클(1μs)로 구성

되므로 오차가 없으며, 이것이 서브루틴이 아니라 매크로로 처리되므로 오버헤드도 거의 없이 상당히 정확한 100us의 시간지연 루틴이 만들어진다.

이상에서 본 바와 같이 이 책에서 사용하는 C언어의 시간지연 함수 Delay_us()는 C 컴파일러의 최적화 옵션을 어떻게 주든지에 상관없이 매우 정확한 시간지연을 구현한다. Delay_ms() 함수에서는 Delay_us() 함수를 반복 실행하면서 다소의 오버헤드가 발생하지만 이런 정도의 오차는 전체 시간지연 값에 비하여 매우 미미하므로 대부분의 경우 무시될 수 있다. 이는 타이머와 같은 하드웨어를 사용하지 않고 단지 소프트웨어만으로 구현되어 매우 유용하다.

◀참고▶ 이상에서 설명한 C언어 프로그램에서의 시간지연 함수는 ATmega1281/2561을 16MHz로 동작시키는 경우에만 적용된다. 시스템 클록의 주파수가 달라지면 1클록 사이클의 주기도 달라지므로 그에 따라 시간지연 루틴을 다시 설계해야 한다.

또한, 이 시간지연 함수는 WinAVR에서만 그 동작이 정확히 보증된다. 다른 C컴파일러에서는 C언어 프로그램을 어셈블리 소스로 번역하는 방법이 달라질 수 있으므로 당연히 이 함수의 시간지연도 달라질 수 있다. 결국 이러한 기법은 C컴파일러마다 약간씩 다를 수 있으므로 자신이 사용하는 컴파일러에 따라 시간지연 함수를 적절히 설계하여 사용해야 한다는 것이다.

◀참고▶ C언어 프로그램에서 시간값이 크게 문제되지 않는 시간지연 루틴을 작성할 때 아무 생각이나 근거도 없이 for 문을 사용하여 아래와 같이 적당히 시간지연 루틴을 만들어 사용하려는 경우를 자주 보게 된다.

```
unsigned int i;
for(i=0; i<10000; i++);
```

그러나, 이렇게 하면 시간 지연값이 얼마나 되는지를 알 수 없는 것은 물론이고, C컴파일러에 따라서는 컴파일러가 이를 컴파일할 때 최적화 옵션에 의하여 이를 필요없는 루틴으로 판단하여 아주 없애버리거나 또는 엉뚱하게 잘못된 동작 루틴으로 번역되기도 한다. 따라서 이를 방지하려면

```
unsigned int i;
for(i=0; i<10000; i++)
   asm volatile(" nop ");
```

라고 하거나 또는

```
volatile unsigned int i;
for(i=0; i<10000; i++);
```

라고 처리하여 주는 것이 바람직하다. WinAVR에서도 역시 경우에 따라 이러한 문제가 발생할 수 있으므로 가급적 위에서 설명한 바와 같이 확실한 방법을 사용할 것을 권한다.

◀참고▶ WinAVR에 의해 컴파일된 어셈블리 소스를 분석하다 보면 몇가지 특이한 점을 발견하게 된다. 그중의 하나가 다른 대부분의 컴파일러에서는 함수를 어셈블리 프로그램의 서브루틴으로 번역하여 놓는데, WinAVR은 이를 매크로처럼 처리하는 경우가 있다는 것이다. 이렇게 하면 함수를 실행하는데 CALL과 RET 명령을 사용하지 않으므로 실행속도 측면에서는 유리하지만, 전체적으로 오브젝트 코드가 길어지고 메모리를 많이 차지한다는 측면에서는 매우 불리하다. 그러나, 이처럼 특이한 현상은 컴파일러 최적화 옵션을 가장 낮은 -O3으로 설정하여 사용하기 때문에 나타나는 것이다. 만약 함수를 매크로가 아니라 서브루틴으로 번역하여 오브젝트가 길어지지 않도록 하는데 중점을 둔 최적화를 수행하려면 <그림 3.3.26>에서 설명한대로 최적화 옵션을 -Os로 설정하는 것이 좋다. **이 책에서는 특별한 경우가 아니라면 모든 예제 프로그램에서 항상 최적화 옵션을 -Os로 설정하여 사용하기로 한다.**

또한, WinAVR에서는 함수의 파라미터 전달에 거의 레지스터들을 사용하며 스택을 사용하는 것은 파라미터가 많을 경우에 국한한다. 이것은 처음부터 AVR을 설계할 때 이런 점을 고려하여 범용 레지스터를 R0~R31까지 충분히 많이 만들었기 때문이다. 이것이 바로 Atmel이 자랑하듯이 AVR이 C언어에 적합한 구조를 가진다는 장점 중의 하나이며, C언어를 사용할 때 MCU의 프로그램 실행속도를 높이는 중요한 키 포인트가 되는 것이다.

이러한 소프트웨어적인 시간지연 함수는 헤더파일 OK1281.h에 포함되어 있으므로 이를 인클루드하고 함수를 호출하여 사용하면 된다. 그러한 사용예로서 앞의 어셈블리 언어 프로그램 Exp03_2.asm을 C언어로 다시 작성하여 보면 다음과 같다.

<프로그램 Exp03_3.c> 소프트웨어적인 시간지연 루틴의 응용 프로그램

```
/* ============================================================================ */
/*                  Exp03_3.c : Software Time Delay Application                 */
/* ============================================================================ */
/*                         Designed and programmed by Duck-Yong Yoon in 2006.   */

#include <avr/io.h>
#include "OK1281.h"

int main(void)
{ unsigned char mode, LED;

  MCU_initialize();                              // initialize MCU and kit
  Delay_ms(50);                                  // wait for system stabilization
  LCD_initialize();                              // initialize text LCD module
  Beep();

  LCD_string(0x80," S/W Time Delay ");           // display title
  LCD_string(0xC0,"Press KEY4-KEY1!");

  mode = 1;                                      // initial speed mode
  LED = 0x50;                                    // initial LED data

  while(1)
    { switch(Key_input())                        // key input
        { case 0xE0 : mode = 1;
                      LCD_string(0xC0,"    100 [ms]    ");
                      break;
          case 0xD0 : mode = 2;
```

```
                    LCD_string(0xC0,"     200 [ms]     ");
                    break;
        case 0xB0 : mode = 3;
                    LCD_string(0xC0,"     300 [ms]     ");
                    break;
        case 0x70 : mode = 4;
                    LCD_string(0xC0,"     400 [ms]     ");
                    break;
        default   : LED ^= 0xF0;               // output LED with complement
                    PORTB = LED;
                    if(mode == 1)      Delay_ms(100);
                    else if(mode == 2) Delay_ms(200);
                    else if(mode == 3) Delay_ms(300);
                    else               Delay_ms(400);
                    break;
      }
    }
}
```

이 예제 프로그램을 컴파일하여 *OK-1281/2561* 키트에 다운로드하고 실행한 상태에서 키 KEY4~KEY1을 교대로 누르면서 LED4~LED1의 점멸 속도를 확인하라.

▣ 하드웨어적인 시간지연 방법

C언어에서도 마찬가지로 하드웨어적으로 시간지연을 구현하는 것은 타이머를 이용하는 것이다. 즉, 타이머가 일정한 주파수의 시스템 클록을 계수하면서 원하는 시간의 경과를 체크하면 된다. 이 방법은 소프트웨어적인 시간지연 방법보다는 상대적으로 구현하기가 쉽지만, 하드웨어 의존성이 크고 타이머를 1개 사용하므로 사용자가 쓸 수 있는 주변장치가 그만큼 감소하며, 메인 루틴과 인터럽트 서비스 루틴에서 이를 중복하여 사용할 수 없다는 단점이 있다.

OK-1281/2561 키트에서 ATmega1281/2561의 타이머0을 사용하여 하드웨어적으로 시간지연을 구현하는 방법으로 앞의 예제 프로그램 Exp03_3.c를 수정하여 보면 다음과 같다.

<프로그램 Exp03_4.c> 하드웨어적인 시간지연 루틴의 응용 프로그램

```
/* ========================================================================== */
/*              Exp03_4.c : Hardware Time Delay Application                   */
/* ========================================================================== */
/*                      Designed and programmed by Duck-Yong Yoon in 2006.   */

#include <avr/io.h>
#include "OK1281.h"

void Timer0_ms(unsigned int ms)                  /* time delay for ms[ms] */
{ unsigned int i;

  if(ms == 0) return;
```

```
  TCCR0A = 0x00;                              // set Timer 0 to Normal Mode
  TCCR0B = 0x03;                              // 16MHz/64 = 250,000Hz
  for(i = 1; i <= ms; i++)
    { TCNT0 = 0x00;                           // clear TCNT0
      while(TCNT0 < 250);                     // TCNT0 = 250 ?
    }
}

int main(void)
{ unsigned char mode, LED;

  MCU_initialize();                           // initialize MCU and kit
  Delay_ms(50);                               // wait for system stabilization
  LCD_initialize();                           // initialize text LCD module
  Beep();

  LCD_string(0x80," H/W Time Delay ");        // display title
  LCD_string(0xC0,"Press KEY4-KEY1!");

  mode = 1;                                   // initial speed mode
  LED = 0x50;                                 // initial LED data

  while(1)
    { switch(Key_input())                     // key input
        { case 0xE0 : mode = 1;
                      LCD_string(0xC0,"    100 [ms]    ");
                      break;
          case 0xD0 : mode = 2;
                      LCD_string(0xC0,"    200 [ms]    ");
                      break;
          case 0xB0 : mode = 3;
                      LCD_string(0xC0,"    300 [ms]    ");
                      break;
          case 0x70 : mode = 4;
                      LCD_string(0xC0,"    400 [ms]    ");
                      break;
          default   : LED ^= 0xF0;            // output LED with complement
                      PORTB = LED;
                      if(mode == 1)      Timer0_ms(100);
                      else if(mode == 2) Timer0_ms(200);
                      else if(mode == 3) Timer0_ms(300);
                      else               Timer0_ms(400);
                      break;
        }
    }
}
```

☞ 여기서는 타이머0의 일반 모드를 사용하여 시간지연을 구현하였다. 타이머에 대하여는 나중에 자세하게 공부하며 현재 여기서는 이를 이해하기 어려우므로 그냥 넘어가도 좋다. 헤더파일에 있는 소프트웨어적인 시간지연 함수와의 충돌을 피하기 위하여 이 함수의 이름을 다르게 하였음에 유의하라.

이때 타이머0에는 16MHz/64 = 250,000Hz의 클록이 입력되므로 1클록 주기는 4μs이며, 따라서 처음에 TCNT0=0으로 시작하여 이 값이 250이 되면 1000μs 즉 1ms가 경과한 것이다. 이러한 기본적인 1ms 지연 루틴을 ms만큼 반복하면 원하는 시간지연을 ms 단위로 얻을 수 있다.

이 예제 프로그램을 컴파일하여 *OK-1281/2561* 키트에 다운로드하고 실행한 상태에서 키 KEY4~KEY1을 교대로 누르면서 LED4~LED1의 점멸 속도를 확인하라. 앞의 예제 프로그램 Exp03_3.c에서와 동일한 결과를 얻을 수 있는가?

◀참고▶ ATmega1281/2561에는 16비트 구조의 타이머/카운터4~5를 가지고 있지만 패키지가 64핀이라서 이와 관련된 신호의 외부 핀들은 가지고 있지 않으므로 용도가 상당히 제한되어 있다. 따라서, 이와 같은 타이머/카운터4~5를 하드웨어적인 시간지연 목적에 사용한다면 매우 유용할 것이다.

4. 무한 루프의 사용

운영체제를 가진 범용 컴퓨터에서는 사용자 프로그램의 실행이 끝나면 CPU의 제어가 운영체제로 되돌아가지만, 마이크로콘트롤러에서는 운영체제를 사용하지 않는 경우가 대부분이므로 사용자 프로그램의 실행이 종료되면 되돌아 갈 곳이 없다. 그럼에도 불구하고 만약 사용자 프로그램의 실행이 종료된다면 그 이후에는 CPU가 메모리에서 지정되지 않은 임의의 영역을 읽어서 명령으로 해석하고 실행하기 때문에 예측할 수 없는 결과가 발생하게 된다. 따라서, 마이크로콘트롤러의 사용자 프로그램에서는 실행이 종료되지 않는 무한 루프 구조로 프로그램을 작성하는 것이 일반적이다.

(1) 어셈블리 언어의 경우

무한 루프 구조로 프로그램을 작성하는 것에는 2가지의 형태가 있다. 첫째로는 프로그램의 주요부를 실행하고 나서 마지막에 의미 없는 하나의 명령을 반복하여 실행하면서 무한 루프에 빠지도록 하는 것이다. 이렇게 처리하는 경우에는 결국 프로그램의 주요 부분은 1회만 실행되는 결과가 된다. 다음은 이와 같은 프로그램의 예이다.

<프로그램 Exp03_4.asm> 프로그램의 무한 루프 처리방식(1)

```
;[][][][][][][][][][][][][][][][][][][][][][][][][][][][][][][][][][][][]
;[]                                                                    []
;[]        Exp03_4.asm : Indefinite Loop(1) - Run One Time             []
;[]                                                                    []
;[][][][][][][][][][][][][][][][][][][][][][][][][][][][][][][][][][][][]
;
;               Designed and programmed by Duck-Yong Yoon in 2006.
;
;-----------------------------------------------
;       Include Header File
;-----------------------------------------------
.nolist
.include "m2561def.inc"              ; ATmega2561 definition file
.list
```

```
;==============================================================================
;       Main Program
;==============================================================================
.cseg
        .org    0x0000
        LDI     AH,high(RAMEND)         ; initialize SP
        LDI     AL,low(RAMEND)
        OUT     SPH,AH
        OUT     SPL,AL

        CALL    INIT_MCU                ; initialize MCU and kit
        CALL    D50MS                   ; wait for system stabilization
        CALL    INIT_LCD                ; initialize text LCD
        CALL    BEEP

;----------------------------------------------------
;       Key Input and Display
;----------------------------------------------------
        CALL    LCD_HOME1               ; display title
        CALL    LCD_STRING
        .db     "Indefinite Loop ",0,0
        CALL    LCD_HOME2
        CALL    LCD_STRING
        .db     "  Run One Time  ",0,0

        LDI     CL,4                    ; shift from LED1 to LED4
        LDI     AL,0b00010000           ; initial LED data

LOOP:   OUT     PORTB,AL                ; output LED data
        CALL    D500MS
        LSL     AL                      ; shift left
        DEC     CL
        BRNE    LOOP

LOOPX:  RJMP    LOOPX                   ; indefinite loop

;==============================================================================
;       Include User Subroutine File
;==============================================================================
.include "OK2561.INC"                   ; OK-2561 I/O and subroutine file
```

☞ 여기서는 전체 프로그램이 1회 실행되고 나서 마지막에 RJMP LOOPX 명령만 반복하여 실행되고 있게 된다. 보통 다른 마이크로콘트롤러에서는 RJMP $와 같은 방법을 사용하지만 AVR 매크로 어셈블러에서는 로케이션 카운터(location counter)로 $를 사용할 수 없다. 물론 이때 JMP LOOPX 명령을 사용해도 기능적으로는 동일하지만 점프할 목적지가 가까운 경우에는 굳이 명령의 실행시간이 더 길고 길이가 2워드인 JMP 명령을 사용할 필요가 없다.

둘째로는 프로그램의 주요부를 무한히 반복하여 실행하면서 무한 루프에 빠지도록 하는 것이다. 대부분의 마이크로콘트롤러 프로그램은 이런 구조를 가지는데, 다음은 이와 같은 프로그램의 예이다.

<프로그램 Exp03_5.asm> 프로그램의 무한 루프 처리방식(2)

```
;[][][][][][][][][][][][][][][][][][][][][][][][][][][][][][][][][][]
;[]                                                                []
;[]          Exp03_5.asm : Indefinite Loop(2) - Repeat             []
;[]                                                                []
;[][][][][][][][][][][][][][][][][][][][][][][][][][][][][][][][][][]
;
;           Designed and programmed by Duck-Yong Yoon in 2006.
;
;-------------------------------------------------
;       Include Header File
;-------------------------------------------------
.nolist
.include "m2561def.inc"                 ; ATmega2561 definition file
.list

;====================================================================
;       Main Program
;====================================================================
.cseg
        .org    0x0000
        LDI     AH,high(RAMEND)         ; initialize SP
        LDI     AL,low(RAMEND)
        OUT     SPH,AH
        OUT     SPL,AL

        CALL    INIT_MCU                ; initialize MCU and kit
        CALL    D50MS                   ; wait for system stabilization
        CALL    INIT_LCD                ; initialize text LCD
        CALL    BEEP

;-------------------------------------------------
;       Key Input and Display
;-------------------------------------------------
        CALL    LCD_HOME1               ; display title
        CALL    LCD_STRING
        .db     "Indefinite Loop ",0,0
        CALL    LCD_HOME2
        CALL    LCD_STRING
        .db     "     Repeat     ",0,0

LOOPX:  LDI     CL,4                    ; shift from LED1 to LED4
        LDI     AL,0b00010000           ; initial LED data

LOOP:   OUT     PORTB,AL                ; output LED data
        CALL    D500MS
        LSL     AL                      ; shift left
        DEC     CL
        BRNE    LOOP

        RJMP    LOOPX                   ; indefinite loop

;====================================================================
;       Include User Subroutine File
;====================================================================
.include "OK2561.INC"                   ; OK-2561 I/O and subroutine file
```

☞ 여기서는 LOOPX:에서 RJMP LOOPX까지 부분이 무한히 반복하여 실행된다. 따라서, 앞의 예제 프

로그램 Exp03_4.asm과는 다른 실행 결과가 된다. 여기서는 프로그램의 루프가 짧으므로 RJMP LOOPX 명령을 사용했지만 루프가 길어지면 당연히 JMP LOOPX를 사용하게 된다.

이상의 예제 Exp03_4.asm 및 Exp03_5.asm에서 만약 이를 무한 루프로 처리하지 않는다면 CPU는 메인 루틴을 실행하고 나서 그 뒤에 위치한 서브루틴을 실행하게 될 것이다. 그러나, 이 서브루틴은 정상적으로 호출되지 않은 것이므로 이 서브루틴이 실행되고 나서 리턴할 때 어느 곳으로 가게 될지 예측할 수 없는 상황이 된다.

그러나, 만약 메인 루틴의 뒤에 이와 같이 서브루틴이 위치하지 않는 경우에는 그냥 비어 있는 메모리 공간이므로 이 부분을 CPU가 읽어서 명령으로 해독하는 경우에는 어떤 실행결과가 나타날지 예측할 수 없다. 이 뒷부분의 프로그램 메모리인 플래시 메모리는 이를 지웠을 경우의 초기상태인 FFFFH로 되어 있을 가능성이 높으며, 만약 CPU가 이를 읽어서 실행하려고 한다면 이는 AVR에서 정의되지 않은 명령이므로 그 결과를 예측할 수 없다. 이 때문에 마이크로콘트롤러에 따라서는 FFH로 시작하는 명령을 리셋 명령으로 만들어 이런 상황이 되면 CPU를 리셋시키도록 한 경우도 있다.

(2) C언어의 경우

C언어에서도 무한 루프 구조로 프로그램을 작성하는 것에는 2가지의 형태가 있다. 첫째로는 프로그램의 주요부를 실행하고 나서 마지막에 의미 없는 하나의 명령을 반복하여 실행하면서 무한 루프에 빠지도록 하는 것이다. 이렇게 처리하는 경우에는 결국 프로그램의 주요 부분은 1회만 실행되는 결과가 된다. 다음은 이러한 프로그램의 예이다.

<프로그램 Exp03_5.c> 프로그램의 무한 루프 처리방식(1)

```
/* ========================================================================== */
/*                Exp03_5.c : Indefinite Loop(1) - Run One Time              */
/* ========================================================================== */
/*                       Designed and programmed by Duck-Yong Yoon in 2006.  */

#include <avr/io.h>
#include "OK1281.h"

int main(void)
{ unsigned char i, LED;

  MCU_initialize();                             // initialize MCU and kit
  Delay_ms(50);                                 // wait for system stabilization
  LCD_initialize();                             // initialize text LCD module
  Beep();

  LCD_string(0x80,"Indefinite Loop ");          // display title
  LCD_string(0xC0,"  Run One Time  ");
```

```
    LED = 0x10;                                  // shift from LED1 to LED4
    for(i=1; i<=4; i++)
      { PORTB = LED;                             // output LED data
        Delay_ms(500);
        LED <<= 1;                               // shift left
      }

    while(1);                                    // indefinite loop
  }
```

☞ 여기서는 전체 프로그램이 1회 실행되고 나서 마지막에 while(1); 명령만 반복하여 실행되고 있으며, 이 명령은 for(;;);로 교체 처리해도 된다. 왜 그런지는 C언어의 문법을 익혀서 이해하도록 하라.

둘째로는 프로그램의 주요부를 무한히 반복하여 실행하면서 무한 루프에 빠지도록 하는 것이다. 대부분의 마이크로콘트롤러 프로그램은 이런 구조를 가지는데, 다음은 이와 같은 프로그램의 예이다.

<프로그램 Exp03_6.c> 프로그램의 무한 루프 처리방식(2)

```
/* ============================================================================ */
/*                    Exp03_6.c : Indefinite Loop(2) - Repeat                   */
/* ============================================================================ */
/*                     Designed and programmed by Duck-Yong Yoon in 2006.       */

#include <avr/io.h>
#include "OK1281.h"

int main(void)
{ unsigned char i, LED;

  MCU_initialize();                              // initialize MCU and kit
  Delay_ms(50);                                  // wait for system stabilization
  LCD_initialize();                              // initialize text LCD module
  Beep();

  LCD_string(0x80,"Indefinite Loop ");           // display title
  LCD_string(0xC0,"     Repeat      ");

  while(1)                                       // indefinite loop
    { LED = 0x10;                                // shift from LED1 to LED4
      for(i=1; i<=4; i++)
        { PORTB = LED;                           // output LED data
          Delay_ms(500);
          LED <<= 1;                             // shift left
        }
    }
}
```

☞ 여기서는 while(1)문 안에 포함된 부분이 무한히 반복하여 실행된다. 따라서, 앞의 예제 프로그램 Exp03_5.c와는 다른 실행 결과가 된다. 물론 여기서 while(1) 명령을 for(;;) 명령으로 교체 사용해도 된다.

이상의 예제 Exp03_5.c 및 Exp03_6.c에서 만약 이를 무한 루프로 처리하지 않는다면 CPU는 메인 함수를 실행하고 알 수 없는 곳으로 리턴할 것이다. main() 함수도 하나의 함수이기 때문에 이것이 종료되면 스택의 복귀주소로 리턴하게 되는데, C컴파일러가 만든 스타트업 루틴에서 이를 CALL 명령으로 호출하지 않고 JMP 명령을 사용하였다면 되돌아 갈 곳을 알 수 없으며, 이를 정상적으로 호출하였다고 하더라도 되돌아간 이후의 동작은 지정되지 않는다.

5. 실습 과제

(1) C언어에서 << 및 >> 연산자의 기능을 설명하라.

(2) C언어에서 다음과 같은 표현식의 의미를 설명하라.

```
a += 1;          a -= 1;
a *= 1;          a /= 1;
a &= 1;          a |= 1;
a ^= 1;
a >>= 1;         a <<= 1;
```

(3) 소프트웨어적인 시간지연 방법과 타이머를 이용한 시간지연 방법의 장단점을 비교하여 설명하라.

(4) ATmega1281/2561에서 RJMP 명령과 JMP 명령을 비교하여 설명하라.

(5) 예제 프로그램 Exp03_5.c에서 while(1);문을 사용하였을 때와 for(;;);문을 사용하였을 때 각각 이 부분이 어떻게 어셈블리 언어 소스로 번역되는지 조사하여 설명하라.

4.4 텍스트형 LCD 모듈 응용 프로그램

이 절에서는 *OK-1281/2561* 키트에서 사용하는 텍스트형 LCD 모듈의 구조, 기능, 사용 방법에 대하여 공부한 다음에 이를 프로그램하는 기술을 익히기로 한다. 이 LCD 모듈은 앞으로 거의 모든 예제에서 기본적으로 사용하므로 잘 알아두어야 한다.

1. 텍스트형 LCD 모듈의 특징

종래의 7세그먼트 LED(Light Emitting Diode)가 아라비아 숫자 및 16진수에 필요한 A~F 정도의 문자를 겨우 표현할 수 있는데 비하여, LCD(Liquid Crystal Display) 모듈은 모든 ASCII 문자들을 비교적 미려하게 표현할 수 있으므로 오늘날 전기/전자 기기의 간단한 문자표시용 출력장치에 널리 사용된다. 그러나, LCD 소자는 LED처럼 스스로 발광하는 능력을 가지고 있지 않아서 주위의 조도가 낮은 곳에서는 사용하기 어렵고, 사람이 이를 보는 각도에 따라 시각적 특성이 달라지며, 일반적으로 5×7 도트로 1개의 문자를 표현하므로 영문 소문자의 g, j, p, q, y와 같은 문자들은 다소 어색하게 표시된다. 이 중에서 LCD 모듈이 발광능력이 없는 단점은 표시부의 배경 부분에 LED 등을 사용하여 밝게 조명을 하는 기능을 부착한 백라이트(backlight)형으로 보완되고 있다.

이와 같은 LCD 모듈은 LCD 판넬과 LCD 콘트롤러 및 드라이버 IC를 1개의 기판에 모두 장착하여 하나의 일체형 단일 부품으로 만든 소자로서, 지정된 위치에 도트 매트릭스(dot matrix) 방식으로 ASCII 문자를 표시할 수 있는 텍스트형(text 또는 character type)과 그래픽 방식으로 화면을 표시할 수 있는 그래픽형(graphic type)이 있다. 텍스트형은 표시문자가 ASCII 문자 정도로 제한되는 단점이 있으나, 대부분의 경우에 그 구조가 간단하고 사용 방법이 거의 표준화되어 있어 매우 편리하므로 현재까지 널리 사용되어 오고 있다. 이에 비하여 그래픽형은 영문 ASCII 문자 이외에 한글이나 한자까지 자유롭게 표시할 수 있고 그밖에도 임의의 도형을 표시할 수 있으므로 점차로 그 사용이 증가하고 있다. 그러나, 그래픽형은 상대적으로 구조가 복잡하고 제조회사나 모델에 따라서 구조와 사용방법이 상당히 다른 경우가 많아서 사용이 불편하고 프로그래밍 과정이 번거롭다는 단점이 있다. 또한, 화면의 해상도가 높은 만큼 외형상 크기도 그래픽형이 상대적으로 크며, 가격도 텍스트형에 비하여 그래픽형이 상당히 비싼 편이다.

우리나라는 텍스트형이나 그래픽형 모두 세계적인 수준에 있으며, 본 절에서 설명하는 텍스트형 LCD 모듈은 현대 LCD에서 여러 가지 모델을 생산하고 있다. 여기서는 16자×2행의 백라이트 기능을 가지는 모델인 현대 LCD의 HC16202NY-LY를 중심으로 설명한다. 그러나, 텍스트형은 회사에 따라 모델이 다르고 문자의 행과 열의 수가 달라지더라도 외형만 다를 뿐이며, 내부 구조가 거의 같으므로 동일한 방법으로 프로그래밍할 수 있다.

<표 4.4.1>에는 표시문자수에 따른 여러가지 텍스트형 LCD 모듈의 종류를 보였으며, 또한 참고로서 <표 4.4.2>에는 현대 LCD에서 생산 판매하는 텍스트형 LCD 모듈의 모델들을 보였다.

일반적인 텍스트형 LCD 모듈의 특징을 요약하면 다음과 같다.

① +5V의 단일 전원으로 동작한다.

② 1개의 칩에 CG(Character Generator) ROM, CG RAM, DD(Display Data) RAM 등을 내장한 LCD 콘트롤러 및 드라이버 LSI를 사용하므로 전체적인 크기가 작아서 사용하기에 편리하다. 추가적인 드라이버 LSI가 사용되는 경우도 있다.

③ 마이크로프로세서와의 인터페이스(접속 핀번호 및 신호명)가 거의 표준화되어 있으며, 8비트 또는 4비트 데이터 버스로 접속할 수 있다. 그러나, LCD 모듈은 일반적인 I/O 인터페이스용의 반도체 소자들에 비하면 액세스 시간이 상당히 길어서 동작이 느린 편이므로 접속에 유의해야 한다.

④ 내부 제어 명령이 거의 표준화되어 있어서 제조회사나 모델에 상관없이 동일한 방법으로 초기화하고 구동할 수 있다.

⑤ 각 문자를 5×7(또는 5×10) 도트의 매트릭스 방식으로 표시하며, <표 4.4.1>에 정리한 바와 같이 표시행의 수와 1행당의 문자수에 따라 다양한 모델이 있다.

⑥ 일반적인 영문 ASCII 문자를 모두 표시(일본어를 포함하여 192 문자)할 수 있으며, 최대 8개까지의 사용자 정의 문자를 만들어 사용할 수도 있다.

⑦ 문자를 표시할 때 커서의 위치가 자동으로 증가하며, 커서를 임의의 위치로 이동시킬 수도 있다. 물론, 화면에서 커서를 보이거나 보이지 않게 설정할 수도 있다.

⑧ DD RAM과 CG RAM에 CPU가 데이터를 쓰는 것은 물론이고 그 내용을 읽어들일 수도 있다.

⑨ 백라이트 기능을 갖는 모델의 경우에는 어두운 곳에서도 화면을 선명하게 볼 수

있다. 그러나, 이 중에서 LED를 사용한 백라이트형 모델은 소비전력이 상당히 크며, EL(Electro-Luminescence)이나 CCFL(Cold Cathode Fluorescent Lamp)형의 백라이트는 추가적인 장치를 요구하므로 이를 사용하려면 경제적 비용이 증가된다.

텍스트형 LCD 모듈은 콘트롤러가 일본에서 처음으로 상용화되었기 때문에 ASCII 문자는 물론 일본어 문자가 기본 표시문자로 포함되어 있으나, 현재는 이것이 세계 각국에서 기본적으로 사용하는 디스플레이 소자가 되었으므로 모델에 따라서는 일본어 문자 대신에 다른 특수문자의 표시 기능을 가지는 제품도 많이 출시되고 있다.

〈표 4.4.1〉 텍스트형 LCD 모듈의 종류

모 델	비 고
8문자×1행, 8문자×2행 16문자×1행, 16문자×2행, 16문자×4행 20문자×1행, 20문자×2행, 20문자×4행 24문자×1행, 24문자×2행, 24문자×4행 32문자×1행, 32문자×2행 40문자×1행, 40문자×2행, 40문자×4행	각 모델별로 백라이트형이 따로 있으며, 백라이트의 색에는 red, orange, amber, yellow, green 등이 있다. 현재 이러한 제품을 생산하는 제조회사에는 현대 LCD, Powertip, Nanya 등이 있다.

〈표 4.4.2〉 현대 LCD의 텍스트형 LCD 모듈 제품

모 델	문자수 (열×행)	외형 치수 (W×H×D mm)	표시부 치수 (W×H mm)	문자 폰트 (W×H dot)	문자 크기 (W×H mm)	백라이트		
						없음	LED	EL
HC08201	8×2	40×35.4×9	30.4×13.9	5×7	2.95×4.15	○		
HC16101	16×1	80×36×10	64.5×13.8	5×10	3.15×7.90	○	○	○
HC16102	16×1	80×36×10	64.5×13.8	5×7	3.20×5.20	○	○	○
HC16201	16×2	84×44×11	61.0×16.0	5×7	2.95×4.85	○	○	○
HC16202	16×2	80×36×10	64.5×13.8	5×7	2.95×3.80	○	○	○
HC16203	16×2	122×44×11	99.0×24.0	5×7	4.84×8.06	○	○	○
HC16204	16×2	100×42×10.5	80.0×20.5	5×7	4.07×6.78	○		○
HC16205	16×2	85×29×10	64.5×13.8	5×7	2.95×3.80	○	○	○
HC16206	16×2	80×36×11	61.0×15.8	5×7	2.95×4.85	○		
HC16208	16×2	85×30×9.5	64.5×16.0	5×7	2.78×4.27	○		○
HC16209	16×2	84×44×11	63.5×15.8	5×7	2.96×4.86	○		○
HC16212	16×2	85×36×10.5	63.5×15.8	5×7	3.20×4.85	○		○
HC16218	16×2	100×47×10.5	80.0×20.5	5×7	4.07×6.78	○		○
HC16401	16×4	87×60×10	61.8×25.2	5×7	2.95×4.15	○	○	○
HC20101	20×1	111×46.5×10	84.0×13.0	5×7	3.20×5.20	○		○
HC20201	20×2	116×37×11	83.0×18.6	5×7	3.20×4.85	○	○	○
HC20202	20×2	116×39×10	83.0×18.8	5×7	3.20×4.85	○		○
HC20203	20×2	114×37×11	83.0×18.6	5×7	3.20×4.85	○	○	○
HC20401	20×4	98×60×10	76.0×25.2	5×7	2.95×4.15	○	○	○
HC24101	24×1	118×36×11	93.5×15.8	5×10	3.20×7.45	○	○	○
HC24102	24×1	126×36×11	100.0×13.8	5×7	3.07×5.76	○		○
HC24103	24×1	126×36×11	100.0×13.8	5×10	3.20×7.90	○		○
HC24201	24×2	118×36×11	93.5×15.8	5×7	3.20×4.85	○	○	○
HC24202	24×2	113×36×11	93.5×15.8	5×7	3.20×4.85	○		○
HC24203	24×2	116×28×8.0	85.0×13.0	5×7	2.95×3.80	○		○
HC24401	24×4	110×62×10	82.0×41.0	5×7	2.80×5.20	○		○
HC40101	40×1	182×33.5×11	152.5×16.5	5×10	3.20×7.45	○	○	○
HC40201	40×2	182×33.5×11	152.5×16.5	5×7	3.20×4.85	○	○	○
HC40401	40×4	190×54×10.5	147.0×29.5	5×7	2.80×4.29	○		○

2. 텍스트형 LCD 모듈의 구조

(1) 내부 구조

일반적으로 텍스트형 LCD 모듈의 내부는 콘트롤러, 드라이버, LCD 패널, 백라이트 유닛 등으로 구성되며, 개략적인 구조를 보이면 <그림 4.4.1>과 같다. 보통 콘트롤러와 드라이버는 각각 별도의 LSI로 되어 있으나, 요즈음에는 이 기능들을 일체형으로 만든 반도체 소자도 출시되고 있다.

여기서는 모든 기술적인 사양들을 현재 널리 사용되고 있는 삼성전자의 LCD 콘트롤러 S6A0069(옛 모델명 KS0066) 및 드라이버 S6A0065(옛 모델명 KS0065) 모델을 중심으로 설명한다. LCD 콘트롤러/드라이버에는 이와 유사한 기능을 가지는 모델들이 많은데 이것들은 <표 4.4.3>에 정리하였다. 그러나, 다른 모델들의 경우에도 삼성전자의 모델들과 크게 다르지 않으므로 프로그램할 때는 기능이 같은 것으로 간주하고 사용하더라도 별로 문제가 없다. 이들 소자의 데이터 시트는 분량이 매우 많으므로 이 책에 싣지 않고 저자와 출판사의 홈페이지 자료실 게시판에 제공하기로 한다.

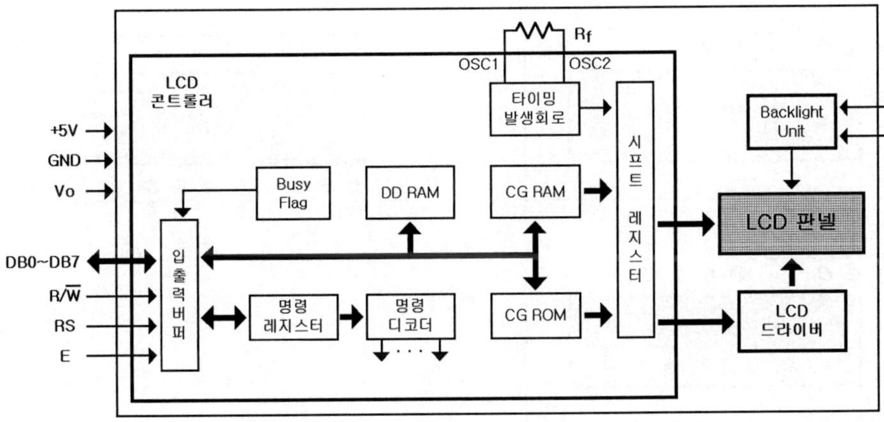

〈그림 4.4.1〉 텍스트형 LCD 모듈의 내부 구조

〈표 4.4.3〉 텍스트형 LCD 모듈의 콘트롤러 및 드라이버 LSI

반도체 회사	LCD 콘트롤러	LCD 드라이버
삼성전자	S6A0069(구 모델 KS0066)	S6A0065(구 모델 KS0065)
Hitachi	HD44780U	HD44100
Epson	SED1278	SED1181
Sitronix	ST7066	ST7065
Novatek	NT3881	NT3882

LCD 콘트롤러의 내부에는 표시할 문자 데이터를 저장하는 DD RAM, 이들 문자 코드를 실제로 표시할 문자 폰트로 변환하는 CG ROM, 사용자 정의 문자를 저장하는 CG RAM 등의 메모리를 내장하고 있다. 또한, LCD 모듈을 초기화하거나 제어하는데 사용되는 명령을 저장하는 명령 레지스터 및 이를 해독하는 명령 해독기가 있으며, 각 문자의 폰트를 시프트 레지스터에 의하여 수평 구동신호와 수직 구동신호로 변환하는 회로를 내장하고 있다.

LCD 모듈의 내부 동작을 위한 클록은 외부에서 OSC1 단자로 공급될 수도 있으나 대부분은 OSC1 및 OSC2 단자에 저항 Rf를 접속함으로써 내장된 클록발생회로에 의하여 만들어진다. +5V 전원을 사용하는 대부분의 LCD 모듈에서는 Rf = 91[kΩ]을 접속하여 발진 주파수를 270[kHz]로 사용한다.

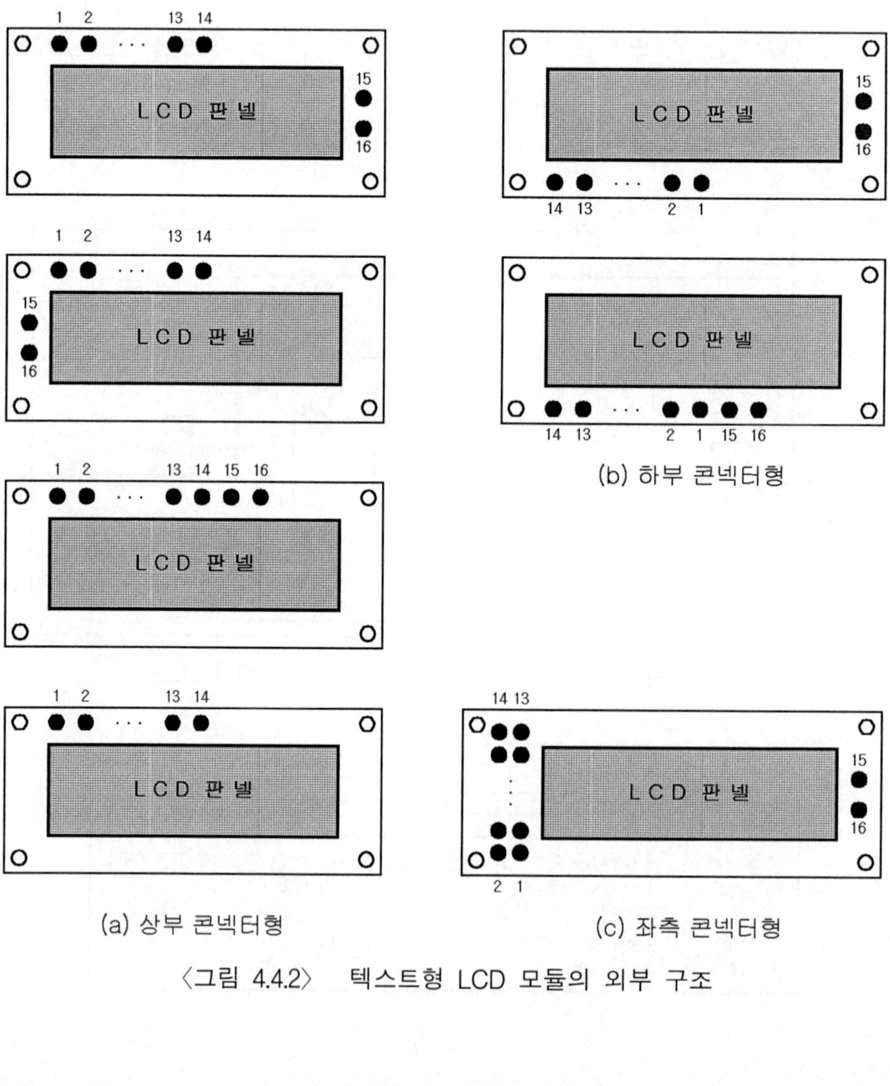

〈그림 4.4.2〉 텍스트형 LCD 모듈의 외부 구조

(2) 외부 구조

텍스트형 LCD 모듈의 외부 구조에는 여러가지의 형태가 있으나 이것들을 정리하면 대체로 <그림 4.4.2>와 같은 3가지로 나눌 수 있다. 상부 콘넥터형은 텍스트형 LCD 모듈에서 가장 많이 사용되는 형태로서 14핀의 콘넥터가 좌측 상단에 위치하며, 백라이트가 있는 모델의 경우에는 이를 위한 2개의 핀이 LCD 모듈의 우측 또는 좌측 편에 위치한다. 그러나, 나중에 백라이트 단자가 14핀 콘넥터에 나란히 이어서 16핀으로 구성되는 형태(현대 LCD의 HC16202NY-LY는 여기에 해당함)도 출시되었고, 현재는 별도의 백라이트 단자가 없이 14핀의 콘넥터 중에서 +5V 및 GND 단자를 통하여 LED 백라이트의 전원까지 공급되는 모델도 나오고 있다. *OK-1281/2561* 키트에서는 상부 콘넥터형을 사용한다.

하부 콘넥터형은 LCD 모듈의 하단에 콘넥터가 위치하며, 대부분의 경우 오른쪽에서부터 1번 핀이 시작되는 것에 유의해야 한다. 요즈음에는 백라이트 단자를 포함한 16핀이 일렬로 배열되어 있으면서도 여기에 다시 좌측 또는 우측에 백라이트 단자인 15번 및 16번 핀이 중복하여 달려있는 모델도 있고, 하나의 모델에서 상부 콘넥터형과 하부 콘넥터형의 핀들을 모두 가지고 있는 제품도 출시되고 있다. 또한, 이들 중에서 LED 백라이트 단자가 좌측 또는 우측에 있는 경우 15번(A) 및 16번(K) 핀이 이 그림에서와 달리 상하가 서로 반대로 되어있는 모델도 종종 있으니 주의해야 한다.

〈표 4.4.4〉 텍스트형 LCD 모듈 인터페이스 콘넥터 핀의 기능

핀	신호명	기능	
1	Vss	전원 GND	
2	Vdd	전원 +5V	
3	V_O	화면밝기 제어 동작전압, operating voltage ($Vdd-V_O$ = 4.2~4.6V)	
4	R_S	Register Select (1 = data register, 0 = instruction register)	
5	$R/\overline{W}$	Read/Write (1 = CPU ← LCD, 0 = CPU → LCD)	
6	E	Enable signal for read/write LCD	
7	DB0	(LSB)	
8	DB1		
9	DB2		
10	DB3	데이터 버스	
11	DB4	(4비트 인터페이스 모드에서는 DB7~DB4를 사용)	
12	DB5		
13	DB6		
14	DB7	(MSB)	
15	A/EL1	Anode : +LED(LED backlight용 전원 +3.9~4.4V)	EL 단자 1
16	K/EL2	Cathode : -LED(LED backlight용 전원의 GND)	EL 단자 2

☞ V_O에는 주로 낮은 전압을 인가할수록 화면이 선명하게 표시되며 대체로 GND 레벨이면 무난하다.

☞ 4비트로 인터페이스하는 경우 DB7~DB4에는 상위 니블과 하위 니블의 순서로 데이터를 전송한다.

텍스트형 LCD 모듈을 마이크로프로세서와 인터페이스하기 위한 14핀 콘넥터 및 백라이트 기능이 있는 모델의 경우에 추가되는 2개의 백라이트용 전원 단자를 요약하면 <표 4.4.4>와 같다. 여기서, LED 백라이트형인 경우에는 15번 및 16번 핀이 각각 애노드(A ; Anode) 및 캐소드(K ; Cathode) 단자로 사용되지만, EL 백라이트형인 경우에는 이것들이 백라이트용의 교류전원 단자로 사용된다.

LCD 모듈에 외부에서 전원을 접속하는 방법의 예를 보이면 <그림 4.4.3>과 같다. 여기서 Vo는 화면의 밝기를 제어하는 단자로서 대부분 부전압(-)을 인가할수록 표시화면이 또렷해지는데, 대체로 Vdd-Vo = 4.2~4.6[V]가 적정한 수준이므로 그림의 (a)보다는 (b)처럼 처리하는 경우가 많으며, V_R=10[kΩ]~20[kΩ] 정도로 사용한다. 이를 더욱 간단히 하려면 Vo 단자를 수백[Ω] 정도의 저항을 통하여 GND에 풀다운시키면 된다. 그러나, 이렇게 하면 LCD 모듈의 모델에 따라 저항값이 다소 달라지는 경우가 있으므로 사용자가 화면을 보면서 시행착오법으로 이 저항값을 선정하여야 한다.

LED 백라이트에서는 전원에 직렬로 저항을 사용하는 방법이 일반적이지만, 백라이트용으로 +5V의 안정된 전원을 사용하는 경우에는 그림의 (c)처럼 직렬로 다이오드를 1개 연결하면 쉽게 백라이트 전원의 사양을 만족시킬 수 있는 좋은 방법이 된다.

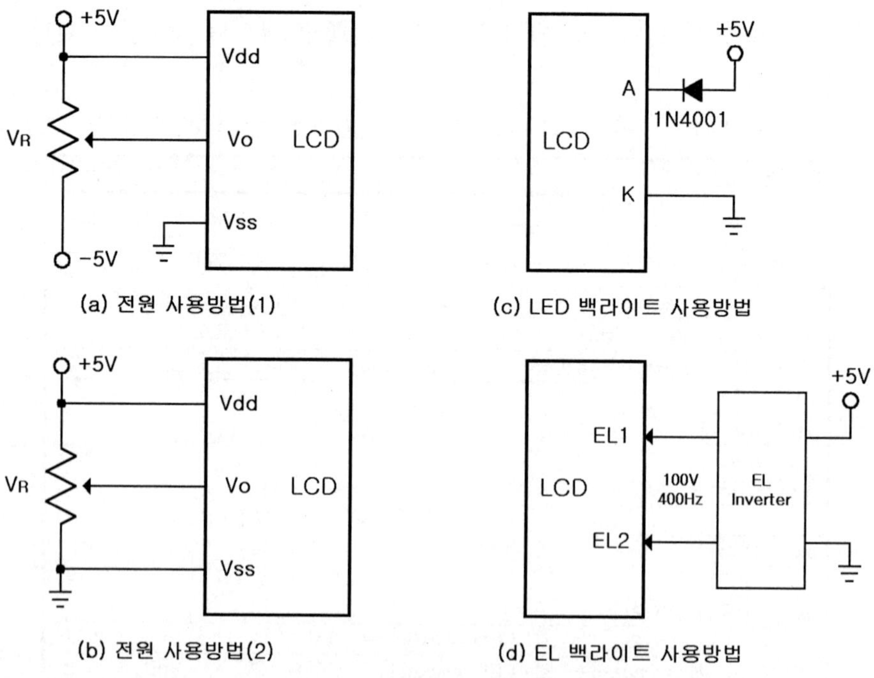

〈그림 4.4.3〉 텍스트형 LCD 모듈의 전원 접속 방법

그러나, EL 백라이트형 LCD 모듈의 경우에는 약 $100V_{AC}$/400Hz의 교류전원을 필요로 하므로 그림의 (d)에서처럼 EL 백라이트용의 인버터를 추가로 사용해야 한다. 이러한 인버터는 소형으로 +5V 직류 입력에 $100V_{AC}$/400Hz 정도의 교류 출력을 갖는 제품들이 판매되고 있다.

(3) 동작 타이밍

LCD 모듈을 마이크로프로세서와 접속할 때는 각 제어신호의 동작 타이밍을 세심하게 고려하여야 한다. LCD 모듈은 일반적인 주변 LSI들에 비하여 제어신호의 동작이 다소 특이하고 동작시간이 상당히 느린 편이므로 이를 마이크로프로세서에 접속할 때는 인터페이스 회로를 주의하여 설계하여야 한다.

LCD 모듈의 리드 및 라이트 동작시의 타이밍도를 보이면 <그림 4.4.4>와 같다. 여기서 표시된 타이밍값은 LCD 콘트롤러로서 Hitachi사의 HD44780U를 사용한 경우지만, 이 값들은 삼성전자의 S6A0069, Epson의 SED1278, Sitronix의 ST7066 등도 거의 유사하다.(그러나, 매우 오래된 HD44780S 모델은 동작이 이보다 훨씬 느리다.)

특히, 텍스트형 LCD 모듈의 타이밍에서 주의할 사항은 액세스 시간이 길어서 최소한 인가해 주어야 하는 $R/\overline{W}$ 신호폭이 상당히 넓으므로 대부분의 마이크로프로세서에서 여러 개의 웨이트 사이클을 주어야 하며, 인에이블 신호 E에는 보통 칩선택 신호를 정논리로 하여 사용하므로 이보다 앞과 뒤로 펄스폭이 길어야 되는 $R/\overline{W}$ 신호에는 CPU의 $\overline{WR}$ 신호를 그대로 사용하면 동작 타이밍이 맞지 않는다는 것이다. 이러한 까다로운 타이밍 조건 때문에 대부분의 마이크로프로세서에서는 어드레스 디코더의 출력과 $\overline{RD}$ 및 $\overline{WR}$ 신호를 모두 조합하여 E 신호를 만들고, LCD 모듈의 Rs 및 $R/\overline{W}$ 신호에는 각각 CPU의 어드레스 신호 A1, A0을 사용하는 것이 좋다. 따라서, 이렇게 하면 LCD 모듈은 동일한 I/O 번지에서 리드/라이트 동작을 수행하는 것이 아니라 리드 번지와 라이트 번지가 별도로 정해진다. *OK-1281/2561* 키트에서는 LCD 모듈에 항상 라이트 동작만 수행하므로 $R/\overline{W}$ 신호에는 GND를 연결하였다.

그러나, DSP나 ATmega1281/2561과 같은 고성능 마이크로프로세서에서는 시스템 클록 주파수가 높고 CPU의 동작이 매우 빠르기 때문에 이런 방법도 사용하기 곤란하며, 이 경우에는 병렬 I/O 포트를 사용하여 인터페이스하는 것이 바람직하다. 이러한 방법으로 *OK-1281/2561* 키트에서는 74LS574를 사용하여 LCD 모듈을 인터페이스하였다. 그러나, 이렇게 하면 하드웨어의 타이밍 문제는 해결되지만, LCD 모듈의 제어신호를 일일이 병렬 출력 비트로 제어해야 하기 때문에 소프트웨어가 복잡해진다.

동작 모드	타 이 밍	기호	Min.	Typ.	Max.	단위
Write Operation	Enable cycle time	t_{cycE}	500	-	-	ns
	Enable high level width	PW_{EH}	230	-	-	
	Enable rise/fall time	t_{Er}, t_{Ef}	-	-	20	
	Address setup time(Rs, R/$\overline{W}$, E)	t_{AS}	40	-	-	
	Address hold time (Rs, R/$\overline{W}$, E)	t_{AH}	10	-	-	
	Data setup time	t_{DSW}	80	-	-	
	Data hold time	t_H	10	-	-	
Read Operation	Enable cycle time	t_{cycE}	500	-	-	ns
	Enable high level width	PW_{EH}	230	-	-	
	Enable rise/fall time	t_{Er}, t_{Ef}	-	-	20	
	Address setup time(Rs, R/$\overline{W}$, E)	t_{AS}	40	-	-	
	Address hold time (Rs, R/$\overline{W}$, E)	t_{AH}	10	-	-	
	Data delay time	t_{DDR}	-	-	160	
	Data hold time	t_{DHR}	5	-	-	

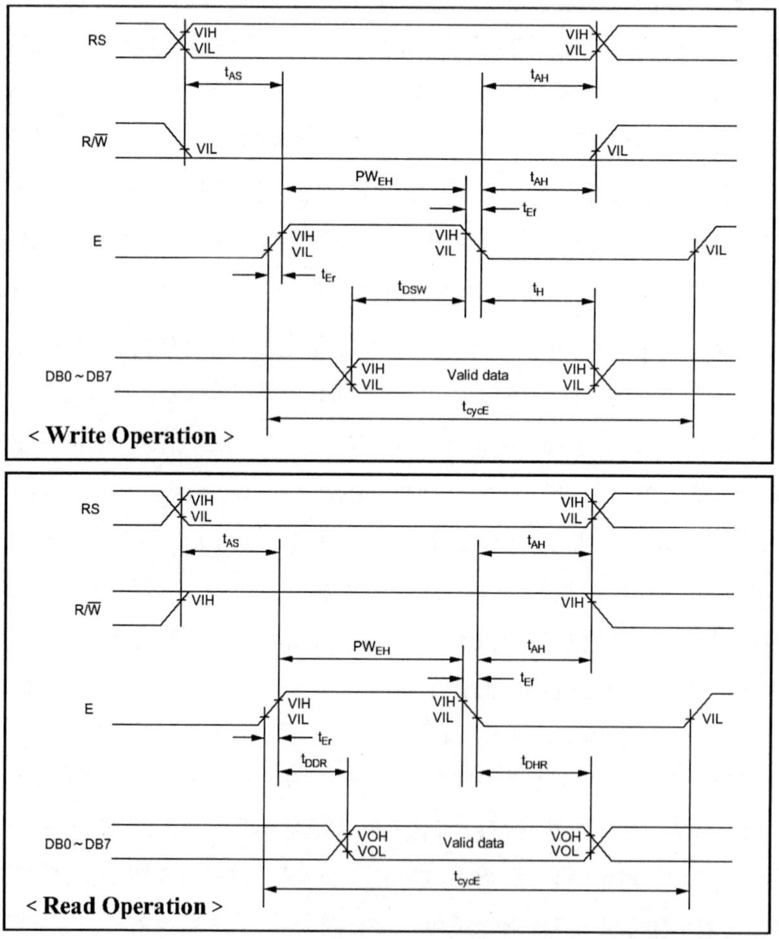

〈그림 4.4.4〉 텍스트형 LCD 모듈의 동작 타이밍

3. 텍스트형 LCD 모듈의 프로그래밍

(1) 제어 명령

텍스트형 LCD 모듈을 사용하기 위한 제어 명령(Instruction 또는 Command)을 정리하면 <표 4.4.5>와 같다. 이들 명령은 마이크로프로세서가 LCD 모듈을 초기화하거나 제어하는 프로그램에서 사용되며 데이터 버스 DB0~DB7을 통하여 전송된다.

LCD 모듈이 각 명령을 받아 이를 실행하는데는 지정된 길이의 시간이 필요하므로 CPU는 그 다음의 명령이나 데이터를 보내기 전에 충분히 시간지연을 주어 대기하거나, 또는 LCD 모듈의 상태를 읽고 busy flag을 조사하여 앞에서 전송한 제어 명령의 실행이 완료되었는지의 여부를 확인하여야 한다. 이 표에 표시된 실행시간은 LCD 콘트롤러로서 Hitachi사의 HD44780U를 f_{osc}=270kHz에서 사용한 경우지만, 이 값들은 삼성전자의 S6A0069, Epson의 SED1278, Sitronix의 ST7066 등도 거의 유사하다.(이 동작 시간은 매우 오래된 HD44780S를 사용한 모델에서도 이와 거의 유사하다.)

〈표 4.4.5〉 텍스트형 LCD 모듈의 제어 명령표

기 능	제어 신호		제 어 명 령								실행 시간 (Max.)
	Rs	R/$\overline{W}$	DB7	DB6	DB5	DB4	DB3	DB2	DB1	DB0	
① Clear display	0	0	0	0	0	0	0	0	0	1	1.52 ms
② Return home	0	0	0	0	0	0	0	0	1	-	1.52 ms
③ Entry mode set	0	0	0	0	0	0	0	1	I/D	S	37 μs
④ Display ON/OFF control	0	0	0	0	0	0	1	D	C	B	37 μs
⑤ Cursor or display shift	0	0	0	0	0	1	S/C	R/L	-	-	37 μs
⑥ Function set	0	0	0	0	1	DL	N	F	-	-	37 μs
⑦ Set CG RAM address	0	0	0	1	CG RAM address						37 μs
⑧ Set DD RAM address	0	0	1	DD RAM address							37 μs
⑨ Read busy flag and address	0	1	BF	Address Counter							0 μs
Data write to CG RAM or DD RAM	1	0	write data								41 μs
Data read from CG RAM or DD RAM	1	1	read data								41 μs

☞ -는 Don't care 비트를 나타냄. 여기서 각 명령 동작의 실행시간은 f_{osc}=270kHz일 경우임.

① Clear display

모든 DD RAM 번지에 공백 문자(20H)를 써서 화면 전체를 지우고, 어드레스 카운터(address counter)를 DD RAM 어드레스 00H로 하여 커서를 home 위치로 한다. 또한 이 명령은 엔트리 모드에서 I/D=1로 강제 설정하는 기능을 포함한다.

② Return home

DD RAM의 내용은 변경하지 않고 어드레스 카운터를 00H로 하여 커서만을 home 위치로 보낸다.

③ Entry mode set

CPU가 LCD 모듈에 데이터를 리드하거나 라이트할 경우에 DD RAM 어드레스 즉 커서의 위치를 오른쪽으로 증가시킬 것인가(I/D=1) 왼쪽으로 감소시킬 것인가(I/D=0)를 결정하며, 또 이때 화면을 시프트할 것인지(S=1) 아닌지(S=0)를 지정한다.

④ Display ON/OFF control

현재 DD RAM의 내용이 화면에 표시되도록 ON/OFF하거나(D), 커서를 ON/OFF하거나(C), 커서를 깜박이게 할 것인지(B)의 여부를 지정한다. 커서가 깜빡이는 시간 간격은 f_{osc}=270kHz에서 약 380ms 정도이다.

⑤ Cursor or display shift

화면표시 내용은 변경하지 않는 상태에서 화면(S/C=1) 또는 커서(S/C=0)를 오른쪽(R/L=1) 또는 왼쪽(R/L=0)으로 시프트하도록 지정한다.

⑥ Function set

CPU와의 인터페이스에서 데이터의 길이를 8비트(DL=1) 또는 4비트(DL=0)로 지정하고, 화면표시 행수를 2행(N=1) 또는 1행(N=0)으로 지정하며, 문자의 폰트를 5×11 도트(F=1, 실제 표시는 5×10 도트) 또는 5×8 도트(F=0, 실제 표시는 5×7 도트)로 지정한다.

◀참고▶ CPU와 4비트 방식으로 인터페이스할 경우에는 DB4~DB7을 사용하며, 상위 4비트를 먼저 전송하고 하위 4비트를 나중에 전송해야 한다. 또한, 외형적으로 16문자×1행으로 되어 있는 LCD 모듈은 소프트웨어적으로 8문자×2행의 구조를 가지므로 N=1로 설정해야 하는데 유의하라.

⑦ Set CG RAM address

CG RAM의 어드레스를 지정한다. 이후에 송수신하는 데이터는 CG RAM의 데이터이다.

⑧ Set DD RAM address

DD RAM의 어드레스를 지정한다. 이후에 송수신하는 데이터는 DD RAM의 데이터이다.

⑨ Read busy flag & address

LCD 모듈이 내부 동작중임을 나타내는 busy flag(BF) 및 어드레스 카운터의 내용을 리드한다. LCD 모듈이 각 제어 코드를 실행하는데는 지정된 시간이 필요하므로

CPU는 다음 제어 코드를 보내기 전에 충분히 시간지연을 주어 대기하는 방법을 사용할 수도 있으며, CPU가 이 BF를 읽어서 이것이 1로 표시되어 있는 경우에는 계속 기다리고 0인 경우에는 다음 제어 코드를 보내는 방법을 사용하면 보다 효율적인 처리가 가능하다.

▣ 초기화 프로그래밍 순서 - 8비트 인터페이스의 경우

CPU와 텍스트형 LCD 모듈 사이에 8비트 데이터 버스를 사용하여 인터페이스한 경우에 LCD 모듈에 전원을 투입하고 나서 이를 초기화하여 사용하는 과정을 요약하면 다음과 같다.

① 전원을 투입하거나 리셋 스위치를 누른다.
② 초기화를 수행하기 전에 최소한 30ms 이상을 기다린다.
③ Function set 명령(0011****B)을 보내고, 4.1ms 이상을 기다린 후에 다시 Function set 명령(0011****B)을 보내며, 100µs 이상을 기다린 후에 다시 한번 Function set 명령(0011****B)을 보낸다. 이상의 3회 라이트 동작에서는 비지 체크를 수행하면 안된다.(*는 don't care)
④ Function set 명령(0011XX00B)을 보낸다.
⑤ Display ON/OFF control 명령(00001XXXB)을 보낸다.
⑥ Entry mode set 명령(000001XXB)을 보낸다.
⑦ DD RAM 어드레스를 보낸다.
⑧ 표시할 문자 데이터를 보낸다.
⑨ 필요할 경우 ⑦~⑧의 과정을 반복한다.

◀참고▶ 텍스트형 LCD 모듈이 리셋되고 나서 내부적인 준비를 마치고 동작을 개시하려면 LCD 모듈에 따라 약 15~30ms가 소요되므로 전원 투입후나 리셋 후에 최초의 초기화 명령을 보내기 전에는 충분한 시간 지연을 주어야 한다. +3.3V형 LCD 모듈에서는 이 시간이 40~50ms 정도에 달하는 것도 있다. 이렇게 리셋 후에 약간의 대기시간을 필요로 하는 것은 82C55A와 같은 주변 LSI에서도 필요한데, 이러한 현상은 각 소자들이 리셋신호를 인식하는 전압레벨이 다르거나 리셋후의 동작과정이 소자마다 다른데 기인한다. 이 때문에 시스템 부팅시에는 최소한 50ms 정도의 충분한 시간 지연을 주는 것이 바람직하다.

◀참고▶ 위에서 ③번의 초기화 처리과정은 HD44780U, SED1278, ST7066 등에서만 해당된다. 그러나, 삼성전자의 S6A0069(또는 KS0066) LCD 콘트롤러에서는 이를 개선하였기 때문에 ③번 항목이 필요없으므로 생략한다. 이는 아래에서 설명하는 4비트 인터페이스의 경우에도 동일하게 적용된다.

◀참고▶ 텍스트형 LCD 모듈에 전원이 인가되었으나 초기화가 올바르게 되지 않은 상태에서는 첫번째 행의 모든 문자들이 검은색으로 표시된다.

▣ 초기화 프로그래밍 순서 - 4비트 인터페이스의 경우

CPU와 텍스트형 LCD 모듈 사이에 4비트 데이터 버스를 사용하여 인터페이스한 경우에 LCD 모듈에 전원을 투입하고 나서 이를 초기화하여 사용하는 과정을 요약하면 다음과 같다.

① 전원을 투입하거나 리셋 스위치를 누른다.
② 초기화를 수행하기 전에 최소한 30ms 이상을 기다린다.
③ Function set 명령(0011****B)을 보내고, 4.1ms 이상을 기다린 후에 다시 Function set 명령(0011****B)을 보내며, 100μs 이상을 기다린 후에 다시 한번 Function set 명령(0011****B)을 보낸다. 이상의 3회 라이트 동작에서는 비지 체크를 수행하면 안된다.(*는 don't care)
④ Function set 명령(0010****B)을 8비트로 보낸다.
⑤ Function set 명령(0010XX00B)을 상위 4비트와 하위 4비트로 나누어 각각 DB7~DB4로 보낸다.
⑥ Display ON/OFF control 명령(00001XXXB)을 상위 4비트와 하위 4비트로 나누어 각각 DB7~DB4로 보낸다.
⑦ Entry mode set 명령(000001XXB)을 상위 4비트와 하위 4비트로 나누어 각각 DB7~DB4로 보낸다.
⑧ DD RAM 어드레스를 상위 4비트와 하위 4비트로 나누어 각각 DB7~DB4로 보낸다.
⑨ 표시할 문자 데이터를 상위 4비트와 하위 4비트로 나누어 각각 DB7~DB4로 보낸다.
⑩ 필요할 경우 ⑧~⑨의 과정을 반복한다.

◀참고▶ LCD 모듈이 리셋되고 나면 이것은 디폴트(default)로 8비트 인터페이스 모드로 동작하므로 ④에서 라이트한 Function set 명령은 LCD 모듈이 비록 상위 4비트만을 받았더라도 8비트 모드로 처리된 것이다. 따라서, LCD 모듈이 이 명령의 하위 4비트까지 받도록 하려면 ⑤에서처럼 처음부터 4비트씩 다시 보내야만 한다. 이후의 모든 명령이나 데이터는 1바이트를 상위 4비트와 하위 4비트로 나누어 2차례에 전송해야 한다.

(2) DD RAM 어드레스

텍스트형 LCD 모듈의 DD RAM은 표시할 문자들의 ASCII 코드 데이터가 저장되는 내부 메모리이며 모두 80개의 번지가 있는데, 화면의 각 행과 열의 문자 위치에는 고유한 어드레스값이 부여되어 있다.

그런데, 첫번째 행은 DD RAM 어드레스가 00H부터 시작되고 2번째 행은 항상 40H부터 시작되므로, LCD 모듈이 2행 이상으로 구성되는 경우에 각 행과 행 사이에는 어드레스가 연속하여 있지 않게 되어 주의하여야 한다. 또한, 물리적으로 4행으로 되어 있는 LCD 모듈은 어드레스가 1행과 3행이 이어져 있고 2행과 4행이 이어져 있어서 논리적으로는 2행으로 동작한다.

텍스트형 LCD 모듈의 각 모델에 따라 표시 문자의 위치에 대한 DD RAM의 어드레스를 보이면 <그림 4.4.5>와 같다.

	1															16
1행	00	01	02	03	04	05	06	07	40	41	42	43	44	45	46	47

(a) 16문자×1행 (☞ 2행인 것처럼 설정할 것.)

제1행	00	01	02	03	04	05	06	07	08	09	0A	0B	0C	0D	0E	0F
제2행	40	41	42	43	44	45	46	47	48	49	4A	4B	4C	4D	4E	4F

(b) 16문자×2행

제1행	00	01	02	03	04	05	06	07	08	09	0A	0B	0C	0D	0E	0F
제2행	40	41	42	43	44	45	46	47	48	49	4A	4B	4C	4D	4E	4F
제3행	10	11	12	13	14	15	16	17	18	19	1A	1B	1C	1D	1E	1F
제4행	50	51	52	53	54	55	56	57	58	59	5A	5B	5C	5D	5E	5F

(c) 16문자×4행

	1																			20
제1행	00	01	02	03	04	05	06	07	08	09	0A	0B	0C	0D	0E	0F	10	11	12	13
제2행	40	41	42	43	44	45	46	47	48	49	4A	4B	4C	4D	4E	4F	50	51	52	53

(d) 20문자×2행

제1행	00	01	02	03	04	05	06	07	08	09	0A	0B	0C	0D	0E	0F	10	11	12	13
제2행	40	41	42	43	44	45	46	47	48	49	4A	4B	4C	4D	4E	4F	50	51	52	53
제3행	14	15	16	17	18	19	1A	1B	1C	1D	1E	1F	20	21	22	23	24	25	26	27
제4행	54	55	56	57	58	59	5A	5B	5C	5D	5E	5F	60	61	62	63	64	65	66	67

(e) 20문자×4행

	1																							24
제1행	00	01	02	03	04	05	06	07	08	09	0A	0B	0C	0D	0E	0F	10	11	12	13	14	15	16	17
제2행	40	41	42	43	44	45	46	47	48	49	4A	4B	4C	4D	4E	4F	50	51	52	53	54	55	56	57

(f) 24문자×2행

	1																							40
제1행	00	01	02	03	04	05	06	07	08	09	0A	0B	0C	0D	0E	0F	10	11	12	13		25	26	27
제2행	40	41	42	43	44	45	46	47	48	49	4A	4B	4C	4D	4E	4F	50	51	52	53		65	66	67

(g) 40문자×2행

〈그림 4.4.5〉 텍스트형 LCD 모듈의 DD RAM 어드레스

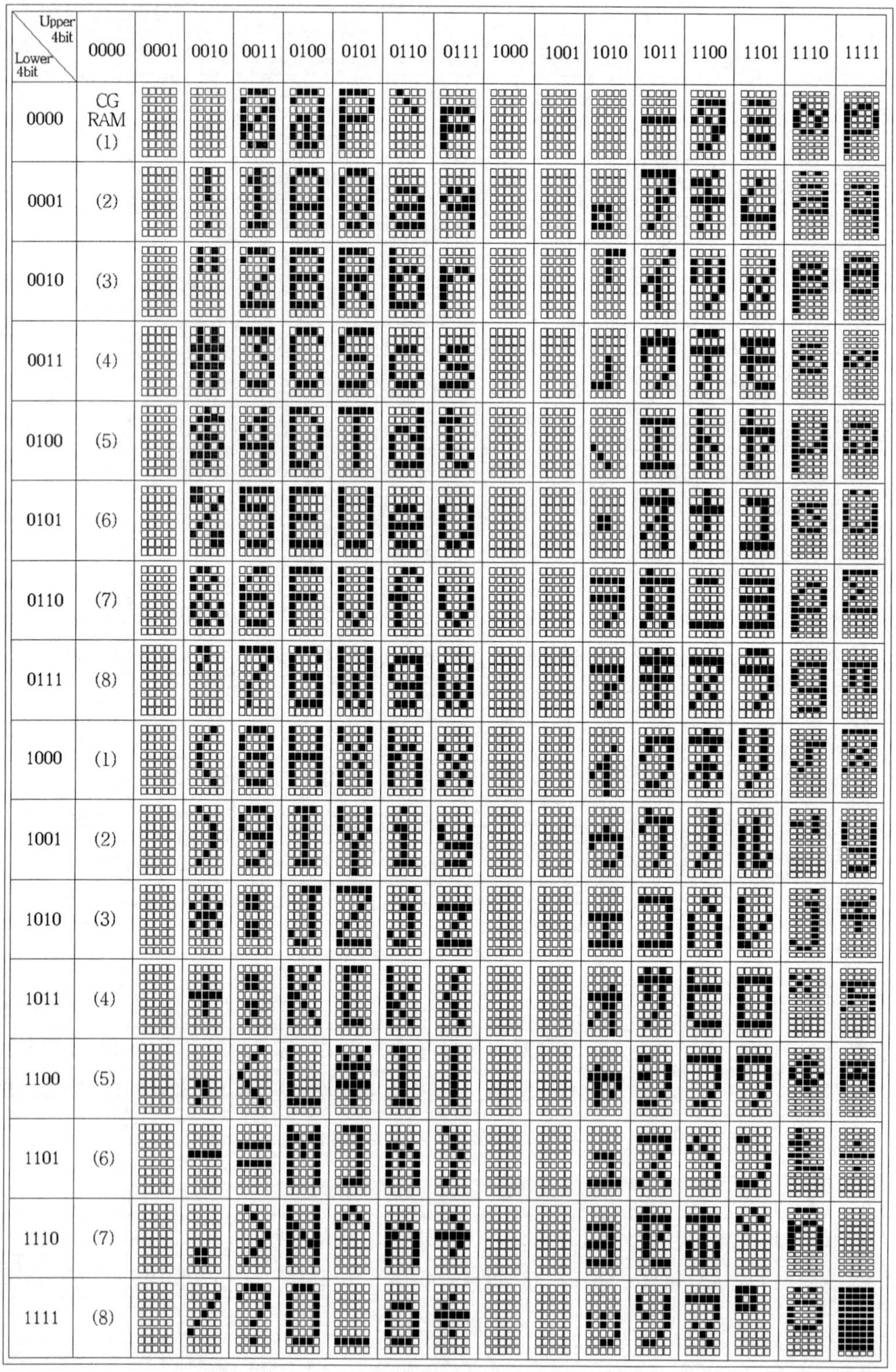

〈그림 4.4.6〉 텍스트형 LCD 모듈의 표시문자 세트

(3) 표시 문자 세트

텍스트형 LCD 모듈에서 화면에 표시할 수 있는 문자의 종류와 그 코드값을 보이면 <그림 4.4.6>과 같다. 표시 가능한 문자들 중에는 대부분의 ASCII 도형문자들이 포함되며, 기타 일본어 가나문자와 몇가지의 특수문자들이 포함된다. 그러나, 요즈음에는 대부분의 LCD 콘트롤러에서 일본어가 사용되던 위치에 다른 특수문자 세트를 가지는 여러가지 버전이 판매되고 있으며, 이러한 경우에도 00H~0FH의 사용자 정의문자 영역과 20H~7DH의 ASCII 문자 영역은 항상 동일한 구조를 갖는다.

문자 코드의 00H~0FH의 영역에는 64바이트의 CG RAM이 내장되어 있어서 사용자 정의문자를 저장하여 사용할 수 있다. 여기에는 최대 8문자(5×7 도트의 경우) 또는 4문자(5×10 도트의 경우)까지 사용자가 폰트를 정의할 수 있는데, 이는 당연히 전원이 투입된 후에 사용자에 의하여 새로 정의되어야 유효하므로 전원을 끄고나면 사용자 정의 문자는 모두 소실되어 기억되지 않는다.

◀참고▶ 코드 영역 E0H~FFH는 5×10 도트용의 문자를 정의하는 영역인데, 여기서 g, j, p, q, y는 영문의 알파벳 소문자와 같으나, 원래의 알파벳의 소문자에서는 문자의 폰트를 5×7 도트로 사용하는데 비하여 이 문자들은 5×10 도트를 사용하므로 다른 일반 문자들보다 아래쪽으로 약간 길어지는 점이 다르다. 그러나, 이 문자들을 5×7 도트형의 LCD 모듈에서 사용하면 아래 부분이 모두 잘려서 보이지 않게 된다.

(4) 사용자 정의 문자

앞에서도 설명한 바와 같이 텍스트형 LCD 모듈에는 LCD 콘트롤러가 내장되어 있는데, 이것의 내부에는 각종 제어회로와 DD RAM, CG ROM, CG RAM 등의 메모리를 함께 가지고 있다. CG ROM에는 모두 192개(일본어형) 또는 240개(유럽형)의 기본 문자 폰트(character font)를 가지고 있어서 사용자가 화면에 표시하고자 하는 문자 코드를 DD RAM에 써주기만 하면 이것에 해당하는 폰트가 자동으로 CG ROM에서 찾아져서 화면에 디스플레이 된다.

그러나, 이처럼 CG ROM에 지정된 기본 문자 이외의 문자를 화면에 표시하려면 사용자 정의문자를 만들어 사용할 수 있는데, 이와 같이 사용자 정의문자를 지정하는데 사용하는 메모리가 CG RAM이며, 이 CG RAM에는 5×7 도트를 사용하는 경우에 최대 8문자까지 정의할 수 있고, 5×10 도트의 경우에는 최대 4문자까지 정의하여 사용할 수 있다. 사용자 정의문자는 <그림 4.4.6>의 00H~0FH 영역에 할당되어 있는데 1문자가 2개의 코드 영역을 차지하므로 실제 코드값은 00H~07H(또는 08H~0FH)로 사용한다.

〈표 4.4.6〉 텍스트형 LCD 모듈에서의 사용자 정의문자 지정방법

문자 코드(DD RAM data)	CG RAM address	CG RAM data(문자 폰트)
7 6 5 4 3 2 1 0	X X 5 4 3 2 1 0	7 6 5 4 3 2 1 0
0 0 0 0 X 0 0 0	0 1 0 0 0 0 0 0	X X X 0 1 0 0 0
	0 0 1	X X X 0 1 1 0 0
	0 1 0	X X X 0 1 1 1 0
	0 1 1	X X X 0 1 1 1 1
	1 0 0	X X X 0 1 1 1 0
	1 0 1	X X X 0 1 1 0 0
	1 1 0	X X X 0 1 0 0 0
	1 1 1	X X X 0 0 0 0 0
0 0 0 0 X 0 0 1	0 1 0 0 1 0 0 0	X X X 0 1 1 1 1
	0 0 1	X X X 0 1 0 0 1
	0 1 0	X X X 0 1 0 0 1
	0 1 1	X X X 0 1 0 0 1
	1 0 0	X X X 0 1 0 0 1
	1 0 1	X X X 0 1 0 0 1
	1 1 0	X X X 0 1 1 1 1
	1 1 1	X X X 0 0 0 0 0
0 0 0 0 X 0 1 0	0 1 0 1 0 0 0 0	X X X 0 1 0 0 0
	0 0 1	X X X 0 1 0 0 0
	0 1 0	X X X 0 1 0 0 0
	0 1 1	X X X 0 1 1 1 0
	1 0 0	X X X 0 1 0 0 0
	1 0 1	X X X 0 1 0 0 0
	1 1 0	X X X 0 1 0 0 0
	1 1 1	X X X 0 0 0 0 0
0 0 0 0 X 0 1 1	0 1 0 1 1 0 0 0	X X X 0 0 0 0 1
	0 0 1	X X X 0 0 0 1 0
	0 1 0	X X X 0 0 1 0 0
	0 1 1	X X X 0 1 0 0 0
	1 0 0	X X X 0 0 0 0 0
	1 0 1	X X X 0 0 0 0 0
	1 1 0	X X X 0 1 1 1 1
	1 1 1	X X X 0 0 0 0 0
0 0 0 0 X 1 0 0	0 1 1 0 0 0 0 0	X X X 1 0 0 0 0
	0 0 1	X X X 0 1 0 0 0
	0 1 0	X X X 0 0 1 0 0
	0 1 1	X X X 0 0 0 1 0
	1 0 0	X X X 0 0 0 0 0
	1 0 1	X X X 0 0 0 0 0
	1 1 0	X X X 1 1 1 1 0
	1 1 1	X X X 0 0 0 0 0
0 0 0 0 X 1 0 1	0 1 1 0 1 0 0 0	X X X 0 1 1 1 1
	0 0 1	X X X 0 1 0 0 0
	0 1 0	X X X 0 1 0 0 0
	0 1 1	X X X 0 1 1 1 1
	1 0 0	X X X 0 1 0 0 0
	1 0 1	X X X 0 1 0 0 0
	1 1 0	X X X 0 1 1 1 1
	1 1 1	X X X 0 0 0 0 0
0 0 0 0 X 1 1 0	0 1 1 1 0 0 0 0	X X X 0 0 1 0 0
	0 0 1	X X X 0 0 1 0 0
	0 1 0	X X X 0 0 1 0 0
	0 1 1	X X X 1 1 1 0 0
	1 0 0	X X X 0 0 1 0 0
	1 0 1	X X X 0 0 1 0 0
	1 1 0	X X X 0 0 1 0 0
	1 1 1	X X X 0 0 0 0 0
0 0 0 0 X 1 1 1	0 1 1 1 1 0 0 0	X X X 0 0 0 1 0
	0 0 1	X X X 0 0 1 1 0
	0 1 0	X X X 0 1 1 1 0
	0 1 1	X X X 1 1 1 1 0
	1 0 0	X X X 0 1 1 1 0
	1 0 1	X X X 0 0 1 1 0
	1 1 0	X X X 0 0 0 1 0
	1 1 1	X X X 0 0 0 0 0

☞ 여기서 X는 don't care를 의미함.

CG RAM에 사용자 정의문자의 폰트를 작성해 넣으려면 초기화 과정에서 문자 코드와 문자 폰트를 <표 4.4.6>에 나타낸 방법으로 미리 설정해 두는 것이 좋다. 텍스트형 LCD 모듈의 CG RAM에 프로그램으로 실제 사용자 정의문자의 폰트를 작성해 넣는 방법을 요약하면 다음과 같다.

① 사용자 정의문자 코드는 00H~0FH 영역에 해당되며, 이 중에서 아래의 3비트만 유효하고 b3은 don't care이므로 실제 코드값은 00H~07H(또는 08H~0FH)로 지정해야 한다.

② 이 문자 코드의 아래 3비트 b2~b0는 그대로 CG RAM 어드레스의 b5~b3에 대응되고 CG RAM 어드레스의 그 나머지 비트 b2~b0에 의하여 문자코드 1개당 8개의 번지가 할당된다. <표 4.4.5>에서 보였던 바와 같이 CG RAM 어드레스를 지정하는 명령의 상위 2비트는 무조건 b7=0, b6=1로 된다.

③ 따라서, 예를 들어 문자코드 00H의 문자폰트를 써넣으려면 먼저 CG RAM 어드레스 지정 명령 40H(= 01000000B)를 instruction 번지(Rs = 0)에 쓰고, 다음에 8개의 CG RAM 데이터를 순서대로 data 번지(Rs = 1)에 쓴다.(여기서, CG RAM의 어드레스는 Entry mode set 명령에서 커서를 증가시키는 방향으로 설정하였다면 자동으로 1씩 증가되므로 8개의 폰트 데이터를 순서대로 써넣으면 되는 것이다.)
마찬가지로 문자코드 01H의 문자폰트를 써넣으려면 먼저 CG RAM 어드레스 지정 명령 48H(= 01001000B)를 instruction 번지(Rs = 0)에 쓰고, 다음에 8개의 CG RAM 데이터를 순서대로 data 번지(Rs = 1)에 쓴다.

④ 문자 폰트 데이터는 도트(dot)를 검게 표시하고 싶은 부분의 비트를 1로 하고 공백 부분은 0으로 한다. 5×8 도트의 경우에 마지막인 8번째 줄은 커서가 나타나는 위치로서 일반적으로 문자 표시에는 사용하지 않으므로 모두 0으로 한다. 이렇게 하면 실제의 문자 폰트는 5×7 도트로 구성된다.

⑤ <표 4.4.6>에서의 예는 문자코드 00H~07H 영역에 차례로 8개의 문자 "▶", "ㅁ", "ㅏ", "스"(2문자), "ㅌ", "ㅓ", "◀"의 폰트를 설정하는 경우를 보인 것이다.

◀휴게실▶ 텍스트형 및 그래픽형 LCD 모듈의 근본적인 차이

텍스트형 LCD 모듈과 그래픽형 모듈의 근본적인 차이점은 무엇일까? 이것은 아주 간단한 이야기지만, 사용자들이 이를 잘 구분하지 못하는 경우를 의외로 자주 보게 된다. 이를 분명히 알아두는 것이 LCD 모듈을 공부하는데 매우 중요한 키포인트가 될 것이므로 여기에서 설명하기로 한다.

텍스트형 LCD 모듈에는 아래 <그림 4.4.7>의 (a)에서 보는 것처럼 1개의 텍스트 문자를 표시할 자리가 각 문자당 5×8 도트씩으로 미리 마련되어 있다. 예를 들어 16자×2행 짜리의 텍스트형 LCD 모듈이라면 화면 전체에 이런 자리가 32개 있는 것이다. 이 각 문자 박스는 5×8 도트로 구성되지만 가장 아래의 도트 라인은 사용하지 않고 비워두므로 실제 문자의 크기는 5×7 도트로 되어 있다. 마지막 라인은 예를 들면 커서와 같은 특수한 용도로만 사용된다. 5×8 도트의 문자 박스들 사이에는 약간의 빈 공간이 있다. 문자와 문자 사이에 약간의 거리를 둠으로써 사람이 이를 읽을 때 가독성을 좋게 하기 위함이다. 도트 1개의 크기와 문자 사이의 이격 거리가 얼마인지는 LCD 모듈의 모델마다 다른데, 이는 각 LCD 모듈 데이터 시트의 사양에서 dot size, character size, character pitch 등을 보면 알 수 있다.

텍스트형 LCD 모듈의 사용자가 각 문자 박스에 원하는 문자를 표시하려면 우선 제어 명령으로 커서를 해당 위치로 지정하고 나서 그 문자의 1바이트 ASCII 코드만을 출력하면 된다. 즉, 사용자는 LCD의 각 도트 하나하나를 직접 구동할 수 없고 단지 ASCII 코드를 출력하면 그 문자에 해당하는 폰트를 내장 ROM에서 불러다가 화면에 표시하는 것은 LCD 콘트롤러의 역할이다. 이 때문에 텍스트형 LCD 모듈 내부에는 반드시 문자 발생기(character generator) ROM과 LCD 콘트롤러를 가지고 있다.

이에 비하여 그래픽형 LCD 모듈은 <그림 4.4.7>의 (b)에서 보는 것처럼 모든 도트들이 바둑판처럼 가로 세로가 일정한 간격의 배열로 되어 있어서 여기에 텍스트 문자든 그래픽이든 자유롭게 나타낼 수 있으며, 물론 화면에서 각 텍스트 문자를 표시할 자리도 따로 정해져 있지 않고 또한 문자의 크기를 일정하게 지정하지도 않는다.

따라서, 그래픽형 LCD 모듈에 텍스트 문자를 디스플레이할 때는 사용자가 일일이 도트 하나하나를 구동하여 그래픽적인 방법으로 문자의 모양을 그려주어야 하는데, 이와 같이 콘트롤러를 가지고 있지 않은 그래픽형 LCD 모듈에서는 화면에 텍스트 문자를 디스플레이하는 것만도 상당히 복잡한 프로그램을 필요로 한다. 그래서, 이러한 불편을 개선한 콘트롤러 내장형의 그래픽 LCD 모듈에서는 기본적인 그래픽 기능을 가지면서도 텍스트형 LCD 모듈에서처럼 사용자가 ASCII 코드만을 출력하는 방법으로 화면에 텍스트 문자를 디스플레이할 수 있다.

그러나, 콘트롤러를 내장하지 않은 그래픽형 LCD 모듈의 경우는 좀 덜하지만 콘트롤러를 내장한 그래픽형 LCD 모듈은 이 콘트롤러 LSI의 종류에 따라 LCD 모듈의 기능과 사용법이 전혀 다른 경우가 대부분이므로 사용자가 이를 일일이 익혀서 사용하여야 한다.

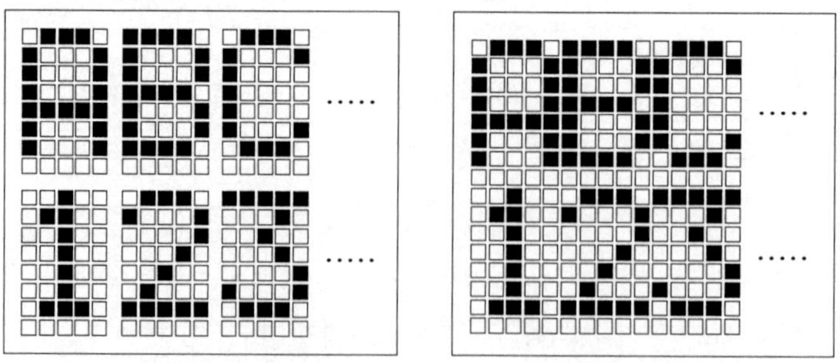

(a) 텍스트형 LCD 모듈 (b) 그래픽형 LCD 모듈

〈그림 4.4.7〉 텍스트형 LCD 모듈과 그래픽형 LCD 모듈의 차이

4. 텍스트형 LCD 모듈의 기본 프로그램

텍스트형 LCD 모듈을 사용하는 프로그램으로 먼저 이를 초기화하고 여기에 문자열을 출력하는 예제를 살펴본다.

(1) 초기화 및 ASCII 문자열의 출력

텍스트 LCD 모듈을 초기화하고 여기에 ASCII 문자열을 출력하는 기본적인 예제 프로그램은 다음과 같다.

▣ 어셈블리 언어의 경우

이 예제에서는 텍스트 LCD를 초기화하고 여기에 16자 이내의 문자열을 기본 출력하는 루틴은 물론이고 16자 이상의 긴 행을 표시하고 이를 좌우로 시프트하는 루틴을 공부한다.

<프로그램 Exp04_1.asm> 기본 LCD 출력 예제

```
;[][][][][][][][][][][][][][][][][][][][][][][][][][][][][][][][][][]
;[]                                                                []
;[]           Exp04_1.asm : Basic LCD Display Program              []
;[]                                                                []
;[][][][][][][][][][][][][][][][][][][][][][][][][][][][][][][][][][]
;
;             Designed and programmed by Duck-Yong Yoon in 2006.
;
;--------------------------------------------------
;       Include Header File
;--------------------------------------------------
.nolist
.include "m2561def.inc"               ; ATmega2561 definition file
.list

;==================================================================
;       Main Program
;==================================================================
.cseg
        .org    0x0000
        LDI     AH,high(RAMEND)       ; initialize SP
        LDI     AL,low(RAMEND)
        OUT     SPH,AH
        OUT     SPL,AL

        CALL    INIT_MCU              ; initialize MCU and kit
        CALL    D50MS                 ; wait for system stabilization
        CALL    INIT_LCD              ; initialize text LCD

;--------------------------------------------------
;       Display Messages on LCD
```

```
;---------------------------------------------
LOOP:   CALL    BEEP
        CALL    LCD_HOME1               ; display logo
        CALL    LCD_STRING
        .db     "   OK-2561 V1.0   ",0,0
        CALL    LCD_HOME2               ; display message 1
        CALL    LCD_STRING
        .db     " ATmega2561-16AU",0,0
        CALL    D2SEC
        CALL    LCD_HOME2               ; display message 2
        CALL    LCD_STRING
        .db     "    2006/10/01    ",0,0
        CALL    D2SEC

;---------------------------------------------
;       Display and Shift on LCD
;---------------------------------------------
        CALL    BEEP
        CALL    LCD_HOME1               ; display long line
        CALL    LCD_STRING
        .db     "0123456789ABCDEF0123456789ABCDEF",0,0
        CALL    LCD_HOME2
        CALL    LCD_STRING
        .db     "Go shift left and right 16 times",0,0
        CALL    D1SEC

        LDI     CL,16                   ; shift left
LEFT:   LDI     LCD_BUFFER,0x18
        CALL    LCD_COMMAND
        CALL    D100MS
        CALL    D200MS
        DEC     CL
        BRNE    LEFT
        CALL    D1SEC

        LDI     CL,16                   ; shift right
RIGHT:  LDI     LCD_BUFFER,0x1C
        CALL    LCD_COMMAND
        CALL    D100MS
        CALL    D200MS
        DEC     CL
        BRNE    RIGHT
        CALL    D1SEC

        JMP     LOOP

;===============================================================
;       Include User Subroutine File
;===============================================================
.include "OK2561.INC"                   ; OK-2561 I/O and subroutine file
```

☞ 처음에 마이크로콘트롤러가 기동되고 나서 텍스트형 LCD 모듈을 초기화하기 전에 수십ms(여기서는 50ms)의 시간지연을 주는 것이 정석이라는 것을 기억하라. 이것은 전원을 투입한 후에 동작을 개시하는 시간이 대부분의 경우 마이크로콘트롤러보다 텍스트형 LCD 모듈이 늦기 때문이다. 앞의 제4.1절에서 소개한 인클루드 파일 OK2561.INC에서 INIT_LCD, LCD_COMMAND, LCD_DATA, LCD_STRING의 서브루틴들에 대한 동작을 이해하라. 이 예제에서는 간단한 반복처리 기법에 대하여도 관심을 가지고 이해하라.

▣ C언어의 경우

앞의 어셈블리 예제 프로그램 Exp04_1.asm과 동일한 기능의 프로그램을 C언어로 작성하면 다음과 같다.

<프로그램 Exp04_1.c> 기본 LCD 출력 예제

```
/* ============================================================================ */
/*                    Exp04_1.c : Basic LCD Display Program                     */
/* ============================================================================ */
/*                         Designed and programmed by Duck-Yong Yoon in 2006.   */

#include <avr/io.h>
#include "OK1281.h"

int main(void)
{ unsigned char i;

  MCU_initialize();                             // initialize MCU and kit
  Delay_ms(50);                                 // wait for system stabilization
  LCD_initialize();                             // initialize text LCD module

  while(1)
    { Beep();
      LCD_string(0x80,"  OK-1281 V1.0  ");      // display logo
      LCD_string(0xC0," ATmega1281-16AU");      // display message 1
      Delay_ms(2000);
      LCD_string(0xC0,"   2006/10/01   ");      // display message 2
      Delay_ms(2000);

      Beep();
      LCD_string(0x80,"0123456789ABCDEF0123456789ABCDEF"); // display long line
      LCD_string(0xC0,"Go shift left and right 16 times");
      Delay_ms(1000);

      for(i=0; i<16; i++)                       // shift left
        { LCD_command(0x18);
          Delay_ms(300);
        }
      Delay_ms(1000);

      for(i=0; i<16; i++)                       // shift right
        { LCD_command(0x1C);
          Delay_ms(300);
        }
      Delay_ms(1000);
    }
}
```

(2) 사용자 정의 문자의 출력

텍스트형 LCD 모듈에 8글자의 사용자 정의 문자를 다운로드하고 이를 디스플레이해 보는 예제 프로그램은 다음과 같다.

▣ 어셈블리 언어의 경우

이 예제에서는 텍스트형 LCD 모듈에 8개의 사용자 정의 문자 "▶", "ㅁ", "ㅏ", "ㅅ"(2문자), "ㅌ", "ㅓ", "◀"의 폰트를 다운로드하고 이를 LCD 모듈의 출력 문자열에 포함시켜 디스플레이한다.

<프로그램 Exp04_2.asm> 사용자 정의 문자 출력 예제

```
;[][][][][][][][][][][][][][][][][][][][][][][][][][][][][][][][][][][][][]
;[]                                                                      []
;[]          Exp04_2.asm : User-Defined Character Display               []
;[]                                                                      []
;[][][][][][][][][][][][][][][][][][][][][][][][][][][][][][][][][][][][][]
;
;              Designed and programmed by Duck-Yong Yoon in 2006.
;
;---------------------------------------------------
;       Include Header File
;---------------------------------------------------
.nolist
.include "m2561def.inc"                 ; ATmega2561 definition file
.list

;==========================================================================
;       Main Program
;==========================================================================
.cseg
        .org    0x0000
        LDI     AH,high(RAMEND)         ; initialize SP
        LDI     AL,low(RAMEND)
        OUT     SPH,AH
        OUT     SPL,AL

        CALL    INIT_MCU                ; initialize MCU and kit
        CALL    D50MS                   ; wait for system stabilization
        CALL    INIT_LCD                ; initialize text LCD

;---------------------------------------------------
;       Display Messages on LCD
;---------------------------------------------------
        CALL    SET_FONT                ; set user font

LOOP:   CALL    BEEP
        CALL    LCD_HOME1               ; display logo
        LDI     LCD_BUFFER,0x00
        CALL    LCD_DATA
        CALL    LCD_STRING
        .db     " OK-2561 V1.0 ",0x07,0
        CALL    LCD_HOME2               ; display message 1
        CALL    LCD_STRING
        .db     "ATmega2561",0x01,0x02,0x03,0x04,0x05,0x06,0,0
        CALL    D2SEC
        CALL    LCD_HOME2               ; display message 2
        CALL    LCD_STRING
        .db     "   2006/10/01    ",0,0
        CALL    D2SEC
        CALL    LCD_HOME2               ; display message 3
        CALL    LCD_STRING
        .db     " DUCK-YONG YOON ",0,0
```

```
        CALL    D2SEC
        JMP     LOOP

;==========================================================================
;       Set User Character Font
;==========================================================================
SET_FONT:LDI    LCD_BUFFER,0x40         ; set CG RAM address
        CALL    LCD_COMMAND
        LDI     ZL,byte3(FONT << 1)     ; start address of font data
        OUT     RAMPZ,ZL
        LDI     ZH,high(FONT << 1)
        LDI     ZL,low(FONT << 1)
        LDI     CL,64
SET_FON1:ELPM   LCD_BUFFER,Z+           ; read font data
        CALL    LCD_DATA                ; download font data
        DEC     CL
        BRNE    SET_FON1
        RET

FONT:   .db     0b00010000,0b00011000   ; character 0
        .db     0b00011100,0b00011110
        .db     0b00011100,0b00011000
        .db     0b00010000,0b00000000
        .db     0b00001111,0b00001001   ; character 1
        .db     0b00001001,0b00001001
        .db     0b00001001,0b00001001
        .db     0b00001111,0b00000000
        .db     0b00001000,0b00001000   ; character 2
        .db     0b00001000,0b00001110
        .db     0b00001000,0b00001000
        .db     0b00001000,0b00000000
        .db     0b00000001,0b00000010   ; character 3
        .db     0b00000100,0b00001000
        .db     0b00000000,0b00000000
        .db     0b00001111,0b00000000
        .db     0b00010000,0b00001000   ; character 4
        .db     0b00000100,0b00000010
        .db     0b00000000,0b00000000
        .db     0b00011110,0b00000000
        .db     0b00001111,0b00001000   ; character 5
        .db     0b00001000,0b00001111
        .db     0b00001000,0b00001000
        .db     0b00001111,0b00000000
        .db     0b00000100,0b00000100   ; character 6
        .db     0b00000100,0b00011100
        .db     0b00000100,0b00000100
        .db     0b00000100,0b00000000
        .db     0b00000001,0b00000011   ; character 7
        .db     0b00000111,0b00001111
        .db     0b00000111,0b00000011
        .db     0b00000001,0b00000000

;==========================================================================
;       Include User Subroutine File
;==========================================================================
.include "OK2561.INC"                   ; OK-2561 I/O and subroutine file
```

☞ 사용자 정의 문자를 다운로드하는 동작은 각 문자의 CGRAM 번지를 지정하고 8바이트의 폰트 데이터를 라이트하면 된다. 여기서는 8문자를 연속으로 다운로드하므로 첫 문자의 CGRAM 번지를 지정하고

나서 64바이트의 폰트 데이터를 라이트하였다. LCD_STRING 서브루틴에서도 그렇듯이 SET_FONT 서브루틴에서도 플래시 메모리에 들어있는 상수를 읽어올 때는 Z 레지스터를 사용하여 LPM 명령으로 처리하거나, RAMPZ 레지스터와 Z레지스터를 사용하여 ELPM 명령으로 처리한다는 것에 주목하라.

사용자 정의 문자에서 0x01~0x07의 문자들은 문자열에 포함시킬 수는 있지만 문자열을 의미하는 " " 안에 ASCII 문자로 포함시킬 수 없기 때문에 직접 코드값으로 지정하여야 한다. 또한, LCD_STRING 서브루틴으로 문자열을 출력할 때 코드값이 0x00인 사용자 정의 문자는 이 문자열에 포함시킬 수가 없다. 이 서브루틴의 내부에서 0x00은 문자열의 끝을 표시하는 의미로 사용하고 있기 때문이다. 따라서, 만약 이 0x00 문자를 출력하려면 LCD_DATA 서브루틴을 사용하여 출력한다.

▣ C언어의 경우

앞의 어셈블리 예제 프로그램 Exp04_2.asm을 C언어로 작성하면 다음과 같다.

<프로그램 Exp04_2.c> 사용자 정의 문자 출력 예제

```
/* ============================================================================ */
/*                   Exp04_2.c : User-Defined Character Display                 */
/* ============================================================================ */
/*                         Designed and programmed by Duck-Yong Yoon in 2006.   */

#include <avr/io.h>
#include "OK1281.h"

void Set_font(void)                                  /* set user character font */
{ unsigned char i;
  unsigned char font[] = {
    0x10, 0x18, 0x1C, 0x1E, 0x1C, 0x18, 0x10, 0x00,    // character 0
    0x0F, 0x09, 0x09, 0x09, 0x09, 0x09, 0x0F, 0x00,    // character 1
    0x08, 0x08, 0x08, 0x0E, 0x08, 0x08, 0x08, 0x00,    // character 2
    0x01, 0x02, 0x04, 0x08, 0x00, 0x00, 0x0F, 0x00,    // character 3
    0x10, 0x08, 0x04, 0x02, 0x00, 0x00, 0x1E, 0x00,    // character 4
    0x0F, 0x08, 0x08, 0x0F, 0x08, 0x08, 0x0F, 0x00,    // character 5
    0x04, 0x04, 0x04, 0x1C, 0x04, 0x04, 0x04, 0x00,    // character 6
    0x01, 0x03, 0x07, 0x0F, 0x07, 0x03, 0x01, 0x00 };  // character 7

  LCD_command(0x40);                                 // set CGRAM address
  for(i=0; i<64; i++)                                // download font data
     LCD_data(font[i]);
}

int main(void)
{
  MCU_initialize();                                  // initialize MCU and kit
  Delay_ms(50);                                      // wait for system stabilization
  LCD_initialize();                                  // initialize text LCD module

  Set_font();                                        // set user character font

  while(1)
    { Beep();
      LCD_command(0x80);                             // display logo
      LCD_data(0x00);
      LCD_string(0x81," OK-1281 V1.0 ");
      LCD_data(0x07);
```

```
        LCD_string(0xC0,"ATmega1281");          // display message 1
        LCD_data(0x01);
        LCD_data(0x02);
        LCD_data(0x03);
        LCD_data(0x04);
        LCD_data(0x05);
        LCD_data(0x06);
        Delay_ms(2000);
        LCD_string(0xC0,"   2006/10/01   ");    // display message 2
        Delay_ms(2000);
        LCD_string(0xC0," DUCK-YONG YOON ");    // display message 3
        Delay_ms(2000);
      }
  }
```

☞ 사용자 정의 문자의 폰트처럼 배열로 처리된 큰 용량의 상수 데이터는 내부 데이터 메모리인 소용량의 SRAM보다는 프로그램 메모리인 대용량의 플래시 메모리에 저장하는 것이 바람직하다. 이 경우에는 상수가 64바이트에 불과하므로 그런 필요성이 덜하지만 상수 데이터의 용량이 커질수록 이런 필요성은 높아진다. 그러나, 이러한 프로그래밍 기술을 여기서 공부하는 것은 아직 어려우므로 이 데이터들을 그냥 SRAM에 저장하였으며, 이에 대하여는 나중에 제4.11절에서 공부하게 된다.

5. 수치 데이터의 출력 프로그램

텍스트형 LCD 모듈에 수치 데이터(value)를 디스플레이하려면 먼저 숫자의 각 자리(digit)에 해당하는 글자를 하나씩 ASCII 문자로 변환하여 출력해야 한다. 이는 상당히 복잡하며 정수의 경우와 부동소수점수의 경우가 다르고, 정수 중에서도 2진수, 10진수, 16진수의 처리 방식이 모두 다르다.

(1) 정수 데이터의 출력

먼저 수치 데이터 중에서 정수값을 텍스트형 LCD 모듈에 디스플레이하는 프로그래밍 기술을 익혀보기로 한다.

▣ 어셈블리 언어의 경우

이 예제는 첫번째 루틴에서 8비트 수치 데이터를 1~255 범위에서 1씩 증가시키면서 이를 10진수는 물론 16진수와 2진수로까지 LCD 모듈에 동시에 표시한다. 두번째 루틴에서는 구구단을 나타내며, 세번째 루틴에서는 좀더 큰 수치값을 취급해보기 위하여 10자리 구구단을 표시한다.

<프로그램 Exp04_3.asm> 정수 데이터의 출력 예제

```
;[][][][][][][][][][][][][][][][][][][][][][][][][][][][][][][][][][][][][][][]
;[]                                                                          []
;[]          Exp04_3.asm : Integer Number Display Program                    []
;[]                                                                          []
;[][][][][][][][][][][][][][][][][][][][][][][][][][][][][][][][][][][][][][][]
;
;              Designed and programmed by Duck-Yong Yoon in 2006.
;
;---------------------------------------------
;       Include Header File
;---------------------------------------------
.nolist
.include "m2561def.inc"                 ; ATmega2561 definition file
.list

;=================================================================
;       Main Program
;=================================================================
.cseg
        .org    0x0000
        LDI     AH,high(RAMEND)         ; initialize SP
        LDI     AL,low(RAMEND)
        OUT     SPH,AH
        OUT     SPL,AL

        CALL    INIT_MCU                ; initialize MCU and kit
        CALL    D50MS                   ; wait for system stabilization
        CALL    INIT_LCD                ; initialize text LCD

;---------------------------------------------
;       8-Bit Integer Display
;---------------------------------------------
INTEGER:CALL    LCD_HOME1               ; display title
        CALL    LCD_STRING
        .db     " INTEGER = 000  ",0,0
        CALL    LCD_HOME2
        CALL    LCD_STRING
        .db     "= 00H = 00000000",0,0
        CALL    BEEP
        CALL    D1SEC

        LDI     CL,255                  ; from 1 to 255
        LDI     BL,1
INTEG1: LDI     LCD_BUFFER,0x8B         ; decimal number
        CALL    LCD_COMMAND
        CLR     AH
        MOV     AL,BL
        CALL    LCD_3DEC
        LDI     LCD_BUFFER,0xC2         ; hexdecimal number
        CALL    LCD_COMMAND
        MOV     LCD_BUFFER,BL
        CALL    LCD_2HEX
        LDI     LCD_BUFFER,0xC8         ; binary number
        CALL    LCD_COMMAND
        MOV     LCD_BUFFER,BL
        CALL    LCD_8BIN
        CALL    D1SEC
        INC     BL
        DEC     CL
        BRNE    INTEG1
```

```
;-----------------------------------------------
;        Multiplication Table Display(1)
;-----------------------------------------------
         CALL     LCD_HOME1                ; display title
         CALL     LCD_STRING
         .db      " MULTI TABLE(1) ",0,0
         CALL     LCD_HOME2
         CALL     LCD_STRING
         .db      "   0 x 0 = 00   ",0,0
         CALL     BEEP
         CALL     D1SEC

         LDI      BH,2                     ; BH = from 2 to 9
MULT1:   LDI      BL,1                     ; BL = from 1 to 9
MULT2:   LDI      LCD_BUFFER,0xC3          ; display multiplicand
         CALL     LCD_COMMAND
         MOV      LCD_BUFFER,BH
         ORI      LCD_BUFFER,'0'
         CALL     LCD_DATA
         LDI      LCD_BUFFER,0xC7          ; display multiplier
         CALL     LCD_COMMAND
         MOV      LCD_BUFFER,BL
         ORI      LCD_BUFFER,'0'
         CALL     LCD_DATA
         LDI      LCD_BUFFER,0xCB          ; display multiplication
         CALL     LCD_COMMAND
         MUL      BH,BL
         MOV      AL,R0
         CALL     LCD_2DEC
         CALL     D1SEC
         INC      BL                       ; BL = BL + 1
         CPI      BL,10                    ; end(9) ?
         BRNE     MULT2
         INC      BH                       ; BH = BH + 1
         CPI      BH,10                    ; end(9) ?
         BRNE     MULT1

;-----------------------------------------------
;        Multiplication Table Display(2)
;-----------------------------------------------
         CALL     LCD_HOME1                ; display title
         CALL     LCD_STRING
         .db      " MULTI TABLE(2) ",0,0
         CALL     LCD_HOME2
         CALL     LCD_STRING
         .db      " 00 x 00 = 0000 ",0,0
         CALL     BEEP
         CALL     D1SEC

         LDI      BH,10                    ; BH = from 10 to 90
MULT11:  LDI      BL,10                    ; BL = from 10 to 90
MULT12:  LDI      LCD_BUFFER,0xC1          ; display multiplicand
         CALL     LCD_COMMAND
         MOV      AL,BH
         CALL     LCD_2DEC
         LDI      LCD_BUFFER,0xC6          ; display multiplier
         CALL     LCD_COMMAND
         MOV      AL,BL
         CALL     LCD_2DEC
         LDI      LCD_BUFFER,0xCB          ; display multiplication
         CALL     LCD_COMMAND
         MUL      BH,BL
```

```
            MOV     AH,R1
            MOV     AL,R0
            CALL    LCD_4DEC
            CALL    D1SEC
            LDI     AL,10                       ; BL = BL + 10
            ADD     BL,AL
            CPI     BL,100                      ; end(90) ?
            BRNE    MULT12
            LDI     AL,10                       ; BH = BH + 10
            ADD     BH,AL
            CPI     BH,100                      ; end(90) ?
            BRNE    MULT11

            JMP     INTEGER

;=========================================================================
;           Include User Subroutine File
;=========================================================================
.include "OK2561.INC"                           ; OK-2561 I/O and subroutine file
```

☞ 수치 데이터를 LCD 모듈에 표시하려면 숫자의 각 자리를 1문자의 ASCII 코드로 변환하여 출력하여야 한다. 10진수에서는 각 자리의 수가 0~9로 되지만, 16진수에서는 0~F로 되어야 하며, 2진수에서는 1비트가 1자리가 된다. 10진수는 10의 멱급수로 표시할 수 있으므로 각 자리는 10의 누승 데이터로 나눈 몫으로 구할 수 있으며, 이렇게 구한 각 자리의 수를 ASCII 문자로 변환하면 된다. 예를 들어 234는

$$234 = 2\times10^2 + 3\times10^1 + 4\times10^0$$

으로 표시되므로 100자리의 수는 234를 10^2에 해당하는 100으로 나눈 몫이며, 10자리의 수는 그 나머지를 다시 10^1에 해당하는 10으로 나눈 몫이고, 1자리의 수는 최종적인 나머지가 된다. 그러나, 16진수는 이보다 처리가 훨씬 용이하여 최하위 비트부터 4비트씩 끊어나가면 각 4비트 단위의 수가 그대로 1자리의 16진수로 된다.

어셈블리 프로그램을 작성할 때는 정수 데이터를 텍스트형 LCD 모듈에 표시하는 서브루틴들이 다양하게 인클루드 파일 OK2561.INC에 만들어져 있기 때문에 사용자 프로그램에서는 편리하게 이를 호출하여 사용할 수 있다. 그러나, 여러분은 여기에 포함되어 있는 서브루틴들을 철저하게 이해하는 것이 좋다. 특히 10진수에서는 1~9의 숫자가 처음으로 나타나기 전에 왼쪽에 붙는 0은 의미가 없어서 표시하지 않는 것이 일반적이므로 이를 처리하기 위하여 ZERO_FLAG을 사용하고 있는 부분에 주목하라. 그러나, 16진수나 2진수에서는 왼쪽 자리의 0도 표시하여 주는 것이 일반적이다.

구구단 루틴에서는 다중루프(nested loop)를 사용하고 있으니 주의하여 살펴보면서 프로그램의 흐름을 정확하게 파악하여야 한다.

위의 예제에서 빠른 속도로 변하는 숫자들을 그대로 LCD 모듈에 표시하면 사람의 눈으로 읽기가 거의 불가능하기 때문에 일부러 0.5초나 1초 간격으로 천천히 디스플레이하였다.

▣ C언어의 경우

앞의 어셈블리 예제 프로그램 Exp04_3.asm을 C언어로 작성하면 다음과 같다.

<프로그램 Exp04_3.c> 정수 데이터의 출력 예제

```
/* ============================================================================ */
/*                    Exp04_3.c : Integer Number Display Program               */
/* ============================================================================ */
/*                         Designed and programmed by Duck-Yong Yoon in 2006.   */

#include <avr/io.h>
#include "OK1281.h"

void LCD_2d(unsigned int number)                  /* display 2-digit decimal number */
{ unsigned int i;

  i = number/10;                                  // 10^1
  if(i == 0) LCD_data(' ');
  else       LCD_data(i + '0');

  i = number % 10;                                // 10^0
  LCD_data(i + '0');
}

void LCD_3d(unsigned int number)                  /* display 3-digit decimal number */
{ unsigned int i;
  unsigned char flag;

  flag = 0;
  i = number/100;                                 // 10^2
  if(i == 0) LCD_data(' ');
  else {     LCD_data(i + '0');
             flag = 1;
       }

  number = number % 100;                          // 10^1
  i = number/10;
  if((i == 0) && (flag == 0))
             LCD_data(' ');
  else {     LCD_data(i + '0');
             flag = 1;
       }

  i = number % 10;                                // 10^0
  LCD_data(i + '0');
}

void LCD_4d(unsigned int number)                  /* display 4-digit decimal number */
{ unsigned int i;
  unsigned char flag;

  flag = 0;
  i = number/1000;                                // 10^3
  if(i == 0) LCD_data(' ');
  else {     LCD_data(i + '0');
             flag = 1;
       }

  number = number % 1000;                         // 10^2
  i = number/100;
  if((i == 0) && (flag == 0))
             LCD_data(' ');
  else {     LCD_data(i + '0');
             flag = 1;
       }
```

```
    number = number % 100;                          // 10^1
    i = number/10;
    if((i == 0) && (flag == 0))
               LCD_data(' ');
    else {     LCD_data(i + '0');
               flag = 1;
         }

    i = number % 10;                                // 10^0
    LCD_data(i + '0');
  }

  void LCD_2hex(unsigned char number)               /* display 2-digit hex number */
  { unsigned char i;

    i = (number >> 4) & 0x0F;                       // 16^1
    if(i <= 9) LCD_data(i + '0');
    else       LCD_data(i - 10 + 'A');

    i = number & 0x0F;                              // 16^0
    if(i <= 9) LCD_data(i + '0');
    else       LCD_data(i - 10 + 'A');
  }

  void LCD_8bin(unsigned char number)               /* display 8-bit binary number */
  {
    LCD_data(((number >> 7) & 0x01) + '0');         // 2^7
    LCD_data(((number >> 6) & 0x01) + '0');         // 2^6
    LCD_data(((number >> 5) & 0x01) + '0');         // 2^5
    LCD_data(((number >> 4) & 0x01) + '0');         // 2^4
    LCD_data(((number >> 3) & 0x01) + '0');         // 2^3
    LCD_data(((number >> 2) & 0x01) + '0');         // 2^2
    LCD_data(((number >> 1) & 0x01) + '0');         // 2^1
    LCD_data((number & 0x01) + '0');                // 2^0
  }

  int main(void)
  { unsigned char i, j;

    MCU_initialize();                               // initialize MCU and kit
    Delay_ms(50);                                   // wait for system stabilization
    LCD_initialize();                               // initialize text LCD module

    while(1)
      { LCD_string(0x80," INTEGER = 000  ");        // display 8-bit integer
        LCD_string(0xC0,"= 00H = 00000000");
        Beep();
        Delay_ms(1000);

        for(i=1; i>0; i++)                          // integer number from 1 to 255
          { LCD_command(0x8B);                      // decimal number
            LCD_3d((unsigned int)i);
            LCD_command(0xC2);                      // hexadecimal number
            LCD_2hex(i);
            LCD_command(0xC8);                      // binary number
            LCD_8bin(i);
            Delay_ms(1000);
          }

        LCD_string(0x80," MULTI TABLE(1) ");        // display multiplication table(1)
        LCD_string(0xC0,"   0 x 0 = 00   ");
        Beep();
        Delay_ms(1000);
```

```
    for(i=2; i<=9; i++)
      for(j=1; j<=9; j++)
        { LCD_command(0xC3); LCD_data(i+'0'); // display multiplicand
          LCD_command(0xC7); LCD_data(j+'0'); // display multiplier
          LCD_command(0xCB); LCD_2d(i*j);     // display multiplication
          Delay_ms(1000);
        }

    LCD_string(0x80," MULTI TABLE(2) ");      // display multiplication table(2)
    LCD_string(0xC0," 00 x 00 = 0000 ");
    Beep();
    Delay_ms(1000);

    for(i=10; i<=90; i++)
      for(j=10; j<=90; j++)
        { LCD_command(0xC1); LCD_2d(i);       // display multiplicand
          LCD_command(0xC6); LCD_2d(j);       // display multiplier
          LCD_command(0xCB); LCD_4d(i*j);     // display multiplication
          Delay_ms(1000);
        }
  }
}
```

☞ C언어에서는 헤더파일 OK1281.h에 수치 데이터 표현을 위한 사용자 함수를 만들어 놓지 않았기 때문에 위와 같이 사용자 프로그램에서 직접 함수를 작성하여 사용해야 한다. 그러나, 원리를 알고 이해하면 이러한 루틴이 그다지 어려운 것은 아니기 때문에 필요할 때마다 이렇게 작성하면 된다. 수치 데이터를 텍스트형 LCD 모듈에 표시하려면 숫자의 각 자리를 1문자의 ASCII 코드로 변환하여 출력하여야 한다는 것을 항상 염두에 두기 바란다.

여기서도 10진수에서는 1~9의 숫자가 처음으로 나타나기 전에 왼쪽에 붙는 0은 의미가 없어서 표시하지 않는 것이 일반적이므로 이를 처리하기 위하여 flag이라는 변수를 사용하고 있는 부분에 주목하고, main 함수에서는 for 문이나 while 문을 사용한 C언어에서의 반복처리 기법을 확실히 이해하라.

(2) 부동소수점수의 출력

다음에는 텍스트형 LCD 모듈에 수치 데이터 중에서 부동소수점수(floating-point number) 즉 실수(real number)를 디스플레이하는 프로그래밍 기술을 익혀보기로 한다. 일단 여기서는 양의 실수만 예를 든다.

▣ 어셈블리 언어의 경우

어셈블리 언어에서는 부동소수점수의 연산을 수행하기가 지극히 어려우나, 정수들끼리의 연산을 수행하여 그 결과가 부동소수점수로 나오는 것을 텍스트형 LCD 모듈에 표현하는 일은 자주 발생하게 된다.

예를 들면 아래의 예제에서는 ATmega1281/2561의 A/D 컨버터를 통하여 가변저항 VR1의 전압을 10비트의 정수값으로 읽어서 이를 실수인 0.0~5.0V의 전압값으로 환산하고 텍스트형 LCD 모듈에 표시하는 프로그램이다. A/D 컨버터의 응용에 관한 예제는 나중에 제4.10절에서 자세히 취급하므로 여기서 A/D 컨버터의 동작 원리에 관련된 부분은 그냥 무시하고 넘어가도 좋다.

<프로그램 Exp04_4.asm> 부동소수점수 데이터의 출력 예제 - 전압측정

```
;[][][][][][][][][][][][][][][][][][][][][][][][][][][][][][][][][][][][]
;[]                                                                    []
;[]      Exp04_4.asm : Floating Point Number Display Program           []
;[]                                                                    []
;[][][][][][][][][][][][][][][][][][][][][][][][][][][][][][][][][][][][]
;
;              Designed and programmed by Duck-Yong Yoon in 2006.
;
;----------------------------------------------
;       Include Header File
;----------------------------------------------
.nolist
.include "m2561def.inc"              ; ATmega2561 definition file
.list

;======================================================================
;       Main Program
;======================================================================
.cseg
        .org    0x0000
        LDI     AH,high(RAMEND)      ; initialize SP
        LDI     AL,low(RAMEND)
        OUT     SPH,AH
        OUT     SPL,AL

        CALL    INIT_MCU             ; initialize MCU and kit
        CALL    D50MS                ; wait for system stabilization
        CALL    INIT_LCD             ; initialize text LCD
        CALL    BEEP

;----------------------------------------------
;       Display VR1 Voltage X.X[V]
;----------------------------------------------
        CALL    LCD_HOME1            ; display title
        CALL    LCD_STRING
        .db     " FLOAT  DISPLAY ",0,0
        CALL    LCD_HOME2
        CALL    LCD_STRING
        .db     "   VR1 = 0.0[V]  ",0,0

        LDI     AL,0b10000101        ; ADC enable, 500kHz
        STS     ADCSRA,AL
        LDI     AL,0b00000000
        STS     ADCSRB,AL
        LDI     AL,0b01000011        ; select ADC3 with AVCC
        STS     ADMUX,AL
        CALL    D50US
        CALL    D100US

READ_AD:LDI     CL,16                ; read ADC by 16 times
        CLR     BH                   ; clear sum
        CLR     BL
READ_A1:LDI     AL,0b11010101        ; start conversion and clear ADIF
```

```
        STS     ADCSRA,AL
        NOP
READ_A2:LDS     AL,ADCSRA                 ; conversion complete ?
        SBRS    AL,ADIF
        JMP     READ_A2
        LDS     AL,ADCL                   ; ADCL must be read first, then ADCH
        LDS     AH,ADCH
        ADD     BL,AL                     ; add data 16 times
        ADC     BH,AH
        CALL    D1MS
        DEC     CL
        BRNE    READ_A1
        LSR     BH                        ; divide sum by 16
        ROR     BL
        LSR     BH
        ROR     BL
        LSR     BH
        ROR     BL
        LSR     BH
        ROR     BL

        LDI     LCD_BUFFER,0xC8           ; display VR1 in voltage(X.X)
        CALL    LCD_COMMAND
        LDI     AH,high(50)               ; Volt = ADC3*5/1024
        LDI     AL,low(50)
        CALL    MUL16
        LDI     DH,high(1024)
        LDI     DL,low(1024)
        CALL    DIV16
        LDI     BL,10                     ; calculate X.X
        CALL    DIV8
        MOV     LCD_BUFFER,AL
        ORI     LCD_BUFFER,'0'
        CALL    LCD_DATA
        LDI     LCD_BUFFER,'.'
        CALL    LCD_DATA
        MOV     LCD_BUFFER,AH
        ORI     LCD_BUFFER,'0'
        CALL    LCD_DATA
        CALL    D200MS

        JMP     READ_AD

;=====================================================================
;       Include User Subroutine File
;=====================================================================
.include "OK2561.INC"                     ; OK-2561 I/O and subroutine file
```

☞ A/D 변환결과의 0x000~0x3FF(0~1023)는 0.0~5.0V의 전압에 대응한다.(정확히 말하면 1024가 5.0V) 따라서, A/D 컨버터로 읽은 값 x가 얼마의 전압에 대응하는지를 계산하려면 비례식으로부터

$$1024 : 5.0 = x : \text{전압} \qquad \therefore \text{전압} = \frac{5x}{1024}\ [\mathrm{V}]$$

로 계산된다. 그러나, 이 결과는 일반적으로 0.0~5.0 범위의 부동소수점수로 나오기 때문에 이를 소수점 아래의 첫째 자리까지 표시하려면 그 결과에 10을 곱하여 0~50으로 만들고 이를 10으로 나눈 몫을 정수부로 하고 나머지를 소수부로 처리하면 된다. 물론, 소수점 아래의 둘째 자리까지 표시하고 싶다면 위의 식에 100을 곱하여 0~500의 범위로 만들면 된다.

이와 같이 실수에 10의 누승을 곱하여 소수부를 정수화시키면 모든 것을 정수연산으로 처리할 수 있으므로 편리하다. 위의 예제 프로그램에서는 x에 5를 곱하는 과정에서 50을 곱하였으므로 10을 더 곱해 정수화시킨 것으로 된다. 또한, A/D 변환값을 16번 읽어서 평균을 취한 것은 A/D 컨버터에서 아날로그 입력신호가 전원의 불안정이나 잡음에 매우 민감하여 변환 결과값이 흔들리는 것을 방지하기 위함이다.

▣ C언어의 경우

앞의 어셈블리 예제 프로그램 Exp04_4.asm을 C언어로 작성하면 다음과 같다.

<프로그램 Exp04_4.c> 부동소수점수 데이터의 출력 예제 - 전압측정

```
/* ============================================================================ */
/*              Exp04_4.c : Floating Point Number Display Program               */
/* ============================================================================ */
/*                        Designed and programmed by Duck-Yong Yoon in 2006.    */

#include <avr/io.h>
#include "OK1281.h"

void LCD_1d1(float number)                          /* floating-point number x.x */
{ unsigned char i, j;

  j = (int)(number*10. + 0.5);
  i = j / 10;                                       // 10^0
  LCD_data(i + '0');
  LCD_data('.');
  i = j % 10;                                       // 10^-1
  LCD_data(i + '0');
}

int main(void)
{ unsigned char i;
  unsigned int sum;

  MCU_initialize();                                 // initialize MCU and kit
  Delay_ms(50);                                     // wait for system stabilization
  LCD_initialize();                                 // initialize text LCD module
  Beep();

  LCD_string(0x80," FLOAT  DISPLAY ");              // display title
  LCD_string(0xC0,"  VR1 = 0.0[V]  ");

  ADCSRA = 0x85;                                    // ADC enable, 500kHz
  ADCSRB = 0x00;
  ADMUX = 0x43;                                     // select ADC3 with AVCC
  Delay_us(150);

  while(1)
    { sum = 0;                                      // clear sum
      for(i = 1; i <= 16; i++)                      // read ADC by 16 times
        { ADCSRA = 0xD7;                            // start conversion and clear ADIF
          while((ADCSRA & 0x10) != 0X10);
          sum += ADCW;                              // read A/D result 16 times
          Delay_ms(1);
        }
      sum = sum >> 4;                               // divide sum by 16
```

```
      LCD_command(0xC8);                          // display VR1 in voltage(X.X)
      LCD_1d1(sum*5./1024.);                      // Volt = sum*5/1024

      Delay_ms(200);
    }
}
```

☞ C언어에서는 헤더파일 OK1281.h에 역시 부동소수점수의 표현을 위한 사용자 함수를 만들어 놓지 않았기 때문에 위와 같이 직접 함수를 작성하여 사용해야 한다. 그러나, 원리를 알고 이해하면 루틴이 그다지 어려운 것은 아니기 때문에 필요할 때마다 이렇게 작성하면 된다. 부동소수점수를 ASCII 문자열로 변환할 때는 이와 같이 먼저 10의 누승을 곱하여 정수로 만들고 나서 이를 다시 10의 누승으로 차례로 나누면서 그 몫을 ASCII 문자로 변환하면 된다.

함수명 LCD_1d1()에서 앞의 숫자는 표시할 정수부의 자릿수를 나타내고 뒤의 숫자는 소수부의 자릿수를 나타낸다.

한편, 부동소수점수의 구구단 프로그램을 C언어를 사용하여 작성하여 보면 다음과 같다.

<프로그램 Exp04_5.c> 부동소수점수 데이터의 출력 예제 - 실수 구구단

```
/* ============================================================================ */
/*              Exp04_5.c : Floating Point Number Display Program               */
/* ============================================================================ */
/*                          Designed and programmed by Duck-Yong Yoon in 2006.  */

#include <avr/io.h>
#include "OK1281.h"

void LCD_1d1(float number)                  /* floating-point number x.x */
{ unsigned char i, j;

  j = (int)(number*10. + 0.5);
  i = j / 10;                               // 10^0
  LCD_data(i + '0');
  LCD_data('.');
  i = j % 10;                               // 10^-1
  LCD_data(i + '0');
}

void LCD_2d2(float number)                  /* floating-point number xx.xx */
{ unsigned int i, j;

  j = (int)(number*100. + 0.5);
  i = j / 1000;                             // 10^1
  if(i == 0) LCD_data(' ');
  else       LCD_data(i + '0');

  j = j % 1000;                             // 10^0
  i = j / 100;
  LCD_data(i + '0');
  LCD_data('.');
```

```
    j = j % 100;                                    // 10^-1
    i = j / 10;
    LCD_data(i + '0');

    i = j % 10;                                     // 10^-2
    LCD_data(i + '0');
  }

  int main(void)
  { unsigned char i, j;
    float x, y;

    MCU_initialize();                               // initialize MCU and kit
    Delay_ms(50);                                   // wait for system stabilization
    LCD_initialize();                               // initialize text LCD module

    while(1)
      { Beep();
        LCD_string(0x80," FLOAT MULTIPLY ");        // display title
        LCD_string(0xC0,"0.0 x 0.0 =00.00");
        Delay_ms(1000);

        x = 0.0;                                    // initial floating-point number

        for(i = 1; i <= 9; i++)
          { x += 1.1;
            y = 0.0;
            for(j = 1; j <= 9; j++)
              { y += 1.1;
                LCD_command(0xC0); LCD_1d1(x);      // display multiplicand
                LCD_command(0xC6); LCD_1d1(y);      // display multiplier
                LCD_command(0xCB); LCD_2d2(x*y);    // display multiplication
                Delay_ms(1000);
              }
          }
      }
  }
```

☞ 함수명 LCD_1d1()이나 LCD_2d2()에서 앞의 숫자는 표시할 정수부의 자릿수를 나타내고 뒤의 숫자는 소수부의 자릿수를 나타낸다. 여기서도 정수부의 경우 1~9의 숫자가 처음으로 나타나기 전에 왼쪽에 붙는 0은 표시하지 않도록 처리해야 한다.

(3) C언어에서 printf 함수를 사용한 서식지정 출력

텍스트형 LCD 모듈에 정수나 실수를 디스플레이하려면 반드시 이와 같이 수치 데이터를 ASCII 문자열로 변환하는 것이 필요하다. 원리적으로 이를 이해하면 그다지 어려운 일은 아니지만 크기가 다른 여러 가지 종류의 수치 데이터를 매번 이와 같은 디스플레이 전용 처리루틴을 작성하여 표시해야 한다는 것은 분명히 번거로운 일이다. 이것은 LCD 모듈에서 뿐만 아니라 RS-232C 통신을 통하여 수치 데이터를 외부로 전송하는 경우에도 마찬가지이다.

그러나, 일반 C언어의 경우에는 printf() 함수에서 %를 사용한 서식지정 출력 기능을 사용하면 이러한 번거로움을 피할 수 있다. 마이크로콘트롤러용의 C컴파일러에서도 대부분 이러한 printf() 함수를 사용할 수 있는데, 이를 위해서는 각 컴파일러에서 지정하는 방법을 따라야 한다. 현재는 WinAVR에서도 이러한 printf() 함수를 지원하고 있으므로 아주 편리하게 수치 데이터를 % 서식지정 방법으로 RS-232C 직렬통신이나 LCD 모듈에 출력하는 용도에 사용할 수 있다. 이에 관한 프로그래밍 기술과 예제는 제4.20절에서 따로 취급하기로 한다.

6. 실습 과제

(1) 인클루드 파일 OK2561.INC에서 서브루틴 LCD_STRING의 동작을 상세하게 설명하라.

(2) 예제 Exp04_3.c의 함수 LCD_3d()에서 변수 flag이 하는 역할을 설명하라.

(3) 예제 Exp04_4.c에서 부동소수점수를 정수화할 때 10의 멱수를 곱한 후에 0.5를 더해주는 이유는 무엇인가?

(4) 예제 프로그램 Exp04_3.asm을 다음과 같이 16비트 수를 사용하여 1~50000 범위의 수를 반복적으로 표기하는 프로그램 Exp04_3R.asm으로 수정하라.

```
16-Bit Integer
0000H = 00000
```

(5) 예제 프로그램 Exp04_4.c를 다음과 같이 삼각함수의 소수점 아래 4자리까지 표시하는 프로그램 Exp04_4R.c로 수정하라. 단, 함수값은 + 또는 -의 부호가 있으며, 각도는 0~360도의 범위에서 5도씩 증가시킨다.

```
sin(000)=+0.0000
cos(000)=+0.0000
```

4.5 키입력 및 인터럽트 처리 프로그램

이 절에서는 *OK-1281/2561* 키트에 내장된 키의 입력을 수행하는 프로그램과 인터럽트 처리 프로그램을 작성하는 프로그래밍 기술을 익힌다.

관련 내용	(1) 제1.3절 ATmega1281/2561의 명령 세트 (2) 제1.5절 ATmega1281/2561의 인터럽트 처리 (3) 제3.1절 *OK-1281/2561* 키트의 구조와 기능 (4) 제3.4절 AVR Studio의 매크로 어셈블러 (5) 제3.5절 WinAVR의 AVR-GCC 컴파일러

1. 키입력 프로그램

OK-1281/2561 키트에는 데이터 입력을 위하여 4개의 키 KEY4~KEY1을 가지고 있으며, 외부 인터럽트 INT7 신호의 입력을 위하여 키 스위치 SW2를 가지고 있다. 이들 키를 입력하는 것은 얼핏 매우 단순해 보이지만 여기에 디바운싱 기술을 적용하여 제대로 키를 읽는 기술은 그리 단순하지 않다.

(1) 키입력의 기본

키(key)에는 여러 가지 종류가 있는데 마이크로프로세서 응용 시스템에서 사용하는 대부분의 키는 기계적인 방법으로 금속 접점을 ON/OFF시키는 구조로 되어 있으며, 이를 <그림 4.5.1>의 (a)와 같이 풀업 저항(pull-up resistor)과 함께 사용하여 키를 누르지 않았을 때는 논리적으로 H상태(+5V)의 출력을 발생하고 키를 눌렀을 때는 L상태(0V)의 출력을 발생하도록 하여 마이크로프로세서가 키 입력 여부를 확인할 수 있게 된다.

그러나, 이러한 기계적인 접점 방식으로 되어 있는 키를 누르거나 뗄 때는 접점 부분에서의 기계적인 진동(bouncing)에 의하여 출력 파형이 <그림 4.5.2>와 같은 형태로 되고, 이를 매우 빠르게 동작하는 마이크로프로세서가 읽어들이게 되면 키를 여러 번 누른 것으로 잘못 인식될 수 있다. 이러한 진동은 대부분 최대 약 20ms 정도 이내에 끝나는 것으로 알려져 있으나, 키 접점 부분이 산화, 부식, 먼지 등으로 청결하지 못한 경우에는 더 길어질 수도 있다.

마이크로프로세서가 안정된 키 입력 동작을 수행하기 위해서는 이러한 키 접점에서의 진동을 제거해야 하는데 이를 디바운싱(debouncing)이라고 한다. 키 접점에서의 하드웨어적인 디바운싱 기법으로는 <그림 4.5.1>의 (b)처럼 저항 및 콘덴서를 이용한 저역통과 필터(LPF ; Low-Pass Filter)로 진동 신호를 완만하게 만들고, 여기에 슈미트 트리거(Schmitt Trigger) 회로를 추가하여 정확한 디지털 신호를 얻어내는 방법이 사용된다. 하지만, 이러한 하드웨어적인 디바운싱 방법은 추가적인 회로가 필요하게 되고 따라서 키의 수가 많을 때는 경제적인 부담과 수용 면적의 증가 때문에 이를 적용하기가 어렵다.

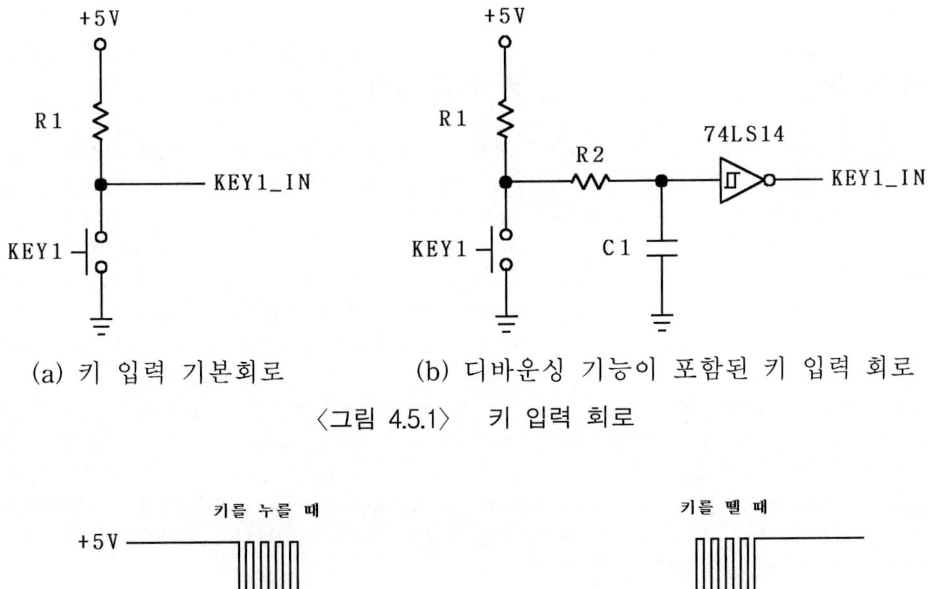

(a) 키 입력 기본회로 (b) 디바운싱 기능이 포함된 키 입력 회로

〈그림 4.5.1〉 키 입력 회로

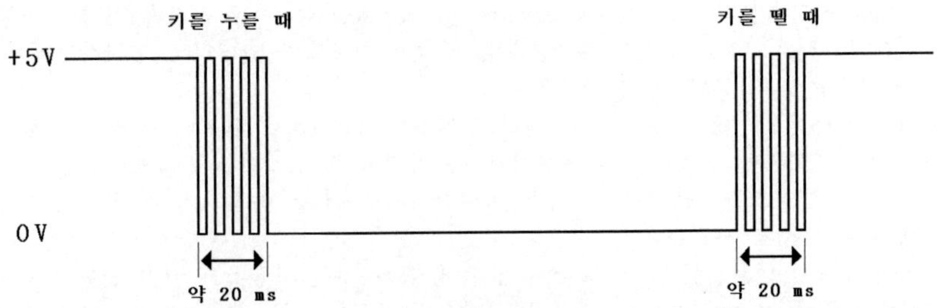

〈그림 4.5.2〉 바운싱 현상이 포함된 키 입력 신호

소프트웨어적인 디바운싱 기법에서는 시간지연(time delay) 루틴을 이용한다. 즉, 키가 눌려질 때는 처음 L상태가 검출되면 약 20ms의 시간지연 후에 다시 L상태를 확인하고 나서 키가 눌려진 것으로 인식하고, 반대로 키가 떼어질 때는 처음 H상태가

검출되면 약 20ms의 시간지연 후에 다시 H상태를 확인하고 나서 키가 떼어진 것으로 인식하면 된다. 이렇게 하여 1번 눌러진 동작과 1번 떼어진 동작이 수행되어야만 키가 정확히 1번 입력된 것으로 처리된다. 퍼스널컴퓨터에서는 키가 일정한 시간동안 계속하여 눌러져 있으면 이를 반복키(typematic key)로 처리하지만 마이크로프로세서 응용시스템에서는 이런 기능을 거의 사용하지 않는다. 소프트웨어적인 디바운싱 방법은 마이크로프로세서의 키 스캔 동작에 따르는 처리시간이 부담되지만 키입력 회로가 간단해지고 시스템에 유연성이 있으므로 널리 사용된다.

이러한 키는 낱개로 몇 개 정도가 사용되는 경우도 있지만 많은 수의 키를 포함하는 전용 보드를 사용하기도 한다. 보통은 숫자키나 몇 개의 기능키 정도를 가지는 소규모 보드를 키패드(keypad)라고 하고, 알파벳키와 숫자키, 기능키 등을 가지는 완전한 보드를 키보드(keyboard)라고 한다.

◀휴게실▶ **키 접점 방식**

키보드에 사용되는 각각의 키는 기본적으로 눌러진 상태와 눌러지지 않은 상태를 구분하는 스위치로 동작하는데, 키보드는 이와 같은 2가지의 상태를 발생하고 검출하는 방식에 따라 hard contact keyboard, capacitive keyboard, rubber keyboard, Hall-Effect keyboard 등으로 나눌 수 있다.

hard contact 방식의 키보드는 구조가 매우 간단하고 가격이 싸므로 가장 광범위하게 사용되며, 대부분의 퍼스널컴퓨터와 마이크로프로세서 트레이닝 키트에서도 이를 사용하고 있다. 그러나, 기계 접점이 전기적 신호를 직접 ON/OFF하므로 바운싱 현상이 심하고, 이를 오래 사용하면 접점의 상태가 나빠져서 키의 수명이 짧아지거나 접점 사이에 이물질이 끼어있을 경우 동작이 불량해지는 것이 단점이다.

capacitive keyboard는 키를 눌렀을 때와 누르지 않았을 때 nickel-plated copper로 만들어진 한 쌍의 패드(pad) 사이에 정전 용량이 수십 pF에서 수 pF로 변하는 것을 검출하는 방식으로 동작한다. 이 정전 용량의 변화를 검출하는데는 보통 마이크로프로세서를 사용하며, 바운싱 현상이 적어서 debouncing time을 고려하더라도 300 CPS(characters per second) 이상의 고속 입력이 가능하고, 접점이 직접 접촉하지 않으므로 수명이 길며, 접점 사이에 이물질이 있더라도 동작상태에 영향이 적다. 이는 퍼스널컴퓨터에서 일부 사용했던 적이 있다.

rubber keyboard에서는 접점에 금속이 아닌 도전성의 molded rubber sheet를 사용하고 있는데, 이것은 키를 소형화하기에 유리하고 바운싱이 적은 장점이 있다. 그러나, 가격이 비교적 비싸므로 키의 수가 적거나 키보드를 제어하기 위하여 마이크로프로세서를 사용하기 어려운 전화기, 휴대용 계산기, 리모콘 등에 주로 사용한다.

Hall-Effect 방식의 키보드는 각 키에 영구자석 및 홀 소자를 사용하고 키가 눌러져 이들 사이의 거리가 가까워지면 홀 소자에 전압이 발생하는 것을 이용한다. 이는 성능이 우수하고 수명이 길지만, 가격이 비싸므로 일반적인 용도에는 잘 사용하지 않는다.

앞에서 설명한 소프트웨어적인 디바운싱 기법을 적용하여 *OK-1281/2561* 키트에 내장된 4개의 키 KEY4~KEY1을 읽어들이는 루틴은 어셈블리 언어 프로그램용의 인클루드 파일 OK2561.INC에 KEY_IN이라는 서브루틴으로 작성하여 놓았으며, C언어 프로그램용의 헤더파일 OK1281.h에 Key_input()이라는 함수로 작성하여 놓았으므로 사용자는 필요할 때 이를 호출하여 쉽게 키입력을 수행할 수 있다.

어셈블리 언어 프로그램에서의 키입력 서브루틴인 KEY_IN의 동작을 보여주는 플로우차트는 <그림 4.5.3>과 같다. C언어 프로그램에서의 키입력 함수 Key_input()도 구조는 이와 동일하며, 다만 플랙 KEY_FLAG이 C언어 프로그램에서는 key_flag으로 사용되는 것뿐이다.

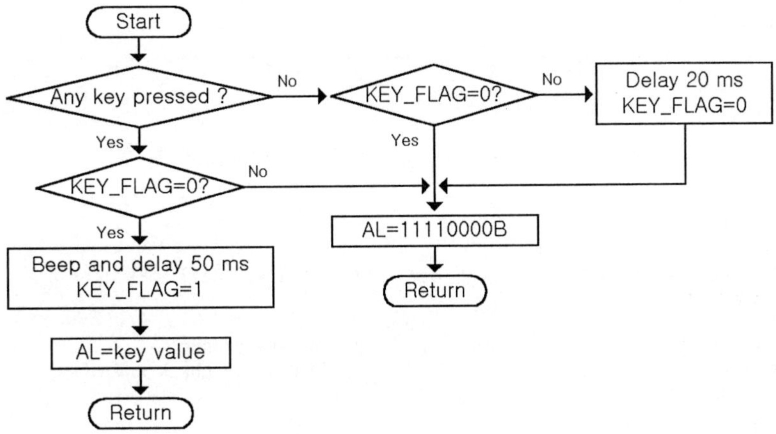

〈그림 4.5.3〉 키 입력 서브루틴 KEY_IN의 순서도

어셈블리 언어 인클루드 파일 OK2561.INC에 포함된 키입력 서브루틴 KEY_IN과 C언어 헤더파일 OK1281.h에 포함된 키입력 함수 Key_input()을 발췌하여 다시 보이면 다음과 같다.

<인클루드 파일> OK2561.INC에 포함된 KEY_IN 서브루틴

```
.def    KEY_FLAG        = r12

;==================================================================
;       Input Key Switch with Beep & Debounce(AL=key value)
;==================================================================
KEY_IN: RCALL   KEY_CHECK               ; read 1st
        MOV     AH,AL
        CALL    D1MS
        CALL    KEY_CHECK               ; read 2nd
        CPSE    AH,AL
        RJMP    KEY_IN
        CPI     AL,0b11110000           ; if no key, check key off
        BRNE    KEY_IN2
        CLR     AH
        CP      KEY_FLAG,AH
        BREQ    KEY_IN1
```

```
        CALL    D20MS
        CLR     KEY_FLAG
KEY_IN1:RET
KEY_IN2:CLR     AH                      ; if key input, check continuous key
        CP      KEY_FLAG,AH
        BREQ    KEY_IN3
        LDI     AL,0b11110000           ; if continuous, treat as no key input
        RET
KEY_IN3:COM     KEY_FLAG                ; if new key, beep & delay for debounce
        CALL    BEEP
        RET

KEY_CHECK:IN    AL,PINF                 ; read key input
        ANDI    AL,0b11110000
        RET
```

<헤더파일> OK1281.h에 포함된 Key_input() 함수

```
unsigned char key_flag = 0;

unsigned char Key_input(void)                   /* input key KEY1 - KEY4 */
{ unsigned char key;

  key = PINF & 0xF0;                            // any key pressed ?
  if(key == 0xF0)                               // if no key, check key off
    { if(key_flag == 0)
        return key;
      else
        { Delay_ms(20);
          key_flag = 0;
          return key;
        }
    }
  else                                          // if key input, check continuous key
    { if(key_flag != 0)                         // if continuous key, treat as no key input
        return 0xF0;
      else                                      // if new key, beep and delay for debounce
        { Beep();
          key_flag = 1;
          return key;
        }
    }
}
```

(2) 기본적인 키입력 프로그램

여기서는 *OK-1281/2561* 키트에 내장된 4개의 키 KEY4~KEY1을 읽어들여 어느 키가 눌러졌는지를 확인하는 예를 살펴보기로 한다. 이 동작은 <그림 3.1.2>의 *OK-1281/2561* 키트 회로도와 함께 이해하는 것이 필요하다.

▣ 어셈블리 언어의 경우

디바운싱 기능을 사용하지 않고 키를 검출하여 그 키입력에 해당하는 병렬 I/O 포트인 포트F의 비트값을 텍스트형 LCD 모듈에 보여주는 프로그램을 어셈블리 언어로 작성하여 보면 다음과 같다.

<프로그램 Exp05_1.asm> 디바운싱을 사용하지 않은 키입력 프로그램

```
;[][][][][][][][][][][][][][][][][][][][][][][][][][][][][][][][][][][][]
;[]                                                                    []
;[]           Exp05_1.asm : Key Input - No Debouncing                 []
;[]                                                                    []
;[][][][][][][][][][][][][][][][][][][][][][][][][][][][][][][][][][][][]
;
;             Designed and programmed by Duck-Yong Yoon in 2006.
;
;------------------------------------------------
;       Include Header File
;------------------------------------------------
.nolist
.include "m2561def.inc"                 ; ATmega2561 definition file
.list

;=================================================================
;       Main Program
;=================================================================
.cseg
        .org    0x0000
        LDI     AH,high(RAMEND)         ; initialize SP
        LDI     AL,low(RAMEND)
        OUT     SPH,AH
        OUT     SPL,AL

        CALL    INIT_MCU                ; initialize MCU and kit
        CALL    D50MS                   ; wait for system stabilization
        CALL    INIT_LCD                ; initialize text LCD
        CALL    BEEP

;------------------------------------------------
;       Key Input and Display
;------------------------------------------------
        CALL    LCD_HOME1               ; display title
        CALL    LCD_STRING
        .db     "    KEY INPUT    ",0,0
        CALL    LCD_HOME2
        CALL    LCD_STRING
        .db     "PORTF=0b11110000",0,0

READ_KEY:LDI    LCD_BUFFER,0xC8         ; cursor position
        CALL    LCD_COMMAND
        IN      AL,PINF                 ; read key input
        ANDI    AL,0b11110000
        MOV     LCD_BUFFER,AL           ; display binary data
        CALL    LCD_8BIN
        LDI     AH,0b11110000           ; display LED
        EOR     AL,AH
        OUT     PORTB,AL
        JMP     READ_KEY
```

```
;==================================================================
;       Include User Subroutine File
;==================================================================
.include "OK2561.INC"                   ; OK-2561 I/O and subroutine file
```

☞ *OK-1281/2561* 키트에서 키 KEY4~KEY1은 각각 ATmega1281/2561의 병렬 I/O 포트 PF7~PF4 비트에 접속되어 있으며, 회로도를 보면 알 수 있듯이 누르지 않은 키는 논리값 1로 입력되고 누른 키는 논리값 0으로 입력된다는 점을 항상 기억해야 한다. 포트F의 나머지 비트들은 키입력 동작에서 무의미하므로 AND 마스킹의 선택적 리셋 기능을 사용하여 잘라낸다.

이 프로그램을 어셈블하여 다운로드하고 실행하라. 그리고, 키 KEY4~KEY1을 차례로 누르면서 텍스트형 LCD 모듈에 나타나는 비트값 및 LED4~LED1에 표시되는 사항이 올바른지 관찰하라.

이번에는 디바운싱 기능과 키입력이 1회만 검출되도록 하는 기능을 사용한 키입력 프로그램을 어셈블리 언어로 작성하여 보면 다음과 같다.

<프로그램 Exp05_2.asm> 디바운싱을 사용한 키입력 프로그램

```
;[][][][][][][][][][][][][][][][][][][][][][][][][][][][][][][][][][]
;[]                                                                []
;[]              Exp05_2.asm : Key Input - Debouncing              []
;[]                                                                []
;[][][][][][][][][][][][][][][][][][][][][][][][][][][][][][][][][][]
;
;               Designed and programmed by Duck-Yong Yoon in 2006.
;
;-----------------------------------------------
;       Include Header File
;-----------------------------------------------
.nolist
.include "m2561def.inc"                 ; ATmega2561 definition file
.list

;==================================================================
;       Main Program
;==================================================================
.cseg
        .org    0x0000
        LDI     AH,high(RAMEND)         ; initialize SP
        LDI     AL,low(RAMEND)
        OUT     SPH,AH
        OUT     SPL,AL

        CALL    INIT_MCU                ; initialize MCU and kit
        CALL    D50MS                   ; wait for system stabilization
        CALL    INIT_LCD                ; initialize text LCD
        CALL    BEEP

;-----------------------------------------------
;       Key Input and Display
```

```
;---------------------------------------------
        CALL    LCD_HOME1               ; display title
        CALL    LCD_STRING
        .db     "   KEY INPUT    ",0,0
        CALL    LCD_HOME2
        CALL    LCD_STRING
        .db     "Press KEY4-KEY1!",0,0

READ_KEY:CALL   KEY_IN                  ; input key
        CPI     AL,0b11100000           ; KEY1 input ?
        BRNE    CK_KEY2
        LDI     AH,0b11110000
        EOR     AL,AH
        OUT     PORTB,AL
        CALL    LCD_HOME2
        CALL    LCD_STRING
        .db     "  KEY1 is OK !  ",0,0
        JMP     READ_KEY

CK_KEY2:CPI     AL,0b11010000           ; KEY2 input ?
        BRNE    CK_KEY3
        LDI     AH,0b11110000
        EOR     AL,AH
        OUT     PORTB,AL
        CALL    LCD_HOME2
        CALL    LCD_STRING
        .db     "  KEY2 is OK !  ",0,0
        JMP     READ_KEY

CK_KEY3:CPI     AL,0b10110000           ; KEY3 input ?
        BRNE    CK_KEY4
        LDI     AH,0b11110000
        EOR     AL,AH
        OUT     PORTB,AL
        CALL    LCD_HOME2
        CALL    LCD_STRING
        .db     "  KEY3 is OK !  ",0,0
        JMP     READ_KEY

CK_KEY4:CPI     AL,0b01110000           ; KEY4 input ?
        BRNE    READ_KEY
        LDI     AH,0b11110000
        EOR     AL,AH
        OUT     PORTB,AL
        CALL    LCD_HOME2
        CALL    LCD_STRING
        .db     "  KEY4 is OK !  ",0,0
        JMP     READ_KEY

;==================================================================
;       Include User Subroutine File
;==================================================================
.include "OK2561.INC"                   ; OK-2561 I/O and subroutine file
```

이 프로그램을 어셈블하여 다운로드하고 실행하라. 그리고, 키 KEY4~KEY1을 차례로 누르면서 텍스트형 LCD 모듈에 나타나는 메시지 및 LED4~LED1에 표시되는 사항이 올바른지 관찰하라.

▣ C언어의 경우

위의 예제 Exp05_1.asm을 C언어로 다시 작성하면 다음과 같다.

<프로그램 Exp05_1.c> 디바운싱을 사용하지 않은 키입력 프로그램

```
/* ========================================================================== */
/*                     Exp05_1.c : Key Input - No Debouncing                  */
/* ========================================================================== */
/*                          Designed and programmed by Duck-Yong Yoon in 2006.  */

#include <avr/io.h>
#include "OK1281.h"

void LCD_8bin(unsigned char number)            /* display 8-bit binary number */
{
  LCD_data(((number >> 7) & 0x01) + '0');      // 2^7
  LCD_data(((number >> 6) & 0x01) + '0');      // 2^6
  LCD_data(((number >> 5) & 0x01) + '0');      // 2^5
  LCD_data(((number >> 4) & 0x01) + '0');      // 2^4
  LCD_data(((number >> 3) & 0x01) + '0');      // 2^3
  LCD_data(((number >> 2) & 0x01) + '0');      // 2^2
  LCD_data(((number >> 1) & 0x01) + '0');      // 2^1
  LCD_data((number & 0x01) + '0');             // 2^0
}

int main(void)
{ unsigned char key;

  MCU_initialize();                            // initialize MCU and kit
  Delay_ms(50);                                // wait for system stabilization
  LCD_initialize();                            // initialize text LCD module
  Beep();

  LCD_string(0x80,"   KEY INPUT    ");         // display title
  LCD_string(0xC0,"PORTF=0b11110000");

  while(1)
    { LCD_command(0xC8);                       // cursor position
      key = PINF & 0xF0;                       // read key input
      LCD_8bin(key);                           // display binary data
      PORTB = key ^ 0xF0;                      // display LED
    }
}
```

위의 예제 Exp05_2.asm을 C언어로 다시 작성하면 다음과 같다.

<프로그램 Exp05_2.c> 디바운싱을 사용한 키입력 프로그램

```
/* ========================================================================== */
/*                     Exp05_2.c : Key Input - Debouncing                     */
/* ========================================================================== */
/*                          Designed and programmed by Duck-Yong Yoon in 2006.  */

#include <avr/io.h>
```

```
#include "OK1281.h"

int main(void)
{
  MCU_initialize();                               // initialize MCU and kit
  Delay_ms(50);                                   // wait for system stabilization
  LCD_initialize();                               // initialize text LCD module
  Beep();

  LCD_string(0x80,"    KEY INPUT    ");           // display title
  LCD_string(0xC0,"Press KEY4-KEY1!");

  while(1)
    { switch(Key_input())                         // key input
        { case 0xE0 : PORTB = 0x10;
                      LCD_string(0xC0,"  KEY1 is OK !  ");
                      break;
          case 0xD0 : PORTB = 0x20;
                      LCD_string(0xC0,"  KEY2 is OK !  ");
                      break;
          case 0xB0 : PORTB = 0x40;
                      LCD_string(0xC0,"  KEY3 is OK !  ");
                      break;
          case 0x70 : PORTB = 0x80;
                      LCD_string(0xC0,"  KEY4 is OK !  ");
                      break;
          default:    break;
        }
    }
}
```

(3) 키입력 카운트 프로그램

앞에서의 기본적인 키입력 프로그램에서는 단지 키입력을 확인하는 정도였으나 그 내부에는 중요한 테크닉이 포함되어 있었는데 이들 예제에서는 이러한 사항을 이해하기가 쉽지 않았다. 그러나, 이제부터 키입력 카운트 프로그램을 살펴보면 디바운싱 기능이나 키를 한번 눌렀을 때 정확히 키입력이 1번만 인식되도록 하는 기능이 얼마나 중요한지를 알 수 있다.

▣ 어셈블리 언어의 경우

디바운싱 기능을 사용하지 않고 키를 검출하여 각 키가 몇번 입력되었는지를 텍스트형 LCD 모듈에 표시하는 프로그램을 어셈블리 언어로 작성하면 다음과 같다.

<프로그램 Exp05_3.asm> 디바운싱을 사용하지 않은 키입력 카운트 프로그램

```
;[][][][][][][][][][][][][][][][][][][][][][][][][][][][][][][][][][]
;[]                                                                []
;[]         Exp05_3.asm : Key Input Count - No Debouncing          []
;[]                                                                []
```

```
;[][][][][][][][][][][][][][][][][][][][][][][][][][][][][][][][][][][][][][][]
;
;               Designed and programmed by Duck-Yong Yoon in 2006.
;
;---------------------------------------------------
;       Include Header File
;---------------------------------------------------
.nolist
.include "m2561def.inc"                 ; ATmega2561 definition file
.list

;=====================================================================
;       Main Program
;=====================================================================
.cseg
        .org    0x0000
        LDI     AH,high(RAMEND)         ; initialize SP
        LDI     AL,low(RAMEND)
        OUT     SPH,AH
        OUT     SPL,AL

        CALL    INIT_MCU                ; initialize MCU and kit
        CALL    D50MS                   ; wait for system stabilization
        CALL    INIT_LCD                ; initialize text LCD
        CALL    BEEP

;---------------------------------------------------
;       Key Input and Display
;---------------------------------------------------
        CALL    LCD_HOME1               ; display title
        CALL    LCD_STRING
        .db     "KEY1=00  KEY2=00",0,0
        CALL    LCD_HOME2
        CALL    LCD_STRING
        .db     "KEY3=00  KEY4=00",0,0

        CLR     R1                      ; initialize key count
        CLR     R2
        CLR     R3
        CLR     R4

READ_KEY:IN     AL,PINF                 ; key input without debouncing
        ANDI    AL,0b11110000
        CPI     AL,0b11100000           ; KEY1 ?
        BRNE    CK_KEY2
        LDI     AH,0b11110000
        EOR     AL,AH
        OUT     PORTB,AL
        INC     R1                      ; display KEY1 count
        LDI     AL,100
        CP      R1,AL
        BRNE    CK_KEY11
        CLR     R1
CK_KEY11:LDI    LCD_BUFFER,0x85
        CALL    LCD_COMMAND
        MOV     AL,R1
        CALL    LCD_2DEC
        JMP     READ_KEY

CK_KEY2:CPI     AL,0b11010000           ; KEY2 ?
        BRNE    CK_KEY3
        LDI     AH,0b11110000
        EOR     AL,AH
        OUT     PORTB,AL
```

```
        INC     R2                      ; display KEY2 count
        LDI     AL,100
        CP      R2,AL
        BRNE    CK_KEY21
        CLR     R2
CK_KEY21:LDI    LCD_BUFFER,0x8E
        CALL    LCD_COMMAND
        MOV     AL,R2
        CALL    LCD_2DEC
        JMP     READ_KEY

CK_KEY3:CPI     AL,0b10110000           ; KEY3 ?
        BRNE    CK_KEY4
        LDI     AH,0b11110000
        EOR     AL,AH
        OUT     PORTB,AL
        INC     R3                      ; display KEY3 count
        LDI     AL,100
        CP      R3,AL
        BRNE    CK_KEY31
        CLR     R3
CK_KEY31:LDI    LCD_BUFFER,0xC5
        CALL    LCD_COMMAND
        MOV     AL,R3
        CALL    LCD_2DEC
        JMP     READ_KEY

CK_KEY4:CPI     AL,0b01110000           ; KEY4 ?
        BRNE    READ_KEY
        LDI     AH,0b11110000
        EOR     AL,AH
        OUT     PORTB,AL
        INC     R4                      ; display KEY4 count
        LDI     AL,100
        CP      R4,AL
        BRNE    CK_KEY41
        CLR     R4
CK_KEY41:LDI    LCD_BUFFER,0xCE
        CALL    LCD_COMMAND
        MOV     AL,R4
        CALL    LCD_2DEC
        JMP     READ_KEY

;==================================================================
;       Include User Subroutine File
;==================================================================
.include "OK2561.INC"                   ; OK-2561 I/O and subroutine file
```

☞ 여기서는 서브루틴 KEY_IN을 사용하지 않고 직접 병렬 I/O 포트 PINF를 읽어 키를 검출하였으므로 디바운싱 기능이나 키입력을 1번만 수행하는 기능은 포함되지 않는다. 키 KEY4~KEY1을 누른 횟수는 각각 레지스터 R4~R1에 저장되며, 이를 텍스트형 LCD 모듈에 2자리 10진수로 표시하기 위하여 0~99 범위에서만 카운트하도록 하였다.

이 프로그램을 어셈블하여 다운로드하고 실행하라. 그리고, 키 KEY4~KEY1을 차례로 누르면서 텍스트형 LCD 모듈에 나타나는 카운트값을 관찰하라. 디바운싱 기능과 키입력을 1회만 수행하는 기능이 포함되어 있지 않으므로 키를 분명히 1번만 눌렀는데도 카운트값이 마구잡이로 변하는 것을 볼 수 있는가?

이번에는 디바운싱 기능과 키입력이 1회만 검출되도록 하는 기능을 사용한 키입력 카운트 프로그램을 어셈블리 언어로 작성하여 보면 다음과 같다.

<프로그램 Exp05_4.asm> 디바운싱을 사용한 키입력 카운트 프로그램

```
;[][][][][][][][][][][][][][][][][][][][][][][][][][][][][][][][][][][][][]
;[]                                                                      []
;[]          Exp05_4.asm : Key Input Count - Debouncing                  []
;[]                                                                      []
;[][][][][][][][][][][][][][][][][][][][][][][][][][][][][][][][][][][][][]
;
;            Designed and programmed by Duck-Yong Yoon in 2006.
;
;----------------------------------------------
;       Include Header File
;----------------------------------------------
.nolist
.include "m2561def.inc"                 ; ATmega2561 definition file
.list

;=================================================================
;       Main Program
;=================================================================
.cseg
        .org    0x0000
        LDI     AH,high(RAMEND)         ; initialize SP
        LDI     AL,low(RAMEND)
        OUT     SPH,AH
        OUT     SPL,AL

        CALL    INIT_MCU                ; initialize MCU and kit
        CALL    D50MS                   ; wait for system stabilization
        CALL    INIT_LCD                ; initialize text LCD
        CALL    BEEP

;----------------------------------------------
;       Key Input and Display
;----------------------------------------------
        CALL    LCD_HOME1               ; display title
        CALL    LCD_STRING
        .db     "KEY1=00  KEY2=00",0,0
        CALL    LCD_HOME2
        CALL    LCD_STRING
        .db     "KEY3=00  KEY4=00",0,0

        CLR     R1                      ; initialize key count
        CLR     R2
        CLR     R3
        CLR     R4

READ_KEY:CALL   KEY_IN                  ; key input with debouncing
        CPI     AL,0b11100000           ; KEY1 ?
        BRNE    CK_KEY2
```

```
        LDI     AH,0b11110000           ; display LED
        EOR     AL,AH
        OUT     PORTB,AL
        INC     R1                      ; display KEY1 count
        LDI     AL,100
        CP      R1,AL
        BRNE    CK_KEY11
        CLR     R1
CK_KEY11:LDI    LCD_BUFFER,0x85
        CALL    LCD_COMMAND
        MOV     AL,R1
        CALL    LCD_2DEC
        JMP     READ_KEY

CK_KEY2:CPI     AL,0b11010000           ; KEY2 ?
        BRNE    CK_KEY3
        LDI     AH,0b11110000           ; display LED
        EOR     AL,AH
        OUT     PORTB,AL
        INC     R2                      ; display KEY2 count
        LDI     AL,100
        CP      R2,AL
        BRNE    CK_KEY21
        CLR     R2
CK_KEY21:LDI    LCD_BUFFER,0x8E
        CALL    LCD_COMMAND
        MOV     AL,R2
        CALL    LCD_2DEC
        JMP     READ_KEY

CK_KEY3:CPI     AL,0b10110000           ; KEY3 ?
        BRNE    CK_KEY4
        LDI     AH,0b11110000           ; display LED
        EOR     AL,AH
        OUT     PORTB,AL
        INC     R3                      ; display KEY3 count
        LDI     AL,100
        CP      R3,AL
        BRNE    CK_KEY31
        CLR     R3
CK_KEY31:LDI    LCD_BUFFER,0xC5
        CALL    LCD_COMMAND
        MOV     AL,R3
        CALL    LCD_2DEC
        JMP     READ_KEY

CK_KEY4:CPI     AL,0b01110000           ; KEY4 ?
        BRNE    READ_KEY
        LDI     AH,0b11110000           ; display LED
        EOR     AL,AH
        OUT     PORTB,AL
        INC     R4                      ; display KEY4 count
        LDI     AL,100
        CP      R4,AL
        BRNE    CK_KEY41
        CLR     R4
CK_KEY41:LDI    LCD_BUFFER,0xCE
        CALL    LCD_COMMAND
        MOV     AL,R4
        CALL    LCD_2DEC
        JMP     READ_KEY

;==================================================================
;       Include User Subroutine File
```

```
;==================================================================
.include "OK2561.INC"                     ; OK-2561 I/O and subroutine file
```

☞ 여기서는 서브루틴 KEY_IN을 사용하여 디바운싱 기능과 키입력을 정확히 1번만 수행하는 기능을 수행하였다. 역시 키 KEY4~KEY1을 누른 횟수는 각각 레지스터 R4~R1에 저장되며, 이를 텍스트형 LCD 모듈에 2자리 10진수로 표시하기 위하여 0~99 범위에서만 카운트하도록 하였다.

이 프로그램을 어셈블하여 다운로드하고 실행하라. 그리고, 키 KEY4~KEY1을 차례로 누르면서 텍스트형 LCD 모듈에 나타나는 카운트값을 관찰하라. 디바운싱 기능과 키입력을 1회만 수행하는 기능이 포함되어 있으므로 키를 누를 때마다 해당 키의 카운트값이 정확히 1씩 증가하는 것을 볼 수 있는가?

이번에는 매크로 기능을 사용하여 위의 예제 프로그램 Exp05_4.asm을 좀더 간단하게 작성하여 보기로 한다.

<프로그램 Exp05_4a.asm> 매크로를 사용하여 수정한 키입력 카운트 프로그램

```
;[][][][][][][][][][][][][][][][][][][][][][][][][][][][][][][][][][]
;[]                                                                []
;[]     Exp05_4a.asm : Key Input Count - Debouncing(Use Macro)     []
;[]                                                                []
;[][][][][][][][][][][][][][][][][][][][][][][][][][][][][][][][][][]
;
;                 Designed and programmed by Duck-Yong Yoon in 2006.
;
;-------------------------------------------------
;       Include Header File
;-------------------------------------------------
.nolist
.include "m2561def.inc"                 ; ATmega2561 definition file
.list

;-------------------------------------------------
;       Macro Definition
;-------------------------------------------------
.macro  DSP_KEY
        LDI     AH,0b11110000           ; display LED
        EOR     AL,AH
        OUT     PORTB,AL
        INC     @0                      ; display key count
        LDI     AL,100
        CP      @0,AL
        BRNE    COUNT_OK
        CLR     @0
COUNT_OK:LDI    LCD_BUFFER,@1
        CALL    LCD_COMMAND
        MOV     AL,@0
        CALL    LCD_2DEC
.endm
```

```
;================================================================
;       Main Program
;================================================================
.cseg
        .org    0x0000
        LDI     AH,high(RAMEND)         ; initialize SP
        LDI     AL,low(RAMEND)
        OUT     SPH,AH
        OUT     SPL,AL

        CALL    INIT_MCU                ; initialize MCU and kit
        CALL    D50MS                   ; wait for system stabilization
        CALL    INIT_LCD                ; initialize text LCD
        CALL    BEEP

;----------------------------------------------
;       Key Input and Display
;----------------------------------------------
        CALL    LCD_HOME1               ; display title
        CALL    LCD_STRING
        .db     "KEY1=00  KEY2=00",0,0
        CALL    LCD_HOME2
        CALL    LCD_STRING
        .db     "KEY3=00  KEY4=00",0,0

        CLR     R1                      ; initialize key count
        CLR     R2
        CLR     R3
        CLR     R4

READ_KEY:CALL   KEY_IN                  ; key input with debouncing
        CPI     AL,0b11100000           ; KEY1 ?
        BRNE    CK_KEY2
        DSP_KEY R1,0x85                 ; display KEY1
        JMP     READ_KEY

CK_KEY2:CPI     AL,0b11010000           ; KEY2 ?
        BRNE    CK_KEY3
        DSP_KEY R2,0x8E                 ; display KEY2
        JMP     READ_KEY

CK_KEY3:CPI     AL,0b10110000           ; KEY3 ?
        BRNE    CK_KEY4
        DSP_KEY R3,0xC5                 ; display KEY3
        JMP     READ_KEY

CK_KEY4:CPI     AL,0b01110000           ; KEY4 ?
        BRNE    READ_KEY
        DSP_KEY R4,0xCE                 ; display KEY4
        JMP     READ_KEY

;================================================================
;       Include User Subroutine File
;================================================================
.include "OK2561.INC"                   ; OK-2561 I/O and subroutine file
```

▣ C언어의 경우

디바운싱 기능을 사용하지 않은 위의 예제 Exp05_3.asm을 C언어로 다시 작성하면 다음과 같다.

<프로그램 Exp05_3.c> 디바운싱을 사용하지 않은 키입력 카운트 프로그램

```
/* ============================================================================ */
/*                Exp05_3.c : Key Input Count - No Debouncing                   */
/* ============================================================================ */
/*                        Designed and programmed by Duck-Yong Yoon in 2006.    */

#include <avr/io.h>
#include "OK1281.h"

void LCD_2d(unsigned char number)                /* display 2-digit decimal number */
{ unsigned char i;

  i = number/10;                                 /* 10^1 */
  if(i == 0) LCD_data(' ');
  else       LCD_data(i + '0');

  i = number % 10;                               /* 10^0 */
  LCD_data(i + '0');
}

int main(void)
{ unsigned char key;
  unsigned char key1=0,key2=0,key3=0,key4=0;

  MCU_initialize();                              // initialize MCU and kit
  Delay_ms(50);                                  // wait for system stabilization
  LCD_initialize();                              // initialize text LCD module
  Beep();

  LCD_string(0x80,"KEY1=00  KEY2=00");           // display title
  LCD_string(0xC0,"KEY3=00  KEY4=00");

  while(1)
    { key = PINF & 0xF0;                         // key input without debouncing
      switch(key)
        { case 0xE0 : PORTB = key ^ 0xF0;        // display LED
                      key1++;                    // display KEY1 count
                      if(key1 > 99) key1 = 0;
                      LCD_command(0x85);
                      LCD_2d(key1);
                      break;
          case 0xD0 : PORTB = key ^ 0xF0;        // display LED
                      key2++;                    // display KEY2 count
                      if(key2 > 99) key2 = 0;
                      LCD_command(0x8E);
                      LCD_2d(key2);
                      break;
          case 0xB0 : PORTB = key ^ 0xF0;        // display LED
                      key3++;                    // display KEY3 count
                      if(key3 > 99) key3 = 0;
                      LCD_command(0xC5);
                      LCD_2d(key3);
                      break;
          case 0x70 : PORTB = key ^ 0xF0;        // display LED
                      key4++;                    // display KEY4 count
                      if(key4 > 99) key4 = 0;
                      LCD_command(0xCE);
```

```
                        LCD_2d(key4);
                        break;
            }
        }
}
```

디바운싱 기능을 사용한 위의 예제 Exp05_4.asm을 C언어로 다시 작성하면 다음과 같다.

<프로그램 Exp05_4.c> 디바운싱을 사용한 키입력 카운트 프로그램

```
/* ========================================================================== */
/*                  Exp05_4.c : Key Input Count - Debouncing                  */
/* ========================================================================== */
/*                   Designed and programmed by Duck-Yong Yoon in 2006.       */

#include <avr/io.h>
#include "OK1281.h"

void LCD_2d(unsigned char number)              /* display 2-digit decimal number */
{ unsigned char i;

  i = number/10;                               /* 10^1 */
  if(i == 0) LCD_data(' ');
  else       LCD_data(i + '0');

  i = number % 10;                             /* 10^0 */
  LCD_data(i + '0');
}

int main(void)
{ unsigned char key;
  unsigned char key1=0,key2=0,key3=0,key4=0;

  MCU_initialize();                            // initialize MCU and kit
  Delay_ms(50);                                // wait for system stabilization
  LCD_initialize();                            // initialize text LCD module
  Beep();

  LCD_string(0x80,"KEY1=00  KEY2=00");         // display title
  LCD_string(0xC0,"KEY3=00  KEY4=00");

  while(1)
    { key = Key_input();                       // key input with debouncing
      switch(key)
        { case 0xE0 : PORTB = key ^ 0xF0;      // display LED
                      key1++;                  // display KEY1 count
                      if(key1 > 99) key1 = 0;
                      LCD_command(0x85);
                      LCD_2d(key1);
                      break;
          case 0xD0 : PORTB = key ^ 0xF0;      // display LED
                      key2++;                  // display KEY2 count
                      if(key2 > 99) key2 = 0;
                      LCD_command(0x8E);
                      LCD_2d(key2);
```

```
                    break;
        case 0xB0 : PORTB = key ^ 0xF0;        // display LED
                    key3++;                    // display KEY3 count
                    if(key3 > 99) key3 = 0;
                    LCD_command(0xC5);
                    LCD_2d(key3);
                    break;
        case 0x70 : PORTB = key ^ 0xF0;        // display LED
                    key4++;                    // display KEY4 count
                    if(key4 > 99) key4 = 0;
                    LCD_command(0xCE);
                    LCD_2d(key4);
                    break;
      }
    }
  }
```

2. 인터럽트 처리 프로그램

ATmega1281/2561은 벡터형 인터럽트 방식을 사용하므로 어셈블리 언어에서 인터럽트 처리 프로그램을 작성할 때는 각 인터럽트에 해당하는 벡터 위치에 인터럽트 서비스 루틴을 작성하여 두어야 한다. 그러나, 이 위치의 메모리 공간이 좁을 때는 벡터 위치에 점프 명령을 두어 다른 곳에 작성하여 놓은 실제의 인터럽트 서비스 루틴으로 점프시키는 방법을 사용하게 된다.

표준의 C언어에서는 원천적으로 인터럽트와 같이 매우 하드웨어 의존적인 기능을 지원하지 않으므로 C컴파일러마다 인터럽트와 관련된 기능을 처리하는 방식이 다르다. WinAVR에서 인터럽트 처리함수는

```
ISR(vector)
{
}
```

와 같은 형식으로 작성하며, 여기서 *vector*는 각 인터럽트에 고유하게 정해져 있는 인터럽트의 벡터 이름으로서 이는 앞의 <표 3.5.5>에서 보였다. 그러면 이 함수는 인터럽트 처리함수가 되므로 일반 사용자 함수와 달리 마지막에 RET 명령이 아니라 RETI 명령을 사용하도록 번역되고, 해당 인터럽트 벡터 위치에 이 함수로 점프하는 JMP 명령이 만들어진다.

여기서는 *OK-1281/2561* 키트에서 외부 인터럽트 INT7 신호의 입력을 위하여 만들어 놓은 스위치 SW2를 이용하여 외부 인터럽트를 발생시키는 여러가지 예를 살펴보

기로 한다. 타이머에 의한 인터럽트 처리 기술은 제4.6절에서 공부한다.

(1) 기본적인 외부 인터럽트 발생

먼저 *OK-1281/2561* 키트의 스위치 SW2를 이용하여 인터럽트를 발생시키는 예를 살펴보기로 한다. 이 동작은 <그림 3.1.2>의 *OK-1281/2561* 키트 회로도와 함께 이해하는 것이 필요하다.

▣ 어셈블리 언어의 경우

OK-1281/2561 키트의 스위치 SW2를 눌러 레벨 트리거 방식으로 외부 인터럽트 INT7을 발생시키고 인터럽트가 발생하면 서비스 루틴에서 LED4~LED1을 200ms 속도로 1차례 점등하는 프로그램을 어셈블리 언어로 작성하여 보면 다음과 같다.

<프로그램 Exp05_5.asm> 레벨 트리거에 의한 INT7 인터럽트 처리 프로그램

```
;[][][][][][][][][][][][][][][][][][][][][][][][][][][][][][][][][][][][]
;[]                                                                  []
;[]      Exp05_5.asm : INT7 Interrupt Program - Level Trigger        []
;[]                                                                  []
;[][][][][][][][][][][][][][][][][][][][][][][][][][][][][][][][][][][][]
;
;              Designed and programmed by Duck-Yong Yoon in 2006.
;
;---------------------------------------------
;       Include Header File
;---------------------------------------------
.nolist
.include "m2561def.inc"                 ; ATmega2561 definition file
.list

;===============================================================
;       Main Program
;===============================================================
.cseg
        .org    0x0000
        JMP     RESET                   ; power-on reset entry point

        .org    0x0010
        JMP     ISR_INT7                ; interrupt vector INT7

RESET:  LDI     AH,high(RAMEND)         ; initialize SP
        LDI     AL,low(RAMEND)
        OUT     SPH,AH
        OUT     SPL,AL

        CALL    INIT_MCU                ; initialize MCU and kit
        CALL    D50MS                   ; wait for system stabilization
        CALL    INIT_LCD                ; initialize text LCD
        CALL    BEEP
```

```
;-----------------------------------------------
;       Initialize INT7
;-----------------------------------------------
        CALL    LCD_HOME1               ; display title
        CALL    LCD_STRING
        .db     " INT7 Interrupt ",0,0
        CALL    LCD_HOME2
        CALL    LCD_STRING
        .db     "(Level Trigger) ",0,0

        LDI     AL,0b00000000           ; INT7 = level trigger
        STS     EICRB,AL
        LDI     AL,0b10000000           ; enable INT7
        OUT     EIMSK,AL
        LDI     AL,0b11111111           ; clear all interrupt flags
        OUT     EIFR,AL
        SEI                             ; global interrupt enable

LOOP:   RJMP    LOOP                    ; wait interrupt

;===============================================================
;       Interrupt Service Routine of INT7
;===============================================================
ISR_INT7:PUSH   AL                      ; store registers
        PUSH    CL
        IN      AL,SREG
        PUSH    AL

        LDI     AL,0b00010000           ; shift from LED1 to LED4
        LDI     CL,5
ISR_INT7A:OUT   PORTB,AL
        CALL    D200MS
        LSL     AL
        DEC     CL
        BRNE    ISR_INT7A

        POP     AL                      ; restore registers
        OUT     SREG,AL
        POP     CL
        POP     AL
        RETI

;===============================================================
;       Include User Subroutine File
;===============================================================
.include "OK2561.INC"                   ; OK-2561 I/O and subroutine file
```

☞ 외부 인터럽트7의 인터럽트 벡터는 0x0010 번지이므로 인터럽트 서비스 루틴을 여기서부터 작성해야 하지만, 이 부분은 여러가지 인터럽트 벡터들이 집중적으로 위치하는 곳이라서 나중에 다른 인터럽트를 추가로 사용하게 되면 자리가 좁아지므로 실제 인터럽트 서비스 루틴은 다른 곳에 작성하여 두고 0x0010 번지에는 그 인터럽트 서비스 루틴으로 점프하는 명령을 넣어둔다.

인터럽트의 모든 초기화가 끝나고 메인 루틴에서는 더 이상 할 일이 없으므로 무한루프로 처리하였다. 따라서, 이 프로그램에서는 메인 루틴이 RJMP LOOP 명령을 반복하여 실행하면서 무한루프를 돌고 있으므로 나중에 인터럽트가 발생하더라도 메인 루틴과 인터럽트 서비스 루틴 사이에 레지스터나 데이터 변수가 충돌될 우려가 없기 때문에 인터럽트 서비스 루틴에서 어떤 PUSH/POP 명령도 사용할 필요가 없으나 여기서는 레지스터의 대피 방법을 보여주기 위하여 인터럽트 서비스 루틴의 내부에서 사용하는 AL, CL, SREG 레지스터 등을 PUSH/POP하였다.

이 프로그램을 어셈블하여 *OK-1281/2561* 키트에 다운로드하고 실행하라. 그리고, 스위치 SW2를 여러 차례 눌러보면서 인터럽트가 발생하는 것을 확인하라. 이 프로그램에서는 인터럽트 신호 INT7을 레벨 트리거 방식으로 처리하였으므로 스위치를 누를 때만 인터럽트가 요청되며, 따라서 스위치를 짧게 누르면 정확히 1번만 인터럽트가 발생한다. 그러나, 스위치를 오래 누르고 있으면 인터럽트 서비스 루틴에서 복귀하자마자 또 다시 인터럽트가 검출되므로 반복하여 인터럽트가 발생된다. 이는 레벨 트리거 방식으로 인터럽트를 요청할 때는 인터럽트 신호의 길이가 중요하다는 것을 의미한다.

그러나, 사람이 손으로 스위치 SW2를 누르는 방법으로 인터럽트 신호를 원하는대로 짧게 하는 것은 매우 어렵기 때문에 이런 경우에는 인터럽트 신호를 레벨 트리거 방식보다는 에지 트리거 방식으로 처리하는 것이 바람직하다. 스위치 SW2를 사용하여 하강 에지의 INT7 신호를 발생시키고 인터럽트가 발생할 때마다 서비스 루틴에서 LED4~LED1을 200ms 속도로 1차례 점등하는 프로그램을 어셈블리 언어로 작성하여 보면 다음과 같다.

<프로그램 Exp05_6.asm> 하강 에지 트리거에 의한 INT7 인터럽트 처리 프로그램

```
;[][][][][][][][][][][][][][][][][][][][][][][][][][][][][][][][][][]
;[]                                                                []
;[]     Exp05_6.asm : INT7 Interrupt Program - Edge Trigger        []
;[]                                                                []
;[][][][][][][][][][][][][][][][][][][][][][][][][][][][][][][][][][]
;
;               Designed and programmed by Duck-Yong Yoon in 2006.
;
;-----------------------------------------------
;       Include Header File
;-----------------------------------------------
.nolist
.include "m2561def.inc"                 ; ATmega2561 definition file
.list

;==================================================================
;       Main Program
;==================================================================
.cseg
        .org    0x0000
        JMP     RESET                   ; power-on reset entry point

        .org    0x0010
        JMP     ISR_INT7                ; interrupt vector INT7

RESET:  LDI     AH,high(RAMEND)         ; initialize SP
        LDI     AL,low(RAMEND)
```

```
        OUT     SPH,AH
        OUT     SPL,AL

        CALL    INIT_MCU                ; initialize MCU and kit
        CALL    D50MS                   ; wait for system stabilization
        CALL    INIT_LCD                ; initialize text LCD
        CALL    BEEP

;----------------------------------------------
;       Initialize INT7
;----------------------------------------------
        CALL    LCD_HOME1               ; display title
        CALL    LCD_STRING
        .db     " INT7 Interrupt ",0,0
        CALL    LCD_HOME2
        CALL    LCD_STRING
        .db     " (Edge Trigger) ",0,0

        LDI     AL,0b10000000           ; INT7 = falling edge trigger
        STS     EICRB,AL
        LDI     AL,0b10000000           ; enable INT7
        OUT     EIMSK,AL
        LDI     AL,0b11111111           ; clear all interrupt flags
        OUT     EIFR,AL
        SEI                             ; global interrupt enable

LOOP:   RJMP    LOOP                    ; wait interrupt

;==================================================================
;       Interrupt Service Routine of INT7
;==================================================================
ISR_INT7:PUSH   AL                      ; store registers
        PUSH    CL
        IN      AL,SREG
        PUSH    AL

        LDI     AL,0b00010000           ; shift from LED1 to LED4
        LDI     CL,5
ISR_INT7A:OUT   PORTB,AL
        CALL    D200MS
        LSL     AL
        DEC     CL
        BRNE    ISR_INT7A

        POP     AL                      ; restore registers
        OUT     SREG,AL
        POP     CL
        POP     AL
        RETI

;==================================================================
;       Include User Subroutine File
;==================================================================
.include "OK2561.INC"                   ; OK-2561 I/O and subroutine file
```

이 프로그램을 어셈블하여 다운로드하고 실행하라. 그리고, 스위치 SW2를 여러 차례 눌러보면서 인터럽트가 발생하는 것을 확인하라. 이 프로그램에서는 인터럽트 신호 INT7을 하강 에지 트리거 방식으로 처리하였으므로 스위치를 오래 누르고 있어도 인터럽트는 기본적으로 1번만 발생한다. 그러나, 이와 같이 에지 트리거 방식으로 인터럽트를 처리하면 스위치를 누를 때 접점에서의 기계적 진동(bouncing)에 의하여 인터럽트가 여러 번 걸릴 수 있고, 또한 스위치를 뗄 때도 마찬가지 이유로 원하지 않는 인터럽트가 걸릴 수 있다. 이러한 현상을 억제하려면 좀더 어려운 프로그래밍 기술이 요구된다.

▣ C언어의 경우

위의 예제 Exp05_5.asm을 C언어로 다시 작성하면 다음과 같다.

<프로그램 Exp05_5.c> 레벨 트리거에 의한 INT7 인터럽트 처리 프로그램

```
/* ========================================================================= */
/*              Exp05_5.c : INT7 Interrupt Program - Level Trigger           */
/* ========================================================================= */
/*                          Designed and programmed by Duck-Yong Yoon in 2006.  */

#include <avr/io.h>
#include <avr/interrupt.h>
#include "OK1281.h"

ISR(INT7_vect)                                  /* INT7 interrupt function */
{ unsigned char i,LED;

  for(i=1, LED=0x10; i<=5; i++)                 // shift from LED1 to LED4
    { PORTB = LED;
      Delay_ms(200);
      LED <<= 1;
    }
}

int main(void)
{
  MCU_initialize();                             // initialize MCU and kit
  Delay_ms(50);                                 // wait for system stabilization
  LCD_initialize();                             // initialize text LCD module
  Beep();

  LCD_string(0x80," INT7 Interrupt ");          // display title
  LCD_string(0xC0,"(Level Trigger) ");

  EICRB = 0x00;                                 // INT7 = level trigger
  EIMSK = 0x80;                                 // enable INT7
  EIFR = 0xFF;                                  // clear all interrupt flags
  sei();                                        // global interrupt enable

  while(1);                                     // wait interrupt
}
```

위의 예제 Exp05_6.asm을 C언어로 다시 작성하면 다음과 같다.

<프로그램 Exp05_6.c> 하강 에지 트리거에 의한 INT7 인터럽트 처리 프로그램

```
/* ============================================================================ */
/*                 Exp05_6.c : INT7 Interrupt Program - Edge Trigger              */
/* ============================================================================ */
/*                           Designed and programmed by Duck-Yong Yoon in 2006.   */

#include <avr/io.h>
#include <avr/interrupt.h>
#include "OK1281.h"

ISR(INT7_vect)                                  /* INT7 interrupt function */
{ unsigned char i,LED;

  for(i=1, LED=0x10; i<=5; i++)                 // shift from LED1 to LED4
    { PORTB = LED;
      Delay_ms(200);
      LED <<= 1;
    }
}

int main(void)
{
  MCU_initialize();                             // initialize MCU and kit
  Delay_ms(50);                                 // wait for system stabilization
  LCD_initialize();                             // initialize text LCD module
  Beep();

  LCD_string(0x80," INT7 Interrupt ");          // display title
  LCD_string(0xC0," (Edge Trigger) ");

  EICRB = 0x80;                                 // INT7 = falling edge trigger
  EIMSK = 0x80;                                 // enable INT7
  EIFR = 0xFF;                                  // clear all interrupt flags
  sei();                                        // global interrupt enable

  while(1);                                     // wait interrupt
}
```

(2) 인터럽트 카운트 프로그램

이제 *OK-1281/2561* 키트의 스위치 SW2를 누를 때 에지 트리거 방식으로 정확히 1번만 인터럽트가 발생하도록 처리하는 프로그래밍 기술을 살펴보기로 한다.

▣ 어셈블리 언어의 경우

디바운싱 기술을 적용하지 않고 스위치 SW2를 눌러서 하강 에지 트리거 방식으로 외부 인터럽트 INT7을 발생시키고 그 인터럽트 발생 횟수를 텍스트형 LCD 모듈에 표시하는 프로그램을 어셈블리 언어로 작성하여 보면 다음과 같다.

<프로그램 Exp05_7.asm> 디바운싱을 적용하지 않은 INT7 인터럽트 카운트 프로그램

```
;[][][][][][][][][][][][][][][][][][][][][][][][][][][][][][][][][][][]
;[]                                                                  []
;[]   Exp05_7.asm : INT7 Interrupt Count Program - No Debouncing     []
;[]                                                                  []
;[][][][][][][][][][][][][][][][][][][][][][][][][][][][][][][][][][][]
;
;               Designed and programmed by Duck-Yong Yoon in 2006.
;
;-----------------------------------------------
;       Include Header File
;-----------------------------------------------
.nolist
.include "m2561def.inc"                 ; ATmega2561 definition file
.list

;===============================================================
;       Main Program
;===============================================================
.cseg
        .org    0x0000
        JMP     RESET                   ; power-on reset entry point

        .org    0x0010
        JMP     ISR_INT7                ; interrupt vector INT7

RESET:  LDI     AH,high(RAMEND)         ; initialize SP
        LDI     AL,low(RAMEND)
        OUT     SPH,AH
        OUT     SPL,AL

        CALL    INIT_MCU                ; initialize MCU and kit
        CALL    D50MS                   ; wait for system stabilization
        CALL    INIT_LCD                ; initialize text LCD
        CALL    BEEP

;-----------------------------------------------
;       Initialize INT7 and Do Main Routine
;-----------------------------------------------
        CALL    LCD_HOME1               ; display title
        CALL    LCD_STRING
        .db     "   INT7 Count    ",0,0
        CALL    LCD_HOME2
        CALL    LCD_STRING
        .db     "      000        ",0,0

        LDI     AL,0b10000000           ; INT7 = falling edge trigger
        STS     EICRB,AL
        LDI     AL,0b10000000           ; enable INT7
        OUT     EIMSK,AL
        LDI     AL,0b11111111           ; clear all interrupt flags
        OUT     EIFR,AL
        SEI                             ; global interrupt enable

        LDI     DL,0                    ; initial interrupt count

LOOP1:  LDI     AL,0b00010000           ; shift from LED1 to LED4
        LDI     CL,4
LOOP2:  OUT     PORTB,AL
```

```
        CALL    D200MS
        LSL     AL
        DEC     CL
        BRNE    LOOP2
        RJMP    LOOP1

;====================================================================
;       Interrupt Service Routine of INT7
;====================================================================
ISR_INT7:PUSH   AL                      ; store registers
        PUSH    AH
        IN      AL,SREG
        PUSH    AL

        INC     DL                      ; increment interrupt count

        LDI     LCD_BUFFER,0xC6         ; display interrupt count
        CALL    LCD_COMMAND
        CLR     AH
        MOV     AL,DL
        CALL    LCD_3DEC

        POP     AL                      ; restore registers
        OUT     SREG,AL
        POP     AH
        POP     AL
        RETI

;====================================================================
;       Include User Subroutine File
;====================================================================
.include "OK2561.INC"                   ; OK-2561 I/O and subroutine file
```

☞ 이 프로그램에서는 수시로 인터럽트가 발생하여 서비스 루틴을 실행하는 사이에 메인 루틴은 자신의 일을 수행하고 있는 모습을 확인할 수 있도록 하기 위하여 메인 루틴에서 LED 시프트 디스플레이 동작을 수행하도록 하였다. 그러나, 이렇게 하면 메인 루틴과 인터럽트 서비스 루틴 사이에 레지스터나 데이터 변수의 충돌이 발생할 수 있으므로 이러한 가능성이 있는 레지스터들은 인터럽트 서비스 루틴의 시작 부분에서 PUSH 명령으로 대피시키고 끝 부분에서 POP 명령으로 되찾도록 하였다.

이 프로그램을 어셈블하여 다운로드하고 실행하라. 그리고, 스위치 SW2를 여러 차례 눌러보면서 인터럽트가 발생하는 것을 확인하라. 이 프로그램에서는 인터럽트 신호 INT7을 하강 에지 트리거 방식으로 처리하면서 디바운싱 기술을 적용하지 않았으므로 텍스트형 LCD 모듈에 표시되는 카운트 값이 정확히 1씩 증가하지 않는 경우가 발생한다.

위의 프로그램에 인터럽트가 정확히 1번씩만 발생하도록 SW2의 디바운싱 기술을 적용하여 프로그램을 수정하면 다음과 같다.

<프로그램 Exp05_8.asm> 디바운싱 기술을 적용한 INT7 인터럽트 카운트 프로그램

```
;[][][][][][][][][][][][][][][][][][][][][][][][][][][][][][][][][][]
;[]                                                                []
;[]     Exp05_8.asm : INT7 Interrupt Count Program - Debouncing    []
;[]                                                                []
;[][][][][][][][][][][][][][][][][][][][][][][][][][][][][][][][][][]
;
;              Designed and programmed by Duck-Yong Yoon in 2006.
;
;-----------------------------------------------
;       Include Header File
;-----------------------------------------------
.nolist
.include "m2561def.inc"             ; ATmega2561 definition file
.list

;===================================================================
;       Main Program
;===================================================================
.cseg
        .org    0x0000
        JMP     RESET                   ; power-on reset entry point

        .org    0x0010
        JMP     ISR_INT7                ; interrupt vector INT7

RESET:  LDI     AH,high(RAMEND)         ; initialize SP
        LDI     AL,low(RAMEND)
        OUT     SPH,AH
        OUT     SPL,AL

        CALL    INIT_MCU                ; initialize MCU and kit
        CALL    D50MS                   ; wait for system stabilization
        CALL    INIT_LCD                ; initialize text LCD
        CALL    BEEP

;-----------------------------------------------
;       Initialize INT7 and Do Main Routine
;-----------------------------------------------
        CALL    LCD_HOME1               ; display title
        CALL    LCD_STRING
        .db     "   INT7 Count   ",0,0
        CALL    LCD_HOME2
        CALL    LCD_STRING
        .db     "      000       ",0,0

        LDI     AL,0b10000000           ; INT7 = falling edge trigger
        STS     EICRB,AL
        LDI     AL,0b10000000           ; enable INT7
        OUT     EIMSK,AL
        LDI     AL,0b11111111           ; clear all interrupt flags
        OUT     EIFR,AL
        SEI                             ; global interrupt enable

        LDI     DL,0                    ; initial interrupt count

LOOP1:  LDI     AL,0b00010000           ; shift from LED1 to LED4
        LDI     CL,4
LOOP2:  OUT     PORTB,AL
        CALL    D200MS
        LSL     AL
        DEC     CL
```

```
        BRNE    LOOP2
        RJMP    LOOP1

;===================================================================
;       Interrupt Service Routine of INT7
;===================================================================
ISR_INT7:PUSH   AL                      ; store registers
        PUSH    AH
        IN      AL,SREG
        PUSH    AL

        CALL    BEEP                    ; beep and delay for debouncing
        INC     DL                      ; increment interrupt count

        LDI     LCD_BUFFER,0xC6         ; display interrupt count
        CALL    LCD_COMMAND
        CLR     AH
        MOV     AL,DL
        CALL    LCD_3DEC

ISR_INT7A:SBIS  PINE,7                  ; wait until SW2 off(INT7=1)
        RJMP    ISR_INT7A
        CALL    D50MS                   ; delay for debouncing
        SBIS    PINE,7
        RJMP    ISR_INT7A

        IN      AL,EIFR                 ; clear INT7 interrupt flag
        ORI     AL,0b10000000
        OUT     EIFR,AL

        POP     AL                      ; restore registers
        OUT     SREG,AL
        POP     AH
        POP     AL
        RETI

;===================================================================
;       Include User Subroutine File
;===================================================================
.include "OK2561.INC"                   ; OK-2561 I/O and subroutine file
```

☞ 이 프로그램에서 사용한 디바운싱 프로그래밍 기술이 유일한 해결책은 아니므로 독자 여러분이 여러가지 기법을 스스로 만들어 시도하여 보기 바란다. 이 프로그램에서 사용한 방법은 시간지연에 의한 디바운싱도 중요하지만 인터럽트 서비스 루틴을 종료하기 전에 INT7의 인터럽트 플랙을 클리어하는 것이 특히 중요하다.

이 프로그램을 어셈블하여 다운로드하고 실행하라. 그리고, 스위치 SW2를 여러 차례 눌러보면서 인터럽트가 발생하는 것을 확인하라. 이 프로그램에서는 인터럽트 신호 INT7을 하강 에지 트리거 방식으로 처리하면서 디바운싱 기술을 적용하였으므로 텍스트형 LCD 모듈에 표시되는 카운트 값이 정확히 1씩 증가한다. 그러나, 키를 오래 누르고 있으면 디바운싱 기술에서 키가 떨어질 때까지 기다리면서 디바운싱을 처리하였기 때문에 메인 루틴의 실행이 계속 중단되는 단점이 있다.

▣ C언어의 경우

위의 예제 Exp05_7.asm을 C언어로 다시 작성하면 다음과 같다.

<프로그램 Exp05_7.c> 디바운싱을 적용하지 않은 INT7 인터럽트 카운트 프로그램

```
/* ============================================================================ */
/*          Exp05_7.c : INT7 Interrupt Count Program - No Debouncing           */
/* ============================================================================ */
/*                        Designed and programmed by Duck-Yong Yoon in 2006.  */

#include <avr/io.h>
#include <avr/interrupt.h>
#include "OK1281.h"

void LCD_3d(unsigned int number)                   /* display 3-digit decimal number */
{ unsigned char i,flag;

  flag = 0;
  i = number/100;                                  // 10^2
  if(i == 0) LCD_data(' ');
  else {     LCD_data(i + '0');
             flag = 1;
       }

  number = number % 100;                           // 10^1
  i = number/10;
  if((i == 0) && (flag == 0))
             LCD_data(' ');
  else {     LCD_data(i + '0');
             flag = 1;
       }

  i = number % 10;                                 // 10^0
  LCD_data(i + '0');
}

unsigned char int_count = 0;                       // interrupt count

ISR(INT7_vect)                                     /* INT7 interrupt function */
{
  int_count++;                                     // increment interrupt count
  LCD_command(0xC6);                               // display interrupt count
  LCD_3d(int_count);
}

int main(void)
{ unsigned char i,LED;

  MCU_initialize();                                // initialize MCU and kit
  Delay_ms(50);                                    // wait for system stabilization
  LCD_initialize();                                // initialize text LCD module
  Beep();

  LCD_string(0x80,"   INT7 Count   ");             // display title
  LCD_string(0xC0,"      000       ");

  EICRB = 0x80;                                    // INT7 = falling edge trigger
  EIMSK = 0x80;                                    // enable INT7
  EIFR = 0xFF;                                     // clear all interrupt flags
```

```
  sei();                                          // global interrupt enable

  while(1)
    { for(i=1, LED=0x10; i<=4; i++)               // shift from LED1 to LED4
        { PORTB = LED;
          Delay_ms(200);
          LED <<= 1;
        }
    }
}
```

위의 예제 Exp05_8.asm을 C언어로 다시 작성하면 다음과 같다.

<프로그램 Exp05_8.c> 디바운싱 기술을 적용한 INT7 인터럽트 카운트 프로그램

```
/* ============================================================================ */
/*            Exp05_8.c : INT7 Interrupt Count Program - Debouncing            */
/* ============================================================================ */
/*                        Designed and programmed by Duck-Yong Yoon in 2006.   */

#include <avr/io.h>
#include <avr/interrupt.h>
#include "OK1281.h"

void LCD_3d(unsigned int number)                  /* display 3-digit decimal number */
{ unsigned char i,flag;

  flag = 0;
  i = number/100;                                 // 10^2
  if(i == 0) LCD_data(' ');
  else {     LCD_data(i + '0');
             flag = 1;
       }

  number = number % 100;                          // 10^1
  i = number/10;
  if((i == 0) && (flag == 0))
             LCD_data(' ');
  else {     LCD_data(i + '0');
             flag = 1;
       }

  i = number % 10;                                // 10^0
  LCD_data(i + '0');
}

unsigned char int_count = 0;                      // interrupt count

ISR(INT7_vect)                                    /* INT7 interrupt function */
{
  Beep();                                         // beep and delay for debouncing
  int_count++;                                    // increment interrupt count
  LCD_command(0xC6);                              // display interrupt count
  LCD_3d(int_count);
```

```
  loop: while(!(PINE & 0x80));                  // wait until SW2 off(INT7=1)
        Delay_ms(50);                           // delay for debouncing
  if(!(PINE & 0x80)) goto loop;

  EIFR |= 0x80;                                 // clear INT7 interrupt flag
}

int main(void)
{ unsigned char i,LED;

  MCU_initialize();                             // initialize MCU and kit
  Delay_ms(50);                                 // wait for system stabilization
  LCD_initialize();                             // initialize text LCD module
  Beep();

  LCD_string(0x80,"   INT7 Count   ");          // display title
  LCD_string(0xC0,"      000       ");

  EICRB = 0x80;                                 // INT7 = falling edge trigger
  EIMSK = 0x80;                                 // enable INT7
  EIFR = 0xFF;                                  // clear all interrupt flags
  sei();                                        // global interrupt enable

  while(1)
    { for(i=1, LED=0x10; i<=4; i++)             // shift from LED1 to LED4
        { PORTB = LED;
          Delay_ms(200);
          LED <<= 1;
        }
    }
}
```

3. 실습 과제

(1) ATmega1281/2561의 외부 인터럽트에서 레벨 트리거 방식과 에지 트리거 방식의 차이를 비교 설명하라.

(2) 예제 프로그램 Exp05_8.asm에서 디바운싱을 위하여는 인터럽트 서비스 루틴의 끝 부분에서 인터럽트 INT7의 플랙을 클리어하는 것이 필요한 이유를 설명하라.

(3) 예제 프로그램 Exp05_8.c에 자기 자신이 고안한 디바운싱 방법을 적용한 프로그램 Exp05_8R.c을 작성하라.

4.6 타이머/카운터 인터럽트 프로그램

이 절에서는 ATmega1281/2561의 타이머에 의하여 인터럽트를 요청하고 처리하는 프로그래밍 기술을 익힌다. 이를 이용한 응용으로 전자 스톱워치를 만들어 본다.

관련 내용	(1) 제1.3절 ATmega1281/2561의 명령 세트 (2) 제1.5절 ATmega1281/2561의 인터럽트 처리 (3) 제2.2절 타이머/카운터 및 PWM 출력 (4) 제3.4절 AVR Studio의 매크로 어셈블러 (5) 제3.5절 WinAVR의 AVR-GCC 컴파일러

1. 주기적인 인터럽트 발생

마이크로콘트롤러에서 타이머를 이용하여 주기적으로 일정하게 인터럽트를 발생시키는 일은 매우 많다. 주기적인 인터럽트를 발생하여 디지털시계를 구현하는 것도 이러한 예이며, 자동제어에서 일정한 샘플링 주기로 제어를 수행하거나 동시에 여러 가지의 일을 처리하기 위하여 시분할 방식으로 각각의 일을 번갈아 수행하는 경우도 이에 해당한다. 이런 경우 인터럽트 발생주기를 사용자가 임의로 결정할 수 있어야 하고 또한 그 주기가 매우 정확해야 하는데, 이는 마이크로콘트롤러에 내장된 타이머/카운터의 타이머 기능을 이용하는 것이 좋다. 특히 이처럼 정확한 주기의 인터럽트를 발생시킬 때는 타이머의 주기가 하드웨어적으로 자동 처리되는 출력비교 및 자동 클리어 기능을 사용해야 한다.

ATmega1281/2561의 타이머에서 주기가 소프트웨어적으로 처리되는 타이머 오버플로우 인터럽트의 동작을 그림으로 설명하면 <그림 4.6.1>과 같다. 즉, 타이머 오버플로우 인터럽트가 발생하면 오버플로우에 의하여 타이머의 값이 0xFF→0x00(16비트 타이머에서는 0xFFFF→0x0000)으로 클리어되므로 인터럽트 서비스 루틴에서 이를 소프트웨어적으로 다시 원하는 주기를 만들기 위한 값으로 초기화해 주어야 한다. 그러나, 인터럽트가 요청되어 처리를 시작하기까지의 지연시간과 타이머를 초기화하는 소프트웨어의 처리시간이 인터럽트 설정주기에 추가되므로 이런 경우에는 실제로 발생하는 인터럽트 주기가 설정치에 비하여 더 길어지게 된다. 그런데, 이러한 오차가 일정하다면 인터럽트 설정 주기를 그만큼 줄이는 방법으로 보완할 수도 있겠지만, 인터럽트 지연 시간은 상황에 따라 달라지므로 이러한 보완도 사실상 불가능하다.

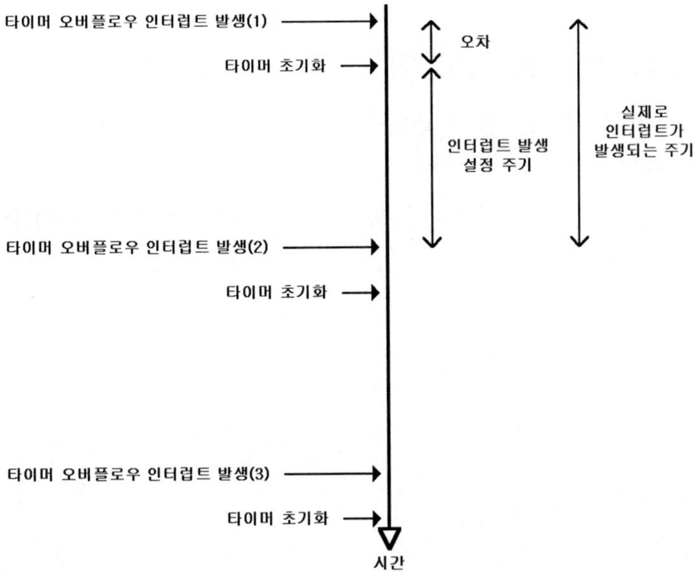

〈그림 4.6.1〉 타이머 오버플로우 인터럽트를 사용한 주기적인 인터럽트

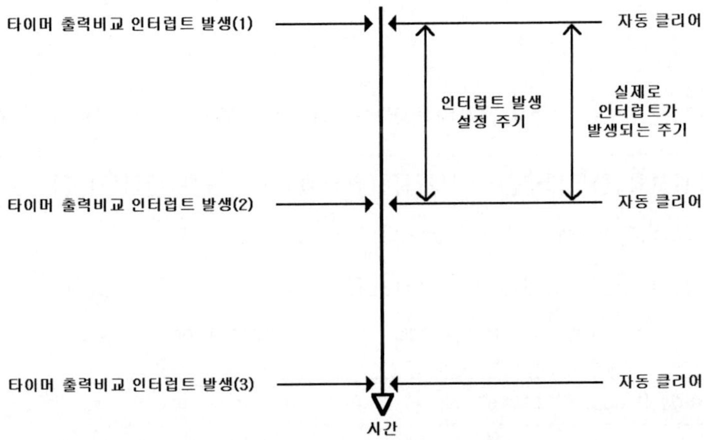

〈그림 4.6.2〉 CTC 모드에서 타이머 출력비교 인터럽트를 사용한 주기적인 인터럽트

그러나, <그림 4.6.2>와 같이 ATmega1281/2561의 CTC 모드에서 자동 클리어 기능이 있는 타이머 출력비교 인터럽트를 사용하면 원천적으로 이런 문제가 발생하지

않는다. 즉, CTC 모드에서는 출력비교 인터럽트가 발생하면 하드웨어에 의하여 자동으로 타이머의 값이 현재의 값에서 0x00(16비트 타이머에서는 0x0000)으로 클리어되므로 이후부터 정확히 인터럽트 설정 주기만큼의 시간이 지나면 다시 이 출력비교 인터럽트를 발생하게 된다.

(1) 16비트인 타이머1/3을 사용한 긴 주기의 인터럽트

여기서는 16비트인 타이머1/3을 사용하여 주기가 긴 인터럽트를 발생시키는 프로그램 작성에 대하여 공부한다.

16비트 구조를 가지는 타이머/카운터1과 3에서는 시스템 클록 16MHz를 프리스케일러를 거쳐서 16비트의 시정수로 분주할 수 있기 때문에 약 0.24Hz 정도(4.2초의 주기)의 낮은 속도까지의 주기적인 인터럽트를 발생시킬 수 있다. 시스템 클록을 임의의 값으로 분주하여 주기적인 인터럽트를 발생시킬 때는 타이머/카운터의 CTC 모드를 사용하는 것이 편리하다.

▣ 어셈블리 언어의 경우

타이머/카운터1을 CTC 모드(모드4)로 사용하여 1Hz의 속도로 주기적인 인터럽트를 발생하고, 인터럽트가 발생될 때마다 LED1을 점멸하는 프로그램을 어셈블리 언어로 작성하면 다음과 같다. 결국 이 LED는 0.5Hz의 속도 즉 2초에 한번씩 깜빡이게 된다.

<프로그램 Exp06_1.asm> 타이머1을 이용한 주기적인 인터럽트의 발생

```
;[][][][][][][][][][][][][][][][][][][][][][][][][][][][][][][][][][][]
;[]                                                                  []
;[]         Exp06_1.asm : Timer/Counter1 Interrupt(1Hz)              []
;[]                                                                  []
;[][][][][][][][][][][][][][][][][][][][][][][][][][][][][][][][][][][]
;
;               Designed and programmed by Duck-Yong Yoon in 2006.
;
;-------------------------------------------------
;       Include Header File
;-------------------------------------------------
.nolist
.include "m2561def.inc"                 ; ATmega2561 definition file
.list

;=================================================================
;       Main Program
;=================================================================
.cseg
        .org    0x0000
```

```
        JMP     RESET                   ; power-on reset entry point

        .org    0x0022
        JMP     TIMER1_COMPA            ; interrupt vector OC1A

RESET:  LDI     AH,high(RAMEND)         ; initialize SP
        LDI     AL,low(RAMEND)
        OUT     SPH,AH
        OUT     SPL,AL

        CALL    INIT_MCU                ; initialize MCU and kit
        CALL    D50MS                   ; wait for system stabilization
        CALL    INIT_LCD                ; initialize text LCD
        CALL    BEEP

;---------------------------------------------
;       Initialize Timer/Counter1 CTC Mode
;---------------------------------------------
        CALL    LCD_HOME1               ; display title
        CALL    LCD_STRING
        .db     "     Timer1     ",0,0
        CALL    LCD_HOME2
        CALL    LCD_STRING
        .db     " 1 Hz Interrupt ",0,0

        LDI     AL,0b00010000           ; LED1 on
        OUT     PORTB,AL

        LDI     AL,0b00000000           ; CTC mode(4), don't output OC1A
        STS     TCCR1A,AL
        LDI     AL,0b00001100           ; 16MHz/256/(1+62499) = 1Hz
        STS     TCCR1B,AL
        LDI     AL,0b00000000
        STS     TCCR1C,AL
        LDI     AL,high(62499)
        STS     OCR1AH,AL
        LDI     AL,low(62499)
        STS     OCR1AL,AL
        LDI     AL,0x00                 ; clear Timer/Counter1
        STS     TCNT1H,AL
        STS     TCNT1L,AL

;---------------------------------------------
;       Initialize OC1A Interrupt
;---------------------------------------------
        LDI     AL,0b00000010           ; enable Timer/Counter1 OC1A interrupt
        STS     TIMSK1,AL
        LDI     AL,0b00101111           ; clear all interrupt flags
        STS     TIFR1,AL
        SEI                             ; global interrupt enable

LOOP:   RJMP    LOOP                    ; wait interrupt

;===========================================================
;       Interrupt Service Routine of OC1A
;===========================================================
TIMER1_COMPA:
        PUSH    AL                      ; store registers
        PUSH    AH
        IN      AL,SREG
        PUSH    AL

        IN      AL,PORTB                ; toggle LED1
        LDI     AH,0b00010000
        EOR     AL,AH
```

```
        OUT     PORTB,AL

        POP     AL                      ; restore registers
        OUT     SREG,AL
        POP     AH
        POP     AL
        RETI

;========================================================================
;       Include User Subroutine File
;========================================================================
.include "OK2561.INC"                   ; OK-2561 I/O and subroutine file
```

☞ 이와 같이 인터럽트를 사용하는 프로그램에서는 메인 프로그램, 서브루틴, 인터럽트 벡터, 인터럽트 서비스 루틴의 관계를 정확히 이해하는 것이 중요하다. 이 예제에서는 인터럽트가 발생되어 인터럽트 서비스 루틴에서만 어떤 일이 수행되므로 메인 프로그램이 전혀 할 일이 없다. 이런 경우에는 반드시 이를 무한루프로 처리하여 메인 프로그램의 실행이 인터럽트 서비스 루틴을 침범하는 일이 없도록 하여야 한다.

LED1을 토글하기 위하여 IN 명령으로 PORTB를 읽어들이는데도 유의해야 한다. PORTB에서의 핀입력을 읽어들이려면 당연히 PINB를 입력해야 하지만 LED에 출력한 데이터를 다시 읽어들이는 것이 목적이므로 여기서는 PORTB를 입력하는 것이다. 이 원리가 이해가 안된다면 병렬 I/O 포트의 구조를 다시 공부하기 바란다.

또한, 16비트 레지스터인 출력비교 레지스터 OCR1AH, OCR1AL이나 타이머/카운터1 레지스터 TCNT1H, TCNT1L에 값을 로드할 때는 반드시 상위 바이트를 먼저 라이트하고 하위 바이트를 나중에 라이트해야 한다는 것에도 유의하라.

이 프로그램을 어셈블하여 *OK-1281/2561* 키트에 다운로드하고 실행하라. 그리고, LED1이 정확히 2초의 주기로 교대로 점멸하는지 관찰하라.

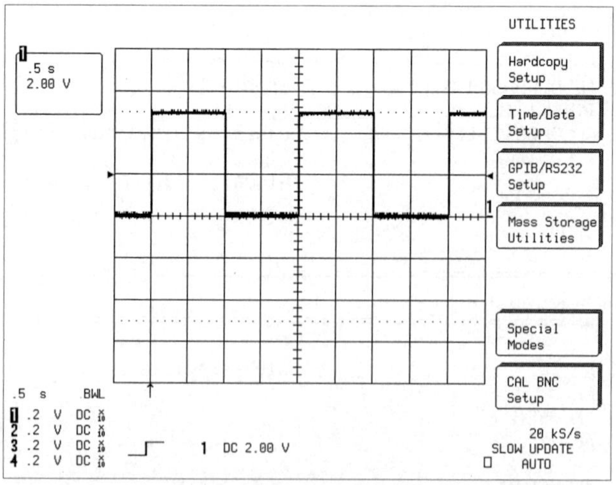

〈그림 4.6.3〉 오실로스코프로 측정한 OC1A 출력 파형

그리고 이 예제 프로그램에서 만약 TCCR1A 레지스터를 0x40으로 초기화하였다면 OC1A 단자로 출력되는 파형은 1Hz의 인터럽트가 발생될 때마다 토글되므로 이 신호를 오실로스코프를 사용하여 관측하면 <그림 4.6.3>처럼 0.5Hz의 구형파가 된다. 이는 *OK-1281/2561* 키트 상단의 PB5/OC1A 단자에서 측정할 수 있다.

▣ C언어의 경우

앞의 Exp06_1.asm 프로그램을 C언어로 작성하여 보면 다음과 같다.

<프로그램 Exp06_1.c> 타이머1을 이용한 주기적인 인터럽트의 발생

```
/* ============================================================================ */
/*                    Exp06_1.c : Timer/Counter1 Interrupt(1Hz)                 */
/* ============================================================================ */
/*                        Designed and programmed by Duck-Yong Yoon in 2006.   */

#include <avr/io.h>
#include <avr/interrupt.h>
#include "OK1281.h"

ISR(TIMER1_COMPA_vect)                              /* OC1A interrupt function */
{
  PORTB = PORTB ^ 0x10;                             // toggle LED1
}

int main(void)
{
  MCU_initialize();                                 // initialize MCU and kit
  Delay_ms(50);                                     // wait for system stabilization
  LCD_initialize();                                 // initialize text LCD module
  Beep();

  LCD_string(0x80,"     Timer1     ");              // display title
  LCD_string(0xC0," 1 Hz Interrupt ");

  PORTB = 0x10;                                     // LED1 on

  TCCR1A = 0x00;                                    // CTC mode(4), don't output OC1A
  TCCR1B = 0x0C;                                    // 16MHz/256/(1+62499) = 1Hz
  TCCR1C = 0x00;
  OCR1A = 62499;
  TCNT1 = 0x0000;                                   // clear Timer/Counter1

  TIMSK1 = 0x02;                                    // enable OC1A interrupt
  TIFR1 = 0x2F;                                     // clear all interrupt flags
  sei();                                            // global interrupt enable

  while(1);                                         // wait interrupt
}
```

☞ 이 예제에서도 인터럽트가 발생되어 인터럽트 서비스 루틴에서만 어떤 일이 수행되므로 메인 프로그램이 전혀 할 일이 없으며, 따라서 이를 while(1); 문을 사용하여 무한루프로 처리함으로써 main() 함수의

실행이 종료되고 리턴하는 일이 없도록 처리하였다.

C언어에서도 16비트 레지스터인 출력비교 레지스터 OCR1AH, OCR1AL이나 타이머/카운터1 레지스터 TCNT1H, TCNT1L에 값을 로드할 때는 반드시 상위 바이트를 먼저 라이트하고 하위 바이트를 나중에 라이트해야 한다. 하지만, C언어에서는 이러한 16비트 레지스터를 OCR1A 및 TCNT1로 한번에 처리할 수 있으므로 편리하다.

(2) 8비트인 타이머0/2에서 인터럽트 주기를 길게 늘리는 방법

8비트 구조를 가지는 타이머/카운터0과 2에서는 시스템 클록 16MHz를 프리스케일러를 거쳐서 8비트의 시정수로 분주하기 때문에 약 61Hz 정도(0.16초의 주기)까지의 주기적인 인터럽트를 발생시킬 수 있다. 그러나, 이 정도의 속도라면 LED를 점멸할 경우 사람의 눈에는 LED가 계속하여 켜져 있는 것처럼 보이는 빠른 속도이다. 따라서, 타이머/카운터0과 2에서 인터럽트 발생 주기를 이보다 좀더 길게 하려면 특별한 프로그래밍 기법이 필요하다.

▣ 어셈블리 언어의 경우

다음은 위의 예제 Exp06_1.asm에서와 유사한 기능을 타이머/카운터0을 사용하여 구현한 것이다. 그러나, 여기서는 LED1이 250Hz의 속도로 점멸하기 때문에 사람의 눈에는 계속하여 켜져 있는 것처럼 보인다. 이를 소프트웨어 카운터로 250분주하여 LED2를 점멸하였다.

<프로그램 Exp06_2.asm> 타이머0을 이용한 주기적인 인터럽트의 발생

```
;[][][][][][][][][][][][][][][][][][][][][][][][][][][][][][][][][][][]
;[]                                                                  []
;[]        Exp06_2.asm : Timer/Counter0 Interrupt(250Hz)             []
;[]                                                                  []
;[][][][][][][][][][][][][][][][][][][][][][][][][][][][][][][][][][][]
;
;               Designed and programmed by Duck-Yong Yoon in 2006.
;
;-----------------------------------------------
;       Include Header File
;-----------------------------------------------
.nolist
.include "m2561def.inc"                 ; ATmega2561 definition file
.list

;=================================================================
;       Main Program
;=================================================================
.cseg
        .org    0x0000
        JMP     RESET                   ; power-on reset entry point
```

```
        .org    0x002A
        JMP     TIMER0_COMPA            ; interrupt vector OC0A

RESET:  LDI     AH,high(RAMEND)         ; initialize SP
        LDI     AL,low(RAMEND)
        OUT     SPH,AH
        OUT     SPL,AL

        CALL    INIT_MCU                ; initialize MCU and kit
        CALL    D50MS                   ; wait for system stabilization
        CALL    INIT_LCD                ; initialize text LCD
        CALL    BEEP

;--------------------------------------------
;       Initialize Timer/Counter0 CTC Mode
;--------------------------------------------
        CALL    LCD_HOME1               ; display title
        CALL    LCD_STRING
        .db     "     Timer0     ",0,0
        CALL    LCD_HOME2
        CALL    LCD_STRING
        .db     "250 Hz Interrupt",0,0

        LDI     AL,0b00110000           ; LED2 and 1 on
        OUT     PORTB,AL

        LDI     AL,0b00000010           ; CTC mode(2), don't output OC0A
        OUT     TCCR0A,AL
        LDI     AL,0b00000100           ; 16MHz/256/(1+249) = 250Hz
        OUT     TCCR0B,AL
        LDI     AL,249
        OUT     OCR0A,AL
        LDI     AL,0x00                 ; clear Timer/Counter0
        OUT     TCNT0,AL

;--------------------------------------------
;       Initialize OC0A Interrupt
;--------------------------------------------
        LDI     AL,0b00000010           ; enable Timer/Counter0 OC0A interrupt
        STS     TIMSK0,AL
        LDI     AL,0b00000111           ; clear all interrupt flags
        OUT     TIFR0,AL
        SEI                             ; global interrupt enable

        LDI     CL,250                  ; interrupt counter

LOOP:   RJMP    LOOP                    ; wait interrupt

;============================================================
;       Interrupt Service Routine of OC0A
;============================================================
TIMER0_COMPA:
        PUSH    AL                      ; store registers
        PUSH    AH
        IN      AL,SREG
        PUSH    AL

        IN      AL,PORTB                ; toggle LED1
        LDI     AH,0b00010000
        EOR     AL,AH
        OUT     PORTB,AL

        DEC     CL                      ; 250th interrupt ?
        BRNE    TIMER0_C
        LDI     CL,250                  ; if yes, toggle LED2
```

```
        IN      AL,PORTB
        LDI     AH,0b00100000
        EOR     AL,AH
        OUT     PORTB,AL

TIMER0_C:POP    AL                      ; restore registers
        OUT     SREG,AL
        POP     AH
        POP     AL
        RETI

;===================================================================
;       Include User Subroutine File
;===================================================================
.include "OK2561.INC"                   ; OK-2561 I/O and subroutine file
```

☞ 여기서는 인터럽트 서비스 루틴에서의 처리에 주목하라. 즉, 250Hz의 속도로 인터럽트가 발생할 때마다 LED1을 점멸하였다. 그러나, 좀더 긴 주기로 인터럽트가 발생하는 효과를 얻기 위하여 인터럽트 서비스 루틴에서는 인터럽트 카운터로서 CL 레지스터를 사용하였다. CL 레지스터의 초기값은 250이며 인터럽트가 발생할 때마다 이를 1씩 감소시키다가 이것이 0으로 되면 LED2를 점멸하고 다시 CL을 초기값인 250으로 설정하여 둔다. 이와 같이 하면 결국 인터럽트가 250번 발생할 때마다 1번씩 일을 수행하므로 인터럽트 발생속도가 1Hz인 것처럼 된다. 즉, LED1은 250Hz의 속도로 점멸하고, LED2는 이를 소프트웨어 카운터로 250분주한 1Hz의 속도로 점멸하게 된다.

이와 같은 방법을 계속하여 사용하면 16비트인 타이머/카운터1은 물론이고 8비트인 타이머/카운터0을 사용하더라도 몇시간 또는 몇일의 긴 주기로 발생하는 인터럽트 처리도 문제없이 수행할 수가 있다.

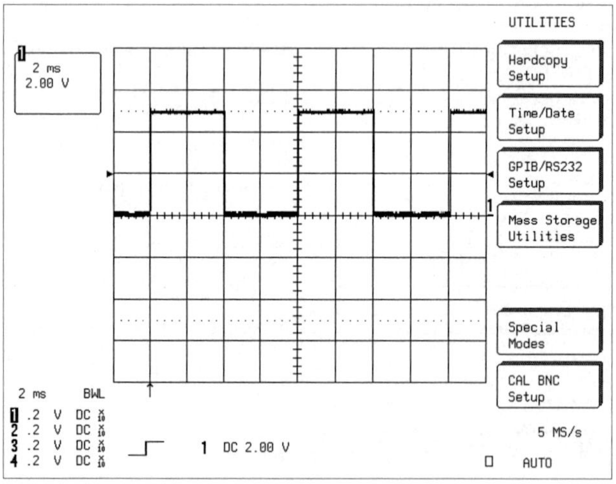

〈그림 4.6.4〉 오실로스코프로 측정한 OC0A 출력 파형

이 프로그램을 어셈블하여 다운로드하고 실행하라. 그리고, LED1과 LED2의 동작을 관찰하라.

그리고 이 프로그램에서 만약 TCCR0A 레지스터를 0x42로 초기화하였다면 OC0A 단자로 출력되는 파형은 250Hz의 인터럽트가 발생될 때마다 토글되므로 이를 오실로스코프로 관측하면 <그림 4.6.4>처럼 125Hz의 구형파가 된다. 이는 *OK-1281/2561* 키트 상단의 PB7/OC0A 단자에서 측정할 수 있다.

▣ C언어의 경우

앞의 Exp06_2.asm 프로그램을 C언어로 작성하여 보면 다음과 같다.

<프로그램 Exp06_2.c> 타이머0을 이용한 주기적인 인터럽트의 발생

```
/* ========================================================================== */
/*                  Exp06_2.c : Timer/Counter0 Interrupt(250Hz)               */
/* ========================================================================== */
/*                      Designed and programmed by Duck-Yong Yoon in 2006.    */

#include <avr/io.h>
#include <avr/interrupt.h>
#include "OK1281.h"

volatile unsigned char interrupt_count;         // interrupt counter

ISR(TIMER0_COMPA_vect)                          /* OC0A interrupt function */
{
  PORTB = PORTB ^ 0x10;                         // toggle LED1
  interrupt_count--;
  if(interrupt_count == 0)                      // 250th interrupt ?
    { interrupt_count = 250;                    // if yes, toggle LED2
      PORTB = PORTB ^ 0x20;
    }
}

int main(void)
{
  MCU_initialize();                             // initialize MCU and kit
  Delay_ms(50);                                 // wait for system stabilization
  LCD_initialize();                             // initialize text LCD module
  Beep();

  LCD_string(0x80,"     Timer0     ");          // display title
  LCD_string(0xC0,"250 Hz Interrupt");

  PORTB = 0x30;                                 // LED2 and 1 on

  TCCR0A = 0x02;                                // CTC mode(2), don't output OC0A
  TCCR0B = 0x04;                                // 16MHz/256/(1+249) = 250Hz
  OCR0A = 249;
  TCNT0 = 0x00;                                 // clear Timer/Counter0

  TIMSK0 = 0x02;                                // enable OC0A interrupt
  TIFR0 = 0x00;                                 // clear all interrupt flags
  sei();                                        // global interrupt enable

  interrupt_count = 250;                        // interrupt counter
```

```
  while(1);                                    // wait interrupt
}
```

☞ 이 프로그램에서 interrupt_count처럼 인터럽트 함수와 그밖의 다른 함수에서 공통적으로 사용하는 변수는 반드시 전역변수로 처리하여야 하며, 가급적이면 volatile로 선언하는 것이 좋다.

(3) 타이머1/3의 다중 인터럽트 프로그램

이번에는 하나의 프로그램에서 2개의 서로 다른 인터럽트를 발생하는 다중 인터럽트 처리 프로그램을 공부하기로 한다.

▣ 어셈블리 언어의 경우

다음은 타이머/카운터1이 1Hz의 주기로 OC1A 인터럽트를 발생하여 LED1을 점멸하고, 타이머/카운터3이 5Hz의 주기로 OC3A 인터럽트를 발생하여 LED3을 점멸하는 프로그램이다. 각각의 인터럽트가 발생한 횟수를 카운트하여 텍스트형 LCD 모듈에 표시한다.

<프로그램 Exp06_3.asm> 타이머1과 타이머3의 다중 인터럽트 프로그램

```
;[][][][][][][][][][][][][][][][][][][][][][][][][][][][][][][][][][][][][][]
;[]                                                                        []
;[]        Exp06_3.asm : Timer/Counter1 and 3 Interrupt                   []
;[]                                                                        []
;[][][][][][][][][][][][][][][][][][][][][][][][][][][][][][][][][][][][][][]
;
;           Designed and programmed by Duck-Yong Yoon in 2006.
;
;-----------------------------------------------
;       Include Header File
;-----------------------------------------------
.nolist
.include "m2561def.inc"                  ; ATmega2561 definition file
.list

;==================================================================
;       Main Program
;==================================================================
.cseg
        .org    0x0000
        JMP     RESET                    ; power-on reset entry point

        .org    0x0022
        JMP     TIMER1_COMPA             ; interrupt vector OC1A

        .org    0x0040
        JMP     TIMER3_COMPA             ; interrupt vector OC3A
```

```
RESET:  LDI     AH,high(RAMEND)         ; initialize SP
        LDI     AL,low(RAMEND)
        OUT     SPH,AH
        OUT     SPL,AL

        CALL    INIT_MCU                ; initialize MCU and kit
        CALL    D50MS                   ; wait for system stabilization
        CALL    INIT_LCD                ; initialize text LCD
        CALL    BEEP

;---------------------------------------------
;       Initialize Timer/Counter1 CTC Mode
;---------------------------------------------
        CALL    LCD_HOME1               ; display title
        CALL    LCD_STRING
        .db     " Timer1 = 00000 ",0,0
        CALL    LCD_HOME2
        CALL    LCD_STRING
        .db     " Timer3 = 00000 ",0,0

        LDI     AL,0b01010000           ; LED3 and 1 on
        OUT     PORTB,AL

        LDI     AL,0b00000000           ; CTC mode(4), don't output OC1A
        STS     TCCR1A,AL
        LDI     AL,0b00001100           ; 16MHz/256/(1+62499) = 1Hz
        STS     TCCR1B,AL
        LDI     AL,0b00000000
        STS     TCCR1C,AL
        LDI     AL,high(62499)
        STS     OCR1AH,AL
        LDI     AL,low(62499)
        STS     OCR1AL,AL
        LDI     AL,0x00                 ; clear Timer/Counter1
        STS     TCNT1H,AL
        STS     TCNT1L,AL

        CLR     R27                     ; clear Timer/Counter1 interrupt counter
        CLR     R26

;---------------------------------------------
;       Initialize Timer/Counter3 CTC Mode
;---------------------------------------------
        LDI     AL,0b00000000           ; CTC mode(4), don't output OC3A
        STS     TCCR3A,AL
        LDI     AL,0b00001101           ; 16MHz/1024/(1+3124) = 5Hz
        STS     TCCR3B,AL
        LDI     AL,0b00000000
        STS     TCCR3C,AL
        LDI     AL,high(3124)
        STS     OCR3AH,AL
        LDI     AL,low(3124)
        STS     OCR3AL,AL
        LDI     AL,0x00                 ; clear Timer/Counter3
        STS     TCNT3H,AL
        STS     TCNT3L,AL

        CLR     R29                     ; clear Timer/Counter3 interrupt counter
        CLR     R28

;---------------------------------------------
;       Initialize OC1A and OC3A Interrupt
;---------------------------------------------
```

```
        LDI     AL,0b00000010           ; enable Timer/Counter1 OC1A interrupt
        STS     TIMSK1,AL
        LDI     AL,0b00101111           ; clear all interrupt flags
        STS     TIFR1,AL
        LDI     AL,0b00000010           ; enable Timer/Counter3 OC3A interrupt
        STS     TIMSK3,AL
        LDI     AL,0b00101111           ; clear all interrupt flags
        STS     TIFR3,AL
        SEI                             ; global interrupt enable

LOOP:   LDI     LCD_BUFFER,0x8A         ; display OC1A interrupt count
        CALL    LCD_COMMAND
        MOV     AH,R27
        MOV     AL,R26
        CALL    LCD_5DEC
        LDI     LCD_BUFFER,0xCA         ; display OC3A interrupt count
        CALL    LCD_COMMAND
        MOV     AH,R29
        MOV     AL,R28
        CALL    LCD_5DEC
        RJMP    LOOP                    ; loop and wait interrupt

;==========================================================================
;       Interrupt Service Routine of OC1A
;==========================================================================
TIMER1_COMPA:
        PUSH    AL                      ; store registers
        PUSH    AH
        IN      AL,SREG
        PUSH    AL

        IN      AL,PORTB                ; toggle LED1
        LDI     AH,0b00010000
        EOR     AL,AH
        OUT     PORTB,AL

        ADIW    R26,1                   ; increment interrupt counter

        POP     AL                      ; restore registers
        OUT     SREG,AL
        POP     AH
        POP     AL
        RETI

;==========================================================================
;       Interrupt Service Routine of OC3A
;==========================================================================
TIMER3_COMPA:
        PUSH    AL                      ; store registers
        PUSH    AH
        IN      AL,SREG
        PUSH    AL

        IN      AL,PORTB                ; toggle LED3
        LDI     AH,0b01000000
        EOR     AL,AH
        OUT     PORTB,AL

        ADIW    R28,1                   ; increment interrupt counter

        POP     AL                      ; restore registers
        OUT     SREG,AL
        POP     AH
```

```
        POP     AL
        RETI

;===============================================================
;       Include User Subroutine File
;===============================================================
.include "OK2561.INC"                    ; OK-2561 I/O and subroutine file
```

☞ 인터럽트 서비스 루틴에서의 처리는 가능하면 짧게 하고, 시간이 많이 걸리거나 반드시 실시간으로 인터럽트 서비스 루틴안에서 처리해야 하는 일이 아니라면 메인 루틴에서 수행하는 것이 바람직하다. 그런 의미에서 인터럽트 카운트는 인터럽트 서비스 루틴안에서 증가되지만 이를 텍스트형 LCD 모듈에 표시하는 것은 메인 루틴에서 처리하였다.

위의 다중 인터럽트 프로그램에서는 하나의 인터럽트가 처리중인 동안에 만약 다른 인터럽트가 발생하더라도 받아들여지지 않으며 대기상태로 된다. 그러나, 인터럽트 서비스 루틴안에서 다른 인터럽트의 발생을 허용상태로 하여둔다면 그 인터럽트가 받아들여지도록 할 수도 있다.

다중 인터럽트 프로그램을 작성할 때는 각 인터럽트 서비스 루틴과 메인 루틴 사이에 데이터 충돌이 발생하지 않도록 주의해야 하는 것은 물론이고, 인터럽트 서비스 루틴끼리도 데이터 충돌이 발생하지 않도록 세심하게 신경써야 한다. 데이터의 충돌이 발생하지 않도록 하려면 이러한 위험이 있는 데이터들을 인터럽트 서비스 루틴의 시작 부분에서 PUSH 명령으로 대피시키고, 인터럽트 서비스 루틴의 끝 부분에서 POP 명령으로 다시 복구하면 된다.

이 프로그램에서 OC3A의 출력을 허용하지 않았는데, 이는 출력신호가 스피커로 연결되어 있어서 소리가 발생되기 때문이다. 이는 나중에 음악연주 및 음향발생 프로그램에서 사용한다.

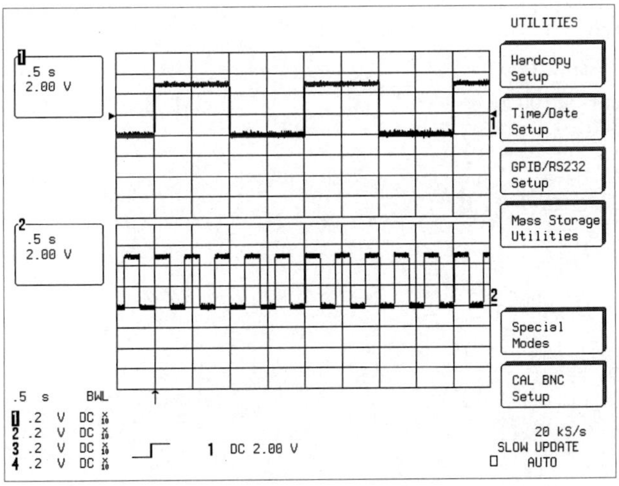

〈그림 4.6.5〉 오실로스코프로 측정한 LED1(채널1) 및 LED3(채널2)의 출력 파형

이 프로그램을 어셈블하여 다운로드하고 실행하라. 그리고, LED1과 LED3의 동작을 관찰하라.

이들 인터럽트의 발생 주기를 좀더 정확히 보기 위하여 LED1과 LED3의 출력 파형을 오실로스코프로 관측하면 <그림 4.6.5>와 같다. 이는 *OK-1281/2561* 키트의 PB4 및 PB6 단자에서 측정할 수 있다.

▣ C언어의 경우

앞의 Exp06_3.asm 프로그램을 C언어로 작성하여 보면 다음과 같다.

<프로그램 Exp06_3.c> 타이머1과 타이머3의 다중 인터럽트 프로그램

```
/* ============================================================================ */
/*                  Exp06_3.c : Timer/Counter1 and 3 Interrupt                  */
/* ============================================================================ */
/*                        Designed and programmed by Duck-Yong Yoon in 2006.   */

#include <avr/io.h>
#include <avr/interrupt.h>
#include "OK1281.h"

volatile unsigned int OC1A_count, OC3A_count;    // interrupt counter

void LCD_5d(unsigned int number)                 /* display 5-digit decimal number */
{ unsigned int i;
  unsigned char flag;

  flag = 0;
  i = number/10000;                              // 10^4
  if(i == 0) LCD_data(' ');
  else {     LCD_data(i + '0');
             flag = 1;
       }

  number = number % 10000;                       // 10^3
  i = number/1000;
  if((i == 0) && (flag == 0))
             LCD_data(' ');
  else {     LCD_data(i + '0');
             flag = 1;
       }

  number = number % 1000;                        // 10^2
  i = number/100;
  if((i == 0) && (flag == 0))
             LCD_data(' ');
  else {     LCD_data(i + '0');
             flag = 1;
       }

  number = number % 100;                         // 10^1
  i = number/10;
  if((i == 0) && (flag == 0))
             LCD_data(' ');
  else {     LCD_data(i + '0');
             flag = 1;
       }
```

```
    i = number % 10;                              // 10^0
    LCD_data(i + '0');
  }

  ISR(TIMER1_COMPA_vect)                          /* OC1A interrupt function */
  {
    PORTB = PORTB ^ 0x10;                         // toggle LED1
    OC1A_count++;                                 // increment OC1A interrupt count
  }

  ISR(TIMER3_COMPA_vect)                          /* OC3A interrupt function */
  {
    PORTB = PORTB ^ 0x40;                         // toggle LED3
    OC3A_count++;                                 // increment OC3A interrupt count
  }

  int main(void)
  {
    MCU_initialize();                             // initialize MCU and kit
    Delay_ms(50);                                 // wait for system stabilization
    LCD_initialize();                             // initialize text LCD module
    Beep();

    LCD_string(0x80," Timer1 = 00000 ");          // display title
    LCD_string(0xC0," Timer3 = 00000 ");

    PORTB = 0x50;                                 // LED3 and 1 on

    TCCR1A = 0x00;                                // CTC mode(4), don't output OC1A
    TCCR1B = 0x0C;                                // 16MHz/256/(1+62499) = 1Hz
    TCCR1C = 0x00;
    OCR1A = 62499;
    TCNT1 = 0x0000;                               // clear Timer/Counter1

    TCCR3A = 0x00;                                // CTC mode(4), don't output OC3A
    TCCR3B = 0x0C;                                // 16MHz/256/(1+12499) = 5Hz
    TCCR3C = 0x00;
    OCR3A = 12499;
    TCNT3 = 0x0000;                               // clear Timer/Counter3

    TIMSK1 = 0x02;                                // enable OC1A interrupt
    TIFR1 = 0x2F;                                 // clear all interrupt flags
    TIMSK3 = 0x02;                                // enable OC3A interrupt
    TIFR3 = 0x2F;                                 // clear all interrupt flags
    sei();                                        // global interrupt enable

    OC1A_count = 0;                               // clear OC1A interrupt counter
    OC3A_count = 0;                               // clear OC3A interrupt counter

    while(1)                                      // wait interrupt
      { LCD_command(0x8A);                        // display OC1A interrupt count
        LCD_5d(OC1A_count);
        LCD_command(0xCA);                        // display OC3A interrupt count
        LCD_5d(OC3A_count);
      }
  }
```

☞ 이 프로그램에서도 전역변수 OC1A_count, OC3A_count는 인터럽트 서비스 루틴 함수와 메인 함수에서 공유되면서 그 값이 수시로 변동되므로 이를 volatile로 선언하였다.

2. 타이머를 이용한 스톱워치

여기서는 타이머/카운터1을 이용하여 전자 스톱워치(stop watch)를 구현해보기로 한다. 스톱워치는 최소 시간단위가 1/100초까지 표시되어야 하는데, 8비트 타이머/카운터로는 이에 필요한 100Hz의 인터럽트 발생 주파수를 구현하기에 불편하므로 이를 고려하여 16비트인 타이머/카운터1을 사용한다.

이 프로그램에서 스톱워치의 스타트 버튼은 KEY1, 스톱 버튼은 KEY4, 리셋 버튼은 KEY3을 사용하기로 한다.

▣ 어셈블리 언어의 경우

타이머/카운터1을 이용하여 전자 스톱워치를 어셈블리 언어로 구현한 프로그램은 다음과 같다.

<프로그램 Exp06_4.asm> 타이머1을 이용한 스톱워치 프로그램

```
;[][][][][][][][][][][][][][][][][][][][][][][][][][][][][][][][][][][][]
;[]                                                                    []
;[]         Exp06_4.asm : Stop Watch by Timer/Counter1                 []
;[]                                                                    []
;[][][][][][][][][][][][][][][][][][][][][][][][][][][][][][][][][][][][]
;
;              Designed and programmed by Duck-Yong Yoon in 2006.
;
;-----------------------------------------------
;       Include Header File
;-----------------------------------------------
.nolist
.include "m2561def.inc"                 ; ATmega2561 definition file
.list

;-----------------------------------------------
;       Variables for Stop Watch
;-----------------------------------------------
;       R7  = run flag(1=run state, 0=stop state)
;       R26 = second low byte
;       R27 = second high byte
;       R28 = minute
;       R29 = hour

;=====================================================================
;       Main Program
;=====================================================================
.cseg
        .org    0x0000
        JMP     RESET                   ; power-on reset entry point

        .org    0x0022
        JMP     TIMER1_COMPA            ; interrupt vector OC1A
```

```
RESET:  LDI     AH,high(RAMEND)             ; initialize SP
        LDI     AL,low(RAMEND)
        OUT     SPH,AH
        OUT     SPL,AL

        CALL    INIT_MCU                    ; initialize MCU and kit
        CALL    D50MS                       ; wait for system stabilization
        CALL    INIT_LCD                    ; initialize text LCD
        CALL    BEEP

;-------------------------------------------
;       Stop Watch
;-------------------------------------------
        CALL    LCD_HOME1                   ; display title
        CALL    LCD_STRING
        .db     " AVR STOP WATCH ",0,0
CLEAR_TIME:
        CALL    LCD_HOME2
        CALL    LCD_STRING
        .db     "   00:00:00.00   ",0,0

        CLR     R26                         ; clear time
        CLR     R27
        CLR     R28
        CLR     R29
        CLR     R7                          ; clear run flag
        CALL    SET_TIMER1                  ; set Timer/Counter1 and interrupt

READ_KEY:CALL   KEY_IN                      ; key input
        CPI     AL,0b11100000               ; if KEY1, start
        BRNE    CK_KEY3
        SBRC    R7,0                        ; if run flag = 1, ignore KEY1
        JMP     READ_KEY
        LDI     AL,0b00010000
        OUT     PORTB,AL
        LDI     AL,0x00
        STS     TCNT1H,AL
        STS     TCNT1L,AL
        SEI
        INC     R7                          ; run flag = 1
        RJMP    READ_KEY

CK_KEY3:CPI     AL,0b10110000               ; if KEY3, reset
        BRNE    CK_KEY4
        SBRC    R7,0                        ; if run flag = 1, ignore KEY3
        JMP     READ_KEY
        CLI
        LDI     AL,0b01000000
        OUT     PORTB,AL
        RJMP    CLEAR_TIME

CK_KEY4:CPI     AL,0b01110000               ; if KEY4, stop
        BRNE    READ_KEY
        SBRS    R7,0                        ; if run flag = 0, ignore KEY4
        JMP     READ_KEY
        CLI
        LDI     AL,0b10000000
        OUT     PORTB,AL
        DEC     R7                          ; run flag = 0
        RJMP    READ_KEY

;==============================================================
;       Subroutine
;==============================================================
```

```
;-----------------------------------------------
;       Display Time
;-----------------------------------------------
DSP_TIME:LDI    LCD_BUFFER,0xC2         ; display hour
        CALL    LCD_COMMAND
        MOV     LCD_BUFFER,R29
        CALL    LCD_2DIGIT

        LDI     LCD_BUFFER,0xC5         ; display minute
        CALL    LCD_COMMAND
        MOV     LCD_BUFFER,R28
        CALL    LCD_2DIGIT

        MOV     AH,R27                  ; second*100/100
        MOV     AL,R26
        LDI     BL,100
        CALL    DIV8                    ; AL=quotient, AH=remainder

        LDI     LCD_BUFFER,0xC8         ; display second
        CALL    LCD_COMMAND
        MOV     LCD_BUFFER,AL
        CALL    LCD_2DIGIT
        LDI     LCD_BUFFER,0xCB         ; display 1/100 second
        CALL    LCD_COMMAND
        MOV     LCD_BUFFER,AH
        CALL    LCD_2DIGIT
        RET

;-----------------------------------------------
;       Display 2-digit Decimal Number
;-----------------------------------------------
LCD_2DIGIT:
        PUSH    AH
        PUSH    BL
        MOV     AL,LCD_BUFFER           ; AH:AL / BL
        CLR     AH
        LDI     BL,10
        CALL    DIV8                    ; AL = quotient, AH = remainder

        MOV     LCD_BUFFER,AL           ; display 10^1
        ORI     LCD_BUFFER,'0'
        CALL    LCD_DATA
        MOV     LCD_BUFFER,AH           ; display 10^0
        ORI     LCD_BUFFER,'0'
        CALL    LCD_DATA
        POP     BL
        POP     AH
        RET

;-----------------------------------------------
;       Initialize Timer/Counter1 and OC1A Interrupt
;-----------------------------------------------
SET_TIMER1:
        LDI     AL,0b00000000           ; CTC mode(4), don't output OC1A
        STS     TCCR1A,AL
        LDI     AL,0b00001100           ; 16MHz/256/(1+624) = 100Hz
        STS     TCCR1B,AL
        LDI     AL,0b00000000
        STS     TCCR1C,AL
        LDI     AL,high(624)
        STS     OCR1AH,AL
        LDI     AL,low(624)
        STS     OCR1AL,AL
        LDI     AL,0x00                 ; clear Timer/Counter1
```

```
        STS     TCNT1H,AL
        STS     TCNT1L,AL

        LDI     AL,0b00000010           ; enable Timer/Counter1 OC1A interrupt
        STS     TIMSK1,AL
        LDI     AL,0b00101111           ; clear all interrupt flags
        STS     TIFR1,AL
        RET

;==================================================================
;       Interrupt Service Routine of OC1A
;==================================================================
TIMER1_COMPA:
        PUSH    AL                      ; store registers
        IN      AL,SREG
        PUSH    AL

        ADIW    R26,1                   ; increment 1/100 second
        CPI     R27,high(6000)          ; second = 60 ?
        BRNE    TIMER1_RET
        CPI     R26,low(6000)
        BRNE    TIMER1_RET
        CLR     R27                     ; if yes, second = 0
        CLR     R26
        INC     R28                     ;    and increment minute
        CPI     R28,60                  ; minute = 60 ?
        BRNE    TIMER1_RET
        CLR     R28                     ; if yes, minute = 0
        INC     R29                     ;    and increment hour
        CPI     R29,100                 ; hour = 100 ?
        BRNE    TIMER1_RET
        CLR     R29                     ; if yes, hour = 0

TIMER1_RET:
        CALL    DSP_TIME                ; display time
        POP     AL                      ; restore registers
        OUT     SREG,AL
        POP     AL
        RETI

;==================================================================
;       Include User Subroutine File
;==================================================================
.include "OK2561.INC"                   ; OK-2561 I/O and subroutine file
```

☞ 이 예제에서는 전체 프로그램의 구조를 파악하는 것이 중요하다. 메인 프로그램에서는 키입력을 검출하여 그에 따른 동작을 지시하는 것만을 수행하며, 스톱워치의 동작은 모두 인터럽트 서비스 루틴에서 처리된다. 이 때문에 스톱워치를 텍스트형 LCD 모듈에 표시하는 루틴은 상당히 긴데도 불구하고 인터럽트 서비스 루틴내에서 처리하였다.

스톱워치에서 시간을 측정하는 중에는 KEY3의 리셋 기능이 동작하지 않음에 유의하라. 이는 KEY4에 의하여 스톱워치가 정지되었을 경우에만 동작한다. 물론 스톱워치가 정지된 상태에서 리셋하지 않고 KEY1을 누르면 스톱워치는 계속하여 다시 시간을 측정한다.

텍스트형 LCD 모듈에 시간을 표시할 때 2자리의 10진수를 표시하는 서브루틴 LCD_2DIGIT를 만들어 사용하였다. 여기서는 10자리가 0이더라도 이를 공백(space) 문자로 처리하지 않고 0으로 표시하는 것이 좋은데 인클루드 파일 OK2561.INC에 포함되어 있는 서브루틴 LCD_2DEC는 그렇지 않으므로 이와 같이 별도로 서브루틴을 만들어 사용하였다.

이 프로그램을 어셈블하여 다운로드하고 실행하라. 그리고, KEY1, KEY3, KEY4를 사용하여 스톱워치를 동작시켜 보라.

▣ C언어의 경우

앞의 Exp06_4.asm 프로그램을 C언어로 작성하여 보면 다음과 같다.

<프로그램 Exp06_4.c> 타이머1을 이용한 스톱워치 프로그램

```
/* ========================================================================== */
/*                    Exp06_4.c : Stop Watch by Timer/Counter1                 */
/* ========================================================================== */
/*                         Designed and programmed by Duck-Yong Yoon in 2006.  */

#include <avr/io.h>
#include <avr/interrupt.h>
#include "OK1281.h"

volatile unsigned int second;
volatile unsigned char minute, hour;
volatile unsigned char run_flag;

void Clear_time(void)                               /* clear time */
{
  second = 0;                                       // clear time
  minute = 0;
  hour = 0;
  LCD_string(0xC0,"  00:00:00.00   ");              // clear display
}

void Set_timer1(void)                               /* initialize Timer1 and OC1A */
{
  TCCR1A = 0x00;                                    // CTC mode(4), don't output OC1A
  TCCR1B = 0x0C;                                    // 16MHz/256/(1+624) = 100Hz
  TCCR1C = 0x00;
  OCR1A = 624;
  TCNT1 = 0x0000;                                   // clear Timer/Counter1

  TIMSK1 = 0x02;                                    // enable OC1A interrupt
  TIFR1 = 0x2F;                                     // clear all interrupt flags
}

void LCD_2digit(unsigned char number)               /* display 2-digit decimal number */
{
  LCD_data(number/10 + '0');                        // 10^1
  LCD_data(number%10 + '0');                        // 10^0
}

void Display_time(void)                             /* display time */
{
  LCD_command(0xC2);                                // display hour
  LCD_2digit(hour);
```

```
  LCD_command(0xC5);                              // display minute
  LCD_2digit(minute);
  LCD_command(0xC8);                              // display second
  LCD_2digit(second/100);
  LCD_command(0xCB);                              // display 1/100 second
  LCD_2digit(second%100);
}

ISR(TIMER1_COMPA_vect)                            /* OC1A interrupt function */
{
  second++;                                       // increment 1/100 second
  if(second == 6000)                              // second = 60 ?
    { second = 0;                                 // if yes, second = 0 and minute++
      minute++;
      if(minute == 60)                            // minute = 60 ?
        { minute = 0;                             // if yes, minute = 0 and hour++
          hour++;
          if(hour == 100)                         // hour = 100 ?
            hour = 0;                             // if yes, hour = 0
        }
    }
  Display_time();                                 // display time
}

int main(void)
{
  MCU_initialize();                               // initialize MCU and kit
  Delay_ms(50);                                   // wait for system stabilization
  LCD_initialize();                               // initialize text LCD module
  Beep();

  LCD_string(0x80," AVR STOP WATCH ");            // display title
  Clear_time();                                   // clear time and display
  run_flag = 0;
  Set_timer1();                                   // initialize Timer1 and OC1A

  while(1)
    { switch(Key_input())                         // key input
        { case 0xE0 : if(run_flag == 1) break;    // if run_flag=1, ignore KEY1
                      PORTB = 0x10;               // if KEY1, start
                      TCNT1H = 0x00;
                      TCNT1L = 0x00;
                      run_flag =  1;
                      sei();
                      break;
          case 0xB0 : if(run_flag == 1) break;    // if run_flag=1, ignore KEY3
                      cli();                      // if KEY3, reset
                      PORTB = 0x40;
                      Clear_time();
                      break;
          case 0x70 : if(run_flag == 0) break;    // if run_flag=0, ignore KEY4
                      cli();                      // if KEY4, stop
                      PORTB = 0x80;
                      run_flag = 0;
                      break;
          default:    break;
        }
    }
}
```

3. 실습 과제

(1) 예제 프로그램 Exp04_1.c에서

```
OCR1A = 62499;
TCNT1 = 0x0000;
```

부분은

```
OCR1AH = (62499 >> 8);
OCR1AL = 62499 & 0xFF;
TCNT1H = 0x00;
TCNT1L = 0x00;
```

와 같이 상위 바이트와 하위 바이트로 8비트씩 처리하는 것이 원칙이다. 각각의 경우 C컴파일러가 이를 어떻게 어셈블리 언어로 번역하는지 살펴보라.

(2) ATmega1281/2561 마이크로콘트롤러를 사용하여 외부의 1MHz의 클록신호를 입력하여 100Hz의 분주된 주파수 신호를 출력하고자 한다. 어떤 타이머를 가지고 어떤 동작모드로 이러한 기능을 수행할 것이며, 이때 입력 신호 및 출력 신호는 각각 마이크로콘트롤러의 어떤 핀에 연결할 것인지를 구체적으로 설명하라.

(3) 예제 프로그램 Exp06_1.asm을 인터럽트 발생 주파수가 10Hz가 되도록 프로그램 Exp06_1R.asm으로 수정하라.

(4) 예제 프로그램 Exp06_3.c를 인터럽트 발생 주파수가 각각 10Hz 및 50Hz로 되도록 프로그램 Exp06_3R.c로 수정하라.

4.7 타이머를 이용한 PWM 제어 프로그램

이 절에서는 ATmega1281/2561의 타이머/카운터 관련 기능 중에서 PWM 출력을 사용하는 프로그래밍 기술을 익힌다.

관련 내용	(1) 제1.3절 ATmega1281/2561의 명령 세트 (2) 제2.2절 타이머/카운터 및 PWM 출력 (3) 제3.4절 AVR Studio의 매크로 어셈블러 (4) 제3.5절 WinAVR의 AVR-GCC 컴파일러

1. 타이머/카운터0에서의 PWM 출력

ATmega1281/2561의 타이머/카운터0과 2는 8비트 구조를 가지고 있어서 시스템 클록 주파수를 나누기 위한 분주비가 크지 않으므로 상당히 높은 스위칭 주파수를 가지는 PWM 출력 제어에나 적용할 수 있다. 더구나, 타이머/카운터0과 2의 PWM 기능에서는 1주기(period)를 결정하는 카운터값이 언제나 0~255의 범위에서만 동작하므로 즉 TOP이 0xFF(255)로 고정되어 있으므로 시스템 클록 주파수가 일정하다면 PWM의 스위칭 주파수(frequency)를 결정할 수 있는 유일한 방법은 프리스케일러를 변경하는 것뿐이다. 따라서, 사용자가 선택할 수 있는 프리스케일러의 분주비가 타이머/카운터0의 경우는 1, 8, 64, 256, 1024이고, 타이머/카운터2의 경우는 1, 8, 32, 64, 128, 256, 1024인 것을 감안하면 PWM의 스위칭 주파수 즉 PWM 주기는 상당히 제한적인 몇가지 정도로만 선택하여 사용할 수 있다는 것이다.

첫번째 예제에서는 8비트인 타이머/카운터0에서 동작 모드1에 해당하는 PC PWM (Phase Correct PWM) 모드를 사용하여 OC0A 단자에 듀티비(duty ratio)가 0, 20, 40, 60, 80, 100%로 가변되는 PWM 출력 파형을 발생시켜 보기로 한다. 여기서는 프리스케일러를 128로 사용하므로 PWM 주파수가 다음과 같이 계산된다.

$$f_{\mathrm{OC0A\_PCPWM}} = \frac{f_{\mathrm{clk\_I/O}}}{\mathrm{N} \cdot 510} = \frac{16 \times 10^6}{64 \cdot 510} \fallingdotseq 490\ \mathrm{Hz}$$

이러한 방법으로 타이머/카운터0으로 만든 가변 듀티비의 PWM 출력 파형은 <그림 4.7.1>과 같다.

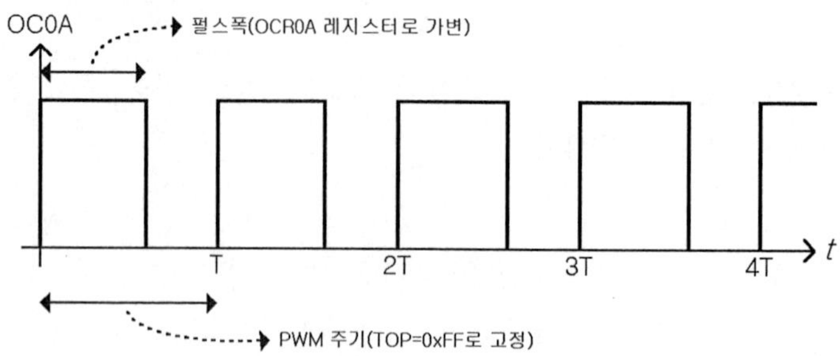

〈그림 4.7.1〉 타이머/카운터0을 사용한 가변 듀티비 PWM 출력

▣ 어셈블리 언어의 경우

이러한 가변 듀티비 PWM 출력을 발생하는 프로그램을 어셈블리 언어로 작성하여 보면 다음과 같다. 여기서는 약 5초 간격으로 듀티비를 0~100% 사이에서 20%씩 순차적으로 증가시켰다.

<프로그램 Exp07_1.asm> 타이머0을 이용한 가변 듀티비의 PWM 출력 프로그램

```
;[][][][][][][][][][][][][][][][][][][][][][][][][][][][][][][][][][][]
;[]                                                                  []
;[]             Exp07_1.asm : PWM Output by OC0A Pin                 []
;[]                                                                  []
;[][][][][][][][][][][][][][][][][][][][][][][][][][][][][][][][][][][]
;
;               Designed and programmed by Duck-Yong Yoon in 2006.
;
;-----------------------------------------------
;       Include Header File
;-----------------------------------------------
.nolist
.include "m2561def.inc"                  ; ATmega2561 definition file
.list

;=====================================================================
;       Main Program
;=====================================================================
.cseg
        .org    0x0000
        LDI     AH,high(RAMEND)          ; initialize SP
        LDI     AL,low(RAMEND)
        OUT     SPH,AH
        OUT     SPL,AL

        CALL    INIT_MCU                 ; initialize MCU and kit
        CALL    D50MS                    ; wait for system stabilization
```

```
        CALL    INIT_LCD                ; initialize text LCD

;----------------------------------------------
;       PWM Control by Timer/Counter0
;----------------------------------------------
        CALL    LCD_HOME1               ; display title
        CALL    LCD_STRING
        .db     " Period = 255*2 ",0,0
        CALL    LCD_HOME2
        CALL    LCD_STRING
        .db     " Width  = 000*2 ",0,0

        LDI     AL,0b10000001           ; Phase Correct PWM mode(1), use OC0A
        OUT     TCCR0A,AL
        LDI     AL,0b00000011           ; f(PWM) = 16MHz/64/510 = 490Hz
        OUT     TCCR0B,AL

LOOP1:  LDI     CL,6                    ; loop counter
        LDI     DL,0                    ; initial OCR0A value
LOOP2:  OUT     OCR0A,DL                ; set duty ratio = DL*2/510
        LDI     LCD_BUFFER,0xCA         ; display duty
        CALL    LCD_COMMAND
        CLR     AH
        MOV     AL,DL
        CALL    LCD_3DEC
        CALL    BEEP
        CALL    D5SEC
        LDI     AL,51                   ; increment duty ratio by 20%
        ADD     DL,AL                   ;  ( DL = DL + 51 )
        DEC     CL
        BRNE    LOOP2                   ; end loop ?
        JMP     LOOP1

;==============================================================
;       Include User Subroutine File
;==============================================================
.include "OK2561.INC"                   ; OK-2561 I/O and subroutine file
```

☞ 여기서는 PWM 주기가 255*2=510개의 카운트로 이루어지므로 OCR0A 레지스터의 값을 0~255의 범위에서 51씩 증가시키면 펄스폭은 51*2씩 증가하므로 듀티비가 20%씩 증가하게 된다. OCR0A 레지스터는 이중 버퍼링 구조로 되어 있으므로 이와 같이 프로그램이 아무 때나 이 값을 변경하더라도 실제로는 각 PWM 주기가 시작되는 순간 즉 TCNT0이 TOP인 0xFF로 되는 순간에 이 값이 갱신되어 PWM 출력 파형에 글리치가 발생하지 않게 된다.

이 프로그램을 어셈블하여 다운로드하고 실행하라. OC0A 단자의 듀티비 가변에 의하여 LED4의 밝기가 조금씩 변화되는 것을 느낄 수 있는가?

그리고 이때 OC0A 단자로 출력되는 PWM 파형은 약 490Hz의 주파수를 가지며, 듀티비가 40%인 경우에 오실로스코프로 측정한 파형은 <그림 4.7.2>와 같다. 이는 *OK-1281/2561* 키트 상단의 PB7/OC0A 단자에서 측정할 수 있다.

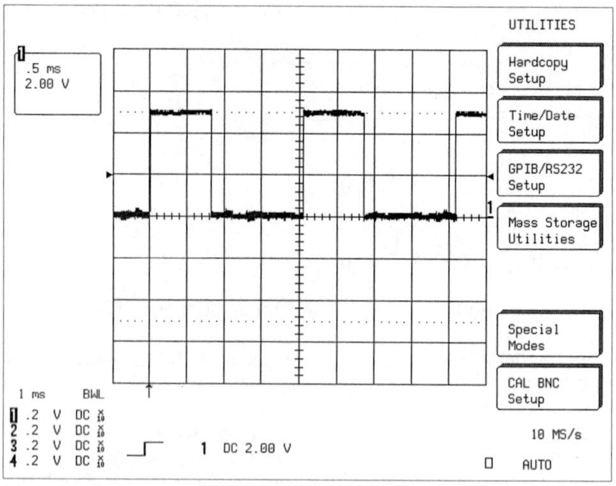

〈그림 4.7.2〉 오실로스코프로 측정한 OC0A 출력 파형(듀티비 40%의 경우)

▣ C언어의 경우

앞의 Exp07_1.asm 프로그램을 C언어로 작성하여 보면 다음과 같다.

<프로그램 Exp07_1.c> 타이머0을 이용한 가변 듀티비의 PWM 출력 프로그램

```
/* ============================================================================ */
/*                  Exp07_1.c : PWM Output by OC0A Pin                          */
/* ============================================================================ */
/*                          Designed and programmed by Duck-Yong Yoon in 2006.  */

#include <avr/io.h>
#include "OK1281.h"

void LCD_3d(unsigned char number)                  /* display 3-digit decimal number */
{ unsigned char i, flag;

  flag = 0;
  i = number/100;                                  // 10^2
  if(i == 0) LCD_data(' ');
  else {     LCD_data(i + '0');
             flag = 1;
       }

  number = number % 100;                           // 10^1
  i = number/10;
  if((i == 0) && (flag == 0))
             LCD_data(' ');
  else {     LCD_data(i + '0');
             flag = 1;
       }

  i = number % 10;                                 // 10^0
  LCD_data(i + '0');
}

int main(void)
```

```
{ unsigned char i, duty;

  MCU_initialize();                            // initialize MCU and kit
  Delay_ms(50);                                // wait for system stabilization
  LCD_initialize();                            // initialize text LCD module

  LCD_string(0x80," Period = 255*2 ");        // display title
  LCD_string(0xC0," Duty   = 000*2 ");

  TCCR0A = 0x81;                               // Phase Correct PWM mode(1)
  TCCR0B = 0x03;                               // f(PWM) = 16MHz/64/510 = 490Hz

  while(1)
    { for(i=0,duty=0; i<6; i++, duty += 51)
        { OCR0A = duty;                        // set duty ratio = duty*2/510
          LCD_command(0xCA);                   // display duty
          LCD_3d(duty);
          Beep();
          Delay_ms(5000);
        }
    }
}
```

2. 타이머/카운터1에서의 PWM 출력

ATmega1281/2561의 타이머/카운터1과 3은 16비트 구조를 가지고 있어서 분주비가 크므로 상당히 낮은 스위칭 주파수를 갖는 PWM 제어까지 적용할 수 있다. 더구나, 타이머/카운터1과 3의 PWM 기능에서는 1주기를 결정하는 카운터 TOP의 값을 0x00FF, 0x01FF, 0x03FF 등으로 고정시킬 수도 있고, ICRn이나 OCRnA 레지스터를 사용하여 임의의 값을 설정할 수도 있다. 다시 말하면 타이머/카운터1과 3의 PWM에서는 듀티비는 물론이고 PWM의 스위칭 주파수까지 사용자가 임의로 변화시킬 수 있다는 것이다. 따라서, 이것은 엄밀히 말하면 ATmega1281/2561의 타이머/카운터1과 3의 PWM 출력에서는 PWM(Pulse-Width Modulation) 제어나 PFM(Pulse-Frequency Modulation) 제어가 모두 가능하다는 의미가 된다.

PWM 스위칭 주파수는 시스템 클록을 프리스케일러의 분주비 1, 8, 64, 256, 1024 중의 하나로 나누고, 여기에 여러가지 방법으로 TOP을 설정함으로써 아주 다양하게 결정할 수 있다. 듀티비는 출력비교 레지스터 OCRnx로 설정한다.

이번 예제에서는 16비트인 타이머/카운터1에서 동작 모드10에 해당하는 위상교정 PWM(Phase Correct PWM) 모드를 사용하여 OC1A 단자에 듀티비(duty ratio)가 0, 20, 40, 60, 80, 100%로 가변되는 PWM 출력 파형을 발생시켜 보기로 한다. 여기서는 프리스케일러를 64로 사용하고 TOP으로서 ICR1 레지스터를 사용하므로 PWM 주파수가 다음과 같이 계산된다.

$$f_{OC1A\_PCPWM} = \frac{f_{clk\_I/O}}{2 \cdot N \cdot ICR1} = \frac{16 \times 10^6}{2 \cdot 64 \cdot 1250} = 100 \text{ Hz}$$

이러한 방법으로 타이머/카운터1로 만든 가변 듀티비의 PWM 출력 파형은 <그림 4.7.3>과 같다.

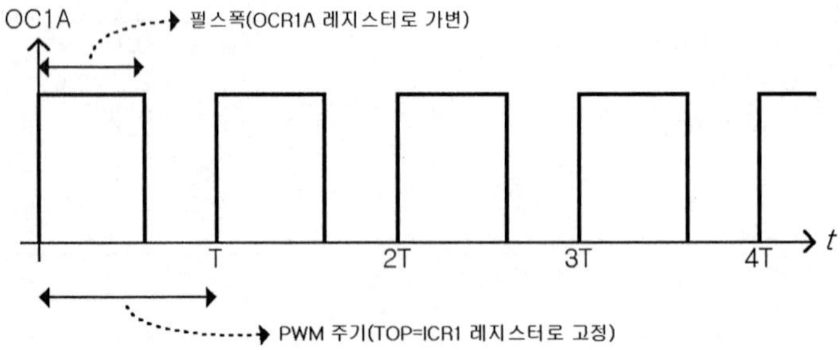

〈그림 4.7.3〉 타이머/카운터1을 사용한 가변 듀티비 PWM 출력

▣ 어셈블리 언어의 경우

이러한 가변 듀티비 PWM 출력 발생 프로그램을 어셈블리 언어로 작성하여 보면 다음과 같다. 여기서는 약 5초 간격으로 듀티비를 0~100% 사이에서 20%씩 순차적으로 증가시켰다.

<프로그램 Exp07_2.asm> 타이머1을 이용한 가변 듀티비의 PWM 출력 프로그램

```
;[][][][][][][][][][][][][][][][][][][][][][][][][][][][][][][][][][][][][][][][]
;[]                                                                            []
;[]            Exp07_2.asm : PWM Output by OC1A Pin                            []
;[]                                                                            []
;[][][][][][][][][][][][][][][][][][][][][][][][][][][][][][][][][][][][][][][][]
;
;              Designed and programmed by Duck-Yong Yoon in 2006.
;
;-----------------------------------------------
;       Include Header File
;-----------------------------------------------
.nolist
.include "m2561def.inc"                  ; ATmega2561 definition file
.list

;===============================================================
;       Main Program
;===============================================================
.cseg
        .org    0x0000
```

```
        LDI     AH,high(RAMEND)         ; initialize SP
        LDI     AL,low(RAMEND)
        OUT     SPH,AH
        OUT     SPL,AL

        CALL    INIT_MCU                ; initialize MCU and kit
        CALL    D50MS                   ; wait for system stabilization
        CALL    INIT_LCD                ; initialize text LCD

;-------------------------------------------
;       PWM Control by Timer/Counter1
;-------------------------------------------
        CALL    LCD_HOME1               ; display title
        CALL    LCD_STRING
        .db     "Period =  1250*2",0,0
        CALL    LCD_HOME2
        CALL    LCD_STRING
        .db     "Width  =  0000*2",0,0

        LDI     AL,0b10000010           ; Phase Correct PWM mode(10), use OC1A
        STS     TCCR1A,AL
        LDI     AL,0b00010011
        STS     TCCR1B,AL
        LDI     AL,0b00000000
        STS     TCCR1C,AL
        LDI     AL,high(1250)           ; f(PWM) = 16MHz/64/2/1250 = 100Hz
        STS     ICR1H,AL
        LDI     AL,low(1250)
        STS     ICR1L,AL

LOOP1:  LDI     CL,6                    ; loop counter
        LDI     DH,0                    ; initial OCR1A value
        LDI     DL,0
LOOP2:  STS     OCR1AH,DH               ; set duty ratio = DH:DL/1250
        STS     OCR1AL,DL
        LDI     LCD_BUFFER,0xCA         ; display duty
        CALL    LCD_COMMAND
        MOV     AH,DH
        MOV     AL,DL
        CALL    LCD_4DEC
        CALL    BEEP
        CALL    D5SEC
        LDI     AL,250                  ; increment duty ratio by 20%
        ADD     DL,AL                   ;  ( DH:DL = DH:DL + 250 )
        CLR     AL
        ADC     DH,AL
        DEC     CL
        BRNE    LOOP2                   ; end loop ?
        JMP     LOOP1

;===============================================================
;       Include User Subroutine File
;===============================================================
.include "OK2561.INC"                   ; OK-2561 I/O and subroutine file
```

☞ 여기서는 1개의 PWM 주기가 1250*2=2500개의 카운트로 이루어지므로 OCR1A 레지스터의 값을 0~1250의 범위에서 250씩 증가시키면 펄스폭은 250*2씩 증가하므로 듀티비가 20%씩 증가하게 된다. 앞의 예제 Exp07_1.asm과 듀티비의 변화는 같은 양상이지만 스위칭 주파수가 다르다는 점에 주목해야 한다.

OCR1A 레지스터는 이중 버퍼링 구조로 되어 있으므로 이와 같이 프로그램이 아무 때나 이 값을 변경하더라도 실제로는 각 PWM 주기가 시작되는 순간 즉 TCNT1이 TOP으로 되는 순간에 이 값이 갱신되어

PWM 출력 파형에 글리치가 발생하지 않게 된다.

이 프로그램을 어셈블하여 다운로드하고 실행하라. OC1A 단자의 듀티비 가변에 의하여 LED2의 밝기가 조금씩 변화되는 것을 느낄 수 있는가?

그리고 이때 OC1A 단자로 출력되는 PWM 파형은 정확히 100Hz의 주파수를 가지며, 듀티비가 40%인 경우에 오실로스코프로 측정한 파형은 <그림 4.7.4>와 같다. 이는 *OK-1281/2561* 키트 상단의 PB5/OC1A 단자에서 측정할 수 있다.

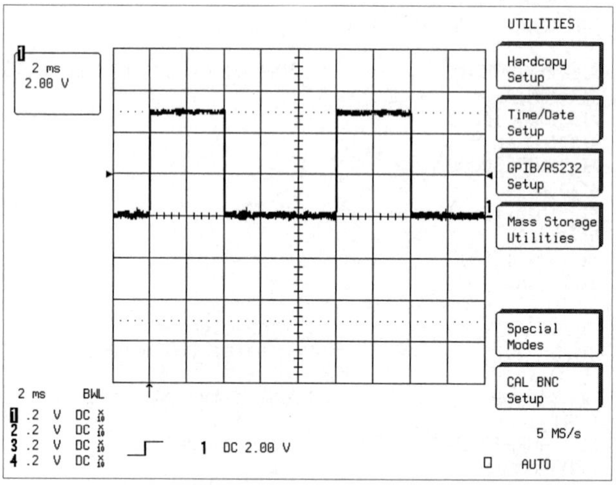

〈그림 4.7.4〉 오실로스코프로 측정한 OC1A 출력 파형(듀티비 40%의 경우)

▣ C언어의 경우

앞의 Exp07_2.asm 프로그램을 C언어로 작성하여 보면 다음과 같다.

<프로그램 Exp07_2.c> 타이머1을 이용한 가변 듀티비의 PWM 출력 프로그램

```
/* ========================================================================== */
/*                Exp07_2.c : PWM Output by OC1A Pin                          */
/* ========================================================================== */
/*                        Designed and programmed by Duck-Yong Yoon in 2006.  */

#include <avr/io.h>
#include "OK1281.h"

void LCD_4d(unsigned int number)                    /* display 4-digit decimal number */
{ unsigned int i;
  unsigned char flag;

  flag = 0;
```

```
  i = number/1000;                              // 10^3
  if(i == 0) LCD_data(' ');
  else {      LCD_data(i + '0');
              flag = 1;
       }

  number = number % 1000;                       // 10^2
  i = number/100;
  if((i == 0) && (flag == 0))
              LCD_data(' ');
  else {      LCD_data(i + '0');
              flag = 1;
       }

  number = number % 100;                        // 10^1
  i = number/10;
  if((i == 0) && (flag == 0))
              LCD_data(' ');
  else {      LCD_data(i + '0');
              flag = 1;
       }

  i = number % 10;                              // 10^0
  LCD_data(i + '0');
}

int main(void)
{ unsigned char i;
  unsigned int duty;

  MCU_initialize();                             // initialize MCU and kit
  Delay_ms(50);                                 // wait for system stabilization
  LCD_initialize();                             // initialize text LCD module

  LCD_string(0x80,"Period =  1250*2");          // display title
  LCD_string(0xC0,"Width  =  0000*2");

  TCCR1A = 0x82;                                // Phase Correct PWM mode(10)
  TCCR1B = 0x13;
  TCCR1C = 0x00;
  ICR1 = 1250;                                  // f(PWM) = 16MHz/64/2/1250 = 100Hz

  while(1)
    { for(i=0,duty=0; i<6; i++, duty += 250)
        { OCR1A = duty;                         // set duty ratio = duty/1250
          LCD_command(0xCA);                    // display duty
          LCD_4d(duty);
          Beep();
          Delay_ms(5000);
        }
    }
}
```

3. 주기와 듀티비가 모두 가변되는 PWM 출력

ATmega1281/2561 타이머/카운터1과 3의 PWM 동작에서는 TOP의 값을 0x00FF,

0x01FF, 0x03FF 등으로 일정하게 고정시킬 수도 있고, ICRn이나 OCRnA 레지스터를 사용하여 임의의 값으로 설정할 수도 있다. 따라서, TOP으로서 ICRn이나 OCRnA 레지스터를 사용하면 PFM 제어도 가능할 것이다.

그런데, ICRn 레지스터는 이중 버퍼링 구조가 아니며 OCRnA 레지스터는 이중 버퍼링 구조로 되어 있다. 이중 버퍼링 구조라는 것은 사용자가 임의의 순간에 이 레지스터의 값을 라이트하면 이것은 곧바로 실제 레지스터에 저장되지 않고 내부의 버퍼에 임시로 저장되어 있다가 PWM 출력의 1주기가 끝나고 새로운 주기가 시작되는 시점에서 새로운 값으로 갱신되는 것을 말한다. 만약 이러한 이중 버퍼링 기능이 없다면 출력비교 레지스터에 카운터값보다 작은 값을 라이트할 경우 그 주기에서는 비교 매치가 발생되지 않아서 제대로 된 PWM 출력이 나가지 못하게 된다. 이것은 과도적으로 한 주기 동안 출력 파형이 엉터리로 발생되는 글리치 문제를 야기시킨다. 그러나, 이중 버퍼링 구조를 가지면 이런 과도적인 오동작에 해당하는 글리치 문제가 발생하지 않게 된다.

그래서, 동작중에 주기를 변경시킬 필요가 없는 PWM 제어에서는 ICRn 레지스터를 TOP으로 설정하면 OCRnA, OCRnB, OCRnC 레지스터를 각각 출력비교 레지스터를 사용하여 OCnA, OCnB, OCnC 단자에 서로 독립적인 듀티비를 갖는 PWM 출력 신호를 발생시킬 수 있다. 그러나, 동작중에 주기를 변경시킬 필요가 있는 PWM 제어에서는 글리치 문제가 발생하지 않도록 OCRnA 레지스터를 TOP으로 설정하는 것이 좋으며, 이렇게 되면 출력비교 레지스터로는 OCRnB, OCRnC 레지스터만을 사용할 수 있고, 따라서 PWM 출력도 OCnB, OCnC 단자만을 사용할 수 있게 된다.

이번 예제에서는 16비트인 타이머/카운터1에서 동작 모드9에 해당하는 위상 및 주파수교정 PWM(Phase and Frequency Correct PWM) 모드를 사용하여 주파수 및 듀티비를 모두 가변시키는 출력을 OC1B 단자로 발생시켜 보기로 한다. 여기서는 프리스케일러를 64로 사용하므로 PWM 주파수가 다음과 같이 계산된다.

$$f_{\mathrm{OC1B\_PFCPWM}} = \frac{f_{\mathrm{clk\_I/O}}}{2 \cdot \mathrm{N} \cdot \mathrm{ICR1}} = \frac{16 \times 10^6}{2 \cdot 64 \cdot \mathrm{ICR1}}$$

프로그램에서는 TOP으로 사용되는 OCR1A 레지스터의 값을 125～1250의 범위에서 125씩 변화시키므로 PWM 스위칭 주파수는 1000Hz～100Hz로 가변된다. KEY4는 PWM의 주기를 125 카운트씩 증가시키고, KEY3은 이를 125씩 감소키는데 사용된다.

또한, 출력비교 레지스터 OCR1B의 값은 0～1250의 범위에서 125씩 변화시키므로 PWM 신호의 듀티비는 0%～100%로 가변된다. KEY2는 PWM의 듀티비를 125 카운트씩 증가시키고, KEY1은 이를 125씩 감소키는데 사용된다.

이러한 방법으로 타이머/카운터1로 만든 가변 주파수 및 가변 듀티비의 PWM 출력 파형은 <그림 4.7.5>와 같다.

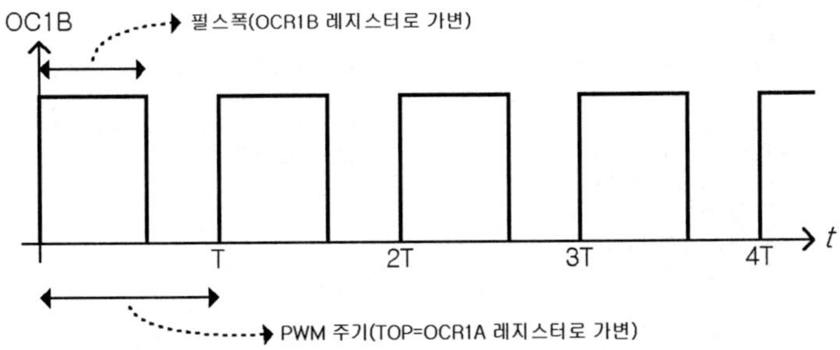

〈그림 4.7.5〉 타이머/카운터1을 사용한 가변 주파수 및 가변 듀티비 PWM 출력

▣ 어셈블리 언어의 경우

이러한 가변 주파수, 가변 듀티비 PWM 출력 발생 프로그램을 어셈블리 언어로 작성하여 보면 다음과 같다.

<프로그램 Exp07_3.asm> 가변 주파수, 가변 듀티비의 PWM 출력 프로그램

```
;[][][][][][][][][][][][][][][][][][][][][][][][][][][][][][][][][][][]
;[]                                                                  []
;[]      Exp07_3.asm : Variable-Frequency, Variable-Duty PWM        []
;[]                                                                  []
;[][][][][][][][][][][][][][][][][][][][][][][][][][][][][][][][][][][]
;
;               Designed and programmed by Duck-Yong Yoon in 2006.
;
;---------------------------------------------
;       Include Header File
;---------------------------------------------
.nolist
.include "m2561def.inc"                 ; ATmega2561 definition file
.list

;=========================================================
;       Main Program
;=========================================================
.cseg
        .org    0x0000
        LDI     AH,high(RAMEND)         ; initialize SP
        LDI     AL,low(RAMEND)
        OUT     SPH,AH
        OUT     SPL,AL

        CALL    INIT_MCU                ; initialize MCU and kit
        CALL    D50MS                   ; wait for system stabilization
        CALL    INIT_LCD                ; initialize text LCD
```

```
;-----------------------------------------------
;       Initialize Phase and Frequency Correct PWM
;-----------------------------------------------
        CALL    LCD_HOME1               ; display title
        CALL    LCD_STRING
        .db     "Period =  1250*2",0,0  ; vary from 125 to 1250
        CALL    LCD_HOME2
        CALL    LCD_STRING
        .db     "Width  =   125*2",0,0  ; vary from 0 to 1250

        LDI     AL,0b00100001           ; Phase and Frequency Correct PWM mode(9)
        STS     TCCR1A,AL               ;   and use OC1B
        LDI     AL,0b00010011
        STS     TCCR1B,AL
        LDI     AL,0b00000000
        STS     TCCR1C,AL

        LDI     CH,high(1250)           ; set default PWM frequency(period)
        LDI     CL,low(1250)
        STS     OCR1AH,CH               ; f(PWM) = 16MHz/64/2/1250 = 100Hz
        STS     OCR1AL,CL

        LDI     DH,high(125)            ; set default PWM duty ratio
        LDI     DL,low(125)
        STS     OCR1BH,DH               ; D(PWM) = 125/1250 = 10%
        STS     OCR1BL,DL

;-----------------------------------------------
;       PWM Control by Key Input
;-----------------------------------------------
READ_KEY:CALL   KEY_IN                  ; key input
        CPI     AL,0b11100000           ; if KEY1, decrement duty ratio
        BRNE    CK_KEY2                 ;   ( DH:DL = DH:DL - 125 )
        CPI     DH,0
        BRNE    CK_KEY1A
        CPI     DL,0
        BREQ    READ_KEY
CK_KEY1A:SUBI   DL,125
        CLR     AL
        SBC     DH,AL
        RJMP    CK_KEY2B

CK_KEY2:CPI     AL,0b11010000           ; if KEY2, increment duty ratio
        BRNE    CK_KEY3                 ;   ( DH:DL = DH:DL + 125 )
        CP      DH,CH
        BRNE    CK_KEY2A
        CP      DL,CL
        BREQ    READ_KEY
CK_KEY2A:LDI    AL,125
        ADD     DL,AL
        CLR     AL
        ADC     DH,AL
CK_KEY2B:STS    OCR1BH,DH               ; output duty ratio
        STS     OCR1BL,DL
        LDI     LCD_BUFFER,0xCA         ; display duty ratio
        CALL    LCD_COMMAND
        MOV     AH,DH
        MOV     AL,DL
        CALL    LCD_4DEC
        RJMP    READ_KEY
```

```
CK_KEY3:CPI     AL,0b10110000          ; if KEY3, decrement period
        BRNE    CK_KEY4                ;   ( CH:CL = CH:CL - 125 )
        CPI     CH,0
        BRNE    CK_KEY3A
        CPI     CL,125
        BREQ    READ_KEY
CK_KEY3A:CP     CH,DH
        BRNE    CK_KEY3B
        CP      CL,DL
        BREQ    READ_KEY
CK_KEY3B:SUBI   CL,125
        CLR     AL
        SBC     CH,AL
        RJMP    CK_KEY4B

CK_KEY4:CPI     AL,0b01110000          ; if KEY4, increment period
        BRNE    READ_KEY               ;   ( CH:CL = CH:CL + 125 )
        CPI     CH,high(1250)
        BRNE    CK_KEY4A
        CPI     CL,low(1250)
        BREQ    READ_KEY
CK_KEY4A:LDI    AL,125
        ADD     CL,AL
        CLR     AL
        ADC     CH,AL
CK_KEY4B:STS    OCR1AH,CH              ; output frequency
        STS     OCR1AL,CL
        LDI     LCD_BUFFER,0x8A        ; display frequency
        CALL    LCD_COMMAND
        MOV     AH,CH
        MOV     AL,CL
        CALL    LCD_4DEC
        RJMP    READ_KEY

;===============================================================
;       Include User Subroutine File
;===============================================================
.include "OK2561.INC"                  ; OK-2561 I/O and subroutine file
```

☞ 여기서는 PWM 주기와 듀티비를 변화시킬 때 주의가 필요하다. 즉, PWM 주기를 감소시키는 경우에는 이것이 0까지 감소하면 안되며, 주기 카운트 값이 듀티비 카운트 값보다 작아져서도 안된다. 또한, 듀티비 카운트 값을 증가시킬 때는 이것이 주기 카운트 값보다 커져서는 안된다.

이 프로그램에서 레지스터 CH:CL에는 주기 카운트 값이 저장되고 레지스터 DH:DL에는 듀티비 카운트 값이 저장되는데, KEY1~KEY4를 누르더라도 이런 원칙에 위반되는지를 내부적으로 체크하여 범위를 벗어나면 스위치가 동작하지 않도록 처리하였다.

이 프로그램을 어셈블하여 다운로드하고 실행하라. OC1B 단자의 듀티비 가변에 의하여 LED3의 밝기가 조금씩 변화되는 것을 느낄 수 있는가?

그리고 이때 OC1B 단자로 출력되는 PWM 파형의 초기 상태를 오실로스코프로 측정한 파형은 <그림 4.7.6>과 같다. 이는 *OK-1281/2561* 키트 상단의 PB6/OC1B 단자에서 측정할 수 있다.

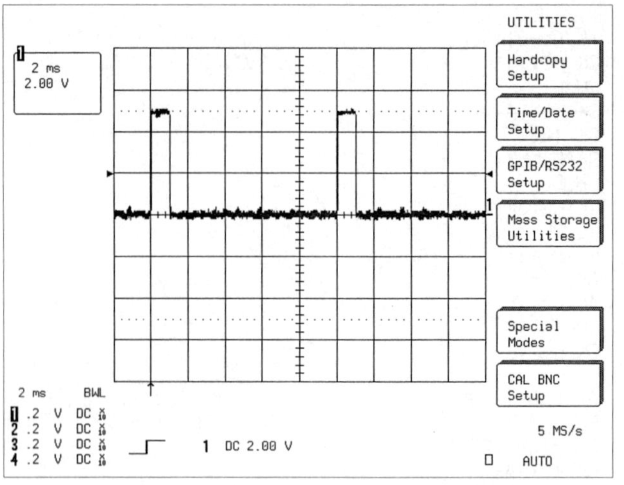

〈그림 4.7.6〉 OC1B 단자의 PWM 출력 파형(초기 상태인 듀티비 10%의 경우)

▣ C언어의 경우

앞의 Exp07_3.asm 프로그램을 C언어로 작성하여 보면 다음과 같다.

<프로그램 Exp07_3.c> 가변 주파수, 가변 듀티비의 PWM 출력 프로그램

```
/* ============================================================================ */
/*              Exp07_3.c : Variable-Frequency, Variable-Duty PWM              */
/* ============================================================================ */
/*                          Designed and programmed by Duck-Yong Yoon in 2006.  */

#include <avr/io.h>
#include "OK1281.h"

void LCD_4d(unsigned int number)                  /* display 4-digit decimal number */
{ unsigned int i;
  unsigned char flag;

  flag = 0;
  i = number/1000;                                // 10^3
  if(i == 0) LCD_data(' ');
  else {     LCD_data(i + '0');
             flag = 1;
       }

  number = number % 1000;                         // 10^2
  i = number/100;
  if((i == 0) && (flag == 0))
             LCD_data(' ');
  else {     LCD_data(i + '0');
             flag = 1;
       }

  number = number % 100;                          // 10^1
  i = number/10;
  if((i == 0) && (flag == 0))
```

```
            LD_data(' ');
  else {     LCD_data(i + '0');
            flag = 1;
       }

  i = number % 10;                              // 10^0
  LCD_data(i + '0');
}

int main(void)
{ unsigned int period, duty;

  MCU_initialize();                             // initialize MCU and kit
  Delay_ms(50);                                 // wait for system stabilization
  LCD_initialize();                             // initialize text LCD module
  Beep();

  LCD_string(0x80,"Period =  1250*2");          // display title
  LCD_string(0xC0,"Width  =   125*2");

  TCCR1A = 0x21;                                // Phase and Frequency Correct PWM mode(9)
  TCCR1B = 0x13;                                // use OC1B
  TCCR1C = 0x00;
  OCR1A = 1250;                                 // default PWM frequency(period)
  period = 1250;                                // f(PWM) = 16MHz/64/2/1250 = 100Hz
  OCR1B = 125;                                  // default PWM duty ratio
  duty = 125;                                   // D(PWM) = 125/1250

  while(1)
    { switch(Key_input())                       // key input
        { case 0xE0 : if(duty != 0)             // if KEY1, decrement duty ratio
                        { duty -= 125;
                          OCR1B = duty;
                          LCD_command(0xCA);
                          LCD_4d(duty);
                        }
                      break;
          case 0xD0 : if(duty != period)        // if KEY2, increment duty ratio
                        { duty += 125;
                          OCR1B = duty;
                          LCD_command(0xCA);
                          LCD_4d(duty);
                        }
                      break;
          case 0xB0 : if(period != 125)         // if KEY3, decrement period
                        { period -= 125;
                          OCR1A = period;
                          LCD_command(0x8A);
                          LCD_4d(period);
                        }
                      break;
          case 0x70 : if(period != 1250)        // if KEY4, increment period
                        { period += 125;
                          OCR1A = period;
                          LCD_command(0x8A);
                          LCD_4d(period);
                        }
                      break;
          default:    break;
        }
    }
}
```

4. 실습 과제

(1) 타이머/카운터1과 3에서 사용할 수 있는 3가지의 PWM 방식(고속 PWM, 위상교정 PWM, 위상 및 주파수교정 PWM)의 차이점을 요약하여 설명하라.

(2) PWM 출력신호에서 글리치(glitch)란 무엇이며, 이것은 어떤 경우에 발생하는지 구체적으로 예를 들어 설명하라.

(3) PWM 출력 신호가 사용되는 응용 분야를 설명해 보라.

(4) 예제 프로그램 Exp07_2.asm을 듀티비가 10%씩 순차적으로 증가하도록 프로그램 Exp07_2R.asm으로 수정하라.

(5) 예제 프로그램 Exp07_2.c를 PWM 출력단자 OC1A에는 현재와 같은 신호를 발생시키고, 이와 동시에 OC1B 출력단자에는 항상 OC1A의 1/2에 해당하는 듀티비를 가지는 신호를 출력하도록 수정한 프로그램 Exp07_2R.c를 작성하라.

4.8 타이머를 이용한 디지털시계 프로그램

이 절에서는 ATmega1281/2561의 타이머/카운터를 이용한 응용 프로그램으로서 디지털시계를 구현하여 보기로 한다. DS12C887 소자를 이용한 실시간 시계 프로그램에 대하여는 제4.16절에서 따로 공부한다.

관련 내용	(1) 제1.3절 ATmega1281/2561의 명령 세트 (2) 제2.2절 타이머/카운터 및 PWM 출력 (3) 제3.4절 AVR Studio의 매크로 어셈블러 (4) 제3.5절 WinAVR의 AVR-GCC 컴파일러 (5) 제4.6절 타이머/카운터 인터럽트 프로그램

1. 타이머/카운터1을 이용한 기본적인 시계

마이크로콘트롤러의 타이머를 이용하여 디지털시계를 구현하려면 기본적으로 정확한 1Hz 속도의 주기적인 인터럽트 발생이 필요하다. 즉, 1초에 한번씩 발생하는 인터럽트를 이용하여 초(秒)를 증가시키고, 이것이 60번 반복되면 분(分)을 증가시키며, 그 결과 60분이 되면 다시 시(時)를 증가시키고 오전/오후를 처리하는 방식으로 프로그래밍하면 된다.

ATmega1281/2561의 타이머/카운터1과 3은 16비트 구조를 가지고 있어서 CTC 모드를 사용하여 정확히 1초 주기로 인터럽트를 발생하는 것이 용이하다. 여기서는 타이머/카운터1의 CTC 모드를 사용하여 텍스트형 LCD 모듈에 다음과 같은 디지털시계를 구현하는 프로그램을 작성하여 보기로 한다. 단, 이때 시계 문자판 내의 콜론(:)을 점멸시키려면 이는 0.5초 간격으로 ON/OFF가 수행되어야 하므로 1Hz가 아니라 2Hz의 주기적인 인터럽트가 필요하다. 타이머를 이용한 인터럽트 처리 프로그램에 대하여는 제4.6절에서 공부한 바 있으니 참조하라.

```
Digital Clock
 12:00:00 AM
```

이러한 디지털시계를 실용성 있게 구현하려면, 첫째는 표시되는 시각을 언제라도 수정할 수 있어야 하며, 전원을 껐다가 다시 켜더라도 항상 표시되는 값이 현재 시각과 맞아야 한다. 이 중에서 후자를 위해서는 최소한 클록에 관련되는 회로들을 배터리로 백업해야 하는데 이러한 기능을 가지는 소자를 특별히 RTC(Real Time Clock)라고 한다.

OK-1281/2561 키트에는 배터리 백업 기능을 포함하는 RTC 소자인 DS12C887을 내장하여 아주 쉽게 정확한 시계를 구현할 수 있다. 이 소자를 사용하면 배터리 백업 기능 이외에도 캘린더나 알람 기능을 용이하게 처리할 수 있다. 오늘날 이러한 RTC의 기능들은 퍼스널컴퓨터나 많은 산업용 제어기에서도 사용하고 있다. 이를 사용한 프로그래밍에 대하여는 제4.16절에서 취급한다.

▣ 어셈블리 언어의 경우

타이머/카운터1을 이용하여 텍스트형 LCD 모듈에 어셈블리 언어로 기본적인 시계를 구현한 프로그램은 다음과 같다.

<프로그램 Exp08_1.asm> 타이머1을 이용한 기본적인 디지털시계 프로그램

```
;[][][][][][][][][][][][][][][][][][][][][][][][][][][][][][][][][][][][][]
;[]                                                                      []
;[]          Exp08_1.asm : Digital Clock on Text LCD Module              []
;[]                                                                      []
;[][][][][][][][][][][][][][][][][][][][][][][][][][][][][][][][][][][][][]
;
;              Designed and programmed by Duck-Yong Yoon in 2006.
;
;----------------------------------------------
;       Include Header File
;----------------------------------------------
.nolist
.include "m2561def.inc"                 ; ATmega2561 definition file
.list

;============================================================
;       Main Program
;============================================================
.cseg
        .org    0x0000
        JMP     RESET                   ; power-on reset entry point

        .org    0x0022
        JMP     TIMER1_COMPA            ; interrupt vector OC1A

RESET:  LDI     AH,high(RAMEND)         ; initialize SP
        LDI     AL,low(RAMEND)
        OUT     SPH,AH
        OUT     SPL,AL
```

```
        CALL    INIT_MCU                ; initialize MCU and kit
        CALL    D50MS                   ; wait for system stabilization
        CALL    INIT_LCD                ; initialize text LCD
        CALL    BEEP

;---------------------------------------------
;       Initialize Digital Clock
;---------------------------------------------
        CALL    LCD_HOME1               ; display title
        CALL    LCD_STRING
        .db     " Digital Clock  ",0,0
        CALL    LCD_HOME2
        CALL    LCD_STRING
        .db     "   12:00:00 AM   ",0,0

        LDI     AL,0b00000000           ; CTC mode(4), don't output OC1A
        STS     TCCR1A,AL
        LDI     AL,0b00001100           ; interrupt = 16MHz/256/(1+62499) = 1Hz
        STS     TCCR1B,AL
        LDI     AL,0b00000000
        STS     TCCR1C,AL
        LDI     AL,high(62499)
        STS     OCR1AH,AL
        LDI     AL,low(62499)
        STS     OCR1AL,AL

        LDI     AL,0b00000010           ; enable Timer/Counter1 OC1A interrupt
        STS     TIMSK1,AL
        LDI     AL,0b00101111           ; clear all interrupt flags
        STS     TIFR1,AL
        SEI                             ; global interrupt enable

        LDI     DH,'A'                  ; DH = AMPM = 'A'
        LDI     DL,12                   ; DL = hour = 12
        LDI     CH,0                    ; CH = minute = 00
        LDI     CL,0                    ; CL = second = 00

LOOP:   RJMP    LOOP                    ; wait interrupt

;================================================================
;       Interrupt Service Routine of OC1A
;================================================================
TIMER1_COMPA:
        IN      AL,SREG                 ; store registers
        PUSH    AL

        INC     CL                      ; increment second
        CPI     CL,60                   ; second = 60 ?
        BRNE    TIMER1_3
        CLR     CL                      ; if yes, second = 00
        INC     CH                      ;   and increment minute
        CPI     CH,60                   ; minute = 60 ?
        BRNE    TIMER1_3
        CLR     CH                      ; if yes, minute = 00
        INC     DL                      ;   and increment hour
        CPI     DL,13                   ; hour = 13 ?
        BRNE    TIMER1_1
        LDI     DL,1                    ; if yes, hour = 01
        RJMP    TIMER1_3
TIMER1_1:CPI    DL,12                   ; HOUR = 12 ?
        BRNE    TIMER1_3
```

```
        CPI     DH,'A'                  ; if yes and AMPM = 'A', AMPM = 'P'
        BRNE    TIMER1_2
        LDI     DH,'P'
        RJMP    TIMER1_3
TIMER1_2:LDI    DH,'A'                  ; if yes and AMPM = 'P', AMPM = 'A'

TIMER1_3:LDI    LCD_BUFFER,0xC2         ; display hour
        CALL    LCD_COMMAND
        MOV     LCD_BUFFER,DL
        CALL    LCD_2DIGIT
        LDI     LCD_BUFFER,0xC5         ; display minute
        CALL    LCD_COMMAND
        MOV     LCD_BUFFER,CH
        CALL    LCD_2DIGIT
        LDI     LCD_BUFFER,0xC8         ; display second
        CALL    LCD_COMMAND
        MOV     LCD_BUFFER,CL
        CALL    LCD_2DIGIT
        LDI     LCD_BUFFER,0xCB         ; display AM/PM
        CALL    LCD_COMMAND
        MOV     LCD_BUFFER,DH
        CALL    LCD_DATA

        POP     AL                      ; restore registers
        OUT     SREG,AL
        RETI

;----------------------------------------------
;       Display 2-digit Decimal Number
;----------------------------------------------
LCD_2DIGIT:
        PUSH    AH
        PUSH    BL
        MOV     AL,LCD_BUFFER           ; AH:AL / BL
        CLR     AH
        LDI     BL,10
        CALL    DIV8                    ; AL = quotient, AH = remainder

        MOV     LCD_BUFFER,AL           ; display 10^1
        ORI     LCD_BUFFER,'0'
        CALL    LCD_DATA
        MOV     LCD_BUFFER,AH           ; display 10^0
        ORI     LCD_BUFFER,'0'
        CALL    LCD_DATA
        POP     BL
        POP     AH
        RET

;================================================================
;       Include User Subroutine File
;================================================================
.include "OK2561.INC"                   ; OK-2561 I/O and subroutine file
```

☞ 여기서는 12시제를 사용하여 디지털시계를 구현하였으므로 시간은 01:00:00부터 12:59:59까지 표현되며 오전 및 오후를 각각 AM, PM으로 표시하였다. 시계를 설정하고 나면 메인 루틴은 특별히 할 일이 없으므로 무한 루프로 처리하였다.

텍스트형 LCD 모듈에 시간을 표시할 때 2자리의 10진수를 표시하는 서브루틴 LCD_2DIGIT를 만들어 사용하였다. 여기서는 10자리가 0이더라도 이를 공백(space) 문자로 처리하지 않고 0으로 표시하는 것이 좋은데 인클루드 파일 OK2561.INC에 포함되어 있는 서브루틴 LCD_2DEC는 그렇지 않으므로 이와 같이 별도로 서브루틴을 만들어 사용하였다.

이 프로그램을 어셈블하여 다운로드하고 실행하라. 이 프로그램에서 시각의 초기값은 항상 12:00:00 AM으로 설정되는데, 만약 시계를 현재의 시각으로 맞추려면 프로그램의 초기값을 수정하여야 한다.

▣ C언어의 경우

앞의 Exp08_1.asm과 동일한 기능을 수행하는 프로그램을 C언어로 작성하여 보면 다음과 같다.

<프로그램 Exp08_1.c> 타이머1을 이용한 기본적인 디지털시계 프로그램

```
/* ============================================================================ */
/*                Exp08_1.c : Digital Clock on Text LCD Module                  */
/* ============================================================================ */
/*                          Designed and programmed by Duck-Yong Yoon in 2006.  */

#include <avr/io.h>
#include <avr/interrupt.h>
#include "OK1281.h"

volatile unsigned char second, minute, hour, ampm;

void LCD_2digit(unsigned char number)           /* display 2-digit decimal number */
{
  LCD_data(number/10 + '0');                    // 10^1
  LCD_data(number%10 + '0');                    // 10^0
}

ISR(TIMER1_COMPA_vect)                          /* OC1A interrupt function */
{
  second++;                                     // increment second
  if(second == 60)                              // if second = 60, second = 0
    { second = 0;
      minute++;                                 // increment minute
      if(minute == 60)                          // if minute = 60, minute = 0
        { minute = 0;
          hour++;                               // increment hour
          if(hour == 13)                        // if hour = 13, hour = 1
            hour = 1;
          if(hour == 12)                        // if hour = 12, adjust AM/PM
            { if(ampm == 'A') ampm = 'P';
              else            ampm = 'A';
            }
        }
    }

  LCD_command(0xC2);                            // display hour
```

```
    LCD_2digit(hour);
    LCD_command(0xC5);                         // display minute
    LCD_2digit(minute);
    LCD_command(0xC8);                         // display second
    LCD_2digit(second);
    LCD_command(0xCB);                         // display AM/PM
    LCD_data(ampm);
  }

  int main(void)
  {
    MCU_initialize();                          // initialize MCU and kit
    Delay_ms(50);                              // wait for system stabilization
    LCD_initialize();                          // initialize text LCD module
    Beep();

    LCD_string(0x80," Digital Clock  ");       // display title
    LCD_string(0xC0,"  12:00:00 AM   ");

    hour = 12;                                 // initial time
    minute = 0;
    second = 0;
    ampm = 'A';

    TCCR1A = 0x00;                             // CTC mode(4), don't output OC1A
    TCCR1B = 0x0C;                             // 16MHz/256/(1+62499) = 1Hz
    TCCR1C = 0x00;
    OCR1A = 62499;

    TIMSK1 = 0x02;                             // enable OC1A interrupt
    TIFR1 = 0x2F;                              // clear all interrupt flags
    sei();                                     // global interrupt enable

    while(1);
  }
```

2. 7세그먼트 LED에도 동시에 표시되는 시계

앞에서 구현한 시계를 텍스트형 LCD 모듈은 물론이고 7세그먼트 LED에도 동시에 표시되도록 수정하여 보자. 단, 구조상 7세그먼트 LED에는 AM, PM을 표시할 수 없으며, 콜론(:)을 표시하는 것도 불가능하므로 하이픈(-)으로 대체하기로 한다.

7세그먼트 LED를 구동하는 프로그래밍 기술에 대하여는 나중에 제4.15절에서 공부할 것이므로 필요하면 미리 이 부분을 참조하기 바란다.

▣ 어셈블리 언어의 경우

타이머/카운터1을 이용하여 텍스트형 LCD 모듈 및 7세그먼트 LED에 동시에 표시되는 시계를 어셈블리 언어로 구현한 프로그램은 다음과 같다.

<프로그램 Exp08_2.asm> 7세그먼트 LED에도 표시되는 디지털시계 프로그램

```
;[][][][][][][][][][][][][][][][][][][][][][][][][][][][][][][][][][][][]
;[]                                                                    []
;[]   Exp08_2.asm : Digital Clock on LCD module and 7-Segment LED     []
;[]                                                                    []
;[][][][][][][][][][][][][][][][][][][][][][][][][][][][][][][][][][][][]
;
;               Designed and programmed by Duck-Yong Yoon in 2006.
;
;----------------------------------------------------
;       Include Header File
;----------------------------------------------------
.nolist
.include "m2561def.inc"                 ; ATmega2561 definition file
.list

;==================================================================
;       Main Program
;==================================================================
.cseg
        .org    0x0000
        JMP     RESET                   ; power-on reset entry point

        .org    0x0022
        JMP     TIMER1_COMPA            ; interrupt vector OC1A

RESET:  LDI     AH,high(RAMEND)         ; initialize SP
        LDI     AL,low(RAMEND)
        OUT     SPH,AH
        OUT     SPL,AL

        CALL    INIT_MCU                ; initialize MCU and kit
        CALL    D50MS                   ; wait for system stabilization
        CALL    INIT_LCD                ; initialize text LCD
        CALL    BEEP

;----------------------------------------------------
;       Initialize Digital Clock
;----------------------------------------------------
        CALL    LCD_HOME1               ; display title
        CALL    LCD_STRING
        .db     " Digital Clock  ",0,0
        CALL    LCD_HOME2
        CALL    LCD_STRING
        .db     "   12:00:00 AM  ",0,0

        LDI     AL,0b00000000           ; CTC mode(4), don't output OC1A
        STS     TCCR1A,AL
        LDI     AL,0b00001100           ; interrupt = 16MHz/256/(1+62499) = 1Hz
        STS     TCCR1B,AL
        LDI     AL,0b00000000
        STS     TCCR1C,AL
        LDI     AL,high(62499)
        STS     OCR1AH,AL
        LDI     AL,low(62499)
        STS     OCR1AL,AL

        LDI     AL,0b00000010           ; enable Timer/Counter1 OC1A interrupt
        STS     TIMSK1,AL
        LDI     AL,0b00101111           ; clear all interrupt flags
        STS     TIFR1,AL
```

```
        SEI                                     ; global interrupt enable

        LDI     DH,'A'                          ; DH = AMPM = 'A'
        LDI     DL,12                           ; DL = hour = 12
        LDI     CH,0                            ; CH = minute = 00
        LDI     CL,0                            ; CL = second = 00

;----------------------------------------------
;       Display Time on 7-Segment LED
;----------------------------------------------
LOOP:   MOV     AL,DL                           ; display hour
        CLR     AH
        LDI     BL,10
        CALL    DIV8
        CALL    BIN2LED
        STS     LCD_DATABUS,AL
        LDI     AL,0b10000000
        STS     DIG_SELECT,AL
        CALL    D1MS
        MOV     AL,AH
        CALL    BIN2LED
        STS     LCD_DATABUS,AL
        LDI     AL,0b01000000
        STS     DIG_SELECT,AL
        CALL    D1MS
        LDI     AL,'-'                          ; if no, display "-"
        CALL    BIN2LED
        STS     LCD_DATABUS,AL
        LDI     AL,0b00100000
        STS     DIG_SELECT,AL
        CALL    D1MS
        MOV     AL,CH                           ; display minute
        CLR     AH
        LDI     BL,10
        CALL    DIV8
        CALL    BIN2LED
        STS     LCD_DATABUS,AL
        LDI     AL,0b00010000
        STS     DIG_SELECT,AL
        CALL    D1MS
        MOV     AL,AH
        CALL    BIN2LED
        STS     LCD_DATABUS,AL
        LDI     AL,0b00001000
        STS     DIG_SELECT,AL
        CALL    D1MS
        LDI     AL,'-'                          ; if no, display "-"
        CALL    BIN2LED
        STS     LCD_DATABUS,AL
        LDI     AL,0b00000100
        STS     DIG_SELECT,AL
        CALL    D1MS
        MOV     AL,CL                           ; display second
        CLR     AH
        LDI     BL,10
        CALL    DIV8
        CALL    BIN2LED
        STS     LCD_DATABUS,AL
        LDI     AL,0b00000010
        STS     DIG_SELECT,AL
        CALL    D1MS
        MOV     AL,AH
        CALL    BIN2LED
```

```
        STS     LCD_DATABUS,AL
        LDI     AL,0b00000001
        STS     DIG_SELECT,AL
        CALL    D1MS
        JMP     LOOP

;-----------------------------------------------
;       Convert Binary to 7-segment LED Pattern
;-----------------------------------------------
; Input  : AL = 8-bit binary(from 0x00 to 0x0F), "H", "-", ".", "'"
; Output : AL = 7-segment LED pattern data

BIN2LED:PUSH    AH
        PUSH    ZH
        PUSH    ZL
        CPI     AL,'H'                  ; if AL="H", AL=0x10
        BRNE    BIN2L1
        LDI     AL,0x10
        RJMP    BIN2L4
BIN2L1: CPI     AL,'-'                  ; if AL="-", AL=0x11
        BRNE    BIN2L2
        LDI     AL,0x11
        RJMP    BIN2L4
BIN2L2: CPI     AL,'.'                  ; if AL=".", AL=0x12
        BRNE    BIN2L3
        LDI     AL,0x12
        RJMP    BIN2L4
BIN2L3: CPI     AL,0x27                 ; if AL="'", AL=0x13
        BRNE    BIN2L4
        LDI     AL,0x13
BIN2L4: LDI     AH,byte3(LED_TABLE << 1); RAMPZ:Z = statrt address of LED data
        LDI     ZH,high(LED_TABLE << 1)
        LDI     ZL,low(LED_TABLE << 1)
        ADD     ZL,AL                   ; RAMPZ:Z = RAMPZ:Z + AL
        CLR     AL
        ADC     ZH,AL
        ADC     AH,AL
        OUT     RAMPZ,AH
        ELPM    AL,Z                    ; read LED data from RAMPZ:Z address
        POP     ZL
        POP     ZH
        POP     AH
        RET

LED_TABLE:                              ; 7-segment LED data table
        .db     0b11111100,0b01100000   ; 0,1
        .db     0b11011010,0b11110010   ; 2,3
        .db     0b01100110,0b10110110   ; 4,5
        .db     0b10111110,0b11100100   ; 6,7
        .db     0b11111110,0b11110110   ; 8,9
        .db     0b11101110,0b00111110   ; A,b
        .db     0b10011100,0b01111010   ; C,d
        .db     0b10011110,0b10001110   ; E,F
        .db     0b01101110,0b00000010   ; H,-
        .db     0b00000001,0b01000000   ; .,'

;===============================================================
;       Interrupt Service Routine of OC1A
;===============================================================
TIMER1_COMPA:
        PUSH    AL                      ; store registers
        PUSH    AH
        IN      AL,SREG
```

```
        PUSH    AL

        LDI     AL,0b00000000           ; clear 7-segment LED
        STS     DIG_SELECT,AL

        INC     CL                      ; increment second
        CPI     CL,60                   ; second = 60 ?
        BRNE    TIMER1_3
        CLR     CL                      ; if yes, second = 00
        INC     CH                      ;   and increment minute
        CPI     CH,60                   ; minute = 60 ?
        BRNE    TIMER1_3
        CLR     CH                      ; if yes, minute = 00
        INC     DL                      ;   and increment hour
        CPI     DL,13                   ; hour = 13 ?
        BRNE    TIMER1_1
        LDI     DL,1                    ; if yes, hour = 01
        RJMP    TIMER1_3
TIMER1_1:CPI    DL,12                   ; HOUR = 12 ?
        BRNE    TIMER1_3
        CPI     DH,'A'                  ; if yes and AMPM = 'A', AMPM = 'P'
        BRNE    TIMER1_2
        LDI     DH,'P'
        RJMP    TIMER1_3
TIMER1_2:LDI    DH,'A'                  ; if yes and AMPM = 'P', AMPM = 'A'

TIMER1_3:LDI    LCD_BUFFER,0xC2         ; display hour
        CALL    LCD_COMMAND
        MOV     LCD_BUFFER,DL
        CALL    LCD_2DIGIT
        LDI     LCD_BUFFER,0xC5         ; display minute
        CALL    LCD_COMMAND
        MOV     LCD_BUFFER,CH
        CALL    LCD_2DIGIT
        LDI     LCD_BUFFER,0xC8         ; display second
        CALL    LCD_COMMAND
        MOV     LCD_BUFFER,CL
        CALL    LCD_2DIGIT
        LDI     LCD_BUFFER,0xCB         ; display AM/PM
        CALL    LCD_COMMAND
        MOV     LCD_BUFFER,DH
        CALL    LCD_DATA

        POP     AL                      ; restore registers
        OUT     SREG,AL
        POP     AH
        POP     AL
        RETI

;-----------------------------------------------
;       Display 2-digit Decimal Number
;-----------------------------------------------
LCD_2DIGIT:
        PUSH    AH
        PUSH    BL
        MOV     AL,LCD_BUFFER           ; AH:AL / BL
        CLR     AH
        LDI     BL,10
        CALL    DIV8                    ; AL = quotient, AH = remainder

        MOV     LCD_BUFFER,AL           ; display 10^1
        ORI     LCD_BUFFER,'0'
        CALL    LCD_DATA
```

```
        MOV     LCD_BUFFER,AH           ; display 10^0
        ORI     LCD_BUFFER,'0'
        CALL    LCD_DATA
        POP     BL
        POP     AH
        RET

;==========================================================================
;       Include User Subroutine File
;==========================================================================
.include "OK2561.INC"                   ; OK-2561 I/O and subroutine file
```

☞ *OK-1281/2561* 키트에서의 7세그먼트 LED 동작은 다이나믹 디스플레이(dynamic display) 방식을 사용하고 있으므로 여기에 시계를 표시하려면 마이크로콘트롤러가 반복적으로 이를 출력하여야 한다. 따라서, 텍스트형 LCD 모듈에는 1초에 한번씩 인터럽트가 발생할 때마다 인터럽트 서비스 루틴에서 시각을 표시하지만, 7세그먼트 LED에는 인터럽트와 관계없이 메인 루틴에서 지속적으로 현재 시각을 표시하는 방식으로 처리하였음에 주목하여 프로그램을 이해하라. 즉, 메인 루틴은 7세그먼트 LED를 담당하고, 인터럽트 서비스 루틴은 텍스트형 LCD 모듈을 담당한다고 보면 된다. 이와 같이 역할을 분담하는 것은 아주 전형적인 프로그래밍 기술이다.

▣ C언어의 경우

앞의 Exp08_2.asm과 동일한 기능을 수행하는 프로그램을 C언어로 작성하여 보면 다음과 같다.

<프로그램 Exp08_2.c> 7세그먼트 LED에도 표시되는 디지털시계 프로그램

```
/* ========================================================================== */
/*          Exp08_2.c : Digital Clock on LCD Module and 7-Segment LED          */
/* ========================================================================== */
/*                     Designed and programmed by Duck-Yong Yoon in 2006.      */

#include <avr/io.h>
#include <avr/interrupt.h>
#include "OK1281.h"

volatile unsigned char second, minute, hour, ampm;

void LCD_2digit(unsigned char number)           /* display 2-digit decimal number */
{
  LCD_data(number/10 + '0');                    // 10^1
  LCD_data(number%10 + '0');                    // 10^0
}

ISR(TIMER1_COMPA_vect)                          /* OC1A interrupt function */
{
  DIG_SELECT = 0x00;                            // clear 7-segment LED

  second++;                                     // increment second
  if(second == 60)                              // if second = 60, second = 0
    { second = 0;
```

```
      minute++;                                   // increment minute
      if(minute == 60)                            // if minute = 60, minute = 0
        { minute = 0;
          hour++;                                 // increment hour
          if(hour == 13)                          // if hour = 13, hour = 1
            hour = 1;
          if(hour == 12)                          // if hour = 12, adjust AM/PM
            { if(ampm == 'A') ampm = 'P';
              else            ampm = 'A';
            }
        }
    }

  LCD_command(0xC2);                              // display hour
  LCD_2digit(hour);
  LCD_command(0xC5);                              // display minute
  LCD_2digit(minute);
  LCD_command(0xC8);                              // display second
  LCD_2digit(second);
  LCD_command(0xCB);                              // display AM/PM
  LCD_data(ampm);
}

unsigned char Bin2LED(unsigned char number)       /* convert binary to LED pattern */
{
  if(number == 0)         return 0xFC;
  else if(number == 1)    return 0x60;
  else if(number == 2)    return 0xDA;
  else if(number == 3)    return 0xF2;
  else if(number == 4)    return 0x66;
  else if(number == 5)    return 0xB6;
  else if(number == 6)    return 0xBE;
  else if(number == 7)    return 0xE4;
  else if(number == 8)    return 0xFE;
  else if(number == 9)    return 0xF6;
  else if(number == 10)   return 0xEE;
  else if(number == 11)   return 0x3E;
  else if(number == 12)   return 0x9C;
  else if(number == 13)   return 0x7A;
  else if(number == 14)   return 0x9E;
  else if(number == 15)   return 0x8E;
  else if(number == '-')  return 0x02;
  else if(number == '.')  return 0x01;
  else return 0x00;
}

int main(void)
{
  MCU_initialize();                               // initialize MCU and kit
  Delay_ms(50);                                   // wait for system stabilization
  LCD_initialize();                               // initialize text LCD module
  Beep();

  LCD_string(0x80," Digital Clock  ");            // display title
  LCD_string(0xC0,"  12:00:00 AM   ");

  hour = 12;                                      // initial time
  minute = 0;
  second = 0;
  ampm = 'A';

  TCCR1A = 0x00;                                  // CTC mode(4), don't output OC1A
  TCCR1B = 0x0C;                                  // 16MHz/256/(1+62499) = 1Hz
```

```
    TCCR1C = 0x00;
    OCR1A = 62499;

    TIMSK1 = 0x02;                          // enable OC1A interrupt
    TIFR1 = 0x2F;                           // clear all interrupt flags
    sei();                                  // global interrupt enable

    while(1)
      { LCD_DATABUS = Bin2LED(hour/10);     // display hour on 7-segment LED
        DIG_SELECT = 0x80;
        Delay_ms(1);
        LCD_DATABUS = Bin2LED(hour%10);
        DIG_SELECT = 0x40;
        Delay_ms(1);
        LCD_DATABUS = Bin2LED('-');         // display "-" on 7-segment LED
        DIG_SELECT = 0x20;
        Delay_ms(1);
        LCD_DATABUS = Bin2LED(minute/10);   // display minute on 7-segment LED
        DIG_SELECT = 0x10;
        Delay_ms(1);
        LCD_DATABUS = Bin2LED(minute%10);
        DIG_SELECT = 0x08;
        Delay_ms(1);
        LCD_DATABUS = Bin2LED('-');         // display "-" on 7-segment LED
        DIG_SELECT = 0x04;
        Delay_ms(1);
        LCD_DATABUS = Bin2LED(second/10);   // display second on 7-segment LED
        DIG_SELECT = 0x02;
        Delay_ms(1);
        LCD_DATABUS = Bin2LED(second%10);
        DIG_SELECT = 0x01;
        Delay_ms(1);
      }
  }
```

3. 현재 시각을 설정할 수 있는 디지털시계

앞에서 구현한 2가지의 시계는 프로그램 내부에서 초기값을 설정해 놓은대로 시계가 동작하므로 현재 시각과 맞는 시계를 구현하려면 실행할 때마다 프로그램을 수정하여야 하는 불편함이 있다.

따라서, 이 문제를 개선하려면 프로그램의 실행중에 표시되는 시간값을 수정할 수 있도록 해야만 한다. 이는 4개의 키입력 스위치 KEY1~KEY4로 가능하지만 이를 수행할 수 있도록 프로그램하는 것은 상당히 복잡하다.

그러나, 이렇게 현재 시각에 맞도록 시계를 수정하더라도 이는 *OK-1281/2561* 키트의 전원을 끄면 모두 소실되므로, 이 프로그램은 매번 이를 실행할 때마다 현재 시각을 다시 맞춰야만 한다. 전원을 껐다가 다시 켜더라도 언제나 현재 시각과 정확히 맞는 시계를 배터리 백업형 RTC(Real Time Clock)라고 하는데, 이는 RTC 기능을 가지는 하드웨어가 있어야만 구현이 가능하며 *OK-1281/2561* 키트에는 이를 위한 소자 DS12C887을 내장하고 있으므로 이에 대하여는 나중에 제4.16절에서 공부한다.

ATmega1281/2561의 타이머/카운터1을 이용하여 현재 시각의 설정이 가능한 디지털시계를 C언어로 구현한 프로그램은 다음과 같다.

<프로그램 Exp08_3.c> 현재 시각을 설정할 수 있는 디지털시계 프로그램

```
/* ============================================================================ */
/*                  Exp08_3.c : Digital Clock with Time Adjust                  */
/* ============================================================================ */
/*                        Designed and programmed by Duck-Yong Yoon in 2006.    */

#include <avr/io.h>
#include <avr/interrupt.h>
#include "OK1281.h"

volatile unsigned char cursor, second, minute, hour, ampm;

void LCD_2digit(unsigned char number)           /* display 2-digit decimal number */
{
  LCD_data(number/10 + '0');                    // 10^1
  LCD_data(number%10 + '0');                    // 10^0
}

ISR(TIMER1_COMPA_vect)                          /* OC1A interrupt function */
{
  second++;                                     // increment second
  if(second == 60)                              // if second = 60, second = 0
    { second = 0;
      minute++;                                 // increment minute
      if(minute == 60)                          // if minute = 60, minute = 0
        { minute = 0;
          hour++;                               // increment hour
          if(hour == 13)                        // if hour = 13, hour = 1
            hour = 1;
          if(hour == 12)                        // if hour = 12, adjust AM/PM
            { if(ampm == 'A') ampm = 'P';
              else            ampm = 'A';
            }
        }
    }

  LCD_command(0xC2);                            // display hour
  LCD_2digit(hour);
  LCD_command(0xC5);                            // display minute
  LCD_2digit(minute);
  LCD_command(0xC8);                            // display second
  LCD_2digit(second);
  LCD_command(0xCB);                            // display AM/PM
  LCD_data(ampm);
  LCD_command(cursor);                          // go cursor position
}

void Cursor_left(void)                          /* go cursor left */
{
  if(cursor != 0xC3) cursor -= 3;
```

```
  else              cursor = 0xCF;
  LCD_command(cursor);
}

void Cursor_right(void)                         /* go cursor right */
{
  if(cursor != 0xCF) cursor += 3;
  else              cursor = 0xC3;
  LCD_command(cursor);
}

void Increment(void)                            /* increment time */
{ switch(cursor)
    { case 0xC3 : if(hour != 12) hour++;        // in case of hour
                  else          hour = 1;
                  LCD_command(0xC2); LCD_2digit(hour);
                  LCD_command(cursor);
                  break;
      case 0xC6 : if(minute != 59) minute++;    // in case of minute
                  else           minute = 0;
                  LCD_command(0xC5); LCD_2digit(minute);
                  LCD_command(cursor);
                  break;
      case 0xC9 : if(second != 59) second++;    // in case of second
                  else           second = 0;
                  LCD_command(0xC8); LCD_2digit(second);
                  LCD_command(cursor);
                  break;
      case 0xCC : if(ampm == 'A') ampm = 'P';   // in case of AM/PM
                  else          ampm = 'A';
                  LCD_command(0xCB); LCD_data(ampm);
                  LCD_command(cursor);
                  break;
      default   : break;
    }
}

void Decrement(void)                            /* decrement time */
{ switch(cursor)
    { case 0xC3 : if(hour != 1) hour--;         // in case of hour
                  else         hour = 12;
                  LCD_command(0xC2); LCD_2digit(hour);
                  LCD_command(cursor);
                  break;
      case 0xC6 : if(minute != 0) minute--;     // in case of minute
                  else          minute = 59;
                  LCD_command(0xC5); LCD_2digit(minute);
                  LCD_command(cursor);
                  break;
      case 0xC9 : if(second != 0) second--;     // in case of second
                  else          second = 59;
                  LCD_command(0xC8); LCD_2digit(second);
                  LCD_command(cursor);
                  break;
      case 0xCC : if(ampm == 'A') ampm = 'P';   // in case of AM/PM
                  else          ampm = 'A';
                  LCD_command(0xCB); LCD_data(ampm);
                  LCD_command(cursor);
                  break;
      default   : break;
    }
```

```
}

int main(void)
{
  MCU_initialize();                          // initialize MCU and kit
  Delay_ms(50);                              // wait for system stabilization
  LCD_initialize();                          // initialize text LCD module
  Beep();

  LCD_string(0x80," Digital Clock  ");       // display title
  LCD_string(0xC0,"  12:00:00 AM   ");

  hour = 12;                                 // initial time
  minute = 0;
  second = 0;
  ampm = 'A';

  cursor = 0xCF;                             // initial cursor position
  LCD_command(0x0F);                         // cursor ON

  TCCR1A = 0x00;                             // CTC mode(4), don't output OC1A
  TCCR1B = 0x0C;                             // 16MHz/256/(1+62499) = 1Hz
  TCCR1C = 0x00;
  OCR1A = 62499;

  TIMSK1 = 0x02;                             // enable OC1A interrupt
  TIFR1 = 0x2F;                              // clear all interrupt flags
  sei();                                     // global interrupt enable

  while(1)
    { switch(Key_input())                    // key input
        { case 0x70 : Cursor_left();         // if KEY4, go cursor left
                      break;
          case 0xB0 : Cursor_right();        // if KEY3, go cursor right
                      break;
          case 0xD0 : Increment();           // if KEY2, increment time
                      break;
          case 0xE0 : Decrement();           // if KEY1, decrement time
                      break;
          default   : break;
        }
    }
}
```

☞ 이 프로그램에서는 1초에 한번씩 인터럽트가 발생하여 텍스트형 LCD 모듈에 시간을 표시하고 있는 동안에 메인 프로그램에서는 키입력을 검출하여 현재 시각을 설정할 수 있도록 한다.

현재 시각 중에서 시, 분, 초, 오전/오후를 눈으로 보면서 설정할 수 있으려면 텍스트형 LCD 모듈에서 커서가 보이도록 해야 하며, 이 값을 수정하고 있는 동안에도 인터럽트가 발생하여 텍스트형 LCD 모듈을 표시하게 되므로 커서의 위치가 달라지게 된다. 따라서, 항상 사용자가 화면에서 수정중인 시간에 해당하는 커서의 위치를 내부적으로 기억하고 있다가 인터럽트 처리가 끝난 후에는 커서를 원래의 위치로 되돌려 놓아야 한다는 것이 매우 중요한 프로그래밍 포인트이다. 이와 같이 여기서는 프로그램의 전체적인 흐름을 이해하는데 주력하라.

이 프로그램에서 KEY4는 커서 좌측 이동, KEY3은 커서 우측 이동, KEY2는 시간값 증가, KEY1은 시간값 감소의 기능을 수행한다.

4. 실습 과제

(1) ATmega1281/2561의 타이머/카운터를 이용하여 구현한 시계와 DS12C887 RTC 소자를 이용하여 만든 시계의 근본적인 차이점은 무엇인지 설명하라.

(2) 이 실습의 시계 프로그램에서 16비트 구조인 타이머/카운터1이나 3을 사용하지 않고 8비트 구조인 타이머/카운터0이나 2를 사용하면 한가지 다소 불편한 사항이 있다. 그것이 무엇인지 설명하라.

(3) 예제 프로그램 Exp08_1.asm을 매시 정각에 비프음을 한번씩 울리고 1초에 한번씩 시, 분, 초 사이에 있는 콜론(:)이 깜빡이도록(즉, 0.5초 동안 ON되고 0.5초 동안 OFF됨) 프로그램 Exp08_1R.asm으로 수정하라. 이를 위해서는 인터럽트가 0.5초에 한번씩 발생하는 방법을 사용하는 것이 좋다.

(4) 예제 프로그램 Exp08_1.c를 타이머/카운터0을 사용하는 것으로 바꾸고, 매시 정각에 비프음을 한번씩 울리고 1초에 한번씩 시, 분, 초 사이에 있는 콜론(:)이 깜빡이도록 프로그램 Exp08_1R.c로 수정하라.

(5) 예제 프로그램 Exp08_3.c를 동일한 기능을 수행하도록 어셈블리 언어로 작성하여 프로그램 Exp08_3.asm으로 만들어 보라.

4.9 타이머를 이용한 음악연주 프로그램

이 절에서는 타이머/카운터를 이용한 음악 연주 및 음향 발생에 관련된 프로그래밍 기술을 익혀보기로 한다. 이를 위해서는 당연히 먼저 음악의 기본 이론 및 음향 발생의 원리를 알아야 한다.

OK-1281/2561 키트에서는 음악 및 음향을 발생하기 위하여 소형 스피커를 1개 접속하고 있으며, 이것은 타이머/카운터3의 출력비교 단자 OC3A에 의하여 구동된다.

1. 음악 멜로디 연주의 원리

여기서는 ATmega1281/2561에 내장된 타이머/카운터를 사용하여 음악의 멜로디를 연주하는 원리에 대하여 알아보기로 한다. 기본적으로 음악의 멜로디(melody)는 스피커를 구동하는 신호의 주파수와 연주시간에 따라 결정되는데, 이는 타이머의 분주 기능을 이용하면 쉽게 원하는 주파수의 신호를 발생할 수 있으며, 연주시간은 시간지연 루틴을 사용하면 용이하게 구현할 수 있다.

음악의 멜로디에 필요한 주파수를 발생하기 위해서는 마이크로콘트롤러의 시스템 클록으로 사용된 정확하고 일정한 주파수를 분주하여 사용하는 것이 바람직하므로 타이머/카운터의 기능 중에서 타이머의 분주 기능을 사용하게 된다. 또한, 일반적으로 스피커를 구동하는 파형은 듀티비를 50%로 유지하는 것이 좋은데, 이를 위해서는 ATmega1281/2561의 타이머/카운터 동작 모드 중에서 CTC 모드를 사용하는 것이 편리하다.

(1) 음악의 기본 구성

음악은 기본적으로 음의 높이(음계, 음정, tone), 음의 길이(박자, beat), 음의 강약, 음의 색깔 등으로 구성된다. 음의 높이는 스피커를 구동하는 신호의 주파수와 관계되어 주파수가 높으면 고음이 되고 주파수가 낮으면 저음이 된다. 음의 길이는 음표(note)와 쉼표(rest)로 구분되는데 이는 각 음계에 해당하는 신호 발생시간의 길고 짧음에 비례한다. 또한, 음의 강약은 신호 파형의 진폭에 의해 결정되고, 음의 색깔은 신호 파형에 고조파(高調波) 성분의 포함 정도나 진폭의 변화(envelope)에 의해 결정된다.

마이크로프로세서는 디지털 신호(digital signal)만을 직접 처리할 수 있기 때문에 음의 높이나 음의 길이를 변화시키는 것은 용이하나, 음의 강약 또는 음의 색깔을 변화시키는 것은 단순하지 않다. 이와 같은 기능을 갖는 본격적인 전자 음악 합성기(electronic music synthesizer)를 만들려면 주파수 발생 회로는 물론 각종 고조파 신호들을 증폭하고 합성할 수 있어야 하는데, 이를 위해서는 D/A 컨버터나 Op Amp와 같은 별도의 복잡한 회로들이 필요하게 된다. 이러한 방식으로 된 사운드 카드나 전자악기는 이미 많은 제품들이 개발되어 판매되고 있다.

그러나, 여기서는 마이크로콘트롤러에 내장된 타이머/카운터 기능을 이용하여 음높이와 음길이를 가변함으로써 단순히 음악의 멜로디를 연주할 수 있는 프로그램 작성에 대하여 연구하기로 한다. 이러한 프로그램은 기본적인 음악 이론에 근거하여 다양한 방법으로 작성될 수 있을 것이나, 여기서는 프로그래밍 기술을 익히고 실제 악보를 보고 이를 프로그램으로 옮기기 쉽도록 하려는 목적에 주안점을 두어 저자가 설계한 방법을 사용하여 설명한다.

(2) 음계 발생의 원리

음악에서 음계는 0에서 8까지 9개의 옥타브(octave)로 구성되며, 각 옥타브에는 C, C#, D, D#, E, F, F#, G, G#, A, A#, B 등 반음(半音)의 간격으로 볼 때 12개의 음이 존재한다. 이들 각 음계에는 모두 표준 주파수가 정해져 있고, 이웃하는 2개의 음계 사이에는 1 : $2^{1/12}$, 즉 1 : 1.05946의 비율로 주파수가 증가하게 되어 있다. 따라서, 이와 같이 각 음계마다 약 6%씩 주파수가 증가하면 어느 음계와 이보다 1 옥타브 증가한 12번째 음과는 정확히 2배의 주파수 차이가 생기게 된다.

음계를 발생시키려면 타이머/카운터의 CTC 모드를 사용하여 기준 클록을 분주하면 되는데, 여기서는 타이머/카운터 3의 CTC 모드 중에서 ICR3 레지스터가 TOP으로 동작하는 모드12를 사용하기로 한다. 이 모드에서는 출력비교 신호 OC3A의 듀티비가 정확히 50%로 유지되며, 출력 주파수는 다음과 같이 표시된다.

$$f_{OC3A} = \frac{f_{clk\_I/O}}{2 \cdot N \cdot (1 + ICR3)} = \frac{f_{clk\_T3}}{2 \cdot (1 + ICR3)} \ [Hz]$$

여기서 타이머/카운터 프리스케일러의 분주비 N을 8로 선택하고 시스템 클록의 주파수가 16MHz인 것을 고려하면 출력 주파수는

$$f_{\mathrm{OC3A}} = \frac{16\times10^6}{2\cdot8\cdot(1+\mathrm{ICR3})} = \frac{1\times10^6}{1+\mathrm{ICR3}}\ [\mathrm{Hz}]$$

로 표시된다. 따라서, 타이머/카운터3의 16비트 입력캡쳐 레지스터 ICR3의 값을 조정하면 원하는 음계의 주파수를 얻을 수 있게 된다.

〈표 4.9.1〉 음계별 표준주파수와 타이머/카운터 3에 의한 출력 주파수

옥타브	음계		표준 주파수[Hz]	ICR3의 값	출력 주파수[Hz]	정확도 출력/표준[%]
	음계명	서브루틴				
2	A	VLA	110.000	9008	110.000	100.000
	A#	VLAX	116.541	8580	116.537	99.997
	B	VLB	123.471	8098	123.472	100.000
3	C	LC	130.813	7644	130.804	99.993
	C#	LCX	138.591	7214	138.600	100.006
	D	LD	146.832	6810	146.821	99.993
	D#	LDX	155.563	6427	155.569	100.004
	E	LE	164.814	6066	164.826	100.007
	F	LF	174.614	5726	174.611	99.998
	F#	LFX	184.997	5404	185.014	100.009
	G	LG	195.998	5101	196.002	100.002
	G#	LGX	207.652	4815	207.641	99.995
	A	LA	220.000	4544	220.022	100.010
	A#	LAX	233.082	4289	233.100	100.008
	B	LB	246.942	4049	246.914	99.989
4	C	MC	261.626	3821	261.643	100.006
	C#	MCX	277.183	3607	277.162	99.992
	D	MD	293.665	3404	293.686	100.007
	D#	MDX	311.127	3213	311.139	100.004
	E	ME	329.628	3033	329.598	99.991
	F	MF	349.228	2862	349.284	100.016
	F#	MFX	369.994	2702	369.959	99.991
	G	MG	391.995	2550	392.003	100.002
	G#	MGX	415.305	2407	415.282	99.994
	A	MA	440.000	2272	439.947	99.988
	A#	MAX	466.164	2144	466.200	100.008
	B	MB	493.883	2024	493.827	99.989
5	C	HC	523.251	1910	523.286	100.007
	C#	HCX	554.365	1803	554.324	99.993
	D	HD	587.330	1702	587.199	99.978
	D#	HDX	622.254	1606	622.278	100.004
	E	HE	659.255	1516	659.196	99.991
	F	HF	698.456	1431	698.324	99.981
	F#	HFX	739.989	1350	740.192	100.027
	G	HG	783.991	1275	783.699	99.963
	G#	HGX	830.609	1203	830.565	99.995
	A	HA	880.000	1135	880.282	100.032
	A#	HAX	932.328	1072	931.966	99.961
	B	HB	987.767	1011	988.142	100.038
6	C	VHC	1046.502	955	1046.025	99.954
	C#	VHCX	1108.731	901	1108.647	99.992
	D	VHD	1174.659	850	1175.088	100.037
	D#	VHDX	1244.508	803	1243.781	99.942
	E	VHE	1318.510	757	1319.261	100.057

<표 4.9.1>에 옥타브 2~6의 표준 주파수와 ATmega1281/2561의 타이머/카운터를 사용하여 이를 발생시키는 방법을 보였다. 9개의 옥타브 중에서 중간의 기준은 옥타브 4이므로 이를 middle octave로 하여 상하로 high octave와 low octave 각각 1개씩만을 고려하면 대부분 음악을 연주하는데 별 문제가 없다. 그러나, 더욱 넓은 음역을 포함시켜 실용적으로 문제가 없게 하려면 옥타브 2의 일부 음계와 옥타브 6의 일부 음계까지를 포함시키는 것이 좋다.

앞에서 설명한 바와 같이 표준 주파수는 무리수(無理數)로 증가하여 소수점 이하의 값을 가지게 되는데, 16MHz의 시스템 클록 및 타이머/카운터 3을 이용할 때 분주를 위한 시정수로는 0~65535의 정수만을 사용할 수 있으므로 이들 음계 주파수를 정확히 발생시키는 것은 불가능하다. 따라서, 위의 식에 근거하여 ICR3을 <표 4.9.1>에 보인 값으로 프로그램하고 가장 근사치의 주파수를 발생하도록 하면 모든 음계들이 거의 ±0.06% 이내의 오차 범위에 들어가는 만족스러운 결과를 얻을 수 있다.

이와 같이 각 음계에 대하여 결정된 주파수를 출력하려면 ATmega1281/2561을 프로그래밍해야 하는데 이것은 각 음계별로 서브루틴으로 작성하면 편리하다. 각 옥타브에 대한 서브루틴의 이름은 사용자가 기억하기 좋도록 하기 위하여 옥타브 3, 4, 5의 서브루틴 이름에 각각 LO(low), MI(middle), HI(high)의 두문자(頭文字)를 사용하고, 그 다음에 음계명을 놓도록 하며, 반음 올림을 표시하는 #은 라벨(label)명으로 사용할 수 없는 어셈블러가 많으므로 X로 표기하도록 한다. 또한, 옥타브 2에는 두문자로 VLO(very low)을 사용하고, 옥타브 6에는 VHI(very high)를 사용하였다.

이렇게 만든 서브루틴들은 MUSIC2561.INC로 명명하여 헤더 파일로 만들어 놓고 사용자 프로그램에서 음악연주를 수행할 때 이를 인클루드하여 사용하면 편리하다.

(3) 음표 및 쉼표 발생의 원리

음표나 쉼표는 각 음계의 연주시간(演奏時間) 또는 휴지시간(休止時間)을 나타내는 것으로 <표 4.9.2>와 같이 각각 10가지씩의 종류가 있다. 그러나, 여기서 연주시간이라 하면 상대적인 것이며 절대적인 시간값을 갖는 것은 아니다. 예를 들어 4분 음표는 온음표에 비하여 연주시간이 1/4의 길이를 가지며, 32분 음표는 온음표의 1/32에 해당한다. 이와 같은 연주시간의 상대 길이를 <표 4.9.2>에 함께 표시하였다. 이 표에서는 표시하지 않았지만 실제로는 음표의 경우에는 겹3분 음표가 포함된다.

각 음표의 실제 연주시간은 음표의 종류뿐만 아니라 음악의 연주 속도를 표시하는 템포(tempo)에 의해 결정된다. 여기서는 편의상 템포를 1~7로 정의하며, tempo = 1이 가장 빠른 것으로 하고 tempo = 7은 가장 느린 것으로 하기로 한다. 또한, 가장 짧은 연주시간 단위인 32분 음표를 21[ms]의 기본 시간(base time)으로 정의하고, 이 기본 시간에 상대 길이와 템포 값을 곱한 시간을 실제 음표의 연주시간으로 한다. 예를 들어 tempo = 4(보통 빠르기)에서 32분 음표, 16분 음표, 8분 음표, 4분음표의 연주시간을 각각 계산하여 보면

𝅘𝅥𝅰 = base time × 상대 길이 × tempo

= 21[ms] × 1 × 4 = 84[ms]

𝅘𝅥𝅯 = 21[ms] × 2 × 4 = 168[ms]

♪ = 21[ms] × 4 × 4 = 336[ms]

♩ = 21[ms] × 8 × 4 = 672[ms]

가 된다. 이렇게 하면 tempo = 4에서 4분 음표를 약 89개 연주하여 보통 빠르기의 기준인 88개와 거의 유사하게 된다.

〈표 4.9.2〉 음표 및 쉼표의 종류와 상대길이

종류	음 표		쉼 표		상대 길이
32분	𝅘𝅥𝅰	NOTE32	𝅀	REST32	$\frac{1}{32} = \frac{1}{32}$
16분	𝅘𝅥𝅯	NOTE16	𝄿	REST16	$\frac{1}{16} = \frac{2}{32}$
점16분	𝅘𝅥𝅯.	NOTE16D	𝄿.	REST16D	$\frac{1}{16} + \frac{1}{16} \times \frac{1}{2} = \frac{3}{32}$
8분	♪	NOTE8	𝄾	REST8	$\frac{1}{8} = \frac{4}{32}$
점8분	♪.	NOTE8D	𝄾.	REST8D	$\frac{1}{8} + \frac{1}{8} \times \frac{1}{2} = \frac{6}{32}$
4분	♩	NOTE4	𝄽	REST4	$\frac{1}{4} = \frac{8}{32}$
점4분	♩.	NOTE4D	𝄽.	REST4D	$\frac{1}{4} + \frac{1}{4} \times \frac{1}{2} = \frac{12}{32}$
2분	𝅗𝅥	NOTE2	𝄼	REST2	$\frac{1}{2} = \frac{16}{32}$
점2분	𝅗𝅥.	NOTE2D	𝄼.	REST2D	$\frac{1}{2} + \frac{1}{2} \times \frac{1}{2} = \frac{24}{32}$
온	𝅝	NOTE1	𝄻	REST1	$1 = \frac{32}{32}$

☞ 겹3분 음표는 NOTE16T, NOTE8T, NOTE4T로 하였음.

음표 및 쉼표를 프로그램으로 작성하는 것도 음계에서처럼 각각을 서브루틴으로 처리하면 편리하다. 즉, 음계에서 타이머/카운터3을 사용하여 원하는 주파수를 출력함으로써 연주가 개시되었으므로 음표는 위에서 계산한 시간만큼의 단순한 시간지연 루틴(delay routine)에 의해 수행되며, 쉼표는 음계가 연주되지 않도록 타이머/카운터3의

클록 입력을 차단하고 나서 음표와 동일한 시간지연 루틴을 수행하면 된다. 템포 값은 메모리 변수로 하여 음악연주 시작전의 첫머리에 지정하도록 하고, 각 음표 및 쉼표의 서브루틴에서 이를 참조하여 지연시간을 결정하도록 한다.

이렇게 만든 음표 및 쉼표 서브루틴들도 헤더 파일 MUSIC2561.INC에 만들어 놓고 사용자 프로그램에서 음악연주를 수행할 때 이를 인클루드하여 사용하면 편리하다.

```
LDI     AL,4            ; tempo = 4
CALL    SET_TEMPO
CALL    LOB             ; line 1
CALL    NOTE8
CALL    MID
CALL    NOTE8
CALL    MIG
CALL    NOTE8
CALL    LOB
CALL    NOTE8
CALL    MID
CALL    NOTE4
CALL    MIC
CALL    NOTE4
CALL    MIE
CALL    NOTE4
CALL    MIE
CALL    NOTE4
CALL    MID
CALL    NOTE8
CALL    MIFX
CALL    NOTE8
CALL    MIA
CALL    NOTE8
CALL    HIC
CALL    NOTE8
CALL    MIB
CALL    NOTE8
CALL    MIA
CALL    NOTE8
CALL    MIG
CALL    NOTE2
CALL    REST4
```

〈그림 4.9.1〉 "옹달샘" 악보의 일부 및 이를 연주하는 프로그램의 예

(4) 악보 연주 프로그램의 작성

앞에서 설명한 바와 같이 음계, 음표, 쉼표 등을 처리하는 서브루틴을 모두 완성하였으면 주어진 악보를 연주하는 프로그램을 작성하는 것은 악보를 보면서 각 음에 대하여 음계 및 음표 서브루틴을 호출(call)하기만 하면 된다. 이와 같은 음악연주 프로그램 작성시 유의 사항을 나열하면 다음과 같다.

① 프로그램 또는 각 연주곡의 서두에서 반드시 템포를 지정하라. 템포는 1~7의 범위에서 적절히 선택한다.

② 곡이 어떤 장조(長調) 또는 단조(短調)이든 관계없이 그냥 음계로 읽어라. 이때 #(sharp) 또는 ♭(flat)이 붙은 음에 유의하고, ♭이 붙은 음은 그 아래의 음에 #이 붙은 것으로 간주하여 처리하라.

③ 각 음은 반드시 음계 서브루틴을 먼저 호출하고 나서 음표 서브루틴을 호출하라. 그러나, 쉼표의 경우에는 그냥 쉼표 서브루틴을 호출하면 된다.

④ 동일한 음계가 연속될 경우에는 마이크로프로세서의 처리속도가 매우 빨라서 연속된 하나의 음처럼 연주될 수 있으므로 이를 방지하기 위하여 음계와 음계 사이에는 아주 짧은 시간동안의 시간 간격을 두어 음이 짧게 끊어지도록 하였다. 따라서, 이를 원하지 않으면 2개의 음표를 1개의 음으로 처리하는 것이 좋다. 예를 들어 같은 음계의 4분 음표와 8분 음표가 연속되면 이를 점4분 음표인 것으로 처리한다.

⑤ 겹3분 음표는 해당 음표 2개의 길이를 3등분하여 연주하라는 것인데, 이것들은 각각 NOTE16T, NOTE8T, NOTE4T 등의 서브루틴으로 만들어 두었으니 호출하여 사용하라.

이제 이와 같은 사항에 유의하면서 동요 "옹달샘" 악보의 일부를 연주하는 프로그램을 작성하여 보면 <그림 4.9.1>과 같다.

2. 음향 발생의 원리

타이머/카운터의 분주 기능을 이용하면 앞에서와 같이 음악은 물론 특수 음향을 발생할 수도 있다. 음향을 발생시키기 위해서는 여러가지 주파수의 소리를 반복시키거나 혼합시키는 방법이 주로 이용되는데, 규칙적인 디지털 전자 음향은 발생이 비교적 용이하지만 자연음과 같이 불규칙적인 음향은 D/A 컨버터와 같은 아날로그 회로를 사용하지 않으면 구현하기가 매우 어려우며, 이와 같은 것은 신호처리 이론뿐만 아니라 많은 경험이 요구되는 작업이다. 컴퓨터의 게임 프로그램 등에서는 초창기에는 단순한 디지털 전자 합성 음향을 많이 사용하였으나 지금은 기술이 발전하여 매우 어렵고 재미있는 효과음을 내는 것을 많이 볼 수 있다.

여기서는 매우 초보적이고 간단한 예로서 적색 경보음 및 전자식 전화벨을 닮은 음향 등의 발생에 대하여 알아보기로 한다.

(1) 적색경보 음향

적색 경보음은 기본적으로 점점 주파수가 상승하였다가 다시 하강하는 음의 연속이다. 점진적으로 주파수가 증가하는 신호는 타이머에서 분주비를 프로그램 루프에 의해 점차 감소시키면 얻을 수 있으며, 점진적으로 주파수가 감소하는 신호는 이와 반대로 하면 된다.

하나의 프로그램에서도 발생 주파수의 범위를 변화시키거나 각 주파수에서의 음이 발생되는 지속 시간을 다르게 하면 갖가지 재미있는 다른 음향을 만들어 볼 수 있다. 이때 사람의 귀로 들을 수 있는 가청 주파수 범위는 약 20[Hz]~20000[Hz]라는 것을 고려하여야 한다.

(2) 전화벨 음향

전자식 전화 벨 소리는 서로 다른 주파수의 2가지의 음을 연속 반복시킴으로써 만들 수 있다. 즉, 약 320[Hz]의 저주파(低周波) 소리와 480[Hz] 정도의 고주파(高周波) 소리를 1~2초 동안 각 25[ms] 정도씩 반복시킨 후에 2초 동안 쉬면 전화벨과 매우 유사한 소리가 된다. 이 경우에도 역시 타이머에서 분주비를 변화시키면 발생 주파수는 쉽게 조정되며, 음향 지속 시간 및 휴지 시간을 위해서 시간지연 루틴을 사용해야 한다.

저주파 소리 및 고주파 소리의 주파수를 이와 다른 임의의 값으로 바꾸거나 지속시간 25[ms]를 여러가지로 바꾸어 보면 이것은 전화 벨소리와는 전혀 관계가 없을 것 같은 맹꽁이 소리, 119 구급차 소리 등으로 쉽게 변형되어 갖가지의 재미있는 다른 음향을 만들어 볼 수 있다.

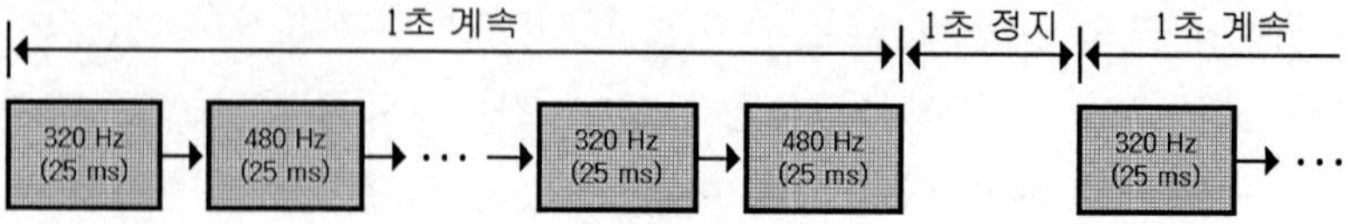

(a) 전화 벨 소리

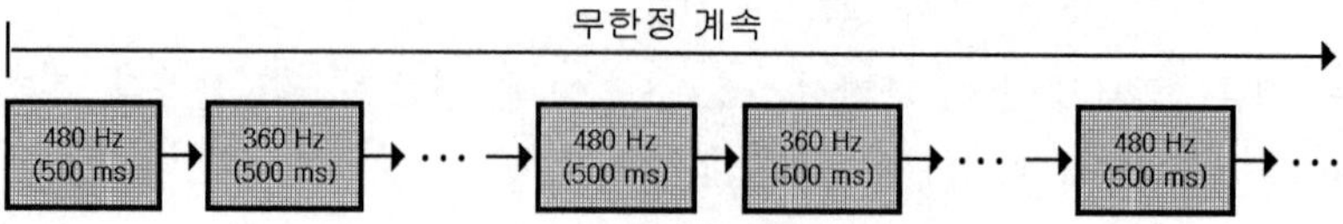

(b) 119 구급차 소리

〈그림 4.9.2〉 규칙적인 음향 발생의 원리

3. 음악 멜로디 연주 프로그램

앞에서 설명한 바와 같이 여기서는 타이머/카운터3의 CTC 모드를 이용하여 시스템 클록을 분주한 출력으로 스피커를 구동하여 음악 멜로디를 연주하는 프로그램을 작성하여 보기로 한다.

▣ 어셈블리 언어의 경우

어셈블리 언어에서는 음계를 만드는 서브루틴과 음표 및 쉼표를 만드는 서브루틴들이 상당히 복잡하므로 이를 인클루드 파일로 처리한다. 이러한 기능을 수행하는 인클루드 파일 MUSIC2561.INC는 다음과 같다.

<프로그램 MUSIC2561.INC> 음악 멜로디 연주를 위한 인클루드 파일

```
;********************************************************************
;*      Music Play Subroutines for OK-2561 V1.0 Training Kit        *
;********************************************************************
;-----------------------------------------------
;       Set Tempo and Initialize Timer/Couner3
;-----------------------------------------------
SET_TEMPO:
        MOV     DH,AL                   ; store tempo(from 1 to 7)
        LDI     AL,0b01000000           ; set CTC mode(12)
        STS     TCCR3A,AL
        LDI     AL,0b00011000           ; speaker off
        STS     TCCR3B,AL
        LDI     AL,0b00000000
```

```
        STS     TCCR3C,AL
        RET

;=====================================================================
;       Subroutine to Make Note
;=====================================================================
;---------------------------------------------------
;       Note of Octave 2 (Very Low Octave)
;---------------------------------------------------
VLOA:   LDI     AH,high(9008)           ; note A
        LDI     AL,low(9008)
        CALL    SET_TIMER3
        RET
VLOAX:  LDI     AH,high(8580)           ; note A#
        LDI     AL,low(8580)
        CALL    SET_TIMER3
        RET
VLOB:   LDI     AH,high(8098)           ; note B
        LDI     AL,low(8098)
        CALL    SET_TIMER3
        RET

;---------------------------------------------------
;       Note of Octave 3 (Low Octave)
;---------------------------------------------------
LOC:    LDI     AH,high(7644)           ; note C
        LDI     AL,low(7644)
        CALL    SET_TIMER3
        RET
LOCX:   LDI     AH,high(7214)           ; note C#
        LDI     AL,low(7214)
        CALL    SET_TIMER3
        RET
LOD:    LDI     AH,high(6810)           ; note D
        LDI     AL,low(6810)
        CALL    SET_TIMER3
        RET
LODX:   LDI     AH,high(6427)           ; note D#
        LDI     AL,low(6427)
        CALL    SET_TIMER3
        RET
LOE:    LDI     AH,high(6066)           ; note E
        LDI     AL,low(6066)
        CALL    SET_TIMER3
        RET
LOF:    LDI     AH,high(5726)           ; note F
        LDI     AL,low(5726)
        CALL    SET_TIMER3
        RET
LOFX:   LDI     AH,high(5404)           ; note F#
        LDI     AL,low(5404)
        CALL    SET_TIMER3
        RET
LOG:    LDI     AH,high(5101)           ; note G
        LDI     AL,low(5101)
        CALL    SET_TIMER3
        RET
LOGX:   LDI     AH,high(4815)           ; note G#
        LDI     AL,low(4815)
        CALL    SET_TIMER3
        RET
```

```
LOA:    LDI     AH,high(4544)           ; note A
        LDI     AL,low(4544)
        CALL    SET_TIMER3
        RET
LOAX:   LDI     AH,high(4289)           ; note A#
        LDI     AL,low(4289)
        CALL    SET_TIMER3
        RET
LOB:    LDI     AH,high(4049)           ; note B
        LDI     AL,low(4049)
        CALL    SET_TIMER3
        RET

;--------------------------------------------
;       Note of Octave 4 (Middle Octave)
;--------------------------------------------
MIC:    LDI     AH,high(3821)           ; note C
        LDI     AL,low(3821)
        CALL    SET_TIMER3
        RET
MICX:   LDI     AH,high(3607)           ; note C#
        LDI     AL,low(3607)
        CALL    SET_TIMER3
        RET
MID:    LDI     AH,high(3404)           ; note D
        LDI     AL,low(3404)
        CALL    SET_TIMER3
        RET
MIDX:   LDI     AH,high(3213)           ; note D#
        LDI     AL,low(3213)
        CALL    SET_TIMER3
        RET
MIE:    LDI     AH,high(3033)           ; note E
        LDI     AL,low(3033)
        CALL    SET_TIMER3
        RET
MIF:    LDI     AH,high(2862)           ; note F
        LDI     AL,low(2862)
        CALL    SET_TIMER3
        RET
MIFX:   LDI     AH,high(2702)           ; note F#
        LDI     AL,low(2702)
        CALL    SET_TIMER3
        RET
MIG:    LDI     AH,high(2550)           ; note G
        LDI     AL,low(2550)
        CALL    SET_TIMER3
        RET
MIGX:   LDI     AH,high(2407)           ; note G#
        LDI     AL,low(2407)
        CALL    SET_TIMER3
        RET
MIA:    LDI     AH,high(2272)           ; note A
        LDI     AL,low(2272)
        CALL    SET_TIMER3
        RET
MIAX:   LDI     AH,high(2144)           ; note A#
        LDI     AL,low(2144)
        CALL    SET_TIMER3
        RET
MIB:    LDI     AH,high(2024)           ; note B
        LDI     AL,low(2024)
        CALL    SET_TIMER3
```

```
        RET

;---------------------------------------------
;       Note of Octave 5 (High Octave)
;---------------------------------------------
HIC:    LDI     AH,high(1910)           ; note C
        LDI     AL,low(1910)
        CALL    SET_TIMER3
        RET
HICX:   LDI     AH,high(1803)           ; note C#
        LDI     AL,low(1803)
        CALL    SET_TIMER3
        RET
HID:    LDI     AH,high(1702)           ; note D
        LDI     AL,low(1702)
        CALL    SET_TIMER3
        RET
HIDX:   LDI     AH,high(1606)           ; note D#
        LDI     AL,low(1606)
        CALL    SET_TIMER3
        RET
HIE:    LDI     AH,high(1516)           ; note E
        LDI     AL,low(1516)
        CALL    SET_TIMER3
        RET
HIF:    LDI     AH,high(1431)           ; note F
        LDI     AL,low(1431)
        CALL    SET_TIMER3
        RET
HIFX:   LDI     AH,high(1350)           ; note F#
        LDI     AL,low(1350)
        CALL    SET_TIMER3
        RET
HIG:    LDI     AH,high(1275)           ; note G
        LDI     AL,low(1275)
        CALL    SET_TIMER3
        RET
HIGX:   LDI     AH,high(1203)           ; note G#
        LDI     AL,low(1203)
        CALL    SET_TIMER3
        RET
HIA:    LDI     AH,high(1135)           ; note A
        LDI     AL,low(1135)
        CALL    SET_TIMER3
        RET
HIAX:   LDI     AH,high(1072)           ; note A#
        LDI     AL,low(1072)
        CALL    SET_TIMER3
        RET
HIB:    LDI     AH,high(1011)           ; note B
        LDI     AL,low(1011)
        CALL    SET_TIMER3
        RET

;---------------------------------------------
;       Note of Octave 6 (Very High Octave)
;---------------------------------------------
VHIC:   LDI     AH,high(955)            ; note C
        LDI     AL,low(955)
        CALL    SET_TIMER3
        RET
VHICX:  LDI     AH,high(901)            ; note C#
        LDI     AL,low(901)
```

```
        CALL    SET_TIMER3
        RET
VHID:   LDI     AH,high(850)            ; note D
        LDI     AL,low(850)
        CALL    SET_TIMER3
        RET
VHIDX:  LDI     AH,high(803)            ; note D#
        LDI     AL,low(803)
        CALL    SET_TIMER3
        RET
VHIE:   LDI     AH,high(757)            ; note E
        LDI     AL,low(757)
        CALL    SET_TIMER3
        RET

;---------------------------------------------
;       Set Timer/Counter3
;---------------------------------------------
SET_TIMER3:
        STS     ICR3H,AH                ; set ICR3
        STS     ICR3L,AL
        LDI     AL,0                    ; clear TCNT3
        STS     TCNT3H,AL
        STS     TCNT3L,AL
        LDI     AL,0b00011010           ; start CTC mode(prescaler = 8)
        STS     TCCR3B,AL
        RET

; ================================================================
;       Subroutine for Length of Note and Rest
; ================================================================
NOTE32:
REST32: LDI     CH,1*3                  ; delay for note or rest
        CALL    PLAY
        CALL    SPEAKER_OFF             ; speaker off
        RET
NOTE16:
REST16: LDI     CH,2*3                  ; delay for note or rest
        CALL    PLAY
        CALL    SPEAKER_OFF             ; speaker off
        RET
NOTE16D:
REST16D:LDI     CH,3*3                  ; delay for note or rest
        CALL    PLAY
        CALL    SPEAKER_OFF             ; speaker off
        RET
NOTE16T:LDI     CH,2*2                  ; delay for note(triple)
        CALL    PLAY
        CALL    SPEAKER_OFF             ; speaker off
        RET
NOTE8:
REST8:  LDI     CH,4*3                  ; delay for note or rest
        CALL    PLAY
        CALL    SPEAKER_OFF             ; speaker off
        RET
NOTE8D:
REST8D: LDI     CH,6*3                  ; delay for note or rest
        CALL    PLAY
        CALL    SPEAKER_OFF             ; speaker off
        RET
NOTE8T: LDI     CH,4*2                  ; delay for note(triple)
        CALL    PLAY
        CALL    SPEAKER_OFF             ; speaker off
```

```
        RET
NOTE4:
REST4:  LDI     CH,8*3                      ; delay for note or rest
        CALL    PLAY
        CALL    SPEAKER_OFF                 ; speaker off
        RET
NOTE4D:
REST4D: LDI     CH,12*3                     ; delay for note or rest
        CALL    PLAY
        CALL    SPEAKER_OFF                 ; speaker off
        RET
NOTE4T: LDI     CH,8*2                      ; delay for note(triple)
        CALL    PLAY
        CALL    SPEAKER_OFF                 ; speaker off
        RET
NOTE2:
REST2:  LDI     CH,16*3                     ; delay for note or rest
        CALL    PLAY
        CALL    SPEAKER_OFF                 ; speaker off
        RET
NOTE2D:
REST2D: LDI     CH,24*3                     ; delay for note or rest
        CALL    PLAY
        CALL    SPEAKER_OFF                 ; speaker off
        RET
NOTE1:
REST1:  LDI     CH,32*3                     ; delay for note or rest
        CALL    PLAY
        CALL    SPEAKER_OFF                 ; speaker off
        RET

;----------------------------------------------
;       Note & Rest Play Time with Base Time 21 ms
;----------------------------------------------
PLAY:   MOV     CL,DH                       ; play time = CH * tempo * 7 ms
BASETIME:CALL   D7MS
        DEC     CL
        BRNE    BASETIME
        DEC     CH
        BRNE    PLAY
        RET

;----------------------------------------------
;       Delay for 7 ms
;----------------------------------------------
D7MS:   PUSH    DELAY_COUNT
        LDI     DELAY_COUNT,7
        JMP     BASE1MS

;----------------------------------------------
;       Speaker Off
;----------------------------------------------
SPEAKER_OFF:
        LDI     AL,0b00011000               ; speaker off
        STS     TCCR3B,AL
        CALL    D1MS                        ; delay for 1 ms
        RET
```

☞ 스피커를 끄는 것은 타이머/카운터3에서 프리스케일러의 클록 입력을 차단하는 기능을 설정함으로써 수행한다.

이 인클루드 파일을 이용하여 "퐁당퐁당", "낭랑 18세", "돌아가는 삼각지", "칠갑산", "허공" 등 5곡의 멜로디를 연주하는 프로그램은 다음과 같다.

<프로그램 Exp09_1.asm> 음악 멜로디 연주 프로그램

```
;[][][][][][][][][][][][][][][][][][][][][][][][][][][][][][][][][][][][][][][][][][][][][][][][][][]
;[]                                                                                                []
;[]                 Exp09_1.asm : Music Play Program                                               []
;[]                                                                                                []
;[][][][][][][][][][][][][][][][][][][][][][][][][][][][][][][][][][][][][][][][][][][][][][][][][][]
;
;               Designed and programmed by Duck-Yong Yoon in 2006.
;
;-----------------------------------------------------------
;       Include Header File
;-----------------------------------------------------------
.nolist
.include "m2561def.inc"                 ; ATmega2561 definition file
.list

;=====================================================================================
;       Main Program
;=====================================================================================
.cseg
        .org    0x0000
        LDI     AH,high(RAMEND)         ; initialize SP
        LDI     AL,low(RAMEND)
        OUT     SPH,AH
        OUT     SPL,AL

        CALL    INIT_MCU                ; initialize MCU and kit
        CALL    D50MS                   ; wait for system stabilization
        CALL    INIT_LCD                ; initialize text LCD

        CALL    LCD_HOME1               ; display title
        CALL    LCD_STRING
        .db     " * MUSIC PLAY * ",0,0

;-----------------------------------------------------------
;       Music 1 : Children's Song - "Pongdang Pongdang"
;-----------------------------------------------------------
LOOP:   CALL    LCD_HOME2               ; display title
        CALL    LCD_STRING
        .db     "PongdangPongdang",0,0

        LDI     AL,4                    ; tempo = 4
        CALL    SET_TEMPO
        CALL    MIC                     ; line 1
        CALL    NOTE8
        CALL    MID
        CALL    NOTE8
        CALL    MIE
        CALL    NOTE8
        CALL    MIE
        CALL    NOTE8
        CALL    MIC
        CALL    NOTE8
        CALL    MIE
        CALL    NOTE8
```

```
        CALL    MIG
        CALL    NOTE16
        CALL    MIA
        CALL    NOTE16
        CALL    MIG
        CALL    NOTE8
        CALL    MIC
        CALL    NOTE8
        CALL    MID
        CALL    NOTE8
        CALL    MIE
        CALL    NOTE8
        CALL    MIE
        CALL    NOTE8
        CALL    MIC
        CALL    NOTE8
        CALL    MIE
        CALL    NOTE8
        CALL    MIG
        CALL    NOTE16
        CALL    MIA
        CALL    NOTE16
        CALL    MIG
        CALL    NOTE8
        CALL    MIA                     ; line 2
        CALL    NOTE4
        CALL    MIG
        CALL    NOTE8
        CALL    MIE
        CALL    NOTE8
        CALL    MIA
        CALL    NOTE4
        CALL    MIG
        CALL    NOTE8
        CALL    MIE
        CALL    NOTE8
        CALL    MID
        CALL    NOTE8

          (중략)

        CALL    HID
        CALL    NOTE1
        CALL    REST1
        CALL    D1SEC

        JMP     LOOP
;==================================================================
;       Include User Subroutine File
;==================================================================
.include "OK2561.INC"                   ; OK-2561 I/O and subroutine file
.include "MUSIC2561.INC"                ; music subroutine file
```

이 프로그램을 어셈블하여 다운로드하고 실행하라. 이 프로그램이 올바르게 수행되려면 *OK-1281/2561* 키트의 콘넥터 CN6을 통하여 소형 스피커를 접속해야 한다.

▣ C언어의 경우

앞의 Exp09_1.asm 프로그램을 C언어로 작성하여 보면 다음과 같다. C언어에서는 음계와 음표를 하나의 함수에서 처리하고 쉼표는 별도의 함수로 만들었다. 따라서, 전체적으로 음악연주를 위한 함수들이 간단하므로 헤더파일로 인클루드하지 않고 프로그램 자체에 포함시키는 방법을 사용하였다.

<프로그램 Exp09_1.c> 음악 멜로디 연주 프로그램

```
/* ============================================================================ */
/*                       Exp09_1.c : Music Play Program                          */
/* ============================================================================ */
/*                            Designed and programmed by Duck-Yong Yoon in 2006.  */

#include <avr/io.h>
#include "OK1281.h"

#define VLOA    9008                          // define note, octave 2
#define VLOAX   8580
#define VLOB    8098
#define LOC     7644                          // define note, octave 3
#define LOCX    7214
#define LOD     6810
#define LODX    6427
#define LOE     6066
#define LOF     5726
#define LOFX    5404
#define LOG     5101
#define LOGX    4815
#define LOA     4544
#define LOAX    4289
#define LOB     4049
#define MIC     3821                          // define note, octave 4
#define MICX    3607
#define MID     3404
#define MIDX    3213
#define MIE     3033
#define MIF     2862
#define MIFX    2702
#define MIG     2550
#define MIGX    2407
#define MIA     2272
#define MIAX    2144
#define MIB     2024
#define HIC     1910                          // define note, octave 5
#define HICX    1803
#define HID     1702
#define HIDX    1606
#define HIE     1516
#define HIF     1431
#define HIFX    1350
#define HIG     1275
#define HIGX    1203
#define HIA     1135
#define HIAX    1072
#define HIB     1011
#define VHIC    955                           // define note, octave 6
```

```
#define VHICX   901
#define VHID    850
#define VHIDX   803
#define VHIE    757

#define NOTE32  1*3                      // define note length
#define NOTE16  2*3
#define NOTE16D 3*3
#define NOTE16T 2*2
#define NOTE8   4*3
#define NOTE8D  6*3
#define NOTE8T  4*2
#define NOTE4   8*3
#define NOTE4D  12*3
#define NOTE4T  8*2
#define NOTE2   16*3
#define NOTE2D  24*3
#define NOTE1   32*3

#define REST32  1*3                      // define rest length
#define REST16  2*3
#define REST16D 3*3
#define REST8   4*3
#define REST8D  6*3
#define REST4   8*3
#define REST4D  12*3
#define REST2   16*3
#define REST2D  24*3
#define REST1   32*3

unsigned char tempo;

void Set_tempo(unsigned char number)             /* set tempo */
{
  tempo = number;                                // set tempo
  TCCR3A = 0x40;                                 // CTC mode(12), use OC3A
  TCCR3B = 0x18;                                 // speaker off
  TCCR3C = 0x00;
}

void Play_note(unsigned int sound, unsigned int note) /* play note */
{
  ICR3 = sound;                                  // set ICR3
  TCNT3 = 0x0000;                                // clear Timer/Counter3
  TCCR3B = 0x1A;                                 // start CTC mode(prescaler = 8)

  Delay_ms(note*tempo*7);                        // note play time

  TCCR3B = 0x18;                                 // speaker off
}

void Play_rest(unsigned int rest)                /* play rest */
{
  Delay_ms(rest*tempo*7);                        // rest play time
}

int main(void)
{
  MCU_initialize();                              // initialize MCU and kit
  Delay_ms(50);                                  // wait for system stabilization
  LCD_initialize();                              // initialize text LCD module

  LCD_string(0x80," * MUSIC PLAY * ");           // display title
```

```
  while(1)
    { LCD_string(0xC0,"PongdangPongdang");        // display music title
      Set_tempo(4);                               // set tempo

      Play_note(MIC,NOTE8);                       // line 1
      Play_note(MID,NOTE8);
      Play_note(MIE,NOTE8);
      Play_note(MIE,NOTE8);
      Play_note(MIC,NOTE8);
      Play_note(MIE,NOTE8);
      Play_note(MIG,NOTE16);
      Play_note(MIA,NOTE16);
      Play_note(MIG,NOTE8);
      Play_note(MIC,NOTE8);
      Play_note(MID,NOTE8);
      Play_note(MIE,NOTE8);
      Play_note(MIE,NOTE8);
      Play_note(MIC,NOTE8);
      Play_note(MIE,NOTE8);
      Play_note(MIG,NOTE16);
      Play_note(MIA,NOTE16);
      Play_note(MIG,NOTE8);
      Play_note(MIA,NOTE4);                       // line 2
      Play_note(MIG,NOTE8);
      Play_note(MIE,NOTE8);
      Play_note(MIA,NOTE4);
      Play_note(MIG,NOTE8);
      Play_note(MIE,NOTE8);
      Play_note(MID,NOTE8);
      Play_note(MID,NOTE8);
      Play_note(MIC,NOTE8);
      Play_note(MID,NOTE8);
      Play_note(MIE,NOTE8);
      Play_note(MIG,NOTE8);
      Play_note(MIG,NOTE4);
      Play_note(MIA,NOTE8D);                      // line 3
      Play_note(MIA,NOTE16);

           (중략)

      Play_note(MIFX,NOTE2);
      Play_note(MIA,NOTE8);                       // line 8
      Play_note(HIFX,NOTE8);
      Play_note(HIFX,NOTE4);
      Play_note(HIFX,NOTE4);
      Play_note(HIE,NOTE4D);
      Play_note(HIFX,NOTE8);
      Play_note(MIA,NOTE8);
      Play_note(MIB,NOTE8);
      Play_note(HID,NOTE1);
      Play_rest(REST1);
      Delay_ms(1000);
    }
}
```

☞ 이 프로그램을 WinAVR에서 컴파일할 때 최적화 옵션을 -O3으로 설정하면 실행파일이 상당히 길어지고 좋지 않은 문제가 발생할 수 있으므로 반드시 최적화 옵션을 -Os로 설정하고 컴파일하라.

4. 음향 발생 프로그램

이번에는 전화벨 소리나 119 구급차 소리와 같이 비교적 규칙적이어서 구현하기 쉬운 음향을 발생하는 프로그램을 작성하여 본다.

(1) 전화벨 소리 프로그램

▣ 어셈블리 언어의 경우

전자식 전화기의 벨소리를 어셈블리 언어로 구현한 프로그램은 다음과 같다.

<프로그램 Exp09_2.asm> 전화벨 소리 프로그램

```
;[][][][][][][][][][][][][][][][][][][][][][][][][][][][][][][][][][][][][]
;[]                                                                      []
;[]              Exp09_2.asm : Telephone Bell Sound                      []
;[]                                                                      []
;[][][][][][][][][][][][][][][][][][][][][][][][][][][][][][][][][][][][][]
;
;            Designed and programmed by Duck-Yong Yoon in 2006.
;
;-----------------------------------------------
;       Include Header File
;-----------------------------------------------
.nolist
.include "m2561def.inc"                 ; ATmega2561 definition file
.list

;=================================================================
;       Main Program
;=================================================================
.cseg
        .org    0x0000
        LDI     AH,high(RAMEND)         ; initialize SP
        LDI     AL,low(RAMEND)
        OUT     SPH,AH
        OUT     SPL,AL

        CALL    INIT_MCU                ; initialize MCU and kit
        CALL    D50MS                   ; wait for system stabilization
        CALL    INIT_LCD                ; initialize text LCD

;-----------------------------------------------
;       Telephone Bell Sound by Timer/Counter3
;-----------------------------------------------
        CALL    LCD_HOME1               ; display title
        CALL    LCD_STRING
        .db     "    * SOUND *    ",0,0
        CALL    LCD_HOME2
        CALL    LCD_STRING
        .db     " Telephone Bell ",0,0

        LDI     AL,0b01000000           ; set CTC mode(12), use OC3A
```

```
        STS     TCCR3A,AL
        LDI     AL,0b00011010           ; f(OC3A) = 16MHz/8/2/(1+N)
        STS     TCCR3B,AL
        LDI     AL,0b00000000
        STS     TCCR3C,AL
        CLR     AL                      ; clear counter/timer3
        STS     TCNT3H,AL
        STS     TCNT3L,AL

LOOP1:  LDI     CL,20
LOOP2:  LDI     AL,0b00011010           ; speaker on
        STS     TCCR3B,AL
LOOP2A: LDS     AL,TCNT3L               ; * protect from glitch
        LDS     AL,TCNT3H               ; *
        CPI     AL,high(3124)           ; *
        BRSH    LOOP2A                  ; *
        LDI     AL,high(3124)           ; 320 Hz
        STS     ICR3H,AL
        LDI     AL,low(3124)
        STS     ICR3L,AL
        CALL    D20MS                   ; delay for 25 ms
        CALL    D5MS
LOOP2B: LDS     AL,TCNT3L               ; * protect from glitch
        LDS     AL,TCNT3H               ; *
        CPI     AL,high(2082)           ; *
        BRSH    LOOP2B                  ; *
        LDI     AL,high(2082)           ; 480 Hz
        STS     ICR3H,AL
        LDI     AL,low(2082)
        STS     ICR3L,AL
        CALL    D20MS                   ; delay for 25 ms
        CALL    D5MS
        DEC     CL
        BRNE    LOOP2
        LDI     AL,0b00011000           ; speaker off
        STS     TCCR3B,AL
        CALL    D1SEC                   ; delay for 1 sec
        RJMP    LOOP1

;======================================================================
;       Include User Subroutine File
;======================================================================
.include "OK2561.INC"                   ; OK-2561 I/O and subroutine file
```

이 프로그램을 어셈블하여 다운로드하고 실행하라. 전화벨 소리가 실제 전화기처럼 제대로 들리는가?

이 프로그램에서 가장 중요한 부분은 *로 표시한 글리치 발생 억제 부분이다. 타이머/카운터1과 3의 CTC 모드에서는 TOP으로 사용되는 OCRnA 레지스터나 ICRn 레지스터에 이중 버퍼링 기능이 없으므로, 만약 카운트 도중에 OCRnA 레지스터나 ICRn 레지스터에 TCNTn의 값보다 작은 값을 라이트하면 그 주기에서는 출력비교에 실패하여 카운터가 0xFFFF까지 증가하였다가 0x0000으로 되어 출력 파형에 심각한 글리치가 발생한다는 것이다.

OK-1281/2561 키트에서는 OC3A 단자를 스피커를 구동하는 출력으로 사용하므로 CTC 모드를 12로 설정하여 TOP으로서 ICR3 레지스터를 사용한다. 이때 출력 주파수를 변경하기 위하여 아무 때나 ICR3 레지스터값을 변경하면 글리치가 발생할 수 있다. 즉, 카운터 TCNT3은 항상 0~TOP(ICR3)의 범위에서 동작하므로 TOP을 현재보다 큰 값으로 변경하는 경우에는 아무 문제가 없지만, TOP을 현재의 TCNT3 값보다 작은 값으로 변경하는 경우에는 TCNT3 값이 0xFFFF까지 증가하도록 출력비교 동작에서 매치가 발생하지 않으므로 그 주기에서는 출력 파형이 엉뚱하게 발생되는 것이다.

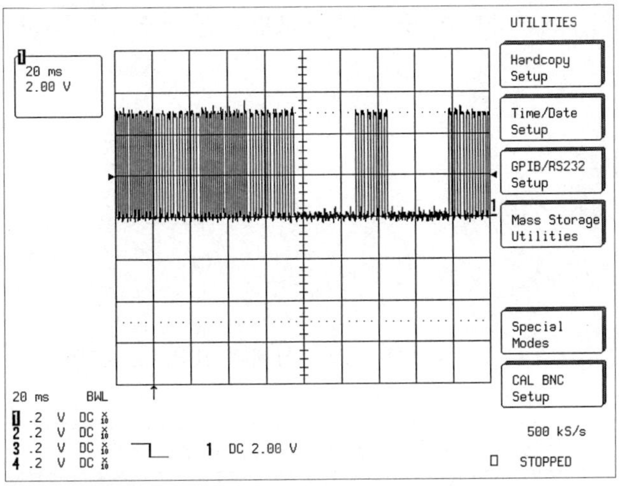

〈그림 4.9.3〉 OC3A 출력에 글리치가 발생한 경우의 파형

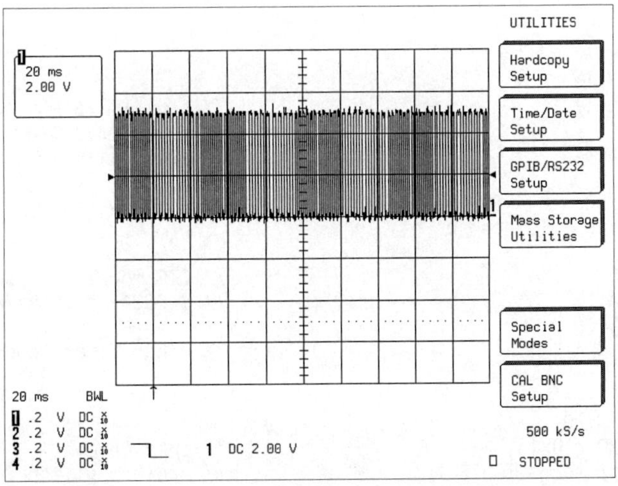

〈그림 4.9.4〉 OC3A 출력에 글리치를 제거한 경우의 파형

위의 프로그램에서 *로 표시한 8줄을 사용하지 않았을 경우 실제로 출력 파형을 오실로스코프로 측정하여 보면 <그림 4.9.3>과 같은 글리치가 발생한다. 여러분이 직접 이 프로그램에서 이 8줄을 삭제하고 프로그램을 실행하여 보라. 스피커의 음향이 어떻게 달라지는가?

그러나, 예제 프로그램 Exp09_2.asm에서처럼 글리치를 제거하면 <그림 4.9.4>와 같은 정상적인 출력 파형을 얻을 수 있고, 이때는 물론 스피커에서도 정상적인 음향이 발생된다. 글리치를 제거하는 원리는 현재의 카운터값 TCNT3이 새로 변경될 TOP값보다 작을 때 TOP값인 ICR3을 변경하는 것이다. 만약 TOP값을 변경하고자 할 때 이러한 조건이 만족되지 않는다면 그 주기에서 TOP값을 변경하지 말고 다음 주기까지 기다리면 된다.

▣ C언어의 경우

앞의 Exp09_2.asm과 동일한 기능을 수행하는 프로그램을 C언어로 작성하여 보면 다음과 같다.

<프로그램 Exp09_2.c> 전화벨 소리 프로그램

```
/* ============================================================================ */
/*                     Exp09_2.c : Telephone Bell Sound                         */
/* ============================================================================ */
/*                          Designed and programmed by Duck-Yong Yoon in 2006.  */

#include <avr/io.h>
#include "OK1281.h"

int main(void)
{ unsigned char i, glitch;

  MCU_initialize();                            // initialize MCU and kit
  Delay_ms(50);                                // wait for system stabilization
  LCD_initialize();                            // initialize text LCD module

  LCD_string(0x80,"   * SOUND *    ");         // display title
  LCD_string(0xC0," Telephone Bell ");

  TCCR3A = 0x40;                               // CTC mode(12), use OC3A
  TCCR3B = 0x1A;                               // f(OC3A) = 16MHz/8/2/(1+N)
  TCCR3C = 0x00;
  TCNT3 = 0x0000;                              // clear Timer/Counter3

  while(1)
    { for(i=0; i<20; i++)
        { TCCR3B = 0x1A;                       // speaker on
          do{ glitch = TCNT3L;                 // protect glitch
              glitch = TCNT3H;
            } while(glitch >= (3124 >> 8));
          ICR3 = 3124;                         // 320 Hz
```

```
          Delay_ms(25);                    // delay for 25 ms

          do{ glitch = TCNT3L;             // protect glitch
              glitch = TCNT3H;
            } while(glitch >= (2082 >> 8));
          ICR3 = 2082;                     // 480 Hz
          Delay_ms(25);                    // delay for 25 ms
        }

      TCCR3B = 0x18;                       // speaker off
      Delay_ms(1000);                      // delay for 1 sec
    }
}
```

(2) 119 구급차 소리 프로그램

▣ 어셈블리 언어의 경우

다음에 119 구급차가 발생하는 고유한 소리를 어셈블리 언어로 구현한 프로그램은 아래와 같다.

<프로그램 Exp09_3.asm> 119 구급차 소리 프로그램

```
;[][][][][][][][][][][][][][][][][][][][][][][][][][][][][][][][][][][]
;[]                                                                []
;[]             Exp09_3.asm : 119 Ambulance Sound                  []
;[]                                                                []
;[][][][][][][][][][][][][][][][][][][][][][][][][][][][][][][][][][][]
;
;            Designed and programmed by Duck-Yong Yoon in 2006.
;
;
;-----------------------------------------------
;       Include Header File
;-----------------------------------------------
.nolist
.include "m2561def.inc"               ; ATmega2561 definition file
.list

;=================================================================
;       Main Program
;=================================================================
.cseg
        .org    0x0000
        LDI     AH,high(RAMEND)       ; initialize SP
        LDI     AL,low(RAMEND)
        OUT     SPH,AH
        OUT     SPL,AL

        CALL    INIT_MCU              ; initialize MCU and kit
        CALL    D50MS                 ; wait for system stabilization
        CALL    INIT_LCD              ; initialize text LCD

;-----------------------------------------------
;       119 Ambulance Sound by Timer/Counter3
```

```
;----------------------------------------------
        CALL    LCD_HOME1                   ; display title
        CALL    LCD_STRING
        .db     "   * SOUND *      ",0,0
        CALL    LCD_HOME2
        CALL    LCD_STRING
        .db     " 119 Ambulance    ",0,0

        LDI     AL,0b01000000               ; set CTC mode(12), use OC3A
        STS     TCCR3A,AL
        LDI     AL,0b00011010               ; f(OC3A) = 16MHz/8/2/(1+N)
        STS     TCCR3B,AL
        LDI     AL,0b00000000
        STS     TCCR3C,AL
        CLR     AL                          ; clear counter/timer3
        STS     TCNT3H,AL
        STS     TCNT3L,AL

LOOP1:  LDI     CL,5
LOOP2:  LDI     AL,0b00011010               ; speaker on
        STS     TCCR3B,AL
LOOP2A: LDS     AL,TCNT3L                   ; protect from glitch
        LDS     AL,TCNT3H
        CPI     AL,high(2082)
        BRSH    LOOP2A
        LDI     AL,high(2082)               ; 480 Hz
        STS     ICR3H,AL
        LDI     AL,low(2082)
        STS     ICR3L,AL
        CALL    D500MS                      ; delay for 500 ms
LOOP2B: LDS     AL,TCNT3L                   ; protect from glitch
        LDS     AL,TCNT3H
        CPI     AL,high(2777)
        BRSH    LOOP2B
        LDI     AL,high(2777)               ; 360 Hz
        STS     ICR3H,AL
        LDI     AL,low(2777)
        STS     ICR3L,AL
        CALL    D500MS                      ; delay for 500 ms
        DEC     CL
        BRNE    LOOP2
        LDI     AL,0b00011000               ; speaker off
        STS     TCCR3B,AL
        CALL    D1SEC                       ; delay for 1 sec
        RJMP    LOOP1

;==================================================================
;       Include User Subroutine File
;==================================================================
.include "OK2561.INC"                       ; OK-2561 I/O and subroutine file
```

이 프로그램을 어셈블하여 다운로드하고 실행하라. 119 구급차와 같은 소리가 제대로 들리는가?

이 프로그램에서 2가지의 주파수와 이들 각 신호 발생의 지속 시간을 여러 가지로 변경하여 보라. 다양한 새로운 음향을 얻을 수 있을 것이다.

▣ C언어의 경우

앞의 Exp09_3.asm과 동일한 기능을 수행하는 프로그램을 C언어로 작성하여 보면 다음과 같다.

<프로그램 Exp09_3.c> 119 구급차 소리 프로그램

```
/* ============================================================================ */
/*                    Exp09_3.c : 119 Ambulance Sound                          */
/* ============================================================================ */
/*                         Designed and programmed by Duck-Yong Yoon in 2006.  */

#include <avr/io.h>
#include "OK1281.h"

int main(void)
{ unsigned char i, glitch;

  MCU_initialize();                              // initialize MCU and kit
  Delay_ms(50);                                  // wait for system stabilization
  LCD_initialize();                              // initialize text LCD module

  LCD_string(0x80,"   * SOUND *    ");           // display title
  LCD_string(0xC0," 119 Ambulance  ");

  TCCR3A = 0x40;                                 // CTC mode(12), use OC3A
  TCCR3B = 0x1A;                                 // f(OC3A) = 16MHz/8/2/(1+N)
  TCCR3C = 0x00;
  TCNT3 = 0x0000;                                // clear Timer/Counter3

  while(1)
    { for(i=0; i<5; i++)
        { TCCR3B = 0x1A;                         // speaker on
          do{ glitch = TCNT3L;                   // protect glitch
              glitch = TCNT3H;
            } while(glitch >= (2082 >> 8));
          ICR3 = 2082;                           // 480 Hz
          Delay_ms(500);                         // delay for 500 ms

          do{ glitch = TCNT3L;                   // protect glitch
              glitch = TCNT3H;
            } while(glitch >= (2777 >> 8));
          ICR3 = 2777;                           // 360 Hz
          Delay_ms(500);                         // delay for 500 ms
        }

      TCCR3B = 0x18;                             // speaker off
      Delay_ms(1000);                            // delay for 1 sec
    }
}
```

5. 실습 과제

(1) *OK-1281/2561* 키트의 스피커 구동회로에서 다이오드 D2나 콘덴서 C17의 역할은 무엇인지 설명하라. 그리고 R13의 저항값과 스피커의 음량 사이에는 어떤 관련이 있는지 설명하라.

(2) 타이머/카운터1과 3의 CTC 모드에서는 TOP으로 사용되는 OCRnA 레지스터나 ICRn 레지스터에 이중 버퍼링 기능이 없으므로, 만약 카운트 도중에 OCRnA 레지스터나 ICRn 레지스터에 TCNTn의 값보다 작은 값으로 변경하면 출력 파형에 글리치가 발생할 수 있다.
그러면 PWM 모드에서는 글리치 현상이 어떻게 되는지 설명하라.

(3) 또한 타이머/카운터0과 2의 CTC 모드나 PWM 모드에서도 글리치 현상이 발생할 수 있는지 설명하라.

(4) 자신이 소속된 학교의 교가(校歌) 또는 회사의 사가(社歌)를 연주하는 프로그램 Exp09_1R.asm을 작성하라.

(5) 예제 프로그램 Exp09_3.c를 수정하여 자신이 원하는 임의의 음향을 발생하는 프로그램 Exp09_3R.c를 작성하라.

4.10 A/D 컨버터 응용 프로그램

이 절에서는 ATmega1281/2561에 내장된 A/D 컨버터와 아날로그 비교기를 응용하는 프로그래밍 기술을 공부하기로 한다.

관련 내용	(1) 제1.3절 ATmega1281/2561의 명령 세트 (2) 제2.6절 A/D 컨버터 (3) 제2.7절 아날로그 비교기 (4) 제3.1절 *OK-1281/2561* 키트의 구조와 기능

1. *OK-1281/2561* 키트의 A/D 컨버터

ATmega1281/2561에는 기본적으로 8채널 10비트의 A/D 컨버터를 내장하고 있다. 각 채널은 8개의 단극성 아날로그 입력으로 사용될 수도 있고, 몇가지 형태의 차동입력으로 사용될 수도 있다.

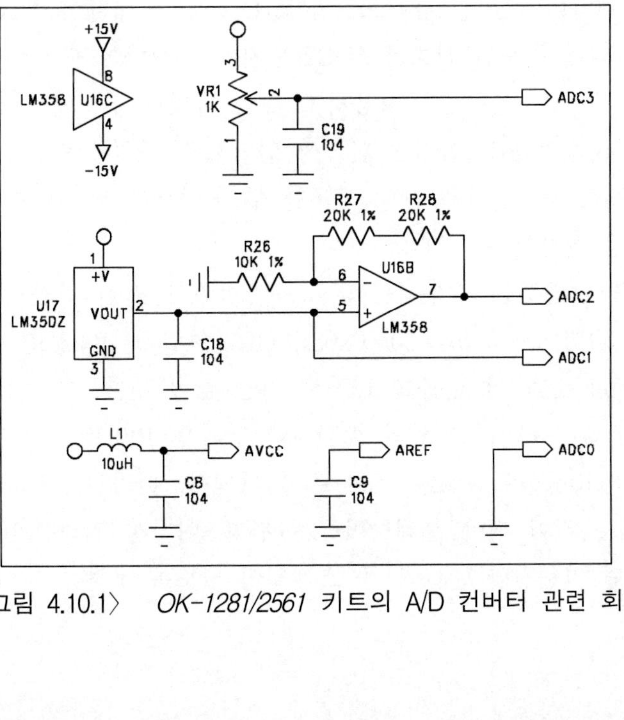

〈그림 4.10.1〉 *OK-1281/2561* 키트의 A/D 컨버터 관련 회로

OK-1281/2561 키트에서 사용하고 있는 A/D 컨버터 관련 회로는 <그림 4.10.1>과 같다. 여기서 AREF 단자에는 외부에서 전원을 인가하지 않고 기준전압 안정화를 위해서 콘덴서 C9만을 사용했기 때문에 기준전압으로는 ADMUX 레지스터를 이용하여 내부에서 AVCC나 1.1V 또는 2.56V를 선택하여 사용할 수 있다.

반도체 온도센서 LM35DZ의 출력을 Op Amp로 증폭하여 ADC2 단자에 입력하고, 가변저항 VR1의 출력을 ADC3에 입력하여 단극성으로 A/D 변환할 수 있도록 하였다. 이와 같이 단극성 입력을 사용하는 것은 입력 아날로그 신호가 비교적 클 때 유용하며, 이를 위하여 신호를 외부에서 Op Amp로 증폭하는 경우가 많기 때문에 +5V 이외의 아날로그 회로 전원이 필요할 때가 많다.

그러나, 만약 이 키트를 +5V 전원만으로 사용할 경우에도 온도값을 읽고자 하면 이때는 Op Amp를 사용할 수가 없으므로 온도센서의 출력신호를 직접 ADC1 단자에 연결하였다. 이 경우에 단극성 입력을 사용하면 사용 가능한 아날로그 입력 범위 GND~V_{REF} 중에서 실제적으로 LM35DZ는 0~100℃에서 0~1.0V 범위의 전압만을 출력하므로 A/D 변환의 분해능이 나빠진다. 이렇게 센서의 출력전압이 작아서 A/D 컨버터의 아날로그 신호 입력가능 범위의 일부분만을 사용하게 되는 경우에는 차동입력을 선택하고 내부적으로 10× 또는 200×의 이득을 사용할 수 있다. 차동입력을 사용할 때는 2개의 아날로그 입력 단자가 사용되는데 이 때문에 *OK-1281/2561* 키트에서는 차동입력의 음극성 단자로 사용할 수 있도록 ADC0 단자를 접지시켜 두었다.

이상을 요약하면, VR1의 전압은 0~5V로서 충분히 큰 입력범위를 가지므로 항상 ADC3 단자에 입력하여 단극성 입력으로만 A/D 변환을 수행하고, 온도센서는 기본적으로 Op Amp에 의해 증폭된 신호를 ADC2 단자에 입력하여 단극성 입력으로 A/D 변환하지만, 키트에서 +5V 전원만을 사용하고 싶은 특별한 경우에는 센서를 직접 ADC1 단자로 입력하여 사용하는데, 이때는 단극성 입력으로 사용할 수도 있고 차동입력으로 사용할 수도 있으며, 차동입력은 그냥 사용할 수도 있으며 필요하면 내부의 10배 또는 200배 증폭 기능을 사용할 수 있다.

단극성 입력을 사용하는 경우에는 0~V_{REF} 범위의 A/D 변환결과를 10비트 양의 정수 표현법으로 나타내므로 0x0000~0x03FF(10진수로 0~1023)로 된다. 따라서, 분해능은 풀 스케일(full scale)인 V_{REF}를 1024로 나눈 값이 된다. 그러나, 차동입력을 사용하는 경우에는 $-V_{REF}$~$+V_{REF}$ 범위의 A/D 변환결과를 10비트 2의 보수로 나타내므로 0x0200H~0x01FF(10진수로 -512~+511)로 나타낸다. 따라서, 분해능은 풀 스케일인 V_{REF}를 512로 나눈 값이 되어 분해능이 낮아진다. 여기서 알 수 있듯이 A/D 변환의 분해능을 높이려면 기준전압 V_{REF}가 풀 스케일이 되도록 정하는 것이 좋다.

온도센서 LM35DZ는 섭씨 1도에 10mV가 변화하여 0~100℃의 온도변화에 대해 0~1V의 직류전압 신호를 출력한다. *OK-1281/2561* 키트에서 사용한 비반전 증폭기는 증폭률이 5이므로 ADC2에 입력되는 신호는 1℃에 50mV씩 변화되는 결과가 된다. 따라서, 단극성 입력에 기준전압으로 AVCC의 5V를 사용할 경우 ADC2에는 0~100℃의 온도변화에 해당하는 0~5V의 신호가 입력되므로 분해능은 100℃/1024=0.098℃가 된다. 그러나, 만약 ADC2에 대하여 기준전압으로 2.56V를 사용한다면 0~25.6℃의 온도변화에 해당하는 0~2.56V의 신호만을 측정할 수 있으므로 이 경우의 측정 분해능은 25.6℃/1024=0.025℃로 좋아지지만, 측정 가능한 온도 범위가 0~25.6℃로 좁아져서 기온을 측정하는 온도센서로서의 실용성이 거의 없게 된다.

ADC1에 직접 입력되는 온도센서 신호를 단극성 입력으로 사용하고 기준전압으로 내부의 AVCC의 5V를 선택하는 경우에는 이론적으로 0~500℃의 온도변화에 대응하는 0~5V를 측정할 수 있으므로 분해능은 500℃/1024=0.488℃로 상당히 나쁜 편이다. 그러나, 이때 기준전압으로 내부의 2.56V를 선택하는 경우에는 이론적으로 0~256℃의 온도변화에 대응하는 0~2.56V를 측정할 수 있으므로 분해능은 256℃/1024=0.25℃으로 좋아진다. 이와 같이 전체 측정 범위에 문제가 되지 않는다면 기준전압을 낮게 선택하여 분해능을 높이는 것이 좋다.

그러나, 만약 ADC1 단자에 직접 입력되는 온도센서 신호를 1× 모드의 차동입력으로 사용하고 기준전압으로 2.56V를 사용한다면 이 신호는 역극성이 되어 0~256℃의 온도변화에 대응하는 0~-2.56V를 측정할 수 있으므로 분해능은 256℃/512=0.5℃가 된다. 차동입력에서 10× 모드를 사용하면 측정 가능한 온도 범위가 0~25.6℃로 좁아져서 실용성이 낮아진다.

결국 *OK-1281/2561* 키트에서 반도체 온도센서 LC35DZ를 사용하여 0~100℃의 온도를 측정하려면 Op Amp에 신호를 증폭하여 ADC2 단자에 입력되는 신호를 사용하는 경우에는 단극성 입력으로 하고 기준전압을 AVCC의 5V로 선택하는 것이 가장 좋으며, 온도센서의 출력을 ADC1 단자에 직접 입력한 신호를 사용하는 경우에는 단극성 입력으로 하고 기준전압을 내부의 2.56V로 선택하는 것이 가장 좋다는 결론이다. 물론 차동입력에서 AREF 단자에 2.56V보다 좀더 작은 전압을 인가하면 분해능을 높일 수 있지만 이는 *OK-1281/2561* 키트의 회로 변경을 필요로 하며, A/D 컨버터 내부의 10× 증폭기능을 이용해도 분해능을 높일 수 있지만 이렇게 하면 온도측정 범위가 좁아져서 이를 적용할 수 있는 응용분야가 제한된다.

◀휴게실▶

A/D 컨버터의 분류

○ 분해능에 따라

- 저분해능형 – 2비트형, 3½비트형, 4비트형, 6비트형, 8비트형
- 고분해능형 – 10비트형, 12비트형, 14비트형, 16비트형, 24비트형

○ 변환시간에 따라

- 저속형 – 적분형(변환시간 수 ms 이상)
- 중속형 – 축차비교형(변환시간 수십 μs 이상)
- 고속형 – 병렬비교형(변환시간 수 μs 이하)

○ 데이터 변환방식에 따라

- 적분방식
  - 전압–시간 변환형
    - 램프형
    - 듀얼 슬로프형(이중적분형)
    - 쿼드 슬로프형
    - 트리플 램프형
    - 전하평형형
  - 전압–주파수 변환형
    - 전하 평형형
    - 리세트형
    - 알터네이트 적분형
- 비교방식
  - 궤환 비교형
    - 계수비교형
    - 추적비교형(추종비교형)
    - 축차비교형(축차근사형)
  - 무궤환 비교형
    - 병렬비교형(flash형)
    - 종속비교형
    - 직렬비교형

○ 입력전압의 극성 및 출력 데이터 형식에 따라

- 단극성형
  - straight(또는 true) binary형
  - complementary binary형
  - BCD(Binary–Coded Decimal)형
  - complementary BCD형
- 양극성형
  - offset binary형
  - complementary offset binary형
  - sign magnitude binary형
  - 1's complement형
  - 2's complement형
  - complementary 2's complement형
  - sign magnitude BCD형

○ 데이터 출력 형태에 따라

- 병렬 출력형 – 마이크로프로세서 접속형
- 직렬 출력형
- 주파수 출력형 – VFC(Voltage/Frequency Converter), VCO(Voltage–Controlled Oscillator)

○ 아날로그 입력 채널수에 따라

- 싱글 채널형
- 멀티 채널형

○ 기타

- T/H 내장형
- T/H 외장형

2. 가변저항 VR1에 의한 전압 측정

먼저 ADC3 단자에 입력되는 가변저항 VR1의 전압 0~5.0V를 단극성 입력으로 A/D 변환하여 읽어보기로 한다.

▣ 어셈블리 언어의 경우

가변저항 VR1에서 ADC3 단자로 입력되는 전압을 단극성 입력으로 A/D 변환하여 텍스트형 LCD 모듈에 표시하는 프로그램을 어셈블리 언어로 작성하면 다음과 같다.

<프로그램 Exp10_1.asm> ADC3에 의한 VR1의 전압 측정 프로그램

```
;[][][][][][][][][][][][][][][][][][][][][][][][][][][][][][][][][][]
;[]                                                                []
;[]       Exp10_1.asm : A/D Converter ADC3 Input for VR1          []
;[]                                                                []
;[][][][][][][][][][][][][][][][][][][][][][][][][][][][][][][][][][]
;
;               Designed and programmed by Duck-Yong Yoon in 2006.
;
;-----------------------------------------------
;       Include Header File
;-----------------------------------------------
.nolist
.include "m2561def.inc"                 ; ATmega2561 definition file
.list

;===============================================================
;       Main Program
;===============================================================
.cseg
        .org    0x0000
        LDI     AH,high(RAMEND)         ; initialize SP
        LDI     AL,low(RAMEND)
        OUT     SPH,AH
        OUT     SPL,AL

        CALL    INIT_MCU                ; initialize MCU and kit
        CALL    D50MS                   ; wait for system stabilization
        CALL    INIT_LCD                ; initialize text LCD

;-----------------------------------------------
;       Read VR1 by ADC3
;-----------------------------------------------
        CALL    LCD_HOME1               ; display title
        CALL    LCD_STRING
        .db     "   ADC3 (VR1)   ",0,0
        CALL    LCD_HOME2
        CALL    LCD_STRING
        .db     " 0000H = 0.0[V] ",0,0
        CALL    BEEP

        LDI     AL,0b10000101           ; ADC enable, 500kHz
        STS     ADCSRA,AL
```

```
        LDI     AL,0b00000000
        STS     ADCSRB,AL
        LDI     AL,0b01000011           ; select ADC3 with AVCC
        STS     ADMUX,AL                ; (single ended)
        CALL    D50US
        CALL    D100US

LOOP:   LDI     CL,16                   ; read ADC by 16 times
        CLR     BH                      ; clear sum
        CLR     BL
LOOP1:  LDI     AL,0b11010101           ; start conversion and clear ADIF
        STS     ADCSRA,AL
        NOP
LOOP2:  LDS     AL,ADCSRA               ; A/D conversion complete ?
        SBRS    AL,ADIF
        JMP     LOOP2
        LDS     AL,ADCL                 ; ADCL must be read first, then ADCH
        LDS     AH,ADCH
        ADD     BL,AL                   ; add A/D result 16 times
        ADC     BH,AH
        CALL    D1MS
        DEC     CL
        BRNE    LOOP1
        LSR     BH                      ; divide sum by 16
        ROR     BL
        LSR     BH
        ROR     BL
        LSR     BH
        ROR     BL
        LSR     BH
        ROR     BL

        LDI     LCD_BUFFER,0xC1         ; display in HEX
        CALL    LCD_COMMAND
        MOV     AH,BH
        MOV     AL,BL
        CALL    LCD_4HEX
        LDI     LCD_BUFFER,0xC9         ; display in voltage(X.X)
        CALL    LCD_COMMAND
        LDI     AH,high(50)             ; Volt = ADC3*5/1024
        LDI     AL,low(50)
        CALL    MUL16
        LDI     DH,high(1024)
        LDI     DL,low(1024)
        CALL    DIV16
        LDI     BL,10                   ; display X.X
        CALL    DIV8
        MOV     LCD_BUFFER,AL
        ORI     LCD_BUFFER,'0'
        CALL    LCD_DATA
        LDI     LCD_BUFFER,'.'
        CALL    LCD_DATA
        MOV     LCD_BUFFER,AH
        ORI     LCD_BUFFER,'0'
        CALL    LCD_DATA
        CALL    D200MS                  ; delay 200 ms
        JMP     LOOP

;==================================================================
;       Include User Subroutine File
;==================================================================
.include "OK2561.INC"                   ; OK-2561 I/O and subroutine file
```

☞ ATmega1281/2561의 A/D 컨버터에서 단극성 입력의 경우에는 주파수를 50kHz~1000kHz의 범위에서 사용하는 것이 보장되므로 여기서는 500kHz를 선택하였다. 변환 결과는 A/D 변환 완료 인터럽트 플랙 ADIF를 폴링하여 읽어들이는데, 이를 위하여 매번 A/D 변환을 시작할 때마다 ADCSRA 레지스터에서 ADIF 비트에 1을 라이트하여 이를 강제로 클리어시켜 놓는다. A/D 변환 결과를 읽을 때는 AVR의 16비트 레지스터 액세스 원칙대로 반드시 ADCL 레지스터를 먼저 읽고 ADCH를 레지스터를 나중에 읽어야 한다.

A/D 변환을 수행할 때 그다지 빠른 처리가 요구되지 않는다면 가급적 시간 간격(이 프로그램에서는 1ms를 사용)을 두고 여러 번 A/D 변환 결과를 읽어들여 이를 평균 처리하는 것이 잡음 등에 의하여 흔들림 없이 안정된 값을 읽는 방법이다. 여기서는 모두 16번을 A/D 변환하여 읽었는데 이와 같이 반복 횟수를 2의 누승으로 수행하면 나중에 평균을 취하기 위하여 나눗셈을 수행할 때 간단히 우측 시프트 명령으로 처리할 수 있으므로 편리하다.

A/D 변환결과의 0x0000~0x03FF(0~1023)는 0~5V의 전압에 대응한다. 정확히 말하면 0x03FF+1인 1024가 5V에 대응한다. 따라서, A/D 컨버터로 읽어들인 임의의 값 x가 얼마의 아날로그 입력전압에 대응하는지를 계산하려면 비례식으로부터

$$1024 : 5.0 = x : \text{전압} \qquad \therefore \text{전압} = \frac{5x}{1024}\ [\mathrm{V}]$$

로 계산된다. 그러나, 이 결과는 일반적으로 0.0~5.0의 부동소수점 수로 나오기 때문에 이를 소수점 아래의 첫째 자리까지 표시하려면 그 결과에 10을 곱하여 0~50으로 만들고 이를 10으로 나눈 몫을 정수부로 하며 나머지를 소수부로 처리하면 된다. 물론, 소수점 아래의 둘째 자리까지 표시하고 싶다면 위의 식에 100을 곱하여 0~500으로 만들면 된다.

이렇게 A/D 변환 결과를 원래의 측정하고자 하는 아날로그 물리량으로 환산하고 이를 텍스트형 LCD 모듈에 실수로 표시하기 위해서는 여러 차례의 곱셈 및 나눗셈 연산이 필요한데 이러한 연산 루틴들은 인클루드 파일 OK2561.INC에 16비트×16비트 곱셈, 32비트/16비트 나눗셈, 16비트/8비트 나눗셈 등의 서브루틴으로 제공하고 있다.

이와 같이 실수에 10의 누승을 곱하여 소수부를 정수화시키면 모든 것을 정수연산으로 처리할 수 있으므로 편리하다. 만약, 위의 예제 프로그램에서 A/D 변환을 10번 수행하여 이를 모두 더한다면 이미 10을 곱한 것으로 되어 연산처리가 간단해지며, 이는 A/D 변환값이 순간적으로 흔들리는 것을 방지하기 위하여 10번 읽어서 더함으로써 평균 처리하는 의미도 가진다.

또한, A/D 변환 결과를 텍스트형 LCD 모듈에 표시할 때는 A/D 컨버터의 변환속도대로 너무 자주 디스플레이하면 값이 변동할 경우 그 속도가 너무 빨라서 사람의 눈으로 알아보기가 매우 어렵다. 이를 위해 여기서는 200ms의 시간지연을 주어 1초에 약 5회 정도로 천천히 디스플레이되도록 하였다.

이 프로그램을 어셈블하여 다운로드하고 실행하라. 그리고, ⊖자형의 스크류 드라이버로 *OK-1281/2561* 키트의 가변저항 VR1을 좌우로 돌리면서 텍스트형 LCD 모듈에 표시되는 전압값을 관찰하라.

위의 Exp10_1.asm 프로그램을 A/D 컨버터의 프리 런닝 모드를 사용하는 것으로 수정하면 다음과 같다.

<프로그램 Exp10_2.asm> 프리 런닝 모드를 사용한 VR1의 전압 측정 프로그램

```
;[][][][][][][][][][][][][][][][][][][][][][][][][][][][][][][][][][][]
;[]                                                                  []
;[]   Exp10_2.asm : A/D Converter ADC3 Input by Free Running Mode    []
;[]                                                                  []
;[][][][][][][][][][][][][][][][][][][][][][][][][][][][][][][][][][][]
;
;               Designed and programmed by Duck-Yong Yoon in 2006.
;
;-------------------------------------------------
;       Include Header File
;-------------------------------------------------
.nolist
.include "m2561def.inc"                 ; ATmega2561 definition file
.list

;==================================================================
;       Main Program
;==================================================================
.cseg
        .org    0x0000
        LDI     AH,high(RAMEND)         ; initialize SP
        LDI     AL,low(RAMEND)
        OUT     SPH,AH
        OUT     SPL,AL

        CALL    INIT_MCU                ; initialize MCU and kit
        CALL    D50MS                   ; wait for system stabilization
        CALL    INIT_LCD                ; initialize text LCD

;-------------------------------------------------
;       Read VR1 by ADC3
;-------------------------------------------------
        CALL    LCD_HOME1               ; display title
        CALL    LCD_STRING
        .db     "    ADC3 (VR1)    ",0,0
        CALL    LCD_HOME2
        CALL    LCD_STRING
        .db     " 0000H = 0.0[V] ",0,0
        CALL    BEEP

        LDI     AL,0b10100101           ; ADC enable, 500kHz
        STS     ADCSRA,AL
        LDI     AL,0b00000000
        STS     ADCSRB,AL
        LDI     AL,0b01000011           ; select ADC3 with AVCC
        STS     ADMUX,AL                ; (single ended)
        CALL    D50US
        CALL    D100US
        LDI     AL,0b11100101           ; start conversion with free running mode
        STS     ADCSRA,AL
        CALL    D1MS

LOOP:   LDI     CL,16                   ; read ADC by 16 times
        CLR     BH                      ; clear sum
        CLR     BL
LOOP1:  LDS     AL,ADCL                 ; ADCL must be read first, then ADCH
        LDS     AH,ADCH
        ADD     BL,AL                   ; add A/D result 16 times
        ADC     BH,AH
        CALL    D1MS
        DEC     CL
        BRNE    LOOP1
        LSR     BH                      ; divide sum by 16
```

```
        ROR     BL
        LSR     BH
        ROR     BL
        LSR     BH
        ROR     BL
        LSR     BH
        ROR     BL

        LDI     LCD_BUFFER,0xC1         ; display in HEX
        CALL    LCD_COMMAND
        MOV     AH,BH
        MOV     AL,BL
        CALL    LCD_4HEX
        LDI     LCD_BUFFER,0xC9         ; display in voltage(X.X)
        CALL    LCD_COMMAND
        LDI     AH,high(50)             ; Volt = ADC3*5/1024
        LDI     AL,low(50)
        CALL    MUL16
        LDI     DH,high(1024)
        LDI     DL,low(1024)
        CALL    DIV16
        LDI     BL,10                   ; display X.X
        CALL    DIV8
        MOV     LCD_BUFFER,AL
        ORI     LCD_BUFFER,'0'
        CALL    LCD_DATA
        LDI     LCD_BUFFER,'.'
        CALL    LCD_DATA
        MOV     LCD_BUFFER,AH
        ORI     LCD_BUFFER,'0'
        CALL    LCD_DATA
        CALL    D200MS                  ; delay 200 ms
        JMP     LOOP

;=====================================================================
;       Include User Subroutine File
;=====================================================================
.include "OK2561.INC"                   ; OK-2561 I/O and subroutine file
```

☞ 프리 런닝 모드에서는 새로운 A/D 변환동작의 완료를 확인하지 않으므로 여러 번 반복하여 데이터를 읽을 경우 충분한 시간 간격(이 프로그램에서는 1ms를 사용)을 두지 않으면 동일한 A/D 변환 결과를 읽게 된다.

▣ C언어의 경우

앞의 Exp10_1.asm과 동일한 기능을 수행하는 프로그램을 C언어로 작성하여 보면 다음과 같다.

<프로그램 Exp10_1.c> ADC3에 의한 VR1의 전압 측정 프로그램

```
/* ========================================================================== */
/*              Exp10_1.c : A/D Converter ADC3 Input for VR1                  */
/* ========================================================================== */
/*                        Designed and programmed by Duck-Yong Yoon in 2006.  */

#include <avr/io.h>
```

```
#include "OK1281.h"

void LCD_4hex(unsigned int number)              /* display 4-digit hex number */
{ unsigned int i;

  i = number >> 12;                              // 16^3
  if(i <= 9) LCD_data(i + '0');
  else       LCD_data(i - 10 + 'A');

  i = (number >> 8) & 0x000F;                    // 16^2
  if(i <= 9) LCD_data(i + '0');
  else       LCD_data(i - 10 + 'A');

  i = (number >> 4) & 0x000F;                    // 16^1
  if(i <= 9) LCD_data(i + '0');
  else       LCD_data(i - 10 + 'A');

  i = number & 0x000F;                           // 16^0
  if(i <= 9) LCD_data(i + '0');
  else       LCD_data(i - 10 + 'A');
}

void LCD_1d1(float number)                       /* floating-point number x.x */
{ unsigned int i, j;

  j = (int)(number*10. + 0.5);
  i = j / 10;                                    // 10^0
  LCD_data(i + '0');
  LCD_data('.');
  i = j % 10;                                    // 10^-1
  LCD_data(i + '0');
}

int main(void)
{ unsigned char i;
  unsigned int sum;

  MCU_initialize();                              // initialize MCU and kit
  Delay_ms(50);                                  // wait for system stabilization
  LCD_initialize();                              // initialize text LCD module
  Beep();

  LCD_string(0x80,"   ADC3 (VR1)   ");           // display title
  LCD_string(0xC0," 0000H = 0.0[V] ");

  ADCSRA = 0x85;                                 // ADC enable, 500kHz
  ADCSRB = 0x00;
  ADMUX = 0x43;                                  // select ADC3 with AVCC
  Delay_us(150);

  while(1)
    { sum = 0;
      for(i=0; i<16; i++)                        // read ADC by 16 times
        { ADCSRA = 0xD5;                         // start conversion and clear ADIF
          while((ADCSRA & 0x10) != 0x10);
          sum += ADCW;                           // add A/D result 16 times
          Delay_ms(1);
        }

      sum = sum >> 4;                            // divide sum by 16

      LCD_command(0xC1);                         // display in HEX
      LCD_4hex(sum);
      LCD_command(0xC9);                         // display in voltage(X.X)
```

```
      LCD_1d1(sum*5./1024.);                    // Volt = sum*5/1024

      Delay_ms(200);                            // delay 200 ms
    }
}
```

앞의 Exp10_2.asm과 동일한 기능을 수행하는 프로그램을 C언어로 작성하여 보면 다음과 같다.

<프로그램 Exp10_2.c> 프리 런닝 모드를 사용한 VR1의 전압 측정 프로그램

```
/* ========================================================================== */
/*        Exp10_2.c : A/D Converter ADC3 Input by Free Running Mode          */
/* ========================================================================== */
/*                     Designed and programmed by Duck-Yong Yoon in 2006.    */

#include <avr/io.h>
#include "OK1281.h"

void LCD_4hex(unsigned int number)              /* display 4-digit hex number */
{ unsigned int i;

  i = number >> 12;                             // 16^3
  if(i <= 9) LCD_data(i + '0');
  else       LCD_data(i - 10 + 'A');

  i = (number >> 8) & 0x000F;                   // 16^2
  if(i <= 9) LCD_data(i + '0');
  else       LCD_data(i - 10 + 'A');

  i = (number >> 4) & 0x000F;                   // 16^1
  if(i <= 9) LCD_data(i + '0');
  else       LCD_data(i - 10 + 'A');

  i = number & 0x000F;                          // 16^0
  if(i <= 9) LCD_data(i + '0');
  else       LCD_data(i - 10 + 'A');
}

void LCD_1d1(float number)                      /* floating-point number x.x */
{ unsigned int i, j;

  j = (int)(number*10. + 0.5);
  i = j / 10;                                   // 10^0
  LCD_data(i + '0');
  LCD_data('.');
  i = j % 10;                                   // 10^-1
  LCD_data(i + '0');
}

int main(void)
{ unsigned char i;
  unsigned int sum;

  MCU_initialize();                             // initialize MCU and kit
  Delay_ms(50);                                 // wait for system stabilization
  LCD_initialize();                             // initialize text LCD module
  Beep();
```

```
    LCD_string(0x80,"    ADC3 (VR1)     ");            // display title
    LCD_string(0xC0," 0000H = 0.0[V] ");

    ADCSRA = 0xA5;                                     // ADC enable, 500kHz
    ADCSRB = 0x00;
    ADMUX = 0x43;                                      // select ADC3 with AVCC
    Delay_us(150);
    ADCSRA = 0xE5;                                     // start conversion with free running mode
    Delay_ms(1);

    while(1)
      { sum = 0;
        for(i=0; i<16; i++)                            // read ADC by 16 times
          { sum += ADCW;                               // add A/D result 16 times
            Delay_ms(1);
          }

        sum = sum >> 4;                                // divide sum by 16

        LCD_command(0xC1);                             // display in HEX
        LCD_4hex(sum);
        LCD_command(0xC9);                             // display in voltage(X.X)
        LCD_1d1(sum*5./1024.);                         // Volt = sum*5/1024

        Delay_ms(200);                                 // delay 200 ms
      }
  }
```

3. 반도체 온도센서에 의한 온도 측정

이번에는 ADC2 단자 및 ADC1 단자 에 입력되는 LM35DZ의 온도센서 신호를 A/D 변환하여 현재 기온을 읽어보기로 한다.

(1) ADC2 단자의 신호를 단극성 입력으로 사용

▣ 어셈블리 언어의 경우

Op Amp로 LM35DZ의 출력을 증폭하여 ADC2 단자에 입력하고 단극성 입력과 기준전압 AVCC를 사용하였을 경우 이를 A/D 변환하여 현재 기온을 텍스트형 LCD 모듈에 표시하는 프로그램을 어셈블리 언어로 작성하면 다음과 같다.

<프로그램 Exp10_3.asm> ADC2에 의한 온도 측정 프로그램

```
;[][][][][][][][][][][][][][][][][][][][][][][][][][][][][][][][][]
;[]                                                              []
;[]       Exp10_3.asm : A/D Converter ADC2 Input for LM35DZ      []
;[]                                                              []
;[][][][][][][][][][][][][][][][][][][][][][][][][][][][][][][][][]
```

```
;
;               Designed and programmed by Duck-Yong Yoon in 2006.
;
;-----------------------------------------------
;       Include Header File
;-----------------------------------------------
.nolist
.include "m2561def.inc"              ; ATmega2561 definition file
.list

;==================================================================
;       Main Program
;==================================================================
.cseg
        .org    0x0000
        LDI     AH,high(RAMEND)         ; initialize SP
        LDI     AL,low(RAMEND)
        OUT     SPH,AH
        OUT     SPL,AL

        CALL    INIT_MCU                ; initialize MCU and kit
        CALL    D50MS                   ; wait for system stabilization
        CALL    INIT_LCD                ; initialize text LCD

;-----------------------------------------------
;       Read LM35DZ by ADC2
;-----------------------------------------------
        CALL    LCD_HOME1               ; display title
        CALL    LCD_STRING
        .db     "   ADC2(LM35DZ)   ",0,0
        CALL    LCD_HOME2
        CALL    LCD_STRING
        .db     " 0000H = 00.0",0xDF,"C ",0,0
        CALL    BEEP

        LDI     AL,0b10000101           ; ADC enable, 500 kHz
        STS     ADCSRA,AL
        LDI     AL,0b00000000
        STS     ADCSRB,AL
        LDI     AL,0b01000010           ; select ADC2 with AVCC
        STS     ADMUX,AL                ; (single ended)
        CALL    D50US
        CALL    D100US

LOOP:   LDI     CL,16                   ; read ADC by 16 times
        CLR     BH                      ; clear sum
        CLR     BL
LOOP1:  LDI     AL,0b11010101           ; start conversion and clear ADIF
        STS     ADCSRA,AL
        NOP
LOOP2:  LDS     AL,ADCSRA               ; A/D conversion complete ?
        SBRS    AL,ADIF
        JMP     LOOP2
        LDS     AL,ADCL                 ; ADCL must be read first, then ADCH
        LDS     AH,ADCH
        ADD     BL,AL                   ; add A/D result 16 times
        ADC     BH,AH
        CALL    D1MS
        DEC     CL
        BRNE    LOOP1
        LSR     BH                      ; divide sum by 16
        ROR     BL
        LSR     BH
        ROR     BL
        LSR     BH
        ROR     BL
```

```
        LSR     BH
        ROR     BL

        LDI     LCD_BUFFER,0xC1         ; display in HEX
        CALL    LCD_COMMAND
        MOV     AH,BH
        MOV     AL,BL
        CALL    LCD_4HEX
        LDI     LCD_BUFFER,0xC9         ; display in temperature(XX.X)
        CALL    LCD_COMMAND
        LDI     AH,high(1000)           ; Temp = ADC2*100/1024
        LDI     AL,low(1000)
        CALL    MUL16
        LDI     DH,high(1024)
        LDI     DL,low(1024)
        CALL    DIV16
        LDI     BL,100                  ; display XX.X
        CALL    DIV8
        MOV     LCD_BUFFER,AL
        ORI     LCD_BUFFER,'0'
        CALL    LCD_DATA
        MOV     AL,AH
        CLR     AH
        LDI     BL,10
        CALL    DIV8
        MOV     LCD_BUFFER,AL
        ORI     LCD_BUFFER,'0'
        CALL    LCD_DATA
        LDI     LCD_BUFFER,'.'
        CALL    LCD_DATA
        MOV     LCD_BUFFER,AH
        ORI     LCD_BUFFER,'0'
        CALL    LCD_DATA
        CALL    D1SEC                   ; delay 1 sec
        JMP     LOOP

;==================================================================
;       Include User Subroutine File
;==================================================================
.include "OK2561.INC"                   ; OK-2561 I/O and subroutine file
```

☞ A/D 변환 결과의 0x0000~0x03FF(0~1023)는 0~5V의 입력전압 즉 0~100℃의 온도에 대응한다. 그러나, 정확히 말하면 0x03FF+1인 1024가 100℃에 대응한다. 따라서, A/D 컨버터로 읽어들인 임의의 값 x가 얼마의 온도에 대응하는지를 계산하려면 비례식으로부터

$$1024 : 100 = x : \text{온도} \qquad \therefore \text{온도} = \frac{100x}{1024}\ [℃]$$

로 계산된다. 그러나, 이 결과는 일반적으로 0.0~100.0의 실수로 나오기 때문에 이를 소수점 아래의 첫째 자리까지 표시하려면 그 결과에 10을 곱하여 0~1000으로 만들고 이를 1000으로 나눈 몫을 100자리 정수부로 하고, 그 나머지를 다시 100으로 나눈 몫을 10자리 정수부로 하며, 다시 그 나머지를 다시 10으로 나눈 몫을 1자리 정수부로 하고, 최종적인 나머지를 소수부로 처리하면 된다. 하지만, 이 온도계에서 100.0℃가 나오는 것은 상상하기 어려우므로 1000으로 나누는 과정은 생략하며 온도값의 정수부를 2자리로 가정한다.

이 프로그램에서 온도값은 앞의 VR1 전압에 비하여 상당히 많이 흔들리는 편이므로 사람이 보다 읽기

에 편하도록 LCD 모듈에 1초에 한번 정도씩 디스플레이되도록 하였다.

이 프로그램을 실행하였을 때 텍스트형 LCD 모듈에 표시되는 온도값의 변화가 심하다면 전원의 불안정을 의심해 보아야 한다. 전원은 비교적 괜찮은데도 온도값이 흔들리면 이 프로그램에서 시행한 16회보다 더 많은 횟수를 읽어서 평균을 취하면 상태가 좋아질 것이다.

이 프로그램을 어셈블하여 *OK-1281/2561* 키트에 다운로드하고 실행하라. 주변에 온도계가 있다면 이 온도계의 눈금과 텍스트형 LCD 모듈에 표시된 현재 기온을 비교해 보라. 현재의 기온이 올바르게 측정되고 있는 것으로 판단되는가?

만약 표시되는 온도값이 실제의 기온과 1℃ 이상 차이가 난다면 *OK-1281/2561* 키트의 전원 전압이 정확히 +5.0V로 공급되는지 체크하여 보라. 이 키트의 전원 전압이 정확하지 않으면 A/D 컨버터의 아날로그 전원 및 기준전압으로 사용되는 AVCC도 잘못되므로 당연히 A/D 컨버터가 정확하게 온도값을 읽어내지 못한다.

그리고, 현재 텍스트형 LCD 모듈에 표시되는 온도값을 눈으로 보면서 반도체 온도센서 LM35DZ를 왼손의 엄지와 검지 손가락으로 꼭 눌러 잡아 시간이 지나면서 사람의 체온에 의하여 표시 온도가 점차로 올라가도록 해보라. 이 프로그램에서 온도측정의 분해능은 100℃/1024=0.098℃이므로 텍스트형의 LCD 모듈에 표시되는 온도값이 거의 0.1℃ 간격으로 변화하고 있음을 확인할 수 있을 것이다.

▣ C언어의 경우

앞의 Exp10_3.asm과 동일한 기능을 수행하는 프로그램을 C언어로 작성하여 보면 다음과 같다.

<프로그램 Exp10_3.c> ADC2에 의한 온도 측정 프로그램

```
/* ============================================================================ */
/*              Exp10_3.c : A/D Converter ADC2 Input for LM35DZ                 */
/* ============================================================================ */
/*                        Designed and programmed by Duck-Yong Yoon in 2006.    */

#include <avr/io.h>
#include "OK1281.h"

void LCD_4hex(unsigned int number)              /* display 4-digit hex number */
{ unsigned int i;

  i = number >> 12;                             // 16^3
  if(i <= 9) LCD_data(i + '0');
  else       LCD_data(i - 10 + 'A');

  i = (number >> 8) & 0x000F;                   // 16^2
  if(i <= 9) LCD_data(i + '0');
  else       LCD_data(i - 10 + 'A');
```

```
  i = (number >> 4) & 0x000F;                      // 16^1
  if(i <= 9) LCD_data(i + '0');
  else       LCD_data(i - 10 + 'A');

  i = number & 0x000F;                             // 16^0
  if(i <= 9) LCD_data(i + '0');
  else       LCD_data(i - 10 + 'A');
}

void LCD_2d1(float number)                         /* floating-point number xx.x */
{ unsigned int i, j;

  j = (int)(number*10. + 0.5);
  i = j / 100;                                     // 10^1
  if(i == 0) LCD_data(' ');
  else       LCD_data(i + '0');

  j = j % 100;                                     // 10^0
  i = j / 10;
  LCD_data(i + '0');
  LCD_data('.');

  i = j % 10;                                      // 10^-1
  LCD_data(i + '0');
}

int main(void)
{ unsigned char i;
  unsigned int sum;

  MCU_initialize();                                // initialize MCU and kit
  Delay_ms(50);                                    // wait for system stabilization
  LCD_initialize();                                // initialize text LCD module
  Beep();

  LCD_string(0x80,"   ADC2(LM35DZ)   ");           // display title
  LCD_string(0xC0," 0000H = 00.0");
  LCD_data(0xDF);
  LCD_data('C');
  LCD_data(' ');

  ADCSRA = 0x85;                                   // ADC enable, 500kHz
  ADCSRB = 0x00;
  ADMUX = 0x42;                                    // select ADC2 with AVCC
  Delay_us(150);

  while(1)
    { sum = 0;
      for(i=0; i<16; i++)                          // read ADC by 16 times
        { ADCSRA = 0xD5;                           // start conversion and clear ADIF
          while((ADCSRA & 0x10) != 0x10);
          sum += ADCW;                             // add A/D result 16 times
          Delay_ms(1);
        }

      sum = sum >> 4;                              // divide sum by 16

      LCD_command(0xC1);                           // display in HEX
      LCD_4hex(sum);
      LCD_command(0xC9);                           // display in temperature(XX.X)
      LCD_2d1(sum*100./1024.);                     // Temp = sum*100/1024

      Delay_ms(1000);                              // delay 1 sec
    }
}
```

(2) ADC1 단자의 신호를 단극성 입력으로 사용

▣ 어셈블리 언어의 경우

LM35DZ의 출력을 ADC1 단자에 직접 입력하고 단극성 입력과 기준전압 2.56V를 사용하였을 경우 이를 A/D 변환하여 현재 기온을 텍스트형 LCD 모듈에 표시하는 프로그램을 어셈블리 언어로 작성하면 다음과 같다.

<프로그램 Exp10_4.asm> ADC1을 단극성 입력으로 사용한 온도 측정 프로그램

```
;[][][][][][][][][][][][][][][][][][][][][][][][][][][][][][][][][][]
;[]                                                                []
;[]      Exp10_4.asm : A/D Converter ADC1 Input for LM35DZ          []
;[]                                                                []
;[][][][][][][][][][][][][][][][][][][][][][][][][][][][][][][][][][]
;
;              Designed and programmed by Duck-Yong Yoon in 2006.
;
;-----------------------------------------------
;       Include Header File
;-----------------------------------------------
.nolist
.include "m2561def.inc"              ; ATmega2561 definition file
.list

;===================================================================
;       Main Program
;===================================================================
.cseg
        .org    0x0000
        LDI     AH,high(RAMEND)          ; initialize SP
        LDI     AL,low(RAMEND)
        OUT     SPH,AH
        OUT     SPL,AL

        CALL    INIT_MCU                 ; initialize MCU and kit
        CALL    D50MS                    ; wait for system stabilization
        CALL    INIT_LCD                 ; initialize text LCD

;-----------------------------------------------
;       Read LM35DZ by ADC1
;-----------------------------------------------
        CALL    LCD_HOME1                ; display title
        CALL    LCD_STRING
        .db     "   ADC1(LM35DZ)   ",0,0
        CALL    LCD_HOME2
        CALL    LCD_STRING
        .db     " 0000H = 00.0",0xDF,"C ",0,0
        CALL    BEEP

        LDI     AL,0b10000101            ; ADC enable, 500 kHz
        STS     ADCSRA,AL
        LDI     AL,0b00000000
        STS     ADCSRB,AL
        LDI     AL,0b11000001            ; select ADC1 with 2.56V
        STS     ADMUX,AL                 ; (single ended)
        CALL    D50US
        CALL    D100US
```

```
LOOP:   LDI     CL,16                   ; read ADC by 16 times
        CLR     BH                      ; clear sum
        CLR     BL
LOOP1:  LDI     AL,0b11010101           ; start conversion and clear ADIF
        STS     ADCSRA,AL
        NOP
LOOP2:  LDS     AL,ADCSRA               ; A/D conversion complete ?
        SBRS    AL,ADIF
        JMP     LOOP2
        LDS     AL,ADCL                 ; ADCL must be read first, then ADCH
        LDS     AH,ADCH
        ADD     BL,AL                   ; add A/D result 16 times
        ADC     BH,AH
        CALL    D1MS
        DEC     CL
        BRNE    LOOP1
        LSR     BH                      ; divide sum by 16
        ROR     BL
        LSR     BH
        ROR     BL
        LSR     BH
        ROR     BL
        LSR     BH
        ROR     BL

        LDI     LCD_BUFFER,0xC1         ; display in HEX
        CALL    LCD_COMMAND
        MOV     AH,BH
        MOV     AL,BL
        CALL    LCD_4HEX
        LDI     LCD_BUFFER,0xC9         ; display in temperature(XX.X)
        CALL    LCD_COMMAND
        LDI     AH,high(2560)           ; Temp = ADC1*256/1024
        LDI     AL,low(2560)
        CALL    MUL16
        LDI     DH,high(1024)
        LDI     DL,low(1024)
        CALL    DIV16
        LDI     BL,100                  ; display XX.X
        CALL    DIV8
        MOV     LCD_BUFFER,AL
        ORI     LCD_BUFFER,'0'
        CALL    LCD_DATA
        MOV     AL,AH
        CLR     AH
        LDI     BL,10
        CALL    DIV8
        MOV     LCD_BUFFER,AL
        ORI     LCD_BUFFER,'0'
        CALL    LCD_DATA
        LDI     LCD_BUFFER,'.'
        CALL    LCD_DATA
        MOV     LCD_BUFFER,AH
        ORI     LCD_BUFFER,'0'
        CALL    LCD_DATA
        CALL    D1SEC                   ; delay 1 sec
        JMP     LOOP

;===================================================================
;       Include User Subroutine File
;===================================================================
.include "OK2561.INC"                   ; OK-2561 I/O and subroutine file
```

☞ A/D 변환 결과의 0x0000~0x03FF(0~1023)는 0~2.56V의 입력전압 즉 0~256℃의 온도에 대응한다. 그러나, 정확히 말하면 0x03FF+1인 1024가 256℃에 대응한다. 따라서, A/D 컨버터로 읽어들인 임의의 값 x가 얼마의 온도에 대응하는지를 계산하려면 비례식으로부터

$$1024 : 256 = x : \text{온도} \qquad \therefore \text{온도} = \frac{256x}{1024} \ [℃]$$

로 계산된다.

이 프로그램을 어셈블하여 *OK-1281/2561* 키트에 다운로드하고 실행하라. 주변에 온도계가 있다면 이 온도계의 눈금과 텍스트형 LCD 모듈에 표시된 현재 기온을 비교해 보라. 현재의 기온이 올바르게 측정되고 있는 것으로 판단되는가? 이 경우는 기준전압으로 내부의 2.56V를 사용하므로 전원전압이 부정확한 것으로 인한 오차는 발생하지 않는다.

그리고, 현재 텍스트형 LCD 모듈에 표시되는 온도값을 눈으로 보면서 반도체 온도센서 LM35DZ를 왼손의 엄지와 검지 손가락으로 꼭 눌러 잡아 시간이 지나면서 사람의 체온에 의하여 표시 온도가 점차로 올라가도록 해보라. 이 프로그램에서 온도측정의 분해능은 256℃/1024=0.25℃이므로 텍스트형의 LCD 모듈에 표시되는 온도값이 0.2℃ 또는 0.3℃ 간격으로 변화하고 있음을 확인할 수 있을 것이다.

▣ C언어의 경우

앞의 Exp10_4.asm과 동일한 기능을 수행하는 프로그램을 C언어로 작성하여 보면 다음과 같다.

<프로그램 Exp10_4.c> ADC1을 단극성 입력으로 사용한 온도 측정 프로그램

```
/* ========================================================================== */
/*              Exp10_4.c : A/D Converter ADC1 Input for LM35DZ               */
/* ========================================================================== */
/*                         Designed and programmed by Duck-Yong Yoon in 2006.  */

#include <avr/io.h>
#include "OK1281.h"

void LCD_4hex(unsigned int number)              /* display 4-digit hex number */
{ unsigned int i;

  i = number >> 12;                             // 16^3
  if(i <= 9) LCD_data(i + '0');
  else       LCD_data(i - 10 + 'A');
```

```
  i = (number >> 8) & 0x000F;                     // 16^2
  if(i <= 9) LCD_data(i + '0');
  else       LCD_data(i - 10 + 'A');

  i = (number >> 4) & 0x000F;                     // 16^1
  if(i <= 9) LCD_data(i + '0');
  else       LCD_data(i - 10 + 'A');

  i = number & 0x000F;                            // 16^0
  if(i <= 9) LCD_data(i + '0');
  else       LCD_data(i - 10 + 'A');
}

void LCD_2d1(float number)                        /* floating-point number xx.x */
{ unsigned int i, j;

  j = (int)(number*10. + 0.5);
  i = j / 100;                                    // 10^1
  if(i == 0) LCD_data(' ');
  else       LCD_data(i + '0');

  j = j % 100;                                    // 10^0
  i = j / 10;
  LCD_data(i + '0');
  LCD_data('.');

  i = j % 10;                                     // 10^-1
  LCD_data(i + '0');
}

int main(void)
{ unsigned char i;
  unsigned int sum;

  MCU_initialize();                               // initialize MCU and kit
  Delay_ms(50);                                   // wait for system stabilization
  LCD_initialize();                               // initialize text LCD module
  Beep();

  LCD_string(0x80,"  ADC1(LM35DZ)  ");            // display title
  LCD_string(0xC0," 0000H = 00.0");
  LCD_data(0xDF);
  LCD_data('C');
  LCD_data(' ');

  ADCSRA = 0x85;                                  // ADC enable, 500kHz
  ADCSRB = 0x00;
  ADMUX = 0xC1;                                   // select ADC1 with 2.56V
  Delay_us(150);

  while(1)
    { sum = 0;
      for(i=0; i<16; i++)                         // read ADC by 16 times
        { ADCSRA = 0xD5;                          // start conversion and clear ADIF
          while((ADCSRA & 0x10) != 0x10);
          sum += ADCW;                            // add A/D result 16 times
          Delay_ms(1);
        }

      sum = sum >> 4;                             // divide sum by 16

      LCD_command(0xC1);                          // display in HEX
      LCD_4hex(sum);
```

```
        LCD_command(0xC9);                          // display in temperature(XX.X)
        LCD_2d1(sum*256./1024.);                    // Temp = sum*256/1024

        Delay_ms(1000);                             // delay 1 sec
      }
  }
```

(3) ADC1 단자의 신호를 차동입력으로 사용

▣ 어셈블리 언어의 경우

LM35DZ의 출력을 ADC1 단자에 직접 입력하고 차동입력과 기준전압 2.56V를 사용하였을 경우 이를 A/D 변환하여 현재 기온을 텍스트형 LCD 모듈에 표시하는 프로그램을 어셈블리 언어로 작성하면 다음과 같다.

<프로그램 Exp10_5.asm> ADC1을 차동입력으로 사용한 온도 측정 프로그램

```
;[][][][][][][][][][][][][][][][][][][][][][][][][][][][][][][][][]
;[]                                                              []
;[]       Exp10_5.asm : A/D Converter ADC1 Input for LM35DZ      []
;[]                                                              []
;[][][][][][][][][][][][][][][][][][][][][][][][][][][][][][][][][]
;
;              Designed and programmed by Duck-Yong Yoon in 2006.
;
;-----------------------------------------------
;       Include Header File
;-----------------------------------------------
.nolist
.include "m2561def.inc"                 ; ATmega2561 definition file
.list

;===============================================================
;       Main Program
;===============================================================
.cseg
        .org    0x0000
        LDI     AH,high(RAMEND)         ; initialize SP
        LDI     AL,low(RAMEND)
        OUT     SPH,AH
        OUT     SPL,AL

        CALL    INIT_MCU                ; initialize MCU and kit
        CALL    D50MS                   ; wait for system stabilization
        CALL    INIT_LCD                ; initialize text LCD

;-----------------------------------------------
;       Read LM35DZ by ADC1
;-----------------------------------------------
        CALL    LCD_HOME1               ; display title
        CALL    LCD_STRING
        .db     "   ADC1(LM35DZ)   ",0,0
        CALL    LCD_HOME2
        CALL    LCD_STRING
        .db     " 0000H = 00.0",0xDF,"C ",0,0
```

```
        CALL    BEEP

        LDI     AL,0b10000111           ; ADC enable, 125 kHz
        STS     ADCSRA,AL
        LDI     AL,0b00000000
        STS     ADCSRB,AL
        LDI     AL,0b11110000           ; diffrential ADC1 vs ADC0(GND), gain 1
        STS     ADMUX,AL                ; (use left adjust and Vref=2.56V)
        CALL    D50US
        CALL    D100US

LOOP:   LDI     CL,16                   ; read ADC by 16 times
        CLR     BH                      ; clear sum
        CLR     BL
LOOP1:  LDI     AL,0b11010111           ; start conversion and clear ADIF
        STS     ADCSRA,AL
        NOP
LOOP2:  LDS     AL,ADCSRA               ; A/D conversion complete ?
        SBRS    AL,ADIF
        JMP     LOOP2
        LDS     AL,ADCL                 ; ADCL must be read first, then ADCH
        LDS     AH,ADCH
        ASR     AH                      ; convert 10 bit to 16 bit 2's complement
        ROR     AL                      ;   (shift right 6 times)
        ASR     AH
        ROR     AL
        ASR     AH
        ROR     AL
        ASR     AH
        ROR     AL
        ASR     AH
        ROR     AL
        ASR     AH
        ROR     AL
        ADD     BL,AL
        ADC     BH,AH
        CALL    D1MS
        DEC     CL
        BRNE    LOOP1
        ASR     BH                      ; divide sum by 16
        ROR     BL
        ASR     BH
        ROR     BL
        ASR     BH
        ROR     BL
        ASR     BH
        ROR     BL

        LDI     LCD_BUFFER,0xC1         ; display in HEX
        CALL    LCD_COMMAND
        CLR     AL                      ; calculate absolute value
        SUB     AL,BL
        CLR     AH
        SBC     AH,BH
        MOV     BH,AH
        MOV     BL,AL
        CALL    LCD_4HEX

        LDI     LCD_BUFFER,0xC9         ; display in temperature(XX.X)
        CALL    LCD_COMMAND
        LDI     AH,high(5)              ; Temp = ADC1*256/512 = ADC1/2
        LDI     AL,low(5)
        CALL    MUL16
        LDI     BL,100                  ; display XX.X
        CALL    DIV8
```

```
        MOV     LCD_BUFFER,AL
        ORI     LCD_BUFFER,'0'
        CALL    LCD_DATA
        MOV     AL,AH
        CLR     AH
        LDI     BL,10
        CALL    DIV8
        MOV     LCD_BUFFER,AL
        ORI     LCD_BUFFER,'0'
        CALL    LCD_DATA
        LDI     LCD_BUFFER,'.'
        CALL    LCD_DATA
        MOV     LCD_BUFFER,AH
        ORI     LCD_BUFFER,'0'
        CALL    LCD_DATA
        CALL    D1SEC                   ; delay 1 sec
        JMP     LOOP

;==================================================================
;       Include User Subroutine File
;==================================================================
.include "OK2561.INC"                   ; OK-2561 I/O and subroutine file
```

☞ ATmega1281/2561의 A/D 컨버터에서 차동입력의 경우에는 주파수를 50kHz~200kHz의 범위에서 사용하는 것이 보장되므로 여기서는 125kHz를 선택하였다.

OK-1281/2561 키트에서는 차동입력을 위하여 ADC0 단자를 접지시켜 놓았다. 따라서, ADC1 단자로 입력되는 신호를 차동입력으로 사용하여 1× 모드로 A/D 변환하려면 MUX5~0 = 010000으로 설정해야 하는데, 이때는 ADC0 단자가 +단자로 사용되고 ADC1 단자가 -단자로 사용되므로 ADC1 단자에 입력되는 0~+2.56V의 전압이 0~-2.56V로 반전되어 A/D 변환된다.

이와 같이 음극성으로 입력되는 A/D 변환 결과는 10비트 2의 보수로 표시되므로 이를 좌측정렬하여 읽은 후에 우측으로 6비트만큼 산술적인 시프트를 수행하여 16비트 2의 보수로 변환한다. 이를 16회 읽어서 모두 더한 다음에 16으로 나누어 평균값을 계산하고, 이것의 절대값을 구하여 양수로 만들면 된다. 음수의 절대값을 구하는 방법은 "0 - 음수 = 양수"로 처리되는 것에 유의하라. 또한, 이와 같이 2의 보수를 처리할 때는 논리적 시프트(logical shift)가 아니라 산술적 시프트(arithmetic shift)를 사용해야 한다는데 유의하라.

이렇게 처리된 ADC1의 A/D 변환 결과는 최종적으로 0x0000~0x01FF(0~511)가 되며 이는 0~256℃의 온도에 대응한다. 따라서, A/D 컨버터로 읽어들인 임의의 값 x가 얼마의 온도에 대응하는지를 계산하려면 비례식으로부터

$$512 : 256 = x : \text{온도} \qquad \therefore \text{온도} = \frac{256x}{512} = \frac{x}{2}\ [℃]$$

로 계산된다.

이 프로그램을 어셈블하여 *OK-1281/2561* 키트에 다운로드하고 실행하라. 주변에 온도계가 있다면 이 온도계의 눈금과 텍스트형 LCD 모듈에 표시된 현재 기온을 비교해 보라. 현재의 기온이 올바르게 측정되고 있는 것으로 판단되는가? 이 경우는 기준전압

으로 내부의 2.56V를 사용하므로 전원전압이 부정확한 것으로 인한 오차는 발생하지 않는다.

그리고, 현재 텍스트형 LCD 모듈에 표시되는 온도값을 눈으로 보면서 반도체 온도센서 LM35DZ를 왼손의 엄지와 검지 손가락으로 꽉 눌러 잡아 시간이 지나면서 사람의 체온에 의하여 표시 온도가 점차로 올라가도록 해보라. 이 프로그램에서 온도측정의 분해능은 256℃/512=0.5℃이므로 텍스트형의 LCD 모듈에 표시되는 온도값이 항상 0.5℃ 간격으로 변화하고 있음을 확인할 수 있을 것이다.

▣ C언어의 경우

앞의 Exp10_5.asm과 동일한 기능을 수행하는 프로그램을 C언어로 작성하여 보면 다음과 같다.

<프로그램 Exp10_5.c> ADC1을 차동입력으로 사용한 온도 측정 프로그램

```
/* ============================================================================ */
/*              Exp10_5.c : A/D Converter ADC1 Input for LM35DZ                 */
/* ============================================================================ */
/*                         Designed and programmed by Duck-Yong Yoon in 2006.   */

#include <avr/io.h>
#include <math.h>
#include "OK1281.h"

void LCD_4hex(unsigned int number)                /* display 4-digit hex number */
{ unsigned int i;

  i = number >> 12;                               // 16^3
  if(i <= 9) LCD_data(i + '0');
  else       LCD_data(i - 10 + 'A');

  i = (number >> 8) & 0x000F;                     // 16^2
  if(i <= 9) LCD_data(i + '0');
  else       LCD_data(i - 10 + 'A');

  i = (number >> 4) & 0x000F;                     // 16^1
  if(i <= 9) LCD_data(i + '0');
  else       LCD_data(i - 10 + 'A');

  i = number & 0x000F;                            // 16^0
  if(i <= 9) LCD_data(i + '0');
  else       LCD_data(i - 10 + 'A');
}

void LCD_2d1(float number)                        /* floating-point number xx.x */
{ unsigned int i, j;

  j = (int)(number*10. + 0.5);
  i = j / 100;                                    // 10^1
  if(i == 0) LCD_data(' ');
  else       LCD_data(i + '0');

  j = j % 100;                                    // 10^0
```

```
    i = j / 10;
    LCD_data(i + '0');
    LCD_data('.');

    i = j % 10;                             // 10^-1
    LCD_data(i + '0');
  }

  int main(void)
  { unsigned char i;
    int sum;

    MCU_initialize();                       // initialize MCU and kit
    Delay_ms(50);                           // wait for system stabilization
    LCD_initialize();                       // initialize text LCD module
    Beep();

    LCD_string(0x80,"  ADC1(LM35DZ)  ");    // display title
    LCD_string(0xC0," 0000H = 00.0");
    LCD_data(0xDF);
    LCD_data('C');
    LCD_data(' ');

    ADCSRA = 0x87;                          // ADC enable, 125kHz
    ADCSRB = 0x00;
    ADMUX = 0xF0;                           // diffrential ADC1 vs ADC0(GND), gain 1
    Delay_us(150);                          // (use left adjust and Vref=2.56V)

    while(1)
      { sum = 0;
        for(i=0; i<16; i++)                 // read ADC by 16 times
          { ADCSRA = 0xD7;                  // start conversion and clear ADIF
            while((ADCSRA & 0x10) != 0x10);
            sum += (signed int)ADCW >> 6;   // convert 10 bit to 16 bit 2's complement
            Delay_ms(1);                    // and add A/D result 16 times
          }

        sum = sum/16;                       // divide sum by 16
        sum = fabs(sum);                    // calculate absolute value

        LCD_command(0xC1);                  // display in HEX
        LCD_4hex(sum);
        LCD_command(0xC9);                  // display in temperature(XX.X)
        LCD_2d1(sum*256./512.);             // Temp = sum*256/512

        Delay_ms(1000);                     // delay 1 sec
      }
  }
```

☞ C언어에서도 2의 보수로 된 수를 처리하려면 이 예제에서처럼 변수 sum을 unsigned int가 아니라 signed int형으로 정의해 두어야 하는데 유의하라. WinAVR의 C언어에서 실수의 절대값을 취하는 내장함수 fabs()를 사용하려면 헤더파일 math.h를 인클루드해 주어야 한다.

4. 두 입력 사이의 차동전압 측정

이번에는 ADC3 단자와 ADC2 단자 사이의 차동전압을 A/D 변환하여 읽어보기로 한다. *OK-1281/2561* 키트에서는 외부에서 AVEF 단자에 전압을 인가하지 않아서 내부에서 AVCC를 기준전압으로 사용할 수 있으며 이 경우는 아날로그 입력단자의 입력전압 범위는 0~+5V로 항상 +극성의 전압만을 읽어들일 수 있다. 그런데, 이들 각 아날로그 입력단자들 사이의 차동전압을 읽어들이는 것도 가능하므로 이 경우에는 각 단자들의 전위에 따라서 차동전압이 + 또는 -값을 가질 수 있으며, 이때 A/D 변환 결과는 10비트 2의 보수로 표현된다.

그러나, ATmega1281/2561 마이크로콘트롤러에서는 차동입력을 사용할 때 기준전압으로는 2.0V~AVCC-0.5의 범위만을 사용하도록 규정하고 있으며, 이를 어기고 AVCC를 지정하면 실제 내부에서의 기준전압은 AVCC보다 약간 낮은 값으로 동작한다. 이 때문에 위에서와 같이 측정한 차동전압은 약간의 오차를 가지게 된다. 이 오차를 없애려면 어떤 방법을 사용하든 기준전압으로 2.0V~AVCC-0.5의 범위를 사용해야 한다.

여기서는 MUX5~0 = 011011로 설정하여 ADC2 단자의 전위를 기준으로 ADC3 단자와의 차동전압을 측정하므로, 만약 ADC3 단자의 전위가 더 높으면 차동전압은 양(+)의 값으로 읽히고, ADC2 단자의 전위가 더 높으면 차동전압은 음(-)의 값으로 읽히게 된다.

▣ 어셈블리 언어의 경우

ADC2를 기준으로 ADC3 입력과의 차동전압을 A/D 변환하여 텍스트형 LCD 모듈에 표시하는 프로그램을 어셈블리 언어로 작성하면 다음과 같다.

<프로그램 Exp10_6.asm> ADC3과 ADC2의 차동전압 측정 프로그램

```
;[][][][][][][][][][][][][][][][][][][][][][][][][][][][][][][][][][][]
;[]                                                                  []
;[]     Exp10_6.asm : A/D Converter ADC3 vs ADC2 Bipolar Input       []
;[]                                                                  []
;[][][][][][][][][][][][][][][][][][][][][][][][][][][][][][][][][][][]
;
;               Designed and programmed by Duck-Yong Yoon in 2006.
;
;-----------------------------------------------
;       Include Header File
;-----------------------------------------------
.nolist
.include "m2561def.inc"                 ; ATmega2561 definition file
.list

;==================================================================
;       Main Program
;==================================================================
.cseg
```

```
        .org    0x0000
        LDI     AH,high(RAMEND)         ; initialize SP
        LDI     AL,low(RAMEND)
        OUT     SPH,AH
        OUT     SPL,AL

        CALL    INIT_MCU                ; initialize MCU and kit
        CALL    D50MS                   ; wait for system stabilization
        CALL    INIT_LCD                ; initialize text LCD

;---------------------------------------------
;       Read Bipolar ADC3 with ADC2
;---------------------------------------------
        CALL    LCD_HOME1               ; display title
        CALL    LCD_STRING
        .db     "  ADC3 vs ADC2  ",0,0
        CALL    LCD_HOME2
        CALL    LCD_STRING
        .db     "     +0.00[V]    ",0,0
        CALL    BEEP

        LDI     AL,0b10000111           ; ADC enable, 125 kHz
        STS     ADCSRA,AL
        LDI     AL,0b00000000
        STS     ADCSRB,AL
        LDI     AL,0b01111011           ; diffrential ADC3 vs ADC2, gain 1
        STS     ADMUX,AL                ; (use left adjust and Vref=AVCC)
        CALL    D50US
        CALL    D100US

LOOP:   LDI     CL,16                   ; read ADC by 16 times
        CLR     BH                      ; clear sum
        CLR     BL
LOOP1:  LDI     AL,0b11010111           ; start conversion and clear ADIF
        STS     ADCSRA,AL
        NOP
LOOP2:  LDS     AL,ADCSRA               ; A/D conversion complete ?
        SBRS    AL,ADIF
        JMP     LOOP2
        LDS     AL,ADCL                 ; ADCL must be read first, then ADCH
        LDS     AH,ADCH
        ASR     AH                      ; convert 10 bit to 16 bit 2's complement
        ROR     AL                      ;   (shift right 6 times)
        ASR     AH
        ROR     AL
        ASR     AH
        ROR     AL
        ASR     AH
        ROR     AL
        ASR     AH
        ROR     AL
        ASR     AH
        ROR     AL
        ADD     BL,AL
        ADC     BH,AH
        CALL    D1MS
        DEC     CL
        BRNE    LOOP1
        ASR     BH                      ; divide sum by 16
        ROR     BL
        ASR     BH
        ROR     BL
        ASR     BH
        ROR     BL
        ASR     BH
        ROR     BL
```

```
        LDI     LCD_BUFFER,0xC4         ; cursor position
        CALL    LCD_COMMAND
        LDI     LCD_BUFFER,'+'          ; display +/- sign of voltage
        SBRC    BH,7
        LDI     LCD_BUFFER,'-'
        CALL    LCD_DATA
        SBRS    BH,7                    ; if negative, calculate absolute value
        JMP     LOOP3
        CLR     AL
        SUB     AL,BL
        CLR     AH
        SBC     AH,BH
        MOV     BH,AH
        MOV     BL,AL

LOOP3:  LDI     AH,high(500)            ; voltage = value*5/512
        LDI     AL,low(500)
        CALL    MUL16
        LDI     DH,high(512)
        LDI     DL,low(512)
        CALL    DIV16
        LDI     BL,100                  ; display X.XX
        CALL    DIV8
        MOV     LCD_BUFFER,AL
        ORI     LCD_BUFFER,'0'
        CALL    LCD_DATA
        LDI     LCD_BUFFER,'.'
        CALL    LCD_DATA
        MOV     AL,AH
        CLR     AH
        LDI     BL,10
        CALL    DIV8
        MOV     LCD_BUFFER,AL
        ORI     LCD_BUFFER,'0'
        CALL    LCD_DATA
        MOV     LCD_BUFFER,AH
        ORI     LCD_BUFFER,'0'
        CALL    LCD_DATA
        CALL    D200MS                  ; delay 200 ms
        JMP     LOOP

;==================================================================
;       Include User Subroutine File
;==================================================================
.include "OK2561.INC"                   ; OK-2561 I/O and subroutine file
```

☞ 여기서 ADMUX 레지스터의 MUX5~0 비트를 011011로 설정하여 ADC3과 ADC2의 차동전압을 측정하고 있음에 주목하라. 이때 차동전압이 +값이라면 A/D 변환 결과가 0x0000~0x01FF(0~+511)로 표시되고, -값인 경우에는 0x03FF~0x0200(-1~-512)으로 표시된다. 이는 결국 0~±5V의 차동전압에 대응한다. 따라서, A/D 컨버터로 읽어들인 임의의 값 x가 얼마의 전압에 대응하는지를 계산하려면 비례식으로부터

$$512 : 5 = \pm x : 전압 \qquad \therefore 전압 = \pm\frac{5x}{512}\ [V]$$

로 계산된다. 그러나, 이 결과는 일반적으로 0.00~5.00의 부동소수점 수로 나오기 때문에 이를 소수점 아래의 둘째 자리까지 표시하려면 그 결과에 100을 곱하여 0~500으로 만들고 이를 100으로 나눈 몫을 10자리 정수부로 하고, 그 나머지를 다시 10으로 나눈 몫을 1자리 정수부로 하며, 최종적인 나머지를 소수부로

처리하면 된다.

이 프로그램을 어셈블하여 다운로드하고 실행하라. 그리고, ⊖자형의 스크류 드라이버로 *OK-1281/2561* 키트의 가변저항 VR1을 좌우로 돌리면서 ADC3 단자에 입력되는 전압을 가변시켜 차동전압이 + 또는 -가 되도록 해보라.

ADC3 단자에 입력되는 전압이 온도센서로부터 ADC2 단자에 입력되는 전압보다 높으면 텍스트형 LCD 모듈에 표시되는 전압값은 +값이 될 것이며, ADC3 단자에 입력되는 전압이 ADC2 단자에 입력되는 전압보다 낮으면 텍스트형 LCD 모듈에 표시되는 전압값은 -값으로 될 것이다.

그런데, 이 실험에서 가변저항을 왼쪽 끝까지 돌렸을 때의 전압에서 오른쪽 끝까지 돌렸을 때의 전압 간격은 정확히 5.0V가 되어야 하지만 실제로는 이것보다 약간 큰 것을 알 수 있다. 이는 기준전압으로 AVCC를 설정하였으나 실제로 내부에서는 이 기준전압이 약간 낮게 처리되고 있기 때문이다.

▣ C언어의 경우

앞의 Exp10_6.asm과 동일한 기능을 수행하는 프로그램을 C언어로 작성하여 보면 다음과 같다.

<프로그램 Exp10_6.c> ADC3과 ADC2의 차동전압 측정 프로그램

```
/* ============================================================================ */
/*              Exp10_6.c : A/D Converter ADC3 vs ADC2 Bipolar Input           */
/* ============================================================================ */
/*                       Designed and programmed by Duck-Yong Yoon in 2006.     */

#include <avr/io.h>
#include <math.h>
#include "OK1281.h"

void LCD_s1d2(float number)                          /* floating-point number x.xx */
{ unsigned int i, j;

  if(number >= 0.) LCD_data('+');                    // sign +/-
  else             LCD_data('-');

  j = (int)(fabs(number)*100. + 0.5);
  i = j / 100;                                       // 10^0
  LCD_data(i + '0');
  LCD_data('.');

  j = j % 100;                                       // 10^-1
  i = j / 10;
  LCD_data(i + '0');

  i = j % 10;                                        // 10^-2
  LCD_data(i + '0');
}
```

```
int main(void)
{ unsigned char i;
  int sum;

  MCU_initialize();                        // initialize MCU and kit
  Delay_ms(50);                            // wait for system stabilization
  LCD_initialize();                        // initialize text LCD module
  Beep();

  LCD_string(0x80,"  ADC3 vs ADC2  ");     // display title
  LCD_string(0xC0,"    +0.00[V]    ");

  ADCSRA = 0x87;                           // ADC enable, 125kHz
  ADCSRB = 0x00;
  ADMUX = 0x7B;                            // diffrential ADC3 vs ADC2, gain 1
  Delay_us(150);                           // (use left adjust and Vref=AVCC)

  while(1)
    { sum = 0;
      for(i=0; i<16; i++)                  // read ADC by 16 times
        { ADCSRA = 0xD7;                   // start conversion and clear ADIF
          while((ADCSRA & 0x10) != 0x10);
          sum += (signed int)ADCW >> 6;    // convert 10 bit to 16 bit 2's complement
          Delay_ms(1);                     // and add A/D result 16 times
        }

      sum = sum/16;                        // divide sum by 16

      LCD_command(0xC4);                   // display in voltage(+/-X.XX)
      LCD_s1d2(sum*5./512.);               // Volt = sum*50/512

      Delay_ms(200);                       // delay 200 ms
    }
}
```

5. 아날로그 비교기 사용

이번에는 ADC3 단자에 입력되는 가변저항 VR1의 전압을 아날로그 비교기의 입력으로 사용하는 프로그램을 작성하여 보기로 한다.

아날로그 비교기에서는 각각의 아날로그 입력단자에 입력되는 신호의 크기는 알 수 없으며 두 입력 신호의 대소관계에만 관심을 가진다. *OK-1281/2561* 키트에서는 아날로그 비교기의 입력 단자 AIN0, AIN1을 각각 병렬포트 출력 PE2(BUZZER)와 타이머의 비교 출력 OC3A(SPEAKER)로 사용하므로 이들 외부신호에 의한 아날로그 비교기는 사용할 수 없으나, A/D 컨버터의 입력 ADC0~ADC7은 아날로그 비교기의 입력으로 사용할 수 있다. 따라서, ADC3 단자에 입력되는 가변저항 VR1의 전압을 아날로그 비교기의 내부 전압 1.1V와 비교하여 어느 쪽이 큰지를 텍스트형 LCD 모듈과 LED에 가시적으로 표시하여 보기로 한다.

▣ 어셈블리 언어의 경우

ADC3 단자의 아날로그 입력전압을 내부 전압 1.1V와 비교하여 대소관계를 LCD 모듈에 부등호로 표시하고 이를 LED1 또는 LED4에도 시각적으로 표시하는 어셈블리 언어로 작성하면 다음과 같다.

<프로그램 Exp10_7.asm> 아날로그 비교기 응용 프로그램

```
;[][][][][][][][][][][][][][][][][][][][][][][][][][][][][][][][][][][][][][][]
;[]                                                                          []
;[]         Exp10_7.asm : Analog Comparator - VR1 vs 1.1V                    []
;[]                                                                          []
;[][][][][][][][][][][][][][][][][][][][][][][][][][][][][][][][][][][][][][][]
;
;               Designed and programmed by Duck-Yong Yoon in 2006.
;
;-----------------------------------------------------
;       Include Header File
;-----------------------------------------------------
.nolist
.include "m2561def.inc"                 ; ATmega2561 definition file
.list

;===========================================================================
;       Main Program
;===========================================================================
.cseg
        .org    0x0000
        LDI     AH,high(RAMEND)         ; initialize SP
        LDI     AL,low(RAMEND)
        OUT     SPH,AH
        OUT     SPL,AL

        CALL    INIT_MCU                ; initialize MCU and kit
        CALL    D50MS                   ; wait for system stabilization
        CALL    INIT_LCD                ; initialize text LCD
        CALL    BEEP

;-----------------------------------------------------
;       Comparator ADC3 with 1.1V
;-----------------------------------------------------
        CALL    LCD_HOME1               ; display title
        CALL    LCD_STRING
        .db     "  Analog Comp.  ",0,0
        CALL    LCD_HOME2
        CALL    LCD_STRING
        .db     "    VR1 < 1.1V  ",0,0

        LDI     AL,0b01000011           ; +input = 1.1V
        OUT     ACSR,AL
        LDI     AL,0b00000000           ; ADEN = 0
        STS     ADCSRA,AL
        LDI     AL,0b01000000           ; ACME = 1
        STS     ADCSRB,AL
        LDI     AL,0b00000011           ; -input = ADC3
        STS     ADMUX,AL

LOOP:   IN      AL,ACSR
```

```
        SBRS    AL,ACO
        RJMP    ADC3HIGH
        LDI     AL,0b00010000           ; if ADC3 < 1.1V, LED1 on
        OUT     PORTB,AL
        LDI     LCD_BUFFER,0xC7         ;   and display "<"
        CALL    LCD_COMMAND
        LDI     LCD_BUFFER,'<'
        CALL    LCD_DATA
        CALL    D100MS
        RJMP    LOOP

ADC3HIGH:LDI    AL,0b10000000           ; if ADC3 > 1.1V, LED4 on
        OUT     PORTB,AL
        LDI     LCD_BUFFER,0xC7         ;   and display ">"
        CALL    LCD_COMMAND
        LDI     LCD_BUFFER,'>'
        CALL    LCD_DATA
        CALL    D100MS
        RJMP    LOOP

;=======================================================================
;       Include User Subroutine File
;=======================================================================
.include "OK2561.INC"                   ; OK-2561 I/O and subroutine file
```

☞ A/D 컨버터의 입력신호 ADC0~ADC7을 아날로그 비교기의 입력으로 사용하려면 ADCSRA 레지스터에서 ADEN=0으로 설정하고 ADCSRB 레지스터에서 ACME=1로 설정해야 한다. 비교 결과는 ACSR 레지스터의 ACO 비트로 표시된다. 아날로그 비교기의 양극성 입력 단자의 전압이 높을 때는 ACO=1이 되고, 음극성 입력 단자의 전압이 높을 때는 ACO=0으로 된다.

이 프로그램을 어셈블하여 다운로드하고 실행하라. 그리고, ⊖자형의 스크류 드라이버로 *OK-1281/2561* 키트의 가변저항 VR1을 좌우로 돌리면서 LCD 모듈에 표시되는 부등호와 LED1 또는 LED4를 관찰하라. VR1의 전압이 1.1V보다 낮을 때는 LED1이 점등되고, VR1의 전압이 1.1V보다 높을 때는 LED4가 점등된다.

▣ C언어의 경우

앞의 Exp10_7.asm과 동일한 기능을 수행하는 프로그램을 C언어로 작성하여 보면 다음과 같다.

<프로그램 Exp10_7.c> 아날로그 비교기 응용 프로그램

```
/* ======================================================================== */
/*              Exp10_7.c : Analog Comparator - VR1 vs 1.1V                 */
/* ======================================================================== */
/*                      Designed and programmed by Duck-Yong Yoon in 2006.   */

#include <avr/io.h>
```

```
#include "OK1281.h"

int main(void)
{
  MCU_initialize();                          // initialize MCU and kit
  Delay_ms(50);                              // wait for system stabilization
  LCD_initialize();                          // initialize text LCD module
  Beep();

  LCD_string(0x80,"  Analog Comp.   ");      // display title
  LCD_string(0xC0,"   VR1 < 1.1V    ");

  ACSR = 0x43;                               // +input = 1.1V
  ADCSRA = 0x00;                             // ADEN = 0
  ADCSRB = 0x40;                             // ACME = 1
  ADMUX = 0x03;                              // -input = ADC3

  while(1)
    { if((ACSR & 0x20) == 0x20)              // if ACO=1, ADC3 < 1.1V
        { PORTB = 0x10;                      //   LED1 on
          LCD_command(0xC7);                 //   display "<"
          LCD_data('<');
        }
      else                                   // if ACO=0, ADC3 > 1.1V
        { PORTB = 0x80;                      //   LED4 on
          LCD_command(0xC7);                 //   display ">"
          LCD_data('>');
        }

      Delay_ms(100);                         // delay 100 ms
    }
}
```

6. 실습 과제

(1) <그림 4.10.1.>의 Op Amp를 이용한 비반전 증폭기(non-inverting amplifier)에서 어떤 이유로 증폭률이 5가 되는지 설명하라. 그리고, 여기서 사용한 저항들은 왜 1% 오차라고 명시하였는지, 그리고 *OK-1281/2561* 키트의 설계자는 왜 여기서 반전증폭기(inverting amplifier)를 사용하지 않고 비반전 증폭기를 사용했는지도 설명하라.

(2) 예제 프로그램 Exp10_1.c에서 A/D 변환의 완료 여부를 체크하는

```
while((ADCSRA & 0x10) != 0x10);
```

부분은

```
while(!(ADCSRA & (1 << ADIF)));
```

와 같이 수정해도 된다. 이것의 의미를 설명하라.

(3) 예제 프로그램 Exp10_1.c에서 A/D 변환의 완료 여부를 체크하는

```
while((ADCSRA & 0x10) != 0x10);
```

부분은

```
loop_until_bit_is_set(ADCSRA,ADIF);
```

와 같이 수정해도 된다. 이것의 의미를 설명하라.

(4) 예제 프로그램 Exp10_1.c에서 A/D 변환 결과를 8비트씩 2차례로 처리하려면

```
sum += ADCW;
```

부분은

```
sum += ADCH*256 + ADCL;
```

가 아니라 반드시

```
sum += ADCL + ADCH*256;
```

으로 처리해야 한다. 그 이유를 설명하라.

(5) 논리적 시프트와 산술적 시프트 동작을 비교하여 설명하라.

(6) 예제 프로그램 Exp10_1.asm에서는 VR1을 변화시킬 때 0.0V~4.9V 범위에서 전압이 표시되는데 Exp10_1.c에서는 0.0V~5.0V 범위에서 전압이 표시된다. 왜 이런 차이가 발생하는지 그 이유를 설명하라.

(7) 예제 프로그램 Exp10_1.asm을 수정하여 VR1의 전압이 소수점 아래 둘째 자리까지 표시되도록 한 프로그램 Exp10_1R.asm을 작성하라.

(8) 예제 프로그램 Exp10_1.c를 수정하여 VR1의 전압이 소수점 아래 둘째 자리까지 표시되도록 한 프로그램 Exp10_1R.c를 작성하라.

4.11 D/A 컨버터 응용 프로그램

이 절에서는 *OK-1281/2561* 키트에서 ATmega1281/2561의 포트B에 접속한 8비트 D/A 컨버터 DAC0800을 응용하는 프로그래밍 기술을 공부하기로 한다.

관련 내용	(1) 제1.3절 ATmega1281/2561의 명령 세트 (2) 제3.1절 *OK-1281/2561* 키트의 구조와 기능

1. *OK-1281/2561* 키트의 D/A 컨버터

제3.1절에서 설명한 바와 같이 *OK-1281/2561* 키트에는 8비트 D/A 컨버터인 DAC0800을 가지고 있다. 이는 <그림 4.11.1>에도 다시 보인 바와 같이 D/A 컨버터를 어드레스 디코더를 통하여 데이터 버스에 접속하지 않고 포트B에 접속하였으므로 별도의 8비트 래치를 사용할 필요가 없다.

DAC0800은 전류 출력형 D/A 컨버터이므로 Op Amp를 접속하여 전압출력으로 변환하여야 하며, 회로 구성 방법에 따라 +/- 양극성의 전압출력도 가능하다. 정밀한 D/A 변환 결과를 얻으려면 기준전압 단자 VREF+에도 정확한 +5V 전압을 인가해야 하며, 모든 저항 R22~R25는 오차가 적은 정밀급으로 사용하는 것이 좋다.

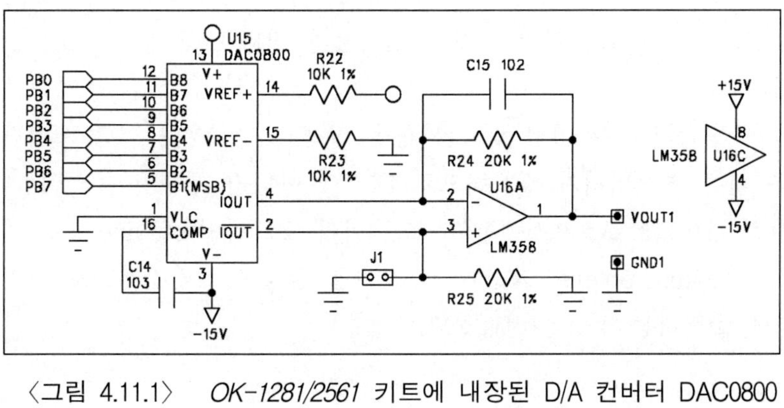

〈그림 4.11.1〉 *OK-1281/2561* 키트에 내장된 D/A 컨버터 DAC0800

<그림 4.11.1>의 회로에서 점퍼 스위치 J1은 출력되는 아날로그 전압의 극성 또는 범위를 설정하는데 사용된다. 즉, 이 회로에서 점퍼 스위치 J1을 ON시키면 출력전압은 +방향의 단극성(unipolar)으로 되고, D/A 컨버터 출력의 최대값이

$$\begin{aligned} V_{OUT1} &= \frac{V_{REF}}{R_{22}} R_{24}\left(\frac{1}{2}+\frac{1}{4}+\frac{1}{8}+\frac{1}{16}+\frac{1}{32}+\frac{1}{64}+\frac{1}{128}+\frac{1}{256}\right) \\ &= \frac{5}{(10\times10^3)} \times (20\times10^3) \times \frac{255}{256} = 9.961\,[\mathrm{V}] \end{aligned}$$

이므로 출력전압의 범위는 약 0V～+10V가 된다. 이때 디지털 데이터 0x00은 출력전압 0V에 대응하고, 0xFF는 출력전압 9.961V에 대응한다. 이 식에서 보듯이 기준전압 V_{REF}와 저항 R22, R24의 값은 출력전압에 직접적으로 관련되고 있음을 알 수 있다.

그러나, 점퍼 스위치 J1을 OFF시키면 출력전압은 + 및 -방향의 양극성(bipolar)으로 되고, D/A 컨버터 출력의 최대값이

$$\begin{aligned} V_{OUT1} &= \pm\frac{V_{REF}}{R_{22}} R_{24}\left(\frac{1}{2}+\frac{1}{4}+\frac{1}{8}+\frac{1}{16}+\frac{1}{32}+\frac{1}{64}+\frac{1}{128}\right) \\ &= \pm\frac{5}{(10\times10^3)} \times (20\times10^3) \times \frac{127}{128} = \pm9.922\,[\mathrm{V}] \end{aligned}$$

이므로 출력전압의 범위는 약 -10V～+10V가 된다. 이때 디지털 데이터 0x80은 출력전압 0V에 대응하고, 데이터가 0xFF쪽으로 증가할수록 출력전압은 +9.922V에 접근하며, 데이터가 0x00쪽으로 감소할수록 출력전압은 -9.922V에 접근한다.

또한, 이 회로에서 Op Amp는 DAC0800의 출력이 전류로 되어 있는 것을 전압으로 변환하며, 콘덴서 C15는 입력 디지털 값의 변화에 따라 출력되는 아날로그 전압이 변할 때 출력신호에 나타날 수 있는 글리치(glitch) 현상을 방지하고 출력파형이 계단모양으로 되는 것을 부드럽게 처리해 주는 저역통과 필터(LPF ; Low-Pass Filter) 기능을 수행한다.

D/A 컨버터를 이용하여 어떤 함수 파형을 발생하는 경우에 이를 실시간으로 계산하려면 매우 빠른 연산처리가 필요하므로 DSP가 아니면 구현하기가 어렵다. 따라서, 대부분 중저속 마이크로프로세서에서는 이를 미리 오프라인(off-line)으로 계산하여 그 결과를 조견표(lookup table)로 만들어 두고 이를 일정한 시간간격으로 차례로 읽어서 D/A 컨버터에 출력하는 방법을 사용한다.

◀휴게실▶ **D/A 컨버터의 분류**

○ 분해능에 따라
- 저분해능형 - 4비트형, 6비트형, 8비트형
- 고분해능형 - 10비트형, 12비트형, 14비트형, 16비트형, 24비트형

○ 변환시간(셋틀링 시간)에 따라
- 저속형 - 변환시간 수μs 이상
- 고속형 - 변환시간 수백ns 이하

○ 데이터 변환방식에 따라
- 저항 네트워크형
- 저항 사다리형

○ 아날로그 출력의 형태에 따라
- 전류출력형
- 전압출력형

○ 아날로그 출력의 극성에 따라
- 단극성형
- 양극성형

○ 데이터 입력 형태에 따라
- 병렬 입력형
- 직렬 입력형

○ 아날로그 출력 채널수에 따라
- 싱글 채널형
- 멀티 채널형

○ 기타
- 기준전원 내장형
- 입력 레지스터 내장형

2. 기본적인 D/A 컨버터 출력 프로그램

먼저 D/A 컨버터를 통하여 일정한 시간지연을 주면서 미리 계산된 데이터를 출력하여 일정한 주파수와 진폭을 가지는 삼각파(triangular wave)나 정현파(sinusoidal wave)를 발생시키는 프로그램을 작성하여 본다.

(1) 삼각파 발생 프로그램

▣ 어셈블리 언어의 경우

조견표의 데이터를 출력할 때마다 일정한 시간지연을 주는 방법으로 DAC0800을 이용하여 약 1kHz의 삼각파를 출력하고자 하는 프로그램을 어셈블리 언어로 작성하면 다음과 같다. 이 삼각파는 진폭이 약 -7.8V~+7.8V 범위에서 동작하는데, 1주기의 데이터는 100등분으로 분할하여 미리 계산하고 이를 테이블로 처리하였으며, 1개의 데이터를 출력할 때마다 10μs의 시간지연을 주었다.

<프로그램 Exp11_1.asm> 삼각파 발생 프로그램

```
;[][][][][][][][][][][][][][][][][][][][][][][][][][][][][][][][][][][][]
;[]                                                                    []
;[]      Exp11_1.asm : D/A Converter Triangular Wave Output           []
;[]                                                                    []
;[][][][][][][][][][][][][][][][][][][][][][][][][][][][][][][][][][][][]
;
;               Designed and programmed by Duck-Yong Yoon in 2006.
;
;---------------------------------------------
;       Include Header File
;---------------------------------------------
.nolist
.include "m2561def.inc"                 ; ATmega2561 definition file
.list

;===================================================================
;       Main Program
;===================================================================
.cseg
        .org    0x0000
        LDI     AH,high(RAMEND)         ; initialize SP
        LDI     AL,low(RAMEND)
        OUT     SPH,AH
        OUT     SPL,AL

        CALL    INIT_MCU                ; initialize MCU and kit
        CALL    D50MS                   ; wait for system stabilization
        CALL    INIT_LCD                ; initialize text LCD
        CALL    BEEP

;---------------------------------------------
;       D/A Output
;---------------------------------------------
        CALL    LCD_HOME1               ; display title
        CALL    LCD_STRING
        .db     "  DAC0800 D/A    ",0,0
        CALL    LCD_HOME2
        CALL    LCD_STRING
        .db     "Triangular Wave ",0,0

LOOP:   LDI     ZL,byte3(TRI_TABLE << 1); start address of triangular table
        OUT     RAMPZ,ZL
        LDI     ZH,high(TRI_TABLE << 1)
```

```
        LDI     ZL,low(TRI_TABLE << 1)
        LDI     CL,100
LOOP1:  ELPM    AL,Z+                   ; read data
        OUT     PORTB,AL                ; output D/A
        CALL    D10US
        DEC     CL
        BRNE    LOOP1
        JMP     LOOP

TRI_TABLE:                              ; triangular wave data table
        .db     0x80,0x84,0x88,0x8C,0x90,0x94,0x98,0x9C,0xA0,0xA4
        .db     0xA8,0xAC,0xB0,0xB4,0xB8,0xBC,0xC0,0xC4,0xC8,0xCC
        .db     0xD0,0xD4,0xD8,0xDC,0xE0,0xE4,0xE0,0xDC,0xD8,0xD4
        .db     0xD0,0xCC,0xC8,0xC4,0xC0,0xBC,0xB8,0xB4,0xB0,0xAC
        .db     0xA8,0xA4,0xA0,0x9C,0x98,0x94,0x90,0x8C,0x88,0x84
        .db     0x80,0x7C,0x78,0x74,0x70,0x6C,0x68,0x64,0x60,0x5C
        .db     0x58,0x54,0x50,0x4C,0x48,0x44,0x40,0x3C,0x38,0x34
        .db     0x30,0x2C,0x28,0x24,0x20,0x1C,0x20,0x24,0x28,0x2C
        .db     0x30,0x34,0x38,0x3C,0x40,0x44,0x48,0x4C,0x50,0x54
        .db     0x58,0x5C,0x60,0x64,0x68,0x6C,0x70,0x74,0x78,0x7C

;======================================================================
;       Include User Subroutine File
;======================================================================
.include "OK2561.INC"                   ; OK-2561 I/O and subroutine file
```

☞ 플래시 메모리의 상수 데이터를 읽어오는데는 반드시 LPM 또는 ELPM 명령을 사용해야 한다. 이때 각 번지에는 2바이트씩 저장되어 있으므로 Z레지스터 또는 RAMPZ:Z 레지스터의 값을 1비트 좌측으로 시프트하여 워드 번지가 아니라 바이트 번지로 사용해야 한다는데 유의하라.

만약, 이 100개의 데이터를 정확히 10μs의 시간간격으로 일정하게 D/A 컨버터에 출력한다면 이 삼각파의 1주기 데이터를 모두 출력하는데 1000μs가 걸릴 것이므로 삼각파의 출력주파수는 1kHz가 될 것이다. 그러나, 이 프로그램에서는 10μs의 시간지연 루틴이 정확하지 않고 다소 오차가 있으며, 또한 1개의 데이터를 출력할 때마다 이 시간지연값 이외에도 이 루틴을 실행하는데 시간이 소요되어 전체 처리 시간이 더 길어진다.

실험적으로 측정하여 보면 이렇게 1개의 데이터를 출력하는 처리 루프의 전체 실행시간은 약 11.33μs 정도가 되므로, 1주기의 데이터 100개를 출력하는데는 1133μs = 1.133ms가 걸리며, 따라서 실제의 삼각파 출력주파수는 1kHz가 아니라 약 880Hz 정도로 낮아진다.

이 프로그램을 어셈블하여 다운로드하고 실행하라. 이때 *OK-1281/2561* 키트에서 점퍼 스위치를 J1=ON으로 설정하여 +극성의 출력전압만 발생하는 경우 출력신호 VOUT1을 오실로스코프로 측정한 파형을 보이면 <그림 4.11.2>의 (a)와 같고, J1=OFF로 설정하여 +/-극성의 출력전압이 발생하는 경우 출력신호 VOUT1을 측정한 파형은 그림의 (b)와 같다. 실제로 여러분의 *OK-1281/2561* 키트에서 오실로스코프로 이 파형을 관측하여 이와 같게 되는지 확인하라.

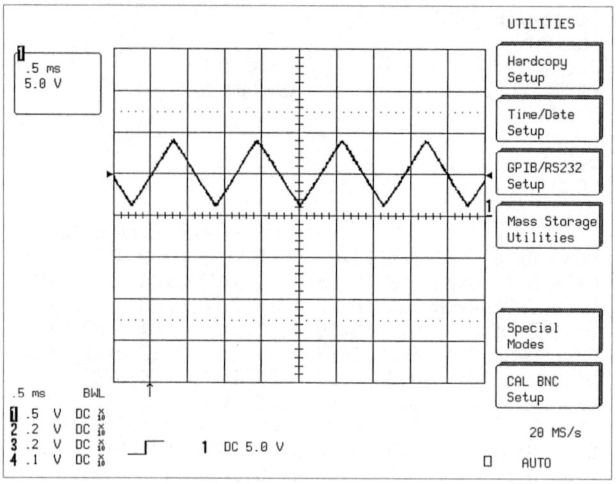

(a) J1을 ON시킨 경우

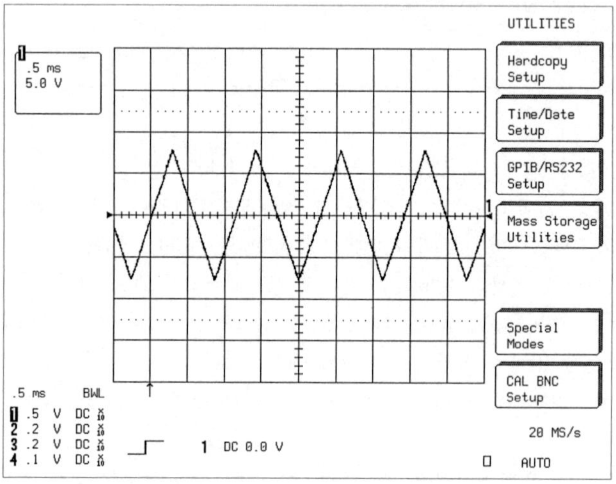

(b) J1을 OFF시킨 경우

〈그림 4.11.2〉 프로그램 Exp11_1.asm에 의한 삼각파 출력 파형

▣ C언어의 경우

앞의 Exp11_1.asm과 동일한 기능을 수행하는 프로그램을 C언어로 작성하여 보면 다음과 같다.

<프로그램 Exp11_1.c> 삼각파 발생 프로그램

```
/* ============================================================================ */
/*              Exp11_1.c : D/A Converter Triangular Wave Output                */
/* ============================================================================ */
```

```
/*                      Designed and programmed by Duck-Yong Yoon in 2006.  */

#include <avr/io.h>
#include "OK1281.h"

int main(void)
{ unsigned char i;
  unsigned char tri_table[100] = {              // triangular wave data table
    0x80,0x84,0x88,0x8C,0x90,0x94,0x98,0x9C,0xA0,0xA4,
    0xA8,0xAC,0xB0,0xB4,0xB8,0xBC,0xC0,0xC4,0xC8,0xCC,
    0xD0,0xD4,0xD8,0xDC,0xE0,0xE4,0xE0,0xDC,0xD8,0xD4,
    0xD0,0xCC,0xC8,0xC4,0xC0,0xBC,0xB8,0xB4,0xB0,0xAC,
    0xA8,0xA4,0xA0,0x9C,0x98,0x94,0x90,0x8C,0x88,0x84,
    0x80,0x7C,0x78,0x74,0x70,0x6C,0x68,0x64,0x60,0x5C,
    0x58,0x54,0x50,0x4C,0x48,0x44,0x40,0x3C,0x38,0x34,
    0x30,0x2C,0x28,0x24,0x20,0x1C,0x20,0x24,0x28,0x2C,
    0x30,0x34,0x38,0x3C,0x40,0x44,0x48,0x4C,0x50,0x54,
    0x58,0x5C,0x60,0x64,0x68,0x6C,0x70,0x74,0x78,0x7C };

  MCU_initialize();                             // initialize MCU and kit
  Delay_ms(50);                                 // wait for system stabilization
  LCD_initialize();                             // initialize text LCD module
  Beep();

  LCD_string(0x80,"  DAC0800 D/A   ");          // display title
  LCD_string(0xC0,"Triangular Wave ");

  while(1)
    { for(i=0; i<100; i++)                      // output D/A
        { PORTB = tri_table[i];
          Delay_us(10);
        }
    }
}
```

☞ 이 프로그램에서 unsigned char tri_table[100]은 삼각파 발생을 위한 조견표로서 처음에 한번 데이터를 정의하여 놓으면 그 다음부터는 이를 읽기만 하는 상수 테이블이다. 이처럼 상당히 큰 용량의 상수 데이터 테이블을 4KB로 용량이 작은 SRAM에 변수로 저장하여 사용하는 것은 바람직하지 않으며, 128KB 또는 256KB로 용량이 큰 플래시 메모리에 상수로 저장하여 사용하는 것이 좋다.

앞의 예제 프로그램 Exp11_1.c에서 데이터 메모리인 내부 SRAM에 변수로 정의된 unsigned char tri_table[100]을 프로그램 메모리인 플래시 메모리에 상수로 정의하여 사용하는 방식으로 수정하면 다음과 같다.

이런 플래시 메모리 저장용의 상수 배열을 정의할 때는 prog_char 또는 prog_uchar 지시어를 사용하여 함수의 외부에서 global로 정의해야 하며, 이를 위해서는 WinAVR의 헤더파일 pgmspace.h를 인클루드시켜 주어야 하는데, 사용자가 이 배열의 상수를 읽을 때는 pgm_read_byte() 함수를 사용해야 한다. 앞으로의 예제에서는 가급적이면 이렇게 플래시 메모리를 사용할 것이다.

<프로그램 Exp11_1a.c> 삼각파 발생 프로그램

```
/* ============================================================================ */
/*              Exp11_1a.c : D/A Converter Triangular Wave Output               */
/* ============================================================================ */
/*                          Designed and programmed by Duck-Yong Yoon in 2006.  */

#include <avr/io.h>
#include <avr/pgmspace.h>
#include "OK1281.h"

prog_uchar tri_table[100] = {                       // triangular wave data table
     0x80,0x84,0x88,0x8C,0x90,0x94,0x98,0x9C,0xA0,0xA4,
     0xA8,0xAC,0xB0,0xB4,0xB8,0xBC,0xC0,0xC4,0xC8,0xCC,
     0xD0,0xD4,0xD8,0xDC,0xE0,0xE4,0xE0,0xDC,0xD8,0xD4,
     0xD0,0xCC,0xC8,0xC4,0xC0,0xBC,0xB8,0xB4,0xB0,0xAC,
     0xA8,0xA4,0xA0,0x9C,0x98,0x94,0x90,0x8C,0x88,0x84,
     0x80,0x7C,0x78,0x74,0x70,0x6C,0x68,0x64,0x60,0x5C,
     0x58,0x54,0x50,0x4C,0x48,0x44,0x40,0x3C,0x38,0x34,
     0x30,0x2C,0x28,0x24,0x20,0x1C,0x20,0x24,0x28,0x2C,
     0x30,0x34,0x38,0x3C,0x40,0x44,0x48,0x4C,0x50,0x54,
     0x58,0x5C,0x60,0x64,0x68,0x6C,0x70,0x74,0x78,0x7C };

int main(void)
{ unsigned char i;

  MCU_initialize();                                 // initialize MCU and kit
  Delay_ms(50);                                     // wait for system stabilization
  LCD_initialize();                                 // initialize text LCD module
  Beep();

  LCD_string(0x80,"  DAC0800 D/A   ");              // display title
  LCD_string(0xC0,"Triangular Wave ");

  while(1)
    { for(i=0; i<100; i++)                          // output D/A
        { PORTB = pgm_read_byte(&tri_table[i]);
          Delay_us(10);
        }
    }
}
```

☞ 이 프로그램을 실행하고 실험적으로 측정하여 보면 이렇게 1개의 데이터를 출력하는 처리 루프의 전체 실행시간은 약 12.17μs 정도가 되므로, 1주기의 데이터 100개를 출력하는데는 1217μs = 1.217ms가 걸리며, 따라서 실제의 삼각파 출력주파수는 1kHz가 아니라 약 820Hz 정도로 낮아진다. 이는 어셈블리 예제 프로그램 Exp11_1.c에서보다 더 낮은 주파수인데, 이렇게 C언어로 프로그래밍하였을 경우 발생 주파수가 낮아지는 것은 C언어로 작성한 프로그램이 어셈블리 언어로 작성한 프로그램에 비하여 비효율적으로 되어 실행속도가 약간 낮아지기 때문이다.

이 프로그램을 어셈블하여 다운로드하고 실행하라. 이때 *OK-1281/2561* 키트에서 점퍼 스위치를 J1=OFF로 설정하고 출력신호 VOUT1을 측정한 파형은 <그림 4.11.3>과 같다. 이는 어셈블리 프로그램에 의한 <그림 4.11.2>의 (b)에 비하여 다소 낮은 주파수가 되는 것을 확인할 수 있다.

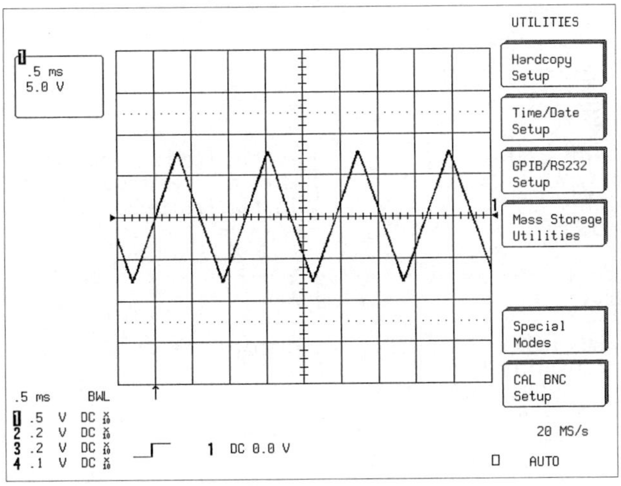

〈그림 4.11.3〉 프로그램 Exp11_1a.c에 의한 삼각파 출력 파형

(2) 정현파 발생 프로그램

▣ 어셈블리 언어의 경우

조견표의 데이터를 출력할 때마다 일정한 시간지연을 주는 방법으로 DAC0800을 이용하여 약 1kHz의 정현파를 출력하고자 하는 프로그램을 어셈블리 언어로 작성하면 다음과 같다. 이 정현파는 진폭이 약 -10V～+10V 범위에서 동작하는데, 1주기의 데이터는 100등분으로 분할하여 미리 계산하고 이를 테이블로 처리하였으며, 1개의 데이터를 출력할 때마다 10μs의 시간지연을 주었다.

<프로그램 Exp11_2.asm> 정현파 발생 프로그램

```
;[][][][][][][][][][][][][][][][][][][][][][][][][][][][][][][][][][][][]
;[]                                                                     []
;[]         Exp11_2.asm : D/A Converter Sine Wave Output                []
;[]                                                                     []
;[][][][][][][][][][][][][][][][][][][][][][][][][][][][][][][][][][][][]
;
;           Designed and programmed by Duck-Yong Yoon in 2006.
;
;-----------------------------------------------------
;       Include Header File
;-----------------------------------------------------
.nolist
.include "m2561def.inc"                 ; ATmega2561 definition file
.list
```

```
;==============================================================================
;       Main Program
;==============================================================================
.cseg
        .org    0x0000
        LDI     AH,high(RAMEND)         ; initialize SP
        LDI     AL,low(RAMEND)
        OUT     SPH,AH
        OUT     SPL,AL

        CALL    INIT_MCU                ; initialize MCU and kit
        CALL    D50MS                   ; wait for system stabilization
        CALL    INIT_LCD                ; initialize text LCD
        CALL    BEEP

;------------------------------------------------
;       D/A Output
;------------------------------------------------
        CALL    LCD_HOME1               ; display title
        CALL    LCD_STRING
        .db     "  DAC0800 D/A   ",0,0
        CALL    LCD_HOME2
        CALL    LCD_STRING
        .db     "   Sine Wave    ",0,0

LOOP:   LDI     ZL,byte3(SIN_TABLE << 1); start address of sine table
        OUT     RAMPZ,ZL
        LDI     ZH,high(SIN_TABLE << 1)
        LDI     ZL,low(SIN_TABLE << 1)
        LDI     CL,100
LOOP1:  ELPM    AL,Z+                   ; read data
        OUT     PORTB,AL                ; output D/A
        CALL    D10US
        DEC     CL
        BRNE    LOOP1
        JMP     LOOP

SIN_TABLE:                              ; sine wave data table
        .db     0x80,0x88,0x90,0x98,0xA0,0xA7,0xAF,0xB6,0xBD,0xC4
        .db     0xCB,0xD1,0xD7,0xDD,0xE2,0xE7,0xEB,0xEF,0xF3,0xF6
        .db     0xF9,0xFB,0xFD,0xFE,0xFF,0xFF,0xFF,0xFE,0xFD,0xFB
        .db     0xF9,0xF6,0xF3,0xEF,0xEB,0xE7,0xE2,0xDD,0xD7,0xD1
        .db     0xCB,0xC4,0xBD,0xB6,0xAF,0xA7,0xA0,0x98,0x90,0x88
        .db     0x80,0x78,0x70,0x68,0x60,0x59,0x51,0x4A,0x43,0x3C
        .db     0x35,0x2F,0x29,0x23,0x1E,0x19,0x15,0x11,0x0D,0x0A
        .db     0x07,0x05,0x03,0x02,0x01,0x01,0x01,0x02,0x03,0x05
        .db     0x07,0x0A,0x0D,0x11,0x15,0x19,0x1E,0x23,0x29,0x2F
        .db     0x35,0x3C,0x43,0x4A,0x51,0x59,0x60,0x68,0x70,0x78

;==============================================================================
;       Include User Subroutine File
;==============================================================================
.include "OK2561.INC"                   ; OK-2561 I/O and subroutine file
```

이 프로그램에서도 역시 프로그램의 실행시간 때문에 정현파 출력 파형의 주파수는 1kHz가 되지 못하고 약 880Hz로 낮아진다. 이 프로그램을 *OK-1281/2561* 키트에 다운로드하여 실행하고 점퍼 스위치를 J1=ON/OFF로 설정하여 출력신호 VOUT1을 오실로스코프로 측정한 파형을 보이면 각 <그림 4.11.4>의 (a) 및 (b)와 같다.

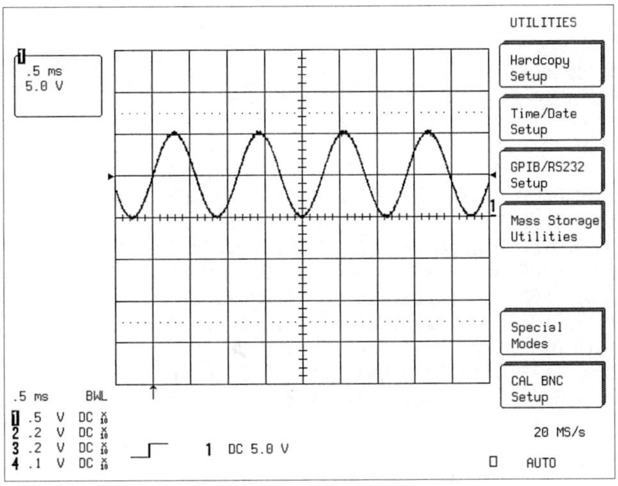

(a) J1을 ON시킨 경우

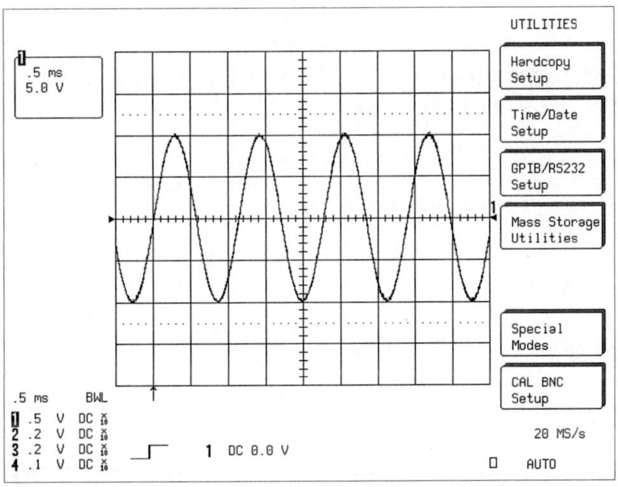

(b) J1을 OFF시킨 경우

〈그림 4.11.4〉 프로그램 Exp11_2.asm에 의한 정현파 출력 파형

▣ C언어의 경우

앞의 예제 프로그램 Exp11_2.asm을 C언어로 작성하여 보면 다음과 같다.

<프로그램 Exp11_2.c> 정현파 발생 프로그램

```
/* ============================================================================ */
/*                  Exp11_2.c : D/A Converter Sine Wave Output                 */
/* ============================================================================ */
/*                         Designed and programmed by Duck-Yong Yoon in 2006.   */
```

```
#include <avr/io.h>
#include <avr/pgmspace.h>
#include "OK1281.h"

prog_uchar sin_table[100] = {                          // sine wave data table
    0x80,0x88,0x90,0x98,0xA0,0xA7,0xAF,0xB6,0xBD,0xC4,
    0xCB,0xD1,0xD7,0xDD,0xE2,0xE7,0xEB,0xEF,0xF3,0xF6,
    0xF9,0xFB,0xFD,0xFE,0xFF,0xFF,0xFF,0xFE,0xFD,0xFB,
    0xF9,0xF6,0xF3,0xEF,0xEB,0xE7,0xE2,0xDD,0xD7,0xD1,
    0xCB,0xC4,0xBD,0xB6,0xAF,0xA7,0xA0,0x98,0x90,0x88,
    0x80,0x78,0x70,0x68,0x60,0x59,0x51,0x4A,0x43,0x3C,
    0x35,0x2F,0x29,0x23,0x1E,0x19,0x15,0x11,0x0D,0x0A,
    0x07,0x05,0x03,0x02,0x01,0x01,0x01,0x02,0x03,0x05,
    0x07,0x0A,0x0D,0x11,0x15,0x19,0x1E,0x23,0x29,0x2F,
    0x35,0x3C,0x43,0x4A,0x51,0x59,0x60,0x68,0x70,0x78 };

int main(void)
{ unsigned char i;

  MCU_initialize();                                    // initialize MCU and kit
  Delay_ms(50);                                        // wait for system stabilization
  LCD_initialize();                                    // initialize text LCD module
  Beep();

  LCD_string(0x80," DAC0800 D/A   ");                  // display title
  LCD_string(0xC0,"  Sine Wave    ");

  while(1)
    { for(i=0; i<100; i++)                             // output D/A
        { PORTB = pgm_read_byte(&sin_table[i]);
          Delay_us(10);
        }
    }
}
```

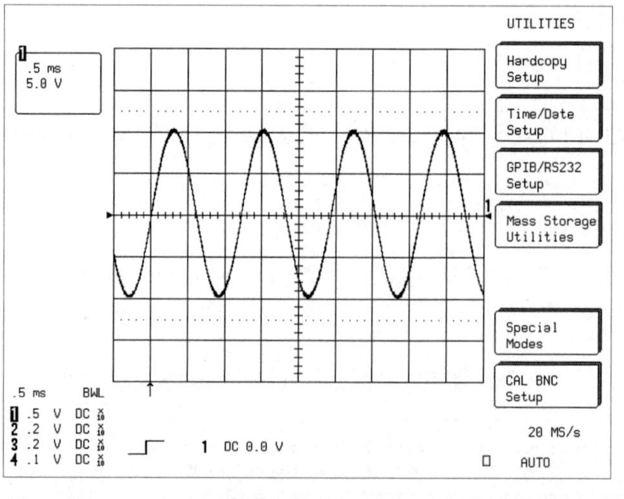

〈그림 4.11.5〉 프로그램 Exp11_2.c에 의한 정현파 출력 파형

이 프로그램에서는 정현파 발생을 위한 조견표를 플래시 메모리에 상수 테이블로 정의하여 사용하였으므로 이것은 앞의 예제 Exp11_1a.c와 동일한 방식이 되어 여기서 출력되는 정현파의 주파수는 약 820Hz가 된다. *OK-1281/2561* 키트에서 점퍼 스위치를 J1=OFF로 설정하고 오실로스코프로 파형을 측정하면 <그림 4.11.5>와 같다.

그러나, 이 정현파 발생 프로그램을 앞에서처럼 미리 조견표를 만들어 사용하지 않고 프로그램 내에서 실시간으로 sin() 함수를 계산하여 사용하는 방법으로 처리하면 다음과 같다.

<프로그램 Exp11_2a.c> 함수 계산에 의한 정현파 발생 프로그램

```
/* ============================================================================ */
/*          Exp11_2a.c : D/A Converter Sine Wave Output by Function            */
/* ============================================================================ */
/*                         Designed and programmed by Duck-Yong Yoon in 2006.   */

#include <avr/io.h>
#include <math.h>
#include "OK1281.h"

int main(void)
{ unsigned char i;
  float x;

  MCU_initialize();                               // initialize MCU and kit
  Delay_ms(50);                                   // wait for system stabilization
  LCD_initialize();                               // initialize text LCD module
  Beep();

  LCD_string(0x80," DAC0800 D/A  ");              // display title
  LCD_string(0xC0,"  Sine Wave   ");

  while(1)
    { for(i=0 i<100; i++)                         // output D/A
        { x = (float)360.*i/100.;
          PORTB = 0x80 + 0x7F*sin(M_PI*x/180.);
        }
    }
}
```

☞ 이러한 실시간 계산 방식은 C언어 프로그램이 아니면 사용하기가 어렵다. 부동소수점형 DSP가 아니고 일반 마이크로콘트롤러에서는 어셈블리 언어에서 이러한 수학함수를 계산하는 것이 매우 어렵다.

이 프로그램을 컴파일하고 *OK-1281/2561* 키트에 다운로드하여 실행하여 보라. 그리고, 오실로스코프로 출력 파형을 측정하여 보라.

이 예제 프로그램에서는 앞에서 데이터를 한번 출력할 때마다 주던 10μs의 시간지연을 삭제하여 인위적으로 시간지연을 전혀 주지 않았는데도 불구하고 이를 실행하면

<그림 4.11.6>에 보인 바와 같이 수Hz 정도에 불과한 상당히 낮은 주파수의 정현파 출력이 발생된다. 이는 ATmega1281/2561이 아무리 빠른 처리속도를 자랑하는 마이크로콘트롤러라고 하더라도 이와 같이 C언어에서 sin() 함수를 실시간으로 계산하는데는 상당한 시간이 소요되기 때문이다. 이것이 바로 D/A 컨버터를 이용하여 함수 파형을 발생하는데 실시간으로 연산하지 않고 미리 오프라인으로 조견표를 만들어 사용하는 이유이다.

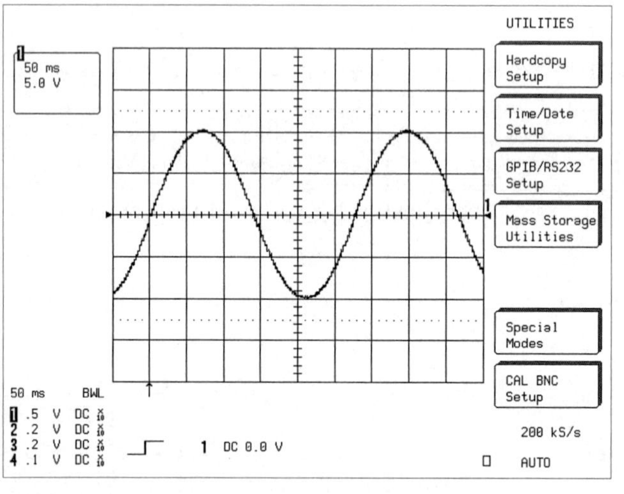

〈그림 4.11.6〉 프로그램 Exp11_2a.c에 의한 정현파 출력 파형

3. 인터럽트에 의한 D/A 컨버터 출력 프로그램

앞에서와 같이 일정한 시간지연을 주면서 D/A 컨버터에 미리 계산된 데이터를 출력하는 방법은 프로그램의 처리시간 때문에 원하는 것보다 더 낮은 주파수의 신호를 출력하게 되고, 더구나 그것이 CPU의 처리속도에 따라 달라지기 때문에 정확히 원하는 주파수의 출력신호를 만들기 어렵게 된다.

이를 해결하는 방법은 주기적인 인터럽트를 발생하여 데이터 테이블을 D/A 컨버터에 출력하는 것이다. 즉, 타이머를 이용하여 주기적인 인터럽트를 발생하고, 인터럽트가 걸릴 때마다 조견표의 데이터를 하나씩 읽어서 출력하면 된다. 여기서는 타이머1의 CTC 모드에 의한 주기적인 인터럽트를 사용하여 조견표에 있는 100개의 데이터를 1개씩 차례로 출력하는 방법으로 정현파를 발생시키는 프로그램을 작성하여 본다.

▣ 어셈블리 언어의 경우

타이머1의 CTC 모드에 의한 주기적인 인터럽트를 이용하여 DAC0800에 정확히 1kHz의 정현파를 출력하는 프로그램을 어셈블리 언어로 구현하면 다음과 같다.

<프로그램 Exp11_3.asm> 인터럽트를 이용한 정현파 발생 프로그램

```
;[][][][][][][][][][][][][][][][][][][][][][][][][][][][][][][][][][]
;[]                                                                []
;[]      Exp11_3.asm : D/A Converter Sine Wave by Interrupt        []
;[]                                                                []
;[][][][][][][][][][][][][][][][][][][][][][][][][][][][][][][][][][]
;
;               Designed and programmed by Duck-Yong Yoon in 2006.
;
;-----------------------------------------------
;       Include Header File
;-----------------------------------------------
.nolist
.include "m2561def.inc"                 ; ATmega2561 definition file
.list

;=================================================================
;       Main Program
;=================================================================
.cseg
        .org    0x0000
        JMP     RESET                   ; power-on reset entry point

        .org    0x0022
        JMP     TIMER1_COMPA            ; interrupt vector OC1A

RESET:  LDI     AH,high(RAMEND)         ; initialize SP
        LDI     AL,low(RAMEND)
        OUT     SPH,AH
        OUT     SPL,AL

        CALL    INIT_MCU                ; initialize MCU and kit
        CALL    D50MS                   ; wait for system stabilization
        CALL    INIT_LCD                ; initialize text LCD
        CALL    BEEP

;-----------------------------------------------
;       Initialize OC1A Interrupt
;-----------------------------------------------
        CALL    LCD_HOME1               ; display title
        CALL    LCD_STRING
        .db     "  DAC0800 D/A   ",0,0
        CALL    LCD_HOME2
        CALL    LCD_STRING
        .db     "  1kHz Sine Wave ",0,0

        LDI     AL,0b00000000           ; CTC mode(4), don't output OC1A
        STS     TCCR1A,AL
        LDI     AL,0b00001010           ; interrupt = 16MHz/8/(1+19) = 100kHz
        STS     TCCR1B,AL
        LDI     AL,0b00000000
        STS     TCCR1C,AL
        LDI     AL,high(19)
        STS     OCR1AH,AL
        LDI     AL,low(19)
```

```
        STS     OCR1AL,AL
        LDI     AL,0x00                 ; clear Timer/Counter1
        STS     TCNT1H,AL
        STS     TCNT1L,AL
        LDI     AL,0b00000010           ; enable Timer/Counter1 OC1A interrupt
        STS     TIMSK1,AL
        LDI     AL,0b00101111           ; clear all interrupt flags
        STS     TIFR1,AL
        SEI                             ; global interrupt enable

        LDI     DL,0                    ; offset of data address

LOOP:   RJMP    LOOP                    ; wait interrupt

;=================================================================
;       Interrupt Service Routine of OC1A
;=================================================================
TIMER1_COMPA:
        PUSH    AH                      ; store registers
        PUSH    AL
        IN      AL,SREG
        PUSH    AL

        LDI     AH,high(SIN_TABLE << 1) ; calculate data address
        LDI     ZH,high(SIN_TABLE << 1)
        LDI     ZL,low(SIN_TABLE << 1)
        ADD     ZL,DL
        CLR     AL
        ADC     ZH,AL
        ADC     AH,AL
        OUT     RAMPZ,AH
        ELPM    AL,Z+                   ; read data
        OUT     PORTB,AL                ; output D/A

        INC     DL                      ; calculate next offset
        CPI     DL,100
        BRNE    TIMER1_C1
        CLR     DL

TIMER1_C1:
        POP     AL                      ; restore registers
        OUT     SREG,AL
        POP     AL
        POP     AH
        RETI

SIN_TABLE:                              ; sine wave data table
        .db     0x80,0x88,0x90,0x98,0xA0,0xA7,0xAF,0xB6,0xBD,0xC4
        .db     0xCB,0xD1,0xD7,0xDD,0xE2,0xE7,0xEB,0xEF,0xF3,0xF6
        .db     0xF9,0xFB,0xFD,0xFE,0xFF,0xFF,0xFF,0xFE,0xFD,0xFB
        .db     0xF9,0xF6,0xF3,0xEF,0xEB,0xE7,0xE2,0xDD,0xD7,0xD1
        .db     0xCB,0xC4,0xBD,0xB6,0xAF,0xA7,0xA0,0x98,0x90,0x88
        .db     0x80,0x78,0x70,0x68,0x60,0x59,0x51,0x4A,0x43,0x3C
        .db     0x35,0x2F,0x29,0x23,0x1E,0x19,0x15,0x11,0x0D,0x0A
        .db     0x07,0x05,0x03,0x02,0x01,0x01,0x01,0x02,0x03,0x05
        .db     0x07,0x0A,0x0D,0x11,0x15,0x19,0x1E,0x23,0x29,0x2F
        .db     0x35,0x3C,0x43,0x4A,0x51,0x59,0x60,0x68,0x70,0x78

;=================================================================
;       Include User Subroutine File
;=================================================================
.include "OK2561.INC"                   ; OK-2561 I/O and subroutine file
```

☞ 이 프로그램에서는 타이머1을 CTC 모드로 설정하여 정확히 100kHz의 속도 즉 10μs의 주기로 인터럽트 발생한다. 인터럽트가 발생할 때마다 데이터를 1개씩 차례로 출력하므로 100개의 데이터를 출력하는데는 1000μs=1ms가 소요되므로 정현파의 출력 주파수는 1kHz가 된다.
여기서는 인터럽트가 발생할 때마다 플래시 메모리의 상수 데이터를 읽어오는데 ELPM 명령을 사용하였으나, 오퍼랜드인 RAMPZ:Z 레지스터로 데이터 번지를 가리키는데는 다른 레지스터(DL)를 오프셋으로 사용하여 이를 0에서 99까지 변화시키는 방법을 사용하였다.

이 프로그램을 *OK-1281/2561* 키트에 다운로드하여 실행하고, J1=OFF에서 출력 파형을 오실로스코프로 측정하여 보면 <그림 4.11.7>에 보인 바와 같이 출력 파형의 주파수가 정확히 1kHz로 되는 것을 확인할 수 있다.

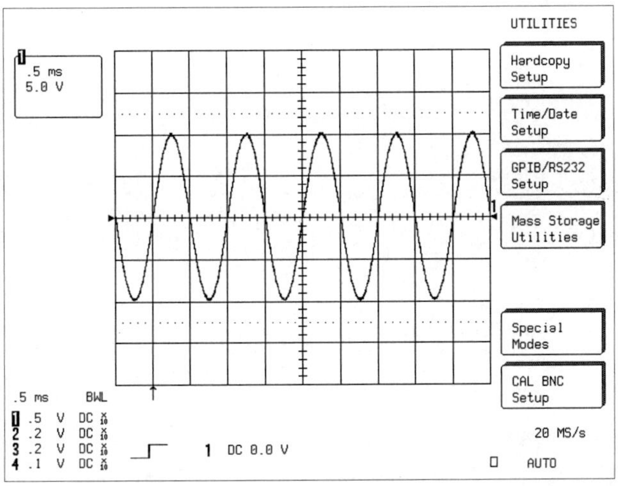

〈그림 4.11.7〉 프로그램 Exp11_3.asm 및 Exp11_3.c에 의한 정현파 출력 파형

▣ C언어의 경우

앞의 Exp11_3.asm과 동일한 기능을 수행하는 프로그램을 C언어로 작성하여 보면 다음과 같다.

<프로그램 Exp11_3.c> 인터럽트를 이용한 정현파 발생 프로그램

```
/* ============================================================================ */
/*              Exp11_3.c : D/A Converter Sine Wave by Interrupt                */
/* ============================================================================ */
/*                       Designed and programmed by Duck-Yong Yoon in 2006.     */

#include <avr/io.h>
#include <avr/interrupt.h>
```

```
#include <avr/pgmspace.h>
#include "OK1281.h"

unsigned char i;
prog_uchar sin_table[100] = {                           // sine wave data table
    0x80,0x88,0x90,0x98,0xA0,0xA7,0xAF,0xB6,0xBD,0xC4,
    0xCB,0xD1,0xD7,0xDD,0xE2,0xE7,0xEB,0xEF,0xF3,0xF6,
    0xF9,0xFB,0xFD,0xFE,0xFF,0xFF,0xFF,0xFE,0xFD,0xFB,
    0xF9,0xF6,0xF3,0xEF,0xEB,0xE7,0xE2,0xDD,0xD7,0xD1,
    0xCB,0xC4,0xBD,0xB6,0xAF,0xA7,0xA0,0x98,0x90,0x88,
    0x80,0x78,0x70,0x68,0x60,0x59,0x51,0x4A,0x43,0x3C,
    0x35,0x2F,0x29,0x23,0x1E,0x19,0x15,0x11,0x0D,0x0A,
    0x07,0x05,0x03,0x02,0x01,0x01,0x01,0x02,0x03,0x05,
    0x07,0x0A,0x0D,0x11,0x15,0x19,0x1E,0x23,0x29,0x2F,
    0x35,0x3C,0x43,0x4A,0x51,0x59,0x60,0x68,0x70,0x78 };

ISR(TIMER1_COMPA_vect)                                  /* OC1A interrupt function */
{
  PORTB = pgm_read_byte(&sin_table[i]);                 // output data to D/A
  i++;
  if(i == 100)
    i = 0;
}

int main(void)
{
  MCU_initialize();                                     // initialize MCU and kit
  Delay_ms(50);                                         // wait for system stabilization
  LCD_initialize();                                     // initialize text LCD module
  Beep();

  LCD_string(0x80," DAC0800 D/A   ");                   // display title
  LCD_string(0xC0," 1kHz Sine Wave ");

  TCCR1A = 0x00;                                        // CTC mode(4), don't output OC1A
  TCCR1B = 0x0A;                                        // 16MHz/8/(1+19) = 100kHz
  TCCR1C = 0x00;
  OCR1A = 19;
  TCNT1 = 0x0000;                                       // clear Timer/Counter1

  TIMSK1 = 0x02;                                        // enable OC1A interrupt
  TIFR1 = 0x2F;                                         // clear all interrupt flags
  sei();                                                // global interrupt enable

  i = 0;

  while(1);                                             // wait interrupt
}
```

이 프로그램을 *OK-1281/2561* 키트에 다운로드하여 실행하고 출력 파형을 오실로스코프로 측정하여 보면 앞의 <그림 4.11.7>과 같이 출력 파형의 주파수가 정확히 1kHz로 되는 것을 확인할 수 있다. 이와 같이 타이머를 사용한 주기적인 인터럽트 방법으로 D/A 컨버터의 데이터를 출력하면 어셈블리 언어를 사용하든 C언어를 사용하든 프로그램의 실행 시간에 관계없이 정확한 주파수의 파형을 발생시킬 수 있다.

4. 키입력에 의한 D/A 컨버터 출력 주파수의 가변

이번에는 키입력 KEY1~KEY4에 의하여 D/A 컨버터로 출력되는 정현파의 주파수를 가변할 수 있는 프로그램을 작성하여 보기로 한다. 타이머/카운터1의 CTC 모드에서 인터럽트 발생 주파수는

$$f_{OC1A} = \frac{f_{clk\_I/O}}{N \cdot (1+OCR1A)} = \frac{16 \times 10^6}{8 \cdot (1+OCR1A)}$$

이며, 1주기의 정현파는 100개의 데이터로 구성되므로 결국 D/A 컨버터로 출력되는 정현파의 주파수는 다음과 같이 결정된다.

$$f_{sin} = \frac{16 \times 10^6}{8 \cdot 100 \cdot (1+OCR1A)} = \frac{16 \times 10^6}{800 \cdot (1+OCR1A)}$$

예제 프로그램에서는 키입력을 이용하여 분주비 1+OCR1A 의 값을 20~200의 범위에서 가변시키는 것으로 한다. 그러면 정현파의 주파수는 1kHz~100Hz로 변화된다. KEY4와 KEY3은 각각 분주비를 10씩 크게 증가 또는 감소시키는데 사용하며, KEY2와 KEY1은 각각 분주비를 1씩 미세하게 증가 또는 감소시키는데 사용한다.

▣ 어셈블리 언어의 경우

키입력으로 출력 주파수를 가변할 수 있는 정현파 발생 프로그램을 어셈블리 언어로 구현하면 다음과 같다.

<프로그램 Exp11_4.asm> 정현파 출력 주파수를 가변하는 프로그램

```
;[][][][][][][][][][][][][][][][][][][][][][][][][][][][][][][][][][][]
;[]                                                                  []
;[]       Exp11_4.asm : Variable D/A Frequency by Key Input          []
;[]                                                                  []
;[][][][][][][][][][][][][][][][][][][][][][][][][][][][][][][][][][][]
;
;               Designed and programmed by Duck-Yong Yoon in 2006.
;
;----------------------------------------------------
;       Include Header File
;----------------------------------------------------
.nolist
.include "m2561def.inc"                ; ATmega2561 definition file
.list

;==================================================================
```

```
;       Main Program
;==================================================================
.cseg
        .org    0x0000
        JMP     RESET                   ; power-on reset entry point

        .org    0x0022
        JMP     TIMER1_COMPA            ; interrupt vector OC1A

RESET:  LDI     AH,high(RAMEND)         ; initialize SP
        LDI     AL,low(RAMEND)
        OUT     SPH,AH
        OUT     SPL,AL

        CALL    INIT_MCU                ; initialize MCU and kit
        CALL    D50MS                   ; wait for system stabilization
        CALL    INIT_LCD                ; initialize text LCD
        CALL    BEEP

;------------------------------------------------
;       Initialize OC1A Interrupt
;------------------------------------------------
        CALL    LCD_HOME1               ; display title
        CALL    LCD_STRING
        .db     "   D/A Output   ",0,0
        CALL    LCD_HOME2
        CALL    LCD_STRING
        .db     "16MHz/800/100 Hz",0,0

        LDI     AL,0b00000000           ; CTC mode(4), don't output OC1A
        STS     TCCR1A,AL
        LDI     AL,0b00001010           ; interrupt = 16MHz/8/(1+99) = 20kHz
        STS     TCCR1B,AL
        LDI     AL,0b00000000
        STS     TCCR1C,AL
        LDI     AL,high(99)
        STS     OCR1AH,AL
        LDI     AL,low(99)
        STS     OCR1AL,AL
        LDI     AL,0x00                 ; clear Timer/Counter1
        STS     TCNT1H,AL
        STS     TCNT1L,AL
        LDI     AL,0b00000010           ; enable Timer/Counter1 OC1A interrupt
        STS     TIMSK1,AL
        LDI     AL,0b00101111           ; clear all interrupt flags
        STS     TIFR1,AL
        SEI                             ; global interrupt enable

;------------------------------------------------
;       Key Input and Variable Output
;------------------------------------------------
        LDI     DL,0                    ; offset of data address

        LDI     BL,100                  ; initial division ratio
READ_KEY:CALL   KEY_IN                  ; input key
        CPI     AL,0b11100000           ; if KEY1, decrement by 1
        BRNE    CK_KEY2
        DEC     BL
        JMP     SET_FREQ

CK_KEY2:CPI     AL,0b11010000           ; if KEY2, increment by 1
        BRNE    CK_KEY3
        LDI     AH,0b11110000
        INC     BL
        JMP     SET_FREQ
```

```
CK_KEY3:CPI     AL,0b10110000           ; if KEY3, decrement by 10
        BRNE    CK_KEY4
        SUBI    BL,10
        JMP     SET_FREQ

CK_KEY4:CPI     AL,0b01110000           ; if KEY4, increment by 10
        BRNE    READ_KEY
        LDI     AL,10
        ADD     BL,AL

SET_FREQ:CPI    BL,20                   ; lower limit = 20
        BRSH    SET_FR1
        LDI     BL,20
        RJMP    SET_FR2
SET_FR1:CPI     BL,200                  ; upper limit = 200
        BRLO    SET_FR2
        LDI     BL,200
SET_FR2:CLR     AL                      ; modify OCR1A
        STS     OCR1AH,AL
        MOV     AL,BL
        DEC     AL
        STS     OCR1AL,AL
        LDI     LCD_BUFFER,0xCA         ; display frequency
        CALL    LCD_COMMAND
        CLR     AH
        MOV     AL,BL
        CALL    LCD_3DEC
        JMP     READ_KEY

;==================================================================
;       Interrupt Service Routine of OC1A
;==================================================================
TIMER1_COMPA:
        PUSH    AH                      ; store registers
        PUSH    AL
        IN      AL,SREG
        PUSH    AL

        LDI     AH,high(SIN_TABLE << 1) ; calculate data address
        LDI     ZH,high(SIN_TABLE << 1)
        LDI     ZL,low(SIN_TABLE << 1)
        ADD     ZL,DL
        CLR     AL
        ADC     ZH,AL
        ADC     AH,AL
        OUT     RAMPZ,AH
        ELPM    AL,Z+                   ; read data
        OUT     PORTB,AL                ; output D/A

        INC     DL                      ; calculate next offset
        CPI     DL,100
        BRNE    TIMER1_C1
        CLR     DL

TIMER1_C1:
        POP     AL                      ; restore registers
        OUT     SREG,AL
        POP     AL
        POP     AH
        RETI

SIN_TABLE:                              ; sine wave data table
        .db     0x80,0x88,0x90,0x98,0xA0,0xA7,0xAF,0xB6,0xBD,0xC4
        .db     0xCB,0xD1,0xD7,0xDD,0xE2,0xE7,0xEB,0xEF,0xF3,0xF6
        .db     0xF9,0xFB,0xFD,0xFE,0xFF,0xFF,0xFF,0xFE,0xFD,0xFB
        .db     0xF9,0xF6,0xF3,0xEF,0xEB,0xE7,0xE2,0xDD,0xD7,0xD1
```

```
        .db     0xCB,0xC4,0xBD,0xB6,0xAF,0xA7,0xA0,0x98,0x90,0x88
        .db     0x80,0x78,0x70,0x68,0x60,0x59,0x51,0x4A,0x43,0x3C
        .db     0x35,0x2F,0x29,0x23,0x1E,0x19,0x15,0x11,0x0D,0x0A
        .db     0x07,0x05,0x03,0x02,0x01,0x01,0x01,0x02,0x03,0x05
        .db     0x07,0x0A,0x0D,0x11,0x15,0x19,0x1E,0x23,0x29,0x2F
        .db     0x35,0x3C,0x43,0x4A,0x51,0x59,0x60,0x68,0x70,0x78

;=====================================================================
;       Include User Subroutine File
;=====================================================================
.include "OK2561.INC"                   ; OK-2561 I/O and subroutine file
```

☞ 키입력으로 1+OCR1A 값을 가변시키고 이를 OCR1A 레지스터에 설정할 때에는 1만큼 작은 값으로 설정한다.

이 프로그램을 실행하고 J1=OFF에서 VOUT1 단자의 출력 파형을 오실로스코프로 측정하면서 KEY1~KEY4를 이용하여 출력 주파수를 가변시켜 보라.

▣ C언어의 경우

앞의 Exp11_4.asm과 동일한 기능을 수행하는 프로그램을 C언어로 작성하여 보면 다음과 같다.

<프로그램 Exp11_4.c> 정현파 출력 주파수를 가변하는 프로그램

```
/* ============================================================================ */
/*              Exp11_4.c : Variable D/A Frequency by Key Input                 */
/* ============================================================================ */
/*                       Designed and programmed by Duck-Yong Yoon in 2006.     */

#include <avr/io.h>
#include <avr/interrupt.h>
#include <avr/pgmspace.h>
#include "OK1281.h"

unsigned char i;
prog_uchar sin_table[100] = {                       // sine wave data table
    0x80,0x88,0x90,0x98,0xA0,0xA7,0xAF,0xB6,0xBD,0xC4,
    0xCB,0xD1,0xD7,0xDD,0xE2,0xE7,0xEB,0xEF,0xF3,0xF6,
    0xF9,0xFB,0xFD,0xFE,0xFF,0xFF,0xFF,0xFE,0xFD,0xFB,
    0xF9,0xF6,0xF3,0xEF,0xEB,0xE7,0xE2,0xDD,0xD7,0xD1,
    0xCB,0xC4,0xBD,0xB6,0xAF,0xA7,0xA0,0x98,0x90,0x88,
    0x80,0x78,0x70,0x68,0x60,0x59,0x51,0x4A,0x43,0x3C,
    0x35,0x2F,0x29,0x23,0x1E,0x19,0x15,0x11,0x0D,0x0A,
    0x07,0x05,0x03,0x02,0x01,0x01,0x01,0x02,0x03,0x05,
    0x07,0x0A,0x0D,0x11,0x15,0x19,0x1E,0x23,0x29,0x2F,
    0x35,0x3C,0x43,0x4A,0x51,0x59,0x60,0x68,0x70,0x78 };

ISR(TIMER1_COMPA_vect)                              /* OC1A interrupt function */
{
  PORTB = pgm_read_byte(&sin_table[i]);             // output data to D/A
  i++;
  if(i == 100)
```

```
    i = 0;
}

void LCD_3dec(unsigned char number)              /* display 3-digit decimal number */
{ unsigned char i;

  if(number >= 100) LCD_data(number/100 + '0'); // 10^2
  else              LCD_data(' ');
  i = number%100;
  LCD_data(i/10 + '0');                          // 10^1
  LCD_data(i%10 + '0');                          // 10^0
}

void Set_timer1(unsigned char number)            /* set Timer1 OCR1A */
{
  OCR1A = number - 1;                            // set OCR1A
  LCD_command(0xCA);                             // display div_ratio
  LCD_3dec(number);
}

int main(void)
{ unsigned char div_ratio;

  MCU_initialize();                              // initialize MCU
  Delay_ms(50);                                  // wait for system stabilization
  LCD_initialize();                              // initialize text LCD module
  Beep();

  LCD_string(0x80,"   D/A Output   ");           // display title
  LCD_string(0xC0,"16MHz/800/100 Hz");

  TCCR1A = 0x00;                                 // CTC mode(4), don't output OC1A
  TCCR1B = 0x0A;                                 // 16MHz/8/(1+99) = 20kHz
  TCCR1C = 0x00;
  OCR1A = 99;
  TCNT1 = 0x0000;                                // clear Timer/Counter1

  TIMSK1 = 0x02;                                 // enable OC1A interrupt
  TIFR1 = 0x2F;                                  // clear all interrupt flags
  sei();                                         // global interrupt enable

  i = 0;
  div_ratio = 100;                               // initial division ratio

  while(1)
    { switch(Key_input())                        // key input
        { case 0xE0 : if(div_ratio != 20)        // if KEY1, decrement by 1
                        div_ratio--;
                      Set_timer1(div_ratio);
                      break;
          case 0xD0 : if(div_ratio != 200)       // if KEY2, increment by 1
                        div_ratio++;
                      Set_timer1(div_ratio);
                      break;
          case 0xB0 : div_ratio -= 10;           // if KEY3, decrement by 10
                      if(div_ratio < 20)
                        div_ratio = 20;
                      Set_timer1(div_ratio);
                      break;
          case 0x70 : div_ratio += 10;           // if KEY4, increment by 10
                      if(div_ratio > 200)
                        div_ratio = 200;
                      Set_timer1(div_ratio);
                      break;
          default:    break;
```

```
        }
    }
}
```

이 프로그램을 실행하고 J1=OFF에서 VOUT1 단자의 출력 파형을 오실로스코프로 측정하면서 KEY1~KEY4를 이용하여 출력 주파수를 가변시켜 보라.

5. 키입력에 의한 D/A 컨버터 출력 전압의 가변

이번에는 KEY1~KEY4의 키입력에 의하여 D/A 컨버터로 출력되는 직류전압 신호를 -10V~+10V의 범위에서 가변할 수 있는 프로그램을 작성하여 보기로 한다. KEY4와 KEY3은 각각 D/A 컨버터의 출력을 0x10씩 크게 증가 또는 감소시키는데 사용하며, KEY2와 KEY1은 각각 D/A 컨버터 출력을 0x01씩 미세하게 증가 또는 감소시키는데 사용한다.

▣ 어셈블리 언어의 경우

키입력으로 D/A 컨버터의 출력 전압을 가변할 수 있는 프로그램을 어셈블리 언어로 구현하면 다음과 같다.

<프로그램 Exp11_5.asm> D/A 컨버터의 출력 전압을 가변하는 프로그램

```
;[][][][][][][][][][][][][][][][][][][][][][][][][][][][][][][][][][][][][][]
;[]                                                                        []
;[]         Exp11_5.asm : Variable D/A Voltage by Key Input                []
;[]                                                                        []
;[][][][][][][][][][][][][][][][][][][][][][][][][][][][][][][][][][][][][][]
;
;                Designed and programmed by Duck-Yong Yoon in 2006.
;
;-----------------------------------------------
;       Include Header File
;-----------------------------------------------
.nolist
.include "m2561def.inc"                 ; ATmega2561 definition file
.list

;====================================================================
;       Main Program
;====================================================================
.cseg
        .org    0x0000
        LDI     AH,high(RAMEND)         ; initialize SP
        LDI     AL,low(RAMEND)
```

```
        OUT     SPH,AH
        OUT     SPL,AL

        CALL    INIT_MCU                ; initialize MCU and kit
        CALL    D50MS                   ; wait for system stabilization
        CALL    INIT_LCD                ; initialize text LCD
        CALL    BEEP

;---------------------------------------------
;       Key Input and Variable Output
;---------------------------------------------
        CALL    LCD_HOME1               ; display title
        CALL    LCD_STRING
        .db     "    D/A Output    ",0,0
        CALL    LCD_HOME2
        CALL    LCD_STRING
        .db     "0x80 = + 0.0 [V]",0,0

        LDI     DL,0x80                 ; initial D/A output value
        OUT     PORTB,DL

READ_KEY:CALL   KEY_IN                  ; input key
        CPI     AL,0b11100000           ; if KEY1, decrement by 0x01
        BRNE    CK_KEY2
        DEC     DL
        CALL    DAC_OUT
        JMP     READ_KEY

CK_KEY2:CPI     AL,0b11010000           ; if KEY2, increment by 0x01
        BRNE    CK_KEY3
        INC     DL
        CALL    DAC_OUT
        JMP     READ_KEY

CK_KEY3:CPI     AL,0b10110000           ; if KEY3, decrement by 0x10
        BRNE    CK_KEY4
        SUBI    DL,0x10
        CALL    DAC_OUT
        JMP     READ_KEY

CK_KEY4:CPI     AL,0b01110000           ; if KEY4, increment by 0x10
        BRNE    READ_KEY
        LDI     AL,0x10
        ADD     DL,AL
        CALL    DAC_OUT
        JMP     READ_KEY

;---------------------------------------------
;       Output D/A and Display Voltage
;---------------------------------------------
DAC_OUT:OUT     PORTB,DL                ; output D/A
        LDI     LCD_BUFFER,0xC2         ; display in HEX
        CALL    LCD_COMMAND
        MOV     LCD_BUFFER,DL
        CALL    LCD_2HEX
        LDI     LCD_BUFFER,0xC7         ; display sign of voltage
        CALL    LCD_COMMAND             ;   and calculate absolute value
        CPI     DL,0x80
        BRSH    POSITIVE
        LDI     LCD_BUFFER,'-'
        CALL    LCD_DATA
        LDI     AL,0x80
        SUB     AL,DL
        RJMP    VALUE
POSITIVE:LDI    LCD_BUFFER,'+'
        CALL    LCD_DATA
        MOV     AL,DL
```

```
          SUBI    AL,0x80
VALUE:    LDI     BL,100                     ; voltage = (absolute/128)*10
          MUL     AL,BL
          MOV     AH,R1
          MOV     AL,R0
          LDI     BL,128
          CALL    DIV8
          CLR     AH                         ; display XX.X
          LDI     BL,100
          CALL    DIV8
          ORI     AL,'0'
          CPI     AL,'0'
          BRNE    VALUE1
          LDI     AL,' '
VALUE1:   MOV     LCD_BUFFER,AL
          CALL    LCD_DATA
          MOV     AL,AH
          CLR     AH
          LDI     BL,10
          CALL    DIV8
          MOV     LCD_BUFFER,AL
          ORI     LCD_BUFFER,'0'
          CALL    LCD_DATA
          LDI     LCD_BUFFER,'.'
          CALL    LCD_DATA
          MOV     LCD_BUFFER,AH
          ORI     LCD_BUFFER,'0'
          CALL    LCD_DATA
          RET

;======================================================================
;         Include User Subroutine File
;======================================================================
.include "OK2561.INC"                        ; OK-2561 I/O and subroutine file
```

☞ D/A 컨버터에 0x80을 출력할 때 전압은 0.0V가 되므로 이보다 크거나 같은 값을 출력하면 +전압이 발생되며, 이보다 작은 값을 출력하면 -전압이 발생된다.

이 프로그램을 실행하고 J1=OFF에서 VOUT1 단자의 출력 전압을 오실로스코프나 디지털 멀티미터로 측정하면서 KEY1~KEY4를 이용하여 D/A 컨버터의 출력 전압을 가변시켜 보라.

▣ C언어의 경우

앞의 Exp11_5.asm과 동일한 기능을 수행하는 프로그램을 C언어로 작성하여 보면 다음과 같다.

<프로그램 Exp11_5.c> D/A 컨버터의 출력 전압을 가변하는 프로그램

```
/* ========================================================================== */
/*                Exp11_5.c : Variable D/A Voltage by Key Input               */
/* ========================================================================== */
/*                          Designed and programmed by Duck-Yong Yoon in 2006. */
```

```
#include <avr/io.h>
#include "OK1281.h"

void LCD_2hex(unsigned char number)              /* display 2-digit hex number */
{ unsigned char i;

  i = (number >> 4) & 0x0F;                      // 16^1
  if(i <= 9) LCD_data(i + '0');
  else       LCD_data(i - 10 + 'A');

  i = number & 0x0F;                             // 16^0
  if(i <= 9) LCD_data(i + '0');
  else       LCD_data(i - 10 + 'A');
}

void Dsp_voltage(unsigned char number)           /* display D/A voltage */
{ unsigned char i;
  unsigned int j;

  LCD_command(0xC2);                             // display in HEX
  LCD_2hex(number);

  LCD_command(0xC7);                             // display sign of voltage
  if(number >= 0x80)                             //   and calculate absolute value
    { LCD_data('+');
      i = number - 0x80;
    }
  else
    { LCD_data('-');
      i = 0x80 - number;
    }

  j = i*100/128;                                 // voltage = (absolute/128)*10
  i = j/100;
  if(i == 0) LCD_data(' ');                      // 10^1
  else       LCD_data(i + '0');
  i = j%100;
  LCD_data(i/10 + '0');                          // 10^0
  LCD_data('.');
  LCD_data(i%10 + '0');                          // 10^-1
}

int main(void)
{ unsigned char voltage;

  MCU_initialize();                              // initialize MCU and kit
  Delay_ms(50);                                  // wait for system stabilization
  LCD_initialize();                              // initialize text LCD module
  Beep();

  LCD_string(0x80,"   D/A Output   ");           // display title
  LCD_string(0xC0,"0x80 = + 0.0 [V]");

  PORTB = 0x80;                                  // initial D/A output value
  voltage = 0x80;

  while(1)
    { switch(Key_input())                        // key input
        { case 0xE0 : voltage--;                 // if KEY1, decrement by 0x01
                      PORTB = voltage;
                      Dsp_voltage(voltage);
                      break;
```

```
            case 0xD0 : voltage++;                    // if KEY2, increment by 0x01
                        PORTB = voltage;
                        Dsp_voltage(voltage);
                        break;
            case 0xB0 : voltage -= 0x10;              // if KEY3, decrement by 0x10
                        PORTB = voltage;
                        Dsp_voltage(voltage);
                        break;
            case 0x70 : voltage += 0x10;              // if KEY4, increment by 0x10
                        PORTB = voltage;
                        Dsp_voltage(voltage);
                        break;
            default:    break;
          }
      }
  }
```

이 프로그램을 실행하고 J1=OFF에서 VOUT1 단자의 출력 전압을 오실로스코프나 디지털 멀티미터로 측정하면서 KEY1~KEY4를 이용하여 D/A 컨버터의 출력 전압을 가변시켜 보라.

6. 실습 과제

(1) 앞의 <그림 4.11.1>에서 J1을 ON시켰을 경우와 OFF시켰을 경우에 출력전압의 극성이 서로 달라지는 이유는 무엇인지 D/A 컨버터의 출력기능과 Op Amp의 동작 원리로 설명하라.

(2) 앞의 예제에서는 프로그램을 간단히 하기 위하여 정현파를 발생할 때 1주기를 100 등분하여 조견표에 데이터가 100개 존재하도록 만들었다. 이를 삼각함수에서 변수가 1도 간격이 되도록 1주기를 360등분하여 조견표의 데이터를 360개로 늘렸다면 어떤 장단점이 있는지 설명하라.

(3) 예제 프로그램 Exp11_3.asm에서 출력 파형의 주파수가 2kHz로 되도록 수정한 프로그램 Exp11_3R.asm을 작성하라.

(4) 예제 프로그램 Exp11_5.c에서 J1=ON으로 설정하였을 때의 출력전압이 텍스트형 LCD 모듈에 표시되도록 수정한 프로그램 Exp11_5R.c를 작성하라.

4.12 RS-232C 직렬통신 응용 프로그램

이 절에서는 ATmega1281/2561의 직렬통신 포트인 USART0과 USART1을 사용하여 비동기 RS-232C 통신을 수행하는 프로그램 작성 기술을 익힌다. 이 직렬통신 포트는 동기 및 비동기 통신을 모두 사용할 수 있으나, 퍼스널컴퓨터가 동기통신 방식을 지원하지 않으므로 여기서는 비동기 통신에 대 하여만 공부한다.

퍼스널컴퓨터와 *OK-1281/2561* 키트 사이에 비동기 직렬통신을 수행하려면 퍼스널컴퓨터에도 당연히 이에 대응되는 통신 프로그램이 있어야 한다. 이는 윈도우즈 운영체제에 포함된 하이퍼터미널을 사용한다.

관련 내용	(1) 제1.3절 ATmega1281/2561의 명령 세트 (2) 제2.3절 USART 직렬통신 포트 (3) 제3.1절 *OK-1281/2561* 키트의 구조와 기능

1. 폴링 방법에 의한 비동기 전송

먼저 송신 및 수신에서 플랙 비트를 폴링하는 방법으로 통신을 수행하는 프로그램을 작성한다. 송신할 때는 UCSRnA 레지스터의 UDREn 플랙 비트를 조사하여 현재 송신 버퍼가 비어있는지를 확인하고 송신할 데이터를 출력해야 하며, 수신할 때는 같은 레지스터의 RXCn 플랙 비트를 조사하여 현재 버퍼에 수신되어 있는 데이터가 있는지를 확인하고 수신 데이터를 읽어야 한다. 이러한 플랙 비트를 CPU가 빈번하게 조사하여 상태를 확인하고 동작을 처리하는 것을 폴링(polling)이라고 한다.

▣ 어셈블리 언어의 경우

USART0 포트를 사용하여 폴링 방식으로 데이터를 전송하는 프로그램을 어셈블리 언어로 작성하면 다음과 같다. 이 프로그램을 실행한 후에 KEY1~KEY4를 누르면 각각 이에 지정된 메시지가 *OK-1281/2561* 키트에서 퍼스널컴퓨터로 송신되며, 퍼스널컴퓨터에서 키보드를 사용하여 임의의 문자를 입력하면 퍼스널컴퓨터는 직렬포트로 이것을 전송하고 *OK-1281/2561* 키트가 이를 수신하여 텍스트형 LCD 모듈의 아랫줄에 표시한다.

<프로그램 Exp12_1.asm> USART0 포트를 이용한 폴링 방식의 통신 프로그램

```
;[][][][][][][][][][][][][][][][][][][][][][][][][][][][][][][][][][][][]
;[]                                                                    []
;[]      Exp12_1.asm : RS-232C Communication using USART0              []
;[]                                                                    []
;[][][][][][][][][][][][][][][][][][][][][][][][][][][][][][][][][][][][]
;
;               Designed and programmed by Duck-Yong Yoon in 2006.
;
;-------------------------------------------------
;       Include Header File
;-------------------------------------------------
.nolist
.include "m2561def.inc"                 ; ATmega2561 definition file
.list

;=====================================================================
;       Main Program
;=====================================================================
.cseg
        .org    0x0000
        LDI     AH,high(RAMEND)         ; initialize SP
        LDI     AL,low(RAMEND)
        OUT     SPH,AH
        OUT     SPL,AL

        CALL    INIT_MCU                ; initialize MCU and kit
        CALL    D50MS                   ; wait for system stabilization
        CALL    INIT_LCD                ; initialize text LCD
        CALL    BEEP

;-------------------------------------------------
;       Initialize USART0 (19200 bps, 8 data, no parity, 1 stop)
;-------------------------------------------------
        LDI     AH,high(51)             ; 19200 bps
        LDI     AL,low(51)
        STS     UBRR0H,AH
        STS     UBRR0L,AL
        LDI     AL,0b00000000           ; asynchronous normal mode
        STS     UCSR0A,AL
        LDI     AL,0b00011000           ; receiver/transmitter enable, 8 data
        STS     UCSR0B,AL
        LDI     AL,0b00000110           ; no parity, 1 stop, 8 data
        STS     UCSR0C,AL
        NOP
        LDS     AL,UDR0                 ; dummy read

;-------------------------------------------------
;       Key Scan and Transmit a String
;-------------------------------------------------
        CALL    LCD_HOME1               ; display title on LCD
        CALL    LCD_STRING
        .db     "RS-232C (USART0)",0,0
        CALL    LCD_HOME2
        CALL    LCD_STRING
        .db     "                ",0,0

        LDI     LCD_BUFFER,0x0F         ; cursor ON
        CALL    LCD_COMMAND
        LDI     LCD_BUFFER,0xC0
        CALL    LCD_COMMAND
        LDI     CL,0                    ; cursor position
```

```
READ_KEY:CALL   KEY_IN                  ; key input
        CPI     AL,0b11100000           ; KEY1 ?
        BRNE    CK_KEY2
        COM     AL                      ; turn on LED1
        ANDI    AL,0b11110000
        OUT     PORTB,AL
        CALL    TX0_STRING
        .db     "   KEY1 is OK !   ",0x0D,0x0A,0,0
        JMP     CK_RXD

CK_KEY2:CPI     AL,0b11010000           ; KEY2 ?
        BRNE    CK_KEY3
        COM     AL                      ; turn on LED2
        ANDI    AL,0b11110000
        OUT     PORTB,AL
        CALL    TX0_STRING
        .db     "   KEY2 is OK !   ",0x0D,0x0A,0,0
        JMP     CK_RXD

CK_KEY3:CPI     AL,0b10110000           ; KEY3 ?
        BRNE    CK_KEY4
        COM     AL                      ; turn on LED3
        ANDI    AL,0b11110000
        OUT     PORTB,AL
        CALL    TX0_STRING
        .db     "   KEY3 is OK !   ",0x0D,0x0A,0,0
        JMP     CK_RXD

CK_KEY4:CPI     AL,0b01110000           ; KEY4 ?
        BRNE    CK_RXD
        COM     AL                      ; turn on LED4
        ANDI    AL,0b11110000
        OUT     PORTB,AL
        CALL    TX0_STRING
        .db     "   KEY4 is OK !   ",0x0D,0x0A,0,0

;----------------------------------------------------
;       Check If a Character Was Received
;----------------------------------------------------
CK_RXD: CALL    RX0_SCAN                ; check if a character was received
        BRCS    CK_RXD1                 ; if not, skip
        MOV     LCD_BUFFER,RXD_BUFFER   ; if yes, display a character
        CALL    LCD_DATA
        INC     CL                      ; 16 character OK ?
        CPI     CL,16
        BRNE    CK_RXD1
        LDI     CL,0                    ; if yes, go to home
        LDI     LCD_BUFFER,0xC0
        CALL    LCD_COMMAND
        CALL    BEEP
CK_RXD1:JMP     READ_KEY

;======================================================================
;       RS-232C Subroutines using USART0
;======================================================================
;----------------------------------------------------
;       Transmit String by USART0
;----------------------------------------------------
TX0_STRING:OUT  GPIOR0,ZL               ; store RAMPZ:ZH:ZL
        OUT     GPIOR1,ZH
        IN      ZL,RAMPZ
        OUT     GPIOR2,ZL
#if(defined(__ATmega2560__) || defined(__ATmega2561__))
        POP     RAMPZ_BUFFER            ; get start address of string(3-byte PC)
#else
        CLR     RAMPZ_BUFFER            ; get start address of string(2-byte PC)
#endif
        POP     ZH
```

```
        POP     ZL
        LSL     ZL                      ; convert into byte address
        ROL     ZH
        ROL     RAMPZ_BUFFER
        OUT     RAMPZ,RAMPZ_BUFFER
TX0_STR1:ELPM   TXD_BUFFER,Z+           ; read a character. end string ?
        MOV     AL,TXD_BUFFER
        CPI     AL,0
        BREQ    TX0_STR2                ; if yes, return
        CALL    TX0_CHAR                ; if no, transmit a character
        RJMP    TX0_STR1
TX0_STR2:SBRC   ZL,0                    ; if odd address, skip 1 address
        ELPM    TXD_BUFFER,Z+
        IN      RAMPZ_BUFFER,RAMPZ      ; convert into word address
        LSR     RAMPZ_BUFFER
        ROR     ZH
        ROR     ZL
        PUSH    ZL                      ; store new return address
        PUSH    ZH
#if(defined(__ATmega2560__) || defined(__ATmega2561__))
        PUSH    RAMPZ_BUFFER
#endif
        IN      ZL,GPIOR2               ; restore RAMPZ:ZH:ZL
        OUT     RAMPZ,ZL
        IN      ZH,GPIOR1
        IN      ZL,GPIOR0
        RET

;----------------------------------------------
;       Transmit a Character(TXD_BUFFER) by USART0
;----------------------------------------------
TX0_CHAR:PUSH   AL

TX0_CHAR1:LDS   AL,UCSR0A               ; data register empty ?
        SBRS    AL,UDRE0
        JMP     TX0_CHAR1
        STS     UDR0,TXD_BUFFER

        POP     AL
        RET

;----------------------------------------------
;       Receive a Character(RXD_BUFFER) by USART0
;----------------------------------------------
RX0_CHAR:PUSH   AL

RX0_CHAR1:LDS   AL,UCSR0A               ; data received ?
        SBRS    AL,RXC0
        RJMP    RX0_CHAR1
        LDS     RXD_BUFFER,UDR0

        POP     AL
        RET

;----------------------------------------------
;       Receive a Character without wait by USART0
;----------------------------------------------
RX0_SCAN:PUSH   AL

        LDS     AL,UCSR0A               ; data received ?
        SBRS    AL,RXC0
        RJMP    RX0_SCAN1
        LDS     RXD_BUFFER,UDR0         ; if yes, receive and C=0
        CLC
        RJMP    RX0_SCAN2
RX0_SCAN1:SEC                           ; if no, C=1
```

```
RX0_SCAN2:POP   AL
        RET

;==================================================================
;       Include User Subroutine File
;==================================================================
.include "OK2561.INC"                   ; OK-2561 I/O and subroutine file
```

☞ 이렇게 폴링 방식으로 송수신을 반복하는 프로그램에서는 수신 서브루틴에서 RXC0 플랙이 1이 될 때까지 기다리며 폴링하는 방법을 사용하면 안된다. 직렬 포트로 문자가 수신되지 않으면 프로그램이 무한 루프에 빠지기 때문이다. 그래서 위의 프로그램에서는 샘플로 이와 같은 서브루틴 RX0_CHAR를 만들어 놓기는 했지만 이를 사용하지는 않으며, 실제로는 수신된 문자가 없으면 캐리 플랙을 1로 하여 바로 리턴하는 RX0_SCAN 서브루틴을 사용한다. 그러나, 수신된 문자가 있는 경우에는 캐리 플랙을 0으로 하고 수신 문자를 RXD_BUFFER에 저장하여 리턴한다.

이 프로그램을 어셈블하여 *OK-1281/2561* 키트에 다운로드하고 실행하라. 프로그램을 실행할 때는 <그림 3.1.5>에서 설명한 바와 같이 제작한 RS-232C 통신 케이블을 *OK-1281/2561* 키트의 콘넥터 CN4와 퍼스널컴퓨터의 직렬포트 COM1 또는 COM2 사이에 연결하여야 한다. 그리고, 퍼스널 컴퓨터에서 하이퍼터미널과 같은 통신 프로그램을 실행한다.

만약 이제 여러분이 Windows XP 운영체제에서 "하이퍼터미널" 프로그램을 사용한다면 <그림 4.12.1>과 같이 파일→속성→연결대상→구성 메뉴를 선택하여 통신 포맷을 "비트/초" 19200, "데이터 비트" 8, "패리티" 없음, "정지 비트" 1, "흐름 제어" 없음으로 설정하라.

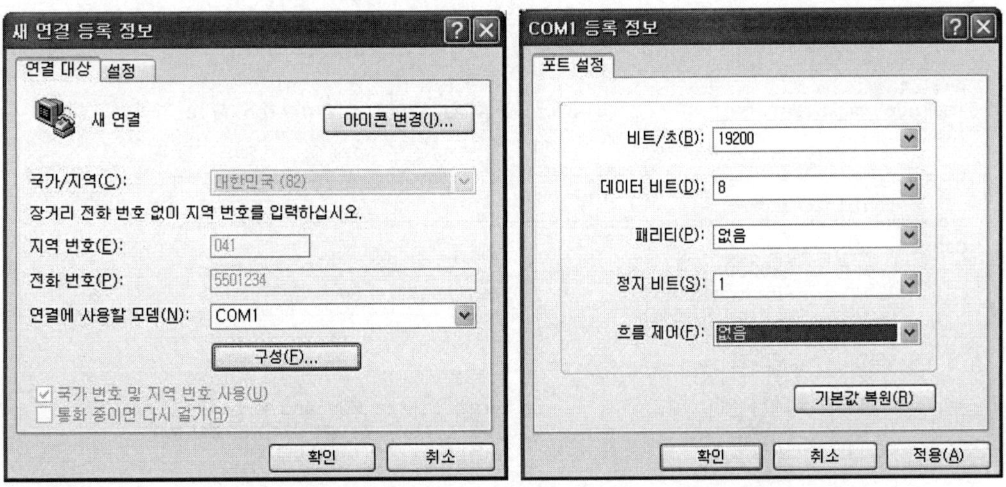

〈그림 4.12.1〉 Windows XP에서 하이퍼터미널의 설정

이러한 준비가 끝났으면 *OK-1281/2561* 키트의 KEY1~KEY4를 누르면서 퍼스널 컴퓨터의 모니터 화면을 관찰하여 송신 동작이 정상적으로 수행되는지 확인하라. 또한, 퍼스널 컴퓨터의 키보드로 임의의 문자를 입력하면서 *OK-1281/2561* 키트의 텍스트형 LCD 모듈을 관찰하여 수신 동작이 정상적으로 수행되는지 확인하라.

◀참고▶ AVR ISP 케이블을 이용하여 프로그램을 다운로드하는 동안에는 USART0 통신포트에 RS-232C 통신 케이블을 연결하지 않는 것이 좋다. 또한 사용자 프로그램의 다운로드가 끝나고 이 프로그램을 실행하는 동안에는 다운로드 케이블을 연결하지 않는 것이 좋다. 이들 ATmega1281/2561에서 2가지 기능은 같은 핀에 중복되어 있기 때문에 이들 케이블을 모두 연결하여 놓으면 서로 간섭을 일으킬 우려가 있다. 실제로 프로그램을 다운로드하는 동안에 RS-232C 케이블을 연결하여 놓고 퍼스널컴퓨터에서 통신 프로그램을 실행시켜 놓으면 많은 쓰레기 문자가 수신되고 있는 것을 화면에서 볼 수 있다. 그러나, <그림 3.1.2>의 회로도에서 보듯이 *OK-1281/2561* 키트에서는 저항 R4를 사용하였으므로 이 2가지의 케이블을 동시에 연결하여 사용하더라도 하드웨어가 망가진다든가 하는 문제는 일어나지 않으니 안심해도 좋다.

위의 예제 프로그램 Exp12_1.asm과 동일한 동작을 USART1 직렬포트에 대하여 동일하게 수행하도록 프로그램을 다시 작성하여 보면 다음과 같다.

<프로그램 Exp12_2.asm> USART1 포트를 이용한 폴링 방식의 통신 프로그램

```
;[][][][][][][][][][][][][][][][][][][][][][][][][][][][][][][][][][][][]
;[]                                                                    []
;[]        Exp12_2.asm : RS-232C Communication using USART1            []
;[]                                                                    []
;[][][][][][][][][][][][][][][][][][][][][][][][][][][][][][][][][][][][]
;
;               Designed and programmed by Duck-Yong Yoon in 2006.
;
;-----------------------------------------------------
;       Include Header File
;-----------------------------------------------------
.nolist
.include "m2561def.inc"                 ; ATmega2561 definition file
.list

;=====================================================================
;       Main Program
;=====================================================================
.cseg
        .org    0x0000
        LDI     AH,high(RAMEND)         ; initialize SP
        LDI     AL,low(RAMEND)
        OUT     SPH,AH
        OUT     SPL,AL

        CALL    INIT_MCU                ; initialize MCU and kit
        CALL    D50MS                   ; wait for system stabilization
        CALL    INIT_LCD                ; initialize text LCD
        CALL    BEEP

;-----------------------------------------------------
```

```
;       Initialize USART1 (19200 bps, 8 data, no parity, 1 stop)
;-----------------------------------------------
        LDI     AH,high(51)             ; 19200 bps
        LDI     AL,low(51)
        STS     UBRR1H,AH
        STS     UBRR1L,AL
        LDI     AL,0b00000000           ; asynchronous normal mode
        STS     UCSR1A,AL
        LDI     AL,0b00011000           ; receiver/transmitter enable, 8 data
        STS     UCSR1B,AL
        LDI     AL,0b00000110           ; no parity, 1 stop, 8 data
        STS     UCSR1C,AL
        NOP
        LDS     AL,UDR1                 ; dummy read

;-----------------------------------------------
;       Key Scan and Transmit a String
;-----------------------------------------------
        CALL    LCD_HOME1               ; display title on LCD
        CALL    LCD_STRING
        .db     "RS-232C (USART1)",0,0
        CALL    LCD_HOME2
        CALL    LCD_STRING
        .db     "                ",0,0

        LDI     LCD_BUFFER,0x0F         ; cursor ON
        CALL    LCD_COMMAND
        LDI     LCD_BUFFER,0xC0
        CALL    LCD_COMMAND
        LDI     CL,0                    ; cursor position

READ_KEY:CALL   KEY_IN                  ; key input
        CPI     AL,0b11100000           ; KEY1 ?
        BRNE    CK_KEY2
        COM     AL                      ; turn on LED1
        ANDI    AL,0b11110000
        OUT     PORTB,AL
        CALL    TX1_STRING
        .db     "   KEY1 is OK !   ",0x0D,0x0A,0,0
        JMP     CK_RXD

CK_KEY2:CPI     AL,0b11010000           ; KEY2 ?
        BRNE    CK_KEY3
        COM     AL                      ; turn on LED2
        ANDI    AL,0b11110000
        OUT     PORTB,AL
        CALL    TX1_STRING
        .db     "   KEY2 is OK !   ",0x0D,0x0A,0,0
        JMP     CK_RXD

CK_KEY3:CPI     AL,0b10110000           ; KEY3 ?
        BRNE    CK_KEY4
        COM     AL                      ; turn on LED3
        ANDI    AL,0b11110000
        OUT     PORTB,AL
        CALL    TX1_STRING
        .db     "   KEY3 is OK !   ",0x0D,0x0A,0,0
        JMP     CK_RXD

CK_KEY4:CPI     AL,0b01110000           ; KEY4 ?
        BRNE    CK_RXD
        COM     AL                      ; turn on LED4
        ANDI    AL,0b11110000
        OUT     PORTB,AL
        CALL    TX1_STRING
        .db     "   KEY4 is OK !   ",0x0D,0x0A,0,0
```

```
;-----------------------------------------------
;       Check If a Character Was Received
;-----------------------------------------------
CK_RXD: CALL    RX1_SCAN                ; check if a character was received
        BRCS    CK_RXD1                 ; if not, skip
        MOV     LCD_BUFFER,RXD_BUFFER   ; if yes, display a character
        CALL    LCD_DATA
        INC     CL                      ; 16 character OK ?
        CPI     CL,16
        BRNE    CK_RXD1
        LDI     CL,0                    ; if yes, go to home
        LDI     LCD_BUFFER,0xC0
        CALL    LCD_COMMAND
        CALL    BEEP
CK_RXD1:JMP     READ_KEY

;==================================================================
;       RS-232C Subroutines using USART1
;==================================================================
;-----------------------------------------------
;       Transmit String by USART1
;-----------------------------------------------
TX1_STRING:OUT  GPIOR0,ZL               ; store RAMPZ:ZH:ZL
        OUT     GPIOR1,ZH
        IN      ZL,RAMPZ
        OUT     GPIOR2,ZL
#if(defined(__ATmega2560__) || defined(__ATmega2561__))
        POP     RAMPZ_BUFFER            ; get start address of string(3-byte PC)
#else
        CLR     RAMPZ_BUFFER            ; get start address of string(2-byte PC)
#endif
        POP     ZH
        POP     ZL
        LSL     ZL                      ; convert into byte address
        ROL     ZH
        ROL     RAMPZ_BUFFER
        OUT     RAMPZ,RAMPZ_BUFFER
TX1_STR1:ELPM   TXD_BUFFER,Z+           ; read a character. end string ?
        MOV     AL,TXD_BUFFER
        CPI     AL,0
        BREQ    TX1_STR2                ; if yes, return
        CALL    TX1_CHAR                ; if no, transmit a character
        RJMP    TX1_STR1
TX1_STR2:SBRC   ZL,0                    ; if odd address, skip 1 address
        ELPM    TXD_BUFFER,Z+
        IN      RAMPZ_BUFFER,RAMPZ      ; convert into word address
        LSR     RAMPZ_BUFFER
        ROR     ZH
        ROR     ZL
        PUSH    ZL                      ; store new return address
        PUSH    ZH
#if(defined(__ATmega2560__) || defined(__ATmega2561__))
        PUSH    RAMPZ_BUFFER
#endif
        IN      ZL,GPIOR2               ; restore RAMPZ:ZH:ZL
        OUT     RAMPZ,ZL
        IN      ZH,GPIOR1
        IN      ZL,GPIOR0
        RET

;-----------------------------------------------
;       Transmit a Character(TXD_BUFFER) by USART1
;-----------------------------------------------
TX1_CHAR:PUSH   AL
```

```
TX1_CHAR1:LDS   AL,UCSR1A               ; data register empty ?
          SBRS  AL,UDRE1
          JMP   TX1_CHAR1
          STS   UDR1,TXD_BUFFER

          POP   AL
          RET

;---------------------------------------------
;         Receive a Character(RXD_BUFFER) by USART1
;---------------------------------------------
RX1_CHAR:PUSH   AL

RX1_CHAR1:LDS   AL,UCSR1A               ; data received ?
          SBRS  AL,RXC1
          RJMP  RX1_CHAR1
          LDS   RXD_BUFFER,UDR1

          POP   AL
          RET

;---------------------------------------------
;         Receive a Character without wait by USART1
;---------------------------------------------
RX1_SCAN:PUSH   AL

          LDS   AL,UCSR1A               ; data received ?
          SBRS  AL,RXC1
          RJMP  RX1_SCAN1
          LDS   RXD_BUFFER,UDR1         ; if yes, receive and C=0
          CLC
          RJMP  RX1_SCAN2
RX1_SCAN1:SEC                           ; if no, C=1

RX1_SCAN2:POP   AL
          RET

;==========================================================
;         Include User Subroutine File
;==========================================================
.include "OK2561.INC"                   ; OK-2561 I/O and subroutine file
```

OK-1281/2561 키트에서 직렬통신 포트 USART1을 사용하는 콘넥터 CN5에는 이 키트의 PCB 면적을 줄이기 위하여 정상적인 9핀 D형 콘넥터를 사용하지 않고 3핀 메일 헤더(male header) 콘넥터를 사용하였다. 따라서, 이 USART1 포트를 사용하는 RS-232C 통신 케이블은 <그림 3.1.5>의 (b)처럼 약간 다르게 만들어야 한다. 또 하나의 방법으로는 <그림 3.1.5>의 (a)와 같은 정상적인 RS-232C 통신 케이블에 추가로 <그림 3.1.6>과 같은 어댑터를 만들고 이것들을 서로 연결하여 사용하는 것이다.

▣ C언어의 경우

앞의 Exp12_1.asm 프로그램과 동일한 기능이 수행되도록 C언어로 프로그램을 작성하여 보면 다음과 같다.

<프로그램 Exp12_1.c> USART0 포트를 이용한 폴링 방식의 통신 프로그램

```
/* ========================================================================== */
/*            Exp12_1.c : RS-232C Communication using USART0                  */
/* ========================================================================== */
/*                    Designed and programmed by Duck-Yong Yoon in 2006.      */

#include <avr/io.h>
#include "OK1281.h"

unsigned char RX0_scan(void)                   /* receive a character by USART0 */
{
  if((UCSR0A & 0x80) == 0x00)                  // if data not received,
    return 0x00;                               //    return with 0x00
  else                                         // if data received,
    return UDR0;                               //    return with data
}

unsigned char RX0_char(void)                   /* receive a character by USART0 */
{
  while((UCSR0A & 0x80) == 0x00);              // data received ?
  return UDR0;
}

void TX0_char(unsigned char data)              /* transmit a character by USART0 */
{
  while((UCSR0A & 0x20) == 0x00);              // data register empty ?
  UDR0 = data;
}

void TX0_string(unsigned char *string)         /* transmit a string by USART0 */
{
  while(*string != '\0')
    { TX0_char(*string);
      string++;
    }
}

int main(void)
{ unsigned char EXD, cursor;

  MCU_initialize();                            // initialize MCU and kit
  Delay_ms(50);                                // wait for system stabilization
  LCD_initialize();                            // initialize text LCD module
  Beep();

  UBRR0 = 51;                                  // 19200 bps
  UCSR0A = 0x00;                               // asynchronous normal mode
  UCSR0B = 0x18;                               // Rx/Tx enable, 8 data
  UCSR0C = 0x06;                               // no parity, 1 stop, 8 data
  RXD = UDR0;                                  // dummy read

  LCD_string(0x80,"RS-232C (USART0)");         // display title
  LCD_string(0xC0,"                ");

  LCD_command(0x0F);                           // cursor ON
  LCD_command(0xC0);                           // initial cursor position
  cursor = 0;

  while(1)
    { switch(Key_input())                      // key input
        { case 0xE0 : PORTB = 0x10;            // KEY1 ?
                      TX0_string("  KEY1 is OK !  ");
                      TX0_char(0x0D); TX0_char(0x0A);
                      break;
          case 0xD0 : PORTB = 0x20;            // KEY2 ?
```

```
                    TX0_string("  KEY2 is OK !  ");
                    TX0_char(0x0D); TX0_char(0x0A);
                    break;
        case 0xB0 : PORTB = 0x40;             // KEY3 ?
                    TX0_string("  KEY3 is OK !  ");
                    TX0_char(0x0D); TX0_char(0x0A);
                    break;
        case 0x70 : PORTB = 0x80;             // KEY4 ?
                    TX0_string("  KEY4 is OK !  ");
                    TX0_char(0x0D); TX0_char(0x0A);
                    break;
        default:    break;
      }

    RXD = RX0_scan();                         // receive data if any
    if(RXD != 0x00)
      { LCD_data(RXD);                        // display a character
        cursor++;                             // 16 character OK ?
        if(cursor == 16)
          { LCD_command(0xC0);                // if yes, go home
            cursor = 0;
            Beep();
          }
      }
  }
}
```

앞의 Exp12_2.asm 프로그램과 동일한 기능이 수행되도록 C언어로 작성하여 보면 다음과 같다.

<프로그램 Exp12_2.c> USART1 포트를 이용한 폴링 방식의 통신 프로그램

```
/* ========================================================================= */
/*            Exp12_2.c : RS-232C Communication using USART1                 */
/* ========================================================================= */
/*                   Designed and programmed by Duck-Yong Yoon in 2006.      */

#include <avr/io.h>
#include "OK1281.h"

unsigned char RX1_scan(void)                   /* receive a character by USART1 */
{
  if((UCSR1A & 0x80) == 0x00)                  // if data not received,
    return 0x00;                               //    return with 0x00
  else                                         // if data received,
    return UDR1;                               //    return with data
}

unsigned char RX1_char(void)                   /* receive a character by USART1 */
{
  while((UCSR1A & 0x80) == 0x00);              // data received ?
  return UDR1;
}

void TX1_char(unsigned char data)              /* transmit a character by USART1 */
{
  while((UCSR1A & 0x20) == 0x00);              // data register empty ?
  UDR1 = data;
}
```

```
void TX1_string(unsigned char *string)          /* transmit a string by USART1 */
{
  while(*string != '\0')
    { TX1_char(*string);
      string++;
    }
}

int main(void)
{ unsigned char RXD, cursor;

  MCU_initialize();                             // initialize MCU and kit
  Delay_ms(50);                                 // wait for system stabilization
  LCD_initialize();                             // initialize text LCD module
  Beep();

  UBRR1 = 51;                                   // 19200 bps
  UCSR1A = 0x00;                                // asynchronous normal mode
  UCSR1B = 0x18;                                // Rx/Tx enable, 8 data
  UCSR1C = 0x06;                                // no parity, 1 stop, 8 data
  RXD = UDR1;                                   // dummy read

  LCD_string(0x80,"RS-232C (USART1)");          // display title
  LCD_string(0xC0,"                ");

  LCD_command(0x0F);                            // cursor ON
  LCD_command(0xC0);                            // initial cursor position
  cursor = 0;

  while(1)
    { switch(Key_input())                       // key input
        { case 0xE0 : PORTB = 0x10;             // KEY1 ?
                      TX1_string("  KEY1 is OK !  ");
                      TX1_char(0x0D); TX1_char(0x0A);
                      break;
          case 0xD0 : PORTB = 0x20;             // KEY2 ?
                      TX1_string("  KEY2 is OK !  ");
                      TX1_char(0x0D); TX1_char(0x0A);
                      break;
          case 0xB0 : PORTB = 0x40;             // KEY3 ?
                      TX1_string("  KEY3 is OK !  ");
                      TX1_char(0x0D); TX1_char(0x0A);
                      break;
          case 0x70 : PORTB = 0x80;             // KEY4 ?
                      TX1_string("  KEY4 is OK !  ");
                      TX1_char(0x0D); TX1_char(0x0A);
                      break;
          default:    break;
        }

      RXD = RX1_scan();                         // receive data if any
      if(RXD != 0x00)
        { LCD_data(RXD);                        // display a character
          cursor++;                             // 16 character OK ?
          if(cursor == 16)
            { LCD_command(0xC0);                // if yes, go home
              cursor = 0;
              Beep();
            }
        }
    }
}
```

2. 인터럽트 방법에 의한 비동기 전송

이번에는 인터럽트를 사용하여 데이터를 수신하는 방법으로 통신을 수행하는 프로그램을 작성한다. 그러나, 송신을 인터럽트로 수행할 필요성은 거의 없으므로 송신 동작은 앞에서와 같이 폴링 방법을 사용한다.

▣ 어셈블리 언어의 경우

USART0 포트를 사용하여 인터럽트 방식으로 데이터를 수신하고 폴링 방식으로 데이터를 송신하는 프로그램을 어셈블리 언어로 작성하면 다음과 같다.

<프로그램 Exp12_3.asm> USART0 포트를 이용한 인터럽트 방식의 통신 프로그램

```
;[][][][][][][][][][][][][][][][][][][][][][][][][][][][][][][][][][]
;[]                                                                []
;[]   Exp12_3.asm : RS-232C Communication using USART0 Interrupt   []
;[]                                                                []
;[][][][][][][][][][][][][][][][][][][][][][][][][][][][][][][][][][]
;
;                Designed and programmed by Duck-Yong Yoon in 2006.
;
;-----------------------------------------------
;        Include Header File
;-----------------------------------------------
.nolist
.include "m2561def.inc"                  ; ATmega2561 definition file
.list

;===================================================================
;        Main Program
;===================================================================
.cseg
        .org    0x0000
        JMP     RESET                    ; power-on reset entry point

        .org    0x0032
        JMP     USART0_RX                ; USART0 Rx complete

RESET:  LDI     AH,high(RAMEND)          ; initialize SP
        LDI     AL,low(RAMEND)
        OUT     SPH,AH
        OUT     SPL,AL

        CALL    INIT_MCU                 ; initialize MCU and kit
        CALL    D50MS                    ; wait for system stabilization
        CALL    INIT_LCD                 ; initialize text LCD
        CALL    BEEP

;-----------------------------------------------
;        Initialize USART0 (19200 bps, 8 data, no parity, 1 stop)
;-----------------------------------------------
        LDI     AH,high(51)              ; 19200 bps
        LDI     AL,low(51)
        STS     UBRR0H,AH
```

```
        STS     UBRR0L,AL
        LDI     AL,0b00000000           ; asynchronous normal mode
        STS     UCSR0A,AL
        LDI     AL,0b10011000           ; receiver/transmitter enable, 8 data
        STS     UCSR0B,AL               ; Rx interrupt enable
        LDI     AL,0b00000110           ; no parity, 1 stop, 8 data
        STS     UCSR0C,AL
        NOP
        LDS     AL,UDR0                 ; dummy read
        SEI                             ; global interrupt enable

;-----------------------------------------------
;       Key Scan and Transmit a String
;-----------------------------------------------
        CALL    LCD_HOME1               ; display title on LCD
        CALL    LCD_STRING
        .db     "RS-232C (USART0)",0,0
        CALL    LCD_HOME2
        CALL    LCD_STRING
        .db     "                ",0,0

        LDI     LCD_BUFFER,0x0F         ; cursor ON
        CALL    LCD_COMMAND
        LDI     LCD_BUFFER,0xC0
        CALL    LCD_COMMAND
        LDI     CL,0                    ; cursor position

READ_KEY:CALL   KEY_IN                  ; key input
        CPI     AL,0b11100000           ; KEY1 ?
        BRNE    CK_KEY2
        COM     AL                      ; turn on LED1
        ANDI    AL,0b11110000
        OUT     PORTB,AL
        CALL    TX0_STRING
        .db     "  KEY1 is OK !  ",0x0D,0x0A,0,0
        JMP     READ_KEY

CK_KEY2:CPI     AL,0b11010000           ; KEY2 ?
        BRNE    CK_KEY3
        COM     AL                      ; turn on LED2
        ANDI    AL,0b11110000
        OUT     PORTB,AL
        CALL    TX0_STRING
        .db     "  KEY2 is OK !  ",0x0D,0x0A,0,0
        JMP     READ_KEY

CK_KEY3:CPI     AL,0b10110000           ; KEY3 ?
        BRNE    CK_KEY4
        COM     AL                      ; turn on LED3
        ANDI    AL,0b11110000
        OUT     PORTB,AL
        CALL    TX0_STRING
        .db     "  KEY3 is OK !  ",0x0D,0x0A,0,0
        JMP     READ_KEY

CK_KEY4:CPI     AL,0b01110000           ; KEY4 ?
        BRNE    READ_KEY
        COM     AL                      ; turn on LED4
        ANDI    AL,0b11110000
        OUT     PORTB,AL
        CALL    TX0_STRING
        .db     "  KEY4 is OK !  ",0x0D,0x0A,0,0
        JMP     READ_KEY

;===============================================================
;       RS-232C Subroutines using USART0
```

```
;=======================================================================
;---------------------------------------------------
;       Transmit String by USART0
;---------------------------------------------------
TX0_STRING:OUT  GPIOR0,ZL               ; store RAMPZ:ZH:ZL
        OUT     GPIOR1,ZH
        IN      ZL,RAMPZ
        OUT     GPIOR2,ZL
#if(defined(__ATmega2560__) || defined(__ATmega2561__))
        POP     RAMPZ_BUFFER            ; get start address of string(3-byte PC)
#else
        CLR     RAMPZ_BUFFER            ; get start address of string(2-byte PC)
#endif
        POP     ZH
        POP     ZL
        LSL     ZL                      ; convert into byte address
        ROL     ZH
        ROL     RAMPZ_BUFFER
        OUT     RAMPZ,RAMPZ_BUFFER
TX0_STR1:ELPM   TXD_BUFFER,Z+           ; read a character. end string ?
        MOV     AL,TXD_BUFFER
        CPI     AL,0
        BREQ    TX0_STR2                ; if yes, return
        CALL    TX0_CHAR                ; if no, transmit a character
        RJMP    TX0_STR1
TX0_STR2:SBRC   ZL,0                    ; if odd address, skip 1 address
        ELPM    TXD_BUFFER,Z+
        IN      RAMPZ_BUFFER,RAMPZ      ; convert into word address
        LSR     RAMPZ_BUFFER
        ROR     ZH
        ROR     ZL
        PUSH    ZL                      ; store new return address
        PUSH    ZH
#if(defined(__ATmega2560__) || defined(__ATmega2561__))
        PUSH    RAMPZ_BUFFER
#endif
        IN      ZL,GPIOR2               ; restore RAMPZ:ZH:ZL
        OUT     RAMPZ,ZL
        IN      ZH,GPIOR1
        IN      ZL,GPIOR0
        RET

;---------------------------------------------------
;       Transmit a Character(TXD_BUFFER) by USART0
;---------------------------------------------------
TX0_CHAR:PUSH   AL

TX0_CHAR1:LDS   AL,UCSR0A               ; data register empty ?
        SBRS    AL,UDRE0
        JMP     TX0_CHAR1
        STS     UDR0,TXD_BUFFER

        POP     AL
        RET

;=======================================================================
;       Interrupt Service Routine of USART0
;=======================================================================
USART0_RX:PUSH  AL                      ; store registers
        IN      AL,SREG
        PUSH    AL

        LDS     LCD_BUFFER,UDR0         ; if yes, display a character
        CALL    LCD_DATA
        INC     CL                      ; 16 character OK ?
        CPI     CL,16
```

```
        BRNE    USARTORX1
        LDI     CL,0                    ; if yes, go to home
        LDI     LCD_BUFFER,0xC0
        CALL    LCD_COMMAND
        CALL    BEEP
USARTORX1:
        POP     AL                      ; restore registers
        OUT     SREG,AL
        POP     AL
        RETI

;=====================================================================
;       Include User Subroutine File
;=====================================================================
.include "OK2561.INC"                   ; OK-2561 I/O and subroutine file
```

위의 예제 프로그램 Exp12_3.asm과 동일한 동작을 USART1 직렬포트에 대하여 동일하게 수행하도록 프로그램을 다시 작성하여 보면 다음과 같다.

<프로그램 Exp12_4.asm> USART1 포트를 이용한 인터럽트 방식의 통신 프로그램

```
;[][][][][][][][][][][][][][][][][][][][][][][][][][][][][][][][][][][]
;[]                                                                  []
;[]   Exp12_4.asm : RS-232C Communication using USART1 Interrupt     []
;[]                                                                  []
;[][][][][][][][][][][][][][][][][][][][][][][][][][][][][][][][][][][]
;
;               Designed and programmed by Duck-Yong Yoon in 2006.
;
;-----------------------------------------------
;       Include Header File
;-----------------------------------------------
.nolist
.include "m2561def.inc"                 ; ATmega2561 definition file
.list

;=====================================================================
;       Main Program
;=====================================================================
.cseg
        .org    0x0000
        JMP     RESET                   ; power-on reset entry point

        .org    0x0048
        JMP     USART1_RX               ; USART1 Rx complete

RESET:  LDI     AH,high(RAMEND)         ; initialize SP
        LDI     AL,low(RAMEND)
        OUT     SPH,AH
        OUT     SPL,AL

        CALL    INIT_MCU                ; initialize MCU and kit
        CALL    D50MS                   ; wait for system stabilization
        CALL    INIT_LCD                ; initialize text LCD
        CALL    BEEP

;-----------------------------------------------
;       Initialize USART1 (19200 bps, 8 data, no parity, 1 stop)
;-----------------------------------------------
```

```
        LDI     AH,high(51)             ; 19200 bps
        LDI     AL,low(51)
        STS     UBRR1H,AH
        STS     UBRR1L,AL
        LDI     AL,0b00000000           ; asynchronous normal mode
        STS     UCSR1A,AL
        LDI     AL,0b10011000           ; receiver/transmitter enable, 8 data
        STS     UCSR1B,AL               ; Rx interrupt enable
        LDI     AL,0b00000110           ; no parity, 1 stop, 8 data
        STS     UCSR1C,AL
        NOP
        LDS     AL,UDR1                 ; dummy read
        SEI                             ; global interrupt enable

;----------------------------------------------
;       Key Scan and Transmit a String
;----------------------------------------------
        CALL    LCD_HOME1               ; display title on LCD
        CALL    LCD_STRING
        .db     "RS-232C (USART1)",0,0
        CALL    LCD_HOME2
        CALL    LCD_STRING
        .db     "                ",0,0

        LDI     LCD_BUFFER,0x0F         ; cursor ON
        CALL    LCD_COMMAND
        LDI     LCD_BUFFER,0xC0
        CALL    LCD_COMMAND
        LDI     CL,0                    ; cursor position

READ_KEY:CALL   KEY_IN                  ; key input
        CPI     AL,0b11100000           ; KEY1 ?
        BRNE    CK_KEY2
        COM     AL                      ; turn on LED1
        ANDI    AL,0b11110000
        OUT     PORTB,AL
        CALL    TX1_STRING
        .db     "  KEY1 is OK !  ",0x0D,0x0A,0,0
        JMP     READ_KEY

CK_KEY2:CPI     AL,0b11010000           ; KEY2 ?
        BRNE    CK_KEY3
        COM     AL                      ; turn on LED2
        ANDI    AL,0b11110000
        OUT     PORTB,AL
        CALL    TX1_STRING
        .db     "  KEY2 is OK !  ",0x0D,0x0A,0,0
        JMP     READ_KEY

CK_KEY3:CPI     AL,0b10110000           ; KEY3 ?
        BRNE    CK_KEY4
        COM     AL                      ; turn on LED3
        ANDI    AL,0b11110000
        OUT     PORTB,AL
        CALL    TX1_STRING
        .db     "  KEY3 is OK !  ",0x0D,0x0A,0,0
        JMP     READ_KEY

CK_KEY4:CPI     AL,0b01110000           ; KEY4 ?
        BRNE    READ_KEY
        COM     AL                      ; turn on LED4
        ANDI    AL,0b11110000
        OUT     PORTB,AL
        CALL    TX1_STRING
        .db     "  KEY4 is OK !  ",0x0D,0x0A,0,0
        JMP     READ_KEY
```

```
;=====================================================================
;       RS-232C Subroutines using USART1
;=====================================================================
;---------------------------------------------
;       Transmit String by USART1
;---------------------------------------------
TX1_STRING:OUT  GPIOR0,ZL                ; store RAMPZ:ZH:ZL
        OUT     GPIOR1,ZH
        IN      ZL,RAMPZ
        OUT     GPIOR2,ZL
#if(defined(__ATmega2560__) || defined(__ATmega2561__))
        POP     RAMPZ_BUFFER             ; get start address of string(3-byte PC)
#else
        CLR     RAMPZ_BUFFER             ; get start address of string(2-byte PC)
#endif
        POP     ZH
        POP     ZL
        LSL     ZL                       ; convert into byte address
        ROL     ZH
        ROL     RAMPZ_BUFFER
        OUT     RAMPZ,RAMPZ_BUFFER
TX1_STR1:ELPM   TXD_BUFFER,Z+            ; read a character. end string ?
        MOV     AL,TXD_BUFFER
        CPI     AL,0
        BREQ    TX1_STR2                 ; if yes, return
        CALL    TX1_CHAR                 ; if no, transmit a character
        RJMP    TX1_STR1
TX1_STR2:SBRC   ZL,0                     ; if odd address, skip 1 address
        ELPM    TXD_BUFFER,Z+
        IN      RAMPZ_BUFFER,RAMPZ       ; convert into word address
        LSR     RAMPZ_BUFFER
        ROR     ZH
        ROR     ZL
        PUSH    ZL                       ; store new return address
        PUSH    ZH
#if(defined(__ATmega2560__) || defined(__ATmega2561__))
        PUSH    RAMPZ_BUFFER
#endif
        IN      ZL,GPIOR2                ; restore RAMPZ:ZH:ZL
        OUT     RAMPZ,ZL
        IN      ZH,GPIOR1
        IN      ZL,GPIOR0
        RET

;---------------------------------------------
;       Transmit a Character(TXD_BUFFER) by USART1
;---------------------------------------------
TX1_CHAR:PUSH   AL

TX1_CHAR1:LDS   AL,UCSR1A                ; data register empty ?
        SBRS    AL,UDRE1
        JMP     TX1_CHAR1
        STS     UDR1,TXD_BUFFER

        POP     AL
        RET

;=====================================================================
;       Interrupt Service Routine of USART1
;=====================================================================
USART1_RX:PUSH  AL                       ; store registers
        IN      AL,SREG
        PUSH    AL

        LDS     LCD_BUFFER,UDR1          ; if yes, display a character
```

```
        CALL    LCD_DATA
        INC     CL                      ; 16 character OK ?
        CPI     CL,16
        BRNE    USART1_RX1
        LDI     CL,0                    ; if yes, go to home
        LDI     LCD_BUFFER,0xC0
        CALL    LCD_COMMAND
        CALL    BEEP
USART1_RX1:
        POP     AL                      ; restore registers
        OUT     SREG,AL
        POP     AL
        RETI

;==========================================================================
;       Include User Subroutine File
;==========================================================================
.include "OK2561.INC"                   ; OK-2561 I/O and subroutine file
```

▣ C언어의 경우

앞의 Exp12_3.asm 프로그램과 동일한 기능이 수행되도록 C언어로 작성하여 보면 다음과 같다.

<프로그램 Exp12_3.c> USART0 포트를 이용한 인터럽트 방식의 통신 프로그램

```
/* ======================================================================= */
/*          Exp12_3.c : RS-232C Communication using USART0 Interrupt       */
/* ======================================================================= */
/*                      Designed and programmed by Duck-Yong Yoon in 2006.  */

#include <avr/io.h>
#include <avr/interrupt.h>
#include "OK1281.h"

unsigned char cursor;

ISR(USART0_RX_vect)                             /* UART0 interrupt function */
{
  LCD_data(UDR0);                               // display a character
  cursor++;                                     // 16 character OK ?
  if(cursor == 16)
    { LCD_command(0xC0);                        // if yes, go home
      cursor = 0;
      Beep();
    }
}

void TX0_char(unsigned char data)               /* transmit a character by USART0 */
{
  while((UCSR0A & 0x20) == 0x00);               // data register empty ?
  UDR0 = data;
}

void TX0_string(unsigned char *string)          /* transmit a string by USART0 */
{
  while(*string != '\0')
    { TX0_char(*string);
      string++;
```

```
    }
}

int main(void)
{ unsigned char RXD;

  MCU_initialize();                                 // initialize MCU
  Delay_ms(50);                                     // wait for system stabilization
  LCD_initialize();                                 // initialize text LCD module
  Beep();

  UBRR0 = 51;                                       // 19200 bps
  UCSR0A = 0x00;                                    // asynchronous normal mode
  UCSR0B = 0x98;                                    // interrupt enable, 8 data
  UCSR0C = 0x06;                                    // no parity, 1 stop, 8 data
  RXD = UDR0;                                       // dummy read
  sei();                                            // global interrupt enable

  LCD_string(0x80,"RS-232C (USART0)");              // display title
  LCD_string(0xC0,"                ");

  LCD_command(0x0F);                                // cursor ON
  LCD_command(0xC0);                                // initial cursor position
  cursor = 0;

  while(1)
    { switch(Key_input())                           // key input
        { case 0xE0 : PORTB = 0x10;                 // KEY1 ?
                      TX0_string("  KEY1 is OK !  ");
                      TX0_char(0x0D); TX0_char(0x0A);
                      break;
          case 0xD0 : PORTB = 0x20;                 // KEY2 ?
                      TX0_string("  KEY2 is OK !  ");
                      TX0_char(0x0D); TX0_char(0x0A);
                      break;
          case 0xB0 : PORTB = 0x40;                 // KEY3 ?
                      TX0_string("  KEY3 is OK !  ");
                      TX0_char(0x0D); TX0_char(0x0A);
                      break;
          case 0x70 : PORTB = 0x80;                 // KEY4 ?
                      TX0_string("  KEY4 is OK !  ");
                      TX0_char(0x0D); TX0_char(0x0A);
                      break;
          default:    break;
        }
    }
}
```

앞의 Exp12_4.asm 프로그램과 동일한 기능이 수행되도록 C언어로 작성하여 보면 다음과 같다.

<프로그램 Exp12_4.c> USART1 포트를 이용한 인터럽트 방식의 통신 프로그램

```
/* ========================================================================== */
/*          Exp12_4.c : RS-232C Communication using USART1 Interrupt          */
/* ========================================================================== */
/*                      Designed and programmed by Duck-Yong Yoon in 2006.    */

#include <avr/io.h>
```

```
#include <avr/interrupt.h>
#include "OK1281.h"

unsigned char cursor;

ISR(USART1_RX_vect)                          /* UART1 interrupt function */
{
  LCD_data(UDR1);                            // display a character
  cursor++;                                  // 16 character OK ?
  if(cursor == 16)
    { LCD_command(0xC0);                     // if yes, go home
      cursor = 0;
      Beep();
    }
}

void TX1_char(unsigned char data)            /* transmit a character by USART1 */
{
  while((UCSR1A & 0x20) == 0x00);            // data register empty ?
  UDR1 = data;
}

void TX1_string(unsigned char *string)       /* transmit a string by USART1 */
{
  while(*string != '\0')
    { TX1_char(*string);
      string++;
    }
}

int main(void)
{ unsigned char RXD;

  MCU_initialize();                          // initialize MCU
  Delay_ms(50);                              // wait for system stabilization
  LCD_initialize();                          // initialize text LCD module
  Beep();

  UBRR1 = 51;                                // 19200 bps
  UCSR1A = 0x00;                             // asynchronous normal mode
  UCSR1B = 0x98;                             // interrupt enable, 8 data
  UCSR1C = 0x06;                             // no parity, 1 stop, 8 data
  RXD = UDR1;                                // dummy read
  sei();                                     // global interrupt enable

  LCD_string(0x80,"RS-232C (USART1)");       // display title
  LCD_string(0xC0,"                ");

  LCD_command(0x0F);                         // cursor ON
  LCD_command(0xC0);                         // initial cursor position
  cursor = 0;

  while(1)
    { switch(Key_input())                    // key input
        { case 0xE0 : PORTB = 0x10;          // KEY1 ?
                      TX1_string("  KEY1 is OK !  ");
                      TX1_char(0x0D); TX1_char(0x0A);
                      break;
          case 0xD0 : PORTB = 0x20;          // KEY2 ?
                      TX1_string("  KEY2 is OK !  ");
                      TX1_char(0x0D); TX1_char(0x0A);
                      break;
          case 0xB0 : PORTB = 0x40;          // KEY3 ?
```

```
                    TX1_string("  KEY3 is OK !  ");
                    TX1_char(0x0D); TX1_char(0x0A);
                    break;
          case 0x70 : PORTB = 0x80;              // KEY4 ?
                    TX1_string("  KEY4 is OK !  ");
                    TX1_char(0x0D); TX1_char(0x0A);
                    break;
          default:  break;
        }
    }
}
```

3. 실습 과제

(1) ATmega1281/2561에 내장된 USART0 및 USART1 포트에서 동기식 전송 모드와 비동기식 전송 모드는 서로 어떤 장단점이 있는지 설명하라.

(2) 비동기식 직렬통신에서 폴링을 사용하는 방법과 인터럽트를 사용하는 방법에는 어떤 장단점이 있는지 설명하라.

(3) 예제 프로그램 Exp12_1.c에서 현재 송신 버퍼가 비어있는지를 체크하는

```
while((UCSR0A & 0x20) == 0x00);
```

부분은

```
while(!(UCSR0A & (1<<UDRE0)));
```

와 같이 수정해도 된다. 이것의 의미를 설명하라.

(4) 예제 프로그램 Exp12_1.asm을 전송속도 38400bps로 동작하도록 수정한 프로그램 Exp12_1R.asm을 작성하라. 이를 *OK-1281/2561* 키트에서 실행하고 하이퍼터미널로 테스트하여 보라.

(5) 예제 프로그램 Exp12_3.c를 전송속도 115200bps로 동작하도록 수정한 프로그램 Exp12_3R.c를 작성하라. 이를 *OK-1281/2561* 키트에서 실행하고 하이퍼터미널로 테스트하여 보라.

4.13 SPI 직렬통신 응용 프로그램

이 절에서는 ATmega1281/2561의 SPI 직렬통신 포트를 응용한 통신 프로그램 작성 기술을 익힌다. 그러나, 퍼스널 컴퓨터는 SPI 통신을 지원하지 않으므로 실험을 위한 통신의 상대방을 찾기가 어려우며, 따라서 *OK-1281/2561* 키트에서는 SPI 통신방식으로 사용하는 3-wire serial EEPROM으로서 AT93C56을 접속하였다.

관련 내용	(1) 제1.3절 ATmega1281/2561의 명령 세트 (2) 제2.4절 SPI 직렬통신 포트 (3) AT93C56 EEPROM의 데이터 시트(Atmel사)

1. *OK-1281/2561* 키트와 AT93C56

OK-1281/2561 키트에는 SPI 직렬통신 포트에 3선식 직렬 EEPROM인 AT93C56(U18)을 접속하여 두었으므로 SPI 직렬통신으로 이를 액세스하는 것을 직접 수행해 볼 수 있다. 키트에서 이 부분의 회로를 다시 그려보면 <그림 4.13.1>과 같다. 그러나, U18에는 3선식 직렬 EEPROM AT93C46/56/66/86 중에서 어느 것을 사용해도 하드웨어적으로는 아무 문제가 없다.

AT93C56은 SPI 직렬통신 방식으로 액세스하는 256×8비트 또는 128×16비트 구조의 8핀짜리 EEPROM 소자이다. 4개의 신호 CS, SK, DI, DO는 SPI 통신을 위한 것이며, ORG=0이면 256×8비트 구조로 동작하고 ORG=1이면 128×16비트 구조로 동작한다. 여기서는 ORG=0으로 설정하여 256×8비트 방식으로 사용하기로 한다.

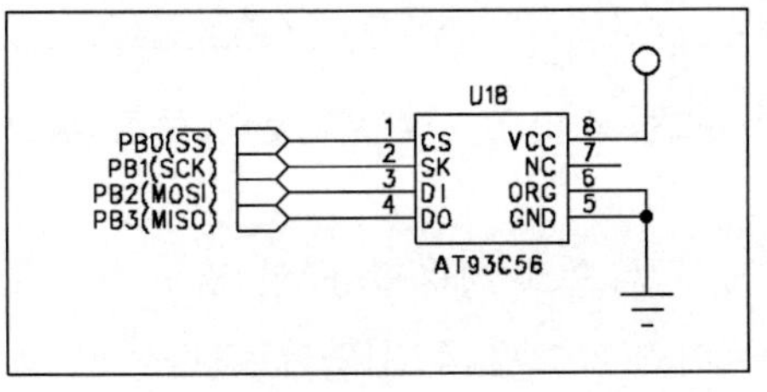

〈그림 4.13.1〉 *OK-1281/2561* 키트에서 사용하는 AT93C56 관련 회로

〈표 4.13.1〉 AT93C56을 256×8비트로 사용할 때의 명령

명령	스타트 비트	명령 코드	어드레스	데이터	동 작
ERASE	1	11	A8～A0		메모리 번지 A8～A0의 내용을 삭제
READ	1	10	A8～A0		메모리 번지 A8～A0의 내용을 리드
WRITE	1	01	A8～A0	D7～D0	메모리 번지 A8～A0에 지정된 값을 라이트
EWEN	1	00	11XXXXXXX		메모리 라이트 동작을 허용 상태로 설정
ERAL	1	00	10XXXXXXX		모든 번지의 내용을 한 번에 삭제
WRAL	1	00	01XXXXXXX	D7～D0	모든 번지에 동일하게 지정된 내용을 라이트
EWDS	1	00	00XXXXXXX		메모리 라이트 동작을 금지 상태로 설정

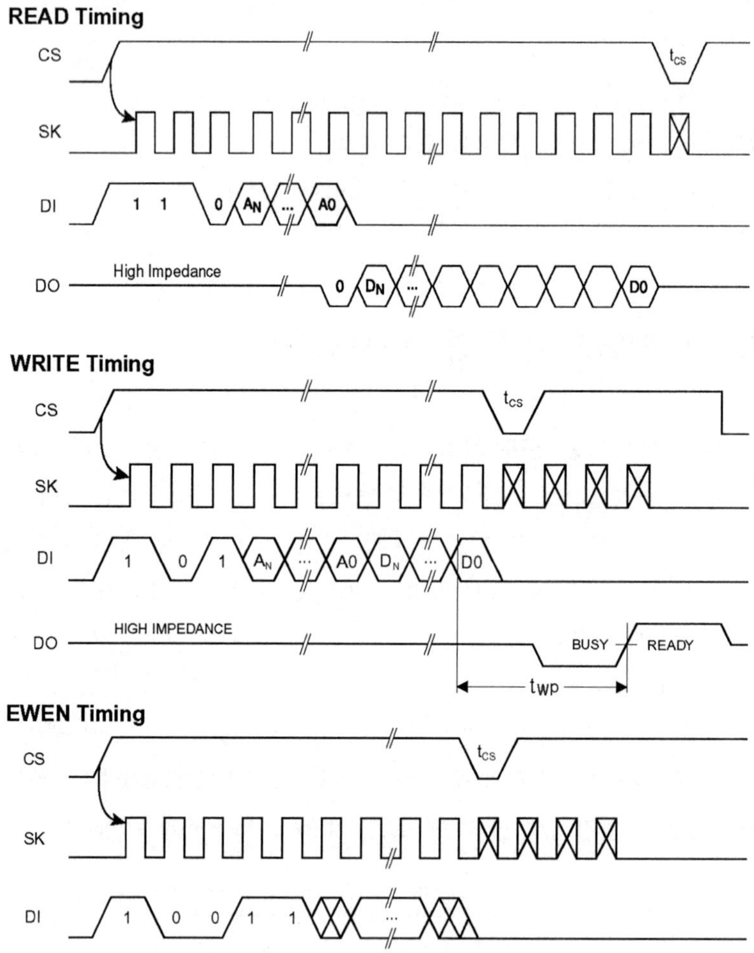

〈그림 4.13.2〉 AT93C56의 동작 파형

AT93C56을 8비트 워드 방식으로 사용할 때의 명령은 <표 4.13.1>과 같고, 이를 동작 파형의 몇가지 예를 보이면 <그림 4.13.2>와 같다. 이 그림에서 보듯이 이 소자를 액세스하는 명령은 CS 신호가 상승 에지를 보내고 나서 H인 스타트 비트와 2비트의

명령 코드(Op Code)로 이어지며, 명령에 따라 그 뒤에 어드레스와 데이터가 이어진다. 이것은 EEPROM이므로 각 번지별로 라이트 동작이 가능하며, WRITE 명령을 사용하기 전에 특별히 ERASE 명령을 사용할 필요는 없다.

이 명령표에서 X로 표시된 비트들은 don't care를 의미한다. 또한, AT93C56은 256×8비트로 사용하므로 어드레스 A7~A0만이 유효하며 A8은 don't care로 동작한다. 그러나, 이러한 don't care 비트들도 반드시 클록에 의하여 출력되어야 한다.

파 라 미 터		테스트 조건	특 성 값			단위
			최소값	대표값	최대값	
f_{SK}	SK Clock Frequency	4.5V≤Vcc≤5.5V 2.7V≤Vcc≤5.5V	0 0		2 1	MHz
t_{SKH}	SK High Time	4.5V≤Vcc≤5.5V 2.7V≤Vcc≤5.5V	250 250			ns
t_{SKL}	SK Low Time	4.5V≤Vcc≤5.5V 2.7V≤Vcc≤5.5V	250 250			ns
t_{CS}	Minimum CS Low Time	4.5V≤Vcc≤5.5V 2.7V≤Vcc≤5.5V	250 250			ns
t_{CSS}	CS Setup Time	4.5V≤Vcc≤5.5V 2.7V≤Vcc≤5.5V	50 50			ns
t_{CSH}	CS Hold Time		0			ns
t_{DIS}	DI Setup Time	4.5V≤Vcc≤5.5V 2.7V≤Vcc≤5.5V	100 100			ns
t_{DIH}	DI Hold Time	4.5V≤Vcc≤5.5V 2.7V≤Vcc≤5.5V	100 100			ns
t_{WP}	Write Cycle Time	2.7V≤Vcc≤5.5V	0.1	3	10	ms
Endurance	Write Cycle	5.0V, 25℃	1M			cycles

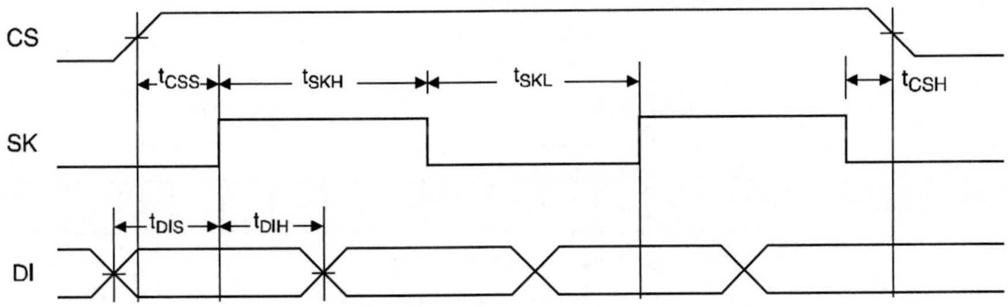

〈그림 4.13.3〉 AT93C56의 동작 타이밍

이것의 동작 타이밍은 <그림 4.13.3>에 보였다. SPI 클록신호 SK가 시작되는 상승에지에서 1비트의 데이터 DI가 전송되므로 ATmega1281/2561의 SPI 통신 모듈에서 동작모드 3에 해당하는 것을 알 수 있다. 5V 전원을 사용할 때 클록신호 SK의 최대 사용가능 주파수는 2MHz이며, 1번지를 라이트하는데 내부적으로 소요되는 시간 t_{WP}는 전형적으로 3ms 정도이고 최대 10ms이다. 이 소자에는 각 번지에 데이터를 1백만번까지 라이트할 수 있다.

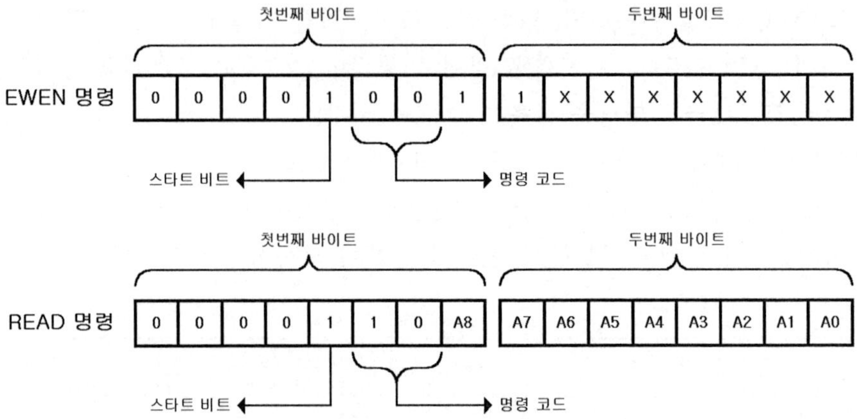

〈그림 4.13.4〉 SPI 통신에 의한 AT93C56의 명령의 전송 포맷

ATmega1281/2561에서 SPI 통신으로 AT93C56에 <표 4.13.1>과 같은 명령을 전송할 때는 주의가 필요하다. SPI 통신으로는 8비트의 바이트 단위로만 데이터를 전송할 수 있으나 AT93C56의 명령은 8비트 단위로 구성되지 않기 때문이다. 이 때문에 이러한 전송을 올바르게 수행하면 <그림 4.13.4>와 바이트 데이터를 구성해야 한다. 즉, AT93C56의 명령은 항상 첫번째로 전송되는 1이 스타트 비트가 되므로 그 앞에 필요한 수만큼 0으로 된 비트를 두어도 상관없다는 것이다. 예를 들어 EWEN 명령과 READ 명령을 2바이트로 구성하여 보면 <그림 4.13.4>와 같다. 여기서 X로 표시된 비트들은 don't care로서 실제는 0으로 처리한다.

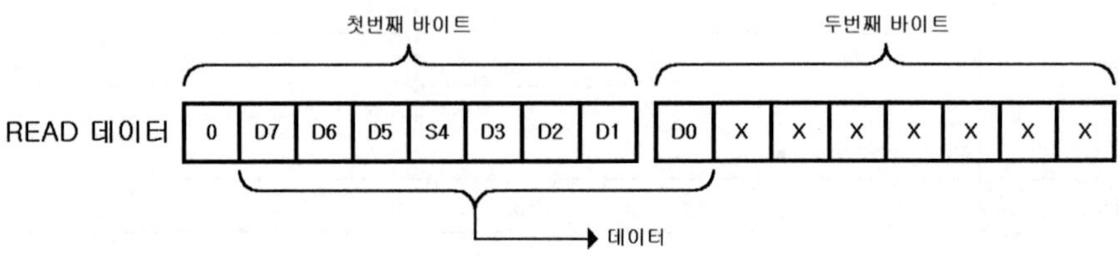

〈그림 4.13.5〉 SPI 통신에 의한 AT93C56 데이터의 리드 포맷

AT93C56의 번지를 지정하여 데이터를 읽으면 그 데이터는 0을 선두로 하여 8비트가 읽혀진다. 따라서, 이는 전체적으로 9비트로 구성되므로 <그림 4.13.5>처럼 2바이트 포맷으로 읽어들여야 하며, 비트 시프트 동작으로 이 중에서 원하는 8비트 데이터를 추출해내면 된다. 단, AT93C56을 16비트 방식으로 사용하는 경우에는 데이터가 16비트로 되므로 17비트를 3바이트 포맷으로 읽어야 한다.

2. AT93C56을 액세스하는 프로그램

OK-1281/2561 키트에서 SPI 직렬통신을 통하여 AT93C56 EEPROM에 데이터를 라이트 및 리드하는 프로그램을 작성하여 보기로 한다.

▣ 어셈블리 언어의 경우

SPI 통신으로 AT93C56을 라이트 및 리드하는 프로그램을 어셈블리 언어로 작성하면 다음과 같다.

<프로그램 Exp13_1.asm> AT93C56을 라이트 및 리드하는 프로그램

```
;[][][][][][][][][][][][][][][][][][][][][][][][][][][][][][][][][][]
;[]                                                              []
;[]        Exp13_1.asm : AT93C56 Read/Write using SPI            []
;[]                                                              []
;[][][][][][][][][][][][][][][][][][][][][][][][][][][][][][][][][][]
;
;           Designed and programmed by Duck-Yong Yoon in 2006.
;
;-------------------------------------------------
;       Include Header File
;-------------------------------------------------
.nolist
.include "m2561def.inc"                 ; ATmega2561 definition file
.list

;==================================================================
;       Main Program
;==================================================================
.cseg
        .org    0x0000
        LDI     AH,high(RAMEND)         ; initialize SP
        LDI     AL,low(RAMEND)
        OUT     SPH,AH
        OUT     SPL,AL

        CALL    INIT_MCU                ; initialize MCU and kit
        CALL    D50MS                   ; wait for system stabilization
        CALL    INIT_LCD                ; initialize text LCD
        CALL    BEEP

;-------------------------------------------------
;       Write/Read Test
;-------------------------------------------------
        CALL    LCD_HOME1               ; display title on LCD
        CALL    LCD_STRING
        .db     " AT93C56 EEPROM ",0,0
        CALL    LCD_HOME2
        CALL    LCD_STRING
        .db     "0x00 = 0x00/0x00",0,0

        LDI     AL,0b00000111           ; MISO=input, etc.=output
        OUT     DDRB,AL
        LDI     AL,0b00000000           ; CS = 0
        OUT     PORTB,AL
        LDI     AL,0b01011101           ; SPI mode 3, 1MHz
```

```
        OUT     SPCR,AL
        LDI     AL,0b00000000           ; SPI2X=0
        OUT     SPSR,AL

        CALL    EWEN                    ; AT93C56 write enable

        LDI     BL,0                    ; initial address
LOOP:   LDI     LCD_BUFFER,0xC2         ; display address
        CALL    LCD_COMMAND
        MOV     LCD_BUFFER,BL
        CALL    LCD_2HEX
        LDI     LCD_BUFFER,0xC9         ; display write data
        CALL    LCD_COMMAND
        LDI     LCD_BUFFER,0x55
        CALL    LCD_2HEX
        LDI     DL,0x55                 ; write 0x55
        CALL    WRITE
        CALL    READ                    ; read
        LDI     LCD_BUFFER,0xCE         ; display read data
        CALL    LCD_COMMAND
        MOV     LCD_BUFFER,DL
        CALL    LCD_2HEX
        CALL    D500MS
        CPI     DL,0x55                 ; if error, beep
        BREQ    LOOP1
        CALL    BEEP
        CALL    D2SEC

LOOP1:  LDI     LCD_BUFFER,0xC9         ; display write data
        CALL    LCD_COMMAND
        LDI     LCD_BUFFER,0xAA
        CALL    LCD_2HEX
        LDI     DL,0xAA                 ; write 0xAA
        CALL    WRITE
        CALL    READ                    ; read
        LDI     LCD_BUFFER,0xCE         ; display read data
        CALL    LCD_COMMAND
        MOV     LCD_BUFFER,DL
        CALL    LCD_2HEX
        CALL    D500MS
        CPI     DL,0xAA                 ; if error, beep
        BREQ    LOOP2
        CALL    BEEP
        CALL    D2SEC

LOOP2:  INC     BL                      ; loop from 0x00 to 0xFF
        BRNE    LOOP

        CALL    EWDS                    ; AT93C56 write disable
        CALL    BEEP
LOOP3:  JMP     LOOP3

;------------------------------------------------
;       AT93C56 Write Enable
;------------------------------------------------
EWEN:   LDI     AL,0b00000001           ; CS = 1
        OUT     PORTB,AL
        LDI     AL,0b00001001           ; 0000 1001
        OUT     SPDR,AL
EWEN1:  IN      AL,SPSR                 ; transmit complete ?
        SBRS    AL,SPIF
        RJMP    EWEN1
        LDI     AL,0b10000000           ; 1000 0000
        OUT     SPDR,AL
EWEN2:  IN      AL,SPSR                 ; transmit complete ?
        SBRS    AL,SPIF
        RJMP    EWEN2
        LDI     AL,0b00000000           ; CS = 0
        OUT     PORTB,AL
```

```
        RET

;----------------------------------------------
;       AT93C56 Write Disable
;----------------------------------------------
EWDS:   LDI     AL,0b00000001           ; CS = 1
        OUT     PORTB,AL
        LDI     AL,0b00001000           ; 0000 1000
        OUT     SPDR,AL
EWDS1:  IN      AL,SPSR                 ; transmit complete ?
        SBRS    AL,SPIF
        RJMP    EWDS1
        LDI     AL,0b00000000           ; 0000 0000
        OUT     SPDR,AL
EWDS2:  IN      AL,SPSR                 ; transmit complete ?
        SBRS    AL,SPIF
        RJMP    EWDS2
        LDI     AL,0b00000000           ; CS = 0
        OUT     PORTB,AL
        RET

;----------------------------------------------
;       AT93C56 Read (BL=address, DL= read data)
;----------------------------------------------
READ:   LDI     AL,0b00000001           ; CS = 1
        OUT     PORTB,AL
        LDI     AL,0b00001100           ; 0000 1100
        OUT     SPDR,AL
READ1:  IN      AL,SPSR                 ; transmit complete ?
        SBRS    AL,SPIF
        RJMP    READ1
        OUT     SPDR,BL                 ; A7 - A0
READ2:  IN      AL,SPSR                 ; transmit complete ?
        SBRS    AL,SPIF
        RJMP    READ2
        LDI     AL,0b00000000           ; dummy 0000 0000
        OUT     SPDR,AL
READ3:  IN      AL,SPSR                 ; transmit complete ?
        SBRS    AL,SPIF
        RJMP    READ3
        IN      DH,SPDR                 ; DH = upper byte
        LDI     AL,0b00000000           ; dummy 0000 0000
        OUT     SPDR,AL
READ4:  IN      AL,SPSR                 ; transmit complete ?
        SBRS    AL,SPIF
        RJMP    READ4
        IN      DL,SPDR                 ; DL = lower byte
        LDI     AL,0b00000000           ; CS = 0
        OUT     PORTB,AL
        LSL     DL                      ; get data and return
        ROL     DH
        MOV     DL,DH
        RET

;----------------------------------------------
;       AT93C56 Write (BL=address, DL=data)
;----------------------------------------------
WRITE:  LDI     AL,0b00000001           ; CS = 1
        OUT     PORTB,AL
        LDI     AL,0b00001010           ; 0000 1010
        OUT     SPDR,AL
WRITE1: IN      AL,SPSR                 ; transmit complete ?
        SBRS    AL,SPIF
        RJMP    WRITE1
        OUT     SPDR,BL                 ; A7 - A0
WRITE2: IN      AL,SPSR                 ; transmit complete ?
        SBRS    AL,SPIF
        RJMP    WRITE2
        OUT     SPDR,DL                 ; D7 - D0
```

```
WRITE3: IN      AL,SPSR                 ; transmit complete ?
        SBRS    AL,SPIF
        RJMP    WRITE3
        LDI     AL,0b00000000           ; CS = 0
        OUT     PORTB,AL

        CALL    D5MS                    ; delay 5 ms for twp time
        RET

;==========================================================================
;       Include User Subroutine File
;==========================================================================
.include "OK2561.INC"                   ; OK-2561 I/O and subroutine file
```

☞ AT93C56의 클록 신호 SK의 시작부분 상승에지에서 데이터 DI가 인식되므로 ATmega1281/2561의 SPI 통신 모듈에서 모드3으로 설정하였고, 클록 주파수는 사양 범위인 1MHz로 선택하였다. SPI 통신 모듈에서 $\overline{SS}$ 신호는 자동으로 동작하지 않으므로 사용자 프로그램에서 필요할 때마다 PORTB의 출력으로 이를 직접 구동해야 한다는 것에 유의하라. 여기서 내부에서 데이터를 라이트하는데 걸리는 시간 t_{WP}는 전형적인 값 3ms보다 좀더 여유있게 5ms로 주었다.

이 프로그램에서는 사람이 눈으로 각 번지의 라이트 및 리드 동작 상황을 볼 수 있도록 0.5초 간격으로 천천히 동작 루프를 수행하였다. AT93C56에는 0x00~0xFF 번지가 있으므로 여기서는 이들 모든 번지에 0x55와 0xAA를 썼다가 다시 읽어서 정상 동작 여부를 테스트하였다.

▣ C언어의 경우

앞의 Exp13_1.asm 프로그램과 동일한 기능이 수행되도록 C언어로 작성하여 보면 다음과 같다.

<프로그램 Exp13_1.c> AT93C56을 라이트 및 리드하는 프로그램

```
/* ======================================================================== */
/*                Exp13_1.c : AT93C56 Read/Write using SPI                  */
/* ======================================================================== */
/*                    Designed and programmed by Duck-Yong Yoon in 2006.    */

#include <avr/io.h>
#include "OK1281.h"

void LCD_2hex(unsigned char number)            /* display 2-digit hex number */
{ unsigned char i;

  i = (number >> 4) & 0x0F;                    // 16^1
  if(i <= 9) LCD_data(i + '0');
  else       LCD_data(i - 10 + 'A');

  i = number & 0x0F;                           // 16^0
  if(i <= 9) LCD_data(i + '0');
  else       LCD_data(i - 10 + 'A');
}

void AT93C56_EWEN(void)                        /* write enable */
{
  PORTB = 0x01;                                // CS = 1
```

```
  SPDR = 0x09;                                    // 0000 1001
  while((SPSR & 0x80) == 0x00);                   // transmit complete ?
  SPDR = 0x80;                                    // 1000 0000
  while((SPSR & 0x80) == 0x00);                   // transmit complete ?
  PORTB = 0x00;                                   // CS = 0
}

void AT93C56_EWDS(void)                           /* write disable */
{
  PORTB = 0x01;                                   // CS = 1
  SPDR = 0x08;                                    // 0000 1000
  while((SPSR & 0x80) == 0x00);                   // transmit complete ?
  SPDR = 0x00;                                    // 0000 0000
  while((SPSR & 0x80) == 0x00);                   // transmit complete ?
  PORTB = 0x00;                                   // CS = 0
}

unsigned char AT93C56_READ(unsigned char address) /* read a byte */
{ unsigned char upper, lower;

  PORTB = 0x01;                                   // CS = 1
  SPDR = 0x0C;                                    // 0000 1100
  while((SPSR & 0x80) == 0x00);                   // transmit complete ?
  SPDR = address;                                 // A7 - A0
  while((SPSR & 0x80) == 0x00);                   // transmit complete ?
  SPDR = 0x00;                                    // dummy 0000 0000
  while((SPSR & 0x80) == 0x00);                   // transmit complete ?
  upper = SPDR;                                   // read upper byte
  SPDR = 0x00;                                    // dummy 0000 0000
  while((SPSR & 0x80) == 0x00);                   // transmit complete ?
  lower = SPDR;                                   // read lower byte
  PORTB = 0x00;                                   // CS = 0

  return (upper << 1) + (lower >> 7);             // get data and return
}

void AT93C56_WRITE(unsigned char address,unsigned char byte) /* write a byte */
{
  PORTB = 0x01;                                   // CS = 1
  SPDR = 0x0A;                                    // 0000 1010
  while((SPSR & 0x80) == 0x00);                   // transmit complete ?
  SPDR = address;                                 // A7 - A0
  while((SPSR & 0x80) == 0x00);                   // transmit complete ?
  SPDR = byte;                                    // D7 - D0
  while((SPSR & 0x80) == 0x00);                   // transmit complete ?
  PORTB = 0x00;                                   // CS = 0

  Delay_ms(5);                                    // delay 5 ms for twp time
}

int main(void)
{ unsigned char byte;
  unsigned int address;

  MCU_initialize();                               // initialize MCU and kit
  Delay_ms(50);                                   // wait for system stabilization
  LCD_initialize();                               // initialize text LCD module
  Beep();

  LCD_string(0x80," AT93C56 EEPROM ");            // display title
  LCD_string(0xC0,"0x00 = 0x00/0x00");

  DDRB = 0x07;                                    // MISO=input, etc.=output
  PORTB = 0x00;                                   // CS = 0
  SPCR = 0x5D;                                    // SPI mode 3, 1MHz
  SPSR = 0x00;                                    // SPI2X=0

  AT93C56_EWEN();                                 // AT93C56 write enable
```

```
    for(address=0x00; address<=0xFF; address++)
      { LCD_command(0xC2);                              // display address
        LCD_2hex(address);

        LCD_command(0xC9);                              // display write data
        LCD_2hex(0x55);
        AT93C56_WRITE(address,0x55);                    // write 0x55
        byte = AT93C56_READ(address);
        LCD_command(0xCE);                              // display read data
        LCD_2hex(byte);
        Delay_ms(500);
        if(byte != 0x55)                                // if error, beep
          { Beep();
            Delay_ms(2000);
          }

        LCD_command(0xC9);                              // display write data
        LCD_2hex(0xAA);
        AT93C56_WRITE(address,0xAA);                    // write 0xAA
        byte = AT93C56_READ(address);
        LCD_command(0xCE);                              // display read data
        LCD_2hex(byte);
        Delay_ms(500);
        if(byte != 0xAA)                                // if error, beep
          { Beep();
            Delay_ms(2000);
          }
      }

    AT93C56_EWDS();                                     // AT93C56 write disable
    Beep();
    while(1);
  }
```

3. 실습 과제

(1) serial EEPROM은 parallel EEPROM에 비하여 어떤 장단점이나 특징이 있는지 설명하라.

(2) 예제 프로그램 Exp13_1.asm에서 AT93C56의 데이터를 읽을 때 READ 서브루틴에서 dummy로 0x00 데이터를 2차례 출력하는 이유를 설명하라.

(3) 예제 프로그램 Exp13_1.c를 128×16비트 구조로 사용하는 프로그램 Exp13_1R.c로 수정하라. 테스트 데이터는 0x5555 및 0xAAAA로 하라. 그러나, 만약 이 프로그램을 실행하려면 <그림 4.13.1>의 회로에서 ORG=1이 되도록 수정하여야 한다.

4.14 TWI 직렬통신 응용 프로그램

이 절에서는 ATmega1281/2561의 TWI 직렬통신 포트를 응용한 통신 프로그램 작성 기술을 익힌다. 그러나, 퍼스널 컴퓨터는 TWI 통신을 지원하지 않으므로 실험을 위한 통신의 상대방을 찾기가 어려우며, 따라서 *OK-1281/2561* 키트에서는 TWI 통신 방식으로 사용하는 2-wire serial EEPROM으로서 AT24C16을 접속하였다.

관련 내용	(1) 제1.3절 ATmega1281/2561의 명령 세트 (2) 제2.5절 TWI 직렬통신 포트 (3) AT24C16 EEPROM의 데이터 시트(Atmel사)

1. *OK-1281/2561* 키트와 AT24C16

OK-1281/2561 키트에는 TWI 직렬통신 포트에 2선식 직렬 EEPROM인 AT24C16 (U19)을 접속하여 두었으므로 TWI 직렬통신으로 이를 액세스하는 것을 직접 수행해 볼 수 있다. 키트에서 이 부분의 회로를 다시 그려보면 <그림 4.14.1>과 같은데, 데이터 신호 SDA와 클록 신호 SCL 단자는 각각 수kΩ 정도의 저항으로 풀업해 주어야 한다. 그러나, 이 회로에서 U19에는 슬레이브 어드레스 입력 A2~A0 부분만을 필요에 따라 적절히 수정한다면 2선식 직렬 EEPROM AT24C16/32/64/128/512/1024 중에서 어느 것이라도 하드웨어적으로 문제없이 접속할 수 있다.

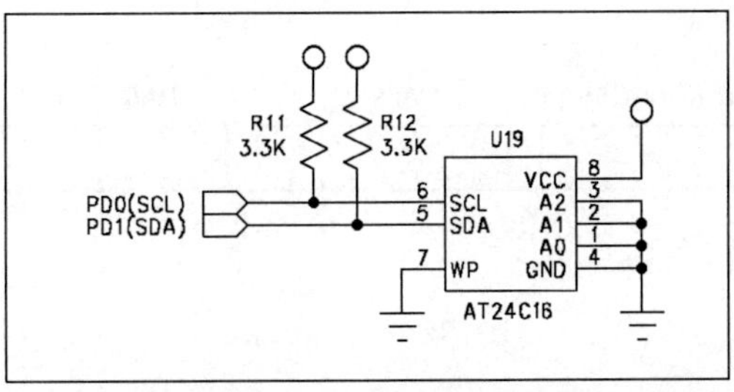

〈그림 4.14.1〉 *OK-1281/2561* 키트에서 사용하는 AT24C16 관련 회로

AT24C16은 I^2C(또는 TWI) 직렬통신 방식으로 액세스하는 2048×8비트 구조의 8핀짜리 EEPROM 소자이다. 2개의 신호 SCL, SDA는 I^2C 통신을 위한 것이며, 3개의 어드레스 신호 A2, A1, A0은 마스터가 슬레이브를 지정할 수 있도록 슬레이브 어드레스를 설정하는데 사용되는 것이지만 AT24C16 모델에서는 내부적으로 이를 사용하지 않는다. WP는 H가 입력될 때 라이트를 금지하는 신호인데, 여기서는 접지하여 항상 라이트가 가능하도록 하였다.

마스터인 ATmega1281/2561이 슬레이브인 AT24C16을 지정할 때 사용하는 디바이스 어드레스(device address) 형식은 <그림 4.14.2>와 같다. 여기서 P2~P0은 페이지 어드레스를 지정하며, AT24C16은 2048×8비트 구조이므로 256바이트의 페이지가 8개 있게 된다. 이와 같이 AT24C16은 외부의 슬레이브 어드레스 설정용 신호 A2~A0을 내부적으로 사용하지 않는다. 그러나, 다른 2선식 직렬 EEPROM 모델에서는 이 어드레스 신호선들을 사용하는 경우도 있다.

1	0	1	0	P2	P1	P0	R/W

〈그림 4.14.2〉 AT24C16의 디바이스 어드레스 지정 형식

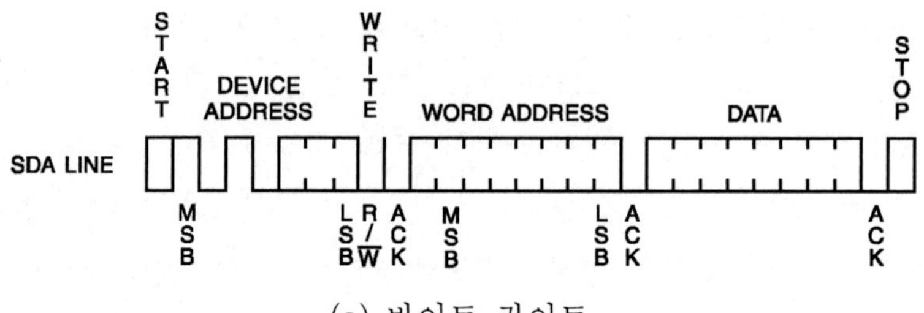

(a) 바이트 라이트

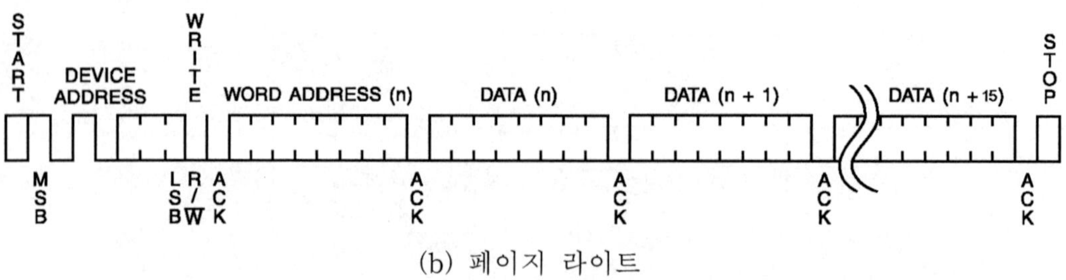

(b) 페이지 라이트

〈그림 4.14.3〉 AT24C16의 라이트 동작 파형

AT24C16의 라이트 동작은 <그림 4.14.3>과 같이 2가지가 있다. 첫째로, 바이트 라이트(byte write)는 임의 번지를 지정하여 1바이트의 데이터를 라이트하는 방식이다. 지정되는 메모리 어드레스는 디바이스 어드레스에 포함된 3비트와 워드 어드레스의 8비트를 합하여 11비트가 된다. 둘째로, 페이지 라이트(page write)는 지정된 메모리 어드레스로부터 16바이트로 구성되는 1페이지를 연속으로 라이트하는 방식이다. 이때는 1페이지를 16바이트로 간주하는데 유의해야 한다.

이러한 라이트 동작이 수행되고 나면 AT24C16은 곧바로 내부적인 라이트 사이클에 들어가며, 이것이 완료되는 최대시간 5ms 동안은 모든 입력핀이 동작 금지 상태로 된다.

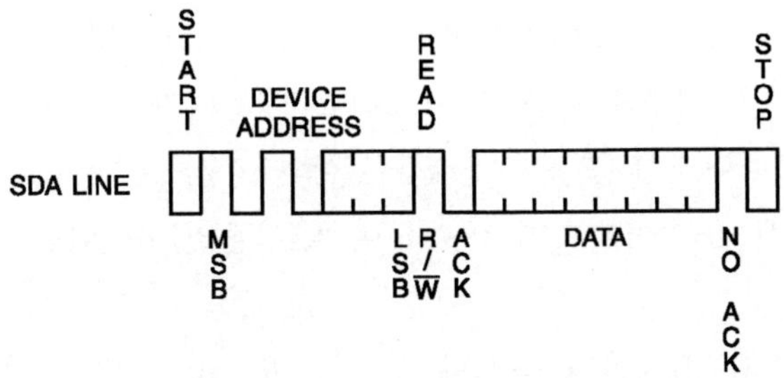

(a) 현재의 어드레스 리드

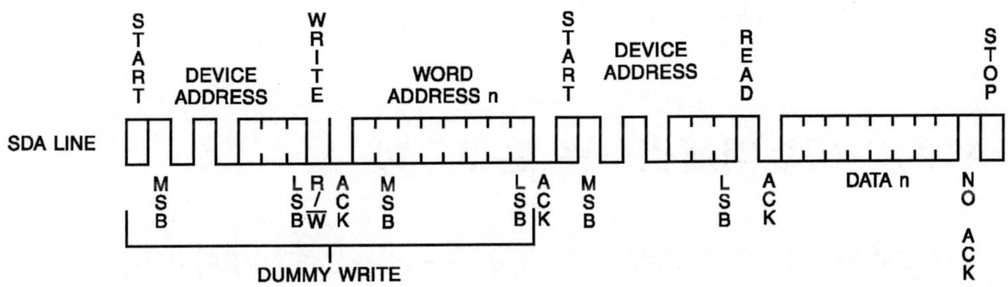

(b) 랜덤 리드

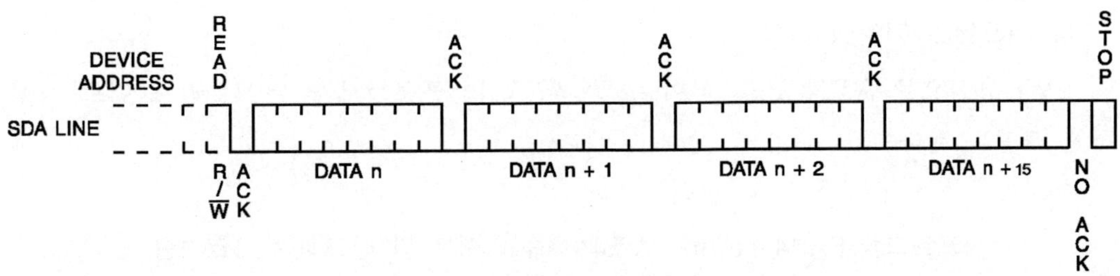

(c) 시퀀셜 리드

〈그림 4.14.4〉 AT24C16의 리드 동작 파형

AT24C16의 리드 방법은 <그림 4.14.4>와 같이 3가지가 있다. 첫째로, 현재의 어드레스 리드(current address read)는 가장 최근에 리드 또는 라이트하였던 메모리 소자 내부의 워드 어드레스 카운터 값을 기억하고 있다가 이 번지를 읽는 방식이다.

둘째로, 랜덤 리드(random read)는 읽고자 하는 워드 어드레스를 라이트하는 더미 라이트 동작을 먼저 수행한 후에 이 어드레스에서 리드 동작을 수행하는 방식이다. 이것은 임의의 번지를 라이트하는 바이트 라이트 동작처럼 임의의 번지를 읽는데 유용하다.

셋째로, 시퀀셜 리드(sequential read)는 현재의 어드레스 리드나 랜덤 리드 동작에 이어지는 연속 리드 방식이다. 즉, 현재의 어드레스 리드나 랜덤 리드 방식에서는 ATmega1281/2561이 1바이트의 데이터를 수신하고 나서 확인(acknowledge) 신호를 출력하지 않고 STOP 모드로 들어가지만, 만약 ATmega1281/2561이 수신 확인 신호를 출력한다면 AT24C16은 내부에서 워드 어드레스 카운터가 증가하며 클록 신호가 계속 인가되면 그 다음의 데이터를 출력하게 된다. 이와 같이 ATmega1281/2561이 수신 확인 신호를 출력하면서 16바이트까지 연속하여 읽어들일 수 있는데 이것이 시퀀셜 리드 동작이다.

AT24C16은 최대 400kbps까지 동작할 수 있으며, 5V 전원을 사용할 때 1번지를 라이트하는데 내부적으로 소요되는 시간 t_{WP}는 최대 5ms이다. 이 소자에는 각 번지에 데이터를 1백만번까지 라이트할 수 있다.

2. AT24C16을 액세스하는 프로그램

OK-1281/2561 키트에서 TWI 직렬통신을 통하여 AT24C16 EEPROM에 데이터를 라이트 및 리드하는 프로그램을 작성하여 보기로 한다.

▣ 어셈블리 언어의 경우

TWI 통신으로 AT24C16을 라이트 및 리드하는 프로그램을 어셈블리 언어로 작성하면 다음과 같다.

<프로그램 Exp14_1.asm> AT24C16을 라이트 및 리드하는 프로그램

```
;[][][][][][][][][][][][][][][][][][][][][][][][][][][][][][][][][][][][]
;[]                                                                    []
;[]            Exp14_1.asm : AT24C16 Read/Write using TWI              []
```

```
;[]                                                                      []
;[][][][][][][][][][][][][][][][][][][][][][][][][][][][][][][][][][][][][]
;
;               Designed and programmed by Duck-Yong Yoon in 2006.
;
;----------------------------------------------------------
;       Include Header File
;----------------------------------------------------------
.nolist
.include "m2561def.inc"                 ; ATmega2561 definition file
.list

;===========================================================================
;       Main Program
;===========================================================================
.cseg
        .org    0x0000
        LDI     AH,high(RAMEND)         ; initialize SP
        LDI     AL,low(RAMEND)
        OUT     SPH,AH
        OUT     SPL,AL

        CALL    INIT_MCU                ; initialize MCU and kit
        CALL    D50MS                   ; wait for system stabilization
        CALL    INIT_LCD                ; initialize text LCD
        CALL    BEEP

;----------------------------------------------------------
;       Write/Read Test
;----------------------------------------------------------
        CALL    LCD_HOME1               ; display title on LCD
        CALL    LCD_STRING
        .db     " AT24C16 EEPROM ",0,0
        CALL    LCD_HOME2
        CALL    LCD_STRING
        .db     "0x0000=0x00/0x00",0,0

        LDI     AL,12                   ; 400kHz(PWBR=12, TWPS=0)
        STS     TWBR,AL
        LDI     AL,0b00000000
        STS     TWSR,AL

        LDI     BH,0                    ; initial address
        LDI     BL,0
LOOP:   LDI     LCD_BUFFER,0xC2         ; display address
        CALL    LCD_COMMAND
        MOV     AH,BH
        MOV     AL,BL
        CALL    LCD_4HEX
        LDI     LCD_BUFFER,0xC9         ; display write data
        CALL    LCD_COMMAND
        LDI     LCD_BUFFER,0x55
        CALL    LCD_2HEX
        LDI     DL,0x55                 ; write 0x55
        CALL    WRITE
        CALL    READ                    ; read
        LDI     LCD_BUFFER,0xCE         ; display read data
        CALL    LCD_COMMAND
        MOV     LCD_BUFFER,DL
        CALL    LCD_2HEX
        CALL    D500MS
        CPI     DL,0x55                 ; if error, beep
        BREQ    LOOP1
        CALL    BEEP
```

```
        CALL    D2SEC

LOOP1:  LDI     LCD_BUFFER,0xC9         ; display write data
        CALL    LCD_COMMAND
        LDI     LCD_BUFFER,0xAA
        CALL    LCD_2HEX
        LDI     DL,0xAA                 ; write 0xAA
        CALL    WRITE
        CALL    READ                    ; read
        LDI     LCD_BUFFER,0xCE         ; display read data
        CALL    LCD_COMMAND
        MOV     LCD_BUFFER,DL
        CALL    LCD_2HEX
        CALL    D500MS
        CPI     DL,0xAA                 ; if error, beep
        BREQ    LOOP2
        CALL    BEEP
        CALL    D2SEC

LOOP2:  LDI     AL,1                    ; loop from 0x0000 to 0x07FF
        ADD     BL,AL
        CLR     AL
        ADC     BH,AL
        CPI     BH,0x08
        BRNE    LOOP

        CALL    BEEP
LOOP3:  JMP     LOOP3

;----------------------------------------------
;       AT24C16 Read (BH:BL=address, DL= read data)
;----------------------------------------------
READ:   LDI     AL,0b10100100           ; START condition
        STS     TWCR,AL
READ1:  LDS     AL,TWCR                 ; START complete ?
        SBRS    AL,TWINT
        RJMP    READ1
READ2:  LDS     AL,TWSR
        ANDI    AL,0b11111000
        CPI     AL,0x08
        BRNE    READ2

        MOV     AL,BH                   ; SLA+W
        LSL     AL
        ANDI    AL,0b00001110
        ORI     AL,0xA0
        STS     TWDR,AL
        LDI     AL,0b10000100
        STS     TWCR,AL
READ3:  LDS     AL,TWCR                 ; SLA+W complete ?
        SBRS    AL,TWINT
        RJMP    READ3
READ4:  LDS     AL,TWSR
        ANDI    AL,0b11111000
        CPI     AL,0x18
        BRNE    READ4

        STS     TWDR,BL                 ; word address
        LDI     AL,0b10000100
        STS     TWCR,AL
READ5:  LDS     AL,TWCR                 ; address complete ?
        SBRS    AL,TWINT
        RJMP    READ5
READ6:  LDS     AL,TWSR
```

```
        ANDI    AL,0b11111000
        CPI     AL,0x28
        BRNE    READ6

        LDI     AL,0b10100100           ; REPEATED START condition
        STS     TWCR,AL
READ7:  LDS     AL,TWCR                 ; REPEATED START complete ?
        SBRS    AL,TWINT
        RJMP    READ7
READ8:  LDS     AL,TWSR
        ANDI    AL,0b11111000
        CPI     AL,0x10
        BRNE    READ8

        MOV     AL,BH                   ; SLA+R
        LSL     AL
        ANDI    AL,0b00001110
        ORI     AL,0b10100001
        STS     TWDR,AL
        LDI     AL,0b10000100
        STS     TWCR,AL
READ9:  LDS     AL,TWCR                 ; SLA+R complete ?
        SBRS    AL,TWINT
        RJMP    READ9
READ10: LDS     AL,TWSR
        ANDI    AL,0b11111000
        CPI     AL,0x40
        BRNE    READ10

        LDI     AL,0b10000100           ; read data with no acknowledge
        STS     TWCR,AL
READ11: LDS     AL,TWCR                 ; address complete ?
        SBRS    AL,TWINT
        RJMP    READ11
READ12: LDS     AL,TWSR
        ANDI    AL,0b11111000
        CPI     AL,0x58
        BRNE    READ12
        LDS     DL,TWDR                 ; read data

        LDI     AL,0b10010100           ; STOP condition
        STS     TWCR,AL
        RET

;----------------------------------------------
;       AT24C16 Write (BH:BL=address, DL=data)
;----------------------------------------------
WRITE:  LDI     AL,0b10100100           ; START condition
        STS     TWCR,AL
WRITE1: LDS     AL,TWCR                 ; START complete ?
        SBRS    AL,TWINT
        RJMP    WRITE1
WRITE2: LDS     AL,TWSR
        ANDI    AL,0b11111000
        CPI     AL,0x08
        BRNE    WRITE2

        MOV     AL,BH                   ; SLA+W
        LSL     AL
        ANDI    AL,0b00001110
        ORI     AL,0b10100000
        STS     TWDR,AL
        LDI     AL,0b10000100
        STS     TWCR,AL
```

```
WRITE3: LDS     AL,TWCR                 ; SLA+W complete ?
        SBRS    AL,TWINT
        RJMP    WRITE3
WRITE4: LDS     AL,TWSR
        ANDI    AL,0b11111000
        CPI     AL,0x18
        BRNE    WRITE4

        STS     TWDR,BL                 ; word address
        LDI     AL,0b10000100
        STS     TWCR,AL
WRITE5: LDS     AL,TWCR                 ; address complete ?
        SBRS    AL,TWINT
        RJMP    WRITE5
WRITE6: LDS     AL,TWSR
        ANDI    AL,0b11111000
        CPI     AL,0x28
        BRNE    WRITE6

        STS     TWDR,DL                 ; write data
        LDI     AL,0b10000100
        STS     TWCR,AL
WRITE7: LDS     AL,TWCR                 ; data complete ?
        SBRS    AL,TWINT
        RJMP    WRITE7
WRITE8: LDS     AL,TWSR
        ANDI    AL,0b11111000
        CPI     AL,0x28
        BRNE    WRITE8

        LDI     AL,0b10010100           ; STOP condition
        STS     TWCR,AL
        CALL    D5MS                    ; delay 5 ms for twr time
        RET

;==================================================================
;       Include User Subroutine File
;==================================================================
.include "OK2561.INC"                   ; OK-2561 I/O and subroutine file
```

☞ ATmega1281/2561의 TWI 모듈을 사용할 때 SCL 및 SDA 신호와 기능을 겸하고 있는 병렬포트 PD0~PD1은 입출력 방향을 어떻게 설정하든 TWI의 동작과 관계가 없다는 점에 유의하라. 여기서 전송속도는 사양 범위인 400kHz로 설정하였으며, AT24C16의 내부에서 데이터를 라이트하는데 걸리는 시간 t_{WR}은 최대값인 5ms로 주었다.

이 프로그램에서는 사람이 눈으로 각 번지의 라이트 및 리드 동작 상황을 볼 수 있도록 0.5초 간격으로 천천히 동작 루프를 수행하였다. AT24C16에는 0x0000~0x07FF 번지가 있으므로 여기서는 이들 모든 번지에 0x55와 0xAA를 썼다가 다시 읽어서 정상 동작 여부를 테스트하였다. 각 번지를 쓰는 동작은 바이트 라이트 방식을 사용하였고, 각 번지를 읽는 동작은 랜덤 리드 방식을 사용하였다.

▣ C언어의 경우

앞의 Exp14_1.asm 프로그램과 동일한 기능이 수행되도록 C언어로 작성하여 보면 다음과 같다.

<프로그램 Exp14_1.c> AT24C16을 라이트 및 리드하는 프로그램

```
/* ========================================================================== */
/*                  Exp14_1.c : AT24C16 Read/Write using TWI                  */
/* ========================================================================== */
/*                      Designed and programmed by Duck-Yong Yoon in 2006.   */

#include <avr/io.h>
#include "OK1281.h"

void LCD_4hex(unsigned int number)              /* display 4-digit hex number */
{ unsigned int i;

  i = number >> 12;                             // 16^3
  if(i <= 9) LCD_data(i + '0');
  else       LCD_data(i - 10 + 'A');

  i = (number >> 8) & 0x000F;                   // 16^2
  if(i <= 9) LCD_data(i + '0');
  else       LCD_data(i - 10 + 'A');

  i = (number >> 4) & 0x000F;                   // 16^1
  if(i <= 9) LCD_data(i + '0');
  else       LCD_data(i - 10 + 'A');

  i = number & 0x000F;                          // 16^0
  if(i <= 9) LCD_data(i + '0');
  else       LCD_data(i - 10 + 'A');
}

void LCD_2hex(unsigned char number)             /* display 2-digit hex number */
{ unsigned char i;

  i = (number >> 4) & 0x0F;                     // 16^1
  if(i <= 9) LCD_data(i + '0');
  else       LCD_data(i - 10 + 'A');

  i = number & 0x0F;                            // 16^0
  if(i <= 9) LCD_data(i + '0');
  else       LCD_data(i - 10 + 'A');
}

unsigned char AT24C16_READ(unsigned int address) /* read a byte */
{ unsigned char byte;

  TWCR = 0xA4;                                  // START condition
  while(((TWCR & 0x80) == 0x00) || ((TWSR & 0xF8) != 0x08)); // START complete ?

  TWDR = 0xA0 + ((address >> 7) & 0x000E);      // SLA+W
  TWCR = 0x84;
  while(((TWCR & 0x80) == 0x00) || ((TWSR & 0xF8) != 0x18)); // SLA+W complete ?

  TWDR = (address & 0x00FF);                    // word address
  TWCR = 0x84;
  while(((TWCR & 0x80) == 0x00) || ((TWSR & 0xF8) != 0x28)); // address complete ?

  TWCR = 0xA4;                                  // REPEATED START condition
  while(((TWCR & 0x80) == 0x00) || ((TWSR & 0xF8) != 0x10)); // START complete ?

  TWDR = 0xA0 + ((address >> 7) & 0x000E) + 0x01; // SLA+R
  TWCR = 0x84;
  while(((TWCR & 0x80) == 0x00) || ((TWSR & 0xF8) != 0x40)); // SLA+R complete ?
```

```
  TWCR = 0x84;                                        // read data with no acknowledge
  while(((TWCR & 0x80) == 0x00) || ((TWSR & 0xF8) != 0x58)); // data complete ?
  byte = TWDR;                                        // read data

  TWCR = 0x94;                                        // STOP condition

  return byte;                                        // return data
}

void AT24C16_WRITE(unsigned int address,unsigned char byte) /* write a byte */
{
  TWCR = 0xA4;                                        // START condition
  while(((TWCR & 0x80) == 0x00) || ((TWSR & 0xF8) != 0x08)); // START complete ?

  TWDR = 0xA0 + ((address >> 7) & 0x000E);            // SLA+W
  TWCR = 0x84;
  while(((TWCR & 0x80) == 0x00) || ((TWSR & 0xF8) != 0x18)); // SLA+W complete ?

  TWDR = (address & 0x00FF);                          // word address
  TWCR = 0x84;
  while(((TWCR & 0x80) == 0x00) || ((TWSR & 0xF8) != 0x28)); // address complete ?

  TWDR = byte;                                        // write data
  TWCR = 0x84;
  while(((TWCR & 0x80) == 0x00) || ((TWSR & 0xF8) != 0x28)); // data complete ?

  TWCR = 0x94;                                        // STOP condition

  Delay_ms(5);                                        // delay 5 ms for twr time
}

int main(void)
{ unsigned char byte;
  unsigned int address;

  MCU_initialize();                                   // initialize MCU and kit
  Delay_ms(50);                                       // wait for system stabilization
  LCD_initialize();                                   // initialize text LCD module
  Beep();

  LCD_string(0x80," AT24C16 EEPROM ");                // display title
  LCD_string(0xC0,"0x0000=0x00/0x00");

  TWBR = 12;                                          // 400kHz(TWBR=12, TWPS=0)
  TWSR = 0x00;

  for(address=0x0000; address<=0x07FF; address++)
    { LCD_command(0xC2);                              // display address
      LCD_4hex(address);

      LCD_command(0xC9);                              // display write data
      LCD_2hex(0x55);
      AT24C16_WRITE(address,0x55);                    // write 0x55
      byte = AT24C16_READ(address);
      LCD_command(0xCE);                              // display read data
      LCD_2hex(byte);
      Delay_ms(500);
      if(byte != 0x55)                                // if error, beep
        { Beep();
          Delay_ms(2000);
        }
```

```
        LCD_command(0xC9);                          // display write data
        LCD_2hex(0xAA);
        AT24C16_WRITE(address,0xAA);                // write 0xAA
        byte = AT24C16_READ(address);
        LCD_command(0xCE);                          // display read data
        LCD_2hex(byte);
        Delay_ms(500);
        if(byte != 0xAA)                            // if error, beep
          { Beep();
            Delay_ms(2000);
          }
      }

    Beep();
    while(1);
  }
```

3. 실습 과제

(1) AT24C16에서 페이지 라이트 방식이나 시퀀셜 리드 방식은 1바이트 단위로 쓰거나 읽는 방식에 비하여 어떤 장단점을 갖는지 설명하라.

(2) 예제 프로그램 Exp14_1.asm에서 TWI 전송속도는 400kbps를 사용하였다. 이를 100kbps로 동작하도록 수정한 프로그램 Exp14_1R.asm을 작성하라.

(3) 예제 프로그램 Exp14_1.asm을 AT24C64에 대한 프로그램 Exp14_2R.asm으로 수정하여 작성하라. 단, 이때 디바이스 어드레스 A2~A0은 회로도처럼 그냥 접지시켜 사용하는 것으로 처리하라.

(4) 예제 프로그램 Exp14_1.c에서는 데이터를 읽는데 랜덤 리드 방식을 사용하였다. 그러나, 이 프로그램에서는 항상 직전에 데이터를 썼던 번지를 읽으므로 현재의 어드레스 리드 방식을 사용해도 된다. 이러한 방식으로 수정한 프로그램 Exp14_1R.c를 작성하라.

4.15 7세그먼트 LED 응용 프로그램

이 절에서는 7세그먼트 LED의 구조와 동작원리를 이해하고, *OK-1281/2561* 키트에 내장된 8글자에 해당하는 7세그먼트 LED에 원하는 내용을 디스플레이하는 프로그래밍 기술을 익히기로 한다.

1. 7세그먼트 LED의 개요

여기서는 먼저 7세그먼트 LED의 일반적인 구조와 동작원리, 그리고 사용자가 이를 디스플레이하는 방법 등을 알아보기로 한다.

(1) 7세그먼트 LED의 구조

7세그먼트(segment) LED(Light Emitting Diode)는 <그림 4.15.1>처럼 7개의 막대형 LED를 사용하여 0~9의 아라비아 숫자나 간단한 기호 또는 몇가지의 영문자를 표시할 수 있도록 만든 LED 복합 소자이다. 대부분의 7세그먼트 LED에서는 여기에 또 하나의 LED를 추가하여 소수점(dot point)까지 표시하는 기능을 가지고 있으므로 1바이트(8비트) 디지털 데이터를 사용하여 이들 8개의 세그먼트를 구동함으로써 1글자를 디스플레이하는데 적합하며, 74LS47 BCD-to-Seven-Segment Decoder/Driver를 사용하면 4비트의 병렬 데이터로 1글자를 보다 쉽게 디스플레이할 수 있다.

7세그먼트 LED에는 1개의 소자로 1자리(digit)의 문자만을 표시하는 것에서부터 4자리나 6자리 등 여러 자리의 문자를 표시할 수 있는 것이 있으며 글자의 크기에 따라 다양한 모델이 있다. *OK-1281/2561* 키트에서는 취급이 간편하도록 4자리의 문자를 나타낼 수 있는 소자를 2개 사용하였다.

또한, 세그먼트 LED에는 이보다 훨씬 많은 세그먼트를 가지고 있어서 모든 알파벳 문자를 표현할 수 있는 것도 있으나, 이러한 종류는 가격이 비싸고 출력제어 회로도 복잡하므로 특별한 경우가 아니면 잘 사용하지 않는다. 세그먼트 LED보다 더욱 다양하고 미려한 문자 또는 그래픽을 표시하거나 좀 더 큰 화면을 구성하는데는 도트 매트릭스(dot matrix) LED를 사용하기도 한다.

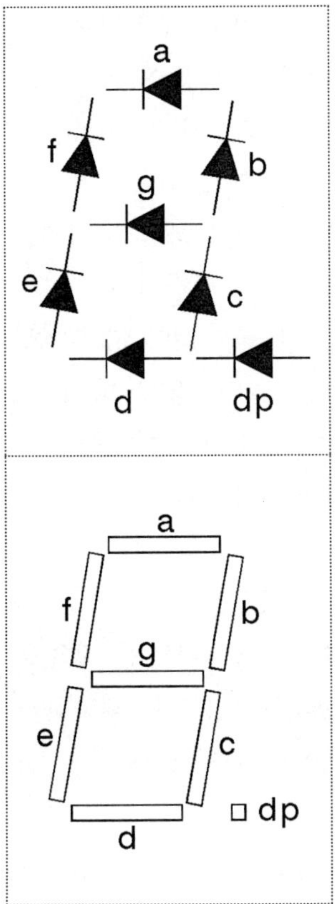

문자	a (D7)	b (D6)	c (D5)	d (D4)	e (D3)	f (D2)	g (D1)	dp (D0)
0	√	√	√	√	√	√		
1		√	√					
2	√	√		√	√		√	
3	√	√	√	√			√	
4		√	√			√	√	
5	√		√	√		√	√	
6	√		√	√	√	√	√	
7	√	√	√			√		
8	√	√	√	√	√	√	√	
9	√	√	√	√		√	√	
A	√	√	√		√	√	√	
b			√	√	√	√	√	
C	√			√	√	√		
d		√	√	√	√		√	
E	√			√	√	√	√	
F	√				√	√	√	
8.	√	√	√	√	√	√	√	√

〈그림 4.15.1〉 7세그먼트 LED의 구조 및 문자표시 동작

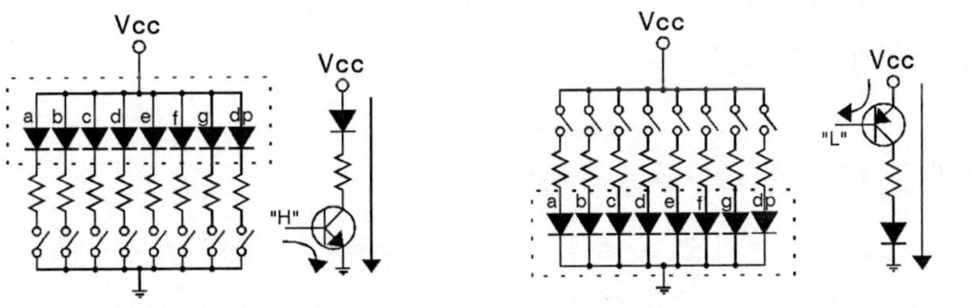

(a) 공통 애노드형 (b) 공통 캐소드형

〈그림 4.15.2〉 공통 애노드형 및 공통 캐소드형 7세그먼트 LED의 구동

7세그먼트 LED는 각 세그먼트를 구성하는 LED의 회로구성에 따라 공통 애노드형(common anode)과 공통 캐소드형(common cathode)으로 나눌 수 있다. 이것들을 각각 구동하여 점등하는 회로는 <그림 4.15.2>와 같은데, 이 2가지 방식 중에서 어느 것을 사용할 것인가 하는 문제는 7세그먼트 LED를 제어하는 회로의 출력단 데이터 논리상

태나 각 세그먼트를 점등하기 위한 스위칭 소자의 종류에 따라 결정된다. 즉, 그림의 (a)와 같이 공통 애노드형의 경우에는 LED의 스위칭 소자로서 NPN 트랜지스터를 low-side switch로 사용하여 제어회로 출력단의 데이터 논리상태가 H(high)일 때 점등하도록 구성하는 것이 편리하며, 그림의 (b)와 같이 공통 캐소드형의 경우에는 LED의 스위칭 소자로서 PNP 트랜지스터를 high-side switch로 사용하여 제어회로 출력단의 데이터 논리상태가 L(low)일 때 점등하도록 구성하는 것이 편리하다.

각각의 7세그먼트 LED를 제어 및 구동하는데는 TTL의 74LS46/47/48/49 또는 74LS246/247/248/249 소자와 같은 7세그먼트 LED 디스플레이 전용의 디코더/드라이버(decoder/driver) 소자를 사용할 수도 있으나, 이것들은 표시 가능한 문자가 4비트의 디지털 입력에 대응되는 16가지 종류로 제한되므로 다양한 문자나 기호를 표시할 수 없다는 점에서는 오히려 불리할 경우도 있다.

이에 비하여 마이크로프로세서를 이용하여 7세그먼트 LED의 각 세그먼트들을 1비트씩의 데이터로 제어한다면 소프트웨어의 부담은 증가하지만 다양한 모양을 표시할 수 있다는 장점을 갖는다. *OK-1281/2561* 키트에서 0x4000 번지에 해당하는 칩선택 신호 $\overline{\text{LCD_DATABUS}}$를 사용하여 출력되는 8비트 데이터 D7~D0과 각 세그먼트의 관계는 <그림 4.15.1>의 표에서 보인 바와 같다.

7세그먼트 LED에서도 각각의 세그먼트들은 일반 LED와 같이 약 10~20[mA]의 전류로 점등하는 것이 밝기나 수명의 측면에서 바람직하다. 그러나, LED를 펄스 구동하는 경우에는 훨씬 더 큰 전류를 흘리는 것이 허용되므로 다음에서 설명하는 바와 같이 다이나믹 디스플레이 방식에서는 LED의 밝기를 증가시키기 위하여 이보다 큰 전류를 흘리는 경우가 많다.

(2) 7세그먼트 LED의 구동 방법

7세그먼트 LED를 마이크로콘트롤러의 출력장치로 사용하는 경우에는 여러가지의 다양한 내용을 표시하기 위하여 6~8자리의 숫자 또는 문자를 표시할 수 있도록 하는 것이 좋다. 이와 같이 여러 개의 7세그먼트 LED를 동시에 디스플레이하는데는 하드웨어의 부담을 늘리고 소프트웨어를 간편하게 하는 방법과 반대로 하드웨어의 부담을 줄이고 소프트웨어의 처리를 늘리는 방법이 있어서 아래와 같이 2가지의 구동 방식을 생각할 수 있다. 이 중에서 어느 방식을 사용할 것인지를 선택하는데는 LED를 구동하는데 소요되는 총 전류의 크기도 중요한 요소가 된다.

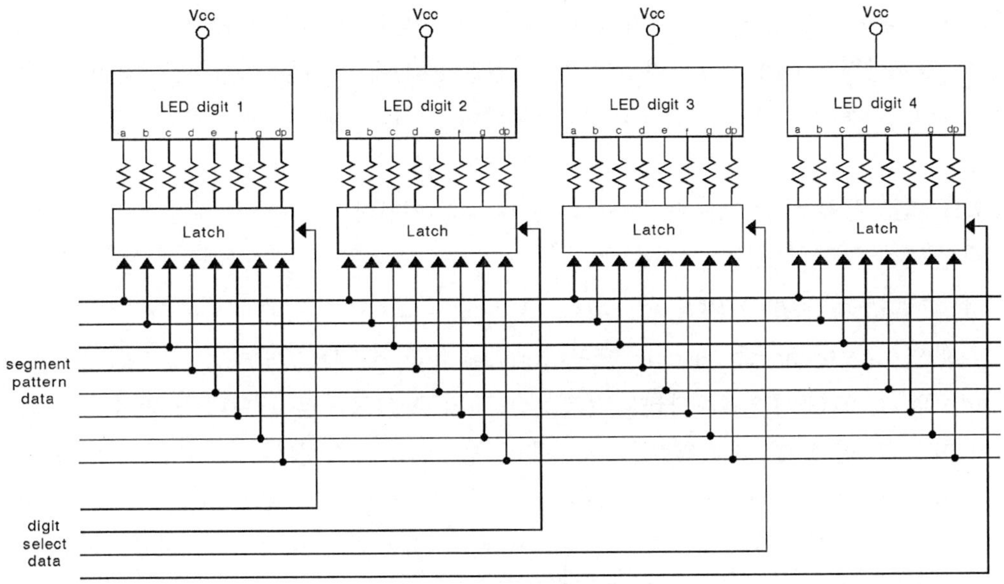

(a) Static Display 방식

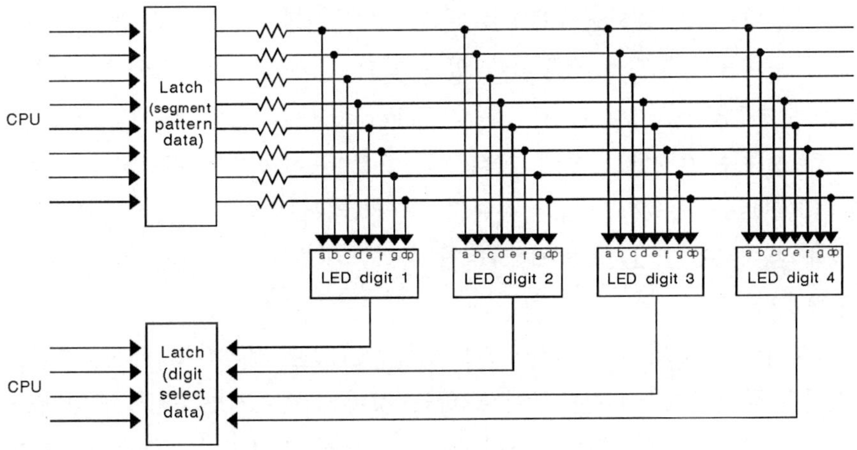

(b) Dynamic Display 방식

〈그림 4.15.3〉 여러 개의 7세그먼트 LED를 구동하는 방식

■ Static Display 방식

靜的인 표시(static display) 방식은 <그림 4.15.3> (a)에서와 같이 CPU가 각 자리의 7세그먼트 LED에 표시할 데이터를 출력하면 이를 래치회로에 기억시켜두고 이 래치 및 드라이버 회로의 출력 데이터에 의하여 LED의 점등이 안정되게 지속되는 방식이다. 래치에 디코더 및 드라이버 기능을 가지는 논리소자를 사용하는 경우에는 각 표

시문자에 대응되는 입력 데이터가 4비트로 보다 간단하게 처리된다.

이 표시방식은 CPU가 각 자리의 7세그먼트 LED에 표시할 데이터를 한 번씩 출력하는 것으로 동작이 완료되므로 CPU의 부담이 적다는 것이 장점이지만, 모든 LED가 항상 동시에 점등되어 있으므로 이에 따른 소비전력이 매우 크며, 표시 자리수가 많아질수록 회로의 복잡성이 크게 증가한다는 단점을 가진다.

▣ Dynamic Display 방식

動的인 표시(dynamic display 또는 multiplexing display) 방식은 <그림 4.15.3>의 (b)에서와 같이 CPU가 각 자리의 7세그먼트 LED에 표시할 데이터를 반복적으로 출력하면서 한 번에 한 자리씩만을 점등하는 방식이다. 즉, 첫번째로 digit 1에 표시할 데이터(segment pattern data) 및 digit 1의 위치를 선택하는 데이터(digit select data)를 출력하고 나서 잠시 시간지연을 준 후에, 두번째로 digit 2에 표시할 데이터 및 digit 2의 위치를 선택하는 데이터를 출력하고 나서 마찬가지로 잠시 지연시키는 방법으로 모든 자리에 대하여 순차적으로 돌아가면서 점등하며, 이후에는 digit 1부터 동작을 다시 반복한다. 이렇게 되면 LED 소자의 잔상시간과 사람 눈의 잔상효과에 의하여 모든 자리의 문자들이 동시에 점등되어 있는 것과 같은 효과를 얻을 수 있다.

그러나, 이때 LED 출력의 깜빡임 현상(flickering)이 없도록 하려면 LED 표시의 반복주기를 짧게 하여 적어도 1초에 20회 이상으로 표시동작이 반복되도록 해야 하며, 각 LED 세그먼트를 10~20[mA]의 전류로 동작시켜서는 static display 방식에 비하여 훨씬 흐리게 보이므로 LED를 밝게 하려면 동작전류를 수십 [mA] 이상으로 늘려주는 것이 바람직하다.

이 표시방식은 CPU가 각 자리의 7세그먼트 LED를 계속하여 표시하는 동작을 반복하고 있어야 하므로 CPU의 부담이 크다는 것이 단점이지만, 어느 순간에든지 LED는 1자리만 점등되어 있게 되므로 소비전력이 상당히 작아지며, 표시 자리수가 많아지더라도 회로가 비교적 간단하다는 장점을 가진다. 따라서, 대부분의 트레이닝 키트에서는 이 방식을 사용하며, *OK-1281/2561* 키트에서도 물론 이 방식을 사용한다.

(3) *OK-1281/2561* 키트에서 사용하는 7세그먼트 LED 구동 회로

OK-1281/2561 키트에서는 4글자짜리 7세그먼트 LED를 2개 사용하여 모두 8글자를 디스플레이하는데, 이것들을 구동하는 방법은 <그림 4.15.4>에 보인 바와 같이 2개의 병렬출력을 이용한 다이나믹 디스플레이 방식을 사용한다. 즉, 0x4000 번지에 해당하는 칩선택 신호 $\overline{\text{SEG_PATTERN}}$을 통해서는 7세그먼트 LED에 표시할 문자의 모

양을 결정하는 segment pattern data를 출력하고, 0x4200 번지에 해당하는 칩선택 신호 $\overline{\text{DIG_SELECT}}$를 통해서는 8문자 중에서 어느 위치의 7세그먼트 LED에 출력할 것인지를 결정하는 digit select data를 출력한다.

각 번지의 출력 데이터에는 버퍼로서 74LS574 8비트 D형 플립플롭을 사용하며, 여기서 사용하는 7세그먼트 LED는 공통 캐소드형이므로 애노드측의 각 세그먼트 데이터를 스위칭하는데는 PNP형 트랜지스터 어레이(transistor array)인 UDN2981을 사용하였고, 캐소드측의 각 문자위치 데이터를 스위칭하는데는 NPN형 트랜지스터 어레이인 ULN2803을 사용하였다.

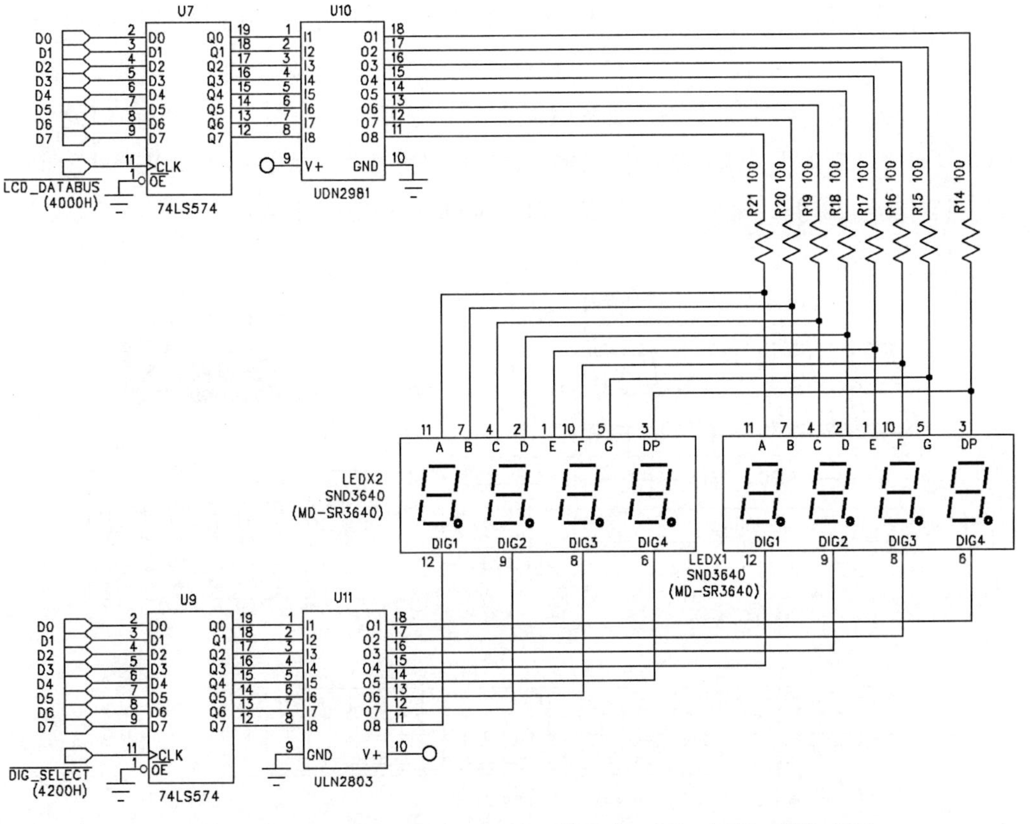

〈그림 4.15.4〉 *OK-1281/2561* 키트의 7세그먼트 LED 관련 회로

각 글자의 7세그먼트 LED는 보통 1~2[ms] 정도씩 점등하는 것이 좋은데, 이렇게 하면 약 62.5~125[Hz]의 속도로 점등이 반복되어 사람의 눈으로 볼 때 전혀 깜빡임이 느껴지지 않고 모든 문자가 동시에 켜져 있는 것처럼 보인다. 그러나, 이와 같이 8개의 7세그먼트 LED를 순차적으로 다이나믹 디스플레이 방식으로 구동하면 전체적인 밝기

는 스타틱 디스플레이 방식에 비하여 1/8로 낮아지므로 각 LED 세그먼트의 동작 전류를 크게 하는 것이 좋다. 따라서, 흔히 LED의 전류제한 저항으로는 330Ω을 사용하는데 비하여 여기서는 100Ω 저항을 사용하였으며 전류를 이보다 좀더 크게 하려면 저항을 예를 들어 68Ω 정도로 더 작게 접속해야 한다. 그러나, LED의 전류를 수십 [mA] 이상으로 지나치게 크게 구동하면 이는 LED의 수명을 짧게 하므로 바람직하지 않다.

이 회로도에서는 생략하고 표시하지 않았지만 실제 *OK-1281/2561* 키트에서는 외부의 0x4000 번지에 해당하는 칩선택 신호 $\overline{\text{LCD_DATABUS}}$를 통해서는 7세그먼트 LED의 segment pattern data뿐만 아니라 텍스트형 LCD 모듈이나 그래픽형의 LCD 모듈에 데이터를 출력하는 기능을 겸하고 있다. 또한, 0x4200 번지에 해당하는 칩선택 신호 $\overline{\text{DIG_SELECT}}$를 통해서는 7세그먼트 LED의 digit select data뿐만 아니라 스텝 모터 접속 콘넥터 CN7을 위한 데이터를 출력하는 기능을 겸하고 있다.

OK-1281/2561 키트에서 사용하는 4글자짜리 공통 캐소드형 7세그먼트 LED는 우리나라 삼광반도체의 SND-3640SR이며 이밖에 미광전자의 MD-SR3640도 사용할 수 있는데 이것의 외형과 내부 구조를 도시하면 <그림 4.15.5>와 같다.

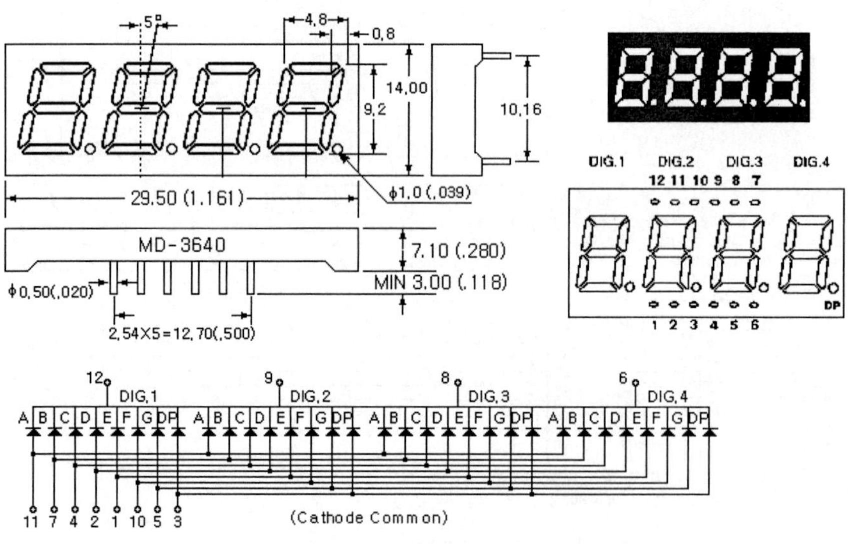

〈그림 4.15.5〉 MD-SR3640 소자의 외형

2. 각 자리에 동일한 글자를 표시하기

앞에서도 설명하였듯이 *OK-1281/2561* 키트에서는 8개의 7세그먼트 LED를 다이나믹 디스플레이 방식으로 구동한다. 그러나, 8문자의 7세그먼트 LED에 모두 동일한 내용을 표시하는 경우에는 8개 문자가 모두 선택되도록 digit select data를 출력하여 놓고 그 이후에는 segment pattern data만 출력하면 되므로 이것은 마치 스태틱 디스플레이 방식을 사용하는 것처럼 구동 프로그램이 단순하다.

OK-1281/2561 키트에서 7세그먼트 LED는 그래픽형 LCD 모듈의 밑에 위치하므로 여기에 디스플레이되는 내용을 보려면 그래픽형 LCD 모듈을 키트에서 분리하여 제거해야 한다.

▣ 어셈블리 언어의 경우

8개의 7세그먼트 LED에 모두 동일한 내용을 표시하는 어셈블리 프로그램 예제는 다음과 같다.

<프로그램 Exp15_1.asm> 각 세그먼트 LED에 동일한 문자를 표시하는 프로그램

```
;[][][][][][][][][][][][][][][][][][][][][][][][][][][][][][][][][][]
;[]                                                                []
;[]     Exp15_1.asm : Display Same Characters on 7-Segment LEDs     []
;[]                                                                []
;[][][][][][][][][][][][][][][][][][][][][][][][][][][][][][][][][][]
;
;               Designed and programmed by Duck-Yong Yoon in 2006.
;
;-----------------------------------------------
;       Include Header File
;-----------------------------------------------
.nolist
.include "m2561def.inc"                 ; ATmega2561 definition file
.list

;==============================================================
;       Main Program
;==============================================================
.cseg
        .org    0x0000
        LDI     AH,high(RAMEND)         ; initialize SP
        LDI     AL,low(RAMEND)
        OUT     SPH,AH
        OUT     SPL,AL

        CALL    INIT_MCU                ; initialize MCU and kit
        CALL    D50MS                   ; wait for system stabilization
        CALL    INIT_LCD                ; initialize text LCD

        CALL    LCD_HOME1               ; display title
        CALL    LCD_STRING
        .db     " 7-SEGMENT LED   ",0,0
        CALL    LCD_HOME2
        CALL    LCD_STRING
        .db     "                 ",0,0

;-----------------------------------------------
```

```
;       Display from 0 to F, -, .
;-----------------------------------------------
LOOP:   CALL    BEEP
        LDI     AL,0b11111111           ; select all digits
        STS     DIG_SELECT,AL

        LDI     DL,0x00                 ; display from 0 to F
LOOP1:  MOV     AL,DL
        CALL    BIN2LED
        STS     LCD_DATABUS,AL
        CALL    D1SEC
        INC     DL
        CPI     DL,0x10
        BRNE    LOOP1

        LDI     AL,'H'                  ; display "H"
        CALL    BIN2LED
        STS     LCD_DATABUS,AL
        CALL    D1SEC

        LDI     AL,'-'                  ; display "-"
        CALL    BIN2LED
        STS     LCD_DATABUS,AL
        CALL    D1SEC

        LDI     AL,'.'                  ; display "."
        CALL    BIN2LED
        STS     LCD_DATABUS,AL
        CALL    D1SEC

        LDI     AL,0x27                 ; display "'"
        CALL    BIN2LED
        STS     LCD_DATABUS,AL
        CALL    D1SEC

;-----------------------------------------------
;       Display Random Pattern
;-----------------------------------------------
        LDI     CL,2
        LDI     AL,0b11111111           ; digit select data
        STS     DIG_SELECT,AL
LOOP2:  LDI     AL,0b00000100           ; segment pattern data
        STS     LCD_DATABUS,AL
        CALL    D100MS
        LDI     AL,0b10000000
        STS     LCD_DATABUS,AL
        CALL    D100MS
        LDI     AL,0b01000000
        STS     LCD_DATABUS,AL
        CALL    D100MS
        LDI     AL,0b00000010
        STS     LCD_DATABUS,AL
        CALL    D100MS
        LDI     AL,0b00001000
        STS     LCD_DATABUS,AL
        CALL    D100MS
        LDI     AL,0b00010000
        STS     LCD_DATABUS,AL
        CALL    D100MS
        LDI     AL,0b00100000
        STS     LCD_DATABUS,AL
        CALL    D100MS
        LDI     AL,0b00000010
        STS     LCD_DATABUS,AL
```

```
        CALL    D100MS
        DEC     CL
        BRNE    LOOP2

        JMP     LOOP

;-------------------------------------------------
;       Convert Binary to 7-segment LED Pattern
;-------------------------------------------------
; Input  : AL = 8-bit binary(from 0x00 to 0x0F), "H", "-", ".", "'"
; Output : AL = 7-segment LED pattern data

BIN2LED:PUSH    AH
        PUSH    ZH
        PUSH    ZL
        CPI     AL,'H'                  ; if AL="H", AL=0x10
        BRNE    BIN2L1
        LDI     AL,0x10
        RJMP    BIN2L4
BIN2L1: CPI     AL,'-'                  ; if AL="-", AL=0x11
        BRNE    BIN2L2
        LDI     AL,0x11
        RJMP    BIN2L4
BIN2L2: CPI     AL,'.'                  ; if AL=".", AL=0x12
        BRNE    BIN2L3
        LDI     AL,0x12
        RJMP    BIN2L4
BIN2L3: CPI     AL,0x27                 ; if AL="'", AL=0x13
        BRNE    BIN2L4
        LDI     AL,0x13
BIN2L4: LDI     AH,byte3(LED_TABLE << 1); RAMPZ:Z = statrt address of LED data
        LDI     ZH,high(LED_TABLE << 1)
        LDI     ZL,low(LED_TABLE << 1)
        ADD     ZL,AL                   ; RAMPZ:Z = RAMPZ:Z + AL
        CLR     AL
        ADC     ZH,AL
        ADC     AH,AL
        OUT     RAMPZ,AH
        ELPM    AL,Z                    ; read LED data from RAMPZ:Z address
        POP     ZL
        POP     ZH
        POP     AH
        RET

LED_TABLE:                              ; 7-segment LED data table
        .db     0b11111100,0b01100000   ; 0,1
        .db     0b11011010,0b11110010   ; 2,3
        .db     0b01100110,0b10110110   ; 4,5
        .db     0b10111110,0b11100100   ; 6,7
        .db     0b11111110,0b11110110   ; 8,9
        .db     0b11101110,0b00111110   ; A,b
        .db     0b10011100,0b01111010   ; C,d
        .db     0b10011110,0b10001110   ; E,F
        .db     0b01101110,0b00000010   ; H,-
        .db     0b00000001,0b01000000   ; .,'

;==============================================================
;       Include User Subroutine File
;==============================================================
.include "OK2561.INC"                   ; OK-2561 I/O and subroutine file
```

☞ 여기서는 자주 사용하는 0~F(0b00000000~0b00001111)의 숫자나 "-" 및 "." 글자를 표시하는데는 이 값이나 ASCII 코드를 segment pattern data로 변환하는 서브루틴 BIN2LED를 사용하였다.

이 프로그램을 어셈블하여 다운로드하고 실행하라. 그리고, LED에 표시되는 내용을 여러 가지로 변경하도록 프로그램을 수정하여 보라.

▣ C언어의 경우

앞의 Exp15_1.asm 프로그램을 C언어로 작성하여 보면 다음과 같다.

<프로그램 Exp15_1.c> 각 세그먼트 LED에 동일한 문자를 표시하는 프로그램

```
/* ============================================================================ */
/*          Exp15_1.c : Display Same Characters on 7-Segment LED               */
/* ============================================================================ */
/*                       Designed and programmed by Duck-Yong Yoon in 2006.    */

#include <avr/io.h>
#include "OK1281.h"

unsigned char Bin2LED(unsigned char number)      /* convert binary to LED pattern */
{
  if(number == 0)          return 0xFC;
  else if(number == 1)   return 0x60;
  else if(number == 2)   return 0xDA;
  else if(number == 3)   return 0xF2;
  else if(number == 4)   return 0x66;
  else if(number == 5)   return 0xB6;
  else if(number == 6)   return 0xBE;
  else if(number == 7)   return 0xE4;
  else if(number == 8)   return 0xFE;
  else if(number == 9)   return 0xF6;
  else if(number == 10)  return 0xEE;
  else if(number == 11)  return 0x3E;
  else if(number == 12)  return 0x9C;
  else if(number == 13)  return 0x7A;
  else if(number == 14)  return 0x9E;
  else if(number == 15)  return 0x8E;
  else if(number == 'H')  return 0x6E;
  else if(number == '-')  return 0x02;
  else if(number == '.')  return 0x01;
  else if(number == 0x27) return 0x40;
  else return 0x00;
}

int main(void)
{ unsigned char i;

  MCU_initialize();                              // initialize MCU and kit
  Delay_ms(50);                                  // wait for system stabilization
  LCD_initialize();                              // initialize text LCD module

  LCD_string(0x80," 7-SEGMENT LED  ");           // display title
  LCD_string(0xC0,"                ");
```

```
  while(1)
    { Beep();
      DIG_SELECT = 0xFF;                          // select all digits

      for(i=0; i<= 0x0F; i++)                     // display from 0 to F
        { LCD_DATABUS = Bin2LED(i);
          Delay_ms(1000);
        }
      LCD_DATABUS = Bin2LED('H');                 // display "H"
      Delay_ms(1000);
      LCD_DATABUS = Bin2LED('-');                 // display "-"
      Delay_ms(1000);
      LCD_DATABUS = Bin2LED('.');                 // display "."
      Delay_ms(1000);
      LCD_DATABUS = Bin2LED(0x27);                // display "'"
      Delay_ms(1000);

      DIG_SELECT = 0xFF;
      for(i=1; i<=2; i++)                         // display random pattern
        { LCD_DATABUS = 0x04; Delay_ms(100);
          LCD_DATABUS = 0x80; Delay_ms(100);
          LCD_DATABUS = 0x40; Delay_ms(100);
          LCD_DATABUS = 0x02; Delay_ms(100);
          LCD_DATABUS = 0x08; Delay_ms(100);
          LCD_DATABUS = 0x10; Delay_ms(100);
          LCD_DATABUS = 0x20; Delay_ms(100);
          LCD_DATABUS = 0x02; Delay_ms(100);
        }
    }
}
```

3. 각 자리에 서로 다른 글자를 표시하기

8개의 7세그먼트 LED에 각각 서로 다른 글자들을 표시하려면 이제 진정한 다이나믹 디스플레이 방식을 사용해야 한다. 즉, 각 글자들을 일정한 시간씩 교대로 점등하여 잔상효과로서 모든 글자가 동시에 켜져 있는 것처럼 보이도록 한다. 여기서는 글자를 1 ms씩 점등하는 것으로 처리한다.

▣ 어셈블리 언어의 경우

8개의 7세그먼트 LED에 각각 서로 다른 내용을 표시하는 어셈블리 프로그램 예제는 다음과 같다.

<프로그램 Exp15_2.asm> 각 세그먼트 LED에 서로 다른 문자를 표시하는 프로그램

```
;[][][][][][][][][][][][][][][][][][][][][][][][][][][][][][][][][][]
;[]                                                                []
;[]  Exp15_2.asm : Display Different Characters on 7-Segment LEDs  []
```

```
;[]                                                                   []
;[][][][][][][][][][][][][][][][][][][][][][][][][][][][][][][][][][][][]
;
;               Designed and programmed by Duck-Yong Yoon in 2006.
;
;---------------------------------------------------------
;       Include Header File
;---------------------------------------------------------
.nolist
.include "m2561def.inc"                 ; ATmega2561 definition file
.list

;=====================================================================
;       Main Program
;=====================================================================
.cseg
        .org    0x0000
        LDI     AH,high(RAMEND)         ; initialize SP
        LDI     AL,low(RAMEND)
        OUT     SPH,AH
        OUT     SPL,AL

        CALL    INIT_MCU                ; initialize MCU and kit
        CALL    D50MS                   ; wait for system stabilization
        CALL    INIT_LCD                ; initialize text LCD

        CALL    LCD_HOME1               ; display title
        CALL    LCD_STRING
        .db     " 7-SEGMENT LED   ",0,0
        CALL    LCD_HOME2
        CALL    LCD_STRING
        .db     "                 ",0,0

;---------------------------------------------------------
;       Display from 0 to F
;---------------------------------------------------------
LOOP:   CALL    BEEP

        LDI     CL,250                  ; display for 2 sec
LOOP1:  LDI     CH,8
        LDI     DL,0x00                 ; display from 0 to 7
        LDI     DH,0b10000000           ; digit select data
LOOP2:  MOV     AL,DL
        CALL    BIN2LED
        STS     LCD_DATABUS,AL
        MOV     AL,DH
        STS     DIG_SELECT,AL
        CALL    D1MS
        INC     DL
        LSR     DH
        DEC     CH
        BRNE    LOOP2
        DEC     CL
        BRNE    LOOP1

        LDI     CL,250                  ; display for 2 sec
LOOP3:  LDI     CH,8
        LDI     DL,0x08                 ; display from 8 to F
        LDI     DH,0b10000000           ; digit select data
LOOP4:  MOV     AL,DL
        CALL    BIN2LED
        STS     LCD_DATABUS,AL
        MOV     AL,DH
        STS     DIG_SELECT,AL
        CALL    D1MS
        INC     DL
        LSR     DH
        DEC     CH
```

```
        BRNE    LOOP4
        DEC     CL
        BRNE    LOOP3

;-------------------------------------------------
;       Display from 0 to F by Left Shift
;-------------------------------------------------
        LDI     BL,0x00
LOOP5:  LDI     CL,125              ; display for 1 sec
LOOP6:  LDI     CH,8
        MOV     DL,BL               ; display from BL value
        LDI     DH,0b10000000       ; digit select data
LOOP7:  MOV     AL,DL
        CALL    BIN2LED
        ORI     AL,0b00000001
        STS     LCD_DATABUS,AL
        MOV     AL,DH
        STS     DIG_SELECT,AL
        CALL    D1MS
        INC     DL
        LSR     DH
        DEC     CH
        BRNE    LOOP7
        DEC     CL
        BRNE    LOOP6
        INC     BL
        CPI     BL,0x09
        BRNE    LOOP5

        LDI     AL,0b00000000       ; clear 7-segment LED
        STS     DIG_SELECT,AL
        JMP     LOOP

;-------------------------------------------------
;       Convert Binary to 7-segment LED Pattern
;-------------------------------------------------
; Input  : AL = 8-bit binary(from 0x00 to 0x0F), "H", "-", ".", "'"
; Output : AL = 7-segment LED pattern data

BIN2LED:PUSH    AH
        PUSH    ZH
        PUSH    ZL
        CPI     AL,'H'              ; if AL="H", AL=0x10
        BRNE    BIN2L1
        LDI     AL,0x10
        RJMP    BIN2L4
BIN2L1: CPI     AL,'-'              ; if AL="-", AL=0x11
        BRNE    BIN2L2
        LDI     AL,0x11
        RJMP    BIN2L4
BIN2L2: CPI     AL,'.'              ; if AL=".", AL=0x12
        BRNE    BIN2L3
        LDI     AL,0x12
        RJMP    BIN2L4
BIN2L3: CPI     AL,0x27             ; if AL="'", AL=0x13
        BRNE    BIN2L4
        LDI     AL,0x13
BIN2L4: LDI     AH,byte3(LED_TABLE << 1); RAMPZ:Z = statrt address of LED data
        LDI     ZH,high(LED_TABLE << 1)
        LDI     ZL,low(LED_TABLE << 1)
        ADD     ZL,AL               ; RAMPZ:Z = RAMPZ:Z + AL
        CLR     AL
        ADC     ZH,AL
        ADC     AH,AL
        OUT     RAMPZ,AH
        ELPM    AL,Z                ; read LED data from RAMPZ:Z address
        POP     ZL
        POP     ZH
```

```
        POP     AH
        RET

LED_TABLE:                              ; 7-segment LED data table
        .db     0b11111100,0b01100000   ; 0,1
        .db     0b11011010,0b11110010   ; 2,3
        .db     0b01100110,0b10110110   ; 4,5
        .db     0b10111110,0b11100100   ; 6,7
        .db     0b11111110,0b11110110   ; 8,9
        .db     0b11101110,0b00111110   ; A,b
        .db     0b10011100,0b01111010   ; C,d
        .db     0b10011110,0b10001110   ; E,F
        .db     0b01101110,0b00000010   ; H,-
        .db     0b00000001,0b01000000   ; .,'

;=================================================================
;       Include User Subroutine File
;=================================================================
.include "OK2561.INC"                   ; OK-2561 I/O and subroutine file
```

☞ 다이나믹 디스플레이 방식에서는 MCU가 지속적으로 segment pattern data와 digit select data를 출력해야 하기 때문에 다른 일을 할 여유가 없다. 이 때문에 MCU가 다른 처리를 수행하면서 7세그먼트 LED를 표시해야 하는 경우에는 짧은 시간 간격으로 2가지의 일을 시분할 처리 방식으로 수행하든지 또는 주기적인 타이머 인터럽트를 사용하여 7세그먼트 LED를 표시하는 것이 바람직하다.

여기서는 하나의 화면을 2초 동안 표시하는데, 이는 1회의 화면표시에 약 8ms가 소요되므로 이를 모두 250번 반복하면 된다. 만약 표시하는 시간이 달라지면 이와 같은 방법으로 계산하여 설계하면 된다.

이 프로그램을 어셈블하여 다운로드하고 실행하라. 그리고, LED에 표시되는 내용을 여러 가지로 변경하도록 프로그램을 수정하여 보라.

▣ C언어의 경우

앞의 Exp15_2.asm 프로그램을 C언어로 작성하여 보면 다음과 같다.

<프로그램 Exp15_2.c> 각 세그먼트 LED에 서로 다른 문자를 표시하는 프로그램

```
/* ============================================================================ */
/*            Exp15_2.c : Display Different Characters on 7-Segment LED         */
/* ============================================================================ */
/*                          Designed and programmed by Duck-Yong Yoon in 2006.  */

#include <avr/io.h>
#include "OK1281.h"

unsigned char Bin2LED(unsigned char number)      /* convert binary to LED pattern */
{
  if(number == 0)         return 0xFC;
  else if(number == 1)  return 0x60;
  else if(number == 2)  return 0xDA;
  else if(number == 3)  return 0xF2;
  else if(number == 4)  return 0x66;
```

```
  else if(number == 5)  return 0xB6;
  else if(number == 6)  return 0xBE;
  else if(number == 7)  return 0xE4;
  else if(number == 8)  return 0xFE;
  else if(number == 9)  return 0xF6;
  else if(number == 10) return 0xEE;
  else if(number == 11) return 0x3E;
  else if(number == 12) return 0x9C;
  else if(number == 13) return 0x7A;
  else if(number == 14) return 0x9E;
  else if(number == 15) return 0x8E;
  else if(number == 'H') return 0x6E;
  else if(number == '-') return 0x02;
  else if(number == '.') return 0x01;
  else if(number == 0x27) return 0x40;
  else return 0x00;
}

int main(void)
{ unsigned char i, j, k, digit;

  MCU_initialize();                            // initialize MCU and kit
  Delay_ms(50);                                // wait for system stabilization
  LCD_initialize();                            // initialize text LCD module

  LCD_string(0x80," 7-SEGMENT LED  ");         // display title
  LCD_string(0xC0,"                ");

  while(1)
    { Beep();

      for(i=0; i<250; i++)                     // display for 2 sec
        for(j=0,digit=0x80; j<=7; j++)         // display from 0 to 7
          { LCD_DATABUS = Bin2LED(j);
            DIG_SELECT = digit;
            digit = digit>>1;
            Delay_ms(1);
          }

      for(i=0; i<250; i++)                     // display for 2 sec
        for(j=8,digit=0x80; j<=15; j++)        // display from 8 to F
          { LCD_DATABUS = Bin2LED(j);
            DIG_SELECT = digit;
            Delay_ms(1);
            digit = digit>>1;
          }

      for(k=0; k<=8; k++)                      // display shift left
        for(i=0; i<125; i++)                   // display for 1 sec
          for(j=0,digit=0x80; j<=7; j++)
            { LCD_DATABUS = Bin2LED(k+j) + 0x01;
              DIG_SELECT = digit;
              Delay_ms(1);
              digit = digit>>1;
            }

      DIG_SELECT = 0x00;                       // clear 7-segment LED
    }
}
```

4. 디지털 온도계 프로그램

이번에는 A/D 컨버터로 LM35DZ 온도센서를 읽어들여 이로부터 환산한 현재 기온을 텍스트형 LCD 모듈은 물론이고 7세그먼트 LED에도 표시하는 프로그램을 작성하여 본다. 여기서는 A/D 변환 동작, 텍스트형 LCD 모듈의 표시 동작, 7세그먼트 LED의 표시 동작 등을 모두 시분할로 처리하였다.

▣ 어셈블리 언어의 경우

텍스트형 LCD 모듈과 7세그먼트 LED에 동시에 표시되는 디지털 온도계 프로그램을 어셈블리 언어로 작성하면 다음과 같다.

<프로그램 Exp15_3.asm> 디지털 온도계 프로그램

```
;[][][][][][][][][][][][][][][][][][][][][][][][][][][][][][][][][][][][]
;[]                                                                    []
;[]        Exp15_3.asm : Display Temperature on 7-Segment LED         []
;[]                                                                    []
;[][][][][][][][][][][][][][][][][][][][][][][][][][][][][][][][][][][][]
;
;              Designed and programmed by Duck-Yong Yoon in 2006.
;
;---------------------------------------------------
;       Include Header File
;---------------------------------------------------
.nolist
.include "m2561def.inc"                 ; ATmega2561 definition file
.list

;======================================================================
;       Main Program
;======================================================================
.cseg
        .org    0x0000
        LDI     AH,high(RAMEND)         ; initialize SP
        LDI     AL,low(RAMEND)
        OUT     SPH,AH
        OUT     SPL,AL

        CALL    INIT_MCU                ; initialize MCU and kit
        CALL    D50MS                   ; wait for system stabilization
        CALL    INIT_LCD                ; initialize text LCD
        CALL    BEEP

;---------------------------------------------------
;       Display Temperature on Text LCD Module
;---------------------------------------------------
        CALL    LCD_HOME1               ; display title
        CALL    LCD_STRING
        .db     "  TEMPERATURE   ",0,0
        CALL    LCD_HOME2
        CALL    LCD_STRING
        .db     " 0000H = 00.0",0xDF,"C ",0,0
```

```
        LDI     AL,0b10000101           ; ADC enable, 500 kHz
        STS     ADCSRA,AL
        LDI     AL,0b00000000
        STS     ADCSRB,AL
        LDI     AL,0b11000001           ; select ADC1 with 2.56V
        STS     ADMUX,AL                ; (single ended)
        CALL    D50US
        CALL    D100US

LOOP:   LDI     CL,16                   ; read ADC by 16 times
        CLR     BH                      ; clear sum
        CLR     BL
LOOP1:  LDI     AL,0b11010101           ; start conversion and clear ADIF
        STS     ADCSRA,AL
        NOP
LOOP2:  LDS     AL,ADCSRA               ; A/D conversion complete ?
        SBRS    AL,ADIF
        JMP     LOOP2
        LDS     AL,ADCL                 ; ADCL must be read first, then ADCH
        LDS     AH,ADCH
        ADD     BL,AL                   ; add A/D result 16 times
        ADC     BH,AH
        CALL    D20US
        DEC     CL
        BRNE    LOOP1
        LSR     BH                      ; divide sum by 16
        ROR     BL
        LSR     BH
        ROR     BL
        LSR     BH
        ROR     BL
        LSR     BH
        ROR     BL

        LDI     LCD_BUFFER,0xC1         ; display in HEX
        CALL    LCD_COMMAND
        MOV     AH,BH
        MOV     AL,BL
        CALL    LCD_4HEX
        LDI     LCD_BUFFER,0xC9         ; display in temperature(XX.X)
        CALL    LCD_COMMAND
        LDI     AH,high(2560)           ; Temp = ADC1*256/1024
        LDI     AL,low(2560)
        CALL    MUL16
        LDI     DH,high(1024)
        LDI     DL,low(1024)
        CALL    DIV16
        LDI     BL,100
        CALL    DIV8
        MOV     R5,AL                   ; for 7-segment LED
        MOV     LCD_BUFFER,AL
        ORI     LCD_BUFFER,'0'
        CALL    LCD_DATA
        MOV     AL,AH
        CLR     AH
        LDI     BL,10
        CALL    DIV8
        MOV     R6,AL                   ; for 7-segment LED
        MOV     LCD_BUFFER,AL
        ORI     LCD_BUFFER,'0'
        CALL    LCD_DATA
        LDI     LCD_BUFFER,'.'
        CALL    LCD_DATA
        MOV     R7,AH                   ; for 7-segment LED
        MOV     LCD_BUFFER,AH
        ORI     LCD_BUFFER,'0'
        CALL    LCD_DATA
```

```
;-----------------------------------------------
;       Display Temperature on 7-Segment LED
;-----------------------------------------------
        LDI     CL,200                  ; display for 1 sec
LOOP3:  MOV     AL,R5                   ; ?X.X 'C
        CALL    BIN2LED
        STS     LCD_DATABUS,AL
        LDI     AL,0b01000000
        STS     DIG_SELECT,AL
        CALL    D1MS
        MOV     AL,R6                   ; X?.X 'C
        CALL    BIN2LED
        ORI     AL,0b00000001
        STS     LCD_DATABUS,AL
        LDI     AL,0b00100000
        STS     DIG_SELECT,AL
        CALL    D1MS
        MOV     AL,R7                   ; XX.? 'C
        CALL    BIN2LED
        STS     LCD_DATABUS,AL
        LDI     AL,0b00010000
        STS     DIG_SELECT,AL
        CALL    D1MS
        LDI     AL,0b01000000           ; '
        STS     LCD_DATABUS,AL
        LDI     AL,0b00001000
        STS     DIG_SELECT,AL
        CALL    D1MS
        LDI     AL,0x0C                 ; C
        CALL    BIN2LED
        STS     LCD_DATABUS,AL
        LDI     AL,0b00000100
        STS     DIG_SELECT,AL
        CALL    D1MS
        DEC     CL
        BRNE    LOOP3

        LDI     AL,0b00000000           ; clear 7-segment LED
        STS     DIG_SELECT,AL
        JMP     LOOP

;-----------------------------------------------
;       Convert Binary to 7-segment LED Pattern
;-----------------------------------------------
; Input  : AL = 8-bit binary(from 0x00 to 0x0F), "H", "-", ".", "'"
; Output : AL = 7-segment LED pattern data

BIN2LED:PUSH    AH
        PUSH    ZH
        PUSH    ZL
        CPI     AL,'H'                  ; if AL="H", AL=0x10
        BRNE    BIN2L1
        LDI     AL,0x10
        RJMP    BIN2L4
BIN2L1: CPI     AL,'-'                  ; if AL="-", AL=0x11
        BRNE    BIN2L2
        LDI     AL,0x11
        RJMP    BIN2L4
BIN2L2: CPI     AL,'.'                  ; if AL=".", AL=0x12
        BRNE    BIN2L3
        LDI     AL,0x12
        RJMP    BIN2L4
BIN2L3: CPI     AL,0x27                 ; if AL="'", AL=0x13
        BRNE    BIN2L4
        LDI     AL,0x13
BIN2L4: LDI     AH,byte3(LED_TABLE << 1); RAMPZ:Z = statrt address of LED data
        LDI     ZH,high(LED_TABLE << 1)
        LDI     ZL,low(LED_TABLE << 1)
```

```
        ADD     ZL,AL                   ; RAMPZ:Z = RAMPZ:Z + AL
        CLR     AL
        ADC     ZH,AL
        ADC     AH,AL
        OUT     RAMPZ,AH
        ELPM    AL,Z                    ; read LED data from RAMPZ:Z address
        POP     ZL
        POP     ZH
        POP     AH
        RET

LED_TABLE:                              ; 7-segment LED data table
        .db     0b11111100,0b01100000   ; 0,1
        .db     0b11011010,0b11110010   ; 2,3
        .db     0b01100110,0b10110110   ; 4,5
        .db     0b10111110,0b11100100   ; 6,7
        .db     0b11111110,0b11110110   ; 8,9
        .db     0b11101110,0b00111110   ; A,b
        .db     0b10011100,0b01111010   ; C,d
        .db     0b10011110,0b10001110   ; E,F
        .db     0b01101110,0b00000010   ; H,-
        .db     0b00000001,0b01000000   ; .,'

;==================================================================
;       Include User Subroutine File
;==================================================================
.include "OK2561.INC"                   ; OK-2561 I/O and subroutine file
```

☞ 여기서는 읽어들인 온도값이 심하게 흔들리는 것을 방지하기 위하여 16회 A/D 변환한 결과를 수행하여 평균을 취하였다. 굳이 16회를 선택한 것은 나눗셈 연산을 우측 시프트 명령으로 빠르게 처리할 수 있기 때문이다.

만약 A/D 변환을 수행하고 이를 텍스트형 LCD 모듈을 표시하는데 지나치게 많은 시간이 사용되면 그 동안에는 7세그먼트 LED의 표시동작이 중단되므로 사람의 눈에는 7세그먼트 LED에 깜빡임 현상이 발생하는 것으로 느껴진다. 이를 확인하려면 위의 예제에서 CALL D20US 명령을 CALL D2MS 정도로 수정하여 보라.

이 프로그램을 어셈블하여 다운로드하고 실행하라. 그리고, 7세그먼트 LED에 표시에 문제가 없으며, 텍스트형 LCD 모듈과 7세그먼트 LED의 표시 내용이 서로 일치하는지 확인하라.

▣ C언어의 경우

앞의 Exp15_3.asm 프로그램을 C언어로 작성하여 보면 다음과 같다.

<프로그램 Exp15_3.c> 디지털 온도계 프로그램

```
/* ====================================================================== */
/*              Exp15_3.c : Display Temperature on 7-Segment LED          */
/* ====================================================================== */
/*                    Designed and programmed by Duck-Yong Yoon in 2006.  */
```

```
#include <avr/io.h>
#include "OK1281.h"

unsigned char Bin2LED(unsigned char number)       /* convert binary to LED pattern */
{
  if(number == 0)        return 0xFC;
  else if(number == 1)   return 0x60;
  else if(number == 2)   return 0xDA;
  else if(number == 3)   return 0xF2;
  else if(number == 4)   return 0x66;
  else if(number == 5)   return 0xB6;
  else if(number == 6)   return 0xBE;
  else if(number == 7)   return 0xE4;
  else if(number == 8)   return 0xFE;
  else if(number == 9)   return 0xF6;
  else if(number == 10)  return 0xEE;
  else if(number == 11)  return 0x3E;
  else if(number == 12)  return 0x9C;
  else if(number == 13)  return 0x7A;
  else if(number == 14)  return 0x9E;
  else if(number == 15)  return 0x8E;
  else if(number == 'H') return 0x6E;
  else if(number == '-') return 0x02;
  else if(number == '.') return 0x01;
  else if(number == 0x27) return 0x40;
  else return 0x00;
}

void LCD_4hex(unsigned int number)                /* display 4-digit hex number */
{ unsigned int i;

  i = number >> 12;                               // 16^3
  if(i <= 9) LCD_data(i + '0');
  else       LCD_data(i - 10 + 'A');

  i = (number >> 8) & 0x000F;                     // 16^2
  if(i <= 9) LCD_data(i + '0');
  else       LCD_data(i - 10 + 'A');

  i = (number >> 4) & 0x000F;                     // 16^1
  if(i <= 9) LCD_data(i + '0');
  else       LCD_data(i - 10 + 'A');

  i = number & 0x000F;                            // 16^0
  if(i <= 9) LCD_data(i + '0');
  else       LCD_data(i - 10 + 'A');
}

unsigned char digit1, digit2, digit3;

void LCD_2d1(float number)                        /* floating-point number xx.x */
{ unsigned int i, j;

  j = (int)(number*10. + 0.5);
  i = j / 100;                                    // 10^1
  if(i == 0) LCD_data(' ');
  else       LCD_data(i + '0');
  digit1 = i;

  j = j % 100;                                    // 10^0
  i = j / 10;
  LCD_data(i + '0');
  digit2 = i;
  LCD_data('.');

  i = j % 10;                                     // 10^-1
```

```
    LCD_data(i + '0');
    digit3 = i;
}

int main(void)
{ unsigned char i;
  unsigned int sum;

  MCU_initialize();                          // initialize MCU and kit
  Delay_ms(50);                              // wait for system stabilization
  LCD_initialize();                          // initialize text LCD module

  LCD_string(0x80," TEMPERATURE   ");        // display title
  LCD_string(0xC0," 0000H = 00.0");
  LCD_data(0xDF);
  LCD_data('C');
  LCD_data(' ');

  ADCSRA = 0x85;                             // ADC enable, 500kHz
  ADCSRB = 0x00;
  ADMUX = 0xC1;                              // select ADC1 with 2.56V
  Delay_us(150);

  while(1)
    { sum = 0;
      for(i=0; i<16; i++)                    // read ADC by 16 times
        { ADCSRA = 0xD5;                     // start conversion and clear ADIF
          while((ADCSRA & 0x10) != 0x10);
          sum += ADCW;                       // add A/D result 16 times
          Delay_us(20);
        }

      sum = sum >> 4;                        // divide sum by 16

      LCD_command(0xC1);                     // display in HEX
      LCD_4hex(sum);

      LCD_command(0xC9);                     // display in temperature(XX.X)
      LCD_2d1((float)sum*256./1024.);        // Temp = ADC1*256/1024

      for(i = 0; i < 200; i++)               // display for 1 sec
        { LCD_DATABUS = Bin2LED(digit1);     // ?X.X 'C
          DIG_SELECT = 0x40;
          Delay_ms(1);
          LCD_DATABUS = Bin2LED(digit2) + 0x01; // X?.X 'C
          DIG_SELECT = 0x20;
          Delay_ms(1);
          LCD_DATABUS = Bin2LED(digit3);     // XX.? 'C
          DIG_SELECT = 0x10;
          Delay_ms(1);
          LCD_DATABUS = 0x40;                // '
          DIG_SELECT = 0x08;
          Delay_ms(1);
          LCD_DATABUS = Bin2LED(0x0C);       // C
          DIG_SELECT = 0x04;
          Delay_ms(1);
        }

      DIG_SELECT = 0x00;                     // clear 7-segment LED
    }
}
```

5. 실습 과제

(1) *OK-1281/2561* 키트에서 어셈블리 프로그램을 사용할 때는 제4.1절에서 설명한 인클루드 파일 OK2561.INC의 서브루틴 INIT_MCU에서 보듯이 항상

```
LDI     AL,0b00000000          ; clear 7-segment LED
STS     DIG_SELECT,AL
```

를 실행하고 있다. 또한, C언어 프로그램을 사용하는 경우에는 제4.2절에서 설명한 헤더파일 OK1281.h의 함수 MCU_initialize()에서 보듯이 항상

```
DIG_SELECT = 0x00;             // clear 7-segment LED
```

를 실행하고 있다. 키트를 사용할 때 항상 이와 같이 DIG_SELECT 번지에 0x00을 출력하는 이유가 무엇인가?

(2) *OK-1281/2561* 키트에서 사용하는 7세그먼트 LED인 SND-3640SR에서 LED의 순방향 전압강하 V_F는 2.0[V]이다. LED가 켜졌을 때 1개의 LED에 흐르는 전류를 계산하여 보라. 그리고, 이 전류를 좀더 크게 하려면 어떻게 해야 하는가 설명하라.

(3) 예제 프로그램 Exp15_2.asm에서 메인 루틴의 마지막 부분에 있는 다음 명령을 사용한 이유는 무엇인지 설명하라. 실제로 *OK-1281/2561* 키트에서 이 부분을 삭제하고 실행하여 그 이유를 확인하라.

```
LDI     AL,0b00000000          ; clear 7-segment LED
STS     DIG_SELECT,AL
```

(4) 예제 프로그램 Exp15_2.c에서 다이나믹 디스플레이에 사용되는 각 문자의 표시 시간을 부여하는 부분 Delay_ms(1);을 점차로 증가시켜 LED에서 깜빡임이 나타나기 시작하는 시간값을 찾아보라. 또한, 이를 LED 표시 주파수로 환산하여 보라.

(5) 예제 프로그램 Exp15_2.asm에서 16개의 글자를 좌측으로 8번 시프트한 후에 이를 다시 우측으로 8번 시프트하는 기능을 추가한 프로그램 Exp15_2R.asm을 작성하라.

4.16 DS12C887 RTC 응용 프로그램

이 절에서는 DS12C887 RTC 소자의 구조와 원리를 이해하고 이를 응용하는 프로그램 작성 기술을 익힌다.

1. RTC의 원리 및 종류

실시간 시계(RTC ; Real Time Clock)는 우리가 일상생활에서 사용하는 실제의 시간을 표시하는 소자이다. 오늘날 이것은 시간 정보가 필요한 범용 컴퓨터나 자동화기기에 널리 사용되는 추세에 있다.

RTC가 항상 실시간으로 시간을 표시하기 위해서는 최소한 ① 정확한 기준 주파수를 발생하는 수정발진자, ② 이 기준 주파수를 적절히 분주하여 초/분/시(오전, 오후 포함)/일(요일 포함)/월/년(윤년 환산기능 포함) 등의 정보로 변환하는 카운터 회로, ③ 공급전원이 꺼지더라도 시계가 멈추지 않도록 항상 회로를 동작시켜 주는 배터리 백업 회로 등이 필요하다.

이러한 구성을 기준으로 생각할 때 RTC 소자에는 다음과 같은 3가지의 형태가 있다. 첫째는 수정발진자와 배터리 백업 회로를 외부에 별도로 접속하게 되어 있어서 사실상 카운터 및 제어회로만을 가지고 있는 가장 초보적인 형태이다. 이러한 소자의 대표적인 모델로는 Ricoh사의 RP5C15, Motorola사의 MC146818A 등이 있다. 물론 이러한 기능을 수행하는 시계 회로는 카운터 전용의 소자나 논리소자들을 사용하여 사용자가 설계할 수도 있지만, 이렇게 하드웨어적으로만 구성할 경우에는 회로가 상당히 복잡하여 경제적으로나 보드를 차지하는 면적으로 볼 때 불리해진다.

초창기의 RTC는 대부분 이러한 형태였지만, 외부에 별도로 사용하는 32.768[kHz] 수정발진자의 정밀도나 안정도가 비교적 낮고, 또한 배터리 회로를 사용하는데 여러가지의 불편이 있어서 오늘날은 점점 사용 빈도가 감소하는 추세이다. IBM PC AT 이상의 퍼스널컴퓨터에서는 MC146818A 호환의 RTC 소자를 사용한다. 이들 소자에서는 경우에 따라 배터리 백업회로를 사용하지 않기도 하는데, 이러한 경우에는 컴퓨터의 전원을 켤 때마다 사용자가 올바른 시간값을 다시 설정해 주어야 하므로 상당히 불편하다.

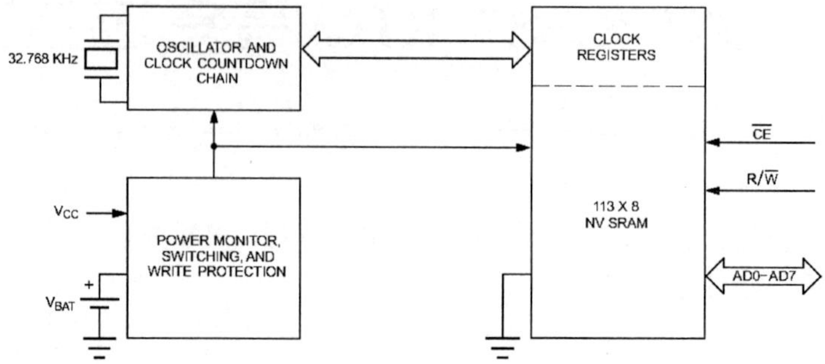

〈그림 4.16.1〉 수정발진자 및 배터리를 내장한 일체형 RTC 소자의 구조

둘째는 이 3가지의 구성 요소를 1개의 패키지에 모두 내장(encapsulated package)한 소자로서 이 구조는 <그림 4.16.1>과 같다. 이러한 소자로는 종래의 MC146818A와 핀배열이 동일하여 직접 대치가 가능한 Dallas사의 DS1287, DS12887 등이 있다. 이것은 패키지에 내장된 수정 발진 회로의 정밀도나 안정도가 상당히 높고, 또한 배터리 회로를 내장하고 있어서 단일 소자로서 1개의 IC처럼 보드에 실장하기가 쉬우며, 외부 전원이 차단된 상태에서도 데이터의 보증시간이 약 10년 정도로서 매우 길기 때문에 오늘날 그 사용 빈도가 크게 증가하고 있다. 현재는 IBM PC 호환 퍼스널컴퓨터나 각종 제어계측 장비에서 이러한 모델들이 널리 사용되고 있으며, *OK-1281/2561* 키트에서도 DS12C887을 1개 사용한다.

이 소자에는 수십 바이트 이상(DS1287은 50바이트, DS12887은 114바이트)의 배터리 백업 SRAM을 내장하고 있어서 불휘발성 데이터를 저장하는 용도로 사용할 수 있다. 그러나, 대부분의 경우 어드레스 및 데이터 버스가 시분할 다중화되어 있어서 이와 동일한 버스 구조를 갖는 Intel사의 마이크로콘트롤러에 접속하는 경우에는 별 문제가 없으나 다른 CPU의 경우에는 하드웨어적인 인터페이스가 불편할 수도 있다.

셋째는 위의 일체형 RTC처럼 3가지의 구성 요소를 1패키지에 모두 내장하는 것은 물론이고, 여기에 대용량(수KB~수백KB)의 SRAM까지를 포함하는 소자로서 그 구조는 <그림 4.16.2>와 같다. 이러한 소자로는 Dallas사의 DS1243Y/1244Y/1248Y/1251Y, DS1742/1743 등이 있다. 이것은 RTC 기능에 주기억장치로 사용할 수 있는 대용량의 SRAM을 포함하고 있기 때문에 RAM 전체를 배터리 백업해야 하는 제어계측 시스템의 경우에 유용하다.

이러한 소자들은 앞에서 설명한 일체형 RTC와 달리 어드레스 버스와 데이터 버스가 별도로 분리되어 있으며, 더구나 이것들이 기존의 일반 SRAM이나 EPROM과 호환이 되는 핀배열로 되어 있어서 인터페이스하기에 매우 편리하다. 그러나, 아직은 이러한 소자들의 가격이 상대적으로 비싼 편이며 액세스 시간이 비교적 길어서 널리 사용되지는 않고 있다.

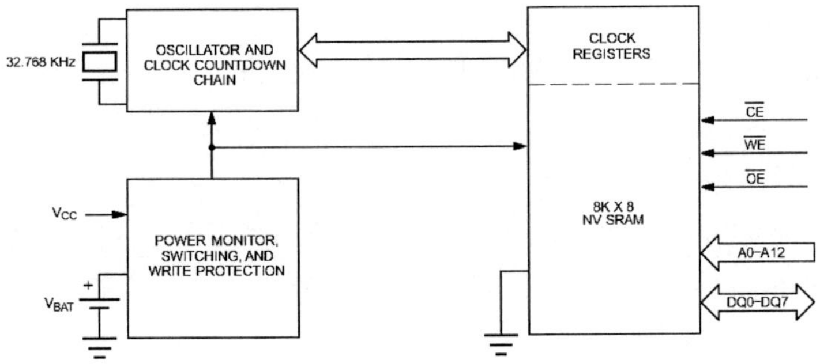

〈그림 4.16.2〉 대용량의 배터리 백업 SRAM을 내장하는 일체형 RTC 소자

이밖에도 RTC 소자에는 워치독 기능을 함께 가지거나 CPU와 직렬로 인터페이스하는 모델 등 여러 가지의 형태가 있다.

2. DS12C887 RTC의 구조와 기능

DS12887은 일체형 RTC 소자로서 오늘날 대부분의 IBM PC 호환 퍼스널컴퓨터에서 이를 사용하고 있기 때문에 시중에서 구하기 쉽고 값도 싸다. DS12887에서 약간 변형된 기종으로 DS12887A와 DS12C887이 있는데, DS12887A에는 $\overline{\text{RCLR}}$ 단자가 1개 추가되어 있고, DS12C887은 Y2K(year 2000) 문제를 일으키는 문제를 근본적으로 해결한 모델이다. 그러나, 이것들은 모두 기본적인 시계 기능에서는 동일하다. 이 때문에 *OK-1281/2561* 키트에서는 DS12C887을 기본으로 사용한다.

(1) 특징

① 수정발진 회로와 배터리 백업 회로를 포함하는 일체형 RTC이다. 배터리는 리튬(lithium) 이온 전지로 되어 있어서 +5V 전원에 의하여 항상 재충전되며, 전원이 꺼진 상태에서도 10년 이상 동안 데이터를 보장한다.

② IBM PC에 직접 사용할 수 있는 기능과 핀배열을 가지고 있다.

③ 핀수를 절약하기 위하여 어드레스 버스와 데이터 버스가 시분할 다중화되어 있으

며, CPU와의 하드웨어 접속을 Motorola 방식이나 Intel 방식으로 지정할 수 있다.

④ 연, 월, 일, 요일, 시, 분, 초 데이터를 저장하고 있으며, 서기 2100년까지 윤년을 자동으로 환산하여 처리하는 기능을 가진다.

⑤ 12시제 및 24시제를 임의로 사용할 수 있으며, 12시제를 사용하는 경우에는 오전, 오후를 표시할 수 있다.

⑥ 알람(alarm) 및 일광절약시간제(daylight savings time, summer time) 처리기능을 가진다.

⑦ 모든 데이터를 2진수 또는 BCD로 표시할 수 있다.

⑧ 내부에는 모두 128바이트의 RAM이 있는데, 이 중에서 14바이트는 RTC용으로 사용하고 나머지 114바이트는 범용 RAM으로 사용한다.

⑨ 프로그래머블 인터럽트 기능을 가진다.

⑩ DS12C887 모델의 경우에는 연도의 상위 2자리를 저장하는 레지스터를 추가하여 Y2K 문제를 해결하였다.

⑪ 시계의 정확도는 +25[℃]에서 오차가 1개월에 ±1분 이내이다.

⑫ +5V 전원으로 동작하며, 24핀 600MIL DIP형 패키지로 되어 있다.

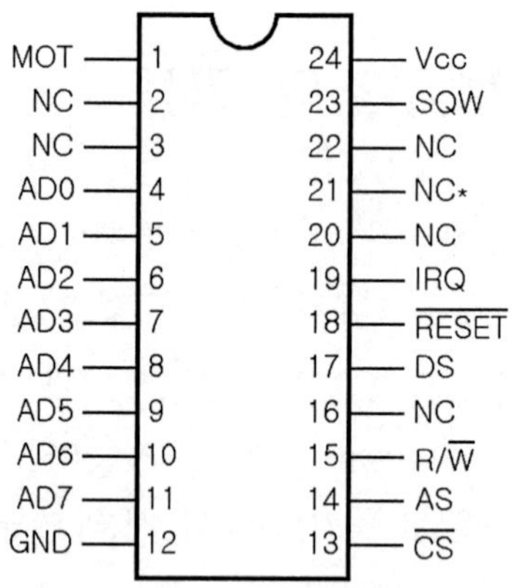

〈그림 4.16.3〉 DS12C887의 외부 구조

(2) 외부 구조

DS12C887의 외부 핀구조는 <그림 4.16.3>과 같고, 각 핀의 기능을 요약하면 <표 4.16.1>과 같다. 이것은 128바이트의 내부 어드레스를 가지며, 따라서 *OK-1281/2561* 키트에서는 4300H~437FH 번지를 사용하고 있다.

〈표 4.16.1〉 DS12C887 외부 핀의 기능

신호 이름	I/O	기 능
Vcc, GND	-	Power Supply : +5V 전원 및 접지 단자이다. 전원전압이 +4.25V 이하로 떨어지면 리드나 라이트 동작이 금지되며, +3.0V 이하로 떨어지면 클록과 RAM이 내부의 리튬전지에 의하여 동작한다.
AD0~AD7	I/O (3-state)	Multiplexed Bidirectional Address/Data Bus : 핀수를 절약하기 위하여 시분할 다중화된 어드레스 및 데이터 버스이다. 이것들은 DS12C887의 액세스시에 먼저 어드레스 버스로 사용되어 AS 신호의 하강 에지에서 내부에 래치되며, 그 이후에는 $R/\overline{W}$ 신호에 의하여 제어되는 데이터 버스로 사용된다.
MOT	I	Mode Select : 2가지의 버스 방식중에서 1가지를 지정하는 신호로서, MOT = 1이면 Motorola 버스 타이밍으로 동작하고, MOT = 0이거나 개방시켜 두면 Intel 버스 타이밍으로 동작한다. 이 신호는 내부적으로 20[kΩ] 저항에 의하여 풀다운되어 있다.
$\overline{CS}$	I	Chip Select : DS12C887을 액세스하기 위한 칩선택 단자이다. $\overline{CS}$ = 0로 되지 않은 상태에서의 버스 사이클은 무효가 되며, Vcc가 +4.25V 이하일 경우에는 이 신호의 입력이 금지된다.
AS	I	Address Strobe : 시분할 다중화된 어드레스 및 데이터 버스로부터 어드레스를 분리하는데 사용되는 신호이다. 이 신호는 Motorola 계열의 AS나 Intel 계열 마이크로콘트롤러의 ALE 신호에 접속하여 사용하며, 이것의 하강 에지에서 어드레스값이 DS12C887의 내부에 래치된다.
$R/\overline{W}$	I	Read/Write : DS12C887에서 데이터를 리드하거나 여기에 데이터를 라이트하는 것을 나타내는 신호이다. 이 신호는 Motorola 타이밍에서는 $R/\overline{W}$ 신호로 동작하고, Intel 타이밍에서는 $\overline{WR}$신호로 동작한다.
DS	I	Data Strobe : 이 신호는 Motorola 타이밍에서는 데이터 유효를 나타내는 DS 신호로 동작하고, Intel 타이밍에서는 $\overline{RD}$신호로 동작한다.
$\overline{RESET}$	I	Reset : 시계와 RAM 데이터에는 영향을 주지 않고 지정된 내부 제어 비트들을 클리어한다. 전원 투입시에는 이 신호가 200[ms] 이상동안 L이 되어야 확실한 리셋이 보장된다. 전형적으로 이 리셋신호는 Vcc에 접속하는데, 이렇게 하면 전원을 끄고 켤 때 제어 레지스터를 변경시키지 않고 안정된 동작을 하게 된다.
$\overline{IRQ}$	O	Interrupt Request : DS12C887이 CPU측으로 인터럽트를 요청하기 위한 개방 드레인형 출력단자이다. 해당 인터럽트 허용 비트가 셋트되고 인터럽트를 야기하는 상태 비트가 존재하는한 이 신호는 계속 L로 출력된다.
SQW	O	Square Wave : 15가지 주파수에서 한 가지로 지정하여 출력할 수 있는 구형파 출력단자이다. Vcc가 +4.25V 이하일 경우에는 이 신호가 동작하지 않는다.
NC	-	No Connection : 사용하지 않는 핀이다.

☞ DS12887A 모델에서는 21번 핀이 $\overline{RCLR}$ 단자로서 Vcc가 인가되지 않은 상태에서 내부의 범용 RAM을 클리어하는데 사용된다.

(3) 내부 구조

DS12C887의 내부 구조는 <그림 4.16.4>와 같다. 이밖에 DS12887이나 DS12887A 모델에서는 연도의 상위 바이트를 표시하는 레지스터(century byte)가 없으므로 범용 RAM이 114바이트로 된다. 그 밖의 내부 기능은 이 3가지의 모델이 모두 동일하다.

이 소자에서는 전원 Vcc가 +4.25V 이상으로 인가되고 나서 내부 회로가 안정적으로 동작할 수 있도록 약 200[ms] 정도의 시간 여유를 둔 이후에 CPU가 이를 액세스하는 것이 바람직하다.

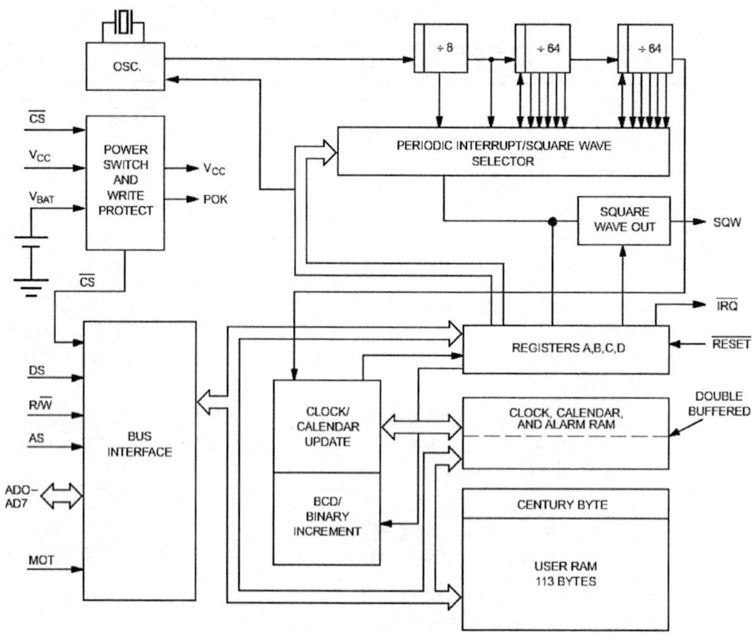

〈그림 4.16.4〉 DS12C887의 내부 구조

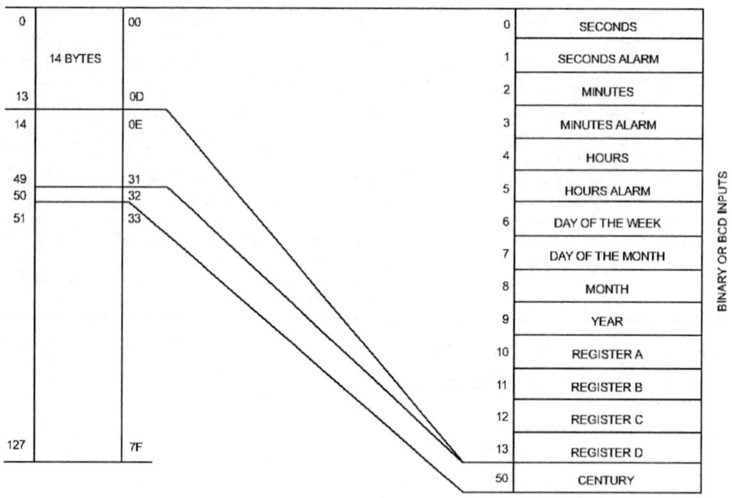

〈그림 4.16.5〉 DS12C887의 내부 어드레스 맵

▣ 내부 어드레스 맵과 데이터

DS12C887의 내부 어드레스 맵은 <그림 4.16.5>와 같다. 그러나, 앞에서도 설명하였듯이 DS12887이나 DS12887A에서는 연도의 상위 바이트를 표시하는 레지스터가 없으므로 범용 RAM이 0EH~7FH 번지의 114바이트로 된다.

각 번지의 시각, 요일, 날짜, 알람 등의 데이터는 모두 8비트 데이터로서 2진수나 BCD(Binary-Coded Decimal)로 동작시킬 수 있는데 이를 요약하면 <표 4.16.2>와 같다. 이들 값을 프로그램으로 수정하려면 먼저 레지스터 B의 b7(SET)을 1로 설정해야 하며, 프로그램이 끝났으면 이 비트를 다시 클리어시켜 두어야 한다.

시간은 12시제와 24시제를 임의로 사용할 수 있다. 그러나, 12시제에서 24시제로 또는 그 반대로 변경하려면 이 시간값을 다시 초기화해야 하며 내부에서 자동으로 환산 처리되지는 않는다. 12시제를 사용할 때는 시간값의 최상위 비트가 오전, 오후를 표시하며, 0 = 오전(AM), 1 = 오후(PM)로 된다.

알람은 시, 분, 초에만 해당되므로 기본적으로 1일 단위로 설정된다. 그러나, 이 3바이트의 알람 데이터에는 각각 don't care를 설정할 수 있다. 예를 들어 시 알람 바이트에 don't care를 설정하면 1시간 단위로 알람이 작동하게 된다.

세기를 나타내는 레지스터(century byte)는 DS12C887 모델에만 적용되는 것으로 BCD 모드에서만 사용할 수 있으며, 연도가 99에서 00으로 바뀔 때 무조건 20이 써넣어진다.

〈표 4.16.2〉 DS12C887의 내부 데이터 모드

번지	기 능	범위	데이터 표현	
			2진수	BCD
0(00H)	초	0~59	00~3B	00~59
1(01H)	초 알람	0~59	00~3B	00~59
2(02H)	분	0~59	00~3B	00~59
3(03H)	분 알람	0~59	00~3B	00~59
4(04H)	시(12시제)	1~12	01~0C AM, 81~8C PM	01~12 AM, 81~92 PM
	시(24시제)	0~23	00~17	00~23
5(05H)	시 알람(12시제)	1~12	01~0C AM, 81~8C PM	01~12 AM, 81~92 PM
	시 알람(24시제)	0~23	00~17	00~23
6(06H)	요일(1=일요일)	1~7	01~07	01~07
7(07H)	날짜	1~31	01~1F	01~31
8(08H)	월	1~12	01~0C	01~12
9(09H)	연	0~99	00~63	00~99
50(32H)	세기	19, 20	-	19, 20

내부 RAM은 모두 114바이트(DS12C887에서는 113바이트)로서 이것은 특별한 용도가 지정되어 있지 않으므로 사용자가 임의로 액세스하여 사용할 수 있다. IBM PC의 경우에는 이 영역이 MC146818A와 호환이면 되므로 0EH~3FH 번지의 50바이트만 존재하는데, 이것들은 시스템 셋업 데이터(configuration setup data)를 저장하는 용도로 사용된다.

또한, *OK-1281/2561* 키트에서는 이 영역을 특별한 용도로 사용하지 않고 비워 두었으므로 사용자가 필요에 따라 사용할 수 있다. 다만, 0FH 번지(키트의 0x430F 번지)는 시계 프로그램에서 이 소자의 배터리 백업 데이터 유효성을 체크하는 코드를 저장하는 영역으로 사용하고 있다.

▣ 내부 데이터의 액세스 방법

DS12C887은 외부에서 데이터를 리드 또는 라이트하더라도 내부 카운터 회로가 동작하는데 영향을 받지 않도록 이중 버퍼(double buffer) 구조로 되어 있으며, 따라서 일반적으로는 CPU가 임의의 시간에 DS12C887을 액세스할 수 있다. 내부의 이중 버퍼는 무조건 1초에 한번씩 업데이트 사이클을 수행하며, 또한 매초마다 시간값과 알람 데이터를 비교한다. 그러나, 레지스터 B의 b7(SET)을 1로 설정하면 버퍼 내용이 더이상 업데이트되지 않고 동결된다. 이 때문에 실제의 데이터와 액세스되는 데이터에는 시차가 발생할 수 있으며, CPU측에서 프로그램으로 이들 데이터를 정확히 액세스하는데는 다음과 같이 3가지의 방법이 있다.

첫째는, 업데이트 종료 인터럽트(updated-ended interrupt)를 이용하는 방법이다. 업데이트 사이클은 무조건 1초에 한번씩 수행되므로 이 사이클 종료후에 인터럽트가 발생하면 향후 약 999[ms] 동안은 데이터 액세스가 가능한 시간이 된다. 이 인터럽트를 사용할 때는 인터럽트 처리루틴에서 반드시 레지스터 C의 b7(IRQF)을 클리어시켜야 한다.

둘째는, 현재 업데이트 사이클이 수행중인지를 판단하기 위하여 레지스터 A의 b7(UIP)을 조사하는 방법이다. UIP 비트는 1초에 한번씩 펄스를 발생하며 이 비트가 H가 되면 244[μs] 이후에 업데이트가 수행되므로 UIP가 L로 읽혀졌다면 업데이트가 수행되기 전에 최소한 244[μs]의 시간 여유가 있다는 의미가 된다.

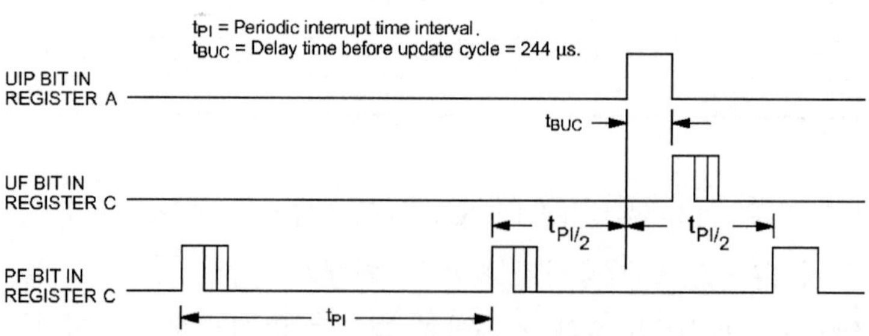

〈그림 4.16.6〉 DS12C887의 주기적 인터럽트와 업데이트 종료 인터럽트의 관계

셋째는, 업데이트 사이클이 수행중인지를 판단하기 위하여 주기적인 인터럽트를 이용하는 방법이다. 이것은 <그림 4.16.6>에 보인 바와 같이 주기적인 인터럽트의 중앙 부분에서 UIP 펄스가 발생하므로 적어도 $t_{PI/2}$ + t_{BUC} 이내에 데이터 액세스를 완료하면 된다.

▣ 기타 주요 기능

DS12C887은 공장에서 생산 출하될 때 내부의 발진회로가 작동하지 않도록 설정되어 있다. 이는 이 소자를 사용자가 시스템에 장착할 때까지 내부의 리튬전지 소모량을 최소화하기 위함이다. 따라서, 사용자는 소프트웨어적으로 발진회로를 동작시키기 위한 수단이 있어야 하는데, 이는 레지스터 A의 b6~b4에 010을 써넣으면 된다.

DS12C887은 3가지의 인터럽트 소스를 가지고 있다. 첫째로, 알람 인터럽트는 현재 시각이 알람 설정치와 일치할 때 발생하며, don't care 기능을 이용하면 1초당 한번에서 하루에 한번까지 다양한 알람을 설정할 수 있다. 둘째로, 주기적인 인터럽트는 122[μs]에서 500[ms]까지 다양한 시간 주기로 인터럽트를 발생시킬 수 있다. 셋째로, 업데이트 종료 인터럽트는 프로그램에 의하여 데이터를 업데이트하는 사이클이 종료할 때 발생시킬 수 있다. 인터럽트에 대한 보다 자세한 사항은 DS12C887의 데이터 시트를 참조하라.

〈표 4.16.3〉 DS12C887의 인터럽트 주기 및 SQW 단자의 출력 주파수 설정

레지스터 A				인터럽트 주기 t_{PI}	SQW 출력 주파수
RS3	RS2	RS1	RS0		
0	0	0	0	-	-
0	0	0	1	3.90625 ms	256 Hz
0	0	1	0	7.8125 ms	128 Hz
0	0	1	1	122.070 μs	8192 Hz
0	1	0	0	244.141 μs	4096 Hz
0	1	0	1	488.281 μs	2048 Hz
0	1	1	0	976.5625 μs	1024 Hz
0	1	1	1	1.953125 ms	512 Hz
1	0	0	0	3.90625 ms	256 Hz
1	0	0	1	7.8125 ms	128 Hz
1	0	1	0	15.625 ms	64 Hz
1	0	1	1	31.25 ms	32 Hz
1	1	0	0	62.5 ms	16 Hz
1	1	0	1	125 ms	8 Hz
1	1	1	0	250 ms	4 Hz
1	1	1	1	500 ms	2 Hz

SQW 단자에는 다양한 주파수로 구형파를 출력시킬 수 있는데, 이것은 레지스터 A의 b3(RS3)~b0(RS0)으로 설정하며 이를 요약하면 <표 4.16.3>과 같다. 그러나, 이렇게 설정된 주파수 출력은 레지스터 B의 b3(SQWE)에 의하여 출력이 허용되거나 금지될 수 있다. 이 신호를 외부에서 필요로 하지 않는다면 출력을 금지하는 것이 소비전력이나 잡음발생의 측면에서 바람직하다. 이렇게 설정된 주파수는 주기적인 인터럽트를 발생시키는 주기로도 사용된다. 이 인터럽트는 레지스터 B의 b6(PIE)에 의하여 설정된다.

(4) 제어 레지스터의 기능

DS12C887에는 모두 4개의 제어 레지스터가 있으며, 이것들은 업데이트 사이클에 관계없이 항상 액세스할 수 있다. 이 중에서 레지스터 C와 D는 읽을 수만 있는 레지스터이며, 레지스터 A의 b7(UIP)도 읽을 수만 있다.

Vcc가 +4.25V 이상일 때 $\overline{\text{RESET}} = 0$이 입력되면 다음과 같은 리셋 동작이 수행된다.

① 레지스터 B에서 PIE = AIE = UIE = SQWE = 0으로 클리어 된다.

② 레지스터 C에서 IRQF = PF = AF = UF = 0으로 클리어 된다.

③ 출력 신호 $\overline{\text{IRQ}}$가 하이 임피던스 상태로 된다.

④ $\overline{\text{RESET}}$이 다시 H로 될 때까지 모든 내부 액세스가 불가능하다.

▣ 레지스터 A

레지스터 A의 비트 구성은 <그림 4.16.7>과 같고, 이 레지스터는 주로 DS12C887을 제어하는데 사용된다.

b7	b6	b5	b4	b3	b2	b1	b0
UIP	DV2	DV1	DV0	RS3	RS2	RS1	RS0

〈그림 4.16.7〉 레지스터 A

UIP(Update in Progress) 비트는 읽을 수만 있는 상태 비트로서, 이것이 1이면 곧 업데이트 동작이 수행된다는 것을 나타내고, 0이면 최소한 244[μs] 이내에는 업데이트가 수행되지 않는다는 것을 나타낸다. 내부 데이터를 액세스할 때는 이 비트가 0일 때 수행하는 것이 좋다. 레지스터 B의 b7(SET)을 1로 하면 업데이트가 금지되며 UIP가 0으로 된다.

DV2~DV0는 내부 발진회로를 ON, OFF하는데 사용된다. 이들 비트를 010으로 하면 발진회로가 ON되고 모든 내부 동작이 정상적으로 수행된다. 그러나, 11X인 경우에는 발진회로는 ON되지만 카운터 회로는 리셋 상태를 유지한다. 이 비트들을 그 밖의 값으로 지정하면 발진회로가 OFF된다.

RS3~RS0(Rate Selection)은 <표 4.16.3>에 보인 바와 같이 SQW 단자로 출력되는 구형파의 주파수나 또는 인터럽트 주기를 설정하는데 사용한다. 이 SQW 단자로의 주파수 출력은 레지스터 B의 SQWE 비트에 의하여 허용/금지되며, 주기적인 인터럽트는 PIE 비트에 의하여 허용/금지된다. 물론 이 2가지가 동시에 허용될 수도 있다.

▣ 레지스터 B

레지스터 B의 비트 구성은 <그림 4.16.8>과 같고, 이 레지스터는 주로 DS12C887의 인터럽트나 시스템 기능을 제어하는데 사용된다.

b7	b6	b5	b4	b3	b2	b1	b0
SET	PIE	AIE	UIE	SQWE	DM	24/12	DSE

〈그림 4.16.8〉 레지스터 B

SET는 0으로 설정될 때 정상적인 내부 동작이 수행되어, 1초에 한번씩 증가되는 내부 시간값들이 업데이트되어 버퍼에 전송된다. 그러나, SET = 1이면 업데이트 전송이 금지되며, 따라서 프로그램은 업데이트 동작을 방해하지 않고 내부 데이터를 초기화 로드할 수 있다.

PIE(Periodic Interrupt Enable), AIE(Alarm Interrupt Enable), UIE(Update-ended Interrupt Enable) 비트들은 각각 해당 인터럽트 발생을 허용하도록 설정한다. PIE는 레지스터 A의 RS3~RS0에 의하여 <표 4.16.3>에 보인 바와 같은 주기로 $\overline{\text{IRQ}}$ 단자에 인터럽트 신호를 발생하도록 허용한다. AIE는 현재의 시간값이 알람 바이트에 설정된 값과 같을 때 인터럽트를 발생하도록 허용한다. UIE는 매초마다 업데이트 동작이 종료되면 인터럽트를 발생하도록 허용한다.

SQWE(Square Wave Enable)는 레지스터 A의 RS3~RS0에 의하여 <표 4.16.3>에 보인 바와 같은 주파수로 SQW 단자에 구형파가 출력되는 것을 허용한다. 이를 0으로 하면 SQW 단자가 L상태로 유지된다.

DM(Data Mode)은 내부 데이터를 2진수로 표현할 것인지 또는 BCD로 표현할 것인지를 설정한다. 1이면 2진수, 0이면 BCD이다.

24/12 비트는 1로 설정되면 24시제, 0이면 12시제로 시간을 표시하도록 한다. 그리고, DSE(Daylight Saving Enable)는 이 비트를 1로 설정하면 4월의 첫번째 일요일에 1:59:59 AM의 다음에 3:00:00 AM이 되도록 하고, 10월의 마지막 일요일에 처음으로 1:59:59 AM이 된 다음에 또다시 1:00:00 AM이 되도록 하여 일광시간절약제를 가능하게 한다.

▣ 레지스터 C

레지스터 C의 비트 구성은 <그림 4.16.9>와 같은데, 이 레지스터는 읽기 전용의 상태 레지스터이다.

b7	b6	b5	b4	b3	b2	b1	b0
IRQF	PF	AF	UF	0	0	0	0

〈그림 4.16.9〉 레지스터 C

IRQF(Interrupt Request Flag)는 PF = PIE = 1, AF = AIE = 1, UF = UIE = 1 중에서 1가지 이상이 발생하면 1로 표시된다. 즉, 이를 논리함수로 표현하면 IRQF = PF·PIE = AF·AIE = UF·UIE가 된다. 이 비트가 1인 동안에는 항상 $\overline{IRQ}$ 단자가 L로 출력된다. 그러나, CPU가 레지스터 C를 리드하면 모든 플랙 비트들은 클리어된다.

또한, PF(Periodic Interrupt Flag), AF(Alarm Interrupt Flag), UF(Update-ended Interrupt Flag)은 각각 해당되는 인터럽트가 발생된 것을 나타낸다.

▣ 레지스터 D

레지스터 D의 비트 구성은 <그림 4.16.10>과 같다. VRT(Valid RAM and Time) 비트는 내부의 리튬전지 에너지가 충분하여 시간값과 RAM 데이터가 유효하다는 것을 나타낸다. 이 비트는 제조회사에 의하여 1로 설정되어 있는데, 사용자가 이를 라이트하는 것은 불가능하며 항상 1로 읽혀져야 한다. 만약, 이 비트가 0으로 읽혀지면 내부 데이터를 신뢰할 수 없게 된다.

b7	b6	b5	b4	b3	b2	b1	b0
VRT	0	0	0	0	0	0	0

〈그림 4.16.10〉 레지스터 D

3. 현재 시각을 설정할 수 있는 디지털시계

앞의 제4.8절에서는 ATmega1281/2561의 타이머/카운터를 이용하여 디지털시계를 구현하였는데, 여기서는 DS12C887을 이용하여 전원을 꺼놓아도 계속 동작하는 시계를 만들어 보기로 한다.

이 시계는 텍스트형 LCD 모듈에 현재의 시각과 캘린더를 표시하면서 수시로 키입력을 검출하여 현재 시각을 올바르게 설정할 수 있도록 한다. 그래픽형 LCD 모듈에 한글로 표시되는 시계 프로그램은 나중에 제4.19절에서 공부한다.

▣ 어셈블리 언어의 경우

DS12C887을 이용하여 현재시각의 설정이 가능한 디지털시계를 어셈블리 언어로 텍스트형 LCD 모듈에 구현한 프로그램은 다음과 같다.

<프로그램 Exp16_1.asm> 현재 시각을 설정할 수 있는 디지털시계 프로그램

```
;[][][][][][][][][][][][][][][][][][][][][][][][][][][][][][][][][][]
;[]                                                                []
;[]        Exp16_1.asm : Digital Clock on Text LCD Module          []
;[]                                                                []
;[][][][][][][][][][][][][][][][][][][][][][][][][][][][][][][][][][]
;
;              Designed and programmed by Duck-Yong Yoon in 2006.
;
;----------------------------------------------------
;       Include Header File
;----------------------------------------------------
.nolist
.include "m2561def.inc"                 ; ATmega2561 definition file
.list

.def    CURSOR  = R8                    ; cursor position

;=================================================================
;       Main Program
;=================================================================
.cseg
        .org    0x0000
        LDI     AH,high(RAMEND)         ; initialize SP
        LDI     AL,low(RAMEND)
        OUT     SPH,AH
        OUT     SPL,AL

        CALL    INIT_MCU                ; initialize MCU and kit
        CALL    D50MS                   ; wait for system stabilization
        CALL    INIT_LCD                ; initialize text LCD
        CALL    BEEP

        CALL    LCD_HOME1               ; display default clock
        CALL    LCD_STRING
```

```
        .db     " 2006/10/01 SUN ",0,0
        CALL    LCD_HOME2
        CALL    LCD_STRING
        .db     "   12:00:00 AM   ",0,0

        LDI     LCD_BUFFER,0x0F         ; cursor ON, cursor blink
        CALL    LCD_COMMAND

;---------------------------------------------
;       Check If RTC Data are available
;---------------------------------------------
        CALL    D200MS
        LDS     AL,RTC_FLAG             ; RTC_FLAG = "G"(Good) ?
        CPI     AL,'G'
        BREQ    RTC_OK
        LDI     AL,'G'                  ; if not, initialize RTC
        STS     RTC_FLAG,AL
        LDI     AL,0x06                 ; initialize year(2006)
        STS     RTC_YEAR,AL
        LDI     AL,0x10                 ; initialize month(10)
        STS     RTC_MONTH,AL
        LDI     AL,0x01                 ; initialize date(01)
        STS     RTC_DATE,AL
        LDI     AL,0x01                 ; initialize week day(SUN)
        STS     RTC_WEEKDAY,AL
        LDI     AL,0x12                 ; initialize hour(12, AM)
        STS     RTC_HOUR,AL
        LDI     AL,0x00                 ; initialize minute(00)
        STS     RTC_MINUTE,AL
        LDI     AL,0x00                 ; initialize second(00)
        STS     RTC_SECOND,AL

        LDI     AL,0b00101111           ; initialize Register A
        STS     RTC_A,AL                ;  (oscillator on, SQW = 2 Hz)
        LDI     AL,0b00000000           ; initialize Register B (12 hour, BCD)
        STS     RTC_B,AL                ;  (interrupt disable, SQW disable)

RTC_OK: JMP     ADJ_HOME

;---------------------------------------------
;       Adjust Year
;---------------------------------------------
ADJ_YEAR:LDI    AL,0x84                 ; set cursor position
        MOV     CURSOR,AL
ADJ_YEA1:CALL   DSP_RTC
        CALL    KEY_IN                  ; input key KEY1-4
        CPI     AL,0b01110000           ; if KEY4, go left
        BRNE    ADJ_YEA2
        JMP     ADJ_HOME
ADJ_YEA2:CPI    AL,0b10110000           ; if KEY3, go right
        BRNE    ADJ_YEA3
        JMP     ADJ_MONTH
ADJ_YEA3:CPI    AL,0b11010000           ; if KEY2, increment
        BRNE    ADJ_YEA4
        LDS     AL,RTC_YEAR
        CALL    INC_YEAR
        STS     RTC_YEAR,AL
        JMP     ADJ_YEA1
ADJ_YEA4:CPI    AL,0b11100000           ; if KEY1, decrement
        BRNE    ADJ_YEA1
        LDS     AL,RTC_YEAR
        CALL    DEC_YEAR
        STS     RTC_YEAR,AL
```

```
        JMP     ADJ_YEA1

INC_YEAR:CPI    AL,0x99                 ; if year = 99, year = 00
        BRNE    INC_YEA1
        LDI     AL,0x00
        RET
INC_YEA1:CALL   BCD_INC                 ; if not, increment year
        RET

DEC_YEAR:CPI    AL,0x00                 ; if year = 00, year = 99
        BRNE    DEC_YEA1
        LDI     AL,0x99
        RET
DEC_YEA1:CALL   BCD_DEC                 ; if not, decrement year
        RET

;-----------------------------------------------
;       Adjust Month
;-----------------------------------------------
ADJ_MONTH:LDI   AL,0x87                 ; set cursor position
        MOV     CURSOR,AL
ADJ_MON1:CALL   DSP_RTC
        CALL    KEY_IN                  ; input key KEY1-4
        CPI     AL,0b01110000           ; if KEY4, go left
        BRNE    ADJ_MON2
        JMP     ADJ_YEAR
ADJ_MON2:CPI    AL,0b10110000           ; if KEY3, go right
        BRNE    ADJ_MON3
        JMP     ADJ_DATE
ADJ_MON3:CPI    AL,0b11010000           ; if KEY2, increment
        BRNE    ADJ_MON4
        LDS     AL,RTC_MONTH
        CALL    INC_MONTH
        STS     RTC_MONTH,AL
        JMP     ADJ_MON1
ADJ_MON4:CPI    AL,0b11100000           ; if KEY1, decrement
        BRNE    ADJ_MON1
        LDS     AL,RTC_MONTH
        CALL    DEC_MONTH
        STS     RTC_MONTH,AL
        JMP     ADJ_MON1

INC_MONTH:CPI   AL,0x12                 ; if month = 12, month = 01
        BRNE    INC_MON1
        LDI     AL,0x01
        RET
INC_MON1:CALL   BCD_INC                 ; if not, increment month
        RET

DEC_MONTH:CPI   AL,0x01                 ; if month = 01, month = 12
        BRNE    DEC_MON1
        LDI     AL,0x12
        RET
DEC_MON1:CALL   BCD_DEC                 ; if not, decrement month
        RET

;-----------------------------------------------
;       Adjust Date
;-----------------------------------------------
ADJ_DATE:LDI    AL,0x8A                 ; set cursor position
        MOV     CURSOR,AL
ADJ_DAT1:CALL   DSP_RTC
        CALL    KEY_IN                  ; input key KEY1-4
```

```
        CPI     AL,0b01110000           ; if KEY4, go left
        BRNE    ADJ_DAT2
        JMP     ADJ_MONTH
ADJ_DAT2:CPI    AL,0b10110000           ; if KEY3, go right
        BRNE    ADJ_DAT3
        JMP     ADJ_WEEK
ADJ_DAT3:CPI    AL,0b11010000           ; if KEY2, increment
        BRNE    ADJ_DAT4
        LDS     AL,RTC_DATE
        CALL    INC_DATE
        STS     RTC_DATE,AL
        JMP     ADJ_DAT1
ADJ_DAT4:CPI    AL,0b11100000           ; if KEY1, decrement
        BRNE    ADJ_DAT1
        LDS     AL,RTC_DATE
        CALL    DEC_DATE
        STS     RTC_DATE,AL
        JMP     ADJ_DAT1

INC_DATE:CPI    AL,0x31                 ; if date = 31, date = 01
        BRNE    INC_DATE1
        LDI     AL,0x01
        RET
INC_DATE1:CALL  BCD_INC                 ; if not, increment date
        RET

DEC_DATE:CPI    AL,0x01                 ; if date = 01, date = 31
        BRNE    DEC_DATE1
        LDI     AL,0x31
        RET
DEC_DATE1:CALL  BCD_DEC                 ; if not, decrement date
        RET

;---------------------------------------------
;       Adjust Weekday
;---------------------------------------------
ADJ_WEEK:LDI    AL,0x8E                 ; set cursor position
        MOV     CURSOR,AL
ADJ_WEE1:CALL   DSP_RTC
        CALL    KEY_IN                  ; input key KEY1-4
        CPI     AL,0b01110000           ; if KEY4, go left
        BRNE    ADJ_WEE2
        JMP     ADJ_DATE
ADJ_WEE2:CPI    AL,0b10110000           ; if KEY3, go right
        BRNE    ADJ_WEE3
        JMP     ADJ_HOUR
ADJ_WEE3:CPI    AL,0b11010000           ; if KEY2, increment
        BRNE    ADJ_WEE4
        LDS     AL,RTC_WEEKDAY
        INC     AL
        CPI     AL,8
        BRNE    ADJ_WEE3A
        LDI     AL,1
ADJ_WEE3A:STS   RTC_WEEKDAY,AL
        JMP     ADJ_WEE1
ADJ_WEE4:CPI    AL,0b11100000           ; if KEY1, decrement
        BRNE    ADJ_WEE1
        LDS     AL,RTC_WEEKDAY
        DEC     AL
        CPI     AL,0
        BRNE    ADJ_WEE4A
        LDI     AL,7
ADJ_WEE4A:STS   RTC_WEEKDAY,AL
```

```
        JMP     ADJ_WEE1

;------------------------------------------------
;       Adjust Hour
;------------------------------------------------
ADJ_HOUR:LDI    AL,0xC3                 ; set cursor position
        MOV     CURSOR,AL
ADJ_HOU1:CALL   DSP_RTC
        CALL    KEY_IN                  ; input key KEY1-4
        CPI     AL,0b01110000           ; if KEY4, go left
        BRNE    ADJ_HOU2
        JMP     ADJ_WEEK
ADJ_HOU2:CPI    AL,0b10110000           ; if KEY3, go right
        BRNE    ADJ_HOU3
        JMP     ADJ_MINUTE
ADJ_HOU3:CPI    AL,0b11010000           ; if KEY2, increment
        BRNE    ADJ_HOU4
        LDS     AL,RTC_HOUR
        CALL    INC_HOUR
        STS     RTC_HOUR,AL
        JMP     ADJ_HOU1
ADJ_HOU4:CPI    AL,0b11100000           ; if KEY1, decrement
        BRNE    ADJ_HOU1
        LDS     AL,RTC_HOUR
        CALL    DEC_HOUR
        STS     RTC_HOUR,AL
        JMP     ADJ_HOU1

INC_HOUR:CPI    AL,0x12                 ; if hour = 12, hour = 01
        BRNE    INC_HOUR1
        LDI     AL,0x01
        RET
INC_HOUR1:CPI   AL,0x92                 ; if hour = 92, hour = 81
        BRNE    INC_HOUR2
        LDI     AL,0x81
        RET
INC_HOUR2:CALL  BCD_INC                 ; if not, increment hour
        RET

DEC_HOUR:CPI    AL,0x01                 ; if hour = 01, hour = 12
        BRNE    DEC_HOUR1
        LDI     AL,0x12
        RET
DEC_HOUR1:CPI   AL,0x81                 ; if hour = 81, hour = 92
        BRNE    DEC_HOUR2
        LDI     AL,0x92
        RET
DEC_HOUR2:CALL  BCD_DEC                 ; if not, decrement hour
        RET

;------------------------------------------------
;       Adjust Minute
;------------------------------------------------
ADJ_MINUTE:LDI  AL,0xC6                 ; set cursor position
        MOV     CURSOR,AL
ADJ_MIN1:CALL   DSP_RTC
        CALL    KEY_IN                  ; input key KEY1-4
        CPI     AL,0b01110000           ; if KEY4, go left
        BRNE    ADJ_MIN2
        JMP     ADJ_HOUR
ADJ_MIN2:CPI    AL,0b10110000           ; if KEY3, go right
        BRNE    ADJ_MIN3
        JMP     ADJ_SECOND
```

```
ADJ_MIN3:CPI    AL,0b11010000           ; if KEY2, increment
        BRNE    ADJ_MIN4
        LDS     AL,RTC_MINUTE
        CALL    INC_MIN
        STS     RTC_MINUTE,AL
        JMP     ADJ_MIN1
ADJ_MIN4:CPI    AL,0b11100000           ; if KEY1, decrement
        BRNE    ADJ_MIN1
        LDS     AL,RTC_MINUTE
        CALL    DEC_MIN
        STS     RTC_MINUTE,AL
        JMP     ADJ_MIN1

INC_MIN:CPI     AL,0x59                 ; if minute = 59, minute = 00
        BRNE    INC_MIN1
        LDI     AL,0x00
        RET
INC_MIN1:CALL   BCD_INC                 ; if not, increment minute
        RET

DEC_MIN:CPI     AL,0x00                 ; if minute = 00, minute = 59
        BRNE    DEC_MIN1
        LDI     AL,0x59
        RET
DEC_MIN1:CALL   BCD_DEC                 ; if not, decrement minute
        RET

;----------------------------------------------
;       Adjust Second
;----------------------------------------------
ADJ_SECOND:LDI  AL,0xC9                 ; set cursor position
        MOV     CURSOR,AL
ADJ_SEC1:CALL   DSP_RTC
        CALL    KEY_IN                  ; input key KEY1-4
        CPI     AL,0b01110000           ; if KEY4, go left
        BRNE    ADJ_SEC2
        JMP     ADJ_MINUTE
ADJ_SEC2:CPI    AL,0b10110000           ; if KEY3, go right
        BRNE    ADJ_SEC3
        JMP     ADJ_AMPM
ADJ_SEC3:CPI    AL,0b11010000           ; if KEY2, increment
        BRNE    ADJ_SEC4
        LDS     AL,RTC_SECOND
        CALL    INC_SEC
        STS     RTC_SECOND,AL
        JMP     ADJ_SEC1
ADJ_SEC4:CPI    AL,0b11100000           ; if KEY1, decrement
        BRNE    ADJ_SEC1
        LDS     AL,RTC_SECOND
        CALL    DEC_SEC
        STS     RTC_SECOND,AL
        JMP     ADJ_SEC1

INC_SEC:CPI     AL,0x59                 ; if second = 59, second = 00
        BRNE    INC_SEC1
        LDI     AL,0x00
        RET
INC_SEC1:CALL   BCD_INC                 ; if not, increment second
        RET

DEC_SEC:CPI     AL,0x00                 ; if second = 00, second = 59
        BRNE    DEC_SEC1
        LDI     AL,0x59
```

```
        RET
DEC_SEC1:CALL   BCD_DEC                 ; if not, decrement second
        RET

;-----------------------------------------------
;       Adjust AM/PM
;-----------------------------------------------
ADJ_AMPM:LDI    AL,0xCC                 ; set cursor position
        MOV     CURSOR,AL
ADJ_AP1:CALL    DSP_RTC
        CALL    KEY_IN                  ; input key KEY1-4
        CPI     AL,0b01110000           ; if KEY4, go left
        BRNE    ADJ_AP2
        JMP     ADJ_SECOND
ADJ_AP2:CPI     AL,0b10110000           ; if KEY3, go right
        BRNE    ADJ_AP3
        JMP     ADJ_HOME
ADJ_AP3:CPI     AL,0b11010000           ; if KEY1 or KEY2, toggle
        BRNE    ADJ_AP4
        JMP     ADJ_AP5
ADJ_AP4:CPI     AL,0b11100000
        BRNE    ADJ_AP1
ADJ_AP5:LDS     AL,RTC_HOUR
        SBRS    AL,7
        JMP     ADJ_AP6
        ANDI    AL,0b01111111           ; if PM, PM -> AM
        STS     RTC_HOUR,AL
        JMP     ADJ_AP1
ADJ_AP6:ORI     AL,0b10000000           ; if AM, AM -> PM
        STS     RTC_HOUR,AL
        JMP     ADJ_AP1

;-----------------------------------------------
;       Adjust Home Position
;-----------------------------------------------
ADJ_HOME:LDI    AL,0xCF                 ; set cursor position
        MOV     CURSOR,AL
ADJ_HOM1:CALL   DSP_RTC
        CALL    KEY_IN                  ; input key KEY1-4
        CPI     AL,0b01110000           ; if KEY4, go left
        BRNE    ADJ_HOM2
        JMP     ADJ_AMPM
ADJ_HOM2:CPI    AL,0b10110000           ; if KEY3, go right
        BRNE    ADJ_HOM1
        JMP     ADJ_YEAR

;-----------------------------------------------
;       BCD Increment(AL)
;-----------------------------------------------
BCD_INC:PUSH    R0                      ; store registers
        PUSH    R1
        PUSH    AH
        PUSH    BL

        PUSH    AL                      ; convert BCD to binary
        LSR     AL
        LSR     AL
        LSR     AL
        LSR     AL
        LDI     AH,10
        MUL     AL,AH
        POP     AL
        ANDI    AL,0b00001111
```

```
        ADD     AL,R0
        INC     AL                      ; increment
        CLR     AH                      ; convert binary to BCD
        LDI     BL,10
        CALL    DIV8
        LSL     AL
        LSL     AL
        LSL     AL
        LSL     AL
        ADD     AL,AH

        POP     BL                      ; restore registers
        POP     AH
        POP     R1
        POP     R0
        RET

;----------------------------------------------
;       BCD Decrement(AL)
;----------------------------------------------
BCD_DEC:PUSH    R0                      ; store registers
        PUSH    R1
        PUSH    AH
        PUSH    BL

        PUSH    AL                      ; convert BCD to binary
        LSR     AL
        LSR     AL
        LSR     AL
        LSR     AL
        LDI     AH,10
        MUL     AL,AH
        POP     AL
        ANDI    AL,0b00001111
        ADD     AL,R0
        DEC     AL                      ; decrement
        CLR     AH                      ; convert binary to BCD
        LDI     BL,10
        CALL    DIV8
        LSL     AL
        LSL     AL
        LSL     AL
        LSL     AL
        ADD     AL,AH

        POP     BL                      ; restore registers
        POP     AH
        POP     R1
        POP     R0
        RET

;=====================================================================
;       RTC Subroutine
;=====================================================================
;----------------------------------------------
;       Display Clock from RTC
;----------------------------------------------
DSP_RTC:LDI     LCD_BUFFER,0x0C         ; cursor OFF
        CALL    LCD_COMMAND

        LDS     BH,RTC_MINUTE           ; AH = minute
        LDS     BL,RTC_SECOND           ; AL = second
```

```
        CALL    DSP_YEAR                ; display year/month/date
        CALL    DSP_MONTH
        CALL    DSP_DATE
        CALL    DSP_WEEK
        CALL    DSP_HOUR                ; display hour/minute/second
        CALL    DSP_MINUTE
        CALL    DSP_SECOND

        MOV     LCD_BUFFER,CURSOR       ; go back cursor position
        CALL    LCD_COMMAND
        LDI     LCD_BUFFER,0x0F         ; cursor ON, cursor blink
        CALL    LCD_COMMAND
        CALL    D1MS                    ; time delay for cursor

        OR      BL,BH                   ; minute = 00 and second = 00 ?
        CPI     BL,0x00
        BREQ    DSP_RTC1
        RET

DSP_RTC1:CALL   BEEP                    ; beep for each o'clock
        CALL    D1SEC
        RET

;----------------------------------------------
;       Display Year on LCD
;----------------------------------------------
DSP_YEAR:LDI    LCD_BUFFER,0x81         ; set LCD cursor position
        CALL    LCD_COMMAND
        LDI     LCD_BUFFER,0x20         ; display 20XX on LCD
        CALL    LCD_2HEX
        LDS     LCD_BUFFER,RTC_YEAR     ; display year from RTC
        CALL    LCD_2HEX
        RET

;----------------------------------------------
;       Display Month on LCD
;----------------------------------------------
DSP_MONTH:LDI   LCD_BUFFER,0x86         ; set LCD cursor position
        CALL    LCD_COMMAND
        LDS     LCD_BUFFER,RTC_MONTH    ; display month from RTC
        CALL    LCD_2HEX
        RET

;----------------------------------------------
;       Display Date on LCD
;----------------------------------------------
DSP_DATE:LDI    LCD_BUFFER,0x89         ; set LCD cursor position
        CALL    LCD_COMMAND
        LDS     LCD_BUFFER,RTC_DATE     ; display date from RTC
        CALL    LCD_2HEX
        RET

;----------------------------------------------
;       Display Weekday on LCD
;----------------------------------------------
DSP_WEEK:LDI    LCD_BUFFER,0x8C         ; set LCD cursor position
        CALL    LCD_COMMAND
        LDS     LCD_BUFFER,RTC_WEEKDAY  ; display weekday from RTC
        CPI     LCD_BUFFER,1
        BRNE    DSP_WEEK1
        CALL    LCD_STRING
        .db     "SUN ",0,0
        RET
```

```
DSP_WEEK1:CPI   LCD_BUFFER,2
        BRNE    DSP_WEEK2
        CALL    LCD_STRING
        .db     "MON ",0,0
        RET
DSP_WEEK2:CPI   LCD_BUFFER,3
        BRNE    DSP_WEEK3
        CALL    LCD_STRING
        .db     "TUE ",0,0
        RET
DSP_WEEK3:CPI   LCD_BUFFER,4
        BRNE    DSP_WEEK4
        CALL    LCD_STRING
        .db     "WED ",0,0
        RET
DSP_WEEK4:CPI   LCD_BUFFER,5
        BRNE    DSP_WEEK5
        CALL    LCD_STRING
        .db     "THU ",0,0
        RET
DSP_WEEK5:CPI   LCD_BUFFER,6
        BRNE    DSP_WEEK6
        CALL    LCD_STRING
        .db     "FRI ",0,0
        RET
DSP_WEEK6:CALL  LCD_STRING
        .db     "SAT ",0,0
        RET

;-------------------------------------------------
;       Display Hour on LCD
;-------------------------------------------------
DSP_HOUR:LDI    LCD_BUFFER,0xC2         ; set LCD cursor position
        CALL    LCD_COMMAND
        LDS     LCD_BUFFER,RTC_HOUR     ; display hour from RTC
        ANDI    LCD_BUFFER,0b01111111
        CALL    LCD_2HEX
        LDI     LCD_BUFFER,0xCB         ; set LCD cursor position
        CALL    LCD_COMMAND
        LDS     LCD_BUFFER,RTC_HOUR     ; read hour from RTC
        CPI     LCD_BUFFER,0x80         ; AM or PM ?
        BRSH    DSP_HOUR1
        LDI     LCD_BUFFER,'A'
        JMP     DSP_HOUR2
DSP_HOUR1:LDI   LCD_BUFFER,'P'
DSP_HOUR2:CALL  LCD_DATA                ; display 'A' or 'B' on LCD
        RET

;-------------------------------------------------
;       Display Minute on LCD
;-------------------------------------------------
DSP_MINUTE:LDI  LCD_BUFFER,0xC5         ; set LCD cursor position
        CALL    LCD_COMMAND
        LDS     LCD_BUFFER,RTC_MINUTE   ; display minute from RTC
        CALL    LCD_2HEX
        RET

;-------------------------------------------------
;       Display Second on LCD
;-------------------------------------------------
DSP_SECOND:LDI  LCD_BUFFER,0xC8         ; set LCD cursor position
        CALL    LCD_COMMAND
```

```
        LDS     LCD_BUFFER,RTC_SECOND   ; display second from RTC
        CALL    LCD_2HEX
        RET

;----------------------------------------------
;       Include User Subroutine File
;----------------------------------------------
.include "OK2561.INC"                   ; OK-2561 I/O and subroutine file
```

☞ DS12C887을 사용하여 시계를 구현할 때는 모든 시간값이 이 소자에서 처리되므로 프로그램에서는 시분할 처리 방식으로 이를 읽어서 텍스트형 LCD 모듈에 표시하는 일과 현재 시각을 설정하기 위한 키입력을 검출하는 일을 반복하면 되기 때문에 인터럽트를 사용할 필요가 없다.

현재 시각 중에서 연, 월, 일, 요일, 시, 분, 초, 오전/오후를 눈으로 보면서 설정할 수 있으려면 텍스트형 LCD 모듈에서 커서가 보이도록 해야 하며, 이 값을 수정한 이후에 텍스트형 LCD 모듈에 시간을 표시하고 다시 커서가 원래의 위치로 되돌아 와야 하므로 항상 사용자가 화면에서 수정중인 시간에 해당하는 커서의 위치를 내부적으로 기억하고 있어야 한다는 것이 중요한 포인트이다. 또한, 시간값을 표시할 때는 커서를 보이지 않도록 설정하고 수정중인 위치로 돌아가 키입력을 기다리는 동안에는 다시 커서를 보이도록 하는 테크닉이 매우 중요하다. 이렇게 처리하지 않으면 화면에서 문자를 출력하면서 커서가 돌아다닐 때 커서의 잔상이 남기 때문에 화면이 아주 지저분해 보이는 현상이 나타나게 된다.

이 프로그램에서 KEY4는 커서 좌측 이동, KEY3은 커서 우측 이동, KEY2는 시간값 증가, KEY1은 시간값 감소의 기능을 수행한다.

▣ C언어의 경우

앞의 Exp16_1.asm 프로그램을 C언어로 작성하여 보면 다음과 같다.

<프로그램 Exp16_1.c> 현재 시각을 설정할 수 있는 디지털시계 프로그램

```
/* ============================================================================ */
/*                  Exp16_1.c : Digital Clock on Text LCD Module                */
/* ============================================================================ */
/*                          Designed and programmed by Duck-Yong Yoon in 2006.  */

#include <avr/io.h>
#include "OK1281.h"

unsigned char cursor, year, month, date, hour, minute, second;

void LCD_2hex(unsigned char number)             /* display 2-digit hex number */
{ unsigned char i;

  i = (number >> 4) & 0x0F;                     // 16^1
  if(i <= 9) LCD_data(i + '0');
  else       LCD_data(i - 10 + 'A');

  i = number & 0x0F;                            // 16^0
  if(i <= 9) LCD_data(i + '0');
  else       LCD_data(i - 10 + 'A');
}
```

```
void DSP_RTC(void)                                   /* display clock from RTC */
{ unsigned char weekday;

  LCD_command(0x0C);                                 // cursor OFF

  LCD_command(0x81);                                 // display year
  LCD_2hex(0x20);
  year = RTC_YEAR;
  LCD_2hex(year);

  LCD_command(0x86);                                 // display month
  month = RTC_MONTH;
  LCD_2hex(month);

  LCD_command(0x89);                                 // display date
  date = RTC_DATE;
  LCD_2hex(date);

  weekday = RTC_WEEKDAY;                             // display weekday
  if(weekday == 1)       LCD_string(0x8C,"SUN");
  else if(weekday == 2)  LCD_string(0x8C,"MON");
  else if(weekday == 3)  LCD_string(0x8C,"TUE");
  else if(weekday == 4)  LCD_string(0x8C,"WED");
  else if(weekday == 5)  LCD_string(0x8C,"THU");
  else if(weekday == 6)  LCD_string(0x8C,"FRI");
  else                   LCD_string(0x8C,"SAT");

  LCD_command(0xC2);                                 // display hour
  hour = RTC_HOUR;
  LCD_2hex(hour & 0x7F);
  LCD_command(0xCB);                                 // display AM, PM
  if(hour < 0x80) LCD_data('A');
  else            LCD_data('P');
  hour = hour & 0x7F;

  LCD_command(0xC5);                                 // display minute
  minute = RTC_MINUTE;
  LCD_2hex(minute);

  LCD_command(0xC8);                                 // display second
  second = RTC_SECOND;
  LCD_2hex(second);

  LCD_command(cursor);                               // go cursor position
  LCD_command(0x0F);                                 // cursor ON
  Delay_ms(1);                                       // time delay for cursor

  if((minute == 0x00) && (second == 0x00))           // beep for each o'clock
    { Beep();
      Delay_ms(1000);
    }
}

unsigned char BCD_increment(unsigned char number)        /* BCD increment */
{ unsigned char i;

  i = (number >> 4)*10 + (number & 0x0F);            // convert BCD to binary
  i++;                                               // incrment
  i = ((i/10) << 4) + (i % 10);                      // convert binary to BCD
  return i;
}

unsigned char BCD_decrement(unsigned char number)        /* BCD decrement */
```

```
{ unsigned char i;

  i = (number >> 4)*10 + (number & 0x0F);       // convert BCD to binary
  i--;                                          // decrement
  i = ((i/10) << 4) + (i % 10);                 // convert binary to BCD
  return i;
}

void Cursor_left(void)                          /* go cursor left */
{
  if(cursor == 0xCF)      cursor = 0xCC;
  else if(cursor == 0xCC) cursor = 0xC9;
  else if(cursor == 0xC9) cursor = 0xC6;
  else if(cursor == 0xC6) cursor = 0xC3;
  else if(cursor == 0xC3) cursor = 0x8E;
  else if(cursor == 0x8E) cursor = 0x8A;
  else if(cursor == 0x8A) cursor = 0x87;
  else if(cursor == 0x87) cursor = 0x84;
  else if(cursor == 0x84) cursor = 0xCF;
}

void Cursor_right(void)                         /* go cursor right */
{
  if(cursor == 0xCF)      cursor = 0x84;
  else if(cursor == 0x84) cursor = 0x87;
  else if(cursor == 0x87) cursor = 0x8A;
  else if(cursor == 0x8A) cursor = 0x8E;
  else if(cursor == 0x8E) cursor = 0xC3;
  else if(cursor == 0xC3) cursor = 0xC6;
  else if(cursor == 0xC6) cursor = 0xC9;
  else if(cursor == 0xC9) cursor = 0xCC;
  else if(cursor == 0xCC) cursor = 0xCF;
}

void Increment(void)                            /* increment time */
{ unsigned char year, month, date, weekday, hour, minute, second;

  switch(cursor)
    { case 0x84 : year = RTC_YEAR;                // in case of year
                  if(year == 0x99)      year = 0x00;
                  else                  year = BCD_increment(year);
                  RTC_YEAR = year;
                  break;
      case 0x87 : month = RTC_MONTH;              // in case of month
                  if(month == 0x12)     month = 0x01;
                  else                  month = BCD_increment(month);
                  RTC_MONTH = month;
                  break;
      case 0x8A : date = RTC_DATE;                // in case of date
                  if(date == 0x31)      date = 0x01;
                  else                  date = BCD_increment(date);
                  RTC_DATE = date;
                  break;
      case 0x8E : weekday = RTC_WEEKDAY;          // in case of weekday
                  if(weekday == 0x07)   weekday = 0x01;
                  else                  weekday++;
                  RTC_WEEKDAY = weekday;
                  break;
      case 0xC3 : hour = RTC_HOUR;                // in case of hour
                  if(hour == 0x12)      hour = 0x01;
                  else if(hour == 0x92) hour = 0x81;
                  else                  hour = BCD_increment(hour);
                  RTC_HOUR = hour;
```

```
                    break;
      case 0xC6 : minute = RTC_MINUTE;             // in case of minute
                  if(minute == 0x59)     minute = 0x00;
                  else                   minute = BCD_increment(minute);
                  RTC_MINUTE = minute;
                  break;
      case 0xC9 : second = RTC_SECOND;             // in case of second
                  if(second == 0x59)     second = 0x00;
                  else                   second = BCD_increment(second);
                  RTC_SECOND = second;
                  break;
      case 0xCC : hour = RTC_HOUR;                 // in case of AM/PM
                  if(hour < 0x80)        hour |= 0x80;
                  else                   hour &= 0x7F;
                  RTC_HOUR = hour;
                  break;
      default   : break;
    }
}

void Decrement(void)                               /* decrement time */
{ unsigned char year, month, date, weekday, hour, minute, second;

  switch(cursor)
    { case 0x84 : year = RTC_YEAR;                 // in case of year
                  if(year == 0x00)       year = 0x99;
                  else                   year = BCD_decrement(year);
                  RTC_YEAR = year;
                  break;
      case 0x87 : month = RTC_MONTH;               // in case of month
                  if(month == 0x01)      month = 0x12;
                  else                   month = BCD_decrement(month);
                  RTC_MONTH = month;
                  break;
      case 0x8A : date = RTC_DATE;                 // in case of date
                  if(date == 0x01)       date = 0x31;
                  else                   date = BCD_decrement(date);
                  RTC_DATE = date;
                  break;
      case 0x8E : weekday = RTC_WEEKDAY;           // in case of weekday
                  if(weekday == 0x01)    weekday = 0x07;
                  else                   weekday--;
                  RTC_WEEKDAY = weekday;
                  break;
      case 0xC3 : hour = RTC_HOUR;                 // in case of hour
                  if(hour == 0x01)       hour = 0x12;
                  else if(hour == 0x81)  hour = 0x92;
                  else                   hour = BCD_decrement(hour);
                  RTC_HOUR = hour;
                  break;
      case 0xC6 : minute = RTC_MINUTE;             // in case of minute
                  if(minute == 0x00)     minute = 0x59;
                  else                   minute = BCD_decrement(minute);
                  RTC_MINUTE = minute;
                  break;
      case 0xC9 : second = RTC_SECOND;             // in case of second
                  if(second == 0x00)     second = 0x59;
                  else                   second = BCD_decrement(second);
                  RTC_SECOND = second;
                  break;
      case 0xCC : hour = RTC_HOUR;                 // in case of AM/PM
                  if(hour < 0x80)        hour |= 0x80;
                  else                   hour &= 0x7F;
```

```
                 RTC_HOUR = hour;
                 break;
      default   : break;
    }
}

int main(void)
{
  MCU_initialize();                         // initialize MCU and kit
  Delay_ms(50);                             // wait for system stabilization
  LCD_initialize();                         // initialize text LCD module
  Beep();

  LCD_string(0x80," 2006/05/01 MON ");      // display title
  LCD_string(0xC0,"  12:00:00 AM   ");
  LCD_command(0x0F);                        // cursor ON
  cursor = 0xCF;                            // initial cursor position

  Delay_ms(200);
  if(RTC_FLAG != 'G')                       // RTC data are available ?
    { RTC_FLAG = 'G';                       // initialize RTC data flag
      RTC_YEAR = 0x06;                      // initialize year(2006)
      RTC_MONTH = 0x10;                     // initialize month(10)
      RTC_DATE = 0x01;                      // initialize date(01)
      RTC_WEEKDAY = 0x01;                   // initialize weekday(SUN)
      RTC_HOUR = 0x12;                      // initialize hour(12)
      RTC_MINUTE = 0x00;                    // initialize minute(00)
      RTC_SECOND = 0x00;                    // initialize second(00)
      RTC_A = 0x2F;                         // oscillator ON, SQW=2Hz
      RTC_B = 0x00;                         // interrupt disable, SQW disable
    }

  while(1)
    { DSP_RTC();                            // display clock

      switch(Key_input())                   // key input
        { case 0x70 : Cursor_left();        // if KEY4, go cursor left
                      break;
          case 0xB0 : Cursor_right();       // if KEY3, go cursor right
                      break;
          case 0xD0 : Increment();          // if KEY2, increment time
                      break;
          case 0xE0 : Decrement();          // if KEY1, decrement time
                      break;
          default   : break;
        }
    }
}
```

4. 7세그먼트 LED에도 함께 표시되는 시계

이번에는 앞에서 작성한 디지털시계 프로그램에 7세그먼트 LED에도 표시되는 시계 기능을 추가한다. 7세그먼트 LED는 8문자밖에 없어서 시간과 캘린더를 동시에 표시할 수는 없으므로 평소에는 시간을 표시하지만 매분에서 11~15초, 31~35초, 51~55

초인 동안에는 캘린더를 표시하기로 한다.

OK-1281/2561 키트에서 7세그먼트 LED는 그래픽형 LCD 모듈의 밑에 위치하므로 여기에 디스플레이되는 내용을 보려면 그래픽형 LCD 모듈을 분리하여 제거해야 한다.

▣ 어셈블리 언어의 경우

DS12C887을 이용하여 현재시각의 설정이 가능하며 7세그먼트에도 표시되는 디지털시계를 어셈블리 언어로 텍스트형 LCD 모듈에 구현한 프로그램은 다음과 같다.

<프로그램 Exp16_2.asm> 7세그먼트 LED에도 표시되는 디지털시계 프로그램

```
;[][][][][][][][][][][][][][][][][][][][][][][][][][][][][][][][][][][]
;[]                                                                  []
;[]   Exp16_2.asm : Digital Clock on LCD Module and 7-Segment LED    []
;[]                                                                  []
;[][][][][][][][][][][][][][][][][][][][][][][][][][][][][][][][][][][]
;
;               Designed and programmed by Duck-Yong Yoon in 2006.
;
;----------------------------------------------------
;       Include Header File
;----------------------------------------------------
.nolist
.include "m2561def.inc"                 ; ATmega2561 definition file
.list

.def    CURSOR  = R8                    ; cursor position
.def    OLD_SEC = R9                    ; old second
.def    BLINK   = R10                   ; blink count

;====================================================================
;       Main Program
;====================================================================
.cseg
        .org    0x0000
        LDI     AH,high(RAMEND)         ; initialize SP
        LDI     AL,low(RAMEND)
        OUT     SPH,AH
        OUT     SPL,AL

   (중략 : 이 부분은 앞의 Exp16_1.asm 프로그램과 동일함)

        POP     BL                      ; restore registers
        POP     AH
        POP     R1
        POP     R0
        RET

;====================================================================
;       RTC Subroutine
;====================================================================
;----------------------------------------------------
;       Display Clock from RTC
;----------------------------------------------------
DSP_RTC:LDI     LCD_BUFFER,0x0C         ; cursor OFF
```

```
        CALL    LCD_COMMAND

        LDS     BH,RTC_MINUTE           ; AH = minute
        LDS     BL,RTC_SECOND           ; AL = second

        CALL    DSP_YEAR                ; display year/month/date
        CALL    DSP_MONTH
        CALL    DSP_DATE
        CALL    DSP_WEEK
        CALL    DSP_HOUR                ; display hour/minute/second
        CALL    DSP_MINUTE
        CALL    DSP_SECOND

        MOV     LCD_BUFFER,CURSOR       ; go back cursor position
        CALL    LCD_COMMAND
        LDI     LCD_BUFFER,0x0F         ; cursor ON, cursor blink
        CALL    LCD_COMMAND
        CALL    D1MS                    ; time delay for cursor

        OR      BL,BH                   ; minute = 00 and second = 00 ?
        CPI     BL,0x00
        BREQ    DSP_RTC1
        CALL    DSP_LED                 ; display clock on 7-segment LED
        RET

DSP_RTC1:CALL   BEEP                    ; beep for each o'clock
        CALL    D1SEC
        RET

;-----------------------------------------------
;       Display Year on LCD
;-----------------------------------------------
DSP_YEAR:LDI    LCD_BUFFER,0x81         ; set LCD cursor position
        CALL    LCD_COMMAND
        LDI     LCD_BUFFER,0x20         ; display 20XX on LCD
        CALL    LCD_2HEX
        LDS     LCD_BUFFER,RTC_YEAR     ; display year from RTC
        CALL    LCD_2HEX
        RET

;-----------------------------------------------
;       Display Month on LCD
;-----------------------------------------------
DSP_MONTH:LDI   LCD_BUFFER,0x86         ; set LCD cursor position
        CALL    LCD_COMMAND
        LDS     LCD_BUFFER,RTC_MONTH    ; display month from RTC
        CALL    LCD_2HEX
        RET

;-----------------------------------------------
;       Display Date on LCD
;-----------------------------------------------
DSP_DATE:LDI    LCD_BUFFER,0x89         ; set LCD cursor position
        CALL    LCD_COMMAND
        LDS     LCD_BUFFER,RTC_DATE     ; display date from RTC
        CALL    LCD_2HEX
        RET

;-----------------------------------------------
;       Display Weekday on LCD
;-----------------------------------------------
DSP_WEEK:LDI    LCD_BUFFER,0x8C         ; set LCD cursor position
        CALL    LCD_COMMAND
```

```
        LDS     LCD_BUFFER,RTC_WEEKDAY  ; display weekday from RTC
        CPI     LCD_BUFFER,1
        BRNE    DSP_WEEK1
        CALL    LCD_STRING
        .db     "SUN ",0,0
        RET
DSP_WEEK1:CPI   LCD_BUFFER,2
        BRNE    DSP_WEEK2
        CALL    LCD_STRING
        .db     "MON ",0,0
        RET
DSP_WEEK2:CPI   LCD_BUFFER,3
        BRNE    DSP_WEEK3
        CALL    LCD_STRING
        .db     "TUE ",0,0
        RET
DSP_WEEK3:CPI   LCD_BUFFER,4
        BRNE    DSP_WEEK4
        CALL    LCD_STRING
        .db     "WED ",0,0
        RET
DSP_WEEK4:CPI   LCD_BUFFER,5
        BRNE    DSP_WEEK5
        CALL    LCD_STRING
        .db     "THU ",0,0
        RET
DSP_WEEK5:CPI   LCD_BUFFER,6
        BRNE    DSP_WEEK6
        CALL    LCD_STRING
        .db     "FRI ",0,0
        RET
DSP_WEEK6:CALL  LCD_STRING
        .db     "SAT ",0,0
        RET

;---------------------------------------------
;       Display Hour on LCD
;---------------------------------------------
DSP_HOUR:LDI    LCD_BUFFER,0xC2         ; set LCD cursor position
        CALL    LCD_COMMAND
        LDS     LCD_BUFFER,RTC_HOUR     ; display hour from RTC
        ANDI    LCD_BUFFER,0b01111111
        CALL    LCD_2HEX
        LDI     LCD_BUFFER,0xCB         ; set LCD cursor position
        CALL    LCD_COMMAND
        LDS     LCD_BUFFER,RTC_HOUR     ; read hour from RTC
        CPI     LCD_BUFFER,0x80         ; AM or PM ?
        BRSH    DSP_HOUR1
        LDI     LCD_BUFFER,'A'
        JMP     DSP_HOUR2
DSP_HOUR1:LDI   LCD_BUFFER,'P'
DSP_HOUR2:CALL  LCD_DATA                ; display 'A' or 'B' on LCD
        RET

;---------------------------------------------
;       Display Minute on LCD
;---------------------------------------------
DSP_MINUTE:LDI  LCD_BUFFER,0xC5         ; set LCD cursor position
        CALL    LCD_COMMAND
        LDS     LCD_BUFFER,RTC_MINUTE   ; display minute from RTC
        CALL    LCD_2HEX
        RET
```

```
;-----------------------------------------------
;       Display Second on LCD
;-----------------------------------------------
DSP_SECOND:LDI   LCD_BUFFER,0xC8          ; set LCD cursor position
        CALL     LCD_COMMAND
        LDS      LCD_BUFFER,RTC_SECOND    ; display second from RTC
        CALL     LCD_2HEX
        RET

;-----------------------------------------------
;       Display Time on 7-segment LED
;-----------------------------------------------
DSP_LED:LDS      AH,RTC_SECOND            ; read second from RTC
        CP       AH,OLD_SEC               ; new second ?
        BREQ     DSP_LED1
        CLR      BLINK                    ; if yes, clear blink counter
        MOV      OLD_SEC,AH
DSP_LED1:INC     BLINK                    ; increment blink counter

        MOV      AL,AH                    ; if 11~15, 31~35 or 51~55 second,
        ANDI     AL,0b00011111            ;    then display date
        CPI      AL,0x11
        BRNE     DSP_LED2
        JMP      LED_YEAR
DSP_LED2:CPI     AL,0x12
        BRNE     DSP_LED3
        JMP      LED_YEAR
DSP_LED3:CPI     AL,0x13
        BRNE     DSP_LED4
        JMP      LED_YEAR
DSP_LED4:CPI     AL,0x14
        BRNE     DSP_LED5
        JMP      LED_YEAR
DSP_LED5:CPI     AL,0x15
        BRNE     DSP_LED6
        JMP      LED_YEAR

DSP_LED6:MOV     AL,AH                    ; display second
        LSR      AL
        LSR      AL
        LSR      AL
        LSR      AL
        CALL     BIN2LED
        STS      LCD_DATABUS,AL
        LDI      AL,0b00000010
        STS      DIG_SELECT,AL
        CALL     D1MS
        MOV      AL,AH
        ANDI     AL,0b00001111
        CALL     BIN2LED
        STS      LCD_DATABUS,AL
        LDI      AL,0b00000001
        STS      DIG_SELECT,AL
        CALL     D1MS
        LDS      AH,RTC_MINUTE            ; read minute from RTC
        MOV      AL,AH                    ; display minute
        LSR      AL
        LSR      AL
        LSR      AL
        LSR      AL
        CALL     BIN2LED
        STS      LCD_DATABUS,AL
        LDI      AL,0b00010000
```

```
        STS     DIG_SELECT,AL
        CALL    D1MS
        MOV     AL,AH
        ANDI    AL,0b00001111
        CALL    BIN2LED
        STS     LCD_DATABUS,AL
        LDI     AL,0b00001000
        STS     DIG_SELECT,AL
        CALL    D1MS

        LDS     AH,RTC_HOUR             ; read hour from RTC
        ANDI    AH,0b01111111
        MOV     AL,AH                   ; display hour
        LSR     AL
        LSR     AL
        LSR     AL
        LSR     AL
        CALL    BIN2LED
        STS     LCD_DATABUS,AL
        LDI     AL,0b10000000
        STS     DIG_SELECT,AL
        CALL    D1MS
        MOV     AL,AH
        ANDI    AL,0b00001111
        CALL    BIN2LED
        STS     LCD_DATABUS,AL
        LDI     AL,0b01000000
        STS     DIG_SELECT,AL
        CALL    D1MS
        MOV     BL,BLINK                ; 0.5 sec over ?
        CPI     BL,60
        BRSH    DSP_LED7
        LDI     AH,0b00000010           ; if no, display "-"
        JMP     DSP_LED8
DSP_LED7:LDI    AH,0b00000000           ; if yes, display " "
DSP_LED8:STS    LCD_DATABUS,AH
        LDI     AL,0b00100000
        STS     DIG_SELECT,AL
        CALL    D1MS
        STS     LCD_DATABUS,AH
        LDI     AL,0b00000100
        STS     DIG_SELECT,AL
        CALL    D1MS
        LDI     AL,0b00000000
        STS     DIG_SELECT,AL
        RET

LED_YEAR:LDI    AH,0x20                 ; upper 2 digits of year
        MOV     AL,AH
        LSR     AL
        LSR     AL
        LSR     AL
        LSR     AL
        CALL    BIN2LED
        STS     LCD_DATABUS,AL
        LDI     AL,0b10000000
        STS     DIG_SELECT,AL
        CALL    D1MS
        MOV     AL,AH
        ANDI    AL,0b00001111
        CALL    BIN2LED
        STS     LCD_DATABUS,AL
        LDI     AL,0b01000000
```

```
        STS     DIG_SELECT,AL
        CALL    D1MS
        LDS     AH,RTC_YEAR             ; read year from RTC
        MOV     AL,AH                   ; display year
        LSR     AL
        LSR     AL
        LSR     AL
        LSR     AL
        CALL    BIN2LED
        STS     LCD_DATABUS,AL
        LDI     AL,0b00100000
        STS     DIG_SELECT,AL
        CALL    D1MS
        MOV     AL,AH
        ANDI    AL,0b00001111
        CALL    BIN2LED
        MOV     BL,BLINK                ; 0.5 sec over ?
        CPI     BL,60
        BRSH    LED_Y1
        ORI     AL,0b00000001
LED_Y1: STS     LCD_DATABUS,AL
        LDI     AL,0b00010000
        STS     DIG_SELECT,AL
        CALL    D1MS
        LDS     AH,RTC_MONTH            ; read month from RTC
        MOV     AL,AH                   ; display month
        LSR     AL
        LSR     AL
        LSR     AL
        LSR     AL
        CALL    BIN2LED
        STS     LCD_DATABUS,AL
        LDI     AL,0b00001000
        STS     DIG_SELECT,AL
        CALL    D1MS
        MOV     AL,AH
        ANDI    AL,0b00001111
        CALL    BIN2LED
        MOV     BL,BLINK                ; 0.5 sec over ?
        CPI     BL,60
        BRSH    LED_Y2
        ORI     AL,0b00000001
LED_Y2: STS     LCD_DATABUS,AL
        LDI     AL,0b00000100
        STS     DIG_SELECT,AL
        CALL    D1MS
        LDS     AH,RTC_DATE             ; read date from RTC
        MOV     AL,AH                   ; display date
        LSR     AL
        LSR     AL
        LSR     AL
        LSR     AL
        CALL    BIN2LED
        STS     LCD_DATABUS,AL
        LDI     AL,0b00000010
        STS     DIG_SELECT,AL
        CALL    D1MS
        MOV     AL,AH
        ANDI    AL,0b00001111
        CALL    BIN2LED
        STS     LCD_DATABUS,AL
        LDI     AL,0b0000001
        STS     DIG_SELECT,AL
```

```
        CALL    D1MS
        LDI     AL,0b00000000           ; clear 7-segment LED
        STS     DIG_SELECT,AL
        RET

;----------------------------------------------
;       Convert Binary to 7-segment LED Pattern
;----------------------------------------------
; Input  : AL = 8-bit binary(from 0x00 to 0x0F), "H", "-", ".", "'"
; Output : AL = 7-segment LED pattern data

BIN2LED:PUSH    AH
        PUSH    ZH
        PUSH    ZL
        CPI     AL,'H'                  ; if AL="H", AL=0x10
        BRNE    BIN2L1
        LDI     AL,0x10
        RJMP    BIN2L4
BIN2L1: CPI     AL,'-'                  ; if AL="-", AL=0x11
        BRNE    BIN2L2
        LDI     AL,0x11
        RJMP    BIN2L4
BIN2L2: CPI     AL,'.'                  ; if AL=".", AL=0x12
        BRNE    BIN2L3
        LDI     AL,0x12
        RJMP    BIN2L4
BIN2L3: CPI     AL,0x27                 ; if AL="'", AL=0x13
        BRNE    BIN2L4
        LDI     AL,0x13
BIN2L4: LDI     AH,byte3(LED_TABLE << 1); RAMPZ:Z = statrt address of LED data
        LDI     ZH,high(LED_TABLE << 1)
        LDI     ZL,low(LED_TABLE << 1)
        ADD     ZL,AL                   ; RAMPZ:Z = RAMPZ:Z + AL
        CLR     AL
        ADC     ZH,AL
        ADC     AH,AL
        OUT     RAMPZ,AH
        ELPM    AL,Z                    ; read LED data from RAMPZ:Z address
        POP     ZL
        POP     ZH
        POP     AH
        RET

LED_TABLE:                              ; 7-segment LED data table
        .db     0b11111100,0b01100000   ; 0,1
        .db     0b11011010,0b11110010   ; 2,3
        .db     0b01100110,0b10110110   ; 4,5
        .db     0b10111110,0b11100100   ; 6,7
        .db     0b11111110,0b11110110   ; 8,9
        .db     0b11101110,0b00111110   ; A,b
        .db     0b10011100,0b01111010   ; C,d
        .db     0b10011110,0b10001110   ; E,F
        .db     0b01101110,0b00000010   ; H,-
        .db     0b00000001,0b01000000   ; .,'

;----------------------------------------------
;       Include User Subroutine File
;----------------------------------------------
.include "OK2561.INC"                   ; OK-2561 I/O and subroutine file
```

☞ 7세그먼트 LED에 표시되는 시계에는 콜론(:)을 표시할 수 없으므로 하이픈(-)으로 대체하며, 매분의 11~15초, 31~35초, 51~55초에서 표시되는 연, 월, 일은 8문자로 붙어 있으므로 이를 구분하기 위하여 각 항목의 마지막 자리에는 dp 세그먼트를 점멸시켜 표시한다.

이와 같이 0.5초 간격으로 7세그먼트 LED 화면을 점멸하기 위하여는 매초에서 0.5초의 시간 경과를 검출해야만 한다. 이를 위해 새로 초값이 바뀌면 이를 OLD_SEC 라는 변수에 저장하여 이를 현재의 초값과 비교하는 방법으로 초가 바뀌었는지를 체크한다. 초가 바뀌면 즉시 BLINK라는 변수를 0으로 클리어하고 7세그먼트 LED 표시가 수행될 때마다 이를 증가시켜 시간의 경과를 인식한다. 이 프로그램은 다른 부분의 처리 시간은 거의 무시할 수 있으며 LED가 표시되는 약 8ms의 주기로 반복되므로 BLINK 값이 60에 이르면 약 0.5가 된다. 따라서, BLINK 값이 60이 되기 전에는 어느 부분을 표시하고 60이 넘는 순간부터 이를 표시하면 매초에서 0.5초씩 점멸시키는 동작이 가능하다.

▣ C언어의 경우

앞의 Exp16_2.asm 프로그램을 C언어로 작성하여 보면 다음과 같다.

<프로그램 Exp16_2.c> 7세그먼트 LED에도 표시되는 디지털시계 프로그램

```
/* ============================================================================ */
/*          Exp16_2.c : Digital Clock on LCD Module and 7-Segment LED          */
/* ============================================================================ */
/*                         Designed and programmed by Duck-Yong Yoon in 2006.   */

#include <avr/io.h>
#include "OK1281.h"

unsigned char cursor, year, month, date, hour, minute, second;
unsigned char old_second, blink;

void LCD_2hex(unsigned char number)             /* display 2-digit hex number */
{ unsigned char i;

  i = (number >> 4) & 0x0F;                     // 16^1
  if(i <= 9) LCD_data(i + '0');
  else       LCD_data(i - 10 + 'A');

  i = number & 0x0F;                            // 16^0
  if(i <= 9) LCD_data(i + '0');
  else       LCD_data(i - 10 + 'A');
}

void DSP_RTC(void)                              /* display clock from RTC */
{ unsigned char weekday;

  LCD_command(0x0C);                            // cursor OFF

  LCD_command(0x81);                            // display year
  LCD_2hex(0x20);
  year = RTC_YEAR;
  LCD_2hex(year);

  LCD_command(0x86);                            // display month
  month = RTC_MONTH;
  LCD_2hex(month);
```

```
    LCD_command(0x89);                              // display date
    date = RTC_DATE;
    LCD_2hex(date);

    weekday = RTC_WEEKDAY;                          // display weekday
    if(weekday == 1)      LCD_string(0x8C,"SUN");
    else if(weekday == 2) LCD_string(0x8C,"MON");
    else if(weekday == 3) LCD_string(0x8C,"TUE");
    else if(weekday == 4) LCD_string(0x8C,"WED");
    else if(weekday == 5) LCD_string(0x8C,"THU");
    else if(weekday == 6) LCD_string(0x8C,"FRI");
    else                  LCD_string(0x8C,"SAT");

    LCD_command(0xC2);                              // display hour
    hour = RTC_HOUR;
    LCD_2hex(hour & 0x7F);
    LCD_command(0xCB);                              // display AM, PM
    if(hour < 0x80) LCD_data('A');
    else            LCD_data('P');
    hour = hour & 0x7F;

    LCD_command(0xC5);                              // display minute
    minute = RTC_MINUTE;
    LCD_2hex(minute);

    LCD_command(0xC8);                              // display second
    second = RTC_SECOND;
    LCD_2hex(second);

    LCD_command(cursor);                            // go cursor position
    LCD_command(0x0F);                              // cursor ON

    if((minute == 0x00) && (second == 0x00))        // beep for each o'clock
      { Beep();
        Delay_ms(1000);
      }
}

unsigned char Bin2LED(unsigned char number)         /* convert binary to LED pattern */
{
  if(number == 0)       return 0xFC;
  else if(number == 1)  return 0x60;
  else if(number == 2)  return 0xDA;
  else if(number == 3)  return 0xF2;
  else if(number == 4)  return 0x66;
  else if(number == 5)  return 0xB6;
  else if(number == 6)  return 0xBE;
  else if(number == 7)  return 0xE4;
  else if(number == 8)  return 0xFE;
  else if(number == 9)  return 0xF6;
  else if(number == 10) return 0xEE;
  else if(number == 11) return 0x3E;
  else if(number == 12) return 0x9C;
  else if(number == 13) return 0x7A;
  else if(number == 14) return 0x9E;
  else if(number == 15) return 0x8E;
  else if(number == 'H') return 0x6E;
  else if(number == '-') return 0x02;
  else if(number == '.') return 0x01;
  else if(number == 0x27) return 0x40;
  else return 0x00;
}
```

```
void DSP_LED(void)                              /* display clock on LED */
{ unsigned char i;

  if(second == old_second)                      // check 0.5 sec
    blink++;
  else
    { blink = 0;
      old_second = second;
    }

  i = second & 0x1F;
  if((i < 0x11) || (i > 0x15))
    { LCD_DATABUS = Bin2LED(hour >> 4);         // display hour
      DIG_SELECT = 0x80;
      Delay_ms(1);
      LCD_DATABUS = Bin2LED(hour & 0x0F);
      DIG_SELECT = 0x40;
      Delay_ms(1);
      if(blink < 60)
        LCD_DATABUS = Bin2LED('-');             // if before 0.5 sec, display "-"
      else
        LCD_DATABUS = 0x00;                     // if after 0.5 sec, display " "
      DIG_SELECT = 0x20;
      Delay_ms(1);
      LCD_DATABUS = Bin2LED(minute >> 4);       // display minute
      DIG_SELECT = 0x10;
      Delay_ms(1);
      LCD_DATABUS = Bin2LED(minute & 0x0F);
      DIG_SELECT = 0x08;
      Delay_ms(1);
      if(blink < 60)
        LCD_DATABUS = Bin2LED('-');             // if before 0.5 sec, display "-"
      else
        LCD_DATABUS = 0x00;                     // if after 0.5 sec, display " "
      DIG_SELECT = 0x04;
      Delay_ms(1);
      LCD_DATABUS = Bin2LED(second >> 4);       // display second
      DIG_SELECT = 0x02;
      Delay_ms(1);
      LCD_DATABUS = Bin2LED(second & 0x0F);
      DIG_SELECT = 0x01;
      Delay_ms(1);
    }
  else
    { LCD_DATABUS = Bin2LED(0x20 >> 4);         // display year
      DIG_SELECT = 0x80;
      Delay_ms(1);
      LCD_DATABUS = Bin2LED(0x20 & 0x0F);
      DIG_SELECT = 0x40;
      Delay_ms(1);
      LCD_DATABUS = Bin2LED(year >> 4);
      DIG_SELECT = 0x20;
      Delay_ms(1);
      if(blink < 60)
        LCD_DATABUS = Bin2LED(year & 0x0F) + 0x01;
      else
        LCD_DATABUS = Bin2LED(year & 0x0F);
      DIG_SELECT = 0x10;
      Delay_ms(1);
      LCD_DATABUS = Bin2LED(month >> 4);        // display month
      DIG_SELECT = 0x08;
      Delay_ms(1);
```

```
      if(blink < 60)
        LCD_DATABUS = Bin2LED(month & 0x0F) + 0x01;
      else
        LCD_DATABUS = Bin2LED(month & 0x0F);
      DIG_SELECT = 0x04;
      Delay_ms(1);
      LCD_DATABUS = Bin2LED(date >> 4);          // display date
      DIG_SELECT = 0x02;
      Delay_ms(1);
      if(blink < 60)
        LCD_DATABUS = Bin2LED(date & 0x0F) + 0x01;
      else
        LCD_DATABUS = Bin2LED(date & 0x0F);
      DIG_SELECT = 0x01;
      Delay_ms(1);
    }

  DIG_SELECT = 0x00;                                // clear 7-segment LED
}

unsigned char BCD_increment(unsigned char number)       /* BCD increment */
{ unsigned char i;

  i = (number >> 4)*10 + (number & 0x0F);        // convert BCD to binary
  i++;                                           // incrment
  i = ((i/10) << 4) + (i % 10);                  // convert binary to BCD
  return i;
}

unsigned char BCD_decrement(unsigned char number)       /* BCD decrement */
{ unsigned char i;

  i = (number >> 4)*10 + (number & 0x0F);        // convert BCD to binary
  i--;                                           // decrement
  i = ((i/10) << 4) + (i % 10);                  // convert binary to BCD
  return i;
}

void Cursor_left(void)                           /* go cursor left */
{
  if(cursor == 0xCF)      cursor = 0xCC;
  else if(cursor == 0xCC) cursor = 0xC9;
  else if(cursor == 0xC9) cursor = 0xC6;
  else if(cursor == 0xC6) cursor = 0xC3;
  else if(cursor == 0xC3) cursor = 0x8E;
  else if(cursor == 0x8E) cursor = 0x8A;
  else if(cursor == 0x8A) cursor = 0x87;
  else if(cursor == 0x87) cursor = 0x84;
  else if(cursor == 0x84) cursor = 0xCF;
}

void Cursor_right(void)                          /* go cursor right */
{
  if(cursor == 0xCF)      cursor = 0x84;
  else if(cursor == 0x84) cursor = 0x87;
  else if(cursor == 0x87) cursor = 0x8A;
  else if(cursor == 0x8A) cursor = 0x8E;
  else if(cursor == 0x8E) cursor = 0xC3;
  else if(cursor == 0xC3) cursor = 0xC6;
  else if(cursor == 0xC6) cursor = 0xC9;
  else if(cursor == 0xC9) cursor = 0xCC;
  else if(cursor == 0xCC) cursor = 0xCF;
}
```

```
void Increment(void)                                /* increment time */
{ unsigned char year, month, date, weekday, hour, minute, second;

  switch(cursor)
    { case 0x84 : year = RTC_YEAR;                  // in case of year
                  if(year == 0x99)       year = 0x00;
                  else                   year = BCD_increment(year);
                  RTC_YEAR = year;
                  break;
      case 0x87 : month = RTC_MONTH;                // in case of month
                  if(month == 0x12)      month = 0x01;
                  else                   month = BCD_increment(month);
                  RTC_MONTH = month;
                  break;
      case 0x8A : date = RTC_DATE;                  // in case of date
                  if(date == 0x31)       date = 0x01;
                  else                   date = BCD_increment(date);
                  RTC_DATE = date;
                  break;
      case 0x8E : weekday = RTC_WEEKDAY;            // in case of weekday
                  if(weekday == 0x07)    weekday = 0x01;
                  else                   weekday++;
                  RTC_WEEKDAY = weekday;
                  break;
      case 0xC3 : hour = RTC_HOUR;                  // in case of hour
                  if(hour == 0x12)       hour = 0x01;
                  else if(hour == 0x92)  hour = 0x81;
                  else                   hour = BCD_increment(hour);
                  RTC_HOUR = hour;
                  break;
      case 0xC6 : minute = RTC_MINUTE;              // in case of minute
                  if(minute == 0x59)     minute = 0x00;
                  else                   minute = BCD_increment(minute);
                  RTC_MINUTE = minute;
                  break;
      case 0xC9 : second = RTC_SECOND;              // in case of second
                  if(second == 0x59)     second = 0x00;
                  else                   second = BCD_increment(second);
                  RTC_SECOND = second;
                  break;
      case 0xCC : hour = RTC_HOUR;                  // in case of AM/PM
                  if(hour < 0x80)        hour |= 0x80;
                  else                   hour &= 0x7F;
                  RTC_HOUR = hour;
                  break;
      default   : break;
    }
}

void Decrement(void)                                /* decrement time */
{ unsigned char year, month, date, weekday, hour, minute, second;

  switch(cursor)
    { case 0x84 : year = RTC_YEAR;                  // in case of year
                  if(year == 0x00)       year = 0x99;
                  else                   year = BCD_decrement(year);
                  RTC_YEAR = year;
                  break;
      case 0x87 : month = RTC_MONTH;                // in case of month
                  if(month == 0x01)      month = 0x12;
                  else                   month = BCD_decrement(month);
                  RTC_MONTH = month;
```

```
                    break;
        case 0x8A : date = RTC_DATE;                    // in case of date
                    if(date == 0x01)        date = 0x31;
                    else                    date = BCD_decrement(date);
                    RTC_DATE = date;
                    break;
        case 0x8E : weekday = RTC_WEEKDAY;              // in case of weekday
                    if(weekday == 0x01)     weekday = 0x07;
                    else                    weekday--;
                    RTC_WEEKDAY = weekday;
                    break;
        case 0xC3 : hour = RTC_HOUR;                    // in case of hour
                    if(hour == 0x01)        hour = 0x12;
                    else if(hour == 0x81)   hour = 0x92;
                    else                    hour = BCD_decrement(hour);
                    RTC_HOUR = hour;
                    break;
        case 0xC6 : minute = RTC_MINUTE;                // in case of minute
                    if(minute == 0x00)      minute = 0x59;
                    else                    minute = BCD_decrement(minute);
                    RTC_MINUTE = minute;
                    break;
        case 0xC9 : second = RTC_SECOND;                // in case of second
                    if(second == 0x00)      second = 0x59;
                    else                    second = BCD_decrement(second);
                    RTC_SECOND = second;
                    break;
        case 0xCC : hour = RTC_HOUR;                    // in case of AM/PM
                    if(hour < 0x80)         hour |= 0x80;
                    else                    hour &= 0x7F;
                    RTC_HOUR = hour;
                    break;
        default   : break;
    }
}

int main(void)
{
  MCU_initialize();                                 // initialize MCU and kit
  Delay_ms(50);                                     // wait for system stabilization
  LCD_initialize();                                 // initialize text LCD module
  Beep();

  LCD_string(0x80," 2006/05/01 MON ");              // display title
  LCD_string(0xC0,"  12:00:00 AM   ");
  LCD_command(0x0F);                                // cursor ON
  cursor = 0xCF;                                    // initial cursor position

  Delay_ms(200);
  if(RTC_FLAG != 'G')                               // RTC data are available ?
    { RTC_FLAG = 'G';                               // initialize RTC data flag
      RTC_YEAR = 0x06;                              // initialize year(2006)
      RTC_MONTH = 0x10;                             // initialize month(10)
      RTC_DATE = 0x01;                              // initialize date(01)
      RTC_WEEKDAY = 0x01;                           // initialize weekday(SUN)
      RTC_HOUR = 0x12;                              // initialize hour(12)
      RTC_MINUTE = 0x00;                            // initialize minute(00)
      RTC_SECOND = 0x00;                            // initialize second(00)
      RTC_A = 0x2F;                                 // oscillator ON, SQW=2Hz
      RTC_B = 0x00;                                 // interrupt disable, SQW disable
    }
```

```
  while(1)
    { DSP_RTC();                                  // display clock on LCD module
      DSP_LED();                                  // display clock on 7-segment LED

      switch(Key_input())                         // key input
        { case 0x70 : Cursor_left();              // if KEY4, go cursor left
                      break;
          case 0xB0 : Cursor_right();             // if KEY3, go cursor right
                      break;
          case 0xD0 : Increment();                // if KEY2, increment time
                      break;
          case 0xE0 : Decrement();                // if KEY1, decrement time
                      break;
          default   : break;
        }
    }
}
```

5. 실습 과제

(1) 직렬로 인터페이스하여 사용하는 RTC 소자에는 어떤 모델들이 있으며, 이것들은 어떻게 사용하는지 조사하여 보라.

(2) 예제 프로그램 Exp16_1.asm에서 텍스트형 LCD 모듈에 시간을 표시할 때 커서를 OFF시키는 이유는 무엇인지 설명하라. 실제로 커서를 OFF하지 말고 프로그램을 실행하여 그 이유를 확인하라.

(3) 예제 프로그램 Exp16_1.c에 있는 함수 DSP_RTC()의 끝부분에서 커서를 ON시킨 이후에 1ms의 시간 지연을 주는 이유를 설명하라. 실제로 이 시간 지연을 삭제하고 프로그램을 실행하여 그 이유를 확인하라. 또한, Exp16_2.c에서는 이렇게 처리하지 않아도 되는 이유가 무엇인가?

(4) 예제 프로그램 Exp16_1.asm을 1초에 한번씩 시, 분, 초 사이에 있는 콜론(:)이 깜빡이도록(즉, 0.5초 동안 ON되고 0.5초 동안 OFF됨) 프로그램 Exp16_1R.asm으로 수정하라.

4.17 그래픽형 LCD 모듈의 기본 프로그램

이 절에서는 오늘날 급격히 사용이 증가하고 있으며 *OK-1281/2561* 키트에도 기본 장착되어 있는 그래픽형 LCD 모듈의 구조, 기능 및 프로그래밍 방법에 대하여 공부한다. 앞의 제4.4절에서 공부하였던 텍스트형 LCD 모듈은 비교적 기술적인 사양이 통일되어 있는데 비하여 그래픽형 LCD 모듈은 제조회사별 또는 모델별로 상당히 차이가 있는데, 여기서는 *OK-1281/2561* 키트에서 사용하는 128×64 도트의 드라이버만 가지고 있는 간단한 그래픽형 LCD 모듈을 중심으로 설명한다.

1. 그래픽형 LCD 모듈의 특징

텍스트형 LCD 모듈은 내부에 LCD 콘트롤러를 가지고 있어서 CPU가 ASCII 코드를 전송하면 이 콘트롤러가 CG ROM에서 해당 문자의 폰트를 찾아다가 화면에 표시해주므로, 사용하기는 쉽지만 화면에 표시할 수 있는 내용이 지정된 문자로 제한된다. 이에 비하여 그래픽형 LCD 모듈은 화면을 구성하는 화소(dot, pixel)를 하나씩 일일이 소프트웨어로 제어하므로, 상대적으로 사용하기는 어렵지만 ASCII 문자는 물론이고 한글, 한자나 각종 도형을 화면에 마음대로 표시할 수 있다. 이를 위해 그래픽형 LCD 모듈은 텍스트형 LCD 모듈에 비하여 화면의 해상도를 높게 하였고, 화소가 바둑판처럼 가로 및 세로 방향이 거의 1:1로 동일한 간격으로 배열되어 있는 구조를 가진다.

그래픽형 LCD 모듈도 텍스트형의 경우처럼 주로 STN형으로 되어 있으며, 대부분 백라이트 기능을 가지고 있다. 그러나, 텍스트형 LCD 모듈에서는 LED 백라이트를 사용하는 경우가 대부분인데 비하여 그래픽형 LCD 모듈은 화면이 넓어진만큼 EL이나 CCFL 백라이트를 사용하는 비율이 높다.

또한, 텍스트형 LCD 모듈은 인터페이스를 위한 하드웨어 구조나 소프트웨어적인 사용법이 거의 표준화되어 편리하지만, 그래픽형 LCD 모듈은 모델에 따라 구조와 기능, 사용법 등이 천차만별로 다르기 때문에 이를 사용하기 위해서는 철저하게 데이터 시트나 매뉴얼을 분석하여 이해하여야 한다. 아무래도 많은 화소를 소프트웨어적으로 제어해야 하기 때문에 텍스트형 LCD 모듈에 비하여 소프트웨어 작업이 훨씬 복잡하고 어려워진다는 점도 알아두어야 한다.

우리나라는 텍스트형이나 그래픽형 LCD 모듈에 대하여 모두 세계적인 수준에 있으며 특히 현대 LCD에서 많은 모델을 생산하고 있다. 여기서는 이 중에서 128×64도트 해상도의 LED 백라이트 기능을 가지는 모델인 현대 LCD의 HG12605NY-LY를 중심으로 설명한다. *OK-1281/2561* 키트에서 이 모델을 사용하도록 설계한 것은 이것이 가장 대중적인 모델의 하나로서 하드웨어 및 소프트웨어의 호환성이 완벽하게 유지되는 많은 유사 기종을 거느리고 있기 때문인데, 이를테면 대만 Powertip사의 PG12864-A나 PG12864-K 등은 이와 호환되는 모델이다.

<표 4.17.1>에는 해상도에 따른 여러가지 그래픽형 LCD 모듈의 종류를 보였으며, 또한 참고로서 <표 4.17.2>에는 현대 LCD에서 생산 판매하는 그래픽형 LCD 모듈의 모델들을 보였다.

〈표 4.17.1〉 그래픽형 LCD 모듈의 해상도별 종류

모 델	비 고
60×32, 80×32, 80×80, 84×64 도트 95×38, 96×32, 97×32, 98×32 도트 100×32, 100×64, 120×32, 122×32 도트 128×32, 128×56, 128×64, 128×128 도트 160×80, 160×128, 160×150, 160×160 도트 160×240, 192×128, 192×192, 202×32 도트 240×64, 240×128, 240×160, 256×128 도트 320×200, 320×240, 480×64, 480×128 도트 480×200, 640×200, 640×480, 800×600 도트	각 모델별로 백라이트형이 따로 있으며, 백라이트의 형식에는 LED, EL, CCFL 등이 있다. 현재 이러한 제품을 생산하는 제조회사에는 현대 LCD, Powertip, Nanya 등이 있다.

〈표 4.17.2〉 현대 LCD의 그래픽형 LCD 모듈 제품

모 델	해상도 (W×H dot)	외형 칫수 (W×H×D mm)	표시부 칫수 (W×H mm)	도트 피치 (W×H mm)	도트 크기 (W×H mm)	Controller	백라이트			
							없음	LED	EL	CCFL
HG12601	122×32	84×44×10.5	60.5×18.5	0.44×0.49	0.40×0.45	-	○	○	○	
HG12612	122×32	66×27.1×8.4	60.5×18.5	0.44×0.49	0.40×0.45	-	○		○	
HG12602	128×64	93×70×10	70.7×38.8	0.52×0.52	0.48×0.48	-	○	○	○	
HG12605	128×64	93×70×10	70.7×38.8	0.52×0.52	0.48×0.48	-	○	○	○	
HG12505	128×128	88.4×88.4×9.5	72.0×72.0	0.50×0.50	0.46×0.46	HD61830	○		○	
HG16501	128×128	129×102×11.5	101.0×82.0	0.58×0.58	0.54×0.54	T6963C	○		○	
HG16601	160×150	78.5×78.5×9.5	53.0×50.0	0.30×0.30	0.26×0.26	-	○		○	
HG16602	160×150	84.5×75×10.5	53.0×50.0	0.30×0.30	0.26×0.26	-	○			
HG19501	192×128	98×86×13	77.5×54.0	0.37×0.37	0.33×0.33	SED1330F	○		○	
HG19601	192×128	98×86×13	77.5×54.0	0.37×0.37	0.33×0.33	-	○		○	
HG24501	240×64	180×65×11	132.0×39.0	0.53×0.53	0.49×0.49	T6963C	○		○	
HG24502	240×64	129×62×10	87.0×42.0	0.35×0.35	0.31×0.31	T6963C	○		○	
HG24503	240×64	180×65×10	132.6×39.0	0.53×0.53	0.48×0.48	T6963C	○		○	
HG24507	240×64	180×65×11	132.0×39.0	0.53×0.53	0.49×0.49	T6963C	○		○	
HG25501	256×128	147×116×12	127.0×70.0	0.47×0.47	0.43×0.43	SED1330F	○		○	
HG25601	256×128	147×116×12	127.0×70.0	0.47×0.47	0.43×0.43	-	○		○	
HG25602	256×128	147×116×12	127.0×70.0	0.47×0.47	0.43×0.43	-	○		○	
HG32604	320×240	151.5×96.8×12	104.0×79.3	0.30×0.30	0.27×0.27	-	○		○	○
HG32611	320×240	164.5×110×11	121.0×92.0	0.36×0.36	0.33×0.33	-	○		○	○
HG32612	320×240	151.5×96.8×12	104.0×79.3	0.30×0.30	0.27×0.27	-	○		○	○

일반적인 그래픽형 LCD 모듈의 특징을 요약하면 다음과 같다.

① +5V의 전원 이외에 -10V 정도의 LCD 구동전압을 필요로 하며, 이밖에도 EL이나 CCFL 백라이트 방식에서는 각각 지정된 교류전원을 필요로 한다.
② LSI 콘트롤러를 사용하는 경우와 콘트롤러가 없이 드라이버만으로 구성되는 경우가 있다. 드라이버는 공통 드라이버와 세그먼트 드라이버로 나누어지는데, 이것이 별개의 LSI로 되어 있기도 하고 1개의 LSI로 통합된 모델도 있다.
③ 마이크로프로세서와의 인터페이스(접속 핀번호 및 신호명)가 거의 표준화되어 있지 않아서 대부분의 제품에서 서로 다르다. 이 때문에 각 제품 사이에 인터페이스의 하드웨어적인 호환성이 거의 없다.
④ 내부 제어 명령이 대부분의 콘트롤러나 드라이버 LSI마다 서로 달라서 기능적인 호환성이나 소프트웨어의 호환성이 거의 없다. 액세스 시간이 텍스트형 LCD 모듈에 비하여 더욱 느린 편이다.
⑤ 콘트롤러를 사용한 모델에서는 내부적으로 ASCII 문자에 대한 폰트를 가지고 있지만, 드라이버만으로 구성되는 모델에서는 이러한 기능이 없으므로 영문 ASCII 문자들도 사용자가 화면에 비트맵 그래픽 방식으로 그려주어야 한다. 이 때문에 그래픽형 LCD 모듈의 구동 소프트웨어는 텍스트형에 비하여 상당히 복잡해진다.
⑥ 콘트롤러를 사용한 모델에서는 내장 폰트와 사용자에 의한 비트맵 그래픽 제어를 선택적으로 사용할 수 있다.
⑦ 콘트롤러가 있는 모델에서 내장 문자를 표시할 때 커서의 위치가 자동으로 증가하며, 커서를 임의의 위치로 이동시킬 수도 있다. 물론, 화면에서 커서를 보이거나 보이지 않게 설정할 수도 있다. 비트맵 그래픽 방식으로 제어할 때도 한 번 데이터를 출력하면 데이터 RAM 번지는 오른쪽으로 자동 증가한다.
⑧ 백라이트 기능을 갖는 모델의 경우에는 어두운 곳에서도 화면을 선명하게 볼 수 있다. 그러나, 이 중에서 LED를 사용한 백라이트형 모델은 소비전력이 상당히 크며, EL이나 CCFL형의 백라이트는 추가적인 교류전원장치를 요구하므로 이를 사용하려면 경제적 비용이 증가된다.

2. 그래픽형 LCD 모듈의 구조

앞에서도 설명하였듯이 그래픽형 LCD 모듈은 모델에 따라 그 구조와 소프트웨어적인 기능이 상당히 다르므로, 불가피하게 이를 익히려면 특정한 모델을 선택하는 수

밖에 없다. 여기서는 현재 국내에서 쉽게 구입할 수 있고 널리 사용되면서 가격도 상대적으로 저렴한 모델인 현대 LCD의 HG12605NY-LY(128×64 도트, LED 백라이트형)를 중심으로 공부하기로 한다.

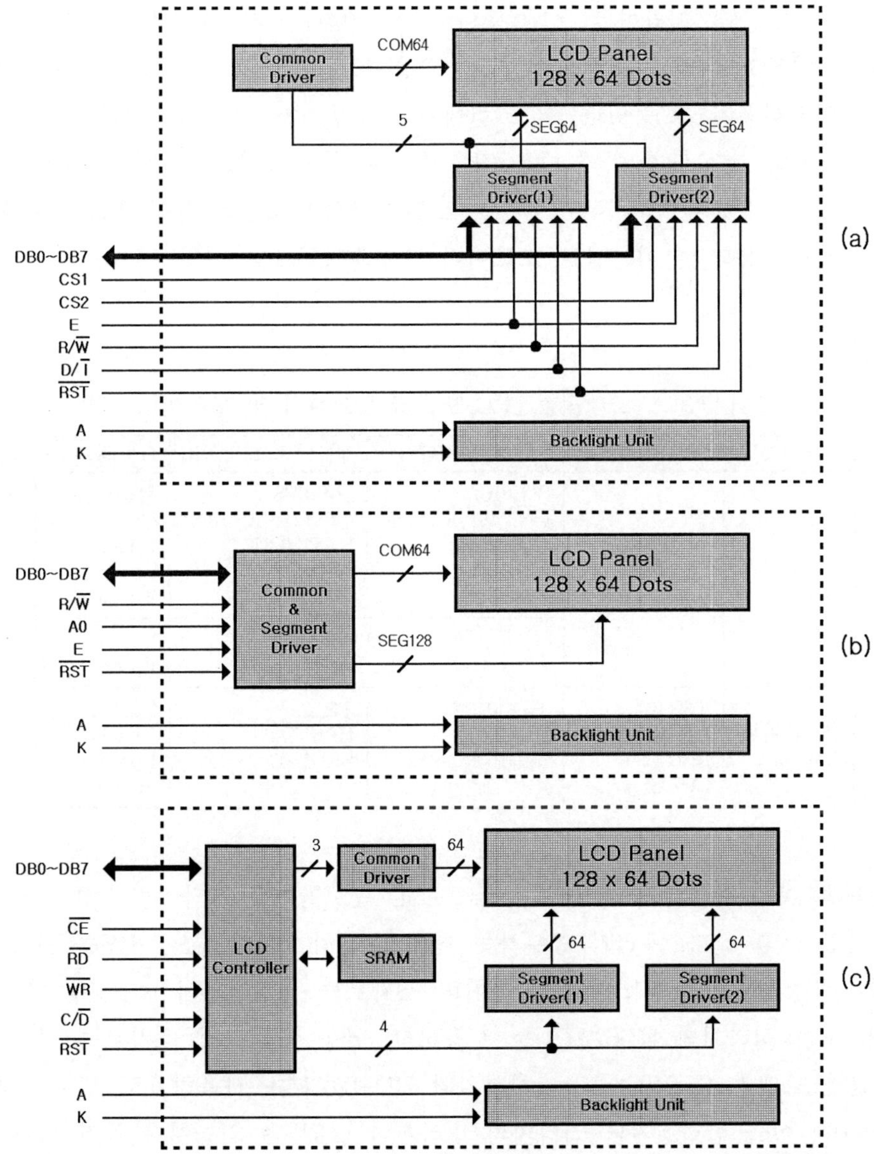

〈그림 4.17.1〉 그래픽형 LCD 모듈의 구조별 유형

그래픽형 LCD 모듈에서 LCD 콘트롤러나 드라이버를 어떻게 사용하고 있는지에 따라 종류를 분류해 보면 <그림 4.17.1>과 같다. 우리가 사용할 HG12605NY-LY는 이 그

림의 (a)형에 해당한다. 이것들은 내부에 LCD 콘트롤러를 가지지 않고 공통 드라이버(common or row driver)와 세그먼트 드라이버(segment or column driver)만으로 도트 매트릭스로 구성된 화면을 다이나믹 디스플레이(dynamic display) 방식으로 구동한다.

이처럼 일반적으로 그래픽형 LCD 모듈의 내부도 텍스트형의 경우처럼 콘트롤러, 드라이버, LCD 패널, 백라이트 유닛 등으로 구성된다. 그러나, 그림에서 보는 것처럼 콘트롤러를 내장하지 않는 모델도 있으며, 공통 드라이버와 세그먼트 드라이버를 1개의 LSI로 일체화시킨 것도 있다. 이 그림에서는 모두 128×64 도트의 해상도를 가지는 경우를 보였지만, 해상도가 이와 다른 경우에도 유사한 방식으로 내부가 구성된다. 예를 들어서 (a)의 형태로 구성된 256×128 도트의 LCD 모듈은 공통 드라이버가 수직방향으로 2개 사용되고, 세그먼트 드라이버가 수평방향으로 상하 각 4개씩 총 8개가 사용된다.

〈표 4.17.3〉 그래픽형 LCD 모듈의 콘트롤러 및 드라이버 LSI

<table>
<tr><th>구 분</th><th>LCD 콘트롤러</th><th>공통 드라이버</th><th>세그먼트 드라이버</th><th>반도체 회사</th></tr>
<tr><td rowspan="2">콘트롤러가
없는 형</td><td rowspan="2"></td><td>S6B0107
(구 모델 KS0107)
HD61203U
SED1520
T7933</td><td>S6B0108
(구 모델 KS0108)
HD61202U
SED1521
T7932</td><td>삼성전자

Hitachi
Epson
Toshiba</td></tr>
<tr><td colspan="2">SED1520
SED1565</td><td>Epson
Epson</td></tr>
<tr><td>콘트롤러가
있는 형</td><td>T6963C
HD61830
SED1330
LC7981</td><td>T6A40
HD61103
SED1630</td><td>T6A39
HD61100
SED1600</td><td>Toshiba
Hitachi
Epson
Sanyo</td></tr>
</table>

그래픽형 LCD 모듈에서 사용되는 주요 LCD 콘트롤러와 드라이버 LSI들을 정리하면 <표 4.17.3>과 같다. 우리가 공부하는 현대 LCD의 HG12605NY-LY는 콘트롤러가 사용되지 않는 형으로서 세그먼트 드라이버 소자로는 삼성전자의 S6B0108(옛 모델명 KS0108) 또는 히타치의 HD61202U를 사용하고, 공통 드라이버 소자로는 삼성전자의 S6B0107(옛 모델명 KS0107) 또는 히타치의 HD61203U를 사용하므로 서로 호환성을 가지게 된다. 이들 삼성전자와 히타치의 드라이버 LSI들은 기능이나 동작 타이밍까지 똑같아서 서로 완벽한 호환성을 가지는 소자들이다. 그러나, <표 4.17.3>에 열거한 다른 모든 드라이버 소자들은 이들과 기능이 호환되지 않으니 주의하라.

(1) 내부 구조

현대 LCD의 HG12605NY-LY처럼 LCD 콘트롤러를 사용하지 않고 공통 드라이버와 세그먼트 드라이버만으로 구성되는 모델은 대부분의 소프트웨어 제어기능을 세그먼트 드라이버에서 수행한다. 이 경우 공통 드라이버는 세그먼트 드라이버와 하드웨어적으로 연계되어 단지 다이나믹 디스플레이를 수행할 뿐이다. 이것의 내부 구조는 <그림 4.17.2>와 같다.

HG12605NY-LY에서 사용하는 세그먼트 드라이버는 삼성전자의 S6B0108 또는 히타치의 HD61202U인데, 이것들은 서로 완전한 기능적인 호환성을 가지므로 같은 모델이라고 간주해도 좋다. 이것의 내부 구조는 <그림 4.17.3>과 같다.

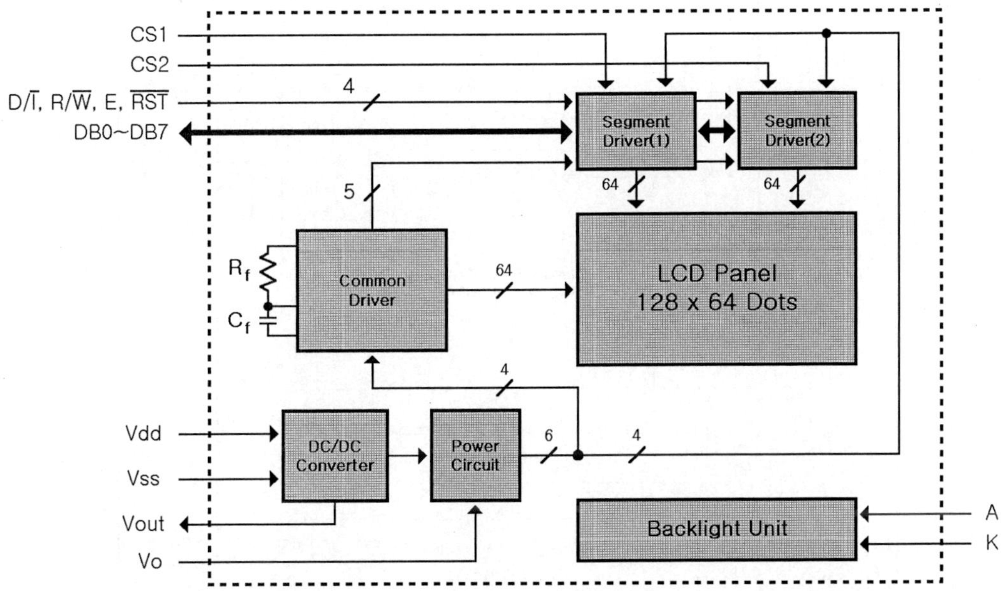

〈그림 4.17.2〉 그래픽형 LCD 모듈의 내부 구조

세그먼트 드라이버는 자체적인 문자 폰트를 가지지 않으므로, CPU의 제어명령을 받아 이를 해독하고 실행할 수 있는 부분, 512×8 = 4096비트의 DD RAM, 그리고 공통 드라이버와 타이밍의 동기를 유지하면서 64개의 액정 화소 열(column)을 구동할 수 있는 드라이버 회로 등 크게 3부분으로 구성된다. 이 소자의 DD RAM이 4096비트라는 것은 4096개의 액정 화소를 표시하기 위한 데이터를 저장할 수 있다는 이야기가 되며, 따라서 128×64 해상도의 그래픽형 LCD 모듈을 구현하려면 <그림 4.17.2>에 보였던 것처럼 이 세그먼트 드라이버 소자가 2개 사용되어 좌우로 각각 1개의 소자가

64×64 도트의 표시 데이터를 저장하도록 하여야 한다. 그리고, 당연히 이것이 수평으로 몇 개가 사용되더라도 공통 드라이버는 1개로 처리된다.

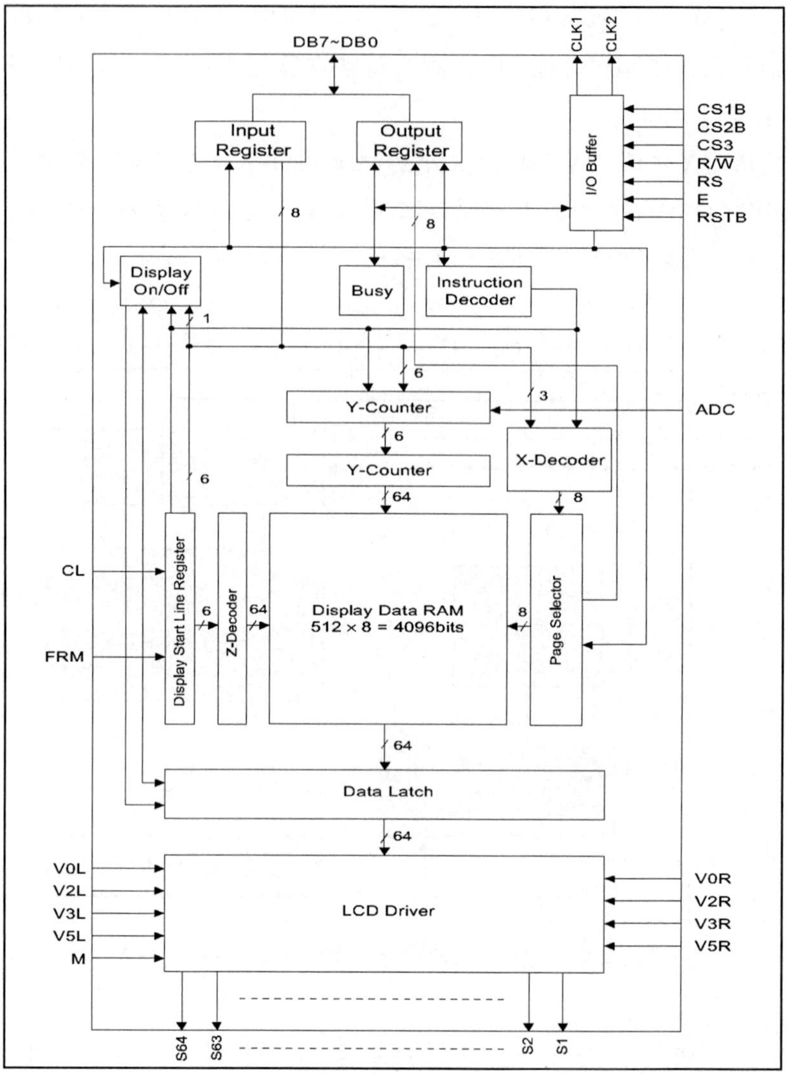

〈그림 4.17.3〉 세그먼트 드라이버 LSI의 내부 구조

또한, 이 그래픽형 LCD 모듈의 타이밍을 결정하는 클록은 공통 드라이버에서 만들어져서 세그먼트 드라이버로 전달되는데, 이를 위해 공통 드라이버에 내장된 발진회로에서 Rf = 47[kΩ], Cf = 20[pF]로 접속하여 450[kHz]의 발진 주파수를 얻으며, 그러면 다이나믹 방식으로 구동되는 화면의 프레임 주파수는 약 70Hz 이상이 된다.

(2) 외부 구조

그래픽형 LCD 모듈의 외부 구조는 너무나도 여러 가지의 형태가 있어서 일일이 예를 들기가 어려울 정도지만 대체로 <그림 4.17.4>와 같은 종류가 많이 사용된다.

상부 콘넥터형은 1~N개의 핀이 좌측 상단에서 좌측으로부터 우측으로 배열되며, 하부 콘넥터형은 1~N개의 핀이 좌측 하단에서 우측으로부터 좌측으로 배열된다. 대체로 LED 백라이트형의 경우에는 백라이트 전원 단자들도 이 1~N개의 핀에 포함되는 경우가 많고 가끔 이 단자들이 좌측 또는 우측에 별도로 떨어지는 경우가 있지만, EL이나 CCFL 백라이트형의 경우에는 고전압의 교류전원이 인가되어야 하므로 백라이트 전원 단자들이 이들 핀과 멀리 떨어져서 우측이나 좌측에 별도로 위치하는 경우가 대부분이다.

이 중에서 우리가 사용하는 HG12605NY-LY는 하부 콘넥터형이며, 이는 LED 백라이트형이므로 별도의 백라이트 단자를 가지고 있지 않다.

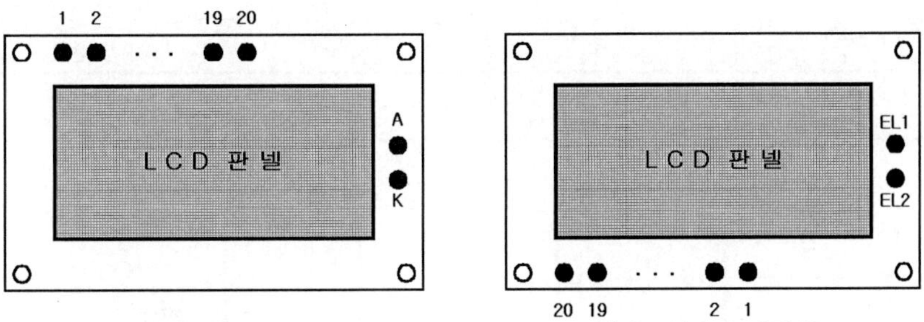

(a) 상부 콘넥터형 (b) 하부 콘넥터형

〈그림 4.17.4〉 그래픽형 LCD 모듈의 외부 구조

그래픽형 LCD 모듈 HG12605NY-LY를 마이크로프로세서와 인터페이스하기 위한 20핀 콘넥터를 요약하면 <표 4.17.4>와 같다. 여기서, LED 백라이트형인 경우에는 19번 및 20번 핀이 각각 애노드(A ; Anode) 및 캐소드(K ; Cathode) 단자로 사용되지만, EL 백라이트형의 경우에는 이것들이 NC(No Connection) 단자로 되고 별도의 EL 백라이트용 교류전원 단자를 사용하여 총 22핀이 된다.

그래픽형 LCD 모듈에 외부에서 전원을 접속하는 방법을 보이면 <그림 4.17.5>와 같다. 여기서 Vo는 화면의 밝기를 제어하는 단자로서 대부분 부전압(-)을 인가할수록 표시화면이 또렷해지는데, 대체로 Vdd-Vo = 8~17[V] 수준이므로 그림 (a)에서처럼 -10[V] 정도의 별도 전원이 추가로 필요하다.

〈표 4.17.4〉 그래픽형 LCD 모듈 인터페이스 콘넥터 핀의 기능

핀	신호명	기능	
1	Vss	전원 GND	
2	Vdd	전원 +5V	
3	V_O	화면밝기 제어 동작전압, operating voltage ($Vdd-V_O$ = 8~17V)	
4	$D/\overline{I}$	Data/Instruction (1 = data register, 0 = instruction register)	
5	$R/\overline{W}$	Read/Write (1 = CPU ← LCD, 0 = CPU → LCD)	
6	E	Enable signal for read/write LCD	
7	DB0	(LSB)	
8	DB1	데이터 버스	
9	DB2		
10	DB3		
11	DB4		
12	DB5		
13	DB6		
14	DB7	(MSB)	
15	CS1	세그먼트 드라이버(1)을 선택하는 칩선택 신호	
16	CS2	세그먼트 드라이버(2)를 선택하는 칩선택 신호	
17	$\overline{RST}$	리셋 신호	
18	Vout	LCD 구동 전압 Vo를 인가하는데 사용하기 위한 출력 전압	
19	A	Anode : LED backlight용 전원 +3.9~4.4V	EL 백라이트형은 이 단자들을 사용하지 않음(NC).
20	K	Cathode : LED backlight용 전원의 GND	
21	EL1	EL backlight용 전원 단자(1)	LED 백라이트형에는 이 단자들이 없음.
22	EL2	EL backlight용 전원 단자(2)	

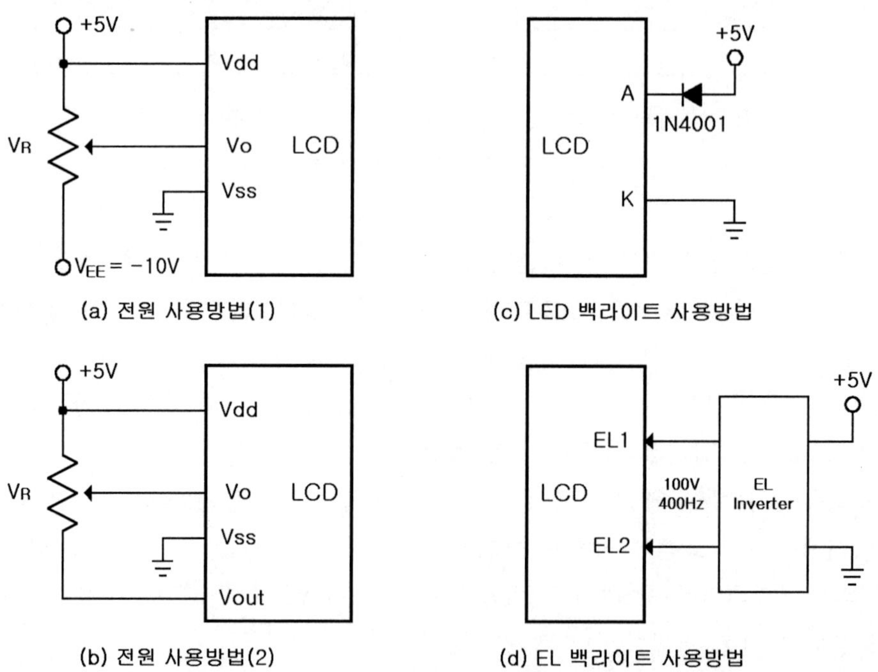

(a) 전원 사용방법(1)
(c) LED 백라이트 사용방법
(b) 전원 사용방법(2)
(d) EL 백라이트 사용방법

〈그림 4.17.5〉 그래픽형 LCD 모듈의 전원 접속 방법

그러나, LCD 구동전압을 위하여 이렇게 또 하나의 전원을 사용해야 한다는 것은 현실적으로 매우 불편하므로, 모델에 따라서는 LCD 모듈의 내부에서 +5V 전원을 사용하여 -10V 전원을 만들어 출력해주는 것도 있다. 우리가 사용하는 HG12605NY-LY는 LCD 모듈의 내부에 모두 이와 같은 DC-DC 컨버터를 내장하고 있고 그 결과 -10V의 전압을 Vout 단자로 출력하고 있으므로 이 그림의 (b)처럼 쉽게 LCD 구동전압 Vo를 공급할 수 있다. 여기서 가변저항은 V_R = 10[kΩ]~20[kΩ] 정도로 사용하며, 화면을 실제로 보면서 적절한 밝기가 되도록 조절하면 된다.

LED 백라이트형인 HG12605NY-LY에서는 +5V에 직렬로 저항을 거쳐서 19(A), 20(K)번 단자에 접속하도록 권장되지만, 백라이트 전원으로 +5V의 안정된 전원을 사용하는 경우에는 그림 (c)처럼 저항 대신에 다이오드를 사용하는 것도 좋은 방법이다. 그러나, EL 백라이트형에서는 약 $100V_{AC}$/400Hz의 교류전원을 필요로 하므로 그림 (d)에서처럼 EL 백라이트용의 인버터를 사용하게 되며, 인버터의 출력을 LCD 모듈의 21(EL1), 22(EL2)번 단자에 접속해야 한다. 이러한 인버터는 소형으로 +5V 직류 입력에 $100V_{AC}$/400Hz 정도의 교류 출력을 갖는 제품들이 판매되고 있다.

(3) 동작 타이밍

HG12605NY-LY에서 사용하는 세그먼트 드라이버는 삼성전자의 S6B0108 또는 히타치의 HD61202U인데, 이것들은 표시하는 기호만 약간 다를 뿐이고 동작 타이밍은 완전히 동일하다. <그림 4.17.6>에 보인 것은 히타치 HD61202U의 라이트 및 리드 동작 타이밍이다.

LCD 모듈을 마이크로프로세서와 접속할 때는 이것들의 제어신호가 일반적인 주변 LSI들에 비하여 다소 특이한 동작을 가지며, 동작 시간이 상당히 느린 편이므로 주의하여 사용해야 한다. 특히 그래픽형 LCD 모듈은 텍스트형에 비하여 동작시간이 더욱 느리다. 이 때문에 텍스트형 LCD 모듈은 어드레스 디코더를 이용하여 I/O 영역에 할당하는 방법으로 사용하는 경우가 많지만, 그래픽형 LCD 모듈은 오늘날의 CPU들이 대부분 상당히 빠른 동작을 수행하는 것을 감안하면 이렇게 하는 것이 매우 어렵다. 따라서, 그래픽형 LCD 모듈을 CPU에 인터페이스하려면 보통 외부 어드레스 확장 영역에 인터페이스하지 않고 병렬 I/O 포트에 붙이거나 또는 래치기능을 가지는 병렬출력 인터페이스 회로를 거쳐서 접속하게 된다.

OK-1281/2561 키트에서도 외부 데이터 메모리를 확장하는 어드레스 공간에 8비트 D형 플립플롭 74LS574를 인터페이스하고 이를 통하여 그래픽형 LCD 모듈을 접속하였다. 그러나, 이렇게 하면 하드웨어의 타이밍 문제는 해결이 되지만, 그래픽형 LCD

모듈의 제어신호를 일일이 병렬 출력 비트로 제어해야 하기 때문에 소프트웨어가 상당히 번거롭고 복잡해진다.(16MHz로 동작하는 ATmega1281/2561은 텍스트형 LCD 모듈을 구동하기에도 너무 빠른 속도로 동작하므로 *OK-1281/2561* 키트에서는 텍트스형 LCD 모듈도 이와 같은 방법으로 인터페이스하였다.)

타 이 밍	기호	Min.	Typ.	Max.	단위
Enable cycle time	t_{cyc}	1000	-	-	
Enable high level width	PW_{EH}	450	-	-	
Enable low level width	PW_{EL}	450	-	-	
Enable rise time	t_r	-	-	25	
Enable fall time	t_f	-	-	25	
Address setup time(CS1,CS2, $D/\bar{I}$)	t_{AS}	140	-	-	ns
Address hold time (CS1,CS2, $D/\bar{I}$)	t_{AH}	10	-	-	
Data setup time(write)	t_{DSW}	200	-	-	
Data delay time(read)	t_{DDR}	-	-	320	
Data hold time(write)	t_{DHW}	10	-	-	
Data hold time(read)	t_{DHR}	20	-	-	

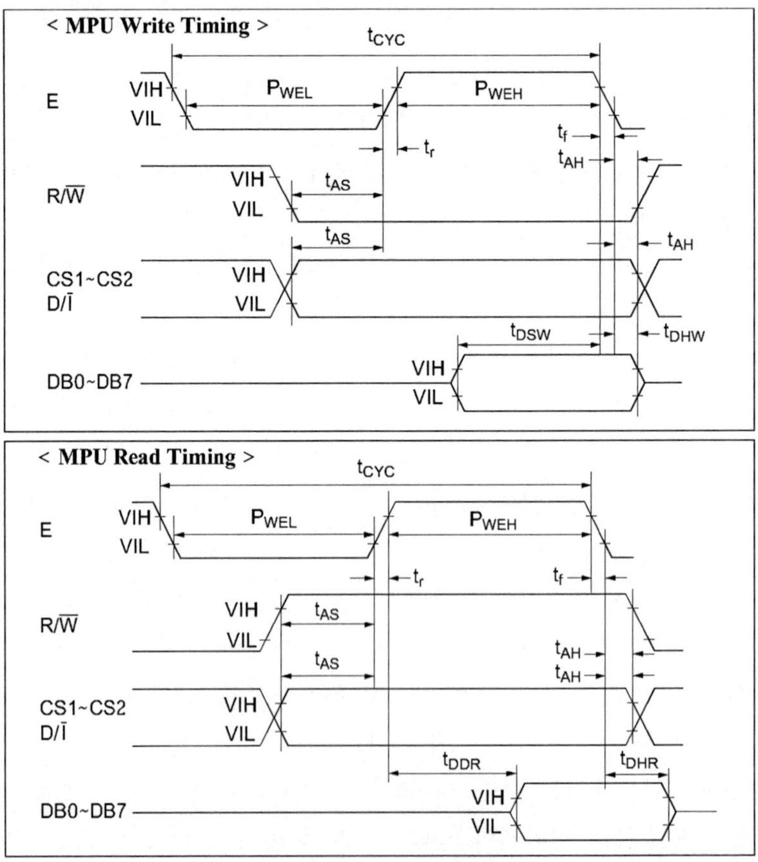

〈그림 4.17.6〉 그래픽형 LCD 모듈의 동작 타이밍

3. 그래픽형 LCD 모듈의 프로그래밍

(1) 그래픽형 LCD 모듈의 내부 동작

HG12605NY-LY처럼 LCD 콘트롤러를 가지지 않고 공통 드라이버와 세그먼트 드라이버로만 구성되는 그래픽형 LCD 모듈은 내부 동작이 매우 단순하다. 즉, 텍스트형 LCD 모듈처럼 CPU가 ASCII 문자의 코드만을 전송하면 LCD 모듈이 내장하는 문자 폰트 중에서 이 코드에 해당하는 문자 폰트를 찾아서 화면의 지정된 위치에 표시하는 기능이 없고, CPU가 각 화소에 해당하는 번지에 데이터를 라이트하여 두면 그래픽형 LCD 모듈은 단지 공통 드라이버와 세그먼트 드라이버 LSI가 다이나믹 방식으로 이 데이터를 화면에 표시하는 것뿐이다. 또한, 그래픽형 LCD 모듈에서는 이러한 화면표시와 관련하여 몇개 정도의 제어명령을 처리할 수 있는 기능을 가진다.

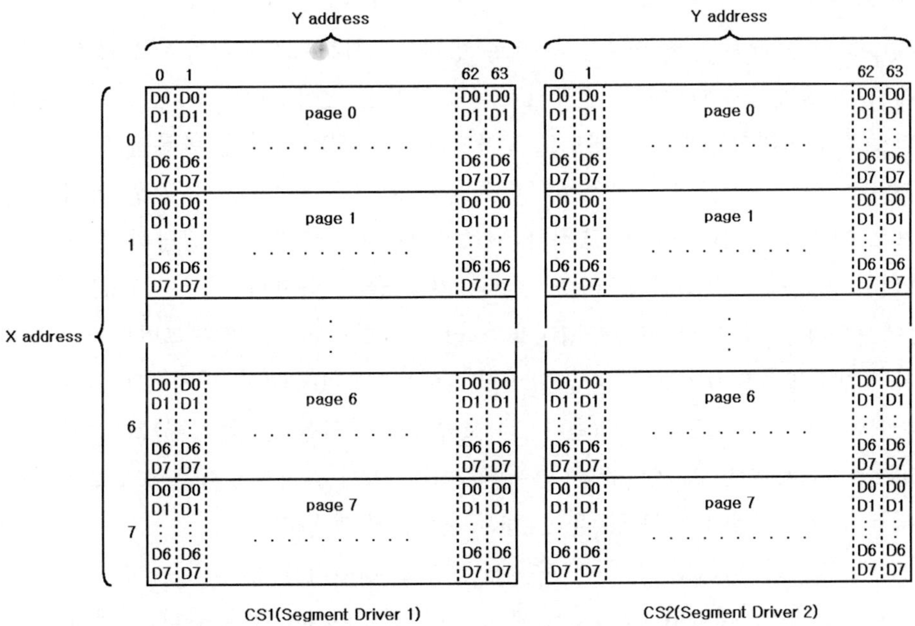

〈그림 4.17.7〉 그래픽형 LCD 모듈의 DD RAM과 화면 구성

이를 위해 그래픽형 LCD 모듈은 내부에 제어명령을 해독하여 처리할 수 있는 회로와 많은 양의 DD(Display Data) RAM 메모리를 가지고 있는데, 이것들은 모두 세그먼트 드라이버 LSI에 내장되어 있다. 세그먼트 드라이버 S6B0108 또는 HD61202U는 512×8 = 4096비트의 DD RAM을 가지고 있는데, 1비트의 메모리는 1개의 액정 화

소를 표시할 수 있으므로 이것은 64×64 = 4096개의 화소를 표시하는데 사용된다. 즉, 세그먼트 드라이버 소자 1개는 공통 드라이버와 타이밍의 동기를 유지하면서 64개의 행(row)과 64개의 열(column)을 구동할 수 있는 것이다. 따라서, 128×64 해상도를 가지는 그래픽형 LCD 모듈은 내부에 이러한 세그먼트 드라이버 소자를 2개 사용하고 있다.

이러한 128×64 도트 해상도를 가지는 그래픽형 LCD 모듈의 화면과 메모리 구조를 그림으로 설명하면 <그림 4.17.7>과 같다. 화면의 좌측 64×64 도트는 세그먼트 드라이버 1이 담당하고, 우측 64×64 도트는 세그먼트 드라이버 2가 담당한다. 화면은 좌측 상단으로부터 아래쪽으로 연속된 8비트가 DD RAM의 1번지 데이터가 되며, 이 연속된 8비트는 1개의 X어드레스 또는 페이지가 된다. DD RAM 데이터의 8비트 중에서 LSB(Least Significant Bit)가 위쪽의 도트에 해당되고, MSB(Most Significant Bit)가 아래쪽의 도트에 해당된다는 것에 유의하라. 이렇게 하여 128×64 도트의 화면은 위로부터 아래 방향으로 X어드레스 0~7(또는 페이지 0~7)을 구성한다.

한편, 화면은 좌측 상단으로부터 가로 방향으로 1도트가 1개의 어드레스가 되어 Y어드레스 0~63을 구성하는데, 전체 128개의 도트를 Y어드레스 0~127로 부르지 않고 세그먼트 드라이버가 2개 사용되므로 Y어드레스 0~63이 2차례 반복된다.

128×64 도트 해상도의 그래픽형 LCD 모듈 화면은 이와 같이 매우 특이한 구조를 가지므로 화면에 어떤 내용을 표시하는 프로그램을 작성할 때 상당히 불편하며 세심한 주의를 기울여 프로그래밍해야만 한다. 예를 들어 화면의 최상단 1도트 라인에 좌측 끝에서부터 우측의 끝까지 수평선을 그리고자 한다면, 먼저 세그먼트 드라이버 1에 대하여 X어드레스를 0으로 지정하고 나서 Y어드레스 0~63의 번지에 01H값을 64차례 출력하여야 한다. 이것은 그래픽형 LCD 모듈에서 CS1을 인에이블하고 출력해야만 한다. 그리고 나서, 이번에는 CS2를 인에이블하여 역시 X어드레스를 0으로 지정하고 Y어드레스 0~63의 번지에 01H값을 64차례 출력하여야 한다.

이렇게 그래픽형 LCD 모듈에 수평방향으로 데이터를 출력하는 경우에는 화면의 좌반부와 우반부에 대하여 각각 CS1과 CS2를 인에이블시켜야 한다는 점에 주의하라. 또한 화면의 세로방향이 Y어드레스가 아니라 X어드레스이며, 가로방향이 X어드레스가 아니라 Y어드레스라는 것을 혼동하지 말고 올바르게 기억해야 한다.

(2) 제어 명령

세그먼트 드라이버 S6B0108 또는 HD61202U 소자를 사용하는 그래픽형 LCD 모듈의 제어 명령(Instruction 또는 Command)을 정리하면 <표 4.17.5>와 같다. 이들 명령은 마이크로프로세서가 이 LCD 모듈을 초기화하거나 제어하는 프로그램에서 사용되며 데이터 버스 DB0~DB7을 통하여 전송된다.

그래픽형 LCD 모듈이 각 명령을 받아 이를 실행하는 동안에는 세그먼트 드라이버 내부의 비지 플래이 1~3클록 주기 동안 1로 셋트된다. 따라서, 공통 드라이버의 발진 회로에서 일반적으로 f_{osc}=450kHz이고 드라이버 내부의 동작 클록은 이것의 1/2주파수로 동작하는 것을 감안하면 비지 플래이 셋트되어 있는 시간은 대략 4.4~13.3[μs] 정도가 된다.

그러나, 그래픽형 LCD 모듈을 병렬 포트로 인터페이스하는 경우에는 CPU가 LCD 모듈로 데이터를 출력하는 것만 가능할 뿐이며, 반대로 CPU가 LCD 모듈에서 데이터를 읽어들이는 것은 사실상 불가능하므로 비지 체크가 어려우며, 따라서 이는 적절한 시간 지연으로 처리하는 것이 좋다.

〈표 4.17.5〉 그래픽형 LCD 모듈의 제어 명령표

기 능	$R/\overline{W}$	$D/\overline{I}$	DB7	DB6	DB5	DB4	DB3	DB2	DB1	DB0	비 고
① Display ON/OFF	0	0	0	0	1	1	1	1	1	D	화면 표시 여부를 지정. (D : 0 = OFF, 1 = ON)
② Display start line	0	0	1	1	start line(0~63)						화면의 시작 도트 라인을 지정.
③ Set X address(page)	0	0	1	0	1	1	1	page(0~7)			DD RAM의 X어드레스를 지정.
④ Set Y address	0	0	0	1	Y address(0~63)						DD RAM의 Y어드레스를 지정.
⑤ Read status	1	0	busy	0	on/off	reset	0	0	0	0	LCD 모듈의 상태를 리드. busy : 0 = ready, 1 = busy on/off : 0 = ON, 1 = OFF reset : 0 = normal, 1 = reset
⑥ Write display data	0	1	Write data								데이터를 DD RAM에 라이트.
⑦ Read display data	1	1	Read data								DD RAM에서 데이터를 리드.

① Display ON/OFF

D=1로 설정하면 LCD 화면에 DD RAM의 내용이 표시되고, D=0으로 설정하면 화면이 표시되지 않는다. 그러나, D=0으로 설정하더라도 화면이 보이지 않는 것뿐이며 DD RAM의 내용은 그대로 보존된다.

② Display start line(Z address)

DD RAM의 데이터 중에서 화면의 가장 위쪽 도트에 표시될 스타트 라인(Z어드레스)을 지정한다. 이 값은 0~63으로 지정되는데, 이를 점차로 증가시키면 화면 전체가 위로 조금씩 스크롤되는 효과를 거둘 수 있다.

③ Set X address(page)

DD RAM의 X어드레스 또는 페이지 번호를 지정한다. 이 값은 0~7로 지정되는데, 이것은 CPU가 리드 또는 라이트할 DD RAM이 화면의 세로방향 위치 중 어디에 해당하는지를 결정한다. 각 X어드레스는 위로부터 차례로 연속된 8개씩의 도트 라인을 가리킨다. 즉, 페이지0 = 0~7, 페이지1 = 8~15, ... , 페이지6 = 48~55, 페이지7 = 56~63와 같게 된다.

④ Set Y address

DD RAM의 Y어드레스를 지정한다. 이 값은 0~63으로 지정되는데, 이것은 CPU가 리드 또는 라이트할 DD RAM이 화면의 가로방향 위치 중 어디에 해당하는지를 결정한다. CPU가 DD RAM을 리드 또는 라이트할 때마다 Y어드레스는 자동으로 1씩 증가한다. Y어드레스는 2개의 세그먼트 드라이버에 대하여 각각 0~63번지씩 2개가 별도로 존재하므로, 화면의 0~63번 열에 대하여는 CS1을 인에이블하고 액세스해야 하며, 화면의 64~127번 열에 대하여는 CS2를 인에이블하고 액세스해야 한다.

⑤ Read status

그래픽형 LCD 모듈의 상태를 읽어들인다. 여기서 상태를 표시하는 플랙 비트는 3개가 있는데, busy 플랙은 1이면 현재 LCD 모듈이 동작중이므로 다음 명령을 보내지 못하도록 하는 것이며, 0이면 동작이 완료되었음을 나타낸다. 각 명령을 보낼 때마다 플랙 비트는 약 4.4~13.3[μs] 동안 1로 된다. on/off 플랙은 현재 화면을 표시하도록 설정되었는지를 나타내는데, 이것은 ① Display ON/OFF 명령에서 설정한 D 비트의 반전값이라는데 유의해야 한다. reset 플랙은 1이면 리셋 직후에 내부적으로 초기화 동작이 수행중임을 나타내고, 0이면 초기화가 완료되어 정상적인 사용이 가능한 상태로 되었음을 의미한다.

⑥ Write display data

화면에 표시할 데이터를 데이터 버스 DB7~DB0를 통하여 DD RAM에 라이트한다. 이 데이터가 라이트되는 DD RAM의 번지는 현재의 X어드레스 및 Y어드레스로 지정되어 있는 번지이다. 라이트 동작이 완료되면 내부에서 자동적으로 Y어드레스가 1만큼 증가된다.

⑦ Read display data

현재 X어드레스 및 Y어드레스로 지정된 DD RAM 번지에 저장되어 있는 내용을 데이터 버스 DB7~DB0를 통하여 읽어들인다. 리드 동작이 완료되면 내부에서 자동적으로 Y어드레스가 1만큼 증가된다. X어드레스나 Y어드레스를 설정하는 명령을 실행한 직후에는 이 리드 동작이 수행되지 않으므로 1번의 더미 리드(dummy read)를 포함하여 2번의 리드 동작이 필요하다.

◀참고▶ 콘트롤러를 가지지 않는 그래픽형 LCD 모듈은 텍스트형 LCD 모듈의 경우처럼 사용자가 이를 소프트웨어적으로 초기화하는 특별한 절차가 필요없다. 그러나, 처음 전원을 투입한 직후에는 DD RAM의 각 번지에 임의의 초기값을 가지게 되어 화면에 랜덤하게 임의의 점들이 켜지므로 화면 전체를 클리어시키는 초기화 과정을 수행하는 것이 일반적이다.

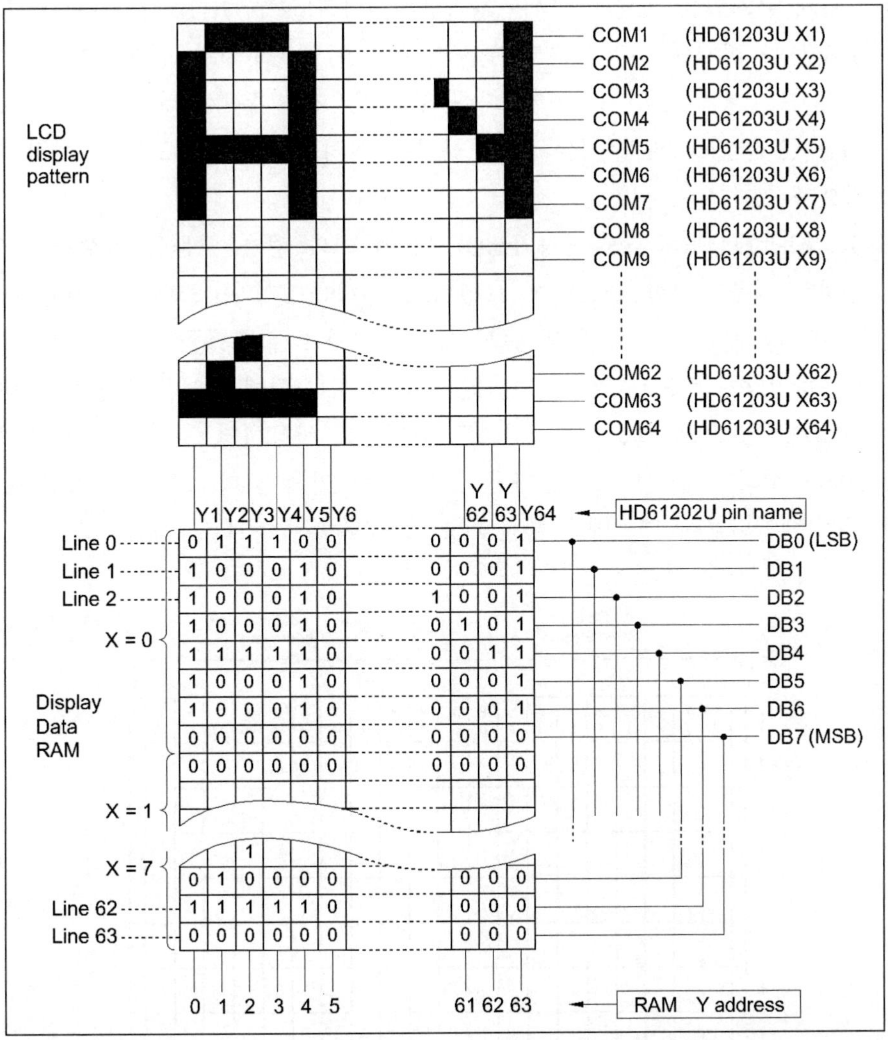

〈그림 4.17.8〉 그래픽형 LCD 모듈의 화면과 DD RAM의 관계

4. 영문 ASCII 디스플레이 프로그램

나중에 제4.19절에서 공부하는 바와 같이 그래픽형 LCD 모듈에 영문 ASCII 또는 한글 문자를 혼용하여 표시하는 경우에 영문은 1문자를 8×16 도트로 사용하고 한글은 1문자를 16×16 도트로 사용하는 것이 일반적이다.

그러나, 그래픽형 LCD 모듈을 사용하는 경우에도 굳이 한글을 표시할 필요가 없이 영문 ASCII 문자만을 표시한다면 이와 같은 8×16 도트의 폰트를 사용하지 말고 텍스트형 LCD 모듈에서와 비슷하게 6×8 문자 박스에 5×7 도트로 표시되는 전형적인 영문 폰트를 사용하여 화면에 훨씬 더 많은 행과 열을 나타낼 수 있다. 텍스트형 LCD 모듈에서는 5×8 문자 박스에 5×7 도트로 텍스트 문자를 사용하지만, 그래픽형 LCD 모듈에서는 모든 도트가 일정한 간격으로 되어 있으므로 6×8 문자 박스에 5×7 도트로 텍스트 문자를 표현함으로써 문자와 문자 사이에 상하나 좌우로 1도트의 이격 거리를 확보할 필요가 있다.

128×64 도트 해상도의 그래픽형 LCD 모듈에 이와 같은 영문을 표현하기 위하여 화면을 구성한 예를 <그림 4.17.9>에 보였다. 여기서는 2개의 세그먼트 드라이버가 각각 Y방향으로 64개의 도트 열을 담당하는데, 1문자가 6개 도트를 차지하므로 모두 10문자를 사용하면 4개의 도트 열이 남게 된다. 따라서, 그림에서 보는 것처럼 화면의 좌우 양단에 4개씩의 도트 열을 빈 공간으로 남겨놓고 사용하기로 한다. 이렇게 하면 1화면은 20자×8행의 영문 텍스트 문자를 표시할 수 있게 되며, 그림에서처럼 문자 및 커서의 위치는 열번호 y = 0~19와 행번호 x = 0~7로 사용하기로 한다.

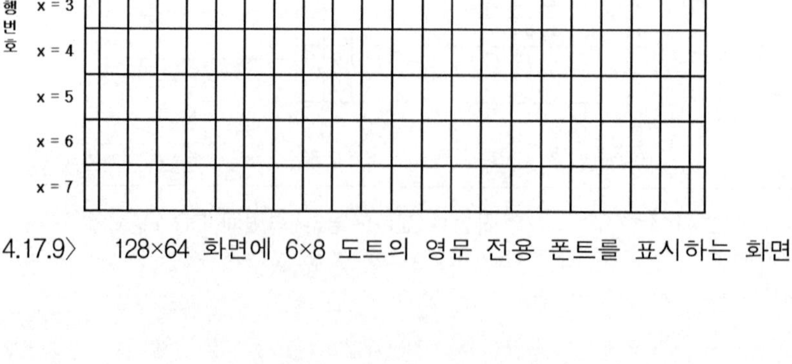

〈그림 4.17.9〉 128×64 화면에 6×8 도트의 영문 전용 폰트를 표시하는 화면 구성

여기서는 이러한 방법으로 128×64 도트의 그래픽형 LCD 모듈에 영문 ASCII 문자를 디스플레이하는 프로그램을 작성하여 본다. 각 문자의 폰트는 5×7 도트이며, 따라서 각 문자당 폰트 데이터가 5바이트를 차지하므로 ASCII 코드의 도형문자인 0x20~0x7E 전체는 95×5=475 바이트에 불과하여 이를 별도의 인클루드 파일이나 헤더파일로 처리하지 않고 주 프로그램 소스에 직접 포함시켰다.

▣ 어셈블리 언어의 경우

영문 ASCII 문자를 디스플레이하는 프로그램을 어셈블리 언어로 작성하면 다음과 같다.

<프로그램 Exp17_1.asm> 영문 ASCII 전용 디스플레이 프로그램

```
;[][][][][][][][][][][][][][][][][][][][][][][][][][][][][][][][][][][][]
;[]                                                                    []
;[]    Exp17_1.asm : ASCII(English)-Only Display on Graphic LCD        []
;[]                                                                    []
;[][][][][][][][][][][][][][][][][][][][][][][][][][][][][][][][][][][][]
;
;               Designed and programmed by Duck-Yong Yoon in 2006.
;
;-----------------------------------------------
;       Include Header File
;-----------------------------------------------
.nolist
.include "m2561def.inc"                 ; ATmega2561 definition file
.list

;=============================================================
;       Graphic LCD Module : Hyundai LCD, HG12605NY-LY, 128x64 dot
;=============================================================
;-----------------------------------------------
;       Graphic LCD Module Address
;-----------------------------------------------
;.equ   LCD_DATABUS     0x4000          ; GLCD data
;.equ   LCD_CONTROL     0x4100          ; GLCD control signal
                                        ;    GND = R/-W    (5, read/write)
                                        ;     D4 = D/-I    (4, data/instruction)
                                        ;     D5 = E       (6, enable)
                                        ;     D6 = CS1     (15, chip select 1)
                                        ;     D7 = CS2     (16, chip select 2)
.dseg
        .org    0x0200
;-----------------------------------------------
;       Variables for Graphic LCD Module
;-----------------------------------------------
Xcharacter:     .byte   1               ; X character(0-7) of graphic LCD module
Ycharacter:     .byte   1               ; Y character(0-19) of graphic LCD module
CURSOR_FLAG:    .byte   1               ; cursor on/off flag(0=off, 1=on)
Xcursor:        .byte   1               ; X cursor position of graphic LCD module
Ycursor:        .byte   1               ; Y cursor position of graphic LCD module

;=============================================================
```

```
;       Main Program
;=====================================================================
.cseg
        .org    0x0000
        LDI     AH,high(RAMEND)         ; initialize SP
        LDI     AL,low(RAMEND)
        OUT     SPH,AH
        OUT     SPL,AL

        CALL    INIT_MCU                ; initialize MCU and kit
        CALL    D50MS                   ; wait for system stabilization
        CALL    INIT_LCD                ; initialize text LCD
        CALL    BEEP

        CALL    CLEAR_SCREEN            ; clear graphic LCD screen
        CLR     AL                      ; cursor off
        STS     CURSOR_FLAG,AL

;----------------------------------------------
;       Display Title on Text LCD Module
;----------------------------------------------
        CALL    LCD_HOME1               ; display title
        CALL    LCD_STRING
        .db     "Graphic LCD Test",0,0
        CALL    LCD_HOME2
        CALL    LCD_STRING
        .db     " ASCII(English) ",0,0

;----------------------------------------------
;       Display English ASCII
;----------------------------------------------
LOOP:   CALL    GLCD_HOME0              ; display screen 1
        CALL    GLCD_STRING
        .db     "   OK-2561 Kit V1.0   ",0,0
        CALL    GLCD_HOME1
        CALL    GLCD_STRING
        .db     "       2006/10/01     ",0,0
        CALL    GLCD_HOME2
        CALL    GLCD_STRING
        .db     "                      ",0,0
        CALL    GLCD_HOME3
        CALL    GLCD_STRING
        .db     "       Designed by    ",0,0
        CALL    GLCD_HOME4
        CALL    GLCD_STRING
        .db     "    Duck-Yong Yoon.   ",0,0
        CALL    GLCD_HOME5
        CALL    GLCD_STRING
        .db     "                      ",0,0
        CALL    GLCD_HOME6
        CALL    GLCD_STRING
        .db     "        Made by       ",0,0
        CALL    GLCD_HOME7
        CALL    GLCD_STRING
        .db     " Ohm Publishing Co. ",0,0
        CALL    D5SEC

        CALL    GLCD_HOME0              ; display screen 2
        CALL    GLCD_STRING
        .db     "      Hyundai LCD     ",0,0
        CALL    GLCD_HOME1
        CALL    GLCD_STRING
        .db     "     HG12605NY-LY     ",0,0
        CALL    GLCD_HOME2
```

```
        CALL    GLCD_STRING
        .db     "                   ",0,0
        CALL    GLCD_HOME3
        CALL    GLCD_STRING
        .db     "     Yellow/Green   ",0,0
        CALL    GLCD_HOME4
        CALL    GLCD_STRING
        .db     "    LED Backlight   ",0,0
        CALL    GLCD_HOME5
        CALL    GLCD_STRING
        .db     "                   ",0,0
        CALL    GLCD_HOME6
        CALL    GLCD_STRING
        .db     "128 x 64 Graphic LCD",0,0
        CALL    GLCD_HOME7
        CALL    GLCD_STRING
        .db     " 6x8 Box, 5x7 ASCII ",0,0
        CALL    D5SEC

        CALL    GLCD_HOME0              ; display screen 3
        CALL    GLCD_STRING
        .db     "===================",0,0
        CALL    GLCD_HOME1
        CALL    GLCD_STRING
        .db     "   ASCII Characters  ",0,0
        CALL    GLCD_HOME2
        CALL    GLCD_STRING
        .db     "===================",0,0
        CALL    GLCD_HOME7
        CALL    GLCD_STRING
        .db     "                   ",0,0

        CALL    GLCD_HOME3              ; from 0x20 to 0x7E
        LDI     CL,95
        LDI     DL,0x20
LOOP1:  MOV     LCD_BUFFER,DL
        CALL    GLCD_CHARACTER
        INC     DL
        DEC     CL
        BRNE    LOOP1
        CALL    D5SEC
        JMP     LOOP

;=====================================================================
;       Graphic LCD Display Subroutine
;=====================================================================
;---------------------------------------------
;       Clear Graphic LCD Screen
;---------------------------------------------
CLEAR_SCREEN:
        LDI     AL,0b00000000           ; clear all control signals
        STS     LCD_CONTROL,AL
        LDI     AL,0b11000000           ; CS1,CS2 display ON
        LDI     LCD_BUFFER,0b00111111
        CALL    GLCD_COMMAND
        LDI     AL,0b11000000           ; CS1,CS2 display start line
        LDI     LCD_BUFFER,0b11000000
        CALL    GLCD_COMMAND

        LDI     BL,0b10111000           ; X start address
        LDI     CH,8
CLEAR_S1:LDI    BH,0b01000000           ; Y start address
        LDI     AL,0b11000000           ; CS1,CS2 X address
        MOV     LCD_BUFFER,BL
```

```
        CALL    GLCD_COMMAND
        LDI     AL,0b11000000           ; CS1,CS2 Y address
        MOV     LCD_BUFFER,BH
        CALL    GLCD_COMMAND
        LDI     CL,64
CLEAR_S2:LDI    AL,0b11000000           ; clear CS1 and CS2
        LDI     LCD_BUFFER,0x00
        CALL    GLCD_DATA
        DEC     CL
        BRNE    CLEAR_S2
        INC     BL
        DEC     CH
        BRNE    CLEAR_S1
        RET

;--------------------------------------------------
;       Set Graphic LCD Display Position
;--------------------------------------------------
GLCD_HOME0:LDI  AL,0
        STS     Xcharacter,AL
        LDI     AL,0
        STS     Ycharacter,AL
        RJMP    GLCD_XY
GLCD_HOME1:LDI  AL,1
        STS     Xcharacter,AL
        LDI     AL,0
        STS     Ycharacter,AL
        RJMP    GLCD_XY
GLCD_HOME2:LDI  AL,2
        STS     Xcharacter,AL
        LDI     AL,0
        STS     Ycharacter,AL
        RJMP    GLCD_XY
GLCD_HOME3:LDI  AL,3
        STS     Xcharacter,AL
        LDI     AL,0
        STS     Ycharacter,AL
        RJMP    GLCD_XY
GLCD_HOME4:LDI  AL,4
        STS     Xcharacter,AL
        LDI     AL,0
        STS     Ycharacter,AL
        RJMP    GLCD_XY
GLCD_HOME5:LDI  AL,5
        STS     Xcharacter,AL
        LDI     AL,0
        STS     Ycharacter,AL
        RJMP    GLCD_XY
GLCD_HOME6:LDI  AL,6
        STS     Xcharacter,AL
        LDI     AL,0
        STS     Ycharacter,AL
        RJMP    GLCD_XY
GLCD_HOME7:LDI  AL,7
        STS     Xcharacter,AL
        LDI     AL,0
        STS     Ycharacter,AL

GLCD_XY:LDS     AL,Xcharacter           ; Xcharacter (0-7)
        LDI     LCD_BUFFER,0b10111000
        ADD     LCD_BUFFER,AL
        LDI     AL,0b11000000
        CALL    GLCD_COMMAND
        LDS     AL,Ycharacter           ; Ycharacter (0-19)
```

```
        CPI     AL,10
        BRSH    GLCD_XY1
        PUSH    R0
        PUSH    R1
        LDI     AH,6                    ; if Ycharacter =< 9, CS1 Ycharacter
        MUL     AL,AH
        LDI     LCD_BUFFER,0b01000000
        ADD     LCD_BUFFER,R0
        LDI     AL,4
        ADD     LCD_BUFFER,AL
        LDI     AL,0b01000000
        CALL    GLCD_COMMAND
        POP     R1
        POP     R0
        RET
GLCD_XY1:PUSH   R0
        PUSH    R1
        SUBI    AL,10                   ; if Ycharacter >= 10, CS2 Ycharacter
        LDI     AH,6
        MUL     AL,AH
        LDI     LCD_BUFFER,0b01000000
        ADD     LCD_BUFFER,R0
        LDI     AL,0b10000000
        CALL    GLCD_COMMAND
        POP     R1
        POP     R0
        RET

;----------------------------------------------
;       Write a Command (AL, LCD_BUFFER)
;----------------------------------------------
GLCD_COMMAND:
        PUSH    AL
        ANDI    AL,0b11000000           ; clear all signals except CS1, CS2
        STS     LCD_CONTROL,AL          ; D/-I = 0
        PUSH    R0                      ; delay for 500 ns
        POP     R0
        PUSH    R0
        POP     R0
        STS     LCD_DATABUS,LCD_BUFFER  ; write command
        ORI     AL,0b00100000           ; E = 1
        STS     LCD_CONTROL,AL
        PUSH    R0                      ; delay for 500 ns
        POP     R0
        PUSH    R0
        POP     R0
        ANDI    AL,0b11011111           ; E = 0
        STS     LCD_CONTROL,AL
        LDI     AL,0b00000000           ; clear all control signals
        STS     LCD_CONTROL,AL
        CALL    D10US                   ; wait for GLCD busy
        POP     AL
        RET

;----------------------------------------------
;       Write a Data (AL, LCD_BUFFER)
;----------------------------------------------
GLCD_DATA:PUSH  AL
        ANDI    AL,0b11000000           ; clear all signals except CS1, CS2
        ORI     AL,0b00010000           ; D/-I = 1
        STS     LCD_CONTROL,AL
        PUSH    R0                      ; delay for 500 ns
        POP     R0
        PUSH    R0
```

```
        POP     R0
        STS     LCD_DATABUS,LCD_BUFFER   ; write data
        ORI     AL,0b00100000            ; E = 1
        STS     LCD_CONTROL,AL
        PUSH    R0                       ; delay for 500 ns
        POP     R0
        PUSH    R0
        POP     R0
        ANDI    AL,0b11011111            ; E = 0
        STS     LCD_CONTROL,AL
        LDI     AL,0b00000000            ; clear all control signals
        STS     LCD_CONTROL,AL
        CALL    D10US                    ; wait for GLCD busy
        POP     AL
        RET

;-----------------------------------------------
;       Display a 6x8 Dot ASCII Character(LCD_BUFFER)
;-----------------------------------------------
GLCD_CHARACTER:
        PUSH    R0                       ; store registers
        PUSH    R1
        PUSH    AL
        PUSH    AH
        PUSH    BL
        PUSH    BH
        PUSH    ZL
        PUSH    ZH

        PUSH    LCD_BUFFER
        CALL    GLCD_XY                  ; go display position
        POP     LCD_BUFFER

        CPI     LCD_BUFFER,0x7F          ; if ASCII >= 0x7F, space character
        BRSH    GLCD_CH1
        CPI     LCD_BUFFER,0x20          ; if ASCII < 0x20, space character
        BRSH    GLCD_CH2
GLCD_CH1:LDI    LCD_BUFFER,0x20
GLCD_CH2:LDI    AH,byte3(FONT << 1)      ; start address of character font
        LDI     ZH,high(FONT << 1)
        LDI     ZL,low(FONT << 1)
        SUBI    LCD_BUFFER,0x20          ; from 0x20 to 0x7E
        LDI     AL,6
        MUL     AL,LCD_BUFFER
        ADD     ZL,R0
        ADC     ZH,R1
        CLR     AL
        ADC     AH,AL
        OUT     RAMPZ,AH

        LDI     BL,5                     ; display 5-byte font
        LDS     AL,Ycharacter            ; CS1 or CS2 ?
        CPI     AL,10
        BRSH    GLCD_CH3
        LDI     AL,0b01000000
        RJMP    GLCD_CH4
GLCD_CH3:LDI    AL,0b10000000
GLCD_CH4:ELPM   LCD_BUFFER,Z+
        LDS     AH,CURSOR_FLAG           ; cursor on ?
        CPI     AH,0
        BREQ    GLCD_CH5
        LDS     AH,Xcharacter            ; Xcharacter = Xcursor ?
        LDS     BH,Xcursor
        CP      AH,BH
```

```
        BRNE    GLCD_CH5
        LDS     AH,Ycharacter           ; Ycharacter = Ycursor ?
        LDS     BH,Ycursor
        CP      AH,BH
        BRNE    GLCD_CH5
        ORI     LCD_BUFFER,0b10000000   ; if yes, display cursor
GLCD_CH5:CALL   GLCD_DATA
        DEC     BL
        BRNE    GLCD_CH4
        LDI     LCD_BUFFER,0b00000000   ; last byte 0x00
        CALL    GLCD_DATA

        LDS     AL,Ycharacter           ; go next character position
        INC     AL
        CPI     AL,20
        BRNE    GLCD_CH6
        LDS     AL,Xcharacter
        INC     AL
        STS     Xcharacter,AL
        CLR     AL
GLCD_CH6:STS    Ycharacter,AL

        POP     ZH                      ; restore registers
        POP     ZL
        POP     BH
        POP     BL
        POP     AH
        POP     AL
        POP     R1
        POP     R0
        RET

;---------------------------------------------
;       Display a String on Graphic LCD
;---------------------------------------------
GLCD_STRING:
        OUT     GPIOR0,ZL               ; store RAMPZ:ZH:ZL
        OUT     GPIOR1,ZH
        IN      ZL,RAMPZ
        OUT     GPIOR2,ZL
#if(defined(__ATmega2560__) || defined(__ATmega2561__))
        POP     RAMPZ_BUFFER            ; get start address of string(3-byte PC)
#else
        CLR     RAMPZ_BUFFER            ; get start address of string(2-byte PC)
#endif
        POP     ZH
        POP     ZL
        LSL     ZL                      ; convert into byte address
        ROL     ZH
        ROL     RAMPZ_BUFFER
        OUT     RAMPZ,RAMPZ_BUFFER
GLCD_ST1:ELPM   LCD_BUFFER,Z+           ; read a character. end string ?
        CPI     LCD_BUFFER,0
        BREQ    GLCD_ST2                ; if yes, return
        CALL    GLCD_CHARACTER          ; if no, display a character
        RJMP    GLCD_ST1
GLCD_ST2:SBRC   ZL,0                    ; if odd address, skip 1 address
        ELPM    LCD_BUFFER,Z+
        IN      RAMPZ_BUFFER,RAMPZ      ; convert into word address
        LSR     RAMPZ_BUFFER
        ROR     ZH
        ROR     ZL
        PUSH    ZL                      ; store new return address
        PUSH    ZH
```

```
#if(defined(__ATmega2560__) || defined(__ATmega2561__))
        PUSH    RAMPZ_BUFFER
#endif
        IN      ZL,GPIOR2               ; restore RAMPZ:ZH:ZL
        OUT     RAMPZ,ZL
        IN      ZH,GPIOR1
        IN      ZL,GPIOR0
        RET

;==========================================================================
;       5x7 ASCII Character Font Data (6x8 Character Box)
;==========================================================================
FONT:   .db     0x00,0x00,0x00,0x00,0x00,0      ; 0x20 space
        .db     0x00,0x00,0x4F,0x00,0x00,0      ; 0x21 !
        .db     0x00,0x07,0x00,0x07,0x00,0      ; 0x22 "
        .db     0x14,0x7F,0x14,0x7F,0x14,0      ; 0x23 #
        .db     0x24,0x2A,0x7F,0x2A,0x12,0      ; 0x24 $
        .db     0x23,0x13,0x08,0x64,0x62,0      ; 0x25 %
        .db     0x36,0x49,0x55,0x22,0x50,0      ; 0x26 &
        .db     0x00,0x05,0x03,0x00,0x00,0      ; 0x27 '
        .db     0x00,0x1C,0x22,0x41,0x00,0      ; 0x28 (
        .db     0x00,0x41,0x22,0x1C,0x00,0      ; 0x29 )
        .db     0x14,0x08,0x3E,0x08,0x14,0      ; 0x2A *
        .db     0x08,0x08,0x3E,0x08,0x08,0      ; 0x2B +
        .db     0x00,0x50,0x30,0x00,0x00,0      ; 0x2C ,
        .db     0x08,0x08,0x08,0x08,0x08,0      ; 0x2D -
        .db     0x00,0x60,0x60,0x00,0x00,0      ; 0x2E .
        .db     0x20,0x10,0x08,0x04,0x02,0      ; 0x2F /
        .db     0x3E,0x51,0x49,0x45,0x3E,0      ; 0x30 0
        .db     0x00,0x42,0x7F,0x40,0x00,0      ; 0x31 1
        .db     0x42,0x61,0x51,0x49,0x46,0      ; 0x32 2
        .db     0x21,0x41,0x45,0x4B,0x31,0      ; 0x33 3
        .db     0x18,0x14,0x12,0x7F,0x10,0      ; 0x34 4
        .db     0x27,0x45,0x45,0x45,0x39,0      ; 0x35 5
        .db     0x3C,0x4A,0x49,0x49,0x30,0      ; 0x36 6
        .db     0x01,0x71,0x09,0x05,0x03,0      ; 0x37 7
        .db     0x36,0x49,0x49,0x49,0x36,0      ; 0x38 8
        .db     0x06,0x49,0x49,0x29,0x1E,0      ; 0x39 9
        .db     0x00,0x36,0x36,0x00,0x00,0      ; 0x3A :
        .db     0x00,0x56,0x36,0x00,0x00,0      ; 0x3B ;
        .db     0x08,0x14,0x22,0x41,0x00,0      ; 0x3C <
        .db     0x14,0x14,0x14,0x14,0x14,0      ; 0x3D =
        .db     0x00,0x41,0x22,0x14,0x08,0      ; 0x3E >
        .db     0x02,0x01,0x51,0x09,0x06,0      ; 0x3F ?
        .db     0x32,0x49,0x79,0x41,0x3E,0      ; 0x40 @
        .db     0x7E,0x11,0x11,0x11,0x7E,0      ; 0x41 A
        .db     0x7F,0x49,0x49,0x49,0x36,0      ; 0x42 B
        .db     0x3E,0x41,0x41,0x41,0x22,0      ; 0x43 C
        .db     0x7F,0x41,0x41,0x22,0x1C,0      ; 0x44 D
        .db     0x7F,0x49,0x49,0x49,0x41,0      ; 0x45 E
        .db     0x7F,0x09,0x09,0x09,0x01,0      ; 0x46 F
        .db     0x3E,0x41,0x49,0x49,0x7A,0      ; 0x47 G
        .db     0x7F,0x08,0x08,0x08,0x7F,0      ; 0x48 H
        .db     0x00,0x41,0x7F,0x41,0x00,0      ; 0x49 I
        .db     0x20,0x40,0x41,0x3F,0x01,0      ; 0x4A J
        .db     0x7F,0x08,0x14,0x22,0x41,0      ; 0x4B K
        .db     0x7F,0x40,0x40,0x40,0x40,0      ; 0x4C L
        .db     0x7F,0x02,0x0C,0x02,0x7F,0      ; 0x4D M
        .db     0x7F,0x04,0x08,0x10,0x7F,0      ; 0x4E N
        .db     0x3E,0x41,0x41,0x41,0x3E,0      ; 0x4F O
        .db     0x7F,0x09,0x09,0x09,0x06,0      ; 0x50 P
        .db     0x3E,0x41,0x51,0x21,0x5E,0      ; 0x51 Q
        .db     0x7F,0x09,0x19,0x29,0x46,0      ; 0x52 R
        .db     0x26,0x49,0x49,0x49,0x32,0      ; 0x53 S
```

```
        .db     0x01,0x01,0x7F,0x01,0x01,0         ; 0x54 T
        .db     0x3F,0x40,0x40,0x40,0x3F,0         ; 0x55 U
        .db     0x1F,0x20,0x40,0x20,0x1F,0         ; 0x56 V
        .db     0x3F,0x40,0x38,0x40,0x3F,0         ; 0x57 W
        .db     0x63,0x14,0x08,0x14,0x63,0         ; 0x58 X
        .db     0x07,0x08,0x70,0x08,0x07,0         ; 0x59 Y
        .db     0x61,0x51,0x49,0x45,0x43,0         ; 0x5A Z
        .db     0x00,0x7F,0x41,0x41,0x00,0         ; 0x5B [
        .db     0x02,0x04,0x08,0x10,0x20,0         ; 0x5C \
        .db     0x00,0x41,0x41,0x7F,0x00,0         ; 0x5D ]
        .db     0x04,0x02,0x01,0x02,0x04,0         ; 0x5E ^
        .db     0x40,0x40,0x40,0x40,0x40,0         ; 0x5F _
        .db     0x00,0x01,0x02,0x04,0x00,0         ; 0x60 `
        .db     0x20,0x54,0x54,0x54,0x78,0         ; 0x61 a
        .db     0x7F,0x48,0x44,0x44,0x38,0         ; 0x62 b
        .db     0x38,0x44,0x44,0x44,0x20,0         ; 0x63 c
        .db     0x38,0x44,0x44,0x48,0x7F,0         ; 0x64 d
        .db     0x38,0x54,0x54,0x54,0x18,0         ; 0x65 e
        .db     0x08,0x7E,0x09,0x01,0x02,0         ; 0x66 f
        .db     0x0C,0x52,0x52,0x52,0x3E,0         ; 0x67 g
        .db     0x7F,0x08,0x04,0x04,0x78,0         ; 0x68 h
        .db     0x00,0x04,0x7D,0x00,0x00,0         ; 0x69 i
        .db     0x20,0x40,0x44,0x3D,0x00,0         ; 0x6A j
        .db     0x7F,0x10,0x28,0x44,0x00,0         ; 0x6B k
        .db     0x00,0x41,0x7F,0x40,0x00,0         ; 0x6C l
        .db     0x7C,0x04,0x18,0x04,0x7C,0         ; 0x6D m
        .db     0x7C,0x08,0x04,0x04,0x78,0         ; 0x6E n
        .db     0x38,0x44,0x44,0x44,0x38,0         ; 0x6F o
        .db     0x7C,0x14,0x14,0x14,0x08,0         ; 0x70 p
        .db     0x08,0x14,0x14,0x18,0x7C,0         ; 0x71 q
        .db     0x7C,0x08,0x04,0x04,0x08,0         ; 0x72 r
        .db     0x48,0x54,0x54,0x54,0x20,0         ; 0x73 s
        .db     0x04,0x3F,0x44,0x40,0x20,0         ; 0x74 t
        .db     0x3C,0x40,0x40,0x20,0x7C,0         ; 0x75 u
        .db     0x1C,0x20,0x40,0x20,0x1C,0         ; 0x76 v
        .db     0x3C,0x40,0x30,0x40,0x3C,0         ; 0x77 w
        .db     0x44,0x28,0x10,0x28,0x44,0         ; 0x78 x
        .db     0x0C,0x50,0x50,0x50,0x3C,0         ; 0x79 y
        .db     0x44,0x64,0x54,0x4C,0x44,0         ; 0x7A z
        .db     0x00,0x08,0x36,0x41,0x00,0         ; 0x7B {
        .db     0x00,0x00,0x77,0x00,0x00,0         ; 0x7C |
        .db     0x00,0x41,0x36,0x08,0x00,0         ; 0x7D }
        .db     0x08,0x04,0x08,0x10,0x08,0         ; 0x7E ~

;----------------------------------------------------
;       Include User Subroutine File
;----------------------------------------------------
.include "OK2561.INC"                   ; OK-2561 I/O and subroutine file
```

☞ 콘트롤러가 없고 드라이버만 가지고 있는 그래픽형 LCD 모듈에서는 사실상 초기화라는 개념이 없으며, 전원을 켰을 때 임의로 화면에 나타나는 쓰레기를 클리어시켜 주는 정도가 필요할 뿐이다. 서브루틴 CLEAR_SCREEN은 이 때문에 필요하다.

여기서 가장 먼저 알아야 하는 것은 *OK-1281/2561* 키트의 하드웨어와 직접 관련된 기능을 수행하는 서브루틴 GLCD_COMMAND와 GLCD_DATA이다. 그리고 이것들을 사용하여 서브루틴 GLCD_STRING과 GLCD_CHARACTER가 각각 문자열과 1문자를 그래픽형 LCD 모듈의 화면에 디스플레이하는 원리를 충분히 이해하는 것이 중요하다. 여기서 그래픽형 LCD 모듈의 동작 파형을 올바르게 처리하기 위하여 짧은 시간지연을 발생하는데는 PUSH/POP 명령을 사용하였다. 그리고, 함수의 끝부분에서 10[μs]의 시간지연을 준

것은 그래픽형 LCD 모듈이 이 함수에 의하여 지시된 동작을 수행하는데 걸리는 시간이며, 이 시간지연에 의하여 그래픽형 LCD 모듈이 이 동작을 내부적으로 완료할 때까지 CPU가 다음 동작을 지시하지 않고 대기하도록 한다.

이 프로그램에서는 커서가 보이지 않도록 하여 사용하지 않았지만, CURSOR_FLAG을 1로 설정하고 Xcursor 및 Ycursor에 좌표값을 지정하면 원하는 위치에 커서가 나타나도록 할 수 있다. 그러나, 이 커서는 사용자 프로그램에서 소프트웨어적으로 구현한 것이므로 자동으로 이동하지 않으며 모든 기능을 사용자 프로그램에서 처리해 주어야 한다.

프로그램의 서두에서 데이터 세그먼트를 사용하고 이것이 끝나면 코드 세그먼트가 시작되도록 어떻게 처리하였는지 잘 살펴보라. 또한, 이 프로그램에서 문자 폰트는 적지 않은 메모리를 차지하므로 플래시 메모리에 저장하는데, 각 ASCII 문자는 5×7 도트로 구성되므로 1문자의 폰트 데이터는 5바이트면 되지만, 이 매크로 어셈블러에서는 .db 지시어로 데이터를 정의할 때 항상 짝수 바이트로 처리해야 하므로 마지막에 필요없는 1바이트 0(0x00)을 추가하였다.

▣ C언어의 경우

앞의 Exp17_1.asm 프로그램을 C언어로 작성하여 보면 다음과 같다.

<프로그램 Exp17_1.c> 영문 ASCII 전용 디스플레이 프로그램

```
/* ========================================================================== */
/*        Exp17_1.c : ASCII(English)-Only Display on Graphic LCD Module       */
/* ========================================================================== */
/*                        Designed and programmed by Duck-Yong Yoon in 2006.  */

#include <avr/io.h>
#include <stdio.h>
#include <avr/pgmspace.h>
#include "OK1281.h"

prog_uchar font[95][5] = {                       /* 5x7 ASCII character font */
        {0x00, 0x00, 0x00, 0x00, 0x00},          // 0x20 space
        {0x00, 0x00, 0x4f, 0x00, 0x00},          // 0x21 !
        {0x00, 0x07, 0x00, 0x07, 0x00},          // 0x22 "
        {0x14, 0x7f, 0x14, 0x7f, 0x14},          // 0x23 #
        {0x24, 0x2a, 0x7f, 0x2a, 0x12},          // 0x24 $
        {0x23, 0x13, 0x08, 0x64, 0x62},          // 0x25 %
        {0x36, 0x49, 0x55, 0x22, 0x50},          // 0x26 &
        {0x00, 0x05, 0x03, 0x00, 0x00},          // 0x27 '
        {0x00, 0x1c, 0x22, 0x41, 0x00},          // 0x28 (
        {0x00, 0x41, 0x22, 0x1c, 0x00},          // 0x29 )
        {0x14, 0x08, 0x3e, 0x08, 0x14},          // 0x2a *
        {0x08, 0x08, 0x3e, 0x08, 0x08},          // 0x2b +
        {0x00, 0x50, 0x30, 0x00, 0x00},          // 0x2c ,
        {0x08, 0x08, 0x08, 0x08, 0x08},          // 0x2d -
        {0x00, 0x60, 0x60, 0x00, 0x00},          // 0x2e .
        {0x20, 0x10, 0x08, 0x04, 0x02},          // 0x2f /
        {0x3e, 0x51, 0x49, 0x45, 0x3e},          // 0x30 0
        {0x00, 0x42, 0x7f, 0x40, 0x00},          // 0x31 1
        {0x42, 0x61, 0x51, 0x49, 0x46},          // 0x32 2
        {0x21, 0x41, 0x45, 0x4b, 0x31},          // 0x33 3
        {0x18, 0x14, 0x12, 0x7f, 0x10},          // 0x34 4
        {0x27, 0x45, 0x45, 0x45, 0x39},          // 0x35 5
```

```
{0x3c, 0x4a, 0x49, 0x49, 0x30},          // 0x36 6
{0x01, 0x71, 0x09, 0x05, 0x03},          // 0x37 7
{0x36, 0x49, 0x49, 0x49, 0x36},          // 0x38 8
{0x06, 0x49, 0x49, 0x29, 0x1e},          // 0x39 9
{0x00, 0x36, 0x36, 0x00, 0x00},          // 0x3a :
{0x00, 0x56, 0x36, 0x00, 0x00},          // 0x3b ;
{0x08, 0x14, 0x22, 0x41, 0x00},          // 0x3c <
{0x14, 0x14, 0x14, 0x14, 0x14},          // 0x3d =
{0x00, 0x41, 0x22, 0x14, 0x08},          // 0x3e >
{0x02, 0x01, 0x51, 0x09, 0x06},          // 0x3f ?
{0x32, 0x49, 0x79, 0x41, 0x3e},          // 0x40 @
{0x7e, 0x11, 0x11, 0x11, 0x7e},          // 0x41 A
{0x7f, 0x49, 0x49, 0x49, 0x36},          // 0x42 B
{0x3e, 0x41, 0x41, 0x41, 0x22},          // 0x43 C
{0x7f, 0x41, 0x41, 0x22, 0x1c},          // 0x44 D
{0x7f, 0x49, 0x49, 0x49, 0x41},          // 0x45 E
{0x7f, 0x09, 0x09, 0x09, 0x01},          // 0x46 F
{0x3e, 0x41, 0x49, 0x49, 0x7a},          // 0x47 G
{0x7f, 0x08, 0x08, 0x08, 0x7f},          // 0x48 H
{0x00, 0x41, 0x7f, 0x41, 0x00},          // 0x49 I
{0x20, 0x40, 0x41, 0x3f, 0x01},          // 0x4a J
{0x7f, 0x08, 0x14, 0x22, 0x41},          // 0x4b K
{0x7f, 0x40, 0x40, 0x40, 0x40},          // 0x4c L
{0x7f, 0x02, 0x0c, 0x02, 0x7f},          // 0x4d M
{0x7f, 0x04, 0x08, 0x10, 0x7f},          // 0x4e N
{0x3e, 0x41, 0x41, 0x41, 0x3e},          // 0x4f O
{0x7f, 0x09, 0x09, 0x09, 0x06},          // 0x50 P
{0x3e, 0x41, 0x51, 0x21, 0x5e},          // 0x51 Q
{0x7f, 0x09, 0x19, 0x29, 0x46},          // 0x52 R
{0x26, 0x49, 0x49, 0x49, 0x32},          // 0x53 S
{0x01, 0x01, 0x7f, 0x01, 0x01},          // 0x54 T
{0x3f, 0x40, 0x40, 0x40, 0x3f},          // 0x55 U
{0x1f, 0x20, 0x40, 0x20, 0x1f},          // 0x56 V
{0x3f, 0x40, 0x38, 0x40, 0x3f},          // 0x57 W
{0x63, 0x14, 0x08, 0x14, 0x63},          // 0x58 X
{0x07, 0x08, 0x70, 0x08, 0x07},          // 0x59 Y
{0x61, 0x51, 0x49, 0x45, 0x43},          // 0x5a Z
{0x00, 0x7f, 0x41, 0x41, 0x00},          // 0x5b [
{0x02, 0x04, 0x08, 0x10, 0x20},          // 0x5c (\)
{0x00, 0x41, 0x41, 0x7f, 0x00},          // 0x5d ]
{0x04, 0x02, 0x01, 0x02, 0x04},          // 0x5e ^
{0x40, 0x40, 0x40, 0x40, 0x40},          // 0x5f _
{0x00, 0x01, 0x02, 0x04, 0x00},          // 0x60 `
{0x20, 0x54, 0x54, 0x54, 0x78},          // 0x61 a
{0x7f, 0x48, 0x44, 0x44, 0x38},          // 0x62 b
{0x38, 0x44, 0x44, 0x44, 0x20},          // 0x63 c
{0x38, 0x44, 0x44, 0x48, 0x7f},          // 0x64 d
{0x38, 0x54, 0x54, 0x54, 0x18},          // 0x65 e
{0x08, 0x7e, 0x09, 0x01, 0x02},          // 0x66 f
{0x0c, 0x52, 0x52, 0x52, 0x3e},          // 0x67 g
{0x7f, 0x08, 0x04, 0x04, 0x78},          // 0x68 h
{0x00, 0x04, 0x7d, 0x00, 0x00},          // 0x69 i
{0x20, 0x40, 0x44, 0x3d, 0x00},          // 0x6a j
{0x7f, 0x10, 0x28, 0x44, 0x00},          // 0x6b k
{0x00, 0x41, 0x7f, 0x40, 0x00},          // 0x6c l
{0x7c, 0x04, 0x18, 0x04, 0x7c},          // 0x6d m
{0x7c, 0x08, 0x04, 0x04, 0x78},          // 0x6e n
{0x38, 0x44, 0x44, 0x44, 0x38},          // 0x6f o
{0x7c, 0x14, 0x14, 0x14, 0x08},          // 0x70 p
{0x08, 0x14, 0x14, 0x18, 0x7c},          // 0x71 q
{0x7c, 0x08, 0x04, 0x04, 0x08},          // 0x72 r
{0x48, 0x54, 0x54, 0x54, 0x20},          // 0x73 s
{0x04, 0x3f, 0x44, 0x40, 0x20},          // 0x74 t
{0x3c, 0x40, 0x40, 0x20, 0x7c},          // 0x75 u
```

```
        {0x1c, 0x20, 0x40, 0x20, 0x1c},          // 0x76 v
        {0x3c, 0x40, 0x30, 0x40, 0x3c},          // 0x77 w
        {0x44, 0x28, 0x10, 0x28, 0x44},          // 0x78 x
        {0x0c, 0x50, 0x50, 0x50, 0x3c},          // 0x79 y
        {0x44, 0x64, 0x54, 0x4c, 0x44},          // 0x7a z
        {0x00, 0x08, 0x36, 0x41, 0x00},          // 0x7b {
        {0x00, 0x00, 0x77, 0x00, 0x00},          // 0x7c |
        {0x00, 0x41, 0x36, 0x08, 0x00},          // 0x7d }
        {0x08, 0x04, 0x08, 0x10, 0x08}};         // 0x7e ~

/* ------------------------------------------------------------------------- */
/*   Graphic LCD Module : Hyundai LCD,HG12605NY-LY,128x64 dot,LED backlight  */
/* ------------------------------------------------------------------------- */
/* LCD_DATABUS(0x4000) : D0-D7 = DB0-DB7 (7-14, data bus)                     */
/* LCD_CONTROL(0x4100) :   GND = R/-W    (5, read/write)                      */
/*                          D4 = D/-I    (4, data/instruction)                */
/*                          D5 = E       (6, enable)                          */
/*                          D6 = CS1     (15, chip select 1)                  */
/*                          D7 = CS2     (16, chip select 2)                  */

uint8_t xcharacter, ycharacter;         // x character(0-7), y character(0-19)
uint8_t cursor_flag, xcursor, ycursor;  // x and y cursor position(0-7, 0-19)

void GLCD_command(uint8_t signal,uint8_t command)       /* write a command */
{ LCD_CONTROL = signal & 0xC0;                      // D/-I = 0
  asm volatile(" PUSH  R0 ");                       // delay for 500 ns
  asm volatile(" POP   R0 ");
  asm volatile(" PUSH  R0 ");
  asm volatile(" POP   R0 ");
  LCD_DATABUS = command;                            // write command
  LCD_CONTROL = (signal & 0xC0)|0x20;               // E = 1
  asm volatile(" PUSH  R0 ");                       // delay for 500 ns
  asm volatile(" POP   R0 ");
  asm volatile(" PUSH  R0 ");
  asm volatile(" POP   R0 ");
  LCD_CONTROL = signal & 0xC0;                      // E = 0
  asm volatile(" NOP       ");
  LCD_CONTROL = 0x00;                               // clear all control signals
  Delay_us(10);                                     // wait for GLCD busy
}

void GLCD_data(uint8_t signal,uint8_t character)        /* write a data */
{ LCD_CONTROL = (signal & 0xC0)|0x10;               // D/-I = 1
  asm volatile(" PUSH  R0 ");                       // delay for 500 ns
  asm volatile(" POP   R0 ");
  asm volatile(" PUSH  R0 ");
  asm volatile(" POP   R0 ");
  LCD_DATABUS = character;                          // write data
  LCD_CONTROL = (signal & 0xC0)|0x30;               // E = 1
  asm volatile(" PUSH  R0 ");                       // delay for 500 ns
  asm volatile(" POP   R0 ");
  asm volatile(" PUSH  R0 ");
  asm volatile(" POP   R0 ");
  LCD_CONTROL = (signal & 0xC0)|0x10;               // E = 0
  asm volatile(" NOP       ");
  LCD_CONTROL = 0x00;                               // clear all control signals
  Delay_us(10);                                     // wait GLCD busy
}

void GLCD_clear(void)                               /* clear GLCD screen */
{ unsigned char i, j, x;

  LCD_CONTROL = 0x00;                               // clear all control signals
  GLCD_command(0xC0,0x3F);                          // CS1,CS2 display ON
```

```
  GLCD_command(0xC0,0xC0);                      // CS1,CS2 display position

  x = 0xB8;
  for(i = 0; i <= 7; i++)
    { GLCD_command(0xC0,x);                     // X start addtess
      GLCD_command(0xC0,0x40);                  // Y start address
      for(j = 0; j <= 63; j++)
        GLCD_data(0xC0,0x00);                   // clear CS1 and CS2 screen
      x++;
    }
}

void GLCD_xy(uint8_t x,uint8_t y)               /* set character position */
{ xcharacter = x;
  ycharacter = y;

  GLCD_command(0xC0,0xB8+xcharacter);           // X address

  if(ycharacter <= 9)                           // if y <= 9, CS1 Y address
    GLCD_command(0x40,0x40+ycharacter*6+4);
  else                                          // if y >= 10, CS2 Y address
    GLCD_command(0x80,0x40+(ycharacter-10)*6);
}

void GLCD_character(uint8_t character)          /* display a character */
{ unsigned char i, signal, font_data;

  GLCD_xy(xcharacter,ycharacter);
  if(ycharacter <= 9)                           // if y <= 9, CS1
    signal = 0x40;
  else                                          // if y >= 10, CS2
    signal = 0x80;
  for(i = 0; i <= 4; i++)
    { font_data = pgm_read_byte(&font[character-0x20][i]);
      if((cursor_flag == 1) && (xcharacter == xcursor) && (ycharacter == ycursor))
          GLCD_data(signal,font_data | 0x80);
      else
          GLCD_data(signal,font_data);
    }
  GLCD_data(signal,0x00);                       // last byte 0x00

  ycharacter++;                                 // go next character position
  if(ycharacter == 20)
    { ycharacter = 0;
      xcharacter++;
    }
}

void GLCD_string(uint8_t x,uint8_t y,uint8_t *string)   /* display a string */
{ xcharacter = x;
  ycharacter = y;

  while(*string != '\0')
    { GLCD_character(*string);                  // display a charcater
      string++;
    }
}

int main(void)
{ unsigned char i;

  MCU_initialize();                             // initialize MCU and kit
```

```
    Delay_ms(50);                                   // wait for system stabilization
    LCD_initialize();                               // initialize text LCD module
    Beep();

    GLCD_clear();                                   // initialize GLCD screen
    cursor_flag = 0;                                // cursor off

    LCD_string(0x80,"Graphic LCD Test");            // display title on text LCD
    LCD_string(0xC0," ASCII(English) ");

    while(1)
      { GLCD_string(0,0,"  OK-1281 Kit V1.0  ");    // display screen 1
        GLCD_string(1,0,"     2006/10/01     ");
        GLCD_string(2,0,"                    ");
        GLCD_string(3,0,"     Designed by    ");
        GLCD_string(4,0,"  Duck-Yong Yoon.   ");
        GLCD_string(5,0,"                    ");
        GLCD_string(6,0,"      Made by       ");
        GLCD_string(7,0," Ohm Publishing Co. ");
        Delay_ms(5000);

        GLCD_string(0,0,"     Hyundai LCD    ");    // display screen 2
        GLCD_string(1,0,"    HG12605NY-LY    ");
        GLCD_string(2,0,"                    ");
        GLCD_string(3,0,"    Yellow/Green    ");
        GLCD_string(4,0," LED Backlight Type ");
        GLCD_string(5,0,"                    ");
        GLCD_string(6,0,"128 x 64 Graphic LCD");
        GLCD_string(7,0," 6x8 Box, 5x7 ASCII ");
        Delay_ms(5000);

        GLCD_string(0,0,"====================");    // display screen 3
        GLCD_string(1,0,"  ASCII Characters  ");
        GLCD_string(2,0,"====================");
        GLCD_string(7,0,"                    ");

        GLCD_xy(3,0);
        for(i=0x20; i<0x7F; i++)                    // from 0x20 to 0x7E
          GLCD_character(i);
        Delay_ms(5000);
      }
}
```

☞ 앞의 제4.11절에서도 공부한 바와 같이 이와 같은 상수 배열을 플래시 메모리에 정의하여 저장할 때는 prog_uchar 지시어를 사용하며, 이를 위해서는 헤더파일 pgmspace.h를 인클루드시켜 주어야 한다. 그런데, 이렇게 prog_uchar 지시어를 사용하여 플래시 메모리에 저장하는 데이터 테이블은 반드시 함수의 밖에서 정의해야 하며, 이를 액세스할 때는 pgm_read_byte() 함수를 사용한다.

소스에서 어느 행의 마지막 문자로 백슬래쉬(\)를 사용하면 AVR-GCC는 이를 다른 의미로 해석하여 경고 메시지를 발생하므로 위의 소스에서 ASCII 문자 0x5C에는 괄호 ( )를 사용하였다.

이 프로그램에서 하드웨어와 직접적으로 관련된 기능을 수행하는 것은 GLCD_command(), GLCD_data() 함수뿐이므로 이것들의 동작을 잘 이해하는 것이 중요하다. 여기서 그래픽형 LCD 모듈의 동작 파형을 올바르게 처리하기 위하여 짧은 시간지연을 발생하는데는 인라인 어셈블 명령을 사용하였다. 그러나, 인라인 어셈블 명령으로 1개의 NOP 명령을 사용한 행은 시간지연의 목적보다는 컴파일러가 컴파일을 수행할 때 최적화 옵션에 의하여 그 앞의 명령과 뒤의 명령을 하나로 합쳐서 처리하는 것을 방지하고자 함이다. 그리고, 함수의 끝부분에서 10[μs]의 시간지연을 준 것은 그래픽형 LCD 모듈이 이 함수에 의하여 지시된 동작을 수행하는데 걸리는 시간이며, 이 시간지연에 의하여 그래픽형 LCD 모듈이 이 동작을 내부적으로 완료할 때까지 CPU가 다음 동작을 지시하지 않고 대기하도록 한다.

이 프로그램에서는 커서가 보이지 않도록 하여 사용하지 않았지만, cursor_flag을 1로 설정하고 xcursor 및 ycursor에 좌표값을 지정하면 원하는 위치에 커서가 나타나도록 할 수 있다. 그러나, 이 커서는 사용자 프로그램에서 소프트웨어적으로 구현한 것이므로 자동으로 이동하지 않으며 모든 기능을 사용자 프로그램에서 처리해 주어야 한다.

5. Visiting Count 프로그램

이번에는 이와 같은 그래픽형 LCD 모듈에 20자×8행의 영문 텍스트 문자를 출력하는 기능을 이용하여 재미있는 게임 프로그램을 작성해 보기로 한다.

이것은 C언어의 난수(random number) 발생 기능을 이용한 일종의 주사위 프로그램으로서 난수에서 나올 수 있는 값을 4등분으로 나누어 각각 동서남북으로 전진하는 방법으로 진행한다. 즉, 16비트 0x0000~0x7FFF 범위의 난수를 발생시켜서 그 난수값이 0x0000~0x1FFF라면 동쪽으로 1글자 이동(y를 1증가)하고, 0x2000~0x3FFF라면 서쪽으로 1글자 이동(y를 1감소)하며, 난수값이 0x4000~0x5FFF라면 남쪽으로 1글자 이동(x를 1증가)하고, 0x6000~0x7FFF라면 북쪽으로 1글자 이동(x를 1감소)한다. 처음에 출발하는 위치는 이를테면 20자×8행의 화면에서 중앙 부분인 x=4, y=10 좌표처럼 일정하게 지정할 수도 있고, 이를 매번 임의의 위치에서 출발하도록 가변할 수도 있다.

그러는 동안에 각 좌표에 해당하는 20×8=160개의 방에는 지나간 횟수(visiting count)를 메모리 배열에 저장한다. 이렇게 각 방을 돌아다니다가 외곽의 벽을 만나면 더 이상 진행하지 못하므로 그대로 그 자리에 머무르고 다시 난수를 발생시킨다. 이를 160개의 방을 단 1번씩이라도 모두 방문하여 남은 빈 방이 없게 될 때까지 계속하고, 100ms의 시간 주기로 한 번 난수를 발생할 때마다 각 방의 방문 횟수를 화면에 표시한다.

각 방의 방문 횟수는 1글자만으로 표시해야 하므로 0~9값은 그냥 아라비아 숫자로 표시하고, 10~35값은 대문자 A~Z로 표시하며, 36~61값은 소문자 a~z로 표시한다. 대부분의 경우 이 범위 이상의 값은 잘 나오지 않지만 만약에 62 이상의 방문 횟수가 나오면 그 방은 *로 표시한다.

이 예제는 알고리즘이 상당히 복잡하여 C언어로만 작성하며, 만약 이를 어셈블리 언어로 작성하려면 특히 난수를 발생시키는 부분이 처리하기에 쉽지 않다.

<프로그램 Exp17_2.c> Visiting Count 프로그램

```
/* ============================================================================ */
/*        Exp17_2.c : Visiting Count on Graphic LCD by Random Number            */
/* ============================================================================ */
/*                         Designed and programmed by Duck-Yong Yoon in 2006.   */

#include <avr/io.h>
#include <stdio.h>
#include <stdlib.h>
#include <avr/pgmspace.h>
#include "OK1281.h"

prog_uchar font[95][5] = {                          /* 5x7 ASCII character font */
        {0x00, 0x00, 0x00, 0x00, 0x00},             // 0x20 space
        {0x00, 0x00, 0x4f, 0x00, 0x00},             // 0x21 !
        {0x00, 0x07, 0x00, 0x07, 0x00},             // 0x22 "
        {0x14, 0x7f, 0x14, 0x7f, 0x14},             // 0x23 #
        {0x24, 0x2a, 0x7f, 0x2a, 0x12},             // 0x24 $
        {0x23, 0x13, 0x08, 0x64, 0x62},             // 0x25 %
        {0x36, 0x49, 0x55, 0x22, 0x50},             // 0x26 &

                     (중략)

        {0x44, 0x28, 0x10, 0x28, 0x44},             // 0x78 x
        {0x0c, 0x50, 0x50, 0x50, 0x3c},             // 0x79 y
        {0x44, 0x64, 0x54, 0x4c, 0x44},             // 0x7a z
        {0x00, 0x08, 0x36, 0x41, 0x00},             // 0x7b {
        {0x00, 0x00, 0x77, 0x00, 0x00},             // 0x7c |
        {0x00, 0x41, 0x36, 0x08, 0x00},             // 0x7d }
        {0x08, 0x04, 0x08, 0x10, 0x08}};            // 0x7e ~

/* ---------------------------------------------------------------------------- */
/*   Graphic LCD Module : Hyundai LCD,HG12605NY-LY,128x64 dot,LED backlight     */
/* ---------------------------------------------------------------------------- */
/* LCD_DATABUS(0x4000) : D0-D7 = DB0-DB7 (7-14, data bus)                       */
/* LCD_CONTROL(0x4100) :   GND = R/-W    (5, read/write)                        */
/*                          D4 = D/-I    (4, data/instruction)                  */
/*                          D5 = E       (6, enable)                            */
/*                          D6 = CS1     (15, chip select 1)                    */
/*                          D7 = CS2     (16, chip select 2)                    */

uint8_t xcharacter, ycharacter;          // x character(0-7), y character(0-19)
uint8_t cursor_flag, xcursor, ycursor;   // x and y cursor position(0-7, 0-19)

void GLCD_command(uint8_t signal,uint8_t command)        /* write a command */
{ LCD_CONTROL = signal & 0xC0;                      // D/-I = 0
  asm volatile(" PUSH  R0 ");                       // delay for 500 ns
  asm volatile(" POP   R0 ");
  asm volatile(" PUSH  R0 ");
  asm volatile(" POP   R0 ");
  LCD_DATABUS = command;                            // write command
  LCD_CONTROL = (signal & 0xC0)|0x20;               // E = 1
  asm volatile(" PUSH  R0 ");                       // delay for 500 ns
  asm volatile(" POP   R0 ");
  asm volatile(" PUSH  R0 ");
  asm volatile(" POP   R0 ");
  LCD_CONTROL = signal & 0xC0;                      // E = 0
  asm volatile(" NOP      ");
  LCD_CONTROL = 0x00;                               // clear all control signals
  Delay_us(10);                                     // wait for GLCD busy
}
```

```
void GLCD_data(uint8_t signal,uint8_t character)        /* write a data */
{ LCD_CONTROL = (signal & 0xC0)|0x10;                   // D/-I = 1
  asm volatile(" PUSH  R0 ");                           // delay for 500 ns
  asm volatile(" POP   R0 ");
  asm volatile(" PUSH  R0 ");
  asm volatile(" POP   R0 ");
  LCD_DATABUS = character;                              // write data
  LCD_CONTROL = (signal & 0xC0)|0x30;                   // E = 1
  asm volatile(" PUSH  R0 ");                           // delay for 500 ns
  asm volatile(" POP   R0 ");
  asm volatile(" PUSH  R0 ");
  asm volatile(" POP   R0 ");
  LCD_CONTROL = (signal & 0xC0)|0x10;                   // E = 0
  asm volatile(" NOP      ");
  LCD_CONTROL = 0x00;                                   // clear all control signals
  Delay_us(10);                                         // wait GLCD busy
}

void GLCD_clear(void)                                   /* clear GLCD screen */
{ unsigned char i, j, x;

  LCD_CONTROL = 0x00;                                   // clear all control signals
  GLCD_command(0xC0,0x3F);                              // CS1,CS2 display ON
  GLCD_command(0xC0,0xC0);                              // CS1,CS2 display position

  x = 0xB8;
  for(i = 0; i <= 7; i++)
    { GLCD_command(0xC0,x);                             // X start addtess
      GLCD_command(0xC0,0x40);                          // Y start address
      for(j = 0; j <= 63; j++)
        GLCD_data(0xC0,0x00);                           // clear CS1 and CS2 screen
      x++;
    }
}

void GLCD_xy(uint8_t x,uint8_t y)                       /* set character position */
{ xcharacter = x;
  ycharacter = y;

  GLCD_command(0xC0,0xB8+xcharacter);                   // X address

  if(ycharacter <= 9)                                   // if y <= 9, CS1 Y address
    GLCD_command(0x40,0x40+ycharacter*6+4);
  else                                                  // if y >= 10, CS2 Y address
    GLCD_command(0x80,0x40+(ycharacter-10)*6);
}

void GLCD_character(uint8_t character)                  /* display a character */
{ unsigned char i, signal, font_data;

  GLCD_xy(xcharacter,ycharacter);
  if(ycharacter <= 9)                                   // if y <= 9, CS1
    signal = 0x40;
  else                                                  // if y >= 10, CS2
    signal = 0x80;
  for(i = 0; i <= 4; i++)
    { font_data = pgm_read_byte(&font[character-0x20][i]);
      if((cursor_flag == 1) && (xcharacter == xcursor) && (ycharacter == ycursor))
          GLCD_data(signal,font_data | 0x80);
      else
          GLCD_data(signal,font_data);
    }
  GLCD_data(signal,0x00);                               // last byte 0x00
```

```
    ycharacter++;                                   // go next character position
    if(ycharacter == 20)
      { ycharacter = 0;
        xcharacter++;
      }
}

unsigned char visit_flag, x, y, table[8][20];   // visiting count variables

int main(void)
{ unsigned char i, j, count;
  unsigned int seed, random;

  MCU_initialize();                               // initialize MCU and kit
  Delay_ms(50);                                   // wait for system stabilization
  LCD_initialize();                               // initialize text LCD module
  Beep();

  GLCD_clear();                                   // initialize GLCD screen
  cursor_flag = 0;                                // cursor off

  LCD_string(0x80,"Graphic LCD Test");            // display title on text LCD
  LCD_string(0xC0," Visiting Count ");

  seed = ((unsigned int)RTC_SECOND) << 8;         // make seed of random number
  seed += (unsigned int)RTC_SECOND;
  seed *= (unsigned int)RTC_SECOND;
  srand(seed);                                    // initialize random number

  for(i = 0; i <= 7; i++)                         // clear visit room
    for(j = 0; j <= 19; j++)
      table[i][j] = 0;
  visit_flag = 0;
  x = seed & 0x07;                                // starting position
  y = seed & 0x0F;

  while(visit_flag == 0)
    { random = rand();                            // get random number

      if(random <= 0x1FFF)                        // 0x0000 - 0x1FFF
        { if(y != 19)
            { y++; table[x][y] += 1; } }
      else if(random <= 0x3FFF)                   // 0x2000 - 0x3FFF
        { if(y != 0)
            { y--; table[x][y] += 1; } }
      else if(random <= 0x5FFF)                   // 0x4000 - 0x5FFF
        { if(x != 7)
            { x++; table[x][y] += 1; } }
      else                                        // 0x6000 - 0x7FFF
        { if(x != 0)
            { x--; table[x][y] += 1; } }

      for(i = 0; i <= 7; i++)                     // display visiting count
        for(j = 0; j <= 19; j++)
          { count = table[i][j];
            if(count >= 62) count = '*';
            else if(count >= 36) count = count - 36 + 'a';
            else if(count >= 10) count = count - 10 + 'A';
            else count = count + '0';
            GLCD_xy(i, j);
            GLCD_character(count);
          }
      Delay_ms(100);
```

```
      visit_flag = 1;                          // check end
      for(i = 0; i <= 7; i++)
        for(j = 0; j <= 19; j++)
          if(table[i][j] == 0)
            visit_flag = 0;
    }

  Beep();                                      // complete sound
  while(1);
}
```

☞ C언어에는 난수를 발생시키는 기능이 기본으로 포함되어 있는데, 이들 함수를 사용하려면 헤더파일 stdlib.h를 인클루드시켜 주어야 한다. srand(unsigned int) 함수는 난수 발생의 시작을 설정하는 seed값을 제공하며, int rand(void) 함수는 난수를 발생하여 0x0000~0x7FFF 범위의 int형으로 리턴한다. 이 프로그램을 언제 실행하더라도 동일한 순서로 난수가 발생되지 않고 항상 다른 상황으로 전개되도록 하려면 seed값을 매번 다르게 주는 것이 좋은데 이렇게 자동으로 처리하기에 가장 좋은 방법은 RTC를 읽어서 seed값으로 사용하는 것이다.

6. 실습 과제

(1) 예제 프로그램 Exp17_2.c에서 seed=1로 일정하게 주고 실행하여 보라. 이렇게 seed 값을 일정하게 준 경우와 RTC를 이용하여 랜덤하게 준 경우의 차이점을 설명하라.

(2) 예제 프로그램 Exp17_2.c에서는 이동 방향으로 벽을 만나면 더 이상 진행하지 않고 그 자리에서 다시 난수를 발생시킨다. 이를 사방의 벽을 뚫고 진행하는 프로그램 Exp17_2R.c로 수정하라. 즉, 화면에서 주변의 벽이 없고 그 끝이 화면 반대 방향의 끝과 이어져서 화면이 구(球)의 표면과 같은 형태라고 가정한다. 따라서, 예를 들어 만약 x=4, y=19의 좌표에서 난수가 동쪽으로 진행하는 것으로 나오면 x=4, y=0으로 이동해야 한다.

4.18 그래픽형 LCD 모듈의 그래픽 프로그램

이 절에서는 *OK-1281/2561* 키트에 내장된 그래픽형 LCD 모듈에 그래픽을 구현하는 프로그래밍 기술에 대하여 공부한다. 그래픽 프로그램은 수학함수를 사용하는 방법, A/D 컨버터를 이용하여 센서를 측정한 데이터를 그래픽으로 디스플레이하는 방법, 이미지 데이터 화면을 디스플레이하는 방법 등으로 나누어 설명한다. 이러한 그래픽 구현 알고리즘은 비교적 복잡하므로 이를 어셈블리 언어로 구현하는 것은 불가능하지는 않겠지만 상당히 어려운 일이며, 따라서 여기서는 C언어 예제만을 살펴보기로 한다.

1. 수학함수에 의한 그래픽 디스플레이 프로그램

그래픽형 LCD 모듈의 첫번째 예제 프로그램으로 직선이나 사각형, 원 등을 그리는 그래픽 프로그램을 만들어 보기로 한다. 수학이나 소프트웨어 공학에서는 아주 다양한 그래픽 알고리즘들이 개발되어 있으나 여기서는 그러한 알고리즘을 공부하는 것이 목적이 아니므로 그냥 단순하고 알기 쉬운 기법들을 적용하여 프로그램하기로 한다. 그러나, 이런 정도의 프로그램도 초보자들에게는 상당히 이해하기가 어려울 수 있으며 그렇다고 여기서 이를 자세히 설명하는 것도 현실적이지 못하므로 예제 프로그램에 포함된 주석과 프로그램 소스 아래의 코멘트를 참조하여 최대한 본인의 노력으로 이해하기 바란다.

<프로그램 Exp18_1.c> 수학함수에 의한 도형 그래픽 프로그램

```
/* ========================================================================== */
/*              Exp18_1.c : Function Display on Graphic LCD Module            */
/* ========================================================================== */
/*                      Designed and programmed by Duck-Yong Yoon in 2006.    */

#include <avr/io.h>
#include <stdio.h>
#include <math.h>
#include "OK1281.h"

/* -------------------------------------------------------------------------- */
/*   Graphic LCD Module : Hyundai LCD,HG12605NY-LY,128x64 dot,LED backlight   */
/* -------------------------------------------------------------------------- */
/* LCD_DATABUS(0x4000) : D0-D7 = DB0-DB7 (7-14, data bus)                     */
```

```
/* LCD_CONTROL(0x4100) :   GND = R/-W     (5, read/write)                       */
/*                          D4 = D/-I     (4, data/instruction)                 */
/*                          D5 = E        (6, enable)                           */
/*                          D6 = CS1      (15, chip select 1)                   */
/*                          D7 = CS2      (16, chip select 2)                   */

unsigned char screen[8][128];                        // screen buffer

void GLCD_command(uint8_t signal,uint8_t command)          /* write a command */
{ LCD_CONTROL = signal & 0xC0;                       // D/-I = 0
  asm volatile(" PUSH  R0 ");                        // delay for 500 ns
  asm volatile(" POP   R0 ");
  asm volatile(" PUSH  R0 ");
  asm volatile(" POP   R0 ");
  LCD_DATABUS = command;                             // write command
  LCD_CONTROL = (signal & 0xC0)|0x20;                // E = 1
  asm volatile(" PUSH  R0 ");                        // delay for 500 ns
  asm volatile(" POP   R0 ");
  asm volatile(" PUSH  R0 ");
  asm volatile(" POP   R0 ");
  LCD_CONTROL = signal & 0xC0;                       // E = 0
  asm volatile(" NOP      ");
  LCD_CONTROL = 0x00;                                // clear all control signals
  Delay_us(10);                                      // wait for GLCD busy
}

void GLCD_data(uint8_t signal,uint8_t character)           /* write a data */
{ LCD_CONTROL = (signal & 0xC0)|0x10;                // D/-I = 1
  asm volatile(" PUSH  R0 ");                        // delay for 500 ns
  asm volatile(" POP   R0 ");
  asm volatile(" PUSH  R0 ");
  asm volatile(" POP   R0 ");
  LCD_DATABUS = character;                           // write data
  LCD_CONTROL = (signal & 0xC0)|0x30;                // E = 1
  asm volatile(" PUSH  R0 ");                        // delay for 500 ns
  asm volatile(" POP   R0 ");
  asm volatile(" PUSH  R0 ");
  asm volatile(" POP   R0 ");
  LCD_CONTROL = (signal & 0xC0)|0x10;                // E = 0
  asm volatile(" NOP      ");
  LCD_CONTROL = 0x00;                                // clear all control signals
  Delay_us(10);                                      // wait GLCD busy
}

void Axis_xy(uint8_t x,uint8_t y)                    /* set x, y axis position */
{ GLCD_command(0xC0,0xB8+x);                         // X address(0 - 7)

  if(y <= 63)                                        // if y <= 63, CS1 Y address
    GLCD_command(0x40,0x40 + y);
  else                                               // if y >= 64, CS2 Y address
    GLCD_command(0x80,0x40 + y - 64);
}

void Draw(void)                                      /* draw screen with buffer data */
{ unsigned char x, y;

  for(x = 0; x <= 7; x++)
    { Axis_xy(x, 0);                                 // draw CS1 area
      for(y = 0; y <= 63; y++)
        GLCD_data(0x40, screen[x][y]);
      Axis_xy(x, 64);                                // draw CS2 area
      for(y = 64; y <= 127; y++)
        GLCD_data(0x80, screen[x][y]);
```

```
    }
}

void Clear_screen(void)                         /* clear buffer and GLCD screen */
{ unsigned char x, y;

  LCD_CONTROL = 0x00;                           // clear all control signals
  GLCD_command(0xC0,0x3F);                      // CS1,CS2 display ON
  GLCD_command(0xC0,0xC0);                      // CS1,CS2 display position

  for(x = 0; x <= 7; x++)                       // clear screen buffer
    for(y = 0; y <= 127; y++)
      screen[x][y] = 0;

  Draw();                                       // clear screen
}

void Dot(uint8_t xx,uint8_t y)                  /* draw a dot on GLCD */
{ unsigned char x, i;

  if((xx > 63) || (y > 127)) return;

  x = xx / 8;                                   // calculate x address
  i = xx % 8;
  if(i == 0)      i = 0x01;
  else if(i == 1) i = 0x02;
  else if(i == 2) i = 0x04;
  else if(i == 3) i = 0x08;
  else if(i == 4) i = 0x10;
  else if(i == 5) i = 0x20;
  else if(i == 6) i = 0x40;
  else            i = 0x80;
  screen[x][y] |= i;                            // OR old data with new data

  Axis_xy(x, y);                                // draw dot on GLCD screen
  if(y <= 63)
    GLCD_data(0x40, screen[x][y]);
  else
    GLCD_data(0x80, screen[x][y]);
}

void Line(uint8_t x1,uint8_t y1,uint8_t x2,uint8_t y2)  /* draw a straight line */
{ int x, y;

  if(y1 != y2)                                  // if y1 != y2, y is variable
    { if(y1 < y2)                               //              x is function
        for(y = y1; y <= y2; y++)
          { x = x1 + (y - y1)*(x2 - x1)/(y2 - y1);
            Dot(x,y);
          }
      else
        for(y = y1; y >= y2; y--)
          { x = x1 + (y - y1)*(x2 - x1)/(y2 - y1);
            Dot(x,y);
          }
    }
  else if(x1 != x2)                             // if x1 != x2, x is variable
    { if(x1 < x2)                               //              y is function
        for(x = x1; x <= x2; x++)
          { y = y1 + (x - x1)*(y2 - y1)/(x2 - x1);
            Dot(x,y);
          }
      else
```

```
        for(x = x1; x >= x2; x--)
          { y = y1 + (x - x1)*(y2 - y1)/(x2 - x1);
            Dot(x,y);
          }
    }
  else                                          // if x1 == x2 and y1 == y2,
    Dot(x1,y1);                                 //              it is a dot
}

void Rectangle(uint8_t x1,uint8_t y1,uint8_t x2,uint8_t y2) /* draw a rectangle */
{ Line(x1,y1,x1,y2);                            // horizontal line
  Line(x2,y1,x2,y2);
  Line(x1,y1,x2,y1);                            // vertical line
  Line(x1,y2,x2,y2);
}

void Circle(uint8_t x1,uint8_t y1,uint8_t r)    /* draw a circle */
{ int x, y;
  float s;

  for(y = y1 - r*3/4; y <= y1 + r*3/4; y++)     // draw with y variable
    { s = sqrt(r*r - (y-y1)*(y-y1)) + 0.5;
      x = x1 + (uint8_t)s;
      Dot(x,y);
      x = x1 - (uint8_t)s;
      Dot(x,y);
    }

  for(x = x1 - r*3/4; x <= x1 + r*3/4; x++)     // draw with x variable
    { s = sqrt(r*r - (x-x1)*(x-x1)) + 0.5;
      y = y1 + (uint8_t)s;
      Dot(x,y);
      y = y1 - (uint8_t)s;
      Dot(x,y);
    }
}

void Sine(int8_t peak)                          /* draw a sine curve */
{ unsigned char x, y;

  if(peak > 30) return;

  for(y = 0; y <= 120; y++)
    { x = 32 - (char)(sin((float)y * 3. * M_PI / 180.) * peak + 0.5);
      Dot(x,y+3);
    }
}

void Cosine(int8_t peak)                        /* draw a cosine curve */
{ unsigned char x, y;

  if(peak > 30) return;

  for(y = 0; y <= 120; y++)
    { x = 32 - (char)(cos((float)y * 3. * M_PI / 180.) * peak + 0.5);
      Dot(x,y+3);
    }
}

int main(void)
{ unsigned char i, x, y;

  MCU_initialize();                             // initialize MCU and kit
```

```
    Delay_ms(50);                              // wait for system stabilization
    LCD_initialize();                          // initialize text LCD module
    Beep();

    Clear_screen();                            // initialize GLCD screen

    LCD_string(0x80,"Graphic LCD Test");       // display title on text LCD

    while(1)
      { LCD_string(0xC0,"   (1) Lines    ");   // graphic show 1
        Rectangle(0,0,63,127);
        Delay_ms(300);
        for(i = 0,x = 7,y = 15; i <= 7; i++,x += 8,y += 16)
          { Line(x,0,0,y);
            Line(0,127-y,x,127);
            Delay_ms(300);
          }
        for(i = 0,x = 7,y = 15; i <= 7; i++,x += 8,y += 16)
          { Line(63,y,x,127);
            Line(x,0,63,127-y);
            Delay_ms(300);
          }
        Delay_ms(3000);
        Clear_screen();

        LCD_string(0xC0," (2) Rectangles ");   // graphic show 2
        for(i = 0,x = 0,y = 0; i <= 7; i++,x += 4,y += 8)
          { Rectangle(x,y,63 - x,127 - y);
            Delay_ms(300);
          }
        Delay_ms(1000);
        for(i = 0; i <= 63; i++)               // (scroll up)
          { GLCD_command(0xC0,0xC0 + i);
            Delay_ms(100);
          }
        GLCD_command(0xC0,0xC0);
        Delay_ms(3000);
        Clear_screen();

        for(i = 0,x = 0,y = 0; i <= 7; i++,x += 4,y += 4) // (two)
          { Rectangle(x,y,63-x,63-y);
            Rectangle(x,y+64,63-x,127-y);
            Delay_ms(300);
          }
        Delay_ms(3000);
        Clear_screen();

        LCD_string(0xC0,"  (3) Circles   ");   // graphic show 3
        Rectangle(0,0,63,127);
        Delay_ms(300);
        for(i = 7; i <= 63; i += 8)
          { Circle(31,63,i);
            Delay_ms(300);
          }
        Delay_ms(1000);
        for(i = 63; i != 0; i--)               // (scroll down)
          { GLCD_command(0xC0,0xC0 + i);
            Delay_ms(100);
          }
        GLCD_command(0xC0,0xC0);
        Delay_ms(3000);
        Clear_screen();
```

```
      for(i = 3; i <= 31; i += 4)                       // (two)
        { Circle(31,31,i);
          Circle(31,95,i);
          Delay_ms(300);
        }
      Delay_ms(3000);
      Clear_screen();

      LCD_string(0xC0," (4) Sine Curve ");               // graphic show 4
      Line(32,0,32,127);                                 // (X axis)
      Line(29,124,32,127);
      Line(35,124,32,127);
      Line(31,33,33,33);
      Line(31,63,33,63);
      Line(31,93,33,93);
      Line(31,123,33,123);
      Line(0,3,63,3);                                    // (Y axis)
      Line(3,0,0,3);
      Line(3,6,0,3);
      for(i = 5; i <= 30; i += 5)
        { Sine(i);
          Delay_ms(300);
        }
      Delay_ms(3000);
      Clear_screen();

      LCD_string(0xC0,"(5) Cosine Curve");               // graphic show 5
      Line(32,0,32,127);                                 // (X axis)
      Line(29,124,32,127);
      Line(35,124,32,127);
      Line(31,33,33,33);
      Line(31,63,33,63);
      Line(31,93,33,93);
      Line(31,123,33,123);
      Line(0,3,63,3);                                    // (Y axis)
      Line(3,0,0,3);
      Line(3,6,0,3);
      for(i = 5; i <= 30; i += 5)
        { Cosine(i);
          Delay_ms(300);
        }
      Delay_ms(3000);
      Clear_screen();
    }
}
```

☞ 여기서는 도형을 그리는 함수 Line(), Rectangle(), Circle(), Sine(), Cosine() 등에 대하여 충분히 이해해야 한다. 이들 함수들은 모두 내부적으로 점 1개를 그리는 Dot() 함수를 사용하고 있는데, 실제로는 그래픽형 LCD 모듈에 점 1개만을 그리지는 못하고 그 점이 포함된 8개의 점으로 구성되는 1바이트의 데이터를 라이트해야 한다는 것에 유의해야 한다. 이때 새로 그리려는 1개의 점을 제외한 나머지 7개의 점이 변동되어서는 안되므로 현재 그래픽형 LCD 모듈에서 이 7개의 점이 어떤 상태인지를 알아내어 이를 그대로 다시 써주어야 하는데, *OK-1281/2561* 키트에서는 그래픽형 LCD 모듈의 DDRAM을 읽는 기능이 없으므로 이렇게 하지 못한다. 그래서, 이 프로그램에서는 그래픽형 LCD 모듈의 DDRAM에 대응하는 버퍼 screen[8][128]을 만들어 놓고 이를 실제의 화면처럼 처리하였다. 즉, 일단 그래픽 데이터는 이 버퍼에서 처리하고 이 버퍼의 내용을 그래픽형 LCD 모듈에 다시 써줌으로써 그래픽이 수행된다. 즉, 이 버퍼

screen[8][128]의 내용과 그래픽형 LCD 모듈의 DDRAM 내용은 항상 일치한다. 따라서, 화면을 클리어하는 함수 Clear_screen()에서는 실제의 화면을 클리어하는 것은 물론이고 이 버퍼도 함께 클리어하는 것에 유의해야 한다.

이를 컴파일하고 *OK-1281/2561* 키트에 다운로드하여 실행하라. 비록 간단하고 해상도는 낮지만 텍스트형 LCD 모듈과는 다른 그래픽형 LCD 모듈의 특성을 어느 정도는 맛볼 수 있겠는가?

2. 센서 측정에 의한 그래픽 디스플레이 프로그램

이번에는 A/D 컨버터를 사용하여 읽어들인 센서 데이터를 그래픽형 LCD 모듈에 그래픽 곡선으로 디스플레이하는 프로그램을 작성해 보기로 한다. 이는 응용하면 그래픽 LCD 모듈로 간단한 오실로스코프를 만들 수 있을 것이다.

가변저항 VR1에서 읽어들인 전압을 그래픽형 LCD 모듈에 그래프로 보여주는 프로그램을 작성하여 보면 다음과 같다. x축(전압축인 종축)은 0~5V의 전압을 나타내며, y축(시간축인 횡축)은 0~11초 동안 100ms 간격으로 A/D 변환한 데이터를 표시하였다. 11초가 지나면 화면을 클리어하고 나서 다시 처음부터 동작을 시작함으로써 오실로스코프의 sweep처럼 동작한다.

<프로그램 Exp18_2.c> 그래픽형 LCD 모듈에 센서 그래프를 출력하는 프로그램

```
/* ========================================================================== */
/*              Exp18_2.c : Sensor Display on Graphic LCD Module              */
/* ========================================================================== */
/*                        Designed and programmed by Duck-Yong Yoon in 2006.  */

#include <avr/io.h>
#include <stdio.h>
#include <avr/pgmspace.h>
#include <avr/interrupt.h>
#include "OK1281.h"

prog_uchar font[95][5] = {                          /* 5x7 ASCII character font */
        {0x00, 0x00, 0x00, 0x00, 0x00},             // 0x20 space
        {0x00, 0x00, 0x4f, 0x00, 0x00},             // 0x21 !
        {0x00, 0x07, 0x00, 0x07, 0x00},             // 0x22 "
        {0x14, 0x7f, 0x14, 0x7f, 0x14},             // 0x23 #
        {0x24, 0x2a, 0x7f, 0x2a, 0x12},             // 0x24 $
        {0x23, 0x13, 0x08, 0x64, 0x62},             // 0x25 %
        {0x36, 0x49, 0x55, 0x22, 0x50},             // 0x26 &
        {0x00, 0x05, 0x03, 0x00, 0x00},             // 0x27 '
        {0x00, 0x1c, 0x22, 0x41, 0x00},             // 0x28 (
```

```
{0x00, 0x41, 0x22, 0x1c, 0x00},          // 0x29 )
{0x14, 0x08, 0x3e, 0x08, 0x14},          // 0x2a *
{0x08, 0x08, 0x3e, 0x08, 0x08},          // 0x2b +
{0x00, 0x50, 0x30, 0x00, 0x00},          // 0x2c ,
{0x08, 0x08, 0x08, 0x08, 0x08},          // 0x2d -
{0x00, 0x60, 0x60, 0x00, 0x00},          // 0x2e .
{0x20, 0x10, 0x08, 0x04, 0x02},          // 0x2f /
{0x3e, 0x51, 0x49, 0x45, 0x3e},          // 0x30 0
{0x00, 0x42, 0x7f, 0x40, 0x00},          // 0x31 1
{0x42, 0x61, 0x51, 0x49, 0x46},          // 0x32 2
{0x21, 0x41, 0x45, 0x4b, 0x31},          // 0x33 3
{0x18, 0x14, 0x12, 0x7f, 0x10},          // 0x34 4
{0x27, 0x45, 0x45, 0x45, 0x39},          // 0x35 5
{0x3c, 0x4a, 0x49, 0x49, 0x30},          // 0x36 6
{0x01, 0x71, 0x09, 0x05, 0x03},          // 0x37 7
{0x36, 0x49, 0x49, 0x49, 0x36},          // 0x38 8
{0x06, 0x49, 0x49, 0x29, 0x1e},          // 0x39 9
{0x00, 0x36, 0x36, 0x00, 0x00},          // 0x3a :
{0x00, 0x56, 0x36, 0x00, 0x00},          // 0x3b ;
{0x08, 0x14, 0x22, 0x41, 0x00},          // 0x3c <
{0x14, 0x14, 0x14, 0x14, 0x14},          // 0x3d =
{0x00, 0x41, 0x22, 0x14, 0x08},          // 0x3e >
{0x02, 0x01, 0x51, 0x09, 0x06},          // 0x3f ?
{0x32, 0x49, 0x79, 0x41, 0x3e},          // 0x40 @
{0x7e, 0x11, 0x11, 0x11, 0x7e},          // 0x41 A
{0x7f, 0x49, 0x49, 0x49, 0x36},          // 0x42 B
{0x3e, 0x41, 0x41, 0x41, 0x22},          // 0x43 C
{0x7f, 0x41, 0x41, 0x22, 0x1c},          // 0x44 D
{0x7f, 0x49, 0x49, 0x49, 0x41},          // 0x45 E
{0x7f, 0x09, 0x09, 0x09, 0x01},          // 0x46 F
{0x3e, 0x41, 0x49, 0x49, 0x7a},          // 0x47 G
{0x7f, 0x08, 0x08, 0x08, 0x7f},          // 0x48 H
{0x00, 0x41, 0x7f, 0x41, 0x00},          // 0x49 I
{0x20, 0x40, 0x41, 0x3f, 0x01},          // 0x4a J
{0x7f, 0x08, 0x14, 0x22, 0x41},          // 0x4b K
{0x7f, 0x40, 0x40, 0x40, 0x40},          // 0x4c L
{0x7f, 0x02, 0x0c, 0x02, 0x7f},          // 0x4d M
{0x7f, 0x04, 0x08, 0x10, 0x7f},          // 0x4e N
{0x3e, 0x41, 0x41, 0x41, 0x3e},          // 0x4f O
{0x7f, 0x09, 0x09, 0x09, 0x06},          // 0x50 P
{0x3e, 0x41, 0x51, 0x21, 0x5e},          // 0x51 Q
{0x7f, 0x09, 0x19, 0x29, 0x46},          // 0x52 R
{0x26, 0x49, 0x49, 0x49, 0x32},          // 0x53 S
{0x01, 0x01, 0x7f, 0x01, 0x01},          // 0x54 T
{0x3f, 0x40, 0x40, 0x40, 0x3f},          // 0x55 U
{0x1f, 0x20, 0x40, 0x20, 0x1f},          // 0x56 V
{0x3f, 0x40, 0x38, 0x40, 0x3f},          // 0x57 W
{0x63, 0x14, 0x08, 0x14, 0x63},          // 0x58 X
{0x07, 0x08, 0x70, 0x08, 0x07},          // 0x59 Y
{0x61, 0x51, 0x49, 0x45, 0x43},          // 0x5a Z
{0x00, 0x7f, 0x41, 0x41, 0x00},          // 0x5b [
{0x02, 0x04, 0x08, 0x10, 0x20},          // 0x5c (\)
{0x00, 0x41, 0x41, 0x7f, 0x00},          // 0x5d ]
{0x04, 0x02, 0x01, 0x02, 0x04},          // 0x5e ^
{0x40, 0x40, 0x40, 0x40, 0x40},          // 0x5f _
{0x00, 0x01, 0x02, 0x04, 0x00},          // 0x60 `
{0x20, 0x54, 0x54, 0x54, 0x78},          // 0x61 a
{0x7f, 0x48, 0x44, 0x44, 0x38},          // 0x62 b
{0x38, 0x44, 0x44, 0x44, 0x20},          // 0x63 c
{0x38, 0x44, 0x44, 0x48, 0x7f},          // 0x64 d
{0x38, 0x54, 0x54, 0x54, 0x18},          // 0x65 e
{0x08, 0x7e, 0x09, 0x01, 0x02},          // 0x66 f
```

```
        {0x0c, 0x52, 0x52, 0x52, 0x3e},          // 0x67 g
        {0x7f, 0x08, 0x04, 0x04, 0x78},          // 0x68 h
        {0x00, 0x04, 0x7d, 0x00, 0x00},          // 0x69 i
        {0x20, 0x40, 0x44, 0x3d, 0x00},          // 0x6a j
        {0x7f, 0x10, 0x28, 0x44, 0x00},          // 0x6b k
        {0x00, 0x41, 0x7f, 0x40, 0x00},          // 0x6c l
        {0x7c, 0x04, 0x18, 0x04, 0x7c},          // 0x6d m
        {0x7c, 0x08, 0x04, 0x04, 0x78},          // 0x6e n
        {0x38, 0x44, 0x44, 0x44, 0x38},          // 0x6f o
        {0x7c, 0x14, 0x14, 0x14, 0x08},          // 0x70 p
        {0x08, 0x14, 0x14, 0x18, 0x7c},          // 0x71 q
        {0x7c, 0x08, 0x04, 0x04, 0x08},          // 0x72 r
        {0x48, 0x54, 0x54, 0x54, 0x20},          // 0x73 s
        {0x04, 0x3f, 0x44, 0x40, 0x20},          // 0x74 t
        {0x3c, 0x40, 0x40, 0x20, 0x7c},          // 0x75 u
        {0x1c, 0x20, 0x40, 0x20, 0x1c},          // 0x76 v
        {0x3c, 0x40, 0x30, 0x40, 0x3c},          // 0x77 w
        {0x44, 0x28, 0x10, 0x28, 0x44},          // 0x78 x
        {0x0c, 0x50, 0x50, 0x50, 0x3c},          // 0x79 y
        {0x44, 0x64, 0x54, 0x4c, 0x44},          // 0x7a z
        {0x00, 0x08, 0x36, 0x41, 0x00},          // 0x7b {
        {0x00, 0x00, 0x77, 0x00, 0x00},          // 0x7c |
        {0x00, 0x41, 0x36, 0x08, 0x00},          // 0x7d }
        {0x08, 0x04, 0x08, 0x10, 0x08}};         // 0x7e ~

/* ------------------------------------------------------------------------- */
/*   Graphic LCD Module : Hyundai LCD,HG12605NY-LY,128x64 dot,LED backlight   */
/* ------------------------------------------------------------------------- */
/* LCD_DATABUS(0x4000) : D0-D7 = DB0-DB7 (7-14, data bus)                      */
/* LCD_CONTROL(0x4100) :   GND = R/-W    (5, read/write)                       */
/*                          D4 = D/-I    (4, data/instruction)                 */
/*                          D5 = E       (6, enable)                           */
/*                          D6 = CS1     (15, chip select 1)                   */
/*                          D7 = CS2     (16, chip select 2)                   */

uint8_t xcharacter, ydot;                   // x character(0-7), y dot(0-122)
uint8_t screen[8][128];                     // screen buffer

void GLCD_command(uint8_t signal,uint8_t command)       /* write a command */
{ LCD_CONTROL = signal & 0xC0;                       // D/-I = 0
  asm volatile(" PUSH  R0 ");                        // delay for 500 ns
  asm volatile(" POP   R0 ");
  asm volatile(" PUSH  R0 ");
  asm volatile(" POP   R0 ");
  LCD_DATABUS = command;                             // write command
  LCD_CONTROL = (signal & 0xC0)|0x20;                // E = 1
  asm volatile(" PUSH  R0 ");                        // delay for 500 ns
  asm volatile(" POP   R0 ");
  asm volatile(" PUSH  R0 ");
  asm volatile(" POP   R0 ");
  LCD_CONTROL = signal & 0xC0;                       // E = 0
  asm volatile(" NOP      ");
  LCD_CONTROL = 0x00;                                // clear all control signals
  Delay_us(10);                                      // wait for GLCD busy
}

void GLCD_data(uint8_t signal,uint8_t character)        /* write a data */
{ LCD_CONTROL = (signal & 0xC0)|0x10;                // D/-I = 1
  asm volatile(" PUSH  R0 ");                        // delay for 500 ns
  asm volatile(" POP   R0 ");
  asm volatile(" PUSH  R0 ");
  asm volatile(" POP   R0 ");
```

```
  LCD_DATABUS = character;                        // write data
  LCD_CONTROL = (signal & 0xC0)|0x30;             // E = 1
  asm volatile(" PUSH  R0 ");                     // delay for 500 ns
  asm volatile(" POP   R0 ");
  asm volatile(" PUSH  R0 ");
  asm volatile(" POP   R0 ");
  LCD_CONTROL = (signal & 0xC0)|0x10;             // E = 0
  asm volatile(" NOP      ");
  LCD_CONTROL = 0x00;                             // clear all control signals
  Delay_us(10);                                   // wait GLCD busy
}

void GLCD_xy(uint8_t x,uint8_t y)                 /* set character position */
{ xcharacter = x;
  ydot = y;

  GLCD_command(0xC0,0xB8+xcharacter);             // X address

  if(ydot <= 63)                                  // if y <= 63, CS1 Y address
    GLCD_command(0x40,0x40+ydot);
  else                                            // if y >= 64, CS2 Y address
    GLCD_command(0x80,0x40+ydot-64);
}

void GLCD_character(uint8_t character)            /* display a character */
{ unsigned char i, signal, font_data;

  GLCD_xy(xcharacter,ydot);
  if(ydot <= 63)                                  // if y <= 63, CS1
    signal = 0x40;
  else                                            // if y >= 64, CS2
    signal = 0x80;
  for(i = 0; i <= 4; i++)
    { font_data = pgm_read_byte(&font[character-0x20][i]);
      GLCD_data(signal,font_data);
    }
  GLCD_data(signal,0x00);                         // last byte 0x00

  ydot += 6;                                      // go next character position
}

void GLCD_string(uint8_t x,uint8_t y,uint8_t *string)   /* display a string */
{ xcharacter = x;
  ydot = y;

  while(*string != '\0')
     { GLCD_character(*string);                   // display a charcater
       string++;
     }
}

void Axis_xy(uint8_t x,uint8_t y)                 /* set x, y axis position */
{ GLCD_command(0xC0,0xB8+x);                      // X address(0 - 7)

  if(y <= 63)                                     // if y <= 63, CS1 Y address
    GLCD_command(0x40,0x40 + y);
  else                                            // if y >= 64, CS2 Y address
    GLCD_command(0x80,0x40 + y - 64);
}

void Draw(void)                                   /* draw screen with buffer data */
{ unsigned char x, y;
```

```
  for(x = 0; x <= 7; x++)
    { Axis_xy(x, 0);                          // draw CS1 area
      for(y = 0; y <= 63; y++)
        GLCD_data(0x40, screen[x][y]);
      Axis_xy(x, 64);                         // draw CS2 area
      for(y = 64; y <= 127; y++)
        GLCD_data(0x80, screen[x][y]);
    }
}

void Clear_screen(void)                       /* clear buffer and GLCD screen */
{ unsigned char x, y;

  LCD_CONTROL = 0x00;                         // clear all control signals
  GLCD_command(0xC0,0x3F);                    // CS1,CS2 display ON
  GLCD_command(0xC0,0xC0);                    // CS1,CS2 display position

  for(x = 0; x <= 7; x++)                     // clear screen buffer
    for(y = 0; y <= 127; y++)
      screen[x][y] = 0;

  Draw();                                     // clear screen
}

void Dot(uint8_t xx,uint8_t y)                /* draw a dot on GLCD */
{ unsigned char x, i;

  if((xx > 63) || (y > 127)) return;

  x = xx / 8;                                 // calculate x address
  i = xx % 8;
  if(i == 0)       i = 0x01;
  else if(i == 1)  i = 0x02;
  else if(i == 2)  i = 0x04;
  else if(i == 3)  i = 0x08;
  else if(i == 4)  i = 0x10;
  else if(i == 5)  i = 0x20;
  else if(i == 6)  i = 0x40;
  else             i = 0x80;
  screen[x][y] |= i;                          // OR old data with new data

  Axis_xy(x, y);                              // draw dot on GLCD screen
  if(y <= 63)
    GLCD_data(0x40, screen[x][y]);
  else
    GLCD_data(0x80, screen[x][y]);
}

void Line(uint8_t x1,uint8_t y1,uint8_t x2,uint8_t y2)  /* draw a straight line */
{ int x, y;

  if(x1 != x2)                                // if x1 != x2, x is variable
    { if(x1 < x2)                             //              y is function
        for(x = x1; x <= x2; x++)
          { y = y1 + (x - x1)*(y2 - y1)/(x2 - x1);
            Dot(x,y);
          }
      else
        for(x = x1; x >= x2; x--)
          { y = y1 + (x - x1)*(y2 - y1)/(x2 - x1);
            Dot(x,y);
```

```
          }
    }
  else if(y1 != y2)                               // if y1 != y2, y is variable
    { if(y1 < y2)                                 //              x is function
        for(y = y1; y <= y2; y++)
          { x = x1 + (y - y1)*(x2 - x1)/(y2 - y1);
            Dot(x,y);
          }
      else
        for(y = y1; y >= y2; y--)
          { x = x1 + (y - y1)*(x2 - x1)/(y2 - y1);
            Dot(x,y);
          }
    }
  else                                            // if x1 == x2 and y1 == y2,
    Dot(x1,y1);                                   //             it is a dot
}

volatile unsigned char n;                         // interrupt count (0-110)
volatile unsigned char AD_data, AD_flag;          // A/D data and flag

ISR(TIMER1_COMPA_vect)                            /* OC1A interrupt function */
{ unsigned char i;
  unsigned int sum;

  sum = 0;
  for(i=0; i<16; i++)                             // read ADC by 16 times
    { ADCSRA = 0xD5;                              // start conversion and clear ADIF
      while((ADCSRA & 0x10) != 0x10);
      sum += ADCW;                                // add A/D result 16 times
      Delay_ms(1);
    }
  sum = sum >> 4;                                 // divide sum by 16
  AD_data = (float)sum*50./1024.+0.5;             // Volt = 10*(sum*5/1024) for X.X

  n++;
  if(n == 111) n = 0;

  AD_flag = 1;
}

int main(void)
{ unsigned char i, x, y, xo, yo;
  unsigned char xaxis = 10, yaxis = 53;

  MCU_initialize();                               // initialize MCU and kit
  Delay_ms(50);                                   // wait for system stabilization
  LCD_initialize();                               // initialize text LCD module
  Beep();

  LCD_string(0x80,"Graphic LCD Test");            // display title on text LCD
  LCD_string(0xC0,"  VR1 Voltage   ");

  TCCR1A = 0x00;                                  // CTC mode(4), don't output OC1A
  TCCR1B = 0x0C;                                  // 16MHz/256/(1+6249) = 10Hz
  TCCR1C = 0x00;                                  //  (100ms interrupt period)
  OCR1A = 6249;
  TCNT1 = 0x0000;                                 // clear Timer/Counter1

  TIMSK1 = 0x02;                                  // enable OC1A interrupt
  TIFR1 = 0x2F;                                   // clear all interrupt flags
  sei();                                          // global interrupt enable
```

```
    ADCSRA = 0x85;                             // ADC enable, 500kHz
    ADCSRB = 0x00;
    ADMUX = 0x43;                              // select ADC3(VR1) with AVCC
    Delay_us(150);

    n = 0;                                     // initial interrupt count
    AD_flag = 0;

    while(1)
      { Clear_screen();                        // initialize GLCD screen

        Line(yaxis,xaxis-1,yaxis,125);         // draw X axis
        Line(yaxis-2,123,yaxis,125);
        Line(yaxis+2,123,yaxis,125);
        for(y=xaxis+10; y<=xaxis+110; y += 10)
          Line(yaxis-1,y,yaxis+1,y);
        for(y=xaxis, i=0; y<=xaxis+80; y += 20, i += 2)
          { GLCD_xy(7, y-2);
            GLCD_character(i+'0');
          }
        GLCD_string(7,108,"sec");

        Line(0,xaxis,yaxis+1,xaxis);           // draw Y axis
        Line(2,xaxis-2,0,xaxis);
        Line(2,xaxis+2,0,xaxis);
        for(x=3; x<=43; x += 10)
          Line(x,xaxis-1,x,xaxis+1);

        GLCD_xy(6,2); GLCD_character('0');
        GLCD_xy(0,2); GLCD_character('V');

        yo = xaxis;                            // initial point of old data
        xo = yaxis;

        while(n)
          { while(!AD_flag);                   // wait until new A/D data
            AD_flag = 0;

            y = xaxis + n;                     // draw line from old point
            x = yaxis - AD_data;               //           to new point
            Line(xo,yo,x,y);

            yo = y;                            // old point <-- new point
            xo = x;
          }
      }
}
```

☞ 여기서는 100ms의 일정한 시간주기로 VR1의 전압을 A/D 변환하여 읽어들이기 위해서 타이머1의 CTC 모드에 의한 인터럽트 기능을 사용하였다. 100ms 간격으로 10번 A/D 변환을 수행하면 1초가 되며, 1화면에서는 110번 A/D 변환이 수행되어 11초 동안의 그래프가 만들어진다.

흔히 우리가 사용하는 x, y 좌표와 그래픽형 LCD 모듈에서 사용하는 x, y 축은 서로 반대로 되어 있음을 다시 한번 유의하라. 여기서는 화면을 물론 그래픽 화면으로 사용하기도 하지만 6×8 크기의 영문 ASCII 문자를 표시하는 텍스트 화면으로 사용하기도 한다. 이때 시간축인 y축에 시간값을 적으려면 특별한 노력이 필요하다. 즉, 그래픽형 LCD 모듈에 <그림 4.17.9>처럼 영문 ASCII 문자를 표시하게 되면 글자를 표시하는 위치가 텍스트형 LCD 모듈처럼 지정되어 y축의 눈금에 적합한 위치에 문자를 쓰기가 어려우므로 여기서는 글자의 위치를 xcharacter, ycharacter가 아니라 xcharacter, ydot로 지정하도록 프로그램을 수정하였다. 다시 말하면 y축으로는 글자의 위치를 문자 단위가 아니라 도트 단위로 지정할 수 있게 한다는 것이다. x축으로 이런 기능을 구현하는 것은 상당히 어렵다.

또한, 파형의 기울기가 급격할 때 이것이 넓은 점 간격으로 표시되어 보기에 나빠지는 것을 방지하기 위하여 Line() 함수에서 if문과 else if 문의 내용을 반대로 바꾸어 놓았음에 유의하라. Line() 함수의 내용을 앞의 예제 Exp18_1.c와 비교하여 보라.

이를 컴파일하고 *OK-1281/2561* 키트에 다운로드하여 실행하라. 그리고, 가변저항 VR1을 드라이버로 좌우로 돌리면서 그래픽형 LCD 모듈에 표시되는 그래프를 관찰하라. 비록 간단하고 해상도는 낮지만 그래픽형 LCD 모듈로 구현한 간이 오실로스코프의 맛을 볼 수 있겠는가?

3. 이미지 데이터 그래픽 디스플레이 프로그램

여기서는 그래픽형 LCD 모듈에 이미지 데이터 파일로 만들어진 그림을 직접 디스플레이해 보기로 한다. 퍼스널컴퓨터에서 사용하는 BMP, PCX, JPG, GIF와 같은 그림 파일을 그래픽형 LCD 모듈에 표시하려면 이들 그림에서의 각 픽셀(pixel)들을 상수 데이터로 읽어들여 그래픽형 LCD 모듈의 해당 위치에 출력하여야 한다. 그러나, 그림 파일에서 이와 같이 상수 데이터를 추출하는 것은 매우 방대한 기계적인 작업이므로 사람이 직접 수행하기 보다는 전용의 유틸리티 프로그램을 사용하면 편리하다.

이러한 프로그램 중에는 여러 가지가 있는데 여기서는 AvrEdit를 개발한 황해권 님이 제공하는 FontEdit 2.0을 사용한다. FontEdit 2.0은 BMP 형식의 그림 파일을 편집하거나 또는 이를 그래픽형 LCD 모듈에 디스플레이하기 위하여 C언어의 상수 배열로 변환하여 주는 유틸리티 프로그램으로서 이를 사용하여 실제로 작업하는 예를 보이면 <그림 4.18.1>과 같다. 물론, 여기서 BMP 파일이 컬러로 된 경우는 흑백 이미지 데이터로 바뀌어 처리된다.

이제 FontEdit 2.0으로 작업하여 만든 <그림 4.18.2>의 3가지 그림을 그래픽형 LCD 모듈에 3초 간격으로 출력하는 프로그램을 작성하여 보면 다음과 같다. 여기서는 정지된 그림만을 사용하였지만 이를 잘 응용하면 움직이는 애니메이션의 구현도 가능할 것이다. 물론 이러한 기술을 구현하는 것은 독자 여러분의 몫이다.

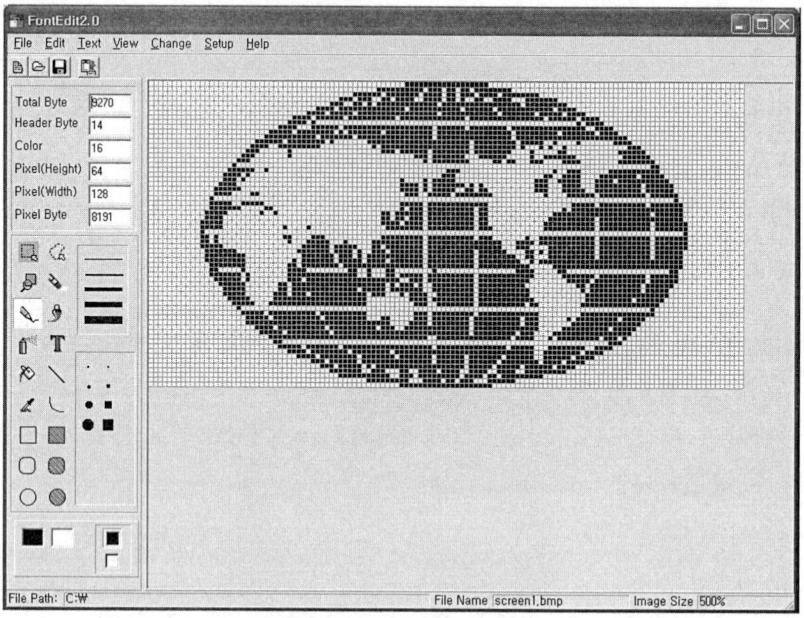

(a) 그림을 불러들인 화면

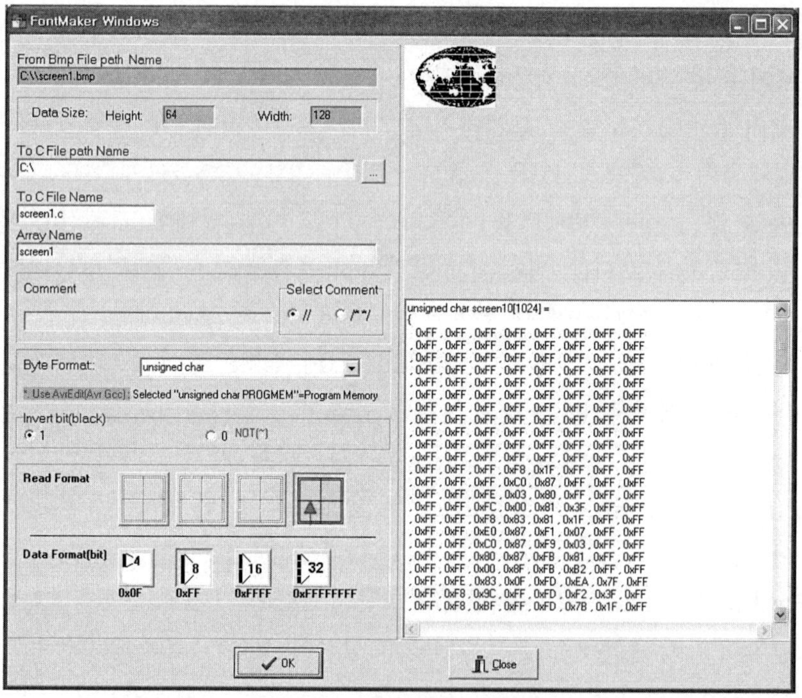

(b) 그림을 C언어 데이터로 변환하는 화면

〈그림 4.18.1〉 FontEdit 2.0으로 BMP 파일을 C언어 데이터로 변환하는 작업

(a) 스크린 1 (b) 스크린 2 (c) 스크린 3

〈그림 4.18.2〉 그래픽 LCD 모듈에 표시되는 이미지 그림

<프로그램 Exp18_3.c> 그래픽형 LCD 모듈에 이미지 그래픽을 출력하는 프로그램

```
/* ============================================================================ */
/*                Exp18_3.c : Image Display on Graphic LCD Module               */
/* ============================================================================ */
/*                          Designed and programmed by Duck-Yong Yoon in 2006.  */

#include <avr/io.h>
#include <stdio.h>
#include <avr/pgmspace.h>
#include "OK1281.h"

prog_uchar screen1[1024] =                           /* image data of screen 1 */
{ 0x00 , 0x00 , 0x00 , 0x00 , 0x00 , 0x00 , 0x00 , 0x00
 , 0x00 , 0x00 , 0x00 , 0x00 , 0x00 , 0x00 , 0x00 , 0x00
 , 0x00 , 0x00 , 0x00 , 0x00 , 0x00 , 0x00 , 0x00 , 0x00
 , 0x00 , 0x00 , 0x00 , 0x00 , 0x00 , 0x00 , 0x00 , 0x00
 , 0x00 , 0x00 , 0x00 , 0x00 , 0x00 , 0x00 , 0x00 , 0x00
 , 0x00 , 0x00 , 0x00 , 0x00 , 0x00 , 0x00 , 0x00 , 0x00
 , 0x00 , 0x00 , 0x00 , 0x00 , 0x00 , 0x00 , 0x00 , 0x00
 , 0x00 , 0x00 , 0x00 , 0x00 , 0x00 , 0x00 , 0x00 , 0x00
 , 0x00 , 0x00 , 0x00 , 0x00 , 0x00 , 0x00 , 0x00 , 0x00
 , 0x00 , 0x00 , 0x00 , 0x00 , 0x00 , 0x00 , 0x00 , 0x00
 , 0x00 , 0x00 , 0x00 , 0x00 , 0x00 , 0x00 , 0x00 , 0x00
 , 0x00 , 0x00 , 0x00 , 0x07 , 0xE0 , 0x00 , 0x00 , 0x00
 , 0x00 , 0x00 , 0x00 , 0x3F , 0x78 , 0x00 , 0x00 , 0x00
 , 0x00 , 0x00 , 0x01 , 0xFC , 0x7F , 0x00 , 0x00 , 0x00
 , 0x00 , 0x00 , 0x03 , 0xFF , 0x7E , 0xC0 , 0x00 , 0x00
 , 0x00 , 0x00 , 0x07 , 0x7C , 0x7E , 0xE0 , 0x00 , 0x00
 , 0x00 , 0x00 , 0x1F , 0x78 , 0x0E , 0xF8 , 0x00 , 0x00
 , 0x00 , 0x00 , 0x3F , 0x78 , 0x06 , 0xFC , 0x00 , 0x00
 , 0x00 , 0x00 , 0x7F , 0x78 , 0x04 , 0x7E , 0x00 , 0x00
 , 0x00 , 0x00 , 0xFF , 0x70 , 0x04 , 0x4D , 0x00 , 0x00
 , 0x00 , 0x01 , 0x7C , 0xF0 , 0x02 , 0x15 , 0x80 , 0x00
 , 0x00 , 0x07 , 0x63 , 0x00 , 0x02 , 0x0D , 0xC0 , 0x00
 , 0x00 , 0x07 , 0x40 , 0x00 , 0x02 , 0x84 , 0xE0 , 0x00
 , 0x00 , 0x0F , 0x00 , 0x00 , 0x02 , 0x80 , 0x70 , 0x00
 , 0x00 , 0x1F , 0x00 , 0x00 , 0x0A , 0x00 , 0x30 , 0x00
 , 0x00 , 0x1E , 0x00 , 0x00 , 0x04 , 0x04 , 0x38 , 0x00
 , 0x00 , 0x3D , 0x40 , 0x00 , 0x04 , 0x00 , 0x1C , 0x00
 , 0x00 , 0x77 , 0x70 , 0x00 , 0x08 , 0x00 , 0x1C , 0x00
 , 0x00 , 0xFF , 0x7C , 0x00 , 0x00 , 0x00 , 0x3E , 0x00
 , 0x00 , 0xAF , 0x7C , 0x01 , 0x40 , 0x00 , 0x2E , 0x00
 , 0x01 , 0xBF , 0x63 , 0xC3 , 0x00 , 0x00 , 0xFF , 0x00
 , 0x01 , 0xBF , 0x7F , 0xE0 , 0x00 , 0x00 , 0x3B , 0x80
 , 0x03 , 0xBF , 0x7F , 0x88 , 0x00 , 0x00 , 0x3D , 0x80
 , 0x03 , 0x3F , 0x7D , 0xFC , 0x00 , 0x00 , 0x3D , 0x80
 , 0x02 , 0xBF , 0x6F , 0x7E , 0x40 , 0x00 , 0x3C , 0xC0
 , 0x07 , 0xBF , 0x7F , 0x7F , 0x00 , 0x00 , 0x3F , 0x40
```

```
, 0x05 , 0xBE , 0x7F , 0x7F , 0x00 , 0x00 , 0x36 , 0xE0
, 0x0F , 0xBD , 0x7F , 0x7F , 0x00 , 0x00 , 0x1E , 0xE0
, 0x0B , 0xB7 , 0x7F , 0x7E , 0x00 , 0x00 , 0x0E , 0xA0
, 0x1F , 0xAF , 0x7F , 0x70 , 0x00 , 0x00 , 0x1E , 0xF0
, 0x17 , 0xBF , 0x7F , 0x4C , 0x00 , 0x00 , 0x0A , 0xD0
, 0x3F , 0x3F , 0x7F , 0x3C , 0x00 , 0x00 , 0x0C , 0xF8
, 0x3F , 0xBF , 0x7F , 0x7E , 0x00 , 0x00 , 0x0A , 0x68
, 0x3E , 0xBF , 0x7F , 0xFC , 0x00 , 0x00 , 0x0E , 0xE8
, 0x3F , 0xBF , 0x7F , 0xE4 , 0x00 , 0x00 , 0x06 , 0xB4
, 0x39 , 0xBF , 0x76 , 0x78 , 0x00 , 0x00 , 0x0E , 0xFC
, 0x27 , 0xBF , 0x7E , 0x40 , 0x00 , 0x00 , 0x0E , 0xEC
, 0x6F , 0xBC , 0x0F , 0xF0 , 0x00 , 0x00 , 0x1E , 0xFC
, 0x77 , 0xBC , 0x1E , 0x7E , 0x00 , 0x00 , 0x3E , 0xE4
, 0x7F , 0xB4 , 0x1E , 0x7E , 0x00 , 0x00 , 0x1E , 0xF6
, 0x7F , 0xBE , 0x1E , 0x7B , 0x38 , 0x00 , 0x7A , 0xFA
, 0x6F , 0xBE , 0x03 , 0xD7 , 0x78 , 0x00 , 0x7E , 0xFE
, 0x4E , 0xB8 , 0x0F , 0xFF , 0x60 , 0x00 , 0x7E , 0xF6
, 0x4D , 0xB0 , 0x0A , 0x7F , 0x78 , 0x00 , 0x3E , 0x7E
, 0xFF , 0xB0 , 0x1D , 0x7F , 0x5E , 0x70 , 0x7E , 0xFE
, 0xFF , 0xB8 , 0x0D , 0x7F , 0x6A , 0xE0 , 0x7E , 0xDF
, 0xAF , 0xBC , 0x3F , 0x7F , 0x7E , 0xE0 , 0x7E , 0xFF
, 0x8F , 0xBF , 0x7B , 0x7F , 0x7E , 0xE0 , 0xFE , 0xF7
, 0xBF , 0xBF , 0x7F , 0x7F , 0x7E , 0x00 , 0xFE , 0xF3
, 0xFF , 0xBF , 0x70 , 0x00 , 0x00 , 0x71 , 0xFE , 0xFD
, 0xFF , 0x98 , 0x03 , 0x7F , 0x7E , 0x80 , 0x3E , 0xFF
, 0xF9 , 0x1F , 0x2F , 0xFF , 0x7E , 0xF1 , 0xF0 , 0xFF
, 0xEF , 0xBF , 0x7F , 0x7F , 0x7E , 0xF1 , 0xFE , 0xAF
, 0xBF , 0xBF , 0x7F , 0x7F , 0x7E , 0xF9 , 0xFE , 0xF1
, 0xFF , 0xBF , 0x7F , 0x7F , 0x7E , 0xFD , 0xFE , 0xFF
, 0xFF , 0xBF , 0x7F , 0x7F , 0x7E , 0x7D , 0xFE , 0xFF
, 0xBF , 0xBF , 0x7F , 0x7F , 0x7E , 0xA5 , 0xFE , 0xF1
, 0xCF , 0xBF , 0x7F , 0x7F , 0x7E , 0xA1 , 0xFE , 0xDF
, 0xE1 , 0xBF , 0x7F , 0x7F , 0x7E , 0xC1 , 0x7C , 0x77
, 0xFF , 0xA1 , 0x7F , 0x7F , 0x7E , 0xE0 , 0x0E , 0xF5
, 0xBF , 0xBE , 0x00 , 0x06 , 0x02 , 0x80 , 0x7E , 0xFB
, 0xBF , 0xBF , 0x7F , 0x7F , 0x7E , 0xE0 , 0xFE , 0xFF
, 0x9F , 0xBF , 0x7F , 0x7F , 0x7E , 0xC0 , 0xFE , 0xF7
, 0xEF , 0xBF , 0x7F , 0x7F , 0x40 , 0x80 , 0xFE , 0xF6
, 0x67 , 0xBF , 0x7F , 0x7E , 0x00 , 0x01 , 0xFE , 0xDE
, 0x5B , 0xBF , 0x7F , 0x7E , 0x00 , 0x01 , 0xFE , 0xBA
, 0x7D , 0xBF , 0x7F , 0x78 , 0x00 , 0x00 , 0xFE , 0xFE
, 0x7F , 0x3F , 0x7F , 0x70 , 0x00 , 0x01 , 0x7C , 0xFE
, 0x7F , 0x9F , 0x7F , 0x70 , 0x00 , 0x01 , 0x32 , 0xF4
, 0x2F , 0xAF , 0x7F , 0xE6 , 0x00 , 0x00 , 0x0E , 0xF4
, 0x27 , 0xB9 , 0x7F , 0xC6 , 0x00 , 0x00 , 0x3E , 0xE4
, 0x3F , 0xBF , 0x3B , 0xDF , 0x00 , 0x00 , 0x1E , 0xFC
, 0x3F , 0xBF , 0x61 , 0xBA , 0x00 , 0x01 , 0xDE , 0xFC
, 0x3C , 0x0F , 0x40 , 0x00 , 0x00 , 0x71 , 0x1E , 0xBC
, 0x38 , 0x00 , 0x00 , 0x2B , 0x00 , 0x71 , 0x3E , 0xF8
, 0x1F , 0x00 , 0x00 , 0x23 , 0x60 , 0xF8 , 0x8E , 0x78
, 0x1F , 0xA0 , 0x00 , 0x3F , 0x70 , 0x08 , 0xAE , 0xF8
, 0x17 , 0x90 , 0x00 , 0x7F , 0x78 , 0x04 , 0x9E , 0xD8
, 0x1F , 0xB0 , 0x00 , 0xFF , 0x78 , 0x10 , 0xCA , 0xF0
, 0x1B , 0xB8 , 0x01 , 0xFF , 0x7C , 0x79 , 0xEE , 0xB0
, 0x0F , 0xBA , 0x03 , 0x7F , 0x78 , 0xFD , 0x8E , 0xE0
, 0x0D , 0xBC , 0x03 , 0x7F , 0x7E , 0xFD , 0x8E , 0xE0
, 0x07 , 0xBE , 0x07 , 0x7F , 0x7E , 0xFD , 0x1F , 0x40
, 0x06 , 0xBF , 0x4F , 0x7F , 0x7E , 0xC0 , 0x0E , 0xC0
, 0x03 , 0x3F , 0x73 , 0x7F , 0x7E , 0x80 , 0x0D , 0x80
, 0x03 , 0x3F , 0x7D , 0x7F , 0x7E , 0x80 , 0x0D , 0x80
, 0x01 , 0xBF , 0x7E , 0x60 , 0x0C , 0x70 , 0x0B , 0x80
, 0x01 , 0x9F , 0x7F , 0x7F , 0x7E , 0xF8 , 0x0F , 0x00
, 0x00 , 0xBF , 0x7F , 0x7F , 0x7E , 0xF8 , 0x0E , 0x00
```

```
, 0x00 , 0xF7 , 0x7F , 0x7F , 0x7E , 0xFC , 0x0E , 0x00
, 0x00 , 0x7F , 0x7F , 0x7F , 0x7E , 0xEC , 0x1C , 0x00
, 0x00 , 0x5D , 0x7F , 0x7F , 0x7E , 0xFD , 0x58 , 0x00
, 0x00 , 0x3F , 0x7F , 0x7F , 0x7E , 0xFD , 0xD8 , 0x00
, 0x00 , 0x1F , 0x7F , 0x7F , 0x7E , 0xFD , 0xF0 , 0x00
, 0x00 , 0x0F , 0x5F , 0x7F , 0x7E , 0xFD , 0xE0 , 0x00
, 0x00 , 0x07 , 0x7F , 0x7F , 0x7E , 0xF5 , 0xE0 , 0x00
, 0x00 , 0x03 , 0x73 , 0x7F , 0x7E , 0x9D , 0xC0 , 0x00
, 0x00 , 0x01 , 0x7C , 0x7F , 0x7C , 0x7D , 0x80 , 0x00
, 0x00 , 0x01 , 0xFF , 0x60 , 0x16 , 0xFF , 0x00 , 0x00
, 0x00 , 0x00 , 0x7F , 0x7F , 0x7E , 0xFE , 0x00 , 0x00
, 0x00 , 0x00 , 0x3F , 0x7F , 0x7E , 0xF8 , 0x00 , 0x00
, 0x00 , 0x00 , 0x1F , 0x7F , 0x7E , 0xF0 , 0x00 , 0x00
, 0x00 , 0x00 , 0x07 , 0xFF , 0x7E , 0xE0 , 0x00 , 0x00
, 0x00 , 0x00 , 0x03 , 0xFF , 0x7F , 0x80 , 0x00 , 0x00
, 0x00 , 0x00 , 0x00 , 0x7F , 0x7E , 0x00 , 0x00 , 0x00
, 0x00 , 0x00 , 0x00 , 0x07 , 0xE0 , 0x00 , 0x00 , 0x00
, 0x00 , 0x00 , 0x00 , 0x00 , 0x00 , 0x00 , 0x00 , 0x00
, 0x00 , 0x00 , 0x00 , 0x00 , 0x00 , 0x00 , 0x00 , 0x00
, 0x00 , 0x00 , 0x00 , 0x00 , 0x00 , 0x00 , 0x00 , 0x00
, 0x00 , 0x00 , 0x00 , 0x00 , 0x00 , 0x00 , 0x00 , 0x00
, 0x00 , 0x00 , 0x00 , 0x00 , 0x00 , 0x00 , 0x00 , 0x00
, 0x00 , 0x00 , 0x00 , 0x00 , 0x00 , 0x00 , 0x00 , 0x00
, 0x00 , 0x00 , 0x00 , 0x00 , 0x00 , 0x00 , 0x00 , 0x00
, 0x00 , 0x00 , 0x00 , 0x00 , 0x00 , 0x00 , 0x00 , 0x00
, 0x00 , 0x00 , 0x00 , 0x00 , 0x00 , 0x00 , 0x00 , 0x00
, 0x00 , 0x00 , 0x00 , 0x00 , 0x00 , 0x00 , 0x00 , 0x00
, 0x00 , 0x00 , 0x00 , 0x00 , 0x00 , 0x00 , 0x00 , 0x00
, 0x00 , 0x00 , 0x00 , 0x00 , 0x00 , 0x00 , 0x00 , 0x00
};

prog_uchar screen2[1024] =                    /* image data of screen 2 */
{ 0x00 , 0x00 , 0x00 , 0x00 , 0x00 , 0x00 , 0x00 , 0x00
 , 0x00 , 0x00 , 0x00 , 0x00 , 0x00 , 0x00 , 0x00 , 0x00

                  (중략)

 , 0x00 , 0x00 , 0x00 , 0x00 , 0x00 , 0x00 , 0x00 , 0x00
 , 0x00 , 0x00 , 0x00 , 0x00 , 0x00 , 0x00 , 0x00 , 0x00
};

prog_uchar screen3[1024] =                    /* image data of screen 3 */
{ 0x00 , 0x00 , 0x00 , 0x00 , 0x00 , 0x00 , 0x00 , 0x00
 , 0x00 , 0x00 , 0x00 , 0x00 , 0x00 , 0x00 , 0x00 , 0x00

                  (중략)

 , 0x00 , 0x00 , 0x00 , 0x00 , 0x00 , 0x00 , 0x00 , 0x00
 , 0x00 , 0x00 , 0x00 , 0x00 , 0x00 , 0x00 , 0x00 , 0x00
};

/* ------------------------------------------------------------------------ */
/*   Graphic LCD Module : Hyundai LCD,HG12605NY-LY,128x64 dot,LED backlight  */
/* ------------------------------------------------------------------------ */
/* LCD_DATABUS(0x4000) : D0-D7 = DB0-DB7 (7-14, data bus)                   */
/* LCD_CONTROL(0x4100) :   GND = R/-W    (5, read/write)                    */
/*                          D4 = D/-I    (4, data/instruction)              */
/*                          D5 = E       (6, enable)                        */
/*                          D6 = CS1     (15, chip select 1)                */
/*                          D7 = CS2     (16, chip select 2)                */

void GLCD_command(uint8_t signal,uint8_t command)      /* write a command */
{ LCD_CONTROL = signal & 0xC0;                  // D/-I = 0
```

```
  asm volatile(" PUSH  R0 ");                     // delay for 500 ns
  asm volatile(" POP   R0 ");
  asm volatile(" PUSH  R0 ");
  asm volatile(" POP   R0 ");
  LCD_DATABUS = command;                          // write command
  LCD_CONTROL = (signal & 0xC0)|0x20;             // E = 1
  asm volatile(" PUSH  R0 ");                     // delay for 500 ns
  asm volatile(" POP   R0 ");
  asm volatile(" PUSH  R0 ");
  asm volatile(" POP   R0 ");
  LCD_CONTROL = signal & 0xC0;                    // E = 0
  asm volatile(" NOP       ");
  LCD_CONTROL = 0x00;                             // clear all control signals
  Delay_us(10);                                   // wait for GLCD busy
}

void GLCD_data(uint8_t signal,uint8_t character)        /* write a data */
{ LCD_CONTROL = (signal & 0xC0)|0x10;             // D/-I = 1
  asm volatile(" PUSH  R0 ");                     // delay for 500 ns
  asm volatile(" POP   R0 ");
  asm volatile(" PUSH  R0 ");
  asm volatile(" POP   R0 ");
  LCD_DATABUS = character;                        // write data
  LCD_CONTROL = (signal & 0xC0)|0x30;             // E = 1
  asm volatile(" PUSH  R0 ");                     // delay for 500 ns
  asm volatile(" POP   R0 ");
  asm volatile(" PUSH  R0 ");
  asm volatile(" POP   R0 ");
  LCD_CONTROL = (signal & 0xC0)|0x10;             // E = 0
  asm volatile(" NOP       ");
  LCD_CONTROL = 0x00;                             // clear all control signals
  Delay_us(10);                                   // wait GLCD busy
}

void GLCD_clear(void)                             /* clear GLCD screen */
{ unsigned char i, j, x;

  LCD_CONTROL = 0x00;                             // clear all control signals
  GLCD_command(0xC0,0x3F);                        // CS1,CS2 display ON
  GLCD_command(0xC0,0xC0);                        // CS1,CS2 display position

  x = 0xB8;
  for(i = 0; i <= 7; i++)
    { GLCD_command(0xC0,x);                       // X start addtess
      GLCD_command(0xC0,0x40);                    // Y start address
      for(j = 0; j <= 63; j++)
        GLCD_data(0xC0,0x00);                     // clear CS1 and CS2 screen
      x++;
    }
}

void GLCD_draw(uint8_t screen)                    /* draw a GLCD screen */
{ unsigned char i, j;

  for(i = 0; i <= 7; i++)
    { GLCD_command(0xC0,0xB8 + (7-i));            // X addtess
      GLCD_command(0x40,0x40);                    // Y start address of CS1
      for(j = 0; j <= 63; j++)                    // draw CS1 data
        { if(screen == 1)
```

```
              GLCD_data(0x40,pgm_read_byte(&screen1[i + j*8]));
            else if(screen == 2)
              GLCD_data(0x40,pgm_read_byte(&screen2[i + j*8]));
            else if(screen == 3)
              GLCD_data(0x40,pgm_read_byte(&screen3[i + j*8]));
          }
        GLCD_command(0x80,0x40);                // Y start address of CS2
        for(j = 64; j <= 127; j++)              // draw CS2 data
          { if(screen == 1)
              GLCD_data(0x80,pgm_read_byte(&screen1[i + j*8]));
            else if(screen == 2)
              GLCD_data(0x80,pgm_read_byte(&screen2[i + j*8]));
            else if(screen == 3)
              GLCD_data(0x80,pgm_read_byte(&screen3[i + j*8]));
          }
      }
  }

  int main(void)
  { unsigned char i;

    MCU_initialize();                           // initialize MCU and kit
    Delay_ms(50);                               // wait for system stabilization
    LCD_initialize();                           // initialize text LCD module
    Beep();

    GLCD_clear();                               // initialize GLCD screen

    LCD_string(0x80," Image Graphic  ");        // display title on text LCD
    LCD_string(0xC0,"   screen(0)    ");

    while(1)
      { for(i=1; i<=3; i++)                     // draw screen 1, 2, 3
          { LCD_command(0xCA);
            LCD_data(i + '0');
            GLCD_draw(i);
            Delay_ms(3000);
          }
      }
  }
```

☞ 그래픽형 LCD 모듈은 각 모델마다 화면의 픽셀에 대응하는 DDRAM 메모리의 구성 방식이 다른데, FontEdit 2.0은 아쉽게도 HG12605NY-LY에 적합한 형식의 데이터는 생성하지 않는다. 따라서, 여기서는 FontEdit 2.0이 제공하는 4가지의 데이터 형식 중에 그나마 처리하기 가장 좋은 ⇧형을 사용하였으며, 이렇게 하였을 경우 변환된 이미지 데이터가 그래픽형 LCD 모듈의 각 픽셀에 어떻게 대응되는지를 잘 살펴보아야만 이 프로그램을 이해할 수 있다. 이를테면 <그림 4.18.1>의 (a)와 이 프로그램의 상수 배열 screen1[1024]에 저장되는 데이터를 잘 비교하여 보라.

4. 실습 과제

(1) *OK-1281/2561* 키트에서는 왜 마이크로콘트롤러가 하드웨어적으로 그래픽형 LCD 모듈의 DDRAM을 읽지 못하는지 설명하라.

(2) 예제 프로그램 Exp18_1.c에서 사각형 및 원을 그리는 함수는 화면의 기존 내용을 유지하면서 그 위에 도형을 그리는 것으로 다음과 같다.

```
void Rectangle(uint8_t x1,uint8_t y1,uint8_t x2,uint8_t y2)
void Circle(uint8_t x1,uint8_t y1,uint8_t r)
```

이를 다음과 같은 기능을 가지는 프로그램 Exp18_1R.c로 수정하고 이를 이용하여 여러 가지 재미있는 화면을 구성하는 프로그램을 작성하여 보라.

```
void Rectangle(uint8_t x1,uint8_t y1,uint8_t x2,uint8_t y2,uint8_t fill)
void Circle(uint8_t x1,uint8_t y1,uint8_t r,uint8_t fill)
```

여기서 fill=0이면 현재와 기능이 같고, fill=1이면 도형 내부를 검게 채우며, fill=2로 지정되면 도형의 내부를 클리어한다.

(3) 예제 프로그램 Exp18_2.c에서 온도센서 LM35DZ에서 읽은 온도를 그래프로 표시하도록 수정한 프로그램 Exp18_2R.c를 작성하라. 온도는 0~50℃ 범위를 표시하도록 하라.

(4) 예제 프로그램 Exp18_3.c에서 이 예제와 다른 자신이 원하는 이미지를 디스플레이하도록 수정한 프로그램 Exp18_3R.c를 작성하라. 2가지 이상의 화면 이미지를 표시하도록 하라.

4.19 그래픽형 LCD 모듈의 한글 표시 프로그램

이 절에서는 *OK-1281/2561* 키트에서 사용하는 128×64 도트의 그래픽형 LCD 모듈인 현대 LCD의 HG12605NY-LY 및 그 호환기종에서 사용자가 프로그램으로 영문 및 한글의 폰트를 LCD 화면에 표시하는 원리와 기술에 대하여 설명하고 이와 관련된 프로그램을 직접 작성하여 보기로 한다.

ASCII 문자를 중심으로 하는 영문은 기본적으로 언어 구조가 풀어쓰기로 되어 있으므로 키보드로부터 이를 입력하는 과정과 화면에 이를 표시하는 과정이 동일하여 아주 간단하게 처리된다. 그러나, 한글은 모아쓰기 구조를 가지므로 키보드에서 한글의 자모를 입력받아 이를 1음절의 한글 문자로 변환시켜 주는 한글 오토마타와, 완성된 1음절의 한글 문자를 화면에 표시하는 과정은 상당히 복잡한 기술이며 서로 전혀 다른 기술이다. 그러나, 그래픽형 LCD 모듈에 한글을 표시하는 경우에는 한글 오토마타가 필요 없으므로 여기서는 화면표시에 관한 기술만 취급하기로 한다.

또한, 한글 오토마타와 화면표시 기술은 모두 한글을 조합형으로 사용하는 경우와 완성형으로 사용하는 경우가 서로 다른데, 마이크로프로세서에서 그래픽형 LCD 모듈을 구동하는 경우는 한글 폰트의 메모리 용량 때문에 완성형을 사용하기가 매우 어려우므로 여기서는 조합형에 대하여만 취급하기로 한다.

1. 영문 ASCII 문자의 화면표시 기술

영문 ASCII 문자를 표시하는데는 <그림 4.4.6>의 텍스트형 LCD 모듈에서처럼 최소한 가로×세로=5×8 도트의 문자 박스(character box)에 가로×세로=5×7 도트의 문자 폰트(character font)를 만들면 된다. 그러나, <그림 4.4.7>에서도 설명하였듯이 텍스트형 LCD 모듈은 각 문자 박스들의 사이에 약간의 공백이 있으므로 이렇게 표시해도 문제가 없지만, 그래픽형 LCD는 상하좌우로 모든 도트들의 간격이 균일하기 때문에 문자와 문자 사이의 좌우 공간을 확보하기 위하여 가로×세로=8×8 도트의 문자 박스에 가로×세로=5×7 도트의 문자 폰트로 표시하는 것이 바람직하다. 이렇게 하면 128×64 해상도의 그래픽형 LCD 모듈에는 16열×8행의 영문 ASCII 문자를 표시할 수 있게 된다.

그러나, 그래픽형 LCD 모듈의 화면이 영문 전용으로 사용된다면 이렇게 할 수도 있지만, 같은 화면에 한글과 영문이 혼용되는 경우라면 영문 ASCII 글자들의 모양과 크기가 한글 글자들과 균형 및 조화를 이루어야 하므로 이렇게 할 수가 없다. 즉, 한글의 표시에는 최소한 가로×세로=16×16 도트의 문자 박스가 필요하다는 점을 고려하여, 영문 ASCII 문자들이 한글 글자와 높이는 비슷하고 좌우 폭은 한글의 ½이 되도록 가로×세로=8×16 도트의 문자 박스를 사용하는 것이 가장 바람직하다. 이렇게 하면 128×64 해상도의 그래픽형 LCD 모듈에는 16열×4행의 영문 ASCII 문자를 표시할 수 있게 된다. 이와 같이 표시한 영문 ASCII 문자들의 예를 보이면 <그림 4.19.1>과 같다. 즉, 각 문자들을 폰트를 표시하기 위해서는 1개의 문자당 16바이트씩의 폰트 데이터가 필요하다.

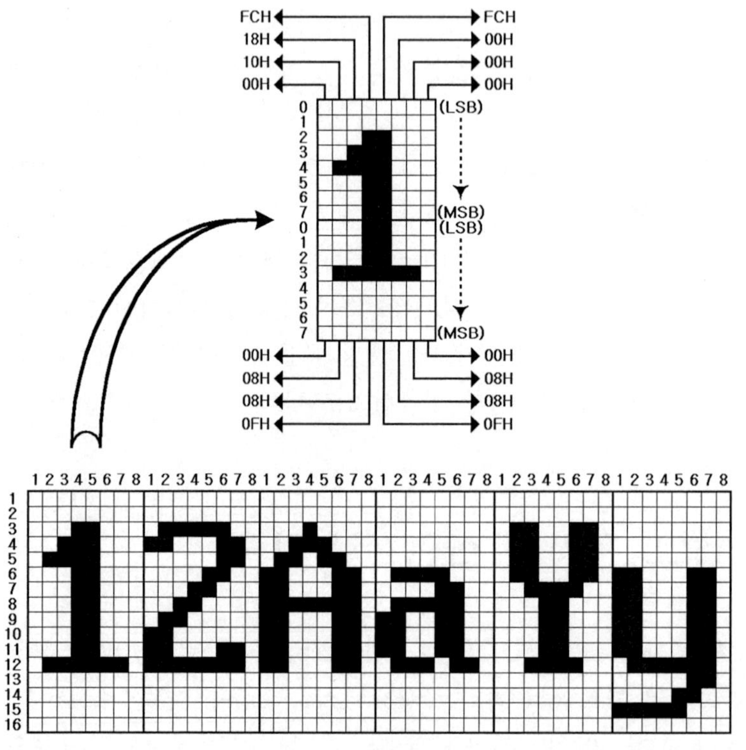

〈그림 4.19.1〉 8×16 도트의 문자 박스로 표시된 영문 ASCII 문자의 표시 방법

이를 실제로 그래픽형 LCD 모듈에 표시하려면 LCD 모듈의 DD RAM 메모리 구조가 <그림 4.17.7>과 같다는 것을 상기하여야 한다. 따라서, 각 영문 ASCII 문자는 세로로 16개의 도트 라인(dot line) 즉 2개의 X어드레스를 차지하고, 가로로 8개의 Y어드레스를 차지하게 된다. 그리고, 임의의 X어드레스와 Y어드레스에 출력되는 8비트

의 데이터는 위쪽의 도트에 해당하는 값이 LSB로 되고, 아래쪽의 도트에 해당하는 값이 MSB로 되도록 2진수값을 만들어야 하는데 유의해야 한다.

예를 들어서 문자 "1"을 화면의 첫번째 행, 첫번째 열에 표시하고자 한다면 이에 해당하는 ASCII 코드값 31H가 메인 루틴으로부터 디스플레이 서브루틴으로 전달된다. 그러면 이 디스플레이 루틴은 미리 준비되어 있는 폰트 테이블로부터 이 문자 "1"에 해당하는 16바이트의 폰트 데이터를 찾아낸 후에, 먼저 X어드레스=0, Y어드레스=0으로 놓고 CS1을 인에이블하면서 00H, 10H, 18H, FCH, FCH, 00H, 00H, 00H의 8개 데이터를 차례로 LCD 모듈에 출력한다. 그러면, 자동으로 Y어드레스가 1씩 증가하면서 차례로 8개의 데이터가 DD RAM에 저장되어 이 문자 폰트의 상반부가 화면에 표시된다. 이어서 디스플레이 루틴은 다시 X어드레스=1, Y어드레스=0으로 놓고 CS1을 인에이블하면서 나머지 8개의 데이터 00H, 08H, 08H, 0FH, 0FH, 08H, 08H, 00H를 차례로 LCD 모듈에 출력한다. 그러면, 같은 원리로 이번에는 이 문자 폰트의 하반부가 화면에 표시되어 1개의 글자가 모두 완성된다.

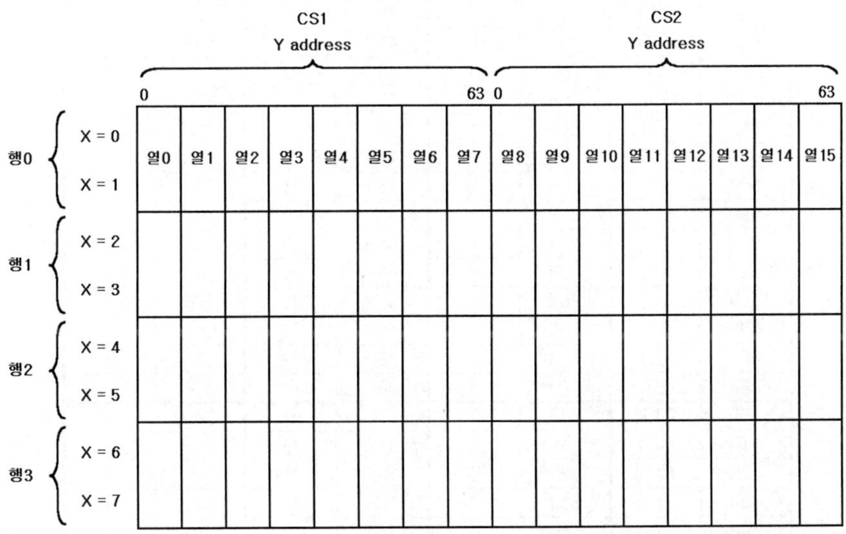

〈그림 4.19.2〉 128×64 도트의 화면에 8×16 도트의 영문 ASCII 문자를 표시한 모습

각 문자가 8×16 도트의 크기를 가지므로 128×64 해상도의 그래픽형 LCD 모듈에 모두 16열×4행의 영문 ASCII 문자를 표시하는 화면 구성을 그림으로 나타내면 <그림 4.19.2>와 같다. 이와 같이 영문 ASCII 문자를 그래픽형 LCD 모듈에 직접 표시하려면 사용자 프로그램은 이들 문자에 대한 폰트 데이터를 미리 만들어서 가지고 있어야 하며, 화면의 지정된 위치에 각 문자에 해당하는 16바이트의 폰트 데이터를 찾아서 출력

하는 기능을 가지고 있어야 한다. 전체 95자의 영문 ASCII 폰트를 저장하기 위해서는 95자×16바이트=1520바이트의 메모리가 필요하다.

ASCII 코드란 제2.3절에서도 설명하였듯이 컴퓨터와 컴퓨터 사이의 정보교환 또는 컴퓨터와 주변장치 사이의 정보교환을 위하여 만든 7비트, 128문자의 국제표준 코드로서 이를 <표 4.19.1>에 다시 보였다. 이 ASCII 코드의 128문자 중에서 20H~7EH(총 95자)는 도형문자로서 영문의 대/소문자, 아라비아 숫자, 각종 문장부호 등을 표현하는 데 사용되고, 00H~1FH 및 7FH(총 33자)는 기능제어 문자로서 주변장치의 제어, 직렬 통신 제어 등에 사용된다. 따라서, 화면에 표시되는 코드는 원칙적으로 95자의 도형문자에만 해당되지만, 특별한 경우에는 기능제어 문자에 해당하는 33자에 사용자가 임의의 도형문자를 정의하여 사용하기도 한다.

〈표 4.19.1〉 표준 ASCII 코드표

코드값	문자	코드값	문자	코드값	문자	코드값	문자
00H	NUL	20H	space	40H	@	60H	`
01H	SOH	21H	!	41H	A	61H	a
02H	STX	22H	"	42H	B	62H	b
03H	ETX	23H	#	43H	C	63H	c
04H	EOT	24H	$	44H	D	64H	d
05H	ENQ	25H	%	45H	E	65H	e
06H	ACK	26H	&	46H	F	66H	f
07H	BEL	27H	'	47H	G	67H	g
08H	BS	28H	(	48H	H	68H	h
09H	HT	29H	)	49H	I	69H	i
0AH	LF	2AH	*	4AH	J	6AH	j
0BH	VT	2BH	+	4BH	K	6BH	k
0CH	FF	2CH	,	4CH	L	6CH	l
0DH	CR	2DH	–	4DH	M	6DH	m
0EH	SO	2EH	.	4EH	N	6EH	n
0FH	SI	2FH	/	4FH	O	6FH	o
10H	DLE	30H	0	50H	P	70H	p
11H	DC1	31H	1	51H	Q	71H	q
12H	DC2	32H	2	52H	R	72H	r
13H	DC3	33H	3	53H	S	73H	s
14H	DC4	34H	4	54H	T	74H	t
15H	NAK	35H	5	55H	U	75H	u
16H	SYN	36H	6	56H	V	76H	v
17H	ETB	37H	7	57H	W	77H	w
18H	CAN	38H	8	58H	X	78H	x
19H	EM	39H	9	59H	Y	79H	y
1AH	SUB	3AH	:	5AH	Z	7AH	z
1BH	ESC	3BH	;	5BH	[	7BH	{
1CH	FS	3CH	<	5CH	\	7CH	|
1DH	GS	3DH	=	5DH	]	7DH	}
1EH	RS	3EH	>	5EH	^	7EH	~
1FH	US	3FH	?	5FH	_	7FH	DEL

그러나, 우리나라에서는 기본적으로 ASCII 코드를 8비트로 정의하며, 표준 ASCII 문자의 경우에는 최상위 비트를 b7=0으로 하여 128문자를 수용하고, b7=1인 경우에는 이 코드값과 그 다음에 오는 8비트를 하나로 연결하여 16비트의 한글 및 한자 코드로 사용하고 있다.

2. 한글의 구조와 화면표시 기술

한글을 그래픽형 LCD 모듈에 표시하는 기술은 영문 ASCII 문자에 비하여 훨씬 복잡하다. 이는 한글이 풀어쓰기 구조를 가지는 영어나 일본어와 달리 모아쓰기라는 독특한 구조를 가지기 때문이다. 한글은 조선 제4대 임금이신 세종대왕께서 1443년에 창제하고 1446년에 반포하신 우리 고유의 문자로서 세계에서 그 유래를 찾기 어려울만큼 과학적이고 아름다운 문자라고 한다.

그러나, 한글은 이렇게 자랑스러운 우리 민족의 유산이지만, 모아쓰기라는 독특한 특성 때문에 컴퓨터로 이를 처리하기에는 다소 까다롭다. 하지만, 물론 한글은 음절 단위의 완성된 형태만을 가지는 한자에 비하면 훨씬 처리하기에 용이한 것도 사실이다. 이제 이를 그래픽형 LCD 모듈에 표시하고자 하면 먼저 한글의 과학적인 구조를 자세히 살펴볼 필요가 있다.

(1) 한글의 구조

한글은 초성, 중성, 종성의 자소(字素)가 모여서 1음절(音節)의 글자를 구성하는 모아쓰기 구조를 갖는 언어이다. 그러나, 글자에 따라서는 종성(받침)이 없고 초성과 중성으로만 만들어지기도 한다.

초성과 종성은 반드시 자음으로 사용되고 중성은 반드시 모음이 사용되는데, 이렇게 한글을 구성하는 자소들과 그것들이 초성, 중성, 종성에 각각 사용되는 내역을 정리하면 <표 4.19.2>와 같다.

이렇게 각 자소를 사용하여 한글 글자가 구성되므로 이론적으로 만들 수 있는 총 글자수는 다음과 같다.

받침이 없는 글자 : 초성(19) × 중성(21) = 399자
받침이 있는 글자 : 초성(19) × 중성(21) × 종성(27) = 10,773자
계 = 11,172자

이렇게 한글은 자음 14개와 모음 10개를 기본으로 하면서 여기에서 파생된 쌍자음, 복자음 및 복모음들을 결합시켜 글자를 만들게 된다. 이것이 한글의 기본적인 특징이다.

〈표 4.19.2〉 한글 글자의 구성

한글 자소	기본 자음(14개)	ㄱ ㄴ ㄷ ㄹ ㅁ ㅂ ㅅ ㅇ ㅈ ㅊ ㅋ ㅌ ㅍ ㅎ
	쌍자음(5개)	ㄲ ㄸ ㅃ ㅆ ㅉ
	복자음(11개)	ㄳ ㄵㄶ ㄺ ㄻ ㄼ ㄽ ㄾ ㄿ ㅀ ㅄ
	기본 모음(10개)	ㅏ ㅑ ㅓ ㅕ ㅗ ㅛ ㅜ ㅠ ㅡ ㅣ
	복모음(11개)	ㅐ ㅒ ㅔ ㅖ ㅘ ㅙ ㅚ ㅝ ㅞ ㅟ ㅢ
글자 구성	초성(19개)	기본 자음(14) + 쌍자음(5)
	중성(21개)	기본 모음(10) + 복모음(11)
	종성(27개)	기본 자음(14) + 쌍자음(2 ; ㄲ ㅆ) + 복자음(11)

(2) 한글 코드

우리나라에 컴퓨터가 소개되면서 영문 ASCII 문자만을 처리하는 컴퓨터에서 이와 충돌이 되지 않으면서 한글을 표시하고 처리하는 방법이 문제가 되었다. 국내에서 컴퓨터가 사용되기 시작한 이후 상당히 오랜 시간이 지나도록 N바이트 코드나 3바이트 코드와 같은 여러가지 한글처리 방식이 사용되기도 하였고, 각 회사별로 서로 다른 종류의 조합형 한글 코드를 사용하기도 하였다. 이러한 상황은 당시의 컴퓨터 사용자들에게 소프트웨어의 호환성이 유지되지 않아서 혼란을 주었지만, 각 회사의 영업적 이해관계나 기술적인 차이 등으로 하여 쉽게 해결될 전망이 보이지 않았다.

그러던 중에 1987년에 정부는 치열한 논란 끝에 완성형 코드를 KS 표준 규격으로 정하였는데, 그것이 오늘날까지 사용되는 KSC5601-1987 정보 교환용 부호(현재는 이를 1998년에 개정하여 KSX 1001로 되어 있음.)이다. 이는 한글이 초성, 중성, 종성으로 구성되어 모두 11172자를 표현할 수 있다는 점을 고려하지 않고, 사용빈도가 높은 한글 글자들을 완성된 형태로 2350자만 정의하고, 여기에 한자 4888자, 특수문자 1128자, 사용자 정의문자 188자 등을 지정함으로써 한글의 기본적인 원리와 장점을 훼손한다는 거센 비판을 받았다. 실제로 이를 사용하면 표시할 수 없는 글자가 상당히 많아서 종종 불편을 초래하며, 사용자 정의문자에 이를 정의한다고 하더라도 일반성이 없고 순서대로 정렬(sort)하는데 문제가 생기므로 전혀 불편이 해결되지 못한다. 그러나, 완성형은 국제적 표준코드인 ISO 2022와 비교적 충돌이 적고 글자체를 미려하게 디자인할 수 있는 등의 장점도 가지고 있다.

이러한 완성형 한글코드의 문제점을 인식하여 정부는 1992년에 기존의 완성형 코드에 보조적으로 조합형 코드를 사용할 수 있도록 KS 표준 규격을 개정하였는데, 그것이 KSC5601-1992 정보 교환용 부호의 보조 부호(현재는 역시 1998년에 개정되어 KSX 1001로 되어 있음.)이다. 이와 같이 현재는 16비트 완성형과 2바이트(16비트) 조합형이 모두 국가 표준규격으로 정해져 있는데, 어쩔 수 없는 현실의 반영으로 볼 수도 있으나 국가 표준이 2가지라는 것은 사리에 맞지 않는 것으로서 아직까지도 적지 않은 혼란을 불러일으키고 있다.

그러나, 이러한 문제들에 관계없이 그래픽형 LCD 모듈에 한글을 표시해야 하는 우리의 입장에서는 메모리 용량의 한계 때문에 반드시 2바이트 조합형 코드를 사용해야 하므로 여기서는 이것에 대하여 자세히 알아보기로 한다.

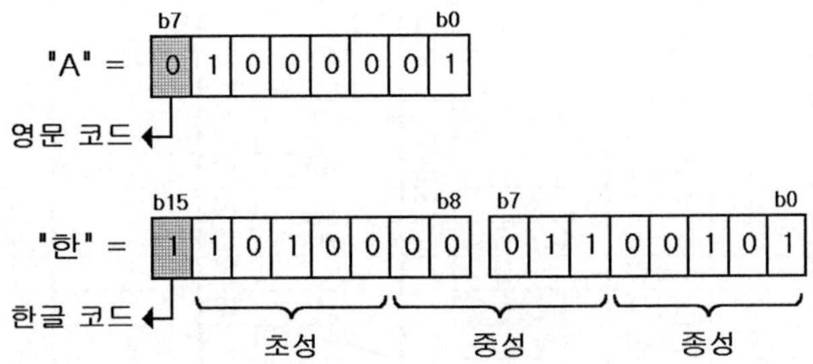

〈그림 4.19.3〉 2바이트 조합형 한글 코드의 구조

2바이트 조합형 한글 코드에서는 <그림 4.19.3>에 보인 것처럼 초성, 중성, 종성을 각각 5비트의 길이로 나타낸다. 즉, 영문 ASCII 코드인 경우에는 8비트로 나타내는데, 여기서 최상위 비트를 b7 = 0으로 하여 영문이라는 것을 나타내고, 나머지 7개의 비트(b6~b0)들로는 이 문자의 ASCII 코드값을 나타낸다. 그러나, 한글 코드는 최상위 비트를 b7 = 1로 표시하고 이 경우에는 이 바이트와 그 다음에 오는 또 하나의 바이트를 연속으로 붙여서 2바이트(16비트)의 한글 코드로 사용하게 된다. 이때, 나머지 15개의 비트(b14~b0)들은 차례로 5비트씩 분할하여 각각 초성, 중성, 종성을 표시하게 된다.

이렇게 초성, 중성, 종성의 자소를 각각 5비트씩으로 표시할 수 있는 것은 앞에서도 살펴보았듯이 초성이 19자, 중성이 21자, 종성이 27자이기 때문에 모두 5비트로 표현 가능한 2^5=32종류 이하이기 때문이다. 그러나, 실제로는 초성, 중성, 종성에 각각 자리 채움 표시(fill code)를 1개씩 추가하여 20자, 22자, 28자로 된다. KSC5601-1992 정보 교환용 부호의 보조 부호로 정의된 2바이트 조합형 한글코드를 보이면 <표 4.19.3>과 같다.

〈표 4.19.3〉 KSC5601-1992의 2바이트 조합형 한글코드

비트값		초성(20자)		중성(22자)		종성(28자)	
10진수	2진수						
0	00000						
1	00001	fill code	0			fill code	0
2	00010	ㄱ	1	fill code	0	ㄱ	1
3	00011	ㄲ	2	ㅏ	1	ㄲ	2
4	00100	ㄴ	3	ㅐ	2	ㄳ	3
5	00101	ㄷ	4	ㅑ	3	ㄴ	4
6	00110	ㄸ	5	ㅒ	4	ㄵ	5
7	00111	ㄹ	6	ㅓ	5	ㄶ	6
8	01000	ㅁ	7			ㄷ	7
9	01001	ㅂ	8			ㄹ	8
10	01010	ㅃ	9	ㅔ	6	ㄺ	9
11	01011	ㅅ	10	ㅕ	7	ㄻ	10
12	01100	ㅆ	11	ㅖ	8	ㄼ	11
13	01101	ㅇ	12	ㅗ	9	ㄽ	12
14	01110	ㅈ	13	ㅘ	10	ㄾ	13
15	01111	ㅉ	14	ㅙ	11	ㄿ	14
16	10000	ㅊ	15			ㅀ	15
17	10001	ㅋ	16			ㅁ	16
18	10010	ㅌ	17	ㅚ	12	*	
19	10011	ㅍ	18	ㅛ	13	ㅂ	17
20	10100	ㅎ	19	ㅜ	14	ㅄ	18
21	10101	(한자)		ㅝ	15	ㅅ	19
22	10110	(한자)		ㅞ	16	ㅆ	20
23	10111	(한자)		ㅟ	17	ㅇ	21
24	11000	(한자)				ㅈ	22
25	11001	(한자)				ㅊ	23
26	11010	(한자)		ㅠ	18	ㅋ	24
27	11011	(한자)		ㅡ	19	ㅌ	25
28	11100	(한자)		ㅢ	20	ㅍ	26
29	11101	(한자)		ㅣ	21	ㅎ	27
30	11110	(한자)		*		*	
31	11111			*			

이 중에서 사선으로 표시한 부분은 사용하지 못하도록 되어 있는 빈 자리이며, 그 중에서 *표로 표시한 부분은 한글 고어(古語)를 정의하기도 하는 자리이나 우리는 전혀 사용하지 않으므로 그냥 비워두기로 한다. 초성, 중성, 종성의 우측에 있는 각 숫자들은 이들 비트들이 00000에서부터 2진수가 증가하면서 차례로 연속하여 정의되어 있지 않기 때문에 나중에 각 자소들을 인덱싱(indexing)하는데 편리하게 사용하기 위한 인수들이다.

키입력 루틴에서 사용하는 한글 오토마타(automata) 프로그램은 키보드에서 입력되는 자소들을 모아서 <표 4.19.3>과 같은 2바이트 조합형 코드를 만든다. 한글 1음절은 초성+중성 또는 초성+중성+종성으로 구성되므로 초성에 해당하는 자음과 중성에 해당하는 모음이 입력될 때까지는 비교적 처리가 용이하지만, 그 다음에 자음이 입력되는 경우에는 처리가 복잡해진다. 이 자음은 일단 종성으로 처리되었다가 그 다음에 자음이 입력되면 그대로 종성으로 결정되지만, 그 다음에 입력된 것이 모음인 경우에는 이

자음이 2번째 음절의 초성으로 바뀌어 처리된다. 여기서, fill code는 1음절을 구성하는 3가지의 자소 중에 최소한 어느 1가지 또는 2가지가 생략된 경우에 그 생략 부분을 채워서 2바이트의 코드를 완성해주는 값이다. 즉, 받침이 없는 글자에서는 항상 종성이 fill code로 채워지고, "ㅏㄴ"과 같이 표시하는 경우는 초성이 fill code로 채워지며, "ㅜ"와 같이 표시하는 경우는 초성과 종성이 모두 fill code로 채워진다.

이렇게 하여 한글 오토마타 프로그램을 거친 각 한글 글자들은 16비트의 조합형 코드로 만들어져 저장된다. 그러나, 완성형 코드를 사용하는 경우에는 이와 같이 일단 조합형 코드까지 처리하는 과정은 동일하지만, 여기에서 다시 코드 변환 테이블을 이용하여 조합형 코드를 완성형 코드로 바꾸므로 키입력 처리 루틴이 더욱 복잡해진다.

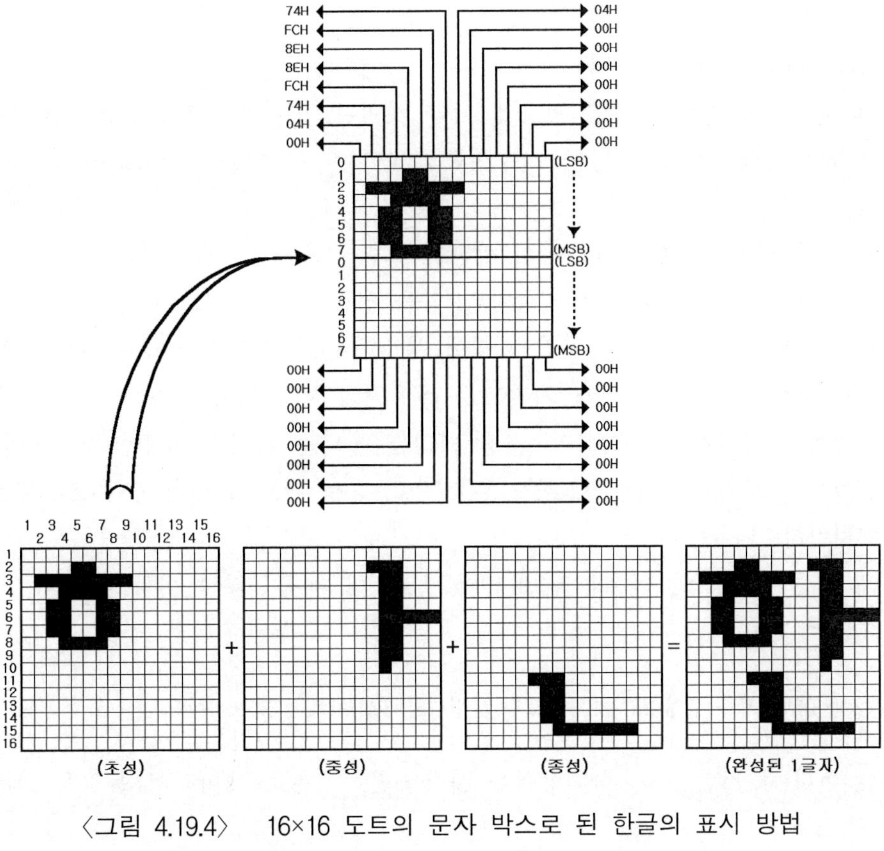

〈그림 4.19.4〉 16×16 도트의 문자 박스로 된 한글의 표시 방법

(3) 조합형 한글의 화면표시

앞에서 살펴본 바와 같이 영문 ASCII 문자의 경우에는 각 문자의 코드에 대하여 8×16 도트의 문자 박스에 이 문자를 표시하기 위하여 각 문자당 16바이트씩으로 구성

되는 폰트 데이터 테이블을 미리 만들어 저장해 놓았다가 이를 찾아서 화면에 출력하면 되므로 비교적 처리가 단순하고 쉬웠다. 그러나, 조합형 한글의 경우에는 16×16 도트의 문자 박스에 한글 글자를 표시하기 위하여 초성, 중성, 종성을 각각 별도로 32바이트 폰트로 만들어 놓은 테이블에서 찾아다가 이를 모두 중첩시켜서 합친 후에 화면에 출력하는 복잡한 처리 과정을 거쳐야 한다. 이 과정을 알기 쉽게 그림으로 설명하면 <그림 4.19.4>와 같다.

더구나, 이들 초성, 중성, 종성은 각각 1가지씩의 폰트만을 가지는 것이 아니라 여러 벌의 폰트를 가지고 있어야 한다. 즉, 초성의 "ㄱ"은 항상 조합형 코드내에서는 같은 값으로 표시되지만 이를 화면에 표시할 때는 글자에 따라 다른 모양의 폰트가 사용되어야 한다. 예를 들면 "가"에서의 초성과 "강"에서의 초성, 그리고 "고"에서의 초성 및 "공"에서의 초성, "광"에서의 초성은 모두 같은 초성의 "ㄱ"으로 코드가 표시되지만, 이를 화면에 표시할 때는 상당히 다른 모양이 되어야만 전체적인 글자의 모양이 보기 좋도록 균형과 조화를 이루게 되는 것이다. 이것은 "ㄱ"뿐만 아니라 모든 초성에 대하여 마찬가지이며, 나아가 초성뿐만 아니라 중성이나 종성에서도 또한 마찬가지이다.

결국 초성, 중성, 종성을 화면에 표시하기 위한 폰트들은 여러 개의 벌을 가져야 하며, 벌수가 많을수록 좀더 미려한 글자 모양을 얻을 수 있다. 그러나, 이들 벌수를 지나치게 많게 만들면 화면표시 처리 과정이 복잡해지는 것은 물론이고 이들 폰트를 저장하는 메모리 용량이 지나치게 커지므로 실용적이지 못하다. 그래서 이들 벌수를 처리하는 방식은 여러가지가 있지만, 가장 널리 사용되는 것이 8×4×4벌 방식이며 이 책에서도 이를 따르기로 한다. 즉, 초성 폰트 8벌, 중성 폰트 4벌, 종성 폰트 4벌로 사용한다는 것이다.

만약 초성, 중성, 종성에 각각 1벌씩의 폰트만을 사용한다면 이들 폰트를 저장하는데 필요한 메모리 용량은

초성(20)×32바이트 + 중성(22)×32바이트 + 종성(28)×32바이트 = 2240바이트

가 될 것이다. 하지만, 8×4×4벌 방식을 사용하면 총 폰트 데이터의 용량은 크게 증가하여

초성(20)×8벌×32바이트 + 중성(22)×4벌×32바이트 + 종성(28)×4벌×32바이트 = 11520바이트

즉, 약 11KB가 된다. 이런 정도의 메모리 용량은 대부분의 마이크로프로세서 응용 시스템에서 충분히 실용적으로 사용할 수 있는 양이다. 그러나, 완성형의 경우는 2350자

를 모두 32바이트의 완성된 문자 폰트로 만들어 저장해야 하므로

2350자×32바이트 = 75200바이트

즉, 약 73KB 정도의 엄청난 메모리 용량을 필요로 한다. 이는 대부분의 마이크로프로세서 응용 시스템에서 전체 주기억 용량을 초과하는 많은 양으로서 거의 실용적이지 못하다.(만약 조합형 한글로 만들 수 있는 11172자를 모두 이런 식으로 완성형 폰트로 저장한다면 11172자×32바이트=357504바이트라는 메모리 용량이 필요하게 된다.) 이것이 마이크로프로세서 응용 시스템의 그래픽형 LCD 모듈에서 한글을 표시할 때 대부분 조합형을 선호하는 가장 중요한 이유이다.

〈표 4.19.4〉 8×4×4벌 방식 한글 조합형의 구성

초성	초성 0벌	받침없는 ㅏㅐㅑㅒㅓㅔㅕㅖㅣ 와 결합
	초성 1벌	받침없는 ㅗㅛㅡ 와 결합
	초성 2벌	받침없는 ㅜㅠ 와 결합
	초성 3벌	받침없는 ㅘㅙㅚㅢ 와 결합
	초성 4벌	받침없는 ㅝㅞㅟ 와 결합
	초성 5벌	받침있는 ㅏㅐㅑㅒㅓㅔㅕㅖㅣ 와 결합
	초성 6벌	받침있는 ㅗㅛㅜㅠㅡ 와 결합
	초성 7벌	받침있는 ㅘㅙㅚㅝㅞㅟㅢ 와 결합
중성	중성 0벌	받침없는 ㄱㅋ 와 결합
	중성 1벌	받침없는 ㄱㅋ 이외의 자음과 결합
	중성 2벌	받침있는 ㄱㅋ 와 결합
	중성 3벌	받침있는 ㄱㅋ 이외의 자음과 결합
종성	종성 0벌	중성 ㅏㅑㅘ 와 결합
	종성 1벌	중성 ㅓㅕㅚㅝㅟㅢㅣ 와 결합
	종성 2벌	중성 ㅐㅒㅔㅖㅙㅞ 와 결합
	종성 3벌	중성 ㅗㅛㅜㅠㅡ 와 결합

8×4×4벌을 사용하는 조합형 한글의 표시 방식을 요약하면 <표 4.19.4>와 같다. 이와 같이 처리하는 이유는 각각에 해당하는 한글 음절의 글자들을 살펴보면 충분히 짐작하고 이해할 수 있을 것이다.

이제 2바이트(16비트) 한글 조합형으로 표시된 문자 코드를 받아서 이를 화면에 표시하는 알고리즘을 차례로 요약하여 설명하면 다음과 같다.

① 2바이트의 한글 코드로부터 각각 초성, 중성, 종성에 해당하는 5비트의 코드값을 분리한다.

```
void GLCD_Korean(unsigned int Kcode)
{ unsigned char cho_5bit;                       // 초성
  unsigned char joong_5bit;                     // 중성
  unsigned char jong_5bit;                      // 종성
```

```
  cho_5bit   = (Kcode>>10) & 0x001F;
  joong_5bit = (Kcode>>5) & 0x001F;
  jong_5bit  = Kcode & 0x001F;
       .
       .
       .
}
```

② 그런데, 이들 5비트의 코드는 2바이트 조합형 한글 코드표에서 초성, 중성, 종성 모두 각 자소들이 순차적으로 정의되어 있지 않기 때문에, 예를 들어 초성의 경우 "ㄱ, ㄲ, ㄴ, ㄷ, ㄸ, …"에 순서대로 1, 2, 3, 4, 5, …의 번호를 매길 수가 없으므로 아래와 같이 인덱스 테이블로 처리하면 편리하다. 이렇게 하여 만들어지는 인덱스 번호는 <표 4.19.3>에서 표시한 것과 같다.

```
unsigned char table_cho[21]={0,0,1,2,3,4,5,6,7,8,9,10,11,12,13,14,15,16,17,18,19};
unsigned char table_joong[30]={0,0,0,1,2,3,4,5,0,0,6,7,8,9,10,11,0,0,12,13,14,15,16,17,0,0,18,19,20,21};
unsigned char table_jong[30]={0,0,1,2,3,4,5,6,7,8,9,10,11,12,13,14,15,16,0,17,18,19,20,21,22,23,24,25,26,27};

void GLCD_Korean(unsigned int Kcode)
{ unsigned char cho_5bit;                          // 초성
  unsigned char joong_5bit;                        // 중성
  unsigned char jong_5bit;                         // 종성

  cho_5bit   = table_cho[(Kcode>>10) & 0x001F];
  joong_5bit = table_joong[(Kcode>>5) & 0x001F];
  jong_5bit  = table_jong[Kcode & 0x001F];
       .
       .
       .
}
```

③ 여기서는 초성, 중성, 종성에 8×4×4벌 방식을 사용하는데, 이것들의 조합에 따른 각 자소들의 벌수를 알아내는 것도 상당히 복잡하므로 역시 테이블로 처리하는 것이 편리하다.

```
unsigned char table_cho[21]={0,0,1,2,3,4,5,6,7,8,9,10,11,12,13,14,15,16,17,18,19};
unsigned char table_joong[30]={0,0,0,1,2,3,4,5,0,0,6,7,8,9,10,11,0,0,12,13,14,15,16,17,0,0,18,19,20,21};
unsigned char table_jong[30]={0,0,1,2,3,4,5,6,7,8,9,10,11,12,13,14,15,16,0,17,18,19,20,21,22,23,24,25,26,27};
unsigned char bul_cho1[22]={0,0,0,0,0,0,0,0,0,1,3,3,3,1,2,4,4,4,2,1,3,0};
unsigned char bul_cho2[22]={0,5,5,5,5,5,5,5,5,6,7,7,7,6,6,7,7,7,6,6,7,5};
unsigned char bul_jong[22]={0,0,2,0,2,1,2,1,2,3,0,2,1,3,3,1,2,1,3,3,1,1};

void GLCD_Korean(unsigned int Kcode)
{ unsigned char cho_5bit;                          // 초성
  unsigned char joong_5bit;                        // 중성
  unsigned char jong_5bit;                         // 종성
  unsigned char cho_bul, joong_bul, jong_bul;      // 초성, 중성, 종성의 벌수
```

```
  cho_5bit   = table_cho[(Kcode>>10) & 0x001F];
  joong_5bit = table_joong[(Kcode>>5) & 0x001F];
  jong_5bit  = table_jong[Kcode & 0x001F];

  if(jong_5bit==0) {                          // 먼저 종성이 있는지 없는지를 조사
    cho_bul=bul_cho1[joong_5bit];             // 초성
    if(cho_5bit==1 || cho_5bit==16) joong_bul=0;  // 중성
    else                            joong_bul=1;
         /* 처리 루틴 */
    }
  else {
    cho_bul=bul_cho2[joong_5bit];             // 초성
    if(cho_5bit==1 || cho_5bit==16) joong_bul=2;  // 중성
    else                            joong_bul=3;
    jong_bul=bul_jong[joong_5bit];            // 종성
         /* 처리 루틴 */
    }
      .
      .
      .
}
```

④ 이렇게 하여 cho_bul, joong_bul, jong_bul이 결정되면 이에 따라 각각 초성, 중성, 종성의 문자 폰트들 중에서 이 벌수에 해당하는 것을 꺼내어 사용하면 된다. 이와 같이 해당 폰트를 얻기 위해서는 어드레스를 올바르게 계산해야 한다. 각 글자 폰트들은 모두 32바이트씩으로 이루어져 있으므로 초성이나 중성의 각 자소별 코드에 32를 곱하면 해당 자소의 위치를 알 수 있다. 그러나, 벌수의 경우에는 자소 하나를 뛰어 넘는 것이 아니라 한 벌 전체를 건너뛰는 것이므로 각 벌의 크기를 알아야 한다. 예를 들어 초성의 경우 20자(fill code 포함)이니 20×32하면 한 벌의 크기가 된다.

초성 : 20자×32 = 640
중성 : 22자×32 = 704
종성 : 28자×32 = 896
전체 폰트의 메모리 용량 = 640×8 + 704×4 + 896×4 = 5120+2816+3584 = 11520 바이트

따라서, 초성, 중성, 종성의 자소 및 벌수에 따른 폰트 데이터를 얻기 위한 계산식은 아래와 같이 나타낼 수 있다.

초성의 폰트 = (cho_bul×20 + cho_5bit)×32 에서부터 32바이트
중성의 폰트 = (8×20 + joong_bul×22 + joong_5bit)×32 에서부터 32바이트
종성의 폰트 = (8×20 + 4×22 + jong_bul×28 + jong_5bit)×32 에서부터 32바이트

⑤ 이렇게 하여 원하는 초성, 중성, 종성의 폰트를 얻을 수 있게 되면 이것들을 모

두 같은 32바이트 버퍼에서 OR로 합하여 1개의 완성된 문자를 생성한다. 이렇게 만들어진 32바이트의 버퍼를 <그림 4.19.4>에서 설명한 방법처럼 차례로 그래픽형 LCD 모듈에 출력하면 된다.

```
unsigned char table_cho[21]={0,0,1,2,3,4,5,6,7,8,9,10,11,12,13,14,15,16,17,18,19};
unsigned char table_joong[30]={0,0,0,1,2,3,4,5,0,0,6,7,8,9,10,11,0,0,12,13,14,15,16,17,0,0,18,19,20,21};
unsigned char table_jong[30]={0,0,1,2,3,4,5,6,7,8,9,10,11,12,13,14,15,16,0,17,18,19,20,21,22,23,24,25,26,27};
unsigned char bul_cho1[22]={0,0,0,0,0,0,0,0,0,1,3,3,3,1,2,4,4,4,2,1,3,0};
unsigned char bul_cho2[22]={0,5,5,5,5,5,5,5,5,6,7,7,7,6,6,7,7,7,6,6,7,5};
unsigned char bul_jong[22]={0,0,2,0,2,1,2,1,2,3,0,2,1,3,3,1,2,1,3,3,1,1};
unsigned char Korean_buffer[32];
unsigned char K_font[8*20 + 4*22 + 4*28][32];

void GLCD_Korean(unsigned int Kcode)
{ unsigned char cho_5bit;                          // 초성
  unsigned char joong_5bit;                        // 중성
  unsigned char jong_5bit;                         // 종성
  unsigned char cho_bul, joong_bul, jong_bul;      // 초성, 중성, 종성의 벌수
  unsigned char i;
  unsigned int character;

  cho_5bit   = table_cho[(Kcode>>10) & 0x001F];
  joong_5bit = table_joong[(Kcode>>5) & 0x001F];
  jong_5bit  = table_jong[Kcode & 0x001F];

  if(jong_5bit==0) {                               // 먼저 종성이 있는지 없는지를 조사
    cho_bul=bul_cho1[joong_5bit];                  // 초성
    if(cho_5bit==1 || cho_5bit==16) joong_bul=0;   // 중성
    else                            joong_bul=1;
        /* 처리 루틴 */
    }
  else {
    cho_bul=bul_cho2[joong_5bit];                  // 초성
    if(cho_5bit==1 || cho_5bit==16) joong_bul=2;   // 중성
    else                            joong_bul=3;
    jong_bul=bul_jong[joong_5bit];                 // 종성
        /* 처리 루틴 */
    }

  character = cho_bul*20 + cho_5bit;                  // 초성 폰트를 읽어 버퍼로 복사
  for(i = 0; i <= 31; i++)
    Korean_buffer[i] = K_font[character][i];

  character = 8*20 + joong_bul*22 + joong_5bit;       // 중성 폰트를 읽어 버퍼에 OR
  for(i = 0; i <= 31; i++)
    Korean_buffer[i] |= K_font[character][i];

  character = 8*20 + 4*22 + jong_bul*28 + jong_5bit; // 종성 폰트를 읽어 버퍼에 OR
  for(i = 0; i <= 31; i++)
    Korean_buffer[i] |= K_font[character][i];
    .
```

```
        .
        .
}
```

이상과 같은 방법으로 우리가 사용하는 128×64 해상도의 그래픽형 LCD 모듈에 16×16 도트의 크기를 갖는 8열×4행의 한글 문자를 표시하는 화면 구성을 그림으로 나타내면 <그림 4.19.5>와 같다. 물론 화면에는 이렇게 한글만을 나타내는 것이 아니라 8×16 도트 크기의 영문 ASCII 문자도 표시할 수 있다. 그러나, 항상 영문 ASCII 문자는 한글에 비하여 좌우의 폭은 1/2로 작고 상하의 높이는 같다.

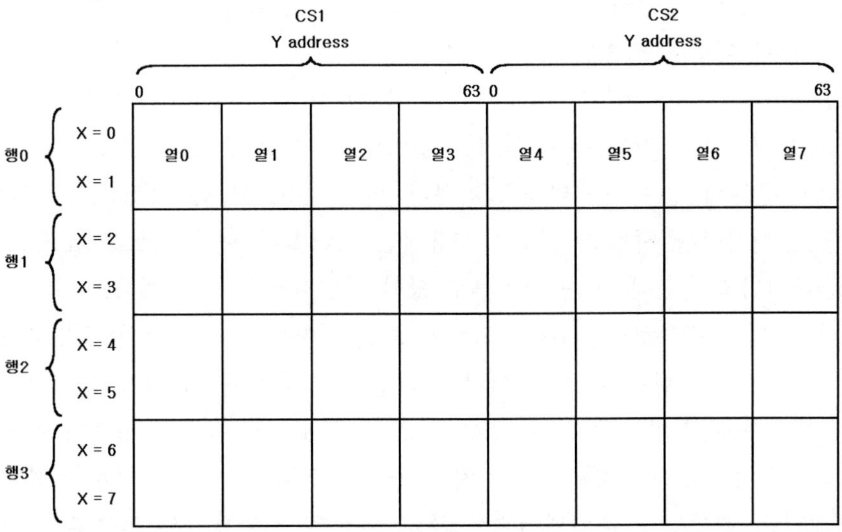

〈그림 4.19.5〉 128×64 도트의 화면에 16×16 도트의 한글 문자를 표시한 모습

그래픽형 LCD 모듈에 영문이나 한글을 표시할 때 또 하나 고려해야 할 사항은 커서(cursor)의 표시이다. 문자의 폰트를 사용자가 일일이 디스플레이하는 것처럼 당연히 커서도 사용자 프로그램에서 만들어 주어야 한다. 그러나, 커서는 항상 필요한 것은 아니므로 텍스트형 LCD 모듈에서처럼 필요할 때만 디스플레이하도록 처리하는 것이 좋으며, 항상 사용자 프로그램에서 이것의 위치를 기억하여 관리해야 한다.

이는 매우 간단하므로 이 책에서 제공하는 프로그램 소스를 보고 독자 여러분이 직접 분석하여 보기 바란다. 128×64 해상도의 그래픽형 LCD 모듈에서는 X어드레스를 0~7로 사용하고 Y어드레스를 0~63으로 2차례 반복하여 사용하지만, 이 책의 소스에서는 각 글자의 위치를 영문자의 글자 크기를 기준으로 하여 화면에서의 좌표로 나타내므로 세로 방향(행)은 X = 0~7 범위로 사용하고 가로 방향(열)은 Y = 0~15 범위로 사용한다. 커서의 위치도 물론 이와 같이 관리한다. 그리고, 물론 한글 모드에서는 커서도 영문 모드에 비하여 좌우로 2배 커져야 한다.

3. 영문 및 조합형 한글 폰트의 사용

이와 같이 그래픽형 LCD 모듈에 영문 ASCII 문자나 한글을 표시하려면 이 구동 프로그램은 자체적으로 이들 문자에 대한 비트맵(bit map) 폰트를 가지고 있어야 한다. 따라서, 화면에 표시되는 이들 문자들의 모양은 전적으로 프로그램이 내장하고 있는 문자 폰트에 의하여 결정된다.

하지만, 이러한 문자 폰트는 공학적 기술과 예술적 디자인이 결합된 산물이므로 이들 폰트를 디자인하는 것은 매우 어려운 일이다. 특히, 영문 ASCII 문자에 비하여 한글이나 한자 폰트의 경우에는 더욱 그러하다. 따라서, 오늘날은 퍼스널컴퓨터나 워드프로세서 또는 전자출판 시스템 등에서 사용하는 여러가지 문자 폰트도 소프트웨어처럼 상품으로 판매되고 있는데 이는 너무나도 당연한 일이라고 할 것이다.

그러나, 우리가 사용하려는 8×16 도트의 화면용 영문 ASCII 문자 폰트나 16×16 도트의 화면용 조합형 한글 폰트는 이미 오래전부터 퍼스널컴퓨터의 모니터에서 널리 사용되어 왔으므로 거의 표준처럼 설계가 잘 되어 있어서, 다행스럽게도 우리처럼 이를 그래픽형 LCD 모듈에 적용하고자 하는 경우에 폰트를 우리가 다시 설계할 필요가 없다. 오늘날은 윈도우즈 운영체제에서 주로 완성형 한글을 사용하므로 조합형 한글 폰트를 구하기가 다소 어려워졌지만, MS-DOS 시절에는 거의 대부분 조합형 한글을 사용하였고, 이러한 한글 폰트들은 대부분 8×4×4벌 방식을 채택하고 있다.

다만, 퍼스널컴퓨터의 모니터 화면용 폰트는 비트 배열이 수평 방향으로 되어 있는데 비하여 그래픽형 LCD 모듈의 폰트는 비트 배열이 수직 방향으로 되어야 하므로, 퍼스널컴퓨터용의 폰트를 그래픽형 LCD 모듈에서 사용하려면 폰트 데이터를 수정 변환하여야 한다.

즉, 영문 ASCII 문자의 경우 그래픽형 LCD 모듈에서는 <그림 4.19.1>과 같은 방법으로 폰트가 사용되며, 한글의 경우 그래픽형 LCD 모듈에서는 <그림 4.19.4>와 같이 폰트가 사용된다. 그러나, 퍼스널컴퓨터의 모니터 화면용 폰트에서는 도트가 수평 방향으로 배열되는 순서대로 1바이트의 폰트 데이터를 구성한다. 즉, 화면에서 가로 방향으로 8개의 도트는 1바이트의 폰트 데이터에 대응하는데, 이 중에서 처음 나오는 도트가 MSB에 대응하고 마지막에 나오는 도트가 LSB에 대응한다.

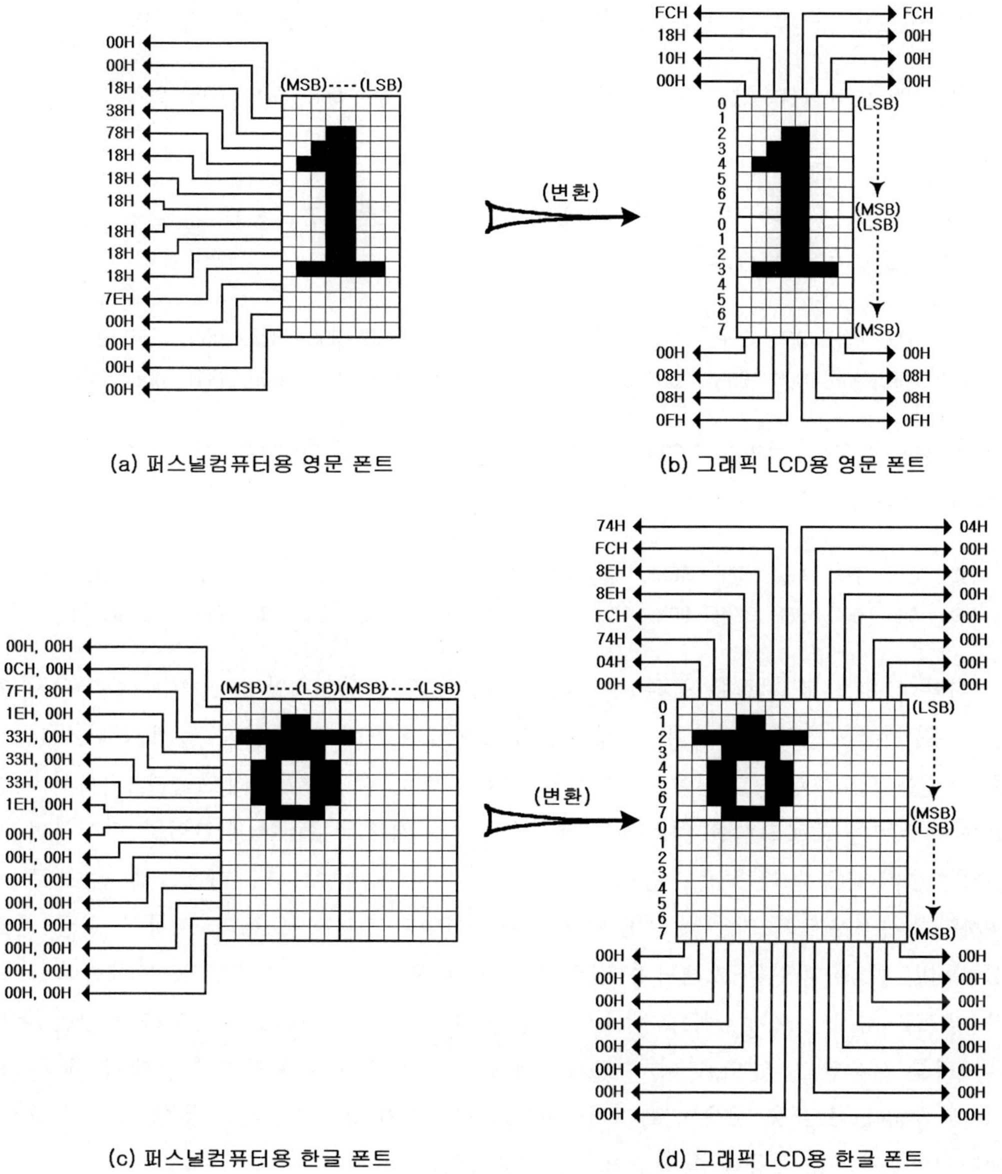

〈그림 4.19.6〉 퍼스널컴퓨터용의 폰트를 그래픽형 LCD용의 폰트로 변환

이러한 원리를 바탕으로 퍼스널컴퓨터용의 폰트를 그래픽형 LCD용으로 변환하는 내용을 설명하면 <그림 4.19.6>과 같다. 예를 들어서 영문 ASCII 코드 31H에 해당하는 글자 "1"은 퍼스널컴퓨터용의 폰트에서는

00H, 00H, 18H, 38H, 78H, 18H, 18H, 18H, 18H, 18H, 18H, 7EH, 00H, 00H, 00H, 00H

의 16바이트로 구성되어 있다. 그러나, 이를 그래픽형 LCD에서 사용하려면

00H, 10H, 18H, FCH, FCH, 00H, 00H, 00H, 00H, 08H, 08H, 0FH, 0FH, 08H, 08H, 00H

와 같은 16바이트 데이터로 변환되어야 한다.

마찬가지로 조합형 한글 초성 제5벌의 "ㅎ"은 퍼스널컴퓨터용의 폰트에서는 다음과 같이 32바이트로 구성된다.

00H, 00H, 0CH, 00H, 7FH, 80H, 1EH, 00H, 33H, 00H, 33H, 00H, 33H, 00H, 1EH, 00H
00H, 00H, 00H, 00H, 00H, 00H, 00H, 00H, 00H, 00H, 00H, 00H, 00H, 00H, 00H, 00H

그러나, 이를 그래픽형 LCD에서 사용하려면 이를 다음과 같은 32바이트의 폰트 데이터로 변환하여야 한다

00H, 04H, 74H, FCH, 8EH, 8EH, FCH, 74H, 04H, 00H, 00H, 00H, 00H, 00H, 00H, 00H
00H, 00H, 00H, 00H, 00H, 00H, 00H, 00H, 00H, 00H, 00H, 00H, 00H, 00H, 00H, 00H

이와 같은 폰트 변환은 물론 사람이 수작업으로 할 수도 있지만, 많은 문자수가 있는 것을 생각하면 수작업보다는 변환 프로그램이 필요하다는 것을 알게 된다. 이러한 폰트 변환 프로그램은 자신이 직접 작성해야 하지만, 본 저자가 참고문헌 [2]에서 제공하는 폰트변환 프로그램을 사용해도 좋다. 이것은 저자가 Turbo C언어로 작성하여 제공하는 MS-DOS용의 프로그램으로서 퍼스널컴퓨터에서 모니터 디스플레이용으로 사용하는 8×16 도트의 영문 ASCII 문자 폰트 파일과 16×16 도트의 조합형 한글 폰트(8×4×4벌 방식) 파일을 그래픽형 LCD 모듈에서 사용하기 위한 폰트로 변환한다. 우리가 앞으로 작성할 예제 프로그램에서도 물론 이 변환 프로그램을 이용하여 만든 폰트 데이터를 사용한다. 앞으로 예제 프로그램에서 영문 ASCII 문자는 "산"에서 제공하는 "한메 Standard 1"을 사용하고, 한글 폰트는 "이야기 굵은체"를 사용할 것이다. 이에 대한 보다 자세한 내용은 참고문헌 [2]를 참조하라.

4. 조합형 한글이 포함된 소스 프로그램의 작성

OK-1281/2561 키트의 그래픽형 LCD 모듈에 한글을 표시하려면 어셈블리 및 C언어 소스 프로그램에 포함되는 한글 문자열을 조합형 한글 코드로 작성하여 어셈블 또는 컴파일해야 한다. 만약 소스 프로그램에서 한글 문자열을 완성형 코드로 작성하면

이를 그래픽형 LCD 모듈에 표시하였을 경우 한글이 모두 깨져서 제대로 보이지 않게 된다.

그러나, 퍼스널컴퓨터의 Windows 운영체제에서는 모두 기본적으로 KS 완성형 코드를 사용하여 한글 문자를 처리하며, 따라서 우리가 사용하는 Notepad나 WordPad와 같은 모든 Windows용 에디터들도 한글 코드를 완성형으로 처리하여 파일을 작성하므로 이것들을 사용하면 문제가 된다.

그렇다면 우리는 Windows 운영체제에서 어떻게 조합형 한글을 사용하는 소스 프로그램을 작성할 수 있는가? 여기에는 다음과 같이 2가지의 방법이 있다.

(1) MS-DOS용 조합형 에디터를 사용하는 방법

한글 조합형 에디터에서는 소프트웨어 내부에 자체적으로 한글 처리기능을 가지고 있어서 직접 한글 코드를 조합형으로 저장하므로 우리의 사용 목적에 맞는다. 그러나, Windows 운영체제에서 사용하는 거의 모든 에디터들은 완성형 한글 코드를 사용하게 되어 있으므로 차라리 옛날의 MS-DOS 운영체제에서 사용하던 조합형 한글 에디터를 구하여 사용하는 것이 좋다. 이러한 프로그램들은 MS-DOS 운영체제에서 사용하거나 또는 Windows 운영체제의 MS-DOS 창에서 사용하면 대부분 잘 동작하므로 이를 가지고 어셈블리 언어 또는 C언어 프로그램을 작성하면 된다.

예를 들면 1994년에 건국대학교 전자계산학과 2학년에 재학중이던 박규현 님이 독자적으로 개발하여 당시의 통신망에 프리웨어(freeware)로 배포한 MS-DOS용의 한글 에디터인 "산"은 매우 훌륭한 조합형 한글 에디터이다. 이 프로그램은 자체적으로 가지고 있는 한글 폰트 파일을 사용하여 소프트웨어적으로 조합형으로 한글을 표시하며, 이를 위해 어떤 추가적인 하드웨어도 요구하지 않는다. 이 시절의 한글 프로그램들은 특정한 회사의 비디오 카드 또는 별도의 한글 확장카드를 필요로 하는 것들도 종종 있었다.

이 프로그램에는 박규현 님이 직접 디자인한 몇 종류의 폰트를 비롯하여 당시에 MS-DOS에서 널리 사용되던 각각 50여종씩의 다양한 영문 폰트와 한글 폰트들을 제공한다. 이렇게 많은 폰트들 중에서 이 책에서 사용하는 모든 예제에서는 영문 ASCII 문자는 한메 Standard 1(파일명 HMSTD1.ENG, 4096바이트)을 사용하였고, 한글 폰트는 이야기 굵은체(파일명 IYG.KOR, 11520바이트)를 사용하였다. 다만, 영문 ASCII 폰트를 변환하고 나서 7EH에 해당하는 "~"는 전체적인 글자 모양이 너무 위로 치우쳐 있으므로 저자가 이를 "～" 모양으로 수정하였다.

그러나, 여러분이 원한다면 참고문헌 [2]에서 제공하는 폰트변환 프로그램으로 쉽게 다른 종류의 폰트를 변환하여 자신의 소프트웨어에서 사용할 수 있다. 약 50여 가지의 폰트들을 보면 참으로 특이하고 예쁜 것들이 많다. 이것들은 "산" 에디터에 포함되어 있는 FONT.DOC이라는 문서 파일에 자세히 설명되어 있으며, "산"을 실행하고 나서 "선택/영문글꼴" 또는 "선택/한글글꼴" 메뉴로 들어가면 이들 폰트들을 원하는대로 설정하여 그 글꼴 모양을 컴퓨터 화면에서 확인해 볼 수 있다.

MS-DOS에서 이 조합형 한글 에디터 "산"을 사용한 화면을 보이면 <그림 4.19.7>와 같다.

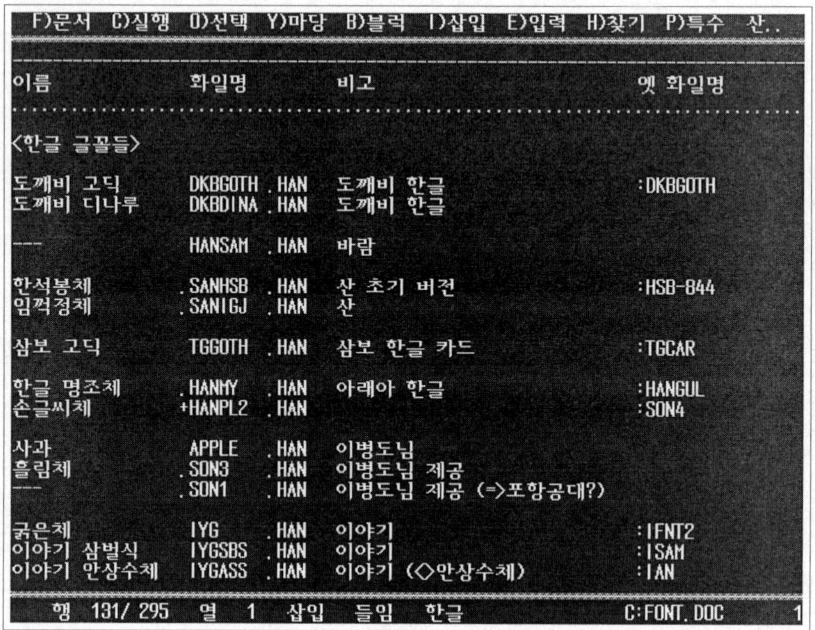

〈그림 4.19.7〉 MS-DOS용의 조합형 한글 에디터인 "산"을 실행한 화면

(2) 윈도우용 완성형 에디터로 작성하여 조합형으로 변환하는 방법

Windows 운영체제의 완성형 에디터를 사용하여 소스 프로그램을 작성하고 이를 코드변환 프로그램을 사용하여 조합형 한글 파일로 변환한 후에 어셈블 또는 컴파일하는 방법도 가능하다. 이렇게 하면 AVR Studio에서 직접 한글을 포함하는 소스 프로그램을 작성할 수 있으며, Notepad와 같은 에디터를 사용할 수도 있다.

그러나, 이를 위해서는 완성형 한글 코드를 조합형 한글 코드로 변환하는 기능을 가지는 코드변환 프로그램이 있어야 한다. 이러한 프로그램 중에는 여러가지가 있지만 이 책에서는 2000년에 부산대학교 전자계산학과 4학년에 재학중이던 김도현 님이 개발하여 인터넷에 공개한 한글변환 프로그램인 HanConv.exe를 사용한다. 이 프로그램을 사용하면 여러 가지의 한글코드 상호간의 변환이 가능하지만 우리는 완성형 한글을 포함하는 파일을 조합형 한글을 포함하는 파일로 변환하는데 사용하기로 한다.

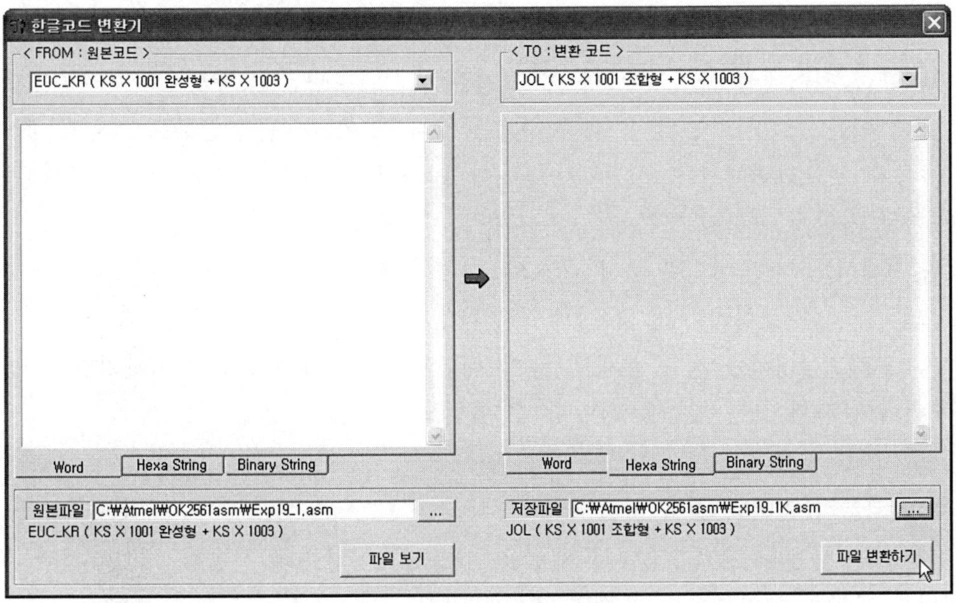

〈그림 4.19.8〉 한글코드변환 프로그램 HanConv.exe를 실행한 화면

이 한글코드변환 프로그램 HanConv.exe를 사용한 예를 보이면 <그림 4.19.8>과 같다. 이 프로그램에서 변환할 완성형 파일은 "원본파일"로 지정하여 읽어오고, 변환된 조합형 파일은 "저장파일"로 지정하며, 변환 및 저장을 수행하려면 "파일변환하기" 버튼을 누른다.

예를 들어 Windows XP 운영체제에서 AVR Studio로 어셈블리 언어의 예제 프로그램 Exp19_1.asm을 완성형 한글 코드로 작성하였다고 하면, 이 그림에서와 같이 HanConv.exe를 사용하여 이를 조합형 파일 Exp19_1K.asm으로 변환한다. 그리고 나서 이렇게 변환된 조합형 한글 소스 파일 Exp19_1K.asm을 다시 AVR Studio로 읽어들여 어셈블하고 *OK-1281/2561* 키트에 다운로드하여 실행하면 된다.

C언어에서도 마찬가지로 AVR Studio에서 예제 프로그램 Exp19_1.c를 완성형 한글 코드로 작성하고 나서 HanConv.exe를 사용하여 이를 조합형 파일 Exp19_1K.c로 변환한다. 그리고 이렇게 변환된 조합형 한글 소스 파일 Exp19_1K.c를 다시 AVR Studio로 읽어들여 컴파일하고 *OK-1281/2561* 키트에 다운로드하여 실행하면 된다.

5. 한글 디스플레이 프로그램

이제 128×64 도트의 그래픽형 LCD 모듈에 8×16 도트로 구성되는 영문 ASCII 문자나 16×16 도트로 구성되는 조합형 한글을 디스플레이할 수 있는 프로그램을 작성하여 보기로 한다.

어셈블리 언어에서 문자 폰트와 이에 관련된 서브루틴은 상당히 길어서 사용자 프로그램에 이를 포함시키는 것은 매우 거추장스러우므로 이를 인클루드 파일로 처리한다. 사용자 프로그램에서는 끝 부분에서 이 인클루드 파일을 사용하도록 지시하기만 하면 한글 처리에 관련된 모든 기능을 사용할 수 있다.

C언어에서도 마찬가지로 문자 폰트와 이에 관련된 함수는 상당히 길어서 사용자 프로그램에 이를 포함시키는 것은 매우 거추장스러우므로 이를 헤더파일로 처리한다. 사용자 프로그램에서는 서두 부분에서 이 헤더파일을 사용하도록 지시하기만 하면 한글 처리에 관련된 모든 기능을 사용할 수 있다.

▣ 어셈블리 언어의 경우

어셈블리 사용자 프로그램에서 한글을 디스플레이하는데 사용할 서브루틴과 폰트 데이터를 포함하는 인클루드 파일은 다음과 같다.

<파일 GLCD2561.INC> 그래픽형 LCD 모듈에 한글을 표시하는 인클루드 파일

```
;=====================================================================
;       Graphic LCD Display Subroutines for OK-2561 V1.0 Kit
;       (Hyundai LCD : HG12605NY-LY, 128x64 dot, LED backlight)
;=====================================================================
;-----------------------------------------------
;       Graphic LCD Module Address
;-----------------------------------------------
;.equ   LCD_DATABUS     0x4000          ; GLCD data
;.equ   LCD_CONTROL     0x4100          ; GLCD control signal
                                        ;     GND = R/-W     (5, read/write)
                                        ;      D4 = D/-I     (4, data/instruction)
                                        ;      D5 = E        (6, enable)
                                        ;      D6 = CS1      (15, chip select 1)
                                        ;      D7 = CS2      (16, chip select 2)
.dseg
        .org    0x1F80
;-----------------------------------------------
;       Variables for Graphic LCD Module
;-----------------------------------------------
KOREAN_BUFFER:  .byte   32              ; 32 byte Korean font buffer

K_CODE:         .byte   2               ; Korean code for graphic LCD module
CHO_5BIT:       .byte   1               ; chosung 5 bit of Korean code
JOONG_5BIT:     .byte   1               ; joongsung 5 bit of Korean code
JONG_5BIT:      .byte   1               ; jongsung 5 bit of Korean code
```

```
CHO_BUL:        .byte   1               ; chosung bul number of Korean font
JOONG_BUL:      .byte   1               ; joongsung bul number of Korean font
JONG_BUL:       .byte   1               ; jongsung bul number of Korean font
JONG_FLAG:      .byte   1               ; jongsung flag(0=don't have, 1=have)
Xcharacter:     .byte   1               ; X charcater(0-3) of graphic LCD
Ycharacter:     .byte   1               ; Y character(0-15) of graphic LCD
CURSOR_FLAG:    .byte   1               ; cursor on/off flag(0=off, 1=on)
Xcursor:        .byte   1               ; X cursor position of graphic LCD module
Ycursor:        .byte   1               ; Y cursor position of graphic LCD module

.cseg
;----------------------------------------------
;       Clear Graphic LCD Screen
;----------------------------------------------
GLCD_CLEAR:
        LDI     AL,0b00000000           ; clear all control signals
        STS     LCD_CONTROL,AL
        LDI     AL,0b11000000           ; CS1,CS2 display ON
        LDI     LCD_BUFFER,0b00111111
        CALL    GLCD_COMMAND
        LDI     AL,0b11000000           ; CS1,CS2 display start line
        LDI     LCD_BUFFER,0b11000000
        CALL    GLCD_COMMAND

        LDI     BL,0b10111000           ; X start address
        LDI     CH,8
GLCD_C1:LDI     BH,0b01000000           ; Y start address
        LDI     AL,0b11000000           ; CS1,CS2 X address
        MOV     LCD_BUFFER,BL
        CALL    GLCD_COMMAND
        LDI     AL,0b11000000           ; CS1,CS2 Y address
        MOV     LCD_BUFFER,BH
        CALL    GLCD_COMMAND
        LDI     CL,64
GLCD_C2:LDI     AL,0b11000000           ; clear CS1 and CS2
        LDI     LCD_BUFFER,0x00
        CALL    GLCD_DATA
        DEC     CL
        BRNE    GLCD_C2
        INC     BL
        DEC     CH
        BRNE    GLCD_C1
        RET

;----------------------------------------------
;       Set Graphic LCD Display Position
;----------------------------------------------
GLCD_HOME0:LDI  AL,0
        STS     Xcharacter,AL
        STS     Ycharacter,AL
        RJMP    GLCD_XY
GLCD_HOME1:LDI  AL,1
        STS     Xcharacter,AL
        LDI     AL,0
        STS     Ycharacter,AL
        RJMP    GLCD_XY
GLCD_HOME2:LDI  AL,2
        STS     Xcharacter,AL
        LDI     AL,0
        STS     Ycharacter,AL
        RJMP    GLCD_XY
GLCD_HOME3:LDI  AL,3
        STS     Xcharacter,AL
        LDI     AL,0
        STS     Ycharacter,AL

GLCD_XY:PUSH    AH
```

```
        LDS     LCD_BUFFER,Xcharacter    ; Xcharacter (0 - 3)
        LSL     LCD_BUFFER               ;   (upper row)
        LDI     AL,0b10111000
        ADD     LCD_BUFFER,AL
        LDI     AL,0b11000000
        CALL    GLCD_COMMAND
        RJMP    GLCD_XY2
GLCD_XY1:PUSH   AH
        LDS     LCD_BUFFER,Xcharacter    ; Xcharacter + 1
        LSL     LCD_BUFFER               ;   (lower row)
        LDI     AL,0b10111001
        ADD     LCD_BUFFER,AL
        LDI     AL,0b11000000
        CALL    GLCD_COMMAND
GLCD_XY2:LDS    AL,Ycharacter            ; Ycharacter (0 - 15)
        CPI     AL,8
        BRSH    GLCD_XY3
        PUSH    R0
        PUSH    R1
        LDI     AH,8                     ; if Ycharacter =< 7, CS1 Ycharacter
        MUL     AL,AH
        LDI     LCD_BUFFER,0b01000000
        ADD     LCD_BUFFER,R0
        LDI     AL,0b01000000
        CALL    GLCD_COMMAND
        POP     R1
        POP     R0
        POP     AH
        RET
GLCD_XY3:PUSH   R0
        PUSH    R1
        SUBI    AL,8                     ; if Ycharacter >= 8, CS2 Ycharacter
        LDI     AH,8
        MUL     AL,AH
        LDI     LCD_BUFFER,0b01000000
        ADD     LCD_BUFFER,R0
        LDI     AL,0b10000000
        CALL    GLCD_COMMAND
        POP     R1
        POP     R0
        POP     AH
        RET

;---------------------------------------------
;       Write a Command (AL, LCD_BUFFER)
;---------------------------------------------
GLCD_COMMAND:
        PUSH    AL
        ANDI    AL,0b11000000            ; clear all signals except CS1, CS2
        STS     LCD_CONTROL,AL           ; D/-I = 0
        PUSH    R0                       ; delay for 500 ns
        POP     R0
        PUSH    R0
        POP     R0
        STS     LCD_DATABUS,LCD_BUFFER   ; write command
        ORI     AL,0b00100000            ; E = 1
        STS     LCD_CONTROL,AL
        PUSH    R0                       ; delay for 500 ns
        POP     R0
        PUSH    R0
        POP     R0
        ANDI    AL,0b11011111            ; E = 0
        STS     LCD_CONTROL,AL
        LDI     AL,0b00000000            ; clear all control signals
        STS     LCD_CONTROL,AL
        CALL    D10US                    ; wait for GLCD busy
        POP     AL
```

```
        RET

;-----------------------------------------------
;       Write a Data (AL, LCD_BUFFER)
;-----------------------------------------------
GLCD_DATA:PUSH  AL
        ANDI    AL,0b11000000           ; clear all signals except CS1, CS2
        ORI     AL,0b00010000           ; D/-I = 1
        STS     LCD_CONTROL,AL
        PUSH    R0                      ; delay for 500 ns
        POP     R0
        PUSH    R0
        POP     R0
        STS     LCD_DATABUS,LCD_BUFFER  ; write data
        ORI     AL,0b00100000           ; E = 1
        STS     LCD_CONTROL,AL
        PUSH    R0                      ; delay for 500 ns
        POP     R0
        PUSH    R0
        POP     R0
        ANDI    AL,0b11011111           ; E = 0
        STS     LCD_CONTROL,AL
        LDI     AL,0b00000000           ; clear all control signals
        STS     LCD_CONTROL,AL
        CALL    D10US                   ; wait for GLCD busy
        POP     AL
        RET

;-----------------------------------------------
;       Display a String
;-----------------------------------------------
GLCD_STRING:
        OUT     GPIOR0,ZL               ; store RAMPZ:ZH:ZL
        OUT     GPIOR1,ZH
        IN      ZL,RAMPZ
        OUT     GPIOR2,ZL
#if(defined(__ATmega2560__) || defined(__ATmega2561__))
        POP     RAMPZ_BUFFER            ; get start address of string(3-byte PC)
#else
        CLR     RAMPZ_BUFFER            ; get start address of string(2-byte PC)
#endif
        POP     ZH
        POP     ZL
        LSL     ZL                      ; convert into byte address
        ROL     ZH
        ROL     RAMPZ_BUFFER
        OUT     RAMPZ,RAMPZ_BUFFER
GLCD_ST1:ELPM   LCD_BUFFER,Z+           ; get a character
        CPI     LCD_BUFFER,0
        BREQ    GLCD_ST3
        SBRC    LCD_BUFFER,7
        RJMP    GLCD_ST2
        RCALL   GLCD_ENGLISH            ; display 8x16 English character
        RJMP    GLCD_ST1
GLCD_ST2:STS    K_CODE,LCD_BUFFER       ; display 16x16 Korean character
        ELPM    LCD_BUFFER,Z+
        STS     K_CODE+1,LCD_BUFFER
        RCALL   GLCD_KOREAN
        RJMP    GLCD_ST1
GLCD_ST3:SBRC   ZL,0
        ELPM    LCD_BUFFER,Z+
        IN      RAMPZ_BUFFER,RAMPZ      ; convert into word address
        LSR     RAMPZ_BUFFER
        ROR     ZH
        ROR     ZL
        PUSH    ZL                      ; store new return address
        PUSH    ZH
```

```
#if(defined(__ATmega2560__) || defined(__ATmega2561__))
        PUSH    RAMPZ_BUFFER
#endif
        IN      ZL,GPIOR2               ; restore RAMPZ:ZH:ZL
        OUT     RAMPZ,ZL
        IN      ZH,GPIOR1
        IN      ZL,GPIOR0
        RET

;=====================================================================
;       Display a 8x16 Dot English(ASCII) Character (LCD_BUFFER)
;=====================================================================
GLCD_ENGLISH:
        PUSH    R0                      ; store registers
        PUSH    R1
        PUSH    AL
        PUSH    AH
        PUSH    BL
        PUSH    BH
        PUSH    ZL
        PUSH    ZH

        SBRC    LCD_BUFFER,7            ; if ASCII >= 0x80, null character
        CLR     LCD_BUFFER

        LDI     AH,byte3(E_FONT << 1)   ; start address of character font
        LDI     ZH,high(E_FONT << 1)
        LDI     ZL,low(E_FONT << 1)
        LDI     AL,16
        MUL     AL,LCD_BUFFER
        ADD     ZL,R0
        ADC     ZH,R1
        CLR     AL
        ADC     AH,AL
        OUT     RAMPZ,AH
        CALL    GLCD_XY                 ; upper row of 16-byte font
        LDI     BL,8
        LDS     AL,Ycharacter           ; CS1 or CS2 ?
        CPI     AL,8
        BRSH    GLCD_ENG1
        LDI     AL,0b01000000
        RJMP    GLCD_ENG2
GLCD_ENG1:LDI   AL,0b10000000
GLCD_ENG2:ELPM  LCD_BUFFER,Z+
        CALL    GLCD_DATA
        DEC     BL
        BRNE    GLCD_ENG2

        CALL    GLCD_XY1                ; lower row of 16-byte font
        LDI     BL,8
        LDS     AL,Ycharacter           ; CS1 or CS2 ?
        CPI     AL,8
        BRSH    GLCD_ENG3
        LDI     AL,0b01000000
        RJMP    GLCD_ENG4
GLCD_ENG3:LDI   AL,0b10000000
GLCD_ENG4:ELPM  LCD_BUFFER,Z+
        LDS     AH,CURSOR_FLAG          ; cursor on ?
        CPI     AH,0
        BREQ    GLCD_ENG5
        LDS     AH,Xcharacter           ; Xcharacter = Xcursor ?
        LDS     BH,Xcursor
        CP      AH,BH
        BRNE    GLCD_ENG5
        LDS     AH,Ycharacter           ; Ycharacter = Ycursor ?
        LDS     BH,Ycursor
        CP      AH,BH
```

```
        BRNE    GLCD_ENG5
        ORI     LCD_BUFFER,0b10000000       ; if yes, display cursor
GLCD_ENG5:CALL  GLCD_DATA
        DEC     BL
        BRNE    GLCD_ENG4

        LDS     AL,Ycharacter               ; go next character position
        INC     AL
        CPI     AL,16
        BRNE    GLCD_ENG6
        LDS     AL,Xcharacter
        INC     AL
        STS     Xcharacter,AL
        CLR     AL
GLCD_ENG6:STS   Ycharacter,AL

        POP     ZH                          ; restore registers
        POP     ZL
        POP     BH
        POP     BL
        POP     AH
        POP     AL
        POP     R1
        POP     R0
        RET

;======================================================================
;       Display a 16x16 Dot Korean Character (K_CODE)
;======================================================================
GLCD_KOREAN:
        PUSH    R0                          ; store registers
        PUSH    R1
        PUSH    AL
        PUSH    AH
        PUSH    BL
        PUSH    BH
        PUSH    YL
        PUSH    YH
        PUSH    ZL
        PUSH    ZH

        LDS     AL,Ycharacter               ; if can not display, go next line
        CPI     AL,15
        BRNE    GLCD_KOR0
        LDI     LCD_BUFFER,' '
        CALL    GLCD_ENGLISH
GLCD_KOR0:NOP

;----------------------------------------------
;       Get chosung, joongsung, jongsung 5 bit
;----------------------------------------------
        LDS     AL,K_CODE                   ; chosung 5 bit
        LSR     AL
        LSR     AL
        ANDI    AL,0b00011111
        LDI     AH,byte3(TBL_CHO << 1)
        LDI     ZH,high(TBL_CHO << 1)
        LDI     ZL,low(TBL_CHO << 1)
        ADD     ZL,AL
        CLR     AL
        ADC     ZH,AL
        ADC     AH,AL
        OUT     RAMPZ,AH
        ELPM    AL,Z
        STS     CHO_5BIT,AL
        LDS     AH,K_CODE                   ; joongsung 5 bit
        LDS     AL,K_CODE+1
```

```
        LSL     AL
        ROL     AH
        LSL     AL
        ROL     AH
        LSL     AL
        ROL     AH
        MOV     AL,AH
        ANDI    AL,0b00011111
        LDI     AH,byte3(TBL_JOONG << 1)
        LDI     ZH,high(TBL_JOONG << 1)
        LDI     ZL,low(TBL_JOONG << 1)
        ADD     ZL,AL
        CLR     AL
        ADC     ZH,AL
        ADC     AH,AL
        OUT     RAMPZ,AH
        ELPM    AL,Z
        STS     JOONG_5BIT,AL
        LDS     AL,K_CODE+1                 ; jongsung 5 bit
        ANDI    AL,0b00011111
        LDI     AH,byte3(TBL_JONG << 1)
        LDI     ZH,high(TBL_JONG << 1)
        LDI     ZL,low(TBL_JONG << 1)
        ADD     ZL,AL
        CLR     AL
        ADC     ZH,AL
        ADC     AH,AL
        OUT     RAMPZ,AH
        ELPM    AL,Z
        STS     JONG_5BIT,AL

;-----------------------------------------------
;       Get chosung, joongsung, jongsung bul number
;-----------------------------------------------
        LDS     AL,JONG_5BIT                ; have jongsung ?
        CPI     AL,0
        BRNE    GLCD_BUL4
        CLR     AH                          ; don't have jongsung
        STS     JONG_FLAG,AH
        LDI     AH,byte3(BUL_CHO1 << 1)     ; chosung bul
        LDI     ZH,high(BUL_CHO1 << 1)
        LDI     ZL,low(BUL_CHO1 << 1)
        LDS     AL,JOONG_5BIT
        ADD     ZL,AL
        CLR     AL
        ADC     ZH,AL
        ADC     AH,AL
        OUT     RAMPZ,AH
        ELPM    AL,Z
        STS     CHO_BUL,AL
        LDS     AL,CHO_5BIT                 ; joongsung bul
        CPI     AL,1
        BRNE    GLCD_BUL1
        CLR     AH
        STS     JOONG_BUL,AH
        RJMP    GLCD_BUL3
GLCD_BUL1:LDS   AL,CHO_5BIT
        CPI     AL,16
        BRNE    GLCD_BUL2
        CLR     AH
        STS     JOONG_BUL,AH
        RJMP    GLCD_BUL3
GLCD_BUL2:LDI   AH,1
        STS     JOONG_BUL,AH
GLCD_BUL3:RJMP  GLCD_BUF

GLCD_BUL4:LDI   AH,1                        ; have jongsung
```

```
        STS     JONG_FLAG,AH
        LDI     AH,byte3(BUL_CHO2 << 1) ; chosung bul
        LDI     ZH,high(BUL_CHO2 << 1)
        LDI     ZL,low(BUL_CHO2 << 1)
        LDS     AL,JOONG_5BIT
        ADD     ZL,AL
        CLR     AL
        ADC     ZH,AL
        ADC     AH,AL
        OUT     RAMPZ,AH
        ELPM    AL,Z
        STS     CHO_BUL,AL
        LDS     AL,CHO_5BIT             ; joongsung bul
        CPI     AL,1
        BRNE    GLCD_BUL5
        LDI     AH,2
        STS     JOONG_BUL,AH
        RJMP    GLCD_BUL7
GLCD_BUL5:LDS   AL,CHO_5BIT
        CPI     AL,16
        BRNE    GLCD_BUL6
        LDI     AH,2
        STS     JOONG_BUL,AH
        RJMP    GLCD_BUL7
GLCD_BUL6:LDI   AH,3
        STS     JOONG_BUL,AH
GLCD_BUL7:LDI   AH,byte3(BUL_JONG << 1) ; jongsung bul
        LDI     ZH,high(BUL_JONG << 1)
        LDI     ZL,low(BUL_JONG << 1)
        LDS     AL,JOONG_5BIT
        ADD     ZL,AL
        CLR     AL
        ADC     ZH,AL
        ADC     AH,AL
        OUT     RAMPZ,AH
        ELPM    AL,Z
        STS     JONG_BUL,AL

;------------------------------------------------
;       Make Buffer for Korean Character
;------------------------------------------------
GLCD_BUF:CLR    AH                      ; chosung offset
        LDS     AL,CHO_BUL              ;  (bul * 20 * 32)
        LDI     BH,high(640)
        LDI     BL,low(640)
        CALL    MUL16
        LDS     BL,CHO_5BIT
        LDI     BH,32
        MUL     BL,BH
        LDI     BH,byte3(CHO_FONT0 << 1)
        LDI     ZH,high(CHO_FONT0 << 1)
        LDI     ZL,low(CHO_FONT0 << 1)
        ADD     ZL,R0
        ADC     ZH,R1
        CLR     BL
        ADC     BH,BL
        ADD     ZL,AL
        ADC     ZH,AH
        ADC     BH,BL
        OUT     RAMPZ,BH
        LDI     YH,high(KOREAN_BUFFER)  ; copy chosung to Korean buffer
        LDI     YL,low(KOREAN_BUFFER)
        LDI     BL,32
GLCD_BUF1:ELPM  AL,Z+
        ST      Y+,AL
        DEC     BL
        BRNE    GLCD_BUF1
```

```
        CLR     AH                      ; joongsung offset
        LDS     AL,JOONG_BUL            ;  (bul * 22 * 32)
        LDI     BH,high(704)
        LDI     BL,low(704)
        CALL    MUL16
        LDS     BL,JOONG_5BIT
        LDI     BH,32
        MUL     BL,BH
        LDI     BH,byte3(JOONG_FONT0 << 1)
        LDI     ZH,high(JOONG_FONT0 << 1)
        LDI     ZL,low(JOONG_FONT0 << 1)
        ADD     ZL,R0
        ADC     ZH,R1
        CLR     BL
        ADC     BH,BL
        ADD     ZL,AL
        ADC     ZH,AH
        ADC     BH,BL
        OUT     RAMPZ,BH
        LDI     YH,high(KOREAN_BUFFER)  ; OR joongsung to Korean buffer
        LDI     YL,low(KOREAN_BUFFER)
        LDI     BL,32
GLCD_BUF2:ELPM  AL,Z+
        LD      AH,Y
        OR      AL,AH
        ST      Y+,AL
        DEC     BL
        BRNE    GLCD_BUF2

        LDS     AL,JONG_FLAG            ; have jongsung ?
        CPI     AL,1
        BRNE    GLCD_DSP
        CLR     AH                      ; jongsung offset
        LDS     AL,JONG_BUL             ;  (bul * 28 * 32)
        LDI     BH,high(896)
        LDI     BL,low(896)
        CALL    MUL16
        LDS     BL,JONG_5BIT
        LDI     BH,32
        MUL     BL,BH
        LDI     BH,byte3(JONG_FONT0 << 1)
        LDI     ZH,high(JONG_FONT0 << 1)
        LDI     ZL,low(JONG_FONT0 << 1)
        ADD     ZL,R0
        ADC     ZH,R1
        CLR     BL
        ADC     BH,BL
        ADD     ZL,AL
        ADC     ZH,AH
        ADC     BH,BL
        OUT     RAMPZ,BH
        LDI     YH,high(KOREAN_BUFFER)  ; OR jongsung to Korean buffer
        LDI     YL,low(KOREAN_BUFFER)
        LDI     BL,32
GLCD_BUF3:ELPM  AL,Z+
        LD      AH,Y
        OR      AL,AH
        ST      Y+,AL
        DEC     BL
        BRNE    GLCD_BUF3

;----------------------------------------------
;       Display Korean Character
;----------------------------------------------
GLCD_DSP:CALL   GLCD_XY                 ; upper left row of 32-byte font
        LDI     YH,high(KOREAN_BUFFER)  ; start address of character font
```

```
        LDI     YL,low(KOREAN_BUFFER)
        LDI     BL,8
        LDS     AL,Ycharacter              ; CS1 or CS2 ?
        CPI     AL,8
        BRSH    GLCD_DSP1
        LDI     AL,0b01000000
        RJMP    GLCD_DSP2
GLCD_DSP1:LDI   AL,0b10000000
GLCD_DSP2:LD    LCD_BUFFER,Y+
        CALL    GLCD_DATA
        DEC     BL
        BRNE    GLCD_DSP2

        CALL    GLCD_XY1                   ; lower left row of 32-byte font
        LDI     YH,high(KOREAN_BUFFER)     ; start address of character font
        LDI     YL,low(KOREAN_BUFFER)
        ADIW    YH:YL,16
        LDI     BL,8
        LDS     AL,Ycharacter              ; CS1 or CS2 ?
        CPI     AL,8
        BRSH    GLCD_DSP3
        LDI     AL,0b01000000
        RJMP    GLCD_DSP4
GLCD_DSP3:LDI   AL,0b10000000
GLCD_DSP4:LD    LCD_BUFFER,Y+
        LDS     AH,CURSOR_FLAG             ; cursor on ?
        CPI     AH,0
        BREQ    GLCD_DSP5
        LDS     AH,Xcursor                 ; Xcharacter = Xcursor ?
        LDS     BH,Xcharacter
        CP      AH,BH
        BRNE    GLCD_DSP5
        LDS     AH,Ycursor                 ; Ycharacter = Ycursor ?
        LDS     BH,Ycharacter
        CP      AH,BH
        BRNE    GLCD_DSP5
        ORI     LCD_BUFFER,0b10000000      ; if yes, display cursor
GLCD_DSP5:CALL  GLCD_DATA
        DEC     BL
        BRNE    GLCD_DSP4

        LDS     AL,Ycharacter              ; go next half character position
        INC     AL
        STS     Ycharacter,AL

        CALL    GLCD_XY                    ; upper right row of 32-byte font
        LDI     YH,high(KOREAN_BUFFER)     ; start address of character font
        LDI     YL,low(KOREAN_BUFFER)
        ADIW    YH:YL,8
        LDI     BL,8
        LDS     AL,Ycharacter              ; CS1 or CS2 ?
        CPI     AL,8
        BRSH    GLCD_DSP6
        LDI     AL,0b01000000
        RJMP    GLCD_DSP7
GLCD_DSP6:LDI   AL,0b10000000
GLCD_DSP7:LD    LCD_BUFFER,Y+
        CALL    GLCD_DATA
        DEC     BL
        BRNE    GLCD_DSP7

        CALL    GLCD_XY1                   ; lower right row of 32-byte font
        LDI     YH,high(KOREAN_BUFFER)     ; start address of character font
        LDI     YL,low(KOREAN_BUFFER)
        ADIW    YH:YL,24
        LDI     BL,8
        LDS     AL,Ycharacter              ; CS1 or CS2 ?
```

```
        CPI     AL,8
        BRSH    GLCD_DSP8
        LDI     AL,0b01000000
        RJMP    GLCD_DSP9
GLCD_DSP8:LDI   AL,0b10000000
GLCD_DSP9:LD    LCD_BUFFER,Y+
        LDS     AH,CURSOR_FLAG          ; cursor on ?
        CPI     AH,0
        BREQ    GLCD_DSP0
        LDS     AH,Xcursor              ; Xcharacter = Xcursor ?
        LDS     BH,Xcharacter
        CP      AH,BH
        BRNE    GLCD_DSP0
        LDS     AH,Ycursor              ; Ycharacter = Ycursor ?
        INC     AH
        LDS     BH,Ycharacter
        CP      AH,BH
        BRNE    GLCD_DSP0
        ORI     LCD_BUFFER,0b10000000   ; if yes, display cursor
GLCD_DSP0:CALL  GLCD_DATA
        DEC     BL
        BRNE    GLCD_DSP9

        LDS     AL,Ycharacter           ; go next character position
        INC     AL
        CPI     AL,16
        BRNE    GLCD_KOR1
        LDS     AL,Xcharacter
        INC     AL
        STS     Xcharacter,AL
        CLR     AL
GLCD_KOR1:STS   Ycharacter,AL

        POP     ZH                      ; restore registers
        POP     ZL
        POP     YH
        POP     YL
        POP     BH
        POP     BL
        POP     AH
        POP     AL
        POP     R1
        POP     R0
        RET

;-----------------------------------------------
;       Display 4 Digit HEX Data(AH:AL)
;-----------------------------------------------
GLCD_4HEX:MOV   LCD_BUFFER,AH           ; high byte
        RCALL   GLCD_2HEX
        MOV     LCD_BUFFER,AL           ; low byte
        RCALL   GLCD_2HEX
        RET

;-----------------------------------------------
;       Display 2 Digit HEX Data(LCD_BUFFER)
;-----------------------------------------------
GLCD_2HEX:PUSH  LCD_BUFFER
        LSR     LCD_BUFFER              ; upper digit
        LSR     LCD_BUFFER
        LSR     LCD_BUFFER
        LSR     LCD_BUFFER
        CPI     LCD_BUFFER,0x0A
        BRSH    GLCD_2H1
        ORI     LCD_BUFFER,'0'
        RJMP    GLCD_2H2
GLCD_2H1:SUBI   LCD_BUFFER,0x0A
```

```
        PUSH    AL
        LDI     AL,'A'
        ADD     LCD_BUFFER,AL
        POP     AL
GLCD_2H2:CALL   GLCD_ENGLISH
        POP     LCD_BUFFER              ; lower digit
        ANDI    LCD_BUFFER,0x0F
        CPI     LCD_BUFFER,0x0A
        BRSH    GLCD_2H3
        ORI     LCD_BUFFER,'0'
        RJMP    GLCD_2H4
GLCD_2H3:SUBI   LCD_BUFFER,0x0A
        PUSH    AL
        LDI     AL,'A'
        ADD     LCD_BUFFER,AL
        POP     AL
GLCD_2H4:CALL   GLCD_ENGLISH
        RET

;-----------------------------------------------
;       Display 5/4/3-Digit Decimal Number(AH:AL)
;       Display     2-Digit Decimal Number(AL)
;-----------------------------------------------
GLCD_5DEC:PUSH  DH                      ; push registers
        PUSH    DL
        PUSH    BH
        PUSH    BL
        CLR     ZERO_FLAG               ; clear zero zone flag
        CLR     BH
        CLR     BL
        LDI     DH,high(10000)          ; display 10^4 digit
        LDI     DL,low(10000)
        CALL    DIV16
        MOV     LCD_BUFFER,AL
        ORI     LCD_BUFFER,'0'
        CPI     LCD_BUFFER,'0'
        BRNE    GLCD_5D1
        LDI     LCD_BUFFER,' '
        RJMP    GLCD_5D2
GLCD_5D1:CLR    ZERO_FLAG
        COM     ZERO_FLAG
GLCD_5D2:CALL   GLCD_ENGLISH
        MOVW    AH:AL,BH:BL
        RJMP    GLCD_4D1

GLCD_4DEC:PUSH  DH                      ; push registers
        PUSH    DL
        PUSH    BH
        PUSH    BL
        CLR     ZERO_FLAG               ; clear zero zone flag
GLCD_4D1:CLR    BH
        CLR     BL
        LDI     DH,high(1000)           ; display 10^3 digit
        LDI     DL,low(1000)
        CALL    DIV16
        MOV     LCD_BUFFER,AL
        ORI     LCD_BUFFER,'0'
        CLR     AH
        CP      ZERO_FLAG,AH
        BRNE    GLCD_4D3
        CPI     LCD_BUFFER,'0'
        BRNE    GLCD_4D2
        LDI     LCD_BUFFER,' '
        RJMP    GLCD_4D3
GLCD_4D2:CLR    ZERO_FLAG
        COM     ZERO_FLAG
GLCD_4D3:CALL   GLCD_ENGLISH
```

```
        MOVW    AH:AL,BH:BL
        JMP     GLCD_3D1

GLCD_3DEC:PUSH  DH                          ; push registers
        PUSH    DL
        PUSH    BH
        PUSH    BL
        CLR     ZERO_FLAG                   ; clear zero zone flag
GLCD_3D1:LDI    BL,100                      ; display 10^2 digit
        CALL    DIV8
        MOV     LCD_BUFFER,AL
        ORI     LCD_BUFFER,'0'
        CLR     BH
        CP      ZERO_FLAG,BH
        BRNE    GLCD_3D3
        CPI     LCD_BUFFER,'0'
        BRNE    GLCD_3D2
        LDI     LCD_BUFFER,' '
        RJMP    GLCD_3D3
GLCD_3D2:CLR    ZERO_FLAG
        COM     ZERO_FLAG
GLCD_3D3:CALL   GLCD_ENGLISH
        MOV     AL,AH
        JMP     GLCD_2D1

GLCD_2DEC:PUSH  DH                          ; push registers
        PUSH    DL
        PUSH    BH
        PUSH    BL
        CLR     ZERO_FLAG                   ; clear zero zone flag
GLCD_2D1:CLR    AH
        LDI     BL,10                       ; display 10^1 digit
        CALL    DIV8
        MOV     LCD_BUFFER,AL
        ORI     LCD_BUFFER,'0'
        CLR     BH
        CP      ZERO_FLAG,BH
        BRNE    GLCD_2D2
        CPI     LCD_BUFFER,'0'
        BRNE    GLCD_2D2
        LDI     LCD_BUFFER,' '
GLCD_2D2:CALL   GLCD_ENGLISH
        MOV     LCD_BUFFER,AH               ; display 10^0 digit
        ORI     LCD_BUFFER,'0'
        CALL    GLCD_ENGLISH
        POP     BL
        POP     BH
        POP     DL
        POP     DH
        RET

;----------------------------------------------
;       Display 8-Bit Binary Data(LCD_BUFFER)
;----------------------------------------------
GLCD_8BIN:PUSH  AH
        PUSH    AL
        LDI     AH,8
        MOV     AL,LCD_BUFFER
GLCD_8B1:ROL    AL
        MOV     LCD_BUFFER,AL
        ROL     LCD_BUFFER
        ANDI    LCD_BUFFER,0b00000001
        ORI     LCD_BUFFER,'0'
        CALL    GLCD_ENGLISH
        DEC     AH
        BRNE    GLCD_8B1
```

```
        POP     AL
        POP     AH
        RET

.nolist
;==============================================================
;       8x16 Dot English(ASCII) Character Font Data
;==============================================================
E_FONT: .db $00, $00, $00, $00, $00, $00, $00, $00, $00, $00, $00, $00, $00, $00, $00, $00 ; 00H
        .db $F8, $04, $14, $04, $04, $14, $04, $F8, $07, $08, $09, $0B, $0B, $09, $08, $07 ; 01H
        .db $F8, $FC, $6C, $7C, $7C, $6C, $FC, $F8, $07, $0F, $0F, $0C, $0C, $0F, $0F, $07 ; 02H
        .db $00, $F0, $F8, $F8, $F0, $F8, $F8, $F0, $00, $00, $01, $03, $07, $03, $01, $00 ; 03H
        .db $00, $40, $E0, $F0, $F8, $F0, $E0, $40, $00, $00, $00, $01, $03, $01, $00, $00 ; 04H
        .db $E0, $E0, $F8, $1C, $1C, $F8, $E0, $E0, $00, $00, $04, $07, $07, $04, $00, $00 ; 05H
        .db $60, $F0, $F8, $FC, $FC, $F8, $F0, $60, $00, $00, $04, $07, $07, $04, $00, $00 ; 06H
        .db $00, $00, $60, $F0, $F0, $60, $00, $00, $00, $00, $00, $00, $00, $00, $00, $00 ; 07H
        .db $00, $FF, $1F, $0F, $0F, $0F, $1F, $FF, $00, $FF, $FF, $FE, $FE, $FE, $FF, $FF ; 08H
        .db $00, $00, $E0, $10, $10, $10, $E0, $00, $00, $00, $00, $01, $01, $01, $00, $00 ; 09H
        .db $00, $FF, $1F, $EF, $EF, $EF, $1F, $FF, $00, $FF, $FF, $FE, $FE, $FE, $FF, $FF ; 0AH
        .db $00, $00, $90, $48, $7C, $48, $90, $00, $00, $03, $04, $08, $08, $08, $04, $03 ; 0BH
        .db $00, $30, $48, $84, $84, $84, $48, $30, $00, $02, $02, $02, $0F, $02, $02, $02 ; 0CH
        .db $00, $00, $00, $FC, $04, $08, $70, $00, $00, $06, $0F, $07, $00, $00, $00, $00 ; 0DH
        .db $00, $00, $00, $FC, $14, $14, $14, $FC, $00, $0C, $1E, $0F, $00, $06, $0F, $07 ; 0EH
        .db $50, $50, $E0, $BC, $BC, $E0, $50, $50, $01, $01, $00, $07, $07, $00, $01, $01 ; 0FH
        .db $00, $00, $FC, $F8, $F0, $E0, $40, $00, $00, $00, $07, $03, $01, $00, $00, $00 ; 10H
        .db $00, $00, $40, $E0, $F0, $F8, $FC, $00, $00, $00, $00, $00, $01, $03, $07, $00 ; 11H
        .db $00, $10, $18, $FC, $FC, $18, $10, $00, $00, $01, $03, $07, $07, $03, $01, $00 ; 12H
        .db $00, $00, $FC, $FC, $00, $00, $FC, $FC, $00, $00, $04, $04, $00, $00, $04, $04 ; 13H
        .db $38, $7C, $44, $FC, $FC, $04, $FC, $FC, $00, $00, $00, $07, $07, $00, $07, $07 ; 14H
        .db $00, $C4, $EE, $3A, $12, $32, $E6, $C4, $00, $08, $19, $13, $12, $17, $1D, $08 ; 15H
        .db $00, $00, $00, $00, $00, $00, $00, $00, $00, $0E, $0E, $0E, $0E, $0E, $0E, $00 ; 16H
        .db $00, $10, $18, $FC, $FC, $18, $10, $00, $08, $09, $0B, $0F, $0F, $0B, $09, $08 ; 17H
        .db $00, $10, $18, $FC, $FC, $18, $10, $00, $00, $00, $00, $07, $07, $00, $00, $00 ; 18H
        .db $00, $00, $00, $FC, $FC, $00, $00, $00, $00, $01, $03, $07, $07, $03, $01, $00 ; 19H
        .db $00, $40, $40, $40, $50, $F0, $E0, $40, $00, $00, $00, $00, $01, $01, $00, $00 ; 1AH
        .db $00, $40, $E0, $F0, $50, $40, $40, $40, $00, $00, $00, $01, $01, $00, $00, $00 ; 1BH
        .db $F8, $00, $00, $00, $00, $00, $00, $00, $03, $02, $02, $02, $02, $02, $02, $02 ; 1CH
        .db $40, $E0, $50, $40, $40, $50, $E0, $40, $00, $00, $01, $00, $00, $01, $00, $00 ; 1DH
        .db $00, $00, $00, $C0, $F0, $C0, $00, $00, $00, $04, $07, $07, $07, $07, $07, $04 ; 1EH
        .db $00, $10, $70, $F0, $F0, $F0, $70, $10, $00, $00, $00, $01, $07, $01, $00, $00 ; 1FH
        .db $00, $00, $00, $00, $00, $00, $00, $00, $00, $00, $00, $00, $00, $00, $00, $00 ; space
        .db $00, $00, $38, $FC, $FC, $38, $00, $00, $00, $00, $00, $0D, $0D, $00, $00, $00 ; !

                                  (중략)

        .db $20, $60, $C0, $80, $C0, $60, $20, $00, $08, $0C, $07, $03, $07, $0C, $08, $00 ; x
        .db $E0, $E0, $00, $00, $00, $E0, $E0, $00, $47, $4F, $48, $48, $68, $3F, $1F, $00 ; y
        .db $60, $60, $20, $A0, $E0, $60, $20, $00, $0C, $0E, $0B, $09, $08, $0C, $0C, $00 ; z
        .db $00, $40, $40, $F8, $BC, $04, $04, $00, $00, $00, $00, $07, $0F, $08, $08, $00 ; {
        .db $00, $00, $00, $BC, $BC, $00, $00, $00, $00, $00, $00, $0F, $0F, $00, $00, $00 ; |
        .db $00, $04, $04, $BC, $F8, $40, $40, $00, $00, $08, $08, $0F, $07, $00, $00, $00 ; }
        .db $80, $C0, $40, $C0, $80, $C0, $40, $00, $00, $00, $00, $00, $00, $00, $00, $00 ; ~
        .db $80, $C0, $60, $30, $60, $C0, $80, $00, $07, $07, $04, $04, $04, $07, $07, $00 ; 7FH

;==============================================================
;       Font Processing Table for Korean Character
;==============================================================
TBL_CHO:   .db 0, 0, 1, 2, 3, 4, 5, 6, 7, 8, 9, 10, 11, 12, 13, 14, 15, 16, 17, 18, 19, 0
TBL_JOONG:.db 0, 0, 0, 1, 2, 3, 4, 5, 0, 0, 6, 7, 8, 9, 10, 11, 0, 0, 12, 13, 14, 15, 16, 17, 0, 0, 18, 19, 20, 21
TBL_JONG:  .db 0, 0, 1, 2, 3, 4, 5, 6, 7, 8, 9, 10, 11, 12, 13, 14, 15, 16, 0, 17, 18, 19, 20, 21, 22, 23, 24, 25, 26, 27

BUL_CHO1: .db 0, 0, 0, 0, 0, 0, 0, 0, 0, 1, 3, 3, 3, 1, 2, 4, 4, 4, 2, 1, 3, 0
BUL_CHO2: .db 0, 5, 5, 5, 5, 5, 5, 5, 5, 6, 7, 7, 7, 6, 6, 7, 7, 7, 6, 6, 7, 5
BUL_JONG: .db 0, 0, 2, 0, 2, 1, 2, 1, 2, 3, 0, 2, 1, 3, 3, 1, 2, 1, 3, 3, 1, 1

;==============================================================
;       16x16 Dot Korean Character Font Data
```

```
;======================================================================
CHO_FONT0:
        .db  $00, $00, $00, $00, $00, $00, $00, $00, $00, $00, $00, $00, $00, $00, $00, $00
        .db  $00, $00, $00, $00, $00, $00, $00, $00, $00, $00, $00, $00, $00, $00, $00, $00
        .db  $00, $00, $08, $08, $08, $88, $C8, $78, $38, $00, $00, $00, $00, $00, $00, $00
        .db  $00, $00, $02, $02, $01, $01, $00, $00, $00, $00, $00, $00, $00, $00, $00, $00
        .db  $00, $08, $08, $C8, $F8, $38, $C8, $F8, $38, $00, $00, $00, $00, $00, $00, $00
        .db  $00, $02, $01, $01, $02, $01, $01, $00, $00, $00, $00, $00, $00, $00, $00, $00
        .db  $00, $08, $F8, $F8, $00, $00, $00, $00, $00, $00, $00, $00, $00, $00, $00, $00
        .db  $00, $00, $01, $03, $02, $02, $02, $02, $02, $02, $00, $00, $00, $00, $00, $00
        .db  $00, $08, $F8, $F8, $08, $08, $08, $08, $00, $00, $00, $00, $00, $00, $00, $00
        .db  $00, $00, $01, $03, $02, $02, $02, $02, $02, $00, $00, $00, $00, $00, $00, $00
        .db  $00, $08, $F8, $F8, $08, $F8, $F8, $08, $08, $00, $00, $00, $00, $00, $00, $00
        .db  $00, $00, $01, $03, $02, $01, $03, $02, $02, $02, $00, $00, $00, $00, $00, $00
        .db  $00, $00, $C8, $C8, $48, $48, $48, $78, $78, $00, $00, $00, $00, $00, $00, $00
        .db  $00, $00, $01, $03, $02, $02, $02, $02, $02, $02, $00, $00, $00, $00, $00, $00
        .db  $00, $08, $F8, $F8, $08, $08, $08, $F8, $F8, $00, $00, $00, $00, $00, $00, $00
        .db  $00, $00, $03, $03, $02, $02, $02, $03, $03, $00, $00, $00, $00, $00, $00, $00
        .db  $00, $10, $F0, $F0, $40, $40, $48, $F8, $F8, $00, $00, $00, $00, $00, $00, $00
        .db  $00, $00, $03, $03, $02, $02, $02, $03, $03, $00, $00, $00, $00, $00, $00, $00
        .db  $10, $F0, $F0, $40, $F0, $F0, $48, $F8, $F8, $00, $00, $00, $00, $00, $00, $00
        .db  $00, $03, $03, $02, $03, $03, $02, $03, $03, $00, $00, $00, $00, $00, $00, $00
        .db  $00, $00, $00, $00, $C4, $7C, $FC, $80, $00, $00, $00, $00, $00, $00, $00, $00
        .db  $00, $02, $02, $01, $01, $00, $00, $01, $03, $02, $00, $00, $00, $00, $00, $00
        .db  $00, $00, $F8, $78, $80, $80, $78, $F8, $00, $00, $00, $00, $00, $00, $00, $00
        .db  $02, $03, $01, $00, $03, $03, $00, $01, $03, $02, $00, $00, $00, $00, $00, $00
        .db  $00, $E0, $F0, $18, $08, $08, $18, $F0, $E0, $00, $00, $00, $00, $00, $00, $00
        .db  $00, $00, $01, $03, $02, $02, $03, $01, $00, $00, $00, $00, $00, $00, $00, $00
        .db  $00, $08, $08, $08, $88, $C8, $78, $38, $00, $00, $00, $00, $00, $00, $00, $00
        .db  $00, $02, $02, $01, $01, $00, $01, $03, $02, $00, $00, $00, $00, $00, $00, $00
        .db  $00, $08, $88, $C8, $F8, $B8, $C8, $F8, $38, $00, $00, $00, $00, $00, $00, $00
        .db  $02, $03, $01, $02, $03, $01, $00, $01, $03, $02, $00, $00, $00, $00, $00, $00
        .db  $00, $10, $10, $14, $94, $D4, $F4, $30, $00, $00, $00, $00, $00, $00, $00, $00
        .db  $00, $02, $02, $01, $01, $00, $01, $03, $02, $00, $00, $00, $00, $00, $00, $00
        .db  $00, $28, $28, $28, $28, $A8, $E8, $78, $38, $00, $00, $00, $00, $00, $00, $00
        .db  $00, $02, $02, $02, $01, $01, $00, $00, $00, $00, $00, $00, $00, $00, $00, $00
        .db  $00, $08, $F8, $F8, $48, $48, $48, $48, $48, $00, $00, $00, $00, $00, $00, $00
        .db  $00, $00, $01, $03, $02, $02, $02, $02, $02, $02, $00, $00, $00, $00, $00, $00
        .db  $08, $08, $F8, $F8, $08, $08, $F8, $F8, $08, $08, $00, $00, $00, $00, $00, $00
        .db  $02, $02, $03, $03, $02, $02, $03, $03, $02, $02, $00, $00, $00, $00, $00, $00
        .db  $00, $08, $C8, $E8, $2C, $2C, $2C, $E8, $C8, $08, $00, $00, $00, $00, $00, $00
        .db  $00, $00, $01, $03, $02, $02, $02, $03, $01, $00, $00, $00, $00, $00, $00, $00
CHO_FONT1:
        .db  $00, $00, $00, $00, $00, $00, $00, $00, $00, $00, $00, $00, $00, $00, $00, $00
        .db  $00, $00, $00, $00, $00, $00, $00, $00, $00, $00, $00, $00, $00, $00, $00, $00
        .db  $00, $00, $00, $04, $04, $04, $04, $04, $04, $04, $FC, $7C, $00, $00, $00, $00

                                    (중략)

        .db  $00, $00, $00, $44, $44, $7C, $7C, $44, $44, $7C, $7C, $44, $44, $00, $00, $00
        .db  $00, $00, $00, $00, $00, $00, $00, $00, $00, $00, $00, $00, $00, $00, $00, $00
        .db  $00, $00, $00, $08, $28, $78, $5C, $5C, $5C, $5C, $78, $28, $08, $00, $00, $00
.list
```

☞ 여기서 여러분이 가장 먼저 알아야 하는 것은 *OK-1281/2561* 키트의 하드웨어와 직접 관련된 기능을 수행하는 서브루틴 GLCD_COMMAND와 GLCD_DATA이다. 그리고 나서 쉽지는 않겠지만 GLCD_STRING과 GLCD_ENGLISH 및 GLCD_KOREAN 서브루틴들이 각각 어떻게 문자열과 1문자의 영문 ASCII 또는 한글을 그래픽형 LCD 화면에 디스플레이하게 되는지를 충분히 이해하여야 한다.

이에 필요한 메모리 변수 및 한글 디스플레이 버퍼를 프로그램의 서두에서 데이터 세그먼트에 정의하였으며, 문자 폰트는 상당히 많은 메모리를 차지하므로 코드 세그먼트 영역 즉 플래시 메모리에 저장하였음에 주목하라.

이 프로그램에서는 커서가 보이지 않도록 하여 사용하지 않았지만, CURSOR_FLAG을 1로 설정하고 Xcursor 및 Ycursor에 좌표값을 지정하면 원하는 위치에 커서가 나타나도록 할 수 있다. 그러나, 이 커서는 사용자 프로그램에서 소프트웨어적으로 구현한 것이므로 자동으로 이동하지 않으며 모든 기능을 사용자 프로그램에서 처리해 주어야 한다.

이 인클루드 파일에 만들어둔 서브루틴과 그것들의 기능을 요약하면 <표 4.19.5>와 같다. 이것은 앞의 <표 4.1.1>에서도 정리하여 보였듯이 텍스트형 LCD 모듈을 기본으로 하는 *OK-1281/2561* 키트의 인클루드 파일 OK2561.INC와 상당 부분이 유사하다는 것을 알 수 있을 것이다. 이 인클루드 파일 GLCD2561.INC에서는 사용자가 기억하기에 편리하도록 그래픽형 LCD 모듈을 위한 모든 서브루틴의 이름 선두에 Graphic의 G자를 사용하였다.

〈표 4.19.5〉 GLCD2561.INC 파일에 포함된 그래픽형 LCD 모듈 관련 서브루틴 요약

서브루틴	기 능	입력 파라미터	출력 파라미터
GLCD_CLEAR	그래픽형 LCD 모듈을 초기화하고 화면을 클리어한다.	-	-
GLCD_HOME0 GLCD_HOME1 GLCD_HOME2 GLCD_HOME3	그래픽형 LCD 모듈에서 커서의 위치를 각각 0~3행의 첫번째 문자에 위치시킨다.	-	-
GLCD_XY	그래픽형 LCD 모듈에서 커서를 x, y좌표에 위치시킨다.	X_ADDRESS Y_ADDRESS	-
GLCD_COMMAND	그래픽형 LCD 모듈에 1개의 제어명령을 출력한다. AL에는 제어신호에 대한 값을, LCD_BUFFER에는 제어명령을 입력 파라미터로 가지고 간다.	AL LCD_BUFFER	-
GLCD_DATA	그래픽형 LCD 모듈에 1바이트의 데이터를 출력한다. AL에는 제어신호에 대한 값을, LCD_BUFFER에는 제어명령을 입력 파라미터로 가지고 간다.	AL LCD_BUFFER	-
GLCD_STRING	그래픽형 LCD 모듈에서 현재의 커서 위치부터 문자열을 출력한다. 문자열의 끝은 0으로 표시된다.	-	-
GLCD_ENGLISH	그래픽형 LCD 모듈에서 현재의 커서 위치에 영문 ASCII 문자 1개를 출력한다.	LCD_BUFFER	-
GLCD_KOREAN	그래픽형 LCD 모듈에서 현재의 커서 위치에 조합형 한글 문자 1개를 출력한다.	K_CODE	-
GLCD_2HEX GLCD_4HEX	그래픽형 LCD 모듈에서 현재의 커서 위치부터 각각 2자리와 4자리의 16진수를 표시한다.	LCD_BUFFER AH:AL	-
GLCD_2DEC GLCD_3DEC GLCD_4DEC GLCD_5DEC	그래픽형 LCD 모듈에서 현재의 커서 위치부터 각각 2, 3, 4, 5자리의 10진수를 표시한다.	AL AH:AL AH:AL AH:AL	-

영문 ASCII 문자와 한글을 혼용하는 화면을 디스플레이하는 프로그램을 어셈블리 언어로 작성하면 다음과 같다.

<프로그램 Exp19_1.asm> 영문 ASCII 및 한글 디스플레이 프로그램

```
;[][][][][][][][][][][][][][][][][][][][][][][][][][][][][][][][][][]
;[]                                                                []
;[]          Exp19_1.asm : English/Korean Language Display         []
;[]                                                                []
;[][][][][][][][][][][][][][][][][][][][][][][][][][][][][][][][][][]
;
;               Designed and programmed by Duck-Yong Yoon in 2006.
;
;-----------------------------------------------------
;       Include Header File
;-----------------------------------------------------
.nolist
.include "m2561def.inc"                 ; ATmega2561 definition file
.list

;==================================================================
;       Main Program
;==================================================================
.cseg
        .org    0x0000
        LDI     AH,high(RAMEND)         ; initialize SP
        LDI     AL,low(RAMEND)
        OUT     SPH,AH
        OUT     SPL,AL

        CALL    INIT_MCU                ; initialize MCU and kit
        CALL    D50MS                   ; wait for system stabilization
        CALL    INIT_LCD                ; initialize text LCD
        CALL    BEEP

        CALL    GLCD_CLEAR              ; clear graphic LCD screen
        CLR     AL                      ; cursor off
        STS     CURSOR_FLAG,AL

;-----------------------------------------------------
;       Display Title on Text LCD Module
;-----------------------------------------------------
        CALL    LCD_HOME1               ; display title
        CALL    LCD_STRING
        .db     "Graphic LCD Test",0,0
        CALL    LCD_HOME2
        CALL    LCD_STRING
        .db     " English/Korean ",0,0

;-----------------------------------------------------
;       Display ASCII and Korean Language
;-----------------------------------------------------
LOOP:   CALL    GLCD_HOME0              ; display screen 1
        CALL    GLCD_STRING
        .db     "OK-2561키트 V1.0",0,0
        CALL    GLCD_HOME1
        CALL    GLCD_STRING
        .db     "    2006/10/01    ",0,0
        CALL    GLCD_HOME2
        CALL    GLCD_STRING
        .db     " 설계 : 윤덕용    ",0,0
        CALL    GLCD_HOME3
        CALL    GLCD_STRING
        .db     " 판매 : Ohm사     ",0,0
        CALL    D5SEC
```

```
        CALL    GLCD_HOME0              ; display screen 2
        CALL    GLCD_STRING
        .db     "    현대 LCD     ",0,0
        CALL    GLCD_HOME1
        CALL    GLCD_STRING
        .db     "  HG12605NY-LY  ",0,0
        CALL    GLCD_HOME2
        CALL    GLCD_STRING
        .db     "                ",0,0
        CALL    GLCD_HOME3
        CALL    GLCD_STRING
        .db     "128x64 그래픽LCD",0,0
        CALL    D5SEC

        CALL    GLCD_HOME0              ; display screen 3
        CALL    GLCD_STRING
        .db     " 영문/한글 표시 ",0,0
        CALL    GLCD_HOME1
        CALL    GLCD_STRING
        .db     "                ",0,0
        CALL    GLCD_HOME2
        CALL    GLCD_STRING
        .db     " 8x16도트 ASCII ",0,0
        CALL    GLCD_HOME3
        CALL    GLCD_STRING
        .db     "16x16도트 조합형",0,0
        CALL    D5SEC

        CALL    GLCD_HOME0              ; display screen 4
        CALL    GLCD_STRING
        .db     "   * 배우자 *   ",0,0
        CALL    GLCD_HOME1
        CALL    GLCD_STRING
        .db     "마이크로프로세서",0,0
        CALL    GLCD_HOME2
        CALL    GLCD_STRING
        .db     "   * 익히자 *   ",0,0
        CALL    GLCD_HOME3
        CALL    GLCD_STRING
        .db     "마이크로콘트롤러",0,0
        CALL    D5SEC

        LDI     DL,0x00                 ; from 0x00 to 0x7F
        LDI     CL,2
LOOP1:  LDI     CH,64
        CALL    GLCD_HOME0
LOOP2:  MOV     LCD_BUFFER,DL
        CALL    GLCD_ENGLISH
        INC     DL
        DEC     CH
        BRNE    LOOP2
        CALL    D5SEC
        DEC     CL
        BRNE    LOOP1
        JMP     LOOP

;-------------------------------------------------
;       Include User Subroutine File
;-------------------------------------------------
.include "OK2561.INC"                   ; OK-2561 I/O and subroutine file
.include "GLCD2561.INC"                 ; OK-2561 GLCD subroutine file
```

☞ AVR Studio에 포함된 매크로 어셈블러는 2바이트로 된 한글 조합형 코드를 올바르게 번역한다. 이 예제 프로그램은 윈도우 운영체제에서 AVR Studio의 에디터를 사용하여 완성형 한글 코드로 작성한 것이므로 한글코드변환기 프로그램 HanConv.exe를 사용하여 이를 조합형으로 변환한 후에 컴파일해도 되고, MS-DOS 창으로 나가서 참고문헌 [2]에서 추천하는 "산"과 같은 조합형 한글 에디터를 사용하여 조합형 한글 코드로 작성하고 컴파일해도 된다. 여기서는 당연히 편리하게 HanConv.exe를 사용한다.

이 프로그램을 AVR Studio에서 KS 완성형 코드로 작성하여 Exp19_1.asm으로 저장하고, 한글코드변환기 HanConv.exe를 사용하여 이를 KS 조합형 코드로 변환하여 Exp19_1K.asm 파일로 저장하라. 다시 AVR Studio에서 Exp19_1K.asm 파일을 불러들여 어셈블하고 이를 *OK-1281/2561* 키트에 다운로드하여 실행하라.

이 프로그램은 폰트 데이터를 포함하기 때문에 실행 파일이 상당히 길어지므로 이를 *OK-1281/2561* 키트에 다운로드할 때 *AVR-ISP Parallel* 다운로드 케이블을 사용한다면 시간이 오래 걸린다. 이런 경우에는 다운로드 케이블로서 *AVR-ISP Studio*나 *AVR-ISP USB*를 사용하면 다운로드 시간이 크게 단축되어 편리하다.

▣ C언어의 경우

C언어 사용자 프로그램에서 한글을 디스플레이하는데 사용할 함수와 폰트 데이터를 포함하는 헤더파일은 다음과 같다.

<파일 GLCD1281.h> 그래픽형 LCD 모듈에 한글을 표시하는 헤더파일

```
#include <stdio.h>
#include <avr/pgmspace.h>

/* ------------------------------------------------------------------------------ */
/*              8x16 Dot English(ASCII) Character Font                            */
/* ------------------------------------------------------------------------------ */
prog_uchar E_font[128][16] = {                          /* 8x16 ASCII character font */
  {0x00,0x00,0x00,0x00,0x00,0x00,0x00,0x00,0x00,0x00,0x00,0x00,0x00,0x00,0x00,0x00}, // 0x00
  {0xF8,0x04,0x14,0x04,0x04,0x14,0x04,0xF8,0x07,0x08,0x09,0x0B,0x0B,0x09,0x08,0x07}, // 0x01
  {0xF8,0xFC,0x6C,0x7C,0x7C,0x6C,0xFC,0xF8,0x07,0x0F,0x0F,0x0C,0x0C,0x0F,0x0F,0x07}, // 0x02
  {0x00,0xF0,0xF8,0xF8,0xF0,0xF8,0xF8,0xF0,0x00,0x00,0x01,0x03,0x07,0x03,0x01,0x00}, // 0x03
  {0x00,0x40,0xE0,0xF0,0xF8,0xF0,0xE0,0x40,0x00,0x00,0x00,0x01,0x03,0x01,0x00,0x00}, // 0x04
  {0xE0,0xE0,0xF8,0x1C,0x1C,0xF8,0xE0,0xE0,0x00,0x00,0x04,0x07,0x07,0x04,0x00,0x00}, // 0x05
  {0x60,0xF0,0xF8,0xFC,0xFC,0xF8,0xF0,0x60,0x00,0x00,0x04,0x07,0x07,0x04,0x00,0x00}, // 0x06
  {0x00,0x00,0x60,0xF0,0xF0,0x60,0x00,0x00,0x00,0x00,0x00,0x00,0x00,0x00,0x00,0x00}, // 0x07
  {0x00,0xFF,0x1F,0x0F,0x0F,0x0F,0x1F,0xFF,0x00,0xFF,0xFF,0xFE,0xFE,0xFE,0xFF,0xFF}, // 0x08
  {0x00,0x00,0xE0,0x10,0x10,0x10,0xE0,0x00,0x00,0x00,0x00,0x01,0x01,0x01,0x00,0x00}, // 0x09
  {0x00,0xFF,0x1F,0xEF,0xEF,0xEF,0x1F,0xFF,0x00,0xFF,0xFF,0xFE,0xFE,0xFE,0xFF,0xFF}, // 0x0A
  {0x00,0x00,0x90,0x48,0x7C,0x48,0x90,0x00,0x00,0x03,0x04,0x08,0x08,0x08,0x04,0x03}, // 0x0B
  {0x00,0x30,0x48,0x84,0x84,0x84,0x48,0x30,0x00,0x02,0x02,0x02,0x0F,0x02,0x02,0x02}, // 0x0C
  {0x00,0x00,0x00,0xFC,0x04,0x08,0x70,0x00,0x00,0x06,0x0F,0x07,0x00,0x00,0x00,0x00}, // 0x0D
  {0x00,0x00,0x00,0xFC,0x14,0x14,0x14,0xFC,0x00,0x0C,0x1E,0x0F,0x00,0x06,0x0F,0x07}, // 0x0E
  {0x50,0x50,0xE0,0xBC,0xBC,0xE0,0x50,0x50,0x01,0x01,0x00,0x07,0x07,0x00,0x01,0x01}, // 0x0F
  {0x00,0x00,0xFC,0xF8,0xF0,0xE0,0x40,0x00,0x00,0x00,0x07,0x03,0x01,0x00,0x00,0x00}, // 0x10
```

```
{0x00,0x00,0x40,0xE0,0xF0,0xF8,0xFC,0x00,0x00,0x00,0x00,0x00,0x01,0x03,0x07,0x00}, // 0x11
{0x00,0x10,0x18,0xFC,0xFC,0x18,0x10,0x00,0x00,0x01,0x03,0x07,0x07,0x03,0x01,0x00}, // 0x12
{0x00,0x00,0xFC,0xFC,0x00,0x00,0xFC,0xFC,0x00,0x00,0x04,0x04,0x00,0x00,0x04,0x04}, // 0x13
{0x38,0x7C,0x44,0xFC,0xFC,0x04,0xFC,0xFC,0x00,0x00,0x00,0x07,0x07,0x00,0x07,0x07}, // 0x14
{0x00,0xC4,0xEE,0x3A,0x12,0x32,0xE6,0xC4,0x00,0x08,0x19,0x13,0x12,0x17,0x1D,0x08}, // 0x15
{0x00,0x00,0x00,0x00,0x00,0x00,0x00,0x00,0x00,0x0E,0x0E,0x0E,0x0E,0x0E,0x0E,0x00}, // 0x16
{0x00,0x10,0x18,0xFC,0xFC,0x18,0x10,0x00,0x08,0x09,0x0B,0x0F,0x0F,0x0B,0x09,0x08}, // 0x17
{0x00,0x10,0x18,0xFC,0xFC,0x18,0x10,0x00,0x00,0x00,0x00,0x07,0x07,0x00,0x00,0x00}, // 0x18
{0x00,0x00,0x00,0xFC,0xFC,0x00,0x00,0x00,0x00,0x01,0x03,0x07,0x07,0x03,0x01,0x00}, // 0x19
{0x00,0x40,0x40,0x40,0x50,0xF0,0xE0,0x40,0x00,0x00,0x00,0x00,0x01,0x01,0x00,0x00}, // 0x1A
{0x00,0x40,0xE0,0xF0,0x50,0x40,0x40,0x40,0x00,0x00,0x00,0x01,0x01,0x00,0x00,0x00}, // 0x1B
{0xF8,0x00,0x00,0x00,0x00,0x00,0x00,0x00,0x03,0x02,0x02,0x02,0x02,0x02,0x02,0x02}, // 0x1C
{0x40,0xE0,0x50,0x40,0x40,0x50,0xE0,0x40,0x00,0x00,0x01,0x00,0x00,0x01,0x00,0x00}, // 0x1D
{0x00,0x00,0x00,0xC0,0xF0,0xC0,0x00,0x00,0x00,0x04,0x07,0x07,0x07,0x07,0x07,0x04}, // 0x1E
{0x00,0x10,0x70,0xF0,0xF0,0xF0,0x70,0x10,0x00,0x00,0x00,0x01,0x07,0x01,0x00,0x00}, // 0x1F
{0x00,0x00,0x00,0x00,0x00,0x00,0x00,0x00,0x00,0x00,0x00,0x00,0x00,0x00,0x00,0x00}, // space
{0x00,0x00,0x38,0xFC,0xFC,0x38,0x00,0x00,0x00,0x00,0x00,0x0D,0x0D,0x00,0x00,0x00}, // !
{0x00,0x0E,0x1E,0x00,0x00,0x1E,0x0E,0x00,0x00,0x00,0x00,0x00,0x00,0x00,0x00,0x00}, // "
{0x20,0xF8,0xF8,0x20,0xF8,0xF8,0x20,0x00,0x02,0x0F,0x0F,0x02,0x0F,0x0F,0x02,0x00}, // #
{0x38,0x7C,0x44,0x47,0x47,0xCC,0x98,0x00,0x06,0x0C,0x08,0x38,0x38,0x0F,0x07,0x00}, // $
```

(중략)

```
{0x20,0x60,0xC0,0x80,0xC0,0x60,0x20,0x00,0x08,0x0C,0x07,0x03,0x07,0x0C,0x08,0x00}, // x
{0xE0,0xE0,0x00,0x00,0x00,0xE0,0xE0,0x00,0x47,0x4F,0x48,0x48,0x68,0x3F,0x1F,0x00}, // y
{0x60,0x60,0x20,0xA0,0xE0,0x60,0x20,0x00,0x0C,0x0E,0x0B,0x09,0x08,0x0C,0x0C,0x00}, // z
{0x00,0x40,0x40,0xF8,0xBC,0x04,0x04,0x00,0x00,0x00,0x00,0x07,0x0F,0x08,0x08,0x00}, // {
{0x00,0x00,0x00,0xBC,0xBC,0x00,0x00,0x00,0x00,0x00,0x00,0x0F,0x0F,0x00,0x00,0x00}, // |
{0x00,0x04,0x04,0xBC,0xF8,0x40,0x40,0x00,0x00,0x08,0x08,0x0F,0x07,0x00,0x00,0x00}, // }
{0x80,0xC0,0x40,0xC0,0x80,0xC0,0x40,0x00,0x00,0x00,0x00,0x00,0x00,0x00,0x00,0x00}, // ~
{0x80,0xC0,0x60,0x30,0x60,0xC0,0x80,0x00,0x07,0x07,0x04,0x04,0x04,0x07,0x07,0x00}}; // 0x7F

/* ---------------------------------------------------------------------------- */
/*              Font Processing Table for Korean Character                      */
/* ---------------------------------------------------------------------------- */
prog_uchar table_cho[21] =
        {0,0,1,2,3,4,5,6,7,8,9,10,11,12,13,14,15,16,17,18,19};
prog_uchar table_joong[30] =
        {0,0,0,1,2,3,4,5,0,0,6,7,8,9,10,11,0,0,12,13,14,15,16,17,0,0,18,19,20,21};
prog_uchar table_jong[30] =
        {0,0,1,2,3,4,5,6,7,8,9,10,11,12,13,14,15,16,0,17,18,19,20,21,22,23,24,25,26,27};

prog_uchar bul_cho1[22] =
        {0,0,0,0,0,0,0,0,0,1,3,3,3,1,2,4,4,4,2,1,3,0};
prog_uchar bul_cho2[22] =
        {0,5,5,5,5,5,5,5,5,6,7,7,7,6,6,7,7,7,6,6,7,5};
prog_uchar bul_jong[22] =
        {0,0,2,0,2,1,2,1,2,3,0,2,1,3,3,1,2,1,3,3,1,1};

/* ---------------------------------------------------------------------------- */
/*              16x16 Dot Korean Character Font                                 */
/* ---------------------------------------------------------------------------- */
prog_uchar K_font[360][32] = {                    /* 16x16 Korean character font */
  {0x00,0x00,0x00,0x00,0x00,0x00,0x00,0x00,0x00,0x00,0x00,0x00,0x00,0x00,0x00,0x00,
   0x00,0x00,0x00,0x00,0x00,0x00,0x00,0x00,0x00,0x00,0x00,0x00,0x00,0x00,0x00,0x00},
  {0x00,0x00,0x08,0x08,0x08,0x88,0xC8,0x78,0x38,0x00,0x00,0x00,0x00,0x00,0x00,0x00,
   0x00,0x00,0x02,0x02,0x01,0x01,0x00,0x00,0x00,0x00,0x00,0x00,0x00,0x00,0x00,0x00},
  {0x00,0x08,0x08,0xC8,0xF8,0x38,0xC8,0xF8,0x38,0x00,0x00,0x00,0x00,0x00,0x00,0x00,
   0x00,0x02,0x01,0x01,0x02,0x01,0x01,0x00,0x00,0x00,0x00,0x00,0x00,0x00,0x00,0x00},
  {0x00,0x08,0xF8,0xF8,0x00,0x00,0x00,0x00,0x00,0x00,0x00,0x00,0x00,0x00,0x00,0x00,
   0x00,0x00,0x01,0x03,0x02,0x02,0x02,0x02,0x02,0x02,0x00,0x00,0x00,0x00,0x00,0x00},
  {0x00,0x08,0xF8,0xF8,0x08,0x08,0x08,0x08,0x00,0x00,0x00,0x00,0x00,0x00,0x00,0x00,
   0x00,0x00,0x01,0x03,0x02,0x02,0x02,0x02,0x02,0x00,0x00,0x00,0x00,0x00,0x00,0x00},
```

```
{0x00,0x08,0xF8,0xF8,0x08,0xF8,0xF8,0x08,0x08,0x00,0x00,0x00,0x00,0x00,0x00,0x00,
 0x00,0x00,0x01,0x03,0x02,0x01,0x03,0x02,0x02,0x02,0x00,0x00,0x00,0x00,0x00,0x00},
{0x00,0x00,0xC8,0xC8,0x48,0x48,0x48,0x78,0x78,0x00,0x00,0x00,0x00,0x00,0x00,0x00,
 0x00,0x00,0x01,0x03,0x02,0x02,0x02,0x02,0x02,0x02,0x00,0x00,0x00,0x00,0x00,0x00},
{0x00,0x08,0xF8,0xF8,0x08,0x08,0x08,0xF8,0xF8,0x00,0x00,0x00,0x00,0x00,0x00,0x00,
 0x00,0x00,0x03,0x03,0x02,0x02,0x02,0x03,0x03,0x00,0x00,0x00,0x00,0x00,0x00,0x00},
{0x00,0x10,0xF0,0xF0,0x40,0x40,0x48,0xF8,0xF8,0x00,0x00,0x00,0x00,0x00,0x00,0x00,
 0x00,0x00,0x03,0x03,0x02,0x02,0x02,0x03,0x03,0x00,0x00,0x00,0x00,0x00,0x00,0x00},
{0x10,0xF0,0xF0,0x40,0xF0,0xF0,0x48,0xF8,0xF8,0x00,0x00,0x00,0x00,0x00,0x00,0x00,
 0x00,0x03,0x03,0x02,0x03,0x03,0x02,0x03,0x03,0x00,0x00,0x00,0x00,0x00,0x00,0x00},
{0x00,0x00,0x00,0x00,0xC4,0x7C,0xFC,0x80,0x00,0x00,0x00,0x00,0x00,0x00,0x00,0x00,
 0x00,0x02,0x02,0x01,0x01,0x00,0x00,0x01,0x03,0x02,0x00,0x00,0x00,0x00,0x00,0x00},
{0x00,0x00,0xF8,0x78,0x80,0x80,0x78,0xF8,0x00,0x00,0x00,0x00,0x00,0x00,0x00,0x00,
 0x02,0x03,0x01,0x00,0x03,0x03,0x00,0x01,0x03,0x02,0x00,0x00,0x00,0x00,0x00,0x00},
{0x00,0xE0,0xF0,0x18,0x08,0x08,0x18,0xF0,0xE0,0x00,0x00,0x00,0x00,0x00,0x00,0x00,
 0x00,0x00,0x01,0x03,0x02,0x02,0x03,0x01,0x00,0x00,0x00,0x00,0x00,0x00,0x00,0x00},
{0x00,0x08,0x08,0x08,0x88,0xC8,0x78,0x38,0x00,0x00,0x00,0x00,0x00,0x00,0x00,0x00,
 0x00,0x02,0x02,0x01,0x01,0x00,0x01,0x03,0x02,0x00,0x00,0x00,0x00,0x00,0x00,0x00},
{0x00,0x08,0x88,0xC8,0xF8,0xB8,0xC8,0xF8,0x38,0x00,0x00,0x00,0x00,0x00,0x00,0x00,
 0x02,0x03,0x01,0x02,0x03,0x01,0x00,0x01,0x03,0x02,0x00,0x00,0x00,0x00,0x00,0x00},
{0x00,0x10,0x10,0x14,0x94,0xD4,0xF4,0x30,0x00,0x00,0x00,0x00,0x00,0x00,0x00,0x00,
 0x00,0x02,0x02,0x01,0x01,0x00,0x01,0x03,0x02,0x00,0x00,0x00,0x00,0x00,0x00,0x00},
{0x00,0x28,0x28,0x28,0x28,0xA8,0xE8,0x78,0x38,0x00,0x00,0x00,0x00,0x00,0x00,0x00,
 0x00,0x02,0x02,0x02,0x01,0x01,0x00,0x00,0x00,0x00,0x00,0x00,0x00,0x00,0x00,0x00},
{0x00,0x08,0xF8,0xF8,0x48,0x48,0x48,0x48,0x48,0x00,0x00,0x00,0x00,0x00,0x00,0x00,
 0x00,0x00,0x01,0x03,0x02,0x02,0x02,0x02,0x02,0x02,0x00,0x00,0x00,0x00,0x00,0x00},
{0x08,0x08,0xF8,0xF8,0x08,0x08,0xF8,0xF8,0x08,0x08,0x00,0x00,0x00,0x00,0x00,0x00,
 0x02,0x02,0x03,0x03,0x02,0x02,0x03,0x03,0x02,0x02,0x00,0x00,0x00,0x00,0x00,0x00},
```

(중략)

```
{0x00,0x00,0x00,0x00,0x00,0x00,0x00,0x00,0x00,0x00,0x00,0x00,0x00,0x00,0x00,0x00,
 0x00,0x00,0x00,0x44,0x44,0x7C,0x7C,0x44,0x44,0x7C,0x7C,0x44,0x44,0x00,0x00,0x00},
{0x00,0x00,0x00,0x00,0x00,0x00,0x00,0x00,0x00,0x00,0x00,0x00,0x00,0x00,0x00,0x00,
 0x00,0x00,0x00,0x08,0x28,0x78,0x5C,0x5C,0x5C,0x5C,0x78,0x28,0x08,0x00,0x00,0x00}};

/* ------------------------------------------------------------------------ */
/*   Graphic LCD Module : Hyundai LCD,HG12605NY-LY,128x64 dot,LED backlight   */
/* ------------------------------------------------------------------------ */
/* LCD_DATABUS(0x2000) : D0-D7 = DB0-DB7 (7-14, data bus)                    */
/* LCD_CONTROL(0x2100) :   GND = R/-W    (5, read/write)                     */
/*                          D4 = D/-I    (4, data/instruction)               */
/*                          D5 = E       (6, enable)                         */
/*                          D6 = CS1     (15, chip select 1)                 */
/*                          D7 = CS2     (16, chip select 2)                 */

uint8_t xcharacter, ycharacter;         // x character(0-3), y character(0-15)
uint8_t cursor_flag, xcursor, ycursor;  // x and y cursor position(0-3, 0-15)

void GLCD_command(uint8_t signal,uint8_t command)       /* write a command */
{ LCD_CONTROL = signal & 0xC0;                  // D/-I = 0
  asm volatile(" PUSH  R0 ");                   // delay for 500 ns
  asm volatile(" POP   R0 ");
  asm volatile(" PUSH  R0 ");
  asm volatile(" POP   R0 ");
  LCD_DATABUS = command;                        // write command
  LCD_CONTROL = (signal & 0xC0)|0x20;           // E = 1
  asm volatile(" PUSH  R0 ");                   // delay for 500 ns
  asm volatile(" POP   R0 ");
  asm volatile(" PUSH  R0 ");
  asm volatile(" POP   R0 ");
  LCD_CONTROL = signal & 0xC0;                  // E = 0
  asm volatile(" NOP       ");
```

```
  LCD_CONTROL = 0x00;                          // clear all control signals
  Delay_us(10);                                // wait for GLCD busy
}

void GLCD_data(uint8_t signal,uint8_t character)        /* write a data */
{ LCD_CONTROL = (signal & 0xC0)|0x10;          // D/-I = 1
  asm volatile(" PUSH  R0 ");                  // delay for 500 ns
  asm volatile(" POP   R0 ");
  asm volatile(" PUSH  R0 ");
  asm volatile(" POP   R0 ");
  LCD_DATABUS = character;                     // write data
  LCD_CONTROL = (signal & 0xC0)|0x30;          // E = 1
  asm volatile(" PUSH  R0 ");                  // delay for 500 ns
  asm volatile(" POP   R0 ");
  asm volatile(" PUSH  R0 ");
  asm volatile(" POP   R0 ");
  LCD_CONTROL = (signal & 0xC0)|0x10;          // E = 0
  asm volatile(" NOP       ");
  LCD_CONTROL = 0x00;                          // clear all control signals
  Delay_us(10);                                // wait GLCD busy
}

void GLCD_clear(void)                          /* clear GLCD screen */
{ uint8_t i, j, x;

  LCD_CONTROL = 0x00;                          // clear all control signals
  GLCD_command(0xC0,0x3F);                     // CS1,CS2 display ON
  GLCD_command(0xC0,0xC0);                     // CS1,CS2 display position

  x = 0xB8;
  for(i = 0; i <= 7; i++)
    { GLCD_command(0xC0,x);                    // X start addtess
      GLCD_command(0xC0,0x40);                 // Y start address
      for(j = 0; j <= 63; j++)
        GLCD_data(0xC0,0x00);                  // clear CS1 and CS2 screen
      x++;
    }
}

void GLCD_xy(uint8_t x,uint8_t y)              /* set English character position */
{ xcharacter = x;                              // x = 0 - 3
  ycharacter = y;                              // y = 0 - 15
}

void GLCD_xy_row(uint8_t x,uint8_t y,uint8_t row) /* set character upper/lower row */
{ if(row == 0)                                 // if upper row, set Y address
    GLCD_command(0xC0,0xB8 + x*2);
  else                                         // if lower row, set Y address + 1
    GLCD_command(0xC0,0xB8 + x*2 + 1);

  if(y <= 7)                                   // if y <= 7, CS1 Y address
    GLCD_command(0x40,0x40 + y*8);
  else                                         // if y >= 8, CS2 Y address
    GLCD_command(0x80,0x40 + (y-8)*8);
}

void GLCD_English(uint8_t Ecode)              /* display a 8x16 Dot English(ASCII) */
{ unsigned char i, signal;

  GLCD_xy_row(xcharacter,ycharacter,0);        // display upper row
  if(ycharacter <= 7)                          // if y <= 7, CS1
    signal = 0x40;
  else                                         // if y >= 8, CS2
```

```
    signal = 0x80;
  for(i = 0; i <= 7; i++)
    GLCD_data(signal,pgm_read_byte(&E_font[Ecode][i]));

  GLCD_xy_row(xcharacter,ycharacter,1);        // display lower row
  if(ycharacter <= 7)                          // if y <= 7, CS1
    signal = 0x40;
  else                                         // if y >= 8, CS2
    signal = 0x80;
  for(i = 8; i <= 15; i++)
    { if((cursor_flag == 1) && (xcharacter == xcursor) && (ycharacter == ycursor))
        GLCD_data(signal,pgm_read_byte(&E_font[Ecode][i]) | 0x80);
      else
        GLCD_data(signal,pgm_read_byte(&E_font[Ecode][i]));
    }

  ycharacter++;                                // go next character position
  if(ycharacter == 16)
    { ycharacter = 0;
      xcharacter++;
    }
}

void GLCD_Korean(uint16_t Kcode)               /* display a 16x16 Dot Korean */
{ unsigned char i, signal;
  unsigned char cho_5bit, joong_5bit, jong_5bit;
  unsigned char cho_bul, joong_bul, jong_bul=0, jong_flag;
  unsigned int character;
  unsigned char Korean_buffer[32];             // 32 byte Korean font buffer

  if(ycharacter == 15)                         // if can not display, go next line
    GLCD_English(0x20);

                                               // get cho, joong, jong 5 bit
  cho_5bit = pgm_read_byte(&table_cho[(Kcode >> 10) & 0x001F]);
  joong_5bit = pgm_read_byte(&table_joong[(Kcode >> 5) & 0x001F]);
  jong_5bit = pgm_read_byte(&table_jong[Kcode & 0x001F]);

  if(jong_5bit == 0)                           // don't have jongsung
    { jong_flag = 0;
      cho_bul = pgm_read_byte(&bul_cho1[joong_5bit]);
      if((cho_5bit == 1) || (cho_5bit == 16)) joong_bul = 0;
      else                                    joong_bul = 1;
    }
  else                                         // have jongsung
    { jong_flag = 1;
      cho_bul = pgm_read_byte(&bul_cho2[joong_5bit]);
      if((cho_5bit == 1) || (cho_5bit == 16)) joong_bul = 2;
      else                                    joong_bul = 3;
      jong_bul = pgm_read_byte(&bul_jong[joong_5bit]);
    }

  character = cho_bul*20 + cho_5bit;           // copy chosung font
  for(i = 0; i <= 31; i++)
    Korean_buffer[i] = pgm_read_byte(&K_font[character][i]);

  character = 8*20 + joong_bul*22 + joong_5bit; // OR joongsung font
  for(i = 0; i <= 31; i++)
    Korean_buffer[i] |= pgm_read_byte(&K_font[character][i]);

  if(jong_flag == 1)                           // if jongsung, OR jongsung font
    { character = 8*20 + 4*22 +jong_bul*28 + jong_5bit;
      for(i = 0; i <= 31; i++)
```

```
        Korean_buffer[i] |= pgm_read_byte(&K_font[character][i]);
    }

  GLCD_xy_row(xcharacter,ycharacter,0);          // display upper left row
  if(ycharacter <= 7)                            // if y <= 7, CS1
    signal = 0x40;
  else                                           // if y >= 8, CS2
    signal = 0x80;
  for(i = 0; i <= 7; i++)
    GLCD_data(signal,Korean_buffer[i]);

  GLCD_xy_row(xcharacter,ycharacter,1);          // display lower left row
  if(ycharacter <= 7)                            // if y <= 7, CS1
    signal = 0x40;
  else                                           // if y >= 8, CS2
    signal = 0x80;
  for(i = 16; i <= 23; i++)
    { if((cursor_flag == 1) && (xcharacter == xcursor) && (ycharacter == ycursor))
        GLCD_data(signal,Korean_buffer[i] | 0x80);
      else
        GLCD_data(signal,Korean_buffer[i]);
    }

  ycharacter++;

  GLCD_xy_row(xcharacter,ycharacter,0);          // display upper right row
  if(ycharacter <= 7)                            // if y <= 7, CS1
    signal = 0x40;
  else                                           // if y >= 8, CS2
    signal = 0x80;
  for(i = 8; i <= 15; i++)
    GLCD_data(signal,Korean_buffer[i]);

  GLCD_xy_row(xcharacter,ycharacter,1);          // display lower right row
  if(ycharacter <= 7)                            // if y <= 7, CS1
    signal = 0x40;
  else                                           // if y >= 8, CS2
    signal = 0x80;
  for(i = 24; i <= 31; i++)
    { if((cursor_flag == 1) && (xcharacter == xcursor) && (ycharacter == (ycursor+1)))
        GLCD_data(signal,Korean_buffer[i] | 0x80);
      else
        GLCD_data(signal,Korean_buffer[i]);
    }

  ycharacter++;                                  // go next character position
  if(ycharacter == 16)
    { ycharacter = 0;
      xcharacter++;
    }
}

void GLCD_string(uint8_t x,uint8_t y,uint8_t *string)   /* display a string */
{ unsigned char character1;
  unsigned int character2;

  GLCD_xy(x,y);                                  // x = 0 - 3, y = 0 - 15

  while(*string != '\0')
     { character1 = *string;
       string++;
```

```
        if(character1 < 0x80)
          GLCD_English(character1);               // display English character
        else
          { character2 = 256*character1 + (*string & 0xFF);
            string++;
            GLCD_Korean(character2);              // display Korean character
          }
      }
  }
```

☞ 앞의 제4.11절에서도 공부한 바와 같이 이와 같은 상수 배열을 플래시 메모리에 정의하여 저장할 때는 prog_uchar 지시어를 사용하며, 이를 위해서는 헤더파일 pgmspace.h를 인클루드시켜 주어야 한다. 그런데, 이렇게 prog_uchar 지시어를 사용하여 플래시 메모리에 저장하는 데이터 테이블은 반드시 함수의 밖에서 정의해야 하며, 이를 액세스할 때는 pgm_read_byte() 함수를 사용한다.

C언어 소스에서 어느 행의 마지막 문자로 백슬래쉬(backslash)를 사용하면 WinAVR은 이를 다른 의미로 해석하여 경고 메시지를 발생하므로 위의 소스에서 ASCII 문자 0x5C는 그냥 \처럼 노출하지 않고 괄호로 묶어 (\)로 처리하였다.

이 헤더파일에 만들어둔 함수와 그것들의 기능을 요약하면 <표 4.19.6>과 같다. 이것은 앞의 <표 4.2.1>에서도 정리하여 보였듯이 텍스트형 LCD 모듈을 기본으로 하는 *OK-1281/2561* 키트의 헤더파일 OK1281.h와 상당 부분이 유사하다는 것을 알 수 있을 것이다. 이 헤더파일 GLCD1281.h에서는 사용자가 기억하기에 편리하도록 그래픽형 LCD 모듈을 위한 모든 함수의 이름 선두에 Graphic의 G자를 사용하였다.

〈표 4.19.6〉 GLCD1281.h 파일에 포함된 그래픽형 LCD 모듈 관련 함수 요약

사용자 정의 함수	기 능	입력 파라미터	리턴 값
GLCD_clear()	그래픽형 LCD 모듈의 화면을 클리어한다.	-	-
GLCD_command()	그래픽형 LCD 모듈에 1개의 제어명령을 출력한다.	unsigned char signal unsigned char command	-
GLCD_data()	그래픽형 LCD 모듈에서 현재의 위치에 1바이트의 데이터를 표시한다.	unsigned char signal unsigned char character	-
GLCD_xy()	그래픽형 LCD 모듈에서 문자를 출력할 화면의 좌표를 지정한다.	unsigned char x unsigned char y	-
GLCD_string()	그래픽형 LCD 모듈에서 위치를 지정하고 그 위치부터 문자열을 출력한다.	unsigned char x unsigned char y unsigned char *string	-
GLCD_Korean()	그래픽형 LCD 모듈에 한글 1문자를 출력한다.	unsigned int Kcode	-
GLCD_English()	그래픽형 LCD 모듈에 영문 1문자를 출력한다.	unsigned int Ecode	-

앞에서 공부한 영문 ASCII 문자와 한글을 혼용하는 화면을 디스플레이하는 프로그램 Exp19_1.asm을 C언어로 작성하면 다음과 같다.

<프로그램 Exp19_1.c> 영문 ASCII 및 한글 디스플레이 프로그램

```
/* ========================================================================== */
/*                 Exp19_1.c : English/Korean Language Display                */
/* ========================================================================== */
/*                        Designed and programmed by Duck-Yong Yoon in 2006.  */

#include <avr/io.h>
#include "OK1281.h"
#include "GLCD1281.h"

int main(void)
{ unsigned char i;

  MCU_initialize();                             // initialize MCU and kit
  Delay_ms(50);                                 // wait for system stabilization
  LCD_initialize();                             // initialize text LCD module
  Beep();

  GLCD_clear();                                 // initialize GLCD screen
  cursor_flag = 0;                              // cursor off

  LCD_string(0x80,"Graphic LCD Test");          // display title on text LCD
  LCD_string(0xC0," English/Korean ");

  while(1)
    { GLCD_string(0,0,"OK-1281키트 V1.0");       // display screen 1
      GLCD_string(1,0,"   2006/10/01   ");
      GLCD_string(2,0," 설계 : 윤덕용  ");
      GLCD_string(3,0," 판매 : Ohm사   ");
      Delay_ms(5000);

      GLCD_string(0,0,"    현대 LCD    ");       // display screen 2
      GLCD_string(1,0,"  HG12605NY-LY  ");
      GLCD_string(2,0,"                ");
      GLCD_string(3,0,"128x64 그래픽LCD");
      Delay_ms(5000);

      GLCD_string(0,0," 영문/한글 표시 ");       // display screen 3
      GLCD_string(1,0,"                ");
      GLCD_string(2,0," 8x16도트 ASCII ");
      GLCD_string(3,0,"16x16도트 조합형");
      Delay_ms(5000);

      GLCD_string(0,0,"   * 배우자 *   ");       // display screen 4
      GLCD_string(1,0,"마이크로프로세서");
      GLCD_string(2,0,"   * 익히자 *   ");
      GLCD_string(3,0,"마이크로콘트롤러");
      Delay_ms(5000);

      GLCD_xy(0,0);
      for(i=0x00; i<=0x3F; i++)                 // from 0x00 to 0x3F
        GLCD_English(i);
      Delay_ms(5000);
      GLCD_xy(0,0);
      for(i=0x40; i<=0x7F; i++)                 // from 0x40 to 0x7F
        GLCD_English(i);
      Delay_ms(5000);
    }
}
```

☞ 이 예제 프로그램은 윈도우 운영체제에서 AVR Studio의 에디터를 사용하여 완성형 한글 코드로 작성한 것이므로 한글코드변환기 프로그램 HanConv.exe를 사용하여 이를 조합형으로 변환한 후에 컴파일 한다.

이 프로그램을 AVR Studio에서 KS 완성형 코드로 작성하여 Exp19_1.c로 저장하고, 한글코드변환기 HanConv.exe를 사용하여 이를 KS 조합형 코드로 변환하여 Exp19_1K.c 파일로 저장하라. 다시 AVR Studio에서 Exp19_1K.c 파일을 불러들여 컴파일하고 *OK-1281/2561* 키트에 다운로드하여 실행하라.

이 프로그램은 폰트 데이터를 포함하기 때문에 실행 파일이 상당히 길어지므로 이를 *OK-1281/2561* 키트에 다운로드할 때 *AVR-ISP Parallel* 다운로드 케이블을 사용한다면 시간이 오래 걸린다. 이런 경우에는 다운로드 케이블로서 *AVR-ISP Studio*나 *AVR-ISP USB*를 사용하면 다운로드 시간이 크게 단축되어 편리하다.

6. 수치 데이터 출력 프로그램

앞의 제4.4절에서 텍스트형 LCD 모듈에 정수 데이터를 출력하였던 것처럼 여기서는 그래픽형 LCD 모듈에 정수 데이터를 출력하는 프로그램을 작성하여 본다.

▣ 어셈블리 언어의 경우

첫번째 루틴에서는 8비트 수치 데이터를 1~255 범위에서 1씩 증가시키면서 이를 10진수는 물론 16진수와 2진수로까지 LCD 모듈에 동시에 표시한다. 두번째 루틴에서는 구구단을 나타내며, 세번째 루틴에서는 좀더 큰 수치값을 취급해보기 위하여 10자리 구구단을 표시한다.

<프로그램 Exp19_2.asm> 그래픽형 LCD 모듈에 정수 데이터를 출력하는 프로그램

```
;[][][][][][][][][][][][][][][][][][][][][][][][][][][][][][][][][][][][][][][][][][]
;[]                                                                            []
;[]          Exp19_2.asm : Integer Number Display Program                     []
;[]                                                                            []
;[][][][][][][][][][][][][][][][][][][][][][][][][][][][][][][][][][][][][][][][][][]
;
;                  Designed and programmed by Duck-Yong Yoon in 2006.
;
;-------------------------------------------------
;       Include Header File
;-------------------------------------------------
```

```
.nolist
.include "m2561def.inc"                 ; ATmega2561 definition file
.list

;=================================================================
;       Main Program
;=================================================================
.cseg
        .org    0x0000
        LDI     AH,high(RAMEND)         ; initialize SP
        LDI     AL,low(RAMEND)
        OUT     SPH,AH
        OUT     SPL,AL

        CALL    INIT_MCU                ; initialize MCU and kit
        CALL    D50MS                   ; wait for system stabilization
        CALL    INIT_LCD                ; initialize text LCD

        CALL    GLCD_CLEAR              ; clear graphic LCD screen
        CLR     AL                      ; cursor off
        STS     CURSOR_FLAG,AL

;-------------------------------------------------
;       Display Title on Text LCD Module
;-------------------------------------------------
        CALL    LCD_HOME1               ; display title
        CALL    LCD_STRING
        .db     "Graphic LCD Test",0,0
        CALL    LCD_HOME2
        CALL    LCD_STRING
        .db     " Display Number ",0,0

;-------------------------------------------------
;       8-Bit Integer Display
;-------------------------------------------------
INTEGER:CALL    BEEP
        CALL    GLCD_HOME0              ; display title
        CALL    GLCD_STRING
        .db     " ** 숫자표시 ** ",0,0
        CALL    GLCD_HOME1
        CALL    GLCD_STRING
        .db     "16진수= 0x00    ",0,0
        CALL    GLCD_HOME2
        CALL    GLCD_STRING
        .db     "10진수= 000     ",0,0
        CALL    GLCD_HOME3
        CALL    GLCD_STRING
        .db     " 2진수= 00000000",0,0

        LDI     CL,255                  ; from 1 to 255
        LDI     BL,1
INTEG1: LDI     AL,1                    ; hexadecimal number
        STS     Xcharacter,AL
        LDI     AL,10
        STS     Ycharacter,AL
        CALL    GLCD_XY
        MOV     LCD_BUFFER,BL
        CALL    GLCD_2HEX
        LDI     AL,2                    ; decimal number
        STS     Xcharacter,AL
        LDI     AL,8
        STS     Ycharacter,AL
        CALL    GLCD_XY
        CLR     AH
```

```
        MOV     AL,BL
        CALL    GLCD_3DEC
        LDI     AL,3                    ; binary number
        STS     Xcharacter,AL
        LDI     AL,8
        STS     Ycharacter,AL
        CALL    GLCD_XY
        MOV     LCD_BUFFER,BL
        CALL    GLCD_8BIN
        CALL    D500MS
        INC     BL
        DEC     CL
        BRNE    INTEG1
        CALL    D1SEC

;-------------------------------------------
;       Multiplication Table Display(1)
;-------------------------------------------
        CALL    BEEP
        CALL    GLCD_HOME0              ; display title
        CALL    GLCD_STRING
        .db     " **  구구단  ** ",0,0
        CALL    GLCD_HOME1
        CALL    GLCD_STRING
        .db     "                ",0,0
        CALL    GLCD_HOME2
        CALL    GLCD_STRING
        .db     "   0 x 0 = 00   ",0,0
        CALL    GLCD_HOME3
        CALL    GLCD_STRING
        .db     "                ",0,0

        LDI     BH,2                    ; BH = from 2 to 9
MULT1:  LDI     BL,1                    ; BL = from 1 to 9
MULT2:  LDI     AL,2                    ; display multiplicand
        STS     Xcharacter,AL
        LDI     AL,3
        STS     Ycharacter,AL
        CALL    GLCD_XY
        MOV     LCD_BUFFER,BH
        ORI     LCD_BUFFER,'0'
        CALL    GLCD_ENGLISH
        LDI     AL,2                    ; display multiplier
        STS     Xcharacter,AL
        LDI     AL,7
        STS     Ycharacter,AL
        CALL    GLCD_XY
        MOV     LCD_BUFFER,BL
        ORI     LCD_BUFFER,'0'
        CALL    GLCD_ENGLISH
        LDI     AL,2                    ; display multiplication
        STS     Xcharacter,AL
        LDI     AL,11
        STS     Ycharacter,AL
        CALL    GLCD_XY
        MUL     BH,BL
        MOV     AL,R0
        CALL    GLCD_2DEC
        CALL    D1SEC
        INC     BL                      ; BL = BL + 1
        CPI     BL,10                   ; end(9) ?
        BRNE    MULT2
        INC     BH                      ; BH = BH + 1
        CPI     BH,10                   ; end(9) ?
```

```
        BRNE    MULT1

;---------------------------------------------------
;       Multiplication Table Display(2)
;---------------------------------------------------
        CALL    BEEP
        CALL    GLCD_HOME0              ; display title
        CALL    GLCD_STRING
        .db     "** 2자리 곱셈 **",0,0
        CALL    GLCD_HOME1
        CALL    GLCD_STRING
        .db     "                ",0,0
        CALL    GLCD_HOME2
        CALL    GLCD_STRING
        .db     " 00 x 00 = 0000 ",0,0
        CALL    GLCD_HOME3
        CALL    GLCD_STRING
        .db     "                ",0,0

        LDI     BH,10                   ; BH = from 10 to 90
MULT11: LDI     BL,10                   ; BL = from 10 to 90
MULT12: LDI     AL,2                    ; display multiplicand
        STS     Xcharacter,AL
        LDI     AL,1
        STS     Ycharacter,AL
        CALL    GLCD_XY
        MOV     AL,BH
        CALL    GLCD_2DEC
        LDI     AL,2                    ; display multiplier
        STS     Xcharacter,AL
        LDI     AL,6
        STS     Ycharacter,AL
        CALL    GLCD_XY
        MOV     AL,BL
        CALL    GLCD_2DEC
        LDI     AL,2                    ; display multiplication
        STS     Xcharacter,AL
        LDI     AL,11
        STS     Ycharacter,AL
        CALL    GLCD_XY
        MUL     BH,BL
        MOV     AH,R1
        MOV     AL,R0
        CALL    GLCD_4DEC
        CALL    D1SEC
        LDI     AL,10                   ; BL = BL + 10
        ADD     BL,AL
        CPI     BL,100                  ; end(90) ?
        BRNE    MULT12
        LDI     AL,10                   ; BH = BH + 10
        ADD     BH,AL
        CPI     BH,100                  ; end(90) ?
        BRNE    MULT11

        JMP     INTEGER

;=====================================================================
;       Include User Subroutine File
;=====================================================================
.include "OK2561.INC"                   ; OK-2561 I/O and subroutine file
.include "GLCD2561.INC"                 ; OK-2561 GLCD subroutine file
```

이 프로그램을 AVR Studio에서 KS 완성형 코드로 작성하여 Exp19_2.asm으로 저장하고, 한글코드변환기 HanConv.exe를 사용하여 이를 KS 조합형 코드로 변환하여 Exp19_2K.asm 파일로 저장하라. 다시 AVR Studio에서 Exp19_2K.asm 파일을 불러들여 어셈블하고 *OK-1281/2561* 키트에 다운로드하여 실행하라.

▣ C언어의 경우

앞의 Exp19_2.asm 프로그램을 C언어로 작성하여 보면 다음과 같다.

<프로그램 Exp19_2.c> 그래픽형 LCD 모듈에 정수 데이터를 출력하는 프로그램

```
/* ============================================================================ */
/*                     Exp19_2.c : Integer Number Display Program               */
/* ============================================================================ */
/*                          Designed and programmed by Duck-Yong Yoon in 2006.  */

#include <avr/io.h>
#include "OK1281.h"
#include "GLCD1281.h"

void GLCD_2d(unsigned char number)                /* display 2-digit decimal number */
{ unsigned char i;

  i = number/10;                                  // 10^1
  if(i == 0) GLCD_English(' ');
  else       GLCD_English(i + '0');

  i = number % 10;                                // 10^0
  GLCD_English(i + '0');
}

void GLCD_3d(unsigned int number)                 /* display 3-digit decimal number */
{ unsigned int i;
  unsigned char flag;

  flag = 0;
  i = number/100;                                 // 10^2
  if(i == 0) GLCD_English(' ');
  else {     GLCD_English(i + '0');
             flag = 1;
       }

  number = number % 100;                          // 10^1
  i = number/10;
  if((i == 0) && (flag == 0))
             GLCD_English(' ');
  else {     GLCD_English(i + '0');
             flag = 1;
       }

  i = number % 10;                                // 10^0
  GLCD_English(i + '0');
}

void GLCD_4d(unsigned int number)                 /* display 4-digit decimal number */
{ unsigned int i;
```

```
  unsigned char flag;

  flag = 0;
  i = number/1000;                                 // 10^3
  if(i == 0) GLCD_English(' ');
  else {     GLCD_English(i + '0');
             flag = 1;
       }

  number = number % 1000;                          // 10^2
  i = number/100;
  if((i == 0) && (flag == 0))
             GLCD_English(' ');
  else {     GLCD_English(i + '0');
             flag = 1;
       }

  number = number % 100;                           // 10^1
  i = number/10;
  if((i == 0) && (flag == 0))
             GLCD_English(' ');
  else {     GLCD_English(i + '0');
             flag = 1;
       }

  i = number % 10;                                 // 10^0
  GLCD_English(i + '0');
}

void GLCD_2hex(unsigned char number)             /* display 2-digit hex number */
{ unsigned char i;

  i = (number >> 4) & 0x0F;                        // 16^1
  if(i <= 9) GLCD_English(i + '0');
  else       GLCD_English(i - 10 + 'A');

  i = number & 0x0F;                               // 16^0
  if(i <= 9) GLCD_English(i + '0');
  else       GLCD_English(i - 10 + 'A');
}

void GLCD_8bin(unsigned char number)             /* display 8-bit binary number */
{
  GLCD_English(((number >> 7) & 0x01) + '0');     // 2^7
  GLCD_English(((number >> 6) & 0x01) + '0');     // 2^6
  GLCD_English(((number >> 5) & 0x01) + '0');     // 2^5
  GLCD_English(((number >> 4) & 0x01) + '0');     // 2^4
  GLCD_English(((number >> 3) & 0x01) + '0');     // 2^3
  GLCD_English(((number >> 2) & 0x01) + '0');     // 2^2
  GLCD_English(((number >> 1) & 0x01) + '0');     // 2^1
  GLCD_English((number & 0x01) + '0');            // 2^0
}

int main(void)
{ unsigned char i, j;

  MCU_initialize();                                // initialize MCU and kit
  Delay_ms(50);                                    // wait for system stabilization
  LCD_initialize();                                // initialize text LCD module

  GLCD_clear();                                    // initialize GLCD screen
  cursor_flag = 0;                                 // cursor off

  LCD_string(0x80,"Graphic LCD Test");             // display title
  LCD_string(0xC0," Display Number ");
```

```
    while(1)
      { Beep();
        GLCD_string(0,0," ** 숫자표시 ** ");      // display 8-bit integer
        GLCD_string(1,0,"16진수= 0x00    ");
        GLCD_string(2,0,"10진수= 000     ");
        GLCD_string(3,0," 2진수= 00000000");

        for(i=1; i>0; i++)                        // integer number from 1 to 255
          { GLCD_xy(1,10);                        // hexadecimal number
            GLCD_2hex(i);
            GLCD_xy(2,8);                         // decimal number
            GLCD_3d((unsigned int)i);
            GLCD_xy(3,8);                         // binary number
            GLCD_8bin(i);
            Delay_ms(500);
          }

        Beep();
        GLCD_string(0,0," **  구구단  ** ");      // display multiplication table(1)
        GLCD_string(1,0,"                ");
        GLCD_string(2,0,"   0 x 0 = 00   ");
        GLCD_string(3,0,"                ");

        for(i=2; i<=9; i++)
          for(j=1; j<=9; j++)
            { GLCD_xy(2,3);                       // display multiplicand
              GLCD_English(i+'0');
              GLCD_xy(2,7);                       // display multiplier
              GLCD_English(j+'0');
              GLCD_xy(2,11);                      // display multiplication
              GLCD_2d(i*j);
              Delay_ms(1000);
            }

        Beep();
        GLCD_string(0,0,"** 2자리 곱셈 **");      // display multiplication table(2)
        GLCD_string(1,0,"                ");
        GLCD_string(2,0," 00 x 00 = 0000 ");
        GLCD_string(3,0,"                ");

        for(i=10; i<=90; i += 10)
          for(j=10; j<=90; j += 10)
            { GLCD_xy(2,1);                       // display multiplicand
              GLCD_2d(i);
              GLCD_xy(2,6);                       // display multiplier
              GLCD_2d(j);
              GLCD_xy(2,11);                      // display multiplication
              GLCD_4d(i*j);
              Delay_ms(1000);
            }
      }
  }
```

☞ 텍스트형 LCD 모듈에서 우리가 사용하던 LCD_2d(), LCD_3d(), LCD_4d() 및 LCD_2hex() 함수를 간단히 수정하여 위와 같이 GLCD_2d(), GLCD_3d(), GLCD_4d() 및 GLCD_2hex() 함수를 만들어 사용할 수 있다. 텍스트형 LCD 모듈에서는 1문자를 출력하는데 LCD_data() 함수를 사용했지만 그래픽형 LCD 모듈에서는 GLCD_English() 함수를 사용하는데 유의하라.

이 프로그램을 AVR Studio에서 KS 완성형 코드로 작성하여 Exp19_2.c로 저장하고, 한글코드변환기 HanConv.exe를 사용하여 이를 KS 조합형 코드로 변환하여 Exp19_2K.c 파일로 저장하라. 다시 AVR Studio에서 Exp19_2K.c 파일을 불러들여 컴파일하고 *OK-1281/2561* 키트에 다운로드하여 실행하라.

7. 한글로 표시되는 디지털시계 프로그램

이번에는 한글 디스플레이의 응용으로서 한글로 표시되는 디지털시계 프로그램을 작성하여 본다. 이 그래픽형 LCD 모듈에는 모두 4행의 한글이 표시가 가능하므로 디지털시계를 표시하고 남는 공간에 디지털 온도계까지 표시한다.

▣ 어셈블리 언어의 경우

한글로 표시되는 디지털시계와 디지털 온도계 프로그램을 어셈블리 언어로 작성하면 다음과 같다.

<프로그램 Exp19_3.asm> 한글로 표시되는 디지털시계 프로그램

```
;[][][][][][][][][][][][][][][][][][][][][][][][][][][][][][][][][][][][][][]
;[]                                                                        []
;[]          Exp19_3.asm : Digital Clock on Graphic LCD                    []
;[]                                                                        []
;[][][][][][][][][][][][][][][][][][][][][][][][][][][][][][][][][][][][][][]
;
;            Designed and programmed by Duck-Yong Yoon in 2006.
;
;-----------------------------------------------------
;       Include Header File
;-----------------------------------------------------
.nolist
.include "m2561def.inc"                 ; ATmega2561 definition file
.list

;=====================================================================
;       Main Program
;=====================================================================
.cseg
        .org    0x0000
        LDI     AH,high(RAMEND)         ; initialize SP
        LDI     AL,low(RAMEND)
        OUT     SPH,AH
        OUT     SPL,AL

        CALL    INIT_MCU                ; initialize MCU and kit
        CALL    D50MS                   ; wait for system stabilization
        CALL    INIT_LCD                ; initialize text LCD
        CALL    BEEP
```

```
        CALL    GLCD_CLEAR                  ; clear graphic LCD screen
        CLR     AL                          ; cursor off
        STS     CURSOR_FLAG,AL

;------------------------------------------------
;       Display Title on Text LCD Module
;------------------------------------------------
        CALL    LCD_HOME1                   ; display title
        CALL    LCD_STRING
        .db     "Graphic LCD Test",0,0
        CALL    LCD_HOME2
        CALL    LCD_STRING
        .db     " Digital Clock  ",0,0

;------------------------------------------------
;       Display Digital Clock
;------------------------------------------------
        CALL    GLCD_HOME0                  ; display title
        CALL    GLCD_STRING
        .db     "2006년 10월 01일",0,0
        CALL    GLCD_HOME1
        CALL    GLCD_STRING
        .db     " 오전  12:00:00 ",0,0
        CALL    GLCD_HOME2
        CALL    GLCD_STRING
        .db     "    (일요일)    ",0,0
        CALL    GLCD_HOME3
        CALL    GLCD_STRING
        .db     "현재기온  00.0도",0,0

LOOP:   LDI     CL,10                       ; repeat 10 times
LOOP1:  LDI     AL,0                        ; display year
        STS     Xcharacter,AL
        LDI     AL,0
        STS     Ycharacter,AL
        CALL    GLCD_XY
        LDI     LCD_BUFFER,0x20
        CALL    GLCD_2HEX
        LDS     LCD_BUFFER,RTC_YEAR
        CALL    GLCD_2HEX
        LDI     AL,0                        ; display month
        STS     Xcharacter,AL
        LDI     AL,7
        STS     Ycharacter,AL
        LDS     LCD_BUFFER,RTC_MONTH
        CALL    GLCD_2HEX
        LDI     AL,0                        ; display date
        STS     Xcharacter,AL
        LDI     AL,12
        STS     Ycharacter,AL
        LDS     LCD_BUFFER,RTC_DATE
        CALL    GLCD_2HEX

        LDI     AL,1                        ; display AM/PM
        STS     Xcharacter,AL
        LDI     AL,3
        STS     Ycharacter,AL
        LDS     LCD_BUFFER,RTC_HOUR
        PUSH    LCD_BUFFER
        CPI     LCD_BUFFER,0x80
        BRSH    PM
        CALL    GLCD_STRING
        .db     "전",0,0
        RJMP    DSP_HOUR
PM:     CALL    GLCD_STRING
```

```
        .db     "후",0,0
DSP_HOUR:LDI    AL,1                    ; display hour
        STS     Xcharacter,AL
        LDI     AL,7
        STS     Ycharacter,AL
        POP     LCD_BUFFER
        ANDI    LCD_BUFFER,0b01111111
        CALL    GLCD_2HEX
        LDI     AL,1                    ; display minute
        STS     Xcharacter,AL
        LDI     AL,10
        STS     Ycharacter,AL
        LDS     LCD_BUFFER,RTC_MINUTE
        CALL    GLCD_2HEX
        LDI     AL,1                    ; display second
        STS     Xcharacter,AL
        LDI     AL,13
        STS     Ycharacter,AL
        LDS     LCD_BUFFER,RTC_SECOND
        CALL    GLCD_2HEX

        LDI     AL,2                    ; display weekday
        STS     Xcharacter,AL
        LDI     AL,5
        STS     Ycharacter,AL
        LDS     AL,RTC_WEEKDAY
        CPI     AL,1
        BRNE    CK_MON
        CALL    GLCD_STRING
        .db     "일",0,0
        RJMP    LOOP2
CK_MON: CPI     AL,2
        BRNE    CK_TUE
        CALL    GLCD_STRING
        .db     "월",0,0
        RJMP    LOOP2
CK_TUE: CPI     AL,3
        BRNE    CK_WED
        CALL    GLCD_STRING
        .db     "화",0,0
        RJMP    LOOP2
CK_WED: CPI     AL,4
        BRNE    CK_THU
        CALL    GLCD_STRING
        .db     "수",0,0
        RJMP    LOOP2
CK_THU: CPI     AL,5
        BRNE    CK_FRI
        CALL    GLCD_STRING
        .db     "목",0,0
        RJMP    LOOP2
CK_FRI: CPI     AL,6
        BRNE    CK_SAT
        CALL    GLCD_STRING
        .db     "금",0,0
        RJMP    LOOP2
CK_SAT: CALL    GLCD_STRING
        .db     "토",0,0

LOOP2:  CALL    D100MS                  ; delay for 100 ms
        DEC     CL
        BREQ    DSP_TEMP
        JMP     LOOP1

;-----------------------------------------------
;       Display Temperature
;-----------------------------------------------
```

```
DSP_TEMP:LDI    AL,0b10000101           ; ADC enable, 500 kHz
         STS    ADCSRA,AL
         LDI    AL,0b00000000
         STS    ADCSRB,AL
         LDI    AL,0b11000001           ; select ADC1 with 2.56V
         STS    ADMUX,AL                ; (single ended)
         CALL   D50US
         CALL   D100US

         LDI    CL,16                   ; read ADC by 16 times
         CLR    BH                      ; clear sum
         CLR    BL
LOOP3:   LDI    AL,0b11010101           ; start conversion and clear ADIF
         STS    ADCSRA,AL
         NOP
LOOP4:   LDS    AL,ADCSRA               ; A/D conversion complete ?
         SBRS   AL,ADIF
         JMP    LOOP4
         LDS    AL,ADCL                 ; ADCL must be read first, then ADCH
         LDS    AH,ADCH
         ADD    BL,AL                   ; add A/D result 16 times
         ADC    BH,AH
         CALL   D1MS
         DEC    CL
         BRNE   LOOP3
         LSR    BH                      ; divide sum by 16
         ROR    BL
         LSR    BH
         ROR    BL
         LSR    BH
         ROR    BL
         LSR    BH
         ROR    BL

         LDI    AL,3                    ; display in temperature(XX.X)
         STS    Xcharacter,AL
         LDI    AL,10
         STS    Ycharacter,AL
         CALL   GLCD_XY
         LDI    AH,high(2560)           ; Temp = ADC1*256/1024
         LDI    AL,low(2560)
         CALL   MUL16
         LDI    DH,high(1024)
         LDI    DL,low(1024)
         CALL   DIV16
         LDI    BL,100                  ; display XX.X
         CALL   DIV8
         MOV    LCD_BUFFER,AL
         ORI    LCD_BUFFER,'0'
         CALL   GLCD_ENGLISH
         MOV    AL,AH
         CLR    AH
         LDI    BL,10
         CALL   DIV8
         MOV    LCD_BUFFER,AL
         ORI    LCD_BUFFER,'0'
         CALL   GLCD_ENGLISH
         LDI    LCD_BUFFER,'.'
         CALL   GLCD_ENGLISH
         MOV    LCD_BUFFER,AH
         ORI    LCD_BUFFER,'0'
         CALL   GLCD_ENGLISH

         JMP    LOOP
```

```
;-------------------------------------------------
;       Include User Subroutine File
;-------------------------------------------------
.include "OK2561.INC"                   ; OK-2561 I/O and subroutine file
.include "GLCD2561.INC"                 ; OK-2561 GLCD subroutine file
```

이 프로그램을 AVR Studio에서 KS 완성형 코드로 작성하여 Exp19_3.asm으로 저장하고, 한글코드변환기 HanConv.exe를 사용하여 이를 KS 조합형 코드로 변환하여 Exp19_3K.asm 파일로 저장하라. 다시 AVR Studio에서 Exp19_3K.asm 파일을 불러들여 어셈블하고 *OK-1281/2561* 키트에 다운로드하여 실행하라.

▣ C언어의 경우

앞의 Exp19_3.asm 프로그램을 C언어로 작성하여 보면 다음과 같다.

<프로그램 Exp19_3.c> 한글로 표시되는 디지털시계 프로그램

```
/* ========================================================================== */
/*              Exp19_3.c : Digital Clock on Graphic LCD Module               */
/* ========================================================================== */
/*                        Designed and programmed by Duck-Yong Yoon in 2006.  */

#include <avr/io.h>
#include "OK1281.h"
#include "GLCD1281.h"

void GLCD_2hex(unsigned char number)            /* display 2-digit hex number */
{ unsigned char i;

  i = (number >> 4) & 0x0F;                     // 16^1
  if(i <= 9) GLCD_English(i + '0');
  else       GLCD_English(i - 10 + 'A');

  i = number & 0x0F;                            // 16^0
  if(i <= 9) GLCD_English(i + '0');
  else       GLCD_English(i - 10 + 'A');
}

void GLCD_2d1(float number)                     /* floating-point number xx.x */
{ unsigned int i, j;

  j = (int)(number*10. + 0.5);
  i = j / 100;                                  // 10^1
  if(i == 0) GLCD_English(' ');
  else       GLCD_English(i + '0');

  j = j % 100;                                  // 10^0
  i = j / 10;
  GLCD_English(i + '0');
  GLCD_English('.');

  i = j % 10;                                   // 10^-1
  GLCD_English(i + '0');
}
```

```
int main(void)
{ unsigned char i, x;
  unsigned int sum;

  MCU_initialize();                          // initialize MCU and kit
  Delay_ms(50);                              // wait for system stabilization
  LCD_initialize();                          // initialize text LCD module

  GLCD_clear();                              // initialize GLCD screen
  cursor_flag = 0;                           // cursor off

  LCD_string(0x80,"Graphic LCD Test");       // display title on text LCD
  LCD_string(0xC0," English/Korean ");
  Beep();

  GLCD_string(0,0,"2006년 10월 01일");       // display title
  GLCD_string(1,0," 오전  12:00:00 ");
  GLCD_string(2,0,"    (일요일)    ");
  GLCD_string(3,0,"현재기온  00.0도");

  while(1)
    { for(i=0; i<10; i++)
        { GLCD_xy(0,0);                      // display year
          GLCD_2hex(0x20);
          GLCD_2hex(RTC_YEAR);
          GLCD_xy(0,7);                      // display month
          GLCD_2hex(RTC_MONTH);
          GLCD_xy(0,12);                     // display date
          GLCD_2hex(RTC_DATE);
          x = RTC_HOUR;                      // display AM/PM
          if(x<0x80) GLCD_string(1,3,"전");
          else       GLCD_string(1,3,"후");
          GLCD_xy(1,7);                      // display hour
          GLCD_2hex(x & 0x7F);
          GLCD_xy(1,10);                     // display minute
          GLCD_2hex(RTC_MINUTE);
          GLCD_xy(1,13);                     // display second
          GLCD_2hex(RTC_SECOND);
          x = RTC_WEEKDAY;                   // display weekday
          if(x == 1)      GLCD_string(2,5,"일");
          else if(x == 2) GLCD_string(2,5,"월");
          else if(x == 3) GLCD_string(2,5,"화");
          else if(x == 4) GLCD_string(2,5,"수");
          else if(x == 5) GLCD_string(2,5,"목");
          else if(x == 6) GLCD_string(2,5,"금");
          else            GLCD_string(2,5,"토");
          Delay_ms(100);
        }

      ADCSRA = 0x85;                         // ADC enable, 500kHz
      ADCSRB = 0x00;
      ADMUX = 0xC1;                          // select ADC1 with 2.56V
      Delay_us(150);

      sum = 0;
      for(i=0; i<16; i++)                    // read ADC by 16 times
        { ADCSRA = 0xD5;                     // start conversion and clear ADIF
          while((ADCSRA & 0x10) != 0x10);
          sum += ADCW;                       // add A/D result 16 times
          Delay_ms(1);
        }

      sum = sum >> 4;                        // divide sum by 16

      GLCD_xy(3,10);                         // display temperature(XX.X)
```

```
        GLCD_2d1((float)sum*256./1024.);
      }
  }
```

이 프로그램을 AVR Studio에서 KS 완성형 코드로 작성하여 Exp19_3.c로 저장하고, 한글코드변환기 HanConv.exe를 사용하여 이를 KS 조합형 코드로 변환하여 Exp19_3K.c 파일로 저장하라. 다시 AVR Studio에서 Exp19_3K.c 파일을 불러들여 컴파일하고 *OK-1281/2561* 키트에 다운로드하여 실행하라.

8. 실습 과제

(1) 한글 코드에는 조합형 및 완성형 이외에 또 어떤 방식이 있는지 조사하라. 또한, 조합형 한글 코드와 완성형 한글 코드의 장단점을 비교하여 설명하라.

(2) 문자 폰트에는 비트맵 방식 이외에 또 어떤 방식이 있는지 조사하고, 이것들의 장단점은 무엇인지 비교하여 설명하라.

(3) 컴퓨터 모니터에서 주로 사용하는 문자 폰트와 프린터에서 사용하는 문자 폰트에는 어떤 차이가 있는지 비교하여 설명하라.

(4) 앞의 예제 프로그램 Exp17_2.c를 8×16 도트의 영문 폰트를 사용하여 x=0, 2, 4, 6 및 y=0~15의 범위에서 동작하는 프로그램 Exp19_4R.c로 다시 작성하라. 현재의 값을 표시하는 위치에 커서가 표시되도록 하며, 난수를 발생시키는 주기를 500ms로 천천히 수행하라.

4.20 ATmega1281/2561의 기타 응용 프로그램

이 절에서는 ATmega1281/2561의 내부 EEPROM 액세스 및 워치독 타이머에 관련된 응용 프로그램 기술과 WinAVR에서 printf 함수의 사용방법을 익힌다.

관련 내용	(1) 제1.2절 ATmega1281/2561의 기본 구조와 기능 (2) 제1.4절 ATmega1281/2561의 기본 하드웨어 (3) 제1.5절 ATmega1281/2561의 인터럽트 처리 (4) 제3.5절 WinAVR의 AVR-GCC 컴파일러

1. ATmega1281/2561의 EEPROM 액세스 프로그램

ATmega1281/2561에는 4096바이트의 데이터 백업용 EEPROM이 내장되어 있는데, 이를 액세스하는 것은 어드레스 버스 및 데이터 버스를 사용하는 데이터 메모리 SRAM과는 달리 EEPROM 액세스 전용의 I/O 레지스터를 사용하여야 한다. C언어에서는 이를 위한 전용의 함수가 마련되어 있으므로 이를 사용하면 더욱 편리하다.

▣ 어셈블리 언어의 경우

ATmega1281/2561에 내장된 4096바이트의 EEPROM을 라이트 및 리드하는 테스트 프로그램을 어셈블리 언어로 작성하면 다음과 같다.

<프로그램 Exp20_1.asm> ATmega2561 EEPROM을 테스트하는 프로그램

```
;[][][][][][][][][][][][][][][][][][][][][][][][][][][][][][][][][][][][][]
;[]                                                                      []
;[]          Exp20_1.asm : Read/Write ATmega2561 EEPROM                  []
;[]                                                                      []
;[][][][][][][][][][][][][][][][][][][][][][][][][][][][][][][][][][][][][]
;
;              Designed and programmed by Duck-Yong Yoon in 2006.
;
;----------------------------------------------
;       Include Header File
;----------------------------------------------
.nolist
```

```
.include "m2561def.inc"                 ; ATmega2561 definition file
.list

;=====================================================================
;       Main Program
;=====================================================================
.cseg
        .org    0x0000
        LDI     AH,high(RAMEND)         ; initialize SP
        LDI     AL,low(RAMEND)
        OUT     SPH,AH
        OUT     SPL,AL

        CALL    INIT_MCU                ; initialize MCU and kit
        CALL    D50MS                   ; wait for system stabilization
        CALL    INIT_LCD                ; initialize text LCD
        CALL    BEEP

;-----------------------------------------------
;       Write/Read Test
;-----------------------------------------------
        CALL    LCD_HOME1               ; display title on LCD
        CALL    LCD_STRING
        .db     " ATmega2561 EEP ",0,0
        CALL    LCD_HOME2
        CALL    LCD_STRING
        .db     "0x0000=0x00/0x00",0,0

        LDI     AL,0b00000000           ; can erase and write EEPROM
        OUT     EECR,AL                 ;  (EEPM1=EEPM0=0)

        LDI     BH,0                    ; initial address
        LDI     BL,0
LOOP:   LDI     LCD_BUFFER,0xC2         ; display address
        CALL    LCD_COMMAND
        MOV     AH,BH
        MOV     AL,BL
        CALL    LCD_4HEX
        LDI     LCD_BUFFER,0xC9         ; display write data
        CALL    LCD_COMMAND
        LDI     LCD_BUFFER,0x55
        CALL    LCD_2HEX
        LDI     DL,0x55                 ; write 0x55
        CALL    WRITE
        CALL    READ                    ; read
        LDI     LCD_BUFFER,0xCE         ; display read data
        CALL    LCD_COMMAND
        MOV     LCD_BUFFER,DL
        CALL    LCD_2HEX
        CALL    D500MS
        CPI     DL,0x55                 ; if error, beep
        BREQ    LOOP1
        CALL    BEEP
        CALL    D2SEC

LOOP1:  LDI     LCD_BUFFER,0xC9         ; display write data
        CALL    LCD_COMMAND
        LDI     LCD_BUFFER,0xAA
        CALL    LCD_2HEX
        LDI     DL,0xAA                 ; write 0xAA
        CALL    WRITE
        CALL    READ                    ; read
        LDI     LCD_BUFFER,0xCE         ; display read data
        CALL    LCD_COMMAND
        MOV     LCD_BUFFER,DL
```

```
        CALL    LCD_2HEX
        CALL    D500MS
        CPI     DL,0xAA                 ; if error, beep
        BREQ    LOOP2
        CALL    BEEP
        CALL    D2SEC

LOOP2:  LDI     AL,1                    ; loop from 0x0000 to 0x0FFF
        ADD     BL,AL
        CLR     AL
        ADC     BH,AL
        CPI     BH,0x10
        BRNE    LOOP

        CALL    BEEP
LOOP3:  JMP     LOOP3

;----------------------------------------------
;       Read EEPROM (BH:BL=address, DL= read data)
;----------------------------------------------
READ:   SBIC    EECR,EEPE               ; if EEPE=1, wait
        RJMP    READ
        OUT     EEARH,BH                ; if EEPE=0, read
        OUT     EEARL,BL
        SBI     EECR,EERE
        IN      DL,EEDR
        RET

;----------------------------------------------
;       Write EEPROM (BH:BL=address, DL=data)
;----------------------------------------------
WRITE:  SBIC    EECR,EEPE               ; if EEPE=1, wait
        RJMP    WRITE
WRITE1: LDS     AL,SPMCSR               ; if SPMEM=1, wait
        SBRC    AL,SPMEN
        RJMP    WRITE1
        OUT     EEARH,BH                ; if not, write
        OUT     EEARL,BL
        OUT     EEDR,DL
        SBI     EECR,EEMPE
        SBI     EECR,EEPE
        RET

;==============================================================
;       Include User Subroutine File
;==============================================================
.include "OK2561.INC"                   ; OK-2561 I/O and subroutine file
```

☞ 여기서는 사람이 눈으로 각 번지의 테스트 동작 상황을 볼 수 있도록 0.5초 간격으로 천천히 동작 루프를 수행하였다. ATmega1281/2561의 EEPROM 번지는 0x0000~0x0FFF이므로 여기서는 이들 모든 번지에 차례로 0x55와 0xAA를 썼다가 다시 읽어서 확인하는 방법으로 정상 동작 여부를 테스트하였다.

▣ C언어의 경우

앞의 Exp20_1.asm 프로그램과 동일한 기능이 수행되도록 C언어로 작성하여 보면 다음과 같다.

<프로그램 Exp20_1.c> ATmega1281 EEPROM을 테스트하는 프로그램(1)

```
/* ========================================================================== */
/*                   Exp20_1.c : Read/Write ATmega1281 EEPROM (1)              */
/* ========================================================================== */
/*                         Designed and programmed by Duck-Yong Yoon in 2006.  */

#include <avr/io.h>
#include "OK1281.h"

void LCD_4hex(unsigned int number)              /* display 4-digit hex number */
{ unsigned int i;

  i = number >> 12;                             // 16^3
  if(i <= 9) LCD_data(i + '0');
  else       LCD_data(i - 10 + 'A');

  i = (number >> 8) & 0x000F;                   // 16^2
  if(i <= 9) LCD_data(i + '0');
  else       LCD_data(i - 10 + 'A');

  i = (number >> 4) & 0x000F;                   // 16^1
  if(i <= 9) LCD_data(i + '0');
  else       LCD_data(i - 10 + 'A');

  i = number & 0x000F;                          // 16^0
  if(i <= 9) LCD_data(i + '0');
  else       LCD_data(i - 10 + 'A');
}

void LCD_2hex(unsigned char number)             /* display 2-digit hex number */
{ unsigned char i;

  i = (number >> 4) & 0x0F;                     // 16^1
  if(i <= 9) LCD_data(i + '0');
  else       LCD_data(i - 10 + 'A');

  i = number & 0x0F;                            // 16^0
  if(i <= 9) LCD_data(i + '0');
  else       LCD_data(i - 10 + 'A');
}

unsigned char EEPROM_read(unsigned int address) /* read from EEPROM */
{
  while(EECR & (1<<EEPE));                      // if EEPE = 1, wait
  EEAR = address;                               // if EEPE = 0, read
  EECR |= (1<<EERE);                            // EERE = 1
  return EEDR;                                  // return data
}

void EEPROM_write(unsigned int address, unsigned char byte) /* write to EEPROM */
{
  while(EECR & (1<<EEPE));                      // if EEPE = 1, wait
  EEAR = address;                               // if EEPE = 0, write
  EEDR = byte;
  EECR |= (1<<EEMPE);                           // EEMPE = 1
  EECR |= (1<<EEPE);                            // EEPE = 1
}

int main(void)
{ unsigned char byte;
  unsigned int address;

  MCU_initialize();                             // initialize MCU and kit
  Delay_ms(50);                                 // wait for system stabilization
  LCD_initialize();                             // initialize text LCD module
```

```
    Beep();

    LCD_string(0x80," ATmega1281 EEP ");          // display title
    LCD_string(0xC0,"0x0000=0x00/0x00");

    EECR = 0x00;                                   // can erase and write EEPROM

    for(address=0x0000; address<=0x0FFF; address++)
      { LCD_command(0xC2);                         // display address
        LCD_4hex(address);

        LCD_command(0xC9);                         // display write data
        LCD_2hex(0x55);
        EEPROM_write(address,0x55);                // if EEPROM is ready, write 0x55
        byte = EEPROM_read(address);               // if EEPROM is ready, read
        LCD_command(0xCE);                         // display read data
        LCD_2hex(byte);
        Delay_ms(500);
        if(byte != 0x55)                           // if error, beep
          { Beep();
            Delay_ms(2000);
          }

        LCD_command(0xC9);                         // display write data
        LCD_2hex(0xAA);
        EEPROM_write(address,0xAA);                // if EEPROM is ready, write 0xAA
        byte = EEPROM_read(address);               // if EEPROM is ready, read
        LCD_command(0xCE);                         // display read data
        LCD_2hex(byte);
        Delay_ms(500);
        if(byte != 0xAA)                           // if error, beep
          { Beep();
            Delay_ms(2000);
          }
      }

    Beep();
    while(1);
}
```

☞ EEPROM을 액세스하려면 이와 같이 사용자가 직접 EECR, EEAR, EEDR 레지스터에 값을 지정하는 방법으로 사용하는 것이 기본이지만, C언어에서는 다음의 2번째 예제에서처럼 WinAVR에서 헤더파일 eeprom.h에 제공하는 EEPROM 액세스 전용의 함수를 사용하면 더욱 편리하다.

이 프로그램 Exp20_1.c를 WinAVR에 포함된 헤더파일 eeprom.h를 인클루드하여 EEPROM 액세스 전용의 함수를 사용하는 방법으로 다시 작성하면 다음과 같다.

<프로그램 Exp20_1a.c> ATmega1281 EEPROM을 테스트하는 프로그램(2)

```
/* ========================================================================== */
/*                 Exp20_1a.c : Read/Write ATmega1281 EEPROM (2)              */
/* ========================================================================== */
/*                         Designed and programmed by Duck-Yong Yoon in 2006.  */

#include <avr/io.h>
#include <avr/eeprom.h>
```

```
#include "OK1281.h"

void LCD_4hex(unsigned int number)                    /* display 4-digit hex number */
{ unsigned int i;

  i = number >> 12;                                   // 16^3
  if(i <= 9) LCD_data(i + '0');
  else       LCD_data(i - 10 + 'A');

  i = (number >> 8) & 0x000F;                         // 16^2
  if(i <= 9) LCD_data(i + '0');
  else       LCD_data(i - 10 + 'A');

  i = (number >> 4) & 0x000F;                         // 16^1
  if(i <= 9) LCD_data(i + '0');
  else       LCD_data(i - 10 + 'A');

  i = number & 0x000F;                                // 16^0
  if(i <= 9) LCD_data(i + '0');
  else       LCD_data(i - 10 + 'A');
}

void LCD_2hex(unsigned char number)                   /* display 2-digit hex number */
{ unsigned char i;

  i = (number >> 4) & 0x0F;                           // 16^1
  if(i <= 9) LCD_data(i + '0');
  else       LCD_data(i - 10 + 'A');

  i = number & 0x0F;                                  // 16^0
  if(i <= 9) LCD_data(i + '0');
  else       LCD_data(i - 10 + 'A');
}

int main(void)
{ unsigned char byte;
  unsigned int address;

  MCU_initialize();                                   // initialize MCU and kit
  Delay_ms(50);                                       // wait for system stabilization
  LCD_initialize();                                   // initialize text LCD module
  Beep();

  LCD_string(0x80," ATmega1281 EEP ");                // display title
  LCD_string(0xC0,"0x0000=0x00/0x00");

  EECR = 0x00;                                        // can erase and write EEPROM

  for(address=0x0000; address<=0x0FFF; address++)
    { LCD_command(0xC2);                              // display address
      LCD_4hex(address);

      LCD_command(0xC9);                              // display write data
      LCD_2hex(0x55);
      while(!eeprom_is_ready());                      // if EEPROM is ready,
      eeprom_write_byte((uint8_t *)address,0x55);     //  write 0x55
      while(!eeprom_is_ready());                      // if EEPROM is ready,
      byte = eeprom_read_byte((uint8_t *)address);    //  read
      LCD_command(0xCE);                              // display read data
      LCD_2hex(byte);
      Delay_ms(500);
      if(byte != 0x55)                                // if error, beep
        { Beep();
          Delay_ms(2000);
        }
```

```
        LCD_command(0xC9);                          // display write data
        LCD_2hex(0xAA);
        while(!eeprom_is_ready());                  // if EEPROM is ready,
        eeprom_write_byte((uint8_t *)address,0xAA);  //  write 0xAA
        while(!eeprom_is_ready());                  // if EEPROM is ready,
        byte = eeprom_read_byte((uint8_t *)address); //  read
        LCD_command(0xCE);                          // display read data
        LCD_2hex(byte);
        Delay_ms(500);
        if(byte != 0xAA)                            // if error, beep
          { Beep();
            Delay_ms(2000);
          }
      }

    Beep();
    while(1);
  }
```

☞ WinAVR에서 EEPROM 액세스 전용 함수를 사용하려면 헤더파일 eeprom.h를 인클루드해 주어야 한다. 이 헤더파일에는 현재 EEPROM 액세스가 가능한지를 체크하는 함수 eeprom_is_ready()와 EEPROM을 액세스하는 함수 eeprom_read_byte(), eeprom_write_byte() 등이 정의되어 있다.

2. ATmega1281/2561의 워치독 타이머 응용 프로그램

제1.4절의 "4. 워치독 타이머"에서 자세히 설명하였듯이 ATmega1281/2561에는 워치독 타이머를 내장하고 있어서 약 16ms에서 8.0sec 정도까지의 8단계로 워치독 시간 주기를 설정할 수 있다. 워치독 타이머(WDT ; Watchdog Timer)는 마이크로프로세서 응용 시스템의 신뢰성을 향상시키기 위한 기술로서, ATmega1281/2561에서는 워치독 타임아웃이 발생하였을 때 시스템 리셋 모드와 인터럽트 모드를 선택적으로 사용할 수 있다.

여기서는 <표 1.4.24>에서 보듯이 사용자가 퓨즈 비트를 별도로 설정할 필요가 없이 간단히 워치독 타이머 제어 레지스터 WDTCR의 초기화만으로 시스템 리셋 모드와 인터럽트 모드로 워치독 타이머를 사용하는 프로그램 작성 방법과, 이를 올바르게 사용하지 못하여 워치독 타임아웃이 발생하는 예를 살펴보기로 한다. C언어에서는 이를 위한 전용의 함수가 마련되어 있으므로 이를 사용하면 더욱 편리하다.

▣ 어셈블리 언어의 경우

워치독 타임아웃을 시스템 리셋 모드에서 0.25초 주기로 설정하여 테스트하는 프로그램을 작성하여 보면 다음과 같다.

<프로그램 Exp20_2.asm> 워치독 타이머 응용 프로그램 - 시스템 리셋 모드

```
;[][][][][][][][][][][][][][][][][][][][][][][][][][][][][][][][][][]
;[]                                                                []
;[]      Exp20_2.asm : Watchdog Timer - System Reset Mode          []
;[]                                                                []
;[][][][][][][][][][][][][][][][][][][][][][][][][][][][][][][][][][]
;
;          Designed and programmed by Duck-Yong Yoon in 2006.
;
;-----------------------------------------------------
;       Include Header File
;-----------------------------------------------------
.nolist
.include "m2561def.inc"                ; ATmega2561 definition file
.list

;=====================================================================
;       Main Program
;=====================================================================
.cseg
        .org    0x0000
        LDI     AH,high(RAMEND)         ; initialize SP
        LDI     AL,low(RAMEND)
        OUT     SPH,AH
        OUT     SPL,AL

        LDI     AL,0b00000000           ; WDRF = 0
        OUT     MCUSR,AL
        LDI     AL,(1<<WDCE) | (1<<WDE) ; disable Watchdog Timer
        STS     WDTCSR,AL
        LDI     AL,(0<<WDCE) | (0<<WDE)
        STS     WDTCSR,AL

        CALL    INIT_MCU                ; initialize MCU and kit
        CALL    D50MS                   ; wait for system stabilization
        CALL    INIT_LCD                ; initialize text LCD

;-----------------------------------------------------
;       Booting Display
;-----------------------------------------------------
        CALL    LCD_HOME1               ; display booting by reset
        CALL    LCD_STRING
        .db     "  OK-2561 V1.0  ",0,0
        CALL    LCD_HOME2
        CALL    LCD_STRING
        .db     " Reset and Boot ",0,0

        CALL    BUZZER_ON               ; buzzer on
        LDI     AL,0b00010000           ; LED1 on
        OUT     PORTB,AL
        CALL    D200MS
        LDI     AL,0b00100000           ; LED2 on
        OUT     PORTB,AL
        CALL    D200MS
        LDI     AL,0b01000000           ; LED3 on
        OUT     PORTB,AL
        CALL    D200MS
        LDI     AL,0b10000000           ; LED4 on
        OUT     PORTB,AL
        CALL    D200MS
        LDI     AL,0b00000000           ; all LED off
        OUT     PORTB,AL
```

```
        CALL    BUZZER_OFF                  ; buzzer off
        CALL    D1SEC

;-------------------------------------------------
;       Key Input and Test WDT
;-------------------------------------------------
        CALL    DSP_WDT                     ; display message
        LDI     AL,0b00100000               ; LED2 = on
        OUT     PORTB,AL

READ_KEY:CALL   KEY_IN                      ; input key
        CPI     AL,0b11100000               ; if KEY1, blink LED1 by 20 times
        BRNE    CK_KEY4                     ;    with 0.1sec period
        CALL    LCD_HOME1
        CALL    LCD_STRING
        .db     "   Blink LED1   ",0,0
        CALL    LCD_HOME2
        CALL    LCD_STRING
        .db     "     100 ms     ",0,0
        LDI     CL,20
LED1:   WDR                                 ;  (reset Watchdog Timer)
        IN      AL,PORTB
        LDI     AH,0b00010000
        EOR     AL,AH
        OUT     PORTB,AL
        CALL    D100MS
        DEC     CL
        BRNE    LED1
        CALL    DSP_WDT
        JMP     READ_KEY

CK_KEY4:CPI     AL,0b01110000               ; if KEY4, blink LED4 by 10 times
        BRNE    CK_KEY2                     ;   with 0.4sec period
        CALL    LCD_HOME1
        CALL    LCD_STRING
        .db     "   Blink LED4   ",0,0
        CALL    LCD_HOME2
        CALL    LCD_STRING
        .db     "     400 ms     ",0,0
        LDI     CL,10
LED4:   WDR                                 ;  (reset Watchdog Timer)
        IN      AL,PORTB
        LDI     AH,0b10000000
        EOR     AL,AH
        OUT     PORTB,AL
        CALL    D200MS
        CALL    D200MS
        DEC     CL
        BRNE    LED4
        CALL    DSP_WDT
        JMP     READ_KEY

CK_KEY2:CPI     AL,0b11010000               ; if KEY2, disable Watchdog Timer
        BRNE    CK_KEY3
        LDI     AL,(1<<WDCE) | (1<<WDE)
        STS     WDTCSR,AL
        LDI     AL,(0<<WDCE) | (0<<WDE)
        STS     WDTCSR,AL
        LDI     AL,0b00100000               ; LED2 = on
        OUT     PORTB,AL
        JMP     READ_KEY

CK_KEY3:CPI     AL,0b10110000               ; if KEY3, enable Watchdog Timer
        BRNE    NO_KEY
        LDI     AL,(1<<WDCE) | (1<<WDE)
```

```
        STS     WDTCSR,AL              ;  (system reset mode, 0.25 sec)
        LDI     AL,(1<<WDE) | (1<<WDP2)
        STS     WDTCSR,AL
        LDI     AL,0b01000000          ; LED3 = on
        OUT     PORTB,AL
        JMP     READ_KEY

NO_KEY: WDR                            ; reset Watchdog Timer
        JMP     READ_KEY

;-------------------------------------------
;       Display Subroutine
;-------------------------------------------
DSP_WDT:CALL    LCD_HOME1
        CALL    LCD_STRING
        .db     "Press KEY4/KEY1!",0,0
        CALL    LCD_HOME2
        CALL    LCD_STRING
        .db     " (KEY3/2=ON/OFF) ",0,0
        RET

;===============================================================
;       Include User Subroutine File
;===============================================================
.include "OK2561.INC"                  ; OK-2561 I/O and subroutine file
```

☞ 여기서는 ATmega1281/2561이 리셋되면서 새로 부팅한 것을 확실히 알 수 있도록 하기 위하여 텍스트형 LCD 모듈뿐만 아니라 LED4~LED1과 버저음으로 표시하였고, 정상적인 프로그램의 흐름을 사람이 눈으로 보고 쉽게 알 수 있도록 LED1과 LED4를 이용하여 표시하였다.

뿐만 아니라 이 프로그램에서는 KEY3을 눌러서 워치독 타이머가 설정 상태(enable)로 되면 LED3을 점등하고, KEY2를 눌러서 워치독 타이머가 해제 상태(disable)로 되면 LED2를 점등하여 사용자가 쉽게 알 수 있도록 하였다.

ATmega1281/2561의 워치독 타이머를 시스템 리셋 모드로 사용할 경우에는 워치독 타이머에 의한 리셋이 수행되고 나면 MCUSR 레지스터에서 WDRF=1로 셋트된다. 그런데, 이때 WDTCSR 레지스터의 WDE 비트는 WDRF 비트값이 복사되므로 다시 워치독 타이머가 시스템 리셋 모드로 자동 설정되며, 리셋 후에는 WDP3~WDP0=0000으로 되어 타임아웃 주기가 16ms로 되므로 워치독 타이머에 의한 리셋 동작이 무한 반복된다. 이를 방지하려면 리셋 직후에 MCUSR 레지스터에서 WDRF 비트를 먼저 클리어하고 WDTCSR 레지스터의 WDE 비트도 클리어하여 자동적으로 설정된 워치독 타이머를 해제하여야 한다.

이 프로그램에서는 시스템 리셋 모드에서 워치독 타이머의 타임아웃 주기를 0.25초로 설정하고, 키를 검출하는 메인 루틴이 1회 실행될 때마다 워치독 타이머를 리셋시킨다. 여기서 키입력 스위치 KEY1이 눌려지면 0.1초 간격으로 워치독 타이머를 리셋시키면서 LED1을 20회 깜빡이고, KEY4가 눌려지면 0.4초 간격으로 워치독 타이머를 리셋시키면서 LED4를 10회 깜빡인다.

이때 만약 워치독 타이머가 해제 상태라면 워치독 타이머의 리셋 주기에 관계없이 워치독 타이머는 동작하지 않는다. 그러나, 워치독 타이머가 설정 상태라면 KEY1을 누른 경우에는 워치독 타이머를 리셋시키는 주기 0.1초가 타임아웃 주기 0.25초보다 짧으므로 워치독 타임아웃에 의한 리셋이 발생하지 않지만, KEY4를 누른 경우에는 워치독 타이머를 리셋시키는 주기 0.4초가 타임아웃 주기 0.25초를 초과하므로 워치독 타임아웃에 의한 리셋이 발생하여 ATmega1281/2561이 리셋되고 다시 부팅된다. 이 프로그램의 전체적인 흐름을 플로우차트로 보이면 <그림 4.20.1>과 같다.

이 프로그램을 어셈블하여 다운로드하고 실행하라. KEY2를 눌러서 워치독 타이머가 해제된 상태에서 텍스트형 LCD 모듈에 KEY4 또는 KEY1을 누르라는 메시지가 나타나면 각각의 키를 누르면서 정상적으로 프로그램이 실행되는지를 관찰하라. 그리고 이번에는 KEY3을 눌러서 워치독 타이머가 설정된 상태에서 텍스트형 LCD 모듈에 KEY4 또는 KEY1을 누르라는 메시지가 나타나면 각각의 키를 누르면서 워치독 타이머에 의한 시스템 리셋이 발생하는지 관찰하라.

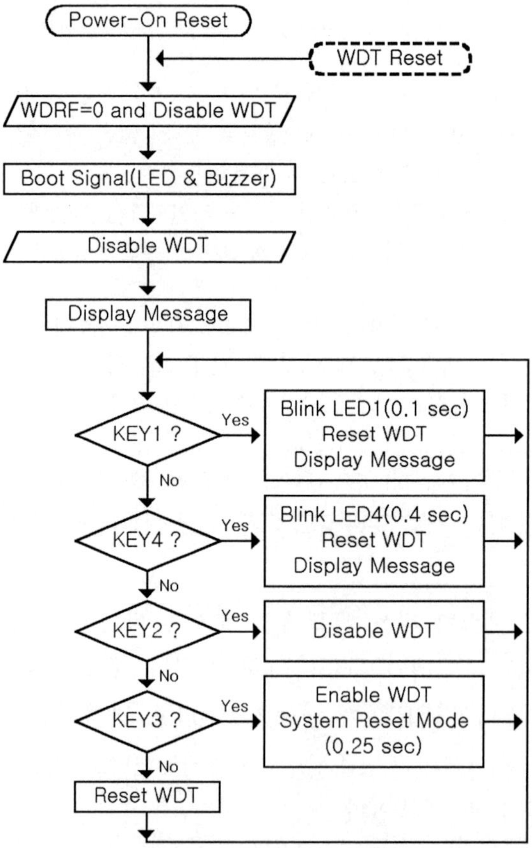

〈그림 4.20.1〉 프로그램 Exp20_2.asm의 플로 차트

이번에는 워치독 타임아웃을 인터럽트 모드에서 0.25초 주기로 설정하여 테스트하는 프로그램을 작성하여 보면 다음과 같다.

<프로그램 Exp20_3.asm> 워치독 타이머 응용 프로그램 - 인터럽트 모드

```
;[][][][][][][][][][][][][][][][][][][][][][][][][][][][][][][][][][]
;[]                                                                []
;[]        Exp20_3.asm : Watchdog Timer - Interrupt Mode           []
;[]                                                                []
;[][][][][][][][][][][][][][][][][][][][][][][][][][][][][][][][][][]
;
;               Designed and programmed by Duck-Yong Yoon in 2006.
;
;-----------------------------------------------
;       Include Header File
;-----------------------------------------------
.nolist
.include "m2561def.inc"                 ; ATmega2561 definition file
.list

;===================================================================
;       Main Program
;===================================================================
.cseg
        .org    0x0000
        JMP     RESET                   ; reset entry point

        .org    0x0018
        JMP     WDT                     ; interrupt vector WDT

RESET:  LDI     AH,high(RAMEND)         ; initialize SP
        LDI     AL,low(RAMEND)
        OUT     SPH,AH
        OUT     SPL,AL

        CALL    INIT_MCU                ; initialize MCU and kit
        CALL    D50MS                   ; wait for system stabilization
        CALL    INIT_LCD                ; initialize text LCD

;-----------------------------------------------
;       Booting Display
;-----------------------------------------------
        CALL    LCD_HOME1               ; display booting by reset
        CALL    LCD_STRING
        .db     "  OK-2561 V1.0  ",0,0
        CALL    LCD_HOME2
        CALL    LCD_STRING
        .db     " Reset and Boot ",0,0

        CALL    BUZZER_ON               ; buzzer on
        LDI     AL,0b00010000           ; LED1 on
        OUT     PORTB,AL
        CALL    D200MS
        LDI     AL,0b00100000           ; LED2 on
        OUT     PORTB,AL
        CALL    D200MS
        LDI     AL,0b01000000           ; LED3 on
        OUT     PORTB,AL
        CALL    D200MS
```

```
        LDI     AL,0b10000000           ; LED4 on
        OUT     PORTB,AL
        CALL    D200MS
        LDI     AL,0b00000000           ; all LED off
        OUT     PORTB,AL
        CALL    BUZZER_OFF              ; buzzer off
        CALL    D1SEC

;------------------------------------------------
;       Key Input and Test WDT
;------------------------------------------------
        CALL    DSP_WDT                 ; display message
        LDI     AL,0b00100000           ; LED2 = on
        OUT     PORTB,AL
        CLI

READ_KEY:CALL   KEY_IN                  ; input key
        CPI     AL,0b11100000           ; if KEY1, blink LED1 by 20 times
        BRNE    CK_KEY4                 ;    with 0.1sec period
        CALL    LCD_HOME1
        CALL    LCD_STRING
        .db     "   Blink LED1   ",0,0
        CALL    LCD_HOME2
        CALL    LCD_STRING
        .db     "     100 ms     ",0,0
        LDI     CL,20
LED1:   WDR                             ;  (reset Watchdog Timer)
        IN      AL,PORTB
        LDI     AH,0b00010000
        EOR     AL,AH
        OUT     PORTB,AL
        CALL    D100MS
        DEC     CL
        BRNE    LED1
        CALL    DSP_WDT
        JMP     READ_KEY

CK_KEY4:CPI     AL,0b01110000           ; if KEY4, blink LED4 by 10 times
        BRNE    CK_KEY2                 ;   with 0.4sec period
        CALL    LCD_HOME1
        CALL    LCD_STRING
        .db     "   Blink LED4   ",0,0
        CALL    LCD_HOME2
        CALL    LCD_STRING
        .db     "     400 ms     ",0,0
        LDI     CL,10
LED4:   WDR                             ;  (reset Watchdog Timer)
        IN      AL,PORTB
        LDI     AH,0b10000000
        EOR     AL,AH
        OUT     PORTB,AL
        CALL    D200MS
        CALL    D200MS
        DEC     CL
        BRNE    LED4
        CALL    DSP_WDT
        JMP     READ_KEY

CK_KEY2:CPI     AL,0b11010000           ; if KEY2, disable Watchdog Timer
        BRNE    CK_KEY3
        LDI     AL,(1<<WDCE) | (1<<WDE)
        STS     WDTCSR,AL
        LDI     AL,(0<<WDCE) | (0<<WDE)
```

```
        STS     WDTCSR,AL
        LDI     AL,0b00100000           ; LED2 = on
        OUT     PORTB,AL
        CLI
        JMP     READ_KEY

CK_KEY3:CPI     AL,0b10110000           ; if KEY3, enable Watchdog Timer
        BRNE    NO_KEY
        LDI     AL,(1<<WDCE) | (1<<WDE)
        STS     WDTCSR,AL               ;  (interrupt mode, 0.25 sec)
        LDI     AL,(1<<WDIE) | (1<<WDP2)
        STS     WDTCSR,AL
        LDI     AL,0b01000000           ; LED3 = on
        OUT     PORTB,AL
        SEI
        JMP     READ_KEY

NO_KEY: WDR                             ; reset Watchdog Timer
        JMP     READ_KEY

;---------------------------------------------
;       Display Subroutine
;---------------------------------------------
DSP_WDT:CALL    LCD_HOME1
        CALL    LCD_STRING
        .db     "Press KEY4/KEY1!",0,0
        CALL    LCD_HOME2
        CALL    LCD_STRING
        .db     "(KEY3/2=ON/OFF) ",0,0
        RET

;============================================================
;       Interrupt Service Routine of WDT
;============================================================
WDT:    CALL    BEEP
        RETI

;============================================================
;       Include User Subroutine File
;============================================================
.include "OK2561.INC"                   ; OK-2561 I/O and subroutine file
```

☞ 여기서는 ATmega1281/2561의 워치독 타임아웃이 되어 인터럽트가 발생하면 버저를 1번씩 울려서 인터럽트가 발생하였음을 표시하였다. 이 워치독 타이머를 인터럽트 모드로 설정하여 사용하는 경우에는 시스템 리셋이 발생하지 않는다.

이 프로그램은 시스템 리셋 모드를 사용하는 대신에 인터럽트 모드를 사용하는 것을 제외하면 앞의 예제 프로그램 Exp20_2.asm과 거의 유사하다. 워치독 타이머에 의한 인터럽트가 발생하면 버저를 1번씩 울려서 이를 확인할 수 있도록 하였다. 이 프로그램의 전체적인 흐름을 보여주는 플로우차트는 <그림 4.20.2>와 같다.

이 프로그램을 어셈블하여 다운로드하고 실행하라. KEY2를 눌러서 워치독 타이머가 해제된 상태에서 텍스트형 LCD 모듈에 KEY4 또는 KEY1을 누르라는 메시지가 나타나면 각각의 키를 누르면서 정상적으로 프로그램이 실행되는지를 관찰하라. 그리고 이번에는 KEY3을 눌러서 워치독 타이머가 설정된 상태에서 텍스트형 LCD 모듈에 KEY4 또는 KEY1을 누르라는 메시지가 나타나면 각각의 키를 누르면서 워치독 타이머에 의한 인터럽트가 발생하는지 관찰하라.

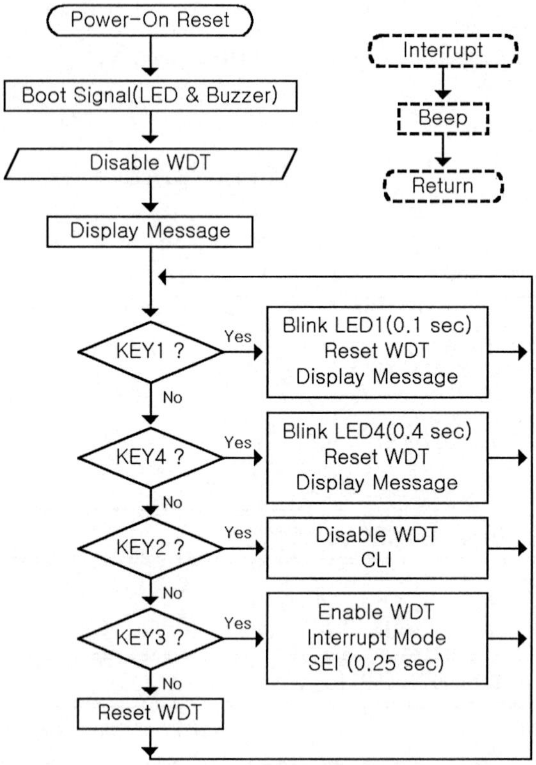

〈그림 4.20.2〉 프로그램 Exp20_3.asm의 플로 차트

이상의 예제에서는 사용하지 않았지만 ATmega1281/2561의 워치독 타이머를 시스템 리셋 및 인터럽트 모드로 설정할 수도 있다. 이 경우에는 워치독 타이머에 의한 인터럽트가 먼저 처리되고 이어서 시스템 리셋이 수행된다.

▣ C언어의 경우

앞의 Exp20_2.asm 프로그램과 동일한 기능이 수행되도록 C언어로 작성하여 보면 다음과 같다.

<프로그램 Exp20_2.c> 워치독 타이머 응용 프로그램 - 시스템 리셋 모드

```
/* ========================================================================== */
/*              Exp20_2.c : Watchdog Timer - System Reset Mode                */
/* ========================================================================== */
/*                    Designed and programmed by Duck-Yong Yoon in 2006.      */

#include <avr/io.h>
#include "OK1281.h"

int main(void)
{ unsigned char i;

  MCUSR = 0x00;                                   // WDRF = 0
  WDTCSR = (1<<WDCE) | (1<<WDE);                  // disable Watchdog Timer
  WDTCSR = (0<<WDCE) | (0<<WDE);

  MCU_initialize();                               // initialize MCU and kit
  Delay_ms(50);                                   // wait for system stabilization
  LCD_initialize();                               // initialize text LCD module

  LCD_string(0x80,"  OK-1281 V1.0  ");            // display booting by reset
  LCD_string(0xC0," Reset and Boot ");
  PORTE = 0x04;                                   // buzzer on
  PORTB = 0x10;                                   // LED1 on
  Delay_ms(200);
  PORTB = 0x20;                                   // LED2 on
  Delay_ms(200);
  PORTB = 0x40;                                   // LED3 on
  Delay_ms(200);
  PORTB = 0x80;                                   // LED4 on
  Delay_ms(200);
  PORTB = 0x00;                                   // all LED off
  PORTE = 0x00;                                   // buzzer off
  Delay_ms(1000);

  LCD_string(0x80,"Press KEY4/KEY1!");            // display message
  LCD_string(0xC0,"(KEY3/2=ON/OFF) ");
  PORTB = 0x20;                                   // LED2 on

  while(1)
    { switch(Key_input())                         // key input
        { case 0xE0 : LCD_string(0x80,"   Blink LED1   ");       // KEY1
                      LCD_string(0xC0,"     100 ms     ");
                      for(i=0; i<20; i++)
                        { asm volatile(" WDR ");
                          PORTB ^= 0x10;
                          Delay_ms(100);
                        }
                      LCD_string(0x80,"Press KEY4/KEY1!");
                      LCD_string(0xC0,"(KEY3/2=ON/OFF) ");
                      break;
          case 0x70 : LCD_string(0x80,"   Blink LED4   ");       // KEY4
                      LCD_string(0xC0,"     400 ms     ");
                      for(i=0; i<10; i++)
                        { asm volatile(" WDR ");
                          PORTB ^= 0x80;
                          Delay_ms(400);
                        }
                      LCD_string(0x80,"Press KEY4/KEY1!");
                      LCD_string(0xC0,"(KEY3/2=ON/OFF) ");
                      break;
```

```
            case 0xD0 : WDTCSR = (1<<WDCE) | (1<<WDE);     // KEY2
                        WDTCSR = (0<<WDCE) | (0<<WDE);     //  (WDT off)
                        PORTB = 0x20;
                        break;
            case 0xB0 : WDTCSR = (1<<WDCE) | (1<<WDE);     // KEY3
                        WDTCSR = (1<<WDE) | (1<<WDP2);     //  (WDT on, system reset mode)
                        PORTB = 0x40;                      //  (period = 0.25 sec)
                        break;
            default:    asm volatile(" WDR ");
                        break;
          }
      }
  }
```

☞ 여기서는 직접 WDTCSR 레지스터에 값을 액세스하는 방법으로 워치독 타이머를 설정하거나 해제하는 제어를 수행하였다. 워치독 타이머를 리셋하려면 워치독 리셋 명령 WDR을 사용해야 하므로 이를 인라인 어셈블 형식으로 처리하였다.

앞의 Exp20_3.asm 프로그램과 동일한 기능이 수행되도록 C언어로 작성하여 보면 다음과 같다. 여기서는 헤더파일 wdt.h를 인클루드하여 WinAVR에 내장된 워치독 타이머 전용의 함수를 일부 사용하였다.

<프로그램 Exp20_3.c> 워치독 타이머 응용 프로그램 - 인터럽트 모드

```
/* ====================================================================== */
/*               Exp20_3.c : Watchdog Timer - Interrupt Mode              */
/* ====================================================================== */
/*                       Designed and programmed by Duck-Yong Yoon in 2006.  */

#include <avr/io.h>
#include <avr/wdt.h>
#include <avr/interrupt.h>
#include "OK1281.h"

ISR(WDT_vect)                                   /* WDT interrupt function */
{
  Beep();
}

int main(void)
{ unsigned char i;

  MCU_initialize();                             // initialize MCU and kit
  Delay_ms(50);                                 // wait for system stabilization
  LCD_initialize();                             // initialize text LCD module

  LCD_string(0x80," OK-1281 V1.0 ");            // display booting by reset
  LCD_string(0xC0," Reset and Boot ");
  PORTE = 0x04;                                 // buzzer on
  PORTB = 0x10;                                 // LED1 on
  Delay_ms(200);
  PORTB = 0x20;                                 // LED2 on
  Delay_ms(200);
```

```
    PORTB = 0x40;                                          // LED3 on
    Delay_ms(200);
    PORTB = 0x80;                                          // LED4 on
    Delay_ms(200);
    PORTB = 0x00;                                          // all LED off
    PORTE = 0x00;                                          // buzzer off
    Delay_ms(1000);

    LCD_string(0x80,"Press KEY4/KEY1!");                   // display message
    LCD_string(0xC0," (KEY3/2=ON/OFF) ");
    PORTB = 0x20;                                          // LED2 on
    cli();

    while(1)
      { switch(Key_input())                                // key input
          { case 0xE0 : LCD_string(0x80,"   Blink LED1    ");       // KEY1
                        LCD_string(0xC0,"     100 ms      ");
                        for(i=0; i<20; i++)
                          { wdt_reset();
                            PORTB ^= 0x10;
                            Delay_ms(100);
                          }
                        LCD_string(0x80,"Press KEY4/KEY1!");
                        LCD_string(0xC0," (KEY3/2=ON/OFF) ");
                        break;
            case 0x70 : LCD_string(0x80,"   Blink LED4    ");       // KEY4
                        LCD_string(0xC0,"     400 ms      ");
                        for(i=0; i<10; i++)
                          { wdt_reset();
                            PORTB ^= 0x80;
                            Delay_ms(400);
                          }
                        LCD_string(0x80,"Press KEY4/KEY1!");
                        LCD_string(0xC0," (KEY3/2=ON/OFF) ");
                        break;
            case 0xD0 : WDTCSR = (1<<WDCE) | (1<<WDE);     // KEY2
                        WDTCSR = (0<<WDCE) | (0<<WDE);     //   (WDT off)
                        PORTB = 0x20;
                        cli();
                        break;
            case 0xB0 : WDTCSR = (1<<WDCE) | (1<<WDE);     // KEY3
                        WDTCSR = (1<<WDIE) | (1<<WDP2);    //   (WDT on, interrupt mode)
                        PORTB = 0x40;                      //   (period = 0.25 sec)
                        sei();
                        break;
            default:    wdt_reset();
                        break;
          }
      }
}
```

☞ WinAVR에서 워치독 타이머에 관련된 함수를 사용하려면 헤더파일 wdt.h를 인클루드해 주어야 한다. 이 헤더파일에는 워치독 타이머 리셋 함수 wdt_reset()과 워치독 타이머 기능을 설정하거나 또는 해제하는 함수 wdt_enable(), wdt_disable() 등이 정의되어 있다.

3. WinAVR에서 printf 함수의 사용

오늘날 대부분의 마이크로콘트롤러용 C컴파일러에서는 printf() 함수를 지원하고 있으며 이것은 내부적으로 1문자를 출력하는 저수준의 스트림 출력(low-level stream output) 함수 PUTCHAR()를 사용하여 특정한 장치로 서식지정 문자열을 출력한다. 따라서, 사용자는 이 PUTCHAR() 함수를 수정함으로써 사용자가 printf() 함수로 출력하는 장치를 변경할 수 있다. 디폴트 출력장치로는 흔히 직렬통신 포트를 사용하고 있다.

WinAVR에서도 printf() 함수의 모든 표준적인 기능을 지원하고 있는데, 여기서는 printf() 함수가 내부적으로 저수준 스트림 출력함수의 이름을 PUTCHAR()로 고정하지 않고 사용자가 임의로 1문자 출력 함수를 만든 다음에 이를 표준출력장치 stdout으로 지정하여 사용할 수 있기 때문에 훨씬 더 편리하다. 즉, 각 출력장치에 대한 저수준 스트림 출력함수들을 별도로 만들어 놓고 이것들 중에서 원하는 것을 필요할 때마다 표준출력장치 stdout으로 지정할 수 있으므로 하나의 프로그램에서 printf() 함수에 의한 출력장치를 여러가지로 변경하여 사용할 수 있다는 것이다.

이와 같이 C언어 프로그램에서 printf() 함수를 사용하여 %로 서식 지정하는 데이터를 출력한다면 각종 출력장치의 액세스가 매우 편리해진다. 예를 들어 이제까지 우리가 텍스트형 LCD 모듈의 출력 예제에서 했던 것처럼 수치 데이터를 출력하기 위하여 각종 사용자 정의 함수 LCD_2hex(), LCD_2d(), LCD_2d1() 등을 만들어 사용할 필요가 없기 때문이다. 이러한 편리함은 RS-232C 직렬통신 포트는 물론 텍스트형 LCD 모듈이나 그래픽형 LCD 모듈에도 모두 적용된다. 그러나, 이와 같이 printf() 함수를 사용하여 % 서식 지정으로 출력하는 방법은 사용하기에 편리한 장점이 있는 반면에 오브젝트 파일이 상당히 길어지고 그에 따라 이 루틴의 실행속도도 낮아진다는 단점을 갖는다. 따라서, 플래시 메모리의 용량이 작은 일부 AVR ATtiny 모델에서는 이를 사용하기 어려울 경우도 있다.

WinAVR에서 printf() 함수를 사용하는 절차와 방법은 다음과 같다.

① 사용자 프로그램의 서두에서 헤더파일 stdio.h를 인클루드한다. printf() 함수에 관련된 모든 사항은 이 헤더파일에 정의되어 있다.

② 1문자를 출력하는 저수준 스트림 함수에서 사용할 주변장치를 초기화한다. 이는 보통 별도의 사용자 정의 함수로 만들어 사용하는 것이 좋다. 일반적으로 1문자를 출력하는 저수준 스트림 함수에는 해당 출력장치를 초기화하는 기능을 포함하지 않

으므로 이를 별도로 미리 초기화해 놓아야 한다.

③ 1문자를 출력하는 저수준 스트림 함수를 만든다. 이 함수의 이름은 사용자가 임의로 정할 수 있다. 이 함수에서는 모든 ASCII 문자를 출력할 수 있어야 한다.

④ 1문자를 출력하는 저수준 스트림 함수를 표준출력장치 stdout으로 지정한다.

⑤ 필요할 때 printf() 함수를 사용한다. 여기서는 일반적인 ANSI C 표준의 모든 % 서식 지정이 사용될 수 있다.

⑥ 위에서 ④~⑤의 과정은 여러 가지의 주변장치에 대하여 반복적으로 사용할 수 있다.

이렇게 printf() 함수를 사용하면 단순한 문자열이나 정수형 데이터를 % 서식으로 지정하여 출력하는 기능은 올바르게 수행된다. 그러나, 부동소수점 데이터를 % 서식으로 지정하여 출력하려면 이 사용자 프로그램을 컴파일할 때 반드시 별도의 라이브러리 파일 libprintf_flt.a를 링크시켜 주어야 한다. 부동소수점 수를 처리하는 루틴은 상당한 용량을 차지하므로 WinAVR에서는 이를 필요할 때만 사용자 프로그램에 링크할 수 있도록 별도의 라이브러리 파일로 만들어 놓았기 때문이다.(기본적으로 정수형 데이터는 라이브러리 파일 libprintf_min.a에서 처리하며 이는 따로 링크시키지 않아도 자동으로 처리된다.)

따라서, 만약 printf() 함수에서 부동소수점 수치 데이터를 사용한다면 아래와 같이 링커 옵션을 주어야 한다.

```
-Wl,-u,vfprintf -lprintf_flt -lm
```

여기서 l은 모두 아라비아 숫자 1이 아니라 영문 알파벳 L의 소문자라는데 유의해야 한다.

이와 같이 printf() 함수에서 실수를 사용하기 위하여 링커 옵션을 설정하려면 AVR Studio의 Project → Configuration Options → Custom Options 메뉴에서 <그림 4.20.3>과 같이 입력하고 Add 버튼을 누른다. 그리고 나서 <그림 4.20.4>에 보인 것처럼 [Linker Options]를 다시 누르면 방금 입력한 옵션이 나타나는 것을 볼 수 있으며, 여기서 확인 버튼을 눌러서 옵션 설정을 종료한다.

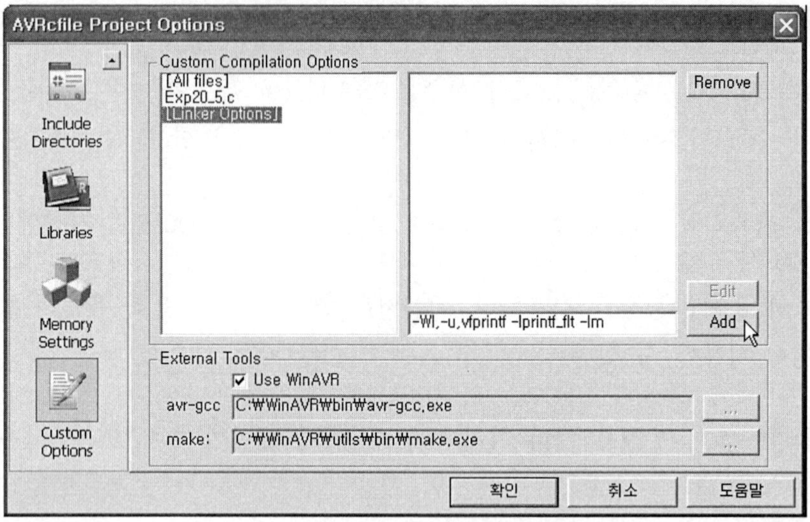

〈그림 4.20.3〉 printf() 함수에서 실수를 사용하기 위한 링커 옵션의 설정

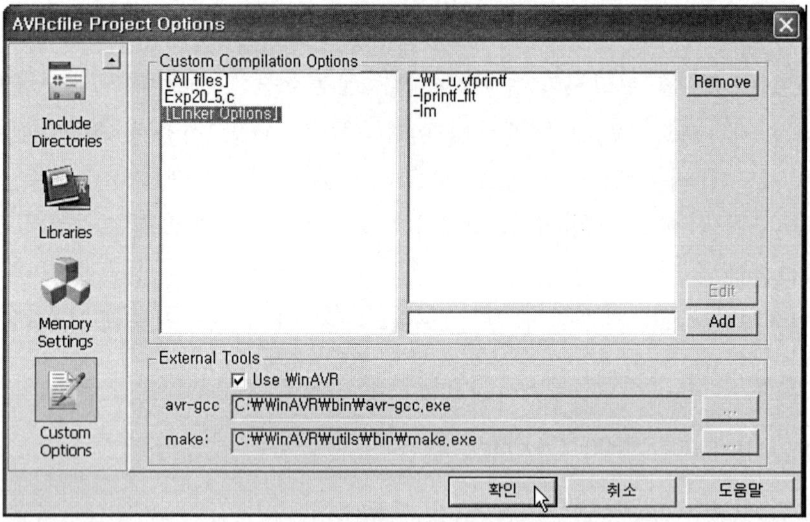

〈그림 4.20.4〉 printf() 함수를 실수를 사용하기 위한 링커 옵션의 설정 결과

WinAVR의 printf() 함수에서 사용할 수 있는 %서식 지정 형식을 요약하면 다음과 같다. 이는 표준적인 ANSI C 컴파일러에서 사용하는 %서식 지정 형식을 모두 포함하고 있다.

%[-][+][[0]w][.n][l]변환문자

% : 서식 제어 문자열의 시작을 의미한다.
- : 서식은 항상 필드의 오른쪽으로 정렬이 되지만 -를 붙이면 왼쪽으로 정렬된다.
+ : 필드의 서두에 항상 부호를 붙인다.
0 : 필드의 왼쪽 남는 자리를 공백으로 두지 않고 0을 채워 표시한다.
w : 전체 필드의 폭(field width)을 자리수로 나타낸다.
.n : 실수의 경우 소수점 이하의 자리수(precision)를 나타낸다.
l : long형 정수를 나타내며 변환문자 d, u, o, x의 앞에 붙을 수 있다.
변환문자 d : 부호 있는 10진수(signed int)로 표시한다.
변환문자 u : 부호 없는 10진수(unsigned int)로 표시한다.
변환문자 o : 부호 없는 8진수(unsigned int)로 표시한다.
변환문자 x : 부호 없는 16진수(unsigned int)로 표시한다.(a~f를 소문자로 출력)
변환문자 X : 부호 없는 10진수(unsigned int)로 표시한다.(A~F를 대문자로 출력)
변환문자 f : 부동소수점 수(double)를 소수점을 포함하는 실수 형식으로 표시한다.
변환문자 e : 부동소수점 수(double)를 지수 형식으로 표시한다.(e를 소문자로 출력)
변환문자 E : 부동소수점 수(double)를 지수 형식으로 표시한다.(E를 대문자로 출력)
변환문자 g : %f나 %e 중에서 적당한 방식으로 표시한다.
변환문자 G : %f나 %E 중에서 적당한 방식으로 표시한다.
변환문자 c : 1문자(unsigned char)를 표시한다.
변환문자 s : 문자열(char *)을 표시한다.

예
```
printf("%5d\n",123);              --->   123
printf("%05d\n",123);             ---> 00123
printf("%-5d\n",123);             ---> 123
printf("%7.2f\n",123.456);        --->  123.46
printf("%07.2f\n",123.456);       ---> 0123.46
printf("%+7.2f\n",123.456);       ---> +123.46
printf("%10.2e\n",123.456);       --->  1.23e+002
printf("%10.2E\n",123.456);       --->  1.23E+002
```

☞ 필드를 지정한 값이 실제 숫자의 폭보다 작으면 서식지정은 무시되고 숫자 전체가 표시된다. 부동소수점 수에서 소수점 이하의 맨 아래 자리는 그 아래에서 반올림 처리된다.

(1) USART 직렬통신 포트로 출력하는 경우

ATmega1281/2561에는 USART0와 USART1 등 2개의 직렬포트를 가지고 있다. 여기서는 printf() 함수를 사용하여 USART0으로 % 서식지정 출력을 내보내는 프로그램을 작성하여 보면 다음과 같다. 물론 USART1에 대하여도 동일한 방법으로 프로그램을 작성할 수 있다.

<프로그램 Exp20_4.c> printf() 함수를 사용한 RS-232C 출력 프로그램

```
/* ============================================================================ */
/*                    Exp20_4.c : printf() Function to USART0                   */
/* ============================================================================ */
/*                          Designed and programmed by Duck-Yong Yoon in 2006.  */

#include <avr/io.h>
#include <stdio.h>
#include "OK1281.h"

static int USART0_putchar(char c, FILE *stream);
static FILE device = FDEV_SETUP_STREAM(USART0_putchar, NULL, _FDEV_SETUP_WRITE);

void USART0_initialize(void)                    /* initialize USART0 */
{
  UBRR0 = 51;                                   // 19200 bps
  UCSR0A = 0x00;                                // asynchronous normal mode
  UCSR0B = 0x18;                                // Rx/Tx enable, 8 data
  UCSR0C = 0x06;                                // no parity, 1 stop, 8 data
}

static int USART0_putchar(char c, FILE *stream) /* print a character to USART0 */
{
  if(c == '\n')                                 // process CR(carriage return)
    { loop_until_bit_is_set(UCSR0A,UDRE0);
      UDR0 = 0x0D;
      loop_until_bit_is_set(UCSR0A,UDRE0);
      UDR0 = 0x0A;
    }
  else
    { loop_until_bit_is_set(UCSR0A,UDRE0);      // Tx ready ?
      UDR0 = c;                                 // if yes, print
    }
  return 0;
}

int main(void)
{ unsigned char i = 1;
  double x = 0.001;

  MCU_initialize();                             // initialize MCU and kit
  Delay_ms(50);                                 // wait for system stabilization
  LCD_initialize();                             // initialize text LCD module
  Beep();

  USART0_initialize();                          // initialize USART0

  LCD_string(0x80,"printf to USART0");          // display title
  LCD_string(0xC0,"Press KEY4-KEY1!");

  stdout = &device;                             // set USART0 to stdout

  while(1)
    { switch(Key_input())                       // key input
        { case 0xE0 : PORTB = 0x10;             // KEY1 ?
                      printf("KEY1 is OK !  i=%3d  x=%5.3f\n", i++, x);
                      x += 0.001;
                      break;
          case 0xD0 : PORTB = 0x20;             // KEY2 ?
                      printf("KEY2 is OK !  i=%3d  x=%5.3f\n", i++, x);
```

```
                    x += 0.001;
                    break;
          case 0xB0 : PORTB = 0x40;              // KEY3 ?
                    printf("KEY3 is OK !  i=%3d  x=%5.3f\n", i++, x);
                    x += 0.001;
                    break;
          case 0x70 : PORTB = 0x80;              // KEY4 ?
                    printf("KEY4 is OK !  i=%3d  x=%5.3f\n", i++, x);
                    x += 0.001;
                    break;
          default:  break;
        }
    }
}
```

☞ 먼저 FDEV_SETUP_STREAM() 매크로를 사용하여 원하는 출력장치로 1문자를 출력하는 함수를 임의의 이름 device을 갖는 장치로 지정하고, 나중에 이를 표준출력장치인 stdout으로 지정하는 문법 형식을 주의하여 익혀두기 바란다.

이 프로그램을 컴파일하여 *OK-1281/2561* 키트에 다운로드하고 실행하라. 프로그램 실행후 KEY1~KEY4를 차례로 누르면서 퍼스널컴퓨터로 전송되는 메시지를 확인하라. 여기서는 실수 데이터를 출력하기 위하여 %f 서식을 사용하였으므로 이 프로그램을 컴파일할 때 링커 옵션을 -Wl,-u,vfprintf -lprintf_flt -lm으로 지정해야 한다.

이 프로그램을 실행하고 출력 결과를 확인하려면 *OK-1281/2561* 키트의 콘넥터 CN4와 퍼스널컴퓨터의 직렬포트를 RS-232C 통신 케이블로 연결해야 한다. 그리고, 하이퍼터미널과 같은 통신 프로그램을 <그림 4.12.1>에서처럼 19200bps, 8데이터, 패리티 없음, 1스톱 비트로 설정하여 사용해야 한다.

(2) 텍스트형 LCD 모듈에 출력하는 경우

이번에는 printf() 함수를 사용하여 텍스트형 LCD 모듈에 % 서식지정 출력을 내보내는 프로그램을 작성하여 보면 다음과 같다.

<프로그램 Exp20_5.c> printf() 함수를 사용한 텍스트형 LCD 모듈 출력 프로그램

```
/* ========================================================================== */
/*              Exp20_5.c : printf() Function to Text LCD Module              */
/* ========================================================================== */
/*                     Designed and programmed by Duck-Yong Yoon in 2006.     */

#include <avr/io.h>
#include <stdio.h>
#include "OK1281.h"
```

```
static int LCD_putchar(char c, FILE *stream);
static FILE device = FDEV_SETUP_STREAM(LCD_putchar, NULL, _FDEV_SETUP_WRITE);

static int LCD_putchar(char c, FILE *stream)    /* print a character to LCD */
{
  if((c < 0x20) | (c > 0x7E))                   // check from 0x20 to 0x7E
    return 0;

  LCD_data(c);
  return 0;
}

int main(void)
{ unsigned char i = 1;
  double x = 0.001;

  MCU_initialize();                              // initialize MCU and kit
  Delay_ms(50);                                  // wait for system stabilization
  LCD_initialize();                              // initialize text LCD module
  Beep();

  LCD_string(0x80," printf  to LCD ");           // display title
  LCD_string(0xC0,"Press KEY4-KEY1!");

  stdout = &device;                              // set text LCD to stdout

  while(1)
    { switch(Key_input())                        // key input
        { case 0xE0 : PORTB = 0x10;              // KEY1 ?
                      LCD_command(0x80);
                      printf("  KEY1 is OK !  ");
                      LCD_command(0xC0);
                      printf(" i=%03d  x=%5.3f ",i,x);
                      i++;
                      x += 0.001;
                      break;
          case 0xD0 : PORTB = 0x20;              // KEY2 ?
                      LCD_command(0x80);
                      printf("  KEY2 is OK !  ");
                      LCD_command(0xC0);
                      printf(" i=%03d  x=%5.3f ",i,x);
                      i++;
                      x += 0.001;
                      break;
          case 0xB0 : PORTB = 0x40;              // KEY3 ?
                      LCD_command(0x80);
                      printf("  KEY3 is OK !  ");
                      LCD_command(0xC0);
                      printf(" i=%03d  x=%5.3f ",i,x);
                      i++;
                      x += 0.001;
                      break;
          case 0x70 : PORTB = 0x80;              // KEY4 ?
                      LCD_command(0x80);
                      printf("  KEY4 is OK !  ");
                      LCD_command(0xC0);
                      printf(" i=%03d  x=%5.3f ",i,x);
                      i++;
                      x += 0.001;
                      break;
          default:    break;
        }
```

```
    }
}
```

☞ 텍스트형 LCD로 1문자를 출력하는 함수 LCD_putchar()에서는 ASCII 코드값이 0x20~0x7E의 범위일 때만 정상적으로 출력하도록 하였다. 이렇게 하면 텍스트형 LCD 모듈에서 아무 의미가 없는 여러가지 제어문자를 무시할 수 있다.

이 프로그램을 컴파일하여 *OK-1281/2561* 키트에 다운로드하고 실행하라. 프로그램 실행후 KEY1~KEY4를 차례로 누르면서 텍스트형 LCD 모듈에 표시되는 메시지를 확인하라. 여기서도 실수 데이터를 출력하기 위하여 %f 서식을 사용하였으므로 이 프로그램을 컴파일할 때 링커 옵션을 -Wl,-u,vfprintf -lprintf_flt -lm으로 지정해야 한다.

(3) 그래픽형 LCD 모듈에 출력하는 경우

이번에는 printf() 함수를 사용하여 그래픽형 LCD 모듈에 % 서식지정 출력을 내보내는 프로그램을 작성하여 보면 다음과 같다.

<프로그램 Exp20_6.c> printf() 함수를 사용한 그래픽형 LCD 모듈 출력 프로그램

```
/* ========================================================================== */
/*              Exp20_6.c : printf() Function to Graphic LCD Module            */
/* ========================================================================== */
/*                       Designed and programmed by Duck-Yong Yoon in 2006.   */

#include <avr/io.h>
#include <stdio.h>
#include "OK1281.h"
#include "GLCD1281.h"

static int GLCD_putchar(char c, FILE *stream);
static FILE device = FDEV_SETUP_STREAM(GLCD_putchar, NULL, _FDEV_SETUP_WRITE);

static int GLCD_putchar(char c, FILE *stream)   /* print a character to GLCD */
{
  if((c < 0x20) | (c > 0x7E))                   // check from 0x20 to 0x7E
    return 0;

  GLCD_English(c);
  return 0;
}

int main(void)
{ unsigned char i = 1;
  double x = 0.001;

  MCU_initialize();                             // initialize MCU and kit
  Delay_ms(50);                                 // wait for system stabilization
  LCD_initialize();                             // initialize text LCD module
```

```
    Beep();

    GLCD_clear();                                   // initialize GLCD screen
    cursor_flag = 0;                                // cursor off

    LCD_string(0x80," printf to GLCD ");            // display title
    LCD_string(0xC0,"Press KEY4-KEY1!");

    stdout = &device;                               // set graphic LCD to stdout

    while(1)
      { switch(Key_input())                         // key input
          { case 0xE0 : PORTB = 0x10;               // KEY1 ?
                        GLCD_string(0,0,"  KEY1 is OK !  ");
                        GLCD_xy(2,3);
                        printf("i = %03d",i);
                        GLCD_xy(3,3);
                        printf("x = %5.3f",x);
                        i++;
                        x += 0.001;
                        break;
            case 0xD0 : PORTB = 0x20;               // KEY2 ?
                        GLCD_string(0,0,"  KEY2 is OK !  ");
                        GLCD_xy(2,3);
                        printf("i = %03d",i);
                        GLCD_xy(3,3);
                        printf("x = %5.3f",x);
                        i++;
                        x += 0.001;
                        break;
            case 0xB0 : PORTB = 0x40;               // KEY3 ?
                        GLCD_string(0,0,"  KEY3 is OK !  ");
                        GLCD_xy(2,3);
                        printf("i = %03d",i);
                        GLCD_xy(3,3);
                        printf("x = %5.3f",x);
                        i++;
                        x += 0.001;
                        break;
            case 0x70 : PORTB = 0x80;               // KEY4 ?
                        GLCD_string(0,0,"  KEY4 is OK !  ");
                        GLCD_xy(2,3);
                        printf("i = %03d",i);
                        GLCD_xy(3,3);
                        printf("x = %5.3f",x);
                        i++;
                        x += 0.001;
                        break;
            default:    break;
          }
      }
}
```

☞ 그래픽형 LCD로 1문자를 출력하는 함수 GLCD_putchar()에서는 ASCII 코드값이 0x20~0x7E의 범위일 때만 정상적으로 출력하도록 하였다. 이렇게 하면 그래픽형 LCD 모듈에서 아무 의미가 없는 여러가지 제어문자를 무시할 수 있다. printf()에는 한글 메시지를 출력하는 기능이 없으며, 이런 기능이 필요한 경우에는 GLCD_string() 함수로 별도 처리하면 된다.

이 프로그램을 컴파일하여 *OK-1281/2561* 키트에 다운로드하고 실행하라. 프로그램 실행후 KEY1~KEY4를 차례로 누르면서 그래픽형 LCD 모듈에 표시되는 출력을 확인하라. 여기서도 실수 데이터를 출력하기 위하여 %f 서식을 사용하였으므로 이 프로그램을 컴파일할 때 링커 옵션을 -Wl,-u,vfprintf -lprintf_flt -lm으로 지정해야 한다.

(4) 여러 개의 출력장치를 수시로 변경하면서 사용하는 경우

이제 printf() 함수를 사용하여 표준출력장치 stdout을 USART0과 텍스트형 LCD 모듈로 수시로 변경하면서 이들 각 장치에 % 서식지정 출력을 내보내는 프로그램을 작성하여 보면 다음과 같다.

<프로그램 Exp20_7.c> printf() 함수의 출력장치를 수시로 변경하는 프로그램

```
/* ============================================================================ */
/*                    Exp20_7.c : Change printf() Function                      */
/* ============================================================================ */
/*                       Designed and programmed by Duck-Yong Yoon in 2006.    */

#include <avr/io.h>
#include <stdio.h>
#include "OK1281.h"

static int USART0_putchar(char c, FILE *stream);
static FILE device1 = FDEV_SETUP_STREAM(USART0_putchar, NULL, _FDEV_SETUP_WRITE);

static int LCD_putchar(char c, FILE *stream);
static FILE device2 = FDEV_SETUP_STREAM(LCD_putchar, NULL, _FDEV_SETUP_WRITE);

void USART0_initialize(void)                        /* initialize USART0 */
{
  UBRR0 = 51;                                       // 19200 bps
  UCSR0A = 0x00;                                    // asynchronous normal mode
  UCSR0B = 0x18;                                    // Rx/Tx enable, 8 data
  UCSR0C = 0x06;                                    // no parity, 1 stop, 8 data
}

static int USART0_putchar(char c, FILE *stream) /* print a character to USART0 */
{
  if(c == '\n')                                     // process CR(carriage return)
    { loop_until_bit_is_set(UCSR0A,UDRE0);
      UDR0 = 0x0D;
      loop_until_bit_is_set(UCSR0A,UDRE0);
      UDR0 = 0x0A;
    }
  else
    { loop_until_bit_is_set(UCSR0A,UDRE0);          // Tx ready ?
      UDR0 = c;                                     // if yes, print
    }
  return 0;
}

static int LCD_putchar(char c, FILE *stream)    /* print a character to LCD */
{
```

```
    if((c < 0x20) | (c > 0x7E))                    // check from 0x20 to 0x7E
      return 0;

    LCD_data(c);
    return 0;
  }

  int main(void)
  { unsigned char i = 1;
    double x = 0.001;

    MCU_initialize();                              // initialize MCU and kit
    Delay_ms(50);                                  // wait for system stabilization
    LCD_initialize();                              // initialize text LCD module
    Beep();

    USART0_initialize();                           // initialize USART0

    LCD_string(0x80," 2=LCD 1=USART0 ");           // display title
    LCD_string(0xC0,"Press KEY2/KEY1!");

    while(1)
      { switch(Key_input())                        // key input
          { case 0xE0 : PORTB = 0x10;              // KEY1 ?
                        stdout = &device1;         // set USART0 to stdout
                        printf(" i=%03d  x=%5.3f\n",i,x);
                        i++;
                        x += 0.001;
                        break;
            case 0xD0 : PORTB = 0x20;              // KEY2 ?
                        stdout = &device2;         // set text LCD to stdout
                        LCD_command(0xC0);
                        printf(" i=%03d  x=%5.3f ",i,x);
                        i++;
                        x += 0.001;
                        break;
            default:    break;
          }
      }
  }
```

☞ USART0은 장치 이름을 device1로 정의하고 텍스트형 LCD 모듈은 장치 이름을 device2로 정의하였음에 주의하라. 그러면 printf() 함수로 문자열을 출력할 때마다 해당 장치 이름을 표준출력장치인 stdout으로 지정해 주면 된다.

이 프로그램을 컴파일하여 *OK-1281/2561* 키트에 다운로드하고 실행하라. 여기서도 %f 서식을 사용하였으므로 컴파일할 때 링커 옵션을 -Wl,-u,vfprintf -lprintf_flt -lm으로 지정해야 한다.

이 프로그램을 실행한 후에 *OK-1281/2561* 키트에서 KEY1을 누르면 printf() 함수가 출력하는 내용이 USART0으로 출력되고, KEY2를 누르면 printf() 함수가 출력하는 내용이 텍스트형 LCD 모듈로 출력된다.

◀참고▶ 이상의 printf() 함수를 사용하는 I/O 스트림 출력 예제들은 현재의 WinAVR 20060421 버전에서는 ATmega1281을 사용하는 *OK-1281* 키트에서만 정상적으로 실행되며, 이를 *OK-2561* 키트에 다운로드하면 올바르게 실행되지 않는다. 현재의 WinAVR에서는 아쉽게도 ATmega2561을 지원하지 않으므로 이를 *OK-2561* 키트에서 사용하려면 이를 지원하는 WinAVR 버전이 나올 때까지 기다려야 할 것이다.

4. 실습 과제

(1) WinAVR에서 헤더파일 eeprom.h에 정의된 EEPROM 액세스 관련 함수의 종류 및 사용법을 설명하라.

(2) ATmega1281/2561에 내장된 EEPROM을 라이트할 때는 EECR 레지스터의 EEPE 비트를 폴링하는 방법을 사용하므로 라이트하는데 걸리는 시간을 알지 못해도 프로그래밍이 가능하다. ATmega1281/2561에 내장된 타이머를 이용하여 이 시간을 측정하는 프로그램 Exp20_1R.asm을 작성하고 이를 실행하여 한번 EEPROM을 라이트하는데 걸리는 시간을 알아보라.

(3) WinAVR에서 헤더파일 wdt.h에 정의된 워치독 타이머 관련 함수의 종류 및 사용법을 설명하라.

(4) 예제 프로그램 Exp20_2.c를 헤더파일 wdt.h를 사용하지 않는 프로그램 Exp20_2R.c로 수정하라.

(5) 예제 프로그램 Exp20_4.c를 USART0이 아니라 USART1에 대하여 동작하는 프로그램 Exp20_4R.c로 수정하라.

(6) 예제 프로그램 Exp20_7.c를 KEY1을 누르면 USART0, KEY2를 누르면 USART1, KEY3을 누르면 텍스트형 LCD 모듈, KEY4를 누르면 그래픽형 LCD 모듈로 메시지를 출력하는 프로그램 Exp20_7R.c로 수정하라.

◀휴게실▶ **인텔 HEX 파일의 형식**

인텔 HEX 파일은 정확하게 "Intel Hexadecimal Object File Format"이라고 불리며, 마이크로프로세서용의 오브젝트 파일을 ROM 라이터나 ROM 에뮬레이터와 같은 주변장치에게 전송하기 위하여 만든 ASCII 포맷의 파일로서 오늘날 어셈블러나 C컴파일러에서 널리 사용되고 있다. 이 HEX 파일은 8비트 마이크로프로세서용으로 사용되는 16비트 선형 어드레스(linear address) 형식은 물론이고, 8086/8088과 같은 16비트 마이크로프로세서를 위한 20비트 세그먼트 어드레스 형식이나 80386 이상의 32비트의 마이크로프로세서를 위한 32비트 선형 어드레스 형식까지 지원한다. HEX 파일에는 이밖에도 ASCII-Hex 파일 형식, Motorola HEX 파일 형식, Tektronix HEX 파일 형식 등이 있는데, 이것들은 표현 형식이 서로 매우 다른 구조로 되어 있다.

인텔 HEX 파일은 기본적으로 1행으로 되어 있는 많은 레코드(record)들로 구성되며, 각 레코드는 아래 예와 같이 항상 6개의 필드로 구성된다. 인텔 HEX 파이에 사용되는 모든 문자는 ASCII 문자이며, 각 레코드의 끝에는 구분기호(delimiter)로서 캐리지 리턴(0x0D) 및 라인 피드(0x0A) 문자가 추가되어 있으나 사람이 눈에는 보이지 않는다.

다음에 보인 예는 이 책의 어셈블리 예제 Exp01_1.asm을 어셈블하여 생성된 인텔 HEX 파일이다. 이를 예로 하여 각 필드의 기능을 설명하기로 한다.

→ ① 레코드의 시작 표시
→ ② 레코드의 길이
→ ③ 데이터가 메모리에 로드되는 시작번지
→ ④ 레코드의 형식(00=계속되는 레코드, 01=마지막 레코드, 02~05=특수 레코드)
→ ⑤ 데이터
→ ⑥ 체크섬

```
:020000020000FC
:1000000011E20FEF1EBF0DBF0FEF04B900E505B9F8
:100010000E94100000EA05B90E9410000C9406002E
:1000200003D004D003D0089524E601C028EC07D003
:1000300006D005D004D003D02A95C9F7089538EC2E
:1000400000003F933F913F933F913F933F913A95FB
:04005000B9F708955F
:00000001FF
```

①은 1문자로 구성되는 Record Mark 필드로서 한 레코드의 시작을 의미한다. 모든 레코드 즉 모든 행은 항상 이 ":" 문자로 시작한다.

②는 2문자로 구성되는 RECLEN(Record Length) 필드로서 이 레코드에 포함된 데이터 바이트 수를 의미한다. 위에서 첫번째 레코드의 경우는 데이터가 2바이트이므로 0x02이며, 그 다음부터는 16바이트이므로 0x10이다. 마지막 레코드에는 데이터 필드가 없으므로 0x00이다.

③은 4문자로 구성되는 LOAD OFFSET 필드로서 이 레코드의 데이터를 로드하기 시작할 메모리의 오프셋 번지를 16비트로 나타낸다. 그러나, 20비트나 32비트 어드레스 형식에서는 이 레코드의 데이터가 상위 어드레스 비트로 사용된다.

④는 2문자로 구성된 RECTYP(Record Type) 필드로서 레코드의 형식을 나타낸다. 00은 정상적인 데이터 레코드이고, 01은 인텔 HEX 파일의 마지막 레코드를 나타낸다. 02와 03은 20비트 어드레스를 지정하기 위한 레코드이며, 04와 05는 32비트 어드레스를 지정하기 위한 레코드이다. 위의 예에서 첫번째 레코드의 형식이 02로 된 것은 이 레코드에 포함된 데이터 0000이 16비트 어드레스의 상위에 추가되어 20비트를 구성하도록 하기 위한 세그먼트 어드레스 값이라는 것을 나타낸다.

⑤는 DATA 필드로서 ②에서 지정한 길이의 레코드 데이터이다.

⑥은 2문자로 구성되는 체크섬(checksum) 값으로서 이는 레코드에서 ":"를 제외한 ②~⑤ 필드를 모두 더한 총합을 2의 보수로 취한 것으로서 레코드 단위로 전송 에러를 검출하기 위하여 사용된다.

부록

OK-1281/2561 관련 기술자료

<부록1> ATmega1281/2561의 데이터 시트

<부록2> 키트 테스트 프로그램 kit_test.asm의 소스

☞

〈부록 1〉에 실은 ATmega1281/2561의 데이터 시트는 수백 페이지에 이르는 방대한 분량이므로 여기에는 필요한 일부분만을 발췌하여 싣는다. 나머지 부분들은 이 책에서 대부분 설명하고 있으니 거의 필요가 없지만, 이것의 전체를 보고자 하는 독자는 저자나 Atmel사의 홈페이지에서 직접 다운받아 사용하기 바란다.

〈부록 2〉에는 *OK-1281/2561* 키트를 사용자가 처음 조립하고 나서 이것의 정상적인 동작 여부를 체크할 수 있는 키트 진단용의 테스트 프로그램인 kit_test.asm의 소스를 실었다. 이 어셈블리 소스 파일과 이것을 번역한 kit_test.hex 파일은 이 책의 예제와 함께 제공하므로, 자신이 직접 키트를 조립하는 사용자는 이를 가지고 키트를 테스트하면 된다.

<부록 1> ATmega1281/2561의 데이터 시트(부분 발췌)

Features

- High Performance, Low Power AVR® 8-Bit Microcontroller
- Advanced RISC Architecture
  - 135 Powerful Instructions – Most Single Clock Cycle Execution
  - 32 x 8 General Purpose Working Registers
  - Fully Static Operation
  - Up to 16 MIPS Throughput at 16 MHz
  - On-Chip 2-cycle Multiplier
- Non-volatile Program and Data Memories
  - 64K/128K/256K Bytes of In-System Self-Programmable Flash
    Endurance: 10,000 Write/Erase Cycles
  - Optional Boot Code Section with Independent Lock Bits
    In-System Programming by On-chip Boot Program
    True Read-While-Write Operation
  - 4K Bytes EEPROM
    Endurance: 100,000 Write/Erase Cycles
  - 8K Bytes Internal SRAM
  - Up to 64K Bytes Optional External Memory Space
  - Programming Lock for Software Security
- JTAG (IEEE std. 1149.1 compliant) Interface
  - Boundary-scan Capabilities According to the JTAG Standard
  - Extensive On-chip Debug Support
  - Programming of Flash, EEPROM, Fuses, and Lock Bits through the JTAG Interface
- Peripheral Features
  - Two 8-bit Timer/Counters with Separate Prescaler and Compare Mode
  - Four 16-bit Timer/Counter with Separate Prescaler, Compare- and Capture Mode
  - Real Time Counter with Separate Oscillator
  - Four 8-bit PWM Channels
  - Six/Twelve PWM Channels with Programmable Resolution from 2 to 16 Bits (ATmega1281/2561, ATmega640/1280/2560)
  - Output Compare Modulator
  - 8/16-channel, 10-bit ADC (ATmega1281/2561, ATmega640/1280/2560)
  - Two/Four Programmable Serial USART (ATmega1281/2561,ATmega640/1280/2560)
  - Master/Slave SPI Serial Interface
  - Byte Oriented 2-wire Serial Interface
  - Programmable Watchdog Timer with Separate On-chip Oscillator
  - On-chip Analog Comparator
  - Interrupt and Wake-up on Pin Change
- Special Microcontroller Features
  - Power-on Reset and Programmable Brown-out Detection
  - Internal Calibrated Oscillator
  - External and Internal Interrupt Sources
  - Six Sleep Modes: Idle, ADC Noise Reduction, Power-save, Power-down, Standby, and Extended Standby
- I/O and Packages
  - 54/86 Programmable I/O Lines (ATmega1281/2561, ATmega640/1280/2560)
  - 64-pad QFN/MLF, 64-lead TQFP (ATmega1281/2561)
  - 100-lead TQFP, 100-ball CBGA (ATmega640/1280/2560)
  - RoHS/Fully Green
- Temperature Range:
  - -40°C to 85°C Industrial
- Ultra-Low Power Consumption
  - Active Mode: 1 MHz, 1.8V: 510 µA
  - Power-down Mode: 0.1 µA at 1.8V
- Speed Grade (see "Maximum speed vs. VCC" on page 376):
  - ATmega640V/ATmega1280V/ATmega1281V:
    0 - 4 MHz @ 1.8 - 5.5V, 0 - 8 MHz @ 2.7 - 5.5V
  - ATmega2560V/ATmega2561V:
    0 - 2 MHz @ 1.8 - 5.5V, 0 - 8 MHz @ 2.7 - 5.5V
  - ATmega640/ATmega1280/ATmega1281:
    0 - 8 MHz @ 2.7 - 5.5V, 0 - 16 MHz @ 4.5 - 5.5V
  - ATmega2560/ATmega2561:
    0 - 16 MHz @ 4.5 - 5.5V

8-bit AVR® Microcontroller with 64K/128K/256K Bytes In-System Programmable Flash

ATmega640/V
ATmega1280/V
ATmega1281/V
ATmega2560/V
ATmega2561/V

Preliminary

2549H–AVR–06/06

Electrical Characteristics

Absolute Maximum Ratings*

Operating Temperature	-55°C to +125°C
Storage Temperature	-65°C to +150°C
Voltage on any Pin except $\overline{RESET}$ with respect to Ground	-0.5V to V_{CC}+0.5V
Voltage on $\overline{RESET}$ with respect to Ground	-0.5V to +13.0V
Maximum Operating Voltage	6.0V
DC Current per I/O Pin	40.0 mA
DC Current V_{CC} and GND Pins	200.0 mA

*NOTICE: Stresses beyond those listed under 밆bsolute Maximum Ratings□may cause permanent damage to the device. This is a stress rating only and functional operation of the device at these or other conditions beyond those indicated in the operational sections of this specification is not implied. Exposure to absolute maximum rating conditions for extended periods may affect device reliability.

DC Characteristics

T_A = -40°C to 85°C, V_{CC} = 1.8V to 5.5V (unless otherwise noted)

Symbol	Parameter	Condition	Min.[5]	Typ.	Max.[5]	Units
V_{IL}	Input Low Voltage,Except XTAL1 and Reset pin	V_{CC} = 1.8V - 2.4V V_{CC} = 2.4V - 5.5V	-0.5 -0.5		$0.2V_{CC}$[1] $0.3V_{CC}$[1]	V
V_{IL1}	Input Low Voltage, XTAL1 pin	V_{CC} = 1.8V - 5.5V	-0.5		$0.1V_{CC}$[1]	V
V_{IL2}	Input Low Voltage, RESET pin	V_{CC} = 1.8V - 5.5V	-0.5		$0.1V_{CC}$[1]	V
V_{IH}	Input High Voltage, Except XTAL1 and RESET pins	V_{CC} = 1.8V - 2.4V V_{CC} = 2.4V - 5.5V	$0.7V_{CC}$[2] $0.6V_{CC}$[2]		V_{CC} + 0.5 V_{CC} + 0.5	V
V_{IH1}	Input High Voltage, XTAL1 pin	V_{CC} = 1.8V - 2.4V V_{CC} = 2.4V - 5.5V	$0.8V_{CC}$[2] $0.7V_{CC}$[2]		V_{CC} + 0.5 V_{CC} + 0.5	V
V_{IH2}	Input High Voltage, RESET pin	V_{CC} = 1.8V - 5.5V	$0.9V_{CC}$[2]		V_{CC} + 0.5	V
V_{OL}	Output Low Voltage[3],	I_{OL} = 10mA, V_{CC} = 5V I_{OL} = 5mA, V_{CC} = 3V			0.7 0.5	V
V_{OH}	Output High Voltage[4],	I_{OH} = -20mA, V_{CC} = 5V I_{OH} = -10mA, V_{CC} = 3V	4.2 2.3			V
I_{IL}	Input Leakage Current I/O Pin	V_{CC} = 5.5V, pin low (absolute value)			1	µA
I_{IH}	Input Leakage Current I/O Pin	V_{CC} = 5.5V, pin high (absolute value)			1	µA
R_{RST}	Reset Pull-up Resistor		30		60	kΩ
R_{PU}	I/O Pin Pull-up Resistor		20		50	kΩ

T_A = -40°C to 85°C, V_{CC} = 1.8V to 5.5V (unless otherwise noted) (Continued)

Symbol	Parameter	Condition	Min.[5]	Typ.	Max.[5]	Units
I_{CC}	Power Supply Current[6]	Active 1MHz, V_{CC} = 2V (ATmega640/1280/2560/1V)			0.8	mA
		Active 4MHz, V_{CC} = 3V (ATmega640/1280/2560/1L)			5	mA
		Active 8MHz, V_{CC} = 5V (ATmega640/1280/1281/2560/2561)			18	mA
		Idle 1MHz, V_{CC} = 2V (ATmega640/1280/2560/1V)		0.4	0.75	mA
		Idle 4MHz, V_{CC} = 3V (ATmega640/1280/2560/1L)			2.2	mA
		Idle 8MHz, V_{CC} = 5V (ATmega640/1280/1281/2560/2561)			8	mA
	Power-down mode	WDT enabled, V_{CC} = 3V		<10	20	µA
		WDT disabled, V_{CC} = 3V		<1	7.5	µA
V_{ACIO}	Analog Comparator Input Offset Voltage	V_{CC} = 5V V_{in} = $V_{CC}/2$		<10	40	mV
I_{ACLK}	Analog Comparator Input Leakage Current	V_{CC} = 5V V_{in} = $V_{CC}/2$	-50		50	nA
t_{ACID}	Analog Comparator Propagation Delay	V_{CC} = 2.7V V_{CC} = 4.0V		750 500		ns

Note:
1. "Max" means the highest value where the pin is guaranteed to be read as low
2. "Min" means the lowest value where the pin is guaranteed to be read as high
3. Although each I/O port can sink more than the test conditions (20mA at VCC = 5V, 10mA at VCC = 3V) under steady state conditions (non-transient), the following must be observed:
   ATmega1281/2561:
   1.)The sum of all IOL, for ports A0-A7, G2, C4-C7 should not exceed 100 mA.
   2.)The sum of all IOL, for ports C0-C3, G0-G1, D0-D7 should not exceed 100 mA.
   3.)The sum of all IOL, for ports G3-G5, B0-B7, E0-E7 should not exceed 100 mA.
   4.)The sum of all IOL, for ports F0-F7 should not exceed 100 mA.
   ATmega640/1280/2560:
   1.)The sum of all IOL, for ports J0-J7, A0-A7, G2 should not exceed 200 mA.
   2.)The sum of all IOL, for ports C0-C7, G0-G1, D0-D7, L0-L7 should not exceed 200 mA.
   3.)The sum of all IOL, for ports G3-G4, B0-B7, H0-B7 should not exceed 200 mA.
   4.)The sum of all IOL, for ports E0-E7, G5 should not exceed 100 mA.
   5.)The sum of all IOL, for ports F0-F7, K0-K7 should not exceed 100 mA.
   If IOL exceeds the test condition, VOL may exceed the related specification. Pins are not guaranteed to sink current greater than the listed test condition.
4. Although each I/O port can source more than the test conditions (20mA at VCC = 5V, 10mA at VCC = 3V) under steady state conditions (non-transient), the following must be observed:
   ATmega1281/2561:
   1)The sum of all IOH, for ports A0-A7, G2, C4-C7 should not exceed 100 mA.
   2)The sum of all IOH, for ports C0-C3, G0-G1, D0-D7 should not exceed 100 mA.
   3)The sum of all IOH, for ports G3-G5, B0-B7, E0-E7 should not exceed 100 mA.
   4)The sum of all IOH, for ports F0-F7 should not exceed 100 mA.
   ATmega640/1280/2560:
   1)The sum of all IOH, for ports J0-J7, G2, A0-A7 should not exceed 200 mA.
   2)The sum of all IOH, for ports C0-C7, G0-G1, D0-D7, L0-L7 should not exceed 200 mA.
   3)The sum of all IOH, for ports G3-G4, B0-B7, H0-H7 should not exceed 200 mA.

4)The sum of all IOH, for ports E0-E7, G5 should not exceed 100 mA.
5)The sum of all IOH, for ports F0-F7, K0-K7 should not exceed 100 mA.
If IOH exceeds the test condition, VOH may exceed the related specification. Pins are not guaranteed to source current greater than the listed test condition.

5. All DC Characteristics contained in this datasheet are based on simulation and characterization of other AVR microcontrollers manufactured in the same process technology. These values are preliminary values representing design targets, and will be updated after characterization of actual silicon
6. Values with "PRR1 – Power Reduction Register 1" enabled (0xFF).

External Clock Drive Waveforms

Figure 155. External Clock Drive Waveforms

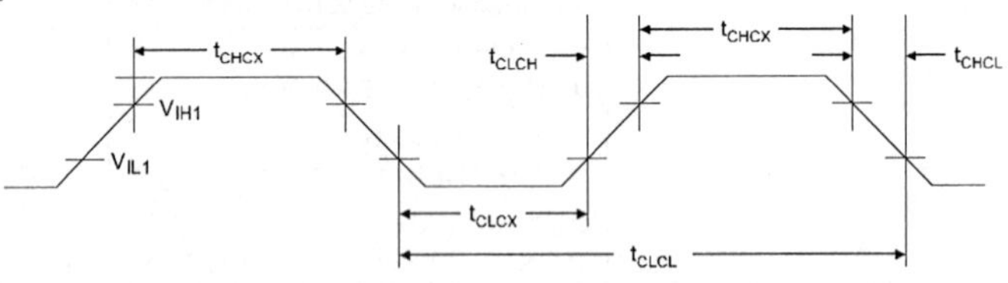

External Clock Drive

Table 168. External Clock Drive

		V_{CC}=1.8-5.5V		V_{CC}=2.7-5.5V		V_{CC}=4.5-5.5V		
Symbol	**Parameter**	**Min.**	**Max.**	**Min.**	**Max.**	**Min.**	**Max.**	**Units**
$1/t_{CLCL}$	Oscillator Frequency	0	2	0	8	0	16	MHz
t_{CLCL}	Clock Period	500		125		62.5		ns
t_{CHCX}	High Time	200		50		25		ns
t_{CLCX}	Low Time	200		50		25		ns
t_{CLCH}	Rise Time		2.0		1.6		0.5	μs
t_{CHCL}	Fall Time		2.0		1.6		0.5	μs
Δt_{CLCL}	Change in period from one clock cycle to the next		2		2		2	%

Note: All DC Characteristics contained in this datasheet are based on simulation and characterization of other AVR microcontrollers manufactured in the same process technology. These values are preliminary values representing design targets, and will be updated after characterization of actual silicon.

Maximum speed vs. V_{CC}

Maximum frequency is depending on $V_{CC.}$ As shown in Figure 156 trough Figure 159, the Maximum Frequency vs. V_{CC} curve is linear between 1.8V < V_{CC} < 2.7V and between 2.7V < V_{CC} < 4.5V.

8 MHz

Figure 156. Maximum Frequency vs. V_{CC}, ATmega640V/1280V/1281V/2560V/2561V

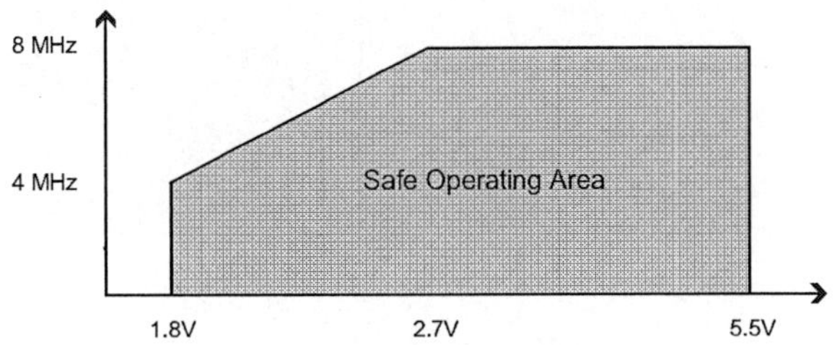

Figure 157. Maximum Frequency vs. V_{CC} when only using No-Read-While-Write Section[1], ATmega2560V/ATmega2561V

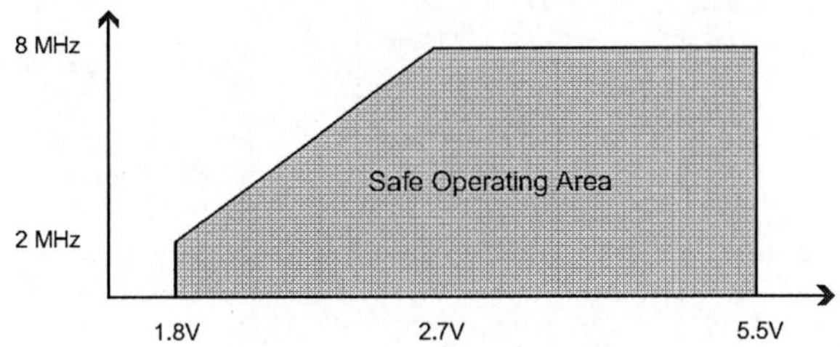

Note: 1. When only using the Read-While-Write Section of the program memory, a higher speed can be achieved at low voltage, see "Read-While-Write and No Read-While-Write Flash Sections" on page 322 for addresses.

16 MHz

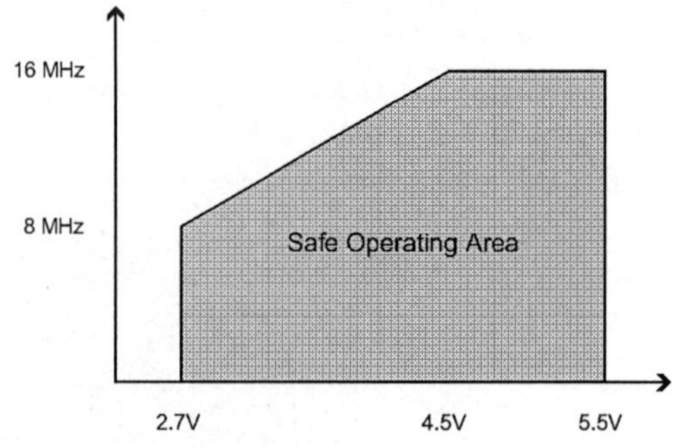

Figure 158. Maximum Frequency vs. V_{CC}, ATmega640/ATmega1280/ATmega1281

Figure 159. Maximum Frequency vs. V_{CC}, ATmega2560/ATmega2561

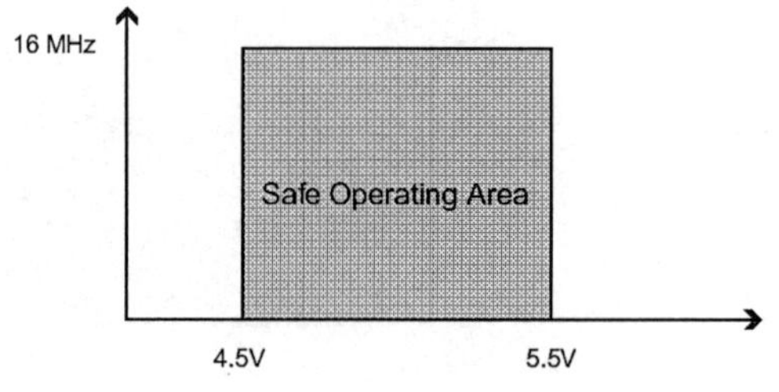

2-wire Serial Interface Characteristics

Table 169 describes the requirements for devices connected to the 2-wire Serial Bus. The ATmega640/1280/1281/2560/2561 2-wire Serial Interface meets or exceeds these requirements under the noted conditions.

Timing symbols refer to Figure 160.

Table 169. 2-wire Serial Bus Requirements

Symbol	Parameter	Condition	Min	Max	Units
V_{IL}	Input Low-voltage		-0.5	$0.3\ V_{CC}$	V
V_{IH}	Input High-voltage		$0.7\ V_{CC}$	$V_{CC} + 0.5$	V
$V_{hys}^{(1)}$	Hysteresis of Schmitt Trigger Inputs		$0.05\ V_{CC}^{(2)}$	–	V
$V_{OL}^{(1)}$	Output Low-voltage	3 mA sink current	0	0.4	V
$t_r^{(1)}$	Rise Time for both SDA and SCL		$20 + 0.1C_b^{(3)(2)}$	300	ns
$t_{of}^{(1)}$	Output Fall Time from V_{IHmin} to V_{ILmax}	$10\ pF < C_b < 400\ pF^{(3)}$	$20 + 0.1C_b^{(3)(2)}$	250	ns
$t_{SP}^{(1)}$	Spikes Suppressed by Input Filter		0	$50^{(2)}$	ns
I_i	Input Current each I/O Pin	$0.1V_{CC} < V_i < 0.9V_{CC}$	-10	10	µA
$C_i^{(1)}$	Capacitance for each I/O Pin		–	10	pF
f_{SCL}	SCL Clock Frequency	$f_{CK}^{(4)} > max(16f_{SCL}, 250kHz)^{(5)}$	0	400	kHz
Rp	Value of Pull-up resistor	$f_{SCL} \le 100$ kHz	$\frac{V_{CC} - 0.4V}{3mA}$	$\frac{1000ns}{C_b}$	Ω
		$f_{SCL} > 100$ kHz	$\frac{V_{CC} - 0.4V}{3mA}$	$\frac{300ns}{C_b}$	Ω
$t_{HD;STA}$	Hold Time (repeated) START Condition	$f_{SCL} \le 100$ kHz	4.0	–	µs
		$f_{SCL} > 100$ kHz	0.6	–	µs
t_{LOW}	Low Period of the SCL Clock	$f_{SCL} \le 100\ kHz^{(6)}$	4.7	–	µs
		$f_{SCL} > 100\ kHz^{(7)}$	1.3	–	µs
t_{HIGH}	High period of the SCL clock	$f_{SCL} \le 100$ kHz	4.0	–	µs
		$f_{SCL} > 100$ kHz	0.6	–	µs
$t_{SU;STA}$	Set-up time for a repeated START condition	$f_{SCL} \le 100$ kHz	4.7	–	µs
		$f_{SCL} > 100$ kHz	0.6	–	µs
$t_{HD;DAT}$	Data hold time	$f_{SCL} \le 100$ kHz	0	3.45	µs
		$f_{SCL} > 100$ kHz	0	0.9	µs
$t_{SU;DAT}$	Data setup time	$f_{SCL} \le 100$ kHz	250	–	ns
		$f_{SCL} > 100$ kHz	100	–	ns
$t_{SU;STO}$	Setup time for STOP condition	$f_{SCL} \le 100$ kHz	4.0	–	µs
		$f_{SCL} > 100$ kHz	0.6	–	µs
t_{BUF}	Bus free time between a STOP and START condition	$f_{SCL} \le 100$ kHz	4.7	–	µs
		$f_{SCL} > 100$ kHz	1.3	–	µs

Notes: 1. In ATmega640/1280/1281/2560/2561, this parameter is characterized and not 100% tested.
2. Required only for $f_{SCL} > 100$ kHz.
3. C_b = capacitance of one bus line in pF.

4. f_{CK} = CPU clock frequency
5. This requirement applies to all ATmega640/1280/1281/2560/2561 2-wire Serial Interface operation. Other devices connected to the 2-wire Serial Bus need only obey the general f_{SCL} requirement.
6. The actual low period generated by the ATmega640/1280/1281/2560/2561 2-wire Serial Interface is $(1/f_{SCL} - 2/f_{CK})$, thus f_{CK} must be greater than 6 MHz for the low time requirement to be strictly met at f_{SCL} = 100 kHz.
7. The actual low period generated by the ATmega640/1280/1281/2560/2561 2-wire Serial Interface is $(1/f_{SCL} - 2/f_{CK})$, thus the low time requirement will not be strictly met for f_{SCL} > 308 kHz when f_{CK} = 8 MHz. Still, ATmega640/1280/1281/2560/2561 devices connected to the bus may communicate at full speed (400 kHz) with other ATmega640/1280/1281/2560/2561 devices, as well as any other device with a proper t_{LOW} acceptance margin.

Figure 160. 2-wire Serial Bus Timing

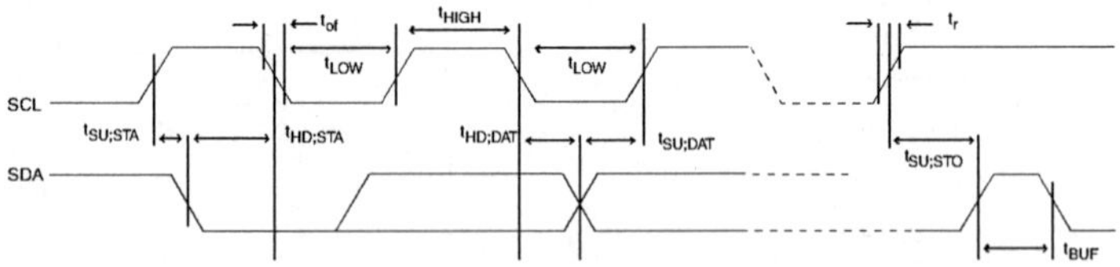

SPI Timing Characteristics

See Figure 161 and Figure 162 for details.

Table 170. SPI Timing Parameters

	Description	Mode	Min	Typ	Max	
1	SCK period	Master		See Table 100		ns
2	SCK high/low	Master		50% duty cycle		
3	Rise/Fall time	Master		TBD		
4	Setup	Master		10		
5	Hold	Master		10		
6	Out to SCK	Master		$0.5 \cdot t_{sck}$		
7	SCK to out	Master		10		
8	SCK to out high	Master		10		
9	$\overline{SS}$ low to out	Slave		15		
10	SCK period	Slave	$4 \cdot t_{ck}$			
11	SCK high/low(1)	Slave	$2 \cdot t_{ck}$			
12	Rise/Fall time	Slave		TBD		
13	Setup	Slave	10			
14	Hold	Slave	t_{ck}			
15	SCK to out	Slave		15		
16	SCK to $\overline{SS}$ high	Slave	20			
17	$\overline{SS}$ high to tri-state	Slave		10		
18	$\overline{SS}$ low to SCK	Slave	20			

Note: 1. In SPI Programming mode the minimum SCK high/low period is:
- 2 t_{CLCL} for f_{CK} < 12 MHz
- 3 t_{CLCL} for f_{CK} > 12 MHz

Figure 161. SPI Interface Timing Requirements (Master Mode)

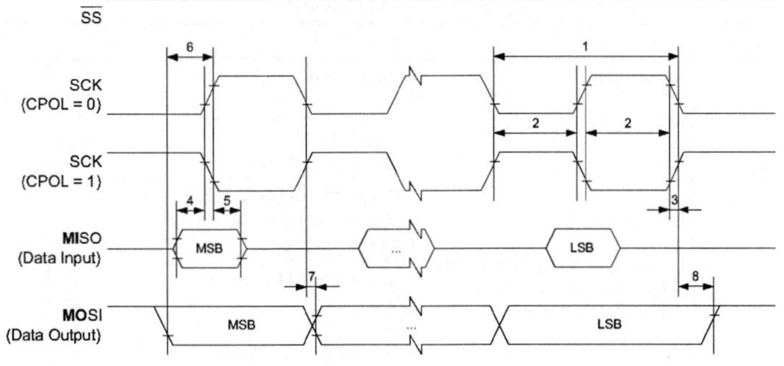

Figure 162. SPI Interface Timing Requirements (Slave Mode)

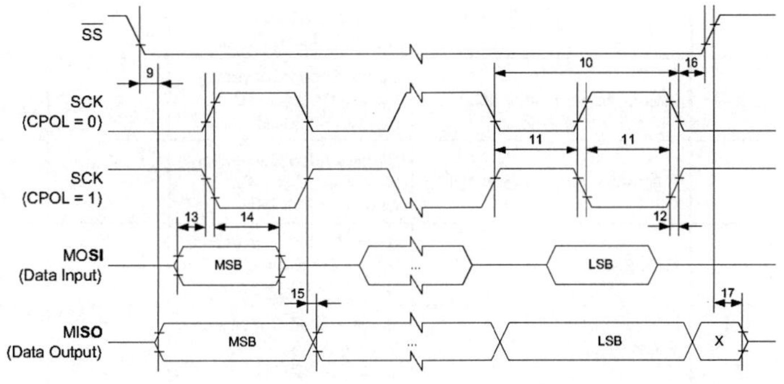

ADC Characteristics – Preliminary Data

Table 171. ADC Characteristics, Singel Ended Channels

Symbol	Parameter	Condition	Min(1)	Typ(1)	Max(1)	Units
	Resolution	Single Ended Conversion		10		Bits
	Absolute accuracy (Including INL, DNL, quantization error, gain and offset error)	Single Ended Conversion V_{REF} = 4V, V_{CC} = 4V, CLK_{ADC}= 200 kHz		2.25 (2)	2.5	LSB
		Single Ended Conversion V_{REF} = 4V, V_{CC} = 4V, CLK_{ADC} = 1 MHz		3		LSB
		Single Ended Conversion V_{REF} = 4V, V_{CC} = 4V, CLK_{ADC} = 200 kHz Noise Reduction Mode		2		LSB
		Single Ended Conversion V_{REF} = 4V, V_{CC} = 4V, CLK_{ADC} = 1 MHz Noise Reduction Mode		3 (2.75)		LSB
	Integral Non-Linearity (INL)	Single Ended Conversion V_{REF} = 4V, V_{CC} = 4V, CLK_{ADC} = 200 kHz		1.25 (1.0)		LSB
	Differential Non-Linearity (DNL)	Single Ended Conversion V_{REF} = 4V, V_{CC} = 4V, CLK_{ADC} = 200 kHz		0.5 (0.25)		LSB
	Gain Error	Single Ended Conversion V_{REF} = 4V, V_{CC} = 4V, CLK_{ADC}= 200 kHz		2 (1.75)		LSB
	Offset Error	Single Ended Conversion V_{REF} = 4V, V_{CC} = 4V, CLK_{ADC} = 200 kHz		-2 (-1.75)		LSB
	Conversion Time	Free Running Conversion	13		260	µs
	Clock Frequency	Single Ended Conversion	50		1000	kHz
AVCC	Analog Supply Voltage		V_{CC} - 0.3		V_{CC} + 0.3	V
V_{REF}	Reference Voltage		1.0		AVCC	V
V_{IN}	Input Voltage		GND		V_{REF}	V
	Input Bandwidth			38,5		kHz
V_{INT1}	Internal Voltage Reference	1.1V	1.0	1.1	1.2	V
V_{INT2}	Internal Voltage Reference	2.56V	2.4	2.56	2.8	V
R_{REF}	Reference Input Resistance			32		kΩ
R_{AIN}	Analog Input Resistance			100		MΩ

Notes: 1. Values are guidelines only.

Table 172. ADC Characteristics, Differential Channels

Symbol	Parameter	Condition	Min[(1)]	Typ[(1)]	Max[(1)]	Units
	Resolution	Gain = 1x		8		Bits
		Gain = 10x		8		Bits
		Gain = 200x		7		Bits
	Absolute Accuracy(Including INL, DNL, Quantization Error, Gain and Offset Error)	Gain = 1x V_{REF} = 4V, V_{CC} = 5V CLK_{ADC} = 50 - 200 kHz		18 (17)		LSB
		Gain = 10x V_{REF} = 4V, V_{CC} = 5V CLK_{ADC} = 50 - 200 kHz		17		LSB
		Gain = 200x V_{REF} = 4V, V_{CC} = 5V CLK_{ADC} = 50 - 200 kHz		9		LSB
	Integral Non-Linearity (INL)	Gain = 1x V_{REF} = 4V, V_{CC} = 5V CLK_{ADC} = 50 - 200 kHz		2.5 (2.0)		LSB
		Gain = 10x V_{REF} = 4V, V_{CC} = 5V CLK_{ADC} = 50 - 200 kHz		5 (4)		LSB
		Gain = 200x V_{REF} = 4V, V_{CC} = 5V CLK_{ADC} = 50 - 200 kHz		9		LSB
	Differential Non-Linearity (DNL)	Gain = 1x V_{REF} = 4V, V_{CC} = 5V CLK_{ADC} = 50 - 200 kHz		0.75 (0.5)		LSB
		Gain = 10x V_{REF} = 4V, V_{CC} = 5V CLK_{ADC} = 50 - 200 kHz		1.5 (1.0)		LSB
		Gain = 200x V_{REF} = 4V, V_{CC} = 5V CLK_{ADC} = 50 - 200 kHz		10 (9)		LSB
	Gain Error	Gain = 1x		1.7		%
		Gain = 10x		1.7		%
		Gain = 200x		0.5 (0.2)		%
	Offset Error	Gain = 1x V_{REF} = 4V, V_{CC} = 5V CLK_{ADC} = 50 - 200 kHz		2 (1)		LSB
		Gain = 10x V_{REF} = 4V, V_{CC} = 5V CLK_{ADC} = 50 - 200 kHz		2 (19		LSB
		Gain = 200x V_{REF} = 4V, V_{CC} = 5V CLK_{ADC} = 50 - 200 kHz		3		LSB
	Clock Frequency		50		200	kHz
	Conversion Time		65		260	µs

Table 172. ADC Characteristics, Differential Channels (Continued)

Symbol	Parameter	Condition	Min[1]	Typ[1]	Max[1]	Units
AVCC	Analog Supply Voltage		V_{CC} - 0.3		V_{CC} + 0.3	V
V_{REF}	Reference Voltage		2.7(2.0)		AVCC - 0.5	V
V_{IN}	Input Voltage		GND		V_{CC}	V
V_{DIFF}	Input Differential Voltage		$-V_{REF}$/Gain		V_{REF}/Gain	V
	ADC Conversion Output		-511		511	LSB
	Input Bandwidth			4		kHz
V_{INT}	Internal Voltage Reference		2.3	2.56	2.8	V
R_{REF}	Reference Input Resistance			32		kΩ
R_{AIN}	Analog Input Resistance			100		MΩ

Note: 1. Values are guidelines only.

Calibrated Internal RC Oscillator Accuracy

Table 173. Calibration Accuracy of Internal RC Oscillator

	Frequency	V_{CC}	Temperature	Calibration Accuracy
Factory Calibration	8.0 MHz	3V	25°C	±10%
User Calibration	7.3 - 8.1 MHz	1.8V - 5.5V[1] 2.7V - 5.5V[2]	-40°C - 85°C	±1%

Notes: 1. Voltage range for ATmega640V/1281V/1280V/2561V/2560V.
2. Voltage range for ATmega640/1281/1280/2561/2560.

External Data Memory Timing

Table 174. External Data Memory Characteristics, 4.5 - 5.5 Volts, No Wait-state

	Symbol	Parameter	8 MHz Oscillator		Variable Oscillator		Unit
			Min	Max	Min	Max	
0	$1/t_{CLCL}$	Oscillator Frequency			0.0	16	MHz
1	t_{LHLL}	ALE Pulse Width	115		$1.0t_{CLCL}$-10		ns
2	t_{AVLL}	Address Valid A to ALE Low	57.5		$0.5t_{CLCL}$-5[1]		ns
3a	t_{LLAX_ST}	Address Hold After ALE Low, write access	5		5		ns
3b	t_{LLAX_LD}	Address Hold after ALE Low, read access	5		5		ns
4	t_{AVLLC}	Address Valid C to ALE Low	57.5		$0.5t_{CLCL}$-5[1]		ns
5	t_{AVRL}	Address Valid to RD Low	115		$1.0t_{CLCL}$-10		ns
6	t_{AVWL}	Address Valid to WR Low	115		$1.0t_{CLCL}$-10		ns
7	t_{LLWL}	ALE Low to WR Low	47.5	67.5	$0.5t_{CLCL}$-15[2]	$0.5t_{CLCL}$+5[2]	ns
8	t_{LLRL}	ALE Low to RD Low	47.5	67.5	$0.5t_{CLCL}$-15[2]	$0.5t_{CLCL}$+5[2]	ns
9	t_{DVRH}	Data Setup to RD High	40		40		ns
10	t_{RLDV}	Read Low to Data Valid		75		$1.0t_{CLCL}$-50	ns
11	t_{RHDX}	Data Hold After RD High	0		0		ns
12	t_{RLRH}	RD Pulse Width	115		$1.0t_{CLCL}$-10		ns
13	t_{DVWL}	Data Setup to WR Low	42.5		$0.5t_{CLCL}$-20[1]		ns
14	t_{WHDX}	Data Hold After WR High	115		$1.0t_{CLCL}$-10		ns
15	t_{DVWH}	Data Valid to WR High	125		$1.0t_{CLCL}$		ns
16	t_{WLWH}	WR Pulse Width	115		$1.0t_{CLCL}$-10		ns

Notes: 1. This assumes 50% clock duty cycle. The half period is actually the high time of the external clock, XTAL1.
2. This assumes 50% clock duty cycle. The half period is actually the low time of the external clock, XTAL1.

Table 175. External Data Memory Characteristics, 4.5 - 5.5 Volts, 1 Cycle Wait-state

	Symbol	Parameter	8 MHz Oscillator		Variable Oscillator		Unit
			Min	Max	Min	Max	
0	$1/t_{CLCL}$	Oscillator Frequency			0.0	16	MHz
10	t_{RLDV}	Read Low to Data Valid		200		$2.0t_{CLCL}$-50	ns
12	t_{RLRH}	RD Pulse Width	240		$2.0t_{CLCL}$-10		ns
15	t_{DVWH}	Data Valid to WR High	240		$2.0t_{CLCL}$		ns
16	t_{WLWH}	WR Pulse Width	240		$2.0t_{CLCL}$-10		ns

Table 176. External Data Memory Characteristics, 4.5 - 5.5 Volts, SRWn1 = 1, SRWn0 = 0

			4 MHz Oscillator		Variable Oscillator		
	Symbol	Parameter	Min	Max	Min	Max	Unit
0	$1/t_{CLCL}$	Oscillator Frequency			0.0	16	MHz
10	t_{RLDV}	Read Low to Data Valid		325		$3.0t_{CLCL}$-50	ns
12	t_{RLRH}	RD Pulse Width	365		$3.0t_{CLCL}$-10		ns
15	t_{DVWH}	Data Valid to WR High	375		$3.0t_{CLCL}$		ns
16	t_{WLWH}	WR Pulse Width	365		$3.0t_{CLCL}$-10		ns

Table 177. External Data Memory Characteristics, 4.5 - 5.5 Volts, SRWn1 = 1, SRWn0 = 1

			4 MHz Oscillator		Variable Oscillator		
	Symbol	Parameter	Min	Max	Min	Max	Unit
0	$1/t_{CLCL}$	Oscillator Frequency			0.0	16	MHz
10	t_{RLDV}	Read Low to Data Valid		325		$3.0t_{CLCL}$-50	ns
12	t_{RLRH}	RD Pulse Width	365		$3.0t_{CLCL}$-10		ns
14	t_{WHDX}	Data Hold After WR High	240		$2.0t_{CLCL}$-10		ns
15	t_{DVWH}	Data Valid to WR High	375		$3.0t_{CLCL}$		ns
16	t_{WLWH}	WR Pulse Width	365		$3.0t_{CLCL}$-10		ns

Table 178. External Data Memory Characteristics, 2.7 - 5.5 Volts, No Wait-state

			4 MHz Oscillator		Variable Oscillator		
	Symbol	Parameter	Min	Max	Min	Max	Unit
0	$1/t_{CLCL}$	Oscillator Frequency			0.0	8	MHz
1	t_{LHLL}	ALE Pulse Width	235		t_{CLCL}-15		ns
2	t_{AVLL}	Address Valid A to ALE Low	115		$0.5t_{CLCL}$-10(1)		ns
3a	t_{LLAX_ST}	Address Hold After ALE Low, write access	5		5		ns
3b	t_{LLAX_LD}	Address Hold after ALE Low, read access	5		5		ns
4	t_{AVLLC}	Address Valid C to ALE Low	115		$0.5t_{CLCL}$-10(1)		ns
5	t_{AVRL}	Address Valid to RD Low	235		$1.0t_{CLCL}$-15		ns
6	t_{AVWL}	Address Valid to WR Low	235		$1.0t_{CLCL}$-15		ns
7	t_{LLWL}	ALE Low to WR Low	115	130	$0.5t_{CLCL}$-10(2)	$0.5t_{CLCL}$+5(2)	ns
8	t_{LLRL}	ALE Low to RD Low	115	130	$0.5t_{CLCL}$-10(2)	$0.5t_{CLCL}$+5(2)	ns
9	t_{DVRH}	Data Setup to RD High	45		45		ns
10	t_{RLDV}	Read Low to Data Valid		190		$1.0t_{CLCL}$-60	ns
11	t_{RHDX}	Data Hold After RD High	0		0		ns

Table 178. External Data Memory Characteristics, 2.7 - 5.5 Volts, No Wait-state (Continued)

			4 MHz Oscillator		Variable Oscillator		
	Symbol	Parameter	Min	Max	Min	Max	Unit
12	t_{RLRH}	RD Pulse Width	235		$1.0t_{CLCL}-15$		ns
13	t_{DVWL}	Data Setup to WR Low	105		$0.5t_{CLCL}-20$[1]		ns
14	t_{WHDX}	Data Hold After WR High	235		$1.0t_{CLCL}-15$		ns
15	t_{DVWH}	Data Valid to WR High	250		$1.0t_{CLCL}$		ns
16	t_{WLWH}	WR Pulse Width	235		$1.0t_{CLCL}-15$		ns

Notes: 1. This assumes 50% clock duty cycle. The half period is actually the high time of the external clock, XTAL1.
2. This assumes 50% clock duty cycle. The half period is actually the low time of the external clock, XTAL1.

Table 179. External Data Memory Characteristics, 2.7 - 5.5 Volts, SRWn1 = 0, SRWn0 = 1

			4 MHz Oscillator		Variable Oscillator		
	Symbol	Parameter	Min	Max	Min	Max	Unit
0	$1/t_{CLCL}$	Oscillator Frequency			0.0	8	MHz
10	t_{RLDV}	Read Low to Data Valid		440		$2.0t_{CLCL}-60$	ns
12	t_{RLRH}	RD Pulse Width	485		$2.0t_{CLCL}-15$		ns
15	t_{DVWH}	Data Valid to WR High	500		$2.0t_{CLCL}$		ns
16	t_{WLWH}	WR Pulse Width	485		$2.0t_{CLCL}-15$		ns

Table 180. External Data Memory Characteristics, 2.7 - 5.5 Volts, SRWn1 = 1, SRWn0 = 0

			4 MHz Oscillator		Variable Oscillator		
	Symbol	Parameter	Min	Max	Min	Max	Unit
0	$1/t_{CLCL}$	Oscillator Frequency			0.0	8	MHz
10	t_{RLDV}	Read Low to Data Valid		690		$3.0t_{CLCL}-60$	ns
12	t_{RLRH}	RD Pulse Width	735		$3.0t_{CLCL}-15$		ns
15	t_{DVWH}	Data Valid to WR High	750		$3.0t_{CLCL}$		ns
16	t_{WLWH}	WR Pulse Width	735		$3.0t_{CLCL}-15$		ns

Table 181. External Data Memory Characteristics, 2.7 - 5.5 Volts, SRWn1 = 1, SRWn0 = 1

			4 MHz Oscillator		Variable Oscillator		
	Symbol	Parameter	Min	Max	Min	Max	Unit
0	$1/t_{CLCL}$	Oscillator Frequency			0.0	8	MHz
10	t_{RLDV}	Read Low to Data Valid		690		$3.0t_{CLCL}-60$	ns
12	t_{RLRH}	RD Pulse Width	735		$3.0t_{CLCL}-15$		ns
14	t_{WHDX}	Data Hold After WR High	485		$2.0t_{CLCL}-15$		ns
15	t_{DVWH}	Data Valid to WR High	750		$3.0t_{CLCL}$		ns
16	t_{WLWH}	WR Pulse Width	735		$3.0t_{CLCL}-15$		ns

Figure 163. External Memory Timing (SRWn1 = 0, SRWn0 = 0

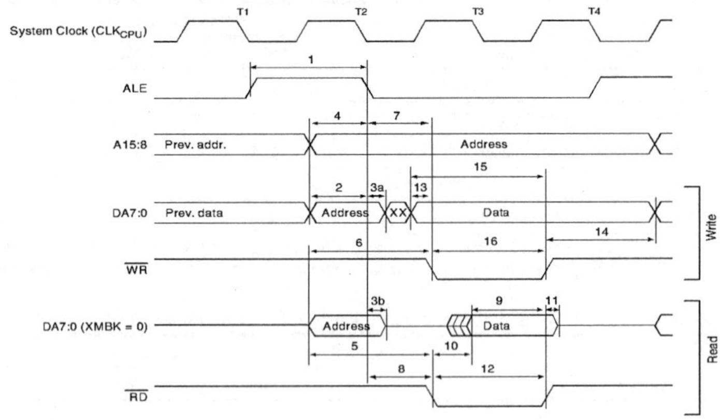

Figure 164. External Memory Timing (SRWn1 = 0, SRWn0 = 1)

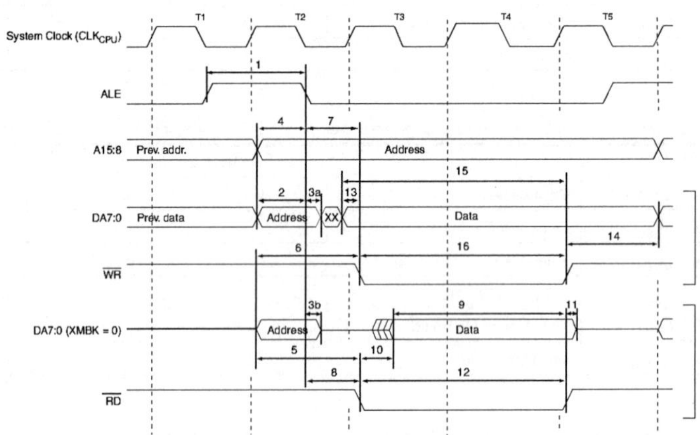

Figure 165. External Memory Timing (SRWn1 = 1, SRWn0 = 0)

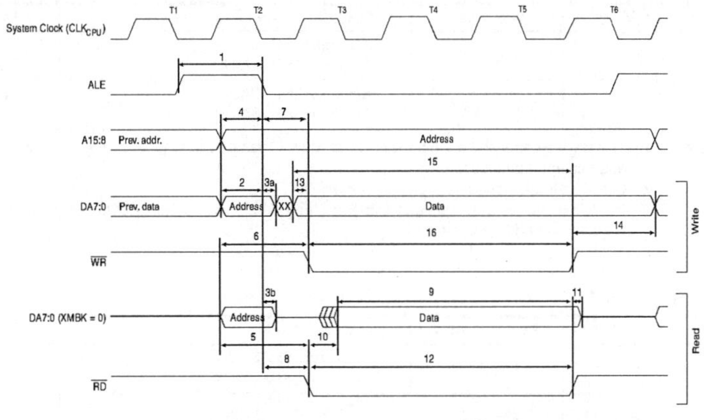

Figure 166. External Memory Timing (SRWn1 = 1, SRWn0 = 1)[1]

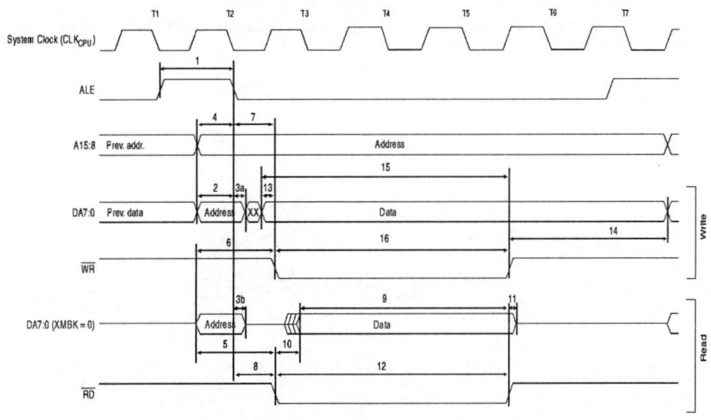

The ALE pulse in the last period (T4-T7) is only present if the next instruction accesses the RAM (internal or external).

ATmega1281

Speed (MHz)[2]	Power Supply	Ordering Code	Package[1][3]	Operation Range
8	1.8 - 5.5V	ATmega1281V-8AU ATmega1281V-8MU	64A 64M2	Industrial (-40°C to 85°C)
16	2.7 - 5.5V	ATmega1281-16AU ATmega1281-16MU	64A 64M2	Industrial (-40°C to 85°C)

Notes:
1. This device can also be supplied in wafer form. Please contact your local Atmel sales office for detailed ordering information and minimum quantities.
2. See "Maximum speed vs. VCC" on page 376.
3. Pb-free packaging, complies to the European Directive for Restriction of Hazardous Substances (RoHS directive). Also Halide free and fully Green.

ATmega2561

Speed (MHz)[2]	Power Supply	Ordering Code	Package[1][3]	Operation Range
8	1.8 - 5.5V	ATmega2561V-8AU ATmega2561V-8MU	64A 64M2	Industrial (-40°C to 85°C)
16	4.5 - 5.5V	ATmega2561-16AU ATmega2561-16MU	64A 64M2	Industrial (-40°C to 85°C)

Notes:
1. This device can also be supplied in wafer form. Please contact your local Atmel sales office for detailed ordering information and minimum quantities.
2. See "Maximum speed vs. VCC" on page 376.
3. Pb-free packaging, complies to the European Directive for Restriction of Hazardous Substances (RoHS directive). Also Halide free and fully Green.

Package Type	
64A	64-lead, Thin (1.0 mm) Plastic Gull Wing Quad Flat Package (TQFP)
64M2	64-pad, 9 x 9 x 1.0 mm Body, Quad Flat No-lead/Micro Lead Frame Package (QFN/MLF)
100A	100-lead, Thin (1.0 mm) Plastic Gull Wing Quad Flat Package (TQFP)
100C1	100-ball, Chip Ball Grid Array (CBGA)

ATmega1280

Speed (MHz)(2)	Power Supply	Ordering Code	Package(1)(3)	Operation Range
8	1.8 - 5.5V	ATmega1280V-8AU	100A	Industrial (-40°C to 85°C)
		ATmega1280V-8CU	100C1	
16	2.7 - 5.5V	ATmega1280-16AU	100A	Industrial (-40°C to 85°C)
		ATmega1280-16AU	100C1	

Notes:
1. This device can also be supplied in wafer form. Please contact your local Atmel sales office for detailed ordering information and minimum quantities.
2. See "Maximum speed vs. VCC" on page 376.
3. Pb-free packaging, complies to the European Directive for Restriction of Hazardous Substances (RoHS directive). Also Halide free and fully Green.

ATmega2560

Speed (MHz)(2)	Power Supply	Ordering Code	Package(1)(3)	Operation Range
8	1.8 - 5.5V	ATmega2560V-8AU	100A	Industrial (-40°C to 85°C)
		ATmega2560V-8CU	100C1	
16	4.5 - 5.5V	ATmega2560-16AU	100A	Industrial (-40°C to 85°C)
		ATmega2560-16CU	100C1	

Notes:
1. This device can also be supplied in wafer form. Please contact your local Atmel sales office for detailed ordering information and minimum quantities.
2. See "Maximum speed vs. VCC" on page 376.
3. Pb-free packaging, complies to the European Directive for Restriction of Hazardous Substances (RoHS directive). Also Halide free and fully Green.

Package Type	
64A	64-lead, Thin (1.0 mm) Plastic Gull Wing Quad Flat Package (TQFP)
64M2	64-pad, 9 x 9 x 1.0 mm Body, Quad Flat No-lead/Micro Lead Frame Package (QFN/MLF)
100A	100-lead, Thin (1.0 mm) Plastic Gull Wing Quad Flat Package (TQFP)
100C1	100-ball, Chip Ball Grid Array (CBGA)

Packaging Information

100A

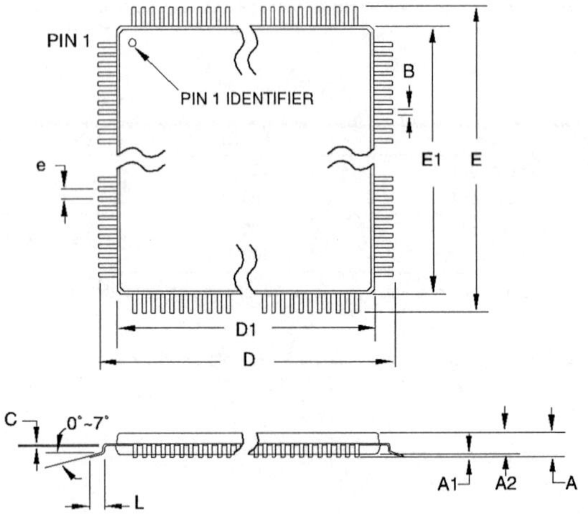

COMMON DIMENSIONS
(Unit of Measure = mm)

SYMBOL	MIN	NOM	MAX	NOTE
A	–	–	1.20	
A1	0.05	–	0.15	
A2	0.95	1.00	1.05	
D	15.75	16.00	16.25	
D1	13.90	14.00	14.10	Note 2
E	15.75	16.00	16.25	
E1	13.90	14.00	14.10	Note 2
B	0.17	–	0.27	
C	0.09	–	0.20	
L	0.45	–	0.75	
e	0.50 TYP			

Notes:
1. This package conforms to JEDEC reference MS-026, Variation AED.
2. Dimensions D1 and E1 do not include mold protrusion. Allowable protrusion is 0.25 mm per side. Dimensions D1 and E1 are maximum plastic body size dimensions including mold mismatch.
3. Lead coplanarity is 0.08 mm maximum.

10/5/2001

	TITLE	DRAWING NO.	REV.
ATMEL 2325 Orchard Parkway San Jose, CA 95131	**100A,** 100-lead, 14 x 14 mm Body Size, 1.0 mm Body Thickness, 0.5 mm Lead Pitch, Thin Profile Plastic Quad Flat Package (TQFP)	100A	C

64A

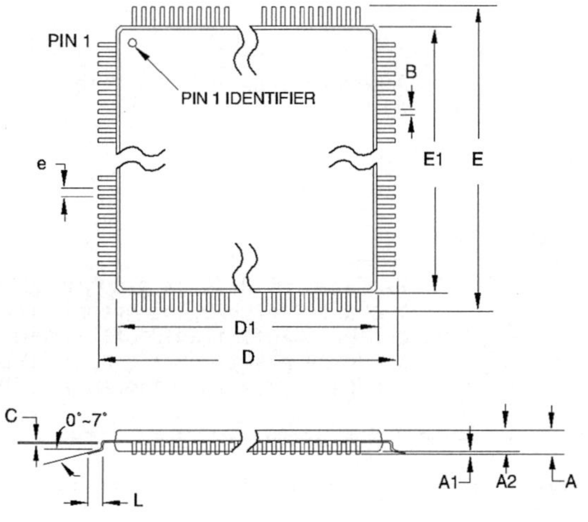

COMMON DIMENSIONS
(Unit of Measure = mm)

SYMBOL	MIN	NOM	MAX	NOTE
A	–	–	1.20	
A1	0.05	–	0.15	
A2	0.95	1.00	1.05	
D	15.75	16.00	16.25	
D1	13.90	14.00	14.10	Note 2
E	15.75	16.00	16.25	
E1	13.90	14.00	14.10	Note 2
B	0.30	–	0.45	
C	0.09	–	0.20	
L	0.45	–	0.75	
e		0.80 TYP		

Notes:
1. This package conforms to JEDEC reference MS-026, Variation AEB.
2. Dimensions D1 and E1 do not include mold protrusion. Allowable protrusion is 0.25 mm per side. Dimensions D1 and E1 are maximum plastic body size dimensions including mold mismatch.
3. Lead coplanarity is 0.10 mm maximum.

10/5/2001

2325 Orchard Parkway San Jose, CA 95131	TITLE: **64A,** 64-lead, 14 x 14 mm Body Size, 1.0 mm Body Thickness, 0.8 mm Lead Pitch, Thin Profile Plastic Quad Flat Package (TQFP)	DRAWING NO.: 64A	REV.: B

<부록 2> 키트 테스트 프로그램 kit_test.asm의 소스

```
;[][][][][][][][][][][][][][][][][][][][][][][][][][][][][][][][][][]
;[]                                                                []
;[]      System Diagnostic Program for "OK-2561" Kit V1.0          []
;[]                                                                []
;[][][][][][][][][][][][][][][][][][][][][][][][][][][][][][][][][][]
;
;            Designed and programmed by Duck-Yong Yoon in 2006.
;
;-------------------------------------------------
;       Include Header File
;-------------------------------------------------
.nolist
.include "m2561def.inc"                 ; ATmega2561 definition file
.list

.dseg
        .org    0x0200
;-------------------------------------------------
;       Variables for Graphic LCD Module
;-------------------------------------------------
Xcharacter:     .byte   1               ; X character(0-7) of graphic LCD module
Ycharacter:     .byte   1               ; Y character(0-19) of graphic LCD module
CURSOR_FLAG:    .byte   1               ; cursor on/off flag(0=off, 1=on)
Xcursor:        .byte   1               ; X cursor position of graphic LCD module
Ycursor:        .byte   1               ; Y cursor position of graphic LCD module

;==================================================================
;       Main Program
;==================================================================
.cseg
        .org    0x0000
        JMP     RESET                   ; power-on reset entry point

        .org    0x0032
        JMP     USART0_RXC              ; USART0 Rx Complete

RESET:  LDI     AH,high(RAMEND)         ; initialize SP
        LDI     AL,low(RAMEND)
        OUT     SPH,AH
        OUT     SPL,AL

        CALL    INIT_MCU                ; initialize MCU and kit
        CALL    D50MS                   ; wait for system stabilization
        CALL    INIT_LCD                ; initialize text LCD

        CALL    CLEAR_SCREEN            ; clear graphic LCD screen
        CLR     AL                      ; cursor off
        STS     CURSOR_FLAG,AL

;-------------------------------------------------
;       Boot and Display Logo
;-------------------------------------------------
        CALL    LCD_HOME1               ; display logo 1 on text LCD
        CALL    LCD_STRING
        .db     "   OK-2561 V1.0   ",0,0
        CALL    LCD_HOME2
        CALL    LCD_STRING
        .db     " ATmega2561-16AU",0,0

        CALL    BUZZER_ON               ; buzzer on
        LDI     AL,0b00010000           ; LED1 on
```

```
        OUT     PORTB,AL
        CALL    D200MS
        LDI     AL,0b00100000           ; LED2 on
        OUT     PORTB,AL
        CALL    D200MS
        LDI     AL,0b01000000           ; LED3 on
        OUT     PORTB,AL
        CALL    D200MS
        LDI     AL,0b10000000           ; LED4 on
        OUT     PORTB,AL
        CALL    D200MS
        LDI     AL,0b00000000           ; all LED off
        OUT     PORTB,AL
        CALL    BUZZER_OFF              ; buzzer off
        CALL    D2SEC

        CALL    LCD_HOME2               ; display logo 2
        CALL    LCD_STRING
        .db     "D.Y.Yoon in 2006",0,0
        CALL    D2SEC

;-----------------------------------------------
;       TEST 1 : Test Graphic LCD Module
;-----------------------------------------------
TEST1:  CALL    LCD_HOME1               ; display test
        CALL    LCD_STRING
        .db     "Graphic LCD TEST",0,0
        CALL    LCD_HOME2
        CALL    LCD_STRING
        .db     "ASCII characters",0,0
        CALL    BEEP

        CALL    GLCD_HOME0              ; display screen 1
        CALL    GLCD_STRING
        .db     "  OK-2561 Kit V1.0  ",0,0
        CALL    GLCD_HOME1
        CALL    GLCD_STRING
        .db     "     2006/10/01     ",0,0
        CALL    GLCD_HOME2
        CALL    GLCD_STRING
        .db     "                    ",0,0
        CALL    GLCD_HOME3
        CALL    GLCD_STRING
        .db     "     Designed by    ",0,0
        CALL    GLCD_HOME4
        CALL    GLCD_STRING
        .db     "   Duck-Yong Yoon.  ",0,0
        CALL    GLCD_HOME5
        CALL    GLCD_STRING
        .db     "                    ",0,0
        CALL    GLCD_HOME6
        CALL    GLCD_STRING
        .db     "      Made by       ",0,0
        CALL    GLCD_HOME7
        CALL    GLCD_STRING
        .db     " Ohm Publishing Co. ",0,0
        CALL    D5SEC

        CALL    GLCD_HOME0              ; display screen 2
        CALL    GLCD_STRING
        .db     "     Hyundai LCD    ",0,0
        CALL    GLCD_HOME1
        CALL    GLCD_STRING
        .db     "     HG12605NY-LY   ",0,0
        CALL    GLCD_HOME2
        CALL    GLCD_STRING
```

```
        .db     "                    ",0,0
        CALL    GLCD_HOME3
        CALL    GLCD_STRING
        .db     "    Yellow/Green    ",0,0
        CALL    GLCD_HOME4
        CALL    GLCD_STRING
        .db     "   LED Backlight    ",0,0
        CALL    GLCD_HOME5
        CALL    GLCD_STRING
        .db     "                    ",0,0
        CALL    GLCD_HOME6
        CALL    GLCD_STRING
        .db     "128 x 64 Graphic LCD",0,0
        CALL    GLCD_HOME7
        CALL    GLCD_STRING
        .db     " 6x8 Box, 5x7 ASCII ",0,0
        CALL    D5SEC

        CALL    GLCD_HOME0              ; display screen 3
        CALL    GLCD_STRING
        .db     "====================",0,0
        CALL    GLCD_HOME1
        CALL    GLCD_STRING
        .db     "  ASCII Characters  ",0,0
        CALL    GLCD_HOME2
        CALL    GLCD_STRING
        .db     "====================",0,0
        CALL    GLCD_HOME7
        CALL    GLCD_STRING
        .db     "                    ",0,0

        CALL    GLCD_HOME3              ; from 0x20 to 0x7E
        LDI     CL,95
        LDI     DL,0x20
TEST1A: MOV     LCD_BUFFER,DL
        CALL    GLCD_CHARACTER
        INC     DL
        DEC     CL
        BRNE    TEST1A
        CALL    D5SEC
        CALL    CLEAR_SCREEN            ; clear graphic LCD screen

;---------------------------------------------
;       TEST 2 : Test Key Input
;---------------------------------------------
TEST2:  CALL    LCD_HOME1               ; display test
        CALL    LCD_STRING
        .db     " KEY INPUT TEST ",0,0
        CALL    LCD_HOME2
        CALL    LCD_STRING
        .db     " Press KEY1-4 ! ",0,0
        CALL    BEEP

        LDI     CL,150                  ; loop = 150 times
READ_KEY:CALL   KEY_CHECK               ; input key
        CPI     AL,0b11100000           ; if KEY1, display KEY1 message
        BRNE    CK_KEY2
        CALL    LCD_HOME2
        CALL    LCD_STRING
        .db     "   KEY1 is OK.  ",0,0
        JMP     TEST2X

CK_KEY2:CPI     AL,0b11010000           ; if KEY2, display KEY2 message
        BRNE    CK_KEY3
        CALL    LCD_HOME2
        CALL    LCD_STRING
```

```
        .db     "    KEY2 is OK.  ",0,0
        JMP     TEST2X

CK_KEY3:CPI     AL,0b10110000           ; if KEY3, display KEY3 message
        BRNE    CK_KEY4
        CALL    LCD_HOME2
        CALL    LCD_STRING
        .db     "    KEY3 is OK.  ",0,0
        JMP     TEST2X

CK_KEY4:CPI     AL,0b01110000           ; if KEY4, display KEY4 message
        BRNE    TEST2X
        CALL    LCD_HOME2
        CALL    LCD_STRING
        .db     "    KEY4 is OK.  ",0,0

TEST2X: COM     AL                      ; display LED
        ANDI    AL,0b11110000
        OUT     PORTB,AL
        CALL    D50MS
        DEC     CL
        BREQ    TEST2Y
        RJMP    READ_KEY

TEST2Y: LDI     AL,0b00000000           ; clear LED
        OUT     PORTB,AL

;-----------------------------------------------
;       TEST 3 : Speaker Sound
;-----------------------------------------------
TEST3:  CALL    LCD_HOME1               ; display test
        CALL    LCD_STRING
        .db     "   SPEAKER TEST  ",0,0
        CALL    LCD_HOME2
        CALL    LCD_STRING
        .db     " Do Re Mi Fa ...",0,0
        CALL    D1SEC

        LDI     AL,4                    ; tempo = 4
        CALL    SET_TEMPO
        CALL    MIC
        CALL    NOTE4
        CALL    MID
        CALL    NOTE4
        CALL    MIE
        CALL    NOTE4
        CALL    MIF
        CALL    NOTE4
        CALL    MIG
        CALL    NOTE4
        CALL    MIA
        CALL    NOTE4
        CALL    MIB
        CALL    NOTE4
        CALL    HIC
        CALL    NOTE2
        CALL    REST4

        CALL    LCD_HOME2
        CALL    LCD_STRING
        .db     " Do Si Ra Sol...",0,0
        CALL    HIC
        CALL    NOTE4
        CALL    MIB
        CALL    NOTE4
        CALL    MIA
```

```
        CALL    NOTE4
        CALL    MIG
        CALL    NOTE4
        CALL    MIF
        CALL    NOTE4
        CALL    MIE
        CALL    NOTE4
        CALL    MID
        CALL    NOTE4
        CALL    MIC
        CALL    NOTE2
        CALL    REST4

;---------------------------------------------
;       TEST 4 : Test A/D Converter
;---------------------------------------------
TEST4:  CALL    LCD_HOME1               ; display test
        CALL    LCD_STRING
        .db     "A/D(LM35DZ) TEST",0,0
        CALL    LCD_HOME2
        CALL    LCD_STRING
        .db     "ADC2=000H=00.0",0xDF,"C",0,0
        CALL    BEEP

        LDI     AL,0b10000101           ; ADC enable, 500kHz
        STS     ADCSRA,AL
        LDI     AL,0b00000000
        STS     ADCSRB,AL
        LDI     AL,0b01000010           ; select ADC2 with AVCC
        STS     ADMUX,AL                ; (single ended)
        CALL    D50US
        CALL    D100US

        LDI     CH,20                   ; display 10 sec
TEST4A1:LDI     CL,16                   ; read ADC by 16 times
        CLR     BH                      ; clear sum
        CLR     BL
TEST4A2:LDI     AL,0b11010101           ; start conversion and clear ADIF
        STS     ADCSRA,AL
        NOP
TEST4A3:LDS     AL,ADCSRA               ; conversion complete ?
        SBRS    AL,ADIF
        JMP     TEST4A3
        LDS     AL,ADCL                 ; ADCL must be read first, then ADCH
        LDS     AH,ADCH
        ADD     BL,AL                   ; add A/D result 16 times
        ADC     BH,AH
        CALL    D1MS
        DEC     CL
        BRNE    TEST4A2
        LSR     BH                      ; divide sum by 16
        ROR     BL
        LSR     BH
        ROR     BL
        LSR     BH
        ROR     BL
        LSR     BH
        ROR     BL
        LDI     LCD_BUFFER,0xC4         ; display in HEX
        CALL    LCD_COMMAND
        MOV     AH,BH
        MOV     AL,BL
        CALL    LCD_4HEX
        LDI     LCD_BUFFER,0xC4
        CALL    LCD_COMMAND
        LDI     LCD_BUFFER,'='
```

```
        CALL    LCD_DATA
        LDI     LCD_BUFFER,0xCA         ; display in temperature(XX.X)
        CALL    LCD_COMMAND
        LDI     AH,high(1000)           ; Temp = ADC2*100/1024
        LDI     AL,low(1000)
        CALL    MUL16
        LDI     DH,high(1024)
        LDI     DL,low(1024)
        CALL    DIV16
        LDI     BL,100
        CALL    DIV8
        MOV     LCD_BUFFER,AL
        ORI     LCD_BUFFER,'0'
        CALL    LCD_DATA
        MOV     AL,AH
        CLR     AH
        LDI     BL,10
        CALL    DIV8
        MOV     LCD_BUFFER,AL
        ORI     LCD_BUFFER,'0'
        CALL    LCD_DATA
        LDI     LCD_BUFFER,'.'
        CALL    LCD_DATA
        MOV     LCD_BUFFER,AH
        ORI     LCD_BUFFER,'0'
        CALL    LCD_DATA
        CALL    D500MS
        DEC     CH
        BREQ    TEST4B
        JMP     TEST4A1

TEST4B: CALL    LCD_HOME1               ; display test
        CALL    LCD_STRING
        .db     " A/D(VR1)  TEST ",0,0
        CALL    LCD_HOME2
        CALL    LCD_STRING
        .db     "ADC3=000H=0.0[V]",0,0
        CALL    BEEP

        LDI     AL,0b01000011           ; select ADC3 with AVCC
        STS     ADMUX,AL                ; (single ended)
        CALL    D50US
        CALL    D100US

        LDI     CH,20                   ; display 10 sec
TEST4B1:LDI     CL,16                   ; read ADC by 16 times
        CLR     BH                      ; clear sum
        CLR     BL
TEST4B2:LDI     AL,0b11010101           ; start conversion and clear ADIF
        STS     ADCSRA,AL
        NOP
TEST4B3:LDS     AL,ADCSRA               ; conversion complete ?
        SBRS    AL,ADIF
        JMP     TEST4B3
        LDS     AL,ADCL                 ; ADCL must be read first, then ADCH
        LDS     AH,ADCH
        ADD     BL,AL                   ; add A/D result 16 times
        ADC     BH,AH
        CALL    D1MS
        DEC     CL
        BRNE    TEST4B2
        LSR     BH                      ; divide sum by 16
        ROR     BL
        LSR     BH
        ROR     BL
        LSR     BH
```

```
        ROR     BL
        LSR     BH
        ROR     BL
        LDI     LCD_BUFFER,0xC4         ; display in HEX
        CALL    LCD_COMMAND
        MOV     AH,BH
        MOV     AL,BL
        CALL    LCD_4HEX
        LDI     LCD_BUFFER,0xC4
        CALL    LCD_COMMAND
        LDI     LCD_BUFFER,'='
        CALL    LCD_DATA
        LDI     LCD_BUFFER,0xCA         ; display in voltage(X.X)
        CALL    LCD_COMMAND
        LDI     AH,high(50)             ; Volt = ADC3*5/1024
        LDI     AL,low(50)
        CALL    MUL16
        LDI     DH,high(1024)
        LDI     DL,low(1024)
        CALL    DIV16
        LDI     BL,10                   ; calculate X.X
        CALL    DIV8
        ORI     AL,'0'
        MOV     LCD_BUFFER,AL
        CALL    LCD_DATA
        LDI     LCD_BUFFER,'.'
        CALL    LCD_DATA
        MOV     LCD_BUFFER,AH
        ORI     LCD_BUFFER,'0'
        CALL    LCD_DATA
        CALL    D500MS
        DEC     CH
        BREQ    TEST5
        JMP     TEST4B1

;---------------------------------------------
;       TEST 5 : Test D/A Converter
;---------------------------------------------
TEST5:  CALL    LCD_HOME1               ; display test
        CALL    LCD_STRING
        .db     "DAC0800 D/A TEST",0,0

TEST5A: CALL    LCD_HOME2               ; triangular wave
        CALL    LCD_STRING
        .db     "Triangular Wave ",0,0
        CALL    BEEP

        LDI     CH,10                   ; output for 10 sec(about 200 Hz)
TEST5A1:LDI     CL,200
TEST5A2:LDI     ZL,byte3(TRI_TABLE << 1); start address of triangular table
        OUT     RAMPZ,ZL
        LDI     ZH,high(TRI_TABLE << 1)
        LDI     ZL,low(TRI_TABLE << 1)
        LDI     BL,100
TEST5A3:ELPM    AL,Z+                   ; read data
        OUT     PORTB,AL                ; output D/A
        CALL    D50US
        DEC     BL
        BRNE    TEST5A3
        DEC     CL
        BRNE    TEST5A2
        DEC     CH
        BRNE    TEST5A1

TEST5B: CALL    LCD_HOME2               ; sine wave
        CALL    LCD_STRING
```

```
        .db     "   Sine Wave    ",0,0
        CALL    BEEP

        LDI     CH,10                   ; output for 10 sec(about 200 Hz)
TEST5B1:LDI     CL,200
TEST5B2:LDI     ZL,byte3(SIN_TABLE << 1); start address of sine table
        OUT     RAMPZ,ZL
        LDI     ZH,high(SIN_TABLE << 1)
        LDI     ZL,low(SIN_TABLE << 1)
        LDI     BL,100
TEST5B3:ELPM    AL,Z+                   ; read data
        OUT     PORTB,AL                ; output D/A
        CALL    D50US
        DEC     BL
        BRNE    TEST5B3
        DEC     CL
        BRNE    TEST5B2
        DEC     CH
        BRNE    TEST5B1

        LDI     AL,0x00                 ; output 0x00 to D/A
        OUT     PORTB,AL

        JMP     TEST6

TRI_TABLE:                              ; triangular wave data table
        .db     $80,$84,$88,$8C,$90,$94,$98,$9C,$A0,$A4
        .db     $A8,$AC,$B0,$B4,$B8,$BC,$C0,$C4,$C8,$CC
        .db     $D0,$D4,$D8,$DC,$E0,$E4,$E0,$DC,$D8,$D4
        .db     $D0,$CC,$C8,$C4,$C0,$BC,$B8,$B4,$B0,$AC
        .db     $A8,$A4,$A0,$9C,$98,$94,$90,$8C,$88,$84
        .db     $80,$7C,$78,$74,$70,$6C,$68,$64,$60,$5C
        .db     $58,$54,$50,$4C,$48,$44,$40,$3C,$38,$34
        .db     $30,$2C,$28,$24,$20,$1C,$20,$24,$28,$2C
        .db     $30,$34,$38,$3C,$40,$44,$48,$4C,$50,$54
        .db     $58,$5C,$60,$64,$68,$6C,$70,$74,$78,$7C

SIN_TABLE:                              ; sine wave data table
        .db     $80,$88,$90,$98,$A0,$A7,$AF,$B6,$BD,$C4
        .db     $CB,$D1,$D7,$DD,$E2,$E7,$EB,$EF,$F3,$F6
        .db     $F9,$FB,$FD,$FE,$FF,$FF,$FF,$FE,$FD,$FB
        .db     $F9,$F6,$F3,$EF,$EB,$E7,$E2,$DD,$D7,$D1
        .db     $CB,$C4,$BD,$B6,$AF,$A7,$A0,$98,$90,$88
        .db     $80,$78,$70,$68,$60,$59,$51,$4A,$43,$3C
        .db     $35,$2F,$29,$23,$1E,$19,$15,$11,$0D,$0A
        .db     $07,$05,$03,$02,$01,$01,$01,$02,$03,$05
        .db     $07,$0A,$0D,$11,$15,$19,$1E,$23,$29,$2F
        .db     $35,$3C,$43,$4A,$51,$59,$60,$68,$70,$78

;---------------------------------------------------
;       TEST 6 : Test RS-232C by USART0
;---------------------------------------------------
TEST6:  CALL    LCD_HOME1               ; display test
        CALL    LCD_STRING
        .db     "  RS-232C TEST  ",0,0
        CALL    LCD_HOME2
        CALL    LCD_STRING
        .db     "USART0 testing..",0,0
        CALL    BEEP
        CALL    D2SEC

        CALL    LCD_HOME2
        CALL    LCD_STRING
        .db     "USART0  not OK !",0,0

        LDI     AH,high(51)             ; 19200 baud
```

```
        LDI     AL,low(51)
        STS     UBRR0H,AH
        STS     UBRR0L,AL
        LDI     AL,0b00000000           ; asynchronous normal mode
        STS     UCSR0A,AL
        LDI     AL,0b10011000           ; receiver/transmitter enable, 8 data
        STS     UCSR0B,AL               ; Rx interrupt enable
        LDI     AL,0b00000110           ; no parity, 1 stop, 8 data
        STS     UCSR0C,AL
        NOP
        LDS     AL,UDR0                 ; dummy read
        SEI                             ; global interrupt enable

        LDI     LCD_BUFFER,0xC0         ; cursor home 2
        CALL    LCD_COMMAND
        CALL    TX0_STRING              ; transmit test message
        .db     "USART0 test OK !",0,0
        CALL    D2SEC                   ; wait for receiving and displaying data
        CLI                             ; global interrupt disable

;---------------------------------------------
;       TEST 7 : Test 7-Segment LED
;---------------------------------------------
TEST7:  CALL    LCD_HOME1               ; display test
        CALL    LCD_STRING
        .db     " 7-SEG LED TEST ",0,0
        CALL    LCD_HOME2
        CALL    LCD_STRING
        .db     "   same numbers  ",0,0
        CALL    BEEP

        LDI     AL,0b11111111           ; select all digits
        STS     DIG_SELECT,AL
        LDI     AL,0b11111100           ; 0
        STS     LCD_DATABUS,AL
        CALL    D500MS
        LDI     AL,0b01100000           ; 1
        STS     LCD_DATABUS,AL
        CALL    D500MS
        LDI     AL,0b11011010           ; 2
        STS     LCD_DATABUS,AL
        CALL    D500MS
        LDI     AL,0b11110010           ; 3
        STS     LCD_DATABUS,AL
        CALL    D500MS
        LDI     AL,0b01100110           ; 4
        STS     LCD_DATABUS,AL
        CALL    D500MS
        LDI     AL,0b10110110           ; 5
        STS     LCD_DATABUS,AL
        CALL    D500MS
        LDI     AL,0b10111110           ; 6
        STS     LCD_DATABUS,AL
        CALL    D500MS
        LDI     AL,0b11100100           ; 7
        STS     LCD_DATABUS,AL
        CALL    D500MS
        LDI     AL,0b11111110           ; 8
        STS     LCD_DATABUS,AL
        CALL    D500MS
        LDI     AL,0b11110110           ; 9
        STS     LCD_DATABUS,AL
        CALL    D500MS
        LDI     AL,0b00000001           ; .
        STS     LCD_DATABUS,AL
        CALL    D1SEC
```

```
        CALL    LCD_HOME2
        CALL    LCD_STRING
        .db     "different number",0,0

        LDI     CH,5                    ; display 4 sec = 5*100*8 ms
TEST7A: LDI     CL,100
TEST7B: LDI     AL,0b01100000           ; digit8 = 1
        STS     LCD_DATABUS,AL
        LDI     AL,0b10000000
        STS     DIG_SELECT,AL
        CALL    D1MS
        LDI     AL,0b11011010           ; digit7 = 2
        STS     LCD_DATABUS,AL
        LDI     AL,0b01000000
        STS     DIG_SELECT,AL
        CALL    D1MS
        LDI     AL,0b11110010           ; digit6 = 3
        STS     LCD_DATABUS,AL
        LDI     AL,0b00100000
        STS     DIG_SELECT,AL
        CALL    D1MS
        LDI     AL,0b01100110           ; digit5 = 4
        STS     LCD_DATABUS,AL
        LDI     AL,0b00010000
        STS     DIG_SELECT,AL
        CALL    D1MS
        LDI     AL,0b10110110           ; digit4 = 5
        STS     LCD_DATABUS,AL
        LDI     AL,0b00001000
        STS     DIG_SELECT,AL
        CALL    D1MS
        LDI     AL,0b10111110           ; digit3 = 6
        STS     LCD_DATABUS,AL
        LDI     AL,0b00000100
        STS     DIG_SELECT,AL
        CALL    D1MS
        LDI     AL,0b11100100           ; digit2 = 7
        STS     LCD_DATABUS,AL
        LDI     AL,0b00000010
        STS     DIG_SELECT,AL
        CALL    D1MS
        LDI     AL,0b11111110           ; digit1 = 8
        STS     LCD_DATABUS,AL
        LDI     AL,0b00000001
        STS     DIG_SELECT,AL
        CALL    D1MS
        DEC     CL
        BREQ    TEST7C
        JMP     TEST7B
TEST7C: DEC     CH
        BREQ    TEST7D
        JMP     TEST7A
TEST7D: LDI     AL,0b00000000           ; clear 7-segment LED
        STS     DIG_SELECT,AL

;-----------------------------------------------
;       TEST 8 : Test 62256 External SRAM
;-----------------------------------------------
TEST8:  CALL    LCD_HOME1               ; display test
        CALL    LCD_STRING
        .db     "62256 SRAM  TEST",0,0
        CALL    LCD_HOME2
        CALL    LCD_STRING
        .db     " 0000H test OK! ",0,0
        CALL    BEEP
```

```
        LDI     XH,high(0x8000)         ; SRAM start address
        LDI     XL,low(0x8000)

TEST8A: LDI     LCD_BUFFER,0xC1         ; display test address
        CALL    LCD_COMMAND
        MOV     AH,XH
        MOV     AL,XL
        CALL    LCD_4HEX
        LDI     AH,0x55                 ; test data 0x55
        ST      X,AH
        NOP
        LD      AL,X
        CP      AL,AH
        BRNE    RAM_ERR
        LDI     AH,0xAA                 ; test data 0xAA
        ST      X,AH
        NOP
        LD      AL,X+
        CP      AL,AH
        BRNE    RAM_ERR
        MOV     AL,XL
        OR      AL,XH
        CPI     AL,0x00
        BRNE    TEST8A
        CALL    D1SEC
        JMP     TEST_END

RAM_ERR:LDI     LCD_BUFFER,0xC6         ; display error message
        CALL    LCD_COMMAND
        CALL    LCD_STRING
        .db     "   00H/00H ",0,0
        LDI     LCD_BUFFER,0xC8
        CALL    LCD_COMMAND
        MOV     LCD_BUFFER,AH
        CALL    LCD_2HEX
        LDI     LCD_BUFFER,0xCC
        CALL    LCD_COMMAND
        MOV     LCD_BUFFER,AL
        CALL    LCD_2HEX
        CALL    ERROR                   ; error beep
        CALL    D5SEC

TEST_END:CALL   LCD_HOME1               ; display test end message
        CALL    LCD_STRING
        .db     "  All test end.  ",0,0
        CALL    LCD_HOME2
        CALL    LCD_STRING
        .db     "                 ",0,0
        CALL    D2SEC

        JMP     TEST1

;===================================================================
;       Graphic LCD Display Subroutine
;===================================================================
;-------------------------------------------------
;       Clear Graphic LCD Screen
;-------------------------------------------------
CLEAR_SCREEN:
        LDI     AL,0b00000000           ; clear all control signals
        STS     LCD_CONTROL,AL
        LDI     AL,0b11000000           ; CS1,CS2 display ON
        LDI     LCD_BUFFER,0b00111111
        CALL    GLCD_COMMAND
        LDI     AL,0b11000000           ; CS1,CS2 display start line
```

```
        LDI     LCD_BUFFER,0b11000000
        CALL    GLCD_COMMAND

        LDI     BL,0b10111000           ; X start address
        LDI     CH,8
CLEAR_S1:LDI    BH,0b01000000           ; Y start address
        LDI     AL,0b11000000           ; CS1,CS2 X address
        MOV     LCD_BUFFER,BL
        CALL    GLCD_COMMAND
        LDI     AL,0b11000000           ; CS1,CS2 Y address
        MOV     LCD_BUFFER,BH
        CALL    GLCD_COMMAND
        LDI     CL,64
CLEAR_S2:LDI    AL,0b11000000           ; clear CS1 and CS2
        LDI     LCD_BUFFER,0x00
        CALL    GLCD_DATA
        DEC     CL
        BRNE    CLEAR_S2
        INC     BL
        DEC     CH
        BRNE    CLEAR_S1
        RET

;----------------------------------------------
;       Set Graphic LCD Display Position
;----------------------------------------------
GLCD_HOME0:LDI  AL,0
        STS     Xcharacter,AL
        LDI     AL,0
        STS     Ycharacter,AL
        RJMP    GLCD_XY
GLCD_HOME1:LDI  AL,1
        STS     Xcharacter,AL
        LDI     AL,0
        STS     Ycharacter,AL
        RJMP    GLCD_XY
GLCD_HOME2:LDI  AL,2
        STS     Xcharacter,AL
        LDI     AL,0
        STS     Ycharacter,AL
        RJMP    GLCD_XY
GLCD_HOME3:LDI  AL,3
        STS     Xcharacter,AL
        LDI     AL,0
        STS     Ycharacter,AL
        RJMP    GLCD_XY
GLCD_HOME4:LDI  AL,4
        STS     Xcharacter,AL
        LDI     AL,0
        STS     Ycharacter,AL
        RJMP    GLCD_XY
GLCD_HOME5:LDI  AL,5
        STS     Xcharacter,AL
        LDI     AL,0
        STS     Ycharacter,AL
        RJMP    GLCD_XY
GLCD_HOME6:LDI  AL,6
        STS     Xcharacter,AL
        LDI     AL,0
        STS     Ycharacter,AL
        RJMP    GLCD_XY
GLCD_HOME7:LDI  AL,7
        STS     Xcharacter,AL
        LDI     AL,0
        STS     Ycharacter,AL
```

```
GLCD_XY:LDS     AL,Xcharacter              ; Xcharacter (0-7)
        LDI     LCD_BUFFER,0b10111000
        ADD     LCD_BUFFER,AL
        LDI     AL,0b11000000
        CALL    GLCD_COMMAND
        LDS     AL,Ycharacter              ; Ycharacter (0-19)
        CPI     AL,10
        BRSH    GLCD_XY1
        PUSH    R0
        PUSH    R1
        LDI     AH,6                       ; if Ycharacter =< 9, CS1 Ycharacter
        MUL     AL,AH
        LDI     LCD_BUFFER,0b01000000
        ADD     LCD_BUFFER,R0
        LDI     AL,4
        ADD     LCD_BUFFER,AL
        LDI     AL,0b01000000
        CALL    GLCD_COMMAND
        POP     R1
        POP     R0
        RET
GLCD_XY1:PUSH   R0
        PUSH    R1
        SUBI    AL,10                      ; if Ycharacter >= 10, CS2 Ycharacter
        LDI     AH,6
        MUL     AL,AH
        LDI     LCD_BUFFER,0b01000000
        ADD     LCD_BUFFER,R0
        LDI     AL,0b10000000
        CALL    GLCD_COMMAND
        POP     R1
        POP     R0
        RET

;------------------------------------------------
;       Write a Command (AL, LCD_BUFFER)
;------------------------------------------------
GLCD_COMMAND:
        PUSH    AL
        ANDI    AL,0b11000000              ; clear all signals except CS1, CS2
        STS     LCD_CONTROL,AL             ; D/-I = 0
        PUSH    R0                         ; delay for 500 ns
        POP     R0
        PUSH    R0
        POP     R0
        STS     LCD_DATABUS,LCD_BUFFER     ; write command
        ORI     AL,0b00100000              ; E = 1
        STS     LCD_CONTROL,AL
        PUSH    R0                         ; delay for 500 ns
        POP     R0
        PUSH    R0
        POP     R0
        ANDI    AL,0b11011111              ; E = 0
        STS     LCD_CONTROL,AL
        LDI     AL,0b00000000              ; clear all control signals
        STS     LCD_CONTROL,AL
        CALL    D10US                      ; wait for GLCD busy
        POP     AL
        RET

;------------------------------------------------
;       Write a Data (AL, LCD_BUFFER)
;------------------------------------------------
GLCD_DATA:PUSH  AL
        ANDI    AL,0b11000000              ; clear all signals except CS1, CS2
        ORI     AL,0b00010000              ; D/-I = 1
```

```
        STS     LCD_CONTROL,AL
        PUSH    R0                      ; delay for 500 ns
        POP     R0
        PUSH    R0
        POP     R0
        STS     LCD_DATABUS,LCD_BUFFER  ; write data
        ORI     AL,0b00100000           ; E = 1
        STS     LCD_CONTROL,AL
        PUSH    R0                      ; delay for 500 ns
        POP     R0
        PUSH    R0
        POP     R0
        ANDI    AL,0b11011111           ; E = 0
        STS     LCD_CONTROL,AL
        LDI     AL,0b00000000           ; clear all control signals
        STS     LCD_CONTROL,AL
        CALL    D10US                   ; wait for GLCD busy
        POP     AL
        RET

;---------------------------------------------
;       Display a 6x8 Dot ASCII Character(LCD_BUFFER)
;---------------------------------------------
GLCD_CHARACTER:
        PUSH    R0                      ; store registers
        PUSH    R1
        PUSH    AL
        PUSH    AH
        PUSH    BL
        PUSH    BH
        PUSH    ZL
        PUSH    ZH

        PUSH    LCD_BUFFER
        CALL    GLCD_XY                 ; go display position
        POP     LCD_BUFFER

        CPI     LCD_BUFFER,0x7F         ; if ASCII >= 0x7F, space character
        BRSH    GLCD_CH1
        CPI     LCD_BUFFER,0x20         ; if ASCII < 0x20, space character
        BRSH    GLCD_CH2
GLCD_CH1:LDI    LCD_BUFFER,0x20
GLCD_CH2:LDI    AH,byte3(FONT << 1)     ; start address of character font
        LDI     ZH,high(FONT << 1)
        LDI     ZL,low(FONT << 1)
        SUBI    LCD_BUFFER,0x20         ; from 0x20 to 0x7E
        LDI     AL,6
        MUL     AL,LCD_BUFFER
        ADD     ZL,R0
        ADC     ZH,R1
        CLR     AL
        ADC     AH,AL
        OUT     RAMPZ,AH

        LDI     BL,5                    ; display 5-byte font
        LDS     AL,Ycharacter           ; CS1 or CS2 ?
        CPI     AL,10
        BRSH    GLCD_CH3
        LDI     AL,0b01000000
        RJMP    GLCD_CH4
GLCD_CH3:LDI    AL,0b10000000
GLCD_CH4:ELPM   LCD_BUFFER,Z+
        LDS     AH,CURSOR_FLAG          ; cursor on ?
        CPI     AH,0
        BREQ    GLCD_CH5
        LDS     AH,Xcharacter           ; Xcharacter = Xcursor ?
```

```
        LDS     BH,Xcursor
        CP      AH,BH
        BRNE    GLCD_CH5
        LDS     AH,Ycharacter           ; Ycharacter = Ycursor ?
        LDS     BH,Ycursor
        CP      AH,BH
        BRNE    GLCD_CH5
        ORI     LCD_BUFFER,0b10000000   ; if yes, display cursor
GLCD_CH5:CALL   GLCD_DATA
        DEC     BL
        BRNE    GLCD_CH4
        LDI     LCD_BUFFER,0b00000000   ; last byte 0x00
        CALL    GLCD_DATA

        LDS     AL,Ycharacter           ; go next character position
        INC     AL
        CPI     AL,20
        BRNE    GLCD_CH6
        LDS     AL,Xcharacter
        INC     AL
        STS     Xcharacter,AL
        CLR     AL
GLCD_CH6:STS    Ycharacter,AL

        POP     ZH                      ; restore registers
        POP     ZL
        POP     BH
        POP     BL
        POP     AH
        POP     AL
        POP     R1
        POP     R0
        RET

;----------------------------------------------
;       Display a String on Graphic LCD
;----------------------------------------------
GLCD_STRING:
        OUT     GPIOR0,ZL               ; store RAMPZ:ZH:ZL
        OUT     GPIOR1,ZH
        IN      ZL,RAMPZ
        OUT     GPIOR2,ZL
#if(defined(__ATmega2560__) || defined(__ATmega2561__))
        POP     RAMPZ_BUFFER            ; get start address of string(3-byte PC)
#else
        CLR     RAMPZ_BUFFER            ; get start address of string(2-byte PC)
#endif
        POP     ZH
        POP     ZL
        LSL     ZL                      ; convert into byte address
        ROL     ZH
        ROL     RAMPZ_BUFFER
        OUT     RAMPZ,RAMPZ_BUFFER
GLCD_ST1:ELPM   LCD_BUFFER,Z+           ; read a character. end string ?
        CPI     LCD_BUFFER,0
        BREQ    GLCD_ST2                ; if yes, return
        CALL    GLCD_CHARACTER          ; if no, display a character
        RJMP    GLCD_ST1
GLCD_ST2:SBRC   ZL,0                    ; if odd address, skip 1 address
        ELPM    LCD_BUFFER,Z+
        IN      RAMPZ_BUFFER,RAMPZ      ; convert into word address
        LSR     RAMPZ_BUFFER
        ROR     ZH
        ROR     ZL
        PUSH    ZL                      ; store new return address
        PUSH    ZH
```

```
#if(defined(__ATmega2560__) || defined(__ATmega2561__))
        PUSH    RAMPZ_BUFFER
#endif
        IN      ZL,GPIOR2               ; restore RAMPZ:ZH:ZL
        OUT     RAMPZ,ZL
        IN      ZH,GPIOR1
        IN      ZL,GPIOR0
        RET

;======================================================================
;       5x7 ASCII Character Font Data (6x8 Character Box)
;======================================================================
FONT:   .db     0x00,0x00,0x00,0x00,0x00,0    ; 0x20 space
        .db     0x00,0x00,0x4F,0x00,0x00,0    ; 0x21 !
        .db     0x00,0x07,0x00,0x07,0x00,0    ; 0x22 "
        .db     0x14,0x7F,0x14,0x7F,0x14,0    ; 0x23 #
        .db     0x24,0x2A,0x7F,0x2A,0x12,0    ; 0x24 $
        .db     0x23,0x13,0x08,0x64,0x62,0    ; 0x25 %
        .db     0x36,0x49,0x55,0x22,0x50,0    ; 0x26 &
        .db     0x00,0x05,0x03,0x00,0x00,0    ; 0x27 '
        .db     0x00,0x1C,0x22,0x41,0x00,0    ; 0x28 (
        .db     0x00,0x41,0x22,0x1C,0x00,0    ; 0x29 )
        .db     0x14,0x08,0x3E,0x08,0x14,0    ; 0x2A *
        .db     0x08,0x08,0x3E,0x08,0x08,0    ; 0x2B +
        .db     0x00,0x50,0x30,0x00,0x00,0    ; 0x2C ,
        .db     0x08,0x08,0x08,0x08,0x08,0    ; 0x2D -
        .db     0x00,0x60,0x60,0x00,0x00,0    ; 0x2E .
        .db     0x20,0x10,0x08,0x04,0x02,0    ; 0x2F /
        .db     0x3E,0x51,0x49,0x45,0x3E,0    ; 0x30 0
        .db     0x00,0x42,0x7F,0x40,0x00,0    ; 0x31 1
        .db     0x42,0x61,0x51,0x49,0x46,0    ; 0x32 2
        .db     0x21,0x41,0x45,0x4B,0x31,0    ; 0x33 3
        .db     0x18,0x14,0x12,0x7F,0x10,0    ; 0x34 4
        .db     0x27,0x45,0x45,0x45,0x39,0    ; 0x35 5
        .db     0x3C,0x4A,0x49,0x49,0x30,0    ; 0x36 6
        .db     0x01,0x71,0x09,0x05,0x03,0    ; 0x37 7
        .db     0x36,0x49,0x49,0x49,0x36,0    ; 0x38 8
        .db     0x06,0x49,0x49,0x29,0x1E,0    ; 0x39 9
        .db     0x00,0x36,0x36,0x00,0x00,0    ; 0x3A :
        .db     0x00,0x56,0x36,0x00,0x00,0    ; 0x3B ;
        .db     0x08,0x14,0x22,0x41,0x00,0    ; 0x3C <
        .db     0x14,0x14,0x14,0x14,0x14,0    ; 0x3D =
        .db     0x00,0x41,0x22,0x14,0x08,0    ; 0x3E >
        .db     0x02,0x01,0x51,0x09,0x06,0    ; 0x3F ?
        .db     0x32,0x49,0x79,0x41,0x3E,0    ; 0x40 @
        .db     0x7E,0x11,0x11,0x11,0x7E,0    ; 0x41 A
        .db     0x7F,0x49,0x49,0x49,0x36,0    ; 0x42 B
        .db     0x3E,0x41,0x41,0x41,0x22,0    ; 0x43 C
        .db     0x7F,0x41,0x41,0x22,0x1C,0    ; 0x44 D
        .db     0x7F,0x49,0x49,0x49,0x41,0    ; 0x45 E
        .db     0x7F,0x09,0x09,0x09,0x01,0    ; 0x46 F
        .db     0x3E,0x41,0x49,0x49,0x7A,0    ; 0x47 G
        .db     0x7F,0x08,0x08,0x08,0x7F,0    ; 0x48 H
        .db     0x00,0x41,0x7F,0x41,0x00,0    ; 0x49 I
        .db     0x20,0x40,0x41,0x3F,0x01,0    ; 0x4A J
        .db     0x7F,0x08,0x14,0x22,0x41,0    ; 0x4B K
        .db     0x7F,0x40,0x40,0x40,0x40,0    ; 0x4C L
        .db     0x7F,0x02,0x0C,0x02,0x7F,0    ; 0x4D M
        .db     0x7F,0x04,0x08,0x10,0x7F,0    ; 0x4E N
        .db     0x3E,0x41,0x41,0x41,0x3E,0    ; 0x4F O
        .db     0x7F,0x09,0x09,0x09,0x06,0    ; 0x50 P
        .db     0x3E,0x41,0x51,0x21,0x5E,0    ; 0x51 Q
        .db     0x7F,0x09,0x19,0x29,0x46,0    ; 0x52 R
        .db     0x26,0x49,0x49,0x49,0x32,0    ; 0x53 S
        .db     0x01,0x01,0x7F,0x01,0x01,0    ; 0x54 T
        .db     0x3F,0x40,0x40,0x40,0x3F,0    ; 0x55 U
```

```
        .db     0x1F,0x20,0x40,0x20,0x1F,0          ; 0x56 V
        .db     0x3F,0x40,0x38,0x40,0x3F,0          ; 0x57 W
        .db     0x63,0x14,0x08,0x14,0x63,0          ; 0x58 X
        .db     0x07,0x08,0x70,0x08,0x07,0          ; 0x59 Y
        .db     0x61,0x51,0x49,0x45,0x43,0          ; 0x5A Z
        .db     0x00,0x7F,0x41,0x41,0x00,0          ; 0x5B [
        .db     0x02,0x04,0x08,0x10,0x20,0          ; 0x5C \
        .db     0x00,0x41,0x41,0x7F,0x00,0          ; 0x5D ]
        .db     0x04,0x02,0x01,0x02,0x04,0          ; 0x5E ^
        .db     0x40,0x40,0x40,0x40,0x40,0          ; 0x5F _
        .db     0x00,0x01,0x02,0x04,0x00,0          ; 0x60 `
        .db     0x20,0x54,0x54,0x54,0x78,0          ; 0x61 a
        .db     0x7F,0x48,0x44,0x44,0x38,0          ; 0x62 b
        .db     0x38,0x44,0x44,0x44,0x20,0          ; 0x63 c
        .db     0x38,0x44,0x44,0x48,0x7F,0          ; 0x64 d
        .db     0x38,0x54,0x54,0x54,0x18,0          ; 0x65 e
        .db     0x08,0x7E,0x09,0x01,0x02,0          ; 0x66 f
        .db     0x0C,0x52,0x52,0x52,0x3E,0          ; 0x67 g
        .db     0x7F,0x08,0x04,0x04,0x78,0          ; 0x68 h
        .db     0x00,0x04,0x7D,0x00,0x00,0          ; 0x69 i
        .db     0x20,0x40,0x44,0x3D,0x00,0          ; 0x6A j
        .db     0x7F,0x10,0x28,0x44,0x00,0          ; 0x6B k
        .db     0x00,0x41,0x7F,0x40,0x00,0          ; 0x6C l
        .db     0x7C,0x04,0x18,0x04,0x7C,0          ; 0x6D m
        .db     0x7C,0x08,0x04,0x04,0x78,0          ; 0x6E n
        .db     0x38,0x44,0x44,0x44,0x38,0          ; 0x6F o
        .db     0x7C,0x14,0x14,0x14,0x08,0          ; 0x70 p
        .db     0x08,0x14,0x14,0x18,0x7C,0          ; 0x71 q
        .db     0x7C,0x08,0x04,0x04,0x08,0          ; 0x72 r
        .db     0x48,0x54,0x54,0x54,0x20,0          ; 0x73 s
        .db     0x04,0x3F,0x44,0x40,0x20,0          ; 0x74 t
        .db     0x3C,0x40,0x40,0x20,0x7C,0          ; 0x75 u
        .db     0x1C,0x20,0x40,0x20,0x1C,0          ; 0x76 v
        .db     0x3C,0x40,0x30,0x40,0x3C,0          ; 0x77 w
        .db     0x44,0x28,0x10,0x28,0x44,0          ; 0x78 x
        .db     0x0C,0x50,0x50,0x50,0x3C,0          ; 0x79 y
        .db     0x44,0x64,0x54,0x4C,0x44,0          ; 0x7A z
        .db     0x00,0x08,0x36,0x41,0x00,0          ; 0x7B {
        .db     0x00,0x00,0x77,0x00,0x00,0          ; 0x7C |
        .db     0x00,0x41,0x36,0x08,0x00,0          ; 0x7D }
        .db     0x08,0x04,0x08,0x10,0x08,0          ; 0x7E ~

;==================================================================
;       USART0 Serial Communication Subroutine
;==================================================================
;-------------------------------------------------
;       Transmit String by USART0
;-------------------------------------------------
TX0_STRING:OUT  GPIOR0,ZL                   ; store RAMPZ:ZH:ZL
        OUT     GPIOR1,ZH
        IN      ZL,RAMPZ
        OUT     GPIOR2,ZL
#if(defined(__ATmega2560__) || defined(__ATmega2561__))
        POP     RAMPZ_BUFFER                ; get start address of string(3-byte PC)
#else
        CLR     RAMPZ_BUFFER                ; get start address of string(2-byte PC)
#endif
        POP     ZH
        POP     ZL
        LSL     ZL                          ; convert into byte address
        ROL     ZH
        ROL     RAMPZ_BUFFER
        OUT     RAMPZ,RAMPZ_BUFFER
TX0_STR1:ELPM   TXD_BUFFER,Z+               ; read a character. end string ?
        MOV     AL,TXD_BUFFER
        CPI     AL,0
```

```
        BREQ    TX0_STR2                ; if yes, return
        CALL    TX0_CHAR                ; if no, transmit a character
        RJMP    TX0_STR1
TX0_STR2:SBRC   ZL,0                    ; if odd address, skip 1 address
        ELPM    TXD_BUFFER,Z+
        IN      RAMPZ_BUFFER,RAMPZ      ; convert into word address
        LSR     RAMPZ_BUFFER
        ROR     ZH
        ROR     ZL
        PUSH    ZL                      ; store new return address
        PUSH    ZH
#if(defined(__ATmega2560__) || defined(__ATmega2561__))
        PUSH    RAMPZ_BUFFER
#endif
        IN      ZL,GPIOR2               ; restore RAMPZ:ZH:ZL
        OUT     RAMPZ,ZL
        IN      ZH,GPIOR1
        IN      ZL,GPIOR0
        RET

;----------------------------------------------
;       Transmit a Character(TX0_BUFFER) by USART0
;----------------------------------------------
TX0_CHAR:PUSH   AL

TX0_CHAR1:LDS   AL,UCSR0A               ; data register empty ?
        SBRS    AL,UDRE0
        JMP     TX0_CHAR1
        STS     UDR0,TXD_BUFFER

        POP     AL
        RET

;----------------------------------------------
;       Interrupt Service Routine of USART0
;----------------------------------------------
USART0_RXC:
        PUSH    AL                      ; store registers
        IN      AL,SREG

        LDS     LCD_BUFFER,UDR0         ; if yes, display a character
        CALL    LCD_DATA

        OUT     SREG,AL                 ; restore registers
        POP     AL
        RETI

;==============================================================
;       Include User Subroutine File
;==============================================================
.include "OK2561.INC"                   ; OK-2561 I/O and subroutine file
.include "MUSIC2561.INC"                ; music subroutine file
```

참고 문헌

[1] 윤덕용, AVR ATmega128 정복, Ohm사, 2006.
[2] 윤덕용, LCD 모듈 활용 마스터, Ohm사, 2004.
[3] ATmega640/1280/1281/2560/2561 8-bit Microcontroller 데이터 시트, Atmel, 2006.
[4] avr-libc Reference Manual 1.4.4, 2006.

저자 소개

(1) 학력

1981. 2. 서울대학교 전기공학과 졸업
1983. 2. 서울대학교 대학원 전기공학과 졸업(공학석사)
1995. 2. 단국대학교 대학원 전기공학과 졸업(공학박사)

(2) 주요 경력

1982. 12.~1984. 5. 삼성전자(주) 종합연구소 근무
1984. 6. ~1985. 2. 한독(주) 컴퓨터기술연구소 근무
1985. 3. ~2006. 2. 국립 천안공업대학 전자계산기과/제어계측과 교수
2005. 3. ~현재 국립 공주대학교 공과대학 전기전자제어공학부 교수

(3) 저서

마이크로프로세서 응용실습 (1988, 자유아카데미)
16비트 마이크로프로세서 및 IBM PC 하드웨어 입문 (1991, 조원사)
마이크로프로세서 응용 -Z80 MASTER- (1998, Ohm사)
DSP 마스터 시리즈 ① - TMS320C31 마스터 (1998, Ohm사)
DSP 마스터 시리즈 ② - TMS320C32 마스터 (1999, Ohm사)
어셈블리와 C언어로 익히는 80C196KC 마스터(I) (2000, Ohm사)
어셈블리와 C언어로 익히는 80C196KC 마스터(II) (2000, Ohm사)
어셈블리와 C언어로 익히는 8051 마스터 (2001, Ohm사)
어셈블리와 C언어로 익히는 AT89S52 마스터 (2006, Ohm사)
프로세서 응용 시리즈 ① - LCD 모듈의 철저 활용 (2002, Ohm사)
프로세서 응용 시리즈 ② - LCD 모듈 활용 마스터 (2004, Ohm사)
프로세서 응용 시리즈 ③ - ATmega128을 활용한 졸업작품 만들기(I) (2005, Ohm사)
AVR 마스터 시리즈 ① - AVR ATmega128 마스터 (2004, Ohm사)
AVR 마스터 시리즈 ② - AVR ATmega162 마스터 (2004, Ohm사)
AVR 마스터 시리즈 ③ - AVR ATmega8515 마스터 (2004, Ohm사)
고성능 AVR 정복 시리즈 ① - AVR ATmega128 정복 (2006, Ohm사)
고성능 AVR 정복 시리즈 ② - AVR ATmega1281/2561 정복 (2006, Ohm사)
고성능 AVR 정복 시리즈 ③ - AVR ATmega1280/2560 정복 (2006, Ohm사)

(4) 주 관심 분야

벡터제어 인버터를 이용한 유도전동기 및 동기전동기 서보제어 시스템 설계
마이크로프로세서를 이용한 자동화 시스템 및 제어계측 시스템 설계
기타 마이크로프로세서, 마이크로콘트롤러 및 DSP 응용분야
마이크로프로세서와 마이크로콘트롤러의 기초 및 응용분야 교육

http://www.ohm.co.kr
E-mail : ohm@ohm.co.kr

소스는 홈페이지 자료실에 있습니다.

고성능 AVR 정복시리즈 2

AVR ATmega1281/2561 정복 -OK-1281/2561 키트-

초판 인쇄	2006년 11월 25일
초판 발행	2006년 11월 30일
저 자	윤 덕 용
발 행 인	곽 종 학
발 행 처	도서출판 Ohm사
주 소	140-150 서울 용산구 갈월동 17번지 세기B/D
전 화	02-776-4868~9
팩 스	02-779-6757
등록번호	1975년 9월 12일 제3-3호

ISBN 89-7101-772-4 정가 43,000원